税收征管论坛成员国（地区）税制

Tax Systems of FTA Members

国家税务总局税收科学研究所 编

Edited by Taxation Research Institute of SAT

中国财政经济出版社

图书在版编目（CIP）数据

税收征管论坛成员国（地区）税制／国家税务总局税收科学研究所编．—北京：中国财政经济出版社，2016.5
ISBN 978-7-5095-6720-3

Ⅰ.①税…　Ⅱ.①国…　Ⅲ.①地方税收－税收制度－研究－中国　Ⅳ.①F812.422

中国版本图书馆CIP数据核字（2016）第082898号

责任编辑：杨　静　赵　力　杜　剑　李筱文　　　责任校对：杨瑞琦
封面设计：孙俪铭　　　版式设计：兰　波

中国财政经济出版社出版
URL：http：//ckfz.cfeph.cn
E-mail：ckfz@cfeph.cn

社址：北京市海淀区阜成路甲28号　邮政编码：100142
发行处电话：010-88190406　财经书店电话：010-64033436
北京联兴盛业印刷股份有限公司印刷　各地新华书店经销
787×1092毫米　16开　52.5印张　1 301 000字
2016年5月第1版　2016年5月北京第1次印刷
定价：135.00元
ISBN 978-7-5095-6720-3/F·5406
（图书出现印装问题，本社负责调换）
本社质量投诉电话：010-88190744
打击盗版举报热线：010-88190492、QQ：634579818

编　委　会

主　　　编： 李万甫

副　主　编： 黄立新　李本贵

编委会成员：（按姓氏笔画为序）

王婷婷　孙红梅　何振华　陈　琍　李　平　李万甫
李本贵　李旭红　张文春　周咏雪　黄立新　龚辉文
崔景华

资料收集整理人员：

李旭红　何振华　张文春　王婷婷　孙祎婷　李鑫超
陶九虎　胡译颢　唐文武　刘　英　易明翔　侯香清
张冰晨　黄　璐　唐雯雯　朱艳萍　尹欣妮　蒋　菁
罗　甜　石　莹　梁艳玲　毛　矛　罗　强　何婷洁
谢素朴　李　昂　连　伟　张　敏　何胜蓝　袁璐瑶
何　伟　费悠悠　郝俊如　赖思莹　张　慧　吴良艳
贾　容　陈鸿越　宋金欣　刘徵薇　唐家荣　戴亦轩
刘鹏飞　程小萌　黄小懿　吴文巧　余彦龙　宫伟乐
陈　晨　李宝珠　周明慧

前言

2016年5月11日至13日，第十届税收征管论坛（FTA）大会将在中国北京召开，这是中国第一次承办如此高规格、大规模的税收领域的国际盛会。这既展示了中国作为世界上一个负责任的政治经济大国的自信和担当，也表明中国经济和中国税收事业的发展已经进入一个新的阶段。

当前，国际金融危机深层次影响还在继续，世界经济仍然处在深度调整期。经济全球化、网络化对税收工作也提出了许多新的挑战，客观上需要世界各国加强对话和合作，共担责任，协调行动，在公平、协商的基础上构建公平、透明的国际税收新秩序。

为了迎接第十届税收征管论坛大会在中国召开，国家税务总局税收科学研究所组织人员编写了《税收征管论坛成员国（地区）税制》一书。由于受篇幅的限制，本书主要对各成员国（地区）的公司所得税、个人所得税、增值税（货物和劳务税）、消费税、社会保障税等主要税种进行了介绍，且将介绍的重点放在了公司所得税和个人所得税。本书资料来源于OECD、世界银行、IBFD、相关国家（地区）税务部门的网站及四大会计师事务所的网站。

本书由李万甫主编，黄立新、李本贵副主编。具体组织工作由周咏雪协助。

感谢北京国家会计学院的秦荣生先生、中国财政经济出版社赵力女士的大力支持。

由于编写人员水平有限，加之时间仓促，书中不妥之处在所难免，恳请读者批评指正。

国家税务总局税收科学研究所

2016年4月

Preface

The Tenth Forum on Tax Administration (FTA) will convene in Beijing on 11 – 13, May, 2016. This is the first time for China to host such a high-profile, large-scale international event in the field of taxation. It not only demonstrates confidence in China as a responsible world political and economic power play, but also that the development of Chinese economy and taxation has entered a new stage.

At present, the profound impact of the international financial crisis continues, and the world economy is still in deep adjustment period. Economic globalization and networking also raised many new challenges to taxation collection, which require all countries to strengthen dialogue and cooperation on the objective, shared responsibility and coordinated action, on the basis of fair and consultations to build a fair and transparent international tax new order.

In order to meet the Tenth Tax Administration Forum held in China, the State Administration of Taxation Science Research Institute edited the book, "*FTA member countries (regions) tax system*". The main tax of FTA member states (regions), such as corporate income tax, personal income tax, value added tax (goods and services tax), excise tax, social security tax were introduced in the book, and the corporate income tax and personal income tax are priority parts. The information of the book is be collected from the OECD, the World Bank, IBFD and tax administration bureau websites of relative countries, including "big four" accounting firms.

The editor of the book is Li Wanfu, deputy editor are Huang Lixin and Li Bengui. Assistant is Zhou Yongxue.

Thanks for the strong support of Mr. Qin Rongsheng, come from Beijing National Accounting Institute, Ms. zhao Li, from China Financial and Economic Publishing House.

For the limitation of time and level of knowledge, there are something wrong in the book may be inevitable, we urge readers to criticism.

Taxation Research Institute of SAT

April 2016

目录

税收征管论坛成员国（地区）税制

澳大利亚税制

澳大利亚目前征收的主要税种有：公司所得税、个人所得税、增值税、消费税、社会保障税等。同时，还征收工薪税、不动产税、印花税和豪华汽车税等。

一、公司所得税

（一）一般规定

1. 税制类型

澳大利亚公司所得税对利润有避免重复征税的制度规定，企业税后分配给股东的股息红利，不再征收个人所得税。

2. 纳税人

公司所得税是对公司、有限合伙企业和某些信托公司（法人单位信托和公共交易信托）征收的。根据所得税评估法的定义，公司包括法人、非法人社团或团体，但不包括合伙企业或非实体合资企业。

合伙企业不能单独成为纳税人。但是，合伙企业需要计算净收入并填报所得税申报表。

居民身份。如果一个公司在澳大利亚组建，或即使不在澳大利亚组建但在澳大利亚从事生产经营，并且公司的管理控制中心所在地在澳大利亚，或其控制表决权的股东是澳大利亚居民时，这个公司就是澳大利亚的居民企业。

3. 应纳税所得额

（1）一般规定。澳大利亚税法规定，居民公司要就其全球范围内的应税所得缴纳公司所得税，包括净资本利得。年应纳税所得额是由应税所得减去允许扣除的余额来确定。应税所得包括一般所得（如营业收入、利息或特许权使用费收入）和法定所得（如资本利得）。

（2）免税收入。以下所得免税：免税纳税人的所得；免税所得，比如非居民的海外所得；非应税非免税所得，比如来自国外的非证券投资股息所得。

在申报纳税时要计算免税收入，特别是要计算亏损。相比之下，非应税非免税收入可以忽略不计。

国内股息红利应该纳税，但是该股息已纳税款允许抵扣税款。

(3) 扣除。一般而言，企业的经营活动或因获得应税收入而产生的损失和支出允许在税前扣除。资本损失和支出、私人或家庭性质的支出不允许扣除。事实上，除非有法律明确规定，任何支出都不允许在税前扣除。

具体的扣除项目包括：一般经营支出、利息、借款费用（摊销 5 年或是贷款的期限）坏账、维修、折旧、已缴税款、税收遵从成本等。具体的扣除项目由政府管理和确定。

一般而言，股息支出是不可扣除的，而利息支出可以扣除。支付股息和利息的区别取决于债务/股本的有关应用规则。此外，对股东所有的私人公司的低息贷款和某些资产分配可以被视为支付股息。

特许权使用费允许税前扣除。某些业务相关的成本费用，由于其具有了投资的特征而不允许扣除，比如，企业的筹建成本或前期调查成本，但该支出可以在 5 年内摊销。当期发生的成本费用可以扣除，但必须按照税法规定进行。比如，退休金费用支出必须在企业支付以后才能扣除。从 2010 年 7 月 1 日起，亏损的抵扣要执行税法规定而不是财务规则。

(4) 折旧和摊销。企业有形资产可以使用原值成本法或加速折旧法计算折旧。资产的有效使用年限由专业委员会确定或由纳税人确定。如果纳税人主张的资产使用年限比专业委员会规定的年限长，则需要纳税人提供足够的证明。

大多数建筑物和设备折旧使用原值成本法，即每年以资产的初始建设成本（不是购置成本）按照 2.5% 比率计提折旧。

特定的无形资产，比如专利、版权、软件等，可以按规定的有效使用寿命进行摊销。大多数软件是 5 年摊销。商誉的摊销不允许税前扣除。

折旧费用虽然不要求强制性抵扣，但是，一旦资产安装完毕并准备投入使用其折旧不允许递延。

从 2015 年 5 月 12 日至 2017 年 6 月 30 日，小企业的金额小于 20 000 澳元的资产可以一次性冲销。而对其他企业，这一标准是 100 澳元。

(5) 准备金。通常情况下，所得在取得时确认和费用在发生时支出。因此，澳大利亚并不考虑对准备金进行税务处理。有些准备金在支付之前不允许扣除，例如，计提的雇员退休金准备金，在实际支付前是不允许作为税前扣除的。但有一个例外，保险公司、再保险公司和自保险公司精确估算出来的将要支付的赔偿金，则允许税前扣除。

4. 资本利得

澳大利亚规定将净资本利得计入一般所得计算缴纳公司所得税，当一项所得既是一般所得又是资本利得时，只作为一般所得征税。

资本利得是资本收益减去资产成本的差额。在某些情况下，对资产成本和收益的计算会有一些特殊的规定，例如：对于 1999 年 9 月 30 日前购进资产的原始成本按照指数化进行调整。

5. 亏损

(1) 经营亏损。经营亏损是指在一个纳税年度中允许扣除的经营性损失大于应税和免税收入。纳税人的经营亏损可以无限期向以后年度结转。纳税人可以将以前年度的亏损选择在当年应税收入中扣除，也可以选择继续结转。企业集团经营亏损的处理有特殊的规定。

(2) 资本损失。资本损失可以无限期向后结转，但是只能从以后年度中的资本利得中扣除。企业集团资本损失的处理有特殊的规定。

6. 税率

（1）经营所得和资本利得适用税率。企业经营所得和资本利得的公司所得税税率为30%。从2015年7月1日起，小企业（公司的年度营业额低于200万澳元）适用28.5%的低税率。

2000年7月1日之前，公司所得税税率为36%，2001年7月1日调整为34%。

（2）向居民纳税人支付款项的预提税税率。一般情况下，居民公司取得的收入不缴纳预提税，除非税法有特殊规定。例如，收款方的澳大利亚企业若没有将企业代码提供给付款方，则要征收预提税。

7. 税收优惠

企业符合条件的研发支出可以享受一定的税收优惠政策。主要生产商、澳大利亚电影制片公司、共同发展基金、风险投资实体（投资澳大利亚中小型企业）、基础设施项目和小企业享受特殊的税收优惠政策。

8. 征收管理

（1）纳税年度。澳大利亚的纳税年度一般是从7月1日至次年的6月30日。或者是澳大利亚税务局认定的其他期间。

（2）纳税申报。公司所得税纳税申报表必须在纳税年度结束后7个半月内提交（例如，纳税年度期末是6月30日，则第二年的1月15日是最后的日期）。如果委托税务代理申报纳税，则可以允许延期。

（3）税款缴纳。一般情况下，纳税人要分季度缴纳公司所得税，并在每季度终了的21天内缴纳。季度缴纳的税额按照上一年度税额的四分之一计算。纳税年度最后一次缴纳税款的期限是纳税年度终了的6个月之内，即在纳税年度最后一天6月30日之后的12月1日之前，缴纳的税额要根据纳税人自我申报的全年应纳税额进行调整。如果季度预缴的税款超过年底申报的税额，可以要求退税。

自2015年7月1日起，如果企业的月度营业额超过1亿澳元，则要进行月度申报纳税。自2016年7月1日起，该标准降至2 000万澳元。

（4）事先裁定。纳税人可以要求澳大利亚税务局对个人、团体或产品进行税收事先裁定。个人的事先裁定是澳大利亚税务局对个人出具的书面文件，明确该个人适用何种税收安排。此外，澳大利亚税务局定期发布有关规则，并进行解释。

一般情况下，税务机关不得披露纳税人有关的资料。然而，从2013／14纳税年度开始，税务机关需公开披露年收入超过1亿澳元的企业和年收入超过2亿澳元的私人企业的有关信息。合并纳税企业集团被视为单一的纳税主体，因此集团内所有成员收入的总和被计算为此纳税主体的总收入。

（二）居民企业之间的交易

1. 企业集团合并纳税

独资企业集团可以选择合并纳税。只有澳大利亚的企业才可以成为一个合并纳税企业集团的成员。集团内部成员企业之间的交易不被认可。成立合并纳税企业集团以后，不能再更改，而且必须包括所有的全资子公司。如果企业集团没有选择合并纳税，则集团内部成员企业之间的利润和亏损不允许冲抵。

一个合并纳税企业集团的组建和解散，以及成员企业的加入和离开都有复杂的规定。简单来讲，除了企业集团的总公司以外，成员企业资产的价值都要按照资产的重置成本来计算，冲抵的损失也有具体的规定和限制。

多个公司被同一外国公司控股，且在澳大利亚没有共同母公司，这些公司允许可以组建一个多企业联合体。

2. 居民企业之间的股息红利

除了合并纳税企业集团成员之间的股息红利，企业获得的股息红利应计入一般所得缴纳公司所得税，相关的损失也可以抵扣。

（三）其他类型的公司所得税

1. 石油资源租赁税

石油资源租赁税适用于所有海上石油项目。该税是对石油项目或在许可证允许的区域内生产的石油，包括原油、天然气和乙烷等，所产生的利润征收的。税基是有关收入减去成本后的利润，税率为40%。

2. 矿产资源租赁税

矿产资源租赁税自2014年10月1日起废止。

（四）国际税收

1. 居民企业

澳大利亚居民企业是指在澳大利亚注册成立，或在澳大利亚开展业务，或者其实际控制管理机构在澳大利亚，或者其控股股东是澳大利亚居民。

（1）境外所得和资本利得。居民公司就其全球收入缴纳所得税，包括净资本收益。然而，来自境外常驻机构从事积极业务的境外所得和资本收益，以及处置境外公司股份取得资本收益（提供了澳大利亚公司在境外公司至少10%的利息）免税。从非投资权益（10%或更多的投票权）获得的收益不征税（此类分配不允许境外税收抵免）。境内损失可以抵免境外所得。

（2）境外亏损。境外亏损可以抵免境内所得，且同国内亏损适用同样的规定。

（3）境外资本。不对国外财产征收净资产税或房地产税。

（4）避免双重征税。对国外所得在国外缴纳的所得税，无论按照单边还是双边税收协定，都允许进行税收抵免。

在2008年7月1日之前，每一类的国外税收抵免都有一定的限额，即为该类所得在澳大利亚的应纳税额。超额的税收抵免可以向后结转5年。

国外税收抵免规则在2008年7月1日废止，取而代之的是不可退还的国外税收抵免规则。即不再对每一类或每个国家的所得规定税收抵免的限额，居民源自国外的收入与国内收入一样计入应税所得，同样在国外缴纳的税款也允许抵扣。但是，超额的税收抵免不允许结转。2008年7月1日之前的超额税收抵免必须在5年结转期内抵免，否则就不再允许抵免。

2. 非居民企业

澳大利亚规定不在澳大利亚登记注册的企业为非居民企业。

（1）一般所得和资本利得课税。从广义上说，非居民企业只对来源于澳大利亚以及被认为是来源于澳大利亚的收入进行纳税，例如应税澳洲资产的资本收益。非居民企业取得的来源于澳大利亚常设机构的收入（税收协定适用的地方）纳税，同样此规定也适用居民企业。但是，没有税收协定的国家，则国内常设机构的解释不适用，在这种情况下，税法将依照源泉课税原则，以非居民企业的收入是否来源于澳大利亚而决定是否征税。

直接支付给非居民股东的完全免税股息不征收预提税。若投资者是新西兰居民则享受特别的避免重复课税规则。

非居民企业与居民企业一样适用相同的税率。非居民企业只对来源于澳大利亚应税资产取得的资本利得缴税。应税资产包括澳大利亚的不动产、通过澳大利亚常设机构投资商业地产的非证券直接投资。

非居民企业通过澳大利亚信托（基金）公司获得的所得按照以下情况征税：来源于澳大利亚的利息、股息、特许权使用费征收预提税；通过信托获得的来源于澳大利亚应税财产的资本利得和其他收入，若该信托是投资管理信托，该收入被视为基金报酬，非居民受益人是与澳大利亚有信息交换协议国家的居民，最终的预提税税率为15%，否则，预提税的税率为30%；境外收入不征税。

非居民在境外支付的与澳大利亚收入有关的税款可以进行税收抵免。

（2）对资本的征税。对非居民企业不征收净财富税或不动产税。

（3）征收管理。如果对非居民企业收入征收最终预提税，而且税款已经缴纳，则不再要求该非居民企业进行纳税申报。否则，非居民企业要与居民企业一样申报纳税。

3. 非居民企业预提税

（1）股息。支付给非居民企业的股息（除了非居民企业在澳大利亚设立的常设机构）都须缴纳最终预提税，税基为获得的全部股息，税率为30%，与澳大利亚有税收协定的国家有一定的优惠政策。特定股息免税，比如完全免税股息等。

股息的定义是由“债务/权益”有关规定确定的。非居民企业获得的来源于澳大利亚的股息，要根据澳大利亚税法征税。支付给新西兰居民企业的股息，适用于避免重复征税的有关规定。

非居民企业获得的境外收入和资本收益免征预提税。

（2）利息。支付给非居民（除了非居民企业在澳大利亚设立的常设机构）的利息或应计利息，须缴纳10%的最终预提税，与澳大利亚有税收协定的国家有一定的优惠政策。某些利息不征税，例如公开发行的债券利息等。

（3）特许权使用费。非居民企业（除了非居民企业在澳大利亚设立的常设机构）获得的特许权使用费要按总金额的30%缴纳最终预提税，与澳大利亚有税收协定的国家有一定的税收优惠。澳大利亚特许权使用费的定义比其税收协定国家和OECD范本规定的要广泛。

（4）其他。没有常设机构的非居民企业获得的管理费，技术服务费和租赁收入通常免征预提税。以下情况除外：

外国保险公司获得的保费收入（不包括人寿保险费）按3%的税率缴纳最终预提税。非居民再保险公司获得的保费收入不允许抵扣，也不征预提税。如果一个居民保险公司选择把支付给非居民保险公司的保费进行扣除，仍要对其按照3%的税率缴纳预提税。

澳大利亚对国际货运费用按照总金额的5%征收预提税。向非居民企业支付的赌场中介费征收3%的非最终预提税，娱乐和体育活动费征收5%的非最终预提税，承包工程征收

5%的非最终预提税。

非居民企业通过澳大利亚投资信托或中介机构获得的所得要征收最终预提税，而且这些所得不是股息、利息、特许权适用费、国外收入或澳大利亚非应税财产的资本利得。

如果非居民企业的受益人授权澳大利亚居民信托公司管理其来源于澳大利亚的收入，该受托人须为受益人代缴税款。

（五）反避税

1. 概述

反避税规则主要是用于防止纳税人通过税收筹划获得相关的税收利益。澳大利亚现行反避税规则在 2012 年 11 月 16 日进行了修改，以确保其有效运作，主要是加大了税务部门认定纳税人是否通过税收筹划而避税的权力。

澳大利亚税法并没有专门的条款规定居民纳税人与避税地之间的交易要进行反向调整，但要求居民企业在纳税申报表中必须报告与避税地的交易。

以下是几条特殊反避税规则：

利润转移规则适用于实际控制的实体之间通过股权或债务来转移利润的行为，调整的依据是经营的实际成本；特殊的反避税规则适用于封闭型控股公司与其股东之间的交易，特别是规定将封闭型控股公司向股东支付的贷款利息将被重新认定为股息红利所得；通过个人服务公司获得的收入要认定为股东提供的服务；归责制度适用于不少具体的反规避规定；与资产融资有关的扣除有特定的反规避规则。不合理避税行为会受到民事处罚。

从 2016 年 1 月 1 日起，澳大利亚税务局可以用新的多国反避税规则确定一个澳大利亚的实体是否通过常设机构达到避税目的，税务部门可以根据多国反避税规则对其进行 1.2 倍的处罚。

2. 转让定价

（1）现行转让定价规则。修订后的转让定价规则从 2013 年 7 月 1 日起生效。这些关于转让定价调整的规定，既适用于税收协定也适用于国内的交易。重要的是，在税收协定中规定的内容不再受国内规则的限制。

与反避税规定不同，澳大利亚的转让定价规则并不关注是否发生了偷逃税款的行为，它关注的是一个国际交易的价格是不是公平合理价格，无论交易的双方是不是关联方。

当前的转让定价规则遵循了 2010 年 OECD 转让定价指南来判定一个企业是否通过非合理公平交易获得了转让定价利益，如果确认企业获得了转让定价利益，则要按照合理公平价格明确其税收责任。合理公平交易包括跨境交易的商业、金融和其他相关条件。转让定价既可发生在有关系的交易伙伴之间，也可发生在无关的交易对象之间。

转让定价的审查不需要企业准备有关文件，但在所得税纳税申报前如果不做文档准备的话不利于纳税人对于其税收处罚争取合理的要求。从 2016 到 1 月 1 日起，所有在澳大利亚的大型跨国企业在纳税申报时要向澳大利亚税务局提交全球业务文件、本地文件和所有的国别报告。源自常设机构的利润，单一实体都要申报。

（2）已废止的转让定价规则。2013 年 7 月 1 日前，澳大利亚有两套同时运行的转让定价规定。这样，在 2013 年 7 月 1 日之前，对跨国的非正常交易既可以按照国内法也可以按照税收协定进行调整。

根据国内法，转让定价规则可以适用于任何国际交易，交易双方包括有关联或无关联的各方。唯一的条件就是该国际交易是否属于正常交易。因为没有强制的转移定价文件，所以任何定价方法都可以使用。而澳大利亚税务局在实践中采用了 OECD 转让定价指南的方法，特别是以利润为基础，而不是根据国内法来调整。

因此，政府出台新的转让定价规定是根据现有规则操作，确保转让定价规则可以独立于国内法规，而且在法规的运用要注意符合 OECD 的相关规定。新规定从 2004 年 7 月 1 日起生效。

（3）国别报告。从 2016 年 1 月 1 日起，澳大利亚要求全球大型跨国企业（集团年度营业额达 10 亿澳元以上）位于澳大利亚的子公司向税务部门提交主要文件、本地文件和国别报告。其中主要文件和国别报告也可以通过与澳大利亚签署情报交换协议的外国税务机关获得。这些报告的内容与 OECD 的要求大致相同。

此外，澳大利亚要求全球大型跨国企业位于澳大利亚的子公司提供给澳大利亚税务局一套通用财务报表文件。

（4）事先裁定。纳税人可以跟澳大利亚税务局签署单边、双边或多边的事先裁定，一般期限是 3 至 5 年。

3. 资本弱化

资本弱化规则适用于对内和对外投资，以避免过多的债务扣除。债务扣除包括纳税人所有债务的利息支出。此外，债务权益比规则是判定股息和利息支出的重要标准。

从 2014 年 7 月 1 日起，资本弱化措施规定的负债权益比率为 1.5∶1，债务包括所有的借款。对于金融实体，负债权益比率为 15∶1。

一般情况下，如果债务的利息支出总额不超过 200 万澳元，所有的债务都属于正常交易，或债务总额不超过净资产的 60%，该企业的利息支出税前抵扣就不用调减。

除了 60% 负债的“安全港测试”，纳税人还要进行合理公平交易测试。在资本弱化的估算过程中，主要使用资产和负债的账面价值来计算。在某些情况下，纳税人会通过内部资产来实现资本弱化的目的。

4. 受控外国公司

受控外国公司规则旨在将澳大利亚居民企业控制的国外企业的收入归属到该澳大利亚居民企业名下。符合以下情况的企业和个人适用受控外国公司规则：有一家受控外国公司，该公司属于澳大利亚纳税人，该公司有可归属于该纳税人的收益。

如果以上所有的条件都满足，受控外国公司的部分收入要按照纳税人的一定比例进行归属。

如果有 5 个或 5 个以下居民企业关联控股一个外国公司 50% 的股份，或者单个企业关联控股 40% 的股份，或者有 5 个或 5 个以下居民企业实际控制，那么该公司就是受控外国公司。关联控股纳税人至少要有 10% 的股份，对实际控制公司则要求至少有 1% 的股份。

归属收入的计算取决于受控外国企业所在地是否为列名国家。列名国家包括加拿大、法国、德国、日本、新西兰、英国和美国。如果受控外国企业通过了积极收入测试，除了特定收入其他收入不再进行归属计算。如果受控外国企业的所在地不是列名的国家，其所得将被进行归属计算。

归属的收入要按照法定收入纳税（即不作为股息），税后如果再分配则不再征收预提税，但可申请对国外税收进行抵免。

二、个人所得税

（一）一般规定

1. 纳税人

居民个人的应纳税所得额是其来自全球的收入和资本净收益。非居民个人仅就来源于澳大利亚的收入纳税，例如，非居民在澳大利亚的资产获得的资本利得应缴纳所得税。对于临时居民源自国外的收入不用纳税。

澳大利亚的普通法规定，澳大利亚居民是指个人定居在澳大利亚，或者一年内在澳大利亚的居住天数为 183 天以上的个人。此外，居民个人包括在 1990 年退休金法案下的退休金计划以及 1976 年退休金法案下的员工，或者其配偶和 16 岁以下的子女。从 2016 年 7 月 1 日起，所有访问人员和工作、度假者不论其在澳大利亚居留时间的长短，均作为非居民对待。

除了有限合伙人，合伙人均不独立纳税。但是要求合伙人计算净收入，并提交所得税申报表。信托的净收入须纳税，纳税人是受益人或者是享有相应权利的受托人。

2. 应纳税所得额

（1）概述。居民纳税人的全球所得都要缴纳个人所得税，包括其净资本收益。应纳税所得额为应税收入减去允许扣除的项目。应税所得包括普通所得（例如营业收入、工资薪金所得、利息所得和特许权使用费）和法定所得（例如净资本利得）。

获得性收入均为应税收入。而对大多数人来说，收入都属于获得性收入。居民自有住所的估算租金不征税。

（2）免税所得。免税所得包括澳大利亚政府养老金和社会保障费、福利、奖学金、人身伤害赔偿等，在某些情况下也包括国外就业收入。

在一个纳税年度，免税所得可以抵消当年和以前年度的纳税损失，抵消之后还有剩余的，这部分余额可用于抵消当年的应税所得。

“非应税非免税收入”是单独类别的收入，如私人养老金、某些雇佣关系终止和遣散的费用，或分拆股息收益，不计入应税所得也计入税收损失。

然而，某些类型的豁免和非应税非免税收入包括在计算某些税收抵免和医保征收的附加费中。

3. 受雇所得

（1）工资、薪金所得。工资和薪金收入以及推定收入计入应税所得。

（2）实物福利。实物福利是雇主向雇员或与有雇用关系的相对方提供的福利。例如，机动车、低息贷款、带薪休假、支付的住宿费和学费等。

一般来说，实物福利不向雇员征税，反而向雇主单独征收福利税。

对雇员依照持股激励计划获得的股票或期权要进行估值，股票市值与雇员支付的成本之间的差额要计入应纳税所得。根据职工持股激励计划（或者其他因素，比如雇员的收入水平）的不同，对所得有一定的税收优惠政策，或者每年可以有 1 000 澳元免税额，或者可延

期纳税 15 年。从 2015 年 7 月 1 日起，创业公司的员工可享受延期纳税的优惠政策。

（3）养老金所得。

①遣散费。纳税人获得的遣散费中有 9 780 澳元加上每服务满一年4 891澳元是免税的，超过部分要按照解雇报酬纳税。

1993 年 7 月之后离职获得的遣散费（加上医疗保险）适用 30% 的税率。1993 年 7 月之前离职获得的遣散费适用较低税率。

遣散费超过免税额的要按照解雇报酬纳税。具体金额是 18 万澳元与个人应税所得、免税遣散费之间的差额。如果金额大于 18 万澳元，则适用边际税率征税。否则，纳税人可申请抵税。纳税人的年龄低于退休年龄的，适用 30% 的税率，超过退休年龄的，减按 15% 的税率征税。

企业裁员获得的遣散费一般适用边际税率。提前退休人员获得的遣散费适用特殊的税收政策。

②养老金。澳大利亚税法对养老金的规定比较复杂，主要有：

一是个人的养老金：由养老基金支付给年龄在 60 岁（包含 60 岁）以上人员的养老金，包括 2007 年 7 月 1 日之前开始的养老金和一次性支付的退休金，都是作为非应税非免税收入而免税的；一般而言，养老金不能支付给 60 岁以下的个人；同时，根据接收方的年龄和收到的养老金类型，可以享受一定的税收优惠政策；对源自非养老金基金和外国养老基金支付的养老金适用特殊的规定。

二是养老基金的收益：养老基金投资获得的收益用于支付给 60 岁以下的个人的，按 15% 的税率征税；用于支付给 60 岁以上个人的免税；对非养老基金获得收益按照一般规定征税。

（4）董事报酬。董事报酬一般作为雇佣收入征税。

4. 经营和专业服务所得

与企业相同，个人的经营和专业服务所得征收个人所得税。个人通常以收取现金确认收入，在经济活动中往往以权责发生制确认收入。在一些情况下，个人的收入按照特殊规则来确定。

个人通过服务公司提供专业服务获得的收入，即使支付给了公司，也要归属到个人。

个人获得的专业服务收入按照营业收入纳税。但是，从事文学、戏剧、音乐或艺术作品、发明、表演、生产和销售等的，从纳税人获得的年收入大于 2 500 澳元的那年开始，并将其收入在不小于 4 年内进行平均计算。

5. 投资所得

一般来说，个人的投资收益计入一般所得申报纳税。股息所得也列入一般所得。

如果个人获得的股息红利所得免税，该所得也要计入应税所得进行申报。在澳大利亚的归集抵免制度下，居民企业将股息和已缴税款联系起来，从而使该笔股息所得免税。免税股息的受益人可以使用归集抵免抵扣税款，对超额部分可以返还；封闭型公司向股东支付的贷款利息被视为股息所得征税；对投资者从上市企业获得的股息红利有一定的税收优惠。

利息和特许权使用费需纳税。投资不动产所得应纳税，投资不动产发生损失的，不允许抵扣其他投资的收益。

6. 资本利得

一般而言，个人的投资收益和损失的税收政策与企业相同，另外，还有一些关于个人资本利得的特殊规定。

个人获得的净投资收益要计入应税所得纳税，投资损失可以抵免相关的投资收益，超过的部分可以向后结转。

个人持有资产时间超过一年的，获得的资本利得可扣除50%。个人在1999年9月30日之前取得的资产，可以选择一个指数化的成本，该指数一经确定不可更改。个人出售主要住所或作为主要住所的不动产获得的资本利得免税。在离婚、死亡等情况下，有一定的税收优惠政策。小企业主处置用于经营的商业地产或全部业务取得的资本利得实行税收优惠。小企业的定义是经营资产不超过600万澳元或年营业额小于200万澳元的企业。

7. 个人扣除、宽免和抵免

（1）扣除。通常情况下，允许扣除项目是在获得收入过程中发生的或与收入有关的损失和支出。与免税收入相关的损失和支出则不允许扣除。而且，法律规定不允许抵扣的支出也不能扣除。

当纳税人确认损失或支出发生时，就可以进行扣除。预付款和坏账损失等支出扣除的时间适用特殊的规定。

允许扣除的支出项目包括：与雇用直接相关的支出，例如工厂之间的交通开支；与工作相关的支出，包括劳保用品；抵押贷款利息，但仅对投资资产而言；符合条件的个体经营者个人支付的保险费，但人寿保险费不可扣除；符合条件的捐赠；税务咨询费用；对雇员的教育培训支出，且金额大于150澳元；经营资产的折旧，小企业低于1 000澳元的资产可以直接扣除；经营贷款的利息支出；与经营直接相关的家庭办公支出。2015年5月12日至2017年6月30日，小企业购置的低于2万澳元的资产可以直接扣除。

不可扣除的支出项目包括：个人或家庭开支，包含有双重性质的开支，比如上班通勤费用、为获得或更换工作的开支、搬迁开支；免税或非应税非免税收入相关的支出；与政府援助相关的支出；招待费，即使与工作相关；罚款；与取得资本利得相关的支出；向公职人员的行贿支出以及与被起诉犯罪行为相关的支出；医疗支出（允许有一定的扣除）等。

（2）宽免。无具体的个人免征额。

（3）抵免。抵免可以减轻纳税人的税收负担。除了个人的医疗保险和归集抵免，不允许退税。

居民个人允许抵免的项目包括：澳大利亚原居民或养老金领取者的税收抵免；社会保险受益人的社会保险费抵免；纳税人的家庭抚养抵免；有限的医疗支出抵免；国外收入的税收抵免；偏远地区定居抵免和海外服役人员抵免；配偶退休金抵免；低收入抵免；小企业抵免；个人医疗保险抵免等。

8. 损失

（1）一般损失。损失是指在一个纳税年度允许扣除的数额超过了应纳税所得和免税所得。可扣除的项目包括经营亏损、税收相关成本、加计扣除项目等，但不包括赠与、养老金等。

一般而言，损失可以无限期向以后年度结转。结转的损失必须首先抵消未来年度的净免税所得，然后再抵消当年的应税所得。计算损失不考虑非应税非免税收入。

损失是属于特定个人的损失。个体经营者出售自己的生意，新的经营者不能扣除该生意以前年度结转的损失。同样，信托资产的受托人也不能扣除委托人生前结转的损失。

合伙人的税收损失可以在合伙人之间扣除，但是信托资产的损失不能被信托受益人扣除。

个人在“非商业”活动中的损失不能抵消其他商业活动的收入，只能用作抵减未来该类活动的收入。

“非商业”活动的定义是，该活动的收入不超过2万澳元，没有使用金额超过50万澳元的不动产，没有使用金额超过10万澳元的其他资产，至少在3到5年内没有产生应税所得。这些规定不适用于消极投资、初创企业和艺术行业。如果该活动的主体是合伙企业，损失要在合伙人之间分配。损失不能向后结转。

（2）资本损失。资本损失与资本利得相关。净资本损失可以无限期地向后结转，但是只能用于抵消未来的资本利得。属于特定个人的损失，不能被其他人扣除。

9. 税率

（1）所得和资本利得。2012/13年度居民的个人所得税税率（见表1）：

表1　　个人所得税税率Ⅰ

应纳税所得额（澳元）	累进税率（%）
小于18 200	0
18 201～37 000	19
37 001～80 000	32.5
80 001～180 000	37
大于180 000	45

从2014/15年度开始在之后的三年，个人应税所得超过180 000澳元的，加计征税2%。

从2015年7月1日起，个体经营者的营业收入可以享受5%的税收抵免。最高限额为每年1 000澳元。

2011/12年度居民的个人所得税税率（见表2）：

表2　　个人所得税税率Ⅱ

应纳税所得额（澳元）	累进税率（%）
小于6 000	0
6 001～37 000	15
37 001～80 000	30
80 001～180 000	37
大于180 000	45

（2）预提税。个人的雇佣所得一般代扣代缴预提税。

澳大利亚的预提税使用累进税率。按照所得高低适用不同税率，如果个人能够提供澳大利亚纳税人代码，则不用征收预提税。

支付给个体经营者的股息红利，利息，特许权使用费一般而言不征收预提税，但是如果该个体经营者不能提供澳大利亚纳税人代码，则要征收预提税。该税在纳税人申报纳税时可以抵扣或退税。

10. 征收管理

（1）纳税年度。澳大利亚的纳税年度为每年的7月1日至次年的6月30日。

（2）纳税申报。所有应税所得超过18 200澳元的纳税人都需要填报所得税纳税申报表。应税所得在18 200澳元以下的纳税人在特定情况下也要申报，比如有代扣代缴预提税的。纳税人可以通过电子申报、电话申报或者简单申报方式进行纳税申报。

一般来说，纳税申报表必须在纳税年度的10月31日前填报。由税务代理填报的可以延期，不允许联合申报。提交申报表之后，澳大利亚税务局会在短时间内做最后评估。

（3）税款缴纳。纳税人通过代扣代缴制度及时履行了纳税义务，还可以在年度的纳税申报进行调整和退税。如果有欠税，税务局的通知中会有具体的数额和缴税的截止期。如果出现超额纳税的情况，通知中会显示有退税。

纳税人有经营和投资收益，需要分季度预缴税款。一般而言，预缴税额为税务局确定的金额，期限为季度终了后次月的21日之前。最后一次缴纳税款的时间是纳税年度终了的7个月零15天，也就是次年的1月15日之前。最后一次缴纳税款的金额是年度自我评估申报后的税额，而不是之前预缴的金额。如果预缴的金额大于评估的税额，则可以要求退税。

（4）事先裁定。纳税人可以要求澳大利亚税务局对个人、团体或产品进行税收事先裁定。个人的事先裁定要求澳大利亚税务局对个人出具书面文件，明确该个人适用何种税收安排。

（二）其他类型的所得税

澳大利亚对个人不征收其他类型的所得税。

（三）国际税收

1. 居民纳税人

（1）境外所得和资本利得。居民个人纳税人要就全球收入缴纳所得税，包括国外净资本收益、股息红利、利息、特许权使用费等。

（2）境外资本。不对境外资产征收净财富税或房地产税。

（3）避免双重征税。对居民个人的国外所得在国外缴纳的所得税，无论按照单边还是双边税收协定，都允许进行税收抵免。

在2008年7月1日之前，每一类所得的国外税收抵免都有一定的限额，该限额通常为该类所得在澳大利亚的应纳税额。超额的税收抵免可以向后结转5年。

国外税收抵免规则在2008年7月1日废止，取而代之的是不可退还的国外税收抵免规则。即不再对每一类或每个国家的所得规定税收抵免的限额，居民源自国外的收入与国内收入一样计入应税所得，同样在国外缴纳的税款也允许抵扣。但是，超额的税收抵免不允许结转。2008年7月1日之前的超额税收抵免必须在5年结转期内抵免，否则就不再允许抵免。

一般而言，外国股息红利的直接税没有税收抵免。

2. 侨民

（1）来澳人员。当一个外国人成为澳大利亚居民，则他就被认为按照当时的市场价格取得了资产。这些资产的成本将成为该资产的计税成本。对雇员的股份或股权激励计划适用特殊的规定。而当该纳税人不再是澳大利亚居民时，其资产当时的市场价值被看作资产的处置收入。

临时居民的源自外国的一般所得和法定收入，包括外国净资本利得，均不用缴纳澳大利亚所得税。此外，临时居民也不用缴纳利息的预提税。但是临时居民在澳大利亚获得的雇佣所得和劳务所得要缴纳所得税。澳大利亚规定，临时居民是指持有个人临时签证，且配偶不是澳大利亚居民的个人。

临时居民可能要求返还其雇主支付给澳大利亚养老基金中的个人养老金。在临时居民永久离开澳大利亚不少于6个月以后，该基金才可以申请返还，而且需要缴纳35%的最终预提税（2009年4月1日之前为30%）。

2012年5月8日以后，临时居民的资本收益不再享有50%折扣的税收优惠。

（2）外派人员。如果一个人离开澳大利亚，并改变了经常的居住地，那么他将失去澳大利亚居民纳税人的身份。失去居民纳税人身份，要对纳税人来自澳大利亚非应税资产的收益进行确认。对雇员股份和期权激励计划实行特殊的税收政策。

3. 非居民纳税人

非居民纳税人是指税收意义上不在澳大利亚居住的个人。

（1）对所得和资本利得征税。非居民纳税人的税收取决于该纳税人的所属国是否与澳大利亚签署税收协定。如果有，就按照协定征税。如果没有税收协定，就要计算非居民源自澳大利亚的所得以及被视为源于澳大利亚的所得，比如澳大利亚应税资产的资本利得、在澳大利亚提供劳务的收入等。

澳大利亚对收入的来源没有明确的定义，收入来源大多是由判例法确定。对不同类型的收入有特殊的规定；例如，会议代表、访问学者和外国专家的收入通常是免税的，即使该收入来源于澳大利亚。

非居民的一般所得通常与居民纳税人一样纳税。但是，股息红利、利息、特许权使用费则按照累进税率或最终预提税征税。

非居民个人通过澳大利亚信托（基金）取得的收入适用的税收如下：一是对来源于澳大利亚的利息、股息红利、特许权使用费按规定征收预提税；二是对澳大利亚应税财产的资本利得和其他来源于澳大利亚的收入适用边际税率。当该收入来源于信托，且该信托属于“投资信托”，该笔收入属于“基金报酬”（收入本质上不是股息红利、利息或者特许权使用费），该居民所属国家与澳大利亚有情报交换协定，则按照15%税率征税最终预提税；三是对国外收入不征税。

非居民个人可以享受一定的税收抵免，该税收抵免取决于他们的具体情况，包括配偶的居住地。从2008年7月1日起，非居民在澳大利亚申报纳税时可以就国外已缴税款申请税收抵免。

从2012/13年度开始，非居民的个人所得税税率如下（见表3）：

表 3　　非居民个人所得税税率 I

应纳税所得额（澳元）	累进税率（%）
小于 80 000	32.5
80 001 ~ 180 000	37
大于 180 000	45

超过 180 000 澳元 的，要加征 2% 的临时预算补征税款。

在 2011/12 年以前，非居民的个人所得税税率如下（见表 4）：

表 4　　非居民个人所得税税率 II

应纳税所得额（澳元）	累进税率（%）
小于 37 000	29
37 001 ~ 80 000	30
80 001 ~ 180 000	37
大于 180 000	45

雇佣所得。非居民对来源于澳大利亚的雇佣收入纳税。非居民个人根据“季节性劳动力流动计划”成为季节性雇员获得的收入，按照 15% 的税率征收最终预提税。该收入包括工资、薪金、佣金和津贴。

经营和专业服务所得。非居民就来源于澳大利亚的经营和专业服务所得纳税。

投资所得。非居民的股息红利所得（除了有常设机构的非居民）对总金额按照 30% 的税率征收最终预提税，该总金额在税收协定下可能会减少。特定的股息红利免税，例如完全免税的股息红利、中介收入等；非居民（除了有常设机构的居民）的利息所得对总金额按照 10% 的税率征收最终预提税，该总金额在税收协定下可能会减少。特定的利息所得免税，例如某些公开发行的债券的利息等；非居民的特许权使用费所得对总金额按照 30% 的税率征收最终预提税，该总金额根据税收协定可能会减少，澳大利亚对特许权使用费的定义比较宽泛。

其他所得。如果没有常设机构，非居民获得的管理费、技术服务费和租金收入一般不用缴纳预提税。非居民个人纳税人收取的国际货运费用按照总金额的 5% 征收预提税。向非居民个人支付的赌场中介费征收 3% 的非最终预提税，娱乐和体育活动费征收 5% 的非最终预提税，承包工程征收 5% 的非最终预提税。非居民个人通过澳大利亚投资信托或中介机构获得的所得要征收 15% 的最终预提税，而且这些所得不是股息、利息、特许权适用费、国外收入或澳大利亚非应税财产的资本利得。

资本利得。非居民源于澳大利亚应税资产的资本利得要缴纳所得税。澳大利亚应税资产包括澳大利亚的不动产，非证券直接投资的房地产，澳大利亚常设机构使用的经营性资产。2012 年 5 月 8 日以后，非居民或临时居民获得的资本利得不再享有 50% 折扣的税收优惠政策。

（2）资本课税。对非居民不征收净财富税或不动产税。

（3）遗产和赠与税。不征收遗产和赠与税。

（4）征收管理。如果非居民取得的收入适用最终预提税且已经缴纳，该非居民就不需要进行纳税申报。否则，非居民要像居民纳税人一样申报纳税。季节性非居民雇员获得雇佣收入，且没有来源于澳大利亚的其他收入的，不用申报纳税，也不能申请退税。

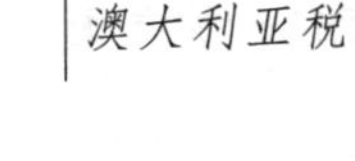

三、增值税

（一）一般规定

1. 概述

澳大利亚对货物和劳务税征收增值税。澳大利亚的增值税与欧洲的增值税有较大的区别。简而言之，就是增值税的纳税人要按其提供商品和劳务金额的10%缴纳增值税（除非该交易为非应税的行为），而且可以对进项税进行抵扣。

提供金融服务的进项税抵扣有特殊的制度安排。

2. 纳税人

登记为增值税纳税人的标准为年营业额为7.5万澳元，非营利组织为15万澳元。即使纳税人是个人，该标准也同样适用。如果纳税人同时经营一个或多个企业，则该标准单独适用于每个企业。某些企业，例如经营出租车的企业，无论营业额多少都要登记为增值税纳税人。

3. 应税行为

增值税应税行为包括在澳大利亚境内提供应税商品和劳务，或是进口商品和劳务。

4. 应税收入

增值税的应税收入是提供应税商品和劳务的市场价格。进口商品和劳务的应税价格包括海关完税价格、运输成本、运输保险费和关税。

5. 税率

增值税的标准税率为10%，除此之外还有零税率和免税。食品、卫生保健、教育、出口等实行增值税零税率。

6. 免税

以下交易免征收增值税：提供非应税货物和劳务（与澳大利亚无关）；提供进项税不可抵扣的货物和劳务（金融交易、住宅出租等等），这些货物和劳务的进项税不允许抵扣。

提供金融交易的企业符合一定条件的，可以申请一定比例的进项税抵免。

（二）非居民纳税人

一般来说，非居民企业登记为增值税纳税人的标准与居民企业纳税人相同。非居民企业提供服务适用逆向征收规则。个人在澳大利亚购买的货物可要求出口退税。

四、消费税

澳大利亚对酒精，烟草和石油产品征收消费税。

五、社会保障税

1. 企业缴纳的部分

澳大利亚政府并不征收社会保障税。但是，强制要求雇主必须向雇员的个人养老基金

（即，养老保险）缴款，从2014年7月1日起，数额为工资薪金总额的9.5%，从2025年7月1日起，比例提高到10%。雇主缴纳的这一养老保险费，可以在税前扣除，扣除的限额为2.5万澳元。

2. 个人缴纳的部分

（1）医疗保险税。所有的纳税人个人要求缴纳应税收入的2%作为医疗保险。此外，应税收入超过8.8万澳元（或家庭收入17.6万澳元）的纳税人，如果没有购买私人医疗健康保险的，根据他们的年龄和收入水平，再对其应税收入加征1%到1.5%附加医疗保险。

（2）退休金。澳大利亚强制性地要求雇主为雇员的退休金基金缴款。自雇经营者不强制要求向自己的退休基金缴款，但可以自愿缴纳。

（黄立新　编）

奥 地 利 税 制

奥地利目前征收的主要税种有：公司所得税、个人所得税、增值税、消费税、社会保障税等。同时，还征收工薪税、不动产税和印花税等。此外，自 2008 年 8 月 1 日起，奥地利废止了遗产和赠与税。

一、公司所得税

（一）一般规定

1. 税制类型

奥地利的公司所得税制度属于古典税制。企业应就其来源于奥地利境内、境外的所得缴纳公司所得税。

企业在向个人股东或进行组合投资的企业股东分配股息红利时，应当代扣代缴预提所得税。对于个人股东，预提所得税属于最终税收；对于进行组合投资的企业股东，预提所得税可以抵减其最终应纳公司所得税或申请退税。根据“相当数量股份减免税”条款，企业向符合条件的企业股东分配股息红利时免征预提税。根据“积极参与企业经营股东减免税”条款，对此类企业股东，无论其持股比例大小，其从被投资企业分回的股息红利免征公司所得税。

奥地利的公司所得税实行中央与地方共享。

2. 纳税人

奥地利缴纳公司所得税的法律实体包括：股份公司，有限责任公司，私人基金会，由公共机构经营的商业企业，没有独立的法人资格但基于特定目的积累财产的协会、机构和基金会。

有限合伙企业和普通合伙企业，均被视为税收上的透明实体。

在缴纳公司所得税的各类法律实体中，“公司”的范围包括居民纳税人的股份公司和有限责任公司，或具有相似特征的非居民外国法人实体。

私人基金会不得将贸易或商业活动作为其主要业务，但它可以作为其他公司的控股公司。原则上，私人基金会需要就其来源于奥地利境内、境外的所得缴纳公司所得税，但其取得的符合规定条件的消极所得或资本利得享受特殊的税收待遇。

居民身份的定义：若企业的法定注册地（法律规定的住所）或实际管理机构所在地位于奥地利，则企业属于居民纳税人。根据奥地利商法成立的公司，其法定注册地位于奥地利。实际管理机构所在地的认定，主要以战略管理（如主要重大决策）场所作为判断标准，而非日常管理场所。

3. 应纳税所得额

（1）一般规定。居民企业就其来源于奥地利境内、境外的所得缴纳公司所得税。应税收入几乎涉及和涵盖所有的收入，包括营业收入和营业外收入、货币收入和非货币收入。

企业的应纳税所得（亏损）额根据净资产比较法进行计算，即根据一个纳税年度的期初和期末净资产（经调整）的差额确定所得或亏损。

（2）免税收入。免税收入最主要的项目是：符合“积极参与被投资企业经营活动的股东减免税”条件的企业，取得的境内或境外的股息红利。

此外，新办企业接受股东的出资或存续企业接受股东的增资，无论该出资或增资是股东为了获得股份、其他权益还是相应的持股比例，被投资企业收到的权益性投资款项时均免税。

（3）扣除。通常来讲，与取得应税收入有关的支出准予税前扣除。可扣除支出主要包括职工薪酬、相关利息支出、特许权使用费支出等。

职工薪酬中的职工福利支出包括养老保险、医疗保险、意外保险以及人身保险、伙食补贴、乘车补贴和其他附加福利等。某些情况下，部分扣除项目由成文法或税收裁定明确扣除限额，如企业向特定的养老基金缴纳的费用等。

企业向第三方支付的与取得收入具有经济联系的贷款或其他债务的利息，通常允许扣除。向股东或股东的关联方支付的利息应遵循独立交易原则。因此，企业向股东或附属公司以超高的利率支付的贷款利息，可能会被税务部门认定为隐蔽性利润分配，不予税前扣除。

独立企业之间发生的特许权使用费支出可以税前扣除。与利息规定相似，企业向股东或附属公司支付的不合理的特许权使用费支出可能会被税务部门认定为隐蔽性利润分配而不予税前扣除。

此外，符合独立交易原则的服务和管理费准予税前扣除。

不可扣除支出主要包括股息红利或其他形式的利润分配。

与取得免税收入直接相关的利息支出不予税前扣除。在企业集团成员之间，如果居民企业为收购另一居民企业或非居民企业的权益性资本（该收购将导致经营性资产增加）而通过贷款融资，即使收购方通过该参股形式取得的股息红利免税，但其贷款融资的利息支出准予税前扣除。集团内企业之间参股的贷款利息支出不予税前扣除。

自 2014 年 3 月 1 日起，居民企业向境外关联方支付利息和特许权使用费时，如果境外关联方取得的利息和特许权使用费收入在所在国免税或以低于 10% 的税率征税，则居民企业支付的利息和特许权使用费不予税前扣除。

企业支付的董事费等的扣除也有限制规定。向非执行董事支付的报酬税前扣除比例为 75%，向监事会成员或与提供监督服务相关的其他个人支付的报酬税前扣除比例为 50%。同样，如果上述人员的差旅费超过个人所得税法规定的一次性报销最高免税额，其税前扣除的比例分别为 50%、75%。自 2014 年 3 月 1 日起，企业每年向一名员工发放超过 50 万欧元的工资薪金（现金或实物报酬）的税前扣除必须满足限定条件，该项规定适用于企业的正式员工和其他全职工作人员（如签订服务合同的管理层成员）。此外，上述扣除限制同样适用于员工辞退费和其他相关费用。企业向一名员工发放的工资薪金只有超过 50 万欧元以上的部分，才不得在计算公司所得税时扣除。

企业向股东或关联企业支付的不合理的服务费和管理费，视为隐蔽性利润分配不予税前扣除。

（4）折旧和摊销。一般情况下，企业用于生产经营活动的所有资产都需要计提折旧，但价值随时间推移不减少的资产除外。资产从投入使用时开始计提折旧。

企业计提折旧的基础是资产的购买成本或生产成本。如果纳税人取得资产时没有支付任何对价，则资产的折旧基础是取得该资产时其应当支付的对价。在会计期末，如果某资产预计将发生永久性减值（非正常的折旧），则该资产期末价值需按照较低的持续经营价值计算。如果某金融资产（如股权投资）发生减值，即使不是永久性的，也须将该资产价值减记至较低的持续经营价值。

税法只允许采用直线法计提折旧。在资产投入使用的当年，如果使用期限超过 6 个月，可允许按 12 个月计提折旧；如果使用期限不足 6 个月，可允许按 6 个月计提折旧。

企业计算某项固定资产可税前扣除的折旧的一个重要参数是“可使用年限”。尽管税收法律或税务行政规定明确了相关固定资产可使用年限的标准，但纳税人仍有可能提出本行业本企业的某项固定资产存在一定的特殊性，可使用年限较其他类似行业或企业的同类资产更短或更长一些（乘用车和商誉除外）。

虽然奥地利税法目前对折旧率并未进行原则性规定，但建筑物一般按照 2%、2.5% 或 3% 的折旧率计提折旧，除非纳税人可以证明适用其他折旧率更合理。汽车的折旧年限不得少于 8 年，商誉的摊销年限不得少于 15 年。资产净值不超过 400 欧元的动产可以在购置当年一次性全额扣除。

厂房允许计提折旧。直接用于生产经营活动但使用寿命不确定的厂房，最高折旧率为 3%。基于技术、经济环境的考虑，允许企业将厂房的经济寿命缩短但不得少于 20 年。

如果前一年度按较低的可持续经营价值计提减值的资产的减值因素不复存在，允许对其价值进行全部或部分冲回。对于金融资产，则必须冲回；未冲回的，必须在资产负债表的备注中说明。

企业出售或处置已使用的资产取得的收入，如果大于该资产按照税法规定计提折旧后的净值时，其差额应当计入应纳税所得额。

（5）准备金。准备金的计提和冲回会相应减少和增加应纳税所得额。主要的准备金包括：遣散费，养老保险当期本金及未来利息，其他不确定的负债，待执行项目的预计损失。

一方面，准备金并不一定是法定债务或确切金额债务，很大程度上需要纳税人根据特定行业或交易的客观事实和具体商业经验进行估计。另一方面，准备金也不可能全面。典型的准备金包括债务担保、产品质量保证、损失索赔、税务咨询费等的现实义务。企业提取税法规定之外的准备金以及预提的修理费等类型的准备金，不得税前扣除。

准备金的价值不能超过该项负债预估的持续经营价值，并且必须在资产负债表进行列示。只要导致准备金产生的因素消失后，准备金就要冲销。除非收回坏账，坏账的价值不作调整。

除遣散费和养老金外，其他准备金税前扣除比例通常为80%。已计提超过12个月的准备金可全额扣除。

自2014年7月1日起，对超过12个月的未决交易的或有负债和或有损失形成的准备金，应根据实际期间确定折现值进行计算，折现率为3.5%。

企业计提准备金可能会形成隐性准备金。隐性准备金等于一项资产的账面价值与资产的可变现价值的差额。如果隐性准备金违反估价规则，税务机关可认定企业已实现该隐性准备金的价值。通常，公司出售资产时便可实现隐性准备金的价值。

4. 资本利得

企业出售或处置经营性资产取得的资本利得，将作为营业所得按照基本税率征收所得税。根据非居民企业投资的参与免税优惠制度的规定，特定情况下，居民企业转让非居民企业股权取得的所得免税，除非该居民企业选择将其资本利得作为应税所得。

5. 亏损

公司所得税法规定亏损可以结转弥补。通常来讲，亏损可以无限期向以后年度后结转，用以后年度实现的盈利弥补，但不允许抵减以前年度盈利。

（1）经营亏损。企业经营活动未弥补的亏损可以无限期向以后年度结转，但不得抵减以前年度盈利。原则上，纳税人只要发生亏损就可以申请弥补亏损，但在企业合并、分立时有特殊规定。本年度或前一年度亏损项目发生的亏损仅可以抵减本年度盈利项目实现75%的利润。未弥补的亏损可以结转以后年度弥补。

企业在会计年度内，无论是亏损还是盈利，都必须计提折旧。

（2）资本损失。企业资本活动亏损的税务处理与经营活动亏损的税务处理相同。企业以获取税收利益为目的对其他公司或合伙企业进行权益性投资，由此产生的资本损失不得抵减本企业其他活动实现的盈利。但该损失可用以后年度企业自该权益投资实现的所得进行弥补。

6. 税率

（1）经营所得和资本利得适用税率。自2011年1月1日起，公司所得税适用25%的比例税率，资本利得也适用25%的税率。

股份公司和有限责任公司的年度最低征税额分别是3 500欧元和1 750欧元。对于银行、保险公司和新办公司等特定企业，年度最低征税额可适当调整。纳税人根据年度最低征税额预缴税款，已缴纳的税款可以抵减全年最终应缴的公司所得税税款。

（2）向居民纳税人支付款项的预提税税率。居民企业向另一居民企业支付股息红利或其他形式分配的利润时，应按照25%的税率代扣代缴预提税。若居民企业（投资企业）持有另一居民企业（被投资企业）的股份不少于10%时，则被投资企业向投资企业分配的股息红利无须扣缴预提税。投资企业被扣缴的预提税可以抵减本企业最终的应纳所得税额（其他所得对应的应纳所得税额），或申请退税。向私人基金会支付的来源于境外的股息红利免征预提税。

除企业之间支付的贷款利息不需要征收预提税之外，在奥地利境内支付的其他大多数类型的利息均应按照25%的税率征收预提税。支付方已扣缴的预提税相当于贷款方企业预先缴纳的公司所得税，可用于抵减贷款企业最终的应纳所得税额。支付方需要扣缴预提税的利息包括以下几种类型：银行支付的存款利息或其他债务利息，有价证券（包括可转换债券和利润分享型债券）利息，购买投资基金或类似投资取得的收入，1992 年 9 月 30 日以后购买国际组织发行的有价证券取得的利息。

向居民企业支付特许权使用费无须扣缴预提税。

7. 税收优惠

（1）私人基金会税收优惠。私人基金会承担着无限的公司所得税纳税义务，仅来自国内的股息红利可享受免税优惠。私人基金会收到的股息红利通常可参照执行参与免税制度（积极参与企业经营股东减免税制度）。

私人基金会来源于存款、债券、可转换债券、利润分享型债券以及持有投资基金或房地产基金股份的利息收入等多种形式的投资所得，适用 25% 的税率。私人基金会与行业或主营业务无关的资本利得，包括：出售 2010 年 12 月 31 日以后购进的股权或单位基金取得的所得，出售 2011 年 9 月 30 日以后购进的债券、信用债券和衍生金融投资工具取得的所得。

私人基金会取得上述所得适用 25% 的税率。私人基金会处置不动产取得的所得，不考虑不动产的持有期间，统一适用 25% 的税率。

私人基金会因资本利得缴纳的公司所得税并非最终税款，可抵减不适用免税（协定）优惠待遇的受益人负担的资本利得税。

根据“相当数量股份减免税”条款，私人基金会出售被投资企业符合条件的不低于 1% 的股权所实现的隐性准备金，可抵减其同年或出售后 12 个月内购买的符合条件的 10% 以上的股权投资的成本。对 2007 年 12 月 31 日以后购买的股权，如果基金会发起人或受益人单独或共同，直接或间接持有股权出售方 20% 以上的股份，不适用上述抵减出售股权实现隐性准备金的政策。

私人基金会须按要求向主管税务机关提交其遵循的法律法规以及本基金会的章程和内部制度。同时，基金会须告知税务机关其受益人。

（2）研发费用加计扣除。企业可申请年度研究和开发费用的 12% 进行加计扣除。该项政策适用于企业自主开展的相关研发活动，以及符合条件的委托研发活动。对于委托研发活动，研发支出加计扣除基数的最高限额为每年 100 万欧元（2012 年以前为 10 万欧元）。

（3）职工教育费加计扣除。职工教育费加计扣除是对企业教育和培训员工所发生的费用给予的额外扣除。加计扣除比例一般为 20%。该项扣除仅适用企业发生的直接与职工教育培训相关的支出，不含交通费等其他支出。通常，只有直接向培训和教育机构支付的费用才属于符合条件的支出；企业内部培训每日不超过 2 000 欧元限额的支出可以享受加计扣除优惠政策。企业职工参加高校学历教育和培训的支出，可以享受 6% 的加计扣除。

职工教育和培训支出可享受加计扣除的政策于 2016 年 1 月 1 日废止。

（4）购买企业发行新股的优惠。个人持有 2011 年以前购入的从事生产活动的居民企业（不包括国有企业）新发行股份所取得的与该股份相关的股息红利，免征预提税或个人所得税。

8. 征收管理

（1）纳税年度。一般情况下，奥地利以公历年度作为纳税年度。如果纳税人能证明其出于正当商业目的而非避税的需要，可向税务机关申请更改纳税年度。

（2）纳税申报。公司所得税申报实行纳税人自行评估应纳税款并申报的制度。对于采用公历年度作为纳税年度的企业，公司所得税年度纳税申报截止日期为次年的 4 月 30 日；对于进行电子申报的企业，申报截止日期可延迟至次年的 6 月 30 日；对于聘请税务中介办理纳税申报事宜的企业，纳税申报截止日期可自动延迟一年。特殊情况下，税务机关可根据纳税人的申请，延长纳税申报期限。

（3）税款缴纳。纳税人须根据税务机关下达的自行评估预缴税款的通知，在每个纳税年度的2月15日、5月15日、8月15日和11月15日分四次等额预缴税款。通常纳税人以上一年度应纳税额加上调整金额（最近一次汇算清缴年度的次年按4%确定调整金额，以后每年按5%确定调整金额）确定预缴税款。如果当年实际应纳税款与当年预缴税款存在较大差异，则将进一步调整预缴税款。一个纳税年度内的预缴税款和预提税可抵减最终的应纳公司所得税额。多缴的预缴税款可申请退税，除非预缴税款未达到年度最低征税额。多缴的预缴税款也可结转至以后年度，抵减以后年度的应纳公司所得税额。

纳税人自行评估的公司所得税额须在税务部门通知下达后1个月内缴纳。如果纳税人提起行政复议或诉讼的，可推迟缴纳。

（4）事先裁定。纳税人可向主管税务机关、上级税务机关或者财政部申请事先裁定。主管税务机关遵循诚实信用原则，不违背法律规定做出的裁定对其税收征管具有约束力。但是，裁定一般情况下对纳税人和法庭不具约束力。纳税人不可以就事先裁定进行行政复议或诉讼。除缴纳印花税外，事先裁定无须支付其他费用。

财政部和上级税务机关的裁定没有约束力。

事先裁定适用于企业重组、合并纳税和转让定价等涉税事项。上述事项的事先裁定结果对主管税务机关具有约束力。纳税人可以就裁定结果提起行政复议或诉讼。税务机关根据纳税人的销售收入情况，就出具的裁定收取1 500～20 000欧元不等的费用。

（二）居民企业之间的交易

1. 企业集团合并纳税

奥地利规定企业集团可以合并纳税。如果母公司对子公司存在财务控制，集团母公司及其子公司可选择合并缴纳公司所得税。如果母公司在会计年度期初就拥有子公司50%以上的股权或投票权，则认为构成财务控制。企业集团的存续年限不得少于3个会计年度。如果某一集团的成员在3年期满之前退出集团，则将追溯调整企业集团合并纳税的处理结果。

自2014年3月1日起，如果非居民企业位于欧盟成员国或者与奥地利签订全面税收征管互助协议的国家（如瑞士），则该非居民企业可选择作为奥地利企业集团的成员企业，且一旦成为奥地利企业集团的成员企业，就不能作为其他国家的企业集团的成员企业。不满足上述条件的非居民企业将于2015年1月1日起自动退出合并纳税的企业集团。不再符合合并纳税条件的集团成员已弥补的亏损，须在3年之内进行调整（即2015～2017年期间）。

合并纳税是指公司法意义上独立存在且作为法人实体的集团内子公司在税收上被视为母公司的分支机构。合并纳税有助于确保集团成员企业发生的亏损可以即时用其他成员企业的利润进行弥补。无论母公司持有多少比例的子公司股份，集团成员取得的利润或亏损将100%汇总到母公司。但是，对于集团内部非居民企业而言，母公司仅可按照直接持股比例弥补非居民企业发生的亏损。如果非居民企业的亏损可用本企业以后年度利润进行弥补，或其退出合并纳税的集团，则已经利用集团其他企业的利润弥补的亏损须进行冲回。因非居民成员企业破产或清算导致向其进行的股权投资发生实际且确定的亏损，亏损的弥补问题适用特殊规定。

集团内部的非居民企业发生的亏损须按照奥地利的税法规定计算，但可弥补的亏损额不得超过按照境外规定计算的亏损额。此外，自 2014 年 3 月 1 日起，非居民企业发生亏损的弥补额不得超过集团母公司及其奥地利境内子公司合并所得收入的 75%（此前是 100%）。

由于企业集团的成员企业的盈利、亏损可以相互弥补，以及商誉可以摊销，因此，母公司持有子公司的股权发生减值不得税前扣除。如果母公司取得子公司的股份发生在 2004 年 12 月 31 日之后，则该子公司的商誉允许进行加计摊销（集团内部并购和跨境并购不适用该项规定）。商誉的摊销年限不得少于 15 年，且摊销金额不得超过股权购买价格的 50%。允许对集团成员的商誉在未征税的情况下进行扣除，有利于降低母公司的并购成本。与之相反，负商誉将在未来 15 年内增加企业的所得税负担。自 2014 年 3 月 1 日起，2014 年 2 月 28 日以后购买的股份对应的商誉摊销不得税前扣除。尽管商誉摊销会影响股权收购的价格，已进行摊销的商誉不受新规的影响。

2. 居民企业之间的股息红利

居民企业从其他居民企业取得的股息红利，包括隐性分配的利润，适用特殊的规定。无论持股比例大小，居民企业取得的符合条件的股息红利免税。与上述股份相关的成本不予税前扣除。

私人基金会从居民企业取得股息红利同样免税。

（三）其他类型的企业所得税

奥地利未征收其他类型的企业所得税。企业所得税实行中央与地方共享。

（四）国际税收

1. 居民企业

（1）境外所得和资本利得。居民企业应就其来源于奥地利境内、境外的所得及资本利得缴纳公司所得税。境外所得和资本利得的税收处理适用之前的相关规定。境外亏损的税收处理与境内亏损相似，但如果境外亏损之后可在境外弥补，则之前用境内利润弥补的部分须进行调整。

免税股息和股权转让所得。奥地利税法规定，从欧盟成员国公司取得的符合条件的股息红利及资本利得，适用“相当数量股份减免税”政策，免征公司所得税，该减免税政策同样适用于取得欧盟成员国之外国家的子公司的股息红利和资本利得。

同时满足以下条件的股息红利适用国际参与免税制度：

①母公司须按照《商法》规定设置、登记会计账簿，或母公司是外国企业，但根据公司所得税法规定，为奥地利居民企业；

②子公司符合《欧盟母子公司法令》规定的公司形式，并按规定履行公司所得税义务；

③母公司直接或者间接持有子公司不低于 10% 的股份；

④母公司持续持有子公司 10% 以上的股份不低于 1 年。

如果资本利得和资产增值免征所得税，那么资本损失和资产减值不予税前扣除。但是，如果母公司在取得子公司股份的当年选择资本利得和资产增值征税，那么资本损失和资产减值允许税前扣除；反之亦然。

其他欧盟成员国公司在奥地利境内，按《欧盟母子公司法令》规定设立的常设机构，且母公司持有该常设机构 10% 以上的股份不低于 1 年，则该常设机构的股息红利免征所得税。对于债务融资收购取得的股份，如果持有该股份取得的股息红利免税且可归属于实质经营性资产，则该债务融资发生的利息支出准予税前扣除。

参与免税制度的适用范围扩大至来源于欧洲经济区国家的组合投资股息（控股权低于 10%）。对于该类股息红利，没有持股期限的要求。针对来源于欧洲经济区中非欧盟成员国的国家股息红利，只有与奥地利签订全面税收征管互助协议的国家，才能享受免税政策。如果非欧盟成员国的公司符合奥地利居民企业条件且该非欧盟成员国与奥地利签订全面税收征管双边互助协议，那么对该公司进行组合投资取得的股息红利同样适用参与免税制度。对欧洲经济区国家进行组合投资取得的股息红利适用参与免税制度，不再要求满足全面税收征管互助协议的条件。

组合投资股息一般情况下可享受免税待遇，但是，当境外公司所得税率较奥地利公司所得税率明显偏低（如境外公司所得税率比奥地利公司所得税率低 10% 以上），或者境外公司有多种免税客体或免税主体（除参与免税制度的情形外），则组合投资取得的股息红利应适用抵免法而非免税法。

只有分配股息红利的境外公司所分配的股息红利不可税前扣除时，境内公司取得的股息红利才可享受参与免税制度。

当境外股息红利适用抵免法而非免税法，且境外已缴纳税款大于奥地利的应纳税额（不包括最低税额）时，境外多缴的税款可无限期结转至以后年度抵扣。

来源于境外的利息和特许权使用费收入视作日常经营收入征税。来源于境外的其他收入（如收取的费用或租金）与奥地利境内收入一样征收所得税。

（2）境外亏损。通常，境外亏损的税收处理适用境内亏损的相关规定，其计算方法与境内亏损计算方法一致。所有境外亏损须按照国内规定计算。如果境外亏损已在常设机构所在国弥补，则对用境内利润弥补的境外亏损须在以后期间进行调整。境外亏损须进行纳税申报。

自 2015 年 1 月 1 日起，奥地利企业在未签订互助协议国家的常设机构发生亏损，已用境内利润弥补的部分应在三年内（最近）进行调整。

（3）避免双重征税。居民企业取得的主动收入（如通过境外常设机构取得的营业收入），且在境外适用的税率不低于 15%，适用累进免税法，享受单边税收减免（OECD 范本第 23 条）。

被动收入（如股息红利、利息、特许权使用费）以及不符合累进免税法条件的主动收入，适用税收抵免法，享受单边税收减免。境外所得税按分国不分项的原则进行限额抵免。该税收优惠同样适用于在来源国缴纳但在税收协定中未提及的地方所得税。

为适用单边税收减免，取得收入的企业必须提供每一项境外收入的可靠资料，包括收入金额、支付时间、来源国以及境外收入已负担的名义税负和实际税负。

2. 非居民企业

非居民企业是指法定注册地和实际管理机构均不在奥地利境内的企业。非居民企业仅就其来源于奥地利的特定类型收入和资本利得缴纳公司所得税。

（1）一般所得和资本利得的课税。非居民企业通过其在奥地利的常设机构从事经营活动取得经营所得须缴纳公司所得税。通常，非居民企业纳税人应就通过常设机构取得的全部所得或来源于常设机构控制的经营性资产的所得缴纳公司所得税。常设机构还包括持续施工时间超过6个月的建筑工地、建安工程。只有常设机构的亏损超过非居民企业境内、境外所得时，未弥补的亏损才可结转至以后年度弥补。奥地利对常设机构的定义与OECD税收协定范本基本一致。奥地利不征分支机构利润税。

非居民企业通过奥地利境内的不动产取得的收入（包括资本利得）应作为经营所得征收公司所得税，无论该收入是否归属于常设机构。2006年1月1日以前发生的隐性准备金按照旧的税法规定免税的，应当免征公司所得税。按照旧的税法之规定，对非居民企业销售不归属于常设机构的不动产取得的资本利得，若持有（或取得投机收益）该动产时间超过10年的，免征公司所得税。非居民企业于2012年3月31日以后处置位于奥地利的不动产取得的资本利得，无论持有该不动产时间长短，都应当缴纳资本利得税。

非居民企业在过去5年内任何时段直接或间接持有不低于1%的居民企业股权，转让该居民企业股权取得的资本利得应当缴纳公司所得税（公司所得税法第98条）。转让股权产生的资本损失只能以转让股权取得的资本利得进行弥补。自2012年4月1日起，持有或在过去5年内曾经持有居民企业至少1%的相当数量股份的非居民企业，转让该居民企业股权取得的资本利得应当缴纳25%的最终预提税。

奥地利境内常设机构持有的资产所产生的其他资本利得应缴纳公司所得税。非居民企业取得的可归属于位于奥地利境内常设机构的利息收入通常也应缴纳公司所得税。

未设立常设机构的非居民企业应就取得的股息红利和特许权使用费缴纳最终预提税。属于常设机构的股息红利或特许权使用费收入应全额缴纳公司所得税。已扣缴的预提税可抵减最终应纳所得税额。符合欧盟母子公司法令条件的其他欧盟成员国公司位于奥地利境内的常设机构，可适用参与免税制度。

非居民企业仅可扣除与应税收入相关的支出。非居民企业适用的公司所得税税率与居民企业相同。

奥地利境内的常设机构向境外转让资产时，要按照公平交易市场价格计算资本利得并缴纳公司所得税。

（2）对资本的课税。奥地利不征净资产税。非居民企业应就奥地利境内的不动产缴纳不动产税。

（3）征收管理。在奥地利境内设有常设机构的非居民企业，且有来源于常设机构的所得，税务机关采取核定征收的办法对该所得征收公司所得税。

3. 非居民企业预提税

（1）股息。向非居民企业支付的股息红利或其他利润分配应按25%的税率扣缴最终预提税，适用税收协定执行优惠税率的除外。

根据欧盟母子公司法令，奥地利国内法对居民子公司向位于其他欧盟成员国的非居民母公司分配的股息红利，满足以下条件的免征预提税：

①母公司符合欧盟母子公司法令规定的形式；

②母公司直接或间接持有子公司10%及以上的股份；

③母公司连续持有该股份的期限不少于1年。

当母公司持有子公司股份不满1年时，子公司分配股息红利将会被临时性源泉扣缴预提税。持股期限超过1年后，可申请退税。

存在避税、滥用税法或推定股息等情形时，应当源泉扣缴预提税。如果取得所得的企业向支付所得的企业提供书面申明，表明其所得来源于主动经营活动，且拥有雇员和经营场所设施，则取得所得的企业不存在避税或滥用税法的行为。如果支付所得的企业按照独立交易原则，未通过独立第三方向其股东支付所得，则该支付将被认定为推定股息。

根据欧盟——瑞士储蓄协议之规定，当欧盟成员国企业向瑞士居民企业支付股息红利且符合欧盟母子公司法令规定的条件时（在 2005 年 1 月 1 日法律修正案生效之前；因此，须满足最低持股 25% 和持股期限满 2 年的要求），欧盟成员国应为该股息红利提供免税待遇。但是，奥地利与瑞士签订的税收协定所规定的免税条件更为宽松。

（2）利息。向非居民企业支付的利息无须扣缴预提税。

（3）特许权使用费。向非居民企业支付的特许权使用费应当源泉扣缴公司所得税。该税款为最终税款，税率为 20%（除适用税收协定执行优惠税率的情形外）。

根据欧盟利息和特许权使用费法令，奥地利居民企业向位于其他欧盟成员国的母公司或常设机构支付的特许权使用费，满足以下条件的免征预提税：

①母公司符合欧盟利息和特许权使用费法令规定的形式；

②母公司直接控制子公司 25% 及以上的股权；

③母公司连续持有该股权的期限不少于 1 年。

当母公司持有子公司股份不满 1 年时，子公司支付特许权使用费将会被临时性的源泉扣缴预提税。持股期限超过 1 年后，可申请退税。

存在避税、滥用税法或特许权使用费高于独立交易金额被认为“推定股息”，应源泉扣缴预提税。

根据欧盟——瑞士储蓄协议之规定，当欧盟成员国企业向瑞士居民企业支付利息或特许权使用费符合欧盟利息和特许权使用费法令规定的条件时，欧盟成员国应为该利息或特许权使用费提供免税待遇。但是，根据奥地利与瑞士签订的税收协定之规定，利息和特许权使用费一律享受免税待遇。

（4）其他。管理费不征收预提税。非居民企业提供技术和商业咨询服务，按 20% 的税率征收预提税。但是，奥地利在大多数税收协定中放弃了对该部分收入征税的权利。处置奥地利境内不动产所取得的资本利得按 25% 的税率征收最终预提税。

奥地利不征收分支机构利润税和汇款税。

（五）反避税

1. 概述

纳税人有权按照对其最有利的方式安排其经济活动，这是奥地利税法长期以来的既定原则。但是，奥地利税法也规定，纳税人不能滥用税法规定的法律形式或方法以达到避税的目的。如果存在上述滥用行为，税务机关应以滥用行为未发生的经营情况来计算税款。如果税务机关认定纳税人存在滥用税法行为或虚假交易，税务机关必须收集并提供相应证据。

2. 转让定价

转让定价在某种程度上由适用于奥地利居民企业与非居民关联方之间交易的特殊条款规定。转让定价（公平交易）规则原则上适用于企业和个人纳税人，企业纳税人又包括法律实体和常设机构。通常来讲，转让定价规则适用于所有控股比例超过 25% 的跨境关联方（法律实体）交易以及分支机构或常设机构与公司总部之间的交易。

在特定情况下，奥地利税务机关也会在转让定价案件中引用一般反避税规则。

根据上述规则，居民企业与非居民企业或公司总部之间的交易定价须符合独立交易原则。此外，在执行奥地利与其他国家签订的一系列税收协定时，须遵循《OECD 转让定价和跨国公司报告（1995）》的要求。

3. 资本弱化

奥地利企业税制中没有专门涉及资本弱化的条款。但是，行政法庭确定了范围更广、更开明开放的指引，旨在从税收角度判断基于商业目的而持有的权益投资是否充足。如果权益投资不足，则股东的一部分债务投资将被视为权益投资。此外，向明为贷款实为权益的这部分支付利息，将被视为隐性利润分配。该利息不予税前扣除。

4. 受控外国公司

奥地利企业税制中没有专门涉及受控外国公司的条款。但是，外国公司未分配的利润按股东持股比例，计入其应税收入缴纳所得税。如果该外国公司为外国投资基金或房地产基金，则不考虑持股比例。投资基金和房地产基金的概念包含任何以风险分散规则架构其投资的境外实体或资产池。如果外国公司符合外国投资基金或房地产基金的特征且未向财政部披露其收益信息，则投资人应按一般规定或以不低于投资份额赎回价值 10% 的计税基础征税。

5. 其他反避税规则

当纳税人存在避税或滥用税法等情形时，取得股息红利、资本利得适用的税收减免方法从免税法转变为抵免法。该规定适用于所有境外股息支付，旨在避免居民企业境外所得已享受低税率优惠（境外税负等于或小于 15%）的情况下在境内享受免税待遇。如果采用抵免法，居民企业取得的境外收入已缴纳的外国所得税可申请抵扣境内的应纳公司所得税额，但抵扣额不得超过该项收入按境内税法规定计算的应纳公司所得税额。

符合以下两个条件可认为纳税人存在避税或滥用税法的行为：

（1）境外子公司的主要经营活动包括直接或间接取得利息收入、资产出租收入或股权转让所得（被动收入）；

（2）境外子公司所在国家的税率或税基与奥地利相比明显偏低；若境外税基等于或小于按照奥地利税法确定的税基的 15%，则认为其与奥地利相比明显偏低；由特殊折旧方法或弥补以前或以后年度损失导致的境外平均税负小于或等于 15%，不属于明显偏低的情形。

如果欧洲经济区国家较奥地利的公司所得税率明显偏低（比奥地利公司所得税率低 10% 以上），则来源于这些国家投资组合的股息应适用抵免法而非免税法。

二、个人所得税

（一）一般规定

居民纳税人应就其源于奥地利境内、境外的所得缴纳个人所得税。个人所得税由联邦政府征收。个人所得税按累进税率计算应纳税额。

1. 纳税人

居民纳税人是指，在奥地利境内有住所或习惯性居所的个人。所谓“住所”，是指个人在奥地利境内拥有住宅；所谓“习惯性居所”，是指个人在奥地利居住时间满 6 个月的住所。

在奥地利，夫妻双方应分别申报缴纳个人所得税，子女也单独缴纳各自的个人所得税。

2. 应纳税所得额

（1）概述。居民纳税人应就其来源于奥地利境内、境外的所得缴纳个人所得税。奥地利个人所得税法详尽列示应税所得项目，未涵盖的所得项目不予征税。

个人应税所得项目，主要包括：农业、林业所得；专业服务所得以及其他独立服务所得；经营所得；受雇所得；投资所得；经营租赁所得、融资租赁所得和特许权使用费所得；其他特定所得（包括特定养老金和私有财产的资本利得）。

应纳税所得额是个人取得的各项所得之和减去特定费用后的余额，特定费用包括以前年度结转的待弥补亏损、额外负担、免税所得以及免税项目发生的损失等。

上述前3项所得属于个人从事经营活动的所得。奥地利税法规定，这3项经营所得等于“个人经营实体的本会计年度年末资产价值，减去上一年会计年度年末资产价值，加上本会计年度投资者撤资，减去本会计年度新增股本后的金额。”此外，在具体计算经营所得时，应以利润表为基础。个人经营的小型企业或微型企业，可以不设置账簿，直接以营业收入减去营业支出的差额作为应纳税所得额。

上述后4项所得属于个人非从事经营活动所得，按净收益法计算，这4项所得等于“个人取得的该项收入，减去为取得或保持该项收入所支付的相关费用的余额”。

个人的年度应纳税所得额，等于所有应税项目的所得减去损失、特定费用、专项支出以及税法规定的其他扣除和优惠后的金额。

（2）免税所得。个人取得以下各项目的所得，免征个人所得税：特定的社会保障金；基金会或公共基金直接资助的用于艺术、科学或研发活动的款项；奖学金或助学补助。

3. 受雇所得

（1）工资、薪金所得。受雇所得，是指个人取得的来源于雇主或第三方的各种现金或实物形式的所得。通常，受雇所得的个人所得税采取源泉扣缴的方式征收。

个人在计算缴纳其个人所得税应税所得时准予扣除多项支出。如果纳税人因雇主业务需要而被派遣到其他地方工作，其发生的搬家费准予在计算应税所得时扣除。如雇主为其报销全部或部分搬家费的，纳税人取得的报销金额应计入其应税所得。

个人纳税人如果住处与工作地点有一定距离，其发生的交通费扣除视具体情况，有两项扣除标准：一是纳税人住处到工作地点路程超过20公里的，发生的交通费准予扣除。根据路程的长短，交通费的扣除标准从696欧元至2 016欧元不等。二是如果纳税人住处到工作地点没有公共交通工具或者搭乘公共交通工具不便利，则路程超过2公里以上发生的交通费即允许扣除。根据路程的长短，交通费的扣除标准从372 ~ 3 672欧元不等。在任何情况下，个人纳税人发生的交通费都不允许直接按实际发生额进行扣除。此外，奥地利税法还规定，符合条件的个人纳税人，可以享受通勤费税收抵免。

2013至2016年，纳税人取得的假期津贴（第13个月工资）和圣诞津贴（第14个月工资）超过一定金额时，应缴纳团结附加税。目前，这两项所得缴纳个人所得税时适用6%的比例税率。当个人纳税人月工资总额超过24 380欧元时，才需征收团结附加税，适用税率为超额累进税率。

个体经营户取得的经营所得也需缴纳团结附加税，但为使个体经营户与雇员的税负相对持平，对个体经营户免税额适当予以降低。

（2）实物福利。雇员取得的实物福利应当作为受雇所得缴纳个人所得税。实物福利按财政部或州一级税务部门确定的平均价格计税，平均价格通常低于市场价格。实物福利包括：生活补贴、住房补贴、免费度假旅游、公车等。部分实物福利免征个人所得税，包括：为职工免费提供的运动器材、工作服、和由雇主负担的培训费和养老保险费。

雇员以优惠条件取得本企业的价值不超过 1 460 欧元的股票免征个人所得税。雇员取得的本企业的股权，视同实物福利应当征收个人所得税。一般情况下，雇员应在取得该股票时纳税；符合相关条件时，雇员可在处置该股票或期权时纳税。

（3）养老金所得。退休员工从社会保险机构、养老基金或雇主取得的养老金视同受雇所得纳税。如果养老保险缴费是由退休人员在工作期间自己负担的，则其取得的养老金仅就其中的 25% 征收个人所得税。

雇主为雇员缴付的养老保险费用免征个人所得税。雇员依法缴付的国内或国外养老保险费用，可从受雇所得中全额扣除。

（4）董事报酬。个人既是企业董事又是企业员工的，其取得的报酬按受雇所得项目征收个人所得税；个人是企业董事但不是企业员工的，按专业服务所得项目征收个人所得税。如果董事持有企业股份超过 25%，则无论该董事是否受雇于该企业，其取得的报酬都按专业服务所得项目征收个人所得税。

监事会成员取得的报酬按专业服务所得项目征收个人所得税。

企业向董事（股东代表）支付的报酬，须符合独立交易原则。否则，税务机关有权进行调整，对超过独立交易原则标准支付的报酬的部分将视为隐性利润分配。

4. 经营和专业服务所得

根据奥地利个人所得税法规定，经营所得和劳务所得属于两种不同类型的所得项目。通常，纳税人为取得、实现或维持经营项目和劳务项目的应税所得而发生的支出准予税前扣除。

个人从事经营项目或劳务项目，如以收付实现制作为会计核算制度的，可以选择不按实际发生额扣除相关费用，而选择一揽子扣除相关费用。一揽子扣除费用，通常按照收入总额的一定百分比计算确定，有两项标准：一是经营所得或专业服务所得为收入总额的 12%，最高不得超过 26 400 欧元（22 万欧元乘以 12%）；二是教育培训所得或科学活动所得为收入总额的 6%，最高不得超过 13 200 欧元（22 万欧元乘以 6%）。

个人从事经营项目或劳务项目的，如果用其未超过年度税后利润的 13% 的资金用于以下项目再投资：购置可提取折旧的有形资产；投资特定有价证券；购买或建造房屋、建筑物等（包括承租人投资改造租赁房屋、建筑物）。可申请享受“税后利润再投资免税优惠政策”。该项税收优惠政策主要针对的是从事经营项目或劳务项目的年度利润总额超过 3 万欧元的个人纳税人，其投资额不超过年度利润的 13% 且不超过 10 万欧元时。纳税人再投资的投资额可以对应享受免税优惠政策的金额为以下二者中的孰低值：10 万欧元或者资产的购买或建造成本。

个人从事经营项目或劳务项目的，如果年度利润总额不超过 3 万欧元的，税后利润进行再投资享受免税优惠政策没有门槛。也就是说，符合条件的个人纳税人，可以充分享受 13% 的税后利润再投资免税优惠政策。

2013 至 2016 年，个人从事经营项目或劳务项目的，其税后利润再投资的免税投资额最高不超过 45 350 欧元，计算比例如下：

（1）年度利润不超过 17. 5 万欧元的部分，免税比例为 13%；

（2）年度利润超过 17. 5 万欧元至 35 万欧元的部分，免税比例为 7%；

（3）年度利润超过 35 万欧元至 58 万欧元的部分，免税比例为 4. 5%；

（4）年度利润超过 58 万欧元的部分，不免税。

5. 投资所得

传统的投资所得分为三类：一是资本收益；二是投资资产取得的利得；三是投资衍生工具取得的利得。近年来，奥地利逐渐将“纳税人投资于经营性资产取得的所得”归类为“投资所得”。

个人取得的投资所得准予税前扣除相关的支出，但扣缴最终预提税的投资所得除外。

个人投资居民企业，取得的股息、红利所得作为经营所得或资本收益，按 25% 的税率征收最终预提税。个人因持有从事制造活动的居民企业（不包括国有企业）新发行的股份，而取得的与该股份直接相关的股息、红利所得既不征收预提税也不征收个人所得税。纳税人购买上述股份，可申请扣除特定费用。该项优惠政策仅适用于 2011 年 1 月 1 日以前购买的新发行股份。

个人取得股息一般需要缴税，而取得股权回购款一般不需要缴纳个人所得税。此外，个人纳税人取得股权回购款应向税务机关进行专项申报。

个人取得的利息所得，同样视为经营所得或资本收益，按 25% 的税率的征收最终预提税。

个人取得的特许权使用费或不动产所得，作为经营所得或租金所得、特许权使用费所得，按照基本税率缴税。

6. 资本利得

一般而言，个人纳税人取得的资本利得不计入应税所得，但是以下资本利得除外：一是个人转让全部或部分经营资产实现的资本利得；二是个人因投机活动取得的资本利得；三是部分或全部转让“相当比例持股”股权取得的资本利得。

个人转让全部或部分经营资产，按照转让所得减去资产账面价值的余额确定资本利得。纳税人特定条件下可享受重置经营性资产时的滚转冲抵，以延缓缴纳税款。

个人因投机活动取得的资本利得主要包括以下项目：

（1）转让购买的持有期限不超过 10 年的不动产；

（2）转让购买的持有期限不超过 1 年的其他资产，特别是有价证券（另有规定的除外）；

（3）投资期货、远期合约、期权等取得的资本利得，特定的以物易物取得的利得，掉期结算交易取得的利得。

对于上述不动产或其他资产如果归类为经营性资产的，如果使用期限不超过上述规定的 10 年或 1 年的，在转让时取得的所得也属于投机收益，构成经营所得的除外。

自 2012 年 4 月 1 日起，个人转让不动产取得的资本利得，无论持有期限长短，均按 25% 的税率缴税。个人出售 2002 年 4 月 1 日以前购置的不动产可适用低税率。该项税款，不需要纳税人自行申报缴纳，由为该转让行为进行公证的公证员或律师在不动产转让当日或之后代扣代缴。

个人转让符合条件的主要住所或自建的房屋、建筑物，免征资本利得税。

个人转让相关金融产品，以下情况不征收最终预提税：①非银行业务引起的私人借款或非证券化债权；②非公开发售的担保债券、无担保债券、指数挂钩票据以及不动产单位基金；③非证券化的衍生金融资产；④隐名合伙取得的收入和取得的人身保险保费。

个人持有的符合“相当比例持股”条件的股权，持股比例不低于被投资企业总股权1%且持股期限超过1年的，取得的资本利得按25%的税率征收最终预提税。

7. 个人扣除、宽免和抵免

以下税收优惠政策适用于居民纳税人和符合条件的非居民纳税人：

（1）扣除。个人为取得应税所得发生的支出，准予在相应的所得项目中扣除。因此，任何所得项目发生的损失、特殊费用、专项支出、特定免税和税收宽免额在计算个人所得税时可以扣除。个人向特定慈善机构的捐赠支出，不超过其当年总收入10%的部分允许税前扣除。

取得受雇所得的特殊纳税人群体可以选择不按实际支出进行扣除，而对费用进行一揽子扣除。一揽子扣除的基数等于总收入减去享受优惠待遇的收入（如假期津贴和圣诞津贴等）的余额。一揽子扣除的具体比例如下：

①艺术家、音乐家为5%，最高不得超过2 628欧元；

②平面媒体记者、电视记者为7.5%，最高不得超过3 942欧元；

③销售代理为5%，最高不得超过2 190欧元。

允许对核定支出按以下标准进行一揽子扣除：

①与按净收益法计算的收入，相关的费用扣除标准为132欧元。如果实际支出高于扣除标准，按照实际支出进行扣除；

②每年220欧元的子女抚养费用扣除。

个人发生的利息支出、人身保险费用以及2011年1月1日以前购买的居民企业新发行股份的成本可作为特殊费用准予税前扣除，其扣除限额为730欧元（如果纳税人适用家庭税收抵免或单亲税收抵免，则特殊费用扣除限额为1 460欧元；如果纳税人抚养3个及以上的子女，则享受365欧元的额外扣除）。个人纳税人年收入为36 400欧元至60 000欧元之间的，扣除额下降至60欧元。

个人只有当医疗支出和教育支出成为其额外负担时，才准予税前扣除相关支出。扣除限额一般根据纳税人的收入确定。如果纳税人的子女在居住地以外的地方接受职业培训发生的支出，可按每月110欧元的固定金额扣除。

个人纳税人抚养的10岁以下的儿童发生的托儿费，按每人每年最多2 300欧元进行限额扣除，如果实际发生额低于2 300欧元则以实际发生额为准。值得一提的是，只有支付给提供教学服务的私人机构、公共机构或个人的托儿费准予税前扣除。

（2）宽免。已婚纳税人抚养一个或多个子女，且配偶收入不超过6 000欧元的，可以申请家庭税收减免。单亲家庭可申请单亲税收减免。家庭税收减免和单亲税收减免的限额为一个子女494欧元、两个子女669欧元；两个以上子女的，每增加一个子女，减免额增加220欧元。

另外，根据家庭均等法律，接受资助的纳税人可额外获得每年每个子女700.80欧元的税收减免。

（3）抵免。取得受雇收入的个人可享受54欧元的受雇税收抵免和291欧元的通勤税收抵免，通勤税收抵免大体上可覆盖纳税人的通勤成本。

退休个人可享受400欧元的税收抵免（符合特定情况的，可享受764欧元）。但退休个人不可享受132欧元的受雇人员一次性扣除。养老金所得高于17 000欧元的，抵免金额将随着养老金所得的增加而减少；直至养老金所得超过25 000欧元，抵免金额降为0。

符合差旅费扣除条件的纳税人，同样可享受最高不超过290欧元的通勤抵免。通勤抵免额等于290欧元减去实际支付的个人所得税。

符合家庭税收抵免和单亲税收抵免的纳税人出现负的应纳个人所得税额时，可申请现金退税。此外，符合受雇抵免条件的纳税人出现应纳负的个人所得税额时，可在以后纳税年度享受已缴社会保险费10%但不超过110欧元的抵免。如果纳税人符合通勤抵免的条件，则上述抵免额增加到社会保险费的18%但不得超过400欧元。

8. 损失

通常个人发生的损失首先应由同类所得进行弥补，同类所得不能完全弥补的再用其他类型的所得进行弥补。无法归入经营所得项目的资本损失，只能抵减资本利得。损失不可以向以前年度结转。

个人投资金融工具发生的资本损失不适用实体从旧原则，该项损失只能用适用25%的特定税率的金融工具投资所得或资本利得来弥补。

个人转让不动产发生的资本损失不能抵减其他项目的所得，也不可结转以后年度弥补。但是，如果纳税人选择按累进税率而不是25%的比例税率缴税，则转让不动产发生的损失可以抵减其他项目的所得。

个人的经营亏损可以无限期向以后年度结转。原则上，纳税人只有按净资产比较法计算确定利润的，才允许将亏损结转以后年度弥补。如果个人按净收益法计算确定经营所得，则只允许其将开始营业年度起3个纳税年度（包括开办年度）的亏损向后结转。

个人从事无形资产管理和租赁等经营活动发生的亏损，不能用其他项目所得进行弥补，但允许向以后年度结转，用以后年度该项经营所得弥补。

9. 税率

（1）所得和资本利得。个人所得税应纳税额等于所有应税项目的净所得汇总金额乘以适用税率。2015年的税率如表1所示：

表1

应纳税所得额（欧元）	税率（%）
低于11 000	0
11 001 ~ 25 000	36.5
25 001 ~ 60 000	43.2143
60 001以上	50

以下类型的所得，按照纳税人应税所得乘以适用税率减半征收所得税：

①非常收益，包括转让持有年限不少于7年的个人企业的所得，以及因死亡、肢体残疾、智力残疾、退休等因素转让个人企业的所得等；

②按照税法规定利用森林取得的所得；

③专利发明所得。

个人转让持有年限不少于7年的个人企业取得的所得，以及损失赔偿所得可申请在3个年度内平均计入应纳税所得额。

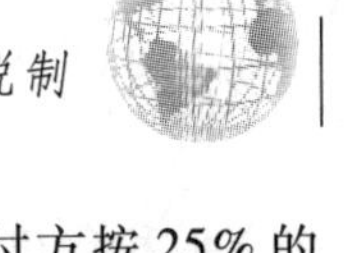

（2）预提税。居民个人纳税人取得股息、红利或其他利润分配的，由支付方按25%的税率扣缴最终预提税。预提税通常是最终税收，居民纳税人已被扣缴预提税的所得无须再申报个人所得税。不过，如果最终预提税的税率低于25%，则纳税人须进行纳税申报并按规定税率缴税。

居民纳税人取得的以下类型的利息收入，按25%的税率扣缴最终预提税：

①税法规定的银行支付的存款利息或其他债权利息；

②税法规定的有价证券的利息，包括可转换债券和利润分享型债券；

③购买投资基金股权或类似股权取得的收益；

④取得国际组织1992年9月30日以后发行的有价证券的利息。

在奥地利，仅公开发行的有价证券的利息收入征收最终预提税，非公开发行的有价证券的利息收入适用累进税率。已被扣缴的预提税可抵缴最终的个人所得税应纳税额。

对于上述缴纳最终预提税的利息收入，如果最终预提税税率低于25%，则纳税人须进行纳税申报并按规定税率缴税。

同样地，纳税人可选择对金融工具实现的资本利得按照累进税率缴税，已被扣缴的预提税可抵减个人所得税应纳税额。

雇主通常有义务就其向雇员支付的工资薪金代扣代缴工资税。工资税实际上属于预缴的个人所得税，当纳税人需要进行个人所得税纳税申报时，已缴纳的工资税可抵减纳税人自行计算的个人所得税实际应纳税额。如果纳税人受雇所得以外的收入超过730欧元，或者同时受雇于两个或两个以上的雇主，则须进行纳税申报。纳税人也可要求税务机关开展税收评定。在奥地利境内没有营业场所的雇主，无须就其支付的工资薪金代扣代缴工资税。

个人纳税人转让不动产取得的资本利得，应征收不动产所得税。不动产所得税和不动产转让税一并由相关的法律人士（公证员、律师）代扣代缴。

10. 征收管理

（1）纳税年度。个人纳税人的纳税年度为公历年度。但是，经税务机关批准，从事经营活动且已进行工商登记的纳税人，可选择其他期间作为纳税年度。

（2）纳税申报。通常来讲，纳税申报截止日期为次年的4月30日（电子申报的截止日期延迟至次年的6月30日）。

（3）税款缴纳。在一个纳税年度内，税务机关根据情况采取预缴或源泉扣缴的方式征收税款。纳税人须根据税务机关下达的预缴通知，在每个纳税年度的2月15日、5月15日、8月15日和11月15日分四期等额预缴税款。通常以上一年度应纳税额为标准确定预缴税款的金额。

纳税人本人预缴的税款或已被扣缴的预提税，均可抵减最终的应纳税额，最终预提税除外。超过最终应纳税额多缴的预缴税款，可申请退税。纳税人自收到缴纳税款通知之日起1个月内应缴清未缴税款。

（4）事先裁定。纳税人可向主管税务机关、地方财政部门或财政部提出事先裁定申请。主管税务机关遵循诚实信用原则、不违背法律规定做出的裁定，对其自身的税收征管具有约束力。但是，裁定结果一般情况下对纳税人和法庭不具有约束力。纳税人不可以就裁定提起诉讼。除缴纳印花税外，裁定无须支付其他费用。

财政部或地方财政部门的裁定结果不具有约束力。

纳税人可申请企业重组、合并纳税和转让定价等事项的事先裁定。上述事项的事先裁定结果对税务机关具有约束力，纳税人可就裁定结果提起诉讼。税务机关根据纳税人的销售收入情况，就出具的裁定收取 1 500 欧元至 20 000 欧元不等的费用。

（二）其他类型所得税

奥地利未征收其他类型的个人所得税，个人所得税收入由中央政府和地方政府共享。

（三）国际税收

1. 居民纳税人

（1）境外一般所得和资本利得。居民纳税人应就其来源于奥地利境内、境外的所得和资本利得纳税。

居民纳税人来源于境外的股息、利息和特许权使用费收入全额计入应纳税所得额。

奥地利境内纳税人向境外支付的股息和利息按 25% 的税率扣缴最终预提税；否则，纳税人在年度申报时应按 25% 的税率缴税。个人纳税人特许权使用费所得按照普通累进税率纳税。

（2）避免双重征税。奥地利对居民企业取得的积极所得，且在境外按不低于 15% 的税率缴税后，采用累进免税法给予单边税收减免。

对消极所得，如股息红利、利息、特许权使用费所得，采用税收抵免法给予单边税收减免。境外所得税按分国不分项的原则进行限额抵免。

2. 侨民

（1）来奥人员。为补偿相关个人纳税人从境外搬迁到奥地利境内所带来的额外税收负担，为以下人员提供税收优惠：一是为开展研发活动旅居奥地利的个人；二是非居民专业运动员或艺术工作者。但非居民纳税人来源于奥地利境内的所得不适用该项优惠政策。

外籍人士计算工资税时可扣除特定的支出。该项政策规定的外籍人士必须同时符合三项条件：一是过去 10 年一直不是奥地利居民纳税人；二是在奥地利从事临时性工作（最长不超过 5 年）；三是在奥地利缴纳工资税。可扣除支出包括：搬家费；其在工作地附近的居所费用，每月扣除限额为 2 200 欧元；纳税人子女就读私立学校的费用，每月扣除限额为 110 欧元；回国的差旅费，每月扣除限额为 306 欧元。

（2）外派人员。以下外派人员免缴个人所得税：一是奥地利政府及相关部门派驻境外的官员；二是在境外从事建筑业和采矿业超过一个月的个人；三是在发展中国家从事代理业务的个人。

3. 非居民纳税人

（1）所得和资本利得课税。非居民纳税人取得来源于奥地利境内且未代扣代缴所得税的收入超过 2 000 欧元的，须进行纳税申报。申报时，以该项收入加上 9 000 欧元的推定收入后的总金额，确定累进税率的级次。之所以要加上 9 000 欧元的推定收入，是因为累进税率第一档（不超过 11 000 欧元的部分）适用零税率，非居民纳税人不能享受该项优惠政策。非居民纳税人仅可扣除与其奥地利境内收入直接相关的支出。除雇员外，个人税收抵免不适用非居民纳税人。

属于欧洲经济区国家公民的非奥地利居民纳税人，来源于奥地利的应税所得占其全球所得的 90% 或无须在奥地利缴税的所得不超过 11 000 欧元时，可选择认定为居民纳税人缴税。该项认定只对纳税人的国籍有要求，并没有规定纳税人的实际居住地是否在欧盟或是欧洲经济区国家。在确定90%的所得或11 000欧元的限额时，不考虑享受税收协定的不征税或减征税所得（如：股息、利息和特许权使用费）。

原则上，认定居民纳税人的所有所得都将享受与居民纳税人同样的税收待遇。如果其配偶居住在国外，且其配偶也被认定为奥地利居民纳税人的，则可以享受家庭税收抵免，但不能享受额外的子女抵免。

若非居民个人雇佣行为或实际工作行为发生在奥地利境内，则受雇所得（包括董事报酬）应在奥地利纳税。雇佣关系发生在境外，但纳税人被派往奥地利工作的受雇所得，按20%的税率征收最终预提税。

向非居民纳税人支付的股息、红利或其他公司利润分配，以及向隐名合伙人进行的分配，应按照25%的税率扣缴预提税。除向隐名合伙人进行利润分配扣缴的预提税外，上述预提税均属于最终预提税。典型的隐名合伙人所得按25%的税率扣缴最终预提税。

通常来讲，向非居民纳税人支付的利息无须扣缴预提税。

自2015年1月1日起，欧盟储蓄法令所规定的银行存款利息、有价证券利息所得，按照25%的税率扣缴预提税，不再征收25%的资本利得税。

特许权使用费适用20%的最终预提税。

在奥地利，非居民纳税人取得的管理费所得不扣缴预提税。但是，其提供技术或商业咨询服务取得的所得应按照20%的税率扣缴预提税。

持有奥地利境内不动产取得的所得，包括转让不动产取得的资本利得，按照个人所得税一般规定征税。但购买公开发售的、以奥地利境内不动产为投资标的的不动产基金，取得的所得按照25%的税率扣缴预提税。如果位于奥地利境内的不动产构成非居民纳税人的部分经营性资产，则不考虑该非居民纳税人在奥地利境内是否设有常设机构，任何来源于该不动产的所得（包括资本利得），均视为该非居民纳税人的经营所得征税。

位于奥地利境内构成非居民纳税人经营性资产的不动产产生的资本利得，不考虑该利得是否归属于奥地利境内常设机构，均按照非居民纳税人的经营所得征税。非居民纳税人转让奥地利境内不动产取得的资本利得同样应征收个人所得税。持有奥地利企业相当比例股权所获得的资本利得，即使不归属于奥地利常设机构，同样也应征税。持有奥地利公司相当比例股权实现的资本利得按照25%的税率缴纳最终预提税。

（2）资本课税。奥地利不征收净财富税。非居民纳税人持有奥地利境内的不动产应缴纳不动产税。

（3）遗产和赠与税，不征收。

（4）征收管理。在奥地利的非居民纳税人，在以下情况下需进行纳税申报：一是税务机关要求其进行纳税申报；二是纳税人来源于奥地利且未代扣代缴税款的超过2 000欧元的所得（尤其是取得的受雇所得、特定的投资所得以及特许权使用费等其他所得）。

三、增值税

（一）一般规定

1. 概述

所有提供商品或劳务的行为都应征收增值税。

2. 纳税人

增值税纳税人包括：在奥地利境内提供应税商品或劳务的企业；欧盟成员国之间进口商品或特定服务的企业；欧盟成员国之间年进口商品的总金额超过 11 000 欧元，享受免税优惠的小企业或其他企业；适用特殊税制的从事农业和林业的个人以及不缴税的公共法律实体；从非欧盟国家进口商品的个人。

3. 应税行为

应税交易包括：企业在奥地利提供其营业范围内商品或劳务的行为；企业特定的自我提供商品或劳务的行为；欧盟成员国之间进口商品的行为；从非欧盟成员国进口商品的行为。

4. 应税收入

应税收入是指向购买商品或劳务的个人收取的全部对价（不包含增值税）。从非欧盟成员国进口商品的，应税收入为进口商品的关税完税价格；如果进口商品无须缴纳关税，则应税收入为进口商品支付的对价。

一个纳税期间的最终应纳增值税额为，提供应税商品或劳务应缴纳的增值税销项税额减去购买或进口商品或劳务已缴纳的增值税进项税额。

5. 税率

增值税标准税率为 20%。提供基本生活用品、图书报纸、客运和出租居民住宅等应税行为适用 10% 的低税率。

免税区容霍尔茨和米特尔贝格适用 16% 的增值税税率，在此区间提供基本生活用品、图书报纸、客运和出租居民住宅等应税行为适用 10% 的低税率。

6. 免税

增值税免税优惠包括两种：一是销项税免税，进项税不可扣除（如缴纳不动产转让税的交易）；二是销项税免税，进项税可扣除。

（二）非居民纳税人

在奥地利境内无生产经营场所的非居民纳税人，将在奥地利购买的商品或劳务用于应税活动，准予退还已缴纳的增值税。

四、消费税

对烟草制品、酒精饮料、食盐和矿物油以及娱乐活动等征收消费税。

五、社会保障税

奥地利社会保障税分别由雇主和雇员缴纳。

1. 雇主缴纳的部分

雇主须为所有在奥地利境内工作的雇员缴纳社会保障税。税额根据雇员的报酬计算。按年征收的，年征收额最高不超过 65 100 欧元；按月征收的，月征收额最高不超过 4 650 欧元（部分特殊报酬，如第 13、14 个月的报酬，适用 9 300 欧元的最高限额）。2015 年的税率如表 2 所示：

表 2

类别	税率（%）	
	白领雇员	蓝领雇员
养老保险	12.55	12.55
医疗保险	3.83	3.70
失业保险	3.00	3.00
意外保险	1.30	1.30
破产保险	0.45	0.45
住房公积金	0.50	0.50
合计	21.63	21.50

2003 年 1 月 1 日以后签订的雇佣合同，雇主须每月按雇员月工资的 1.53% 缴纳雇员未来基金。此外，雇主还须为特定的蓝领雇员支付夜班作业补偿费（3.7%）、重体力作业补偿费（3.7%）和坏天气作业补偿费（0.7%）。

雇主缴纳的社会保险费准予在公司所得税税前扣除。

2. 雇员缴纳的部分

个人缴纳的社会保障税根据雇员的报酬计算征收，个人年收入总额最高按 65 100 欧元计算，月收入总额最高按 4 650 欧元计算（部分特殊报酬，如第 13、14 个月的报酬，月收入总额最高按 9 300 欧元计算）。2015 年的税率如表 3 所示：

表 3

类别	税率（%）	
	白领雇员	蓝领雇员
养老保险	10.25	10.25
医疗保险	3.82	3.95
失业保险	3.00	3.00
住房公积金	0.50	0.50
合计	17.57	17.70

纳税人须为其配偶、民事合法伴侣和其他家庭成员（除子女或孙子女外）额外缴纳 3.4% 的健康保险费，与家庭成员共同参险。

社会保险费在计算个人所得税时准予扣除。

（黄立新　编）

阿根廷税制

阿根廷有公司所得税、个人所得税、增值税、消费税、社会保障税、印花税、均衡税、土地税、不动产税、遗产与赠与税、关税、银行账户借贷税、燃油和天然气税、柴油过户税、烟草销售税、采矿税等税种。

一、公司所得税

（一）一般规定

1. 税制类型

居民企业和有常设机构的外国企业要就他们的全部所得（包括境内所得和境外所得）纳税，非居民企业就其源自阿根廷境内的所得纳税。

所得税通常仅在“公司”层面征收。也就是说，股份制公司和有限责任公司负有纳税义务，居民企业间的分红免税。

2. 纳税人

以下实体不透明，因此负有纳税义务：股份公司；有限责任公司；有限合伙企业与有限股权责任合伙，但仅对有限合伙人征税；外国企业常设机构；非免税的社会团体和基金会；国有企业。

普通合伙企业和独资企业所得，应按其不同类别的相关规定分别计算。合伙人、成员或是所有者按控股比例承担相应的税金，而不考虑是否发生了分配。

对于单一股东公司，即只有一个股东的公司与标准的股份制企业（至少两个股东以上）的税务处理相同。

外国企业的常设机构也被视为居民企业。

3. 应纳税所得额

（1）一般规定。所有所得和利得都如普通的所得一样缴纳所得税。

计算应纳税所得额时，采用权责发生制。在权责发生制下，费用通常是可以扣除的。但是，对于非居民关联方，则要求采用收付实现制。

（2）免税收入。一些特定的收入项是免税的，包括但不限于以下项目：在特定条件下，国际组织或外国政府机构给予的用于开发的贷款形成的利息；遗产和受赠；由比赛及体育赛事产生的税金形成的收入；公司取得的、接受捐赠形成资本的奖品。

（3）扣除。所有为获取应纳税所得及维持经营的、已发生的必要的费用都可以从总收入中扣除。已发生的费用，但用于获取非应税所得的不可扣除。

为获取应纳税所得及维持经营而支付的工资薪金可扣除。支付给公司所有者的配偶或亲属的报酬不能超过支付给提供同样服务的第三方个人的报酬，也不能超过无亲属关系的公司最高层的报酬，除非税务部门有例外规定。

董事费可扣除。扣除的限度为以下两项中最高者：纳税周期中会计利润的25%；每人12 500比索。

一般来说，为实现收入而产生的贷款利息是可扣除的。资本弱化规则适用于法人而非金融机构。由于资本弱化规则的应用而不可扣除的利息被重新定义为股息红利。

一般来说，为实现收入而支出的特许权使用费是可扣除的。

支付给国外的专有技术、专利和商标使用费，如果相关合同在国家工业财产协会（National Institute of Industrial Property）登记，则可以扣除。技术诀窍使用费的扣除额不能超过由使用该技术而获得的实际收入的3%，对此技术诀窍的对价估值要考虑可获得的实际收入；或者，扣除额不能超过对此技术诀窍投资额的5%。

支付给非居民企业的商标或专利使用费只可扣除80%。此外，若当事人是关联方，或境外当事人是低税国居民，该80%的限额应用于名义上的公平对价。

研究开发费用扣除方法由纳税人选择：可在发生当年扣除，也可分期在至多5个会计年度中摊销。

其他允许的可扣除项包括：与燃料、润滑油、车辆牌照、保险，普通维修有关的已发生费用，或其他为汽车的维修、操作发生的非纳税人主要活动的费用（如出租车、租赁等）每辆车每年可扣除一定金额；因某种特定事件发生，尤其是破产或发生诉讼的原因，该会计年度中完全或部分不可收回的坏账可扣除；可耗尽性资产如森林、矿山的折耗，基于其生产单位的使用量扣除；捐赠给国家、省市的财政部，宗教机构，政党，从事特定活动（如医疗卫生、教育、特定研究开发项目）的福利组织，捐赠支出不超过捐赠者应纳税所得5%的部分可扣除；经营资产保险（及人寿保险）的保费可扣除；开办费用，可在发生当年扣除，或在至多5年内摊销；招待费用，若确定实际已发生，则在相关会计年度，不超过已付工资薪金的1.5%的部分可扣除；遣散费，发生当年可扣除；公司或企业支付的社会保险税（包括对所有者和受赡养者的支付款项）可扣除。志愿出资的不可扣除。

另外，以下项目不可扣除：法人实体支付给股东或成员贷款的利息；对未开发利用的成片土地或小块土地的征税；商誉和商标的分期摊销；由不正当交易产生的损失；与税金和罚款相关的利息。

汇兑损失不可扣除。因为汇兑差异是由于某一汇率与政府确定之汇率不同而造成的。由于外汇管制措施，以“官方”汇率换取外币是受限的。因此，工商企业只能通过原则上的合法交易经其他替代机构来取得外币，但其结果是接受较高的汇率。阿根廷国家税务局认为这些交易是旨在创造虚假损失的有害操作，并禁止此种行为。

（4）折旧和摊销。折旧办法有直线法和加速折旧法。计算折旧的基础是原始购置成本（购置价格加安装费用），或制造成本。应折旧成本不含融资成本和汇价波动。

作为一般原则，应折旧资产的法定所有人（如出租人）才可以要求折旧。不过在特定情形中，资产使用者也可以要求折旧（如政府给予的特许权的获得者）。

建筑物及其他建筑物附属设施一般按直线法折旧。建筑物的折旧按 2% 的比率计算。若能提供充分的证据证明该建筑物使用年限低于 50 年，则可使用高于 2% 的折旧率。

工厂、机器和设备（使用年限超过 1 年）的一般按直线法折旧。卡车和汽车：20%；办公室家具：10%；机器和设备：10%。

商标、商誉和专利不可分期摊销。

汽车的折旧，包括用于出租的汽车，以 20 000 比索上限（扣除增值税的净购置成本）。

资产中止使用（因不可抗力因素）、转让或清理可能会产生损益，这取决于卖出价格和购置成本减折旧后的差值之间的差异。若在转让一项应计折旧资产去购买另一项资产（资产置换）的情况下，公司可选择办法有：销售实现时，将资产销售的结果作为该会计年度盈亏处理；不在销售实现当时，而在购置新的资产时，将销售盈利从新资产购置成本中扣除。但是，为了延迟在转让不动产利得的征税，全部转让所得必须在特定条件下再投资。

（5）准备金。准备金（为未来某一特定事件预留出的款项）不可扣除。但是，坏账、呆账准备金，遣散费准备金准予扣除。

4. 资本利得

公司清算引起资产分配的，若涉及资产的市场价值与税收成本有差异，此清算行为可能产生应纳税利润。

出售应折旧且非存货的动产或不动产，资本利得的计算方法是从售价中减去按通胀水平调整过的购置成本（或生产成本）减去折旧之差。

来源于商誉、商标、专利、特许权和其他类似资产的转让的资本利得，其计算方法是从售价中减去按通胀水平调整过的购置成本与摊销之差。

来源于股份、所有者权益或参与权（包括共同投资基金中的股份）转让的资本利得，其计算方法是从转让价格中减去按通胀水平调整过的购置成本。

原则上公司的资本利得无免税项。

5. 亏损

已发生的正常损失超过应纳税所得的部分准予在以后会计年度抵减所得。按通胀水平调整过的损失，准予向后在 5 年内结转，不许向前结转。

6. 税率

应税所得涉及的所得税率为 35%。没有独立的资本利得税。

居民企业间支付的股息红利，包括间接控股的支付，是不需纳税的。

支付给非居民和居民个人的股息红利需以 10% 的税率缴纳最终预提税（可能还要额外缴纳均衡税）。

1 个月的付息超过 1 200 比索的需按总额以 6% 或 28% 的税率缴纳预提税，税率的选择取决于利息获得者是否向税务机关注册登记过。

金融机构的付息应按 3% 或 10% 缴纳预提税，税率的选择取决于获得利息者是否向税务机关注册登记过。

1 个月的特许权使用费超过 1 200 比索的需按总额以 6% 或 28% 的税率缴纳预提税，税率的选择取决于使用费获得者是否向税务机关注册登记过。

支付给特定纳税人（尤其是保险公司和银行）的特许权使用费不需缴纳预提税。

1 个月的出租动产或不动产所得租金超过 1 200 比索的需按总额以 6% 或 28% 的税率缴纳预提税，税率的选择取决于租金获得者是否向税务机关注册登记过。

不动产、股票和控股权（除股利）的转让所得需按转让价值，以 3% 的税率缴纳预提税。

以下诸项交易免预提税：根据公司所得税法进行的企业重组；无偿转让（继承、遗赠或赠与之一）；已征过所得税或免税的转让物品。

7. 税收优惠

（1）矿业振兴。优惠给予符合采矿法典的勘探、探测、开发、制备、萃取及特定的矿物加工活动。为了取得合格资质，项目必须位于参与税收优惠计划的省份。烃类、工业接合剂、工业陶瓷制品、采砂采石不在优惠范围内。

合格的项目可获得如下优惠：

一是财政稳定政策，即除增值税外，总税负在 30 年内不会增加。包括覆盖联邦直至省市的税收，还有出口退税的许可。

二是抵扣和折旧政策。在不影响按所得税法确定的普通扣除和折旧补贴的情况下，开发费用（在探矿、探测、特殊研究、矿物测定、应用研究和可行性研究上的投资）可从应纳税所得中扣除；用于预防环境破坏或修复环境的准备金准予从应纳税所得中扣除，扣除限额为经营成本的 5%；为新的矿业项目或扩张现有采矿作业的资本投资可选择使用所得税法提供的一般折旧规则，或者是特殊规则：基础设施（设备、土木工程或基建工程）投资，准予于项目获准当年以 60% 的比率折旧，随后的 2 年以 40% 比率折旧。其他对机器、设备、交通工具和装置的投资准予从启用之时开始折旧，年折旧率为 33.33%。

三是免税。将矿产资源或权益投资于从事合格活动的企业形成的盈利免征所得税。上述投资需在该公司保持 5 年，矿方认可其转让的特殊情况除外。由上述投资形成的资本增持和发行股票免印花税。从事矿业勘探的企业，其进口和购进的商品服务产生的税收抵免额在 12 个会计期间后退还。用于合格活动的资本可免除最小核定所得税（MDIT）。进口固定资产、特殊设备或其零件，及主管当局指定的资源，免除关税、专项税费；同样的免除适用于开工必需之备用零件和备用配件。

（2）金融投资。成立于阿根廷的股份公司、合作社和民间组织，外国公司的常设机构准予发行以本币或外币标示的可流通证券。支付给可流通证券的利息，出售、交换、处置可流通证券和以可流通证券易物而获得的资本利得，都免征所得税。

（3）人员培训费用抵免。企业或个体承包人用于支持培训机构的符合条件的费用可享受税收抵免。

对于大公司，税收抵免不能超过年薪资支出的 0.8%（对微型、小型和中等规模公司是 8%）。

该税收抵免必须向税务机构和全国技术教育委员会申请并被认可，税收抵免额准予抵免任何联邦税（如所得税、增值税）。

但已经给予了税收抵免的费用不可在所得税前扣除。

（4）研究开发项目的税收抵免。企业或个体承包人用于研究开发项目的符合条件的费用可享受税收抵免。

根据申请，由主管机构科技振兴局认定税收抵免。税收抵免的限额为提交项目总金额的50%。

（5）软件产业优惠。软件产业振兴法规定了一个对软件产业的税收优惠制度。该制度在2019年12月31日前有效。适用于主要活跃于软件产业的居民个人和在阿根廷成立的法人实体。该制度要求的活动是软件的创造、设计、开发、生产、启用和对现有软件系统的修正。符合条件的活动也包含对相关技术文件的处理，这些处理包括将软件并入商品，如将软件与控制台、电话交换台、移动电话、机器和其他设备相关联。

优惠政策主要有：在2019年12月31日前，所有的直接税、间接税和社会保障税负担不增加。纳税人可获得已支付的社会保险税的70%作为不可转换的税收抵免，这些社会保障税准予抵免除所得税以外的其他特定税（如增值税）。每一纳税年度可减免60%的所得税金。本项优惠适用于能证明已发生的费用用于研究开发、获取质量认证，或按规定额出口软件的纳税人。进口计算机硬件和IT组件免进口税。

（6）生物燃料产业。生物燃料法为生物燃料产业制定了一个特惠制度。生物燃料被定义为用农业的、农工业的、有机的废物生产的，符合执行当局所设定的质量标准的生物乙烷，生物柴油和沼气。

按此制度可享受的优惠如下：设备与投资加速折旧；购进固定资产、投资基础设施可获得增值税预退税；等等。

（7）现代生物技术。“现代生物技术”并定义为使用生物活体或其部分的技术，该技术基于源自生物学、生物化学、微生物学、生物信息学、分子生物学和遗传工程学的理性知识和科学原则，用以生产商品或服务，或用以大幅改善生产过程或产品。

享受优惠政策的条件：开展研究开发项目且项目基于现代生物技术应用的居民个人和在阿根廷成立的法人实体；为商品和/或服务的生产而提出或执行现代生物技术应用项目的个人和法人实体。

税收优惠政策有：相关固定资产、设备和其零部件加速折旧；购进这些资产可获得增值税预退税。可获得已支付社会保障税50%的税收抵免，可用于抵免增值税、所得税等。

（8）生物乙醇产业。该优惠制度适用于甘蔗生产者。符合资格者为个人和法人实体。若为法人实体，资本的大部分应为公民持有。税收优惠主要有：设备与投资加速折旧；购进固定资产、投资基础设施可获得增值税预退税。

8. 征收管理

（1）纳税申报。税款的评估和征收通常是基于电子化的申报。税务机关用各项要求和条款规范了电子申报。当然在一些特殊情况下也可以以其他方式填报纳税申报单。

一个会计年度在12月31日结束，故公司应在下一年的5月填报所得税纳税申报表。

（2）税额评估。税制基于自我评估原则。税务机关有权去核实由纳税人填报的申报表的准确性，并有权要求提交新申报表或纳税人信息，或第三方信息。

若纳税人未在1个或多个纳税周期提交申报表，税务机关可以要求纳税人提交申报表并在15日内支付税金。

若纳税人未填报（联邦税）纳税申报表，或其申报表有误，税务机关可以核定其应纳税所得额，并计算税金。同时要征收税金、罚款和补偿利息。

准予在15个工作日内对税额核定结果向税务机关或联邦税务法庭提出上诉。在上诉的过程中无须缴税。在这些情况中，有争议的金额（除罚款外）必须先付。

（3）缴纳税款。从会计年度的第六个月开始，纳税人要分 10 次按月预缴所得税。准确的预缴日期由纳税人识别码确定。

第一次预缴额等于前一年减去预扣税后的纳税额的 25%。之后的预缴额为 8.33% 的同等金额。

超过年应纳税额的预缴款准予抵免其他联邦税或退还。

（4）事先裁定。事先裁定对相关纳税人和税务部门都有法律约束力。可以对所有联邦税，包括社会保障税请求事先裁定。

（二）居民企业之间的交易

1. 企业集团合并纳税

所得税法没有合并纳税的规定。

2. 重组和清算

无关于企业实体变更（如有限责任公司变成股份公司）的特别税收条款。由有限责任公司变更为股份公司不会产生纳税义务。

通常，由公司合并或分立带来的资产转让可能产生缴纳所得税或增值税义务。若合并或分立遵从所得税法及其条例的要求，则这可认为是免税重组。一般来说，这会引起税收递延。

有三种商业重组形式：同一集团内部的合并、分立、资产转移。在商业重组中，若符合以下条件，则可免税：

（1）从事积极活动的实体被重组：被重组公司在重组之前必须持续开展其业务活动。在重组以前的 18 个月内公司中止其业务活动，这种情况也算满足上述要求；

（2）与重组前的经营活动类似：重组前的 12 月中，所有涉及企业都从事同样或相关的业务活动；

（3）经营活动持续 2 年；

（4）在重组之后，被重组公司股东持股 2 年；

（5）遵守阿根廷企业法；

（6）向税务机关通报。

适用于各种情况的要求取决于企业重组的实施类型。

关于净经营亏损的转让，被重组企业的股东应能证明他们在重组前 2 年，持有被重组企业至少 80% 的股份。否则，净累计亏损不可转让。

在清算盈余最终分配（如果有的话）之前，被分解企业作为纳税人处理。在清算过程中，按一般规定向其征税。

清算时的资产分配可能引起所得税，这取决于分配资产的实体所处的某些特定情况。若分配超过了实收资本，则应征均衡税。

（三）国际税收

1. 居民企业

阿根廷税制采用属人原则。因此，居民企业取得的来源于境外或境内的所得都应缴纳所得税。

（1）应纳税境外所得。境外常设机构获取的利润必须与阿根廷境内的总公司所获取的利润分别独立入账核算。通常，一个外国常设机构获取的所得被认定为是来源于境外的所得，除非根据所得税法规定，相关利润被描述为具有来源于阿根廷境内的所得之特征。

来源于阿根廷境内的所得和常设机构的费用必须与来源于境外的所得和费用分别核算。

常设机构的应税所得必须以所在国货币标示计算。然后再将这些损益按特定规则转换为阿根廷货币标示。

境外常设机构获取的利润，在常设机构终止设立的相关纳税周期中，归于单个纳税周期阿根廷总公司的利润，而不考虑是否已对总公司有所分配。

非居民企业支付的股息红利，在股息红利按股东处置来计算的纳税周期，归于居民股东公司。该股息红利被含在普通的应税所得并相应地应纳税。

受控外国公司（CFC）法律可应用于来自非居民企业的股息红利，条件是这些非居民企业在一个低税地区之内，它们的所得主要来自消极活动。

来源于境外的利息、特许权使用费和其他所得，如服务费和租金，根据权责发生制，要加入到居民纳税人的普通应税所得中，并相应地缴纳所得税。

来源于境外的、由居民企业掌握的资本利得也应缴纳所得税，根据权责发生制，跟普通的应税所得一样缴税。

（2）境外损失。境外损失仅准予从来源于境外的所得弥补。这些损失准予在5年内结转。处置股份或其他参股形式（包括投资基金或类似实体）而产生的来源于境外的资本损失，及由于衍生工具交易产生的、来源于境外的损失，只能从同类活动产生的资本利得中弥补。

（3）境外资本。居民企业持有的境外资产，通常应缴纳年度的最小核定所得税（MDIT）。

对境外已付税款有一个普通的境外税收抵免系统，只向公司整体的净值或净资产征税，类似于最小核定所得税。

（4）避免双重征税。所得税法为外国已支付境外税款规定了一个普通的税收抵免系统。

境外税款应按实际支付当日的阿根廷国家银行汇率转换成阿根廷货币。

境外常设机构对境外应税所得支付的类似税款（包括在总公司的应税所得中），阿根廷的总公司可以为此抵免在阿根廷应缴纳的所得税额。

2. 非居民企业

在阿根廷没有常设机构的非居民企业应为他们来源于阿根廷境内的所得缴纳所得税。

（1）应纳税境内所得。关于认定所得是否来源于阿根廷境内有几条规定。来源于阿根廷境内的所得，包括由下列几项取得的所得：资产位于、放在（即基金）或在经济上用于阿根廷；在阿根廷领土内开展的活动业务；发生在阿根廷的事项（如火灾或自然灾害）；以位于阿根廷的资产不动产权作为担保的贷款；为覆盖在阿根廷的风险而保险、再保险所取得的保险金，或当被保险人居于阿根廷时达成协议；外国电影和影音在阿根廷被改编。

非居民取得的营业利润通常要求非居民企业在阿根廷拥有一个常设机构。

非居民企业的常设机构必须与其总公司分别记账，以辨明归属于常设机构的应税所得。

非居民在阿根廷的常设机构取得的股息红利、利息和特许权使用费含在常设机构的应税基数中，且按照适用于居民实体的一般规定纳税。

无常设机构的非居民取得股息红利、利息和特许权使用费，征收预提税。

关于非居民经由在阿根廷的常设机构取得的资本利得，并无特别的税务处理。

一般来说，来源于阿根廷境内的所得，支付给在阿根廷无常设机构的非居民，应按35%的税率乘以理论上的应税所得，缴纳最终预提税。所谓理论上的应税所得取决于相关所得的类型。

支付给非居民的股息红利应按10%的税率，以股息红利总额为计税基础缴纳预提税。

支付给非居民企业的利息一般应按35%的税率缴纳预提税。下列情况适用优惠税率15.05%：借方是在中央银行监管下的金融机构；贷方是不在低税地区内的，或在与阿根廷之间有信息交换协议的国家中的金融机构；等等。

特许权使用费有效的预提税率较为复杂，有21%、28%、31.5%、35%等4种税率，根据特许权的种类各自是否在该国登记注册来区别。

清理位于、置于或在经济上用于阿根廷的动产或不动产产生的利得适用17.5%的税率。房地产租金适用14%的税率。在这些情况中，非居民纳税人可以选择按有效理论应税所得税率，乘以总付款纳税，也可以选择评估应税所得或利得，然后使用35%的公司所得税税率。

处置可折旧流动商品、股票、配额、参与债券和其他有价证券的利得，应用13.5%的税率乘以总额计缴所得税款，或用15%的税率乘以净利得计缴税款，这取决于卖方。

非居民收取的阿根廷与境外之间的国际运输费用，应按3.5%的有效税率计缴税款。非居民取得的集装箱交易费，不管是为了国内交通还是国际贸易，适用7%的预提税率。

非居民新闻公司，为居于阿根廷的纳税人提供新闻的，按3.5%税率计缴税款。

其余的不可预知之事项适用的预提税率为31.5%。

(2) 对资本的征税。非居民应缴纳资本税（即最小核定所得税和在净财富上的税）。

若非居民在阿根廷没有常设机构，则应对其净财富缴税。所谓净财富，是关于其对阿根廷企业的持股，税率为0.5%，计税依据是股票的市场价值或净值。

(3) 征收管理。从阿根廷居民处取得来源于阿根廷的所得时，以预提（代扣）的方式被征收的。这是一项最终税。且无向税务当局登记注册或提交任何所得税纳税申报表的义务。

但是，在特定的受限情况中（如阿根廷房地产出售），一个非居民纳税人可以选择以实际所得为计税依据支付所得税。在这种情况中，纳税人要向税务当局提交纳税申报表。

（四）反避税

1. 概述

“实质重于形式”规则允许税务机关考虑所进行的实际经济业务，忽视纳税人选择的不恰当的法律架构。

为了规定的实际经济性质，税务当局把集中力放在纳税人的行为和处境，以及纳税人实际开展、追求或建立的经济联系。

2. 转让定价

1998年，阿根廷所得税法引入综合转让定价规则。阿根廷对于关联方交易要求应用公平原则，并发展了详细的转让定价规则。法律要求有转让定价报告，转让定价纳税申报表，要求保留相关文件。

所得税法规定，当阿根廷居民与非居民发生业务，且二者被同一个人或法人实体直接或间接地管理或控制，或者该个人或法人实体有权力去决定或规定此业务被居民和非居民开展，则应用转让定价规则。

纳税人必须1年两次提交纳税申报表，提供转让定价条例所要求的信息。

阿根廷应用以下5个办法分析关联方交易：可比非受控法、成本加成法、再销售价格法、利润分割法、交易净利润法。

3. 资本弱化

除了满足国际标准的金融机构以外，有对其他法人实体的资本弱化规定。本地公司，除了金融机构，必须在与关联方的财务往来上遵从这些规定。在此情况中，除贷款外引起的利息（即公司间的贷款）应按35%的预提税率缴税，当权益负债率超过2∶1时不可扣除。

因为应用此规定而不可扣除的利息，被重新定义为股息红利，并按此作相应的处理。

4. 受控外国公司

受控外国公司条款适用于低税地区居民公司的直接和间接参股方。

阿根廷居民必须将在低税地区且他们直接或间接控股的公司所取得特定收入中，属于他们的部分，计入他们的一般应税所得中。这些必须归属的收入包括股息红利、利息、特许权使用费和其他消极收益。低税地区公司取得的利润中至少50%来自主动收入，则可以不计入一般应税所得。

二、个人所得税

（一）一般规定

对居民个人来自世界范围内的所得征税，对非居民仅就来自阿根廷的所得征税。

1. 纳税人

纳税人是个人和被继承人。

独资企业或一般合伙企业（透明公司）的所有者或合伙人，其应纳税所得额是其包含在所属实体的应税所得份额。在实体层面上无税。

在所得税问题上，居民是指：国民，除非他们因成为另一个的居民或居住于阿根廷以外不少于12个月而失去阿根廷居民身份（不包括在境外的且为联邦州、省、自治市工作的阿根廷官方代表）；外国国民，持永久居住证（出于移民目的）在阿根廷停留的，或持临时签证在阿根廷停留不少于12个月的；被继承人，若该被继承人亡故时是阿根廷居民的。

以下不被认为是居民，因此仅就其来自阿根廷的所得纳税（但对其所得的计算方法是依据适用于居民的规定）：因工作在阿根廷停留少于5年的外国人；外交或领事团的外国成员，及这些代表团中的计算和管理人员，在被指定在此岗位工作是不是阿根廷居民的；国际组织的外国成员，在开始其活动是不被视为阿根廷居民的；持临时签证在阿根廷学习或研究的外国人，若其唯一酬劳为奖学金形式或其他类似报酬形式。

配偶根据其独立收入提交独立的纳税申报表。

2. 应纳税所得额

（1）概述。收入的概念包含：由一永久来源定期产生的收入和利得；可折旧动产转让产生的资本利得；转让公司股份和其他参股利益，债券和其他代表债权的有价证券而取得的资本利得；由转让商标、专利及其他可获得特许权使用费或现金流的权利等而取得的其他收入。

所得是法指定4种收入来源：

第一类收入：从土地取得的收入。此类包含租赁收入和其他由不动产所有权取得的收入。

第二类收入：从资本资产取得的收入。该类别包括：从证券、债券、短期国债、信用债券、担保、融资和贷款取得的收入；动产租赁收入；特许权使用费和定期补助；养老金和寿险收益、参股收益；对承诺放弃做某事，舍弃或不执行某种操作的补偿；由转让商誉、商标、专利和任何其他能取得特许权使用费或现金流的权利而产生的利得；由转让股份、配额、其他参股利息、债券和证券产生的利得。

第三类收入：企业取得的收入。该类收入来自：位于阿根廷的私营企业；其他透明实体的合伙关系或资格权益；佣金代理商，拍卖商，收货人和其他未被第四类包括在内的贸易中介的业务活动；特定不动产转让；特定条件信托；等等。

第四类收入：包括从受雇和个人工作中取得的收入：由公权力取得的收入；就业收入；退休收入；专业收入；向合作社提供个人服务的补偿；作为企业董事、经理和高管的收入；经纪人、旅行社和报关代理人的收入。

上述4个收入种类有助于更精确地确定应税所得，有助于规定费用扣除项，尤其是那些特定类别所独有的扣除项。

（2）免税所得。免除个人所得税的所得包括：赠品、遗产和遗赠；来自体育博彩应征奖金税的利得；由出售、交换、实物交换或处置股票、债券或居民个人取得的其他有价证券而取得的利得；来自债券、短期国库券和其他由国家发行的债权债券的利得；银行和受法律管控的其他金融实体的储蓄利息；通常是储蓄账户，定期存单等；政府债券利息（不论是联邦的，还是省市地方的）；特许权使用费及其他作者或作者继承人取得的版权收入，若有特殊条件，最高额为10 000比索；遣散费；根据劳动法或民法支付的伤亡赔偿金；小纳税人的所得。

若有向外国税收辖区的收入转移（意思是阿根廷所免税的收入，外国税务当局对其征税），上述部分条目可能不是免税项。阿根廷与该国有税收协定的除外。

3. 受雇所得

（1）工资薪金。工资薪金包括在个人总收入中，并根据一般规定纳税。雇主有义务成为扣缴义务人，按总收入以累进税率计税。对于那些只挣受雇所得并选择不提交纳税申报表的纳税人来说，代扣税是一项最终税。但是，员工在一个纳税年度中总工资不低于96 000比索的，为了信息收集，有义务提交纳税申报表。若收入超过144 000比索，要报告的信息要更广泛。

雇主为了计算和代扣代缴税款，应从员工的工资薪金（总收入）中减去：员工的社会保险税；员工的医疗保险捐款；对健康保险或实际医疗援助费（与员工及其家庭相关）的额外支付，上限是员工年净收入的5%；人寿保险费，上限为年996.23比索；丧葬费（员工及其亲属)；核定差旅费（税务当局计算的），但仅针对为了开展其工作的推销员和代理商；按揭利息（员工房屋贷款协议累计产生的），上限为 20 000 比索每年；对国家、非盈利实体和基金会的捐赠（上限为员工年净收入的 5%）；员工支付的、给家政工的工资薪金，上限为每年 15 552 比索。

总收入减所列扣除项得到员工的净收入。员工的应税收入是净收入减个人和家庭宽免。

以上所列举的项目，包括在指导雇主计算工资薪金代扣税款的表格中。但是，员工和纳税人一般准予扣除所有为了取得和保持应税所得的必要费用。这意味着，若员工有相应的费用，他可以选择提交纳税申报以获得额外的扣除。

(2) 实物福利。任何现金或实物福利，不管其性质，依劳动或社会保障法，应包含在应纳税所得额中。这些福利有为受赡养人的上学费、住房、俱乐部会员、为了通勤或个人使用的汽车等。

因受雇而产生的费用报销（搬迁费、差旅费、与客户用餐、电话费等），不含在应纳税所得额中。

雇主或任何同一集团的其他公司给予的股票看涨期权应课税。

(3) 退休金。养老金和退休补偿包含在个人总收入中，且根据一般规定是应税的。补助金，如失业补助，算在与其社会保险税相关联并提供的抚恤金范围内。

(4) 董事费。董事会成员的报酬和监事会成员的履职报酬，与履行所谓“技术性管理”职能和董事会成员同时是公司员工的情形中取得的报酬，所得税法对这些报酬做出了区分。

由董事取得的受雇所得，根据一般规定，按工资薪金处理。

技术性管理职能是那些超过一般董事会成员的职能，如除正式雇佣关系外的履行管理职责，或做专题报告准备、准备执行由董事会长期特别委派的特别任务等，对此有特别补偿金。对于这些技术性管理职能的补偿金，应由董事会成员负责纳税，且可由公司无限制扣除。

4. 经营所得和专业服务所得

(1) 经营所得。个人取得的经营所得包含在其应纳税所得额中，并以正常税率对其征税。

但是，营业收入属于第三类收入。因此，为了确定收入金额，公司税制的规定适用于此。

(2) 适用于小公司的单一税制。单一税（Monotributo）是一种可选择的小纳税人特别制度，旨在通过要求一项包含所得税、增值税和社会保险税的固定月付款来简化税收管理，提高纳税遵从。

该特别制度适用于个人及合伙人不超过 3 人的“实际”公司，他们从事商品贸易和提供服务（包括专业服务），年收入不超过 400 000 比索。销售有形商品的，若员工不超过 3 人，其年收入上限是 600 000 比索。

单一税（Monotributo）纳税人依次分入两个子分类中，征税依据是收入，经营范围（如在商店或仓库），电力消费，及为生意所付的租金。对每一类别都有一固定的月纳税额。

单一税纳税人不可进口商品，也不可同时从事 3 种以上的活动或在 3 个以上地点开展经营。

(3) 专业服务所得。由独立个人服务中取得的收入包含在个人总收入当中，并应对其按一般规定征税。这种所得涵盖了专业人员（律师、会计师、建筑师、医生等）的所得及其他独立承包商所从事的工艺制作和贸易所得。

对这些所得的征税办法，与受雇所得一样。例外的是，有独立承包商可能扣除额外费用（如由雇主另外报销的差旅费），因为该费用是典型的第四类收入。但是，若该业务活动是从属于一种“企业”的形式来开展的，所取得的收入将被视为第三类或经营收入。

5. 投资所得

从居民公司取得的股息红利，应依其分配征税 10% 的最终预提税。从非居民公司取得的股息红利，作为一般所得按累进税率征税。

另外，若股息红利和其他利润分配超过应税利润，应征“均衡税”。

当商业利润（即在财务报告中确定的利润）以现金或实物（除合格存货）分配的，超过了应税利润，则支付给居民或非居民的股息红利和利润分配应征均衡税。适用的最终税率为 35% 。

利息是第二类收入，并应按一般所得征税。

特许权使用费若由个人取得，则是典型的第二类收入。但是，如果特许权交易是经由一个企业（独资企业，“实际”公司，合伙企业等）开展的，则所产生的收入归为第三类。定期开展的、有获得受认证无形资产潜力的研究活动，被认为是创业型活动。

若特许权使用费产生于资产所有权转让，所得的 25% 可扣除，以补偿所转让资产的成本，扣除上限是有效投资这类资产的金额。

若特许权使用费产生于资产或权利的租赁或许可，这些租赁或许可的使用、开发或时间减少该特许权价值的，所得税法规定的折旧和损耗办法适用于此。商誉和商标不可折旧。

若成本和费用发生于国内，则上述折旧规定可适用。若发生于境外，则折旧上限为收取的特许权使用费的 40% 。

6. 资本利得

通常，居民个人取得的资本利得应征税，按所得税或不动产转让税征税。但是，一些利得是免税的，这取决于涉及的财产、个人开展的业务活动，或金融资产的情况。

应税资本利得通常按一般所得处理，且适用累进税率。不过，由股票、债券和其他有价证券取得的利得，按 15% 的单一税率征税。

为取得收入的必要费用，及资产的成本，通常可扣除。资本的成本一般是其购置价格。

根据计算损失的一般规定，由应税交易产生的损失准予扣除。但是，由股票交易、衍生工具交易产生的损失，只能抵减同类交易所得。另外，损失应按来源于阿根廷境内或境外归类。来源于境外的损失只能抵减来源于境外的利得。

7. 个人扣除、宽免和抵免

（1）扣除。所得税法规定了一些扣除项——有为取得应税所得而必须的费用（“必要费用”），一些与产生应税所得不直接相关但又由于政策原因要调整的费用（如丧葬费用）——及基于个人情况为了增强税收公平的宽免（如基本扣除、育子扣除等）。

需要注意的是，不同于实际开支，扣除项和宽免一般都较低，因此金额并不与通货膨胀水平保持同步。

房屋贷款利息可扣除，上限为每纳税年度 20 000 比索。这仅适用于纳税人无空闲的住宅的抵押贷款。除此之外，其他个人利息开支不允许抵扣。

纳税人及其受赡养者的实际医药费适用以下条件：医药费没有被强制或自愿的健康保险计划所覆盖；医药费最高扣除额为纳税人净应税收入（在减去医药费、健康保险费、捐赠和个人宽免以前）的 5% 。

强制的健康计划保险税是可扣除税款。额外的、保障纳税人及其受赡养者的健康保险费可以在一定程度上扣除。

人寿保险费可扣除，上限为每纳税年度 99 623 比索。在合同生效期，超出部分准予结转，但不能超过上述每年的限额。“混合”人寿保险费是可扣除的，但仅扣除与人寿保险费相关的在上述限额内的部分。

捐赠给联邦、省市地方的财政、政党、基金会，及其他满足其申请或目的的特定要求的非盈利实体，在不超过纳税人净应税所得的 5% 的范围内可以扣除。

养老基金。若养老基金计划是由联邦、省市地方所组织管理的，则其捐献额，不管是直接支付还是从个人薪酬中扣除的，都可以在计缴所得税时扣除。

丧葬费。纳税人及其受赡养者的丧葬费用，若发生在阿根廷境内，则可扣除，扣除限额为 99 623 比索。

差旅费用。纳税人往返住宅和正常或主要工作地的日常通勤费用不可扣除，因为该费用被假定由基础和特定宽免来补偿。另外，雇主委派的出差，或工作性质要求（如推销员），及那些个体经营者会见客户/消费者而发生的差旅，与这些差旅相关的费用是可扣除的。

家政人员。纳税人准予扣除支付给女佣和其他家政人员的报酬，每年扣除限额为 15 552 比索。若家政人员是为一对夫妻服务，且二者皆有应税所得，则只有其中一人可扣除该费用。

（2）宽免。在计算应税所得时，居民个人可以扣除如下的家庭和个人的宽免。家庭宽免和基本个人宽免可以从来源于境外的所得（除来源于阿根廷的所得）中扣除。个人特殊宽免只能抵免来源于阿根廷的所得。

每年的家庭宽免为：受抚养的配偶为 17 280 比索；孩子为 8 640 比索；其他居民受赡养人、孙子或兄弟姐妹为 6 480 比索。家庭宽免的计算必须符合以下条件：受赡养人应在阿根廷居住；纳税人在事实上给受赡养人提供了经济支持；受赡养人年收入不应超过 15 552 比索（这是基本个人宽免）；事件发生在有权取得宽免（受赡养人的结婚、出生等）或应终止宽免（受赡养人死亡或取得工作）的公历年，则此事件会导致按每月基数计的宽免配比计算。

每年的个人宽免为：基本个人宽免为 15 552 比索。任何在阿根廷境内，在一个公历年内居住至少 6 个月的有应税所得的个人，有权取得该宽免。特殊宽免为从一般企业和独资企业取得收入的个人，若他们真实地在该企业中工资，则有权得到这一额外的宽免。若自雇者和企业家能全额缴纳其社会保险税，则可扣除 15 552 比索；员工、公务员和领退休金者可扣除 74 650 比索。

（3）税收抵免。有若干在纳税年度中税款应从源头代缴，而引发预扣税款可抵免年度纳税义务的情况。

8. 损失

任意给定纳税年度的净正常损失，准予结转以抵免最多 5 年的应税所得。

个人宽免超过应税所得的部分不予结转。

来源于境外的损失只能抵免来源于境外的所得和利得，但来源于阿根廷境内的损失可以抵免来自阿根廷的和外国的所得或利得。

衍生工具合约引起的损失只能抵免同样性质的所得，但被认为是“对冲”交易的除外。转让股份、公司其他参股权、债券和证券产生的损失通常准予抵免同种交易产生的利得；转

让衍生工具（包括对冲交易）产生的损失只能抵减衍生交易收入。

9. 税率

（1）所得（见表1）。

表1 居民个人应按以下累进税率缴纳所得税

应税所得（阿根廷比索）	最低税额（阿根廷比索）	超出额边际税率（%）
0~10 000	0	9
10 001~20 000	900	14
20 001~30 000	2 300	19
30 001~60 000	4 200	23
60 001~90 000	11 100	27
90 001~120 000	19 200	31
>120 000	28 500	35

（2）资本利得。应税资本利得一般应用上述累进税率。但是，居民个人由转让股份、配额、其他参股利息、债券和证券产生的资本利得应按固定税率15%，以净利润为计税依据计缴税款。

10. 征收管理

（1）纳税申报。个人按公历年通过税务当局提供的软件准备纳税申报表，并提交电子申报表。一般来说，截止日期是报告年之后的4月，但若该个人参股某公司，而此公司的商业年结束于12月——除了参股上市公司——准予于5月提交纳税申报表。确切的截止日期因纳税人识别号（CUIT）而异。

（2）税额评估。税额自我申报。税务机关有权核实纳税人提交的纳税申报表达的准确度，有权审计及向纳税人和第三方（如银行，信用卡发行者等）要求更进一步的信息。

若纳税人已有1个或多个纳税周期未提交纳税申报，或税务当局质疑该纳税申报表，则税务机关可以进行行政评估以计算税款、滞纳金和罚款。

员工无其他收入来源的可以选择不提交纳税申报。在这种情况中，雇主作为扣缴义务人。

（3）对评估结果上诉。在纳税人被通知纳税责任的15日内，准予对税收评估结果向税务机关或联邦税收法庭提出上诉。在上诉处理过程中不需支付税款。

对税务机关的决定准予向联邦税收法庭提出上诉。对联邦税收法庭的决定准予向联邦上诉。

（4）缴纳税款和退税。个人要分期预付5次，等同于上一年纳税义务20%的款项。

预付税款应在某一单独纳税年度的6月、8月、10月、12月及随后一年的2月支付。确切的截止日由纳税识别号（CUIT）确定。

（二）国际税收

1. 居民纳税人

（1）受雇所得。在国外进行的活动所得报酬构成海外收入而在阿根廷境内进行的活动所得报酬构成国内收入。出于实际考虑，海外商务旅行被认定为产生国内收入，即使这一行为发生在海外。

（2）投资收益。海外不动产投资收益从位于海外的不动产投资处取得。由纳税人使用或免费租赁的住宅取得的收入视为与纳税人通过租赁市场租赁该房屋取得的收入等同。

由阿根廷居民持有的国外股息红利是应纳税的，并同时享有国外税收抵免权。

国外利息收入是从由阿根廷居民作为债务人并在海外使用或定居国外并受控于居民纳税人的居民持有的资本处通过收据取得的利息收入，同时享有国外税收抵免权

国外来源的特许权使用费是指从在海外得到利用的无形资产处取得的收入。征税和确认税收的时点将取决于收入是否被划分为第二或第三类。

来自外国投资工具的收入（投资基金、信托、保险产品等）将在掌握其所有权的阿根廷居民收到收入时被征税。任何收入将被视为应税收入，举证责任将由纳税人承担。

外国资本在净财富税和房产税项目下被征税。

（3）免除双重征税。普通抵免是唯一可用于避免对国内立法和阿根廷准入的双重税收协定规定的双重征税的方法。超额抵免可以结转至5年。

2. 非居民个人

仅对非阿根廷居民的来自阿根廷的收入征税。

总的来说，来自以下途径的收入会被认定为来自阿根廷的收入：处于阿根廷境内或经济意义上在阿根廷境内被使用的财产；某些在阿根廷境内的活动或行为使收入增加；某些重要项目在阿根廷举行。

移民法将移民分为了三类。永久移民可以从事任何职业或赚钱工作并且会自动变为居民纳税人。暂时移民也可以不受限制地从事各种经济活动但会在期限上受到制约，即不能超过3年。通常情况下，12个月后，他们会变为居民纳税人，但是如果他们并不计划成为永久移民，他们可以有一次机会申请12个月的延期。考虑到上述情况可能发生在一个非居民个人为居民企业工作一定固定期限，则上述一年的规定时间可以被延长。

最后，短暂的居民不可以从事任何经济活动，但是他们可以得到一个月的许可从事职业、科学技术、艺术或宗教活动。

非居民个人暂时为居民企业工作不超过6个月，获得的收入中来源于阿根廷的收入被认定为其工资和其他收入的70%。这70%的税基适用于35%的所得税率，所以有效税率实际为24.5%。

暂时居民停留期限超过6个月的，原则上需要交纳与居民企业类似的非最终预提税。

非居民会得到基本个人宽免和家庭宽免。

董事会成员被认定为自我雇佣者，他们所需要交纳的税收将会在下一节中被说明。

任何一种有固定经营场所、资本、雇员和最小组合结构的商业活动都可以被认定为企业（或者是常设机构），并且必须进行税务注册为纳税人，并且像企业所得税纳税人一样以净收入为税基进行纳税。

非居民若在与任何一个居民企业不存在雇佣关系的情况下在境内从事商业经营活动，则其获得的所得将会按照居民企业为该项服务进行补偿的条款缴纳最终预提税。原则上，所得税法（LIAG）中第93（d）条所建立的关于24.5%的以总费用为税基的最终预提税规定在本种情况下也适用。

如果非居民企业所提供的服务包含在技术转移法之内，且该项技术建议无法在阿根廷境内的提供者那里获得，则最终预提税将为21%；若该服务包含在技术转移法之内，但是该

项技术建议可以在阿根廷境内的提供者那里获得，则最终预提税将为28%。

通常来说，非居民无须对其资本利得交税。

只对非居民持有至每一自然年末的阿根廷境内资产征收资产净值税。

对于这个类别的纳税人没有适用免税额。

非居民一般通过支付最终预提税的形式缴纳所得税。

三、增值税

（一）一般规定

1. 概述

增值税是联邦税。其课税对象是应税商品和服务，及阿根廷最终进口的应税商品和服务。商品出口和特定其他项（如合格服务）税率为零。一些特定交易免税。

计算纳税义务时，用增值税进项税额抵扣增值税销项税额，以使实际上的计税依据增值额。增值税应用于商品和服务生产和分配的各个环节。

2. 纳税人

纳税人是：日常从事动产销售者；开展临时的动产经营交易者；注册纳税人的遗产继承人或遗产受赠人，若他们售出了死者本应纳税的财产；在自己名下，但其实代表第三方有购进或出售行为者；在自己名下，代表自己或第三人有最终进口动产之行为者；建筑公司应税行为；根据法律开展或提供服务的出租商品者；由非居民在国外提供的、在阿根廷使用或利用的服务，只要服务提供方是其他应税事项的纳税人，则服务接受方为增值税纳税人。

纳税人概念明确包含临时合资企业、联盟、协会这些非法人实体，及从事应税业务的其他实体。这些实体组成单一纳税人。

3. 应税商品和劳务

提供商品和劳务应缴纳增值税。

增值税对以下活动中征税：纳税人出售位于阿根廷境内的动产；根据法律，在阿根廷境内开展的工作、租赁和提供服务；动产最终进口；国外的租赁和服务供给阿根廷纳税人；

在增值税问题上，“提供服务”为：动产财产权转让（实物交易、实物支付、公司清算时的财产分配、对公司的捐赠、法院出售和拍卖，及任意其他除征用外造成相同结果的行为）；动产所有者为特殊用途或消费从应税业务活动中撤回动产；佣金代理商、收货人或其他人在自己名下、但其实是代表第三方买卖而进行的交易。

以下行为被包含在应税工作、租赁和服务的概念中：由不动产所有者或第三方在阿根廷进行的建筑施工，包括安装、修理、维修和保护工作，也包括活动房屋的安装。若是不动产所有者开展的建筑施工，则此财产出售时应纳税；第三方要求的、在阿根廷的可移动商品的加工和制造，即使该动产附属于不动产；代表第三方的农业业务活动；免税或非税交易的延迟付款或预期付款产生的利息；增值税法指定的如在阿根廷进行的租赁和服务。

法律指定的租赁和服务包括：

（1）酒吧、餐厅、食堂、咖啡店及类似场所提供的服务；

（2）旅馆、招待所、汽车旅馆及类似场所提供的服务；

（3）电信服务；

（4）电气供应，除了公共电力；

（5）供水或污水处理服务，包括无排水设施的井的排水和清洁，有特定例外；

（6）可移动商品租赁和服务；

（7）迪斯科舞厅、卡巴莱餐馆、赌场、夜总会、赛道、游乐场、保龄球馆、台球馆及类似场所提供的服务。

当产生独立对价（除非有特定免除）和列于应税项时，其他的租赁和服务也是应税的，包括：

（1）旅游服务，包括由旅行社提供的；

（2）电脑服务，包括软件；

（3）技术的和专业的服务、工艺品，职业和其他类型的（独立的）工作；

（4）商业辅助代理人和佣金服务业提供的服务；

（5）为使用或享受动产发生的临时的使用权转让，除股票和证券外；

（6）宣传；

（7）电影和电视剧的生产和分配；

（8）保险服务。

如应税的租赁或服务供应是与权限许可（如商标、商品名称、专利）转让一起提供的，那么后者应纳增值税。此条规定不适用于作者或音乐家的著作权。

增值税法规规定，融资、延期付款或在销售、施工、租赁或服务要价之后支付而产生的利息是应税的，即使相关的交易是免税或非税的。

动产的最终进口是增值税应税事项。增值税应在海关支付。除税率为21%的标准增值税（特定项有10.5%的优惠税率），在结关时有额外的预付增值税，税率为10%或5%（5%适用于那些按10.5%的优惠税率征收标准增值税的特定项）。有优惠税率的特定项。

4. 应税收入

增值税对应税交易的实价征收。所谓实价，是发票价格减去商业惯例允许的扣减额。这意味着所有根据商业惯例而形成的、惯常的或特别的折扣和回扣，必须从发票价格中减去，以获得应税金额。若折扣和回扣是之后给予的，则允许有抵免。

以下各项应包含在应税金额中：

（1）与应税交易一起提供的服务之价值，或因以下所举事项提供的服务之价值：运输、清洁、包装、保险、保证、安装和维修等；

（2）纳税人收取的财务费用，如延期支付或拖欠形成的利息和手续费，即使是交易事项是免税或非税的，但也有例外；

（3）包含在应税服务张的商品的价格。

即使独立开发票或订合同，即使在独立供应时不征增值税，这些项目也必须包含在应税金额中。

若缺失发票或相关文件，或价格低于市场价，则市场价格即为应税金额。对于没有合理价格的交易，应税金额是纳税人在其正常交易中的要价或市场价格。

对于进口，应税金额是海关完税价格加上关税。

不动产所有者管控的、在阿根廷的建筑施工，对于应税施工一致的那部分实价征税。所对应部分不应低于相比于土地成本、相当于施工成本的金额，若不可获取，则根据所得税规定，依地籍价值确定。

5. 税率

标准增值税率为21%。

但以下服务税率为27%：电信服务；电气供应，除了公共电力；供水或污水处理服务。

对以下项目适用10.5%的优惠税率：

(1) 牛、羊、骆驼和山羊及这类牲畜的新鲜或冷冻的产品，还有在特定条件下新鲜或冷冻是蔬菜水果；

(2) 包括在《南方共同市场通用术语》的关税表中的特定进口商品；

(3) 与土壤（如配制品）或农业活动（如播种收割）相关的特定服务；

(4) 与住宅相关的特定建筑；

(5) 由国内金融机构给予的贷款产生的利息或手续费；

(6) 由外国银行提供的贷款产生的利息，且该银行位于采用巴塞尔银行委员会的国际监管标准的国家；

(7) 在特定情况下的医疗服务；

(8) 由劳动合作社提供的特定服务的买卖，此服务应登记于社会发展部的关于本地发展与社会经济的国家名录中；

(9) 为第三方的生产而进行的丙烷、丁烷和石油液化气的销售、进口和加工/制造；

(10) 农用化肥的销售、加工/制造和最终出口。

出口商品和服务税率为零。

对于服务，零税率适用于那些在阿根廷提供，但在境外有效适用的服务。

对于报纸、期刊和类似周期出版物的进口或供应，及广告服务的增值税率。自2014年10月1日起，以商品销售价格或广告费用为计税依据，按10.5%的优惠税率征税。小出版商适用的税率为2.5%或5%，这取决于他们的年营业额。向最终消费者的销售仍然是免税的。

6. 免税

当涉及以下特殊项时，进口、销售和生产准予免税：

(1) 书籍、手册及类似印刷材料；

(2) 报纸期刊零售；

(3) 股票、债券和有价证券；

(4) 金币、金条和其他硬币；

(5) 建造并用于客运和/或货运及用于防卫和安全的飞机，国有或国家分支机构所有的船舶。

在以下情况中，服务免除增值税：

(1) 由国家、省、自治市及其机构提供的服务，有特定例外。

(2) 特定情况下的医疗服务。

(3) 客运和货运，包括国际运输。出租车和其他方式提供的运输，只有在运输距离少于100千米时可以免税。

(4) 列于法律中的金融配售和服务。

（5）股份公司的董事、管理者和董事会成员，及那些其他公司、协会、基金会或合作社的经理和管理会成员所固有的服务。

（6）与住宅和农耕相关的不动产的出租，不动产出租给国家、省市地方，不动产出租的月租金低于1 500比索，且符合条件，与其他某些特定服务相关，除了会议、会见、聚会及类似活动。

（二）非居民纳税人

对非居民，没有特别的增值税规定。对居民纳税人的一般规定也适用于非居民的常设机构。

四、消费税

消费税的征税对象是法律规定的特定货物的交易和进口，以及被单独分类的某些服务。

纳税人包括烟草、酒精饮料、酒类、非酒精饮料、果汁、提取物、无线和卫星同学设备、汽车和摩托车、奢侈品、娱乐和体育用品、航天设备的生产者、进口商和经销商。

消费税为从价税（根据商品或者服务的价格），最高不超过60%。

消费税纳税基础通常是根据含税售价，除了增值税。

出口阿根廷的产品不需要缴纳消费税。对于用于生产出口产品的原材料征收的消费税，可以扣除或者返还。

五、社会保障税

（一）对企业征收

雇主和雇员都有义务缴纳社会保障税，而且雇主有义务代扣代缴雇员应缴的社会保障税。缴纳的社会保障税按雇员工资乘以相应税率计算。

如果雇主从事提供劳务服务的经营活动，或者年经营总收入超过8 000万比索，则需要缴纳的社会保障税要高4%，若不满足上述条件，则缴纳的社会保障税总水平为23%。但高出的4%可以作为增值税的进项税抵扣（见表2）。

表2　阿根廷由雇主缴纳的社会保障类型及税率表

保障类型	提供劳务服务或者年总经营收入超过8 000万比索（%）	其他活动（%）
养老基金系统	12.71	10.17
退休基金（INSSJP）	1.62	1.5
医疗救助	6	6
与家庭有关基金	5.56	4.44
国家就业基金	1.11	0.89
总计	27	23

（二）对个人征收

（1）受雇。员工必须缴纳社会保障税。社会保险税根据以下税率，以员工工资的某个百分比来计算。考虑到员工工资有一个月工资上限 48 598.08 比索，所有员工的社会保障税都按相关税率计算（见表 3）。

表 3　　雇员社会保险税率

社会保障类型	员工缴纳%
养老金系统	11
退休金系统（INSSJP）	3
医疗救助	3
合计	17

员工的社会保障税，在所得税上是可扣除的。

（2）自营业者。自营业者的退休和养老基金缴纳的是一个固定金额。该金额按 32% 的比例（养老基金 27%，退休基金 5%），按如下各类净所得的最小限值计算（见表 4）：

表 4　　各类净所得的最小限值

类别	捐税（比索 S）
I	708.95
II	992.53
III	1 417.92
IV	2 268.66
V	3 119.41

纳税人可以每年一次改变其适用类别。其他固定金额是为从事危险活动的纳税人、志愿捐献者、童工等制定的。

企业董事会成员，同时拥有员工身份的，可以选择按员工身份缴纳。

（李本贵　编）

比利时税制

比利时对居民企业的全球所得征收公司所得税，对非居民企业来源于比利时境内的所得征收公司所得税，并在公司所得税的基础上征收财政紧缩附加费。此外，企业还须缴纳社会保障税和增值税。

个人应缴纳个人所得税。个人所得税由联邦政府负责征收。此外，个人还须缴纳社会保障税。继承税和赠与税仅对生前居住在比利时的遗产所有人课征。个人从事经营活动，还涉及增值税和其他间接税。

一、公司所得税

（一）一般规定

1. 税制类型

公司所得税属于传统的双税制，通过对由企业股东持有合格股份的股息进行免税和对个人持股人的股利分红征收低税率来进行修正。

2. 纳税人

在比利时，仅法人实体需要缴纳公司所得税。纳税人包括居民企业、协会、合作社和从事商业或营利性活动的机构组织，以及养老基金、信托基金、投资公司和集体投资企业。

有限合伙企业和股份有限合伙企业具有法人资格，在合伙企业层面缴纳公司所得税。其他合伙企业不视为公司所得税纳税人。

未从事商业或者其他营利活动的居民法人，比如国家、省、社区、社区间组织和非营利居民组织，不是公司所得税的纳税人。自 2015 年 7 月 1 日起，以盈利为目的开展经营性活动的社区间组织，需缴纳公司所得税。

居民企业。如果法人的法定注册地、常设机构或实际管理机构位于比利时境内，则该法人是比利时的居民企业。

3. 应纳税所得额

（1）一般规定。一般而言，公司所得税的计税依据为企业全球所得，减去可扣除项目后的余额。以权责发生制为原则计算公司应纳税所得额。

比利时所得税法从财务报表（损益表）开始，介绍了确定公司所得税计税基础的八个连续步骤：第一，确定利润（调增准备金、不可扣除的费用和已派发股息）；第二，根据来源对利润分类（来源于比利时的利润、非缔约国的利润、缔约国的利润）；第三，扣除来自缔约国的利润、已确定的成本支出和雇员工资；第四，扣除公司间股息；第五，扣除专利收入；第六，扣除名义利息；第七，弥补以前年度损失；第八，扣除投资费用。

原则上，除参与免税制度之外，资本利得需要征税。

（2）免税所得。免税所得主要涉及股息和特定形式的资本利得。参见“资本利得”部分。

（3）扣除。在一个会计年度内，企业为取得应税营业收入而发生或承担的支出和费用可以税前扣除。可扣除费用包括财务费用（债务利息）、不动产使用相关费用（租金、维护费）和动产使用相关费用（特许权使用费）、职工薪酬（包括社会保障费）、管理费用以及制造费用等。“不动产预提税”和“秘密佣金税”也准予扣除。

不可扣除的项目包括：①比利时的直接税，如公司所得税；②由已持有1年股份产生的免征资本利得税的资本利得；③某些地方税，例如环境税；④针对公司关闭的特殊社会保障税；⑤罚金；⑥某些公司支付的收益（即使该收益在被支付公司被征税）；⑦不可扣除的退休金；⑧股票投资损失；⑨直接或间接支付给任何外国企业、机构或个人的利息、特许权使用费和服务费（当根据收款方所在国的税法，这些利息、特许权使用费和服务费免税，或享受较比利时更优惠的税收时）；⑩餐厅成本的31%；⑪企业（不包括餐饮企业）业务招待费支出的50%；⑫企业的汽车：价位表中公司汽车价格的6/7乘上17%后再乘上一定百分比（4%到18%），其中该百分比与汽车的二氧化碳排放率和燃油消耗类型（汽油或柴油）相关。

（4）折旧与摊销。营业资产的折旧与企业收入额无关，须每年计提。从该资产取得或投入使用所属的会计年度开始计提折旧，不得推迟计提。

资产折旧以成本价为基础，以该资产的持续使用期限为依据。税法规定有两种折旧方法，即直线法和余额递减法。较常使用的是直线法。折旧年限和折旧率通常由纳税人和纳税机关之间协商确定，但某些资产折旧率由行政机关确定，例如商业建筑为3%；工业建筑为5%；机械设备取决于其类型，折旧率为10%或33%；车辆为20%；用于开发研究的无形固定资产折旧率为33.3%，其他用途的则为20%；专利技术为10%。

纳税人也可选用余额递减法。但是，无形固定资产（除音像业投资外）、汽车和固定资产等所有者已计提折旧但其使用权已转移的资产，必须使用直线法。

自创商誉可以不计提折旧。从外部获得的商誉原则上必须使用直线法，折旧年限5年。

（5）准备金。符合下列条件的准备金予以免税：①该准备金必须与可纳税扣除的特定成本相关；②成本或损失必须影响企业经营成果；③成本或损失必须是在会计年度内发生的活动或事件，并在会计年度结束时仍然存在；④符合正式要求，例如：在单独的账户上计量该费用或损失。

在特定条件下，中小企业最多可计提利润的50%作为免税投资准备金，该准备金最高限额为37 500欧元。投资准备金必须在3年内投资于可折旧的（有形或无形）资产，且企业须有权对该资产投资扣除。如果3年内未使用，须调增利润。

自2015年1月1日起，中小企业可以设置清算准备金账户。可通过对税后利润账户的再认定确定该准备金账户。该准备金将适用10%的公司所得税税率。如果在公司清算前或设置该准备金账户5年内，企业对该准备金账户进行清算，则将对该笔准备金征收额外的15%的预提税。在设置账户5年后再进行清算的，预提税税率为5%。企业清算时不征收准备金账户预提税。2015年8月10日颁布的新程序法扩展了目前的制度，可追溯到2013及2014纳税年度内实现的利润。在同样的条件下，这些利润也可以通过缴纳10%的公司所得税转换成清算准备金。之后对这些准备金进行分配时，上述规则将适用。

4. 资本利得

资本利得一般视同普通所得征税。处置不动产时，其资本所得等于售价减去处置费用与购买价格之后的差额。

如果纳税人所持股票符合参与免税制度的资格，且股息红利与这些股票相关，则股票或股份的资本利得在收益实现时免税。需要注意的是，股息红利免税的最小参股或持有期限规定并不适用于资本利得免税，也不适用于对再投资的要求。免税仅适用于股票涨幅比先前扣除的资本损失更高的情况。然而，从2012年1月1日起，符合免税资格的股票持有期至少1年。如果不满足这一持有期限规定，该资本利得的税率将为25%（包括3%的财政紧缩附加费在内，应为25.75%）。从2013年（纳税评估年度为2014年）起，无论其持股规模，对其他公司持股的完全免税的资本利得净额适用特定税率0.412%（包括3%的财政紧缩附加费）。中小企业免征该单独税收。持有期少于1年的，将正常征税。

以商业目的持有5年以上的有形或无形资产的收益，以及关于损害赔偿、征用和类似事件取得的收益，可获得滚转冲抵。在这种情况下，如果上述收益在3年内被充分再投资于位于比利时境内的、可计提折旧的非金融固定资产（建筑物、船舶和飞机为5年），这些收益在再投资资产折旧期内应缴纳公司所得税。新置资产的累计折旧账户和相应的资本利得账户在资产开始计提折旧的同一年度内按收入征税。如果对资本利得未被征税的部分采用单独的负债账户进行计量，且将其不作为利润分配的依据，那么该部分可予以免税。从评估年度2012年起，这一延期纳税政策也适用于向位于欧盟成员国的资产进行再投资的行为。

如果在再投资期间内未进行再投资，则资本利得应在再投资期结束当年缴税。此外，纳税人还需向税务机关支付相关公司所得税的利息。

在公司“移民”的情况下，所有的资本利得应立即征税。

5. 亏损

（1）经营亏损。经营亏损可向以后年度无限期结转。但如果所有权的转移不符合合理的财务和经济发展需要，则亏损不得结转。不得向以前年度结转亏损。

当公司处在免税重组（如合并和分立）时，其亏损的抵减受到特殊规定的限制。为了防止企业把自身利润转移给关联企业（包括重组企业），法律规定在企业的利润以及异常或无偿范围内的收益均不得扣除其中的损失。

企业的境外业务在境外的亏损可以抵消。如果企业已申请运用境外亏损弥补措施，将境外亏损用于抵减以前年度境外利润。企业实现亏损的年度也必须计提折旧，但适用加速折旧制度的企业，也可推迟计提。

（2）资本损失。总体上，资本损失可抵减公司所得税。机动车辆资本损失依照其排放水平可部分扣除。股票或其他权益性投资的资本损失一般不可抵扣。

6. 税率

（1）经营所得和资本利得适用税率。

①基本税率。公司所得税基本税率为33%，加征一道3%的财政紧缩附加费，实际税率为33.99%。

当企业应纳税所得额达到322 500欧元时，适用表1中的累进税率。

表1

应纳税所得额（欧元）	税率（%）
不高于25 000	24.25
25 000～90 000	31
90 000～322 500	34.5

这些税率在加征3%的财政紧缩附加费后分别提高至24.98%、31.93%和35.54%。

上述累进税率并不适用于以下情况：A. 参股比例超过一定限制的企业（金融企业）；B. 由一家或多家其他企业控股的比例不低于50%的企业；C. 在会计年度伊始派发股息超过实收资本13%的企业；D. 不得向至少一位董事或合伙人支付至少36 000欧元的劳务收入的企业（如果该企业的应纳税所得额低于36 000欧元，则劳务收入应等于应纳税所得额）；E. 集体投资企业。

股票的资本利得，不适用参与免税制度。

②财政紧缩附加费。财政紧缩附加费向居民企业和非居民企业征收，在应交所得税税金的基础上计征。附加费率为3%，在应交所得税税额扣除预提税、预付款和境外税额之前，以及在增加不足预付款前计算。附加费随同其征收的税适用同一税务规则。

（2）向居民纳税人支付款项的预提税税率。

①股息。自2013年1月1日起，境内股息的预提税税率为25%。自2016年1月1日起，股息预提税税率提高至27%。

股票赎回所获股息预提税税率为25%（2014年10月1日前为10%）。在企业清算前或在设立准备金账户5年内进行的清算准备金分配按15%的税率征收预提税。设立准备金账户5年后才分配的，预提税税率为5%。企业清算时的清算准备金分配免征预提税。

从2012年1月1日起，股份回购收入适用25%税率。

如果预提税超过了公司所得税应纳税额，且能提供证据证明收款方在股息分配时持有股份的全部所有权，则预提税可用于抵扣收款方的公司所得税，且超过部分可退还。但如果股息分配导致股票或资本损失账面价值减值时，预提税不可抵扣，除非在股息分配前纳税人在连续不少于1年的期间内持有该股票。

如果出现下列情况时，居民子公司向居民母公司支付的股息免征预提税：A. 子公司与母公司皆有比利时公司所得税纳税义务；B. 母公司至少持有子公司10%的股份，或其股份购置价格至少为250万欧元；C. 母公司已于至少连续不间断的一年时间内持有该股票。

股息分配时，纳税人持股不足一年的，如果母公司能提供担保将持股直至一年期届满，则可免征预提税。在此情况下，子公司仍须代扣税款，但在母公司不能维持股票持有期前不需向税务机关汇缴。中小型企业从2013年7月1日后发行的股票股息适用低税率。上述股息适用税率如下：A. 股票发行最初两年的股息适用税率为25%；B. 发行第三年的股息适用20%；C. 发行第四年（及以后）的股息适用15%。

②利息。从2016年1月1日起，利息预提税税率从25%提高至27%。预提税可抵扣公

司所得税，但仅限于产生利息的相关资产由纳税企业拥有全部所有权的情况。分配给缴纳比利时公司所得税的居民企业的利息，可以免征预提税。利息类型主要包括政府债券利息、记名债券利息、比利时固定资产抵押贷款利息和由非居民企业支付的债券利息。

2011 年 11 月 24 日至 2011 年 12 月 2 日之间发行的政府债券继续适用 15% 预提税税率。

③特许权使用费。支付给居民企业的特许权使用费不缴纳预提税，但需按其净所得额缴纳公司所得税。

然而，来源于著作权和合法的强制性许可证的收入适用 15% 的预提税。

7. 税收优惠

（1）加速折旧。新下水的海洋运输船只折旧期为 8 年，第一年折旧率为 20%，随后二年折旧率为 15%，剩下年份为 10%。其他船只每年折旧 10%。

用于科研的机械设备折旧期可以缩短至 3 年，每年折旧 33.33%。

属于对比利时经济至关重要的经济领域的企业新购置的资产，符合条件的折旧期可以缩短至 3 年，每年折旧 33.33%。

（2）投资扣除。对政策鼓励的饮料及工业品包装物材料循环利用的投资可享受投资额 3% 的税收扣除。

用于海洋运输船只投资可以享受 30% 的扣除。

节能、环保等新技术的研发投资可以享受 13.5% 的扣除。

雇员数量小于 20 人的小公司投资可以享受 10.5% 的扣除。

用于环保方面的投资可以享受 20.5% 的扣除。

企业对于其用于环境保护新技术方面的专利、科研开发项目等扣除金额，不得在企业所选择的用于研究开发的税收抵免中再次扣除。

由于收入不足而未能实现的投资扣除可进行结转，在以后年度中扣除。2016 纳税年度的扣除限额为 946 800 欧元（2015 纳税年度则为 943 760 欧元）；如果 2016 年的尚未扣除部分超过 3 787 210 欧元（2015 年为 3 733 050 欧元），则按未扣除部分的 25% 进行扣除。

对选择采用研究开发费用税收抵免而不采用投资扣除的企业来说，可在随后几年中扣除之前未扣除部分，2016 年的扣除限额为 473 400 欧元（2015 年为 471 880 欧元）。如果 2016 年的尚未扣除部分超过 1 893 600 欧元（2015 年为 1 887 530 欧元），则按未扣除部分的 25% 进行扣除。

此外，根据 2015 年 8 月 10 日的新程序法，有关数字化支付、货品计价系统和网络安全的投资可按照 13.5% 的比例扣除。

（3）研究与开发费用的税收优惠。企业从事研究与开发，可以选择对 33.99% 的投资费用进行税收抵免。

对中小型企业的税收抵免如表 2 所示：

表 2

应纳税所得额（欧元）	税率（%）
不高于 25 000	24.98
25 000 ~ 90 000	31.93
90 000 ~ 322 500	34.54

抵免额是以新购置或制造的在比利时境内用以商业用途的有形或无形资产的购置或投资价值为基础计算。

创新型企业及参与研发活动的企业只需向税务当局缴纳其预提的参与相关活动雇员工资薪金税的25%（企业可保留剩余部分）。

（4）名义利息扣除。会计年度与公历年度相同的企业可从其应税收入中扣除名义利息费用。

扣除额等于资产净值乘以一定百分比，该百分比是由政府在纳税评估年度的第二年，在参考10年期政府债券利率指数月平均值的基础上确定。2015年，该百分比的上限为2.63%；2016年则为1.63%。中小型企业适用上限，2015年为3.13%，2016年为2.13%。

从纳税年度2013年（评估年度为2014年）起，未进行名义利息扣除的部分不得结转以后年度。在此之前可结转且结转期限为7年。政府实施的过渡性政策中规定，在2011年12月31日前（或应纳税期间按估计可至2012年年末的）未进行名义利息扣除的部分仍可在之后7年内结转。但是，应纳税所得额不超过100万欧元的，结转额不受限制；超过100万元的，仅可结转超出部分的60%。

（5）吨税税制。如果企业经营的海上航行船舶悬挂有比利时或其他欧盟国家的国旗，进行国际海上航线运输商品或乘客，或者探索或开发自然资源及其相关活动，可选择按照运输体积的一定百分比计算应纳税所得额。

该税制在颁布起十年内适用，每十年自动更新一次。纳税人的申请获准后，按有关船舶的吨位计算每日系数，以确定应纳税所得额。按此计算得出的名义利润应按照名义税率缴纳公司所得税。特定船只可适用低税率。

企业其他经济活动导致的损失不得抵减航运部门的名义利润。但这些损失可抵减企业吨税外的其他纳税利润。在选择按照吨税税制纳税前，企业的海上船舶运输损失只能在尚未应用该税制的年度内进行结转。

下列税收优惠适用于海上船舶运输相关活动，无论其是否应缴纳吨税：

①新收购以专门用于海上运输的海上船舶适用特殊余额递减法；

②海上船舶的处置资本收益免税，但纳税人须有凭证证明该笔资本利得已全部再投资于另一海上船舶；

③海上船舶投资的投资额的30%可税前扣除。

（6）专利收入扣除。当交易是基于正常交易原则进行时，居民企业和非居民企业在比利时境内的常设机构向相关或无关方提供专利许可所获得的收入的80%可进行抵扣。仅20%的上述收入为应税收入，从而使该笔收入的实际税负为6.8%（33.99%的20%）。

基于开发合同或成本分摊协议所获得的研究和开发收入不得按照专利收入扣除。

（7）对初创企业的税收激励。2015年8月10日颁布的新程序法中介绍了以下对符合资格的初创型中小企业和微型企业的激励措施：

①对投资于初创型企业的投资者或自然人给予税收抵免，抵免额最高为投资额的30%（向中小型企业的投资）和45%（向微型企业的投资）；

②初创型企业可保留其代扣代缴员工工资税的10%（中小型企业）和20%（微型企业）；

③初创型企业收到的不超过15 000欧元的付息贷款利息，免征四年预提税。

8. 征收管理

（1）纳税期限。如果会计年度与公历年度一致，则纳税评估年为接下来的公历年。如果会计年度与公历年度不一致，则纳税评估年为会计年度截止时所属的公历年度。

（2）纳税申报。公司所得税纳税申报表必须在税务机关规定的纳税申报期限内提交。纳税申报期限是在年度股东大会批准财务报表的1个月后，但最多不得超过企业会计年度终了6个月。企业可申请延期申报。纳税评估必须基于官方评估。

（3）税款缴纳。企业须在会计年度内按季预缴所得税。企业须在收到纳税评估报告之日起两个月内缴纳最终所得税。超额预缴税款的退税申请，须立即或在填报纳税申报表时提出。此外，多缴的预付款也可选择分配到以后年度抵扣。

预提税可以抵减应付公司所得税。

（4）事先裁定。纳税人可以书面形式向纳税机关进行事先裁定申请。原则上，除特殊情况可延长期限外，预先裁定适用期间不超过5年。税务机关具有裁定权。

纳税人可就税法施行中的任何问题进行裁定申请，有关税收法律明确规定的除外。裁决的主要目的是明确和维护税法的实施。但如果交易在比利时境内不具备充分的经济实质，或该交易涉及与OECD没有合作关系的避税港，则不适用裁定准则。

（二）居民企业之间的交易

1. 企业集团税务处理

比利时不允许企业合并财务报表。

2. 居民企业之间的股息

居民企业或非居民企业常设机构从其他相关居民企业收到的股息红利，首先被认为是应税所得，然后股息红利的95%可从应纳税所得额中扣除，剩余的5%部分需要缴纳公司所得税。

居民企业股东在股息分配日持有被投资企业至少10%的股份或者持有被投资企业股份价值最少250万欧元，则可适用参与免税制度。上述股份必须连续持有至少1年以上。

中介公司支付的股息不得免税，除非该中介公司收到的股息中至少有90%具有免税资格。来自居民上市公司的股息不受该规定限制。

（三）其他类型的公司所得税

1. 秘密佣金税

当支付款项不能正确记录时，将对视同个人收款人的营业收入的某些付款和附加福利征收一道特别税，纳税人为支付企业。这道特别税，即“秘密佣金税”，属于公司所得税税制。“秘密佣金税”税率为100%，在加征一道3%的财政紧缩附加费后增至103%。但如果能够证明受益人是法人，或隐藏的利润记录在之后的账户中，则税率可降低至51.5%。

如果有证据证明受益人已申报纳税，或者受益人在纳税年度1月1日起的2.5年内被指认，则不征收秘密佣金税。秘密佣金税不能在计算公司所得时扣除。

2. 不动产预提税

不动产预提税是指对视同来源于位于比利时境内的不动产的收入征税。该税是在最后环节根据评估值征收，不能抵减其他所得税应纳税额，但是可作为营业支出在计算公司所得税时扣除。税额按照不动产年租金的一定百分比计算征收。不动产年租金通常每十年估值一次，没有估值的，采用年度指数化的方法。税率根据不动产所在地区的不同而有所差异。弗拉芒区的税率为2.5%；瓦隆和布鲁塞尔地区的税率则为1.25%。市级和省级的附加费会使实际税率相应增加，增加幅度一般在25%～60%之间。

3. 公平税

从纳税年度2014年起，由于亏损结转或适用名义利息扣除而未缴纳企业所得税的大型企业，就其分配的股息红利缴纳公平税。公平税对会计年度结束于2013年12月31日至2014年12月30日的企业适用。

公平税税率为5.15%（5%加上3%的财政紧缩附加费）。公平税不得抵减企业所得税。

2015年1月28日，比利时宪法法院应欧盟公平法庭的申请，要求就公平税与欧盟法律的兼容性问题做出初步裁决。

（四）国际税收

1. 居民企业

居民企业是指其注册地、主要经营场所或者管理机构在比利时境内的企业。

（1）境外所得和资本利得。居民企业就其全球营业所得和资本利得缴税。

原则上，通过比利时银行、其他信用机构或其他居民支付机构收到的境外股息缴纳25%的预提税。自2016年1月1日起，股息的预提税税率提高至27%。

但在正常情况下，能够提供符合要求和手续的境外股息免征预提税。自2009年8月31日起，从在欧洲经济区国家注册成立的企业设立在比利时境内的经营机构取得的股息同样免征预提税。但是，居民投资公司从所有非居民企业取得的股息，居民企业从所有非居民投资企业获得的股息，仍需缴纳预提税。

来自非居民企业的股息也适用参与免税制度。

下列境外股息不能免税：

①从位于税收优惠超过比利时的国家的企业获得的股息，其名义税率或实际税收负担率低于15%。位于欧盟成员国国家的企业不受此影响。

②分配股息的公司所得来源于居住国之外，且享受居住国的特别税收优惠。

③分配股息的公司，其公司利润通过国外常设机构获得，较比利时对相同利润享受更优惠的税收政策。但当比利时与该常设机构所在国家签有税收协定，或通过常设机构获得的利润实际支付的境外税不低于15%时，不再适用。

④从中介公司获得的股息，除非中介公司90%以上的股息免税。这对位于同比利时签订税收协定的国家的非居民公司获得的、没有享受特别税收优惠的股息，不再适用。

当非居民投资企业、财务企业和金融企业在其注册地享受特殊的税收制度，来源于这些企业的股息不享受参与免税制度。但避风港规则仍适用。

居民企业从欧洲经济区公司获取的境外股息的95%，可在企业利润金额中扣减。

居民企业持有非居民企业股份所而获得的资本利得免税，无论其持股比例水平。相应地，除了清算损失，股票的资本损失不得扣除。然而，自2012年起（纳税评估年度2013年），免税只适用于持股期间至少1年的股票。此类利得的适用税率为25.75%（包括3%的财政紧缩附加费）。

（2）境外亏损。来源于缔约国的损失，首先抵扣依据该条约在比利时的免税所得（在可证明该笔损失没有抵减该缔约国经济活动的利润或其他国家境外利润的情况下）；其次，抵减来自非缔约国的所得；最后，抵减比利时境内所得。

来源于非缔约国的损失，首先抵减来自非缔约国的境外所得；其次，抵减根据条约在比利时免税的所得；最后，抵减比利时境内所得。

境内损失，首先抵减境内所得；其次，抵减来自非缔约国家的境外所得；最后，抵减来自缔约国的收入。

（3）境外资本。比利时对境外资本不征收净资本税。

（4）避免双重征税。

①单边免除。根据来源于境外的收入类型，通过免税、抵免或减税的方式来避免双重征税。

来源境外但不是通过境外常设机构支付的特许权使用费和利息（以及其他可动产所得），就其净所得在比利时缴税；如果该所得已缴纳境外所得税，则给予定额境外税收抵免。

境外股息，除境外常设机构支付的部分外，消除重复征税的唯一可选方式为参与免税制度。如果该股息由境外常设机构支付，在条约规定范围内也可获得免税资格。对来源于非居民投资公司的股息，在特定条件下，也可获得定额境外税收抵免。

定额境外税收抵免未被抵免的部分不得结转，也不得（部分）退税。

②协定减免。比利时缔结的税收协定通常包含在股息、利息和特许权使用费等各方面的税收减免。根据比利时国内法，境外股息税收抵免仅限于源自投资公司的股息，但可签订其他相关减免的协定。

2. 非居民企业

（1）一般所得和资本利得课税。非居民企业下列所得课税：

①来源于比利时境内不动产的收入和资本利得（包括衍生财产权创造或转让所得），无论其是否与比利时境内常设机构有关；

②通过在比利时境内由长期签订保证合同的外国保险公司进行的交易所获得的收入，不论其是否与比利时境内常设机构有关；

③通过比利时境内的商业活动所获得的收入；

④来源于比利时境内不具有法人资格的协会（如某些合作伙伴）的收入，无论是否与比利时境内企业有关；

⑤比利时境内常设机构的所有收入，包括与该常设机构有关的境外收入。

自纳税年度 2013 年起（评估年度 2014 年），由一人或多人在任意 12 个月的周期内连续或累计超过 30 天提供的服务视同由常设机构提供。

非居民公司所得税适用税率与居民企业相同。

除税收协定的规定外，在比利时设立常设机构的非居民企业的境外所得能获得与居民企业相同的税收救济。除条约另有规定外，预提税税制和“不动产预提税”也适用于非居民企业。如果企业全额缴纳非居民公司所得税，则预提税能以与居民公司所得税相同的方式进行抵免。另外，非居民企业在比利时境内的常设机构从居民企业获得的股息具有参与免税制度的资格，则该常设机构有权以其股息预提税抵免其公司所得税额。

（2）资本课税。比利时对资本净值不征税。

（3）征收管理。非居民企业的所得税征收管理与居民企业相同。

3. 非居民企业预提税

（1）股息。由居民企业向非居民股东支付的股息需要缴纳预提税，税率为25%（自2016年1月1日起为27%）。

股份赎回产生的股息，适用税率为25%（2014年10月1日前为10%）。

自2012年1月1日起，股票回购产生的利润，适用税率为25%。

自2007年1月1日起，若从居民子公司获取股息的母公司是与比利时签订有效税收协定国家（包括欧盟成员国及瑞士）的居民企业，且该母公司持有居民子公司的股份在10%以上、持有时间至少1年以上，则支付给该母公司的股息不征收预提税。

根据《欧盟母子公司法案》（90/435）条款中的规定，当满足下列条件时，由居民子公司支付给其欧盟成员国居民母公司的股息免征预提税：①母、子公司含有法案中列示的公司形式之一，并为法案中列示的无权选择可以免税的公司所得税纳税人；②母公司至少持有子公司资本的10%以上；③母公司所持有的股份已至少持有1年以上。在派发股息时若持股期间未达1年时，可获得预提税临时免税。

根据《欧盟与瑞士存款协议》，向瑞士企业支付的股息红利，参照《欧盟母子公司指令》规定免税。自2005年1月1日起，股息红利接收方需至少直接持有支付方25%的股权2年以上才能享受免税待遇。

（2）利息。支付给非居民企业的利息，需缴纳25%的预提税。从2016年1月1日起，该预提税税率提高至27%。

下列支付给非居民企业的利息免税：①在国内银行的存款利息；②国内银行发行的记名债券的利息；③已注册的政府债券和贷款（由国家、省或市发行或担保）的利息；④已注册的公司债券的利息。

由比利时金融机构或专业投资者向在欧洲经济区国家或与比利时签订有税收协定的国家注册成立的金融机构支付的利息免税。

向比利时投资公司支付的无担保债券利息免征预提税。但如果收取利息的投资公司位于其他欧洲经济区国家，则该投资公司需缴纳预提税。

根据《欧盟与瑞士存款协议》，向瑞士企业支付的利息和特许权使用费，可以免税。

（3）特许权使用费。支付给非居民企业的特许权使用费需缴纳25%的预提税（自2016年1月1日起为27%）。

与特许权使用费相关的费用支出可定率扣除，扣除比例为该特许权使用费全款的15%。但如果根据税收协定缴纳低税率预提税时，此扣除方法不再适用。

（4）其他。对由销售位于比利时境内的不动产产生的资本利得征收预提税，税率为33.99%。如果代扣代缴税额超过评估税额，则已交税额可获得抵减和退税。

（五）反避税

1. 概述

2012年新实施的反滥用条款适用于与经济领域相关以及与纳税人私人领域相关的交易。2012年5月4日发布的一项通告中规定，主管税务机关应在确定滥用之日起3年内做出调整；但对于纳税人违规造成的，期限可以从3年延长至7年。

根据反避税规则，比利时境内企业及常设机构应就其向低税国家直接或间接进行的年度总额超过100 000欧元的跨境支付进行申报。低税国家包括名义所得税税率低于10%的国家，以及比利时或OECD所列举的在透明度和信息交换方面不能达到OECD标准的国家。然而，代客户付款的银行和信用机构，由银行、信用机构、比利时证券交易所列示的企业、结算机构、清算机构和金融机构作为中介进行的相关支付行为，不具有申报义务。

企业未进行申报的支付，原则上不可税前扣除。已进行申报但不能证明与“真实”交易有关联的支付，也不可税前扣除。

2. 转让定价

比利时转让定价规则有三种形式：重置利润、不许扣除、漠视资产转让。

转让定价调整遵循正常交易原则。对于关联公司，没有具体的定义，而是基于事实（比如紧密合作、原材料和产品的运输、财务等）进行确定。

如果两个存在经济或财务关系的企业发生的利润，相比较于两个独立企业而不同，则该利润可被重置。

支付给位于避税地的非居民企业或其他受益所有人的利息、特许权使用费和报酬不得作为费用扣除，除非纳税人能证明该笔交易是真实有效的，且支付款项不超过正常交易时的数额。

向位于避税地的控股企业或其他个人转让特定的资产（债券、专利、现金等），除非纳税人能够证明该交易具有合法的商业需要或者产生的利润在比利时承担正常税负，否则税务机关对该资产转让不予认可。

3. 资本弱化

资本弱化主要运用两项规则。首先，个人董事、股东和非居民企业董事向其公司提供的贷款不超过1∶1的债务/权益比率。超过此比率的与债务相关的利息将重新定性为不可扣除股息。其次，当债权人（居民或非居民）的债务利息免税或适用低税率，与债务人属于同一集团公司时，债务/权益比率为5∶1。与超过此比率的部分相关联且是从公开交易的公司债券获得的利息视为不可扣除的商务费用。

对从事动产资产、房地产及应收账款保理的租赁业务，并在一定程度上有效利用贷款的金融机构，以及通过招标获得公私合营工程的企业，不适用上述规则。

4. 受控外国企业

比利时暂未对受控外国企业立法。

二、个人所得税

（一）一般规定

1. 纳税义务人

主要居住地或者主要经济利益中心位于比利时的个人，被视为比利时居民个人。已婚个人如果把家庭建立在比利时，也被视为比利时居民。

2015年8月10日新的程序法规定，如果居民纳税人或者其他法律主体在其他国家收入的实际征税率低于15%，则需要在比利时国内缴纳个人所得税（无论该收入是否被分配）。适用税率取决于在比利时获得的收入的性质。被动收入在大多数情况下按照25%税率征税；

其他类型的收入按照累进税率征收。

2. 应纳税所得额

(1) 概述。一般来说，应纳税所得主要包括以下列四类：①不动产所得；②动产所得，包括股息、利息和特许权使用费；③经营和劳务所得，包括营业所得、工资薪金所得和养老所得；④杂项所得。

(2) 免税收入。免税收入主要是一些储蓄存款的利息。

3. 受雇所得

(1) 工资、薪金所得。工资薪金所得从源头扣缴个人所得税。如果纳税人能够提供真实、充分的证据证明某些费用是为了获得工资薪金而发生的实际支出，可以税前扣除，比如差旅费。关于特定类型的开支需要特定的条件和计算规则，如通勤费用。

如果不能提供各项实际支出的证明，可以适用一揽子费用扣除规定，它的计算方法如表3所示（评估年度2015年）：

表3

收入（欧元）	扣除（占收入的百分比）
低于5 760	29.35
5 760～11 380	10.5
11 380～19 390	8
高于19 390	3

最高扣除额是4 090欧元。

2016年到2019年期间，该一次性费用扣除比例将逐步提高到30%。

(2) 实物福利。原则上，雇员从雇主收到各种形式的实物福利是应该征税的。但是，某些种类的收益，必须按照法律具体规定进行估值。应税实物福利包括：使用公司的汽车、提供股票期权或自由职业的住处等福利，以及零利率或低于法定利率的贷款。一些小的实物福利不用纳税，如雇员在某些节日收到的小礼物。

使用企业汽车的年度实物福利，是价位表中公司汽车价格的6/7乘上一定百分比（4%到18%），该百分比与汽车的二氧化碳排放率和燃油消耗类型（汽油或柴油）相关。该福利的最小价值为1 250欧元。价位表中公司汽车价格每年减少6%。从第六年开始，固定在价位表汽车价格的70%。

雇主缴纳的集体保险费用，对于雇员来说是免税的。

(3) 养老金所得。一般来说，养老金所得应像工资薪金所得一样征税，并适用正常的个人所得税率。但是，可以给予一定的税收抵免。全部是养老金和提前退休福利的所得，可抵免2 024.12欧元；部分包括养老金和提前退休福利的所得，可以按照养老金和提前退休福利占所得的比例进行抵免。但是，当应纳税所得额超过22 430欧元，不再允许这种抵免。

在评估年度2015年，如果所得仅由养老金所得组成，在申请税收抵免后，额度小于15 467.54欧元（家庭）、20 623.39欧元（夫妻）和13 870.03欧元（单身），可以允许额外的税收抵免。

(4) 董事报酬。董事收到的报酬，无论是以固定报酬还是利润分配的形式收取的，都需要纳税。

当一名董事或公司的个人股东贷款给他的公司，如果他的利率高于市场利率，或者贷款的本金数额超过实收资本和应税储备金，那么他（或他的配偶或子女）收到这笔贷款的利息被视为股息所得。

4. 经营和劳务所得

对经营所得和劳务所得征税，相对应发生的费用支出可以扣除。

专业服务所得可以适用工资薪金所得的一揽子费用扣除规定。实际费用超出一揽子费用数额的，仍可扣除。对于汽车费用支出，有严格的限制。

5. 投资所得

股息和利息所得应缴纳预提税。特许权使用费属于应税所得，相关费用可以扣除。

来自被批准机构储蓄存款的利息，可以免征最高限额为 1 880 欧元的个人所得税和预提税。

对于不动产，税基是税务机关认定的租金收入（地籍收入）。如果该不动产是纳税人的主要住所，只需要缴纳不动产预提税；否则需要缴纳所得税和不动产预提税。

取得或维持不动产发生的利息费用可以扣除。

6. 资本利得

对于个人从事经营活动实现的资本利得，其税务处理与企业资本利得相同。

一般而言，对于个人非经营活动实现的资本利得不纳税。但是，对于投机交易、出售购买 5 年而未开发的不动产、出售无形固定资产权利（例如专利和版权）等行为，要按照 33% 的统一税率征税。

从 2016 年 1 月 1 日起，将对上市股票和某些衍生物（包括期权、认股权证）实现的资本利得，征收税率为 33% 的投机税。投机税将对购买后 6 个月内出售且其出售超出专业活动范围的股份征收。对于 6 个月临界值的计算，采用后进先出法。

下列资本利得适用 16.5% 的统一税率：①出售收购后 5 ~ 8 年的未开发的不动产；②出售收购后 5 年内已开发的不动产；③居民企业出售实际参与权（超过 25%）给建立在欧洲经济区成员国之外的非居民实体；④完全或部分停止的交易。

7. 个人扣除、宽免和抵免

（1）扣除。80% 的赡养费支付可以税前扣除。从纳税年度 2013 年起，可以减免 45% 的捐赠和照顾孩子费用支出；其他费用（如支付报酬给家庭职员），可以减免 30%。

签约于 2005 年 1 月 1 日当天及以后的按揭贷款利息，前 10 年期间，在弗拉芒地区每年可最多扣除 3 040 欧元，在布鲁塞尔和瓦隆地区每年可最多扣除 3 050 欧元；10 年以后，在弗拉芒区每年可扣除 2 280 欧元，在布鲁塞尔和瓦隆地区每年可扣除 2 290 欧元。2014 年，按揭利息扣除在联邦一级停止；但是类似的税收措施，预计将在地方获得批准。

（2）宽免。

①基本免税额。根据纳税人应纳税所得额来决定其宽免额（如表 4 所示）：

表 4

应纳税所得额（欧元）	宽免（欧元）
低于 26 360	7 380
26 360 ~ 26 650	7 380 –（应纳税所得额 – 26 360）
高于 26 650	7 090

对于残疾人，基本免税额增加 1 510 欧元。

②抚养宽免。纳税人可有权获得额外的抚养宽免。被抚养者必须是家庭的一员且其收入不超过 3 120 欧元（一个单亲的情况下为 4 500 欧元，一个单亲与一个残疾儿童的情况下为 5 720 欧元）。

额外的抚养宽免如表 5 所示：

表 5

孩子数量	宽免（欧元）
1	1 510
2	3 880
3	8 700
4	14 060
每增加一个孩子	5 370

对于单亲家庭有一个或多个未成年子女的基本宽免可以增加 1 510 欧元。

（3）抵免。

①购买受雇公司股票的税收抵免。雇员购买受雇公司股票的支出，可以税前扣除。通过购买价格适用调整后的平均税率（在 30% ~40% 之间）来计算扣除额。如果购买的股票在 5 年内被处理，所在年度将会追回一定比例的减税额。

②长期养老金储蓄和人寿保险计划。18 至 64 岁之间的纳税人，在公共信贷机构和私人储蓄银行的特殊退休金储蓄账户的储蓄支出，每年最多可扣除 940 欧元；支付给居民保险公司的人寿险保费，每年最多可扣除 2 260 欧元。

③其他。房屋节能支出可以税收抵免 30%（最高限额 3 050 欧元）。购买电动汽车可以享受 4 990 欧元的税收抵免。以防止住宅火灾及盗窃的费用支出也可以抵免，从纳税年度 2013 年开始，抵免额为费用支出的 30%，最高为 760 欧元。

8. 损失

发生的损失只能用同类型的所得抵补。亏损不能用动产和不动产方面的所得抵补。经营亏损可以无限期向后结转，但不得向以前年度结转。其他亏损大多可以向后结转 5 年，但不得向以前年度结转。投资损失不可以结转。

9. 税率

（1）所得和资本利得。

①一般税率。在纳税年度 2015 年，个人所得税税率表如表 6 所示：

表 6

应纳税所得额（欧元）	税率（%）
低于 8 710	25
8 710 ~ 12 400	30
12 400 ~ 20 660	40
20 660 ~ 37 870	45
高于 37 870	50

根据上表计算的所得税，如果加上地方和城市附加费，其数额会增大。

②单独项目的税率。偶然或者投机行为所得、非正常经营和雇佣所得，适用33%的税率。

股息，包括从股票回购和清算红利所得；利息和特许权使用费，适用25%的税率。2016年1月1日起，股息预扣税税率提高至27%。

16.5%的税率适用于：①某些人寿保险合同、国家养老金的一次性支付，或者从养老基金或团体保险合同获得的一次性支付；②61岁以后或雇佣期间死亡获得的补充商业养老保险金。

纳税人从缴纳的寿险和养老保险获得的一次性支付，可以适用10%的税率。

（2）预提税。比利时没有单独的工资薪金税，雇员工资和董事报酬都需要雇主从源头扣缴。预付税款可以冲抵最终的纳税义务。超出部分可以退税。

来源于国内和国外的股息和利息都应缴预提税，税率为25%。股票回购所得应缴纳预提税，税率为25%（2016年1月1日提高至27%）。

利息所得预提税的税率为25%，2016年1月1日提高至27%。

15%的低税率适用于以下利息所得：①2011年11月24日至2011年12月2日期间发行和购买的比利时政府债券；②超过1 880欧元的普通储蓄账户；③2014年提供给中小企业、期限至少5年、用于资助符合条件的社会经济和公共部门项目的至少为200欧元的贷款。

支付给居民个人的特许权使用费不需要缴纳预提税，如果该特许权使用费来自动产的（长期）租赁安排、使用权出让。否则，需要缴纳25%的最终预提税。从2016年1月1日开始生效，对特许权使用费的预提税税率提高至27%。

来源于居民个人出售投资基金的资本利得，如果该投资资金至少40%投资于债券，则需要缴纳税率为25%的预提税。

10. 征收管理

（1）纳税期限。个人纳税人的纳税年度与公历年度一致。评估年度为纳税年度随后的公历年。

（2）纳税申报。纳税人必须在评估年度的6月30日之前填报纳税申报表。

夫妻可以根据各自收入和共同收入的50%单独进行申报。

（3）税款缴纳。在发送评估通知的2个月内缴纳税款。

个人创业者、公司董事和自由职业者必须按季预缴税款。超额预缴税款的退税申请，须立即或在填报纳税申报表时提出。此外，多缴的预付款也可选择分配到以后年度抵扣。

投资所得的预提税可以抵免所得税，除非纳税人选择预提税是最终税。

（4）事先裁定。纳税人可以向税务机关以书面形式申请事先裁定。事先裁定有效期一般不超过5年，在特殊情况下，可以延长期限。事先裁定受税务机关约束。

（二）其他类型的所得税

1. 附加费

从评估年度2015年开始，地方政府可以按照联邦所得税的25.99%征收附加费。在评估年度2015年，所有地方附加费的比率固定在0.35117%。

城市可以在按照国家和地区的所得税征收附加费，税率变化范围从0%至8.9%不等。

从 2013 年 1 月 1 日开始，城市附加费不再适用于股息和利息，地方政府也不再征收股息和利息的附加费。

2. 不动产预提税

不动产预提税是针对来自位于比利时不动产的收入征收。税率根据该财产所在的地区而异。对于弗拉芒区，税率为 2.5%，瓦隆和布鲁塞尔地区为 1.25%。市级和省级附加费使得有效税率增加了 25% ~60%。

3. 房产税

比利时没有房产税。

4. 净财富税

比利时不征收净财富税。

（三）国际税收

1. 居民纳税人

（1）境外所得和资本利得。居民纳税人就其全球所得和资本利得缴纳个人所得税。国外所得和国内所得同等征收所得税。

居民纳税人获得的国外投资所得，比利时不能征收最终的预提税时，将就其所得总额按照累进税率进行征税。

自 2013 年 1 月 1 日起，国外利息所得不再征收市政附加费。

（2）境外资本。比利时不征收净财富税。

（3）避免双重征税。比利时的单边税收减免取决于国外所得类型和所得来源国的税收制度。避免双重征的方式有免税、抵免或扣除。

对国外不动产所得、国外已征税的所得和某些杂项收入（如偶然所得），一般给予 50% 的税收减免。50% 的税收减免不适用于资本投资所得（例如投资公司的股票、证券和债券）和在比利时用于商业用途的动产（例如专利）。但是，如果该所得在国外征收类似于比利时的所得税，则可获得国外税收抵免。在征收比利时预提税时，对于特许权使用费，可以享受净所得 15/85 的国外税收抵免；对于利息而言，最高可以享受净所得 15/85 的国外税收抵免。

2. 侨民

（1）来比利时人员。非居民企业及分公司在比利时的常住机构，跨国公司设在比利时的居民公司，临时雇佣的外国高管和研究人员，可以享受税收优惠待遇。

符合条件的外籍人员缴纳非居民所得税，尽管事实上是居民。因此，其国外来源所得，包括在比利时境外专业服务获得的工资薪酬，在比利时免税。另外，某些雇主承担的费用（交通成本、住房补贴、年度返回母国的旅途费用、生活津贴等）被认为是雇主的合理支出，在一定限度内（生产企业工作的高管为 11 250 欧元，协调或研究中心工作的高管为 29 750欧元），这些费用对于雇员来说是免税的。

来比利时的外籍人员身份要得到税务机关认可。没有期限限制。但是，一旦事实表明不再是临时性的，外籍人员身份终止。

（2）外派人员。对此没有特殊的规定。移民的个人被认定为比利时境外的居民，除非他们在 1 年之内返回比利时。

3. 非居民纳税人

（1）所得和资本利得课税。非居民纳税人就其来源于比利时境内的所得缴纳所得税。根据所得的性质不同，对非居民个人以纳税评估方式或扣缴预提税方式征税。从2015年起，非居民纳税人需要缴纳联邦税和地方附加费。地方附加费按照总税额的25.990%征收。

①工资薪金所得。非居民纳税人就其来源于比利时的工薪所得缴纳所得税。非居民纳税人的工薪所得，如果是由比利时居民、比利时政府、在比利时设常设机构的非居民或者在任何给定的12个月内在比利时居住超过183天的非居民雇主和雇员支付的，则需要缴纳预提税。

如果受雇所得在比利时征税，那么解雇赔偿金也要征税。

受雇国外雇主而在比利时工作取得的工资薪金，源头扣缴预提税。国外雇主必须代扣代缴预提税。

②经营和劳务所得。通过驻比利时常设机构或者常设代表处进行经营活动获得的利润，须缴纳非居民所得税。

如果非居民董事全年在比利时有住所，或者全年中最低法定工作时间的至少75%受雇在比利时工作，那么董事报酬要缴纳预提税。

如果非居民艺术工作者或运动员在任意给定的12个月中在比利时表演活动超过30天，那么就其扣除实际发生费用的总所得，以评估方式按照累进税率征税。如果非居民艺术工作者或运动员在比利时表演活动最多为30天，除非选择税率为18%的最终预提税（总所得可以扣除一揽子费用），那么同样适用以评估方式按照累进税率征税。

③投资所得。股息、利息和特许权使用费须缴纳预提税。对于非居民纳税人，征收的预提税是最终预提税。如有税收协定，可以适用降低的利率。

股息红利、利息和特许权使用费的预提税税率为25%。2016年1月1日起，预提税税率提高至27%。

15%的预提税税率适用于以下利息所得：A. 2011年11月24日至2011年12月2日期间发行和购买的比利时政府债券；B. 超过1 880欧元的普通储蓄账户的利息所得。

企业清算前分配设立5年之内的清算准备金，缴纳税率为15%的预提税。如果设立准备金5年后分配清算准备金，预提税税率为5%。在公司清算时分配清算准备金，则免预提税。

从评估年度2015年度起，选择就缴纳最终预提税的所得填报个人所得税纳税申报表的非居民纳税人，可以抵免留存预提税。

④资本利得。一般情况下，私人持有资产的资本利得不征税。把“实质参与”出售给欧盟以外的非居民企业而获取的资本利得，按照纳税评估方式征税。在此情况下代扣代缴税款。

出售持有不超过5年的已开发不动产收益和出售持有不超过8年未开发不动产的资本利得，按照纳税评估方式征税。

经营资产的资本利得按照经营所得征税。

（2）资本课税。比利时对资本不征税。

（3）征收管理。非居民纳税人就其来源于比利时境内的所得，必须填报年度纳税申报表。投资所得缴纳的预提税为最终需要缴纳的税。

三、消费税

消费税的课税对象为如酒精、含酒精的饮料（如啤酒、葡萄酒及其他发酵饮料）、苏打水和碳酸饮料、糖及含糖产品、矿物油、苯糖产品、天然气和加工烟草等在内的特定类型的商品。

四、增值税

（一）一般规定

1. 概述

在比利时境内提供商品和服务，须缴纳增值税。

2. 纳税人

从事经济活动（企业主）、在社区内收购或从欧盟以外的国家和地区进口货物的纳税人，均为增值税的纳税义务人。年营业额不超过 15 000 欧元（2014 年 4 月 1 日前为 5 580 欧元）的企业主免征增值税，但可选择缴纳增值税。

3. 应税行为

下列交易须缴纳增值税：

（1）企业主提供商品，包括出于非商业用途从企业取回商品；

（2）服务的提供，例如企业主提供非货物贸易；

（3）由应纳税人或非应税法人在社区内进行的收购；

（4）商品进口；

（5）非居民企业向居民企业提供电子服务（电子商务）；

（6）欧盟以外的国家向非企业主的个人或实体提供电子服务（电子商务）；

（7）另一欧盟成员国的企业主向在比利时注册成立的企业主或非企业主合法实体提供服务。

4. 应纳收入

应纳收入包括已收到或即将收到的收入。其中包含佣金、保险费和供应商产生的运输费，还包括与交易价款直接相关的税收、关税和补贴。旅行社提供的服务和新建筑供应用品的应纳税额的计算适用特殊规定。

5. 税率

增值税标准税率为 21%。

12% 的低税率适用于如煤基燃料产品、餐厅和餐饮服务（不含酒水）、数字电视订阅以及与社会保障住房项目相关的用品。

6% 的低税率适用于如食物（一般）、书籍、报刊、药品和水等。客运、酒店服务和版权使用费（电脑程序除外，电脑程序适用标准税率），包括版权出售同样适用 6% 的低税率。

零税率适用于向欧盟成员国以外的消费者出口和视同出口贸易，以及出口电子服务（电子商务）。

6. 免税

比利时增值税税制中含有大量的免税政策。如将商业整体或一个分支转移至一个可部分或全部抵扣进项增值税额的纳税人，可以享受特殊免税。

自2012年起废止之前向公证人和法官提供的免税，自2014年起废除向律师提供的免税。

（二）非居民纳税人

在比利时境内设有经营机构的非居民在缴纳增值税方面，所受待遇如同居民纳税人。除欧盟居民企业外，其他非居民企业在于比利时境内进行应税交易前，必须指定税务代理。

在其他欧盟成员国注册成立的承包商向比利时境内消费者提供的服务在服务提供者居住地缴税。

当增值税进项税抵扣额超过应纳销项税额时，在比利时境内有固定机构或代理的非居民企业，其所购商品和服务以及在与居民企业相同条件下进行的商品进口中所含的增值税，可予以退还。其他非居民企业所购买的商品和服务及其进口商品中所含增值税可获得退税。

五、社会保障税

（一）对企业征收

雇主缴纳的社会保障税，总税率为24.77%，包括表7内容（适用于2015年）：

表7

缴税项目	税率（%）
养老保险	8.86
医疗保险	3.80
疾病保险	2.35
失业保险	1.46
儿童救济金	7.00
职业病	1.00
劳动事故	0.30

从2012年第一季度起，加征一道1.5%的补充养老保障税。如果社会保障税额超过30 000欧元/年（每年与物价指数挂钩），则征收用于（临时）失业、假期工资、教育休假及儿童保健等方面的特别社会保障税。

社会保障税可以在计算公司所得税时作为费用支出进行扣除。

（二）对个人征收

1. 雇员

雇员缴纳的最重要的社会保障税如表8所示（在2015年）：

表 8

缴税项目	税率（%）
养老金	7.50
病假支付	1.15
健康保险	3.55
失业保险	0.87
合计	13.07

社会保障税的税基是雇员的工资薪金总额。然而，就蓝领工人而言，其税基是工资薪金总额的 1.08 倍。雇员缴纳的社会保障税，在计算所得税时可以扣除。

如果一个人纳入比利时社会保障体系，将对其所得征收不得抵扣的特别社会保障税。即使夫妻双方只有一人纳入比利时社会保障体系，也要就夫妻双方所得征收特别社会保障税。特别社会保障税按照累进税率征收，最高限额为 731.28 欧元。

2. 自雇人员

对于自雇人员，按照支付前第三个年度的收入来计算社会保障税。如果自雇人员的经营活动不到 3 年，也必须缴纳预付税款，可在周期结束时予以调整。

从 2015 年 1 月 1 日起，按照当年的实际收入计算缴纳社会保障税（然而，在临时过渡措施下，缴纳是按照 3 年前的收入征收）。

2015 年社会保障税表如表 9 所示：

表 9

应纳税所得额（欧元）	应交税款
达到 12 870.43	2 917.84 欧元
12 870.43 ~ 55 576.94	22.00%（每一季度 5.50%）
55 576.94 ~ 81 902.81	14.16%（每一季度 3.54%）

如果纳税人的收入达到 12 870.43 欧元，就需要缴纳社会保障税。

第一年开始最低每季度预付款项为 679.73 欧元，第二年为 696.10 欧元，第三年为 712.89 欧元。从第四年开始，每季度缴款标准适用为最低 729.46 欧元（或每年 2 917.84 欧元）。最大缴款额是每季度 4 110.32 欧元。

自雇人员缴纳的社会保障税，在计算个人所得税时可以扣除。

（李平　编）

巴西税制

巴西的主要税种有：公司所得税；对外贸易税（进出口税）；工业产品增值税；农村土地所有权税；金融交易税；根据居民法人实体的总收入征收社会缴费（PSI 和 COFINS 缴费）；对跨境支付的特许权使用费以及某些特定的技术、管理和科学援助服务费征收社会缴费（CIDE 缴费）；个人所得税；社会保障税。

巴西税法近年来值得关注的变化有：公司所得税方面，居民企业之间股息红利所得的税务处理基本与《国际财务报告准则》的处理趋同；加强反避税管理，先后出台了一系列反避税法律规定。对个人所得税方面，2015 年扩大了律师、医生等从事独立专业服务适用简易征收个人所得税制度的范围。计划修订居民个人取得的资本利得适用比例税率的做法，将该税率改为适用 15% 到 22.5% 不等的累进税率，该项税法条款修订案预计在 2016 年通过，并自 2017 年起生效。

一、公司所得税

企业纳税人从各种来源取得的应税所得，都需要缴纳公司所得税（CIT），包括公司所得税（IRPJ）和净利润社会缴费（CSLL）。虽然从形式上看，CSLL 是一种社会缴费，但是其税基和征收原理与 IRPJ 相差无几。在实践中，CSLL 也被归类为公司所得税的一种。

（一）一般规定

1. 税制类型

巴西的公司所得税制度采取的是归属制。为了避免对股东从被投资企业分回的股息红利经济双重征税，巴西税法引入了“股息红利所得免税制度”。该制度规定，无论是居民纳税人或非居民纳税人，其取得的被投资企业以税后利润进行分配的所得（股息红利），均享受免税优惠政策。

2. 纳税人

巴西税法规定，凡是在巴西境内成立的或是从事生产经营的法律实体都是公司所得税的纳税人，主要包括：（1）依照巴西法律登记注册的法律实体；（2）非居民企业在巴西境内设立的机构、场所；（3）不需要注册登记的企业；（4）隐名合伙企业；（5）某些类型的投资俱乐部；（6）非营利组织（符合一定条件的，享受免税资格）。值得一提的是，尽管企业集团可以在联邦税务机关以集团身份办理税务登记，但集团本身不需要缴纳公司所得税。具体纳税时，应以集团中的各个企业占全部企业的相关份额，来分担企业集团生产活动所产生的各项税收。

巴西税法将混合实体归为非公司所得税纳税主体。例如税收透明的合伙企业，虽然是具有法律人格的实体，但并不是独立的公司所得税纳税人。

居民纳税人。根据巴西国内法，缴纳公司所得税的居民纳税人包括：（1）依照巴西法律登记注册的公司；（2）在满足特定条件下，在巴西境内设立机构、场所的非居民企业也被视为居民纳税人。

3. 应纳税所得额

（1）一般规定。巴西的居民企业应就其来源于巴西境内、境外的所得缴纳公司所得税。

居民企业的境外所得不仅包括其来自境外常设机构的所得（直接或间接），还包括其按持股比例从受控外国企业或外国子公司取得的所得。

企业应纳税所得额的计算，以权责发生制为原则，属于当期的收入和费用，不论款项是否收付，均作为当期的收入和费用；不属于当期的收入和费用，即使款项已经在当期收付，均不作为当期的收入和费用。不过，在某些特殊情况下（依照相关法律另有规定），一些所得的计算可能采取收付实现制。

根据巴西公司税法的规定，公司应纳税所得额的计算，主要有以下四种计算方法：

①实际利润法。公司自一个纳税年度之初，自主选择季度或年度作为纳税申报期间。在该纳税期间，对根据公认会计准则计算的会计净利润，进行相关纳税调整，计算确定季度或年度应缴公司所得税税额。以下企业必须采用实际利润法：前一年度收入总额超过 7 800 万雷亚尔的公司；金融保险企业；有境外所得的企业；享受免税、减税优惠政策的企业；按月缴纳所得税的企业；从事保理业务的企业；从事房地产证券化、贴现与农业信贷的企业。

②推定利润法。税法未强制要求采用实际利润法的企业，可以选用推定利润法计算应纳税所得额。该方法是一种简化的计税方法，按照公司在一个季度取得的收入总额的一定百分比（利润率）来推定应纳税所得额（推定利润）。根据不同的行业，税法规定了不同的利润率，其幅度在 2% ~32% 不等。其中石油天然气销售行业的利润率为 2%，一般服务行业的利润率为 32%。

③税务部门核定利润法。当纳税人出现以下未依法履行公司所得税纳税义务的情形时，税务机关有权评估确定其利润：纳税人未依法保管收入凭证、费用成本资料凭证，难以查账的；纳税人账簿存在明显伪造、错误，账目混乱的；纳税人本应按照实际利润法计算应纳税所得额，却选择按照推定利润法计算并缴纳公司所得税的。根据企业的经营活动不同，税务机关使用的核定应税所得率从 1.92% ~45% 不等。

④简易征收法。根据法律规定，小型企业（年收入总额不超过 360 万雷亚尔）和微型企业（年收入总额不超过 36 万雷亚尔），可以选择简易征收法缴纳公司所得税。简易征收法是按照企业全年收入总额的一定百分比确定其应纳税所得额，相关比例范围自 4% ~22.9% 不等。

此外，还有一些特殊的计算方法（例如房地产开发企业等）。

值得关注的是，《巴西公司法》在 2007 年 12 月 27 日的修订，对公司应纳税所得额的计算存在一定影响。修订案包括但不限于：①企业会计核算应当遵循巴西新的公认会计准则（参照国际财务报告准则制定）；②企业根据会计制度计提相关准备金的标准和方法；③税收优惠准备金计提的相关规定；④企业长期运营资产以及长期负债的现值评估方法。

（2）免税收入。巴西税法引入了“股息红利所得免税制度”，公司纳税人投资于居民企业，被投资企业以其税后利润进行分配的，公司纳税人取得的股息红利所得享受免税待遇。

巴西2008年开始执行新的公认会计准则（参照国际财务报告准则制定）时，联邦税务局并不认同股息红利分配的会计处理。因此，被投资企业分配股息红利仍然需要遵照2007年12月31日之前执行的公认会计准则的相关处理，超过标准分配的股息红利，投资者需要缴纳所得税。2015年之后，联邦税务局承认企业按照新会计准则分配股息红利的会计处理，不再存在税会差异。

除了股息红利免税之外，巴西为鼓励企业投资该国一些不发达地区，对相关企业取得的所得给予免税优惠。

（3）扣除。公司实际发生的与取得收入有关的、合理的、必要的支出，准予在计算应纳税所得额时扣除。

公司的各类费用扣除项目中，有一些项目适用特殊的规则，主要包括：①广告费；②折旧费和摊销费；③坏账损失；④赞助支出和捐赠支出；⑤业务招待费；⑥保险费；⑦商誉；⑧利息支出；⑨董事薪酬；⑩研发支出。这些项目扣除时需要满足具体条件，且相关条件会经常发生变化。

公司向境外支付相关费用，必须获得巴西知识产权局和巴西中央银行批准的相关许可证，才能进行税前扣除：①商标权、专利权等特许权使用费；②某些特定的技术、管理和科学援助（非专利技术）服务费。同时，这些费用总计不得超过公司营业净利润的5%。公司支付给股东的利息，税前扣除有限制条件。

汇兑损失被视为财务费用的一部分，按规定是可以扣除的，但必须满足相关条件。通常，因外币升值或贬值而造成的损益被认为应根据收付实现制确认，但纳税人可以选择按权责发生制来计算相关损益。

根据巴西2005年税法的相关规定，当满足一定条件时，企业在计算应纳税所得额时，可以对开发新产品（含对现有产品增加功能或改善性能）、新工艺的研究和开发费用实行加计扣除。研发费的加计扣除比例一般为60%，最高可提高至80%，该比例取决于公司专门从事研究活动员工的数量。不过，巴西2015年出台了一项临时税收政策，决定2016年中止执行该项加计扣除政策。

一般而言，根据权责发生制计算的除公司所得税之外的其他税收和缴费，可以在税前扣除。税收滞纳金也可以税前扣除。惩罚性罚款不得税前扣除。

根据巴西2014年的一项税法规定，公司将股份作为对员工服务的补偿时，在授予时不得扣除，只有在员工行权后（以现金或其他资产结算）或是在员工转让股份所有权或期权后（以权益工具结算）才能扣除。

公司发生的不符合一般扣除原则或特定扣除规则的支出，不得在税前扣除。这种限制也适用于关于折旧、摊销、税收、保险商誉、维修或养护费用及其他任何涉及动产或不动产的费用。

关联企业之间不符合公平交易原则的支出，税前扣除受到限制。

企业支付给投资方的股息红利，不得税前扣除。这里的股息红利包括基于混合工具（如可赎回优先股）支付的款项，即使这些款项在会计损益科目上登记为利息费用。

公司缴纳的公司所得税（IRPJ）和净利润社会缴费（CSLL），不得在税前扣除。

（4）折旧和摊销。根据巴西税法，采用实际利润法计算应纳税所得额的居民公司，可在税前扣除对相关资产计提的折旧和摊销。

资产计提折旧和摊销的基础是其购买价款和相关资本性费用。

企业一般以直线法对固定资产计提折旧，巴西税法针对不同固定资产在生产经营活动中的正常磨损情况，制定了相关资产的年最高折旧率（见表1）。

表1　巴西税法规定的部分固定资产最高年折旧率

资产类别	最高年折旧率（%）
建筑物	4
计算机硬件和软件	20
办公家具及设备	10
飞机	10
汽车	20

除非事先经过税务机关批准，否则企业不允许以超过最高年折旧率的标准计提折旧。

一般来说，土地不允许计提折旧。

如果企业购置的资产是新的，则其折旧年限为新资产的使用寿命（1998年的相关纳税指南有具体规定）；如果购置的是二手资产，则其折旧年限为以下二者较高者：①该资产为新资产时的使用寿命的50%；②该资产剩余的使用寿命。巴西税法对机器、设备采用加速折旧的适用条件和管理办法有具体的规定。

如果税务机关或企业对特定资产适用的折旧率有疑义的，税务机关或纳税人可以委托巴西科技部所属的国家技术研究所出具评估报告，或者委托另一家官方性质的科学技术研究机构出具评估报告。

如果资产在其使用寿命结束前价值已经消耗殆尽，那么其余值可以在价值丧失当年作为损失一次性扣除。

根据巴西2015年颁布的相关纳税指南，如果纳税人使用的固定资产，在某一年度没有计提折旧进行税前扣除，那么以下两种处理方式都是税收上不允许的：①将未计提的折旧累积在以后年度扣除；②在以后年度提高折旧率，以在固定资产使用寿命届满时计提完所有的折旧。根据巴西2008年开始执行的新会计准则的规定，企业应按照资产的预计使用寿命用直线法计提折旧，但是税务机关却要求企业按照税收折旧率（不高于最高折旧率）计提折旧，二者可能存在差异。税务机关要求企业将会计折旧、税收折旧及二者之间的差额都要在账簿上登记。

在符合以下情况下，企业可以对机器设备和无形资产采取加速折旧（摊销）的方式：①在生产过程中，相关资产每日使用的小时数超过了规定的限额；②用于研发活动的相关固定资产和无形资产；③相关优惠政策。2012年的相关税法条款规定了企业采取加速折旧，适用的具体操作程序、资格条件和资产类型。

（5）准备金。在巴西，公司提取的准备金通常是不能税前扣除的。

根据税法规定，公司提取的以下准备金允许税前扣除：提取的准备支付给员工的带薪度假的工资和员工的第13个月工资；保险公司、证券公司和开放私人养老机构按照相关法律规定提取的准备金。

关联企业之间的造成的借款损失不允许进行税前扣除。

4. 资本利得

公司需要缴纳公司所得税（IRPJ）和净利润社会缴费（CSLL）的资本利得主要包括：(1) 销售非流动资产（包括股权投资和固定资产等）取得的资本利得；(2) 通过金融产品交易和出售证券投资产品所取得的资本利得，该类所得可能被支付方扣缴预提税。巴西公司法规定，长期资产和负债应当按照其现值进行评估，并调整其账面价值，以利于体现资产和负债的公允价值，但是不调整资产和负债的计税基础。

证券资本化被视为是一项销售，公司作为投资者取得的相关资本利得（证券的市场价值减去购买成本）按15%的税率缴纳公司所得税。需要注意的是，投资者必须证明证券的购买成本，否则购买成本视为零。

5. 亏损

(1) 经营亏损。经营亏损可无限期向以后年度结转，但每年可以弥补的亏损以当年纳税调整后所得的30%为限。经营亏损不得向以前年度结转。

公司合并的，被合并公司的亏损不能结转到合并公司弥补。居民公司的海外亏损不得用境内盈利弥补。

(2) 资本损失。资本损失只能用同一类型的资本交易产生的资本利得来弥补。

6. 税率

(1) 经营活动和资本利得适用税率。年应纳税所得额不超过24万雷亚尔的公司适用的公司所得税（IRPJ）的税率为15%；年应纳税所得额高于24万雷亚尔的公司适用的公司所得税（IRPJ）的税率为25%；净利润社会缴费（CSLL）的适用税率为9%（金融机构为20%）。

因此，公司所得税的实际税率一般为34%。

(2) 向居民纳税人支付款项的预提税税率。在巴西，居民纳税人之间支付相关费用的，需要据实扣缴预提所得税：①企业向专业服务或代理机构支付服务费、佣金等，按照1.5%的税率扣缴预提税；②向身份不明收款人支付款项，按照35%的税率扣缴预提税；③向股东支付股息利息，税率为15%；④企业因金融衍生品取得的固定或不固定收入，税率从15%至22.5%不等，这取决于投资的寿命周期；⑤在巴西证券交易所进行的金融产品交易（非日内交易），税率为0.005%；⑥在巴西证券交易所进行的金融产品交易（日内交易），税率为1%。

7. 税收优惠

与其他发展中国家不同的是，巴西没有专门的吸引外国投资者的公司所得税相关的税收优惠政策。巴西为促进区域协调发展，出台了一系列鼓励对该国相对贫困落后的北部和东北部地区（包括亚马逊地区）投资的税收优惠政策，这些政策包括加速折旧、公司所得税减免等。

巴西为鼓励研发活动有加计扣除以及加速折旧和摊销等优惠政策，不过在2016年开始中止执行。

8. 征收管理

（1）纳税年度。巴西公司所得税的纳税年度为公历年度。纳税人必须计算年度应纳税额并向主管税务机关报送公司所得税年度纳税申报表。采用实际利润法纳税的公司，可以选择季度或在年度一次性申报；采用推定利润法纳税的公司，必须在季度申报。

（2）纳税申报。公司所得税实行纳税人自行计算、申报、缴纳税款制度。

自 2015 年开始，纳税人必须在 9 月的最后一个工作日之前以电子方式向税务机关报送年度纳税申报表。

（3）税款缴纳。按照实际利润法的纳税人选择以下方式缴纳公司所得税：①按季缴纳。每个季度确定实际应税利润，并依此计算缴纳公司所得税。在这种情况下，公司按季缴纳所得税，每年汇算清缴不需要补税。每季缴税的截止日期为季度结束的次月的最后一个工作日；②按月预缴，年终汇算清缴。在这种情况下，必须逐月计算预缴税款，并在次年 3 月的最后一个工作日缴纳应补税款。

采用推定利润法纳税的公司，必须在季度申报后缴纳税款。每次缴税的截止日期为季度结束的次月的最后一个工作日。

（4）事先裁定。纳税人可向税务机关提请就税法条文的解释和自身具体业务的适用进行咨询的申请，申请书应对具体业务的情况和相关疑难问题进行清晰描述。

税务机关根据法定程序做出正式裁定后的 30 天内，税务机关不得就该裁定所涉及的事项对纳税人进行纳税评估。

税务机关做出的裁定只对提出申请的纳税人具有约束力，该纳税人不得对裁定进行上诉。

如果税务机关就相同咨询事项，对不同的申请人做出意见不一致的答复的，申请人有权请求税务机关统一答复口径。税务机关将会应纳税人的要求，组织专家讨论后就该事项做出最终决议，这样的规定旨在表明税务机关对同一事项予以平等对待的立场。

（二）居民企业之间的交易

1. 企业集团合并纳税

巴西税法对企业集团合并缴纳公司所得税，没有相关规定。

2. 居民企业之间的股息红利

居民企业之间取得的税后利润分配的股息红利所得，免征公司所得税。

（三）其他类型的公司所得税

在巴西，企业纳税人除了缴纳公司所得税（IRPJ）和净利润社会缴费（CSLL），不需要缴纳其他类型的所得税。

（四）国际税收

1. 居民企业

（1）境外所得和资本利得。居民企业就其来源于巴西境内、境外所得（无论是直接取得还是通过分支机构取得）和资本利得（包括转让持有的外国企业的股权取得的资本利得）缴纳公司所得税。

此外，居民企业受控外国企业取得的所得，也属于居民企业来自境外的所得。

（2）境外亏损。巴西1995年9249号法律规定，居民企业在境外发生的亏损不得抵减其境内的盈利。

巴西2002年213号纳税指南指出，居民企业位于同一国家的各常设机构之间的亏损可以相互弥补。

（3）境外资本。巴西不征收净资产税。居民企业位于巴西境外的不动产无需在巴西缴纳不动产税。

（4）避免双重征税。巴西居民企业可以用境外已经缴纳的税款抵免其全球所得应纳税款，这种单边的普通税收抵免方式，可以在较大程度上避免双重征税。同时，税收抵免额不应超过居民企业对该项所得按照巴西税法和规章计算的巴西税收数额。

巴西境外税收抵免适用“分国不分项原则”，即居民企业在境外的各分支机构已缴纳的税款应分国别（地区）进行税收抵免。

2. 非居民企业

巴西税法中没有关于非居民的定义。原则上，所有不属于居民企业定义范畴内的实体都视为非居民企业。

一般来说，非居民纳税人需向巴西工业和外贸发展部提交申请，经允许后方可在巴西境内从事生产经营活动。非居民纳税人在巴西的分支机构与居民纳税人一样，遵守同样的税收管理制度。此外，在巴西税法中没有关于“常设机构”的确切定义。

（1）一般所得和资本利得课税。在巴西没有特殊的预提税税率，如果非居民纳税人在巴西没有设立分支机构或者代理机构，应根据所取得的所得类型按15%的税率缴纳预提税。一般情况下，非居民纳税人向位于低税收国家（地区）的受益人分配的所得，应按25%的税率缴纳预提税。

目前，除非适用特殊的规则，非居民纳税人在巴西境内取得的资本利得通常应按15%的税率由巴西的支付方进行源泉扣缴预提税。非居民纳税人在巴西境外取得的资本利得，如果交易中涉及巴西境内的资产或财产权利，即使交易双方均未非居民纳税人，也应缴纳巴西公司所得税。

（2）资本课税。巴西不征收净资产税。

非居民企业应就位于巴西境内的不动产缴纳不动产税。

（3）征收管理。非居民企业的分支机构在巴西已经办理税务登记的，该分支机构应根据居民企业适用的所得税法的规定自行计算其公司所得税应纳税额。

非居民企业的分支机构未在巴西已经办理税务登记的，但有来源于巴西境内所得的，无须进行纳税申报，但应由支付方扣缴预提公司所得税。

在巴西境内持有资产和权益（例如，不动产、汽车、参股权、银行账户、巴西金融投资和资本市场的交易账户）的非居民纳税人，必须向巴西联邦税务局进行税务登记，并且必须指定巴西境内代理人，并将此指定代理人向联邦税务机关报告。值得一提的是，该非居民纳税人并不因此获得“居民纳税人”身份，也不会承担报送纳税申报表的义务。

3. 非居民企业预提税

一般情况下，未在巴西设立分支机构的非居民纳税人应就来源于巴西境内的所得由支付方扣缴最终预提税，并可根据相关税收协定享受税收优惠。

（1）股息。在巴西，居民企业根据税后利润向非居民股东支付的股息红利可免征公司所得税。

居民企业向非居民企业分配的股息红利如果超过了一定的标准（超额股利），应按15%的税率扣缴最终预提税。此外，向位于低税收国家（地区）的非居民企业股东分配的股息红利，应按25%的税率扣缴最终预提税。

（2）利息。根据巴西税法的规定，居民纳税人支付给非居民纳税人的利息、佣金以及跨境贷款产生的其他财务费用，应按15%的税率扣缴预提税。如果受益人位于低税收国家（地区）的，应按25%的税率扣缴预提税。

（3）特许权使用费。居民纳税人向非居民企业支付的特许权使用费应按15%的税率缴纳预提税。如果受益人位于低税收国家（地区）的，应按25%的税率扣缴预提税。

（4）其他。非居民企业取得的巴西境内的不动产所得，支付方应按15%的税率扣缴预提税。

非居民企业取得的其他所得，除税法另有规定外，支付方应按15%的比例税率扣缴预提税。

（五）反避税

1. 概述

巴西税法对反避税的基本规则进行了介绍。根据巴西的立法规定，纳税人可根据不同的生产经营情况采用特定的反避税规则，其中包括：

（1）居民纳税人向位于低税收国家（地区）非居民纳税人进行境外支付的费用适用特殊税务处理规则；

（2）转让定价规则；

（3）资本弱化规则；

（4）受控外国企业规则。

2. 转让定价

巴西1996年引入转让定价税收管理制度，并在2012年进行了修订。

对巴西居民纳税人和低税收国家（地区）企业之间发生的交易或境外可享受“特殊税收优惠政策”企业之间发生的交易，无论双方是否被认定为关联企业，都应遵守巴西转让定价规则。

当前不适用巴西转让定价规则的项目包括：

（1）商标费用的跨境支付；

（2）专利权费用的跨境支付；

（3）技术转让或技术提供的补偿费用；

（4）管理或技术援助服务。

企业如果发生上述交易项目，应在巴西知识产权局（国家工业产权局）和巴西中央银行进行登记。

3. 资本弱化

巴西在2009年引入了资本弱化制度，旨在限制居民企业利息费用的不合理税前扣除，包括向位于低税收国家（地区）或者享受特惠税收政策的境外关联方，以及位于本国税收优惠地区的居民关联方等。

此外，该国2010年通过的相关制度，对巴西子公司支付给不是位于低税收国家（地区）或者享受特惠税收政策的境外母公司的利息支出，必须同时满足以下条件时，才能税前扣除：（1）与企业生产经营活动密切相关；（2）该母公司对该子公司的债资比（债权性投资与权益性投资的比例）不得超过200%；（3）该子公司的负债总额不得超过所有关联方的权益性投资的200%。超出部分所对应的利息费用，不得在税前扣除。

4. 受控外国公司

巴西的受控外国企业规则仅适用于居民企业，而不适用于居民个人。根据巴西2011年税收暂行规定，巴西居民企业应就来源于巴西境外子公司或关联企业的未分配利润缴纳企业所得税。

2014年，巴西通过了新的受控外国企业规则，新规则规定：已在巴西注册的居民企业应就来源于其所有境外受控外国企业分配的利润所得，在巴西境内缴纳公司所得税（根据其参与股权的比例），而无须区分境外受控企业所在的税收管辖区以及其分配给巴西居民企业的利润是否属于法律上还是经济上的。

二、个人所得税

（一）一般规定

1. 纳税人

居民个人应就其来源于巴西境内、境外的所得缴纳个人所得税。个人所得税实行“分月预缴，年度汇缴”的申报纳税制度。部分类型的所得由支付方在支付时扣缴预提所得税，个人纳税人被扣缴的税款可以抵缴年度汇算清缴的应补税款。个人纳税人取得的各项所得的确认，以收付实现制为基础。

根据巴西税法规定，居民个人纳税人的各项应税所得划分为两大类：资本利得和其他所得。

满足下列条件之一的个人为巴西居民个人：

（1）在巴西拥有习惯性住所的永久性居民。

（2）巴西政府及其部门派驻境外机构或者组织的雇员。

（3）持巴西永久签证的外籍人士，自入境之日起即为巴西居民个人。

（4）持巴西临时签证的外籍人士：①在巴西务工或者根据“巴西医生培训项目”攻读医学学位的；②在连续的12个月内，在巴西停留超过184天；③到达巴西后在12个月内取得永久签证的。

（5）巴西公民一度成为非居民，后又回国并拥有巴西永久居民身份，从返回之日起。

（6）巴西居民纳税人临时或永久离境并成为非居民的，未及时向巴西税务机关报告其已具备非居民纳税人身份，自离境之日起的连续12个月内。

为防止居民个人滥用非居民身份避税，巴西税法规定，自2010年起，巴西公民只有同时符合以下情形时才属于非居民个人：

（1）必须实际居住在低税收国家（地区）或避税国家（地区）；

（2）根据低税收国家（地区）或避税国家（地区）的税法规定，已就其劳动所得和资本利得实际缴纳税款。巴西税法不承认混合实体的概念，例如税收透明的合伙企业，虽然是具有法律人格的实体，但并不是独立的公司所得税纳税人。合伙企业的个人合伙人应就其取得的所得缴纳个人所得税。

2. 应纳税所得额

（1）概述。居民个人的应纳税所得额包括其来源于巴西境内、境外的：①劳动所得；②资本所得；③处置资产或财产权利实现的资本利得；④净财富增值，除非纳税人能够证明该增值额属于免税所得或已经在源头扣缴所得税的所得。

个人的各项所得都适用累进税率征税。

个人在年度汇算清缴时，可以用以下项目抵减其应纳税款：①预缴税款；②支付方扣缴的非最终预提税税款；③相关税收抵免。

（2）免税所得。在巴西税法中，个人所得税的主要免税项目包括：

①个人自投资的巴西企业的税后利润中分配的股息红利所得；

②配偶以及近亲属之间免租金使用居民住宅或经营场所；

③工伤赔偿不超过法定最高标准的；

④个人来自社会一体化计划（PIS）和员工分红计划（PASEP）储蓄账户的所得；

⑤企业为员工（包括董事）参加私人养老金计划缴纳的款项；

⑥人寿保险的被保险人死亡后，其保单受益人获得的赔付所得，以及退保费；

⑦个人取得的捐赠所得和遗产所得。

3. 受雇所得

（1）工资、薪金所得。受雇所得通常包括工资、薪金以及与任职或者受雇有关的其他所得。

巴西税法对个人扣除与其受雇所得直接相关的成本、费用没有明确的规定，例如通勤费用、家庭办公成本、培训费、职业资格会员费等成本费用。

个人取得的工资、薪金所得由雇主代扣代缴个人所得税。

个人被雇主扣缴的税款，可以抵减其年度应纳税款。

（2）实物福利。个人取得的实物福利应按照雇主的成本价或者市场公允价值全额计入应税所得。税法另有规定的除外。

（3）养老金所得。年满65岁退休或者因相关疾病致残的个人，取得的符合条件的公共养老金所得，不超过规定限额（自2015年4月1日以来，限额为每月1 903.98雷亚尔）的免税。

个人取得的私人养老金所得和不符合条件的公共养老金所得，作为应税所得适用累进税率征收个人所得税。

个人支付的公共养老金计划以及符合条件的私人养老金计划的缴款可从其应纳税所得额中扣除，扣除额不得超过其受雇所得的12%。

（4）董事报酬。居民个人取得的董事报酬或作为管理人员取得的报酬按照受雇所得征税（按累进税率征税，且预提税可抵减其最终应纳税额）。

4. 经营和专业服务所得

个体经营者如果符合以下条件的，视为公司纳税人征收公司所得税：

（1）其经营载体为一人公司。

（2）以企业的名义从事民事或商业性质的经济活动，不包括医生、律师、经济学家和会计师。

（3）销售公寓楼或地块。

除上述情况外，个体经营者取得的所得征收个人所得税。

个人提供独立专业服务取得的所得，适用累进税率缴纳个人所得税。企业等组织支付给个人独立专业服务的费用，适用累进税率扣缴预提所得税。

个人为取得经营和独立专业服务所得，发生的以下支出可以在税前扣除：①支付给员工的薪酬以及相关的社会保障税；②支付给第三方的费用；③与取得收入直接相关的支出。

个人在月度预缴税款时，上述项目扣除总额不得超过当月相关活动的收入总额，超过部分可结转本年度以后月份扣除。

个人为取得经营和独立专业服务所得，发生的机器、设备的折旧费用不得扣除。

自 2015 年 1 月 1 日起，巴西扩大了个人从事独立专业服务适用简易征收个人所得税制度的范围：如果符合相关条件，从事知识、技术、科学、运动、艺术或文化性质的服务活动的专业人士，可以选择适用简易征收制度。这意味着律师、医生和工程师等专业人士将可以选择简易制度缴纳个人所得税。

5. 投资所得

除税法另有规定外，投资所得属于应税所得。

从 2011 年起，居民个人取得的下列投资所得免税：（1）购买的符合条件的投资基金（该基金将至少 85% 的资金组合集中投入到法人实体发行的基础设施专项债券）的所得；（2）投资法人实体发行的基础设施项目或研究、开发和创新项目债券的所得。

从 2015 年起，居民个人取得的下列所得免税：（1）从执行《国际财务报告准则》的居民公司的税后利润分配的股息；（2）投资长期房地产融资工具取得的所得。个人从企业法人取得的利息所得由支付方实行源头扣缴，适用累退税率。

6. 资本利得

个人计算处置资产的资本利得时，可从收入中扣除其购置成本。

目前，巴西税法规定个人处置资产取得的资本利得适用的税率为 15%。2015 年 9 月 22 日，巴西政府颁布临时法令，规定“居民个人处置资产取得的资本利得适用 15% 到 22.5% 不等的累进税率”，并同时向国会下议院提议修订税法相关条款。该项税法相关规定预计在 2016 年通过，并自 2017 年起生效（巴西宪法规定税法出台的当年不得生效）。

巴西税法规定，个人取得的资本利得与其他所得应分开纳税，资本利得不通过个人所得税年度申报表计算缴纳税款。

2014 年 7 月 10 日，巴西国会将一项政府临时法令上升为法律：到 2023 年 12 月 31 日，个人在证券交易市场出售其 2014 年 7 月 10 日之后购买的中小企业股票取得的资本利得，享受免税优惠。

7. 个人扣除、宽免和抵免

（1）扣除。居民个人在计算其月度应纳税所得额时，可从收入中扣除的支出，主要包括：①与个人独立专业服务收入相关的可扣除费用；②经法庭判决支付的赡养费和儿童抚养费；③税法规定的抚养者的月度必要生活支出；④社会保障税；⑤向私人养老计划缴纳的不超过工资薪金 12% 的部分；⑥65 岁以上老人取得的符合条件的养老金。

居民个人在计算其年度应纳税所得额时，除上述支出外，还主要可以扣除以下支出：①纳税人及其受抚养人发生的经证实未获得补偿的手术费、牙科及其他医疗费；②支付的医疗保险费；③税法规定的受抚养人的年度必要生活支出；④纳税人及其受抚养人发生的符合条件的教育费用（自2015年起，标准为不超过3 561.50雷亚尔）。

纳税人已经获得补偿的费用以及取得的保险赔偿款不得从收入中扣除。

自2015年度起，只有受雇所得的个人在年度申报时可选择适用“一揽子费用扣除规定”，即扣除其受雇所得的20%，而不需要逐项汇总各项准予税前扣除的支出，但不得超过规定的限额（2015年的限额为16 754.34雷亚尔）。

（2）宽免。个人纳税人在计算应纳税所得额时，每位符合条件的受抚养人可享受一定金额的宽免。2015年3月31日前每月限额为179.71雷亚尔，2015年4月1日之后为每月189.59雷亚尔（年度限额为2 275.08雷亚尔）。

（3）抵免。个人纳税人的下列支出可以享受税收抵免：①某些慈善性捐款；②2019年之前，个人为全职在家做家务事的家庭成员个人社会保险账户缴纳的社会保险费，在规定限额以内的部分（2016年度及以后纳税年度最高限额约为1 396.96雷亚尔）。

8. 损失

巴西没有关于个人所得税的年度亏损向以后年度结转或抵减以前年度所得的规定。但是，每月费用支出超过当月收入的部分，可在同一公历年度内向以后月份结转。

9. 税率

（1）一般所得和资本利得。个人纳税人应每月计算并预缴上月应纳税额，年度实行汇算清缴。下表中所列的税率适用于2015纳税年度（见表2）：

表2　　巴西个人所得税2015纳税年度适用税率

每月应纳税所得额（雷亚尔）		适用税率（%）
1月1日至3月31日	4月1日至12月31日	
不超过1 787.77	不超过1 903.98	0
1 787.78～2 679.29	1 903.99～2 826.65	7.5
2 679.30～3 572.43	2 826.66～3 751.05	15
3 572.44～4 463.81	3 751.06～4 664.68	22.5
超过4 463.81	超过4 664.68	27.5

目前，巴西税法规定个人处置资产取得的资本利得适用的税率为15%。预计自2017年起资本利得也适用累进税率。

（2）预提税。个人从企业法人取得的受雇所得及其他所得由支付方适用一般超额累进税率（见表3）从源泉扣缴预提税。原则上，每笔报酬都应扣缴税款，若同一支付人在一个月内支付多笔报酬，则以该月合计支付金额来计算预提税。个人在年度汇算清缴时，可以用被扣缴的税款抵减应纳税款。

雇员因利润分享计划从雇主处取得的所得，应适用表3中列示的一般超额累进税率，由雇主扣缴最终预提税。

10. 征收管理

（1）纳税期间。巴西个人所得税纳税年度为公历年度。

表 3　巴西个人所得税 2015 纳税年度适用税率

应纳税所得额（雷亚尔）		适用税率（%）
1 月 1 日至 3 月 31 日	4 月 1 日至 12 月 31 日	
不超过 6 270.00	不超过 6 677.55	0
6 270.01 ~ 9 405.00	6 677.56 ~ 9 922.28	7.5
9 405.01 ~ 12 540.00	9 922.29 ~ 13 167.00	15
12 540.01 ~ 15 675.00	13 167.01 ~ 16 380.38	22.5
超过 15 675.00	超过 16 380.38	27.5

（2）纳税申报。个人纳税人应分月计算应纳税款并进行预缴，年度结束应按规定向税务机关报送个人所得税年度纳税申报表。一般应在次年 4 月最后一个工作日之前以电子方式向税务机关报送年度申报表，同时附上列明其巴西境内及境外所有财产和财产权利的清单。

个人纳税人可以通过电脑、智能手机、平板电脑等电子设备登录巴西税务机关的官方网站报送申报表。

巴西税法规定，夫妻以及同性伴侣可以选择联合申报个人所得税。

（3）税款缴纳。个人纳税人应在每个月份的最后一个工作日结束前，按照表 1 所规定的税率预缴上个月的应纳税款。预缴税款可抵减纳税人年度最终应纳税款。

纳税人年度汇算清缴的应补税款必须在申报之后的 8 个月内分期缴清。若欠税超过 100 雷亚尔，每期缴税额不得低于 50 雷亚尔。分期缴纳欠税的利息基于巴西基准利率计算。纳税人支付的所得税款超过实际应纳税额的部分可申请退还，相关申请必须在税款缴纳之日起 5 年内提交。

个人纳税人取得的资本利得，应在取得收益之次月的最后一个工作日之前缴纳相应个人所得税。

（4）事先裁定。纳税人可向税务机关提请就税法条文的解释和自身具体业务的适用进行咨询的申请，申请书应对具体业务的情况和相关疑难问题进行清晰描述。

税务机关根据法定程序做出正式裁定后的 30 天内，不得就该裁定所涉及的事项对纳税人进行纳税评估。

税务机关做出的裁定只对提出申请的纳税人具有约束力，该纳税人不得对裁定进行上诉。

如果税务机关就相同咨询事项，对不同的申请人做出意见不一致的答复，申请人有权请求税务机关统一答复口径。税务机关将会应纳税人的要求，组织专家讨论后就该事项做出最终决议，这样的规定旨在表明税务机关对同一事项予以平等对待的立场。

（二）其他类型的所得税

除个人所得税之外，巴西对居民个人取得的所得不征收其他税费。各州和市没有权力对居民个人的所得征税。

（三）国际税收

1. 居民纳税人

（1）境外一般所得和资本利得。居民个人应就其来源于巴西境内、境外的一般所得和资本利得缴纳个人所得税：①居民个人取得的来源于巴西境外的一般所得，无论是否已被转移至境内，按照累进税率计算缴纳个人所得税；②居民个人在境外已实现的资本利得，按15%的税率计算缴纳个人所得税。

居民个人在境外取得的外汇收入以及在境外用外汇缴纳的相关税款，应当先兑换成美元，再兑换成雷亚尔（BRL）。

居民个人取得境外金融投资处置所得（处置时的销售价格与购置成本的正差额），按照资本利得适用的征税规则计算缴纳个人所得税。值得注意的是，当资产、股权以及金融投资用外币标价，纳税人当初购买时用雷亚尔或外币的税收处理不同：（1）纳税人以雷亚尔购置该项投资的，处置利得以雷亚尔核算，汇兑损益计入资本利得；（2）纳税人以外币购置该项投资的，处置利得以美元核算，汇兑损益不计入资本利得。雷亚尔与美元的汇率以巴西中央银行公布的购置日和处置日汇率为准。纳税人取得的来源于外汇交易的资本利得，按该外汇的销售价格和购置成本的正差额计算缴纳个人所得税，且该差额以雷亚尔核算。如果该项资本利得金额不超过5 000美元的，免征个人所得税。

2013年，巴西试图引入针对个人的受控外国公司反避税规则，当时政府通过了第627号临时措施。不过，该临时措施在国会2014年批准成为12973号法律时，最终法律文本中只保留了对巴西跨国公司的受控外国公司反避税规则。

（2）境外资本。个人位于巴西境外的不动产不需要在巴西缴纳不动产税。

（3）避免双重征税。在符合规定的情况下，巴西居民个人可以用境外已经缴纳的税款抵免其全球所得应纳税款，这种单边的普通税收抵免方式，可以在较大程度上避免双重征税。

巴西在与其他国家（地区）签订的对所得避免双重征税的税收协定或者互惠待遇协定中，一般使用普通税收抵免方式来避免双重征税：巴西居民从他国取得的所得，按照协定规定在他国就该项所得缴纳的税额，应在对该居民征收的巴西税收中抵免。但是，抵免额不应超过对该项所得按照巴西税法和规章计算的巴西税收数额。

目前，巴西联邦政府与美国、英国和德国确定了互惠待遇协定。

2. 侨民及外派人员

巴西税法没有关于侨民和外派人员的特别税收制度。来巴外籍人士取得巴西居民资格，应就其来源于境内、境外的所得缴纳个人所得税；居民个人移居国外但没有取得非居民纳税人身份的，需要在巴西缴纳个人所得税。

3. 非居民纳税人

不符合巴西税法规定的居民纳税人的定义，且取得来源于巴西境内所得的个人为非居民纳税人。

（1）对一般所得和资本利得征税。通常，非居民纳税人根据所得来源类型由支付方扣缴预提所得税。除税法另有规定外，一般适用15%的预提税税率。向低税收国家（地区）的非居民个人支付费用的，支付方通常按25%的税率扣缴预提税。

在2015年之前，居民个人发生在境外的个人消费，如休闲、培训或公务旅行，向非居民个人支付的价款每月总额不超过20 000雷亚尔的，不需要扣缴预提税。

2016年1月1日起生效的巴西1611号税务指南引入了新的税务处理方式。根据新规定，居民个人因非居民个人提供旅游服务、商务服务、培训、住宿、交通、保管、旅行套餐和海上游轮服务，而支付的相关款项，应按25%的税率扣缴预提税。

非居民纳税人来源于巴西雇主的任何形式的受雇所得，按25%的税率计算缴纳最终预提税，其税基是收入总额（不允许扣除支出）。

非居民纳税人来源于巴西的经营和专业服务所得，按25%的税率计算缴纳最终预提税，其税基是收入总额（不允许扣除支出）。技术服务费和管理费的预提税税率为15%。

非居民个人股东取得巴西居民企业以税后利润分配的股息，免征个人所得税。

除税法另有规定外，巴西境内支付方支付给非居民个人的利息、佣金及其他财务费用，由支付方在支付时，按15%的税率扣缴预提税。

非居民个人取得的特许权使用费的预提税税率是15%。

（2）对资本征税。巴西不征收净资产税。非居民纳税人持有巴西境内的不动产，缴纳不动产税。

（3）征收管理。在巴西境内持有资产和权益（例如不动产、汽车、参股权、银行账户、巴西金融投资和资本市场的交易账户）的非居民纳税人，必须向巴西联邦税务局进行税务登记，并且必须指定巴西境内代理人，并将此指定代理人向联邦税务机关报告。值得一提的是，该非居民纳税人并不因此获得“居民纳税人”身份，也不会承担报送纳税申报表的义务。

三、增值税

（一）一般规定

1. 概述

巴西联邦、州、市三级政府分别针对不同的品目征收增值税。联邦政府对生产货物和进口货物征收增值税（也叫工业产品税）；州政府在商品流通环节、跨区域运输、通信等征收增值税；市政府对提供劳务征收增值税。

2. 纳税人

在巴西，联邦政府层面的增值税纳税人主要包括：（1）货物的生产商；（2）各类货物的进口商。

3. 应税行为

在巴西，工业产品税征税范围包括制造企业销售工业产品以及进口商从国外进口工业产品。目前，巴西法院认为进口商对进口的货物进行二次销售，也应缴纳工业产品税。

对于工业产品税而言，工业产品是指那些经过加工工序的产品。根据法律规定，加工过程包括：（1）将原材料或半成品加工成一种新产品；（2）改进已有产品功能、外观，拓展已有产品用途；（3）将多个独立部分组装为一个新产品或一个单独的整体；（4）包装完工产品，该包装不仅仅是为了运输便利；（5）改造旧产品或修复损坏产品，使其恢复功能。

对于免关税的进口产品，同时免征工业产品税。

4. 应税收入

对于工业产品税而言，以销售额为税基：

（1）进口货物，销售额为关税的完税价格（包含关税和相关交易费用）；

(2) 对于销售货物，为收到的所有款项，包括价外费用和地方政府征收的增值税。对于相关运输服务和保险费用，如果另开发票，则不包含于计税价格中。

(3) 对于委托加工，计税价格包含原材料价值、中间产品价值和包装材料价值。

5. 税率

工业产品税税率有一个冗长的税率表（类似于关税税率表），税率与产品是否具有生活必要性成反向变化（0% ~300%）。

6. 免税

巴西税法规定的免税活动包括：(1) 制作直接销售给消费者的没有特殊容器的食物和点心；(2) 工匠在自己的居住场所独自手工制作，且直接销售给消费者的产品的行为；(3) 独立工人生产衣服或类似产品且直接与消费者进行交易的行为；(4) 根据消费者或使用者直接要求制作的产品，且该制作活动所要求的专业性非常高；(5) 药店制作且直接销售给消费者的药品；(6) 其他税收优惠政策。

(二) 非居民纳税人

巴西的非居民企业不需要缴纳工业产品税。

四、消费税

在巴西，没有单独的消费税。工业产品税（Tax on Manufactured Products ，IPI）被视为调节消费行为的税。

根据《巴西工业产品税条例》，工业产品税的税率表对照不同的产品规定了相关的税率（从0%到365%），该税率表经常会修订。有害产品和奢侈品（例如，烟草制品、酒精饮料）税率较高；一些半产品的税率较低；零税率主要适用初级加工农产品。

工业产品税在巴西税制里面是为数不多，修订税率只需要巴西联邦政府通过法令立即实施，而不需要修订税法的税种。因此，工业产品税是巴西政府调控经济的较常用的手段：通过降低税率，刺激本地生产和活跃市场；后者提高对进口产品的税率，提高国内产品的竞争力。

五、社会保障税

在巴西，社会保障税的纳税主体包括雇主、雇员以及个体经营者等相关个人。

(一) 对企业征税

企业缴纳社会保障税的税基是其向员工、董事支付的各种形式的报酬以及其他相关支出，包括非货币性福利。

巴西税法规定，自2015年开始，企业缴纳社会保障税的制度进行重大调整。除了传统的以向员工、董事支付的工资薪金为税基外，企业可以选择以本企业每年第一个月的收入作为税基。

一般企业适用20%的税率缴纳社会保障税，金融机构额外提高2.5%的税率。

（二）对个人征税

在巴西，下列个人应缴纳社会保障税：（1）雇员（包括家庭佣工）；（2）巴西企业在巴西境内雇佣的、派往其境外分公司或代理机构的巴西籍和外籍雇员；（3）个人独资企业的所有者、董事、执行合伙人、连带责任合伙人以及领取工资的股东；（4）以劳务出资的合伙人；（5）自谋职业者和个体经营者。

对于上述第（1）和（2）类人员，企业每月应从雇员的月工资中扣缴其应缴纳的社会保障税，自2016年1月1日起的税率（见表4）：

表4 雇主从雇员的月工资中扣缴社会保障税的税率

月工资收入（雷亚尔）	税率（%）
不高于1 556.94	8
1 556.95～2 594.92	9
2 594.93～5 189.82	11

社会保障税的税率不是累进的。例如，某员工月工资为3 000雷亚尔，则其应缴纳的社会保障税为月工资（3 000雷亚尔）与适用税率（11%）的乘积。

在巴西每月缴纳社会保障税的最大基数为5 189.82雷亚尔。因此，个人每月缴纳的社会保障税最高限额为570.88雷亚尔。社会保障税在计算个人所得税时可以税前扣除。

对于上述第（3）、（4）和（5）类人员，缴纳社会保障税有两种方式：一是就其全部所得对应的“计税工资”按20%的税率计算缴纳社会保障税，“计税工资”有最高和最低限额；二是选择适用简易社会保障计划，根据该计划规定的最低月工资（2016年为880雷亚尔）按11%的税率缴纳社会保障税。

（何振华　编）

加拿大税制

加拿大现行税制中的主要税种包括公司所得税、个人所得税、货物和劳务税、社会保障税和资本税。加拿大不征收遗产与赠与税。

一、公司所得税

（一）一般规定

1. 税制类型

公司应缴纳按应税所得征收的公司所得税。计算应税所得的第一步是确定公司的经营所得，即公司通过经营实现的利润；然后计算出基于损益表的所得，从而确定净收益；接着，纳税人通过要求获得特定的扣除计算出应税所得；最后，使应纳所得适用适当的税率。

在加拿大，分配股息的公司和接收股息的个人都要就股息缴纳所得税，为了使通过公司获得的所得与个人直接获得的所得承担相同的税负，加拿大实行了改良的归集抵免制，该制度部分地消除了对股息的双重征税。改良的归集抵免制通过采用名义上的股息税收抵免，对支付给个人的国内股息提供税收减免。该股息税收抵免根据一个固定的比率计算，而不管产生股息的公司所得适用的实际的公司所得税税率是多少。

为了计算股息税收抵免，公司被认为从以下两种类型的所得中支付了股息：一是适用低税率的所得，这类所得是从适用“小企业”税率的所得中支付的税后利润；二是适用一般税率的所得，这类所得是从不适用“小企业”税率的所得中支付的税后利润。

如果股息是从适用低税率的所得中支付的，计算股息税收抵免的基数为实际收到的股息的 18%。如果股息是从适用一般税率的所得中支付的，计算股息税收抵免的基数为实际收到的股息的 38%（如果公司被认为缴纳了更高税率的公司税，那么计算股息税收抵免的基数会更高）。

接收股息的个人在计算股息应缴纳的基本所得税额时，适用相应税率的股息不是实际收到的股息，而是增长了 18% 或 38% 的股息。如果股息是从适用低税率的所得中支付的，那么个人可以享受的股息税收抵免等于实际接收的股息总额的 18% 再乘以 13/18；如果股息是从适用一般税率的所得中支付，股息税收抵免等于实际接收的股息总额的 38% 再乘以 6/11。

举例如表 1 所示：

表 1

	从适用低税率的所得中支付	从适用一般税率的所得中支付
实际得到的股息	100.00	100.00
比实际得到的股息额增长了 18% 或 38% 的股息额	100 + 100 × 18% = 118.00	100 + 100 × 38% = 138.00
基本的联邦所得税额（税率 29%）	118 × 29% = 34.22	138 × 29% = 40.02
联邦股息税收抵免	100 × 18% × 13/18 = （13.00）	100 × 38% × 6/11 = （20.72）
净联邦所得税额	34.22 − 13 = 21.22	40.02 − 20.72 = 19.30

除了某些例外情况，居民公司通常可以扣除从其他居民公司获得的股息。因此，对通过居民公司链支付的股息没有征收额外的税收。在某些情况下，私人公司必须要缴纳等于从应税居民公司获得的股息的三分之一的税款，当上述接收股息的私人公司向其股东支付股息时，这些税款可以得到退还。

加拿大的居民公司要就其来源于全球范围内的所得在加拿大缴纳公司所得税。非居民公司仅就其来源于加拿大的某些类别的所得在加拿大缴纳公司所得税。

2. 纳税人

在加拿大，需缴纳公司所得税的法律实体包括所有加拿大的居民公司以及有来源于加拿大所得的非居民公司。

在计算合伙企业的所得时，合伙企业被视为一个单独的人。合伙企业的所得被计算出来之后，接下来就要根据相关合伙人在合伙企业的权益把合伙企业的所得分配给合伙人。如果合伙人是一个公司，那么，该合伙人必须把从合伙企业获得的所得计入自己的应纳税所得，并缴纳所得税，就如同这些所得是合伙人自己直接挣取的一样。信托可以选择在信托层面缴纳所得税，就如同信托是一个单独的实体；或者，信托也可以充当“导管”，把所得分配给受益人，由受益人缴纳所得税。投资基金是否需要缴纳公司所得税主要取决于它是否是信托以及是否选择把所得分配给受益人，如果选择把所得分配给受益人，则由受益人纳税；否则，由投资基金自己纳税。

加拿大对许多公司实体免征公司所得税。这些实体主要具有以下特征：一是除某些例外情况之外，公司至少有 90% 的权益由联邦、省或市政府拥有；二是注册的慈善机构；三是为非营利目的专门组建和运营的非营利公司，包括专门进行或促进科学研究和实验发展而组建的非营利公司；四是仅仅是为了管理一个注册的养老金计划而组建和运营的公司，并且该公司被加拿大税务局认定为与注册计划有关的融资媒介。

如果一个公司的纳税状况发生变化，比如由纳税变成免税，或者由免税变成纳税，则适用特殊规定。公司的纳税年度被视为在纳税状况改变时结束，并视为在此时处置了资本资产，向后结转的损失在纳税状况发生改变后不得使用。

在加拿大组建的公司被视为加拿大的居民公司。如果在加拿大境外组建的公司的中央管理和控制位于加拿大，则该公司也被视为加拿大的居民公司。一个公司的中央管理和控制地通常是以下地点：董事直播和举行会议的地点；股东直播和举行会议的地点；管理者直播和举行会议的地点；该组织执行其主营业务和经营，以及保持账簿和记录的地点。

中央管理和控制可能在两个地点之间被拆分，在这种情况下该公司被认定为这两个地点的居民。通常，一个公司的中央管理和控制由董事来行使。如果是这样的话，该公司是董事们集会地的居民。

3. 应纳税所得额

（1）一般规定。加拿大的居民公司要就其来源于全球范围的所得缴纳所得税。非居民公司仅就其来源于加拿大的某些类别的所得缴纳所得税。

如果一个公司的所得来源于一个以上的省或属地，其应税所得应根据联邦的规定在这些省和属地之间进行分配。基于一个公司归属于该省的收入总额和工资总额的分配公式是：归属于某省的应纳税所得 = 1/2 ×［（归属于该省的收入总额）/（总收入）+（归属于该省的工资和薪酬总额）/（工资和薪酬总额）］× 应纳税所得

在加拿大仅有一个常设机构，并且在加拿大境外没有其他常设机构的加拿大居民公司，被认为在其常设机构所在省赚取了全部的应税收入。

公司的应纳税所得主要包括经营所得、财产所得和资本利得。财产所得由通过投资活动（而不是经营活动）赚取的消极所得构成，如租金、利息、特许权使用费和股息。公司必须单独计算每个来源的所得，尽管在计算公司应税所得之前多种来源的所得要被加总。例如，一家公司可能从事两种不同的业务。每个单独的业务构成所得的一个来源，且其净收入或亏损必须单独计算。

全部的应纳税所得额按规定的税率纳税。全部的财产所得通常也按规定的税率纳税，某些类别的股息除外。获得资本利得的公司只需把 50% 的资本利得计入所得，因此，资本利得实际上是按低税率纳税。

（2）免税收入。几乎所有的公司所得都要缴纳所得税，不论其所得是以货币的形式收到还是以与货币等值的东西的形式收到。仅有的重要的例外情况如下：一是某些公司之间的股息在计算应纳税所得额时是可扣除的；二是一般来说，根据人寿保险单支付的抚恤金是免征所得税的。

（3）扣除。所得税法关于费用扣除的规定如下：第一，只有为了获得或产生所得而发生的费用是可扣除的；第二，费用必须是合理的才可以扣除；第三，资本账户产生的费用仅在该扣除是税法明确允许的情况才可以扣除；第四，为了获得或产生免税所得而发生的费用不得扣除；第五，仅仅是为了实现资本利得而发生的费用不得扣除。

一般来说，一笔支出必须发生在当年才能在当年扣除。预付费用只有与预付年度相关的那一部分费用可以扣除。

一般来说，下列费用可以被扣除：公司之间的股息；特许权使用费；财务费用（在 5 年时间内，每年扣除费用的 20%）；管理费用以及间接费用。

资本账户的利息费用只能根据特定的法定条例进行扣除。一般来说，单利可以在产生的当年（而不是其被支付的年度）进行扣除；相反，复利仅在其被支付的年度是可扣除的。公司可能会选择资本化利息，而不是就为获得应计折旧资本资产的借款产生的利息在当年进行扣除。这种选择不适用于存货。

根据资本弱化规则，加拿大居民公司支付给特定非居民的债务利息，只能在其债务不超过该公司股本 2 倍的情况下才能进行扣除。除了某些特殊的例外情况，公司一般只能扣除业务招待费的 50%。这种限制不适用于用于雇员的招待费用，例如，举办员工圣诞晚会的费

用，但是，此种费用每年不得超过六次。

罚款和处罚一般不可扣除。联邦所得税和省级所得税是不可扣除的费用，因为它们并不是为了挣取所得的目的而发生的，而只是挣取所得的过程的结果。其他税款如果是为挣取所得的目的而发生的，则可以扣除。比如，商业用地需缴纳的城市房产税应计入交易成本，且根据上述规定可以扣除。

（4）折旧和摊销。纳税人可以折旧或摊销为挣取所得之目的购买的大多数类别的资本资产发生的费用。主要的例外是，购买土地和公司股票的费用不得折旧和摊销。

加拿大实行两种不同的折旧和摊销制度。一是资本成本补贴制度，适用于对大多数类别的有形资产（建筑、家具和设备）以及特殊类别的无形资产（专利权、经销权、特许权和在固定期间提供的许可证）。二是单独的符合条件的资本支出制度，适用于直接在经营中使用的其他类别的无形资产，比如，无限期的商誉和专利权，特许经营权，特许权和许可证。

（5）准备金。除法规规定的某些特殊情况以外，一般不得对准备金进行任何扣除。

权责发生制下，在计算所得时，纳税人必须将其全部应收款项计入应纳税所得。但是，纳税人可以对呆账提取合理的准备金。该准备金必须计入下一纳税年度的所得中，纳税人可以基于随后年度的实际情况，再提取另一个准备金。纳税人可在纳税年度当期扣除坏账。如果该坏账的任何部分之后被收回，其收回的部分必须计入当年的所得。

除此之外，纳税人可以就在纳税年度结束后将要交付或提供的货物或劳务提取准备金，条件是纳税人已经将上述货物或劳务的款项计入所得；在收到预付租金的期间可提取准备金；就销售资本资产产生的未付资本利得提取最大限度为 5 年的准备金；就分期付款销售的递延利润提取最大限度为 3 年的准备金。

采掘业的纳税人需要建立信托基金来确保未来采矿场、采石场以及废物处理场的修复。依据法定责任向这些再生信托的缴款是可以扣除的。

4. 资本利得

一般来说，资本利得的一半必须计入应纳税所得，按正常税率纳税。因赠给某些类别的慈善机构的礼物而获得的资本利得，只需要将资本利得的 1/3 计入应纳税所得。加拿大还规定了滚转冲抵，以递延某些资本利得税。此外，非自愿处置的重置财产可免除资本利得税。

5. 亏损

（1）普通亏损。普通亏损可向前结转 3 年，向后结转 20 年，用于抵减任何类型的所得。农业和渔业经营发生的亏损适用特殊规定。

如果一个公司的控制权被收购，向前结转和向后结转的亏损是受限的。这种限制只适用于一个人取得控制权的情况；如果该人仅在没有其他人取得控制权的情况下放弃公司的控制权，那么该规定不适用。

如果一个公司的控制权被收购，该公司的纳税年度应于收购发生后立即结束。除赚取经营所得发生的亏损外，上述公司在控制权被收购之前发生的其他普通亏损在控制权被收购之后不可扣除，反之亦然。控制权被收购之前在赚取所得过程中发生的普通亏损在随后年度中是可以扣除的，反之亦然，条件是产生亏损（经营亏损）的业务在随后年度是以合理的期望利润经营的。这种亏损只能在亏损业务或相似业务赚取的所得中可扣除。由于公司集团不能合并申报纳税，因此，集团内部不能转让亏损。

（2）资本损失。资本损失只能用于冲抵资本利得。由于只有 1/2 的资本利得计入应纳税所得，因此只有1/2的资本损失可以得到扣除。1/2的资本损失只能用来冲抵1/2的资本利得，未使用完的资本损失不得冲抵任何其他形式的所得，但是可以向紧接着的前3个纳税年度结转并向以后任何纳税年度结转。

6. 税率

(1) 经营所得和资本利得适用税率。公司所得税税率取决于所得的类型、公司的身份以及所得来源于加拿大哪个省份或属地。

对公司征收的联邦基本税率为38%。对在加拿大各省范围内取得的所得，税率可以降低10%，即联邦基本税率实际为28%。

在加拿大各省范围内取得的所得以及那些暂不能从其他税收优惠中受益的所得，其公司所得税税率在一般税率的基础上进一步降低13个百分点，即适用15%的基本税率。

当前获益于税收优惠并且因此不具有减税资格的各种类型的公司所得，包括加拿大的制造和加工所得，从加拿大控制的私人公司取得的投资所得，来自不可再生自然资源活动的所得以及共同基金公司、抵押贷款公司和投资公司赚取的所得。

非居民公司要缴纳其在加拿大赚取的应纳税所得25%的分支机构利润税，应纳税所得是在扣除联邦所得税和省级所得税以及扣除投资某种类别的加拿大财产的减免之后计算出来的。在税收协定下，该税率可降低。

联邦税率（基本税率或低税率）加上适用的省级税率就得出实际的综合税率。省级所得税税率因省而异。表2是联邦基本税率和省级税率加总的综合税率，自2016年1月1日生效。

表2　　联邦基本税率和省级税率加总的综合税率

省（属地）	一般税率（%）	一般低税率（%）	M&P税率（%）	CCPC积极经营税率（%）
阿尔伯塔	40	27	27	14
英属哥伦比亚	39	26	26	13.5
曼尼托巴	40	27	27	11[1]
新伯伦威克	40	27	27	15.5
纽芬兰	42	29	20	14
西北属地	39.5	26.5	26.5	15
新斯科舍	44	31	31	14[2]
努纳维特	40	27	27	15
安大略省	39.5	26.5	25	15.5
爱德华王子岛	44	31	31	15.5
魁北克	39.9	26.9	26.9	19
萨斯喀彻温	40	27	25	13
育空属地	43	30	17.5	14

注：[1] 收入在425 000加元至500 000加元之间的，税率为23%。

[2] 收入在350 000加元至500 000加元之间的，税率为27%。

表中的M&P税率适用于加拿大制造业和加工业的所得。联邦CCPC积极经营税率适用于加拿大控制的私人公司在加拿大进行经营活动挣取的积极经营所得中不超过50万加元的部分。各省实施的上述限额有多种，例如，阿尔伯塔为50万加元。该限额按年适用且不可累积，尽管其必须在关联公司之间共享。对于应税资本超过1 000万加元的公司集团，其联邦年收入限制有所减少。对于资本超过1 500万加元的公司集团，其所得不得享受优惠税率。

资本利得的实际所得税税率低于基本税率，原因是仅有1/2的资本利得被计入应纳税所得。通常，资本利得的实际税率可以通过基本税率乘以1/2来计算。

（2）向居民纳税人支付款项的预提税税率。一般来说，对支付给居民公司的款项不征收预提税。

7. 税收优惠

符合规定的支出可以享受特殊的税收抵免。例如，符合规定的科学研究活动享有15%的投资税收抵免。各省还有省级的税收抵免项目。

8. 征收管理

（1）纳税年度。公司的纳税年度即公司的会计期间。会计期间一般指编制公司账目、且不超过53周的期间。因此，公司可选择不是日历年度的纳税年度。一旦会计期间被建立，对该会计期间的任何更改都需得到加拿大税务局的同意。

（2）纳税申报。公司必须在纳税年度结束后的6个月内填报所得税纳税申报表。加拿大实行自行纳税申报制度。

（3）税款缴纳。公司必须按月分期缴纳税款。公司可选择如下三种分期缴纳方式中的一种：在每月末缴纳等于当前年度应缴税款的1/12的税款；在每月末缴纳等于上一年度应缴税款的1/12的税款；或者在前两个月末，缴纳等于前一年度应缴税款的1/12的税款，并且在随后10个月的每个月的月末，缴纳等于扣除前两个月所缴税款后余额的1/10的税款。

如果分期付款达不到当前年度实际的应缴税款，公司必须在纳税年度结束后的两个月内缴纳差额，即使纳税申报表直到纳税年度结束后的6个月才到期。对于加拿大控制的私人企业，最终缴款的截止日期延长1个月。

（4）事先裁定。纳税人可以就所得税申请事先裁定，以确定所得税法如何适用于一系列陈述的事实。一般来说，不会对纯事实问题给予事先裁定。纳税人必须对所陈述的事实的准确性负责。

对事先裁定要收取费用。事先裁定的信件没有法律效力，但是对税务局具有约束力。

（二）居民公司之间的交易

1. 公司集团合并纳税

公司集团不能进行合并纳税。

2. 居民公司之间的股息

公司必须将股息计入所得，但是通常可以就来自应税居民公司的股息申请扣除。一般而言，对在居民公司的多层之间传递的股息不会发生额外的税收负担。但是，从某些更像债务替代品而不是权益股的优先股取得的股息不可扣除。

（三）其他类型的公司所得税

在加拿大，其他类型的所得税主要是各省征收的省所得税。魁北克省和阿尔伯塔省管理他们自己的公司所得税制度；在其他省份的省所得税征收体制由联邦政府管理，这些省份的公司仅需要填报一张所得税申报表。省所得税不得从联邦所得税中扣除。

(四) 国际税收

1. 居民公司

(1) 境外所得和资本利得。居民公司要就其全球所得和资本利得在加拿大纳税。

如果其境外所得不是在该省或属地内取得，则不适用该省或属地的所得税。取而代之的是，10% 的联邦税率减免不适用。加拿大控股的私人公司的制造业和加工业所得以及积极经营所得不适用减免后的税率。

从外国关联公司获取的股息必须要计入所得。可以申请某些扣除，主要取决于被支付股息的所得的性质。外国关联公司是指居民公司直接或间接拥有其至少 10% 股份的外国公司。

(2) 境外亏损。境外亏损和境内的亏损的处理方式相同。

(3) 境外资本。公司资本税一般不适用于境外资本。

(4) 避免双重征税。加拿大居民就其境外所得在境外缴纳的所得税可以享受境外税收抵免，包括境外非经营所得税收抵免和境外经营所得税收抵免。

境外所得税收抵免不得超过境外所得按照加拿大所得税法计算出来的应纳税额，并且要分国计算。

如果根据税收协定，境外所得在来源国是免税的，那么就不能进行境外税收抵免。境外非经营税收抵免适用于境外非经营所得缴纳的境外所得税，主要包括就利息、租金、股息、特许权使用费以及资本利得等消极所得缴纳的境外税收。

纳税人必须就当年缴纳的境外税收申请非经营税收抵免。该抵免不能结转到其他年度。超过按照加拿大税率计算出来的非经营税收的那部分税额不得抵免，但是，纳税人可以将其在所得中扣除。

境外经营所得税收抵免适用于就境外经营所得缴纳的境外税款。该税收抵免是境外经营所得税的唯一减免。

如果在境外缴纳的税额超过相关所得按照加拿大税法计算出来的税额，那么，超过的部分不能抵免，但是，基于每个国家的、未得到抵免的税额可以向后结转 3 年和向前结转 7 年。纳税人必须先进行境外非经营所得税收抵免，然后再进行境外经营所得税收抵免。

2. 非居民公司

(1) 一般所得和资本利得课税。非居民必须就其来源于加拿大的经营所得填报加拿大纳税申报表，不管其是否通过常设机构经营。满足以下条件的非居民被视为在加拿大从事经营：在加拿大生产、种植、开矿、创作、制造、装配、改善、包装、保存或建造任何事物；或招揽订单或通过代理商或雇工在加拿大提供任何销售服务。

大多数加拿大税收协定规定，对非居民在加拿大的经营所得免税，但是非居民通过在加拿大的常设机构赚取的所得除外。在加拿大从事经营的非居民必须按加拿大基本税率就其来源于加拿大的经营所得纳税。除此之外，非居民公司还要缴纳税率为 25% 的分支机构利润税。来源于加拿大的其他所得通常按预提税的相关规定纳税。非居民要就处置应税加拿大财产实现的资本利得在加拿大纳税。处置应税加拿大财产的非居民遵循源泉扣缴制度。

(2) 资本课税。非居民适用与居民相同的方式就其资本缴税，但只限于位于加拿大的或被认为在加拿大使用的资本。

（3）征收管理。如果非居民从加拿大的经营中赚取所得或从应税加拿大财产中实现了资本利得，那么，该非居民必须填报加拿大纳税申报表。否则，非居民通过预提税制度对其来源于加拿大的所得纳税。对居民的征收管理规定也适用于非居民。

3. 非居民公司预提税

加拿大对支付或分配给非居民的、来源于加拿大境内的列举的所得总额按 25% 的比例税率课征预提税。税率可依适用的税收协定下调。列举的所得主要包括：股息、利息、特许权使用费、租金以及管理费等。

比较特殊的情况是，非居民可以不就其租赁所得总额缴纳 25% 的预提税，而选择就其净租赁所得按一般税率缴税并填报所得税纳税申报表。

非居民在正常业务范围内提供服务取得合理的管理费用适用预提税免税待遇，只要非居民和付款人为非关联交易。

（五）反避税

1. 概述

反避税规定适用于避税交易。可以被合理地认为主要是出于善意目的，而不是为获取税收利益而从事或安排生产经营活动的交易不属于避税交易。如果一个交易被认定为避税交易，就要对其进行纳税调整，以取消其税收利益。反避税规定仅适用于缺少非善意非税目的以及导致误用或滥用法规的交易。特殊情况下适用特定的反避税法规。

2. 转让定价

通常，正常交易原则管理非常规交易的加拿大纳税人之间的国内交易，以及加拿大纳税人与非常规交易的非居民之间的交易中存在的转让定价问题。为非常规实体提供货物和劳务的加拿大供应商必须基于公平价格申报所得。在应用正常交易原则时，加拿大税务局遵循 OECD 转让定价指南中包含的方法。

3. 资本弱化

根据加拿大资本弱化的相关规定，加拿大居民公司仅在其债务不超过权益 1.5 倍时可以扣除对特定非居民公司支付的债务利息。特定非居民是指该非居民单独或与非常规交易人一起拥有居民公司各层级至少 25% 的股份。按照资本弱化的相关规则，不允许扣除的利息费用要计入加拿大的所得缴纳所得税。

4. 受控外国公司

加拿大居民公司或个人必须就其来源于受控外国附属公司的境外财产所得中自己应得的部分在加拿大缴纳所得税。居民公司的境外附属公司是指加拿大居民直接或间接拥有其至少 1% 的任何类别的股份，以及与该加拿大公司相关的加拿大公司和个人直接或间接拥有其至少 10% 的任何类别的股份的境外公司。

加拿大还有很多适用于封闭式公司、股息剥离安排和利益授予的特殊反避税规定。

二、个人所得税

（一）一般规定

加拿大居民个人应就其来源于加拿大境内、境外的所得缴纳个人所得税。除此之外，加拿大各省对个人来源于本省的所得征收省级所得税。在一个纳税年度内，仅当纳税人在12月31日属于该省的居民时，才须在该省纳税。然而，个人取得的个体经营所得须在收入来源省纳税，无论12月31日当天个人是否在该省居住。

非居民个人取得的来源于加拿大的所得按下述两种方法征收个人所得税：

一是非居民个人取得的来源于加拿大境内的工资薪金所得、经营所得和资本利得按适用于加拿大居民的累进税率征收个人所得税；

二是非居民个人取得来源于加拿大境内的财产所得（被动投资收入），按照25%的比例税率征收个人所得税。

1. 纳税人

所得和资本利得税以独立的个人为课税主体。在加拿大，居民个人是指居住或长期居住在加拿大的个人。判断个人是否属于税收居民时，应综合考虑个人在加拿大的实际存在和住宅、社会和经济关系等多重因素，因此，加拿大居民个人也可能同时是其他国家税收居民。

非居民个人如果在一个公历年度内在加拿大居留的总天数满183天（连续或间歇性），则被认为是加拿大居民。

通常，只有在计算合伙企业收入时将合伙企业视为独立的个体。合伙企业收入确定后，按照合伙人持有的股份应享有的份额对收入进行分配。个人合伙人应将其享有的份额并入其他所得，计算缴纳所得税。

2. 应纳税所得额

（1）概述。居民个人应就其来源于加拿大境内、境外的所得缴纳个人所得税，非居民个人仅就来源于加拿大境内的特定类型的所得缴纳个人所得税。

个人所得主要包括：雇用所得；经营所得；财产所得；资本利得。其中，财产所得包括投资活动取得的消极所得，如：租金、利息、特许权使用费和股息红利所得。

计算应纳税所得额时，个人纳税人应首先单独计算各项来源的所得，然后将各项所得汇总计算应纳税所得额。

雇用所得和经营所得适用最高税率。一般而言，财产所得也适用最高税率，但来源于居民企业的股息、红利所得除外。资本利得仅50%计入应纳税所得额，因此，资本利得的实际税率相对较低。

（2）免税所得。下列各项所得免征所得税：变卖主要住宅取得的资本利得；人身伤害赔偿；根据人身保险取得的死亡赔偿金。

3. 雇用所得

（1）工资、薪金所得。个人属于雇员还是独立合同人，取决于个人从事的工作是独立业务的一部分还是属于他人经营活动中不可分割的一部分，通常，应根据一系列的审判标准进行判断。

雇主必须代扣代缴雇员的个人所得税和社会保障税。

雇员仅可扣除税法规定可扣除的费用支出，范围十分有限，主要包括以下几种：为取得工资薪金发生的合法支出；年度工会经费；为了保持被法规认可的专业身份而支付的年度专业会员资格费；社会保障税。

对于差旅费支出，仅税法规定的特定类别的雇员可税前扣除差旅费支出。

雇员搬迁住所，如果新住所与工作地点的距离较旧住所缩短了40千米及以上，则发生的搬迁支出可以从新工作地点获得的所得中扣除。雇主报销的搬迁支出不得税前扣除。

（2）实物福利。一般而言，雇员取得的大多数福利所得需缴纳所得税，包括雇主免费提供的食宿和大多数补贴所得等。

雇主为雇员或与雇员相关的个人提供汽车使用权，则雇员必须将这部分福利计入应税所得。

公司授予雇员的股票期权在授权日不计入雇员应税所得。雇员应于行权日或转让日，按照行权当日股权市场价格减去为取得股权支付的成本后的余额，计入应税所得。

2000 年 2 月 27 日以后行权的股票期权，满足特定条件的，可推迟确认福利所得，但每年不得超过 100 000 加元的限额。如果雇员符合申请延期的条件，则以下列时点中最早的时点作为确认福利所得的时点：①雇员处置股票的时间；②雇员死亡的时间；③员工成为加拿大非居民个人的时间。

如果股票期权由加拿大人控制的私人企业授予，则雇员可以享受更多的优惠待遇。在这种情况下，仅当雇员转让这些股权时才需纳税（不考虑股票的价值问题）。此外，持有股权 2 年及以上的，可适用优惠税率（不考虑行权价格和股权是否为普通股）。

（3）养老金所得。根据税法规定，雇员可以扣除向符合规定的公司养老保险计划支付的养老保险费。相应地，雇员因此取得的养老保险金应全额计入应税所得。

除了公司养老金计划，税法同时规定，个人向私人设立的退休储蓄计划支付的保险费准予税前扣除，这一计划被称为注册退休储蓄计划。保险费的扣除限额以个人劳动收入作为基础计算得来。从注册退休储蓄计划中取出的金额要全额征税。此外，所有的养老金计划必须注册，否则不得享受税收优惠待遇。

（4）董事报酬。公司董事取得的报酬视为一般雇用所得征收个人所得税。

4. 经营和专业服务所得

个人取得的经营和专业服务所得需缴纳所得税。一般而言，为取得这些收入而发生的支出可以税前扣除。

在计算会计师、牙医、律师、医生、兽医或脊椎指压治疗师的专业服务所得时，纳税人可选择排除年度结束之时尚未完成的专业服务的价值，一经选择，以后年度继续沿用。

5. 投资所得

股息、利息、特许权使用费和租金收入都属于应税所得。一般而言，为取得投资所得而发生的支出可以税前扣除。

由于加拿大实行归集抵免制，因此境内股息红利所得实际税率相对较低。虽然，每个省份的实际税率有所不同，但境内股息红利所得的实际税率基本等于资本利得的实际税率。有关归集抵免制，参见公司所得税部分。

6. 资本利得

除本节所讨论的特殊情况外，个人取得的资本利得与公司取得的资本利得适用相同的税收待遇。

加拿大居民个人，一生中处置以下资产所累积的资本利得不超过 800 000 加元的免税：

①转让符合条件的加拿大居民控制的私有企业股份；

②转让符合条件的农业、渔业财产，包括用于农田劳作的不动产。

2014 年之后，上述免税限额将根据通胀率进行调整。2016 年，调整后的免税限额为

824 167 加元。“2015 联邦预算”将 2015 年 4 月 21 日以后处置变卖农业、渔业财产取得的资本利得的免税限额提高到 100 万加元。

个人纳税人处置以下几类资本财产所产生的资本利得免税：

①加拿大居民个人处置其主要住宅而实现的利得。在任何时候，一个家庭只能有一个主要住宅；

②处置个人使用的 1 000 加元以内的资产取得的资本利得；

③取得的人身伤害补偿或赔偿金。

7. 个人扣除、宽免和抵免

本节所讨论的个人扣除、宽免和抵免适用于居民个人。非居民个人在一个纳税年度内来源于全球的收入绝大部分（90% 以上）计入了加拿大的应税所得，并按照累计税率缴纳个人所得税的，适用与居民个人相同的抵免政策。如果非居民个人来自加拿大境内的收入没有达到 90%，可以申请其他税收抵免待遇，包括加拿大养老金计划抵免、就业保障费抵免和符合条件的慈善捐款抵免。

（1）扣除。税法规定的特定的个人支出可以税前扣除。主要包括：因外出工作或接受资格教育无法照顾子女而发生的托儿费。如果配偶双方均有工作，托儿费扣除必须由配偶中应纳税所得额较低的一方申请。2016 年规定的扣除限额为：7 岁以下符合条件的儿童每人 8 000加元；其他符合条件的儿童每人 5 000 加元。

为获取私人资产所承担的债务产生的利息支出不得税前扣除。因此，个人购买私人住宅发生的贷款所产生的利息支出不得税前扣除。

符合条件的养老保险费可税前扣除。

（2）宽免。个人宽免被转换为税收抵免的形式。

（3）抵免。个人纳税人在计算联邦所得税应纳税额时，可申请多项税收抵免。抵免的数量和金额取决于个人的情况。抵免额等于宽免额乘以最低税率。

2016 年，未婚单身个人可申请“基本个人抵免”，抵免额等于 11 474 加元乘以最低税率 15%（2016 年）。对于已婚个人，如果配偶没有所得，且是其唯一的被赡养人，则可申请的税收抵免额为 22 948 加元乘以 15%。如果配偶取得所得，则抵免额等于 22 948 加元乘以 15% 减去配偶所得乘以 15%，配偶所得超过 11 474 加元的，纳税人不得享受该项抵免待遇。

个人纳税人发生的符合条件的医疗费用支出超过一定临界值的，可申请“受雇税收抵免”，抵免额为 1 161 加元乘以 15%。

个人抚养未满 18 周岁的子女，可申请税收减免优惠。通常，有监护权的父母根据孩子的数量和家庭收入来确定每月的免税金额。此外，所有抚养未成年子女的家庭均可享受托儿补贴：抚养 6 岁以下子女每人每月 160 加元（每年 1 920 加元），抚养 6～17 岁子女每人每月 60 加元（每年 720 加元）。

自 2014 年 1 月 1 日起，抚养 18 周岁以下了女的夫妻，可适用家庭收入对半分开申报所得税，即年薪较高的一方可以把一部分收入（上限为 5 万加元）转到另一方的纳税申报表上，从而降低家庭整体的税负。

个人向经注册的慈善机构进行捐赠，捐赠金额不超过 200 加元的，可以就捐赠金额的 15% 申请税收抵免；捐赠金额超过 200 加元的，可以就捐赠金额的 29% 申请税收抵免。每年的抵免限额根据纳税人的所得额计算得出。

8. 损失

个人纳税人亏损的处理与公司纳税人亏损的处理相同。但是，用于个人目的的财产如个人住宅，发生的资产损失不得抵减应税所得。

9. 税率

（1）经营所得和资本利得。个人按照超额累进税率缴纳所得税。从2016年1月1日起，联邦所得税税率见表3。

表3　　联邦所得税税率表

应税所得（加元）		税率（%）
不超过	45 282	15
45 283	—	20.5
90 564	—	26
140 389	—	29
超过	200 000	33

加拿大各省根据联邦所得税计算的应纳税所得额，按照一定的比例课征省级的所得税。此外，各省以省级所得税应纳税额或超过一定限额的所得为计税依据，按照特定的比例课征省级附加税。

值得一提的是，个人纳税人同时适用最低替代税制度。按照税法规定计算的最低替代税大于一般联邦所得税应纳税额时，个人必须按照最低替代税纳税。相应地，联邦附加税也需要按照最低替代税计算。

在一个纳税年度内，纳税人缴纳的最低替代税超过按照一般规定计算的联邦所得税应纳税额的部分，可以向以后年度结转，抵减以后年度的联邦所得税应纳税额，但结转期不得超过7年。

（2）预提税。加拿大不存在适用于居民个人的股息、利息或特许权使用费的预提税制度。

雇主必须从雇员的工资薪金中代扣代缴个人所得税，为了与适用于非居民的预提税区别，雇主的代扣代缴的所得税通常被称为“源泉扣缴”。

10. 征收管理

（1）纳税期间。个人所得税的纳税期间（纳税年度）为公历年。

（2）纳税申报。个人纳税人应于次年4月30日之前进行个人所得税纳税申报。个体经营户应于次年6月15日之前进行纳税申报。

加拿大不存在个人所得税预估系统。但雇主需向税务机关提供工资薪金支出的详细信息。一般而言，税务机关可以在3年内对个人所得税纳税申报表进行重新评估，特定情况下时限更长。

（3）税款缴纳。雇员取得的工资、薪金所得适用源泉扣缴制度。此外，雇主还有义务代扣代缴雇员负担的养老金、年金和其他特定款项。

个体经营者应于每年的3月15日、6月15日、9月15日和12月15日分四期缴纳所得税。税务机关向分期缴纳税款的个人寄送分期纳税通知书，根据纳税人上一年度取得的所得确定当期应缴纳的税额。此外，个人也可以选择另外两种方法计算分期纳税金额。

源泉扣缴和分期缴纳的税款可以抵减最终的个人所得税应纳税额。

（4）事先裁定。纳税人可以就特定情况下税法的适用问题申请事先裁定。一般而言，事先裁定不适用于纯粹的事实问题。纳税人必须确保法律解释所依据的事实的陈述准确无误。

加拿大事先裁定需缴纳一定的费用。事先裁定信件不具有法律效力。但如果纳税人充分披露了所有的事实，且按照裁定结果完成了交易，则裁定结果对加拿大税务局具有约束力。

（二）其他类型的所得税

加拿大所有省份都征收省级所得税。除了魁北克以外，其他所有省份的个人纳税人仅须要填报一张涵盖联邦和省级所得税的纳税申报表。在魁北克，个人纳税人必须分开申报联邦所得税和省级所得税。

一般而言，加拿大直辖市不征收所得税。然而，各直辖市征收营业执照费。具体金额取决于业务的类型和经营地点。

（三）国际税收

1. 居民纳税人

（1）境外所得和资本利得。加拿大居民个人应就其来源于加拿大境内、境外的所得和资本利得纳税。境外所得（包括养老金所得）和资本利得适用的税收待遇与境内所得相同，但无须缴纳省级所得税。此外，联邦政府对境外所得征收额外的联邦附加税。因此，境外所得适用的最高边际税率是42.9%（29%的基础税率加上13.9%的附加税率）。

一般而言，加拿大对境外受雇所得没有特殊的税收规定。

来源于境外的股息、利息、特许权使用费和租金收入全额计入应税所得。纳税人取得的境外股息红利不适用归集抵免制。

纳税人取得的境外经营和专业服务所得适用一般税法规定。同时，加拿大对境外财产产生的资本利得没有进行特别的规定。

（2）避免双重征税。一般来说，对于个人和公司避免双重征税的法规是一致的。

2. 侨民

（1）外来侨民。对于外来侨民不存在特别的税收制度。

如果个人在一个纳税年度内成为加拿大居民，则该个人成为加拿大税收居民的当年被分为两个时间段：一是属于非居民纳税人的时间段；二是属于居民纳税人的时间段。两个时间段分别作为一个纳税年度计算应纳税额。

个人成为加拿大居民纳税人时，已拥有资本财产视为成为加拿大居民纳税人的当天以市场公允价格取得（除加拿大应税财产）。因此，该个人仅需就其成为加拿大居民纳税人以后产生的资本利得缴纳资本利得税。

移民到加拿大的个人可以享受5年的税收优惠期，即5年内可以不就来源于加拿大境外的收入和资本利得纳税（假设在此之前他从未成为过加拿大居民）。

（2）外迁人员。加拿大居民个人可以申请境外受雇所得税收抵免，每年可抵免100 000加元的境外受雇所得的所得税税额。申请该项税收优惠，纳税人的受雇所得必须满足以下条件：

①雇主必须为“特定雇主”，包括居民公司的境外子公司；

②受雇活动必须与雇主签订的关于在境外开展资源开发、建筑、安装、农业或工程项目合同有关（或者是以取得上述合同为目的）。但是，从事与加拿大政府指定的国际发展援助项目有关的受雇活动不适用上述税收抵免待遇；

③在不少于连续 6 个月的时间里，绝大部分劳务活动在加拿大境外进行。

如果个人纳税人在一个公历年度内放弃了加拿大居民身份，则该个人放弃居民身份的当年被分为两个时间段：一是属于居民纳税人的时间段；二是属于非居民纳税人的时间段。该个人应将两个时间段分别视为一个纳税年度缴纳所得税。

个人由居民变为非居民时，须缴纳离境税。除特定情况外，所有离境个人被视为按照市场公允价格处置资本财产。因此，离境个人都需要就其离境日以前累积的未实现的资本利得缴纳所得税。但是个人持有位于加拿大境内的不动产不按上述规则处理，应于不动产最终处置之时在加拿大缴纳所得税。

3. 非居民纳税人

加拿大通过两种方式对非居民纳税人来源于加拿大境内的所得征税：

一是加拿大非居民个人从加拿大境内取得受雇所得、经营所得或资本利得，必须填报纳税申报表，并按照加拿大居民个人适用的税率缴纳个人所得税；

二是加拿大非居民个人从加拿大境内取得资本投资所得，由支付方按照 25% 的税率扣缴预提税，非居民个人无需再填报加拿大个人所得税纳税申报表。

（1）对所得和资本利得征税。除税法另有规定外，非居民个人需按照一般规定缴纳联邦和省级所得税。

①雇用所得。非居民个人应就其来源于加拿大境内的雇用所得缴纳个人所得税。征税的方式与居民个人相同：雇主分期从雇员的工资薪金中代扣代缴所得税。最终的纳税义务以雇员填报的个人所得税纳税申报表为准。

董事的报酬被视为普通雇用所得。非居民个人的养老金所得，于支付时按照 25% 的比例税率代扣代缴所得税。然而，非居民个人可以选择填报个人所得税纳税申报表，按照累进税率缴纳个人所得税。

②经营和专业服务所得。个人接受非居民个人在加拿大境内提供的服务所支付的费用、佣金或者其他款项须按照 15% 的税率代扣代缴所得税。向非居民演员支付电影和录像服务费适用 23% 的税率。

③投资所得。居民纳税人向非居民个人支付的股息、利息、特许权使用费和租金，需就支付总额按照 25% 的比例税率代扣代缴所得税，税法另有规定的除外。

非居民个人持有加拿大政府发行和担保的债券、信用债券、票据和抵押贷款所取得的利息免征预提税。

自 2008 年 1 月 1 日起，居民纳税人向独立的非居民纳税人支付的利息，免征预提税；向非独立的非居民纳税人支付的利息仍按照 25% 的税率扣缴预提税，税收协定另有规定的除外。

④资本利得。非居民个人处置加拿大境内应税财产需在加拿大缴纳资本利得税。

（2）资本课税。加拿大不征收净财富税。非居民要就其坐落于加拿大的不动产缴纳市税。

（3）征收管理。如果非居民纳税人必须填报纳税申报表，则适用与居民相同的规定。

三、增值税

（一）一般规定

1. 概述

在加拿大，生产和分配链上的大多数企业都要就其国内销售额缴纳货物和劳务税，即增值税。

2. 纳税人

货物和劳务税由购买方缴纳并且由货物或劳务的供应商代收。一般来说，在加拿大从事商业活动的过程中提供应税供给的人必须进行货物和劳务税注册登记。货物和劳务税中“人”的概念是非常广泛的。与所得税形成对比的是，货物和劳务税将合伙企业视为与它的合伙人分离的实体。货物和劳务税也将信托、房地产、社团、联盟、俱乐部、协会、以及其他任何组织视为单独的实体，即使这些实体为非公司形式。个人和公司也是货物和劳务税中的“人”。

商业活动是指具有贸易性质的经营或投机活动，包含免税供给的经营或投机活动除外。商业活动还特别包括加拿大房地产的非免税供给。

小型供应商可选择进行货物和劳务税注册登记，但并不要求他们这样做。一个“人”如果基于全球范围的年度应税供给总额不超过3万加元，那么这个“人”就是小型供应商。3万加元的小型供应商门槛值必须在关联人之间分配。

3. 应税行为

一般来说，所有国内交易都应缴纳货物和劳务税。该税种也适用于进口货物。进口服务仅在服务的接受者没有进行货物和劳务税注册登记的情况下适用。

4. 应税收入

一般来说，应税金额为销售价格，包括所有货物或劳务的应付金额以及在供给早期征收的关税和消费税以及包装与运输费用（假定卖方试图在销售价格中弥补这些费用）。

5. 税率

税率为5%，还有小部分货物和劳务适用零税率。

6. 免税

适用零税率的货物和劳务的范围是有限的，主要包括基本生活用品，某些处方药物，某些医疗设备和某些农业及渔业产品。一般来说，货物和劳务税不适用于从加拿大出口的货物和劳务。

免征货物和劳务税的货物和劳务的范围是有限的。这意味着提供免税货物或劳务的供应商承担全部的税收成本，因为供货商不得就相关支付缴纳的货物和劳务税提出进项税额抵免。免税的货物和劳务包括住宅租金、大多数医疗和牙科服务、大多数教育服务、销售已使用的住宅以及国内金融服务。

（二）非居民纳税人

通过加拿大常设机构在加拿大从事经营活动的非居民人被认定为加拿大居民。

以下的非居民供应商必须进行货物和劳务税注册：在加拿大从事经营期间提供应税服务的非居民；以及在加拿大提供娱乐场所、研讨会、活动或项目的应税入场费的非居民。这样的非居民必须在其提供服务前进行注册。

货物和劳务税中对“经营”的定义与所得税中对“经营”的定义有所不同。因此，非居民从事需要缴纳所得税的经营不一定必然从事了需要缴纳货物和劳务税的经营（反之亦然）。非居民游客从加拿大出口货物以及对其在拜访加拿大期间的临时住宿服务都可以享受退税。

（三）其他

大多数省对销售和出租有形资产（动产）的价格以及某些服务征收省级销售税。阿尔贝塔省和三个属地不强制征收省级销售税。一般来说，省级销售税不属于增值税。

四、消费税

加拿大对某些货物征收税率不同的消费税，这些货物包括烟草、酒精和化妆品。缴纳消费税的货物通常被描述为奢侈品。生产或销售这些货物要缴纳消费税。

五、社会保障税

（一）对雇主征收

雇主必须代收雇员的社会保障税并将雇主和雇员的部分至少按月一并缴纳给税务机关。

联邦政府管理就业保险基金，为暂时失业期间的工人提供帮助。2016 年，雇员必须对每 100 加元的可保收入缴纳 2. 63 加元的就业保险税，并且每个雇员的年可保收入不超过 50 800加元。对雇主而言，为每个雇员年度最多缴纳 1 337 加元的就业保险税。就业保险税的计税基础是工资和薪金，包括现金福利和食宿价值。

联邦政府同时还实施缴款型的退休金计划来为加拿大居民提供最低层次的退休，残疾以及某些其他福利。2016 年，每个雇员必须就超过 3 500 加元的应纳养老保险税的所得缴纳 4. 95% 的养老保险税，每个雇员应纳养老保险税的所得最多不超过 54 900 加元。对雇主而言，为每个雇员年度最多缴纳 2 544 加元的养老保险税。养老保险税的计税基础是工资和薪金，包括大多数附加福利的价值。

加拿大各省还要征收省级医疗保险税和工伤保险税。

（二）对个人征收

在加拿大，雇员要缴纳就业保险税和养老保险税。

2016 年，雇员必须就每 100 加元的可保收入缴纳 1. 88 加元的就业保险税，并且每个雇员的年可保收入不超过 50 800 加元。对于雇员来说，每年缴纳的就业保险税的最高额是 955 加元。就业保险税可以在联邦税收中抵免。2016 年，每个雇员必须就超过 3 500 加元的应纳退休金所得缴纳 4.95% 的养老保险税，每个雇员的应纳养老保险税的所得最多不超过54 900 加元。对于雇员而言，每年缴纳的养老保险税的最高额是 2 544 加元。养老保险税可以在联邦税收中进行抵免。

自营者不需要缴纳就业保险税，但是要缴纳税率为 9.9% 的养老保险税，每年缴纳的养老保险税最多为 5 088 加元。

（陈琍　王婷婷　编）

智利税制

智利实行中央和地方两级征税制度，税收立法权和征收权主要集中于中央。

智利现行税制中的主要税种是公司所得税、个人所得税、增值税、社会保障税、消费税、遗产和赠与税、不动产税和印花税等。

2014 年 9 月 29 日，智利政府公报公布了 20780 号法律，该法律规定了一个在四年时间内有不同生效日期的税制结构性改革制度，包括新的所得税制。这被视为在过去 30 年时间内智利最有意义的税制改革。这里主要反映现行生效的内容。

智利的通用货币为比索。

一、公司所得税

（一）一般规定

1. 税制类型

公司所得税属于中央税，在智利没有地方所得税。

智利实行归集抵免制，即在公司和个人股东层面分别征收公司所得税和个人所得税，但分配股息所含的公司所得税允许抵免个人所得税。

公司间的股息分配不征税。

2. 纳税人

从事工业、商业、渔业和采矿业等经营活动的智利公司应当按照规定缴纳公司所得税。

智利没有法律意义上的“居民公司”的概念，通常在智利成立的公司视为居民公司。

3. 应纳税所得额

（1）一般规定。居民公司，应当就其来源于全世界的所得征税。其来源于智利境外的所得在取得年度纳税，在境外已纳税款可以抵免。非居民公司仅就来源于智利的所得征税。外国公司在智利的常设机构不被认为具有居民身份，但他们来自全球的收入都会被征税，即和居民的征税方式是相同的。

除法律明确规定不征税的以外，公司取得的几乎所有收入包括租赁、金融、投资、制造、贸易及其他收入，都应缴纳公司所得税。所得税按实现的净所得计征。

净应税所得是指毛收入减去商品和服务的直接费用以及产生该所得必要的费用，并按规定经通货膨胀调整和其他法定项目调整以后的余额。

对养殖、进口和出口、采矿、油田、交通、投资基金，以及小企业和智利国有企业征收所得税适用特别规定。

(2) 免税收入。智利税法区分不征税收入和免税收入。对不征税收入不纳入公司所得税征收范围。较常见的不征税收入如资产损失获取的合理赔偿金等。

智利对下列所得免征公司所得税：居民公司取得的股息收入；转让某些符合规定的股份和债券实现的资本利得等。

(3) 扣除。计算应税净所得时属生产经营所发生的正常支出和费用允许扣除。

支付的利息和特许权使用费通常允许扣除，但股息分配不能扣除。

2015 年 1 月 1 日起，根据合同支付给境外关联方的相关费用（如特许权使用费、利息、服务费、租赁和保险费）等，如果收款方按税法或协定的规定在智利应作为非居民所得缴纳所得税的或者依法免税的，可以扣除。

符合规定条件的捐赠支出，可以在规定的限额内扣除。如所得税法规定的出于教育或社会目的的捐赠是可扣除的，扣除限额为净应税所得的 2% 或在纳税期间结束时纳税人资本的 0.16%。

(4) 折旧与摊销。折旧率按照资产的预计使用年限计算。新资产的正常折旧年限为：重型机械，15 年；卡车，7 年；厂房，20 年至 40 年。外国投资委员会和纳税人可以要求国内收入局下调折旧年限。

年折旧额按照直线法计算。符合条件的可以选择加速折旧（见税收优惠部分）。

自然矿产资源，在计税时允许按照产量法计提自然资源折耗。

计税时商誉不能摊销。

(5) 准备金。一般不允许提取可以在税前扣除的准备金。保险公司根据行业特点有特殊规定。

4. 资本利得

资本利得一般同普通所得征税，但有特殊规定，或征收最终预提税，或者免税，如符合规定的不动产和证券的转让实现的利得可以免税。

5. 亏损

(1) 经营亏损。经营亏损可以冲抵未分配利润，不足冲抵的可以往后无限期结转。

经营亏损冲抵未分配利润的，则未分配利润原来已缴纳的公司所得税可以作为预缴税款冲抵其他应纳税义务（包括公司所得税、个人所得税、非居民所得税的应纳税额），或者取得退税。

(2) 资本损失。公司资产转让损失可以扣除。适用于特定税收的资产处置损失只能从适用于相同税收的资产利得中扣除。对于资本利得享受免税的资产（如某些证券）产生的损失不允许扣除和结转。

6. 税率

(1) 经营所得和资本利得适用税率。2015 年公司所得税税率为 22.5%。

根据 2014 年 20780 号法律规定，近几年的公司所得税税率将逐步提高：2014 年，21%；2015 年，22.5%；2016 年，24%；2017 年及以后，25%。

智利公司所得税税率近年来一直处于上调的过程：2002 年以前为 15%；2002 年提高至 16%；以后分别为：2003 年，16.5%；2004～2010 年，17%；2011～2013 年，20%。

对公司所得不征收其他所得税。

（2）预提税税率。对居民公司不征收预提税，但公司所得税需要按月预缴。

7. 税收优惠

智利的税收优惠主要有以下几个方面：

（1）加速折旧。对正常使用年限不少于 3 年的新的和进口的固定资产，可以在其正常使用年限的三分之一限度内实行加速折旧。

从 2014 年 10 月 1 日起，对前三年的年营业额不超过 2.5 万指数化单位（UF）或者股本不超过 3 万 UF 的企业，其新投入使用的固定资产，其前 3 年可以选择按 1 年期使用年限加速折旧，对前三年的年营业额超过 2.5 万 UF 但不超过 10 万 UF 的企业，同样可以在投放使用的前三里选择按正常使用年限的 1/10 年限（但不小于 1 年）加速折旧。

（2）外国投资法的措施。智利近 30 年来都是根据第 600 号法令确定的外国投资法律来鼓励外国投资的。但根据 2015 年 6 月 25 日法律公报上发布的第 20848 号法令，自 2016 年 1 月 1 日起取消 600 号法令。新法令对外国投资者的权益给予法律保障，同时规定，自 2016 年 1 月 1 日起，4 年内外国投资者可以申请与智利政府签署合作合同。在这种情况下，他们可以在规定期间内选择按 44.5% 的固定税率缴纳公司所得税，以代替现行的按 35% 非居民所得税税率征税。此外，600 号令规定的外国投资者进口设备免征增值税的措施也将取消。

（3）投资抵免。有形固定资产的投资抵免：购置或建造有形固定资产的纳税人可以按规定享受公司所得税投资抵免。国有企业和债务超过股本 50% 的企业不能享受投资抵免。具体的抵免方式是：2014 年以前，抵免额是符合条件资产价值的 4%，不足抵免的不能退税，也不能结转。

2015 年以后，根据企业的规模确定不同的抵免率：前三年的年营业额不超过 2.5 万 UF 的，抵免率为 6%；前三年年营业额超过 2.5 万但不超过 10 万 UF 的企业，抵免率按复杂的公式计算，抵免率将不超过 6%，但计算结果如果低于 4%，则按 4% 抵免；年营业额超过 10 万 UF 的，则抵免率固定为 4%。

（4）研发抵免。会计核算健全的企业用于研发的费用，在 2008 年至 2017 年间，可以按 35% 的比例抵免应纳所得税额，但最高抵免额不能超过其年毛收入的 15% 和 5 000 个月税收单位（UTM）。超过抵免限额的部分，可以用于税前扣除。应税额不足以研发抵免的部分，可以往后结转。

此外，智利还规定了许多鼓励地区发展的税收优惠政策。

8. 税收征管

（1）纳税年度。纳税年度一般为公历年度。但企业也可以选择其他会计年度作为纳税年度。

（2）纳税申报与评估。公司所得税由企业自我评估计算并于次年 4 月以前办理年度纳税申报。

纳税人须按照法律、法规和税务机关的指示提交已签字的所得纳税申报表。除了普通的申报，税务机关还规定有些纳税人需要提交补充报告或书面说明。纳税人可以办理电子申报。目前智利约有三分之二的纳税申报是通过网络申报实现的。

从 2017 年 1 月 1 日起，申报的内容将会改变，以配合第 20780 号法令规定的税制改革的全面实行。

（3）税款缴纳。纳税人需要按毛收入的一定比例按月预缴公司所得税。在年终办理年度申报时汇算清缴，即预缴款可以抵免并多退少补。

（4）事先裁定。智利由税务机负责税法的解释和执行，并对纳税人的问题做出解释、答复和决定。税务部门的答复和决定会在税务局网上公布。

（二）居民企业间交易

1. 集团税务

国内税收法律没有规定集团纳税制度。因此，亏损只能冲抵公司自身的利润。

2. 居民企业之间的股息红利

居民公司间分配股息不征税。

（三）其他所得税

1. 地方所得税

智利没有地方所得税。

2. 其他所得税

对采矿企业征收特别所得税。从 2006 年 1 月 1 日起，除了普通公司所得税外，采矿的经营所得还要征税一种特别税。它以公司所得税适用的应税所得经特别调整后的余额为税基，税率则受以下因素的影响：矿产产品的年度销售额、利润率、纳税年度、和政府之间尚未执行的合同。简言之：年销售额不超过 12 000 吨纯铜价值的采矿者，免征；年销售额超过 12 000 吨纯铜价值但不超过 50 000 吨纯铜价值的纳税人，税率在 0.5% ~4.5% 之间；

此外，在 2015 年和 2016 年，中小企业可以选择简易征税，但 2017 年开始需按正常征税。对年营业额不超过规定标准的小型农业、运输和采矿企业，也可以选择按推定所得简易计税。

（四）国际税收

1. 居民企业

智利法律没有定义“居民企业”和“非居民企业”。在智利设立的公司通常作为居民公司，在国外设立的公司和法律实体作为非居民公司。非居民公司在智利设立的常设机构，在税收上作为独立的法律实体。

（1）境外所得和资本利得。由于居民就全球所得征税，因此，其来自境外的所得，包括股息和其他分配利润、资本利得、利息和特许权使用费收入等都应计入应税所得缴纳公司所得税。在境外已纳税款允许按规定抵免。

（2）境外亏损。设立在境外的常设机构在境外发生的亏损在发生的纳税年度是可以扣除的，但不可结转。

（3）双重征税减免。智利一般通过给予境外税收抵免来消除双重征税。境外税收只能抵免境外所得实现的税额。抵免额限于在境外实际缴纳的税额和境外所得按国内税法计算应缴纳的公司所得税额两者中的较低者。不足抵免的，不能往前结转，但可以往后结转。

2. 非居民公司

非居民公司就来源于智利的所得缴纳非居民所得税。

（1）一般所得和资本利得课税。在智利境内的非居民常设机构，是独立的所得税纳税主体，应就其来源于全球所得缴纳公司所得税（以前是按非居民看待而只就其来源于智利境内的所得征税）。只有源于常设机构活动产生的利润、源于常设机构所有、使用的资产产生的收益，才能计入常设机构的应税所得。

在智利没有设立常设机构的非居民公司，只就其来源于智利境内的所得缴纳非居民公司所得税。非居民公司处置位于智利境内的不动产实现的所得，同国内的规定征收公司所得税。非居民公司从智利居民公司取得的股息或分配利润，适用普通税率计税。如果符合规定，非居民公司取得的某些来自智利的利息可以适用低税率甚至免税。

（2）税收征管。在智利设有常设机构的非居民纳税人必须自行评估申报纳税，他们在成立时必需报告税务部门，必须指定法定代表，取得纳税识别号。

在智利境内没有设立常设机构的非居民公司，其取得来自智利境内的所得，征收预提税，无须自行申报。

3. 非居民企业预提税

在智利境内没有设立常设机构的非居民公司，原则上按来自智利境内的毛所得的35%税率征收最终预提税。但不同的所得项目，存在税率差异。有税收协定的适用协定优惠税率。

（五）反避税

1. 概述

一般反避税规定已经在2014年的20780号法律中作了规定，于2015年9月30日生效。新规定基于“权利滥用”和“合同仿真”的原则，适用于从生效之日起发生的事实、行为或交易。

2. 转让定价

所得税法第41E条，根据20630法令规定了转让定价制度，从2012年9月27日生效。转让定价制度以公平交易为基本原则，内容包括关联方的定义、转让定价方法、税务机关的分析和调整、申报义务、预约定价安排（APAs）和相应的调整等内容。

3. 资本弱化

所得税法新的第41条F款规定了资本弱化规则，从2015年1月1日起实施。根据该规则规定，纳税人在纳税年度末的债务/权益比例超过3∶1的，超过部分的债务利息不是作为股息（不让税前扣除），而是直接对该利息按35%的税率征税。

4. 受控外国公司

智利没有关于受控外国公司（CFC）的法律。但是，2014年第20780号法律引入CFC制度（所得税法第41条G款），从2016年1月1日起生效。

5. 其他反避税措施

智利财政部规定了避税港和低税区的名单，对纳税人从事与所列名单的国家和地区进行的交易采取各种限制性措施。此外，还采取了一些诸如扩大来源于智利所得的界定范围等其他反避税措施。

二、个人所得税

智利个人所得税是按照所谓的“税收单位”计征的。税收单位是智利国内收入局根据消费物价指数每月调整公布的一种计税单位，分年税收单位和月税收单位两种。年税收单位是月税收单位的12倍，适用于按年征收的综合所得税；月税收单位适用于按月征收的二类所得税（即工资、薪金所得税）。

（一）一般规定

1. 纳税人

智利税法没有定义“居民”概念。

通常居住和定居在智利的公民，视为居民。在1个公历年度以内连续在智利停留6个月，或者在连续2个公历年度以内停留在智利6个月以上的，税收上视为在智利居住。虽然未满“居住”时限的标准，但是已经取得在智利“定居”并打算在智利长住或者停留较长时间的，则自进入智利境内之日起就应当作为符合正常居住标准纳税。

已婚夫妇通常需要联合申报缴纳个人所得税。如果妻子从经营或工作中得到独立于丈夫的收入，该收入需要单独申报，夫妇的其他收入进行联合申报。但是，在一些特殊情况下，譬如说法院已判定双方财产相互独立的，已婚夫妇必须各自独立申报。

2. 应纳税所得额

（1）概述。居住和定居在智利的公民，应当就其来源于全世界的所得缴纳个人所得税。

在智利工作的外国人，在智利的前3年只就其来自智利的所得纳税，此后应当就其来源于全世界的所得征税。在特殊情况下，3年的期限可以延长。

智利征收个人所得税的应税所得分为三类：一是经营所得，称为“一类所得”，按照公司所得税的规定征税（一类所得税）；二是工资和薪金所得，称为“二类所得”，按月预提累进征税（二类所得税），如果纳税人没有其他所得，则为最终税；三是综合所得，包括上述“一类所得”和“二类所得”在内的所有应税所得，按年综合累进征税（综合所得税），其中一类所得和二类所得已经计征的税额可以抵免。此外，对非居民纳税人来自智利的所得征收非居民所得税。

（2）免税所得。所得税法区分不征税收入和免税收入，前者在征个人所得税时视为免税额不累进，后者要累进，即将其计入应纳税所得中以增加累进，并得到根据平均公司所得税税率计算的抵免额。

不征税收入主要包括如无论是否有固定金额劳动事故赔偿金、养老金或退休金，股票股利，继承或普通配偶之间分配的财产，社会保障福利，外国来源退休金，奖学金，在公证书或在法院前签订的协议中建立的或法院判决的配偶间的赔偿金，来自股份处置或一般的通货膨胀带来的资本利得等。

免税收入主要包括：不超过20个月税收单位的动产所得（如利息）；转让股份公司的股份实现的利得，不超过20个月税收单位的部分；不超过30个月税收单位的共同基金股份的赎回实现的利得等。

3. 受雇所得

（1）工资薪金。居民个人取得的就业所得征收就业所得税（即二类所得税），它与一类所得税适用相同的累进税率。

就业所得包括个人独立提供劳务实现的各项所得，包括工资、薪金和其他报酬。

就业所得没有直接的成本扣除。就业所得按月预提征税。如果纳税人没有其他收入，预提税则为最终税；如果有其他收入，则计入综合所得统一征税，预提税可以抵免。

（2）实物福利。实物福利原则上应征税。

（3）养老金所得。养老金所得应征税。个人缴纳的养老保险费可以在个人所得税前扣除。

（4）董事薪酬。按月预提征收个人所得税。

4. 经营所得和专业服务所得

（1）经营所得。居民个人的经营所得同公司所得税的规定征税。

（2）专业服务所得。个人从事职业活动取得的专业服务所得，按其净所得征收个人所得税，即相关费用允许扣除。纳税人也可以选择按毛收入的30%进行标准扣除。

5. 投资所得

居民个人的投资所得按正常缴纳个人所得税。

根据20780号法律，从2014年10月1日起，利息、股息红利及其他从定期存款、储蓄存款、共同基金和其他金融工具中取得的各项投资收入，在投资存续期间暂不征税，即投资所得只有在投资收回时才纳入应税所得征税。不过享受此项税收优惠的投资总额不能动超过100个年度纳税单位（UTA）。

对于股息所得，除按正常纳入所得征税以外，股息所含的公司所得税允许归集抵免。

来自农业不动产的所得，按经营所得征税（即一类所得税），缴纳的不动产税允许税前扣除；来自非农不动产的所得，则只就超过账面价值11%的部分按经营所得征税。对自住的住宅不征所得税。

6. 资本利得

经常性交易实现的资本利得按经营所得征税。

非经常性的资产转让实现的利得，适用特别规定，或者按预提税率征收最终预提税，或者免税。其中：持有期限超过1年，不是在关联方之间转让的不动产转让实现的资本利得免税；持有期限超过1年，不是在关联方之间转让的股票转让实现的利得，按20%税率征收最终预提税，不过如果该股票利得不超过10个月税收单位的，免税。不符合上述条件的不动产利得、股票利得，按经营所得征税。

计算资本利得允许通货膨胀调整。

7. 个人扣除、宽免和减免

（1）扣除。纳税人购买或自建住宅承担的抵押贷款利息允许在限额内扣除。利息扣除限额因个人的收入水平而不同。

个人购买商业养老保险的支出允许限额内扣除。

（2）税收宽免。除税率表中体现的每人每年可以享受13.5个年税收单位的免税所得额以外，智利没有基本扣除项目的规定。

（3）税收抵免。某些符合条件的共同基金的股份处置实现的利得可以按3%或5%的比例抵免。

如果父母两人的总所得不超过792个发展单位，那么符合条件的不超过25岁的子女教育支出，允许按一定的比例抵免，但每个子女的最高抵免额不能超过4.4个发展单位。

上述抵免不适用于非居民纳税人。

8. 亏损

经营亏损的处理同公司所得税，即允许冲抵经营所得，可以冲抵未分配利润，不足冲抵的，可以往后无限期结转。

资本损失没有特别规定。通常资本损失允许冲抵同类资本收益，不足冲抵的不能结转。

其他损失原则上不能扣除，也不能结转。

9. 税率

（1）一般所得和资本利得。二类所得征税（工薪所得税）与综合所得征税适用同样的累进税率表（见表1）：

表1　　智利个人所得税税率表

级数	税基（税收单位*）	税率（%）
1	不超过13.5个的部分	0
2	超过13.5个至30个的部分	4
3	超过30个至50个的部分	8
4	超过50个至70个的部分	13.5
5	超过70个至90个的部分	23
6	超过90个至120个的部分	30.4
7	超过120个至150个的部分	35.5
8	超过150个的部分	40

* 按年征收的综合所得适用年税收单位；按月征收的工资、薪金所得适用月税收单位。

根据第20780号法律，最高边际税率2017年将降至35%。

个人所得税属于国税。智利没有地方所得税，也没有附加税等其他所得税。

（2）预提税。除就业所得实际按表1的累进税率表由雇主按月预提代扣代缴以外，某些提供职业服务取得的收入和董事会等类似机构成员取得的服务费等，按10%税率预提征税，并允许在其纳入综合所得征税时抵免。

此外，如前所述，转让符合条件的长期股票利得按20%税率征收最终预提税。

10. 税收征管

（1）纳税年度。纳税年度为公历年度。

（2）纳税申报和评估。只从一个雇主处取得薪酬而且没有其他收入来源的纳税人，无须进行年度申报，其应纳税款由雇主按月扣缴。其他纳税人应当在次年4月提交年度申报表，少缴或者多缴的税款将在申报期结束以后1个月之内补缴或者退税。

（3）税款缴纳。工薪所得由雇主代扣代缴。如果职员还有其他收入，则需要年度申报，由雇主代扣代缴的税款允许抵免。

从事独立劳务的个人，可能有两种情况：一是由付款方代扣代缴；二是如果付款方未代扣，则由纳税人自行按月预提申报纳税，年终再汇算清缴。

（4）税收裁定。同公司所得税。

（二）其他类型的所得税

1. 地方所得税

智利没有地方所得税。

2. 其他所得税

智利没有其他所得税。

（三）国际税收

1. 居民纳税人

（1）境外所得和资本所得。除非另有规定，在智利定居或居住的个人视同居民纳税人就全球所得纳税。非居民个人仅就来自于智利的所得的纳税。

来源于国外的所得和资本利得通常按普通所得全额征税。

国外养老金不纳入所得征税。

（2）避免双重征税。通过境外所得抵免制度消除双重征税。

2. 侨民

（1）来智人员。智利对入境的外籍人员并没有专门的制度。对在智利定居的外国人通常给予三年期（经税务机关批准可以延长）的仅就来源于智利的所得征税的优惠。

此外，对在智利的科技人员，如果他在国外已加入当地的社会保障计划而且表示原意继续维持其社会保障计划，那么他在智利工作可以免缴智利的社会保障税。

（2）外派人员。智利居民移居国外，如果其智利居民的身份没有失效，他仍应就其全球所得在智利缴纳个人所得税。但其在国外（由雇主）缴纳的社会保障税部分不视为其所得，因此无须计入所得征收所得税。

3. 非居民个人

如前所述，在智利没有住所或者没有定居在智利的个人为非居民个人，就其来源于智利的所得缴纳个人所得税。

（1）所得和资本利得。非居民个人来自智利的所得通常按35%的税率缴纳非居民预提税。但有些特殊所得项目可能适用不同的预提税率。有税收协定的，可以享受协定优惠税率。

（2）税收征管。非居民个人通常缴纳预提税，因此无须纳税申报。但如果其通过在智利境内设立的常设机构从事活动，则同公司所得税规定，其常设机构负有申报纳税的义务。

三、增值税

（一）一般规定

1. 概述

智利自1975年起对货物销售征收增值税，1977年征收范围扩大到劳务提供。

2. 纳税人

增值税纳税人包括：经常性从事有形动产销售的企业和个人、经常性从事不动产销售的建筑企业、劳务提供者、进口商和有形动产的捐赠者等。由非居民纳税人提供劳务和销售货物的，纳税人为劳务受让方或者购货方。

3. 应税行为

有形动产的销售、出租和进口，劳务的提供和建筑业的不动产转让，都应按照规定计征增值税。

4. 应税收入

应税收入为提供货物和劳务收取的全部价款。进口货物的应税收入额为包括关税、消费税在内的进口货物的组成计税价格。

5. 税率

增值税税率为19%。

货物和劳务出口（包括进入免税区的货物）适用零税率。此外，与出口有关的某些劳务、对在智利没有住所又不是智利居民的个人提供的劳务、国际客货运输等也适用零税率。

增值税实行税额抵扣法。购进固定资产的进项税额允许抵扣。

6. 免税

下列项目免征增值税，但是其进项税额不能扣除：

（1）金融交易利息，不包括分期销售利息；

（2）保险费；

（3）新机构提供的新服务（广告例外）；

（4）特殊进口，即根据外国投资法立项的投资项目所需进口的资本性货物，国内不能生产的和为国家利益立项的类似投资项目所需的资本性货物；

（5）雇主根据相关规定支付给工人的实物奖励；

（6）职业人员、自营者的劳动所得；

（7）不纳入所得的收费和属于非居民所得征收范围的所得项目，即专利权使用费、为技术服务和提供海外服务的支付、保险费等；

（8）客运服务；

（9）管理“自愿养老保险计划”的佣金收入等。

（二）非居民纳税人

对非居民个人没有退税规定。

四、消费税

对饮料（含酒）、燃料、奢侈品和烟等，除了征收增值税以外，还要征收消费税：

酒和非酒精饮料：在进口或销售环节征收，税率根据所含酒精量的不同在10%～31.5%（以前为13%～27%）之间。

燃料即汽油、柴油在进口或者首次销售环节从量定额征收消费税，税率为汽油每立方米6个税收单位，柴油每立方米1.5税收单位。生物柴油和生物乙醇免征消费税。

奢侈品如黄金、白金、象牙、珠宝等，在进口或者首次销售（某些产品还包括以后交易）环节征收，税率为15%。

烟草消费税对烟草进口商和生产商按照零售价格（含消费税）和下列税率征收：雪茄烟，52.6%；卷烟，0.0010304240个月税收单位/支+30%；烟丝，59.7%。

此外，从2015年1月1日起，对新机动车中小型摩托车征收单环节特别（消费）税，根据不同车型实行定额征收（以月税收单位计量）。

五、社会保障税

社会保障税一般由雇员缴纳，由雇主代扣代缴；一些特别险种的税收由雇主缴纳，或者由雇主和雇员共同缴纳。

（一）对企业（雇主）征收

主要包括：

（1）工伤保险税：按照工资、薪金支出的0.95%缴纳。对于高风险行业，还要根据风险程度缴纳税率最高不超过3.4%的附加税。

（2）社会保障附加税：2011年8月31日以前，按照其工资支出的0.05%缴纳。

（3）伤残和人寿险：不论雇员的多少，税率变化比较频繁，在2016年6月30日以前为1.15%。

（二）对个人（雇员）征收

雇员缴纳的社会保障税主要包括：

（1）养老保险税：按照工资、薪金收入的10%缴纳。有最高工资限额规定：2016年缴纳养老保险税的最高工资为74.3个发展单位（Development Units）[①]。养老保险税实际具有强制储蓄性质，专项存入纳税人的个人资本账户，作为今后雇员的退休金。

（2）医疗保险税：按照工资、薪金收入的7%缴纳。

（3）养老保险基金管理佣金费：0.47%～1.54%。

（三）对企业和个人共同征收

（1）失业保险税：自2002年10月1日起，雇员按照工资收入的0.6%，雇主按照工资支出的2.4%缴纳。有最高工资限额规定：2016年缴纳失业保险税的最高工资标准为111.4个发展单位。

（2）对于从事有关部门认定为“艰苦”的工种，雇主和雇员都需要按照工资的2%缴纳，存入雇员的个人账户。有关部门可以将税率降至1%。

雇主和雇员缴纳的社会保障税可以分别在公司所得税和个人所得税前扣除。

外籍专家和雇员，如果他们已经参加智利境外的社会保障体系，且他们在就业合同中愿意继续参加该保障体系，则可以免征智利的社会保障税。如果他们在智利缴纳了社会保障

① 发展单位（Development Unit），是智利中央银行公布的一种反映通货膨胀指数调整的单位。

税，则可以申请退还。

此外，自营职业者也需要缴纳社会保障税，即按照除医疗保险以外，雇员个人缴纳的各项保险税正常税率累计的80%乘以其年毛收入计征，作为税基的年毛收入最低不能低于最低工资水平，也不能高于74.3个发展单位。从2018年1月1日起，自营职业者也需要按7%的税率缴纳医疗保险税。

（龚辉文　编）

哥伦比亚税制

哥伦比亚征收的税种包括：公司所得税、个人所得税、社会保障税、增值税、消费税、金融交易税、净资产税等。除此之外，哥伦比亚于2013年1月1日起，开始征收特殊目的的公司所得税（CREE）；2015年1月1日至2018年12月31日期间，公司纳税人还应缴纳CREE附加税。

哥伦比亚通用货币为哥伦比亚比索（COP）。但哥伦比亚于2006年开始启用“计税单位”（UVT），并每年根据零售物价指数对其进行调整。目前，税收法律法规中的所有固定金额都采用了UVTs作为计量单位。2016年，UVT等于29 753哥伦比亚比索。

一、公司所得税

（一）一般规定

1. 税制类型

哥伦比亚公司所得税遵循属人原则，居民企业就其来源于哥伦比亚境内、境外的所得缴纳公司所得税，非居民企业就其来源于哥伦比亚境内的所得缴纳公司所得税。此外，哥伦比亚所得税属于“归集制所得税”，股东取得的已税利润免征所得税。

2. 纳税人

公司所得税纳税人包括所有居民法律实体和取得哥伦比亚境内所得的非居民法律实体。其中，“法律实体”包括所有的商业企业，如：股份有限公司、简化股份公司、有限责任公司、从事生产经营活动的政府机构、信贷公司以及按照境外法律成立的上述公司等。境外公司或个人在哥伦比亚境内设立常设机构的，应当就其所设常设机构取得的来源于哥伦比亚境内的所得缴纳公司所得税。

符合条件的非营利组织取得的所得按照20%的低税率征税，将所得用于规定的项目的，如：用于医疗、体育、教育、科学技术研发以及社会发展等项目，免征公司所得税。

本书内容主要针对股份有限公司、简化股份公司、有限责任公司以及性质相似的非居民实体，以下统称为“公司”。

哥伦比亚2012年颁布的1607号法令对税收居民进行了明确的规定，以下公司属于居民纳税人：

（1）在纳税年度内，实际管理机构位于哥伦比亚境内的公司或同类实体；

（2）在哥伦比亚境内有住所的公司或同类实体；

（3）依据哥伦比亚法律成立的公司或同类实体。

3. 应纳税所得额

（1）一般规定。一般而言，企业以"应纳税所得额"和"推定应税收入"中较高者乘以适用税率计算应纳税额。其中，"应纳税所得额"以会计利润为基础，通过纳税调整计算得来。即企业每一纳税年度的一般收入加上非经常性收入减去不征税收入、销售退回和折扣、各项扣除以及其他纳税调整项目后的余额为应纳税所得额。"推定应税收入"等于上年度净资产的期末余额的3%。

（2）不征税收入和免税收入。哥伦比亚的税收立法区分了不征税收入和免税收入。其中，不征税收入主要包括：

①股本溢价转增资本；

②股权转让所得中属于留存利润的部分；

③固定资产损坏获得的保险赔偿金，但全部赔偿金都必须用于重置资产；

④转让在哥伦比亚股票市场上市的公司的股份取得的所得，但纳税人在一个纳税年度内转让股份不得超过被投资公司股本的10%；

⑤国家科技和创新税收优惠委员会批准成立的研究和技术开发项目取得的捐赠收入。

纳税人从事下列经济活动取得的收入免征公司所得税：

①出售风能、生物质能和农业废弃物产生的能源，从2003年1月1日计起，期限为15年；

②内河运输服务，从2003年计起，期限为15年，

③自2003年起的15年内建造或翻新的酒店提供的酒店服务，期限为30年；

④生态旅游服务，自2003年起，期限为20年；

⑤开发新土地从事农业活动，包括种植竹；

⑥新医疗产品和软件的研发和推广，但医疗产品和软件必须在哥伦比亚开发且受专利权保护，截至2017年12月31日；

（3）扣除。在一个纳税年度内，纳税人为取得、维持应税收入而发生的支出准予税前扣除。可扣除项目主要包括：经营成本、折旧和摊销、利息支出、营业税、房地产税、金融交易税的50%（2013年开始试施行）、工资薪金支出、社会保障税以及坏账损失等。

自2019年开始，纳税人的成本费用必须通过下列方式进行支付，否则不得扣除：

①银行存款；

②银行转账；

③支票支付；

④信用卡、借记卡或其他经批准的和支付工具。

自2019年开始，与可扣除费用直接相关的现金支付，不超过扣除限额的部分，准予扣除：

①2019 年：现金支付的 85%、100 000 UVTs 及成本和扣除项目总额的 50%，取三者中的最低值；

②2020 年：现金支付的 70%、80 000 UVTs 及成本和扣除项目总额的 45%，取三者中的最低值；

③2021 年：现金支付的 55%、60 000 UVTs 及成本和扣除项目总额的 40%，取三者中的最低值；

④2022 年及以后：现金支付的 40%、40 000 UVTs 及成本和扣除项目总额的 35%，取三者中的最低值。

纳税人为取得哥伦比亚境内所得发生的境外支出，不超过净所得 15% 的部分准予税前扣除。税法另有规定的除外。纳税人直接或间接向境外母公司支付的管理费、特许权使用费、无形资产开发和使用费，已扣缴预提税的，可按一般规定税前扣除。

下列各项支出不得税前扣除：

①向母公司支付的利息或其他财务费用，税法另有规定的除外；

②与免税所得和免税收入相关的支出；

③支付给避税地居民的款项，除非该款项需要缴纳 33% 的预提税并且已经进行了转让定价分析；

④关联方之间的资产转让引起的资本损失；

⑤股份或合伙权益让渡引起的资本损失。

（4）折旧和摊销。纳税人应对各项资产单独计提折旧。折旧方法包括：直线法、余额递减法或税务机关批准的其他折旧方法。税法折旧与会计折旧可采取不同的方法。

单独计价的土地不得计提折旧。建筑物法定折旧年限为 20 年；工厂、机械和设备的折旧年限为 10 年；汽车和计算机法定折旧年限为 5 年。

一般而言，无形资产摊销年限不得低于 5 年，税法另有规定的除外。

（5）准备金。通常，纳税人计提的准备金不得税前扣除。但是，按照权责发生制进行会计核算的纳税人计提的坏账准备不超过合理范围的准予税前扣除。

4. 资本利得

纳税人取得的资本利得作为一般收入缴纳公司所得税。但是，部分资本利得按照 10% 的比例税率征税（如：转让持有期限满 2 年的固定资产取得的所得）或免征所得税。

转让持有期限满 2 年的固定资产取得的利得，以固定资产市场公平价格与计税基础之间的差额作为应税所得。

5. 亏损

一个纳税年度内，允许的扣除项目超过总收入的部分为净损失。一般而言，净损失包括经营亏损和资本损失，另有规定的除外。

（1）经营亏损。纳税人发生的经营活动亏损可以无限期向以后年度结转。但经营活动亏损不得向其合伙人、股东或关联方转移，也不得向以前年度结转。纳税人发生合并或分立的，合并公司或分立公司的经营活动亏损可以通过被合并公司或其他分立公司的净所得进行弥补，但不得超过规定的比例。仅当合并或分立后的公司主要经营活动未发生变化时，才适用上述规定。

（2）资本损失。资本损失仅可以通过资本利得进行弥补。但是，关联方交易产生的资本损失不得抵减资本利得。

6. 税率

(1) 经营所得和资本利得适用税率。自2013年起，哥伦比亚居民公司和通过在哥伦比亚境内设立分公司或常设机构取得所得的非居民公司，按照25%的税率缴纳公司所得税。此外，特殊目的的公司所得税（CREE）税率为9%。哥伦比亚2014年颁布的1739号法令对CREE税基超过8亿哥伦比亚比索（约为300 000美元）的CREE纳税人，征收如下附加税：2015年度税率为5%，2016年度为6%，2017年度为8%，2018年度为9%。

非居民公司取得来源于哥伦比亚境内的所得，但该项所得不能归属于在哥伦比亚境内设立的分公司或常设机构的，适用33%的所得税率。然而，2014年颁布的1739号法令规定，2015年至2018年，外国实体适用的所得税税率如下：2015年为39%；2016年为40%；2017年为42%；2018年为43%。

“自由贸易区”适用低税率优惠政策。

资本利得适用10%的税率。

(2) 向居民纳税人支付款项的预提税税率。哥伦比亚境内居民向境内、境外公司或个人支付的款项须扣缴预提税。其中，向居民纳税人支付款项，适用的预提税税率为1%~33%。

7. 税收优惠

哥伦比亚主要税收优惠政策包括：

(1) 投资激励。纳税人植树造林的新投资支出；种植水果、椰子、橄榄、可可树等发生的新投资支出，准予税前扣除，但扣除额不得超过纳税人净所得的10%。

纳税人为保护环境发生的新投资支出，通过环保部门认证的，准予税前扣除，但扣除额不得超过纳税人净所得的20%。

(2) 捐赠优惠。纳税人向符合条件的实体进行的捐赠，可享受特定的税收优惠：

①向哥伦比亚国家公共图书馆和国家图书馆进行的捐赠，可按照捐赠额的100%税前扣除；

②自2012年起，向开展符合条件的研究开发项目纳税人进行的捐赠，可按照捐赠额的175%税前扣除；

③自2015年起，向开展教育部批准的，学校开创的针对经济社会1、2、3阶层的学生的完全或部分奖学金项目进行的捐赠，按照捐赠额的175%税前扣除。

(3) 小型企业。2010年12月29日以后成立的，雇员人数少于50人且总资产不超过法定最低月工资5 000倍的小型企业，按照以下税率缴纳所得税：

①开业后两年内适用税率为0%；

②第三年适用税率为一般税率的25%；

③第四年适用税率为一般税率的50%；

④第五年适用税率为一般税率的75%；

⑤第六年适用税率为一般税率的100%。

此外，在开始经营的前5年，小型企业不适用预提所得税和推定收入制度。

(4) 为生产和利用非传统能源进行的投资。纳税人为生产和利用非传统能源进行的投资，可在投资后的五年内扣除投资额的50%。每年的扣除额不得超过在计算该项扣除前的应税所得的50%。

（5）自由贸易区和特殊进出口制度。哥伦比亚政府为进口资本产品和出口提供了一系列关税减免政策。其中包括“自由贸易区”和“特殊进出口制度”，为纳税人进料加工给予了免税待遇。

8. 征收管理

（1）纳税年度。哥伦比亚以公历年度作为纳税年度。新公司成立当年，以成立之日至当年12月31日为纳税年度。公司清算当年，以当年1月1日至清算结束之日为纳税年度。

（2）纳税申报。公司所得税纳税人应在自我评估的基础上填报公司所得税纳税申报表，并计算应纳税额。一般而言，纳税人应于纳税年度终了之日起的4个月内提交纳税申报表。根据税务机关的法令或纳税人的类型，纳税申报截止日期可能发生变化。

（3）税款缴纳。纳税人税款缴纳的安排每年有所不同。一般而言，纳税人应于4月和6月分期缴纳税款。但是，大企业纳税人必须分五期缴纳税款，从每年2月开始，每两个月缴纳一次税款。

纳税人在填报年度纳税申报表时，必须清缴税款并预缴下一年度税款。通常，预缴税款为：①上年度应纳税款的75%；②前两年应纳税款平均数的75%。上述两种情况均需减去填报申报表的年度已代扣代缴的所得税。公司纳税人必须于支付工资薪金之时代扣代缴个人所得税，并按月申报代扣代缴的税款。

此外，公司纳税人向第三方进行支付时，须扣缴预提税，另有规定的除外。

（4）事先裁定。纳税人可以针对国家税收事项申请税收裁定。税务机关仅可通过裁定对税法进行一般性或概括性解读，不得针对具体问题进行裁定。哥伦比亚不存在非公开裁定。

（二）居民企业之间的交易

1. 合并报税

哥伦比亚税法未提供合并报税的特殊规定。

2. 居民企业之间的股息红利

居民纳税人取得被投资公司分配的税后利润，免征所得税。因此，被投资公司必须用单独的账簿记录已税利润。

如果被投资公司分配的利润未在公司层面缴纳所得税，则税务处理分两种情况：①收款方属于需要填报纳税申报表的居民纳税人，或者在一个纳税年度内取得的股息红利等于或超过1 400UVTs的个人，则按照20%的税率扣缴预提税；②收款方属于在哥比亚没有住所的外国人或者不需要填报所得税纳税申报表的个人，则按照33%的税率扣缴预提税。以上两种情况所扣缴的预提税均为最终税，除非纳税人选择填报纳税申报表。

企业可免税分配的2013年1月1日以后取得的利润，按照以下标准确定：

（1）一般净所得和应税资本利得的总额；

（2）减去所得税和资本利得税；

（3）抵减股息、红利或利润分红在境外已负担的税款；

（4）加上来源于其他国家或安第斯共同体非居民企业的免税股息、红利或利润分红，或者根据法律规定必须转嫁到股东、合伙人等权益投资者的税收优惠或特殊待遇。

当企业可免税分配的股息、红利超过其商业利润的，超过部分可结转：（1）抵减未来五年产生的应税商业利润；（2）抵减前2年分配的应税商业利润。

（三）其他类型的企业所得税

1. 推定收入

所谓“推定收入”，是指每年按照纳税人净资产的3%计算的金额。其中，净资产是指纳税人上年度净资产的期末余额。但计算推定收入时，特定资产的价值不包含其中。进入清算程序的企业或其他纳税人，无须计算推定收入。

纳税人的推定收入超过按照一般规则计算的净收入的，超过部分可以在未来5年内抵减其总收入。国家经济和社会政策委员会有权根据政府的调研结论对计算推定收入所使用的比率进行调整。

2. 碳氢化合物所得税

境外投资者从事石油勘探和石油开采须缴纳公司所得税。

石油行业的公司对常规和必要的投资进行摊销准予税前扣除。摊销期限必须大于或等于5年，除非企业可以证明5年以内的期限是合理的。企业可以使用直线法或工作量法进行摊销。若企业开采失败，则确定失败的当年和以后2年仍然可以对投资进行摊销。

3. 特殊目的的所得税（CREE）

自2013年1月1日起，哥伦比亚为促进就业和投资征收了一项特殊目的的所得税（CREE）。来源于该税种的所有税款将专门用于资助由国家学徒服务局、哥伦比亚家庭福利机构成立的社会投资项目，以及自2014年1月开始资助社会保障体系。

（1）纳税人。需要填报公司所得税纳税申报表的企业为GREE的纳税人，其中，包括外国公司和外国公司在哥伦比亚设立的常设机构。

以下纳税人免缴CREE税：

①自由贸易区的企业；

②2012年12月31日以前申请自由贸易区待遇的企业；

③自由贸易使用人；

④非盈利组织。

CREE于2013年1月1日生效。不缴纳CREE的实体继续缴纳社会保障税。

（2）应纳税所得额。GREE的应纳税所得额按照以下步骤进行计算：

①总收入和资本利得；

②减去销售折扣、折让和退回；

③减去成本和各项可扣除支出。但是，部分在计算公司所得税时可税前扣除的支出，不得在计算CREE时税前扣除。

④等于应纳税所得额。但是，应纳税所得额不得低于上年度净资产期末余额的3%。

（3）税率和税款缴纳。CREE的税率为9%。

政府于2013年发布的法令规定，CREE税款必须通过以下方式征收：①2013年5月至8月，采取源泉扣缴的方式；②2013年9月开始采取自行扣缴的方式。

2014年1月9日发布的法令规定对必须扣缴CREE的经济活动和每次支付适用的税率进行了规定。税率从0.4%到1.6%不等。税款必须按月扣缴并在相应地纳税申报表中进行申报。

（4）CREE 附加税。2014 年的法案对 2015 年至 2018 年的 CREE 附加税的税率进行了规定。不超过 80 亿哥伦比亚比索的部分免税，超过部分按照相应税率征税。

（四）国际税收

1. 居民企业

（1）境外所得和资本利得。居民企业应就其来源于哥伦比亚境内、境外的所得（包括资本利得）缴纳公司所得税。外国公司通过在哥伦比亚境内设立的常设机构取得的来源于哥伦比亚境内的所得，与股份公司适用相同的税收待遇。

（2）境外亏损。哥伦比亚税法并未对境外亏损的扣除进行专门的规定，但是纳税人在境外发生的亏损，符合一般扣除条件的，准予全额扣除。

（3）境外资本。2014 年 1739 号法令规定，2015 年、2016 年和 2017 年以下纳税人需要缴纳财产税：①法律实体和其他类似实体；②在哥伦比亚境内直接拥有资产的外国法律实体；③通过在哥伦比亚境内设立的分支机构或常设机构拥有资产的外国法律实体。

财产税的应税行为是：在 2015 年 1 月 1 日，纳税人持有的财产超过 10 亿哥伦比亚比索。计税依据为 2015 年 1 月 1 日、2016 年 1 月 1 日和 2017 年 1 月 1 日纳税人持有的净资产。

纳税人持有的：①格伦比亚境内公司股权或权益、②特定纳税人符合条件的资产，可不计入财产税的计税基础。非营利组织适用特殊的规定，进入清算程序的企业无需缴纳财产税。

（4）避免双重征税。哥伦比亚通过抵免法为纳税人提供单边双重征税减免。即，纳税人在境外取得的所得已在境外缴纳的所得税税额，可以从当期应纳税额中抵免，抵免限额为境外所得依照国内法规定计算的应纳税额。

享受抵免法，须满足以下条件：①纳税人属于哥伦比亚居民企业；②境外所得须在哥伦比亚缴税；③纳税人必须取得境外主管税务机关开具的完税证明。

2. 非居民企业

（1）一般所得和资本利得的课税。一般而言，非居民企业仅就其来源于哥伦比亚境内的所得缴纳所得税。但值得注意的是，所得类型不同，境外所得适用的征收管理办法也有所不同。

2012 年 1607 号法令引入了常设机构的概念。常设机构是指外国实体或非居民个人在一国境内设立的固定经营场所。主要包括：分支机构、代理机构、办事处、工厂、作业场所、矿场、油井、气井、采石场或者其他开采自然资源的场所。

如果一个人（独立代理人除外）代表外国企业在哥伦比亚境内开展活动，并有权以该企业的名义签订合同且经常行使该项权力，则这个人代表企业开展活动过程中应视为企业的常设机构，除非上述活动属于准备性或辅助性活动。

相反，外国实体通过独立经纪人或代理人在哥伦比亚境内开展活动，且这些代理活动属于代理人常规经营业务的，则不认为外国实体在哥伦比亚境内构成常设机构。

外国实体或非居民个人在哥伦比亚境内拥有常设机构或分支机构，则通过该常设机构或分支机构开展活动开具了的来源于哥伦比亚境内的经营所得和资本利得需缴纳所得税。外国实体或非居民个人必须对每一个常设机构进行注册，就各个常设机构取得的所得分别填报纳税申报表，适用税率如下：公司所得税税率为25%（2013年以前为33%）；特殊目的的所得税（CREE）税率为9%，同时，符合条件的纳税人还需缴纳CREE附加税。

外国公司直接取得来源于哥伦比亚境内的所得，适用税率为33%，通常采取源泉扣缴的方式征收。但是，2014年第1739号法令规定，外国实体2015至2018年适用较高的税率：2015年为39%；2016年为40%；2017年为42%；2018年为43%。这些公司无须缴纳CREE。

（2）征收管理。在哥伦比亚境内设立常设机构或分支机构的非居民纳税人应自我评估应纳税额。

未在哥伦比亚境内设立常设机构或分支机构的非居民纳税人，直接取得来源于哥伦比亚境内的股息、利息、手续费、特许权使用费、个人服务所得、影片租金、外国专家费用和软件费用等已扣缴最终预提税的，无须填报纳税申报表。取得未扣缴预提税的所得的，必须填报纳税申报表。

3. 非居民企业预提税。非居民纳税人取得来源于哥伦比亚境内的所得，通常需要扣缴最终预提税。

（五）反避税

1. 概述

2012年的1 607号法令引入了多项反避税规则，包括一般反避税规则和资本弱化规则等。

2. 转让定价

一般而言，关联交易价格必须遵循独立交易原则，不符合独立交易原则而减少应税收入或者所得税额的，税务机关有权按照合理的方法调整。

转让定价规则适用于：

（1）与境外关联方进行交易的纳税人；

（2）与自由贸易区居民实体进行交易的纳税人；

（3）与哥伦比亚境内常设机构相关联的外国实体以常设机构的名义与另一外国实体进行的交易；

（4）居民企业之间通过常设机构进行的交易，其中一个常设机构位于国外。

3. 资本弱化

除了一般的利息扣除限制，2013年1月1日起，纳税人接受的债权性投资与权益性投资的比例超过3∶1的标准发生的利息支出，不得在计算应纳税所得额时扣除。该项利息扣除的限制不仅针对关联方之间的债权性投资，而且也适用于其他债权性投资。

在计算该项比例时，仅考虑需要支付利息的债权性投资，其他负债不予考虑。

4. 其他反避税规则

自2013年1月1日起，一般反避税规则生效。

二、个人所得税

（一）一般规定

1. 纳税人

居民个人应就其来源于哥伦比亚境内、境外的所得缴纳个人所得税。非居民个人仅就其来源于哥伦比亚境内的所得缴纳个人所得税。2013 年以前，仅当外国居民在哥伦比亚境内居住时间满 5 年时，才被认定为居民个人。

自 2013 年 1 月 1 日起，计算个人所得税时，个人纳税人划分为以下几类：

（1）雇员：80% 的收入来源于为雇主提供个人劳务或代表雇主开展经济活动的居民个人，或者受雇合同或其他类型合同的签约人；从事一份职业或提供专业服务（不需要使用特别的材料、物资、机械或设备）的个人，若 80% 的所得来源于上述活动，同样被认定为雇员。

（2）个体经营户：80% 的所得来源于《税法》第 340 条所列经济活动（包括：运动、农业、畜牧业、林业、渔业、贸易、建筑、发电、供气、生产、制造等）的居民个人。

（3）其他：不能归入上述两类的其他个人。

符合以下条件的个人被认为是居民个人：

（1）在任一连续的 365 天期间内，在哥伦比亚持续或间断居住时间超过 183 天，包括出入境当天。当个人在哥伦比亚居住时间超过一个纳税期间，则从第二个纳税期间开始，该个人被认定为居民；

（2）根据《维也纳外交关系公约》，在接受国免征所得税和资本利得税的哥伦比外交代表；

（3）拥有哥伦比亚国籍，且在一个纳税期间内，符合以下条件之一的个人：

①其配偶或未成年子女属于哥伦比亚视同居民（Deemed Resident）；

②来源于哥伦比亚的所得占全部所得的 50% 以上；

③50% 以上的资产在哥伦比亚境内进行管理；

④在哥伦比亚境内持有的资产占总资产的 50% 以上；

⑤属于哥伦比亚政府认定的避税地的居民；

⑥无法在税务机关的要求下，证明其在另一国家的税收居民身份。

然而，符合上述条件的个人，在以下情况下不被认定为哥伦比亚居民个人：①50% 及以上的年收入来源于居住国；②50% 及以上资产位于居住国。

2. 应纳税所得额

（1）概述。哥伦比亚对所得的概念属于广义的概念。计算应纳税所得额时，应该考虑在纳税期间内取得的全部一般性所得和非经常性所得，另有规定的除外。

（2）免税所得。个人纳税人取得的以下各项所得不征收个人所得税：

①计入“个人养老保险账户”的所得，自 1998 年 1 月 1 日起，不超过 1 000UVTs 的部分免征所得税；

②由资本储备基金分配的免税或不征税所得，或来源于公司纳税人上年度 12 月 31 日通

货膨胀调整的利润分配（自2007年起，企业不必在计算所得税时进行通货膨胀调整）；

③雇主、雇员或独立个人缴纳的强制性退休保险、伤残保险费或雇主支付的遣散费；

④雇主、雇员或自由职业者自主缴纳的私人养老保险或向特殊银行账户存储的款项（AFC），但每年不得超过3 800UVT或年度总收入的30%；

⑤不超过法定金额的意外赔偿金或疾病赔偿金；

⑥受雇所得的25%，但不得超过240UVTs；

⑦由国家科学、技术和创新税收优惠委员会批准的符合条件的科学技术研究项目取得的捐赠所得；

⑧服务于由国家科学、技术和创新税收优惠委员会批准的符合条件的科学技术研究项目，进行科学、技术和创新活动取得的报酬。

3. 受雇所得

（1）工资、薪金所得。个人取得的工资、薪金所得按照累进税扣缴所得税。此外，雇员取得的奖金、报酬以及发生的娱乐支出、交通支出等，符合收入确定条件的，同样需要扣缴所得税。

年度末，纳税人仅可扣除税法规定的特定的支出。通勤或搬家费不得税前扣除。

自2013年1月1日起，替代性的最低限额税（Alternative Minimum Income Tax）的相关规定正式生效。该税的计税依据为纳税人来源于各种渠道的总所得减去可扣除项目后的余额。

（2）实物福利。个人取得的实物福利应按照成本价和市场价较高者全额计入应税所得。税法另有规定的除外。

（3）养老金所得。通常，个人纳税人取得的退休保险金、伤残保险金、养老保险金（Old Age）等，按照受雇所得征税，每月不超过1 000UVTs的部分免税。

（4）董事报酬。居民个人取得的董事报酬或作为管理人员取得的报酬按照受雇所得征税。

4. 经营和专业服务所得

个人纳税人提供独立劳务取得的所得，计入个人的总所得，按照累进税率征税。税法另有规定的除外。

5. 投资所得

（1）股息红利。通常，股息红利所得应计入收款方的应税所得。股息红利是指股份公司或类似公司向股东或合伙人通过现金或实物等形式进行的利润分配，包括一般分配（Ordinary Distribution）和特别分配（Extraordinary Distribution），一般分配是指对过去取得的利润进行分配，特别分配是指因公司重组或清算进行的分配。

（2）利息所得。居民个人或实体取得的利息所得应计入应税所得，按照一般规则课税。税法上，利息所得包括债务人向债权人支付的除本金外的所有款项。债务人支付的与取得借款直接相关的服务费，超过规定限额的，同样属于利息。

（3）特许权使用费。个人使用或让渡商标、专利、版权、专业技术或其他无形资产使用权取得的所得，计入个人总所得课征所得税。

（4）不动产所得。个人取得的来源于不动产的所得（除固定资产转让所得外）计入总所得课征所得税。

6. 资本利得

哥伦比亚税法对资本利得进行了明确的规定，包括公司清算所得、受赠所得、遗产、遗赠或其他无须对价所得。个人转让持有2年及以上的固定资产取得的所得属于资本利得。转让持有期限不足2年的固定资产取得的所得视为一般所得，课征所得税。

“固定资产”的包括个人拥有的住宅、交通工具、股份、工具等。

应税所得通常为资产的计税基础（购置成本）与转让价格之间的差额。但是，税法明确规定了确定不动产、股权、黄金、交通工具、信贷、信托等特定产品或权利的价值的方法。

下列资本利得免征所得税：

（1）遗产、遗物或受赠所得不超过规定限额的部分（根据资产类别确定限额）；

（2）转让个人住宅取得的资本利得不超过规定限额的部分；

（3）马或狗的主人通过赛马或赛狗取得的奖金不超过规定限额的部分。

7. 个人扣除、宽免和抵免

（1）扣除。一般规则：

个人纳税人按照一般规定计算年度应纳税所得额时，准予扣除特定的支出：

①与取得或维持收入直接相关的经营活动支出，该项扣除不得超过以下限额：自由职业者取得的收入的50%；或者在商会或税务机关注册，且保持完整的会计记录的建筑师和工程师取得的收入的90%。当所有的所得均开具了正规发票，且已扣缴预提税时，不适用上述限制。如果建筑师或工程师在税收处理上被划分为雇员，则每月所得的25%免征所得税，每月免征额最高不得超过240 UVTs。

②符合条件的教育和医疗支出。

③抚养未成年子女（未满18岁的子女；或介于18至23岁之间，经济尚未独立的子女；或年满23岁，但因身体或精神疾病尚未独立的子女）按照总所得的10%进行扣除。但每月扣除不得超过32 UVTs。

④购房贷款发生的不超过规定标准的利息支出。

⑤符合条件的赠与支出。

自2019年起，个人发生的成本、支出、债务、税款必须通过以下途径进行支付，否则不得税前扣除：银行账户存款、银行转账、支票、信用卡、借记卡；其他类型的卡片或者国家债券。哥伦比亚在推行该项规则时采取了过渡性措施，因此满足以下标准的现金支付准予税前扣除：

①2019年：现金支付的85%、100 000 UVTs，以及总成本和总扣除的50%，以三者中最低者作为现金支付的扣除标准；

②2010年：现金支付的70%、80 000 UVTs，以及总成本和总扣除的45%，以三者中最低者作为现金支付的扣除标准；

③2021年：现金支付的55%、60 000 UVTs，以及总成本和总扣除的40%，以三者中最低者作为现金支付的扣除标准；

④2022年及以后：现金支付的40%、40 000 UVTs，以及总成本和总扣除的35%，以三者中最低者作为现金支付的扣除标准。

博彩或赌博经营者发生的现金支出适用特殊的扣除规定，由于篇幅限制，此处不详细

讨论。

IMAN 和 IMAS：

在计算 IMAN 和 IMAS 的替代计税基础时，主要可扣除以下支出：

①合伙人或股东取得的免税股息、红利所得；

②通过损害保险单取得的现金或实物保险赔偿；

③雇员缴纳的强制性社会保障税；

④强制医疗保险或其他健康保险未覆盖的，且超过个人年度总所得的30%的医疗支出。扣除额最高不得超过年度总收入的60%或2 300 UVTs；

⑤公共事故或灾害导致的损失；

⑥境内职工按照工资薪金缴纳的强制性社会保障税；

⑦固定资产的计税基础；

⑧人身保险费用；

⑨工伤、疾病、产假费用或殡葬支出；

⑩提取遣散费。

自由职业者的 IMAS，适用特殊规定，此处不详细讨论。

（2）宽免。个人纳税人可以享受基本生活宽免，宽免额为受雇所得的25%，但最高不得超过每月240UVTs。宽免额的计算基础为总所得减去免税收入和税收扣除后的余额。

（3）抵免。哥伦比亚不存在税收抵免项目。

8. 损失

个人纳税人在纳税年度内发生的净损失可抵减所得额。净损失是指扣除额超过总收入的部分。一般而言，净损失包括经营亏损和资本损失，另有规定的除外。

9. 税率

（1）经营所得和资本利得。一般规则：

居民个人取得所得按照累计税率计算应纳所得税额见表1。

表1　　个人所得累进税率

应税所得（UVTs）	边际税率（%）	应缴税额
0～1 090	0	0
1 091～1 700	19	（应纳税所得－1 090 UVTs）×19%
1 701～4 100	28	（应纳税所得－1 700 UVTs）×28%＋116 UVTs
4 100以上	33	（应纳税所得－4 100 UVTs）×33%＋788 UVTs

IMAN 和 IMAX 适用的税率，略。

（2）预提税。居民个人取得的来源与哥伦比亚境内的受雇所得、自由职业所得、投资所得以及资本利得适用不同的预提税税率，从1%到11%不等。

居民个人已缴纳的预提税视为预缴税款，可抵减最终的应纳所得税额。如果纳税人取得的所得未超过需要进行纳税申报的标准，则受雇所得或服务费所得已扣缴的预提税作为最终税。

10. 税收征管

（1）纳税期间。哥伦比亚个人所得税纳税年度为公历年度。

（2）纳税申报。一般而言，个人纳税人应自主评估纳税义务，并填报个人所得税纳税申报表。但是，无须缴纳增值税且总收入和资产不超过规定限额的，不要求填报个人所得税纳税申报表。

夫妻双方应单独就各自的所得和资产进行纳税申报。且夫妻双方不得为降低税负而平分所得。

（3）税款缴纳。哥伦比亚于每个财政年度终了之时发布相关法令，对税款缴纳的相关要求进行明确。一般而言，个人纳税人应于8月之前填报所得税申报表并缴纳税款。

（4）事先裁定。2012年的1607号法令废除了2005年的963号法令确定的法律稳定协议体系。因此，仅2013年1月1日以前生效或申请的法律稳定协议继续有效。

针对转让定价的相关问题，纳税人可申请预约定价安排（APA）。

（二）其他类型的所得税

地方政府对在当地开展工业、商业和服务活动取得的总收入征收地方工商业税。计算个人所得税应纳税所得额时可以扣除该项税款。

（三）国际税收

1. 居民纳税人

（1）境外所得和资本利得。如前所述，居民个人应就其来源于哥伦比亚境内、境外的所得缴纳个人所得税。但是，来源于安第斯共同体（玻利维亚、哥伦比亚、厄瓜多尔、秘鲁）的所得通常在来源国纳税。

（2）境外资本。哥伦比亚对位于境内和境外的资产征收净资产税。个人持有位于境外的不动产，无须在哥伦比亚缴纳房地产税，但是在计算推定所得和净资产税时应予以考虑。

（3）避免双重征税。哥伦比亚通过税收抵免法避免双重征税。根据税收抵免法，居民纳税人来源于境外的所得已缴纳的所得税税额可以抵免该项所得在哥伦比亚境内应负担的所得税。但是，哥伦比亚不存在避免资本或资产国际双重征税的减免措施。

2. 侨民

自2013年起，外籍居民个人需要就其来源于哥伦比亚境内、境外的所得缴纳个人所得税。在此之前，税法规定，外籍居民个人在哥伦比亚居住的最初4年，仅需就其来源于哥伦比亚境内的所得缴纳个人所得税。

在哥伦比亚工作的非居民个人取得的报酬须按照33%的税率扣缴源泉扣缴所得税。

高等教育机构聘用的非居民教授或教师，经政府批准，在不超过4个月的时间里，取得的所得按照7%的税率代扣代缴所得税。

根据属人原则，居民个人搬迁至境外的须在哥伦比亚纳税，除非该个人变为非居民纳税人。

3. 非居民纳税人

哥伦比亚税法未对非居民进行明确的定义，原则上，不符合认定为居民纳税人的条件的个人属于非居民纳税人。

（1）对所得和资本利得征税。非居民个人仅须就其来源于哥伦比亚境内的所得和资本利得缴纳个人所得税。通常，适用 33% 的所得税税率。非居民个人取得的资本利得按照 10% 的税率课税。

（2）征收管理。非居民个人取得来源于哥伦比亚境内的所得须填报个人所得税纳税申报表，税法另有规定的除外。

三、增值税

1. 概述

在哥伦比亚境内提供增值税应税商品或劳务，或者进口商品的个人须缴纳增值税。出口商品适用零税率。

一般而言，增值税应纳税额等于增值税销项税额减去增值税进项税额。小规模纳税人适用特殊规定。

2. 纳税人

商人或其他从事类似活动的个人或实体属于增值税纳税义务人。此外，进口商品和提供服务的个人或实体同样属于增值税纳税义务人。

自 2013 年起，纳税人按照以下标准填报纳税申报表和缴纳税款：

（1）大规模纳税人、上年度总收入达到或超过 92 000 UVTs 的法律实体或个人、从事出口贸易的纳税人，每 2 个月进行一次增值税纳税申报和税款缴纳；

（2）上年度总收入达到或超过 15 000 UVTs，但未达到 92 000 UVTs 的纳税人，每 4 个月进行一次增值税纳税申报和税款缴纳；

（3）上年度总收入未达到 15 000 UVTs 的纳税人每年进行一次增值税纳税申报和税款缴纳。这部分纳税人必须每年进行 3 次预缴税款。

3. 应税行为

以下行为属于增值税应税行为：

（1）供应位于哥伦比亚境内的有形动产，另有规定的除外；

（2）在哥伦比亚境内提供服务（除明确排除的服务外）；

（3）进口有形动产；

（4）除彩票外，经营或销售其他游戏。

4. 应税收入

进口货物，以货物的到岸价格（即货物成本、保险和运费组成货物最初到岸的价格）加上关税和进口税后的金额作为计算增值税的基础。

销售商品或提供劳务，以交易的全部对价作为计税基础，包括：直接支出、辅助支出、运输费、安装费、保险费、佣金、担保和其他款项，即使这些款项单独开具发票，或者单独考虑时无须征收增值税，都应计入增值税的计税基础。

建造不动产，以承包费用作为增值税的计税基础。纳税人仅可抵扣与承包费直接相关的支出的进项税额，其他必要的成本或支出的进项税抵扣。

电信服务和通信系统服务以销售发票的全部金额作为增值税的应纳税所得额。

5. 税率

自 2013 年 1 月 1 日起，增值税适用税率表如下（见表 2）：

表 2　　增值税税率

种类	税率（%）
标准税率	16
低税率	5
优惠税率	0

6. 免税

部分商品适用增值税零税率或免税优惠。

四、消费税

哥伦比亚对特定的商品和服务征收消费税。烟、生产香烟或酒精饮料的消费税，在生产和进口环节征收。

五、社会保障税

（一）对企业征收

社会保障税的征税对象包括：（1）无须缴纳为特定目的征收的额外所得税（CREE）的雇主；（2）虽缴纳 CREE，但其部分雇员的所得超过法定最低月工资的 10 倍的雇主；（3）雇员，包括自雇人员。所有的社会保障税都是按照雇员工资、薪金的一定比例计算得来。雇员和雇主缴付社会保障税的最高限额为每月最低工资的 25 倍。

雇主应按照以下比例缴付社会保障税（见表 3）：

表 3　　社会保障税主缴付比例

基金	雇员缴付比例（%）
健康保险	8.5
一般退休金计划	12
养老互助基金	—

（二）对个人征收

所有居民雇员，都须缴纳社会保障税。社会保障税包括两类，一类是一般保险体系；一类是特殊保险计划。

1. 受雇个人

哥伦比亚境内的雇主和雇员都需要缴纳社会保障税。除了缴纳自己应负担的社会保障税，雇主还需要代扣代缴雇员的社会保障税。此外，社会保障体系还包括针对没有能力负担社会保险税的个人提供的补贴。

所有的社会保障税都是按照雇员工资、薪金的一定比例计算得来。雇员和雇主缴付社会保障税的最高限额为每月最低工作的25倍。

雇员按照以下比例缴付社会保障税（见表4）：

表4　　社会保障税雇员缴付比例

基金	雇员缴付比例（%）
健康保险	4
一般退休金计划	4
养老互助基金	1－2

2. 自由职业者

自由职业者和失业人员可以自主缴纳社会保障税。

（王婷婷　编）

哥斯达黎加税制

哥斯达黎加税法的主要税种有：公司所得税、社会保障税、增值税、个人所得税、社会保障税、增值税等。

一、公司所得税

（一）一般规定

1. 税制类型

哥斯达黎加的公司所得税有以下几个特点：（1）实行古典税制，居民个人、非居民个人以及非居民企业投资居民企业取得的股息红利所得，按5%或15%的税率征税，居民企业从居民企业取得的符合条件的股息红利所得免税；（2）实行属地原则，居民企业和非居民企业仅需就其来源于哥斯达黎加的所得缴纳所得税；（3）居民企业以应纳税所得额为税基缴纳公司所得税，非居民企业缴纳最终预提税；（4）对于从事特定活动且年度购进金额不超过某一限额的公司，实行简易征收制度；（5）某些特定的经济活动适用特别征税规则，例如对纳税人从记名证券取得的利息所得适用殊于其他类型的利息所得的征税规则。

2. 纳税人

哥斯达黎加税法规定，任何单位或个人以企业形式在哥斯达黎加境内从事营利性活动，无论其是否为哥斯达黎加居民，无论其登记注册地、举行董事会的会议地以及合同义务履行地是否在哥斯达黎加，都视为公司所得税纳税人。主要包括股份公司、有限责任公司等，私立大学等营利性组织也属于公司所得税纳税人。

哥斯达黎加公司所得税的“居民身份”的定义主要遵照经合组织税收协定范本。

根据该国税法规定，以下企业或个人视为公司所得税的居民纳税人：①在哥斯达黎加登记注册的企业实体；②在哥斯达黎加经营活跃却未注册的公司；③非居民公司在哥斯达黎加设立的分支机构、代理机构和其他常设机构；④根据哥斯达黎加法律设立的信托；⑤死者在哥斯达黎加的遗产（无论其国籍或住所所在地）；⑥在哥斯达黎加开展营利性活动且负有限责任的个体经营者和个人独资企业；⑦其他在哥斯达黎加开展营利活动的个人和企业实体。

根据该国税法规定，公司的实际管理机构如果不在哥斯达黎加境内或者发生变动的，需要向税务机关报告。

3. 应纳税所得额

(1) 一般规定。根据该国税法的规定，公司所得税是对在哥斯达黎加境内从事营利活动的企业或个人以货币形式和非货币形式取得各项所得征收的一种税，对境外来源所得不征收公司所得税。

公司所得税的应纳税所得额的计算采用权责发生制。

该国对下列经营活动适用简易征收办法：①公共娱乐；②出售城市地块；③农业活动；④工程建设。

(2) 免税收入。以下所得免征公司所得税：①接受股东以现金或实物形式的资本投入；②固定资产重新评估的增值所得；③从被投资企业取得现金股利、股票股利等各种利润分配所得；④企业相关交易的合同、协议签署地在哥斯达黎加境内（交易涉及的货物或资产完全在境外）而取得的所得；⑤销售动产或转让不动产取得的资本利得（非日常交易）。

(3) 扣除。公司实际发生的与取得收入有关的、合理的、必要的支出，准予在计算应纳税所得额时扣除。

公司税前扣除的支出必须取得合法、有效凭证，并且在会计上已经作了相应处理。公司在本纳税年度按照权责发生制已经发生的费用，但未实际支付的，应在专门的登记簿上逐项登记，以备查验。

公司为取得免税收入而发生的支出不得在税前扣除。公司应分开核算应税项目和免税项目的收支情况，未分开核算的，则应税项目税前可以扣除的成本、费用，等于应税收入占总收入的比重乘以按照权责发生制计入当期的支出。

公司支付给单个员工的工资薪金支出超过最低工资 3 倍的（2015 年最低工资为 40.34 万哥斯达黎加科朗），必须通过银行支付（信用卡、银行转账、支票）才能税前扣除。

公司在计算应纳税所得额时，以下项目不可抵扣：①向投资者支付的股息、红利等权益性款项；②除法律另有规定外，发生在境外的支出；③对股东或亲属的捐赠；④对资产和建筑物所做的改建支出；⑤为购买商誉、商标、生产流程、版权、配方和其他类似的无形资产支付的支出，尽管该国行政法判例目前的趋势是允许某些无形资产的摊销；⑥购置奢侈品和休闲娱乐的支出；⑦缴纳的公司所得税、增值税和消费税，包括任何税收的附加税、罚款和滞纳金；⑧在境外缴纳的税款。

税务机关有权根据实质重于形式原则，对纳税人支付的明显不符合营业常规的支出，进行纳税调整。不过，哥斯达黎加行政法院对税务部门的这一做法持有异议。

(4) 折旧和摊销。根据哥斯达黎加税法的规定，公司可计提折旧的资产是指：(1) 用于商业、工业、农业、畜牧业、专业服务以及其他与取得应税收入有关的活动的有形资产；(2) 该项资产的价值会随着使用而直接或间接减少，或随着时间推移而减少，或随着科技进步而减少。固定资产以历史成本为计税基础。

一般而言，固定资产计提折旧应采取平均年限法和年数总和法。如果纳税人向税务机关提出对某项具体资产采用其他折旧方法的申请，且能合理说明原因及理由的，税务机关可以批准其使用其他折旧方法。一旦纳税人对某项固定资产选择了一种折旧方法，如需变更，必须获得税务机关的批准。

固定资产最高年折旧率由税法规定：①普通建筑物为2%；②木质建筑物为4%～6%；③建设业用的机器和设备为15%；④采矿业用的机器和设备为10%；⑤农用机械为10%；⑥汽车为10%；⑦各类船舶为10%。

公司对固定资产计提折旧并不是强制性的，但如果纳税人没有按照规定在相应的纳税年度计提折旧或少计提折旧，则在超过税法规定的纠正期（未提取年度之后的3年）后，不得再扣除未计提的折旧。

纳税人为动物繁殖或生产乳制品等而持有的生产性生物资产，应有详细的会计记录，根据每一头、每一群或具有类似特征的每一批动物登记明细账。生产性生物资产每个纳税年度的折旧率至多为15%，纳税人应当自生产性生物资产满3岁起开始计提折旧。

土地不可以计提折旧。

（5）准备金和预计负债。除保险公司和再保险公司之外，其他企业计提的准备金和预计负债不得在税前扣除。

4. 资本利得

居民企业以下二项交易取得的资本利得，视同经营所得计入应纳税所得额，缴纳公司所得税：（1）经常性地转让动产或不动产取得的资本利得；（2）转让允许计提折旧的资产取得的资本利得。根据该国宪法法院的裁定，"经常性"是指一个企业的主要经营活动，在其生产经营过程中公开且频繁发生。居民企业除以上二项交易外，其他形式的转让资产取得的资本利得，应按照资本利得项目单独计算缴纳公司所得税。

5. 亏损

（1）经营活动亏损。农业企业的经营亏损可以结转以后5个纳税年度弥补；工业企业的经营亏损可以结转以后3个纳税年度弥补；商业企业的经营亏损不可以结转以后年度弥补。

农业企业和工业企业在以后年度弥补亏损时，可以自主决定每一年度可以弥补的亏损额，而不需要逐年依次弥补或者按照直线法确定可以弥补的亏损额。

企业同时从事农业、工业和商业项目的，必须分别核算，并分项目弥补亏损。

亏损不得结转以前年度弥补。

（2）资本活动亏损。企业转让不允许计提折旧的动产或不动产而发生的损失，不允许税前扣除，除非这一转让行为属于企业的"经常性"行为。

企业因为火灾或犯罪活动造成的资产损失，允许税前扣除，但是需要向税务机关提供确实、充分的证据材料且未取得任何的保险赔偿。

6. 税率

（1）经营活动和资本利得适用税率。公司所得税的基本税率是30%。小企业适用优惠税率，根据其收入总额的不同，税率为10%或20%。

居民企业以其应纳税所得额作为税基乘以适用税率缴纳公司所得税，应纳税所得额等于收入总额减去各项扣除。

小企业的标准会定期调整，例如2014～2016纳税年度，哥斯达黎加的小企业的标准及适用税率如下表（表1）：

表 1　　哥斯达黎加的小企业的标准及适用税率明细表　　金额单位：哥斯达黎加科朗

年度	适用 10% 税率的小企业的收入总额	适用 20% 税率的小企业的收入总额
2014	不超过 4 997 万	不超过 10 005 万
2015	不超过 5 270 万	不超过 10 603 万
2016	不超过 5 232 万	不超过 10 524 万

企业经常性地转让动产或不动产取得的资本利得，以及转让允许计提折旧的资产取得的资本利得计入应纳税所得额，适用基本税率或优惠税率缴纳公司所得税。

（2）向居民纳税人支付款项的预提税税率。股份公司向个人股东或其他公司股东支付股息、红利等权益性投资款项时，应按照 15% 的税率代扣代缴所得税；上市公司向其股东支付股息红利，且股东是自公开市场购买股票的，可以按照 5% 的优惠税率代扣代缴所得税；居民企业之间的符合条件的股息红利所得，免于代扣代缴所得税。

一般而言，向居民企业支付利息，支付方不需要代扣代缴所得税，收取方应计入其应纳税所得额。基于以下证券及票据的利息支付，支付方需要代扣代缴所得税：（1）在哥斯达黎加证券交易所登记交易的证券，或者是登记的金融机构、政府及其相关部门、银行、信用合作社发行的证券；（2）商业汇票和银行承兑汇票。扣缴方向税务机关实际缴纳的预提税超过了依法应当扣缴的预提税时，有权向税务机关申请退税。

7. 税收优惠

（1）农业和林业税收优惠。哥斯达黎加鼓励合理利用和开发可再生自然资源，该国对保护、利用、有序发展和开发该国森林资源的企业提供了相关所得税优惠政策。包括：①经常性处置由森林警察保护的林区的资产取得的利得，全额免征公司所得税；②纳税人进行植树造林，对其产出物进行商业开发取得的所得，全额免征公司所得税（该项优惠不需要取得相关证书）。

（2）保税区税收优惠。为吸引外国直接投资、促进贸易发展和扩大本国就业，1981 年，哥斯达黎加正式建立保税区制度。1990 年，哥斯达黎加立法大会通过第 7 210 号法，即现行《保税区制度法》。此后，哥政府曾颁布了多个相关实施条例。保税区制度是哥政府为在境内进行新投资企业实行鼓励和优惠政策的总称，保税区企业是以出口或再出口为目标而从事货物研发、加工、制造、生产、维修以及保养，或提供服务的企业。全部为私营性质。对于保税区企业，可以享受以下公司所得税优惠政策：①对保税区企业支付给非居民的款项免予征收预提所得税；②对于泛大都会区（GAMA，相对发达地区）内成立的保税区企业，前 8 年免征公司所得税，后 4 年减半征收公司所得税；③对于泛大都会区之外（欠发达地区）成立的保税区企业，前 12 年免征公司所得税，后 6 年减半征收公司所得税。

（3）旅游业税收优惠。Costa Rica（哥斯达黎加），在西班牙文里的意思是“富庶的海岸”，该国在中美洲是一个以国家公园著称的国家，30 多个国家公园形态各异，旅游业较为先进和发达。该国对酒店服务、航空运输、水路运输、汽车租赁和旅行社都有相关税收优惠政策。

饶有特色的是，该国对企业用于员工度假项目的支出，允许在计算应纳税所得额时扣除。

（4）研发费用加计扣除。哥斯达黎加税法对鼓励企业研发没有专门的规定。

（5）固定资产加速折旧。哥斯达黎加税法为鼓励企业持续提高竞争力，符合相关条件的企业对新购置的固定资产可以向税务机关申请采取加速折旧方法。加速折旧的方法主要包括缩短折旧年限法或年数总和法。

缩短折旧年限等于资产最低折旧年限的60%（例如，最低折旧年限10年的资产可以提前4年计提完折旧）。如果计算出的缩短折旧年限不是整数，必须四舍五入取整数。

值得一提的是，出租车行业不适用该优惠政策，因为出租车的最低折旧年限早前就设定为3年。

8. 征收管理

（1）纳税年度。公司税的纳税年度是10月1日至次年9月30日。经过税务机关批准，从事特定生产经营活动的公司可以选择其他期间作为纳税年度。

2015年9月18日，哥斯达黎加的纳税年度制度发生了重大变化。国有航空公司、符合条件的金融机构、相关非营利组织等7类企业可以选择公历年度作为纳税年度。

（2）纳税申报。公司应当自纳税年度结束次日起的2个月零15天进行年度纳税申报。一般而言，公司所得税的申报截止期限为12月15日。除了适用简易征收制度的公司，其他类型的公司一律依法采用电子申报方式报送年度申报表。

（3）税款缴纳。公司所得税实行纳税人自行计算、缴纳税款制度。

在一个纳税年度，公司必须分3次预缴税款，预缴税款可以在年度汇算清缴时抵缴全年应纳税款。预缴期分别是3月、6月和9月，预缴税款的总额应等于以下二者中的较高值：①上一年度全年实纳税款的75%；②前3个年度实纳税额总和的平均值的75%。

预缴税款的总额由税务机关事前计算确定并通知纳税人。以下情形下，由纳税人自行确定：①新办企业的第一个纳税年度；②纳税人合理预期，本年度实际应纳税额要远高于上一年度。

上一年度汇算清缴应补缴的税款，应在本年度12月15日之前缴纳；多缴纳的税款，纳税人可以申请退税或者抵缴本年度预缴税款。

公司被支付方扣缴的预提所得税税款，可以在年度汇算清缴时抵缴全年应纳税款。

（4）事先裁定。哥斯达黎加税务机关依纳税人申请，可以就相关交易的税收政策适用问题做出个案裁定。

根据税法规定，税务机关必须自收到申请之日起45日内做出裁定，逾期未做出裁定的，视为同意纳税人对相关税收问题的处理意见。

纳税人需要关注的是，其提交的申请必须包含该交易的基本情况、合理的商业理由及支持性的书面证据材料。纳税人如果拥有授权的数字签名（企业数字证书），可以在互联网上通过电子邮件递交申请及相关材料。

个案裁定属于非正式税务行政行为，对征纳双方没有约束力。如果税务机关正式公布个案裁定，则其对所有纳税人都具有约束力。

（二）居民企业之间的交易

1. 企业集团合并纳税

哥斯达黎加税法规定，不允许企业集团合并缴纳公司所得税。

2. 居民企业之间的股息红利

居民企业之间取得的股息红利所得，免征公司所得税。居民企业取得的来源于境外的股息红利所得，不属于公司所得税应税范围。

（三）其他类型的公司所得税

在哥斯达黎加，每个城市的市政当局都对在本行政区域的公司征收营业执照税。各地的税率由市政当局根据公司的类型自行制定。

（四）国际税收

1. 居民企业

（1）境外所得和资本利得。居民企业只就其来源于哥斯达黎加境内的经营所得及资本利得缴纳公司所得税。来自境外的所得不需要在哥斯达黎加缴纳公司所得税。

（2）境外亏损。居民企业来自境外的所得不需要在哥斯达黎加缴纳公司所得税，因此企业在境外发生的亏损不得抵减其境内的盈利。

（3）境外资本。居民企业在哥斯达黎加境外的资本无须在哥斯达黎加纳税。

（4）避免双重征税。哥斯达黎加的公司所得税制实行属地原则，对居民企业境外所得不征收公司所得税。居民企业在境内缴纳公司税时，也不得在税前扣除其在境外缴纳的税收。

2. 非居民企业

（1）一般所得和资本利得课税。一般而言，非居民企业只就其来源于哥斯达黎加境内的经营所得及资本利得缴纳公司所得税。缴纳方式主要实行源泉扣缴，由各项所得的支付方依法扣缴最终预提所得税。

非居民企业来自哥斯达黎加境内的各项所得的税基，也就是“应纳税所得额”为各项所得的“收入总额”。

需要关注的是，最终预提所得税的税率并不是唯一的，而是根据不同的所得项目有所区别：①保险费所得，税率为9.5%；②利息所得、佣金及手续费所得、专业服务所得，税率为15%；③著作权、专利权及特许权使用费所得，税率为25%；④其他所得，税率为30%。

（2）资本课税。非居民企业在哥斯达黎加境内的资本按照正常税率缴纳公司所得税。

（3）征收管理。哥斯达黎加税法对非居民企业公司所得税的征收管理有两种方式：①在哥斯达黎加境内设有常设机构的非居民企业，且有来源于常设机构的所得，税务机关按照居民企业的征收管理办法征收公司所得税；②其他非居民企业有来源于哥斯达黎加境内所得的，缴纳最终预提税。

3. 非居民企业预提税

对非居民企业来源于哥斯达黎加境内的各项所得，按照其收入总额征收预提所得税。

（1）股息。居民企业向非居民企业支付的股息红利或其他利润分配应按15%的税率扣缴最终预提税。如果非居民企业购买在哥斯达黎加境内证券交易所挂牌的上市公司的股票，因此分得的股息红利所得，由支付方按照5%的优惠税率扣缴最终预提税。

（2）利息。通常，哥斯达黎加境内支付方向非居民企业支付的利息应按15%的税率扣缴最终预提税。向以下非居民企业支付的利息免税：①多边或双边开发机构；②多边或双边开发银行；③非营利组织。

（3）特许权使用费。哥斯达黎加境内支付方向非居民企业支付的专利权、配方、商标权、特许权使用费应按25%的税率扣缴最终预提税。

非居民企业在哥斯达黎加境内设立的子公司或常设机构，向境外母公司或总部支付的专利权、配方、商标权、特许权使用费以及相关的技术咨询费，不得超过该子公司或常设机构收入总额的10%。

（4）其他。哥斯达黎加境内支付方向非居民企业支付的技术咨询费和财务咨询费，应按25%的税率扣缴最终预提税。

（五）反避税

1. 概述

哥斯达黎加税法中，目前还没有一般反避税条款。

2. 转让定价

在2013年9月份之前，哥斯达黎加税法没有关于转让定价管理的专门规定。2013年9月13日，经哥斯达黎加总统批准的编号为37 898 - H的法令在《政府公报》中正式公布，该法令自公布之日起施行。这是该国历史上第一个就企业、个人与其关联方进行货物、服务和无形资产交易开展转让定价管理的专门规定。该规定借鉴了经济合作与发展组织转让定价指南，强调关联方之间的交易必须符合公允价值原则，特别是对转让定价税务管理方法、预先定价安排、企业年度关联业务往来报告表、同期资料等进行了明确规定。

3. 资本弱化

哥斯达黎加税法中没有专门涉及资本弱化的条款。但是，对企业以下情形的利息支出在税前扣除有限制规定：（1）超过正常市场利率部分的利息不得在税前扣除；（2）超过企业年度利润总额的50%部分的利息支出，企业必须填写和报送税务机关规定的专用表格，并附送相关证明材料。

4. 受控外国公司

哥斯达黎加税法中没有专门涉及受控外国公司的条款。

二、个人所得税

（一）一般规定

1. 纳税人

以下个人被视为哥斯达黎加居民纳税人：

（1）哥斯达黎加国民有来源于哥斯达黎加境内的所得，无论其一个纳税年度内是否居住在哥斯达黎加境内。哥斯达黎加国民因学习、就医等原因而长期在境外居留的，经税务机关批准，也视为哥斯达黎加居民纳税人。

（2）在一个纳税年度内，在哥斯达黎加境内连续居留6个月及以上的外国人。对于在哥斯达黎加境内就业的外国人，居留时间未超过6个月的，经税务机关批准，也视为哥斯达黎加居民纳税人。

（3）由哥斯达黎加政府及其相关部门支付报酬，派驻境外机构、组织的代表、职员。

（4）根据哥斯达黎加法律设立的信托。

（5）在哥斯达黎加境内的遗产，无论死者的国籍或居住地。

（6）在哥斯达黎加境内从事经营活动的个人企业（有限责任）和个体工商户。

（7）在哥斯达黎加境内从事营利性活动的其他个人。

与大多数国家不同的是，在哥斯达黎加，合伙企业被视为一个独立的纳税主体，缴纳公司所得税。

哥斯达黎加税法不认可“以家庭为单位联合申报缴纳个人所得税”，因此夫妻应需各自申报缴纳其个人所得税。

2. 应纳税所得额

（1）概述。居民个人应就其来源于哥斯达黎加境内的所得缴纳个人所得税。

（2）免税所得。哥斯达黎加税法规定，免税项目所得主要有以下几项：

①纳税人投资于企业取得的股息红利所得。该项所得尽管纳税人本人不需自行申报缴税，事实上被投资企业在支付时已经扣缴最终预提税；

②个人因继承遗产、接受赠与、婚姻关系而取得的财产；

③购买国家彩票中奖所得；

④固定资产评估增值所得；

⑤13 个月工资中不超过“12 个月工资总额平均值”的部分；

⑥根据互惠原则，外国政府派驻哥斯达黎加机构的外交代表、领事等官员取得的由本国政府支付的受雇所得。

3. 受雇所得

（1）工资、薪金所得。个人取得的工资、薪金所得由雇主扣缴最终预提所得税。

工资、薪金所得包括：①基本工资、奖金、津贴、补贴、年终加薪、加班工资；②股份公司等企业的经理、董事、咨询委员会成员等取得的劳动报酬和利润分享计划所得；③与任职或者受雇有关的其他所得；④养老金和年金所得。

（2）实物福利。一般来说，员工或者董事取得的实物福利视为受雇所得。实物福利包括：①雇主提供的供个人使用的公车；②雇主提供的住房；③雇主提供的无息或低息贷款的优惠利息；④雇主为个人支付的与其任职或者受雇岗位无关的高消费。

雇主为员工或者董事正常履职支付的相关的、必要的实物福利，可以在其计算公司所得税应纳税所得额时扣除，员工或者董事取得该项所得也无须缴纳个人所得税。这类实物所得包括但不限于：①公务专用的交通工具；②公务专用的移动电话；③为支付工作相关开销使用的公务卡。

（3）养老金所得。个人纳税人取得的养老金所得，按照受雇所得征税，由支付方按照受雇所得累进税率扣缴最终预提所得税。

个人纳税人取得养老金所得时，应就其该项所得总额依法缴纳社会保障税，税率为 5%。

（4）董事报酬。公司董事会成员取得的董事报酬以及其他企业实体的高管或决策层成员取得类似所得，支付方需要每月就该项所得按 15% 的税率扣缴最终预提税。

4. 经营和专业服务所得

从事经营的个人取得的所得，以及专业人士（律师、建筑师、医生、牙医和会计师等）、技术人员、推销人员、中介人员、保险代理人等提供独立劳务取得的所得，计入个人的总所得，按照累进税率征税。

个人取得经营和专业服务收入的，纳税人可以选择按照权责发生制扣除相关的、必要的支出，或者选择一次性扣除总收入的25%，来计算该项所得。

如果税务机关认为个人在计算经营和专业服务所得时，某项支出超过规定标准或者不必要，可以要求纳税人进行纳税调整。

5. 投资所得

哥斯达黎加税法规定的投资所得包括股息、利息和特许权使用费、不动产所得。

（1）股息红利。个人或者个人企业取得的自被投资企业分配的现金、实物、非被投资企业股票等形式的利润，应按照15%的税率由被投资企业扣缴最终预提税。值得一提的是，个人通过哥斯达黎加证券交易所买卖股票取得的股息红利所得，适用5%的优惠税率。

（2）利息所得。个人取得的利息所得应计入其应税所得，按照一般规则课税。但也有例外，以下利息所得需要就其总额按8%的税率由支付方扣缴最终预提税：①哥斯达黎加境内上市企业、符合条件的金融机构、政府及其有关部门、银行以及信用合作社发行的证券的利息；②商业汇票和银行承兑汇票的利息。

（3）特许权使用费。个人让渡商标、专利、版权、专业技术或其他无形资产使用权取得的所得，比照“经营和专业服务所得”项目课征所得税。

（4）不动产所得。个人因经常性交易行为取得的不动产所得，比照“经营和专业服务所得”项目课征所得税。其他交易行为取得的不动产所得，免予缴纳所得税。

6. 资本利得

一般而言，个人销售动产或转让不动产取得的资本利得不需要缴纳个人所得税，但是以下两种情形例外：①经常性资本利得；②处置可提取折旧资产实现的资本利得。

7. 个人扣除、宽免和抵免

（1）扣除。哥斯达黎加税法中没有个人必要生活支出扣除规定。

个人从事经营和专业服务的，可以从其取得的收入中扣除相关的、必要的支出。

（2）宽免。哥斯达黎加税法中没有个人所得税宽免规定。

（3）抵免。个人取得的除受雇所得之外的其他所得，可以享受相关税收抵免。以2015年为例，相关抵免优惠主要有：①需要抚养的子女抵免额。每个未成年子女、需要抚养的残疾子女以及25岁以下正在接受高等教育的子女，年度税收抵免额为17 880哥斯达黎加科朗；②夫妻抵免额。年度税收抵免额为26 760哥斯达黎加科朗。如果夫妻双方都是个人所得税纳税人，则只允许一方享受该项抵免。

8. 损失

个人从事经营活动和专业服务的损失的税务处理，请参考公司所得税的税务处理。

9. 税率

（1）经营所得和资本利得。在2016纳税年度（2015年10月1日至2016年9月30日），对个人从事独立营利活动取得的所得，按如下超额累进税率征收个人所得税（见表2）：

表 2　　个人所得税超额累进税率 I

应税所得（科朗）	税率（%）
不超过 3 496 000	0
3 496 001 ~ 5 220 000	10
5 220 001 ~ 8 708 000	15
8 708 001 ~ 17 451 000	20
17 451 000 以上	25

（2）预提税。居民个人取得受雇所得由雇主扣缴预提所得税。在 2016 纳税年度，对个人取得的受雇所得，按如下超额累进税率征收个人所得税（见表 3）：

表 3　　个人所得税超额累进税率 Ⅱ

应税所得（科朗）	税率（%）
不超过 787 000	0
787 001 ~ 1 181 000	10
1 181 000 及以上	15

需要指出的是，以上经营所得和资本利得以及受雇所得的个人所得税适用超额累进税率的税收级距的上下限，哥斯达黎加政府每年将根据中央银行编制的物价指数及居民生活成本进行相应调整。

10. 征收管理

（1）纳税年度。哥斯达黎加个人所得税纳税年度为上年度 10 月 1 日至本年度 9 月 30 日。

（2）纳税申报。一般而言，只取得受雇所得的个人不需要进行纳税申报。其他个人纳税人应依法履行自我评估纳税义务，自行计算年度应纳税额并填写和报送其个人所得税纳税申报表。

年度所得税申报表应在该纳税年度结束后的 2 个月零 15 天（一般为 12 月 15 日）之前报送税务机关。

（3）税款缴纳。除只取得受雇所得的个人之外，其他个人实行自行计算、缴纳个人所得税制度。

在一个纳税年度，个人必须分 3 次预缴税款，预缴税款可以在年度汇算清缴时抵缴全年应纳税款。预缴期分别是 3 月、6 月和 9 月，预缴税款的总额应等于以下二者中的较高值：①上一年度全年实纳税款的 75%；②前 3 个年度实纳税额总和的平均值的 75%。

预缴税款的总额由税务机关事前计算确定并通知纳税人。以下情形下，由纳税人自行确定：①纳税人自行缴纳税款的第一个纳税年度；②纳税人合理预期，本年度实际应纳税额要远高于上一年度。上一年度汇算清缴应补缴的税款，应在本年度 12 月 15 日之前缴纳；多缴纳的税款，纳税人可以申请退税或者抵缴本年度预缴税款。

个人被支付方扣缴的预提所得税税款，可以在年度汇算清缴时抵缴全年应纳税款。

（4）事先裁定。哥斯达黎加税务机关依纳税人申请，可以就相关交易的税收政策适用问题做出个案裁定。

根据税法规定，税务机关必须自收到申请之日起45日内做出裁定，逾期未做出裁定的，视为同意纳税人对相关税收问题的处理意见。

纳税人需要关注的是，其提交的申请必须包含该交易的基本情况、合理的商业理由及支持性的书面证据材料。纳税人如果拥有授权的数字签名（企业数字证书），可以在互联网上通过电子邮件递交申请及相关材料。

个案裁定属于非正式税务行政行为，对征纳双方没有约束力。如果税务机关正式公布个案裁定，则其对所有纳税人都具有约束力。

（二）其他类型的所得税

在哥斯达黎加，地方政府不征收个人所得税性质的税种。

（三）国际税收

1. 居民纳税人

（1）境外所得和资本利得。一般而言，个人纳税人仅就其来源于哥斯达黎加境内的所得缴纳个人所得税，来源于境外的所得不缴纳个人所得税。

（2）境外资本。个人纳税人在哥斯达黎加境外的资本无须在哥斯达黎加纳税。

（3）避免双重征税。哥斯达黎加的公司所得税制实行属地原则。对个人境外所得不征收个人所得税。纳税人在哥斯达黎加境外缴纳的个人所得税，不得抵减其在境内缴纳的个人所得税。

2. 侨民及外派人员

哥斯达黎加税法对来哥人员以及本国派驻境外人员没有专门章节进行规定。

外籍人士在哥斯达黎加企业工作的，该企业工资清册中应包含支付给相关外籍人士报酬的记录。支付给外籍人士的福利费如果是为了使其保持在其居民国同等的生活水平，则该福利费不计入缴纳社会保障税的基数。

3. 非居民纳税人

哥伦比亚税法未对非居民进行明确的定义，原则上，不符合认定为居民纳税人的条件的个人属于非居民纳税人。

（1）对所得和资本利得征税。一般情况下，非居民纳税人与居民纳税人适用相同的规则，因为二者都仅就来源于哥斯达黎加境内的所得征税。

非居民纳税人取得受雇所得的，一般按照10%的税率由支付方扣缴最终预提税。部分特殊情况的，扣缴税率为15%。

非居民纳税人取得经营和专业服务所得的，按照15%的税率缴纳最终预提税。

非居民纳税人取得投资所得的，由支付方按照15%的税率扣缴最终预提税。

非居民纳税人取得特许权使用费的，由支付方按照25%的税率扣缴最终预提税。

（2）对资本征税。一般而言，非居民个人销售动产或转让不动产取得的资本利得不需要缴纳个人所得税，但是以下两种情形按照30%的税率缴纳个人所得税：①经常性资本利得；②处置可提取折旧资产实现的资本利得。

（3）征收管理。非居民个人纳税人不需要向哥斯达黎加税务机关报送所得税申报表，由扣缴方向税务机关报送扣缴申报表并缴纳扣缴税款。

三、增值税

(一) 一般规定

1. 概述

哥斯达黎加对在该国境内销售货物、进口货物以及提供部分应税服务的单位和个人征收增值税。该国增值税并未实现全产业链覆盖。

增值税一般纳税人的进项税额准予从销项税额中抵扣。

2. 纳税人

在哥斯达黎加，增值税的纳税人包括从事增值税应税活动的个人、法人实体以及事实上公司。

事实上公司是指，未领有政府发给的合法执照，便开始营业或开工生产的公司或工厂。

增值税纳税人和增值税扣缴义务人都要到主管税务机关办理税务登记。

3. 应税行为

哥斯达黎加税法规定的增值税应税行为包括销售货物、进口货物以及提供部分应税服务。其中，应税服务项目主要包括以下几项：

(1) 餐饮服务、住宿服务、酒吧服务、夜总会服务、公共娱乐休闲服务；

(2) 交通工具的修理服务、保养服务、清洗服务、打蜡服务、喷漆服务；

(3) 商品的修理服务；

(4) 交通工具的停泊服务；

(5) 互联网通信、电话、电报、电传以及寻呼机服务；

(6) 照相和影印服务；

(7) 仓储服务；

(8) 衣物洗涤和烫熨服务；

(9) 公共活动，体育赛事、儿童电影和儿童戏剧除外；

(10) 除了乡村广播站、乡村报纸之外的广播、电视、报刊、杂志提供的广告服务；

(11) 利用有线电视或卫星电视系统播放电视节目的服务；

(12) 海关代理报关服务；

(13) 保险服务（工伤保险服务除外）；

(14) 印刷服务；

(15) 不动产中介服务；

(16) 保健服务、美容服务、观鸟旅游服务、远足服务和蹦极服务。

4. 应税收入

(1) 纳税人销售货物的，以销售额作为计算增值税销项税额的基础。

(2) 纳税人视同销售货物的，以其同类货物正常销售额作为计算增值税销项税额的基础。

(3) 纳税人提供应税服务的，以其服务销售额（包括与服务密切相关货物的销售额）作为计算增值税销项税额的基础。

（4）进口货物，以货物的“到岸价格 + 关税 + 消费税”金额作为计算缴纳进口环节增值税的基础。

5. 税率

根据哥斯达黎加税法规定，增值税税率为二档：（1）基本税率为13%；（2）优惠税率。其中：木材销售为10%，居民用电为5%（高于250千瓦时）。

6. 免税

纳税人销售部分货物和提供服务可以享受增值税免税优惠。

免税货物主要包括：（1）生活必需的食物；（2）教育商品、书籍、药品；（3）居民住房建筑材料；（4）兽用药品；（5）渔业船舶专用煤油和柴油；（6）居民用电（不高于250千瓦时）；（7）在农业部登记的有机食品；（8）国产商品在第一次出口后的3年之内进出口。

免税服务主要包括：（1）医疗服务；（2）教育服务；（3）专业服务；（4）建筑服务。

（二）非居民纳税人

哥斯达黎加对在该国境内销售货物、进口货物以及提供部分应税服务的单位和个人征收增值税，与货物和服务的消费者是否为哥斯达黎加居民无关。

四、消费税

哥斯达黎加有专门的《消费税法》。根据税法规定，在哥斯达黎加境内生产和进口应税消费品的单位和个人，为消费税的纳税人。应税消费品在《消费税法》所附的《消费税税目表》中以清单列示。

对在哥斯达黎加境内生产环节征收的消费税，应税消费品必须是新的商品；进口环节征收的消费税，应税消费品可能是新的或已经使用过的商品。需要关注的是，该国对出口应税消费品免征消费税。

纳税人生产的应税消费品，于纳税人销售时纳税，计税依据为其实际销售额；进口的应税消费品，于报关进口时纳税，计税依据为“到岸价 + 进口关税”。

应税消费品对应的法定税率，在该国1985年12月19日通过的法令（收录在1986年2月17日公布的《政府公报》中）对各应税消费品的税率进行了规定，其中最高税率为95%。在紧急情况下，税务机关有权临时提高某项应税消费品的消费税税率，但是增幅不得超过某项应税消费品法定税率的20%。

五、社会保障税

在哥斯达黎加，社会保障税的纳税主体包括雇主、雇员以及个体经营者。

（一）对企业征税

雇主缴纳社会保障税的税基是其向员工支付的各种形式的报酬以及其他相关支出，包括非货币性福利。

与大多数国家不同，雇主在哥斯达黎加缴纳社会保障税没有工资额上限规定。

雇主缴纳社会保障税的适用税率是26.67%。

值得一提的是，在实际税收征管中，哥斯达黎加居民公司向派驻国外的员工支付的工资薪金，公司需要缴纳社会保障税；发放给员工以便其维持出国前在国内同等生活水平的福利费，公司不需要缴纳社会保障税。不过，这并非一般规则，税务机关可能会根据纳税人的具体情况而做出不同的税务处理意见。

（二）对个人征税

1. 在哥斯达黎加，雇员缴纳社会保障税适用的税率是9.17%。雇员缴纳的社会保障税，其不得在计算个人所得税应纳税所得额时扣除。

2. 个体经营者缴纳社会保障税适用浮动税率，税率根据其申报的收入金额的大小，为11.5%～18.75%不等。

（何振华　编）

捷克税制

捷克主要税种包括公司所得税、个人所得税、增值税、消费税和社会保障税等。

一、公司所得税

（一）一般规定

1. 税制的类型

捷克采用的是一种改良后的对企业利润征税的传统税制。居民企业的全球范围内所得皆有纳税义务，应纳税收入根据调整后的会计利润计算得出。原则上讲，企业的利润在法人层面和股东层面都要课税。在股东层面，股息只需要缴纳一项最终的预提税，而不用缴纳公司和个人所得税。对于企业股东，预提税可以免除。

2. 纳税人

法定地址或者管理机构在捷克的公司被视为所得税法的居民纳税人，主要包括股份公司、有限责任公司和合伙企业。

非营利机构、基金组织和其他公共组织通过广告、收取会费和租赁取得的相关收入都要缴纳公司所得税。其中，捐款基金和公共服务公司免缴公司所得税。

信托被视为公司所得税的纳税人。

3. 应纳税所得额

（1）一般规定。居民纳税人就其全球范围内所得纳税。除有特殊规定外，来源于各种经营活动和财产处置的所得均应缴纳公司所得税。所得和取得所得过程中发生费用的差额为应纳税所得。公司必须采用复式记账法登记账簿。

（2）免税收入。免税收入包括合法股利、合法资本利得和由税务机关或社会保障局原因导致多缴税款或者社会保障税产生的利息。

（3）扣除。

①可以扣除的项目包括：

A. 折旧减免；

B. 限额内与差旅相关的费用，职工临时住宿费用；

C. 雇主支付的报酬和社会保障税；

D. 用于职工健康和公用设施的费用；

E. 保险支出；

F. 租金费用；

G. 促销费用。每个费用项目的金额不超过 500 捷克克朗，要标明商标、公司名或被促销的商品或服务，且不在消费税课征范围内；

H. 不超过税基 10% 的 2 000 捷克克朗以上的给被认可的慈善机构、教育和政治组织（包括设立在欧元经济区内的机构和组织）的捐赠；

I. 法律范围内，取得有形资产和无形资产时折旧之外的费用；

J. 与产生收入的经营活动相关，对土地和房产课征的税和各种其他税收；

K. 有集体协议、公司内部准则或雇用合同保障的，雇主为雇员支付的个人寿险金；

L. 雇主出资让雇员接受专业教育的费用，每月 5 000 捷克克朗以内，如果雇员接受的是大学教育，每月 10 000 捷克克朗以内；

M. 如果某项所得计入了捷克国内税基之内或是单独计税的，并且在捷克没有适用的协定，那么在国外缴纳的公司所得税（于次年立即扣除）；

②不可扣除项目包括：

A. 与不征税收入有关的费用；

B. 获得其他公司股份时的费用和股本出资额；

C. 招待费和个人消费支出；

D. 根据资本弱化规则利息和相关财务费用；

E. 董事费和给雇员工资之外的货币性福利；

F. 以休闲娱乐、文体活动为形式提供给职工的非货币性福利，有集体协议、公司内部准则或雇佣合同规定的除外；

G. 直接归属于某项股权的费用，条件是该股权的股息适用免税规定。同样包括在取得股权之前 6 个月内的贷款利息，除非纳税人明确表示目的就是贷款，而不是获得或持有一项股权。只要股权还由纳税人或纳税人相关的人持有，这项利息就不可扣除。归属于某项股权的间接费用，若达到股息红利或者其他利润分成的 5%，则这项费用不可扣除，除非纳税人能证明实际费用低于 5%；

H. 某些罚款和罚金。

（4）折旧和摊销。捷克法律区分了税务和会计两种不同目的的折旧。

有形资产可以折旧，一些特例除外。税务方面，可折旧有形资产是指土地以外的不动产和以 4 万捷克克朗以上价格取得并且预计使用年限超过 1 年的动产。一般情况下，有形资产由所有者计提折旧。

对于无形资产，满足以 6 万捷克克朗以上价格取得并且预期使用年限超过 1 年条件的，可以计提折旧，特殊情况除外。

土地、存货、艺术品、文化纪念品和自然资源等不能计提折旧。

纳税人可以选择采用直线折旧法或者累计折旧法。方法一经采用，在整个折旧期内不得变更。折旧的要求可以延期，这属于纳税人的自由裁量权。

根据资产预计使用寿命分为以下六类（如表 1 所示）：

表 1

类别	说明（举例）	使用寿命（年）
1	计算机、办公用品、农机、施肥和保护性植物	3
2	小汽车、卡车、飞机、光学和电力设备	5
3	专利、特定工业加工中使用的机器和设备	10
4	输油管、供能的机器和设备、木制房屋	20
5	除第 4 类以外的其他建筑物、桥梁、隧道、道路	30
6	办公楼、饭店大楼、购物商场	50

不在以上分类中的资产被归入第 2 类。

在直线折旧法中，资产可以根据分类采用最大的年折旧率折旧。

在加速折旧法中，第一年的折旧额为购置成本与法定相应系数的商。在确定之后年度的折旧额时，要将残值乘以二除以适当系数减去已折旧的年数之差。实际上，与直线折旧法折旧周期相同时，加速折旧法是一种递减折旧的方法。

折旧总额不能超过资产的取得价款。没有针对中止使用、转让或处置资产时撤回折旧的具体规定。在税务上，处置资产产生了的资本利得等于处置价款和资产（折旧后）价值的差额。对资本利得与一般收入的处理方法相同，按照标准税率征税。

（5）准备金。有 5 年以上折旧年限的有形资产的修理，可以计提税前可扣除准备金，依据资产所属折旧类别不同，准备金的时间 3 ~ 10 年不等。只有将准备金等额款项存入一个专门账户，才允许计提准备金。否则，在第二个纳税年度撤回。为了陈废存货计提的准备金在税务上不能扣除。

在税务上，如果符合某些条件，计提的坏账（应收款项）准备金和冲销呆账可在税前扣除。银行以外的公司纳税人，一般情况下，可以按照以下规定计提可扣除的坏账准备金：到期时间超过 18 月，可以冲销 50%；2015 年 1 月前到期时间超过 36 个月，可以冲销 100%。如果应收账款的票面价值超过 20 万捷克克朗，并且应收账款是由一项业务取得的，纳税人只能在该应收账款的收款程序开始后（例如：仲裁、司法或行政程序）计提坏账准备金。涉及股东和关联方应收账款的坏账准备金不得计提。

除了赠与获得的和从关联方收到的应收账款之外，其他应收账款的票面金额不得减值。尤其要注意，当债务人破产时，在之前纳税年度计提的相关坏账准备金都必须转回。

满足以下情况时，银行可以按照 100% 计提应收账款的准备金：

①该应收账款至少逾期 12 个月；

②该应收账款没有计提其他准备金，或者计提过但已经转回；

③不是来自于股东或是关联方的应收账款；

④来自同一债务人的应收账款总额不超过 3 万克朗。

4. 资本利得

捷克对资本利得没有征收单独税种。

5. 亏损

（1）经营亏损。亏损可以向以后 5 个纳税年度结转，不允许向以前年度结转。

如果企业直接持股或者控制权发生了重大变更，除非企业通过了“收入结构检验”，否则结转的亏损只能部分扣除。按照这项检验，如果企业可以证明其 80% 以上收入来源于与产生亏损的同一经营活动，那么企业变更之前结转的全部亏损可以扣除。重大变更是指 25% 以上的注册资本、投票权发生变化，或是该变更使某一股东有了实质影响（影响力增加）。专门检验条例适用于已经发行无记名股票的捷克股份制企业。

（2）资本损失。资本损失一般不得从应纳税所得中扣除。但是，出售有价证券（不包括具有控股和重大影响的股权）产生的损失可以从税基中扣除。

出售某企业所有者权益的损失不可扣除，除非是股份制公司。取得所有者权益的成本最多可以扣除该权益处置收入的同等金额。

出售汇票的损失，包括本票，在账上被记作有价证券而不是交易应收账款，不得在税前抵扣，也不得从出售同类有价证券的收入中扣除。

衍生品交易损失对公司所得税的影响取决于公司的会计处理方法，例如，这类交易的会计利润/损失不做纳税调整。

6. 税率

（1）经营所得和资本利得适用税率。公司所得税的一般税率为 19%，自 2010 年 1 月 1 日生效。如果是开放式投资基金和开放式投资公司，包括设立在欧元经济区的合规基金公司，则利润适用于特殊的 5% 税率。

（2）向居民纳税人支付款项的预提税税率。以下情况适用 15% 最终预提税税率：

①不适用于免税规则的股息和其他利润分配；

②隐名合伙人的利润分成；

③从一个有限责任公司中退出合伙、有限合伙人从有限责任公司中退出、合作社成员退出，以上情况收到的结算金额减去取得股份的成本；

④解除从利润中计提的准备金的相关款项（自 2015 年 1 月 1 日起生效）；

⑤支付给股份公司股东、有限责任公司股东或合伙企业成员的清算盈余减去取得股份的成本。

7. 税收优惠

（1）大规模投资的税收优惠政策。目前对于大规模投资的税收优惠政策如下：

①对于新设立的企业，有 10 年所得税减免，减免额相当于其应纳税额；

②对于现存的企业，有 10 年所得税减免，减免额相当于其过去两年中纳税较多那年的税款增加额；

③受条件限制，在政府特批的优惠工业园区的投资，可以享受不动产税 5 年的免税优惠。投资税收优惠政策适用于在制造工业、技术中心和战略服务中心的投资，主要适用条件如下：

①若要满足制造工业优惠政策的条件需：A. 至少增加 20 个新工作岗位；B. 至少 1 亿捷克克朗的投资，其中至少有 5 000 万投资在机器设备上（对高失业率地区的投资标准降低）。

②若要满足技术中心优惠政策的条件需：A. 至少增加 20 个新工作岗位；B. 至少 1 亿捷克克朗的投资，其中至少有 5 000 万投资在机器设备上。

③若要满足关于战略服务中心优惠政策的条件，新增加就业岗位的数量：A. 不少于 20 个（适用于软件发展中心）；B. 不少于 70 个（适用于共享服务中心）；C. 不少于 500 个

（适用于顾客服务中心）。

④制造工业或技术中心具备资格的战略性投资（政府单独批准的符合特定的一般性要求）可以享受购买有形和无形资产的现金补贴。

⑤该投资必须符合环保标准，并且对投资的要求可以由于投资所在地的高失业率而有所降低。

（2）研发费用的税收优惠。公司可以从应纳税所得中100%或110%地加计扣除研发费用，当年符合条件的研发费用高于上一纳税年度时可以采用110%的加计研发费用扣除。公司也可以扣除以下费用，以支持其雇员的专业水平提升：

①提供专业训练的设备成本（成本金额的最多110%可以扣除）；

②在认可的学习项目下进行专业（在职）训练的相关费用（每位学员每小时可扣除额为200捷克克朗）。

如果公司在相关纳税年度发生税收损失或应纳税额低于研发费用和专业水平提升费用，可以自允许抵扣的年度起向以后递延3个纳税年度。

（3）就业的税收优惠。雇主的纳税义务可以因其雇佣残疾雇员的数量而获得抵免。按照残疾的程度，抵免额为18 000捷克克朗或60 000捷克克朗（或是与兼职雇员成比例的数额）。只有按照一般税率缴纳公司所得税的才能享受此抵免优惠。

8. 征收管理

（1）纳税年度。纳税年度为日历年度，但纳税人可以告知主管机关后选择不同的财务年度。

（2）纳税申报。在下一个纳税年度结束后第三月末，必须由税务机关填写年度纳税申报表。如果公司的财务报表处在法定审计中或者由税务顾问准备纳税申报表，申报截止日期为纳税年度结束后第六月末。纳税人必须自己计算申报表中的应纳税额（自行核定）。信托人具有申报信托的相关纳税义务。

（3）税款缴纳。除了最终应纳税额为3万捷克克朗或以下的纳税人外，其他纳税人都需要预缴税款。如果纳税人上一财务年度的应纳税额超过15万捷克克朗，则需要按季度预缴相当于上年税额的四分之一的预付款。如果纳税人上年税额在3万捷克克朗和15万捷克克朗之间，则需要预缴上一年度税额的40%。纳税人最终应纳税额要在年度纳税申报表列明的截止日期之前缴纳。多缴税款将依据纳税人的申请在30日内退还。

（4）事先裁定。捷克采用有限约束力的事先裁定规则，可以在以下情形中申请事先裁定：

①预约定价协议；

②在股权结构发生重大变化时亏损的利用；

③按照欧盟《利息和特许权使用费指令》，对利息和特许权使用费的免税；

④与应纳税所得和非应纳税所得有关的成本扣除问题；

⑤与商业目的和私人目的使用不动产相关的成本扣除问题；

⑥在财产方面的成本是否被视为技术改进（资本性质）还是可扣除费用；

⑦研究和开发费用是否符合相关税收优惠政策的条件。

（二）居民企业之间的交易

1. 企业集团合并纳税

捷克企业集团不能合并纳税，每个公司必须单独纳税并且利润和损失不得在关联公司中转移。

2. 居民企业之间的股息红利

居民企业之间的股息不缴纳公司所得税，仅缴纳 15% 的最终预提税。以下情况不对股息征收预提税：

（1）无论股息分配公司还是股息接受公司必须是股份公司、有限责任公司或合伙企业，并且股息分配公司未处于清算阶段；

（2）股息接受公司持有分配公司至少 10% 的资本；

（3）至少 10% 持股要连续持有 12 个月以上。

（三）国际税收

1. 居民企业

（1）境外所得和资本利得。居民企业就全球范围内的所得负有纳税义务，包括资本利得，资本利得通常按照普通所得纳税。居民企业来源于境外的股息收入（包括利润分成、结算和清算的付款），单独计算税基，缴纳 15% 税款。按照欧盟母子公司指令，如果满足一定条件，欧盟子公司支付给捷克母公司或者捷克母公司的常设机构股息在捷克免税。来源于境外的利息收入和特许权使用费按照居民公司普通所得纳税。

（2）境外亏损。对于境外分支机构或常设机构的亏损处理没有专门规定，对亏损转回也没有专门规定。境外亏损处理采用的是与国内亏损相同的方法计算。

（3）境外资本。捷克没有净财富税，对位于境外财产不征收土地税和建筑物税。

（4）避免双重征税。自 2001 年 1 月 1 日起，单边税收抵免被废除。境外缴纳的税款，仍然作为费用可以扣除。税收协定中的减免条款优先于国内规定。

2. 非居民企业

（1）一般所得和资本利得课税。非居民企业仅就其来源于捷克的所得纳税。来源于捷克的所得包括：

①来源于捷克的雇佣所得；

②来源于捷克因独立活动取得的所得（如：自由作家）或报酬；

③来源于常设机构举办的商业活动所得；

④来源于捷克境内提供服务取得的收入，包括商业、技术、资讯和管理服务；

⑤出售捷克境内的不动产和与之相关权属的资本利得；

⑥出租位于捷克境内不动产的租金收入；

⑦出售捷克公司和合伙企业股份的资本利得；

⑧居民个人或捷克的常设机构支付给非居民的以下项目收入：

A. 产业所有权、软件、专业技术和版权的使用或使用权的收入；

B. 股息和其他利润分成；

C. 获批的信贷和贷款、存款和有价证券的利息和其他收入；

D. 投资工具的收入和利得（如：有价证券和金融衍生品）；

E. 出租捷克境内不动产的租金收入；

F. 出售捷克境内不动产的资本利得；

G. 出售常设机构经营财产的收入和出售登记在捷克的产权收入；

H. 境外法律实体成员取得的报酬；

I. 赡养费或退休金收入；

J. 按照合同关系的处罚。

对常设机构应纳税所得的核定采用与居民实体同样的方法，其应纳税所得要缴纳的公司所得税税率与在捷克注册的公司相同。符合一定条件的位于欧盟其他国家的母公司，来源于出售其在捷克公司或合伙企业股权的所得，属于资本利得免税范围。

（2）资本课税。捷克没有净财富税，对位于境外财产不征收土地税和建筑物税。

（3）征收管理。捷克对分配给非居民公司的常设机构所得的核定值征税。

3. 非居民企业预提税

（1）股息。向支付给非居民公司的股息（包括利润分成，结算和清算，减去取得股权的成本）征收预提税，税率为15%或35%，35%的税率适用于股息接受者不在以下国家的居民企业：

①其他欧盟成员国或欧元经济区国家；

②与捷克达成：税收协定、税收信息交换协定或者信息交换多国协定的国家。

此预提税通常是最终缴款额。符合一定条件的股息免征预提税。

（2）利息。对利息或其他信贷收益征收预提税，税率为15%或35%，35%的税率适用于利息接受者不在以下国家的居民企业：

①其他欧盟成员国或欧元经济区国家；

②与捷克达成：税收协定、税收信息交换协定或者信息交换多国协定的国家。

有税收协定的依协定中的税率执行。此预提税通常是最终缴款额。符合一定条件的利息免征预提税。对于欧洲债券的利息（在捷克拥有席位或被捷克监管的实体发行的债券）免征预提税。

（3）特许权使用费。向支付给非居民公司的特许权使用费征收预提税，税率为15%或35%，35%的税率适用于股息接受者不在以下国家的居民企业：

①其他欧盟成员国或欧元经济区国家；

②与捷克达成：税收协定、税收信息交换协定或者信息交换多国协定的国家。

有税收协定的依协定中的税率执行。此预提税通常是最终缴款额。符合一定条件的特许权使用费免征预提税。

（4）其他。根据特殊规定，向在捷克境内独立活动和提供服务支付的费用，包括向商业、技术、咨询或管理服务支付的费用征收预提税，税率为15%或35%，35%的税率适用于股息接受者不在以下国家的居民企业：

①其他欧盟成员国或欧元经济区国家；

②与捷克达成：税收协定、税收信息交换协定或者信息交换多国协定的国家。

有税收协定的依协定中的税率执行。此预提税通常是最终缴款额。

对租金征收预提税，税率为15%或35%，35%的税率适用于股息接受者不在以下国家的居民企业：

①其他欧盟成员国或欧元经济区国家；

②与捷克达成：税收协定、税收信息交换协定或者信息交换多国协定的国家。

（四）反避税

1. 概述

捷克在税收管理中按照一般反避税条例，实质重于形式的条款使税务机关有权根据交易的实质性以检查任何交易情况并进行税收评估。

2. 转让定价

如果交易成交价格涉及的交易双方是有股权联系的“关联方”或其他相关联系的，其成交价格与市场价格具有差异且双方不能对此作出合理解释的，出于税收考虑，税务机关将以市场交易价格代替成交价格。

转让定价规则不适用于：(1）任何由居民股东提供给子公司或由合伙企业的居民成员提供给合伙企业的贷款或信贷；(2）任何由非居民延伸的信贷，并且约定的利率在这两种情况下低于正常利率。

特殊转让定价规则中也有针对非居民常设机构的。因此，常设机构的税基不能低于对居民纳税人从事相同或相似活动评估出的税基。在计算此税基时，将可能用到可比纳税人或活动的利润与总费用之比、利润与总收入之比、可比交易边际和其他可比参数。

预约定价安排可以由税务机关提出，解决未来与关联企业交易中价格的问题。预约定价安排也可以由企业在设立前提出。目前税法中并不包括具体的强制性的转让定价书面性要求。

3. 资本弱化

根据所得税法的资本弱化规定，公司债务和资产净值比超过4:1的关联方提供信贷的融资成本（包括利息和其他相关费用)，不得在税前扣除。银行和保险公司适用的比例为6:1。资本弱化规则同样适用于关联企业通过第三方信贷的融资成本。

二、个人所得税

（一）一般规定

1. 纳税人

满足以下条件的个人被视为捷克居民纳税人：

(1）在捷克境内拥有永久性的房屋（居住地址）；

(2）除研究与治疗外，在相关纳税年度在捷克停留超过183天。

一般合伙企业被认为是税收目的的透明实体，按照公司所得计算纳税。

捷克没有夫妻联合申报的规定，配偶为独立的纳税人。

2. 应纳税所得额

(1）概述。居民个人就全球范围内所得纳税，不管其所得是以货币形式还是以非货币形式取得。

（2）免税所得。奖学金免税。符合一定条件的遗产和赠与以及资本利得免税。

3. 受雇所得

（1）工资、薪金所得。雇主代扣代缴雇佣所得的个人所得税，雇佣所得计入总所得中，适用比例税率。对于商务旅行费用的报销，包括出国的每日补贴，在低于法律规定的金额时不视为应税所得。

不允许从雇佣所得中扣除费用（包括交通费用）。雇员应纳税所得包括雇主支付的社会保障税和医疗保险缴款；由雇员缴纳的强制社会保障税和医疗保险缴款不能从其雇佣所得中扣除。由雇主代表雇员支付的以下缴款总额不超过 3 万捷克克朗：①国家附加养老金和合规自愿养老储蓄金计划；②雇员的个人人寿保险是免税所得，只要相关保险合同规定该保险收益只在至少 60 个月后而不是受保人达到 60 岁之前支付。在同样的条件下，由雇主支付的免税保险缴款适用于符合条件的养老金并且寿险公司成立于其他欧盟成员国或欧元区国家。

（2）实物福利。实物福利通常以公平市场价值计入应纳税雇佣所得中。使用公司小汽车的应税价格，按照汽车购置成本的 1%，或者汽车使用期间每月最低 1 000 捷克克朗来计算。雇员应税所得还包括在私人使用公司小汽车期间由雇主支付的汽油消耗费用。以下实物福利免税：

①就业培训；

②在工作地点提供的餐饮；

③雇主为雇员提供的与工作有关的每月低于 3 500 捷克克朗的临时性免费住宿地；

④每位雇主不高于 30 万捷克克朗的无息贷款（如果贷款超过这个数量，按照公开市场利息收益纳税）；

⑤以下实物福利，如果是为了文化和社会需求来自特别基金融资或者雇主税后利润融资的，就是免税的：

A. 以娱乐、卫生保健、教育或者学前设施、工作地点的图书馆、以运动设施形式提供的实物福利，每年不超过 2 万捷克克朗；

B. 给雇员的非现金礼物每年不超过 2 000 捷克克朗。

（3）养老金所得。2016 年，可以免税的来自捷克或者外国强制社会保险方案的定期养老金最多不超过 356 400 捷克克朗（为每月最低工资的 36 倍）；超额部分计入收入总额按照比例税率纳税。养老金领取者收到的雇佣、经营和租金总所得超过 840 000 捷克克朗的，不得申请免税。

来自私人养老计划的养老金，即来自国家援助的补充养老保险、外国来源的养老保险，都视为“资本来源所得”。如果该所得来自捷克，需要按照 15% 的税率分别纳税。如果所得来自国外，需要计入所得总额，按照 15% 比例税率纳税。

（4）董事报酬。法律实体的法定领导团队的居民成员报酬按照雇佣所得纳税。

4. 经营和专业服务所得

按照所得分类，“经营和专业服务所得”的应纳税所得的计算采用两种方式，在商业登记处注册的企业或者年流转额超过 2 500 万捷克克朗的行业采用权责发生制，尚未注册的小企业主采用现金实现制。针对从事农业、工业等不同类型的企业主，可以有一定比例扣除。

法定社会保障税不能扣除。

5. 投资所得

投资所得可以归入“资本利得”、“租金所得”和“经营和专业服务所得”类别下，视情况而定。利润分配属于“资本来源所得”，按照最终总额分别征收预提税。贷款利息、逾期付款利息、商业往来账户利息以及交换票据收益属于“资本来源所得”，计入所得总额，按照所得税比例税率纳税。利息和其他收益证券（存款单据以及类似的债务工具），以及定期存款、非商业往来账户和储蓄存款账户的利息也是资本利得，但是这类所得需要针对总额缴纳预提税。

特许权使用费和执照费属于“经营和专业服务所得”，可以扣减实际费用或者选择一次性扣除相当于毛所得 40% 的数额（最高 80 万捷克克朗），净所得计入所得总额中，按照比例税率纳税。

租金所得，可以扣减实际费用或者选择一次性扣除相当于毛所得 30% 的数额（最高 60 万捷克克朗），净所得计入所得总额中，按照比例税率纳税。

6. 资本利得

资本利得通常计入所得总额中，按照比例税率纳税。视情况计在“资本来源所得”或者“其他所得”类别下。不适用指数化税收减免，通常没有税收减免展期。

（1）不动产。销售非商业不动产的资本利得免税，条件是纳税人在销售前已持有该不动产至少 5 年。销售住所的所得通常免税，条件是该住所在销售前作为纳税人的主要居住地至少 2 年。如果该住所使用不到 2 年，其免税的条件是销售所得被用于纳税人的住宅支出。否则，销售不动产的资本利得计入所得总额中纳税。

（2）股票。来自出售证券（包括股票）及其他参股权的资本利得作为“其他所得”计入所得总额中纳税。按照销售价格和购置成本之间的差额，减去伴随销售发生的费用来确定应纳税所得。出售证券的亏损只能在同一纳税期间从类似所得中抵消。股票和其他参股权的损失不能扣除。

来自证券的资本利得年免税额最高不得超过 10 万捷克克朗。如果超过这个数额，在持有 3 年后，来自证券的资本利得是免税的，条件是投资者直接参与资本或者发行者投票权在销售证券前的 24 个月内的任何时候不超过 5%。在持有 5 年后，来自其他证券（包括股票）以及其他参股权的资本利得是免税的。

（3）其他。原则上，销售非商业动产的资本利得是不免税的。但是只有汽车、飞机以及船只在持有 1 年以后出售获得的利得可以免税。

7. 个人扣除、宽免和抵免

这部分规定适用于居民纳税人以及符合条件的非居民纳税人。

（1）扣除。除了上述各种所得类别中扣除规定，还有以下费用可以从所得总额中扣除：

①向符合规定的慈善、教育和政治组织的捐赠，包括在其他欧盟成员国设立的组织。扣除额为应纳税税基 2% 以上或者 1 000 捷克克朗，并且最多不超过税基的 15%。

②纳税人主要住所的抵押借款利息和住房储蓄贷款利息每年最高扣除额为 30 万捷克克朗；

③私人人寿保险缴款每年最高扣除额 12 000 捷克克朗，条件是保险合同规定保险收益仅在 60 个月后而不是在受保人达到 60 岁之前支付。

（2）宽免。捷克没有个人宽免。

（3）抵免。纳税人个人所得税的基本抵免额为 24 840 捷克克朗。此外，2015 年和 2016

年还可以申请以下抵免：

①如果生活在纳税人家庭里的配偶年所得不超过 68 000 捷克克朗，抵免额为 24 840 捷克克朗（如果配偶是严重残疾，抵免额加倍）；

②如果纳税人有权获得部分残疾保障金，抵免额为 2 520 捷克克朗；

③如果纳税人有权获得全额残疾保障金，抵免额为 5 040 捷克克朗；

④如果纳税人是严重残疾，抵免额为 16 140 捷克克朗；

⑤如果纳税人在学习阶段且不超过 26 岁（博士研究生 28 岁），抵免额为 4 020 捷克克朗；

⑥2016 年用于学前儿童看管成本的抵免额为 9 900 捷克克朗。

上述抵免额的最高限额为纳税人应纳税款。

有来源于雇佣、经营、资本或者租金等应税所得的纳税人，家庭里有一个或者以上被抚养儿童，第一个子女年抵免额 13 404 捷克克朗，第二个子女年抵免额 15 804 捷克克朗，第三个及以后的子女每个年抵免额为 17 004 捷克克朗。如果税收抵免额超过纳税人的应纳税额，并且其应税所得只来源于雇佣、经营、资本或者租金，可以退还差额，但最多不能超过 60 300 捷克克朗。给予这样的退税，条件是 2016 年纳税人来源于雇佣、经营、资本或者租金的所得超过 59 400 捷克克朗（最低月工资的 6 倍）。如果纳税人只有来源于租金的所得，给予退税的条件是纳税人支出不能超过其所得。

8. 损失

“雇佣所得”、“资本来源所得”以及“其他所得”类别的总净值不能为负数。“经营和专业服务所得”中的任何负数金额可以抵消租金所得的正数金额，反之亦然。如果这两种允许抵消的所得类别的总净值仍然是负数，损失可以向以后 5 个年度结转。

9. 税率

（1）所得和资本利得。所得总额按照 15% 的单一比例税率纳税。对超过年平均薪金（2016 年为 1 296 288 捷克克朗）四倍的部分“雇佣所得”和“经营和专业服务所得”征收 7% 的“团结附加税”。

（2）预提税。居民纳税人来源于国内的以下每一类型所得，单独组成独立税基，按照 15% 的最终预提税纳税。

①股息以及其他分配；

②匿名股东的利润分成；

③有限责任公司的参股人或有限合伙企业的合伙人终止时，或者合作组织成员身份终止时支付的结算金额，减去参股时的购置成本；

④支付给股份公司股东、有限合伙企业的有限合伙人或者合作社成员的清算结余，减去参股时的购置成本；

⑤在利润转让或控股合同的基础上将利润转让给控股人的；

⑥债券利息；

⑦利息及储蓄账户、存款账户或者非经营活期账户以及存单上产生的其他资金收益；

⑧来源于国家援助补充养老金或者来自私人人寿保险金，减去支付的保险费。

10. 征收管理

（1）纳税年度。每年核定纳税。应纳税年度通常为日历年度。有来源于农业和贸易所得的企业主可以选择一个不同的财政年度，但要告知税务部门。

（2）纳税申报。所得总额超过 15 000 捷克克朗的个人必须在应纳税期间后的第三个月结束前提交年度纳税申报表（通常是 3 月 31 日）。如果纳税人的财务报表需接受法定审计，或者其纳税申报表由税务顾问制订和提交，最后期限是应纳税期后的第六个月末。

如果个人只有来源于一个或者更多捷克雇主的“雇佣所得”（或者其他类型所得不超过 6 000 捷克克朗），不要求他提交年度纳税申报表。需要缴纳“团结附加税”的个人，必须提交纳税申报表。

自 2015 年 1 月 1 日起，纳税人某项所得超过 500 万捷克克朗的，如果免缴个人所得税，必须在截止期限前向当地主管税务机关提交通告。税务部门可以在应纳税期结束后的 3 年内核定应纳税额。只要核定税额符合纳税申报表，税务部门就不必通知核定的纳税人。

如果雇主通过代扣代缴方式缴纳的“雇佣所得”税收，雇主可以重新计算全年所得额和上年度应纳税总额，并且通过每月所得预提税结清差额。针对估算核定税额，必须在相关应纳税期的 1 月 31 日前提交有关估算申请，税务部门必须在这一年的 5 月 15 日前确定税额。

（3）税款缴纳。在年度纳税申报表中核计纳税人的最终税款，并且必须在提交纳税申报表时缴纳。如果在纳税申报表中申请退税，税务部门依情况必须在提交申报表后的 30 天内退税。

针对“雇佣所得”征收的税款通常通过雇主预提的方式扣除。针对其他所得类型，纳税人必须针对该纳税年度的估算应纳额预先缴纳。预先缴纳的次数和百分比取决于最后提交的纳税申报表中申报的应税所得。

在估算核定的情况下，税款应在相关应纳税期的 5 月 31 日前缴纳。

（4）事先裁定。捷克没有普遍事先裁定制度，但是有有限裁定规定。

（二）国际方面

1. 居民个人税收

（1）境外所得和资本利得。居民纳税人应针对其全球所得纳税。按照一般规则，在国外雇佣所得包括在雇佣总所得纳税。针对保留居民身份但派遣到国外的人或边境工人，捷克没有特别的规定。捷克没有关于边境工人的协定。

来源于国外投资的所得，例如股息和利息，计入“来自资本的所得”类型中，按照所得税比例税率纳税。

来源于国外“经营和专业服务所得”、“特许权使用费” 和不动产的所得通常与在捷克国内的所得处理方式相同。

没有关于销售外国不动产的资本利得的单独处理方式。因此，如果没有免税，该利得包括在其他所得总额中，按所得比例税率纳税。

来源丁国外私人人寿保险的养老金被视为资本利得。

（2）境外资本。捷克没有净财富税。不动产税只对捷克国内的不动产征收。

（3）减免双重征税。从 2001 年 1 月 1 日起，单边抵免被废除。但是，针对在一个与捷克没有税收协定的国家的所得缴纳的税款，可以从在捷克应纳税所得中扣除（在应纳税期结束后立即扣除）。如果所得来源于税收协定生效的国家，依税收协定。

2. 侨民

捷克没有针对侨民的专门规定。

3. 非居民纳税人

在捷克没有永久居住地或日常住所的个人被视为非居民纳税人。

（1）一般所得和资本利得课税。非居民仅对来源于捷克国内的所得纳税。非居民的所得通常根据居民的规定纳税，除非法律或税收协定另有规定。非居民在同等条件下和居民一样有权享有基本的个人税收抵免以及学生的抵免。其他欧元经济区居民的所得中90%以上是从捷克境内获得的，可以适用其他的税收抵免和扣除。非居民个人的来源于捷克的所得，通常按照最终预提税率15%或35%纳税。35%的税率适用所得来源于没有居住在以下地方的个人：

——其他欧盟成员国或欧元经济区国家；

——与捷克达成：税收协定、税收信息交换协定或者信息交换多国协定的国家。

①雇佣所得。非居民在12个月内少于183天的期限在捷克工作，从外国雇主（在捷克没有常设机构）那里获得的报酬免税。来源于捷克雇佣所得或者在由捷克居民经营的船舶或者飞机上受雇所得构成来源于捷克的应纳税所得。向法人实体的法定领导团体的非居民成员支付的报酬按照15%或35%的税率缴纳最终预提税。这个规定只适用于向法定的行政和管理机构成员支付的报酬。公司的非行政和非监管活动的报酬作为普通雇佣所得纳税。

②经营和专业服务所得。来自单独的活动和来自在捷克提供服务的所得并且向非居民个人支付的所得，需按照15%或35%的税率缴纳预提税。该预提税通常为最终缴纳款。但是，其他欧元经济区国家的居民个人来源于捷克的这类所得，可以在纳税申报表上申请相关的税收费用扣除。此类所得的预提税可以抵免其纳税额，超额部分可以退税。

③投资所得。最终预提税税率为15%或35%，适用于以下情况：

——股息及其他分配，包括结算付款和清算收入，减去参股的购置成本；

——基于转移利润或控股合同的转移给控股人的利润。

15%或35%的预提税税率适用于信贷和贷款的利息及其他收益，特许权使用费以及动产租赁的所得。根据融资租赁合同，针对（强制性）连续购买资产的支出按照5%税率纳税。这些种类的预提税通常为最终缴纳款项。但是，其他欧元经济区国家的居民个人来源于捷克的这类所得，可以在纳税申报表上申请相关的税收费用扣除。此类所得的预提税可以抵免其纳税额，超额部分可以退税。

④资本利得。非居民获得的资本利得通常应纳税，条件是产生利得的资产属于一个常设机构或者在捷克有固定场所。

来源于销售捷克不动产的资本利得，和来源于这类财产有关权利的资本利得，以及在捷克公司、合伙企业和合作社中的股份通常需要纳税。来源于常设机构经营动产、由捷克居民发行的债券和在捷克登记的产权的所得，只有在购买者是捷克居民或者非居民的常设机构时才需要纳税。为了保障税款的缴纳，如果这类所得支付给向非欧元经济区居民，需要缴纳预提税。

⑤其他所得。当向非欧元经济区居民支付不缴纳预提税的应税所得时，付款人必须代扣代缴总所得的10%来保证税款的缴纳。来源于投资工具的销售所得和来源于另外债权人转让申请的债务结算所得适用税率为1%。个人所得税的比例税率适用于支付给捷克普通或有

限合伙企业的非欧元经济区一般居民合伙人任何类型所得。该类预提税可以从最终纳税额中抵免。

(2) 资本课税。捷克没有净财富税。非居民要就捷克境内的财产缴纳土地和建筑物税收。

(3) 征收管理。非居民按照一般规定纳税。另外，非居民只有当其所得来源于雇佣但是雇主是在捷克没有常设机构的捷克非居民时必须提交纳税申报表。但是，如果避免双重征税规定其所得免税或需要缴纳最终预提税，则不需要进行纳税申报。

三、增值税

(一) 一般规定

1. 概述

对商品与劳务供应征收增值税。

2. 纳税人

在捷克境内独立从事生产经营活动的企业（包括个人或法人）为增值税纳税人。信托被视为增值税目的的法人实体。如果纳税人在连续 12 个月内的营业收入（不包括免税活动的收入）超过 100 万捷克克朗，必须进行增值税登记。

3. 应税行为

应税供应包括以下行为：

(1) 出于获取报酬目的的商品和服务供应；

(2) 在欧共体内的商品购置；

(3) 进口。

4. 应税收入

应税收入为不含增值税的商品与劳务供应的总报酬，法律另有规定除外。如果对商品供应征收了消费税等税种，则税基中还包括这些税额。

5. 税率

增值税标准税率为 21%。一些商品和服务，尤其是食品、文化活动以及社会保健服务等（免税品除外）适用 15% 的较低税率。对儿童营养品、选择类医药产品、图书（50% 以上内容为广告的图书除外）和某些农业投入适用 10% 的低税率。

6. 免税

免税但不得进行进项税额抵扣的行业包括邮政、广播、金融、保险、卫生、社会福利服务、土地与建筑物的转让或租赁、彩票类投机行业以及教育行业。

(二) 非居民纳税人

原则上，在捷克从事生产经营活动的非居民纳税人视同居民纳税人缴纳增值税。基于互惠原则，符合一定要求的某些供应的进项增值税税额可以退还给非居民纳税人。

四、消费税

捷克对境内生产或进口的燃料、润滑剂、烈酒和利口酒、啤酒、白酒和烟草制品征收消费税。

五、社会保障税

（一）对企业征收

2015 年和 2016 年雇主缴纳社会保障税如表 2 所示：

表 2

保险类型	税率（%）
养老保险	21.5
医疗保险	9
伤残保险	2.3
失业保险	1.2
总计	34

社会保障税的税基为报酬总额，包括一些实物福利。自 2016 年 1 月 1 日起，社会保障税的上限为平均年薪的 4 倍，即 1 296 288 捷克克朗（2015 年为 1 277 328 捷克克朗）。医疗保险缴款没有上限规定。

（二）对个人征收

雇员和自营业者（从事经商或独立专业的人）必须缴纳社会保障税。强制性社会保障税覆盖了医疗、职业伤残、养老以及失业保险。雇员社会保障税的税基为雇佣报酬总额。自 2016 年 1 月 1 日起，社会保障税的上限为平均年薪的四倍，即 1 296 288 捷克克朗（2015 年为 1 277 328 捷克克朗）。医疗保险缴款没有上限规定。这些强制缴纳的社会保障税税款不能从税基总额中扣除。

没有选择自愿养老储蓄金计划的纳税人，2015 年适用税率如表 3 所示：

表 3

保险类型	雇员税率（%）	自营业者税率（%）
医疗保险	4.5	13.5
伤残保险	0	2.3（不是强制性的）
养老保险	6.5	28.0
失业保险	0	1.2
总计	11.0	45.0

选择了自愿养老储蓄金计划的纳税人，2015 年适用税率如表 4 所示：

表 4

保险类型	雇员税率（%）	自营业者税率（%）
医疗保险	4.5	13.5
伤残保险	0	2.3（不是强制性的）
养老保险	3.5	25.0
自愿养老储蓄金	5.0	5.0
失业保险	0	1.2
总计	13.0	47.0

（孙红梅　编）

丹麦税制

丹麦的主要税种有公司所得税、个人所得税、工资薪金税、社会保险税、增值税、消费税、房地产税、净资产税和遗产和赠与税等。

一、公司所得税

（一）一般规定

1. 税制类型

居民公司应根据修订后的全球所得原则缴纳公司所得税。来源于境外不动产或境外常设机构的利润无须缴纳公司所得税。

丹麦对公司利润征税采用古典制。同时，对公司股东实行参与免税制度，对个人股东取得的股息红利实行优惠税率。

2. 纳税人

丹麦《公司所得税法》第一条规定，缴纳公司所得税的法人实体包括：

（1）在丹麦注册的上市公司和非上市公司；

（2）其他居民公司实体，是指股东对该公司的债务不承担个人责任，并根据每个股东的出资比例享有该公司利润的其他公司；

（3）居民储蓄和合作银行；

（4）居民互助保险协会和某些信用抵押贷款机构；

（5）根据出资人的出资比例发行可流通单据的投资基金；

（6）基金会；

（7）其他居民实体，如从事经营活动的协会。

上述各类型的实体作为丹麦居民公司，应承担无限纳税责任。与上述类型相似的非居民公司，仅就其来源于丹麦的特定收入缴税。公司税制研究的对象是公司实体。所谓“公司”，是指丹麦上市公司和非上市公司以及境外注册的类似实体，而不考虑其是否属于居民公司或非居民公司。

社会团体和非营利性组织免税。

合伙公司在税收上被视为透明实体。

如果其他欧洲经济区国家或与丹麦签署协定的国家的规定认定丹麦公司（或境外公司在丹麦的常设机构）为财务透明体，则丹麦税法也将判定该公司为透明实体，而该公司的所得将计入或合并到其控股外国实体征税。所谓“控股”，是指外国实体直接或间接拥有丹麦公司的股份超过50%，或拥有的表决权超过50%。如果丹麦公司被判定为透明实体，那么它将被作为外国控股公司的分支机构，不属于丹麦的居民公司，无权享受欧盟指令或丹麦税收协定赋予的各项优惠。当外国税法认定其透明实体的身份不复存在时，则自动视同其向丹麦公司转让资产和负债，因此而征收资本利得税。

居民身份。居民公司，是指在丹麦工商部门注册的或实际管理机构位于丹麦的公司实体。关于实际管理机构的确定，通常由其日常管理机构所在地判定。

3. 应纳税所得额

(1) 一般规定。居民公司无须就其来源于境外不动产和境外常设机构的所得缴税。对其他来源于境内、境外的所得应承担纳税义务，如直接取得的股息红利、利息和特许权使用费，以及受控外国公司所得。在计算应税收入时，应加总各项所得；关于费用扣除、不同项目盈亏互抵以及损失向以后年度结转等问题通常不适用“时间限制”或“分档体系”规定。

(2) 免税收入。税法列举的应税收入项目几乎包括所有的以现金或实物形式取得的收入。免税收入项目主要有，来自境内或境外且适用参与免税制度的股息红利以及投资子公司和集团性投资取得的资本利得。2015年起，从其他丹麦公司获得的股息红利部分免税。

(3) 扣除。通常而言，公司发生的与取得、保障和维持应税收入相关的费用可以扣除。特别条款规定，包括市场调查费用的开办费、扩能改造费用和研发费用可在5年内摊销。符合正常交易原则的特许权使用费、服务费和管理费可以扣除。利息支出也可以扣除，但应符合税法透明条款和资本弱化条款规定的限制条件。用于生产经营活动的不动产所发生的不动产税，包括位于境外的不动产在国外缴纳的类似税收，也可以扣除。

对经批准的某些慈善组织和社会公益组织的捐赠支出，一般按每年不超过15 000丹麦克朗（2015年）的金额扣除。

业务招待费扣除比例不得高于25%。股息红利不得扣除。

开办费中的审计费用和律师费用不得扣除。

(4) 折旧与摊销。税法上计提的折旧不一定与会计上计提的折旧一致。通常的折旧方法是直线法（适用于房屋建筑物、设施和无形资产等）和余额递减法（适用于机器、车辆、船舶和飞机等）。

只有资产的所有权人或者拥有相关折旧权利的人，才允许计提折旧。但是，丹麦法律规定纳税人没有义务必须计提折旧。

除正常计提折旧的规则外，临时措施还规定允许纳税人对投入的经营设备选择加速折旧的方法。

①不动产。用于生产经营活动的房屋建筑物通常可计提折旧。但是，用于办公、住宿（酒店可以折旧除外）、医疗卫生、金融业务（如银行、保险、证券经纪）等的房屋建筑物不得计提折旧。

允许计提折旧的房屋建筑物的附属设施，如电梯、供暖系统和通风系统等，可与该房屋建筑物一并计提折旧。

每栋房屋建筑物采用直线法单独计算折旧。一般的折旧率是 4%。如果房屋建筑物受到一定程度的磨损，尽管经过必要的修缮维护，但其经济价值在修建后 25 年内将丧失，则该房屋建筑物的折旧率可提高 3%。

在租赁土地上修建的非生产经营用房屋建筑物允许计提折旧，但用于住宿的房屋建筑物除外。如果租赁期是确定的，则在租赁期内分期均等计提折旧。如果租赁期不确定，则以每年 5% 的折旧率用直线法计提折旧。

②船舶、机器和设备。用于生产经营活动的机器、设备以及总吨位低于 20 吨的船舶，可作为整体采用余额递减法一并计提折旧。纳税人可选择每年不高于 25% 的比例计提折旧。如果余额小于 12 800 丹麦克朗（2015 年），则可一次性折旧。对于总吨位超过 20 吨的大多数船舶，折旧率是 12%。对于所有船舶，允许在建造后的第一年采用 20% 的折旧率。

出售吨位低于 20 吨的船舶以及机器、设备时发生的损失可在处置资产当年予以扣除，而不是继续一并计提折旧。所谓“损失”，是指处置价格小于折余价值（购置成本减去折旧）的差额。资产的报废也视为处置资产。出台这一规定的原因，是因为税法上计提折旧的方式方法与许多高科技公司经济、技术上的资产折旧速度不相匹配。

纳税人可选择就下列资产的购置成本在取得当年一次性扣除：

——预计使用年限不超过 3 年的短期资产；

——购置成本不超过 12 800 丹麦克朗（2015 年）的资产；

——用于研发活动的船舶、机器和设备，但用于开发原材料的除外；

——计算机软件。

③无形资产。外购商誉可采用直线法摊销，摊销期间不少于 7 年。

专有技术、专利、版权、设计或模型、商标和类似权利等的购置成本，可以在不少于 7 年的时间内进行摊销。这同样也适用于使用权合同和租赁合同发生的购置成本。如果获得权利时享有法律保护的期限小于 7 年，可以在剩余保护期间对购置成本进行摊销。摊销的方法为直线法。

专用技术、专利的购置成本可不采用以上方法摊销，而选择在购置当年一次性扣除。

④改建租赁的经营场所。用于生产经营活动（非住宿）的租赁经营场所发生的改建、修缮和装饰成本不得直接扣除，但可以选择进行折旧。折旧方法为直线法，年折旧率为 20%。如果租赁期是固定的，计提的年折旧额最高不超过成本除以租期年数。

（5）准备金和预计负债。

①坏账准备金。公司发生的坏账和呆账损失只有在损失发生且金额确定的财务年度内准予税前扣除。当纳税人有大量的应收账款时，计提的坏账或呆账准备金允许税前扣除。

②预计负债等。仅仅提供一项担保不足以构成预计负债进行税前扣除。一般来说，如果历史经验表明一项担保所要承担的责任是真实存在的风险，且从金额来看具有重要性，对该项担保计提预计负债允许税前扣除。为满足合同服务义务而计提预计负债不予扣除。

4. 资本利得

资本利得和损失的税收处理取决于出售资产的类型。应税资本利得应计入公司的应纳税所得额。

处置计提折旧的机械或设备实现的资本利得无须立即征税，因为处置所得应抵减总的资产折余价值，从而只会减少未来的折旧额。

如果卖方被认定为从事有争议的资产买卖业务，例如银行出售的股票，则该业务取得的任何利得均应征税。

（1）不动产。公司出售不动产取得的资本利得应全额征税；若出现损失，则按照相关限制条件扣除。

（2）股份。处置股份的资本利得或损失按公允价值计价原则计入应纳税所得额。如果所有非上市股份适用“价值实现原则”，则非上市公司就是否按照“价值实现原则”纳税有唯一一次的选择权。投资子公司和集团公司的资本利得享受免税。

自 2013 年 1 月 1 日起，对满足以下条件的组合投资免税：

①组合投资的股份均为非上市股份；

②持有组合投资公司的股份不超过 10%；

③组合投资公司是一家丹麦的非上市有限责任公司或类似的外国公司。

在某些情况下，股票回购的总所得和清算所得作为股息征税。

（3）无形资产。处置商誉、专有技术、专利、版权、设计或模型、商标和类似权利产生的资本利得或损失应计入应纳税所得额。用益权合同和租赁合同中的权利参照本规定处理。

（4）债务和债权主张。债务和债权主张产生的利得和损失一般应计入应纳税所得额。但是，以下情况免税：

①债务人由于债务到期进行清算产生的利得，不论该清算是出于自愿或法院命令，都应免税，但债务在以低于公允价值清算的情况下不能免税；

②债权人公司向集团关联公司主张债权的损失不可扣除，而债务人公司相应的利得不纳税。

（5）金融工具。金融工具的收益一般应纳税。因此，除一些重要免税项目外，期货合约和期权的利得和损失应计入应纳税所得额。

5. 损失

（1）普通损失。损失的结转是有条件限制的。损失可用以后任一年度不超过应纳税所得额的 60% 来弥补。但是，可弥补损失的上限为每年 7 747 500 丹麦克朗。换句话说，公司应纳税所得额超过 7 747 500 丹麦克朗的部分，原则上应缴纳公司所得税。

2015 年 9 月 1 日前，公司有义务通过电子门户网站申报 2002 年以来向后结转未弥补的损失。未申报这些损失的可能会导致罚款。

损失不得向以前年度结转。

公司在以下情况发生的损失向以后年度进行结转时存在限制规定：所有权发生改变（上市公司除外）；因自愿或法院命令，与债权人进行清算；债转股。

（2）资本损失。除对子公司投资外的其他投资的资本损失和不动产的资本损失可以用同类型的资本利得进行弥补，可弥补的金额仅限于减去免税股息部分的资本利得。一个纳税年度未弥补的资本损失可以无限期结转。其他资本损失被按照一般损失进行处理。免税组合投资的资本损失不予扣除。

如果公司从事有争议的资产买卖业务，则交易的盈亏按照所得或一般损失（而非资本损失）进行处理。

6. 税率

（1）经营所得和资本利得适用税率。2015 年公司所得税的税率是 23.5%。该税率也适用于资本利得和强制性的预缴税款。

2016 年公司所得税的税率将进一步降至 22%。

（2）国内支付款项的预提税税率。公司须就股息按 23.5% 的税率缴纳预提税，适用参与免税制度的除外。计税基础是股息全额。

从 2016 年 1 月 1 日起，从非上市投资组合取得股利的预提税率将降至 15.4%。目前，该股利不征收预提税，但（部分）按基本税率征税。

支付给居民公司的利息和特许权使用费不缴纳预提税。

7. 税收优惠

（1）船舶吨税。丹麦航运公司和其他欧盟成员国航运公司在丹麦的常设机构，可以选择缴纳船舶吨税，不再根据一般规定缴纳公司所得税。这种制度属于欧盟委员会批准的一种政府补助形式。一旦选择适用船舶吨税，10 年内不得变更。

从事客运或货运的航运公司，同时满足以下资格条件的，缴纳船舶吨税：①船舶属于航运公司；②以光租或期租的方式运营；③在丹麦实施经营战略。对航运公司拥有所有权但经营权在另一家公司的船舶，如果运营船舶的公司与拥有所有权的航运公司出于相同目的运营船舶，也适用船舶吨税。如果船舶以光租形式运营，船舶吨税仅适用于租赁期不超过 3 年的光租形式。

出售船舶的资本利得应计入船舶吨税的应纳税所得额。同样，与船舶运营密切相关的特定活动收入也应计入船舶吨税的应纳税所得额。

船舶吨税应纳税额的计算，以每 100 吨净吨位的核定收入乘以航运公司拥有该船舶的天数（不论该船舶是否在实际运营）。其中，2015 年每 100 吨每天的核定收入的范围从 2.62 ~ 9.27 丹麦克朗，具体数值取决于公司运营船舶的总吨数。船舶吨税不允许船舶进行扣除或折旧。计算出来的应纳税所得额，按照公司所得税的基本税率征税。

（2）现金支付研发费用。公司可就以现金支付部分特定研发费用申请免税。现金支付的金额最高不超过每年 5 875 000 丹麦克朗，即 2 500 万丹麦克朗的 23.5%（2015 的公司所得税率）。2014 年，现金支付的金额最高不超过 6 125 000 丹麦克朗。

关于合并纳税的公司，该项减免仅适用于集团整体。

（3）加速折旧。在 2012 年 5 月 30 日至 2012 年 12 月 31 日期间，投资新制造的操作设备（不含汽车、船舶和软件）的纳税人可选择以加速折旧代替一般折旧。申请加速折旧的设备，须是仅用于生产经营的设备。

符合条件的设备可按购置价格的 115% 计入折旧基数，以 25% 的年折旧率进行加速折旧。

如果上述增加了折旧基数的操作设备在计提完折旧前被出售，则按其售价的 115% 从公司折旧基数中进行扣减。自 2018 年起，按设备售价据实扣减。

8. 征收管理

（1）纳税期间。纳税期间为一个纳税年度。纳税年度通常是公历年度，但公司另有选择的除外。根据自选的纳税年度法律规定，采用非公历年度作为纳税年度的公司，应按适用该纳税年度的税法计算税款。应纳税所得额，是指在一个纳税年度内取得的所得。

（2）纳税申报与评估。一般来说，公司须在纳税年度结束后 6 个月内提交所得税申报

表。如果纳税年度的最后一日在2月1日至3月31日之间的，则在当年的8月1日须提交所得税申报表。自2014年8月1日起，公司须通过使用税务机关提供的在线申报软件提交电子纳税申报表，不再实行纸质申报。

（3）税款缴纳。一般来说，公司须在纳税年度的3月20日和11月20日当日或之前分两期等额预缴税款。强制性预缴税款的总额必须等于前三年应纳税额平均数的50%。在该纳税年度以前成立不到3年的公司适用特殊规定。自愿增加预缴税款可在相同的日期当日或之前缴纳。对最终评估税额超过预缴税款总额的部分，应加收4.5%的滞纳金。最终的税款应于纳税年度次年的11月20日前缴纳。

（4）事先裁定。纳税人可以就某项具体交易申请具有约束力的事先裁定。该裁定可能会影响纳税人和其他当事人的税收处理。该交易可以在申请提交之前或之后实施。

裁定由税务机关做出。属于下列情况之一的案件，税务机关须先将案件提交评估委员会：①可能会对大量的纳税人造成影响的；②涉及纳税金额较大的；③涉及需对新立法进行解释的；④在相当大的程度上涉及欧盟法律的；⑤公共利益。

事先裁定自发布之日起5年内对税务机关有约束力。但是，如果具体情况下有必要或需要，税务机关可适当缩短该年限。

（二）居民公司之间的交易

1. 企业集团合并纳税

位于丹麦境内的常设机构、非居民公司的丹麦居民子公司和拥有丹麦不动产的非居民公司，按国家合并纳税强制性规定应在丹麦纳税。

非居民公司的集团关联居民子公司，可以申请国际合并纳税。所谓“国际合并纳税”，是指：①所有集团成员（居民公司和非居民公司）都纳入丹麦合并纳税范围；②都不纳入丹麦合并纳税范围。一旦选择国际合并纳税，原则上10年内不得变更。

如果一个公司、基金会、协会、信托机构等满足下列条件之一的，则存在符合合并纳税条件的集团关系。

（1）拥有另一家公司的多数表决权；

（2）是另一家公司的股东，且有权任命或解聘的该公司管理层的大多数成员；

（3）是另一家公司的股东，且按照该公司的章程或与该公司的协议，有权控制该公司的运营和财务管理；

（4）是另一家公司的股东，且按照股东协议控制该公司大多数的表决权；

（5）是另一家公司的股东，且控制该公司的运营和财务管理。

合并纳税意味着，一个公司的损失可立即用其他公司的利润弥补。但是，开始合并纳税前的纳税年度发生的损失只能用该公司的利润弥补。实行合并纳税的集团公司间的股息在税收上按照抵消处理。

2. 公司之间的股息红利

所谓“股息”，是指所有类型的利润分配所得，包括视同股息分配，公司最终清算的公历年度之前的总清算所得和股票回购的总收入（购买成本不能扣除）。一定条件下，公司最终清算之前的清算所得，按照股票资本利得法律规定征税（取得成本可扣除）。股票股利不被视为股息。

满足以下条件之一的公司，取得的清算所得视为股息（应征税）：①对清算公司拥有控制权（即公司与其他集团公司拥有超过50%的股份或超过50%的表决权）；②按照丹麦转让定价立法符合合并纳税条件的集团关系。

股份分为三类：

（1）子公司股份，是指股东直接持有该公司至少10%名义股份的股份。此外，如果子公司不是丹麦居民公司，依据《欧盟母子公司指令（2011/96）》或适用的税收协定，其股息享受免税或低税率；

（2）集团股份（或集团投资），是指遵循强制性或自愿性的丹麦国际合并纳税规则，或符合自愿性但未选择遵循丹麦国际合并纳税规则的股东和公司的股份；

（3）投资组合股份（或组合投资），是指不属于子公司股份或集团股份的其他股份，例如所有权低于10%的股份。

参与免税制度适用于子公司和集团投资。从组合投资取得的股息按照全额纳税。

自2015年1月1日起，组合投资非上市股票取得股息的30%免税；其余的70%是按公司所得税基本税率（2015年之前这类股息按全额征税）征税。因此，该股息的实际税率在2015年是16.45%，2016年是15.4%（70%的公司所得税基本税率分别为23.5%和22%）。2016年的实际税率是15.4%。组合投资上市公司的股息按全额征税。

参与免税制度规定，如果获得股息的公司拥有分配股息公司至少10%的股份，则境内公司间支付的股息享受免税。

（三）其他类型的所得税

丹麦未征收地方公司所得税，公司所得税在中央和地方政府之间分享。对碳氢化合物开采所得的征税规定如下：

1. 一般规定

从事开采碳氢化合物活动取得的所得适用碳氢化合物税法。该税法有四个方面的主要影响：

（1）将丹麦国内法规定的税收管辖权扩展至丹麦陆地领土和领海以外的区域；

（2）常设机构的存在与否不再是非居民公司就营业所得承担纳税义务的一个条件；

（3）法律明确了碳氢化合物提取成本扣除的特殊规定和确保费用与取得的应税收入相配比的特殊时间规定；

（4）除对从事开采碳氢化合物所有相关活动取得的所得征收一般公司所得税外，对实际从事开采碳氢化合物的公司征收特别的碳氢化合物税。

2. 公司所得税

一般来说，从事碳氢化合物普查、勘探和开采以及从事包括管道安装、供应服务和对开采的碳氢化合物进行船舶或者管道运输等相关活动取得的所得都应当纳税。税法规定所得应来源于在丹麦境内从事的活动，境内包括领海和大陆架区域。

不论是计算公司所得税还是碳氢化合物税，下列收入应单独评估：

（1）初次销售开采的碳氢化合物取得的收入；

（2）以开采的碳氢化合物的实物份额或其价值的固定比例计算的所得；

（3）直接或间接处置特许权，许可权或普查、勘探和开采碳氢化合物权利取得的利得

和损失；

（4）将用于普查、勘探的资产和用于获取（1）和（2）收入的资产出售时，根据税法相关折旧规定计提的任何超额折旧或加速折旧。

普查和勘探的成本可从应纳税所得额中扣除。如果在开采之前相关的成本已产生，纳税人可选择从开始开采的第一年起在5年内以每年20%的比例摊销成本。

用于普查和勘探活动的机械、设备、船舶和房屋建筑物的购置成本可以按照一般的折旧规定计提折旧。钻井平台须按照机器和设备项目计提折旧。开始计提折旧的时间可推迟到开采碳氢化合物的第一年。与取得应税收入相关的生产设备、平台、管道和其他机器和设备按照机器和设备项目提折旧。其他船舶和房屋建筑物执行一般的折旧规定。特许权和许可权利可以授予权利期间计提折旧。

进行单独评估的收入和其他收入按照25%的税率征收公司所得税。从2014年开始实施的降低公司所得税基本税率的政策不影响本税制规定的公司适用税率。按本税制规定征税小于按一般公司所得税规定征税的差额部分，还应征收附加公司所得税。即公司在本税制下总是按照25%的总税率缴纳公司所得税。

3. 碳氢化合物税

碳氢化合物税只对开采碳氢化合物的公司征收。一般来说，应税收入按照前文关于单独评估收入的规定计算确定，但对该收入征收的公司所得税可扣除。损失可无限期结转。碳氢化合物税的税率一般是70%，从事与1962年独占特许权有关的活动和与2004年1月1日后新发行许可有关的活动适用52%的税率。

（四）国际税收

1. 居民公司

（1）境外所得和资本利得。根据修订后的全球所得原则，丹麦对居民公司取得的来源于境外不动产和境外常设机构的所得（包括资本利得）不征税。来源于境外不动产和境外常设机构的损失不得抵减在丹麦的应税收入。居民公司所有其他类型的收入均应承担全球范围的纳税义务，如直接取得的股息红利、利息和特许权使用费，以及受控外国公司所得。

如果居民母公司对非居民子公司的投资符合子公司投资或集团投资的条件，则居民母公司取得非居民子公司分配的股息免征所得税。但是，如果非居民子公司属于金融类公司，则不能享受免税。

从组合投资取得的股息应对股息全额2015年按23.5%的税率征税；同时，该项所得的境外税收抵免限额也是23.5%。

如果公司的实际管理机构迁移至境外或按税收协定认定为非居民公司而不再属于丹麦的居民公司，在终止居民公司身份时应对其全球范围的资产和负债按公允价值进行纳税清算（即征收“离境税”）。居民身份的变化会对股票、不动产、债务和债权主张等未实现资本利得以及资产已计提折旧转回的征税。“离境税”规则并不适用已转为非居民公司在丹麦税收管辖权范围内的公司资产和负债。

此外，以下事项也会产生“离境税”纳税义务：

——从丹麦总部向境外常设机构转移资产；

——从境外常设机构向丹麦总部转移资产。

此外，自 2013 年度开始（在某些情况下可追溯到 2008 年度），如果满足以下条件可以推迟缴纳离境税：

——丹麦居民公司或丹麦常设机构将资产和负债转移至另一个欧洲经济区成员国的常设机构；

——丹麦常设机构将资产和负债转移至另一个欧洲经济区成员国居民公司总部；

——丹麦居民公司迁移至另一个欧洲经济区成员国；

——欧洲公司或欧洲合作社将法定注册地迁出丹麦。

递延应纳税款须在不超过 7 年的时间内分期缴纳。因此，公司每年须按“原来的离境税额的七分之一”和“资产迁移实际或核定所得应缴纳的离境税”两者之中的较大金额纳税。在任何时候，公司均可选择按较大金额缴纳还是按全部的递延税款缴纳。此外，公司每年还应承担未缴的递延税款的罚息。适用罚息利率应为以下两者之中的较大金额者：①每年 3%；②丹麦国家银行的贴现率加 1%。

(2) 资本利得。境外资本利得原则上应征税。但是，处置子公司股份或集团投资取得的资本利得免税。处置组合投资取得的利得净收益按 23.5% 的税率征税。境外不动产的资本利得按照修订后的全球所得原则免税，但来源于集团合并纳税的资本利得应征税。

符合条件的投资公司从有价证券（股票、基金等）实现的资本利得和损失被视为组合投资对待，按公允价值计价原则（而不是价值实现原则）征税。投资公司超出法律规定范围的股票按一般规定征税。

减轻对资本利得的双重征税有两种方式：单边减免和协定减免。

(3) 境外损失。境外损失同样适用境内损失的相关规定，通常可扣除和向后期结转。但是，为防止滥用税收协定，对境外常设机构和境外不动产的损失有较多限制条款。

一般来说，由于居民公司无须就其来自境外不动产或境外常设机构的所得纳税，这类财产和机构形成的损失也不能抵消丹麦境内的应税收入。这条规定不适用于选择按跨境合并纳税规定缴纳税款的居民公司。

(4) 境外资本。丹麦不征收资产净值税。对位于丹麦境外的不动产不征收房地产税。

(5) 避免双重征税。纳税人可选择单边或按税收协定避免双重征税。单边减免按不同国家分别计算税收抵免。如果在丹麦境内、境外的其他损失而造成不能享受境外税收抵免，纳税人可不申报这些损失从而避免可抵免金额的减少对选择不申报损失的公司，只有在其应税收入（在未申报的损失后产生）等于来自其他国家的积极所得时才可申报该损失，从而达到避免双重征税的效果。未申报的损失可按一般的损失结转规则无限期向后结转。

境外税款不得作为费用扣除。境外股息适用特殊规定。

2. 非居民公司

所谓“非居民公司”，是指法定注册地或实际管理机构不在丹麦境内的公司。关于强制性合并纳税的规定。

(1) 对一般所得和资本利得的课税。非居民公司通过在丹麦的常设机构从事经营业务或参与经营业务，取得的经营所得应纳税。丹麦对“常设机构”的定义与《经合组织税收协定范本》第五条规定的定义基本一致。除偿还贷款，支付股息、利息或特许权使用费以外，来源于这些经营业务的经常性款项应纳税。与经合组织税收协定范本不同的是，丹麦税法规定建筑工地或建筑安装工程从第一天起即构成常设机构。

非居民公司不论作为不动产的所有者、使用者还是其他关系，其取得的来源于不动产的所得均应纳税。应纳税所得额包括所有的资本利得和处置资产时已计提折旧的转回。

非居民公司只能扣除与取得丹麦应税收入相关的费用。居民公司和非居民公司的公司所得税税率相同。

通常，只有归属于丹麦常设机构的资产产生的资本利得应纳税。归属于不动产的债务和债权主张产生的利得应纳税。处置丹麦境内的不动产取得的资本利得也应纳税。

非居民公司的丹麦常设机构将资产转移至丹麦境外（如转移至境外总部）时，不论是在该常设机构的经营期间还是停止经营当时或之后，该资产转移的行为均视为以公允价值处置资产，从而产生对未实现资本利得和/或已计提折旧的转回征税的情形。这条规则适用于存货、机器设备、商誉、专有技术、专利、版权、设计或模型、商标及类似的权利。它还适用于用益权合同和租赁合同下的权利。在一定条件下，也适用于处置股权和债务债权的情形。

非居民公司仅就其归属于丹麦常设机构的利息所得缴税。若不构成常设机构，则股息和特许权使用费就所得全额征收最终预提税。归属于常设机构的股息和特许权使用费应当纳税，境外预提税可抵减丹麦最终的应纳税额。

（2）对资本的征税。丹麦不征收资产净值税。非居民公司应就丹麦境内的不动产缴纳房地产税。

（3）征收管理。对非居民公司在丹麦境内构成常设机构的，归属于常设机构的所得以纳税评估方式征收所得税。

3. 向非居民公司支付款项课征的预提税

（1）股息。向非居民公司支付的股息就收入全额按 27% 的税率扣缴预提税，依据境内法律规定享受免税或适用税收协定优惠税率的除外。

在下列情形下，股息预提税的税率降至 15%：

——取得股息的非居民公司拥有居民公司不超过 10% 的股份；

——取得股息的公司所在国的税务机关有义务按照双边税收协定、国际公约或征管协议与丹麦税务机关交换税收信息。

如果按照《欧盟母子公司指令（2011/96）》或适用的税收协定在丹麦可享受税收减免，则从子公司取得的股息免征预提税。

此外，取得集团公司的股息，同时满足以下条件的，免缴预提税：①《欧盟母子公司指令》或公司股东所在国与丹麦签署的税收协定对股息红利免税的；②股东是欧洲经济区国家的居民公司；③持有的是集团公司的股份，而非子公司的股份。

（2）利息。通常而言，对利息不征收预提税。但是，向境外关联方支付的利息按 25% 的税率扣缴预提税。所谓“境外关联方”，是指在支付利息的公司直接或间接拥有或控制超过 50% 的股份或表决权的实体。

在下列情形下，支付给境外关联方的利息不征税：

——利息收入归属于境外关联方在丹麦的常设机构；

——境外关联方属于《欧盟利息和特许权使用费指令（2003/49）》或与丹麦缔结的税收协定（不考虑该协定预提税率）规定的范围；

——依据国际合并纳税规则，境外关联方由丹麦母公司控制至少 1 年，且利息支付于当年完成；

——境外关联方由税收协定缔约国居民公司控制，且按受控外国公司规则的规定，缔约国对境外关联方取得的利息收入应征税；

——境外关联方可以证明其利息收入按不低于 17.625%（即丹麦公司所得税税率 23.5% 的四分之三）的税率缴纳境外公司所得税，且该境外关联方并未将其利息收入转付至税率低于 17.625% 的其他境外关联方。

为执行《欧盟利息和特许权使用费指令（2003/49）》的规定，丹麦国内税法规定：如果收款方和付款方是关联公司，且收款方是另一欧盟成员国的居民公司或是该付款方设立在另一个欧盟成员国的常设机构，支付的利息和特许权使用费免征预提税。所谓“关联公司”，是指：①一方直接持有另一方至少 25% 的股份；②双方同时被第三方欧盟公司直接持有至少 25% 的股份。持有该股份的期限不少于 1 年。

（3）特许权使用费。向非居民公司支付的工业特许权使用费应征收 25% 的最终预提税。工业特许权使用费包括使用或有权使用专利、商标、设计或模型、计划、秘密配方或秘密程序所支付的作为报酬的各种款项，以及为有关工业、商业或科学经验的信息的所支付的作为报酬的各种款项。计税依据为收入全额，税率可适用税收协定的优惠税率。

为执行《欧盟利息和特许权使用费指令（2003/49）》的规定，丹麦国内税法规定关联公司间向境外支付的特许使用费免征预提税。

（4）其他。非居民公司不征收其他预提税。丹麦不对分支机构利润或汇款征税。

（5）预提税税率表。截至 2016 年 1 月 1 日，丹麦与阿根廷等 75 个国家或地区签署了双边税收协定，各个税收协定对股息、利息和特许权使用费等适用不同的预提税税率。

（五）反避税

1. 概述

丹麦出台的两个一般反避税规则适用于现有的和 2015 年 5 月 1 日后新的安排和交易。

第一个一般反避税规则主要针对《欧盟母子公司指令（2011/96）》、《欧盟对利息和特许权使用费指令（2003/49）》和《欧盟公司合并指令（2009/133）》给予的税收优惠。下列安排或一系列安排不适用上述指令给予的税收优惠：

——主要目的或主要目的之一是为获取与指令规定和宗旨不符的税收利益；

——考虑所有相关的事实和情况后认定安排是虚构的。

没有经济实质或合理商业目的而做出的安排或一系列的安排被认为是虚构的。

第二个一般反避税规则主要针对丹麦税收协定给予的优惠待遇。因此，在综合考虑所有相关因素和特定情形下，对出于税收利益目的而进行的任何安排或交易直接或间接导致实施方取得税收协定给予的税收优惠，则不能给予协定优惠待遇，除非实施方能够证明前述情形取得的税收优惠符合协定有关条款的目的和宗旨。

如果纳税人既可以申请上述指令给予的税收利益，又可以申请丹麦与另一个欧盟成员国的税收协定给予的优惠待遇，则优先适用第一个一般反避税规则。

在一般反避税规则出台之前，法院在许多案件里运用实质重于形式原则处理没有合理商业目的的交易事项。

此外，丹麦还有大量的反避税立法，特别是丹麦国际税收制度、协调丹麦国内税法和税收协定的规定。

特别反避税规则排除了以子公司或集团公司投资形成的连锁公司在适用参与免税制度方面的所有权要求。因此，如果满足以下条件的，收款方（居间控股公司“H公司”）的公司股东被认为是分配所得的公司的直接所有者：

——H公司是未上市公司；

——设立H公司的主要目的是持有子公司或集团公司的股份；

——H公司没有实质经济活动；

——居民公司直接或间接持有H公司超过50%的股份，当H公司被穿透时未达到单独持股10%的要求。

自2013年1月1日起，一项反避税规则正式实施，旨在打击通过丹麦管道公司逃避缴纳境外股息预提税的行为。因此，如果丹麦公司直接或间接的从子公司和集团公司取得免税股息，且又再次将该免税股票进行分配的，则丹麦公司“受益所有人”的身份可能会不成立，从而导致对该免税股息征收预提税（即税收穿透原则）。但是，按照《欧盟母子公司指令（2011/96）》的规定对丹麦公司再分配股息给予免税优惠的，这条规则就不适用。

此外，集团内部发生股份转让时，如果转让支付的对价不全是股份，则应在税收处理上重分类为股息征税。这条规则是为确保应税股息不被人为地换成免税支付（如债务支付）。

2. 转让定价

关联方之间的交易应符合正常交易原则。本规定适用于所有关联方之间的交易，无论是居民公司还是非居民公司。因此，本规定不局限于跨境交易。正常交易原则适用于以下情形：

——一方被另一方控制；

——集团关联公司；

——公司总部与常设机构之间的关系；

——雇主和雇员之间的关系。

控制的主要标准是直接或间接持有至少50%的股份或直接或间接控制至少50%的表决权。

丹麦一般运用OECD《跨国公司和税务机关转让定价指南》中列举的转让定价方法。

丹麦没有独立的预约定价制度，但纳税人通常可以申请事先裁定。自2013年1月1日起，如果公司连续4年以上发生经营损失，或与非欧洲经济区国家的集团关联方发生交易，且丹麦与该国无税收协定，则该公司有义务向税务机关提交关于损失年份转让定价相关文件的会计声明。

3. 资本弱化

资本弱化规则适用于居民公司和在丹麦设立常设机构的非居民公司。在满足特定条件下，资本弱化规则适用于丹麦债务人。例如，资本弱化规则适用于受控债务，即丹麦债务人对丹麦公司或外国公司的债务总价值超过1 000万丹麦克朗，且债务人对债权人有控制权（反之亦然）或两者同被一方控制。控制的主要标准是直接或间接持有50%以上股份或直接或间接的控制超过50%的表决权。一个纳税年度末公司负债权益比例超过4∶1的，适用资本弱化规则。

支付给控制方的超过4∶1比例部分的债务利息不得扣除。同样，该债务的资本损失也不得扣除，但是，该损失可结转以后年度抵减同一债务关系取得的资本利得。

如果负债权益比例超过 4∶1，且公司可以证明与非关联方也存在类似的债务关系，则可消除利息支出的抵扣限制。

按国内税法或税收协定的规定，不予扣除的利息支出不可再认定为利润分配。

如果丹麦关联借款方的利息支出不可扣除，则对丹麦贷款方取得的利息不征税。本规定不适用于第三方的贷款和关联公司的担保贷款（背对背贷款）。

无论是否属于向控制方借款，存在两项附加限制条件。首先，净融资费用存在扣除限额，扣除限额为每个纳税年度末公司运营资产的计税价格按标准利率 4.1% 计算的金额。但是，净融资费用在 2015 年低于 2 130 万丹麦克朗时准予扣除。其次是基于年度利润，净融资费用不得超过年度应税利润的 80%。

4. 受控外国公司

同时存在以下情形时，居民母公司应就非居民子公司或境外常设机构的净收益缴税：

——子公司受控于母公司；

——子公司或常设机构主要从事金融性质的经营业务。

如果居民公司拥有非居民子公司超过 50% 的表决权就视为控制。为确定控制程度，需考虑到下列对象：

——集团关联公司，即同一个集团的股东直接或间接持有各公司超过 50% 的资本或表决权；

——居民母公司的个人股东及其某些近亲属；

——非关联股东与丹麦居民公司达成对非居民子公司施加共同控制影响的协议；

——母公司或任意以上实体设立的信托或基金会。

如果同时满足以下条件，公司将被认为“主要从事金融性质”的经营业务：（1）超过 50% 的应税收入总额由净利息收入、股息、佣金、股份的净资本利得，知识产权的支付和资本利得，租赁或保险业务收入等构成；（2）超过 10% 的资产属于金融性资产。子公司金融资产的评定根据属地原则进行。

境外税款按境外公司的全部应税所得计算。确定境外子公司的税负水平时，只考虑所得税和预提税。

如果满足上述条件，居民母公司以纳税年度当年最高的持股比例计算应分享的子公司净利润来纳税。只对净收益征税，但利息支出，股份的损失和其他可扣除费用按受控外国公司规则计算收入时不得扣除。相关条款也对股息分配和股份实现的资本利得如何避免双重征税进行规定。

受控外国公司规则也适用于个人和基金会。

二、个人所得税

（一）一般规定

丹麦对居民纳税人包括资本利得在内的境内、境外所得征收个人所得税。对个人（受雇或经营）所得和资本利得，按累进税率征收个人所得税。外派人员适用特别规定。

此外，丹麦征收地方所得税和教会税。

1. 纳税人

纳税人是指在丹麦的居民纳税人。所谓“居民纳税人”，应满足以下条件之一：

（1）在丹麦境内拥有住所的个人。住所的判断应视具体事实和情况而定，其中一个重要但非充分的标准就是有居住的住处；

（2）在丹麦居住满6个月的个人，包括临时离境的时间（纳税义务从居住的第一天开始算起）。但是，在丹麦不从事经营的游客或学生，按照该国法律属于该国的居民纳税人，只有当其在2年之内逗留丹麦超过365天才可成为丹麦的居民纳税人；

（3）在丹麦登记注册的船舶上从事工作的个人，或不能证实在境外有住所的丹麦公民，以及（1）或（2）的情况下的外国公民在船上就业前就已居住在丹麦。

夫妻双方单独纳税，但适用某些修订条款。儿童也是单独纳税。合伙企业在税收上被视为透明实体。

2. 应纳税所得额

（1）概述。居民纳税人应就以现金或非现金形式取得的全部所得纳税。除法定减免外，各项所得均应征税。丹麦不单独征收资本利得税，而是将所得与资本利得加总起来，一并按以下阐述的征收类别进行征税。

个人纳税人的所得和资本利得分为四类：①个人所得；②资本收益；③股权投资所得；④受控外国公司所得。应纳税所得额是个人所得与净资本利得之和减去一般扣除项目后的余额。各类别适用不同的税率和不同程度的费用扣除额。

此外，丹麦对个人居住的住房按其价值征收房地产税。

①个人所得。个人收入包括所有不属于类别②、③和④的各项所得。在实际工作中，个人所得包含受雇所得、经营所得、养老金所得和礼金礼品所得。

②资本所得。资本收益包括净利息、债券和其他债权的利得和损失以及处置不动产的利得。此外，还包括从低税率国家符合条件的投资企业取得的股息。2 000丹麦克朗（含）以下的资本收益享受免税。41 400丹麦克朗（含）以下（已婚夫妇为双倍）的资本收益不适用高税率（即在计算适用高税率的所得时，不含该部分所得）。

③股权投资所得。股权投资所得包括股权的资本利得、从居民企业取得的股息和从非居民企业取得的股息，从符合条件的投资公司取得的股息除外。

在对企业最终清算的年度之前取得的清算所得全额以及股票回购取得的总所得均视同股息征税（即购置成本不得扣除），除非税务局长批准该所得按正常的股份转让进行税务处理（即按资本利得税扣除购置成本）。

（2）免税所得。重要的所得项目均不享受免税。

3. 受雇所得

（1）工资薪金所得。受雇所得属于个人所得类别，应缴纳个人所得税。在计算应纳税所得额时，与工作相关的交通费用、失业保险金和工会会费可作为一般费用扣除。2015年，其他与工作相关的支出只有在总额超过5 700丹麦克朗时才可扣除。所有的受雇扣除项目均适用于所有的受雇所得。

如果雇员被雇主临时调派，且雇主直接向第三方支付搬家费，则雇员无须就雇主支付的搬家费纳税。

（2）实物福利。实物福利属于个人所得类别，按照公允价值缴纳个人所得税。在计算雇员使用的公司汽车的应税所得时，对价值在160 000丹麦克朗至300 000丹麦克朗之间的汽车为其价值的25%，对价值超过300 000丹麦克朗的汽车为其价值的20%。雇主支付工作场所附近停车位费用的福利予以免税。估价规则适用于提供的住宿、度假房和游艇。

雇员福利属于个人所得类别，按应税价值缴税。例如，提供的免费电话按每年2 600丹麦克朗纳税。

共同生活的夫妻同时享用免费电话的，如果全部的应税收入超过3 500丹麦克朗，各自都有资格减少应税价值的25%。这意味着，每位配偶享用免费电话的应税价值为1 950丹麦克朗（即2 600丹麦克朗的75%）。

雇员家庭内用于办公的互联网接入和使用的计算机不属于应纳税的福利。

差旅费用的2015年度扣除限额为25 900丹麦克朗。

（3）养老金所得。私人养老金计划（保险和储蓄计划）的税收处理按照《养老金征税法》执行。

自2013年1月1日起，私人养老金计划的税收处理已作较大修改。向资本养老金计划（即一次性支付总额的养老金计划）支付的费用不予税前扣除。对养老年金计划，如果支付的保费已税前扣除，则取得的一次性养老金按40%的税率缴纳最终税款。

对个人缴付养老金储蓄计划的，每年缴付有限额，2015年为600丹麦克朗。缴付的金额不可税前扣除，但从该计划取得的收益按15.3%的税率缴税。现有养老金计划转换成新的养老金储蓄计划适用特殊规定。

雇主为雇员缴付资本养老金计划，每年不高于47 600丹麦克朗（2015年）的部分免税。

养老金费用的扣除一般仅限于向经批准的居民企业或非居民企业在丹麦常设机构缴付的养老金保费。此外，支付给境外养老基金的费用也可税前扣除，但须满足两个条件：①养老基金在欧洲经济区内设立；②养老基金符合丹麦法律规定的条件。向私人养老金计划缴付开支的扣除限额为51 700丹麦克朗，该私人养老金计划发放养老金福利至少在10年以上。这种限制只适用于私人养老金计划，养老金福利的发放取决于参保人活着的情况。

超过374 800丹麦克朗的养老金应征收附加税。

（4）董事费。丹麦对董事费没有特别规定。董事费属于个人所得类别，征收个人所得税。

4. 经营和劳务（专业服务）所得

个人从事经营、专业服务或其他类型的业务取得的所得应缴税。经营和专业服务所得按个人所得类别征税。通常而言，为取得、实现或维持应税所得而发生的费用准予税前扣除。

经营和劳务所得适用特殊的税收规定。该规定允许纳税人“留存”利润。这些利润暂时按2015年的23.5%税率征税，来替代正常的个人所得税规定，从而在一定程度上推迟纳税义务。但未留存的利润应全额征税。这个规定还避免了正常规定对扣除利息费用后应税所得额减少的情形。

5. 投资所得

境内股息按股权投资所得类别征税，但适用较低税率。利息、特许权使用费和不动产所得均应征税。获取投资所得时产生的费用通常准予扣除。

6. 资本利得

在计算个人所得税时，所得和资本利得应区别对待。对于资本利得，刚开始是免税的；但是，资本利得税收处理有以下具体规定，因此在多数情况下利得应征税。

如果个人买卖某种类型的资产（如不动产、股票、无形资产或债券和其他债权）构成贸易或经营活动，此类交易产生的利润或损失一般作为个人所得类别，分别进行征税或税前扣除。

（1）不动产。通常而言，处置个人自用住宅的利得享受免税，损失也不得税前扣除。

对于个人而言，这样的利得作为资本收益类别征税。净损失的扣除受到限制。来源于资产已折旧部分的利得不作为资本收益类别而作为个人所得类别征税，且按该折旧转回部分的90%征税。

（2）股份。通常而言，取得上市和非上市股票的资本利得作为股权投资所得类别，按27%或42%的税率征税。

如果清算所得在最终清算年度时取得，则清算所得视为股权投资所得类别征税（购置成本可税前扣除）；如果在最终清算年度之前取得，则所得全额视为股息类别征税（购置成本不可税前扣除）。股份回购取得的所得也被视为股息类别，批准按转让股权征税的除外。

如果个人控制的公司被清算，支付给该个人的清算所得作为股息类别征税。所谓“控制”，是指与密切关联方共同持有超过50%的股份或者超过50%的表决权。

（3）其他。

①无形资产。处置商誉、专有技术、专利、版权、设计或模型、商标和类似的权利取得的资本利得按个人所得类别征税。本规定也适用于用益权合同和租赁合同中的权利。发生的损失可从个人所得中扣除。

②债券和其他债权。无论各项主张权利的币种和附带利率怎样，该主张（不包括债权）的利得和损失应征税。只有当净收益或净损失超过2 000丹麦克朗时才计入应税所得。

资本收益的计算包括所有应税利得和可税前扣除的损失。

7. 个人扣除、宽免和抵免

（1）扣除。扣除或是在计算不同类别的净所得时分别进行扣除，或是在计算应纳税所得额时作为一般扣除整体进行扣除。由于不同类别的所得按不同的税率征税，扣除项的归类将决定其“税收价值”。

雇员和自主创业个人可享受8.05%的特殊就业扣除，扣除限额为26 800丹麦克朗。其计算基数与社会保险税的相同。单亲父母的扣除额可增加17 900丹麦克朗（2015年）。

所有利息支出可从资本收益类别中扣除。单身个人超过50 000丹麦克朗（已婚夫妇为100 000丹麦克朗）利息扣除从33.5%降至25.5%，2012年至2019年每年减少1%。

如果保险单符合《养老金征税法》规定的条件，则人寿保险费准予税前扣除。医疗费用和教育费用均不予税前扣除。

为公共利益向经批准的组织的捐赠，可作为一般扣除项税前扣除，仅当年度捐款超过500丹麦克朗的才可准予扣除，最高扣除额为15 000丹麦克朗（2015年）。

（2）宽免。儿童和其他被扶养者不享受宽免。

（3）抵免。每位纳税人均享有税收宽免的权利，税收宽免作为个人税收抵免计算并在应纳税款中抵减。在计算个人所得税时，税收宽免按8.08%进行税收抵免。除27%的股息税外，所有个人所得税都可抵减。2015 年的宽免额为 43 400 丹麦克朗，即可享受 3 507 丹麦克朗的税收抵免。在实务操作中，宽免额通常在所得中扣除，而不是作为抵免额扣除。

8. 损失

由于对所得存在不同分类，应税所得、个人所得或资本收益出现负数时适用的规定很复杂。损失可无限期向后结转，但不能向以前年度结转。损失也可转移给配偶。损失向后结转和转移给配偶的规定也适用于地方所得税。

不动产的资本损失只能用不动产的利得进行抵减。该净损失可无限期向后结转，用以抵减不动产的利得，也可转移给配偶。其他资本损失视为普通损失。

持有上市股票产生的损失可用其他上市股票实现的收益抵减。非上市股票的损失可用其他股票获取的收益抵减。任何未弥补的损失可无限期向后结转。只要将股票的购买情况向税务机关报告，大多数股票出售产生的资本损失均可税前扣除。

9. 税率

（1）所得和资本利得。个人所得税的应纳税额是基于六种不同类别的税基计算的应纳税额总和。2015 年的税率如表 1 所示：

表 1

应纳税所得额（丹麦克朗）		税率（%）
（1）	个人所得加资本净收益（非损失）	8.08
（2）	个人所得加资本净收益（非损失）且缴纳养老金费用[①]超过 459 200 丹麦克朗	15
（3）	股权投资所得不超过 49 900 丹麦克朗[②]	27
（4）	股权投资所得超过 49 900 丹麦克朗	42
（5）	受控外国公司所得	23.5[③]
（6）	养老金所得超过 374 800 丹麦克朗	5

以这种方式计算个人所得税的影响，主要体现在：①对个人所得的征税（如受雇所得）是累进的；②净利息费用的税前扣除（如抵押贷款利息）降至地方所得税的税率。

如果个人所得税、地方所得税和健康保险税的合计税率超过 51.95%（2015 年），则超过的税率可以抵减 15% 的个人所得税税率。在计算合计税率时，不包括股权投资收益、社会保险税和教会税的税率。

在 2015 年纳税年度，养老金所得超过 374 800 克朗时应征收 5% 的附加税。374 800 克朗的养老金中，不超过 125 000 克朗的部分可转移给配偶。附加税计划的有效期至 2020 年，但税率将从 2015 年起每年降低 1%。

（2）预提税。向居民个人支付的已宣告的股息和股份回购的总所得，应征收 27% 的预提税。该税收是股权投资所得的预缴税款，但如果股权投资所得未超过 49 900 丹麦克朗

① 在规定限额内，雇员缴纳一次性缴纳的养老金计划的支出可在计算个人所得时扣除，如果由雇主承担，则雇员免于缴税，"加回去"意味着这些费用不可按 15% 的税率扣除或按 15% 纳税而非免税。

② 如果已婚个人的收入不超过该限额，限额和收入之间的差额可增加配偶的限额。

③ 从 2016 年 1 月 1 日起，税率为 22%。

(2014 年标准为 49 200 丹麦克朗)(已婚夫妇为双倍)，则该预提税为最终税收。

受雇所得、养老金所得和部分实物福利应征收预提税，征收的预提税是预缴性质的税款。每一位纳税人在其税卡中都有单独确定的预提税税率，并应及时向其雇主提供税卡；否则，适用 55% 的预提税率。

10. 征收管理

(1) 纳税期间。纳税期间为纳税年度。对于个人而言，纳税年度通常为公历年度。在丹麦，纳税期间又被称为收入年度。

(2) 纳税申报与评估。受雇所得的所得税申报表通常应在纳税年度次年的 5 月 1 日前进行申报。在实务操作中，纳税人会先从税务机关收到一张预填的所得税申报表，该表包含税务机关已有的纳税人应税所得的相关信息。纳税人可对预填表做出修改，并须于 5 月 1 日前进行申报。纳税人可以选择不使用上述申报方式；如果选择不使用，则须于 7 月 1 日前自行评估税款并完成个人所得税申报工作。对经营所得的所得税申报表，申报的截止期限也是 7 月 1 日。

每年，税务机关会对下一纳税年度做出纳税预评估，而纳税人也会收到含有预评估应纳税款的“税卡”，其中还包括雇主使用的预提税率。如果纳税人认为他的预评估税款由于收入改变等因素而不正确，可申请重新进行纳税评估。

不论是个人所得税或地方所得税，所有所得税种的征收和评估程序都是相同的。例如，纳税人在每个纳税年度仅会接受一次包含所有的所得税种的纳税评估。

税务机关必须在一个纳税年度终了后的次年 6 月 30 日前实施最终的纳税评估。

夫妻双方应分别征税；但如果他们取得的所得不等时，可就会有些变化。因此，已婚人士没用完个人的税收抵免额时，剩余的抵免额可转移给配偶。同样地，如果已婚人士的所得未超过个人所得税 15% 的限额或股权投资所得的限额，任何未使用的额度可增加至配偶的限额。损失也可在配偶之间转移。对于损失转移、个人宽免和所得限额的规则应用，要满足夫妻在纳税年度末共同生活的条件。

(3) 税款缴纳。纳税年度内税款的缴纳方式有两种：一是源泉扣缴预提税的方式，例如，受雇所得和养老金所得；二是预缴税款的方式，如经营所得。已扣税款或预缴税款可在最终的应纳税款中抵减。

如果纳税人的最终应纳税款超过已扣税款或预缴税款的总额，未缴纳的税款通常可在 8 月、9 月和 10 月的分三个月分期付款。少量的未缴税款(2015 年不超过 19 000 丹麦克朗)可暂不缴纳，而转移至次年经纳税评估后缴纳。如果纳税人最终的应纳税款小于已扣税款或预缴税款的总额，则多缴纳的税款一般应退还。

(4) 预先裁定。居民纳税人和非居民纳税人可就个人所得税评估的大多数情形申请预先裁定。一般来说，预先裁定仅适用于未来发生的交易的税收处理，且仅当其裁定有实质重要性时才予以发布。但是，预期交易可在申请提交之前或之后实施。

裁定自发布起对税务机关有 5 年的约束力。但是，税务机关根据具体情况认为有必要或有需要，可缩短 5 年的期限。

(二) 其他类型的所得税

1. 健康保险税

州按4%征收的附加税称为“健康保险税”。健康保险税在计算计税依据时，与地方所得税相同。

2. 地方所得税

地方所得税的计税依据是个人所得税的应纳税所得额，即个人所得加上资本收益减去一般扣除项后的余额。

在损失向后结转、避免双重征税和征收管理方面的规定，与个人所得税的一致。在计算地方所得税时，个人宽免额也是43 400丹麦克朗，相应的个人税收抵免额为个人宽免额乘以适当的地方所得税税率。任何未使用的税收抵免额可转移给配偶。

2015年，根据地方政府的相关规定，地方所得税税率从22.5%～27.8%之间不等。平均税率是24.9%，加上健康保险税的4%，平均税率总计为28.9%。

3. 教会税

教会税只适用于丹麦国家教会的成员。该税种与个人所得税和地方所得税一起征收，政策规定与地方所得税相同。教会税对应纳税所得额按比例税率征收，不同的地区从0.43%～1.45%间不等。

（三）国际税收

1. 居民纳税人

（1）境外所得和资本利得。居民纳税人应就其来源于全球范围的所得和全球范围的资本利得缴税。境外所得与境内所得适用相同的个人所得税政策。

如果居民个人在境外逗留时间超过6个月，则其在境外就业取得的受雇所得享受免税（累进）。如果根据税收协定丹麦对受雇所得享有排他性的征税权，则不能免税，但该所得在丹麦减半征收个人所得税。

境外股息、利息和特许权使用费应全额征税。境外经营或专业服务所得不能享受特殊税收待遇。

从符合条件的投资公司的证券（股票、基金等）实现的资本利得和损失在纳税年度末按公允价值计价原则确定（不同于税收上的价值实现原则）。

（2）境外资本。丹麦不征收资产净值税。位于境外的不动产应在丹麦缴纳房地产税。

（3）避免双重征税。纳税人可以选择通过单边方式或税收协定方式来避免双重征税。所谓“单边减免”，是指对丹麦个人所得税和地方所得税进行普通的税收抵免。该抵免额分国家计算。境外已缴税款不得作为费用扣除。

一般反避税规则适用于现有的安排和交易以及2015年5月1日（含）后新的安排和交易。因此，在综合考虑所有相关因素和特定情形下，对出于获取税收利益为目的而进行的任何安排或交易直接或间接导致实施方取得税收协定给予的税收优惠，则不能给予协定优惠待遇，除非实施方能够证明前述情形取得的税收优惠符合协定有关条款的目的和宗旨。

2. 侨民

（1）来丹人员。丹麦侨民制度已经于2011年1月1日修订（自就业开始之日生效）。符合条件的个人按26%的比例税率以不超过60个月的期限计算征税。即使是侨民已享受其母国的社会保障体系，但他们还应缴纳8%的社会保险税。因此，实际税负总计是31.92%。

丹麦侨民法律制度适用于在丹麦居民企业、非居民企业在丹麦常设机构的居民侨民以及从事经核准的研究项目的非居民雇员。

对侨民征税应满足以下条件：

①侨民在丹麦就业前的10年期间未在丹麦缴税；

②侨民在就业前的5年期间或就业期间，没有直接或间接地正在参与或已参与雇主单位的管理、控制或资本活动；

③侨民在丹麦就业前没有被派到境外为同一雇主或关联雇主工作；

④侨民未被丹麦派至境外参与公费博士学业学习；

⑤工作为持续6个月至36个月的临时受雇（可以自由改变工作，假设侨民仍然满足纳税条件）；

⑥在社会保险税和补充养老保险扣除之前每月工资总额超过60 600丹麦克朗（2014年为70 600丹麦克朗）。如果雇员从事经核准的研究项目，则不适用这个最低工资要求。

侨民工资以外的所得应缴纳一般的所得税。

在2011年之前，丹麦侨民可以选择对其工资总额按比例税率25%缴税3年或按33%缴税5年。此外，他们应缴纳8%的社会保险税，且不能享受个人税收抵免。关于侨民的过渡政策规定也可适用。

(2) 外派人员。如果同时满足以下两个条件，则前丹麦居民纳税人（仍然）应在丹麦缴纳个人所得税：取得来源于丹麦公司的咨询费；在过去5年是该公司的管理者或股东。

如果个人按照税收协定被认定为非居民纳税人，则其在丹麦的应税所得对应的费用才能予以扣除。因此，位于丹麦的不动产的抵押贷款利息可税前扣除，而其他利息费用通常不能扣除。

如果个人成为非居民纳税人或按照税收协定被认定为非居民纳税人，则其持有的债券和其他债权以及股票被视为全部处置。在其成为非居民纳税人时，上述资产视为按公允价值处置，对所有未实现的资本利得均应征税。但是，这种离境税仅适用于在居民身份变更前的10年中至少有7年为丹麦税收居民的个人。至于股票，仅当个人在离境时的股票投资组合价值超过100 000丹麦克朗（已婚夫妇为双倍）时，才应征收离境税。

当居民纳税人在一个纳税年度中间移民国外的，应根据其在该段时间的所得按比例计算出1个年度的所得额，并以年所得额为基数征收个人所得税。但计算出的年应纳税额中只需按一定比例的金额缴税。该比例等于实际所得和计算出的年所得额的比值。这样计算是为确保选择合适的累进所得税率。但是，纳税人也可选择使用年度实际所得额，而不是按比例还原的所得额。

3. 非居民纳税人

(1) 对所得和资本利得的课税。除另有规定外，非居民纳税人适用前文所述的个人所得税和地方所得税政策，包括税率和准予的个人税收抵免。虽然评估期不到1年的个人不能享受税收抵免，但如果在一个纳税年度内非居民纳税人从丹麦取得的受雇或经营所得占境内外所得不少于75%，则其可享受税收抵免。通常来说，非居民纳税人仅可扣除与其丹麦境内应税所得直接相关的支出。

非居民纳税人还应按24%的比例税率缴纳地方所得税（加上健康保险税的4%为28%）。

①受雇所得。如果受雇行为发生在丹麦境内且所得应在丹麦扣缴预提税，则受雇所得应

缴税。“受雇行为发生在丹麦境内”包括在丹麦航空公司运营的注册飞机或光租飞机上工作。如果取得的所得由居民雇主（包括非居民企业的常设机构）或在丹麦代理机构支付，则该所得应扣缴预提税。个人在丹麦的受雇终结后取得的薪酬，例如奖金和遣散费，也应纳税。

如果董事会、理事会、委员会和类似机构的成员取得的所得来源于丹麦境内，也应征税，但不能享受个人税收抵免。

来源于丹麦的养老金所得同样应征税。

来源于丹麦雇主的受雇所得应缴纳30%的最终预提税（不可享受个人税收抵免）。但是，非居民纳税人可选择按丹麦居民身份适用这些政策规定缴税。如果非居民雇员的工作属于丹麦公司密不可分的一部分，即使他们的雇主是境外的，雇员取得的薪酬也应在丹麦缴税。

如果非居民海员在丹麦注册的船舶上工作，则应按一般的所得税政策征税。如果船舶在丹麦国际航运登记处注册，则海员可免于缴税。也存在特殊规定，非居民海员对其总收入（不能享受个人税收抵免）减按30%的税率缴税。该税款为最终预提税。这个规定只适用在往返某些指定区域或在区域内运营的船舶上工作的人。

个人取得从事开采碳氢化合物工作的受雇所得，如果雇主不属于丹麦的居民企业，应按30%缴纳最终预提税（不能享受个人税收抵免）。但是，非居民纳税人可选择按丹麦居民身份适用这些规定缴税。如果雇主是居民企业，则受雇所得应按一般的所得税政策征税。

如果在一个纳税年度内非居民纳税人从丹麦取得的受雇或经营所得占其境内境外所得不少于75%，则该受雇所得（包括养老金）或经营所得可选择按特殊规定征税。这意味着，个人利息支出可税前扣除，即使履行纳税义务不到1年也可享受税收抵免，且在缴纳8.08%（2015年）的个人所得税时可享受配偶未使用的个人抵免额和限额。

②经营和专业所得。只有归属于丹麦境内常设机构的经营和专业所得才属于应税所得。丹麦无个人税收抵免。

③投资所得。向非居民个人支付利息不征收所得税或预提税。

向非居民个人支付股息应按27%的税率征税。已宣告股息和股份回购的总收益应按27%缴纳预提税。在其他情况下，按评估金额纳税。

如果满足以下条件，27%的基本税率可降至15%：

——收款方持有居民企业不到10%的资本；

——收款方所在的居民国税务机关有义务通过双边税收协定、国际条约或行政协议与丹麦税务机关进行信息交换。

工业的特许权使用费应按25%缴纳最终预提税。这些特许权使用费包括对任何专利、商标、设计或模型、计划，秘密配方或流程支付的使用权对价或使用对价，对工业、商业或科学经验的相关信息作为报酬支付的款项。

上述所得按支出总额征收预提税，且不能享受个人税收抵免。另外，可享受税收协定规定的优惠税率。

包括来源于丹麦不动产的资本利得等所得，应征收个人所得税，但不能享受个人税收抵免。

④资本利得。通常而言，仅归属于丹麦常设机构的资产产生的资本利得应在丹麦缴税。归属于不动产的债务和债权主张产生的利得也应缴税。对丹麦境内不动产产生的资本利得应征税。

（2）对资本征税。丹麦不征收净财富税。非居民个人若拥有丹麦境内的不动产应缴纳房地产税。

（3）征收管理。除如上所述的应征收最终预提税外，非居民个人通过纳税评估的方式征税。

三、增值税

（一）一般规定

丹麦实行增值税制度，对销售货物和提供服务征收增值税。

1. 纳税人

从事经营的个人和公司均是纳税人。税务登记的起征点通常为5万丹麦克朗。从2014年开始，小微公司（即年营业额不超过500万丹麦克朗的公司）适用特殊规则（例如延长增值税申报时限和缴税期限）。

2. 应税行为

应税交易包括：

（1）在丹麦销售货物和提供服务并取得对价的交易；

（2）从其他欧盟成员国购买商品和/或服务，且卖方办理了增值税登记、买方为增值税纳税人；

（3）从非欧盟地区进口商品。

3. 应纳税额

应税收入是指在丹麦境内销售商品和提供服务取得的收入和从非欧盟成员国进口商品所取得的不包含增值税的金额。应税收入就包括了上一环节供应或进口时的关税和消费税，包装成本、运输、保险等，以及支付给代理人的佣金和财务成本。

4. 税率

增值税的基本税率是25%。它适用于所有非免税或零税率的销售货物或提供服务行为。

5. 免税项目

重要的免税项目包括房地产管理和租赁，房地产转让、保险和再保险，包括代理服务，一些金融服务和客运和慈善组织开展的活动。

纳税人出租不动产可选择是否缴纳增值税。

（二）非居民纳税人

从事上面第2部分所描述的征税范围相关项目的非居民纳税人与居民纳税人按照同样的方式征增值税。

对在丹麦境内无经营场所的非居民纳税人购买商品或服务用于应税项目所缴纳的增值税，纳税人有权获得退税。为取得退税，即使非居民纳税人的营业额未超过一般增值税登记起征点也必须办理增值税登记。

四、消费税

丹麦对酒精饮料、汽车、巧克力和糖果、汽油、某些保险单和烟草制品征收消费税。

五、社会保险税

（一）对企业征收

不要求雇主为雇员缴纳社会保险税。

（二）对个人征税

社会保险缴税由雇员和自由职业者按 8% 的税率缴纳。居民个人就其在丹麦的受雇所得缴纳社会保险税，而只有当雇主为丹麦企业（居民企业的境外分支机构不被视为丹麦雇主）时，取得的境外受雇所得才应缴纳社会保险税。计税基础为工资总额（自由职业者通常是净的经营所得），包括私人使用公司汽车的应税价格和雇主承担的养老金费用。雇员的社会保险税由雇主代扣代缴。社会保险税可在计算个人所得时税前扣除。

基于《丹麦社会保障公约》和欧盟有关将社会保险计划适用于雇员个人及其在欧盟区域内流动的家属的《1408/71 规章》的相关规定，社会保险税被视为一项税收，而不是社会保险缴款。因此，受外国社会保险保障的来丹麦的外籍人士仍应按 8% 缴纳丹麦社会保险税。本规定同样适用于丹麦企业的非居民雇员个人。

雇员还应缴纳补充养老保险。对每月获取薪酬的全日制雇员，补充养老保险的费用为每月 90 丹麦克朗。补充养老保险由雇主代扣代缴，在计算个人所得税时可税前扣除。

（张文春　编）

爱沙尼亚税制

在爱沙尼亚，公司要就分配的利润缴纳分配税，留存利润无须缴纳所得税。此外，公司还要缴纳社会保障税、土地税、增值税和消费税。个人要缴纳个人所得税、土地税和社会保障税。个体商户也要缴纳社会保障税。市政府拥有地方税，尤其是广告税的征管权，但地方税在爱沙尼亚税制体系中所占比重很小。

一、公司所得税

（一）一般规定

1. 税制类型

公司纳税人无须缴纳公司所得税，而是要就其分配的利润，包括视同隐性利润分配的交易（如附加福利、礼品和捐款、营业外支出等）缴纳分配税。对留存利润不征税。

2. 纳税人

纳税人主要包括：居民公共有限公司和居民私人有限公司；居民普通合伙企业和居民有限合伙企业：以及居民合作社、协会和基金会，以及公法法人。上述类型的纳税人作为居民负有无限纳税义务。相似的非居民实体仅就其来源于爱沙尼亚境内的特定类型所得纳税。在爱沙尼亚境内设立常设机构的非居民企业，应就其通过常设机构所取得的利润缴纳分配税，征收方式与对居民公司纳税人的征收方式相同。本法案仅限于视同独立应税实体的公共或私人有限公司，以及普通和有限合伙企业。上述全部实体都被称为公司。

依据爱沙尼亚法律成立的公司是爱沙尼亚的居民公司。

3. 应纳税所得额

（1）一般规定。居民公司的应纳税所得为其全球所得，但其留存收益不纳税，只就分配的所得按分配净额计算纳税。

分配税的税基主要包括以下部分：附加福利；礼品、捐款和业务招待费；股息；利润调整；以及非营业费用。

①附加福利。给予雇员的附加福利（实物津贴）应由雇主负责缴纳分配税。雇员收到税后福利后免缴个人所得税。另外，雇主也可将该部分福利视同接收方的工资薪金进行处

理，缴纳预提税，且在计算个人所得税时包含在雇员的应纳税所得中。附加福利由雇主向雇员发放，或由法人向管理委员会和监事会成员、具有长期合约关系的人员发放，包括所有货物、服务、其他实物津贴，以及其他能够用货币计价的福利或礼品。一个集团内的居民或非居民公司作为雇主发放的福利视同雇主直接发放的福利，因此，由雇主承担纳税义务。

附加福利主要包括：全部或部分住房费用补贴；非商业用途车辆或其他由雇主免费或低价提供的资产；由雇主支付的保险费，强制保险费除外；超过政府规定数额的每日出差津贴；超过政府规定数额的私人车辆使用补偿费；利率低于市场利率的贷款，除非在支付时该利率至少为欧洲央行1月1日或7月1日前进行主要再融资操作的最新利率的两倍以上；将资产、证券、所有权或服务无偿转让、折扣销售，以及低于市价交换；以高于市价的价格购买资产、证券、所有权或服务；以及放弃的货币债权，预计收回欠债的合理费用将超过债权金额的除外。

授予股票期权不属于附加福利。员工出售期权的收入或在行权时获得的股票价值收入，只有当员工从获得期权起3年内行权时，才将其视为附加福利。

②礼品、捐款和业务招待费。一般情况下，公司提供的所有礼品都应缴纳分配税。已税礼品在接受方层面免征所得税。或者，礼品将被认为是接受方的应纳税所得，要缴纳预提税，并包括在接受方的应纳税所得内。由雇主向雇员提供的礼品视同附加福利处理。广告用途的商品或服务，如果其单价不超过10欧元（不含增值税），则不征税。

向政府批准的非营利机构（包括在欧洲经济区国家注册成立，并满足适用爱沙尼亚相关条件的非营利机构）提供的礼品和捐赠，可免征分配税，免征额最多等于当年个体化社会税税金的3%与前一财政年度利润的10%两者中的较高者。

关于业务招待费，一般免税限额为每月32欧元。此外，公司每月最高可支付的免税业务招待费最多为当月个体化社会税税金的2%。如果纳税人在一个年度内不是按月支付业务招待费，那么未使用的限额可以在同一年度向后结转。

③股息。一般情况下，不论是货币形式或非货币形式的股息和其他利润分配，都应缴纳分配税。

清算所得及减持股本或赎回股份的报酬，应就其超过公司股本出资额的部分，视同利润分配缴税。

④利润调整。对转让定价调整要征收分配税，即纳税人已经取得的收入或纳税人不会承受的损失的金额，应将关联方进行交易的价格与第三方进行相似交易的价格相等同。

⑤非营业费用。非营业费用要缴纳分配税，按照上文提及的分配形式的相关规定进行支付的非营业费用除外。非营业费用主要包括：延迟纳税的法定罚金和利息；纳税人被没收财产的损失；某些污染收费；支付给非营利协会的入场费和会员费，除非加入相关协会与纳税人的商业活动直接相关；纳税人不能用符合会计要求的原始凭证证实的费用；购买与纳税人商业活动无关的服务产生的费用；与商业活动无关的财产的购置成本；低税管辖区法人发行的证券的购置成本；低税管辖区法律实体参股的购置成本；向低税管辖区的法人支付的滞纳金或罚款，以及未经法院裁决的损失赔偿金；向低税管辖区的法人发放的贷款或支付的预付款，或者是为了购买位于低税管辖区的法人的所有权而以任何其他方式向其发放的贷款或支付的预付款以及贿赂。

（2）免税收入。总体上，所有收入都应根据其分配情况缴纳分配税。

(3) 扣除。由于对留存利润不征税，因此不能进行任何扣除。

(4) 折旧和摊销。由于对公司利润不征收年度净税收，因此法人也不适用折旧和摊销相关规定。

(5) 准备金。由于对留存收益不征税，因此无准备金相关条款适用。

4. 资本利得

公司的资本利得在进行分配时才纳税，在此之前免税。

5. 亏损

由于对留存收益不征税，因此企业的亏损对其税收无意义。利润分配应缴纳分配税，即使该公司存在会计亏损。但是，亏损通常会减少会计利润，从而减少应税分配金额。

6. 税率

分配税税率为利润分配净额的20/80（约等于25%），相当于分配额的总金额（分配额+分配税税额）的20%。2015年1月1日前该税率为21/79，相当于总金额的21%。支付给居民公司的款项无须缴纳预提税。

7. 税收优惠

暂时没有税收优惠。

8. 征收管理

(1) 纳税年度。一般以日历月份为分配税的纳税期限。

(2) 纳税申报。进行增值税登记的公司应于纳税期次月的10日内进行纳税申报。未进行增值税登记的公司则只在产生应纳税款当期进行纳税申报。分配税、支付给个人的款项缴纳的预提税和社会税可以在一张联合的表格中申报。

(3) 税款缴纳。纳税人应于纳税申报截止日之前把分配税税款汇至税务局银行账户。

(4) 事先裁定。纳税人可就其未来交易向主管税务机关提出事先裁定申请。事先裁定对税务机关有约束力，对纳税人则无约束力。但是，对关联方之间的转让定价安排不得进行事先裁定。

(二) 居民公司之间的交易

1. 公司集团合并纳税

爱沙尼亚税法体系中不包含集团税收的概念。

2. 居民公司之间的股息

一般情况下，所有进行股息分配的公司都应缴纳分配税，适用20/80的税率。

但居民母公司就其从子公司获取的股息进行利润再分配时，如果母公司持有子公司至少10%的资本或投票权，并且满足下列条件之一，那么，母公司进一步分配的利润就可以免纳分配税：子公司是爱沙尼亚、其他欧洲经济区国家或瑞士的居民，且是这些国家的纳税人（不要求已经实际缴纳过所得税）；或者子公司是欧洲经济区国家或瑞士以外的其他国家的居民，且子公司应就其利润缴纳所得税（即已缴税，或虽未缴税但已确定税款金额），或者，母公司获取的股息已缴纳预提税。

如果不满足上述条件，或子公司的居住国为低税管辖区，则母公司进一步分配的利润应缴纳分配税。此情况下，境外股息允许就其境外已缴的预提税进行一般抵免，否则境内股息将被重复征税。

一般而言，清算所得和削减股本要缴纳分配税，但是，如果母公司在支付时持有子公司10%以上资本或投票权，而且清算所得和削减股本是从上述免税股息中支付，或者是从已经纳税的清算所得和削减股本支付，或者相关所得已经纳税，那么，这些清算所得和削减股本可以免纳分配税。

此外，当居民公司的常设机构位于欧洲经济区国家或瑞士时，居民公司就来源于上述常设机构利润的股息进行的分配无须缴纳分配税。当居民公司的常设机构位于其他国家时，如果该常设机构的利润已缴纳了所得税（即税款已经缴纳，或虽未缴纳但已核定税款），那么，居民公司就来源于上述常设机构利润的股息进行的分配也无须缴纳分配税。

（三）其他类型的公司所得税

爱沙尼亚不征收其他类型的公司所得税。

（四）国际税收

1. 居民公司

（1）境外所得和资本利得。居民公司应就其全球收入和全球资本利得缴税。爱沙尼亚国内法规定，对居民公司境内所得和境外所得在税收处理上不存在差异。因此，居民公司应在获得分配后就其境外所得在爱沙尼亚全额纳税（特定股息所得和来源于境外常设机构的所得除外）。留存收益无需纳税。

（2）境外亏损。由于爱沙尼亚对居民公司的留存收益不征税，因此境外亏损对公司的税收没有影响。但是，亏损通常会减少公司进行应纳税分配的会计利润。

（3）境外资本。爱沙尼亚不征收资产净值税。位于境外的不动产无需缴纳爱沙尼亚土地税。

（4）避免双重征税。

①单方减免。居民公司或非居民公司的常设机构取得的境外所得，如果在境外已经缴纳了预提税和所得税，则可获得普通税收抵免，特殊情况除外。在境外已经缴纳的税额可以在其分配税税额中抵扣。抵免限额分国家计算。

如果境外已缴税额高于相同所得根据国内法或税收协定应缴纳的税额，则只有根据相关税法或协定缴纳的税额的一部分可以抵免（例如，境外已缴预提税的税率为25%，但国内法或协定只允许抵扣10%）。

②协定减免。爱沙尼亚税收协定规定，避免重复征税的主要方式为普遍税收抵免。但是，自2007年签订的税收协定中规定，对除利息、特许权使用费和不符合条件的股息以外的收入适用免税法。国内法规定，无论税收协定中关于抵免的条款如何规定，对符合条件的股息进行再分配时免纳分配税。

2. 非居民公司

非居民公司是指没有按照爱沙尼亚法律注册成立的公司。

（1）一般所得和资本利得课税。非居民公司应就其来源于爱沙尼亚的商业活动所得缴税。除常设机构来源于爱沙尼亚的所得外，非居民公司的应纳税所得额还包括与该常设机构无关的，来源于爱沙尼亚的贸易或商业活动的所得。位于低税管辖区的非居民公司应就其向爱沙尼亚居民提供服务的所有所得通过代扣代缴的方式缴纳所得税，无论服务的供应地和使用地在何处。

非居民公司出售转让居民公司股票所获得的资本利得在爱沙尼亚无需缴税。但是，如果转让的是公司、契约型投资基金（开放式基金）或其他资产池（如合伙人）的股票，且在出售之时或出售前两年的任何时期，此公司 50% 以上的资产，直接或间接由爱沙尼亚境内不动产或视同动产的建筑物构成，且非居民公司至少持有 10% 时，那么，转让股票的资本利得应纳税。公司合并、分立或重组时互换股票取得的资本利得免税。

非居民公司销售位于爱沙尼亚境内不动产，包括不动产使用权和视同动产的建筑物，所取得的资本利得应在核定评估后缴纳所得税。如果动产在处置前的注册地为爱沙尼亚，则处置该动产的资本利得适用相同规定。

除非非居民公司在爱沙尼亚境内有常设机构，否则非居民公司的所得与独资经营者的所得征税方式和适用税率相同，缴纳预提税的所得除外。

"常设机构"是指非居民公司在爱沙尼亚境内进行经常性商业活动的营业机构。常设机构是公司进行地域性或流动性，或以非居民公司的名义签订合约的经授权代表的经济活动的结果。

采用独立实体办法来计算来源于常设机构的应纳税所得额。对常设机构所得按照与居民公司所得相同的方式计征分配税，但是，存在一定差异。

非居民公司通过在爱沙尼亚常设机构支付的附加福利费、礼品、捐赠、业务招待费及非营业费用，必须要就归属于常设机构的货币或非货币形式的利润缴纳分配税。

但是，如果非居民公司来源于常设机构的利润，是由其子公司通过常设机构向该非居民公司派发的股息，且该非居民公司持有派发股息子公司至少 10% 的股份或投票权并且满足下列条件之一，则该非居民公司来源于其爱沙尼亚常设机构的利润免征分配税：子公司是爱沙尼亚、其他欧洲经济区国家或瑞士的居民，且是这些国家的纳税人（不要求已经实际缴纳了所得税）；或者子公司是欧洲经济区国家和瑞士之外的国家的居民，且子公司已就其利润缴纳了所得税（即税款已实际缴纳，或虽未缴纳但已核定税款），或者所收到的股息已缴纳预提税。

如果不符合上述条件或子公司是低税管辖区的居民，则该非居民公司就来源于爱沙尼亚常设机构的利润缴纳的分配税可减去其境外股息已纳预提税。

此外，如果非居民公司来源于爱沙尼亚常设机构的利润是由通过其爱沙尼亚常设机构接收的免税清算收入或削减股本构成，且在子公司支付这些免税清算收入或削减股本时，该常设机构持有子公司至少 10% 以上股份或投票权，那么，非居民公司来源于爱沙尼亚常设机构的利润无须缴纳分配税。

（2）资本课税。爱沙尼亚无资产净值税。非居民公司应就其坐落于爱沙尼亚境内的不动产缴纳土地税。

（3）征收管理。非居民公司来源于爱沙尼亚常设机构的所得适用与居民公司相同的税款核定规则。

在爱沙尼亚境内未设立常设机构的非居民公司，应于转让动产交易发生次年的 3 月 31 日前，就其转让动产的资本利得进行纳税申报。对于转让不动产的资本利得，纳税申报期为取得收益之日起一个月内。资本利得应缴纳的所得税税款应于纳税申报之日起 3 个月内上缴税务机关。

如果在爱沙尼亚境内未设立常设机构的非居民公司在爱沙尼亚境内取得了应税经营所得，那么，该非居民公司应就其来源于爱沙尼亚的所得进行年度纳税申报，但缴纳最终预提税的所得除外。所得税申报应于公历年度终了后6个月内进行。在爱沙尼亚终止相关活动的，应于活动终止2个月内进行纳税申报。经营所得应缴纳的所得税税款必须在纳税申报期截止之日起3个月内向税务机关缴纳。

3. 非居民公司预提税

如果非居民公司在爱沙尼亚境内设立了常设机构，则对支付给常设机构的款项不征收预提税。

所有预提税都是以总支付额为计税依据，且不允许进行税前扣除。预提税是最终税，非居民收款人无须就其已纳税所得进行纳税申报。扣缴义务人每月都要就发生的应税支付填报预提税纳税申报表。纳税申报应于支付日次月10日内填报。税款于同日缴纳。收款人提出要求的，扣缴义务人须在次年1月1日之前向收款人提供预提证明。

由于分配税被视为公司税体系的一部分，而不是一种预提所得税，因此适用税收协定中的低税率。

(1) 股息。居民公司向非居民股东分配的股息红利应缴纳分配税，适用20/80的税率。无附加预提税。

(2) 利息。支付给非居民公司的利息一般免税。

(3) 特许权使用费。由居民公司向非居民公司支付的专利特许权使用费，包括商业、科学或工业设备的使用费，应通过预扣方式缴纳所得税。税率为10%，除非税收协定规定了适用低税率。

为贯彻《欧盟利息和特许权使用费指令》(2003/49) 和《欧盟—瑞士储蓄协议》，国内法规定，对向境外支付的特许权使用费免征预提税，但需提供资料证明收款方与付款方是关联公司，且收款方是另一欧盟成员国或瑞士的居民或在上述国家设有常设机构。

满足下列条件的双方公司可认定为“关联公司”：其中一方直接持有另一方至少25%的资本；或者，第三方欧洲或瑞士公司直接持有这两个公司至少25%的资本。以上两种情况都需满足两年的最低持有期。当支付金额超过非关联交易支付金额时，不得免税。

(4) 其他。下列支付款应缴纳10%的预提税：支付给在爱沙尼亚境内提供服务的非居民公司的费用；以及因艺术家或运动员在爱沙尼亚境内进行活动，支付给非居民第三方的款项。下列支付款项应缴纳20% (2015年1月1日前为21%) 的预提税：支付给非居民的租金（设备租金除外）；以及支付给非居民的保险赔偿费。

(五) 反避税

1. 概述

一般反避税条款中规定，就交易的内容来看，该笔交易明显以避税为目的，相应的实际经济活动应缴税。

此外，解决通过向低税管辖区付款导致的税基侵蚀的方法主要包括：爱沙尼亚居民向位于低税管辖区的公司支付的服务费缴纳20% (2015年1月1日以前为21%) 的预提税，无论服务发生或使用地位于何处。向低税管辖区收款人支付的各项款项或提供的利益，视同非营业费用要缴纳分配税。

上述“低税管辖区”是指其他国家，或其他国家中实行独立税收管辖权的地区，这些国家和地区对法人的营业收入或分配的利润不征税，或征收的税款在不考虑扣除的情况下，少于爱沙尼亚居民就相同数额的经营所得应缴纳的所得税的三分之一（即低于7%）。

如果法人一个财政年度的所得中超过50%的部分都来源于实质性经济活动，或者，法人所属国家或管辖区向爱沙尼亚税务机关提供了爱沙尼亚居民控制的法人的所得信息，则可认为该法人不位于低税管辖区。

爱沙尼亚政府实行“白名单”制度，名单中包含视同非低税管辖区的国家和地区。

2. 转让定价

居民公司与关联方（广义）进行交易的价格，和同一公司与非关联方进行相似交易的价格之间存在差异的，主管税务机关有权调整其价格。调整方法包括可比非受控价格法、成本加成法、再销售价格法、利润分割法和交易净利润法。

对转让定价调整额要征收分配税。转让定价调整，即纳税人与关联方进行交易所获得的收入金额，或其不会承担的亏损金额等同于与非关联方进行相似交易时的金额。

3. 资本弱化

爱沙尼亚暂无资本弱化相关规定。

4. 受控外国公司

跟居民公司留存收益免税相同，国内法规定，受控外国公司的所得仅归属于居民个人。但是，根据2011年9月26日颁布的最高法院决议，一般反避税规则允许主管税务机关根据实际情况，将没有独立经济活动的受控外国公司的收入归属于爱沙尼亚公司。这种情况可能是该外国公司的交易是为了隐瞒爱沙尼亚公司的真实交易。因此，相关爱沙尼亚居民公司可能需要就此款项缴纳分配税。

二、个人所得税

（一）一般规定

1. 纳税人

个人所得税的纳税人是爱沙尼亚的居民。个人成为爱沙尼亚居民需满足下列条件：在爱沙尼亚境内有住所的个人；或在任何12个月期间，在爱沙尼亚境内逗留至少183天的个人。当导致个人成为爱沙尼亚纳税居民或纳税居民身份终止的情况发生时，个人应当告知税务机关。通常，已婚夫妇分开纳税，但是配偶可以进行联合申报。子女也是单独纳税。合伙人分开纳税。

2. 应纳税所得额

（1）概述。居民个人需就其全球所得，无论是货币还是货币等价物的形式，依法缴纳个人所得税。在实践中，所有项目的所得都要纳税，除非由法律豁免。不单独对资本利得征税，但资本利得通常是包含在应纳税所得中，并按普通税率征税。

个人所得分为三类，即普通所得、经营所得和财产处置所得。经营所得和财产处置所得的净收入分别计算，然后与普通所得合计得到总所得。个人免税额和扣除额从总所得中扣除。

此外，个体商户要就所获得的附加福利缴纳分配税。

（2）免税所得。最主要的免税所得包括：国内实物福利；某些养老金；符合条件的国外雇用所得；国内股息和符合条件的国外股息；某些种类的利息；某些资本利得；国家奖学金以及其他政府认可的奖学金；某些公共补贴和社会分配；赡养费；保险收益和其他根据保险合同接收的款项，来源于某些养老基金的款项和与财产保险相关的某些收益除外；个人、居民法人赠送的礼物，以及非居民法人赠送的、已经在国外纳税的礼物；遗产。

3. 雇用所得

（1）工资、薪金所得。就业或同等安排所获得的所得，包括工资、薪金、奖金和其他货币支付。非货币支付被视为实物福利。不允许从雇用所得中扣除费用。对国际商务旅行的每日补贴和对私家车使用的补偿，按政府规定的额度给予免税。对国际商务旅行每日补贴超过规定限额的部分以及国内商务旅行每日补贴与和薪金一样要缴纳个人所得税。雇主为雇员支付的某些自愿年金养老金计划的保险费，以及为获得符合条件的欧洲经济区养老基金的投资证书而为雇员支付的款项，每年免税额最多为 6 000 欧元或雇员应税薪金的 15% 二者中的较低者。

（2）实物福利。雇员享受的实物福利（附加福利）征税方式特殊，是对雇主征税而不是对雇员征税。或者，雇主可以把此种福利作为接受者的雇用所得，要缴纳预提税，并计入雇员的应纳税所得中缴纳个人所得税。

（3）养老金所得。通常，养老金是应纳税所得。从在欧洲经济区任何国家持有执照的养老基金的某些年金养老金计划获得的养老金款项要缴纳 10% 低税率的最终预提税。在下列情况下，从某些年金养老金计划获得的款项是免税的：当受益人超过 55 岁或完全永久丧失工作能力时；以及，根据保险合同，付款是定期进行的，至少 3 个月 1 次，直至受益人死亡，且付款数额不变或增加。

（4）董事报酬。没有特别规定适用。董事报酬视同雇用所得要纳税。对出差的每日津贴和报销免税也适用于管理委员会成员和监事会成员。

4. 经营和专业服务所得

除了来源于贸易或商业的所得之外，经营所得也包括来源于职业活动的所得。凡从事此类活动的个人称为个体商户。个体商户应纳税所得额按照现金收付制会计方法确定。在计算应税经营收入时，从事商业的个人可以扣除与之相关的所有记录的费用。在只有部分费用是为经营发生的费用的情况下，只有该部分费用可以扣除。发生在个人注册为个体商户之前的费用，如果与注册或所需的授权相关，可以扣除。购置固定资产和流动资产（包括土地和森林）的所有费用可以立即扣除，但不适用折旧。

以下各项不允许扣除：国家所得税，附加福利缴纳的分配税除外；法定的罚款和迟交税款的利息；某些污染收费；免税补贴所包含的费用；礼品和捐款的费用；以低于市价的价格向关联人出售财产造成的亏损，除非该亏损已缴分配税；出售以高于市价的价格从关联人那里购买的财产所造成的亏损；在爱沙尼亚境内或境外缴纳的某些社会保障缴款；超过扣除允许的费用后的经营所得 2% 的招待费用；贿赂。

个体商户有权开一个特殊的免税银行账户，以存放投资资金。该类银行账户的任何增加额都可从应税经营所得中扣除，任何减少额都要计入应税经营所得。

个体商户还应就给予雇员的附加福利缴纳分配税。附加福利的成本不可扣除，除非就该附加福利的价值缴纳了分配税。

如果一项交易发生在个体商户和关联人（广义的概念）之间，而交易的价值不同于与非关联人之间类似交易的价值，税务机关可以调整该交易价值（即增加应税经营所得或减少可以扣除的费用）。所采用的方法有：可比非受控价格法、成本加成法、转售价格法、利润分割法和交易净利润法。

5. 投资所得

居民公司支付的股息要缴纳分配税。该税由分配股息的公司缴纳，是最终税，股息不计入股东的应税所得。

一般而言，所有类型的国内利息和特许权使用费都要计入应税所得。利息和特许权使用费方面无任何费用可扣除。但是，来源于在欧洲经济区任何国家（包括爱沙尼亚）成立的信用机构的利息，或者，通过非居民信用机构位于欧洲经济区内的常设机构获得的利息，可以免税。此例外不适用于投资账户的存储的资金产生的利息，以及全部或部分取决于证券、存款、货币、其他金融工具或后者的基础资产的价值或价值的变化的利息。

就租赁所得和特许权使用费所得而言，纳税人可以选择将此收入申报为投资所得或者经营所得。在经营所得的情况下，只有扣除费用后的净所得计入应税所得，但同样数额也需缴纳社会保障税。在投资所得的情况下，总收入计入应税所得，但不缴纳社会保障税。

6. 资本利得

没有单独的资本利得税，但是资本利得通常要计入应纳税所得，并按一般税率纳税。

但是，排除其他因素，下列利得是免税的：（1）纳税人出售自己居住的住宅（房屋或公寓）的利得（2 年期间只能出售 1 次）；（2）出售夏季别墅或花园房子的利得，条件是纳税人拥有该房产超过 2 年，且该房产占地大小不超过 0.25 公顷；（3）与归还征用财产和经济私有化各种方案相关的利得；（4）出售纳税人个人使用的动产的利得；（5）合并、分立或其他重组过程中股份交换的利得。

从 2011 年 1 月 1 日起，处置金融资产（例如，在任何欧洲经济区或经济合作与发展组织国家公开交易的股票和证券，或在某些情况下在其他国家公开交易的股票和证券；投资基金份额；投资存款）获得的资本利得不纳税，只要购买这些资产使用的是在欧洲经济区或 OECD 国家的信贷机构开设的投资账户的资金，并且销售所得被转存到该投资账户。对这种利得只有在其从投资账户转出时才征税，因为此时它们被认为将用于消费。

7. 个人扣除、宽免和抵免

居民个人的全部应税所得总额中可以扣除下列扣除和免税额。

如果一个居民个人应税所得中至少有 75% 来自国外，并且为避免双重课税部分所得在爱沙尼亚免税，那么，他只能申请部分扣除和宽免额，即可以享受的个人扣除和宽免额 = 法定个人扣除和宽免额 × 来源于爱沙尼亚的应税所得占来源于全球的应税所得的比例。如果居民个人选择使用抵免制度消除对其国外总所得的双重征税，那么，比例扣除限制不适用。

扣除和宽免额同样适用于在爱沙尼亚填报纳税申报并且其纳税年度超过 75% 的应税所得来源于爱沙尼亚的其他欧洲经济区国家居民，他们可以享受的扣除和免税额 = 法定个人扣除和宽免额 × 来源于爱沙尼亚的应税所得占来源于全球的应税所得的比例。

（1）扣除。纳税人支付给设立于欧洲经济区任何国家的信贷机构或金融机构，或非居民信贷机构在欧洲经济区注册的分支机构的，有关购买、改造（非修复）自己住宅的贷款或租金的利息可以得到扣除。纳税人每一纳税年度只有就一处住宅享受上述扣除。

教育费用可以扣除，条件是该教育费用是纳税人为自己支付的，或者是为未满 26 周岁的受抚养人就读公立教育机构，持牌私立学校，或同等地位的外国教育机构支付的。当纳税人无须为自己或受抚养人支付教育费用时，他可以就为任何未满 26 周岁的居民个人支付的教育费用得到扣除。

纳税人捐赠给政府认可的非营利组织（包括在欧洲经济区国家建立的符合爱沙尼亚条件的非营利组织）记录在案的礼物和捐款得到扣除。

失业保险税可以扣除。在纳税年度内，礼品和捐赠的扣除额不得超过扣除其他宽免额后的个人所得的 5%。

抵押贷款利息、教育费用、礼品及捐款有关的扣除限额是 1 200 欧元，或在爱沙尼亚应税所得的 50% 二者中的较低者。

某些自愿年金养老金的保险费和欧洲经济区养老金基金投资合格证书购买成本可以从应税所得中扣除。扣除限额是 6 000 欧元或在爱沙尼亚应税所得的 15% 二者中的较低者。

强制性年金退休金计划的保险费全部可以扣除。依据国外法律必须缴纳的社会保险税也可以扣除。

自 2016 年起，纳税人出租房屋所得的 20% 可以扣除，该扣除主要考虑到纳税人为维护房屋支出了相关费用。

（2）宽免。个人年度宽免额 2016 年为 2 040 欧元，2017 年为 2 160 欧元，2018 年为 2 280欧元，2019 年及之后年度为 2 460 欧元。当雇用所得来源于纳税人的主要就业场所时，在代扣所得税时，基本宽免额按月从每月的工资中扣除，即每月扣除年度宽免额的 1/12。

从第二个孩子开始，一个家长可以就每有一个未满 18 岁孩子享受 1 848 欧元的额外个人宽免额。如果孩子也有一定的收入，则该宽免额等于上述 1 848 欧元和孩子收入的差额。

此外，个人根据欧洲经济区国家的法律或社会保障协议领取的养老金可以从应税所得中扣除，最高可扣除 2 700 欧元。

（3）抵免。爱沙尼亚无抵免的相关规定。

8. 亏损

在纳税年度内，如果纳税人可扣除的经营费用超过经营所得，那么，超过的部分可以向后结转 7 个纳税年度。这种向后结转的亏损只能用于抵减经营所得。

处置证券产生的亏损只能用处置其他证券产生的利得进行抵消。任何未抵消完的亏损可以向后结转至下一年，用证券产生的利得进行抵消。有权获得股息的证券（securities giving right to dividends）产生的亏损可能不能扣除，如果该证券在之前的 30 天内购入，并在股息受益者确定后的 30 天内售出。下列亏损不能扣除：一是以低于市价的价格把证券出售给关联人产生的亏损；二是出售以高于市价的价格从关联人那里购进的证券产生的亏损；三是出售用投资账户中存放的资金购买的证券产生的亏损。

9. 税率

（1）所得和资本利得。2015 年 1 月 1 日起，所得按 20% 的比例税率缴纳个人所得税。爱沙尼亚不单独对资本利得征税，但资本利得通常要计入应纳税所得，按一般税率纳税。

（2）预提税。支付给居民的下列款项按照上述 20% 的税率征收预提税：雇用收入、养老金、免税或按 10% 税率征收的款项；利息，免税的除外；特许权使用费、租金，接受者是已注册的个体商户除外；任何付给个体商户的、与其经营无关的款项。在以上情况下，接受者必须把上述任何所得计入应税所得中，但是，已经缴纳的预提税可以抵免个人所得税税额。

10. 税收管理

（1）纳税年度。个人所得税的纳税年度是公历年度。

（2）纳税申报。通常，个人纳税人必须在下一年的 3 月 31 日之前填报上一年的纳税申报表。但是，收入仅仅来源于一个雇主，且该收入已被代扣代缴所得税的雇员，或者所得低于基本宽免额的个人，无须填报纳税申报表。

居民夫妇可以填报联合纳税申报表。在下列情况下，也可以填报联合纳税申报表：夫妇一方是居民，另一方是其他欧洲经济区国家的居民且其在纳税年度内至少 75% 的应税所得来源于爱沙尼亚；或者两人都是欧洲经济区其他国家的居民，且其在纳税年度内至少 75% 的总收入来源于爱沙尼亚。在联合申报的情况下，总的应税所得由夫妻双方均分。

（3）税款缴纳。纳税年度税款的征收通过两种形式来完成：代扣代缴税款和预缴税款。

个体商户必须按照上一个纳税年度每个季度缴纳的税款在本纳税年度每个季度预缴税款。代扣代缴的税额和预缴的税额可以在计算最终要缴纳的税额中进行抵免。最终税款必须在 7 月 1 日之前缴纳；经营所得和资本利得缴税的截止日期为 9 月 1 日。多缴的税款将在同一日期由税务部门退还。

（4）事先裁定。纳税人可申请税务机关对其预期的交易进行事先税收裁定。此类裁定对税务机关有约束力，对个人则没有约束力。

（二）其他类型的所得税

爱沙尼亚没有地方所得税，也不征收其他类型的所得税。

（三）国际税收

1. 居民纳税人

（1）境外所得和资本利得。居民个人要就其全球范围内的所得缴纳个人所得税，包括国外股息，利息和特许权使用费，以及全球范围内的资本利得。根据国内法的规定，对国内所得和国外所得在征税上无差别。

但是，因在国外工作而获得的雇用所得和附加福利可以免税，条件是该接受者在 12 个月内因工作原因在外国停留至少 183 天，且该收入在该国已纳税。载明所得税税额（可能为 0）的证明必须提交给爱沙尼亚税务机关。来自非居民公司的董事酬金在上述相同条件下也可以免税。如果国外股息在支付股息的公司所在的国家已缴纳预提所得税或者作为股息来源的利润在该国已缴纳公司所得税，则该笔国外股息免税。国外来源的利息所得和国内利息一样，在某些相同的条件下免税。

居民个人来自受控外国公司的所得也要纳税，不论该公司是否分配利润。在计算来自受控外国公司的所得时，个人可以把受控外国公司发生的某些费用包括在国外已缴纳的税收考虑进去。如果个人已就来自受控外国公司的所得在爱沙尼亚缴纳了所得税，那么，之后来自该部分所得的任何股息分配或利润分配都不在计入应税所得。在受控外国公司的参股必须告知税务机关，无论该公司是否已收到任何所得。

（2）境外资本。在爱沙尼亚，不征净财富税。位于国外的不动产无须缴纳爱沙尼亚土地税。

（3）避免双重征税。消除对居民个人国外来源所得的双重课税采取单边免除法，即在国外已经缴纳的税额可以得到抵免。该抵免限额为根据爱沙尼亚税法计算出来的该笔所得应缴纳的税款。如果所得来自几个其他国家，则分别计算每个国家允许的抵免额。任何未使用完的外国税收抵免不能向后结转。

根据爱沙尼亚税收协定，消除双重课税通常采用普通税收抵免的方式实现。2007 年以后签订的税收协定中通常也采用对除利息、股息、特许权使用费之外的其他所得给予免税的方法来消除双重课税。

2. 非居民个人

（1）对所得和资本利得的课税。非居民个人要就其来源于爱沙尼亚的所得缴纳个人所得税。对非居民个人的大部分所得采取预提税的方式征收所得税。所有的预提税都是对所得的总额征收，不提供任何扣除或个人宽免额，符合某些条件的欧洲经济区国家的居民除外。预提税是最终税，非居民个人无须填报纳税申报表。预提税税率如下：

一般所得税税率适用于：雇用收入，包括董事酬金；某些奖学金、养老金和来自养老金基金的款项，适用 10% 税率的除外；租金。下列情况适用 10% 税率：艺术和体育活动所得；在爱沙尼亚境内提供的职业服务收取的费用；特许权使用费，包括使用商业、科学或工业设备的费用。在某些情况下，依据税收协定可降低税率。

除了需缴纳预提税的所得之外，非居民的其他所得和居民的所得一样，以相同的方式核定税款，并适用相同的税率。但是，非居民不能享受个人扣除或宽免额，符合某些条件的欧洲经济区国家的居民除外。

在爱沙尼亚的经营所得需要纳税，不论是否来源于常设机构。在爱沙尼亚拥有常设机构的个人要按照个体商户相关纳税规定缴纳所得税。

非居民个人的下列所得免税：股息（仍需缴纳分配税）；利息；出差的每日住宿补贴，包括使用私家车的补贴，以政府核定的额度为准；某些养老金、奖学金、奖金和福利；遗产。

在爱沙尼亚，非居民个人出售居民公司股票的所得一般不纳税。但是，如果转让的是公司、契约型投资基金（开放式基金）或其他资产池（如合伙人）的股票，且在出售之时或出售前两年的任何时期，此公司 50% 以上的资产，直接或间接由爱沙尼亚境内不动产或视同动产的建筑物构成，且非居民公司至少持有 10% 时，那么，转让股票的资本利得应纳税。

对非居民个人出售位于爱沙尼亚的不动产（包括产权和视为动产的建筑）获得的资本利得通过核定税款的方式征收所得税。这同样适用于处置此前已在爱沙尼亚登记的动产（如汽车）所得的资本利得。

下列利得免税：纳税人出售自己所使用的住宅（房子或公寓）的利得（2 年内只能出售 1 次）；出售夏季别墅或花园房子的利得，条件是纳税人拥有该房产超过 2 年，且该房产占地大小不超过 0.25 公顷；与征用财产偿还和经济私有化各种项目相关的利得；出售纳税人个人使用的动产的利得；在公司合并，分立或其他重组过程中股票交易产生的利得。

（2）对资本课税。爱沙尼亚不征收净财富税。非居民个人要就坐落于爱沙尼亚的不动产缴纳土地税。

(3) 征收管理。非居民个人必须就其来源于爱沙尼亚的所得（已缴纳预提税的所得除外）填报年度纳税申报表。在爱沙尼亚有经营所得的非居民个人必须在纳税年度结束后6个月内填报纳税申报表。一旦结束在爱沙尼亚的活动，则必须在结束后2个月内填报纳税申报表。经营所得应缴纳的所得税必须在纳税申报表规定的应付日期的3个月内向税务机关缴纳。

处置动产的应纳税资本利得的纳税申报表必须在交易发生的公历年度之后的3月31日前填报。对于处置不动产的利得，纳税申报表必须在收到相关报酬之日后的一个月内填报。资本利得应缴纳的所得税必须在纳税申报表规定的应付日期的3个月内向税务机关缴纳。

三、增值税

（一）一般规定

1. 概述

爱沙尼亚增值税制度与欧盟增值税制度保持一致。征收增值税的主要机制要求纳税人就其提供的货物或服务征收增值税，扣除其经营支出中所含的增值税税额，并将扣除后的净额缴纳给主管税务机关。纳税人应在纳税期限次月的20日内进行纳税申报，并将税款缴纳给主管税务机关。

2. 纳税人

增值税的纳税人为从事经营活动，且依法已经或需要进行增值税纳税登记的个人、法人和公共事业单位以及机构。货物的进口人也是增值税的纳税义务人。

自年初起，货物和服务的应税价值超过16 000欧元的纳税人必须进行纳税登记。外国公司的远程销售额超过35 000欧元的需要在爱沙尼亚进行增值税纳税登记。

3. 应税行为

下列交易应缴纳增值税：在爱沙尼亚境内提供货物和服务；在欧共体内购置货物；向爱沙尼亚境内进口货物；以及提供地不在爱沙尼亚境内，但不能给予免税的服务。

4. 应税收入

应税收入由纳税人提供的货物和服务的总售价，加上其他由消费者或第三方支付的价款构成。如果提供的折扣具有商业目的，则应税收入中不包括向消费者提供的折扣。应税收入中不包括利息和增值税税额。进口货物的应税收入是包括进口税（关税及消费税）在内的海关完税价格，但不包括增值税税额。为了避免逃税和避税，向关联方提供的货物和服务（包括在欧共体内部购置的货物）获得的对价如果属于下列情况，其应税收入应为其市场价格：货物和服务的价格低于市价，且消费者不具有足额抵扣增值税进项税额的权利；货物和服务的价格低于市价，且供应方不具有足额抵扣增值税进项税额的权利，提供该货物和服务免缴增值税；货物和服务的价格高于市价，且供应方不具有足额抵扣增值税进项税额的权利。

5. 税率

增值税标准税率为20%。特定图书、期刊出版物、特定药品和医疗设备及某些住宿服务适用低税率9%。适用零税率的项目主要有：货物出口、欧盟国家间的货物供应、在国际运输期间向乘客提供的船舶或飞机服务，以及国际航空和航海运输工具的销售。

6. 免税

免征增值税的货物和服务主要包括两类：一是具有社会意义的某些货物和服务，主要包括：通用邮政服务；医疗服务；社会公益服务；某些教育服务以及专门用于病、伤、残人士运输的交通工具。二是其他货物和服务，如：保险服务；不动产及其部件（按照例外条款执行）；证券（赋予证券所有者一定的不动产所有权或实质控制权的证券除外，这些证券应缴纳增值税）；不动产租赁（住宿服务，或停车位、固定设备和安保设施的租赁服务不适用免税）；列名的金融服务；彩票和博彩以及投资性黄金。

（二）非居民纳税人

在爱沙尼亚境内没有常设机构的非居民，如果在爱沙尼亚境内提供了不适用逆向征收机制的应税服务的，必须在爱沙尼亚进行增值税纳税登记。在此情况下不存在登记起点值。

只要满足下列条件，在爱沙尼亚境内购买应税货物或服务的其他欧盟成员国的纳税人可以申请增值税退税：该纳税人在其居住国作为公司具有增值税纳税义务；相同情况下，该纳税人在其居住国具有增值税进项税额抵扣权；相同情况下，爱沙尼亚纳税义务人具有进项税额抵扣权；每个公历年度增值税退税额至少为 50 欧元，或者，纳税人的退税申请涉及期限在三个月内，或长于三个月但不超过一年，增值税退税额至少为 400 欧元；纳税人通过居住国税务机关向爱沙尼亚税务机关提交电子申请表，提交期限不迟于退税期次年的 9 月 30 日。

非欧盟成员国的纳税人在满足下列条件时有权申请退税：该纳税人在其居住国作为公司具有增值税纳税义务；增值税退税额至少为每年 320 欧元；相同情况下，爱沙尼亚纳税人具有进项税额抵扣权；非居民纳税人注册成立的国家和地区允许爱沙尼亚纳税人申请增值税退税（即适用互惠原则）；以及应向爱沙尼亚税务机关提交书面申请。

在爱沙尼亚进行税务登记的非居民有权从其销项税额中扣减进项税额，方法与居民纳税人适用的方法相同。

四、消费税

爱沙尼亚对酒精饮料、烟草制品、背包和燃料等产品征收消费税。

五、社会保障税

（一）对雇主征收

雇主向其雇员支付工资薪金等相关款项时要缴纳社会保障税。当居民公司的支付对象是其董事会或监事会成员，或者是非雇员且没有在税务机关登记为自营者时，该居民公司要为上述人员缴纳社会保障税。社会保障税由社会保险税和健康保险税组成，根据所有支付给个人的款项计算，法律有特殊规定的除外。2016 年，每月应缴纳社会保险税的最低支付额为 355 欧元。雇主缴纳的社会保障税没有上限。附加福利费包含在应税支付款中。差旅费和私人车辆使用费报销可在既定限制下免税。社会保障税税率为 33%（社会保险税税率 20%，健康保险税税率 13%）。社会保障税必须在向个人支付款项的次月 10 日内缴纳。

雇主无需缴纳强制性退休金，但应就雇员应缴纳的部分进行代扣代缴。

失业保险金应由雇主和雇员根据雇员获得的货币性雇用所得进行缴纳。签订服务合同的，除非收款个人作为独资经营业主进行了商业登记或在税务机关进行了注册，否则支付给这些人的款项也应缴纳失业保险金。在爱沙尼亚境内工作的非居民雇员同样应缴纳失业保险金。失业保险金税基中不包含支付给管理层或监事会成员的非货币性雇用所得和业务报酬。2016 年，雇主缴纳的失业保险金适用 0.8% 的税率。

（二）对个人征收

就被雇用的个人而言，社会保障税由雇主缴纳。独资经营者需自己缴纳社会保障税，包括社会保险税和健康保险税。应缴纳的社会保障税根据其净营业收入计算，最高限额相当于 15 个官方最低月工资，2016 年为 77 400 欧元。2016 年，应缴纳社会保障税的最低限额为 390 欧元。社会保障税按季度缴纳，其税率为 33%（社会保险税税率为 20%，健康保险税税率为 13%）。在缴纳所得税时，社会保障税可以扣除。

如果独资经营者也是雇主，需就其支付给雇员的款项缴纳社会保障税。

雇主和雇员必须就雇员任何货币形式的雇用所得缴纳失业保险税。在爱沙尼亚工作的非居民雇员同样应缴纳此类社会保障税。2016 年，雇员应缴纳的失业保险税税率为 1.6%，由雇主代扣代缴。

法律规定，1983 年 1 月 1 日或之后出生的个人，需加入强制资助养老金计划。此前出生的个人可自愿加入。加入此项计划的个人每月必须向强制资助养老金账户缴纳雇用所得 2% 的缴款，同时，国家也每月向其个人强制资助养老金账户缴纳个人雇用所得 4% 的缴款。这样一来，个人养老金账户每月就会增加个人月雇用所得的 6%。雇员缴纳的部分由雇主代扣代缴。2009 年 6 月 1 日至 2010 年 11 月 30 日期间，为弥补财政赤字，所有针对上述计划的缴款暂停。2011 年恢复了部分缴款。从 2012 年 1 月 1 日起，该计划全面恢复。

（陈琍　编）

芬兰税制

芬兰企业所得税纳税人除缴纳公司所得税外，还需要缴纳地方不动产税和增值税，以及社会保障税。

个人应就其来源于芬兰境内、境外的所得缴纳个人所得税，个人所得税由中央政府征收。居民个人除缴纳个人所得税外，还需向地方政府缴纳按比例税率征收的地方税和教会税。个人继承遗产和接受捐赠应缴纳遗产及赠与税。除以上征收的直接税外，芬兰还对从事生产经营的个人征收增值税和其他间接税。地方政府征收不动产税。

芬兰领土包括主岛和一个自治省——奥兰群岛。奥兰群岛与主岛适用统一的公司所得税制。但在增值税方面，虽然奥兰群岛适用芬兰增值税法，但其对增值税具有独立的管辖权。

一、公司所得税

（一）一般规定

1. 税制类型

芬兰的公司所得税制采用古典税制。但是，芬兰对古典公司所得税制做了完善，即符合参与免税制度的居民企业之间的股息红利免税。

2. 纳税人

芬兰公司所得税纳税人包括上市公司和非上市公司两类有限责任公司，且两类公司均为独立纳税主体。

合伙企业和经济利益集团一般不视为公司所得税独立纳税主体，各个合伙人应就其分得的利润缴纳公司所得税。

因此，本章所述公司所得税的纳税人仅指上市公司和非上市公司。

居民企业是指在芬兰境内注册或根据芬兰法律成立的企业。

3. 应纳税所得额

（1）概述。居民企业应就其来源于芬兰境内、境外的所得缴纳公司所得税。企业应纳税所得额的计算以及弥补以前年度亏损的计算，均需要先对其各类所得分别进行核算。芬兰企业所得一般分为营业所得、农林牧渔所得、其他所得等三类。

与企业经营相关的所有形式的所得均属于营业所得，包括资本利得、与经营相关的不动产所得和投资收益等；与企业经营无关的所得归入其他所得。

（2）免税所得。免税所得主要涉及股息红利和特定形式的资本利得。

（3）扣除。企业为取得或维持生产经营所得而发生的相关费用可依税法相关规定进行扣除，包括职工的工资薪金、社会保险及相关保险费用等。

日常广告宣传用的赠品可以扣除。在公益性捐赠扣除方面，企业对芬兰及欧洲经济区其他成员国的大学和其他高等教育机构的捐赠，单笔金额在 850 ~ 250 000 欧元范围内的，准予税前扣除；对芬兰国家税务局认可的国内或欧洲经济区其他成员国协会或基金会的捐赠，金额在 850 ~ 50 000 欧元范围内的，准予税前扣除。

招待费按发生额的 50% 扣除（2014 年发生的招待费不得扣除）。企业集团内部之间通过捐赠实现的利润转移，视情况按税法相关规定进行扣除。

自 2014 年起，企业因职工培训误工而造成的损失可以扣除，但以企业职工日均薪金的 50% 进行扣除（日均薪金可根据相关公式计算得出），且可扣除的培训误工时间每人每年不得超过 3 天。

企业缴纳的公司所得税不得扣除。证券交易税等间接税作为购买货物或劳务产生的费用可予以扣除。

自 2014 年起，有关利息费用扣除限额的一般规定正式实施，明确了关联方之间的利息费用扣除额不得超过企业的息税及折旧与摊销前所得的 25%，但当利息费用未超过来源于关联方的利息所得时，该限制条件不适用。此外，利息费用扣除适用安全港规则，即当利息费用不超过 50 万欧元时可全额扣除。当净利息费用超过 50 万欧元时，则应全额计入一般规定中的利息费用，不论该利息费用支付给关联方或第三方债权人。

适用利息费用扣除限额规定时，应判断交易双方是否为关联方。当一方控制另一方，或双方都被第三方控制时，则认为双方为关联方。当一方满足下列条件之一时，认为其控制另一方：

①直接或间接占有另一方 50% 以上的股权或投票权；

②有权直接或间接任命另一方的大部分管理层人员；

③以其他方式实际控制另一方。

对于欧洲经济区成员国或与芬兰签署了税收协定的国家的集团内部企业，若其资产负债比不低于集团整体资产负债比，则不适用以上利息扣除相关规定。

未能按上述相关规定扣除的利息费用可以向以后年度无限期结转。

（4）折旧和摊销。房屋只能采用余额递减法折旧，其所适用的年折旧率依房屋类型确定。各房屋（以账面余额为基准计算）年折旧率的上限，厂房、电站、车间、仓库等为 7%，居住及办公用房为 4%，研发专用房为 20%。

房屋的折旧基础为购买或建造时的价格（包含交易税等各项附属费用）。

通常，企业的全部机器设备作为一个整体用以计算折旧额，即企业上一个纳税年度终了时机器设备的账面余额减去该纳税年度内出售机器设备的账面价值，再加上该纳税年度内购入机器设备的账面价值，为该年度机器设备计算折旧额的基数，年折旧率上限为 25%（汽车除外）。但对于预计使用年限不超过 3 年的机器设备，可在购入年度内一次性计提折旧。账面价值小于 850 欧元的机器设备，不论其预计使用年限是否超过 3 年，均可一次性计提折旧，但每个纳税年度内该类型折旧的总额不得超过 2 500 欧元。

专利权和其他转让权（包括外购商誉）以直线法按 10 年进行摊销，或依据权利的有效经济寿命进行摊销。

其他资产，如铁路、桥梁、码头等，按预计使用年限以 40 年为上限采用直线法进行折旧。

（5）准备金。

①重置储备金。处置经营性资产取得的所得中，超出该资产残值的部分收益，需计入应税所得。但是，纳税人可申请用该超出部分的收益抵减在同一纳税年度内投入使用的可折旧资产的购置成本。若纳税人持续经营，并且预计购入可折旧的经营性资产，则未被抵减的该超出部分收益在出售资产年度可作为重置储备金入账。重置储备金必须在计提之后的两年内抵减可折旧资产的购置成本。未抵减完的重置储备金将按照 120% 计入上一年度的应税所得中。

②物价变动准备金。期末，对于已预订但仍未收到的货物，如果其重置成本低于此前与供应商签订的不可变更的合同价格的 10% 及以上，则合同价格高于重置成本的部分数额可以抵减当前年度应税所得。

③保证金。从事符合条件的建筑业、船舶制造业或金属工业的纳税人，可以就其出于为产品提供保险的目的而发生的预期成本费用提取保证金。

4. 资本利得

资本利得一般作为企业各类所得中的普通所得进行核算，并计入应税所得。

转让居民企业（房地产企业和风险投资公司除外）股权免税。转让符合以下条件的非居民企业股权取得的资本利得免税：转让的股权是转让方的部分固定资产，且转让方直接持有该非居民企业不低于 10% 的股权达一年以上。对于转让虽符合上述条件但已经清算的企业的股份，仍能享受免税。

企业在股权置换或公司合并等情况下，可以申请延期缴纳资本利得税。

5. 亏损

（1）经营亏损。若企业净经营所得为负数，则视为经营亏损。该经营亏损可在 10 年内向后结转抵减经营所得。“其他所得”项目下的一般亏损应独立核算且可在 10 年内向后结转。

在以下情形下，企业的经营亏损不得向后结转：

①亏损企业 50% 以上的股权在亏损年度或者亏损结转年度内被转让；

②持有亏损企业至少 20% 股权的企业，转让其自身股权超过 50%。若持有亏损企业至少 20% 股权的企业或团体，转让其自身超过 50% 的股权，则在计算该股权转让的有关事项时，企业或组织所持有的亏损企业的股权视同被一并转让。尽管有上述规则限制结转亏损，但在对企业持续经营有重要影响的情况下，税务机关可以准许结转亏损。企业合并和分立适用特殊的亏损处理规则。

亏损不得向前结转。因此，如果企业的某项经营活动终止或不再取得某项所得，则该类经营活动或所得相应的未弥补亏损不得再弥补。

（2）资本损失。来源于处置公司经营性资产的资本损失，计入“营业所得”项目下的经营亏损。来源于其他资产的资本损失，在“其他所得”项目下核算，且只能抵减同一会计年度同一项目类别下的资本利得，或抵减之后5年内同一项目类别下已实现的资本利得。

如果资本损失所对应的资本利得免税，则该项资本损失也不得扣除。除此之外的资本损失均可扣除。但资本损失只能在股权转让的当年度或者以后5个纳税年度内抵减应税资本利得。若企业持股少于1年，则股息红利分配、集团捐赠和其他公司价值减少的项目不得作为资本损失在税前扣除。上述关于股权损失的规定在处理企业清算时可比照使用。

6. 税率

（1）经营所得和资本利得适用税率。芬兰公司所得税税率为20%。对公司所得不征收地方税。

企业的资本利得，按公司所得税一般税率征税。

（2）预提税适用税率。在芬兰，向境内居民企业付款不需缴纳预提税。向非居民企业付款的有关内容，参见“非居民企业”部分。

7. 税收优惠

（1）加速折旧。在2013～2016纳税年度，2013年1月1日及以后建造的生产用的厂房和车间，年折旧率从7%提高至14%；生产用的新机器设备，年折旧率从25%提高至50%。

加速折旧政策适用于1998～2013年期间，在规定的欠发达地区内进行投资的中小型企业。中小型企业是指职工少于250人，且营业额不超过5 000万欧元或总资产不超过4 300万欧元的企业。与从事或扩大生产相关的设备，以及旅游业企业的设施等固定资产，可享受加速折旧。符合条件的固定资产的折旧率在基准折旧率的基础上提高50%。

加速折旧政策不得用于《欧盟运行条约》及其他规定所禁止适用的项目。因此，从事农产品精加工、汽车零配件制造、钢及钢管制造、商业园艺及渔业养殖等行业的企业不适用加速折旧政策。

（2）水陆运输服务企业简易征收。从事货运或客运的居民航运企业，可选择船舶吨位为计税依据的简易征收方式。该简易征收方式以企业航运净吨位数总额为计税依据。企业一旦选择按简易方式征收，则10年内不得更改。

除了由芬兰实际管理的居民航运企业外，欧盟成员国航运企业在芬兰的常设机构也适用该简易征收方式；公司自有并运行的船舶，以及包租的船舶也适用该制度。

该简易征收方式只适用于与国际货运或客运及与其直接相关的所得。航运公司的其他所得，如出售给乘客的非乘船所使用的商品所得，适用一般公司所得税。

应税所得按照每100吨的核定所得乘以365（即1年的天数）计算，再依照公司所得税基本税率纳税。

若航运企业选择简易征收方式，需在2014年1月31日前向税务机关提交申请。在此之后成立的企业，需在企业注册登记之日起3个月内提交申请。

（3）研发费用加计扣除。为鼓励企业进行研发，在2013和2014纳税年度（原规定包括2015纳税年度），芬兰对本国企业和集团以及外国企业在芬兰设立的长期从事研发的机构，实行研发费用加计扣除优惠政策，即在职工薪金可全额扣除的基础上，符合条件的企业还可享受从事研发项目职工的工资薪金100%加计扣除。企业每年研发费用加计扣除上限为40万欧元，且公司所得税每年可扣除总额不足15 000欧元的企业不得享受该加计扣除优惠。

8. 征收管理

（1）纳税期限。企业的纳税年度一般与公历年度相同。若企业的会计年度与公历年度不同，则纳税年度可选择当前会计年度或在公历年度内结束的会计年度。

（2）纳税申报。企业应在会计年度终了后 4 个月内进行纳税申报。企业必须计算扣除预缴税款后的应补税款金额，并在申报期结束前全额缴纳税款。

工资薪金中代扣的预提税应自行申报纳税。

企业的最终应纳税额应在前一公历年度末新纳税年度开启前由该企业主管税务机关评估确定，且评估应在本纳税年度的次年 10 月 31 日前完成。

（3）税款缴纳。企业应根据前 2 年的应税所得分月预缴税款，若预缴总额不超过 1 700 欧元，则在 3 月和 9 月分两次预缴；若预缴总额超过 1 700 欧元，则需在 1 至 12 月的每月均进行预缴。未按期缴纳税款将征收滞纳金。

工资薪金中代扣的预提税应以自我评估的方式按月通过征管系统中的纳税账户扣缴。

预缴税款在最终应纳税额中减除，对预缴税款不足最终应纳税额的部分应进行评估，对预缴税款超出最终应纳税额的部分均予以退还（含利息）。

（4）事先裁定。纳税人可向芬兰国家税务局就所得税、增值税、非居民税收、利息预提税、保险税、预提税、遗产税、交易税、彩票税、不动产税等事项申请事先裁定。通常，国家税务局会对重要涉税事项、无先例事项以及对纳税人经济利益有重大影响的事项进行事先裁定。

地方税务局也可就上述所有事项进行事先裁定。但与国家税务局事先裁定相比，地方税务局仅可对具体税额核定事项进行事先裁定。

国家税务局和地方税务局的税收裁定只对税务机关有约束力，而对纳税人没有约束力。

（二）居民企业间交易

1. 企业集团税务处理

芬兰不允许企业因税收目的而合并报表，但允许企业通过集团捐赠在关联企业间转移利润。关联公司间捐赠可以抵减捐赠方税前利润，同时会增加接收方的应税所得，但关联公司间捐赠需满足该项交易不属于资本投资且不直接关系到交易双方经营业务（否则通常视为营业费用）。除此之外，关联公司间捐赠还需符合以下要求：

（1）交易双方都是居民企业；

（2）整个纳税年度内母公司持有子公司至少 90% 的股份；

（3）交易双方都持续经营，且不是金融、保险或养老基金机构。

集团捐赠通常只允许在母公司与子公司，或者同一母公司下的两个芬兰子公司之间进行。为了满足税收协定中的非歧视条款，最高行政法院认为，在对所有权进行判定时，也应考虑非居民中间层企业和母公司（位于协定国另一方）达到 90% 的持股条件时的情形。

非居民子公司或非居民母公司的集团捐赠在任何情况下都不可税前抵扣。

2. 居民企业之间的股息

符合参与免税制度的居民企业之间的股息红利是免税的。

自 2014 年 1 月 1 日起，对由上市公司分配给直接持股少于 10% 的非上市公司的股息红利全额征税。

（三）其他类型的公司所得税

在芬兰，对企业所得不再征收其他税种。公司所得税应纳税款由国家、地方以及两个国家教会共享，企业无须就其利润缴纳地方税。

广播电视税。芬兰开征广播电视税，旨在支持芬兰国家公共广播公司。

公司、合作社、储蓄银行和基金会需要缴纳广播电视税。以下机构免广播电视税：

①国家和地方政府机构（包括其公共实体）；

②国家教堂的教区和宗教社区；

③所得税法中规定的其他可免除广播电视税的纳税人；

④位于奥兰群岛的企业。

年应税所得超过 5 万欧元的企业，按照每年 140 欧元加上超过 5 万欧元部分的按 0.35% 缴纳广播电视税。广播电视税每年税额上限为 3 000 欧元，计税基础与公司所得税相同。

（四）国际税收

1. 居民企业

（1）境外所得和资本利得。

①概述。原则上，居民企业应就来源于境内、境外的全部所得和资本利得缴纳公司所得税。该规定同样适用于通过境外常设机构取得的所得或资本利得。

②股息红利。根据《欧盟母子公司指令》（2011/96）第 2 条，居民企业从欧盟居民企业获得的股息红利免税，无股权最低持有比例和最短持有时间限制。

2014 年 1 月 1 日起，从具有欧洲经济区国家居民身份的企业取得的股息红利，同时满足以下条件的，可以享受免税：

①分配股息红利的企业适用的公司所得税率不低于 10%，同时，股息红利在该企业居民身份所在国分配，且未享受免税或不征税优惠待遇。

②分配股息红利的企业在其所在国拥有税收居民身份，且该税收居民身份符合适用欧洲经济区税收协定的有关规定。

若派发股息红利的企业不能同时满足以上述条件，则股息红利需全额纳税。若居民企业对欧洲经济区内的企业直接持股比例低于 10%，且股息红利的分配方为上市公司而接收方为非上市公司，则股息应全额纳税。但是，接收方是投资性持股的金融公司或保险公司，则其取得的股息的 75% 按 20% 税率缴纳公司所得税，剩余 25% 的股息免税。

除上述情况以外，企业取得的股息红利均应全额纳税。通常取得来源于与芬兰签订税收协定国家的股息红利，同样适用参与免税制度。

③利息。在芬兰，对居民企业来源于境外的利息所得征税。

④特许权使用费。在芬兰，对居民企业来源于境外的特许权使用费征税。

⑤资本利得。居民企业来源于境外的资本利得，应作为一般所得缴纳公司所得税。

如果转让的非居民企业股权是转让方的部分固定资产，且转让方直接持有该非居民企业不低于 10% 的股权达一年以上，则转让取得的资本利得免税。该免税条款适用于出售企业股份（房地产公司和风险投资公司除外）的收益，但该企业须满足以下条件之一：

①属于《欧盟母子公司指令》第二条所指的欧盟公司；

②企业所在国与芬兰签订了税收协定，且协定条款适用于该公司派发的股息红利。

（2）境外亏损。通常采取税收抵免政策避免对境外所得的双重征税。境外分支机构取得的全部所得都视为境内总部的所得，同时境外分支机构的全部费用支出均可在境内总部进行扣除。因此，居民企业设在境外的分支机构发生的亏损可以通过其境内总部进行弥补。

（3）境外资本。芬兰不征收净资产税，且对位于境外的不动产不征收不动产税。

（4）避免双重征税。

①单边减免。外国征收的公司所得税可以抵减芬兰公司所得税。抵免限额为境外纳税所得依据芬兰税法计算的应纳税额。抵免额按照所得来源分类核算（各类所得的抵免均设有总限额），未抵免的境外已纳税额可在5年内向后结转。

对于企业就其取得的来源于境外的股息红利所得在境外缴纳的税款，同样适用上述双重征税减免有关规定，但对于企业并未在境外实际缴纳的税款，不得享受境内税收抵免。

免税仅在符合税收协定的规定时适用。为了取得或者维持免税所得而产生的费用和相关利息一般不得扣除，但与免税股息红利相关的利息和费用可以扣除。

企业在外国缴纳的直接税税款不得作为费用扣除。

②协定减免。在芬兰签署的税收协定中，对于企业取得的股息、利息和特许权使用费，均采用抵免法避免双重征税。

关于避免对营业所得的双重征税，芬兰签署的大部分协定均采用抵免法，但在个别早期签署的协定中，有的采用免税法。

根据芬兰签署的有关税收协定，通常，若股息红利接收方拥有外国公司至少10%的投票权，则其取得的股息红利免税，且无股份持有时间要求。

2. 非居民企业

（1）一般所得和资本利得课税。原则上，非居民企业应就来源于芬兰的所得缴纳公司所得税。来源于芬兰的所得包括：

①通过位于芬兰的不动产取得的所得和资本利得；

②通过非居民企业位于芬兰的常设机构发生的商业活动取得的所得；

③从居民企业取得的股息红利；

④从居民企业投资基金分得的利润份额；

⑤对居民企业提供长期贷款取得的利息；

⑥特许权使用费或类似所得。该项所得需要满足以下两个条件之一：据以产生该所得的权利或财产用于芬兰境内的商业活动；被许可人或承租人为芬兰居民纳税人。

非居民企业取得的来源于不动产的所得、经营性所得以及资本利得，以净收入总额为基数按照居民公司所得税税率缴税。应税所得还包括股息红利、利息和通过在芬兰的常设机构取得的特许权使用费。若以上所得直接向非居民企业支付，则在支付时需缴纳最终预提税。

（2）资本课税。芬兰无净资产税。非居民企业需对其位于芬兰境内的不动产缴纳不动产税。

（3）征收管理。除预提税外，非居民企业所有所得均按纳税评估缴税。征收管理有关内容，与居民企业相同。

3. 非居民企业预提税

居民企业向非居民企业支付的多类款项需缴纳预提税。所有预提税以支付总额为计税基础，且不得扣除。

若居民企业向非居民企业在芬兰的常设机构付款，则对于该常设机构，该笔所得将作为其应税所得与其他需缴纳预提税的所得一并进行纳税申报，并可就该项所得已经扣缴的预提税款在最终的应纳税额中抵免。若居民企业直接向非居民企业付款，则该非居民企业不需就该笔所得进行纳税申报。

扣缴义务人需向收款方提供银行代扣证明。代扣的税款必须在代扣的次月 10 日内向税务机关缴清。付款方需依照出具税收居民身份证明的有关流程，提供收款方开具的税收居民身份证明，才能根据税收协定适用预提税优惠税率。

（1）股息。

①概述。在无税收减免、无国内低税率规定、无税收协定的情况下，股息的预提税税率为 20%。非居民企业需向扣缴代理人出示符合条件的居民身份证明方可根据税收协定享受低税率。芬兰对向持有记名股票的非居民企业分配股息红利，设有严格的限制条件（该部分芬兰居民企业记名股票登记所有人并非实际受益人）。

自 2014 年起，居民企业在向欧洲经济区国家（包括列支敦士登）的居民企业支付股息红利时，若因接收方具有芬兰居民身份而可免缴预提税，则该笔交易也可免缴预提税。该项免税条款仅在根据非居民企业所属国与芬兰签署的税收协定无法全额免除预提税时适用。若股息红利接收方也为芬兰居民企业，但不符合免税条件，则预提税率可降低至 15%。

②向欧盟成员国支付股息红利。如果股息红利的境外接收方符合《欧盟母子公司指令》第二条规定且直接持有支付方 10% 以上股权，则芬兰居民企业向该接收方支付的股息红利免缴预提税。该股息红利无最低持股期限要求。

③向瑞士企业支付股息红利。根据《欧盟—瑞士储蓄协议》，向瑞士企业支付的股息红利，参照《欧盟母子公司指令》规定免税。自 2005 年 1 月 1 日起，股息红利接收方需至少直接持有支付方 25% 的股权 2 年以上才能享受免税待遇。

（2）利息。

①概述。非居民企业未通过常设机构而是直接取得的来源于芬兰的利息（长期贷款除外），需按照 20% 的税率缴纳预提税，税收协定规定适用低税率的除外。非居民企业需向扣缴代理人出具符合条件的税收居民身份证明，才可以依据税收协定享受低税率。

向非居民企业支付的合作机构的资本利息，以及向投资基金分配利润支付的利息，参照国内关于股息红利的相关规定处理。

②向欧盟成员国支付利息。如果利息接收方和支付方为关联方，且接收方为欧盟其他国家居民企业或在欧盟其他国家设有常设机构，则该利息可免扣缴预提税。

满足下列条件之一的企业双方为关联方：A. 一方只拥有有另一方 25% 及以上股权；B. 第三方欧盟企业同时直接持有该双方企业 25% 及以上股权。

（3）特许权使用费。

①概述。除符合欧盟税收减免要求或依据税收协定适用低税率的情况外，特许权使用费预提税率为 20%。非居民企业需向扣缴代理人出具符合条件的税收居民身份证明，才可以依据税收协定享受低税率。

②向瑞士企业支付特许权使用费。根据芬兰和瑞士的税收协定，向瑞士企业支付的特许权使用费免税。

（4）其他。居民企业投资基金的利润分红预提税税率为 20%。对非居民企业取得的管理费、租金、租赁费等所得，不征收预提税。

（五）反避税

1. 概述

芬兰税法遵循实质重于形式的原则。如果税务机关或税务法庭认为企业间的交易没有商业实质，或者认为交易的形式与经济实质不相符合，则将认定该交易形式无效，且按照其经济实质进行税务处理。

2. 转让定价

居民企业与非居民企业在交易中发生的转让定价行为，同时符合以下条件的，需要进行纳税调整：

（1）居民企业或其他经营性单位出售货物或提供劳务的价格低于市场公允价格，或者购买货物或劳务的价格高于市场公允价格；

（2）交易各方达成的协议不同于和非关联方交易时达成的协议；

（3）交易各方为关联企业；

（4）居民企业已就该笔交易的款项在应税所得中进行抵减或扣除；

（5）交易的一方并非芬兰税制规定的芬兰居民企业。

为使居民企业应纳税所得符合该企业在未进行前述非正常交易情况下的所得水平，税务机关有权对居民企业的应税所得进行纳税调整。为避免受到纳税调整，纳税人应当举证表明前述交易的合同条款、成交条件及交易价格均与同非关联方交易的合同条款、成交条件及交易价格在同一水平。

芬兰相关税法条款规定，因转让定价调整造成的双重征税可以减免。

3. 资本弱化

芬兰无正式的资本弱化规定。

4. 受控外国公司

根据中介公司的受控外国公司法规，在满足下列条件的情况下，芬兰居民作为非居民企业的股东，应就非居民企业未分配利润缴税：

（1）该非居民企业受控于芬兰居民纳税人；

（2）该芬兰居民股东持有非居民企业25%及以上的股份，或者享有该企业资产25%以上的收益权；

（3）该企业在原籍国的实际税率低于12%（即芬兰20%税率的60%）。

以下情况可认定非居民企业受控于芬兰居民：一个或多个居民同时直接或间接拥有非居民企业50%以上的资产或投票权，或者一个或多个居民有权持有该非居民企业50%以上的资产收益。

在计算实际税率是否低于芬兰税率的60%时，从受控公司取得的股息红利不计入计税基础。但是，分配的股息红利为前5年的累积利润的，可以计入实际税率的计税基础。

出于对受控外国公司进行规范管理的目的，芬兰财政部定期公布税负明显区别于芬兰的国家名单。最新的名单是2014年1月1日公布的，其中列明的国家包括：巴巴多斯、波斯尼亚和黑塞哥维那、格鲁吉亚、哈萨克斯坦、马其顿、马来西亚、摩尔多瓦、黑山、塞尔维亚、新加坡、瑞士、塔吉克斯坦、美国、阿拉伯联合酋长国、乌拉圭和乌兹别克斯坦。

若非居民企业的常设机构为独立法人、位于非居民企业东道国以外的国家且其所得在非居民企业东道国家属于非税所得，则该常设机构适用受控外国公司相关法律。

二、个人所得税

（一）一般规定

1. 纳税人

芬兰个人所得税的居民纳税人是指符合以下条件之一的个人：①主要住所在芬兰境内；②或在芬兰连续居住超过6个月（居住期间短暂离境视同连续居住）。取得芬兰国籍的个人，在其离境年度末之后的3年内仍视为芬兰居民纳税人，无论在该3年内其是否在芬兰连续居住超过6个月，除非其能证明自身在该3年内与芬兰无任何实质性联系。通常，在离境年度末的3年之后，具有芬兰国籍的个人不再具有芬兰居民身份。

合伙企业不是独立的所得税纳税实体，但每个合伙人应就自该企业分得的应税所得申报缴税。

夫妻双方分别独立缴纳个人所得税。

2. 应纳税所得额

（1）概述。居民个人应就其来源于芬兰境内、境外的所得缴纳个人所得税。

个人所得可分为两类：资本所得和劳动所得。资本所得和劳动所得均适用累进税率；值得一提的是，劳动所得除缴纳个人所得税外，还需按比例税率缴纳地方所得税和教会税，以及缴纳社会保险。

资本所得主要包括以下项目：①投资收益，特别的股息、利息、资本利得、租金所得；②免税的寿险净收益和来源于非强制性养老保险的养老金等；③部分经营所得、农业所得和合伙所得也视为资本所得。

劳动所得是指除资本所得外的各项所得，包括：①受雇所得，如工资、大部分养老金和其他类似的工作报酬；②各种形式的福利和补偿。

特许权使用费既可视为资本所得，也可视为劳动所得。

在计算各种类型的应税所得时，为取得或维持所得发生的各项必要费用可税前扣除，但免税所得的相关费用不得扣除。

在计算缴纳个人所得税时，若纳税人在本年度取得的所得与之前或本年以后的年度相关，则可以对该项所得按相关年数进行平摊，再计入各年度的应税劳动所得。但本年度平均后的所得不得低于纳税人本年度应税所得的25%，且不得低于2 500欧元。对所得进行平均计算后，个人所得税税率不得低于15%。

（2）免税所得。免税项目主要有：①夫妻分居或离婚后一方根据自愿协议或法院裁定取得的生活费，包括子女抚养费；②符合条件的奖学金、助学金、研究经费和艺术活动经费。

3. 受雇所得

（1）工资、薪金所得。工资薪金及其他类似报酬属于劳动所得。个人从非上市公司取得的部分股息红利也属于受雇所得。

受雇所得可以扣除预估费用，预估费用的扣除采取一揽子费用扣除形式。一揽子费用扣除上限为620欧元。当实际费用超过620欧元时，超过部分可据实扣除。工会费和上下班交通费不受上述扣除限制，上下班交通费是指个人发生的750欧元至7 000欧元之间的部分。

船员缴纳个人所得税时，可扣除其来源于船上工作的工资及相关酬劳的18%，最高扣除限额为6 650欧元。船员就受雇所得缴纳地方所得税时，扣除比例为30%（且最高扣除额度为11 350欧元）。自2016年1月1日起，对船员所得征收的个人所得税（中央政府征收）和地方所得税（奥兰群岛征收）的税率均为20%，且扣除上限均为7 000欧元。当劳动所得超过50 000欧元时，该项扣除比例将逐步下降，直至劳动所得达到或超过190 000欧元后不予扣除。

（2）实物福利。雇员因受雇劳动从雇主处取得的实物福利，根据芬兰税务机关每年确定的公允价值计入劳动所得。

应税实物福利包括：①低于正常利率的贷款；②从雇主处取得的以低于公允价值90%的价格购买的企业股份的期权。当雇员取得购买某企业（包括非雇主所有的企业）股份的期权时，行权日的价格（减去期权相关成本）计入雇员当日的应税劳动所得。

在符合习惯性和合理性的条件下，下列类型的实物福利免税：

①雇主提供的普通医疗保健服务福利；

②雇员自雇主处购买商品和服务时享受的折扣；

③在特定的节日收到的礼物；

④由雇主安排的休闲娱乐活动，包括雇主每年发放给雇员任其自主支配的相关消费券（至多不超过400欧元），可用于健身或文化活动；

⑤雇主安排的上下班交通服务。

（3）养老金所得。个人取得的养老金所得属于应税劳动所得，主要包括：①从前雇主处取得的养老金；②从私人养老保险取得的年金；③从国家养老保险取得的年金。

根据纳税人的年龄，从私人养老保险取得的年金按照10%～60%的浮动比例计入应税劳动所得（纳税人在44岁以下时适用税率为60%，在92岁或以上时适用税率为10%）。

纳税人从本人购买的非强制性养老保险中取得的养老金，通常被视为资本所得；纳税人从2004年5月6日前所签订的养老保险合同中取得的养老金，以及从2005年末前已缴保险费中取得的养老金，被视为劳动所得；纳税人从雇主购买的非强制性养老保险取得的养老金，符合规定条件的被视为劳动所得。

纳税人购买的非强制性养老保险支付的保险费和当期存入符合条件的金融机构的长期存款，可从资本所得中扣除。自2013年1月1日起，为鼓励纳税人延迟退休，芬兰对该项扣除的条件进行了修订。据此，同时满足下列条件的保险费和长期存款可以扣除：

①受益人应在达到官方规定的延迟退休年龄（目前为68岁）后才开始领取养老金（该项为主要条件）；

②受益人在退休后的10年内分期领取养老金；

③非强制性保险费应支付给在欧洲经济区国家具有居民身份或常设机构的保险公司；长期存款存入的金融机构具有芬兰居民身份或为非居民企业在芬兰设立的常设机构。

上述保险费和长期存款每年扣除上限为5 000欧元（若保险费为雇主支付，则扣除上限为2 500欧元）。为配偶支付的保险费或存入的长期存款也可扣除。

芬兰对大额养老金征收附加税。

（4）董事酬劳。董事费及相关酬劳作为劳动所得纳税。

4. 劳务和营业所得

从事个体经营的纳税人计算净营业所得的方法与企业纳税人相同。营业所得包括来源于与营业相关的动产和不动产的所得。

营业所得可分为资本所得和劳动所得。上个纳税年度终了时用于营业或专业服务的净资产，20% 视为资本所得，其余为劳动所得。但是纳税人可申请将视为资产所得的比例由 20% 降至 0% 。由于现行所得税适用累进税率，该条款将更有利于低收入纳税人。

营业所得和专业服务所得在税务处理上并没有明显的差别。

所有类型的合伙企业，均在合伙层面上确定应税所得。合伙企业不是独立的纳税实体，每个合伙人按照持股份额计算应税所得，并申报缴税。

5. 投资所得

（1）股息。在传统双重税体系下，即企业取得的应税所得，首先对企业征收企业所得税，再对股东就分配取得的股息红利按规定税率征税（可以享受全部或部分减免）。对于个人股东，其税率根据股息红利来源于上市公司或非上市公司而不同。

自 2014 年 1 月 1 日起，个人从上市公司取得的股息红利的 15% 免税，剩余的 85% 作为资本所得征税，即不超过 30 000 欧元的部分按 30% 税率缴税，超出部分按 33% 税率缴税。

个人从非上市公司取得的股息红利，若股息红利的总额不超过股权价值（每股价值为企业净资产除以企业已发行的股份数）的 8% ，则股息红利的 25% 作为资本所得缴税；余下的 75% 中，每年不超过 150 000 欧元的部分免税；超过 150 000 欧元的部分，其中的 15% 免税，85% 作为资本所得缴税。

若股息红利的总额超过股权价值的 8% ，超出部分的 25% 免税，超出部分的 75% 作为劳动所得按累进税率征税。

前述条款也存在例外情形，即受让方（个人）基于个人工作绩效或为与分配方有利益关系的个人（如控股企业）而从非上市公司取得的股息红利所得，视作受雇所得。前述控股企业在取得股息红利时便产生纳税义务，应当及时缴纳税款，直至将股息红利分配给各股东。个人基于工作绩效取得的股息红利还需缴纳社会保障税。

（2）利息。利息所得（缴纳最终预提税的利息除外）作为资本所得缴税。若利息来源于经营性资产，则该部分利息所得作为营业所得缴税。

（3）特许权使用费。特许权使用费一般作为劳动所得征税。但是，通过购买或继承取得的特许权，其使用费应作为资本所得，缴纳预提税。

（4）不动产。租金所得作为资本所得缴税。

6. 资本利得

确认资本所得的时间为交易完成年度，而非交易凭证日期所属年度。计算资本利得时应从资产处置收入中扣除资产购置成本。可扣除的成本为处置收入的 20%（占有时间不少于 10 年的自有资产为处置收入的 40%），而非实际购置成本。

处置纳税人持有所有权两年以上的自住常住用房取得的所得免税。

每个纳税年度不超过 5 000 欧元的来源于处置自用或家庭使用的家具设施的所得免税。

来源于征收土地以及将业务和农场经特定转让方式传给后代的资本利得免税。

除上述资本利得免税外，纳税人在一个纳税年度的资本利得未超过 1 000 欧元时，同样可以享受免税。

7. 个人扣除、宽免和抵免

（1）扣除。符合以下条件的利息支出准予税前扣除：①该项贷款用于购置资产，且该资产产生了应税所得；②或该项贷款为芬兰共和国或欧洲经济区其他成员国认可的符合条件的科研贷款（自2015年起科研贷款利息扣除政策被废止，但科研开始时间在2005年8月1日至2014年7月31日之间的科研贷款利息仍可扣除）。

自2015年起，贷款购买纳税人及其家庭常住用房而发生利息支出的65%准予扣除。该项扣除比例将在2016年、2017年和2018年持续下降，分别为60%、55%和50%。

利息支出原则上只能在资本所得项目下扣除。但当资产所得为负数（如可扣除的利息支出大于资本利得）时，可在劳动所得中进行扣减。因个人消费而负债所发生的利息不得扣除。

医疗费用虽不得扣除，但纳税人可能会由于支付医疗费用导致其纳税能力降低而享受税收宽免政策。个人向慈善机构的捐款以及用作其他用途的捐款，均不得扣除。

当纳税人拥有2套住房，即除与配偶或未成年子女共同居住的常住用房外，还因工作所在地与该常住用房距离较远而租用工作住房时，可申请每月250欧元的扣除额。但扣除额不得超过每月工作住房的租金，且需满足常住用房与工作住房及工作所在地之间的距离均不少于100千米。

（2）宽免。养老金受益人可享受税收宽免。税收宽免的计算依据为国家养老金总额以及所得税率表中最低应税所得。

因特定原因（如生活困难、失业、疾病等）对负担纳税义务感到无力或吃力的纳税人，可以向税务机关申请不超过1 400欧元的税收宽免。

（3）抵免。中低收入人群就其劳动所得缴纳个人所得税时可享受税收减免。除养老金所得外，减免额为纳税人劳动净收入超过2 500欧元部分的8.6%，且减免额上限为1 025欧元。若纳税人劳动净收入超过33 000欧元，则超出33 000欧元部分的最大减免额下降1.2%。

儿童抚养费可减免12.5%，且每个未成年儿童每年最大减免额为80欧元。

残疾人纳税人就其劳动所得缴纳的个人所得税最多可减免115欧元。

纳税人可就其支付清洁房屋、提供看护、保养及维修房屋等相关家政服务酬劳的15%申请减免（即“家政减免”）。若酬劳（不含增值税）是支付给私营企业或在芬兰企业注册登记管理部门进行注册的公司或者非营利性机构，则减免比例可提高至45%。该项减免政策对部分家庭通信设备安装和维修的报酬也适用。以上报酬相关的社会保障税可全额扣除。每年家政减免额上限为2 400欧元。若全年家政费用小于100欧元，则不得减免。家政减免同样适用于支付给其他欧盟/欧洲经济区国家的报酬，但纳税人需证明家政服务提供者在其所在国家已缴纳相关所得税。

在2015、2016及2017纳税年度，对抚养子女的中低收入纳税人提供临时性的减免优惠。纳税人所抚养每名子女的最大减免额为50欧元（如果纳税人为单亲，减免额为100欧元），且纳税人最多可享受4名子女的减免额度。当应税所得超过36 000欧元后，儿童减免额逐渐下降，当应税劳动所得和资本利得之和约为41 000欧元时（双亲育有一个子女），减免额降至0。

8. 损失

劳动所得项目下的亏损和资本所得项目下的损失，税务处理方法不同。

劳动所得项目的亏损可在10年内用相同项目的收入弥补。纳税人也可申请该项损失在当年资本净所得（利息支出扣除前）中扣除。

资本所得项目的损失可在10年内用资本所得弥补。但此类损失也可间接从劳动所得的应纳税额中减免，额度为损失的30%（资本所得的适用税率）。当损失来源于纳税人为其主要住所支付的利息时，可减免的比例提高2%（即为32%）。每个纳税人每年可扣除的损失上限为1 400欧元，对于育有子女的纳税人，有一个子女时扣除额增加400欧元，有两个或两个以上子女时扣除额增加800欧元。对于育有两个子女的已婚夫妇扣除额的上限为3 600欧元。

资本所得不得因资本损失而为负数。资产损失只能在当年或以后5个年度内冲减资本利得。处置居住用房所得享受免税时，相关损失不得扣除。

9. 税率

（1）所得和资本利得。芬兰每年公布对劳动所得征收的个人所得税税率表。表1所示税率自2015年1月1日起实行。

表1

应税所得（欧元）	基础税额（欧元）	超额税率（%）
16 500～24 700	8	6.5
24 700～40 300	541	17.5
40 300～71 400	3 271	21.5
71 400～90 000	9 957.5	29.75
90 000以上	15 491	31.75

劳动所得低于16 500欧元的纳税人不需缴纳个人所得税。

对资本所得（包括资本利得）的个人所得税按累进税率缴税。此项所得不超过30 000欧元的部分按30%税率缴税，超过30 000欧元的部分按33%税率缴税。

大额养老金还需缴纳附加税，即对养老金超过45 000欧元（扣除养老金税收宽免之后）的部分按6%的税率缴纳附加税。

（2）预提税。居民个人从国内银行存款或债券取得利息所得按30%的税率源泉扣缴所得税。

其他形式的利息支出都必须按30%税率扣缴预提税，这一税率还适用于投资基金的利润分配。个人取得上市公司派发的股息红利按25.5%税率预缴预提税。上述利息、利润、股息红利所得均属于个人所得税应税所得，其中已缴纳的预提税应从中扣除。取得非上市公司派发的股息红利也需缴纳预提税，150 000欧元以内的股息红利按7.5%税率预缴预提税，超出150 000欧元的部分预缴预提税率为28%。

雇主向雇员发放工资薪金和其他报酬时，应代扣代缴预提税。预提税额根据雇员取得的工资薪金总额及相关情况确定，另外，员工的额外福利及可享受税收宽免也应计入考虑。养老金和特定的社会保障税也需扣缴预提税。受让方为个人独资企业时，不需扣缴预提税。

艺术家和运动员的出场费也须缴纳预提税，除非受让方为公司或其他注册机构。特定的特许权使用费按30%的税率扣缴预提税。以上预提税均可在最终应纳税额中扣减。

10. 征收管理

（1）纳税期限。在芬兰，一个纳税年度为一个公历年。

（2）纳税申报。个人纳税人不需主动进行纳税申报，而是由税务部门向纳税人提供一份已预填的纳税申报表，该申报表的数据根据用人单位、银行、养老基金、保险公司、证券交易所等相关部门提供的信息评估得出。纳税人只需要就该预填纳税申报不能准确反映其所得之处进行修改即可，修改截止日期为5月7日或5月13日（具体日期印制在申报表上）。对于从事农业生产的纳税人和自由职业者，修改截止日期分别为3月2日和4月2日。

纳税人主管税务局应在纳税年度的次年11月1日前完成纳税评估，且在之后12个月内，税务局有权对该纳税评估进行修正。

（3）税款缴纳。通常，税款通过代扣代缴和预评估的方式在纳税年度内征收，并在次年做出该年度纳税评估。

所有不通过预缴预提税方式纳税的应税所得均通过预评估的方式纳税。预评估基于纳税人最近一次纳税评估的应税所得，若无相应纳税评估，则参考纳税人的预评估申报。纳税人须在纳税年度的1至11月分期缴纳预评估的应纳税额，且该部分税额可在纳税人最终应纳税额中减除。

税务机关须在评估年度的10月31日完成最终纳税评估。若最终评估的应纳税额超出预缴税额，则超出部分分期在评估年度的12月及次年的2月分2次缴纳。预缴税款可在最终应纳税额中扣除，且预缴税款不足最终应纳税额的部分均应缴清，预缴税款超出最终应纳税额的部分均予以退还（含利息）。

（4）事先裁定。内容上与公司所得税事先裁定相同。

（二）其他类型的所得税

1. 地方所得税

（1）应税所得。地方所得税由纳税人居住地政府负责征收。仅对劳动所得征税，对资本所得不征税。

劳动所得项目下的损失可以冲减10年内任意项目下的所得。

（2）个人扣除、宽免和减免。地方所得税的所得扣除与个人所得税基本相同。不同之处是对非高劳动收入人群适用额外的特别扣除。残疾人可享受不超过440欧元的税前扣除。

养老金受益人准予享受税收宽免。如果纳税人扣除各项优惠后的地方所得税应纳税所得额不超过2 970欧元，则可全额扣除；超过2 970欧元，则超过部分基本宽免比例为18%。

地方所得税不得抵免。

（3）税率。地方所得税采用比例税率，每年提前确定。2015年，地方所得税税率根据地区不同在16.5%~22.5%之间浮动。赫尔辛基2015年的地方所得税税率为18.5%。

2. 教会税

芬兰对两个国家教会（福音路德教会和东正教会）成员的劳动所得征收教会税。教会税的应税所得与地方所得税的应税所得相同。

教会税按比例税率征收，2015年根据地区不同在1%~2%之间浮动，其中，赫尔辛基2015年的教会税税率为1%。

3. 广播电视税

广播电视税旨在为芬兰国家公共广播公司提供经费支持。除奥兰群岛居民外，芬兰所有18岁以上的居民均需缴纳。

按照应税劳动所得和资本利得的0.68%征收广播电视税，税额上限为143欧元，但税额低于51欧元时免征。纳税人为取得和维持所得发生的费用可予以扣除，如上下班交通费，以及一次性受雇所得。

（三）国际税收

1. 居民个人

（1）境外所得和资本利得。一般而言，居民的受雇所得无论来源于何处，均应纳税。

对居民个人取得的来源于符合以下条件之一的外国企业的股息红利，按取得境内股息红利的方法征税：

①满足《欧盟母子公司指令》第2条要求；

②在欧洲经济区其他国家内具有居民身份，且所适用的税收协定在欧洲经济区内；

③属于与芬兰有相关股息红利条款的税收协定国家的居民企业。

在②和③两种情况下，分配股息红利的外国企业还必须满足：在其居民国，该企业就其分配的股息红利缴纳的所得税税率不低于10%，且企业不得就该项所得免税或选择不纳税。

对于总额不超过股权价值的8%的来源于境外的股息红利，基于股权在上一纳税年度终了时的市场公允价格计算应纳税额。对于不属于上述情况的来源于境外的股息红利，视为劳动所得按累进税率全额缴税。

来源于境外投资基金的利润分配与来源于境外的股息红利税务处理方法相同。

如果居民个人在取得来源于境内的劳动所得的同时，还取得了境外劳动所得（且在芬兰未按累进税率缴税），且来源国与芬兰签订了税收协定，则其应当就境外所得在芬兰缴税。但如果该居民个人在芬兰和境外总计缴纳税额，超过将其境内外全部劳动所得按芬兰税制计算征税的税额时，该居民对超出税额部分免予缴税。

（2）境外资本。芬兰不征税净财富税。位于境外的不动产无须缴纳不动产税。

（3）避免双重征税。通过境外税抵免境内的方式来避免双重征税。外国征收的所得税可抵免芬兰的个人所得税、地方所得税和教会税。外国所得税的抵免不得超过芬兰所得税中按比例归属于境外所得的部分。可抵免的税额根据按照不同所得来源及两种所得类型分别计算。芬兰已废止对每个国家分别计算可抵免额的规定。未使用的抵免税额可在5年内向后结转。

向芬兰居民支付的符合《欧盟储蓄指令》定义的扣缴利息所得税可以全额抵免，不受以上抵免额度限制。

累进免税法仅当符合税收协定相关规定，或者某项境外所得可以依法免税时，才可以使用。通常，为取得或维持境外免税所得发生的费用和有关利息，允许从境外所得中扣除，扣除额不得超过境外所得额。境外直接税不得作为费用扣除。

2. 侨民

（1）来芬兰（外籍）人员。自2015年12月31日起，在芬兰工作的外籍雇员，适用临时的外籍制度。

符合条件的外籍专家和管理人员，可以就其在芬兰的工作报酬申请35%的特别统一税率。如果申请使用统一税率，则其受雇所得不再适用居民个人一般累进税率缴税，同时也无须缴纳医疗保险费，但其全部受雇所得均为应税所得，且不得扣除。除受雇所得外的其他所得，按照居民所得税一般规定处理。

适用临时外籍制度的外籍人士，可以是学术机构的教师，或者非营利机构的研究人员，或者整个受雇期间每月收入至少为5 800欧元的专家。此外，外籍人士不得是芬兰国籍，且在受雇前5年内不是芬兰居民。

该制度对外籍人在芬兰境内受雇期间内的前48个月适用，但受雇期必须连续，且相关申请需要在雇用期开始后90天内提出。

（2）外派人员。根据“六个月规则”，境外的受雇所得（除员工的股票期权）在满足一定条件的情况下可以在芬兰免税，但仍需缴纳芬兰医疗保险费和和雇主承担的国家养老保险费。

适用“六个月规则”应满足该外派人员因公在境外逗留时间为连续6个月或以上，且受雇于同一雇主（在一个或多个国家）或者在一个国家（为一个或多个雇主）工作。来源于芬兰政府、地方政府或其他公共组织的所得不适用“六个月规则”。来源于与芬兰签订的税收协定中有避税条款的国家的所得不适用该规则。

3. 非居民个人

（1）所得和资本利得课税。原则上，非居民个人需就其来源于芬兰境内的所有所得缴纳个人所得税和地方所得税。除有税收协定规定免税外，非居民个人一般需就以下所得缴税：①不动产所得和以房屋入股房地产公司的所得；②芬兰境内营业和专业服务所得；③国家、地方政府或其他公共组织支付的工资薪金及养老金；④当工作地点一直或总是位于芬兰境内且雇主为芬兰居民纳税人时，通过受雇工作取得的工资薪金以及养老金；⑤芬兰公司董事酬劳，不论工作或董事会议是否在芬兰境内进行；⑥非居民艺术工作者或运动员在芬兰境内或芬兰船舶上进行表演而取得的报酬；⑦芬兰的企业、合作社分配的股息红利，以及芬兰合伙企业分配的利润；⑧特许权使用费，且该特许权被用于芬兰境内从事的商业经营或该特许权使用费的付款方是芬兰居民。

若在股权转让发生的纳税年度终了后的5年内，纳税人成为其他国家居民，则该股权转让取得的资本利得应在芬兰缴税。

非居民来源于芬兰的利息一般免征所得税和预提税。仅长期贷款利息所得作为资本弱化的补偿，需要缴纳预提税。

非居民转让居民房地产企业以及超过50%以上的资产为芬兰境内不动产的企业或合作社的股权取得的资本利得均为应税所得。相反地，从芬兰公司取得的股票收益一般享受免税。

①通过扣缴预提税方式纳税。向非居民个人支付的下列各类所得，均需扣缴预提税（该预提税为最终预提税。非居民个人在扣缴该预提税后，无须再缴纳个人所得税和地方所得税）：

A. 股息红利，税率30%。

B. 利息和特许权使用费，税率为30%；

C. 受雇所得，税率为35%，非居民选择通过纳税评估缴税的除外；

D. 非居民艺术工作者或运动员在芬兰境内表演的酬劳，税率为15%。其他欧洲经济区国家的艺人或运动员可申请对交通费和住宿费等相关费用进行扣除。

预提税一般在收入总额基础上征收，即为取得所得所发生的费用不得扣除。但是，受雇所得每月标准宽免额为510欧元（如果雇佣期不足1月，按照每天17欧元计算）。

②通过纳税评估方式纳税。非居民个人选择通过纳税评估的方式纳税，其评估方式与居民个人相同。自2016年1月1日起，非居民的起征点和税率将和居民保持一致：对于资本利得中不超过30 000欧元的部分，适用税率为30%；超过30 000欧元的部分，适用税率为33%。

对于劳动所得，纳税人可以选择总收入按35%比例税率缴税，或者通过纳税评估以累进税率缴税。

通过纳税评估以累进税率缴税时，非居民个人的应税所得包括来源于芬兰的视为劳动所得的所有养老金所得，如国家养老保险管理机构发放的国家养老金。

自2014年起，满足以下条件之一的非居民个人可选择通过纳税评估以累进税率缴税：

A. 与芬兰签有税收互助协议或税收情报交换协定的国家的居民；

B. 根据《欧盟关于科研人员第三国国籍认定特殊程序指令》可以被视为具有芬兰居民身份的个人。

（2）资本课税。芬兰不征税净财富税。非居民应就其来源于芬兰境内的不动产所得缴纳不动产税。

（3）征收管理。如果通过评估方式对非居民个人征税，则税收征管事项与居民个人相同。

三、增值税

（一）一般规定

1. 概述

芬兰增值税制度与其他欧盟成员国增值税制度基本一致。虽然奥兰群岛适用芬兰增值税法，但其对增值税具有独立的管辖权。

2. 纳税人

增值税纳税人是经增值税注册的、从事生产销售应税货物或者提供应税劳务以及进口业务的企业。

自2016年1月1日起，小规模纳税人增值税起征点由8 500欧元提高到10 000欧元。年营业收入在10 000欧元及以下的小规模纳税人免缴增值税，但该纳税人也可以选择缴纳增值税。年营业收入高于10 000欧元但不足30 000欧元的纳税人，增值税税率根据营业收入从0逐步递增至正常税率。年营业收入超过30 000欧元的纳税人，全额缴纳增值税。

3. 应税项目

除免税项目以外的所有货物及劳务，均需要缴纳增值税。转让生产性权益（如专利权），也属于增值税应税项目。

欧盟其他成员国企业向芬兰企业提供劳务，增值税应在劳务接受方所在地缴纳。向消费者提供劳务时，劳务发生地为劳务提供方的经营所在地。

芬兰增值税法对部分应税项目设有特殊规定，例如：来源于代理费用或者员工的差旅费的增值税，可作为对应项目的进项税额在销项税额中抵扣；除出口业务外，所有的增值税免税项目均不得抵扣进项税额。

4. 应税收入

增值税属于价外税，计税基础为应税货物或服务的不含税价格。进口货物的增值税计税基础为：缴纳关税时认定的货物价格 + 关税 + 除增值税外境内的其他应缴税费。

5. 税率

基本税率为24%。基本食物、动物饲料和餐厅提供的食物适用14%的低税率，药品、书籍、文化活动、旅客运输服务、酒店服务等品目适用10%的低税率，出口货物适用零税率。

6. 免税

通常，销售或出租不动产免增值税。免税劳务包括医疗服务、公共服务、基础教育、大部分金融银行服务以及保险服务。与企业重组相关的资产处置免缴增值税。出口货物及劳务免缴增值税（适用零税率），相关的进项税额可抵扣。

（二）非居民纳税人

非居民企业在芬兰境内生产销售货物或提供劳务，无论其是否为芬兰境内的固定场所，均需交纳增值税。如果境外企业在芬兰境内未设有固定场所，则由买方承担增值税。非居民企业在芬兰境内购买用于境外经营活动的货物及劳务，有权就买价中的增值税税款申请退税。退税必须通过非居民企业东道国税务机关的官方网站提交电子申请。

四、消费税

芬兰对烟草、酒精、啤酒、不含酒精饮料、电力和燃油等多类商品征收消费税。

五、社会保障税

（一）对企业征收

企业应按照工资薪金的2.08%向国家缴纳社会保险项目下的医疗保险，无最高限额规定。对年龄在16岁以下或者68岁（含）以上的员工，企业不需为其缴纳医疗保险。

除医疗保险外，企业还必须为员工缴纳以下社会保障税（2015年有效）：

①按工资薪金的18%（平均值）缴纳养老保险；

②工资薪金在202.5万欧元以内部分的按0.8%缴纳失业保险，超过202.5欧元的部分按3.15%缴纳；

③根据工作风险程度按员工薪资总额的0.1% ~7%缴纳意外伤害保险（包括团体人身保险）。

因工作业绩而取得的分红也需按照以上规定缴纳各项社会保障。

以上所有社会保障支出均可作为经营成本在税前扣除。

（二）对个人征收

个人应向国家缴纳医疗保险费，计费基础为缴纳地方所得税的应税劳动所得且无最高限额规定。雇员的医疗保险费通过在工资中代扣代缴的方式进行缴纳。2015 年，医疗保险费的缴费率为 2.1%，由两部分组成，其中 1.32% 为医疗服务部分，0.78% 为每日补贴部分，且只有后者所缴纳医疗保险费可以在个人所得中扣除。

芬兰对养老金所得征收 1.49% 的医疗保险费。该项医疗费用通过在工资中代扣代缴的方式进行缴纳，且不得扣除。

雇员按照其工资薪金的 5.7%（雇员年龄不低于 53 岁时为 7.2%）扣缴养老保险费，按 0.65% 扣缴失业保险费，且均可从劳动所得中扣除。

自由职业者需缴纳 2.23% 的医疗保险费，由两部分组成，即 1.32% 为医疗服务部分，0.91% 为每日补贴部分，且只有后者可以扣除。自由职业者的医疗保险费通过预评估方式缴纳。自由职业者还需缴纳个人养老保险费，保费可从劳动所得中扣除。

个人取得的基于工作绩效的股息红利所得，需缴纳上述所有项目的社会保障税。

医疗保险费中的每日补贴费部分从雇员或自由职业者年满 16 周岁后第一个月开始缴纳，直至其年满 68 周岁的最后一个月。

（李平　编）

法国企业税制

法国公司所得税的纳税主体包括法国境内的各类具有法人资格的企业，以及非居民企业驻法常设机构、法人企业的分支机构。纳税人应就其生产经营活动所得和投资活动所得缴纳公司所得税。企业经营活动涉及的主要税种还包括增值税、营业税和相关工薪税。

个人应缴纳个人所得税。居民个人应就来源于全球范围的所得缴纳个人所得税和社会税。另外，个人还应缴纳净财产税、遗产和赠与税。个人从事营业活动，还涉及增值税和其他间接税。

法兰西共和国由法国本土（在欧洲的领土）和海外领土两部分组成。法国本土的企业必须完全遵照法国税法的规定纳税，而位于法国海外领土的法属圭亚那、瓜德罗普岛、马提尼克、留尼汪和马约特岛的企业，基本上遵照法国税法的规定纳税，但当地可能根据具体的经济和社会情况对相关税收规定进行微调。

一、公司所得税

（一）一般规定

1. 税制类型

法国公司所得税制采用古典税制。企业就其所得缴纳公司所得税之后，在将税后利润分配给股东时，股东需按规定的税率再缴纳一次个人所得税。不过近年来法国对这一税制进行了局部调整，引入了参与免税制度。在该制度下，法国居民企业从另一居民企业取得的股息红利享受免税优惠。

2. 纳税人

在法国，公司所得税的纳税义务分为强制性和可选择性两种形式。强制性承担公司所得税纳税义务的实体主要包括公司、简化股份公司、有限责任公司和股份有限合伙企业。此外，在有限合伙企业中，有限合伙人取得的强制性利润也将缴纳公司所得税。

可选择性履行公司所得税纳税义务的企业包括普通合伙企业、有限合伙企业（其中的普通合伙人）、一人有限责任公司、民间企业和合资企业。若上述企业选择履行公司所得税纳税义务，则视为公司所得税纳税人，若它们选择不履行公司所得税纳税义务，将被视为税

收透明实体。

非营利性组织（被动所得除外）、符合规定的农民专业合作社、银行、工会、廉租房建设企业、信贷公司和相关国有企业等实体，可免征公司所得税。

居民企业，是指法定注册地或实际管理机构所在地位于法国境内的企业。

3. 应纳税所得额

（1）一般规定。法国公司所得税制度是以国界原则为基础构建的，即企业（包括非居民企业驻法常设机构、法人企业的分支机构等）仅就其在法国境内取得的生产经营所得缴纳公司所得税。因此，法国企业在境外的子公司及分支机构在法国境外取得的生产经营所得以及发生的亏损，均不计入法国境内的应纳税所得额。

与企业经营活动相关的各种形式的所得均属于营业所得。因此，企业应将各种来源的生产经营所得（包括经营用资产转让产生的资本利得所得）合并计算净所得总额，计算缴纳公司所得税。

（2）免税所得。除了符合参与免税制度的股息红利所得和资本利得所得免税外，法国公司所得税没有其他重大免税制度。

（3）扣除。

①可扣除费用。企业实际发生的与取得应税收入相关的合理支出，可准予税前扣除。主要包括：雇主支付的职工工资；支付给职工的相关社会保险费和集体保险费；利息支出。值得一提的是，利息支出需要符合资本弱化规则和法国新近实施的关于净利息费用扣除限制的规定，才可在税前扣除。

利息支出扣除的一般性限制规定是仅有75%的净利息支出可以税前扣除。根据避风港规则，第一次300万欧元的净利息支出可以税前扣除；但是，一旦净利息支出超过300万欧元，则所有的净利息支出都必须遵守该限制规定。当企业集团合并纳税时，则利息支出的扣除限制适用于该企业集团层面，而不是企业集团内各个企业层面。

企业的纳税年度是在2013年9月25日及之后结束，如果贷款人因利息所得缴纳的税款低于按照法国税法应缴纳税款的25%，那么其支付给关联企业的利息不得在税前扣除。

如果企业对欠款及利息有详细的记载，则相关债务豁免支出准予在税前扣除。

企业向非营利性组织捐赠发生的支出也可按规定在税前扣除。

公司所得税及其附加税不得税前扣除。企业生产经营活动缴纳的相关的其他税收和社会保险费可准予税前扣除。企业生产经营活动中，不能抵扣的增值税进项税额可税前扣除。

②不可扣除费用。一般情况下，与免税收入相关的支出，尤其是符合参与免税制度的支出，不得税前扣除。此外，奢侈消费支出，包括娱乐支出（例如：狩猎和钓鱼）、豪华住宅和船只的购置和维修费用，违法行为的处罚费用支出，不得税前扣除。

（4）折旧和摊销。一般而言，不属于存货类的有形资产（土地除外）都会发生正常磨损，应按规定计提折旧。随着时间推移价值并不减少的无形资产（例如商誉和商标）不计提折旧。但是，一些特定的无形资产，例如专利、软件和特定企业的股权，则允许税前摊销。开办费可以作为管理费用在企业开始生产经营的当年一次性扣除，或者自企业开始生产经营年度起在不低于5年的期间分期摊销。

除另有规定外，企业应选择直线法计提折旧。资产年折旧率通常基于营业常规，将资产的成本除以其预期使用寿命得出。由于不同的企业对同类资产预期使用寿命的判断存在差异，各企业也有自身特殊情况，因此，不同的企业，相同的资产的折旧率不尽相同。一般而言，各企业同类资产的折旧率增减在20%的幅度差是符合营业常规的。

在法国，直线折旧法中普遍适用的年折旧率如表1所示：

表1

固定资产	年折旧率（%）
商业建筑	2~5
工业建筑	5
办公用房	4
办公设备	10~20
工具和机械	10~20
汽车和卡车	20~25
飞机	12.5

企业对固定资产计提折旧也可选用余额递减法。然而，使用年限低于3年的资产、已使用的资产（除非翻新改造）、汽车、电话、手工打印机或简易的电子打字机、建筑物（使用年限不超过15年的酒店建筑物和一些特定工业建筑除外），均不适用余额递减法。

余额递减法的年折旧率等于直线折旧率乘以相应的倍数，若资产使用年限为3~4年，则倍数为1.25；5~6年，则倍数为1.75；超过6年，则倍数为2.25。

使用年限超过12个月的软件也可一次性全额税前扣除。

（5）准备金。准备金主要有折旧准备金、风险和费用的准备金、法律明文规定的准备金等三类。企业自行提取不符合税收规定的准备金支出不准予税前扣除。

不计提折旧的资产出现价值下跌时，可提取准备金弥补减值损失。参与股权和特定不动产因不能计提折旧，为此计提的准备金在税前扣除时，不得超过同类资产的潜在收益。相应的，当未来处置该项资产时，未能扣除的准备金也不需要纳税。参与股权和特定不动产的折旧所扣除的准备金不允许超过同类资产的潜在资本收益，否则视为无效。相对的，重新获得不可扣除的准备金不纳税。

债权的贬值也可提取准备金。企业提取坏账准备必须以债务评估为基础，考虑其收回的可能性，采用充分近似法进行估计。从原则上来说，该准备金是基于债权的账龄而设立的。

4. 资本利得

在法国，资本利得通常被视为普通所得，并按照公司所得税基本税率缴纳税款。也有例外，如上市房地产企业（不动产价值占其资产总额50%以上的上市企业）的股东转让其持有的该房地产企业的股票而获得的资本利得可适用19%的优惠税率缴纳税款。

当某中小企业75%及以上的股份直接或间接为个人或其他中小企业所持有，那么，该企业转让其一家独立分支机构或经营业务取得的资本利得（不动产收益除外），不超过30万欧元的，免征公司所得税。30万~50万欧元的，30万欧元以下部分免税。

根据参与免税制度，符合条件的资本利得可以免税。不过，资本利得不是全额免税，而是部分免税。企业在计算应纳税所得额的基础上（已减去相关资本利得），应将该项资本利得的12%进行纳税调增，并适用公司所得税基本税率缴纳税款。不符合参与免税制度的股权转让所取得的资本利得，应按正常所得缴税，不享受税收优惠。

企业取得的符合下列条件的资本利得，可适用15%的优惠税率缴纳公司所得税：①持有符合条件的风险投资基金机构的基金5年以上，或持有符合条件的风险投资企业的股份5年以上；②符合一定条件下，通过专利许可（或授权）或专利发明所获得的收益，以及通过与专利或专利发明相关的制造工艺所获得的收益，相关专利和制造工艺须持有2年以上；③符合一定条件下，出售专利或专利发明，以及出售与专利或专利发明相关的制造工艺获得的资本利得，相关专利和制造工艺持有至少2年以上。

5. 亏损

（1）经营亏损。企业经营只有当年利润额超过100万欧元时，可以用50%的利润可弥补以前年度发生的亏损。任何未弥补完的亏损都可以无限期向以后年度结转。

企业纳税人如果本年度为亏损，前一年度盈利时，在符合相关条件下，可以选择将本年亏损向前一年度结转，但至多可结转100万欧元。这一情形，其实赋予了企业一项税额抵免权。该税额抵免权自亏损年的次年起5年内有效。如果在这5年内不具备行使条件的，则纳税人在第6年可申请相关退税。

企业纳税人停止经营活动、将所有的业务部门出售、参与企业重组（如合并、分立）或者法院裁定其进行清算，其未弥补的亏损不得再弥补。但是，如果收购企业或合并企业在收购或合并业务完成后，对被收购企业或被合并企业的客户、劳动力和经营业务维持3年及以上的，收购企业或合并企业可以向税务部门就亏损弥补事项申请税收裁定，申请被收购企业或被合并企业尚未弥补的亏损结转至本企业弥补。当企业停止经营活动已超过12个月，或者企业的平均从业人数或固定资产总额3年以内减少了50%，企业裁撤或终止其经营活动时，其亏损不得结转。

（2）资本损失。资本损失的税务处理与经营亏损的税务处理相同。居民企业因境外设立的非居民企业子公司的股份贬值而发生的资本损失，至多只能冲减相当于本年及之前5个会计年度来源于该子公司的免税利润。

6. 税率

（1）经营所得和资本利得适用税率。法国公司所得税的基本税率为33.33%。

中小企业适用累进税率，年应纳税所得额不到38 120欧元的部分适用15%的税率，超过38 120欧元的部分适用33.33%的基本税率。

对于年度销售（营业）收入大于或等于763万欧元的大企业，如果年度应纳税所得额超过76.3万欧元，则对其超过76.3万欧元的部分，征收3.3%的社会附加税。因此，大企业的实际税率为34.43%。

对年度销售（营业）收入超过2.5亿欧元的大企业，2013年12月31日至2016年12月30日期间，还应在每一会计年度结束时按照应纳税额的10.7%（2014年1月1日以前为5%）计算缴纳特别附加税。因此，这类大企业的边际税率高达38%。

（2）向居民纳税人支付款项的预提税税率。居民企业向居民企业支付的股息红利、利息和特许权使用费，一般无须扣缴预提税。

7. 税收优惠

（1）加速折旧。参见“折旧与摊销”部分。

（2）研究与开发费用。

①研发费用税收抵免。企业在享受研究与开发费用税收抵免时，1亿欧元以下的研发费

用按照发生额的30%进行税收抵免，超过1亿欧元的部分按照5%进行税收抵免。对于从未享受过该项优惠政策的企业和已经5年没有享受过该项优惠政策的企业，可适用更优惠税率。

自2013年1月1日起，中小企业的创新支出（如原型设计），不超过40万欧元部分，可抵免20%（即税收抵免最高限额为8万欧元）。

企业发生的符合条件的研发费用于当年未抵免完的，可结转以后3个年度抵免。如果3年后仍未抵免完的，可申请相关退税。中小企业、创新型新办企业、在老工业区新创建的企业以及困难企业的相关研发支出所对应的税收抵免额，在当年未抵免完的，有权立即申请退税。

②创新型企业税收优惠。法国对个人股东持股至少50%的创新型中小企业实行一项特定的税收优惠制度。第一个盈利年度（连续12个月）享受100%减免公司所得税；第二个盈利年度（连续12个月）享受50%减免公司所得税。该制度还要求企业开业少于8年，并且企业年度发生的研发费用占可年度税前扣除支出总额的15%及以上。

（3）区域税收优惠政策。截止到2017年12月31日，在重建区（例如人口下降和高失业区域）创建的企业可享受5年的公司所得税免税优惠政策。但是，企业3年内享受减免税不得超过20万欧元。

城市免税区。在相关经济欠发达城市及其近郊区新办的企业（2021年1月1日前建立）有权享受多项税收优惠政策，包括获得5年的企业所得税定期免税优惠。不过，享受该项优惠政策的企业的所得总额在5年中的任何12个月内不得超过10万欧元。

（4）企业总部和区域中心税收优惠。对于外国企业或法国跨国企业将其总部设在法国境内相关区域的，且这些总部在企业集团中确实负有管理控制和协调职能的职能，企业可以申请享受税基减免优惠。具体税基减免额度根据税务部门的裁定而确定。

（5）水路运输服务企业的简易征收办法。若企业75%的营业额来源于水路运输服务业务，可以选择按照其从事经营活动的船舶的总净吨位作为计税依据，按照简易征收办法，核定企业应纳税额。纳税人一旦选择使用这种简易征收方法，至少在10年内不得变更。

（6）企业竞争和雇佣成本的税收抵免。企业为支持投资、研究、创新、培训、招聘员工等发生的一系列企业雇佣成本，可以享受税收抵免优惠。具体抵免额为"（支付给员工的薪酬总额－最低工资的2.5倍）×6%"。未抵免的额度可结转2年抵免，仍未抵免完的额度在第3年结束时可向税务机关申请退税。符合欧盟相关规定的中小企业，可在相关费用发生的当年，就未抵免完的额度申请退税。

（7）其他税收优惠。法国税法规定，如果一家新办企业，其成立的初衷是旨在接管位于特定区域的经营困难企业，则可以享受公司所得税减免优惠。该优惠政策执行期限截止到2020年12月31日。

企业对欧洲经济区中非营利性组织进行的捐赠，其捐赠额的60%（最高可达纳税人在法国国内营业额的0.05%）可以享受税收抵免优惠。未抵免完的金额可在未来5年内结转抵免。

8. 税收征管

（1）纳税期间。纳税人可选择公历年度作为纳税年度，也可选择会计年度作为纳税年度。

（2）纳税申报。企业必须在一个纳税年度结束后的 3 个月内进行年度纳税申报，一般采用自行计算并申报纳税方法。

（3）税款缴纳。企业应分季预缴税款。计算每季度的预缴税款，应包括一般所得的 8.33% 和专利权使用费与类似收入的 4.75%，相关中小企业还应包括应税所得中前 38 120 欧元的部分的 3.75%。在 12 月 31 日结束会计年度的企业必须在次年 5 月 15 日之前缴纳应补税款。多缴税款首先用于抵缴纳税人的其他直接税应缴税款；抵缴之后的剩余税款由税务机关在 30 日退还纳税人。

（4）事先裁定。在法国，税务裁定包括一种叫做“私人裁定”的程序，纳税人有权就其具体事实申请税务机关进行适用税法的解释。税务机关没有义务对纳税人做出回答，如一旦做出回答，则该项解释对税务机关具有约束力。该程序还允许纳税人就自身能否适用相关税收规定申请税务裁定。

除此之外，纳税人也可进行事先税务裁定。在特定情况下，事先税务裁定具有法律赋权的强制性。若税务机关拒绝做出事先裁定，纳税人可提请上诉。

（二）居民企业之间的交易

1. 集团企业合并纳税

企业集团可以选择合并缴纳公司所得税。自 2009 年 12 月 31 日起，通过法国母公司的一个境外子公司设立的法国子公司也有资格合并纳税。符合税收集团制度的子公司可选择是否加入企业集团合并缴纳公司所得税。在税收集团内部做出一些调整（如债务减免、股利分配等）后，应根据其总收入征收税款。

2. 居民企业之间的股息红利

除非获得免税适用权，企业股东的股息红利应计入应纳税所得额，按公司所得税基本税率缴纳税款。

居民企业母公司和非居民企业母公司常设机构从其居民企业和非居民企业子公司获得的股息红利可享受公司所得税免税优惠。为满足参与免税制度的要求，母公司必须对子公司直接投入至少 5% 的企业资本，并且持有该资本至少 2 年（或者承诺持有相应股份至少 2 年）。

（三）其他与企业所得税类似的税收

1. 营业税

所有在法国境内经营的企业需缴纳营业税，这被称之为“地区经济捐税”。这项税收由企业地皮分摊额和企业附加值分摊额等两个部分组成，由当地议会根据公历年度来征收。

企业地皮分摊额是以企业不动产的名义租值为计税基数。其税率会随着市区的不同而变化。企业附加值分摊额是指针对纳税期营业额超过 15.25 万欧元的企业征收的附加税。企业产生的增值额采用一档 1.5% 的税率。其增值额是将企业会计年度的销售额减去当年的购进价值以及年初存货价值的结果。企业根据自身营业额实行累退。

“地区经济捐税”总的不超过增值额的 3%。可用来抵扣公司所得税。

2. 社会团结税

社会团结税是依据企业上年度年营业额的 0.13% 进行征收，不包含增值税。若计入 0.03% 的附加税率，社会团结税的总税率提升到 0.16%。社会团结税可用于抵扣企业所得税。该税将在 2017 年被废止。

（四）国际税收

1. 居民企业

（1）境外所得和资本利得。根据法国属地原则，来源于法国境外企业生产经营所得不纳入法国公司所得税的征税范围。

来源于法国境外的投资收益所得应缴纳公司所得税，包括从法国境外获得的股息红利所得（免税除外）、利息所得和特许权使用费所得。

在法国公司所得税制的一般规则下，在法国出售经营性资产获得的资本利得应缴纳公司所得税。如果经营性资产出售给境外常设机构，则可在法国境内免征公司所得税。境外企业出售股票获得的资本利得应计入应纳税所得额，按标准税率征收公司所得税。在欧洲经济区其他国家的居民企业母公司取得该类型的所得，符合参与免税制度。

（2）境外亏损。居民企业在境外设立的常设机构发生的亏损，即使在企业清算期间，均不予以纳入应纳税所得额计算。

（3）境外资本。法国对居民企业的境外资本不征收净资本税。对其境外的不动产也不征收不动产税。

（4）避免双重征税。企业来源于境外的生产经营所得，应遵循属地原则，享受单边税收减免。来源于境外的被动投资所得，如股息红利所得（免税除外）、利息所得和特许权使用费所得，在境外缴纳的所得税税额不得从上述费用中抵免，但是向非条约国家中的企业征收的境外税款可作为费用进行扣除。

依据税收协定，生产经营所得通常可享受免税，被动投资所得则可用于抵免税款。纳税人在境外已缴纳的所得税税款按分国不分项的原则进行抵免。超出境外抵免限额的部分不得向以后年度结转。

2. 非居民企业

一般而言，法定注册地和实际管理机构均不在法国境内的企业被视为非居民企业。

（1）一般所得和资本利得课税。按照属地原则，在法国从事经营活动的非居民企业，同居民企业一样适用相同的公司所得税制。

非居民企业的分支机构、驻法常设机构以及其他非法人机构，应按 30% 的税率缴纳分公司利润税。在非合作国家或地区的居民企业分支机构，应按 75% 的税率缴纳税款。

非居民企业驻法常设机构关于来源于法国境内、境外的股息红利所得、利息所得和特许权使用费所得应计入该常设机构的应纳税所得额缴纳公司所得税。非居民企业驻法常设机构可适用参与免税制度。

非居民企业应就法国境内不动产的租金所得，缴纳公司所得税。在法国境内，通过处置不动产获得的资本利得所得或房地产企业（50% 以上的资产为不动产的企业）的利润所得应缴纳公司所得税。

法国居民企业从非居民企业驻法常设机构取得的资本利得所得需缴纳公司所得税。否则，只有当居民企业参与利润超过（或在过去 5 年内任何时段超过）25% 时，才需缴纳税款，此时应按 45% 的税率计征税款。

因机构或企业向境外转让资产而产生的资本利得可不立即纳税，选择行使 5 年缴税计划。当然，纳税人也可以选择立即缴纳税款。

（2）资本课税。法国不征收净资本税。

（3）征收管理。纳税申报与纳税评估流程与居民企业相同。非居民企业直接取得的股息红利和利息应扣缴最终预提税。在公司所得税制的一般规则下，对特许权使用费扣缴的预提税可抵免公司所得税纳税评估后的税款。

3. 非居民企业预提税

（1）股息。向非居民企业股东支付的股息红利应按30%的税率扣缴最终预提税。

向境外位于欧洲经济区其他成员国的非营利性组织（如养老基金会）支付的股息红利可享受15%的优惠税率。法国居民子公司向位于欧盟成员国的母公司或向另一欧盟成员国的母公司设立的常设机构分配的股息红利，满足以下条件的免征预提税：

①母公司符合《欧盟母子公司指令》规定的法律形式，位于欧盟成员国以外国家的企业不适用该指令，需依照指令的规定缴纳企业所得税；

②母公司已直接连续持有子公司10%以上股本至少2年（或承诺持有股份至少2年）；

③母公司没有被非欧盟居民企业直接或间接控制，除非它能证明其股权结构主要不是为了避税。

如果满足欧盟可转让证券集合投资计划的相关条件，向欧洲经济区成员国的居民企业支付的股息可免征预提税。

法国居民企业向非合作国家或地区的居民企业支付的股息红利应按75%的税率扣缴最终预提税（适用税收协定执行优惠税率的除外）。

（2）利息。一般而言，向非居民企业支付的利息无须扣缴预提税。但是，向非合作国家或地区的居民企业支付的利息，如果纳税人不能证明利息支付不是出于避税动机，应按75%的税率扣缴最终预提税。

（3）特许权使用费。特许权使用费应按33.33%的税率征收预提税。

法国国内法规定，如果受益所有者为支付企业的关联企业，并且位于欧盟其他成员国或者其常设机构位于欧盟其他成员国，那么向境外支付的特许权使用费（和利息）可免征预提税。

根据《欧盟—瑞士储蓄协议》之规定，当法国企业向瑞士居民企业支付利息或特许权使用费符合《欧盟利息和特许权使用费指令（2003/49）》规定的条件时，法国应为该利息或特许权使用费提供免税待遇。

向非合作国家或地区的居民企业支付的特许权使用费，如果纳税人不能证明利息支付不是出于避税动机，应按75%的税率扣缴最终预提税。

（4）其他。没有驻法常设机构的非居民企业应就提供的各种服务，例如技术服务、管理服务或者艺术表演，按33.33%的税率征收预提税。如果收款方为非合作国家或地区的居民企业，纳税人不能证明利息支付不是出于避税动机，应按75%的税率缴纳预提税。

处置法国境内不动产（或不动产所有权）所取得的资本利得应按33.33%的税率缴纳预提税，偶尔和经常性取得利得适用相同的税率。如果出售方是非合作国家或地区的居民企业，适用75%的税率缴纳预提税。

居民企业因持有的股份取得的资本利得与非居民企业持有（或在过去5年内任何时段持有）居民企业超过25%的股份利润一样，应按45%的税率缴纳非最终预提税。如果欧洲经济区其他成员国的母公司需承担法国公司所得税纳税义务，那么从该母公司取得利得可免税。然而，如果利得是来源于非合作国家或地区的居民企业，无论居民企业的参与程度有多少，都应按 75% 的税率缴纳最终预提税。

（五）反避税

1. 概述

法国有两种常规的反避税理论：异常行为的管理原则和滥用法律原则。

法国制定了具体措施来提高国内反滥用条款的应用，即提高向非合作国家或地区支付费用的税负。例如，预提税的基本税率为 30%，但向非合作国家或地区的居民企业支付的股息红利，应按 75% 的税率征收预提税。

根据 2014 年 1 月 1 日最后一次更新，非合作国家或地区包括：博茨瓦纳、英属维尔京群岛、文莱、危地马拉、马绍尔群岛、蒙特塞拉特岛、瑙鲁和纽埃岛。

2. 转让定价

关联企业之间发生的交易应符合独立交易原则。税务机关有权要求居民企业提供与非居民企业的相关交易信息，包括：企业所使用的转让定价方法的信息、与相关非居民企业业务活动往来的详情以及适用的税收制度。如果企业未提供上述信息，需缴纳合同文件中提及的交易金额的 0.5% 或者关于此类交易调整后的利润的 5% 作为罚款，两者以金额较高的为准。该项罚款金额不得低于 1 万欧元。

为了避免调整转让定价，企业可通过单边或双边预约定价协议程序，向税务机关申请事先裁定，税务机关会根据相关立法确定合适的转让定价方法。

3. 资本弱化

资本弱化规则适用于“受控企业”。当两个企业相互间直接或间接持有其中一方的股份达到 50% 或以上，或者实际控制另一家企业；或者第三方企业直接或间接对两家企业控股达到 50% 或以上或对两家企业实行控制，则这两个企业被视为“受控企业”。

支付给关联企业的利息，如果超过 1.5∶1 的总负债比率（关联方债务与股权的比率），或者支付给受控企业的利息总额超过其收入的 25%（税前），或者支付给受控企业的利息金额超过收到关联企业支付的利息金额，则不能税前扣除，但在特定的限制条件范围内可以结转。此外，自结转的第二年起，利息扣除额每年减少 5%。利息扣除限制不适用于某些特定的金融交易和不可扣除利息金额低于 15 万欧元的小规模交易。

4. 受控外国企业

对于直接或间接对非居民实体或在低税收管辖区域（即实际税负低于所得税法规定税率水平 50% 的国家或地区）设立的常设机构持有超过 50% 参与权的居民企业，适用受控外国企业规则。非居民企业驻法常设机构持有的受控外国企业的股份同样适用本规则。

遵守受控外国企业规则的企业应就在法国境内同类型企业或者常设机构取得的收入或者视同收入按比例进行纳税评估。当非居民企业 50% 以上的股份被法国企业持有，或者非居民企业直接或间接被法国企业所控制，根据反滥用规定可降低 5% 的参与门槛。

根据法国税收管理规定，如果常设机构的居民国与法国签订的税收协定中明文规定了允许法国企业适用受控外国企业规则，那么从常设机构取得的收入可按法国居民企业的标准计征税款。

根据受控外国企业规则，企业因缴纳境外税款而导致利润的下降，如果在境外缴纳的税款与法国企业所得税相似，可将境外税款抵免相应的法国税款。此外，从境外企业获得的被动收入需向第三方国家缴纳预提税，该第三方国家已与法国缔结了税收协定，并在协定中包含有“行政援助”条款的规定，当企业收入达到税收协定规定的金额应缴纳公司所得税，此时，此前缴纳的预提税可抵免公司所得税款。相反，由非合作国家或地区的居民企业缴纳的境外预提税则不能进行税收抵免。

作为安全港条款，如果非居民企业在来源国从事实际工业活动或商业活动，则该企业不适用受控外国企业规则。然而，如果外国企业属于非合作国家或地区的居民企业，那么适用安全港条款的举证责任倒置，转为由法国居民企业承担。在欧盟各成员国，只有企业避税的组织结构（税务部门认定的虚假的组织结构）才受受控外国企业规则的影响。

二、个人所得税

（一）一般规定

1. 纳税人

法国的居民个人是指满足以下条件之一的个人（不考虑其国籍）：①家庭住所或者个人的习惯住所在法国；②在法国进行了交易、经营业务或提供专业服务（不包含兼职）；③在法国拥有主要经济利益（在法国进行了主要的投资、拥有办公室或管理场所或者其大部分的收入来源于法国）。

如果某个人从出生开始一直居住在摩纳哥或者截至 1962 年 11 月 13 日该个人已经在摩纳哥居住至少 5 年。则该个人被视为法国居民。

法国个人所得税以家庭为单位缴纳。只在特殊情况下才采用夫妻单独申报。家庭所得由夫妻双方和未满 18 周岁的未婚子女（如果子女为学生则为 25 岁）的所得构成。在所得税中，民事伴侣（签订合约共同生活的两个异性或同性成年自然人）被视为夫妻联合申报缴纳所得税。

2. 应纳税所得额

（1）概述。除税收协定另有规定外，居民纳税人应就其来源于全球范围的所得缴纳个人所得税，非居民纳税人仅就其来源于法国境内的所得缴纳个人所得税。

个人应纳税所得主要包括：受雇所得、经营所得、农业所得、专业服务所得、管理者控制家族企业或有限合伙企业的所得、不动产所得、投资所得、资本利得。

（2）免税所得。主要的免税项目包括以下几种：特定的辞退费和退休补偿；未满 25 周岁的学生取得的受雇所得，但不得超过最高限额（每月最低法定工资的三倍）；取决于受益者年龄的终生年金报酬；特定类型的资本利得。

3. 受雇所得

（1）工资、薪金所得。个人应就其取得的受雇所得按照累进税率缴纳个人所得税、普通社会保险捐税、社会保险债务偿还税和社会保障税。

受雇所得包括工资薪金、佣金、所有与雇佣相关的津贴以及实物福利。其应税所得为个人受雇所得的总额减去社会保障税和基本扣除额。该基本扣除额为以下两项中的较高者：①经证实的实际费用；②10% 的名义扣除，且必须在 426 欧元和 12 157 欧元之间（2014 年）。上述扣减后的所得还要扣除普通社会保险捐税。

雇员发生的搬迁成本可以从其应税所得中扣除，但是该项搬迁支出必须是工作、事业或者开展新工作的必要支出。

（2）实物福利。实物福利都应以市场价值计算并作为受雇所得征收个人所得税。实物福利包括公司车辆、免费房屋（包括雇主支付的能源费用）和食物。除房屋和食物外，其他应税实物福利按公平市场价值计税。而免费房屋通常是参照房屋的名义租金价值作为计税基础来计税，免费食物则以每小时最低工资数来计税。

纳税人来源于股票期权的全部所得被视为行权当年的受雇所得，并按累进税率征收个人所得税，此外，股票期权的所得还应征收社会捐税。

（3）养老金所得。法国对养老金所得征收个人所得税，养老金所得包括公共和私人雇主支付的优先雇佣所得、社会保险计划下老年人和残疾人的退休金所得、从 1999 年 6 月 30 日前的退休存储计划中取得的所得、支付给前配偶的离婚赡养费、法律义务或法庭法令规定的儿童养育费以及未支付报酬的终生年金（例如作为结婚礼物赠与给子女的终生年金）。

除了所得税外，法国还对养老金所得征收普通社会保险捐税和社会保险偿还税。

在所得税中，取得的养老金减去社会保障税和 10% 的名义扣除后的净所得为养老金的应纳税所得，最低扣除限额为 379 欧元/每人，最高扣除限额为 3 707 欧元/每个家庭（2014 年）。

法国只就终生年金中的一部分征收所得税，其应税所得的比例根据第一次支付年金时纳税人的年龄确定。标准如表 2 所示：

表 2

年龄	应税比例（%）
小于 50 岁	70
50 ~ 59 岁	50
60 ~ 69 岁	40
大于等于 70 岁	30

（4）董事报酬。董事会主席和执行董事的酬金应按照受雇所得纳税。董事会或监事会成员取得的报酬，按照投资所得纳税。

有限责任公司的管理者取得的薪酬通常按薪金所得征收个人所得税。但是，如果管理者单独或者联合他人共同持有公司股份超过 50%，则其取得的报酬应根据就业收入类别的规定计税。

4. 经营和劳务所得

（1）经营所得。经营所得主要包括工业、商业和手工制造活动所得；处置不动产和经营不动产的所得；出租已装修的房屋和营业场地的所得。纳税人为取得和维持应税经营所得而发生的费用通常准予扣除。

经营所得须按累进税率缴纳个人所得税，还要缴纳普通社会保险捐税和社会保险债务偿还税。

合伙企业实现的利润不缴纳公司税，而作为控股合伙人的经营所得缴纳个人所得税。

（2）劳务所得。劳务所得包括自由劳务所得、非商业机构所得和未被定义为其他类别的活动所得。纳税人取得的应税劳务（专业服务）所得须按累进税率缴纳普通的所得税，并缴纳普通社会保险捐税和社会保险债务偿还税。

5. 投资所得

（1）股息。居民个人取得居民企业分配的股息红利，需就其获得的股息红利的60%按累进税率缴纳所得税。预提税税率为21%。预提税可以抵免最终的所得税纳税义务。如果所得税预缴超过应纳税总额，则可以返还超出部分。纳税人年应纳税所得少于50 000欧元（单身、离婚或者鳏寡纳税人）或75 000欧元（联合申报纳税人）可以请求免除该项预提税。

（2）利息。一般来说，纳税人取得的利息收入应按累进税率征收个人所得税。

居民纳税人应就其来源于法国境内的利息所得按24%的税率缴纳预提税。年应纳税收入少于25 000欧元（单身、离婚或者鳏寡纳税人）或50 000欧元（联合申报纳税人）的纳税人可以申请免除预提税。此外，年利息不超过2 000欧元的家庭纳税人可以选择按24%的固定税率缴纳所得税。

（3）特许权使用费。纳税人取得特许权使用费须按16%的统一税率缴纳所得税，并按15.5%的税率缴纳社会税。纳税人也可选择按累进税率缴纳所得税和社会税。

（4）不动产所得。不动产所得是指直接收取的租金以及通过财政透明的房地产企业收取的租金。它包括来源于建筑、开发和未开发的土地所得。对出租和转租企业地产以及营业场所设备的所得，应按其资产的类别征收个人所得税。扣除有关维修、修理及改善物业所发生的费用后的余额为应税所得。外购和修理不动产的贷款利息可以扣除。纳税人可以对物业管理、保险和折旧选择不同的名义扣除率。该名义扣除率取决于资产的类别和取得资产的日期。

6. 资本利得

（1）不动产。来源于不动产或不动产相关的权利的资本利得须缴纳个人所得税和社会税，税率分别为19%和34.5%。

纳税人转让主要住宅获得的资本利得免缴上述所得税和附加税。如果销售不动产的价格不超过15 000欧元，则销售不动产获得的所有资本利得免税。

自2013年9月1日起，个人转让所有权为5～21年的不动产取得的资本利得按6%征收所得税，转让所有权为22年的不动产取得的资本利得按4%征收，转让所有权超过22年的不动产的资本利得全部免缴所得税。

（2）股份。居民个人出售在法国或境外公司的股份、债券和类似的证券获得的资本利得须按累进税率缴纳所得税。

纳税人出售股票取得资本利得适用1个一般的减征优惠和2个特殊的减征优惠，但是，全部的资本利得都应缴纳社会税。一般减征优惠是指：如果纳税人持有这些证券少于2年，则减征0%；如果纳税人持有这些证券为2～8年，则减征50%；如果纳税人持有这些证券超过8年，则减征65%。

第一个特殊减征优惠是指在如下项目：①出售成立时间未超过10年的中小型企业的股份获得的资本利得；②将公司股票转售给家庭成员，且该家庭成员拥有公司至少25%的利润分配权。同时规定购买者在5年内不能向第三方出售该股份；③中小型企业的董事/所有者在退休时出售该企业股份获得的资本利得，如果纳税人持有证券少于 1 年，应纳税资本利得减征 0%；持有证券 1 ~4 年，减征 50%；持有证券 4 ~8 年，减征 65%；持有证券大于 8 年，减征 85%。

第二种特殊减征优惠规定中小型企业的董事（所有者）在退休时出售公司股份取得的资本利得可以获得 50 万欧元的宽免。剩余的应税资本利得可以享受第一种特殊优惠规定的减征额。

7. 个人宽免、扣除和税收抵免

（1）扣除。扣除项目主要包括：①纳税人在 2017 年 12 月 31 日前对合格的法国境外公司的直接投资；②在一定条件和限额内，纳税人支付给前配偶的赡养费以及法律义务或法院命令下规定支付给孩子的抚养费；③支付给达到法定年龄且不再是纳税人应税家庭中的一部分的子女的抚养费，每个子女的最高扣除限额为 5 726 欧元；④工会会费可在最大限额内扣除。

购买普及养老储蓄计划的保险费可扣除，扣除额为以下两个数额中的较高者：①上一年度收入的 10%，但不高于年度平均社会保险税最高限额的 8 倍；②年度社会保险最高限额的 10%。

（2）宽免。如果纳税人为残疾人或年龄超过 65 周岁，且其在 2014 年的净应税收入不超过 14 710 欧元，可享受的扣除额为 2 344 欧元。如果总的净收入在 14 710 欧元和 23 700 欧元之间，可享受的扣除额为 1 172 欧元。如果夫妻双方都满足残疾人或年龄超过 65 岁的条件，则扣除额翻倍。

如果纳税人子女是 21 岁以下（如果是学生则为 25 岁）的已婚人士或残疾人，则纳税人可以申请将他们的子女（连同子女的配偶）作为家庭成员并以家庭纳税人缴税。在这种情况下，家长不能从家庭纳税人的份额中受益，但被纳入家庭纳税人的个人可享受 5 726 欧元/每人的宽免。

（3）抵免。

①股票认购。认购位于欧洲经济区国家经认证的初创期（5 年）中小型企业股份的纳税人可享受税收抵免，税收抵免额为投资额的 18%，年度抵免限额为 9 000 欧元（夫妻翻倍）。在特定条件下，认购创新投资基金的股份的纳税人可享受税收抵免，税收抵免额为投资额的 18%，年度抵免限额为 2 000 欧元（夫妻翻倍）。该税收抵免政策有效期截至 2016 年 12 月 31 日。

②主要住宅费用。外购或自建主要住宅的贷款利息抵免不适用于 2011 年 1 月 1 日后外购或自建的住宅。满足条件的税收抵免额额度为利息的 10% ~40%。

③捐赠。纳税人向位于欧洲联盟的公共或私人非营利组织（包括政党）的捐赠支出，只要用于经批准的项目，则可享受税收抵免。税收抵免额为捐赠金额的 66%，但不得超过应纳税所得的 20%。对为受困者提供医疗服务的机构的捐赠支出，抵免额为捐赠支出的 75%，但最高抵免限额为 526 欧元。符合条件的捐赠，如果年度捐赠额超过纳税人当年收入的 20%，则超出部分可向后 5 年结转。

④用于出租的住宅楼宇投资。投资于 2013 年 1 月 1 日至 2016 年 12 月 31 日期间建成的用于出租的住宅楼宇，如果租赁期为 6 年，则纳税人有权享受投资额的 12% 的税收抵免；如果租赁期 9 年，则抵免额为投资额的 18%。

⑤其他。如果纳税人有子女正在接受中学或大学教育，则该纳税人可享受每个子女61～183欧元不等的抵免额。纳税人用于7岁以下子女的日托费用可以获得50%的抵免额，最高抵免额为1 150欧元。纳税人雇佣家政服务的费用可以获得50%的抵免额，最高抵免额为6 000欧元（残疾人为10 000欧元）。

医疗费用和人寿保险费则不享受宽免、扣除或抵免。

8. 亏损

某一类亏损可以被其他类所得抵减，未被抵减完的超出部分可以向后5年结转。与资产投资、农业活动、非商业的非专业服务活动和专业商业活动相关的亏损，如果纳税人在这些活动中没有发挥积极作用，则亏损只能抵减同类所得的应纳税所得，不能抵减其他类型的所得。

不动产所得的损失可以抵减纳税人其他类型的所得，由于某些条件的限制，年度抵减额最高为10 700欧元。

关于短期资本损失，如果是净短期资本损失，则可以从企业利润中扣除。如果利润不足以扣除所有的短期资本损失，则超额损失可以抵消其他类型的利润，或者向后5年结转抵消将来的利润。

关于长期资本的利得和损失，税率一致的项目之间的利得和损失可以相互抵消。

9. 税率

（1）所得和资本利得。

①家庭份额制。家庭份额制考虑了纳税人的家庭情况，以确定其负担所得税的能力，这将有效减低所得税的累进性。

适用于一般家庭的份额表如表3所示：

表3

现状	份额（份额数）
单身、离婚或寡居的丈夫或妻子	1
单身、离婚或者寡居人但有1个超过18周岁的子女、残疾人和退伍军人	1.5
没有子女的已婚夫妇，单身或者离婚有1个子女	2
已婚或者寡居个人有1个子女，单身或离婚有2个子女	2.5
已婚或寡居有2个子女	3
单身或离婚人士有3个子女	3.5
已婚或寡居人士有3个子女	4
单身或离婚人士有4个子女	4.5
已婚或寡居人士有4个子女	5
单身或离婚人士有5个子女	5.5
已婚或寡居人士有5个子女	6
单身或离婚人士有6个子女	6.5

②税率。针对2014年的应税所得，2015年适用的累进所得税税率如表4所示：

表 4

应税所得（每个份额）（欧元）	税率（%）
0 ~ 9 690	0
9 690 ~ 26 764	14
26 764 ~ 71 754	30
71 754 ~ 151 956	41
151 956 以上	45

③计算公式。下列公式以 2014 年应税所得为计税基础。“I”表示净应税所得，“C”表示家庭的份额数。计算表格如表 5 所示：

表 5

净应税收入/份额（欧元）	总税额
0 ~ 9 690	0
9 690 ~ 26 764	(I × 0.14) - (1 356.60 × C)
26 764 ~ 71 754	(I × 0.30) - (5 638.84 × C)
71 754 ~ 151 956	(I × 0.41) - (13 531.78 × C)
151 956 以上	(I × 0.45) - (19 610.02 × C)

举例，一个已婚纳税人其所得为 45 000 欧元，家庭份额为 3，则每个份额的应税所得为 15 000 欧元；则适用于上述表 5 中第二行所示的公式。因此，该税的计算方式如下：(45 000 × 0.14) - (1 356.60 × 3) = 2 230.20（欧元）。

④家庭份额优惠限制。家庭份额制度的所得税优惠不能超过以下限额：

A. 在家庭纳税人中原始的一个份额或两个份额的基础上每超过半个份额，该半个份额的税收减免额不得超过 1 508 欧元；

B. 超过的四分之一个份额，税收抵免额不超过 754 欧元；

C. 针对单身、离婚或分居的个人有一个子女的情形，纳税人可享受的总税收抵免限额为 3 558 欧元。

⑤高收入税。收入超过特定数额的纳税人应缴纳高收入税，年收入为 250 000 ~ 500 000 欧元（夫妻翻倍）的纳税人按年收入的 3% 缴纳，年收入超过 500 000 欧元（夫妻翻倍）的纳税人按 4% 的税率缴纳。

（2）预提税。法国对雇佣所得不征收预提税。向居民支付的特许权使用费不征收预提税。有关股息和利息的预提税，参见公司所得税预提税部分。

10. 征收管理

（1）纳税期限。个人所得税的纳税年度一般为公历年度。然而，个人的经营所得可根据会计期间核算，会计期间可由纳税人自行确定。

（2）纳税申报。居民纳税人必须在 3 月前提交申报表。且必须在 5 月 1 日后第二个工作日公布其营业收入。自 2016 年 1 月 1 日起，2014 年取得的所得超过 40 000 欧元的纳税人必须实行电子申报。

个人所得税以纳税人申报和评估的数据为计税依据。任何的预缴税款和非最终预提税都可以抵免最终的应纳税额。

如果小企业纳税人无法核算其实际收入，则税务机关可以对该小企业实行核定征收。

（3）税款缴纳。在2月15日和5月15日分两个时间段等额预缴，每次均为上一年度应纳所得税额的1/3，未缴纳的所得税额将在9月或10月缴纳（税务机关会发布缴纳通知）。当然，纳税人也可以选择按月缴纳税款，应纳税款的余额在11月和12月缴纳。

（4）事先裁定。在法国，仅针对具体问题设定了事先审批和事先裁定制度。

（二）其他类型的所得税

1. 营业税

在法国，从事工商经营活动和专业服务活动所得需要缴纳营业税。属于地方税，适用于所有的工商企业、从事非工薪职业的个体及法人实体。然而，独立手工业者，农民、经批准的教育机构、艺术家，作家和作曲家，新闻机构和期刊出版社，免于征收营业税。

2. 社会税

法国现征收三种社会税：普通社会保险捐税、社会保险债务偿还税和社会捐金。这三种社会税适用范围广泛，因此对个人所得的实际税负具有重要影响。

（1）普通社会保险捐税。在法国，除非有特殊免征规定，所有居民应就取得的各种类型所得缴纳普通社会保险捐税。该税以受雇所得作为计税依据，如果纳税人受雇收入全年总额不超过152 160欧元，则其按受雇收入总额的98.25%计入受雇所得；如果超过152 160欧元，则按受雇收入的全额计入受雇所得，并由雇主预提税款。

普通社会保险捐税根据所得来源不同，适用不同的税率。受雇所得适用税率为7.5%；不动产所得、投资所得税率为8.2%；养老金及其类似所得适用6.6%的税率。

（2）社会保险债务偿还税。社会保险债务偿还税的税率为0.5%。一般而言，其计税基础与普通社会保险捐税一致，但是，某些免征普通社会保险捐税的所得（例如：贵金属利得），需要征收社会保险债务偿还税。该税的已纳税款不能从所得税中扣除。

（3）积极所得的社会捐金。不动产所得和投资所得按6.8%的综合征收率征收社会捐金（即4.5%的基本社会捐金，0.3%的附加社会捐金以及2%的固定捐金）。社会捐金与前两种社会税不同，它的征税范围不包括受雇所得（含养老金）和专业服务所得。此外，社会捐金的已纳税款也不能从所得税中扣除。

（三）国际税收

1. 居民纳税人

（1）境外所得和资本利得。居民纳税人取得的来源于境外的股息、利息和特许权使用费须以其净所得在法国缴纳个人所得税。然而，从欧洲经济区国家或税收协议国家分的股息只就其净所得的60%征税。

居民纳税人如果直接或间接拥有低税率管辖区内的境外实体至少10%的经济权（或表决权）且控制该境外实体大部分的被动投资活动，则其应就来源于境外实体已实现的所得按比例享有的份额纳税，不管其是否分配。

居民从位于境外的不动产取得的收入和资本利得按普通的国内规则纳税。

（2）境外资本。居民纳税人就其全球范围内的资本缴纳净资本税。

（3）避免双重征税。在没有税收协议的情况下，法国税法不包含避免双重征税的任何单方面规定的条款。然而，某些类型所得（例如经营所得）在国外缴纳的税额可以税前扣除。法国居民取得利息缴纳的预提税可以从法国个人所得税中全部抵免。

法国税收协定一般规定了两种双重征税减免方法，即抵免法和免税法，具体采用哪种方法取决于所得的性质。纳税人取得来源于境外的股息、利息、特许权使用费、董事费，专业收入以及艺术家和运动员取得酬金在法国境内缴纳的个人所得税可以抵免其境外税。

2. 侨民

（1）来法人员。

①总部和物流中心。与跨国集团的总部或物流中心签订临时协议的外国雇员的取得的外籍津贴可以应总部或物流中心的要求享受“简化”税收制度。

A. 接受者的代垫费用免缴所得税：包括外籍人士和其配偶的原始“熟人旅游”费用；为找出租房支付的房地产代理费；旅游和搬家的往返费；因临时性加住一晚的额外租金；关税；往返的汽车租赁费；往返的酒店住所费；语言课程费；税务咨询费；紧急赶往本国的费；为获取法国驾驶执照的费用；汽车检验和登记成本；与维护境外住宅安全有关的费用；小孩的教育费或如果他们居住在国外，每年的探亲费。此项代垫费用既不用缴纳普通社会保险捐税也不用缴纳社会保险债务偿还税。

B. 除非总部或物流中心选择缴纳了公司所得税，否则接受者的代垫费用需要缴纳所得税：这些代垫费用包括支付的与法国雇员的住宅相关的额外费用；以及居住在法国支付的相关的附加税和社会税。

C. 接受者的其他代垫费也征税。

②附加薪酬制度。在“附加”薪酬制度下，因工作原因成为法国居民的纳税人可就取得的外来人员津贴免缴个人所得税，外来人员津贴等于名义总薪酬的30%。该项免税政策期限为纳税人在法国开始工作一直到第五年的12月31日。纳税人在境外活的取得的薪酬是完全免税的。然而，外来人员津贴和在境外活动取得薪酬的总免税额不超过总薪酬的50%。

符合总部和物流中心制度和附加薪酬制度的个人必须选择其中的一种制度，一旦选定，不可更改。

（2）外派人员。被法国雇主派遣到国外，但在法国有税收居所的居民可以享有税收优惠。税收优惠可选择采取以下两种方式：①在境外从事服务类的工作取得薪酬在法国免税。规定其免税额大于等于该项所得在法国境内应缴纳税额的2/3；②在境外从事服务类工作取得薪酬在法国免税，即使该项所得在其他国家也免税，前提是该纳税人在连续的12个月内（出于商业开发则120天）派遣到国外超过183天，且该项派遣与施工工程、装修和创办工业单位或自然资源的勘探和开采相关。

如果纳税人不能从上面的任何一个免税项目中受益，他仍然可以享受补充外派津贴的宽免，条件是该补充外派津贴是出于合理的工作需求，是与该纳税人的停留时间成正比以及在纳税人离开前被固定支付。

3. 非居民纳税人

（1）所得和资本利得课税。如果纳税人在法国没有住所，该纳税人仅就来源于法国境内的所得缴纳个人所得税。但所得税的税率不能低于20%（对于来源于法国海外领地的所得税率为14.4%）。

如果非居民纳税人在法国有一个或更多的住所。则该非居民纳税人以核定收入纳税，该核定收入等于该非居民纳税人的住宅的年租赁价值的 3 倍。如果该纳税人来源于法国境内的所得超过核定的数额，则纳税人应就实际所得缴纳所得税。

①工资薪金所得。非居民的受雇所得，包括养老金和终生年金，须按累进税率征收预提税。2015 年的税率如表 6 所示：

表 6

年度所得（欧元）	税率（%）
0 ~ 14 430	0
14 430 ~ 41 867	12
41 867 以上	20

②经营和专业所得。非居民取得的经营所得和专业所得按普通累进税率征收所得税。

根据税收协定，非居民应就债务人支付的专业所得缴纳预提税。预提税额等于总收入的 1/3。然而，如果非居民居住在非合作国家或地区，则税率提高到 75%。

③投资所得。一般而言，非居民应就分配到的股息、红利等权益性投资所得缴纳 30% 的最终预提税。如果股息、红利等权益性投资收益的取得者是欧洲经济区国家的居民，则其预提税率降低为 21%。

一般而言，非居民个人取得的利息不征收预提税。然而，非合作国家或地区的居民个人取得的利息，如果纳税人不能证明该项利息支付不是出于避税目的，需按 75% 的税率征收最终预提税。

如果非居民在法国没有固定居住地，则其应就取得的特许权使用费缴纳预提税。预提税的税率一般为 33.33%。如果特许权使用费的取得者是非合作国家或地区的居民，则税率提高到 75%。

④资本利得。自 2015 年 1 月 1 日起，非居民出售法国境内的不动产（或拥有至少 50% 的不动产的非上市公司的股份）取得的资本利得需以 19% 的税率（非欧洲经济区国家的非居民以前的税率是 33.33%）征收所得税。此外，该不动产资本利得应征收 15.5% 的社会税。

然而，非居民股东出售在其控制的居民公司（即股东直接或间接吃用或在前 5 个纳税年度期间已经持有该公司 25% 或更多的利润分配权）的股份，获得的资本利得需以 45% 的税率缴纳最终预提税。但是，当以 45% 的税率征收的预提税超过纳税人来源于法国境内应纳税额，则可要求将多出的税额返还。非合作国家或地区的居民取得的资本利得，税率为 75%。

（2）资本课税。非居民应在每个纳税年度的 1 月 1 日就位于法国的资产缴纳净资本税。然而，某些金融投资可以免税（例如银行存款、债券和组合证券）。持有的资产由 50% 以上的不动产组成以及通过一家由非居民纳税人持股 50% 以上的中介公司持有的不动产所有权的法人实体的股份不能享受免税政策。

（3）征收管理。非居民税收采用核定征收的方式，除非适用最终预提税。在纳税评估制度下，非居民必须在一定的日期进行纳税申报，具体日期取决于纳税人居住国。

三、增值税

（一）一般规定

1. 概述

法国增值税法与其他欧盟成员国的增值税法类似。

2. 纳税人

应税货物和劳务提供者是增值税纳税人。从欧盟以外的国家进口的货物都应承担增值税纳税义务。此外，营业额低于 82 200 欧元（货物供应商）或者 32 900 欧元（服务供应商）的中小型企业免征增值税，但也可选择成为增值税纳税人。

3. 应税范围

企业在其经营范围内提供商品或服务的行为，包括欧盟成员国之间进口商品和自我提供行为，都要承担增值税纳税义务。

持续经营企业货物和劳务的转让需缴纳增值税。产业权的转让（例如专利权）需缴纳增值税。

4. 应税收入

增值税的应税收入由收取的各种价款组成，包括保险费、佣金、利息和类似费用以及间接税，但不包括因提前支付所享受的折扣费用和赔偿费用。进口货物的计税基础是调整后的关税完税价格，包括关税。

在所有的应税交易中，除了少数情况外，增值税进项税额可抵扣增值税销项税额。在相关免税交易中产生的增值税进项税额不可抵扣增值税销项税额，出口交易除外。

5. 税率

增值税的基本税率为 20%（2014 年 1 月 1 日前为 19.6%）。

特定行业按 10%（2014 年 1 月 1 日前为 7%）的低税率缴纳增值税，例如：运输业、竞技业、娱乐业、相关供水服务业以及作家和艺术家图书和版权的转让等。低税率还适用于向个人提供的家政服务、住宅工程服务和餐厅服务。

只有相关基本必需品的供应和社会住房的建设及改造，适用于 5.5% 的低税率。

零税率适用于出口货物、欧盟成员国之间的货物供应、航空业和水陆运输业。

6. 免税

增值税免税项目主要包括：欧盟成员国之间的货物供应、融资和银行服务、保险服务、建筑用地销售、医疗保健、教育以及在一定条件下由非营利性组织提供的服务。纳税人将新建的建筑物在 5 年后第一次转让也可免税。

（二）非居民纳税人

非居民企业或个人在法国境内从事增值税应税活动的，应比照居民纳税人缴纳增值税。未在法国设立常设机构的非欧盟企业必须在法国委派一名税务代理负责纳税申报和缴纳税款。如果没有委派税务代理，增值税纳税义务由客户承担（反向征税）。

非居民纳税人将在法国境内购买的商品或服务用于境外应税活动，准予退还已缴纳的增值税。在法国境内已设立常设机构的非居民企业，若该企业的生产经营活动是专门向境外总公司提供服务，同样准予退还已缴纳的增值税。

四、社会保障税

（一）对企业征收

社会保障税计算缴纳方式有两种：一是由雇主、雇员或两者依据工资薪金总额乘以规定的税率计算缴纳；二是依据社会保障缴税基数的上限标准（C），用工资乘以规定的税率计算缴纳。2015 年，法国每月社会保障缴税基数的上限如表 7 所示：

表 7

C1	3 170 欧元
C2（3 × C1）	9 510 欧元
C3（4 × C1）	12 680 欧元
C4（8 × C1）	25 360 欧元

2015 年，雇主必须为其员工支付以下（基本）社会保障税（如表 8 所示）：

表 8

社会保险费用明细项目		税率（%）	计税基础
医疗保险		12.8	工资
家庭津贴		5.25	工资
住房补贴			
—	企业人数少于 20 人	0.1	工资达到 C1 标准
—	企业人数多于 20 人	0.5	工资
养老互助		0.3	工资
养老保险（无上限）		1.8	工资
养老保险（有上限）		8.5	工资达到 C1 标准
失业保险		4.0	工资达到 C3 标准
破产企业的薪酬保险		0.3	工资达到 C3 标准

在特定类型的业务中，需要支付额外的社会保障税，特别是意外险。在巴黎地区作为雇主的企业需缴纳特殊税费来资助当地交通（年票的 50%）。

社会保障税准予税前扣除。

（二）对个人征收

纳税人已经缴纳的社会保障税可以从受雇所得中扣除。然而，对纳税人支付的补充社会保险费、法定养老保险费和医疗保险费等，只能在限额内税前扣除。

扣除的限额标准为年社会保障最高保额 8 倍的 8%。另外，补充医疗保险不能超过年社会保障最高保额 8 倍的 3%。2015 年每月社会保障缴税基数的上限，参见“对企业征收”部分。

2015 年，雇员必须支付以下社会保障税（一般由雇主代扣代缴，如表 9 所示）：

表 9

社会保险费用项目	税率（%）	计税基础
健康保险	0.75	薪金
养老保险（有上限）	6.85	薪金，最高不超过 3 170 欧元
养老保险（无上限）	0.3	薪金
失业保险	2.4	薪金，最高不超过 12 680 欧元

除了缴纳社会保障税之外，雇员还应该缴纳普通社会保障捐税（税率为 7.5%）和社会保障债务偿还税（税率为 0.5%）。上述三种税费可由雇主代扣代缴。

（李平　编）

德国税制

德国税法规定企业纳税人需要缴纳公司所得税和团结附加税。团结附加税是以公司所得税以及大多数预提税的应纳税额为计税依据的一种附加税。企业经营活动中涉及的主要税种还包括增值税、社会保障税，以及地方政府征收的营业税。

个人应缴纳个人所得税和团结附加税。个人继承遗产和接受馈赠，须按规定缴纳遗产和赠与税。各类企业及组织的雇员应缴付社会保障税。个人从事工商业经营活动，还涉及营业税、增值税及其他间接税。

一、公司所得税

（一）一般规定

1. 税制类型

自 2001 年 1 月 1 日起，德国开始采用古典公司所得税制。在古典税制下，对公司的利润征收公司所得税，对个人股东的股息所得征收个人所得税，不再就这部分所得在公司层面已经交纳的公司所得税进行归集抵免。

为避免经济性双重征税，德国在企业税制中引入了部分所得免税制度以及最终预提税制度，以减轻个人股东的税负。对于企业集团的成员企业，无论是居民企业或非居民企业，成员企业之间分配的股息红利免税。

企业在向股东分配利润时，应代扣代缴预提所得税。居民企业取得股息红利所得时，对于被投资企业代扣代缴的预提所得税，可以用来全额抵减其应纳所得税额。

企业缴纳公司所得税时，还应缴纳附征的团结附加税，税率为 5.5%。

2. 纳税人

德国公司所得税的纳税人是公司所得税法中列出的各类实体，包括股份公司、有限责任公司、有限合伙企业。

除有限合伙企业之外的其他合伙企业，不作为公司所得税纳税主体，而是以每一个合伙人为纳税义务人，就其分得的利润缴纳个人所得税。

居民企业是依照德国法律在德国境内注册成立或者实际管理机构在德国境内的企业。

3. 应纳税所得额

（1）一般规定。居民企业应就其来源于德国境内、境外的全部所得缴纳公司所得税。

（2）免税所得。免税所得主要包括以下项目：

①企业层面的免税所得，股东投入的计入所有者权益的注册资本及增资额，无论该股东是为了获取分红还是为了取得董事席位，或者只是用于增加资本公积金；

②企业股东层面的免税所得，投资企业从被投资企业撤回或减少投资，其取得的资产中，相当于初始出资的部分，应确认为投资收回，享受免税优惠；超过初始出资的部分，应确认为股息所得。

③符合条件的股息红利所得以及资本利得。

（3）扣除。企业经营费用大多数可以扣除，但个人用途的费用不能扣除。根据税法规定，企业发生的以下支出的扣除受到相关限制：①直接用于个人的支出（礼品、宾馆等类似费用）；②企业向投资者支付的各种形式的股息红利；③依法应由个人承担的各项税费；④监事会成员的费用可以按50%的比例扣除；⑤与免税收入直接相关的支出不得扣除。

一般而言，企业支付的利息和特许权使用费，允许税前扣除。

董事报酬允许全额扣除，如该项报酬被税务机关认定为企业对股东的隐性利润分配，则另行进行税务处理。

对非营利组织的公益性捐献可以扣除，扣除最高幅度为总收益的20%，或者营业收入与工资之和的0.4%。公益性捐赠支出在当年未能扣除的部分，允许结转以后年度扣除。

（4）折旧和摊销。固定资产折旧方法有直线法、余额递减法和工作量法等。

企业在2007年12月31日后购买或自建的固定资产，只允许使用直线折旧法。然而，为了刺激经济，允许2009年1月1日至2010年12月31日之间购买或自建的动产类固定资产采用余额递减法（年折旧率限定为直线折旧率的2.5倍，最高为25%）。

2010年1月1日之后，对于可移动和独立使用的固定资产，其购置成本在410欧元之下（不含增值税）的，可在购置当年全额折旧。个人使用的固定资产价值在150～1 000欧元（不含增值税），可以采用直线折旧法，折旧期限为5年，年折旧率为20%。150欧元之下（不含增值税）的固定资产，可在购置当年全额折旧。

土地不允许计提折旧。建筑物的折旧可以采用直线折旧法或特殊的余额递减法，折旧方法一经选定，则不得变更。用于经营活动而非居住的建筑物，年折旧率为3%。用于经营活动的建筑物不允许使用余额递减折旧法（已经使用该折旧方法的建筑物除外）。

用于居住的建筑物，使用直线折旧法计提折旧，年折旧率为2%；使用余额递减法，前10年折旧率为4%；第11年至第18年折旧率为2.5%；第19年至第50年折旧率为1.25%。这是一个过渡条款，因为自2006年1月1日起，对居住性建筑物的折旧不能再使余额递减折旧法。

外购商誉适用直线折旧法，折旧年限为15年。

（5）准备金。对于企业在未来向雇员支付的特定养老金、为他人担保可能发生的负债、质量保证金、需要支付的损害赔偿金、诉讼费用、可扣除的税金，企业可提取准备金并可在提取当年予以税前扣除。

企业为实现资产的更新换代，将符合条件的旧资产处置并购置同类新资产的，处置旧资产实现的资本利得，允许设立免税准备金。

4. 资本利得

出售固定资产得到的资本利得，可用当年或前一年其他固定资产的购置或制造费用来冲减，冲减的最高幅度可达到100%。符合抵扣资格的资产包括土地及建筑物，并且进行转让的该公司需在德国设立常设机构六年或六年以上。另外，可用建筑物的修建或购买费用冲减转让土地的资本利得。

如果企业处置符合条件的资产后并未及时购买或自建同类新资产，其实现的资本利得可用于设立免税的投资准备金，并允许结转四个纳税年度。但为建筑物修建的投资准备金结转期限为六年。如果投资准备金不用于抵扣收购或制造重置资本的成本，则计税金额以每年6%的速度增加。

原则上，企业转让股份取得的资本利得免于缴纳公司所得税和营业税。不过，资本利得总额的5%应当作为不能扣除的支出计入应税所得。不论该公司是居民企业还是非居民企业，以直接和间接方式参与经营的企业股东，都可以获得税收豁免。除了企业重组之外（持有期限为7年），德国公司所得税法没有对股东的最低参与份额和股份最少持有期限作任何要求。用于交易且由银行、金融服务机构和金融企业持有的股份，获得的资本收益不在税收豁免范围之内。

5. 亏损

（1）经营亏损。德国税法对亏损弥补比较灵活，既可以向以前年度追溯也可以向以后年度结转，不过均有相关限制性规定。通常，如果企业前一年度为盈利年度，企业可以用本年度发生的亏损向前一年度追溯，抵减该年度的应纳税所得额，抵减限额为100万欧元，超过100万欧元限额部分可以结转以后年度。超过100万欧元部分，在以后盈利年度实现的净所得中，抵减第一个100万欧元不受限制；剩余的亏损至多可抵减剩余净所得的60%。企业可以向税务机关提出申请，亏损不向以前年度追溯而全部向以后年度结转。如果公司5年内将50%以上的资本、参与权或投票权出售，则不允许亏损向后结转。如果5年内将25%～50%的资本或投票权出售，则不允许同比例向后结转。

企业集团成员企业之间在2009年12月31日之后发生的股权转让取得的资本利得，适用免税优惠政策。在这种情形下，直接或间接转让股份后，同一企业或个人直接或间接拥有亏损企业的100%股权，该亏损企业不适用上述亏损弥补规定。此外，对于2009年12月31日以后发生的侵蚀税基的关联交易，如果亏损超过了亏损企业的隐性储备金（该准备金应在德国缴税），则超过部分的亏损不得结转以后年度弥补。

（2）资本损失。如果企业作为有限合伙人，其创办合伙企业或受让合伙企业股份的主要目的是为了获取税收利益，则其从合伙企业取得的所得或发生的亏损，在亏损弥补或结转方面将受到相关限制。转让其他居民企业或非居民企业股权发生的损失、因投资的其他居民企业或非居民企业发生清算的损失、因投资的其他居民企业或非居民企业发生减资的损失，不能税前扣除。

6. 税率

（1）经营所得和资本利得适用税率。公司所得税基本税率为15%，另外还征收5.5%的团结附加税，因此实际税率为15.83%。

（2）向居民纳税人支付款项的预提税税率。

①股息。居民企业向股东支付股息和其他分配利润时，需要按照25%的税率代扣代缴

预提税（加上5.5%的团结附加税，实际税率为26.38%）。居民企业分得的股息红利所得，由被投资企业扣缴的预提税，可以抵减其年度公司所得税应纳税额。

②利息。企业投资可转换债券、利润分享型债券、参与贷款取得的利息；企业作为隐名合伙人（当事人不参加实际的经济活动，而分享营业利益，并仅以出资额为限承担亏损责任的合伙）从合伙企业分得的利润；银行支付的利息；投资特定债券取得的利息，支付方需要按照25%的税率代扣代缴预提税（加上5.5%的团结附加税，实际税率为26.38%）。居民企业取得利息被扣缴的预提税，可以抵减其年度公司所得税应纳税额。

③特许权使用费。支付给居民企业的特许权使用费无须扣缴预提税。

④其他。建筑承包人提供建筑服务的报酬征收预提税税率为15%（无团结附加税）。如果建筑承包人能提供免税证明，或者报酬没有超出限额，则可以免税。对报酬征收的预提税都可以在计算工薪税和公司所得税时予以抵扣。

7. 税收优惠

（1）加速折旧。在建筑物改造翻修方面，可用加速折旧代替一般折旧方法。建筑物翻新改造的当年以及接下来的7年，加速折旧率最高可为9%，第9年至第12年的折旧率最高为7%。

（2）加计折旧。对于净资产不超过235 000欧元且在德国设有常设机构1年以上的企业，如果购置或者建造固定资产，可在当年或者随后4年加计折旧其购置或者建造成本的20%。此外，这些企业还允许扣除将来购置或建造折旧资产成本的40%，作为免税的投资准备金，上限是200 000欧元。如果企业没能在规定的时间内购置或建造固定资产，投资准备金将被追溯到其扣除当年的应税收入而征税。凡使用加计折旧，不允许使用余额递减法。加计折旧、加速折旧不能同时使用。

（3）远洋运输企业的简易征收方法。实际管理机构设在德国的从事国际远洋运输的企业，在申报缴纳公司所得税和营业税时，可以向税务机关申请采用简易征收办法。如果获得批准，纳税人可以按照其从事经营活动的船舶的总吨位以一定比例来核定其应纳税额。

简易征收办法一经批准，纳税人需要按此方法缴税10年，才能向税务机关申请变更征收办法。如果纳税人变更不使用该简易征收方法，则以后的10年内都不得使用。

从做出选择的纳税年度开始，相关从事国际远洋运输的企业应税所得须按如下定额计算申报（如表1所示）：

表1

净吨位	每条船按每100吨每天计算的应税所得（欧元）
1 000及以下	0.92
1 001～10 000	0.69
10 001～25 000	0.46
25 000以上	0.23

该制度同样适用于德国境外水域提供拖曳或打捞服务的船舶，以及勘探自然资源或海底能源储备的船舶。

8. 征收管理

（1）纳税期限。德国税法规定，企业可以公历年度作为纳税年度，也可以公司的会计年度作为纳税年度。

（2）纳税申报。公司所得税由纳税人自行计算申报缴纳。原则上，申报最后期限是次年5月31日。企业可以向主管税务机关申请延期申报。

（3）税款缴纳。公司所得税实行按季预缴，年终汇算清缴。每年3月10日、6月10日、9月10日、12月10日为预缴日。纳税人自行申报之后，税务机关会进行确认并下达缴税通知。纳税人应在收到通知后1个月内缴纳税款。

（4）事先裁定。通常，如果企业认为相关税务处理事项有可能影响其未来的经营决策，且能准确描述相关事实，则有权向税务机关申请事先裁定。如果企业就税收筹划中的不确定事项申请事先裁定，税务机关有权驳回。

（二）居民企业之间的交易

1. 企业集团税务处理

不同的法律实体组成的企业集团可作为单独的公司所得税纳税单位，由控股企业计算企业集团的整体盈亏，并就企业集团的全部应税所得缴纳公司所得税。因此，集团内各个亏损企业的亏损可以即时用各个盈利企业的盈利来弥补。此外，各个受控企业在企业集团作为单独纳税主体之前发生的亏损，不得结转用企业集团的整体盈利来弥补。

德国税法规定，企业集团税务处理需同时符合以下条件：

（1）受控企业需依照欧盟成员国或欧洲经济区成员国的法律成立，其实际管理机构设在德国境内。该受控企业的控制人可以是德国居民个人、非免税企业和经营自身业务的合伙企业；

（2）受控企业必须与控制人财务一体化（如果该控制人在所有相关企业中持有多数表决权，则应考虑间接持股）；

（3）在企业集团作为单独纳税主体的起始年度，受控企业必须与控制人实现财务一体化；

（4）企业集团各企业必须共同签署共负盈亏协定。

企业集团作为单独的营业税主体，需要同时符合以上条件。企业集团作为单独的增值税主体，要求财务、经济和组织一体化，但是不需要企业集团各企业之间签署共负盈亏协定。

跨国公司作为控股企业，只有当其在德国设立常设机构，才能按照企业集团进行税务处理。在这种情形下，企业集团的各成员企业将利润或亏损由该常设机构汇总，并据此计算缴纳公司所得税。

2. 居民企业之间的股息红利

自2013年3月1日起，居民企业股东取得的符合条件的参与股份（参与企业经营）的股息所得（持有被投资企业至少10%的股份）可享受免税，不论其持股时间和所得来源（被投资企业是居民企业或非居民企业）。但是股息总额的5%应当作为不能扣除的支出计入应税所得。自2014纳税年度起，被投资企业在分配股息时，未做税前扣除的股息，才能享受免税优惠。

如果在一个公历年度的年初，企业持有的符合条件的参与股份不到被投资企业股份的10%，则该企业取得的股息不能享受免税优惠。

（三）其他类型的公司所得税

1. 营业税

在德国从事生产经营活动的企业都需要缴纳营业税，由地方政府对工商经营所得征收。

营业税的应纳税所得额跟公司所得税的计算方式基本一致。某些特殊的调整项目如下：①在缴纳公司所得税时允许扣除的项目支出，在缴纳营业税时却不允许扣除，即所得税税基的减少并不相应引起营业税税基的减少；②在缴纳公司所得税时不允许扣除的项目支出，在缴纳营业税时却允许扣除，即营业税税基的减少并不相应引起所得税税基的减少。例如，当企业支付利息及其他融资费用总额的25%超过了10万欧元时，不得从营业税的税基中扣除。

境外常设机构的分配利润、来源于国内合伙企业以及国外合伙企业的分配利润，可以从营业税的所得额中扣除。

如果持有的居民企业或非居民企业的参与股份的比例少于15%，则其分得的股息需要缴纳营业税。另外，如果来源于非居民企业的股息不能通过经营活动测试，则该股息需缴纳税款，相关费用可以全额扣除。

营业税的实际税率由联邦税率和相关乘数计算确定。首先，用联邦基本税率3.5%乘以应税经营所得计算出营业税基本税额；然后用基本税额乘以相关乘数即为实际税额。相关乘数由德国各市政当局依据其财政需求而确定，至多可达490%。如果市政当局没有确定更高的乘数，则默认为200%。部分德国城市计算营业税的相关乘数如表2所示：

表2

城市	乘数
柏林	410%
莱茵河畔法兰克福	460%
汉堡	470%
慕尼黑	490%

企业缴纳的营业税不得从营业税税基和公司所得税税基中扣除。

2. 团结附加税

德国企业需在缴纳公司所得税的基础上（税基不包括营业税），缴纳5.5%的团结附加税。团结附加税以扣除税收抵免额（例如境外税收抵免）后的实际纳税额为基础计算。

除建筑承包商之外，居民企业和非居民企业缴纳的预提所得税，也需要征收团结附加税。

3. 不动产税

由德国地方市政府负责对不动产征收，税率从0.98%～2.84%，平均税率为1.9%。

（四）国际税收

1. 居民企业

（1）境外所得和资本利得。居民企业应就其来源于德国境内、境外的经营所得及资本利得缴纳公司所得税。

①境外股息红利。持有被投资企业“相当数量股份”（持股比例超过10%）的居民企业取得的股息红利，如果被投资企业在利润分配时未对该股息红利进行税前扣除，那么该股息红利可享受全额免税优惠。但是，居民企业应将取得的该股息红利总额的5%作为不可扣除的一揽子支出调增应纳税所得额。

居民企业进行组合投资，从被投资企业（持股比例至多10%）取得的股息红利，应计入应税所得。

②转让股份的资本利得。居民企业转让所持非居民企业（或居民企业）的股份取得的资本利得，免征公司所得税及营业税。居民企业应将取得的该项资本利得总额的5%作为不可扣除的一揽子支出调增应纳税所得额。

（2）境外亏损。对居民企业设在境外营业机构下列类型的亏损弥补只能适用“分国又分项”规定，用同一国家同类业务当年及以后年度的所得进行弥补：

①境外贸易型常设机构进行非贸易活动发生的亏损；

②所持境外企业的股份因该企业持续经营价值降低而贬值的亏损；

③处置所持境外企业的股份发生的亏损；

④投资的境外企业发生清算或减资而造成的亏损。

居民企业境外营业机构设在与德国签订《欧盟成员国互助指令（2011/16）》或其他同类协定的欧洲经济体（EEA）国家的，其发生的亏损，不适用于上述规定。

居民企业设立在与德国签订税收协定的国家的常设机构发生的亏损，不得由德国总机构的利润弥补。如果境外企业分配的股息红利，根据税收协定可享受免税政策或根据其国内税法可享受税收减免优惠，则居民企业所持该企业的股份因处置、清算或减资而产生的亏损不能冲减或结转。

（3）避免双重征税。居民企业取得境外所得已在境外缴纳税款的，适用有限额的普通抵免规定。如果境外税种不满足条件或应纳税人的申请，纳税人可以采取在计算应纳税所得额时，将其在外国缴纳的非公司所得税性质的税款进行扣除。德国的境外税收抵免实行“分国不分项”抵免法，超过限额的部分不得向以后年度结转。

2. 非居民企业

非居民企业，是指其法定注册地或实际管理机构所在地都不在德国境内的企业。

（1）一般所得和资本利得课税。非居民企业应就下列来源于德国境内的以下所得缴纳公司所得税：①农业和林业所得；②生产经营所得，主要包括：设在德国境内常设机构的营业所得；转让或出租位于德国境内且归德国境内常设机构使用的不动产；转让德国企业股票的所得，且在转让之前的5年的任一时期至少持有该企业1%的股票份额；③投资所得（包括股息红利所得、特定的利息所得）；④租金所得和特许权使用所得。

非居民纳税人每年都应进行纳税申报，并根据税务机关的纳税通知缴纳公司所得税。在德国境内设立了常设机构的非居民企业，无论其是否有来源于德国境内的所得，都要缴纳营业税。

（2）资本课税。德国目前没有对企业征收净资本税。

（3）税收征管。与“公司所得税”征收管理相同。

3. 非居民企业预提税

德国境内支付方向非居民企业支付款项时，应代扣代缴预提税。

（1）股息。非居民企业取得居民企业的股息及其他分配利润，应按25%的税率缴纳预提税（加上5.5%的团结附加税，实际税率为26.38%）。转让股息红利凭证取得的收入同样也需要缴纳预提税。

（2）利息。通常，支付给非居民企业的利息不需要缴纳预提税。然而，从可转换债券、分红型债券、共同贷款取得的利息，以及在交易或业务中匿名股东参股所得，按25%的税率缴纳预提税（加上5.5%的团结附加税，实际税率为26.38%）。此外，不存入国外银行账户（匿名场外交易）的不记名债券利息，需缴纳25%的预提税（加上5.5%的团结附加税，实际税率为26.38%）。非居民企业取得的银行定期利息不需缴纳预提税。

如果接收方企业为付款方企业的关联企业且接收方企业或其常设机构位于欧盟其他成员国，利息和特许权使用费免征预提税。

根据德国税法定义为利润分配的利息、利润参与型贷款的利息和超出公允价值的利息和特许权使用费，不能享受免税优惠。

（3）特许权使用费所得。支付给非居民企业的特许权使用费应按15%的税率缴纳预提税（加上5.5%的团结附加税，实际税率为26.38%）。

（4）其他。一般来说，企业发生的服务费不需缴纳预提税，除非该项服务包含了特许权使用。

（五）反避税

1. 概述

如果纳税人滥用税法规定，对相关企业组织结构及交易形式等进行不恰当的避税安排，则德国税务机关可以启动一般反避税管理程序。

2. 转让定价

转让定价纳税调整大多数基于“公平交易”的原则，无论公司及其股东（公司或个人）之间的交易，还是国内或跨境交易，都要遵守这一原则。转让定价方法一般包括可比非受控价格法、转售价格法和成本加成法。

3. 资本弱化

2008年1月起，根据德国资本弱化规则，实行利息费用一般扣除限额，取消了之前的“固定比率法”——债务与股本之间1.5∶1的比率限制。关联企业集团之间的交易，利息费用扣除的最高限额不得超过利息税收折旧摊销前利润的30%。如果利息费用不超过其借方企业支付的利息，利息费用仍旧可以扣除。通常，超出上述30%限额的利息支出，可以享受额外“安全港”扣除优惠——300万欧元的扣除限额，且未抵扣完的利息支出可以无限期结转。

4. 受控外国企业

居民企业（或个人）取得受控外国企业实际分配的利润，或转让所持受控外国公司的股份，享受免税政策。但是，如果接收方从“视作股息红利缴税”到“实际分配股息红利”时间长达7年以上，应就部分所得缴纳所得税。

如果同时符合以下条件，则居民企业或个人将视为收到非居民企业分配的股息红利：①居民企业或/和居民个人、关联方的一方或双方直接或间接持有非居民企业50%及以上的股份或投票权；②非居民企业在境外缴税的税率低于25%；③非居民企业取得被动收入。

除公司股东享受免税政策、个人股东只就部分收入征税、企业就全部所得缴纳最终预提税等情况之外，上述提到的股息红利均视作已完成分配。

非居民企业收入有来源于投资性质的被动收入，且股东（德国居民企业）持有其至少1%的股份或投票权，则适用“认定股息法”规则。

企业若满足以下条件，即使股东持有非居民企业股份低于1%，也可视作受控外国公司征税：①非居民企业的全部或大部分收入来源于投资性质的被动收入；②非居民企业股票的主要类型为不定期交易，且绝大部分股票交易是在经相关部门认可的证券交易所进行。

如果被动收入总额或投资性质的被动收入总额分别不超过非居民企业总收入的10%，那么受控外国公司规则对该非居民企业无效。但是，如果受控外国公司可分配收入超过8万欧元或者股东取得多个受控外国公司分配的收入总额超过8万欧元，这一规则同样适用。

根据欧盟法律规定，如果纳税人提供以下证明，则不适用受控外国公司规则：①受控外国公司位于欧洲经济区国家，并且有实质性的经济活动；②受控外国公司取得的被动收入，与相关经济活动有实质联系；③德国与欧洲经济体国家之间的贸易适用《欧盟互助指令(2011/16)》或类似协议。

二、个人所得税

（一）一般规定

1. 纳税人

德国的个人所得税纳税人分为居民个人和非居民个人。

居民纳税人是指在德国境内有住所或习惯性居处的个人。所谓“住所”，是指个人拥有自主处置权并长期居住的住宅；所谓“习惯性居处”是指，个人实际居留时间超过6个月(短期出境不扣减天数）的场所。

在德国，共同居住的已婚夫妇通常联合申报缴纳个人所得税，纳税人要求单独报税的除外。自2013年7月19日起，联合申报的适用范围不再局限于已婚夫妇，还包括登记注册的具有民事法律关系的伴侣（同性恋伴侣）。

合伙企业应作为独立实体，核算生产经营所得。然后按照“先分后税”的原则，将经营所得按照合伙人持股比例进行分配，由合伙人申报缴纳所得税。个人合伙人就其取得的利润分红缴纳个人所得税。

同时，透明合伙企业和个体工商户取得的经营活动所得、农业所得、林业所得和独立劳务活动所得，不进行分配的情况下，按照净价值比较法核算的留存利润，应按照28.25%的低税率在企业层面征收所得税。合伙企业分配利润时，个人合伙人取得的收益净值超出其在合伙企业保留的所得中享有的份额的部分，应按照25%的税率征收个人所得税（加征5.5%的团结附加税，最终税率为26.38%）。

2. 应纳税所得额

（1）概述。居民纳税人应就其来源于德国境内、境外的下列一项或多项所得缴纳个人所得税。包括：①农业、林业所得；②经营所得；③自由职业者劳务所得；④受雇所得，包括因解除雇佣关系取得的补偿金；⑤资本投资所得（如利息和股息）；⑥不动产或者其他有形动产的出租所得，特许权使用费所得；⑦其他所得（如非公开交易所得、赡养费、养老金等）。

（2）免税所得。下列各项免征个人所得税：①医疗保险、意外伤害保险、残疾保险赔款和养老保险金所得；②各类社会救济金；③参与法定养老保险计划取得的一次性支付；④研究开发、科学和艺术的教育培训奖学金。

3. 受雇所得

（1）工资薪金所得。工资薪金所得是指纳税人在德国境内因任职或受雇而取得的货币和非货币性所得。

一般而言，雇员取得的加班费须计入应税所得。然而，雇员在周日、银行假日以及夜间加班取得的加班费，不超过基本工资一定比例的，免征个人所得税。部分津贴，不超过规定限额的，免征个人所得税。

雇员为取得工资薪金所得而发生的支出不超过1 000欧元的，可一次性税前扣除，部分支出存在扣除限额。

雇员在居住地和工作地之间往返的通勤费，按照每公里（单程）0.3欧元的标准从应纳税所得额中扣除，但最高不超过4 500欧元。

若纳税人主要在家办公，且没有其他用于开展个人劳务活动的办公场所，则纳税人可扣除1 250欧元的在家办公费用。如果纳税人的住宅是其开展个人劳务活动的中心场所，则可以据实扣除发生的费用。

雇员因以下原因之一发生的搬家费可税前扣除：①雇主搬迁到新的主要办公地点；②谋得一份新的工作；③因居住的办公场所较远，搬到新的住所至少比原住所缩短至少一个小时的通勤时间。雇主报销搬迁费用，雇员因此收到的款项，不超过相同条件下公职人员可以取得的金额的部分，免征个人所得税。

职业和行业协会的会费、维持两处住所的必要支出、工作专用器具及工作服的支出、生产性资产的折旧，可以税前扣除。

与免税收入相关的支出不得税前扣除。

（2）实物福利。雇员在正常工资薪金以外的、因雇佣关系取得或享受到的实物福利被视为受雇所得，按照市场价值（含增值税）计算应税所得额。德国税务部门对部分实物福利（如住房补贴和伙食补贴）的价值制定了全国统一的执行标准，并按年进行更新。

①汇总课税。对部分实物福利，雇主按照福利价值和总征收率一次性代扣代缴税款。因此，雇员收到的实发工资中所包含的已扣缴税款的实物福利，不再纳入个人所得税应纳税所得额。一次性汇总纳税主要适用于廉价或者免费的食物和通勤交通等。

②配备公车。雇员将雇主提供的公车用于私人目的的，也属于实物福利，每年需要按照车辆价格的12%（每月按1%）计入应纳税所得额。若雇员使用公司配给的专车用于上下班通勤，则需根据居住地到工作地（单程）的距离，每年在12%的基础上额外增加每公里0.36%（每月0.03%）计入应纳税所得额。

③股票期权。股份公司授予员工股票期权，授予当日不计入员工的应纳税所得额。但是，该员工在行权日应计算确认该股票期权所得额。

（3）养老金所得。自2005年开始，德国旧的养老保险税收管理体系停止执行。个人缴纳法定养老保险计划（和特定的私人养老保险计划）的费用作为特别费用开支予以税前扣除，并逐步提高扣除限额。同时，老年人领取养老金所得的征税比例将逐年上升，2040 年以后退休并领取退休金的人员，将就其全部养老金所得缴纳个人所得税。

在德国，来自法定养老保险计划的养老金所得被视为其他所得。2015 年，达到法定退休年龄并开始领取养老金的人员，按其养老金所得的 70% 计入应纳税所得额（2014 年该比例为 68%）。

纳税人购买经批准的私人养老保险计划，且缴付的保险费用可税前扣除，或享受现金补贴。则纳税人来源于该养老保险计划的所得，应全额计入应纳税所得额。

（4）董事报酬。公司执行董事或管理委员会成员取得的报酬按受雇所得征收个人所得税。如果纳税人属于监事会成员，且不参与公司日常管理运营，则取得的报酬作为劳务所得征收个人所得税。

4. 经营和专业服务所得

一般而言，个人取得的农业、林业所得和经营所得，采取净值比较法计算应税所得。但是，如果某项所得的年利润不超过 50 000 欧元，并且年营业额不超过 500 000 欧元，则纳税人可以选择采取“净收入法”，即按照收付实现制原则，以总收入减去相关成本费用后的余额确定应纳税所得额。不动产、股票以及其他类似股权的成本只能在这些资产出售当期进行扣除。

通常，无论个人采取何种方式计算应税所得，与取得收入相关的成本费用均可税前扣除。但是，用于私人目的（礼物、客房等）的支出以及将公车用于上下班通勤的费用等，存在严格的扣除限额。

个人取得的专业服务所得通常采用“净收入法”计算应纳税所得额；但纳税人也可以选择采用净值比较法。

个人持有的经营性股权投资取得的股息红利和其他利润分配适用“部分免税制度”，因此，不可享受投资所得适用的税收宽免政策。

5. 投资所得

投资所得包括股息红利、利息、特许权使用费、标准隐名合伙所得（所谓隐名合伙是指合伙人对企业出资，不参与企业经营决策，以出资额为限分享利润和承担亏损）和不动产所得。2009 年 1 月起，投资所得还包括股权转让所得、其他金融工具转让所得（如债券、股息息票、优先股权、权证、期权、期货和掉期的转让所得）。纳税人取得的投资所得，可享受税前每人每年最高 801 欧元（夫妻联合申报为 1 602 欧元）的税收宽免。

（1）私人资本投资。私人资本投资所得单独按照 25% 的税率扣缴最终预提税（加上 5.5% 的团结附加税，实际税率为 26.38%）。

（2）经营投资。个人持有股权取得的经营所得适用“部分免税制度”，即 40% 的股息红利所得免征个人所得税。因此，与取得股息红利相关的支出只能扣除 60%。自 2014 年以后，仅当被投资企业发放的股息红利不得税前扣除时，个人投资者取得该部分股息红利才可以享受 40% 的免税优惠。

6. 资本利得

（1）经营资产。个人在经营活动中取得的资本利得视为一般经营所得。个人出售营业资产（股权除外），与企业出售营业资产适用相同的滚转冲抵优惠政策。个人取得股权转让所得，滚转冲抵的最高限额为 500 000 欧元。

根据部分免税制度，个人持有经营性股权投资取得的资本利得，40%的部分免征个人所得税，相应地，已免税的资本利得不再享受滚转冲抵优惠政策。但是，如果个人继续购买其他股票代替已被出售的“原股票”，则处置“原股票”的利得可以全额抵减购买其他股票的价格。

如果纳税人处置经营性资产的当期没有重置经营资产，则纳税人可以计提准备金，最长可保持4年。如果纳税人在4个会计年度内没有发生重置资产的行为，则应转回准备金。资产转让所得的40%需要重新计入当年的应纳税所得额。此外，纳税人应在计提准备金的4年内，每年增加6%的应纳税所得额。

（2）私有资产。一般而言，个人来源于私人交易的资本利得属于不征税收入。但是，纳税人在一个纳税年度内，处置以下资产取得的资本利得超过600欧元，须缴纳个人所得税：①持有期限不满10年的不动产资产，包括与不动产相关的权利；②持有期限不满1年的有形动产，但不包括股票和债券。如果有形动产（不包括股票和债券）在一个公历年度内能用于实际经营并产生积极所得，则该期限从1年延长到10年。

2008年12月31日以后取得的资本投资所得统一按25%的税率扣缴预提税（加上5.5%的团结附加税，实际税率为26.38%）。同时，取消对投机性资本利得（持股期限1年或1年以下）征税和对非投机性资本利得（持股期限1年以上）免税的规定。

个人处置自用达到一定年限的自住用房取得的资本利得免税。

个人直接或间接持有（或者在此前的5年内曾经持有）企业1%以上的重大权益，无论被投资企业是否属于居民企业，个人处置该企业股权取得的资本利得均须缴纳个人所得税。个人转让上述股权，不视为私人交易，而视为经营交易行为。处置上述股权发生的损失可抵减本年度应纳税所得额，不足抵减的，可结转以后年度弥补。个人取得的股权转让所得（除免税所得外），均适用“部分免税制度”，即40%的所得免征个人所得税。

（3）免税额。年满55周岁或者丧失劳动能力的纳税人，转让经营资产取得的资本利得不超过45 000欧元的部分免征个人所得税。若纳税人取得的资本利得超过136 000欧元，则免税额要减去超出部分。同一纳税人，一生只能享受一次该项优惠政策。

个人转让股份公司或有限责任公司股份，可享受最高不超过9 060欧元的免税优惠。个人转让被投资企业全部股份取得的资本利得，不超过36 100欧元的，免税额为9 060欧元；超过36 100欧元的，免税额等于9 060欧元减去实际取得的资本利得超过36 100欧元的部分。个人转让被投资企业部分股份，则按转让比例确定免税额和最高限额。

（4）低税率。德国税法规定，个人在纳税年度内取得了“非经常性所得”，则可申请扣减按照一般累进税率计算的个人所得税应纳税额，减少额度根据以下公式计算：

扣减金额=[（其他所得+1/5非经常性所得）×适用税率－其他所得×适用税率]×5

非经常性所得包含处置全部或部分农业或林业的经营业务所得、合伙人或普通合伙人处置股份两合公司股份取得的所得、处置与个人劳务活动服务相关的资产利得。

7. 个人扣除、宽免和抵免

（1）扣除。个人纳税人在计算应纳税所得额时，符合规定的特殊支出和营业外支出以及个人基本生活扣除等项目可税前扣除，最后按照适用税率计算经应纳税额。

①特殊费用。

②保险费。2015年，如果养老保险合同约定，纳税人在生命存续期内按月领取养老金

（满 60 周岁才能领取），则纳税人为购买上述法定养老保险计划或符合条件的私人养老保险计划所支付的养老保险费的 80%（2014 年为 78%），准予税前扣除，扣除额最高不得超过 17 737 欧元（2014 年为 15 600 欧元）（夫妻联合申报时该限额标准提高一倍）。一次性扣除仅在按季度预付税金时适用。

此外，纳税人支付的以下保险费用准予税前扣除：①带有强制参与性质的医疗保险、意外伤害保险、残障和养老保险；②类似的私人保险；③失业保险。2005 年 1 月之前就开始缴纳年金保险费和财产保险费的纳税人，其年金保险费可税前扣除，缴费期限 12 个月以上的财产保险，88% 的保费可税前扣除。

自 2010 年开始，德国个人缴纳的所有上述几类保险费都可以在不超过一定限额范围内扣除，通常情况下，最高限额为 2 800 欧元。若纳税人没有缴付或者仅部分缴纳医疗保险费（如雇主为雇员缴付了部分保费费用），则其保险费扣除限额为 1 900 欧元（夫妻或合法伴侣联合申报，扣除限额为各自适用的最高限额之和）。然而，仅当纳税人的医疗保险、残障保险和养老保险金额超过 2 800 欧元的限额时，对应的保险费支出才可以全额扣除，在这种情况下，纳税人不得扣除其他保险费用。分季预缴税款的纳税人可选择一次性扣除保险费。

如果旧政策中的年度扣除方式对纳税人更加有利，则纳税人可以选择按旧政策对上述养老保险、医疗保险等保险费进行扣除。旧政策最高扣除额为 1 334 欧元（联合申报的最高扣除额为 2 668 欧元）。个人取得的除受雇所得以外的符合条件的所得，还可以额外扣除 1 500 欧元（2014 年为 1 800 欧元）（联合申报的为 3 000 欧元）。其他保险支出可按照 50% 进行扣除，但最高不得超过 667 欧元（联合申报为 1 334 欧元）。

已经购买法定养老保险计划的纳税人，额外购买经过批准的私人养老保险计划发生的保险费支出准予扣除。支付这些额外保险费的最高扣除额为 2 100 欧元。如果纳税人因购买经过批准的私人养老保险计划而获得现金补偿，且补偿金额超过了费用扣除减少的应纳税额时，则不再扣除保险费用。

③捐赠。个人发生的以下捐赠支出准予税前扣除：

A. 纳税人为促进非盈利活动发生的捐赠支出，不超过当年总所得的 20%（或者，个体工商户捐赠支出不超过其当年营业额和工资总额的 0.4%）的部分；

B. 个人在 10 年内，为新成立的基金会捐赠资金不超过 100 万欧元的部分，所谓"新成立"，是指捐赠当年成立或者前 9 年内成立；

C. 个人为政党捐款，不超过 1 650 欧元（联合申报可以加倍）的部分。该优惠政策仅限于纳税人没有享受所得税抵免：即允许以捐赠支出的 50% 抵扣应纳税所得额，扣除限额为每位纳税人 825 欧元（联合申报的扣除限额为 1 650 欧元）。

④其他。其他可税前扣除的特殊费用包括：

A. 个人纳税人在离婚或分居后，向其配偶（德国居民纳税人）支付的赡养费，最高扣除限额为 13 805 欧元；且取得赡养费的一方须将赡养费计入应纳税所得额；

B. 纳税人的第一次职业技术教育或者第一学业（如学校或者大学的学费、书本费以及在家或宿舍设置工作室的费用）的费用支出，每年最高可扣除 6 000 欧元（联合申报，夫妻双方均可最高扣除 6 000 欧元）；

C. 教堂税支出。

⑤额外支出。纳税人因不可抗因素，发生的额外支出远超过可比收入群体平均支出时，

额外支出可以税前扣除。额外支出主要是指重大疾病医药费支出。对于部分额外支出，如：子女职业教育支出、照顾老人或病患发生支出，税法规定了固定的扣除标准。另外，符合条件的父母抚育14岁以下儿童或照顾残疾人的支出，可按照规定进行扣除。

（2）宽免。在德国，个人可享受8 472欧元（2014年为8 354欧元）的基本宽免额，联合申报的夫妻或民事关系上的伴侣可享受16 944欧元（2014年为16 708欧元）的基本宽免额。

纳税人抚养未成年子女，可享受以下两项扣除（2015年）：

①每位子女有2 256欧元的扣除（联合申报为4 512欧元）；

②每位子女的护理费、抚养费和教育费，可扣除1 320欧元（联合申报为2 640欧元）。

若纳税人在一个纳税年度内收到的儿童福利金大于或等于一次性扣除减少的应纳税额，则不得扣除上述项目。若一次性扣除减少的应纳税额多于儿童福利金，则纳税人可享受一次性扣除政策，同时归还已取得的儿童福利金。

儿童福利金在纳税年度内按月支付给纳税人。纳税人的第一个和第二个子女，可每人每月取得188欧元的儿童福利金，第三个子女可取得每月194欧元的福利金，第四个及以上的子女可每人每月获得219欧元的福利金。该项福利政策只适用自身和子女都具有德国居民身份的纳税人。

单亲家庭或者夫妻双方（联合申报）可以扣减托儿费的2/3，但最高不能超过4 000欧元。

（3）抵免。个人取得的经营所得，既要缴纳个人所得税，又要缴纳营业税的，可享受一次性税收抵免，最高抵免额为已缴纳的个人所得税。

个人聘请独立或非独立个人提供家政服务，可享家政服务支出的20%的税收抵免，但每个家庭抵免额最高不得超过4 000欧元。只有不可税前扣除的家政服务费才能作为计算抵免额的基数。应纳税额不足抵免的，不进行退税。

8. 损失

一般而言，损失可以在同一纳税年度内全额抵减所得额。但特定损失不得抵减所得额或存在一定的限制。如：私人交易发生的资本损失只能以私人交易产生的资本利得进行弥补。根据部分免税制度，个人持有企业股权发生的资本损失，仅可弥补损失额的60%。

通常，纳税人发生的损失不超过100万欧元（2013年为51.15万欧元）的，允许向以前年度结转。超过100万欧元的损失，可向后结转，并可在特定年度无限制地抵消100万欧元的净所得；其余损失在以后年度弥补，弥补额以年度所得的60%为限。

纳税人私人交易活动产生的资本损失只能用以后年度私人交易资本利得进行弥补。自2009年起，纳税人发生的资本损失只能以资本利得进行弥补。另外，股权转让损失只能以股权转让利得进行弥补。

9. 税率

（1）所得和资本利得。德国个人所得税适用累进税率。2015年税率如表3所示。

此外，个人纳税人应以个人所得税应纳税额为依据，按照5.5%的税率计算缴纳团结附加税。资本利得按照一般税率计算缴纳个人所得税。

表 3　　单个纳税人个人所得税税率表（2015 年）

年应纳税所得额（欧元）	边际税率（%）	应纳税额（欧元）
不超过 8 472	0	0
8 473 ~ 13 469	14.00 ~ 23.97	0 ~ 949
13 470 ~ 52 881	23.97 ~ 42	949 ~ 13 971
52 882 ~ 250 730	42	13 971 ~ 97 068
超过 250 730	45	97 068

夫妻或民事关系伴侣联合申报个人所得税税率表（2015 年），如表 4 所示：

表 4

年应纳税所得额（欧元）	边际税率（%）	应纳税额（欧元）
不超过 16 944	0	0
16 945 ~ 26 939	14.00 ~ 23.97	0 ~ 1 898
26 940 ~ 105 763	23.97 ~ 42	1 898 ~ 27 942
105 764 ~ 501 461	42	27 942 ~ 194 136
超过 501 461	45	194 136

（2）预提税。自 2009 年起，资本投资所得应单独按照 25% 的税率扣缴最终预提税（加上 5.5% 的团结附加费，实际税负为 26.38%）。

纳税人向建筑服务承包商支付报酬，应按照 15% 的税率代扣代缴预提税（不征收团结附加税）。若提供建筑服务的纳税人可以出示免税证明，且支付的报酬没有超过规定范围，则支付方无须代扣代缴预提税。

10. 征收管理

（1）纳税期限。一般而言，个人纳税人的纳税年度为公历年度。但是，对于来源于经营活动的所得，纳税人可以选择其他期间（会计年度）作为纳税年度。

（2）纳税申报。原则上，所有的居民个人纳税人必须就其纳税年度内的所得进行纳税申报。一般情况下，个人纳税人纳税申报截止日为次年的 5 月 31 日。

一般而言，除纳税人选择单独申报外，共同生活的夫妻应联合进行纳税申报。同时，只要夫妻一方满足税收扣除和抵免的相关条件，就可以申请扣除或抵免。

如果纳税人选择单独申报，则特别支出由发生该项支出且负担子女教育的一方进行扣除。额外支出由夫妻双方各扣除 50%。

德国居民纳税人的配偶是属于欧洲经济区另一个国家的居民，如果夫妻双方来源于世界范围内的所得，至少有 90% 须在德国纳税；或者夫妻双方来源于世界范围内的所得无须在德国纳税的金额不超过 16 944 欧元，则可在德国申请联合报税。

（3）税款缴纳。税务机关采取预缴或源泉扣缴的方式征收税款。纳税人应分季预缴税款，截止日期分别为 3 月 10 日、6 月 10 日、9 月 10 日和 12 月 10 日。

源泉扣缴和预缴的税款可抵减最终的个人所得税应纳税额。如果源泉扣缴和预缴的税款超过了最终应纳税额，则纳税人可申请退回多缴税款；如果源泉扣缴和预缴的税款少于最终应纳税额，则纳税人必须自收到《税务评估通知书》之日起 1 个月内清缴税款。

（4）事先裁定。如果某项交易事实的税务处理结果会对纳税人未来的经营决策造成影响，则纳税人可以在准确客观反映事实的基础上，向税务机关申请事先裁定。但如果事先裁定所依据的法律基础发生改变，则裁定结果失效。

（二）其他类型的所得税

1. 营业税

营业税是由德国地方市政当局征收的一种税。每个市的营业税税率都不尽相同。营业税税额不得从营业税计税基础中扣除，也不得在计算个人所得税时税前扣除。但个人独资企业和合伙企业由于营业收入还涉及到个人所得税的征收，因此以其应纳营业税额为限，可以一次性抵免应纳个人所得税。

2. 教会税

在宗教社区正式登记注册的德国居民纳税人应该按照应纳所得税额的8% ~9%缴纳教会税，具体适用税率根据纳税人住所所在州政府确定。

3. 团结附加税

团结附加税是所得税的附加税，团结附加税的计税依据是抵减税收抵免（如：外国税收抵免）后的应纳所得税额，适用税率为5.5%。

4. 净资本税

德国不征收净资本税

5. 不动产税

对于个人纳税人，仅当不动产用于生产经营或构成所得来源时（如租金），缴纳的不动产税才可以在计算个人所得税时税前扣除。

（三）国际税收

1. 居民纳税人

（1）境外所得和资本利得。德国居民纳税人来源于德国境外的所得和资本利得与来源于德国境内的所得和资本利得适用相同的税收政策。

（2）境外资本。德国不征收净资本税。位于境外的不动产无须在德国缴纳不动产税。

（3）避免双重征税。居民纳税人境外所得已缴纳的税款可以按照抵免法冲抵在德国的应纳税额。纳税人境外缴纳的所得税与德国的所得税性质类似时，才可申请抵免境外已纳税款。如果纳税人境外已纳所得税不符合适用抵免法的条件，则纳税人不得抵免，但是可将这部分税款作为费用进行税前扣除。纳税人应分国别计算境外税收抵免。实际缴纳税款超过抵免限额的部分，不允许结转以后年度。

一般而言，如果德国与收入来源国签订了税收协定，则优先适用协定的相关条款，单边税收减免规则不再适用。

德国与其他国家签订的税收协定采取免税法或抵免法避免双重征说。即使纳税人境外所得免缴所得税，德国在确定纳税人适用的税率时也可以考虑纳税人在境外取得的所得，按所得总额确定累进税率的级次并计算应纳所得税额（累进免税法）。免税法下，纳税人的境外损失不能抵减其在德国的总应纳税所得额。

德国居民个人从其他欧盟国家取得的储蓄利息收入，已扣缴的预提税可以在德国所得税中全额抵免。

2. 侨民

（1）来德人员。德国没有针对来德人员的特殊规定。

（2）外派人员。移民到国外的德国国民，若符合下列情况的，从放弃德国国籍时算起，10 年内依然是“具有延伸所得税义务的非居民”。

①在离开德国之前的 10 年内，至少有 5 年在德国境内负有无限纳税义务；

②移民的目的地国家不征收所得税或者所得税税率很低（如果年应税所得为 77 000 欧元的独立个人在该国缴纳的所得税低于在德国缴纳的所得税的 2/3；或者纳税人在该国享受优惠待遇，与其他纳税人相比税负显著降低）；

③与德国保留了重大的经济关联。

与德国保留重大经济关联的判定标准如下：

①持有德国居民企业重大权益；

②来源于德国的所得超过该纳税人境内、境外所得总额的 30% 或超过 62 000 欧元；

③对于居民纳税人，在德国负有无限纳税义务的资产超过纳税人总资产的 30% 或者超过 154 000 欧元。

3. 非居民纳税人

（1）所得和资本利得课税。非居民纳税人仅就其来源于德国境内的所得缴纳个人所得税。非居民纳税人计算所得的方法以及个人所得税税率与居民纳税人一致。

如果个人在一个纳税年度内，由居民纳税人转变为非居民纳税人，则该个人以非居民身份取得的来源于德国境内的所得应该并入以居民身份取得的所得中。即纳税人在居民身份变换的当年，依然需要按照居民纳税人的身份就其全年所得在德国缴纳个人所得税。

非居民纳税人，无论国籍属于哪个国家，若其世界范围内的全部所得 90% 以上来源于德国，或者不在德国应税所得不超过 8 472 欧元（2014 年为 8 354 欧元），则该纳税人可以选择视同德国居民纳税人。在确定 90% 的所得或 8 472 欧元限额时，不考虑因享受税收协定而不征税或适用优惠税率的所得。原则上，视同居民纳税人，与真正的德国居民享受相同的税收政策，不因收入类别的不同而产生差异。

①工资薪金所得。若受雇行为或实际工作行为发生在德国境内，则非居民纳税人的工资薪金所得应在德国缴纳个人所得税。取得受雇所得的非居民纳税人只能享受个人基本生活扣除。雇主是德国居民但雇员是非德国居民的情况下，可以适用预提税制度。一般而言，预提税属于最终税收。但是，非居民纳税人取得来源于德国境内的受雇所得，都需要申请纳税评估。

如果非居民纳税人取得的工资薪金所得须在德国纳税，则该纳税人因辞退取得的补偿收入应计入工资薪金所得，在德国缴纳个人所得税。

个人受雇于外国雇主，在德国境内工作取得的工资薪金所得，由境外雇主代扣代缴最终预提税。

在德国，支付给非居民的属于“工资薪金所得”或“其他所得”的养老金收入，都需要缴纳个人所得税。

德国企业监事会的非居民成员取得的报酬，按 30% 的税率征收预提税，该预提税属于最终税收。

若航空公司的管理机构所在地是德国，则纳税人从事飞机国际运输服务的报酬，在德国缴纳所得税。

②经营和劳务所得。只要实际管理机构在德国，则无论公司的非居民业务经理、法定代表人或执行董事会董事的工作地点是否在德国，均应在德国缴纳个人所得税。

非居民艺术工作者和运动员在德国境内取得的演出或活动所得，应按 15% 的税率扣缴预提税（加上 5.5% 的团结附加税，实际税率为 15.83%）。若纳税人在德国的表演所得不超过 250 欧元，则预提税税率为零。与之类似，纳税人在德国取得来源于产品宣传活动的所得，也须扣缴预提税。

然而，如果取得报酬的一方属于欧洲经济区国家的居民，且其支付的费用有正式的付款凭据，则可以选择在预扣环节扣除与之直接相关的经营费用。在这种情况下，当收款方为非居民个人时，预提税为净所得的 30%；当收款方是属于欧洲经济区国家的非居民企业时，预提税为净所得的 15%。

支付给非居民承包商的报酬也应扣缴预提税，该预提税属于最终税收。

③投资所得。非居民纳税人在德国的投资所得，包括股息红利、隐名合伙人取得的利润分红、德国居民支付的可转换债券和利润分享债券以及银团贷款的利息、以德国境内不动产作为担保的贷款利息，都应缴纳个人所得税。

银行向非居民纳税人支付股息红利一般不适用预提税制度。

非居民纳税人取得的德国境内不动产和特定有形动产的租赁所得，应缴纳个人所得税。如果知识产权在德国注册或在德国常设机构使用，则特许权使用费应在德国纳税。以上这些类型的所得都应按照 15% 的税率代扣代缴预提税（加上 5.5% 团结附加税，实际税率为 15.83%）。

对于非居民纳税人，任何形式的预提税都属于最终税收。税收协定规定有低税率的，按税收协定的规定征收。

④资本利得。非居民个人从非公开交易和德国公司重大股权转让中取得的资本利得应征收个人所得税。

（2）资本课税。德国不征收净资本税。非居民纳税人持有奥地利境内的不动产应缴纳不动产税。

（3）征收管理。非居民纳税人在每一财政年度结束时必须就其德国的所得进行纳税申报，除非该项所得已扣缴最终预提税。

三、增值税

（一）一般规定

1. 概述

在德国境内销售货物或提供劳务都应缴纳增值税。

2. 纳税人

在德国境内出售货物或者提供劳务，应当就其提供的货物或者劳务数额缴纳增值税。纳税人为应税货物、劳务的出售人或者提供人。但是，企业营业额在上一年度不超过 17 500

欧元且当年不超过50 000欧元，可选择不缴纳增值税。

3. 应税范围

增值税应税范围包括：

（1）纳税人根据其营业范围销售货物或提供劳务；

（2）纳税人根据其营业范围在德国境内销售货物给欧盟国家的客户；

（3）纳税人（从非欧盟国家）进口商品到德国或奥地利领域容霍尔茨和米特尔贝格地区；

（4）任何单位和个人在德国境内向欧盟国家客户提供新型运输方式。

4. 应税收入

增值税应税销售额为纳税人销售商品或提供服务时向客户收取的价款。纳税人从非欧盟国家进口商品的应税销售额为进口商品的价值，包括关税及其他费用（如保险费等）。

纳税人在计算最终应纳税额时，购买商品或劳务时支付的进项税额可在纳税申报时用于抵扣销项税额，或申请税务机关退税。

5. 税率

增值税的基本税率19%。

低档税率7%，适用于必需品及服务，例如农产品、食品、药物、报纸、书籍、剧院、博物馆和音乐厅的服务等。

零税率主要适用于出口货物和欧盟内部贸易。

6. 免税

增值税免税项目主要包括银行业务、保险业务、销售和租赁不动产业务。

销售方（一般纳税人）从事特定的金融交易或销售、租赁不动产的，当购买方是经营者（一般纳税人）且购买相关金融商品、不动产或租赁不动产用于经营活动的，销售方可以选择缴纳增值税，购买方可以实现进项税额抵扣。

（二）非居民纳税人

非居民纳税人如果只经营增值税免税项目且不享有增值税退税权的，可以委托税务代理人帮助其在德国办理涉税事宜。

非居民增值税纳税人向德国税务机关申请增值税退税，必须符合以下条件之一：①在德国境内没有发生应税行为；②只从事适用逆向征税规则的增值税应税行为；③只从事零税率项目的跨境交易。

四、消费税

德国消费税的纳税对象为矿物油、烟草、啤酒和蒸馏酒精。

五、社会保障税

社会保障税涉及养老保险、健康保险、失业保险、残疾人保险，由雇员和雇主分别缴纳。

社会保障税以工资薪金为征税对象，按照总所得和适用税率计算应纳税额，雇员应当缴纳的社会保障税由雇主从雇员的报酬中代扣代缴。社会保障税在计算个人所得税应纳税额时可以扣除。

2015 年德国社会保障税税率表如表 5 所示：

表 5

项目	雇主缴纳税率	雇员缴纳税率	计税工资薪金最高限额
养老保险	9.35%	9.35%	6 050 欧元（在五个新联邦州 5 200 欧元）
健康保险	7.3%	7.3%	4 125 欧元
失业保险	1.5%	1.5%	6 050 欧元（在五个新联邦州 5 200 欧元）
残疾人保险	1.175% （撒克逊 0.675%）	1.175% （撒克逊 1.675%）	4 125 欧元

对于雇员健康保险，医疗保险公司可能会要求额外支付一项费用（平均为工资薪金的 0.9%）

对于无孩子雇员，残疾人保险可在原有税率的基础上加征 0.25%。

（李平　编）

希腊税制

希腊实行中央和地方两级征税制度，税收立法权和征收权主要集中在中央。

希腊现行税制中的主要税种是公司所得税、个人所得税、增值税、社会保障税、转让税、印花税和不动产税等。

希腊的通用货币为欧元。

一、公司所得税

希腊的公司税是中央税，地方政府不征收公司所得税。

（一）一般规定

1. 税制类型

公司所得税对公司和其他法律实体的利润征收。

希腊实行古典所得税制，即在公司和股东两个层次分别征收公司所得税和个人所得税，对公司间分配股息实行参股免税制度。不能享受参股免税制度的公司和个人取得分配的股息和利润，需要缴纳预提税，但分配股息所含的公司所得税和预提税允许抵免其所得税纳税义务。

2. 纳税人

公司所得税纳税人分为居民公司和非居民公司。居民公司主要由公司的成立地点决定，同时参考公司法的实际管理条件以及合法场所的位置。即符合下列条件的法律实体通常被认为是税收的居民公司：根据希腊法律设立；在希腊拥有注册地；或者，有效管理地在希腊。

3. 应纳税所得额

（1）一般规定。希腊居民公司应就世界范围的所得纳税。非居民公司仅就来源于希腊的所得纳税，要么根据所得的性质缴纳预提税，要么在满足常设机构的条件时，按照常设机构征税。

一家公司的应税利润等于纳税人的经营业务总收入扣除费用、折旧和其他税法规定允许扣除的项目以后的余额。一家公司的所有收入，原则上，都被认为是经营收入需要纳入征税。

（2）免税收入。某些收入项目不属于公司所得税税基的范围，因此无须缴纳公司所得税。希腊规定下列项目免征公司所得税：从集团内居民公司成员分配的符合条件（包括参股免税条件）的股息和利润；符合欧盟母子公司子令规定的股息分配；转让根据希腊国家债务重组规定发行的相关债券实现的利得；转让一些符合条件的公司债券、共同基金等实现的利得等。

（3）扣除。在确定公司所得税应税所得时，符合以下条件的所有费用允许税前扣除：正确地记录并反映在年度的会计账簿上；基于市场价值的真实发生的交易；公司为获取利润而正常发生的费用。

（4）折旧和摊销。一般情况下，固定资产的折旧是按直线法计算的，除非有针对折旧方法的特别规定。

如果固定资产的购置成本不超过 1 500 欧元的，可以在购买当年全额税前列支。

除土地不允许折旧以外，其他所有固定资产都必须进行折旧，折旧全部采用直线法。主要折旧率如下：

①4%，适用于建筑物：办公室、住宅、仓库、车站建筑；

②5%，适用于公共交通工具：飞机、火车和船舶；

③10%，适用于除计算机和软件以外的机械设备和其他有形资产；

④10%，适用于商誉，商标和专利（除非有明确的经济使用年限）；

⑤10%，适用于租赁权（除非租赁协议规定了 10 年以上的期限）；

⑥20%，适用于计算机和软件；

⑦33.33%，适用于研究开发使用的固定资产（相当于加速折旧 30%）。

（5）准备金。根据所得税法第 25 条的规定，纳税人经采取各种措施以后仍不能收回的呆坏账，允许按规定比例提取呆坏账准备金，在公司所得税前扣除：超过 12 个月未收回的呆坏账余额，不超过 1 000 欧元的部分可以按 100% 比例提取，超过 1 000 欧元的部分，欠债逾期超过 12 个月但不足 18 个月的，提取比例为 50%，超过 18 个月但不足 24 个月的，为 75%，超过 24 个月的，为 100%。

此外，在 2014 年以前曾经允许税前提取证券损失储备金，但 2014 年 1 月 1 日起已取消。

4. 资本利得

资本利得原则上按普通所得征税。符合条件的下列资本利得，免征公司所得税：

（1）没有被资本化或者被分配的下列资产交易实现的利得：以资产换取证券；证券互换；企业合并或分拆；SE 或 SCE 注册席位的转让。

（2）转让符合条件的各种公司债券实现的利得。

（3）转让海运公司的股份实现的利得。

（4）转让共同基金实现的利得。

（5）根据希腊国家债务重组规定转让相关债券实现的利得。

5. 亏损

（1）经营亏损。经营亏损可以向后结转 5 年。不允许向前结转。

公司发生重组的，2014 年 1 月 1 日起，被重组企业的亏损可以由重组后续存的公司继承。在 2014 年以前原则上是不允许亏损继承的。

（2）资本损失。资本损失，在2014年以前只能冲抵同类所得，不足冲抵的部分可以冲抵当时允许税前计提的“资本损失准备金”。2014年以后，资本损失准备金制度取消，发生的资本损失不仅可以冲抵同类所得，也可以冲抵普通所得。

6. 税率

（1）一般所得和资本利得适用税率。自2015年1月1日开始，希腊公司所得税税率从26%提高至29%。

对于采用单式记账法核算的企业，按下列税率征税：年应税所得不超过5万欧元的部分，税率为26%；超过5万欧元的部分，税率为33%。

（2）国内支付的预提税税率。由居民公司向居民公司股东分配的股息需要缴纳预提税，预提税的税率为10%。符合参股免税条件的股息分配免税。

来自政府债券、公司债券和银行存款的利息收入，按15%的税率征收预提所得税。但是，银行贷款利息收入，包括逾期利息，以及对同业拆借利息，都是免税的；至少直接或间接控股25%的有表决权的股份的关联企业之间的贷款利息收入也免税。

此外，取得特许权使用费收入不征收预提所得税。对于承包商收取的承包费用，收到的有关技术公共项目、公共出租、市政或港口收益，按3%税率征收预提税。服务费的预提税率为8%，由政府购买的货物销售，预提税率为4%（国家付款）。

上述所有缴纳的预提税可以抵免其所得税纳税义务。

7. 税收优惠

希腊的优惠措施较多，既适用于希腊投资者，也适用于外国投资者。涉及税收方面的优惠措施主要有：

（1）投资抵免优惠。从2011年2月1日开始，对符合条件的投资按一定比例予以公司所得税抵免优惠，抵免比例因投资企业的规模和投资项目所在的地区而异：

①区域A（阿提卡和维奥蒂亚）：投资额的15%~25%的；

②区域B（人均GDP超过全国平均水平的75%）：投资额的30%~40%；

③区域C（人均GDP低于全国平均水平的75%）：投资额的40%~45%。

按上述比例计算的投资抵免额可以在投资完成并开始生产经营的年度起8年（新成立企业为10年）内分享，其中在投资完成当年可以抵免1/3，以后年度抵免2/3。抵免额通过免税准备金账户专项核算，而且不能用于分配或资本化，否则要补征所得税。

（2）战略投资优惠。对符合条件的战略投资给予一系列特别税收优惠政策，包括定期减免、税基减免、提取免税准备金、增值税退税以及其他税收的减免。

战略投资是指从事工业、能源、旅游、交通与通讯、健康服务、废物处理以及高科技应用与创新等领域并符合下列条件的投资：

①投资额超过1亿欧元；

②投资额超过4 000万欧元并提供至少120个新岗位；

③在指定工业领域的投资额超过1 500万欧元，或者投资于JESSICA投资组合基金的项目超过300万欧元；

④至少提供150个新岗位。

（3）中小企业重组优惠。自2011年12月31日起，中小企业通过合并组建成公司（AE）或有限责任公司（EPE）的，可以享受特殊的优惠政策。

享受优惠政策的条件是：所涉及的企业原来的组织形式都不是 AE；新成立的若是 EPE，则股本至少为 12 万欧元，若是 AE，则股本至少为 20 万欧元。

可以享受的优惠政策包括：第一年公司所得税率降低 10 个百分点，第二年降低 5 个百分点。

此项优惠 2011 年 12 月 31 日已到期[①]，按实践惯例往往会被立法延期，但目前并未延期，因此，自 2012 年 1 月 1 日起该政策已暂时失效。

（4）研究与开发费用加计扣除。符合条件的研发费用，可以按 30% 的比例在税前加计扣除。

（5）企业重组优惠。企业进行合并重组，符合条件的，可以享受免征印花税、不动产转让税、重组产生的损益递延纳税等优惠。

优惠适用的条件包括：①合并后组成的公司，如果是 AE 公司，股本至少为 30 万欧元，如果是 EPE 公司，股本则至少为 146 735 欧元；②在大多数情况下，75% AE 的股份或 EPE 的股权在合并后的前 5 年内无法转让。对于 AE 公司的合并不受股份转让的限制。

此项优惠原来也是定期并多次被展期的，不过，自 2012 年 4 月 1 日起，此项政策已被永久化。

此外，希腊还有鼓励特定区域发展、鼓励海外投资等多项税收优惠政策。船舶运输公司则不征收公司所得税，而是征收船舶吨税。

8. 税收征管

（1）纳税年度。公司所得税按纳税年度计征。

纳税年度一般同公历年度。采用复式记账法核算的公司纳税年度可以以 6 月 30 日为结束日。对于由外国公司控股超过 50% 以上的公司，可以以外国公司的会计年度为纳税年度。纳税年度不得超过 12 个月，除非公司在某年年中开业、结业，则在此情况下纳税年度可以少于 12 个月。

（2）纳税申报。公司所得税申报表必须在纳税年度结束后 6 个月内提交。从 2011 年起，所有纳税申报表都必须采用电子申报表。

（3）税款缴纳。最终所得税和预缴所得税应平均分为 8 次缴纳，在提交所得税申报表时缴纳最终所得税。预缴税为所得税的 100%。对于新成立的公司，预缴税在前 3 年可以减少 50%。上一年缴纳的预缴税可以抵免。多缴的预缴税款可以退还。

（4）事先裁定。没有这方面的规定。公司可以向税务机构以书面情形提交疑问。收到的答案对税务审计员没有约束效力。但是，如果公司按照给出的答案行动，则不会受到任何处罚。

自 2014 年 1 月 1 日起，开始实施预约定价协议（APA）制度，经批准的 APA 的有效期为 4 年。

（二）居民企业之间交易的税务处理

1. 企业集团的税务处理

希腊不存在集团税制。所有的实体都需要单独纳税，并且损益不能在集团内部成员之间

① 校注：前面说此项优惠从 2011 年 12 月 31 日期生效，此处又说此时失效，显然原文有误。

转移。

2. 居民企业之间的股息红利

自2014年1月1日起参股免税制度正式生效。在该制度下，集团内部的股息派发以及由当地的企业股东接受时可以免于缴纳公司所得税，前提是：

（1）派发股息的公司是欧盟母子公司指令所规定的公司；

（2）股息的接受者至少持有10%的具有投票权的股份；

（3）派发股息的实体不属于“不合作国家和地区”的居民企业；

（4）参股期至少24个月（如果参股时间较短，免税条件可能仍然适用，前提是纳税人同意向国家缴纳等同于其应税金额的保证金）。

（三）其他类型的公司所得税

希腊没有地方所得税。但有的市政府对餐饮业、娱乐业企业按毛收入征收市政税，税率分别为0.5%和5%。

自2015年1月1日起，电视台从商业广告上获得的电视广告收益需要缴纳特殊税。税金由广告企业或广告代理承担，并由电视台开具发票。税率为20%。

（四）国际税收

1. 居民企业

（1）境外经营所得和资本利得。居民公司需要为他们的海外所得与资本收益缴纳税金。因此，来自海外的所得与资本收益都被计入公司的应纳税的所得。除非适用参股免税规定，来自海外的股息也需要计入居民公司的应纳税所得。

希腊税务机关明确规定，在希腊支付的海外股息不征收预提税。但海外股息在汇回希腊时需要征收预提税，税率为15%。

符合参股免税规定的股息，不征预提税。

欧盟公司之间根据利息和特许权使用费指令规定支付的任何利息，都不征收15%的预提税。

（2）境外亏损。居民公司在海外业务活动中产生的亏损既无法与国内所得抵补，也无法转结，除非该所得是在EU或EEA成员国产生的，并且假设其没有在希腊双边税收协定基础上获得减免。

（3）避免双重征税。希腊居民公司在国外已纳税款允许抵免，抵免额以其海外所得按希腊国内税法计算的应纳税额为限。有税收协定的，按协定规定办理。

2. 非居民企业

非居民公司指的是不是在希腊设立的公司。那些通过在希腊的常设机构开展业务的外国公司仍被视为非居民公司。

（1）一般所得和资本利得的课税。在希腊拥有常设机构的非居民公司通过该常设机构产生的所得与资本收益需要缴纳希腊的公司所得税。

此外除非税收协定另有规定，否则非居民公司直接来自希腊的所得（例如利息、特许权使用费、资本利得）都算作其常设机构的所得（引力原则）征税。

常设机构所得的计算方法与居民公司遵循相同的规则。非居民公司的公司所得税率通常与居民公司的普通税率相同。

除非税收协定另有规定，在希腊没有常设机构的公司取得来自希腊的所得（例如股息、利息、特许权使用费和服务费）需要缴纳预提税，而无须再缴纳希腊的公司所得税。

自 2014 年 1 月 1 日生效之日起，在希腊没有常设机构的非居民公司无须缴纳资本利得税。海外运输公司以海外名义在希腊运营的船只可以在互惠原则的基础上免交希腊公司所得税（但是以希腊名义运营的船只需要缴纳船舶吨税）。

（2）征收管理。在希腊拥有常设机构的非居民公司的纳税申报要求与居民公司相同。

在希腊没有常设机构的非居民公司，则缴纳预提税，无须纳税申报。

3. 非居民企业预提税

（1）股息。符合税收协定或欧盟母子公司子令规定分配的股息，免征预提税；否则由居民公司向未在希腊开设常设机构的非居民公司派发的股息和利润需要征收 10% 的预提税。

（2）利息。符合税收协定或欧盟利息与特许权使用费指令规定的利息支付，免征预提税；否则希腊居民公司向没有在希腊设立常设机构的非居民公司支付的利息需要征收 15% 的预提税。

（3）特许权使用费。希腊居民公司向没有在希腊设立常设机构的非居民公司支付的特许权使用费需要征收 20% 的预提税。有税收协定的按协定税率征税。

（4）其他。没有在希腊设立常设机构的非居民公司所获得来自希腊的技术服务、管理服务、咨询服务费以及类似服务的费用都需要征收预提税，税率为 20%。

（五）反避税

1. 概述

在希腊的一般反避税条款中，任何一个（一系列）以避税为目的并产生了税收利益的人为安排都可能不被税务机构所认可。税务机构将根据实质重于形式的原则对其进行合理调整。

在 2014 年之前，希腊没有一般反避税规定。

2. 转让定价

2014 年 1 月 1 日起希腊引入转让定价制度，对关联交易适用公平交易原则。对关联公司之间的交易没有遵循公平交易原则的，税务机关有权进行调整。关联公司从事关联交易，必需保存完整的交易记录。当对应会计期内关联公司总收益不超过 500 万欧元，两者之间关联交易的单笔交易额没有超过 10 万欧元或总交易额未超过 20 万欧元的，可免于交易记录。

3. 资本弱化

根据希腊现行资本弱化规则，允许税前扣除的利息支出净额不能超过按“息税折旧摊销前利润”（EBITDA）以下列比例计算的限额：2014 年 1 月 1 日起为 60%；2015 年 1 月 1 日起为 50%；2016 年 1 月 1 日起为 40%；2017 年 1 月 1 日起为 30%。不过，在 2015 年 12 月 31 日以前，500 万欧元以下的利息净支出不受上述限额的限制，可以全额在税前扣除；自 2016 年 1 月 1 日起 300 万欧元以下的利息净支出可以全额税前扣除。

以上资本弱化规则不适用于信贷机构、出租与保付代理公司或其他特殊经营公司。

4. 受控外国公司

2014 年 1 月 1 日前，希腊不存在受控外国公司（CFC）制度。

自2014年1月1日起希腊的CFC制度生效。根据该制度，希腊居民公司在海外的受控外国公司（CFC）的未分配利润也要计入居民公司的应税所得在希腊缴纳公司所得税。

希腊居民公司的国外公司虽然符合规定的CFC条件，但是，如果该CFC是EU或EEA的居民公司并且所在国家或地区与希腊签署有税收信息交换协议，则上述CFC制度不适用于该CFC，除非该CFC所开展的商业活动可以被视为存在税收规避意图。

二、个人所得税

（一）一般规定

1. 纳税人

原则上，所有在希腊取得所得的个人，都是个人所得税纳税人，无论其是否为希腊公民或者永久居民。如果个人的永久住所或者习惯性住所在希腊，则为希腊的个人居民纳税人。如果个人在一个日历年度内在希腊停留的时间超过183天，则被视为其习惯性住所在希腊。

已婚个人通常分别纳税，18岁以下儿童原则上与父母共同纳税。合伙企业的合伙人视为单独的应税个人。

2. 应纳税所得

（1）概述。从2014年1月1日起，个人应税所得分为以下四类，分别征税：

①就业所得和养老金所得；

②经营所得；

③投资（资本）所得（股息、利息等）；

④资本利得（转让房地产、股票、债券等）。

2014年之前，个人所得税是对纳税人的总所得征收。

（2）免税所得。下列就业所得和养老金所得，免交个人所得税：

①外交官的工资和在欧盟或国际组织工作人员的工资；

②依据法院命令或由公证人的公证协议收到的赡养费；

③退伍军人和战争受害者取得的养老金和抚恤金；

④支付给残疾程度在80%及以上的严重残疾人员的工资或养老金；

⑤失业救济金，条件是纳税人每年其他来源的收入不足1万欧元。

受希腊管理的外国船只，其非居民军官及普通船员，免交个人所得税。

3. 就业所得

（1）工资、薪金所得。就业所得包括由个人提供服务带来的各项的所得，主要包括：

①某一法律实体的主管或董事会成员取得的所得（对于董事会特定成员从源头征税的规定从2014年1月1日起废除）；

②受薪律师的所得；

③按书面协议提供服务的所得；

④按照养老金计划一次性或定期取得的养老保险金；

⑤解雇费（适用代扣代缴制度）；

⑥雇佣关系开始之前收到的福利；

⑦上市股的股票期权（2014 年之前，这类收入被认为是自由职业者的收入）；

⑧收到的与目前、过去或未来雇佣关系相关的其他任何利益。

以下费用在一定范围内可从就业所得中扣除：餐补（每天 6 欧元）、差旅费、健康医疗保险费（每年 1 500 欧元）。

（2）实物福利。取得的实物福利，如果市场价值大于 300 欧元，就应计入应税所得纳税。

①公司的汽车福利：单位员工、股东或合伙人提供的汽车福利，按汽车折旧费和其他相关费用的 30% 计算所得。2014 年之前，该应税所得按汽车造价的 15% ~30% 计算。

②公司的贷款福利：2014 年 1 月 1 日起，通过签订书面协议，雇主提供给雇员、合伙人或股东的贷款，就实际利息和按市场利率计算的利息之间的差额纳税。未签订书面贷款协议的，应税所得按贷款金额计算，超过 3 倍月薪的预支款项构成一笔贷款。2014 年 1 月 1 日之前，对此未作规定。

③公司的住房福利：公司员工、合伙人或股东居住公司安排的公寓，每年的应税所得为住房实际价值的 3%。如果公寓以出租的形式提供给个人居住，则应税所得等于租金（与 2014 年 1 月 1 日之前的情况相同）。

（3）养老金所得。养老金属于就业所得，也适用于代扣代缴制度。

授予退伍军人和战争受害者的养老金和抚恤金免税。

（4）董事酬金。从 2014 年 1 月 1 日起，董事、合伙人和管理人员的薪酬属于就业所得。

4. 经营和劳务所得

2014 年 1 月 1 日之前的经营所得，专业服务（律师、医生、牙医、兽医外科医生、心理学家、物理治疗师、经济学家、商业顾问、会计师、税务顾问、计算机分析师、计算机程序员和歌手等服务）所得、合伙经营所得和农业经营所得之间的差别对待取消了，现在所有这些所得都视为经营所得。

净应税所得是经营总收入减去允许扣除的营业费用、折旧和实际发生的坏账等以后的余额。总收入还包括出售经营性资产的所得款项。

允许扣除的费用指在正常业务过程中实际发生的，账簿中已记录的，并有证明文件的费用。

5. 投资所得

投资所得是指个人获得的股息红利、利息、特许权使用费及不动产投资所得，可以是现金或实物形式。

（1）股息红利。股息红利按税率为 10% 征收预提税。2013 年预提税税率为 25%。

（2）利息。利息按 15% 税率征收预提税。

个人获得的以下利息免交个人所得税：

①希腊政府的长期国库券或短期国库券的利息；

②欧洲金融稳定机构（EFSF）发行的用于希腊债务重组的债券利息。

（3）特许权使用费。特许权使用费是指个人因提供版权、专利、商标等的使用权而取得的收入，比如文学、艺术、科技成果（包括电影和用于商业开发或供个人使用的软件）的版权，专利权，商标权等。它按 20% 税率征收预提税。

2014 年 1 月 1 日之前，居民特许权使用费收入计入普通应税所得按累进税率征税，只有版权使用费缴纳预提税。

(4) 不动产收益。不动产收益是指来源于以下方式的收入:

①租赁;

②自用;

③免费使用土地和建筑物。

从2014年1月1日起,不动产租赁不再采用推定收入法。自用或免费使用情况下,收入推定为不动产实际价值(由财政部确定)的3%。免费提供给上代或下代亲属作为主要住宅的房屋面积达到200平方米的,按推定所得对使用者征税。

房屋为个人所有的,税前可扣除金额为装修及维修改造等费用支出的5%。

2014年1月1日之前,针对上述收入要征收1.5%的附加费,针对房屋面积超过300平方米或出租用于商业用途的房屋要征收3%附加税费,现已废除这些规定。

不动产收益的适用税率为,不超过12 000欧元的部分为11%,超过部分为33%(税率同2013年)。

6. 资本利得

(1) 不动产利得。资产不动产转让实现的资本利得按15%的比例税率征税,只要这些转让行为不属于经营活动。

资本利得是指购买价格和销售价格之间的差额。为消除通货膨胀因素的影响,对该利得基于已持有年数进行缩减调整,持有时间越长,缩减后的应税利得越低(见表1):

表1　　不动产利得的缩减率　　单位:%

持有年限	缩减率	持有年限	缩减率	持有年限	缩减率	持有年限	缩减率
1	100	8	87.8	15	76.4	22	65.7
2	98.2	9	86.1	16	74.8	23	64.2
3	96.4	10	84.5	17	73.2	24	62.8
4	94.7	11	82.8	18	71.7	25	61.5
5	93.0	12	81.1	19	70.2	26+	60
6	91.2	13	79.5	20	68.7		
7	89.5	14	77.9	21	67.2		

对于持有房产满5年后进行转让,而且持有期间未转让过其他房产的,上述调整的应税利得还可以得到不超过2.5万欧元的扣减,即只就超过2.5万欧元的部分征税。

不动产转让也需按销售价格的3%缴纳转让税。

2015年1月1日起,至2016年12月31日,在此期间发生的不动产的转让实现的资本利得暂免征税。

(2) 股票。个人应就其某些证券转让以及业务整体转让等过程中获得的资本利得按15%的比例税率缴纳所得税,条件是这些转让不属于营业活动。以下财产转让的资本利得属于应税所得:

①上市或非上市公司股权;

②合伙企业参股份额;

③长期国库券和短期国库券或公司债券;

④金融衍生产品。

资本利得通常是指购买价格和销售价格之间的差额，售价指在转让过程中由金融机构出具的相关文件中列示的价格。非上市公司股票转让的资本利得的计算适用特殊的规则。购买价格无法确定的情况下，视其为零。

转让雅典证券交易所上市的股票还要另外缴纳 0.2% 的转让税。

对于 2009 年 1 月 1 日之后购买的上市股票，如果销售者在出售该股票时拥有不到 0.5% 的股份，则免交 15% 的资本利得税。

在 2014 年 1 月 1 日之前，转让未上市股权的资本利得适用 5% 的税率，转让雅典证券交易所上市股票的资本利得则免税。转让独资企业、合伙企业或有限责任公司的资本利得，如果是由于退休转让给特定的人的免税，除此之外根据转让对象的类别（分别为第一类和第二类）缴纳 5% 或 10% 的税。

7. 个人扣除、宽免和减免

（1）扣除。支付给社会保险机构（IKA）的社会保险费可全额扣除。

（2）宽免。没有个人免税额规定。

（3）抵免。现在有以下税收抵免规定：

①生活费抵免：如果纳税人个人及家庭的合理生活费用支出占就业所得（包括养老金）的 10% 以上，那么该部分费用可以在限额内抵免：纳税人应税所得不超过为 21 000 欧元的，抵免限额 2 100 欧元；应税所得超过 21 000 欧元的，每超过 1 000 欧元（四舍五入至千位）抵免限额就减少 100 欧元，这就意味着当应税所得超过 42 000 欧元时，就不能享受此项生活费抵免优惠了。

为了申请享受该税收抵免，纳税人需要提供发票以证明生活费用至少占应税所得的 10%（2014 年 1 月 1 日之前是 25%）。如果提供的发票价值未达到要求的数额，不足部分按 22%（最低的所得税率）税率纳税。

合理生活费用范围等由财政部规定。

②医疗费抵免：纳税人年度医疗费用可以按规定享受抵免，即当纳税人的年度医疗费用超过其年应税所得的 5% 时，就超过的费用部分，按 10% 的比例抵免，而且最高不能超过 3 000欧元。年度医疗费用指的是纳税人或他的家属支付给医生和医院的、不在社会保险基金或保险公司支付范围内的费用。合理的医疗费用也包括为那些患有不治之症、智障或失明，或其年度总应纳税所得额未超过 6 000 欧元的未婚子女和单亲孩子支付的医疗费用。

③捐赠支出抵免：向州、州立大学、教堂、其他公共机构和慈善机构捐赠金额的 10% 可以获得抵免。但是抵免额不得超过家庭申报的总所得额的 5%。这类捐款必须是汇入受赠人为此开设的特定的银行账户中。向州立医院捐赠的医疗设备和救护车的金额也可获得抵免。捐赠额至少达到 100 欧元才有资格获得上述抵免。欧洲经济区的居民若其全球收入中至少 90% 来自希腊，也可以申请获得上述抵免。

8. 亏损

纳税人个人的经营活动发生的亏损准予向以后年度结转 5 年。

个人转让不动产、股票发生的资本损失，可用同一来源的收入进行弥补并可无限期结转。

在 2014 年 1 月 1 日之前，纳税人任一类型收入的损失可用纳税人同一年度内其他类型收入进行弥补。应税个人的经营亏损处理与企业相同，即可以用当年度其他类型的收入弥补，未抵消余额可以在之后5年内结转。损失不能向前结转也不能转给配偶。

9. 税率

（1）收入和资本利得。四种不同来源的应税所得适用不同的税率。

①就业所得：从2014年1月1日起纳税个人获得的就业所得（包括工资和养老金）按税率累进征收（见表2）。

表2　　就业所得适用税率表

应纳税所得额（欧元）	税率（%）
25 000及以下	22
25 000～42 000	32
42 000以上	42

注：税率和税级与2013年度相同。

悬挂希腊国旗的商船队、悬挂任意国国旗的国际运输船队及从事国内航行船队的常驻船长或高级船员，按15%的比例税率纳税。常驻普通船员按10%的比例税率纳税。

2014年1月1日至2015年12月31日期间，纳税人所在岛屿居民人口少于3 100人的，第一税级25 000欧元提高50%。

②营业收入：

个人（而非一个法律实体）取得的应税经营所得，适用税率为：50 000欧元以内26%，超过部分33%（同2013年）。

对于在2013年1月1日及之后开始经营的应税个人，前三个会计年度内若能证明其应纳税所得额不超过10 000欧元，则按26%税率减半纳税。

从事农业活动的经营所得按13%的比例税率纳税。

一个人财产的增加如果是无法证实的或者是非法经营的结果，则应视为经营所得按33%的比例税率纳税。

2014年1月1日至2015年12月31日期间，纳税人所在岛屿居民人口少于3 100人的，第一税级50 000欧元提高50%。

（2）预提税。

①就业所得：

工资薪金和养老金适用所得税扣缴制度，由雇主进行源泉扣缴。

扣缴额按如下方式计算：

A. 计算净年薪；

B. 根据净年薪所对应的税级确认年度应纳税额；

C. 减去生活费的税收抵免额；

D. 最后减去1.5%的折扣。

②解雇费：

从2014年1月1日起，解雇费的接收人有权享受60 000欧元的扣除额（即第一个60 000欧元是不征税的）。剩余部分的税率（见表3）：

表 3 解雇费适用税率表

应纳税所得额（EUR）	税率（%）
0～40 000	10
40 000～90 000	20
90 000 以上	30

③一次性或分期养老保险金：

根据团体养老金计划一次性或分期收到的养老保险金入最终适用代扣代缴制度，税率为：

A. 定期收入，按 15%；

B. 一次性总收入不超过 40 000 欧元的，按 10%；

C. 一次性总收入超过 40 000 欧元的，按 20%。

如果提前买断或赎回，上述税率提高 50%。提前买断或赎回不包括以下受益人有权买断或赎回的情况：

A. 养老金；

B. 年龄已达 60 岁；

C. 由于离职或雇主破产情况下的收入。

④专业服务所得

当国家和企业支付给自由职业者的金额超过 300 欧元时（每次支付），需要代扣代缴 20% 的所得税。自由职业者包括医生、律师、会计师及其他专业人员。

⑤投资所得

股利分红和其他利润分配征收预提税，税率为 10%（2014 年 1 月 1 日之前为 25%）。该预提税为最终税。

利息所得，不符合免税条件的，征收预提税，税率为 15%。该预提税为最终税。

特许权使用费征收预提税，税率为 20%。该预提税为最终税。

10. 税收征管

（1）纳税年度。税款所属期间是指一个纳税年度，对于自然人而言，纳税年度与日历年度一致。

（2）纳税申报和评估。所有 18 岁及以上的居民个人，以及有来自希腊所得的非居民个人，有义务进行纳税申报。

如果税收评估额小于已扣缴税款，多缴税款将退还给纳税人；反之，不足税款需补缴。

2015 纳税年度的纳税申报的应在 2016 年 4 月 30 日之前完成。通常情况下，纳税评估是基于纳税人纳税申报表上所申报的收入进行的。如果申报的收入不能被接受作为纳税评估的基础，税务机关可以基于纳税人的推定收入进行评估（即税务机关可以根据纳税个人的支出核定其收入）。推定收入针对单一纳税人设定的最小值为 3 000 欧元，针对已婚夫妇设定的最小值为 5 000 欧元。

夫妻联合报税时每一方应承担其共同收入份额中对应的应纳税额。配偶每一方可以就其各自的收入享受相应的税收抵免，配偶一方的损失不能冲抵消另一方的所得。

18 岁以下儿童的收入是在父亲或监护人的名下纳税，但是下列情况下孩子的收入需要单独纳税：

①孩子个人获得的收入；

②由于父母死亡而支付给孩子的养老金。

（3）税款缴纳。纳税人（受薪人员和养老金领取者除外）需要提前缴纳下一个纳税年度的税款，预付额为当年所得税的100%，2015纳税年度的预付率为75%。

最后经评估确定的应交所得税，分三次等额支付，每两个月支付一次，第一份应付税款应于纳税人接到税务机关的通知后次月的最后一个工作日或之前支付。然而，所有分期付款必须在所评估的纳税年度内支付。

如果应纳税额小于扣缴税款额，多缴税款将予以退还。

（4）事先裁定。没有适用于个人的事先裁定制度。

（二）其他所得税

1. 地方所得税

希腊没有地方所得税。

2. 特殊团结税

2010～2015纳税年度，社会团结税就纳税个人的年度净个人收入超过12 000欧元（获得或视同获得的收入）的部分按税率征收（见表4）。但对于特定类型的纳税人如失业、失明等个人免予征收。

表4　　特殊团结税税率表

应纳税所得额（欧元）	税率（%）
0～12 000	0
12 001～20 000	0.7
20 001～30 000	1.4
30 001～50 000	2
50 001～100 000	4
100 001～500 000	6
超过500 001	8

3. 特殊的年度创业特别税

从2013纳税年度起，专业人士（会计师、医生、律师等）和个体工商户每年缴纳650欧元的年度创业特别税。2013年以前的征收额如下：

（1）如果纳税人团体在一座居民人口超过20 000人的城市或者被列为旅游胜地的城市营业，需要缴纳500欧元；

（2）如果在其他地方营业，缴纳400欧元。

（三）国际税收

1. 居民个人

（1）境外所得和资本利得。希腊居民来自境外的就业所得、经营所得应计入他们的应纳税所得额中。无论税收协定是否适用，准予在应纳税额中扣除境外已缴纳税额。

希腊境外活动产生的损失一般只能抵减来自境外的利润。但是，这些损失也可以抵减来自欧洲经济区成员国的利润，只要这些利润不在希腊签订的双重税收减免协定的豁免范围内。

股息、利息、特许权使用费等所得项目同前述规定征收预提税。

希腊居民源自境外的资本利得应计入其应纳税所得额。前述规定一般也适用于源自境外的收入（所得税法中没有明确提及如何对这样的境外收入征税）。无论税收协定是否适用，准予在应纳税额中扣除境外已缴纳税额。

（2）双重征税减免。纳税人从境外取得所得，准予其在应按税额中扣除已在境外缴纳的个人所得税税额。但扣除额不得超过该纳税义务人境外所得依照希腊税法规定计算的应纳税额。

允许的抵免额应该根据收入来源国分国分别计算。计算应纳税所得额时，在国外缴纳的除所得税之外的其他税费可以扣除。

2. 侨民

对此没有特殊的规定。

3. 非居民纳税人

（1）对所得和资本利得征税。

①一般所得和资本利得。非居民个人来自希腊的任何所得都要缴纳公司所得税，与希腊居民适用相同的税率。在计算收入时，居民的收入计算规则通常也同样适用于非居民。但是，非居民不能享受居民所能享受的各种关于总收入的减免政策），除非他们是欧洲经济区国家的居民而且全球收入中有至少90%来自希腊。

②就业所得。非居民在希腊工作而获得的就业所得适用于希腊居民的预提税制度。在终止雇佣时支付给非居民的报酬也是应税收入，即使支付日非居民已经离开希腊。来自希腊的养老金也是应税收入。对工资薪金和养老金的扣缴税额可以抵减最终的应纳税额。

③经营所得专业服务所得。独资经营的非居民个人或自雇职业人员属于非居民个人的，其在希腊获得的所得被视为通过常设机构获得的所得按正常规定纳税。

④投资所得。非居民个人来自希腊的投资所得征收预提税，税率同国内规定，即股息红利为10%；利息为15%；特许权使用费为20%。

⑤资本利得。非居民转让希腊不动产实现的资本利得同国内利得一样征税。非居民个人转让希腊公司股票（上市或非上市）、希腊参股公司股权等获得的资本利得应缴纳15%的预提税。但是，如果非居民个人所在国与希腊签订了避免双重税收协定，免交资本利得税，但需向希腊税务机关提交户籍证明。

（2）征收管理。除了征收预提税的以外，非居民个人的其他所得税税款通过纳税评估确定，与国内居民适用相同的规定。

三、增值税

（一）一般规定

1. 概述

希腊增值税法于1987年生效，并且经过修订与欧盟增值税指令保持一致。该税项应由货物与劳务的最终消费者承担。

希腊自2010年1月1日起引入并实施了2008/8号法令修正案。修正案对服务的提供地点做出了规定。根据新的规定，向某个应纳税者提供服务的地点即是接收人营业处所的地点，而向某个非纳税者提供服务的地点则是供应者提供业务的地点。

2. 纳税人

所有提供商品和劳务的个人和法律实体，都必须登记成为增值税纳税人，不设起征点。

3. 增值税的征税范围

在希腊境内提供货物和劳务，向希腊进口货物，或者欧盟成员国之间购置货物，都要缴纳增值税。

4. 应税收入

应税收入包括提供货物和劳务向对方收取的全部价款，进口货物的包括进口环节缴纳的关税和消费税。

5. 税率

从2010年7月1日起，增值税标准税率为23%。从2011年1月1日起，基本必需品的优惠税率为13%，宾馆住宿或其他类似设施、药品和疫苗等适用的超级优惠税率为6.5%，该税率还适用于儿童图书、服装和图画书等。2015年7月16日，6.5%税率降至6%。

在2015年10月1日前，多德卡尼斯群岛、基克拉迪群岛和东爱琴海岛屿地区增值税适用税率为16%、9%和5%，2015年10月1日起，将逐步按全国统一税率征收。

6. 免税项目

增值税免税分为两种情况，一种是免税但是不允许扣除进项税；一种是免税而且可以扣除进项税，即实行零税率。前一种情况包括提供社会或文化性质的劳务（如医疗服务、教育服务），以及向欧盟成员国居民提供保险、融资和银行服务等。第二种情况包括欧盟成员国内部提供商品和劳务，向非欧盟成员国出口货物和劳务，以及不动产租约等。

（二）非居民纳税人

在希腊成立的非居民公司与居民一样需要缴纳增值税。其他在希腊提供应税产品的非居民公司必须指定一名税务代表负责VAT事项，除非他们只提供对方付费型服务。但是，在1992/2002法令颁布后，当供应者是另一个欧盟成员国的应纳税居民，但并未在希腊设立常设机构的情况下，该人员仍然需直接承担VAT义务。自2006年1月1日生效后，该人没有义务指定一名纳税代表（尽管目前希腊税务机构并未采用）。

欧盟居民、非欧盟居民在互惠主义的指导下，没有在希腊建立常设机构并且接受需缴纳VAT的希腊企业提供的服务或产品时，则有资格申请特殊条件下的VAT退税。

四、消费税

烟草、酒精与矿物油都需要根据欧盟法律缴纳消费税。

五、社会保障税

希腊政府规定，雇主和雇员都必须向社会保障机构（IKA）缴纳社会保障税。社会保障税在雇员月毛收入（包括：工资、薪金、奖金、附加福利，以及分配给雇员的利润等）基础上计算。有最高限额规定。超过限额的报酬无须缴纳社会保险税。自 2013 年 1 月 1 日起，社会保障税税基的最高月薪限额为 5 543.55 欧元/人。

（一）对企业征收

雇主缴纳社会保障税的税率为 24.56%。如果工作为重体力劳动或存在风险，则税率相应提高。

社会保障税可以在公司所得税前扣除。

（二）对个人征收

从 2011 年 8 月 1 日起，白领雇员按照 16.5% 的税率缴纳社保税，蓝领工人按 19.95% 的税率纳税。雇员缴纳的社保税由雇主预扣。该税可以在计算个人所得税前扣除。雇员的社会保险费由雇主代扣代缴。

大多数自雇人员必须按月或一次性向自由职业保险组织（OAEE）缴纳社保税。2011 年，对于 1993 年 1 月 1 日之前参保的人，每月强制纳税的税基范围在 242.41 欧元到 602.85 欧元；之后参保的人，税基范围在 195.47 欧元到 709.01 欧元（2015 年仍然适用），具体税基额取决于参保年限。

另外，所有被保险人都需要每月额外向 OAEE 协会基金一次性支付 15 欧元。

（龚辉文　编）

中国香港税制

香港是中华人民共和国的一个特别行政区。香港的主要税种有利得税、薪俸税、物业税、消费税、印花税和博彩税等。香港不征收增值税。

香港在2006年2月11日废除了遗产税，从2008年7月1日废除了宾馆住宿税。从2012年6月1日起，废除了资本税。

一、公司所得税

（一）一般规定

1. 税制类型

香港的公司所得税被称为利得税，实行属地原则的税制，因此仅对发生于或来源于香港的应税所得或利润征税。

2. 纳税人

纳税人包括任何在香港取得收入或有来源于香港收入的人。“人”包括公司；合伙企业；受托人，不管是否组成公司；社团。在香港从政府机关、雇佣关系或者退休金等取得收入，或者收到发生在或来源于香港的应税利润的个人从税务条例的目的来看也是纳税人。

“公司（法人）”是指在辖区范围内或任何其他地方根据法令或章程合并或者注册的但不包含合作社或工会的企业。“人”，包括在香港进行或被认为进行贸易、商业或职业的居民和非居民，他们有义务就其来源于香港的应税利润缴纳利得税。当非居民通过代理人在香港经营时，不管代理人是否收到利润，非居民都应该就其发生在香港的所有利润直接或者以代理人的名义纳税。

如果一个公司的中心管理和控制机构在相关课税年度内在香港运行，那么该公司就是居民。

然而，因为香港实行的是属地原则的税制，因而纳税义务并不是由居所情况决定，而是由收入来源而定。没有一个通用的体系来参照纳税人的居所对收入或资本利得征税。为确定应税收入，居民和非居民被同等对待，收入来源是确定一个人纳税义务的最重要的因素，而并不是居所情况。

3. 应纳税所得额

（1）一般规定。“所得”一词不是在香港的税法中定义的。下列是应税所得或利润：

——从政府机关、雇佣企业或退休金取得的收入

——来自贸易、商业或职业的应税利润

——土地或建筑的应纳税价值

——发生在或来源于香港的收入。

因此在香港从事贸易、职业或商业而获取的发生在或来源于香港的应税利润都应该根据税务条例第五部分规定缴纳利得税。某些来源于香港境外的收入被认定为来自香港的收入。在香港税法中利润的来源是一个非常重要的概念，因为在香港的属地原则的税制下，只有发生在或来源于香港的利润才应该纳税。税务局密切关注纳税人试图建立一个人为的利润的海外来源的情况。如果收到税务局的要求，纳税人就必须提供必要的信息来证明利润不是来源于香港的证据。

为了更好地阐明这个问题，香港税务局于1992 年 11 月颁布了关于利润来源的利润来源地释义及执行指引第 21 号。释义及执行指引第 21 号的目的是为了阐明税务局认为哪些是由枢密院和终审法院在各种案件中确立的一般原则，并提供适用这些原则的具体例子。列举的决定利润来源的基本原则有：

①利润来源问题是一个困难和有实际意义的问题。没有普遍的准则能覆盖所有的情况。

②广泛的指导原则是一个人必须看清纳税人已经做了哪些事情来赚取有争议的利润以及他在哪儿做的。这排除了关注其他一些团队（除非完全认证的代理机构）为了获取利润已经做的事情。

③香港和海外利润的不同是由于引用缘于个人事务的总利润造成的。

④在一些情况下，来自个人事务的利润发生在不同的地方，这些利润可以部分被分配为来自香港，部分来自香港之外。

⑤日常投资决策被执行的地方通常不能决定利润的来源地。

⑥一个香港商业海外常设机构的缺乏本身并不意味着所有的利润发生或来自香港。

（2）免税收入。一般有三种类型不需缴纳利得税：不在收费范围的收入；明确不需要纳税的收入；明确免税的个人或个体。发生在或源自香港境外的收入在征税范围之外。下列这些属于免税利润：

——股利分红；

——已经由其他个人的名义收取的贸易，职业或商业的利润。

下列这些收入不需要缴纳利得税：

——由税务局局长签发的储税券产生的利息；

——根据《贷款条例》或《贷款（政府债券）条例》发行的债券的利息，以及该债券的销售或其他处置或到期赎回带来的利润；

——外汇基金债务票据的利息，及该票据的销售或其他处置或赎回带来的利润；

——以港元进行的多边机构债务票据的利息，及该票据的销售或其他处置或赎回带来的利润；

——长期债务工具的利息，及该票据的销售或其他处置或赎回带来的利润或收益；

——与规定的投资计划相关的收入，或共同基金、信托基金或相似的投资计划的收入

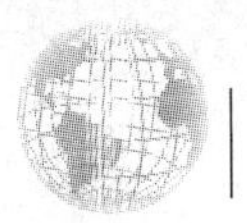

下列个人或个体是免税的：

——对慈善机构和公众信托基金，其获得的利得仅仅被用于慈善目的，而且实质上没有向香港境外支付；

——俱乐部，行业协会或相似的机构，其从会员获得的收入不少于收入总额一半，总收入还包括入场费以及捐献（税务条例第24条）。

此外，行政长官会同行政会议可以奉命对一个个人，办公室或机构免除所有或部分应纳税额。

（3）折旧与摊销。

①一般原则。资本性质的支出不能扣除。但税务条例第18F条根据第五部分的规定，对关于完全或部分用于生产应税利润的资本资产的支出，允许最初的和之后的年度免税额。允许的免税额关于：

A. 工业建筑物；

B. 商业建筑物；

C. 机器和工厂。

资本性支出是获得一项资产的净成本。它不包括被偿还的费用或者归因于任何拨款，补贴或相似的财政资助的支付。它也不包括出于利得税目的可以被扣除的收入性支出。

②要求折旧的权利。建筑物或构筑物的折旧的扣除的申请人必须要因那项资产而取得相关利息。“相关利息”是指给发生支出的个人有权从建筑或构筑物获得的利息。

③不动产。

A. 工业建筑或构筑物。“工业建筑及构筑物”被定义在税务条例第40条中，是指用于特定商业目的的建筑物，构筑物或其一部分。有资格的资本支出的豁免如下：

B. 商业建筑或构筑物：初期免税额。个人或发生费用的个人在发生费用的年度允许一个相当于建筑物的资本支出的20%的免税额。如果建筑物的成本是分期付款的，初期减免将在课税年度内根据实际支付的金额获得。

建筑或构筑物在使用之前就已经获得了减免，随后被用于工业目的的，那么免税额将被取消，必要时还要进行修订的核定。个人处理其在未使用的建筑或构筑物上的利息时，利息的购买方将被认定为在建筑物上发生了资本性支出，该部分支出相当于为相关利息支付的净值和发生在建筑上实际费用的较小者。

C. 商业建筑或构筑物：年度免税额。如果一个建筑或构筑物被继续用于“工业”目的，原始投资的1/25的年度免税额被允许。折旧的免税额相当于无人认领的成本减去开支剩余额的差额的那个分数（1/25）。

“开支剩余额”是指基建支出和结余课税减去初期免税额，已经获得的年度免税额和结余免税额。当“相关利息”出售，购买者有权获得免税额，其相当于开支剩余额无人认领的部分，同时建筑物或构筑物仍是“工业的”建筑物或构筑物。对没有起初免税额和年度免税额被申请的年份，开支剩余额被相当于资本支出成本1/25的金额扣减（如果该项资产是1965~1966年开始使用的，为1/50）。

D. 工厂、机械和设备。关于机器，工厂的资本支出的折旧费用对所有为获得应纳税利润而运营贸易，职业或商业的个人都适用，工厂或机器的出租人除外。期初免税额和年度免税额都可以应用。

E. 商标和专利权。为获得专利权或专业技术权的费用通常可以扣除。

F. 其他资产。对机动车辆在其购买年份可以享受60%的期初免税额。在资产开始在商业中使用的年份，根据共同资金体系（余额递减折旧法），对费用实行30%的年度免税额。

G. 资产的停止使用，转让或处置。如果来自应计折旧资产的收入超过其税收折旧价值，税收折旧额一般需重新夺回，这也适用于应计折旧的在获得当年被全部注销的工厂和机器（生产厂房和机器，计算机硬件和软件）。因此，在处置年份，来自这些资产的销售收入一般被包含在应纳税利润中，直到资产的原始成本。对于商业或工业建筑的免税额也可以重新夺回，直到其原始成本。

（4）准备金。香港无坏账和呆账、资产置换及其他准备金和备付金的规定。

4. 资本利得

（1）综述。香港对资本收益不征税。但是，如果一项企业投机交易显示了贸易性质，那么对该交易的利润要征收利得税。对资本资产和变现没有规定。

（2）资本收益和损失的计算。为贸易和投资目的进行的特定的交易通过考虑纳税人在购买时的意图来决定。如果打算长期持有投资，那么任何收益有资本性质，都是免缴利得税。如果打算通过出售来获利，那么利润是收入性的并且需要纳税。在判定纳税人在购买时的义务，纳税人公开宣布的意图不是决定性的，只能由所有证据来决定。物业交易在香港是最多的诉讼问题。

不适用的资本利得豁免和延期。

5. 扣除

（1）一般原则。税务条例第16条规定支出和费用的扣除额为在任何期间内应纳税利润产生而造成的部分。如果没有特别规定，那么支出必然有收入的性质而且不是明确免税的。

①发生在应税利润产生过程中的支出。只有发生在应税利润产生过程中的支出可以享受免税。当有法律责任或支付义务时，就“发生”了支出。支付义务包括了接受负债以及面临到期债务。当支付是有条件时，纳税人没有发生支出，因为没有确定的债务要支付。

②有收入性质的支出。除特别提供的案件外，有收入性质的支出可以扣除。

③分摊。规则提供了支出和费用的一般分摊。不是完全，纯粹发生在利润产生过程中的支出在这个基础上分摊，因为在这种情况下其实是合理和恰当的。当发生的费用一部分与来自香港的利润有关，一部分与来自其他地方的利润有关，那么该支出根据最合适的贸易活动的基础进行分摊。分摊可以是对营业额，也可以是销售额，或者其他最适合有问题的业务的基础。

（2）雇员报酬。雇员报酬满足税务条例第16条规定的一般原则的可以扣除。

雇主做出的与雇员相关的或是与支付规定相关的付款可以扣除，但是对付款总额的扣除和/或规定被限制为雇员报酬的15%。

（3）董事费。“雇员”包括公司董事和参与公司管理的任何人。董事费的扣除与雇员报酬的扣除相似。

（4）股息红利。一般来说，股利分红不能够扣除。

（5）利息。发生在应纳税利润产生过程中的利息可以扣除。纳税人为借款支付的利息以及相关的费用比如律师费，代理费以及与借款相关的印花税都可以扣除。

（6）特许权使用费。在赚取应纳税所得发生时的特许权使用费可以扣除。

(7) 服务和管理费。特定的被允许的总公司的管理费用通过支付向本地分公司或子公司的转移可以扣除。

如果其都是商业实现的支付给服务公司的管理费用可以抵扣，服务公司向非公司经济实体（即独资经营或合伙企业）提供基础设施，行政管理或其他服务。

(8) 研究与开发费。研究和开发费用可以扣除，其包括市场，管理和业务研究，与设计相关的支出以及科技教育的支出。

发生在一个课税年度基期内的与科学研究相关的支出或费用可以扣除。科学研究必须是与贸易或经营相关的。

(9) 其他扣除。

①坏账和呆账。在确定应纳税利润时，如果呆账和坏账相应的数额已经包含在贸易收入中而且在基期内已经满足了评审员的规定，那么坏账和呆账可以扣除。对随后追缴的坏账和呆账允许其扣除，追缴的账务被看作应纳税利润。

已经进入债务人账户的债务在之后被部分或全部放弃，被放弃的数额被看作债务人的来自贸易、职业或经营的收入并应纳税。

②捐赠。向认定的慈善机构的合计不超过100港元的捐赠可以扣除，如果捐赠金额不超过调整后的应税利润的35%。

③其他。

A. 租金。为获得应纳税利润，承租人就其占有的土地或建筑物支付的租金是可以扣除的。雇主为雇员的公寓或住所支付的租金也可以扣除。当租金是支付给关联方时，租金抵扣额不能超过土地或房屋的应税价值。与任何财产租赁相关的额外收入不能扣除。

B. 修理。在应税利润生产中，发生在房屋、工厂、机器、工具、器具或物品上的收入性质的支出可以扣除。资本性质的支出，比如一项资产的改进，不允许扣除。必须认清修理和改进之间的区别。

C. 资产置换。在应税利润生产中，发生在相对便宜的器具、工具或物品的置换的费用可以扣除，不可以折旧。相对便宜物品的置换相当于产生收益资产的修理。

D. 商标，设计或专利登记。对用于产生应税利润的商品，设计或专利权注册登记的支出是可以扣除的。

E. 知识产权的获得。为获得用于产生应税利润的专利权或专有技术的权利的费用在计算所得时可以扣除。2011年4月1日生效的税务条例第16E条被修订，将知识产权的范围拓展到著作权，注册设计和注册商标。将专利权和专业技术的权利合称为知识产权。

当这些权利部分在香港部分在香港以外使用时，扣除必须是合理和适当的。

F. 减免税款的条件。纳税人因购买知识产权而发生的资本性支出，包括与购买相关的律师费和核定费用，如满足条件可以扣除。

G. 反避税规定（税务条例第16EC条）。为防范可能的避税活动，税务条例第16E条制定了反避税措施。

(10) 不可扣除费用。私人、家庭或资本性质的支出，或者不是为了生产应缴纳利得税的收入的支出不能从应税收入中扣除。

6. 损失

(1) 普通损失。只有在香港境内因从事贸易，职位或业务造成的发生在香港的亏损才允许从应课税利润中抵消。持续亏损可以无限期向前结转而且在未来纳税年度还可以从应课税利润中抵消，直到所有亏损都得到弥补。亏损不可以向后结转。

（2）资本亏损。资本性亏损不能扣除。

7. 税率

公司要按照16.5%的税率缴纳利得税（2008/09课税年度之前为17.5%）。对2014～2015课税年度的利得税实行75%的一次性减免，每单最高减免金额为20 000港元。优惠税率适用于合格债务工具利润以及再保险业务利润。

对资本收益不征税。

8. 税收优惠

（1）加速折旧。对下列资产实行加速折旧：

①作为对高附加值制造业投资的优惠，对发生在与生产相关的工厂和机器，以及被终端客户拥有的电脑软件和硬件上的支出实行100%的冲销；

②对商业楼宇的翻修或翻新发生的资本性支出实行5年期的冲销；

③2008年4月1日起，对符合规定的环保设备实行加速课税减免，即对发生在环保设备上的资本支出实行100%的扣除，对持续5年以上的环保装置每年实行20%的扣除；

④从2010/2011课税年度起，在购买年份对环保车辆上的资本支出实行100%利得税的减免。

（2）合格的债务工具。1996年4月1日生效的规定开始实行以在利息和处置或合格债务工具上的赎回利润的利得税的税率减半征收。这应用于1996年5月24日或之后发行的债务工具。

对期限在3～7年之间的合格债务工具的营业利润实行50%的利得税减免，对超过7年的实行100%的减免。

从2011年3月25日起，来自短期即期限不超过3年的合格债务工具的利息和交易利润50%的利得税税收优惠。

当从合格债务工具获得利息或交易利润的个人是债务工具发行人的关联方，同时获得的所得归其所有，那么其将不能享受特许的利得税待遇。

（3）投资抵免。对于一个特定的投资计划，任何收到的款项归于一个共同基金，单位信托公司或者相似的投资计划，那么该款项免征利得税。

（4）合格再保险业务。再保险公司获得的应税利润可以根据一个优惠税率来征税。

（5）离岸基金。从1996～1997课税年度起，一个非居民（个人，合伙人，信托财产受托人或公司）因特定个人执行或安排的特定交易以及执行那些特定交易附带的交易而在香港获得的应税利润免缴利得税，假定非居民在香港除了特定交易外不从事任何贸易，职业或经营，而且来自衍生交易的交易利润不能超过来自特定交易的交易利润总额的5%。

2015年3月20日，利得税免税范围向离岸私人股本基金的扩展由税务局提议。

（6）其他优惠。其他税收激励包括：

①对1998年6月22日及之后发生在香港境内认可机构（不适用于从金融机构获得的利息收入）的存单利息免税；

②对其他各种类型的利息免税；

③从2013/14课税年度起，对专业自保人实行税收优惠，对其海外风险保险业务的利得

税实行50%的减免；

④2014年11月沪港通作为证券交易和清算联结规划正式推出，其旨在实现大陆和香港之间的一个共同的市场准入。在沪港通体制下，香港证券交易所（SEHK）和上海证券交易所（SSE）将建立一个共同的买卖盘传递连接以及相关的技术基础设施，以使合格大陆投资者交易在香港证券交易所上市的合格证券，反之亦然。

9. 征收管理

（1）纳税申报。香港税务条例第9部分对应缴纳物业税，薪俸税，或利得税的个人就应用的纳税申报表的存放以及充分记录的维护制订了具体的规定以确定个人的纳税义务。

税务局一般会在4月初发放利得税申报表，完成的申报表应该在通知中公告的日期内（一般来说，从接到通知的一个月内）提交。之后在申报表披露的明细的基础上发行纳税核定报告。

每个应纳税的个人被要求在基期结束的四个月内告知税务局专员，除非其已经被估税员以书面形式通知要求申报表的寄存。纳税申报表必须在通知中规定的合理的时间内提交。如果一个人在最初的纳税申报表中提供的信息不足以进行纳税核定，那么其将被要求提供更全面，更久远的申报。

商业交易和租赁收入的详细记录必须被个人保存不少于7年，以确定应税利润。记录可以用英文也可以用中文保存。一个解散公司的记录或其他由专员规定的其他记录不需要保存。

当提供服务时，纳税人要保留足够的记录以证明日常的收支记录。

当个人终止贸易，职业或商业，或不再拥有应缴纳税收的收入，或地址改变，个人必须在终止或变更的一个月内以书面形式告知税务专员。

（2）核定。应纳税的个人将必要的纳税申报表寄放在税务局，在纳税申报表披露的明细的基础上，核定报告将发布。如果个人没有填写申报表，税务核定人员相信其应该纳税的，核定报告将在核定年度或6年内发布，如果骗税或故意避税被发现，在核定人员评定的应纳税数额的基础上，在相关年度之后的十年内，发行核定报告。

如果纳税人将要离开香港或它是应急的任何时候，核定员被给予任何时候签发核定报告的权利。即使纳税申报表没有发布，核定员也可以发布核定报告。

对下一年度的临时的核定报告通常与现在年度的纳税核定报告一起发布。

如果一个人被核定数额小于其合理数额，额外的纳税核定报告将在核定年份或6年内发行，对于骗税和故意避税，则是10年。

（3）对纳税核定的上诉。

①异议。对纳税核定的书面形式的异议必须在核定通知发布日的一个月内由税务局专员接收，其必须明确阐述异议的理由。在收到异议通知书后，专员必须考虑该异议并在一个合理的时间内确认，减少、增加或取消异议的核定报告。

如果一项异议超过递交时间，而且专员认为纳税人由于不在香港境内，生病或由于其他合理原因而没能在法定期限内递交异议通知的，税务专员有权利延长递交异议的时间。

②上诉。与异议相关的对专员决定的上诉可以被提交到课税评价审查委员会或高等法院。上诉通知书必须首先提交给课税评价审查委员会，然后上诉人或专员的将被转移到高等法院。上诉只能在当一个人不满意专员对有效异议的决定时才使用。书面形式的上诉通知书

必须在专员决定传递的一个月内递交给审查委员会，或者审查委员会允许的更长的时间。上诉通知书必须附上专员的书面决定的复印件、原因、事实的陈述以及上诉的证据。上诉的证据必须是综合性的，这很重要，因为在审查委员会或法院前，一个人被限制根据与上诉通知书一起的上诉证据进行陈述。

（4）税收和退款的缴纳。

①预缴税款。当核定在当前年度的基础上进行，利得税的纳税义务在前一年度的应税利润减去结转的允许的亏损的基础上确定。当暂缴税少于或超过应纳利得税时，应该通过支付或退款进行调整。当支付的暂缴利得税超过应付的利得税，超过的部分应用于下一年度的应缴利得税，没有被应用的将被退还。暂缴利得税分两次支付：75%在临时纳税核定通知单或纳税核定通知单上规定的日期支付，剩余的25%在大约3个月之后支付。

②最终缴纳。依据税务条例征收的税必须以核定通知单指导的方式在通知单指定的日期前支付。但是，税务专员可以同意接受分期付款。

尽管有异议和上诉但是税款必须支付除非税务专员允许税款或部分推迟。允许“延期”可能是在纳税人购买税务储备证书或者有银行担保的的条件下。当税务专员认为未支付的税款不可挽回时或者反对或上诉的人不合理地推迟上诉的听证会时，允许可能被取消。获得无条件的延期支付的范围是有限的。税务局表示没有无条件的延期被允许，除了评审员认为反对将被允许，比如一个核定报告已经发行，评审员认为核定报告应该修改以反应反对方提交的申报表上的数字。

③税收储备证书。税务局局长被授予签发税务储备证书的权利，根据《税务储备证书条例》，该证书可被用来支付亏欠税款，服从管理者通过规则规定的各种条件。税务储备证书可以被纳税人或者纳税人授权的代理机构50港元的倍数购买。该证书可以延期任何时间，只需要承担最长36个月的月利息，利率由《税收储备证书（第四系列）规则》规定。只有当证书被用于支付税款时才会产生利息。利率反映了币值波动以及与美元捆绑在一起的港元的价值。

（5）逾期付款的利息和罚金。

①利息。当最终核定的税务没有在核定通知单规定的日期支付，这些税款被认定为失职并要支付额外的5%的费用。如果在6个月之后纳税人仍没有缴税，税款总金额和额外的费用将要缴纳10%的罚金。

如果税款支付因为未决定的反对或上诉的决定，纳税人不被要求以税务储备证书或银行担保的方式来提供安全，利息发生在原始核定通知单规定的日期到最终决定的日子。根据地方法院条例，利息应按照公报中规定的现行利率进行计算。

②罚金。与《税务条例》、《印花税条例》以及《遗产税条例》相关的罚金有6个层次，根据违反的严重程度而定，由《刑事诉讼程序条例》来规定。

（6）预先裁定。从1998年4月1日起，纳税人可以申请就税务专员对税务条例的规定是否适用于自身或者特定的商业或安排进行预先裁定。

应该注意的是，预先裁定的申请不会影响纳税申报表的及时填报。

（7）税务审计/检查。税务局审计人员有权查看纳税人的账簿、账户和其他档案。税务局有广泛的权利来获得信息而且不限于从纳税人获得信息。

税务局在1991年6月引进了进行税务审计的方法以促进和最大化遵从税务条例以及有

效发现不遵从的案件。

实地审查针对纳税申报表显示不遵从迹象的纳税人。一项实地审查往往通过一系列的采访以及访问锁定的纳税人才能完成。被选择进行审计的纳税人会以书面形式通知，采访时间都被安排了。在采访期间，纳税人被要求向税务审计员提供关于其业务性质和会计系统的详情。在实地审查中，近些年的账户和记录很有可能被检查。审计的范围可能包括长达 6 年的账户。

（8）预提税。居民企业收到款项不需要缴纳预提税。

（二）其他类型的所得税

香港未征收地方所得税，香港对应纳税的财产征收物业税。拥有位于香港的土地或建筑物，或土地或建筑物之上的个人，对物业的应纳税价值的净额课征物业税。物业税在现行年度的基础上在纳税核定年度课征。

物业税的标准税率是 15%。在以前，税率是 16%。

（三）国际税收

1. 居民公司

（1）境外所得。在香港免税，一般来说公司不需要对境外所得纳税，除了被认定为有香港来源的所得。境外资本收益也不需要纳税。居民企业来自境外的营业利润在香港不需要缴税，除非这些所得被认定为有香港来源。居民企业来自境外的股息在香港不需要缴税，除非这些所得被认定为有香港来源。居民企业来自境外的利息、特许权使用费或其他所得在香港不需要缴税，除非这些所得被认定为有香港来源。

（2）资本利得。股份处置带来的资本收益不需要纳税。但是如果该处置是一个贸易性质方面企业的投机交易，那么来自不动产的处置带来的收益可能要缴纳利得税。

（3）境外损失。境外损失不能扣除。

（4）境外资本。没有净财富税。位于境外的物业不需要在香港境内缴纳物业税。

（5）避免双重征税。香港实行的是属地原则的税制，一般不会出现双重征税现象。因为大多数人对非香港来源的收入不需要纳税。

对支付的境外税款的减免适用于在香港境内进行从事贸易，商业或职业的个人获得应缴纳利得税的收入有权对境外税款进行税收抵免。

2. 非居民公司

所谓“非居民公司”，是指实际管理机构不在香港境内的公司。

（1）一般所得和资本利得课税。通过在香港的常设机构获得的营业利润要缴税。对常设机构的国内定义包含了特定的代理人。当一家公司通过代理人在香港运营时，不管是直接还是以代理人的名义，该公司应就所有来源于香港的利润进行核定。

非居民来自下列特定交易及因从事这些交易而带来的衍生交易的利润免税，但前提是这些交易通过或由一家认可金融机构或许可的公司进行。所有股息都是免税的。来自或发生在香港的利息和特许权使用费要纳税。其他来自或发生在香港的所得要纳税。

对来自股份处置的资本收益免税。

（2）对资本的征税。没有净财富税。非居民公司对其位于香港的物业缴纳物业税。

3. 向非居民公司支付款项课征的预提税

香港税制体系一般不适用预提税，除非在特定的情况下，比如特定特许权使用费以及非居民演艺人员或运动员收到的款项的情况；对股息、利息不征收预提税。来自使用、使用权、专利的被认定为发生在香港的特许权使用费要缴纳最终的预提税。管理费、技术服务费和租赁收入不需要缴纳预提税。没有分支机构利润/汇出税。

4. 预提税税率

截至 2016 年 1 月 1 日，香港与多个国家或地区签署了双边税收协定，各个税收协定对股息、利息和特许权使用费等适用不同的预提税税率。

（四）反避税

1. 概述

香港有一般反避税规则和特定的反避税规则。

2. 转让定价

纳税人的转让定价行为遵守正常交易原则，要向税务局提供同期证明资料和必要的信息披露。香港的转让定价税制遵循了 OECD《跨国公司和税务机关转让定价指南》列举的转让定价方法：

（1）可比非受控价格（CUP）法；

（2）再销售价格法；

（3）成本加成法；

（4）利润分割法；

（5）交易净利润率法（TNMM）。

传统的交易方法（即 CUP，再销售价格法和成本加成法）比交易利润法（即利润分割法和 TNMM）好。

纳税人可以申请预约定价安排。

3. 香港没有资本弱化规则和受控外国公司规则

二、个人所得税

（一）一般规定

个人所得税在香港被称为薪俸税，和利得税一样，实行的是属地原则的征税方法，仅对在香港境内获得的收入征税。

1. 纳税人

（1）居所和住所的定义。居民是指通常居住在香港的个人（永久居民），或者在一个纳税年度内在香港至少停留 180 天并且在一个纳税年度和之前或之后一个年度内不少于 300 天（临时居民）。

由于香港实行的是以属地原则的税制，因而纳税义务不是由住所情况决定的，而是由所得来源地决定。没有一个一般体系是参照纳税人的住所来对收入或利得来征税的。为了确定应税所得，居民和非居民是相同对待的。所得的来源地是决定一个人纳税义务的唯一的最重要的因素，而不是住所情况。“永久居民”和“临时居民”仅被应用于决定是否有选择个人核定，获得赡养父母的免税额的资格以及避免重复征税方面。

（2）家庭单位。已婚夫妇是单独核定征税，除非他们选择联合核定。如果夫妻双方都有应课税入息净额而且联合核定的应纳税所得额小于单独核定，那么他们可以选择联合核定。他们的净应税收入进行加总，并扣除认可的慈善捐赠和个人免税额就得到了联合的应课税入息净额，对其应征收薪俸税。

2. 应纳税所得额

（1）概述。“所得”并不是由香港的税法定义的。应课税入息或利润如下：

——来自政府机关、雇佣关系或者养老金的收入；

——来自贸易，经营或者职业的应纳税利润；

——土地或房屋的应纳税价值。

产生于或源自香港的所得，属于税务条例规定的三大主要税种之一，一般应该纳税。

个人应就其产生于或源自香港的由于有收益的职位或雇佣工作以及养老金的所得缴纳薪俸税。

一个人的应缴纳薪俸税的总收入进行加总作为应纳税入息。支出，折旧费用以及损失从应纳税入息中扣除就得到应纳税入息净额。最后，个人免税额和认可的慈善捐赠从应纳税入息净额中扣除就得到应课税入息净额，对其使用适用税率。

在香港境内进行贸易，职业或者商业的个人应就其因贸易，职业或商业获得的发生在或源自香港的收入缴纳利得税。一项特定的收入是否来源于香港的问题在很多程度上是一个客观事实，并且在许多依法判决的案件中都被考虑进去了。

源于不动产的收入要缴纳物业税。

此外，一些特定的利润被认定为发生在或来源于香港的收益并因此要缴纳利得税。

（2）纳税期间。对个人来说，依据税务条例课征的税种的纳税年度是从每年4月1日起的12个月。

（3）免税收入。免税收入包括因在香港之外提供服务而获取的受雇所得，来自认可职业退休计划的养老金，其他来自认可职业退休计划因死亡、无工作能力或终止服务（限制应用）而得到的其他收入、伤残抚恤金和战争纪念抚恤金、奖学金、赡养费支付以及裁员和遣散费。

对在香港境内短期逗留的船艇和机组人员实行特别规定。

不缴纳利得税的主要收入项目如下：

①发生在或源自香港境外的所得；

②股息；

③由税务局发行的储税券的利息；

④根据贷款条例或贷款（国债）条例发行的债券的利息，销售或赎回这些债券的收益；

⑤因长期债券获得的利息和交易利润；

⑥已经以其他人的名义收取的贸易，专业或业务的收益。比如，一个合作伙伴不需要就税后的合伙利润的份额再纳税；

⑦固定资产销售获得的收益。

3. 受雇收入

个人产生于或源自香港境内由于有收益的职位或雇佣工作以及养老金而获得的收入要缴纳薪俸税。来自雇佣工作的收入包括所有在香港境内发生的服务带来的收入以及这些服务带来的假期薪资。当收入归雇员或公职人员时也就是说个人由此而获得支付时，其收入应缴纳薪酬税。然而，当个人还没有获得收入时，那收入就不被认为归某人所有，除非其已经可以使用或者代表某人或根据某人的知识已经被分配。

（1）工资薪金。一般来说，完全地、纯粹地和必要地发生在应纳税入息的形成中的费用是允许扣除的。

在决定应纳税入息净额时，下列费用是可以明确扣除的：

①专业的订阅，这是雇佣工作的先决条件；

②办公只能运转造成的差旅费用；

③为得到合同或做成销售而支付的佣金（应该有充分的明细来证明其合理）；

④业务招待费（必须证明没有这些开支，来自雇佣工作的收入就不可能得到）；

⑤一些特定情况下对助手的支付；

⑥住宅楼宇的使用，如果职位或雇佣工作的性质要求纯粹为了雇佣工作必须要让雇员有不同的和独立的私人住所；

⑦在雇佣工作一些情况下的折旧费用，如果因履行职责的需要造成了在车间或机器方面的资本性支出；

⑧雇佣工作的性质要求的特种服饰的更换。

不是因执行职务而发生的支出或者因个人目的的费用都不能扣除，比如通勤上下班、进行雇佣或任命的开支、继续教育的成本或在社会或体育俱乐部的会员花费。

专门的反避税法律旨在结束将服务公司作为个人逃避薪俸税的途径。该法提到如果一个控制服务公司的个人的薪酬被支付给了服务公司，该收入被看作控制该公司的个人的受雇所得，并且应该缴纳薪俸税。

（2）实物福利。根据法律规定的特定受雇所得的范围，来自职位或雇佣工作的收入包括工资、薪金、假期工资、酬金、佣金、奖金、小费、额外补贴或者来自雇员或其他人的津贴。

可以被接收方折现的实物福利被包含在受雇所得中，包括了雇主提供的住所的租赁价值。雇主为雇员孩子支付的教育费以及雇主提供的假期通道都应该纳税。

由雇主或雇主的联营公司免费提供的住所的“租赁价值”（包括有雇员直接支付给房东的租金的退还）包含在收入中。如果雇主支付给免除雇员债务的第三方，那么支付的资金必须包含在雇员的应税所得中。

税务局依法认为不需要纳税的雇员福利主要包括使用雇主的汽车、轮船或娱乐设施；家庭开支比如水电费、家具或家庭佣工的支出；低息或无息贷款以及会员福利（企业俱乐部会员）。将这些福利看作不需纳税是基于雇员不能将这些福利折现以及只有雇主是负责为提供这些福利支付成本的假设。雇主提供的信用卡，雇员将之用于私人目的将产生应纳税的福利，雇主的支付将带来雇员的薪俸税。

（3）养老金收入。产生在或源自香港的养老金收入要缴纳薪俸税。然而，根据认可的职业退休计划而代偿的养老金是免税的。因退休，工作 10 年后的解雇，丧失工作能力或死亡而造成的养老金支付也是免税的。如果解雇发生在不满十年时，免税额应参考提供服务的完整年限来计算。

对与要求缴纳的强积金，在 2014/15 纳税核定年度内个人扣除额最高可达 17 500 港元，从 2015/16 年度起，该金额达到 18 000 港元（之前为 15 000 港元）。对给予认可的职业退休计划的付款是可以扣除的，最高扣除金额将根据强积金的要求来定。

（4）董事费。一般来说，董事费作为雇佣所得来纳税。

（5）其他。

①股票期权。雇主提供的股票期权一般在行权时纳税。但是，对于不是在香港境内雇佣的个人以及参考其在香港内提供的服务按比例征税的人，其期权收益总额的一部分可以从应纳税所得中扣除。可扣除额根据期权是有条件还是无条件取得的而定，如果是有条件取得的，就根据等待期的长短来定。

②解雇补偿金。如果个人因从职位或雇佣工作退休或解雇而收到一次性付款或退职金，该数量或金额应该缴纳薪俸税。同样地，延付薪酬及补发欠薪也应该缴纳薪俸税，而不管是在雇佣期间还是在解雇之后收到的。

作为一般规则，当所有收入收到时应该纳税，但个人可以申请税务局认定支付已经累积了两年以上，即收到款项的年度和雇佣或提供服务的前一年度。当个人因丢掉职位而得到收入，裁员或遣散费或代通知金，这些所得将不需要课征薪俸税。

4. 经营和专业服务所得

个人的经营和专业服务收入应该缴纳利得税，一般符合对公司的税收待遇。作为一般规则，对支出和费用可允许的扣除是发生那些可以造成应税所得的部分。用于特定贸易的工业建筑及构筑物，用于业务的商业建筑、车间及机器、商业楼宇的修理和翻新可以使用折旧。无形资产不可以折旧。

合伙企业是一个独立法人或应税实体，其应缴纳利得税。对个人合伙人没有独立的纳税核定。

5. 投资收益

股息红利免税。个人发生在或源自香港的利息要缴纳利得税，一般与对企业的税收待遇一样。只有当利息属于香港一种税收的纳税范围时，才应该在香港纳税。

一些特定类型的利息被视为从在香港境内运行的贸易，专业或业务得到的发生在与源自香港的收入，因而需要缴纳利得税。一般规则之外，该规则也适用于来自香港境外的利息。个人发生在或源自香港境内的版税收入有要缴纳利得税；在投机活动中以贸易性质处理固定资产获得的收入要课征利得税。

6. 资本收益

资本收益一般不纳税。但是，如果一项投机交易显示了在贸易性质方面的企业，那么其利润可能要课征利得税。

7. 个人扣除、宽免和抵免

（1）扣除。在判定个人的应纳税入息净额时，“完全、纯粹和必要地由应纳税入息的产生导致的”支出和费用可以从应纳税入息中扣除，而不是个人的国内的或资本性质的支出：

①利息费用。为获得在香港的物业以及与住所位于同一小区的停车位而支付的居所贷款利息，发生在纳税核定同一年度的，如果规定的条件允许，可以从应缴纳薪俸税的应纳税入息和个人核定中扣除。

②医疗费用。纳税人个人的医疗费用一般情况是不可以扣除的，因为税务局规定纳税人

的医疗费用是私有性的。

③保险费用。对纳税人作为雇员支付给强积金的强制性供款，从2012/13核定年度起，每个人一个纳税核定年度的最大扣除额为15 000港元。

④捐赠。支付给认可慈善机构的捐赠，如果数额少于100港元，并且不超过扣除可列支费用和折旧费之后的收入的35%的，可以扣除。

⑤其他费用。在评定应纳税入息净额时，下列支出可以从应缴纳薪俸税的收入中明确扣除：折旧费；自我教育费用；老年家庭护理费等。

（2）宽免。香港税务条例第27到33条为个人纳税人提供了个人宽免额。为了判定一个人薪俸税或根据个人核定的税的纳税义务，个人宽免额影响纳税人的婚姻状况以及受抚养者的生活费用主要包括了单身和已婚宽免、抚养子女宽免、赡养父母宽免、供养祖父母宽免、伤残受养人宽免和供养兄弟姐妹宽免。

（3）抵免。香港的薪俸税没有专门的抵免。

8. 损失

（1）正常损失。亏损和应课税利润的计算方法相同，即超过可扣除费用的应课税利润。只有在香港境内因从事贸易，职位或业务造成的发生在香港的亏损才允许从应课税利润中抵消。

持续亏损可以无限期向前结转而且在未来纳税年度还可以从应课税利润中抵消，直到所有亏损都得到弥补。对亏损的处理要看发生亏损的人是个人，合伙企业还是公司。

在贸易，职位或业务中遭受亏损的个人可以将亏损向以前年度无限期结转并可以用以后年度同一贸易，职位或业务获得的利润来弥补。或者，如果个人选择个人的纳税核定，那么这些亏损可以从他的总收入中扣除。如果一对夫妻选择个人纳税核定并且个人不能够抵消所有亏损时，已婚个人可以从配偶的收入中来抵消贸易损失。

从薪俸税的角度来看，亏损可以无限期地向前结转，从应缴纳薪俸税的所得中抵消。为了在随后年度中确定应纳税入息净额，亏损可以向以前年度结转来抵消应纳税入息而且应该尽快得到抵消。

如果一对已婚夫妇在任何一个纳税年度选择联合核定来缴纳薪俸税，那么在该年度的亏损应首先从发生亏损的配偶的应纳税入息中扣除，然后再从另一配偶的应纳税入息中扣除。

亏损不可以向后结转。

（2）资本亏损。资本亏损不可以扣除。

9. 税率

（1）所得和资本利得。

①所得。个人薪俸税税率如表1所示（从2009/10课税年度起）：

表1

应税所得（港元）	最低纳税额（港元）	超额税率（%）
不超过40 000	0	2
40 000～80 000	800	7
80 000～120 000	3 600	12
超过120 000	8 400	17

在 2014/15 课税年度，薪俸税下降了 75%，根据个人核定的税收最大一单是 20 000 港元。个体户或商业合作伙伴以及收取租金的财产所有者从 2008 年 4 月 1 日其按照 15% 的标准税率分别进行利得税和物业税核定（之前税率为 16%）。

任何永久或临时的香港居民通过选择进行个人纳税核定可以从利得税和物业税 15% 的标准税率中获得减免。对于薪俸税，净应税金额（抵扣后）按同样的税率征税。扣除业务亏损和公益捐赠后但在个人免税前，根据个人核定的税额不能超过总收入的或者一对结婚夫妇联合总收入 15%。

②资本利得。对资本利得不征税。但是，如果其显示的是贸易性的企业，那么一项投机交易的利润要缴纳利得税。

（2）预提税。对香港居民收到的支付不征收预提税。工资薪金应缴纳临时的薪俸税，不对其征收预提税。

10. 征收管理

（1）纳税申报。个人应按要求进行完成综合纳税申报，主要包括其来自物业、工资薪金以及其运营非公司企业的收入明细。税务局通常每年 5 月初会发放申报表，纳税人被要求自出票日期起一个月内完成和提交纳税申报表。

（2）税款核定。

①个人核定。个人，不管是香港临时居民还是永久居民，可以根据税务条例的各项税收规定选择应纳税收入的合计数来确定该收入的纳税义务。对已婚夫妇个人核定的应用。做出的选择必须是以书面形式并在核定进行的纳税年度的最后两年内递交给税务局专员，也可以稍晚在个人的纳税核定成为最后的一个月后。

对于个人的纳税核定，个人收入总额有下列构成：

——个人拥有的应缴纳物业税的土地或建筑物，或其之上的土地或建筑物的“应纳税净值”；

——个人来自有收益的职位或雇佣工作的应纳税收入的净值；

——应缴纳利得税的应税利润。

根据个人核定，所有应缴纳薪俸税，利得税和物业税的收入来源汇总，为得到应税金额，下列可以从总收入中扣除：

——为获得物业而贷款的利息（对每项物业的扣除额不能超过来自该物业的应纳税收入；

——认可的慈善捐赠；

——老年家庭护理支出；

——物业贷款利息；

——作为职工向强制公积金缴纳的强制性供款；

——向公认职业退休计划支付的款项；

——在纳税年度发生的业务亏损；

——根据个人核定从以前年度结转的亏损；

——个人宽免额。

经营损失在认可的慈善捐赠之后扣除。在一个纳税年度之内不能扣除的超额亏损可以无限期结转来从未来年度的总收入中抵消。

②已婚夫妇的核定。从1989/90纳税年度起，如果配偶不选择合并核定，那么他们单独地进行只对薪俸税纳税核定或者以合并个人核定的方式进行核定。这个规则的引入与之前运行的体系明显不同，在之前的体系下，如果不选择进行独立的核定，如果妻子和丈夫在一起，那么丈夫对他自己和妻子的收入进行纳税核定。

③薪俸税。住在一起的丈夫和妻子可以选择进行合并纳税核定：

——双方都有应纳税收入并且一方享有个人免税额，免税额超过扣除认可慈善捐赠后的应纳税收入；

——双方都有应纳税收入净值，并且合并核定的应纳税额小于个人独立核定的税额。

一对夫妇必须在特定核定年度内选择合并核定，或者在核定年份的第二年，或者在核定成为最后的年份的前一个月。

选择合并核定的结果是薪俸税就该夫妇合并的应纳税收入的净值进行课征。他们的应纳税收入汇总，并且扣除认可的慈善捐赠和个人免税额后得到联合的应纳税净额。如果夫妻双方都有应纳税收入净额，如果不选择合并核定，他们必须制定谁应该负责纳税。在其他情况下，如果没有选择合并核定，由此前纳税的配偶来缴纳税款。在做出选择在计算薪俸税时，在纳税年度内结婚的夫妇被认为在整个纳税年度内已经结婚。

(3) 税款和退款的支付。

①薪俸税。在任何纳税年度课征薪俸税的个人有义务在纳税年度缴纳临时薪俸税。临时薪俸税的计算是参考纳税核定年度的前一个年度的应纳税收入额。在纳税年度的一天，如果一个人开始或停止从来源地取得收入，应纳临时薪俸税的个人在那年或上一年度的总额应该相应地扣除。在通知中规定的纳税申报的期限之后，临时薪俸税应尽快由核定人核定或估计。

在核定员看来，如果纳税人即将离开香港或者因其他原因进行纳税核定是应急的，那么纳税核定可以在任何时间进行。核定报告必须要给财产核定人。薪俸税通常进行两次分期付款：75%在纳税年度的一月或二月，剩下的25%在三个月之后。临时薪俸税率与薪俸税税率相同。

任何纳税年度的临时薪俸税可能与那个年度的薪俸税不同，进而与下个纳税年度的临时薪俸税不同。两者相抵，剩余的部分返还给纳税人。

②储税券。由税务局长签发的储税券，可以被用来支付任何小额税款。

（二）其他类型的所得税

1. 物业税

香港不征收地方所得税，对应税物业征收物业税。在香港境内拥有土地或建筑及其之上的土地或建筑的个人有义务按15%的税率对资产核定净值缴纳物业税。

2. 外派人员

有限类别的人不要求加入该计划，包括在香港境内工作少于13个月的外国人或由国外的退休计划覆盖的人。

3. 资本税

(1) 净财富税。香港没有净财富税。

(2) 不动产税。差饷税是对占有财产课征的税。差饷税是以核定的年度出租价值为基础的。在香港所有财产的课税价值可从差饷物业估价署署长处获得。差饷税通常由财产的承租人按季度缴纳。

仅仅在1998/99纳税年度，对财产所有者征收的税率从5%降到4.5%。1 999/2 000纳税年度，税率又恢复到5%，一般的重新核定被提出以免减少对财产价值已经下跌的纳税人的不利影响。也通过了一个一次性的让步，将第三季度的应纳税减少了50%。

4. 遗产与赠与税

遗产税废除于2006年2月11日。如果死亡发生在2006年2月11日或以后，那么死者的财产将不再征收遗产税。

（三）国际税收

1. 居民纳税人

（1）应税境外所得。除了前面有关居所和来源地的规定外，一般来说，个人的汇到香港的境外收入不需要纳税，但是被认定为来源香港的收入除外；个人因在香港之外提供的服务获得的受雇所得不纳税；居民个人从境外获得的经营和专业服务所得不需要在香港境内缴纳税收，除非这些收入被认定为来源于香港；居民个人从境外获得的投资收益不需要在香港境内缴纳税收，除非这些收入被认定为来源于香港；境外收入通常不需要在香港纳税，除非这些收入被认定为来源于香港。

（2）资本收益。境外资本收益不需要在香港纳税。

（3）外国资本税。香港没有净财富税。位于国外的财产不需要缴纳物业税。

（4）避免双重课税。香港以属地原则的税制一般以单边方式避免国际双重征税。因为大多数人对非香港来源的收入不需要纳税。

2. 侨民

（1）来港人员。获得香港来源的受雇所得的外派人员应缴纳薪俸税，通常来说和香港居民遵从相同的税收规定。

当雇员从香港的雇佣工作获得收入，但其在一个纳税年度内所有的服务都发生在香港境外，那么来自雇佣工作的薪金或工资不需要缴纳薪俸税。一个基本期间内在香港逗留不超过60天不影响税收豁免。但是如果在香港逗留超过60天而且一些服务在香港提供，那么那个年度获得的所有收入都应该纳税。

一个雇员如果在香港境内逗留不超过60天，其从香港境外的公用工作取得的收入不需要缴纳薪俸税。如果逗留超过60天，其将对在香港境内提供的服务获得的那部分收入负有纳税义务。收入的分摊将根据在香港境内花费的天数来定或者其他合理的基础。

（2）外派人员。因为香港实行以属地原则的税制，一个人只要有来源香港的收入，比如香港的财产，来自香港的经营所得或者与离开之前提供的服务有关但在离开之后出现的出入，其就有纳税义务。

3. 非居民个人

（1）所得和资本征税。非居民就其来源于或产生在香港的收入进行纳税核定。该收入通常与香港居民正常的税收规则，也包括税率一样。对受雇所得、经营和专业服务所得、资本所得和其他收入按照规定征税。对非居民个人获得的资本收益不征税。

（2）预提税。对非居民个人获得的股息、利息分红不征收预提税。

非居民个人取得的下列类型的特许权使用费所得应缴纳最终的预提税：因在香港上映或

使用电影或电视片胶卷或纪录带，任何录音，或任何与该等胶卷、纪录带或录音有关的宣传资料而获得的收入；因在香港使用或有权使用专利权、设计、商标、版权物料、秘密工序或方程式或其他类似性质的财产而获得的收入。

如果接收者不是关联方，那么对认定的应税利润的30%按正常的企业税税率来征收预提税。这导致了付款总额的4.95%的预提税。如果接收方是关联方，则对认定应税利润的100%征税，结果是付款总额16.5%的预提税。

（3）其他收入。非居民的演艺人员和运动员在香港境内演出获得的收入或者与商业场合或事件相关的收入，以及其他非居民从演出或事件中获得的收入都应该与受雇所得一样按相同的税率征收最终的预提税。

（4）资本税。香港没有净财富税。非居民对其位于香港的财产缴纳差饷税。

（5）遗产与赠与税。香港没有遗产税或赠与税。

（6）征收管理。和居民一样，非居民也按照规定对来自香港的收入填写纳税申报单。如果非居民以香港境内代理人的名义缴纳利得税，那么代理人可以从被当事人占有的任何资产中保留足够的资金来缴纳税款。

三、增值税

香港不征收增值税。

四、消费税

从2009/10课税年度生效开始，香港消费税税率如表2所示：

表2

	税率
燃料	（港元 每升）
飞机燃油	6.51
轻柴油	2.89
车用汽油（加铅的）	6.82
车用汽油（不加铅的）	6.06
烟草	（港元 每千克）
雪茄	1 553
中国烟草	296
除卷烟用的烟叶外的其他制成烟草	1 461
	（港元每1 000根）
卷烟	1 206
甲醇	（港元 每100公升）
基本税率（甲醇和含甲醇的混合物）	840
超过30%酒精度，每1%的额外税率	28.1

从 2007 年开始，对酒精饮料（不包括葡萄酒和烈酒），的税率已经从收费价格的 40% 降低到了 20%，对葡萄酒的税率从 80% 降到了 40%。

五、社会保险税

1. 对企业征收

雇主按规定应向强制公积金至少缴纳受雇所得的 5%，对于月收入高达 30 000 港元的雇员，即每月的最大缴款额为 1 500 港元或每年 18 000 港元（从 2014 年 6 月 1 日起）。雇主的强制或自愿的缴款可以在计算利得税时扣除，要受雇员年报酬总收入的 15% 的限制。

应税收入的基础包括工资、薪金、假期工、费用、佣金、奖金、退职金、额外补贴或者津贴，但是不包括住房津贴或住房补贴。也不包括遣散费和长期服务费。

对于事故保险，根据《雇员补偿保险计划》雇主必须拿出一个保险政策覆盖他的员工，以应对雇佣过程中事故带来的伤害和死亡。该保险的覆盖范围包括医疗和法律诉讼的成本。该保险的成本大约是每年 500 港币，完全由雇主承担。

香港不收取其他的税收或关税来为香港的福利体系筹资。为残疾人，老人和贫困者提供帮助的体系通过融资活动和政府补贴来获得资金。

2. 对个人征收

强制公积金于 1999 年建立，该制度的目的是通过私人管理的缴款计划来提供一个正式的，强制的退休保护体系。来自向强制公积金强制缴款的福利在退休时一次总付，而不是作为退休金分年度发放。

（1）雇佣。雇员按要求应向强制性公积金缴纳工资的 5%。

月收入少于 7 100 港元的雇员不要求缴款但是可以选择自愿缴纳。7 100 ~ 30 000 港元的月收入要求缴款，也就是每月的最大缴款额为 1 500 港元或每年 18 000 港元（从 2016 年 6 月 1 日起）。

应税收入的基础包括工资、薪金、假期工资、费用、佣金、奖金、退职金、额外补贴或者津贴，但是不包括住房津贴或住房补贴。也不包括遣散费和长期服务费。

雇员可以就其向一个强制公积金计划缴纳的强制性缴款申请税收减免。

（2）个体经营者。个体经营的个人按照规定的 5% 缴纳，与雇员的最高和最低的收入水平相同。个体经营者可以选择在一个月或一年的基础上来缴款。

对于个体经营者已经缴纳给强制公积金计划的缴款，在缴纳利得税时，其可以申请将供款作为可免税的营业费用。最大抵扣额在 2014/15 纳税年度为 17 500 港元，在 2015/16 纳税年度为 18 000 港元。

（张文春　编）

匈牙利税制

匈牙利现行的主要税种有公司所得税、个人所得税、增值税、社会保障税、消费税，同时开征有创新税、机动车注册税、继承和赠与税、财产转让税等。为应对 2008 年国际金融危机，还开征了具有临时税性质的银行税和危机税。

匈牙利的通用货币为匈牙利福林（HUF)。

一、公司所得税

（一）一般规定

1. 税制类型

匈牙利所得税实行部分一体化措施。公司所得税的计税依据是根据企业财务报表提供的数据，经纳税调整后的税前财务利润；分配给企业股东（居民和非居民）的股息红利不需再次缴税；只有分配给个人股东（居民和非居民）的股息红利需缴纳预提税。

2. 纳税人

匈牙利公司所得税的居民纳税人是指依据匈牙利法律成立的实体、信托机构（按受托资产管理合同相关规定管理资产）和实际管理机构位于匈牙利的外国实体。

通常，居民纳税人承担无限纳税义务。合伙企业以每一个合伙人为纳税义务人，即合伙企业的利润在合伙人层面上缴税。

选择公司所得税简易办法征收、小企业分项税制以及小企业税制的企业，可免征公司所得税。

境外企业常设机构的应税所得计算方法与居民公司一致。

3. 应纳税所得额

（1）一般规定。居民纳税人就其来源于匈牙利境内、境外的全部所得缴纳公司所得税。企业应纳税所得额的计算，以财务报表中会计利润为基础，按照税法规定进行纳税调整。税收利润包括一般业务利润（包括经营利润和金融交易利润）和其他利润。

资本利得属于公司总收入，应依照基本税率纳税。

当期纳税年度未盈利的企业也必须缴纳公司所得税（按所谓的最低计税依据纳税，即经纳税调整后年收入总额的2%），除非纳税人在其申报表后另附上企业成本结构分析。

（2）免税收入。免税收入主要包括：境内股息红利；境外股息红利；从特定的所持股份及无形资产取得的资本利得；特许权使用费的50%。

（3）扣除。一般来说，所有与经营活动直接相关的费用支出准予税前扣除。可扣除项目包括支付给员工的报酬、非货币性福利、捐赠（符合条件的）、符合公平交易原则的利息支出和特许权使用费。

不可扣除的项目包括：分配的股息红利；罚款、罚金、税款滞纳金及社会保障税；超过资本弱化制度限定的利息支出；支付给受控外国公司的款项，除非纳税人能证明这笔款项与经营活动有直接关系；无偿支付给非居民企业和非营利性居民实体的各种形式的补助款项、资产或权利（某些情况例外，且需提供相关证明，如捐赠给特定非营利组织）；与纳税人经营活动无关的研究和开发活动的直接费用支出；残破或遗失资产的价值（满足一定条件）。

（4）折旧与摊销。在匈牙利，经营性固定资产必须由资产所有人按税法规定计提折旧。有形资产和无形资产应在投入使用时按直线法计提折旧。土地和艺术作品不能计提折旧。

①固定资产。土地一般不计提折旧。但如果土地现值长期远远低于其购置成本，则允许降低土地账面价值至市场公允价值。采矿和存储垃圾用地允许计提折旧。

用于经营活动的建筑物、构筑物和工厂，折旧率从2%～15%不等，例如，用于住宿、餐饮的建筑物为3%，员工租住的建筑物为6%，已租出的建筑物、构筑物和工厂为5%，专用于电影或视频制作的建筑物为15%。下列设备适用特殊折旧率：农用设备（3%～15%），铁路设备（4%～7%），桥梁（4%），电线、油管及水管（4%～8%），废料储存设备（20%）。

有形资产及无形资产必须计提折旧。

处置已折旧资产取得的资本利得等于资产处置价值与（折旧后）资产账面价值的差额。资本利得视同一般收入按基本税率纳税。

②机器设备。通常，机器设备的折旧率为14.5%。下列资产可选择按会计规则或33%的折旧率计提折旧：控制工程（自动化）和通用计算机技术产品和设备；工业用机器人；太阳能电池板；防噪声装置；办公设备；环保设备；通用控制机器，计量和测试设备，及法律规定的其他机器设备。

另外，以下资产可按50%折旧率计提折旧：通用计算机技术设备；新购进或2002年12月31日以后开发的无形资产，且通常适用14.5%或33%的折旧率；专用于电影或视频制作的机器设备。

通常，机动车辆的折旧率为20%。此外，用于陆路客运服务的机动车辆还可以选择按会计处理办法折旧。已出租且所有人为出租人的机器设备，适用30%的折旧率。中小型企业新购进机器、设备以及机动车辆（汽车除外），用于最不发达地区的，可100%计提折旧，也就是购买当期便能扣除购置总成本。价值不超过10万福林的固定资产，也可于当期100%计提折旧。

③无形资产。无形资产（商誉除外）可按会计处理办法摊销。因此，除商誉外的无形资产，可以根据会计规则计提折旧。因此，设立公司、公司重组以及试验发展的资金成本必须进行5年以上的摊销。

商誉一般不计提折旧。

会计规则未规定商标、专利和类似的权利的具体折旧期限。折旧期限取决于这些资产的使用寿命。另外，知识产权和2003年及之后购入或自创的已资本化的研发成本可按照50%进行摊销。取得或者自创的成本不超过10万福林的知识产权可以在当年一次性核销。

（5）准备金。从留存收益中提取的发展准备金，可作为加速折旧在税前一次性扣除。用于其他目的提取的准备金不能在税前扣除。每年允许税前提取的准备金不得超过税前利润的50%和500亿福林。纳税人必须在提取准备金以后的4年内按比例用于发展投资。第4年年末仍未使用的准备金需要重新计入应税所得征税。

不允许税前计提坏账准备金。实际发生的坏账损失可以税前扣除。

银行和保险公司适用特殊规定。

4. 资本利得

资本利得按普通所得征税。

处置符合条件的子公司股份产生的资本利得免征公司所得税。从2014年1月1日起，"符合条件的子公司"是指被控股10%以上（此前为30%）且被控股时间达到1年以上的子公司（受控外国公司除外）。

纳税人持有期限至少达到1年，且已获得特许权使用费收入的无形资产，产生的资本利得可以免税。

5. 亏损

（1）经营亏损。2015年以前，经营亏损可以往后无限期结转，2015年起最多可以往后结转5年。房地产投资信托公司的亏损不得往后结转。

亏损不得往前结转。

每年结转的亏损不得超过结转当年利润的50%。

（2）资本损失。资本损失处理同经营亏损。

6. 税率

（1）经营所得和资本利得适用税率。从2010年7月1日起，企业按照累进税率征收所得税。

从2011年1月1日起，适用10%税率的年所得额最高为5亿福林（超过该额度的部分按19%征税）

（2）预提税税率。向居民公司付款无须扣缴预提税

7. 税收优惠

（1）概述。投资抵免作为一种税收优惠政策，抵免额最高不超过应纳税款的80%。其他税收优惠（如小企业投资抵免、电影制作抵免、表演艺术家抵免和体育补贴抵免）不得超过投资抵免后的应纳税款的70%。

（2）投资抵免。纳税人从事符合条件的投资发生的支出可以享受投资抵免。符合条件的投资包括：现价至少30亿福林的投资（当地政府投资的，则不低于10亿福林，中小企业投资的，则不低于5亿福林）以及与环保、电影制造和创造就业有关的特定行业投资。所有特定行业投资需满足一定条件，例如，创造了一定数量的就业岗位，更新或者扩建设备，发明全新工艺或者实质性改进生产流程等。更新的设备和就业岗位应保持一定的时长。

投资抵免率不得超过投资净现值率。

（3）中小企业税收优惠。中小企业可使用投资抵免，纳税人向金融机构贷款用于购置或

者生产有形资产所产生的利息支出，可以按规定比例抵免应纳税额，2013 年 12 月 1 日以后的贷款利息支出的抵免比例为 60%，但最多不超过 600 万福林。

此外，私营的中小企业可以扣除已投入使用的设备，但最多不超过税前利润总额或者 3 000万福林。

(4) 促进就业优惠。对于每一个依法签订合同参加职业培训的学徒，公司可以按照其最低有效工资的 24% 加计扣除，如果是与学校签订合作协议开展的职业培训，加计扣除比例为 12%，通过职业考试的学徒和原来是失业人员，“失足”人员的学徒被正式雇佣的，其 12 个月以内的社会保障税可以双倍扣除。

对雇员少于 20 人且至少半数以上有残疾的公司，其支付给员工的工资可以双倍扣除。

对雇员少于 5 人的小企业，如果年底没有欠税，则可以按照当年新增雇员人数乘以最低有效工资的 12 倍税前扣除。

此外，在自由贸易区投资，进入就业市场的雇员，过去长时间失业或者休产假的雇员，均可按照（月度）工资总额的 14.5% 至 27% 进行税收抵免。

(5) 研发费用税收优惠。纳税人自主研发费用，公司可选择将其直接扣除或者予以资本化处理。

2014 年 1 月 1 日起，纳税人可将关联方研发活动的直接费用扣除，条件是：关联方未将该费用扣除；纳税人从关联方取得文书，表明该纳税人可以扣除研发成本；该研发活动涉及两家公司的经营活动。

纳税人与其他机构合作研发的费用，可扣除该研发费用 3 倍金额，但是每年扣除额不得超过 5 000 万福林。

(6) 递延纳税。从 2015 年 6 月 25 日开始（但追溯至 2015 年整个年度），为促进企业发展，若纳税人的当年税前利润超过前一年的 5 倍以上，则可选择在随后至少 2 年期内，延迟缴纳所得税。延迟纳税的计税基础是本年税前利润减去前一年的税前利润的差额。

纳税人申请延迟纳税应满足：提交申请的前 3 年均缴纳了企业所得税，且在此期间，企业无转型、合并或拆分。

8. 税收征管

(1) 纳税年度。一般情况下，以公历年度作为纳税年度。然而，根据会计法，某些情况下，纳税人可使用不同于公历年的会计年度。此种情况下，公司所得税按会计年度计征。

(2) 纳税申报与评估。企业所得税由纳税人自行计算并申报缴纳。采用公历年度作为纳税年度的企业，企业所得税年度纳税申报截止日期为次年的 5 月 31 日。选择采用会计年度作为纳税年度的企业，企业所得税纳税申报表截止日期为纳税年度终了后的 5 个月的最后一天。

年度纳税申报表必须包含计算纳税基础所需的数据，纳税人申报的减免税项，以及最终应纳税额。

(3) 税款缴纳。税款必须以匈牙利官方货币福林支付。如果企业开立的是外汇账户，则使用该纳税年度的最后一天的匈牙利国家银行官方汇率折算成福林金额。

预缴税款按照上一纳税年度全年累计应纳所得税额计算申报缴纳。

纳税人应按照纳税申报表，按月（次月 20 日前）或按季度（季度终了后次月 20 日前）缴清预缴税款。

在匈牙利设立常设机构进行经营活动的居民企业和非居民企业，上一年度年营业额超过1亿福林的纳税人，应按预期本年应纳税额预缴税款。截止日期为纳税年度最后一个月的20日。

纳税年度的累计应纳税额超过预缴税款的，应在次年的5月31日前补缴少缴的税款。采用会计年度作为纳税年度的纳税人，补缴截止期限为次年5个月的最后一天。税务机关应在纳税人提出退税要求后的30天内退税，也可以退到另一纳税账户中。

（4）事先裁定。居民企业和非居民企业可对其未来涉税交易中的所有税项申请事先裁定，纳税人以前的交易涉及缴纳企业所得税、个人所得税、小企业税及地方营业税时，也可申请裁定。对以前的交易申请裁定，必须在以下日期前：交易年度的纳税申报表提交日期；交易申报的法定备案截止日期。

（二）居民企业间交易

1. 集团税制

匈牙利法律规定不允许企业集团合并纳税。

2. 居民企业之间的股息红利

无论持股比例大小，居民企业或非居民企业从其他居民企业取得的股息红利，可免征公司所得税和预提税。

（三）其他所得税

1. 简易征收

适用简易征收的企业包括有限责任公司、一般合伙企业、有限责任合伙企业、联营企业和其他特定经营形式，也包括个人独资企业。

适用简易征收的企业应满足规定的条件，主要的如：该纳税年度的前两年，每年的增值税含税营业额均不超过3 000万福林；该纳税年度当年，全年增值税含税营业额，预计不超过3 000万福林；纳税人未从事需特殊规定的经营活动，如需缴纳消费税的活动；拥有一个匈牙利银行账户；企业成员均为个人，且未持有其他公司股份（在市场公开交易股份的除外）等。

根据简易征收制度，纳税人以含增值税营业额加上依法调整后的金额，按37%的税率缴纳税款，以取代公司所得税、公司汽车税和增值税。

实行简易征收的纳税人，如果有进口产品包括从欧盟国家进口业务的，除按上述单一税率简易征税以外，对进口产品需另行按正常规定征收进口环节增值税。

纳税人选择适用简易征收需通知其主管税务机关，纳税年度为公历年。每年的申报表应在次年的5月31日前报送。税额由纳税人自行计算申报缴纳。

适用简易征收制度的纳税人不具有增值税纳税人资格，因此不得抵扣增值税进项税额。

2. 地方营业税

地方政府对在其辖区内注册或者有常设机构的企业纳税人征收地方营业税。计税基础是营业收入减去零售商品的购置成本；中介服务费用；分包和材料成本；因本区域内业务需要进行的基础研究、应用研究和试验开发的直接成本等。

地方营业税税率各地不等，最高为2%。地方政府可以对小企业免征营业税。地方营业税可以在公司所得税前扣除。

3. 创新税

居民企业按 0.3% 税率缴纳创新税。计税基础与地方营业税相同。创新税在公司所得税前可以扣除。

4. 金融机构附加税

金融机构的国家贴息贷款产生的利息收益，按 5% 缴纳附加税。此外，许多金融机构（包括其分支机构）均需缴纳附加税（又称“银行税”），但其税基有的是所得，有的则是资产额，税率也不太相同。

除银行税外，银行还需缴纳 30% 的利润附加税。利润附加税可从银行税和公司所得税前扣除，而且最多不超过银行税应纳税额。其他金融机构不需缴纳利润附加税。

5. 能源附加税

能源领域企业，包括采矿企业、能源（石油、天然气、电力）贸易商和发电厂，需缴纳能源附加税。计税基础与公司所得税类似，即对财务报表中税前利润进行特定项目调整后的金额。税率为 31%。计征公司所得税时未用的投资抵免额，可以抵免能源附加税（但不能超过能源附加税应税额的 50%）。

6. 小企业税

具有公司所得税纳税人资格的企业，符合下列条件的可以选择适用小企业税制：雇员人数一般不超过 25 人；且预期年收入不超过 5 亿福林。

选择小企业税制可免征企业所得税、社会保险税、医疗保险费和职业培训费。

小企业税的计税基础是纳税人的应计损益，税率为 16%。应计损益是指，经特定项目调整后的财务报表反映的当年资产的增减额。

（四）国际税收

1. 居民企业

（1）境外所得和资本利得。居民公司需对其世界范围的所得缴税。

居民企业的境外经营所得按照境内所得的核算规则计算。

外国资本利得纳入居民公司的应税所得，同境内资本利得适用相同税制。

境外股息红利免税，受控外国公司的股息除外。来源于境外的利息和居民公司的特许权使用费计入该公司的应纳税所得额中，某些特定情况下，可以在其税前利润中扣除一部分特许权使用费。

（2）境外亏损。境外亏损与境内亏损按照相同方式处理。

（3）双重征税减免。纳税人可单方面申请或依据税收协定（若适用）来享受双重征税减免。单边税收减免是按照普通方式抵免已支付或者待支付的海外税款。按照不同项目，不同收入来源国单独计算抵免。抵免额不得超过外国纳税总额的 90%，且不高于同等收入下在匈牙利的应纳税额。

根据受控外国公司（CFC）制度国外股息红利收入（或未分配税后利润）征税的，在国外缴纳的税款可以抵免。

适用税收协定的，按协定规定享受双重课税减免。

2. 非居民企业

（1）一般所得和资本利得课税。非居民企业通过其在匈牙利的常设机构（即匈牙利“外国企业”）从事经营活动取得的经营所得需缴纳所得税。

征税时将常设机构分为两种形式，即分支机构和“标准化”常设机构。分支机构是指已在工商注册，没有独立的法人资格，独立核算的非居民企业组织单位。

匈牙利对“标准化”常设机构的定义（即非分支机构的常设机构）与 OECD 税收协定范本基本一致。但是，持续施工时间超过 3 个月的建筑工地、建安工程属于常设机构。从 2014 年 1 月 1 日起，出售境内房地产也构成匈牙利常设机构（除非是由在欧洲经济区国家建立且不需要向注册国家缴纳企业税的房地产基金公司售卖的房产）。

常设机构若为独立经营主体，其应税收入与居民企业按照相同的方式计算。

在匈牙利未设立常设机构的非居民企业，若其匈牙利子公司符合房地产控股公司条件，则应就其源于匈牙利的所得纳税。符合房地产控股公司的条件是指，集团公司位于匈牙利的不动产账面价值占其总资产价值比例超过 75%。

从 2015 年 1 月 1 日起，在欧洲经济区国家设立的，具有独立法人资格，不再向注册地所在国缴纳所得税，使用或出售位于匈牙利的不动产及附属财产的房地产投资公司，属于匈牙利的常设机构。

非居民纳税人通过设立常设机构取得的股息、利息和特许权使用费收入应计入常设机构的计税基础。但是，在计算税基时，可以扣除机构收到的股息红利和部分特许权使用费。

（2）税收征管。非居民企业应按照其匈牙利境内常设机构的收入自行计算并申报缴税。若该非居民企业在匈牙利不只一个分支机构，则各分支机构独立核算。若非居民在匈牙利境内不只一个“标准化”常设机构，则应统一核算。

3. 非居民企业预提税

（1）股息。向非居民企业支付的股息无须扣缴预提税。

（2）利息。向非居民企业支付的利息无须扣缴预提税。

（3）特许权使用费。向非居民企业支付的特许权使用费无须扣缴预提税。

（4）其他。其他形式的收入无须扣缴预提税。

（五）反避税

1. 概述

一般反避税规则规定，税务机关有权忽略交易的法律形式，更加注重交易实质或真实交易目的。另外规定，若交易的真实目的是避税，则交易的费用、成本和损失不可扣除。

“滥用法律原则”适用于已经订立或正在履行的合同和交易。应依法恰当地完成交易，实现交易目的。截至 2015 年 1 月 1 日，因各州法律差异导致最后不需纳税的跨境税收的情形，也可适用滥用法律原则。税务机关认定企业的合同、交易或其他合约以规避税收为目的，则可根据相关事实计算税款。

2. 转让定价

转让定价规则与 OECD 税收协定相符。要求关联方之间的交易必须符合公平交易原则。若交易的成交价低于或高于其公平价格，则要求纳税人调减其税前利润的差额。

一般来说，关联方之间的所有交易必须备案。财政部法令中列举了不需备案的例外情况。

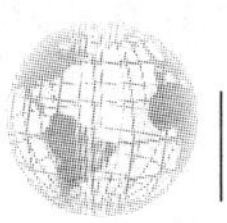

对于即将发生或正在进行的交易，纳税人和税务机关之间可以签署预约定价协议（APAs），协议期限至少为3年（最多不超过5年），并可延期3年。

3. 资本弱化

超过公司股本价值的三倍的贷款利息不得扣除（即债权性投资和股权性投资比例为3∶1）。

资本弱化规则不适用于金融机构的负债。

4. 受控外国公司

从受控外国公司（CFC）获得的股息红利都应计入居民企业纳税人的应税所得中。此外，在计算持股收入应纳税额时，需计入因抛售受控外国公司股票或股价下跌产生的相关费用或亏损。除因经营需要而支付的款项，其他支付给受控外国工资的款项不可扣除。

当受控外国公司25%以上的股份或投票权由匈牙利纳税人控制，或者由匈牙利居民直接或间接持股的，在计算所得税时，应将受控外国公司的税后未分配利润按直接控股比例计入应税所得。

受控外国公司指的是，外国自然人或者外国居民企业（由于管理机构位于境外），由至少一个匈牙利居民个人（直接或间接）在纳税年度内长期持有10%以上股权，或者其当年的主要收入来源于匈牙利，而其公司所得税有效税率低于10%或者免税。

在欧盟、OECD国家或与匈牙利税收协定的缔约国注册，并在注册国家实际经营的外国人不适用上述条款。实际经营是指外国企业（及关联方）在特定国家利用资产和员工，进行制造、加工、提供服务、投资或商业活动，且上述活动的收入占外国企业及其关联方总收入的比例大于50%。若股东或关联方拥有该外国企业至少25%的股东权益（全年）；且股东可在证券交易所交易（自纳税年首日起至少5年），则该外国企业不是受控外国公司。

由匈牙利居民个人间接控股10%这一条件不需要纳税人举证以外，其他判定受控外国公司的条件都需要由纳税人自行举证。

二、个人所得税

居民纳税人应就其来源于匈牙利境内、境外的所得缴纳个人所得税；非居民纳税人仅就来源于匈牙利境内的所得缴纳个人所得税。

（一）一般规定

1. 纳税人

匈牙利居民纳税人是指：（1）匈牙利公民（除非该个人同时属于其他国家公民，且在匈牙利不存在永久性或习惯性住所）。（2）持有匈牙利居留许可的外国公民或无国籍人士。（3）拥有三个月以上居留权，且一年内在匈牙利居住时间超过183天的个人（离开或抵达匈牙利的当天按一天计算）。（4）符合以下条件之一的其他个人：仅在匈牙利拥有永久性居所；在匈牙利或其他国家同时拥有永久性住所，或无永久性住所，但主要利益中心位于匈牙利；在匈牙利或其他国家同时拥有永久性住所，或无永久性住所，且无法确定主要利益中心，但在匈牙利拥有习惯性住所；合伙企业被视作单独的纳税人，缴纳企业所得税。

2. 应纳税所得额

（1）概述。居民纳税人应就其全部所得（免税收入除外）缴纳个人所得税，包括现金、付款凭单、资产、有价证券、可交易债权或可计价权利、免除或承担的债务、为个人支付的费用、个人免费或低价使用的商品和劳务。

匈牙利个人所得税法将所得分为以下类别：汇总所得，包括非独立劳务所得、独立劳务所得和其他汇总所得；租赁所得；创业所得（entrepreneurial income）；动产及不动产产生的资本利得；资本收益，包括股息、利息和有价证券资本利得；非货币性福利（规定的福利和非工资福利）；来源于有价证券、期权及类似权益的收益；其他所得（如小额收据）。

汇总所得按比例税率缴纳所得税，适用多种减免税/退税政策。不属于上述类别的其他所得单独计税。

（2）免税所得。纳税人取得的下列所得，免征个人所得税：儿童津贴；养老金；购房补贴；符合要求的保险费用和赔偿。

3. 受雇所得

受雇所得应作为非独立劳务所得汇总缴纳个人所得税。非独立劳务所得包括：受雇所得、公司成员提供劳务的所得、商业机构董事的所得、经选举产生的企业经营人员（除经选举任命的审计师外）的所得、企业家族成员为业务开展劳务的所得。

（1）工资薪金。非独立劳务所得包括个人从非独立劳务或从有潜在法律关系的劳务中取得的收入，尤其是工资、奖金、报销费用和用人单位缴纳的应税保险费（作为雇员的福利）。通常而言，费用（包括通勤和移动费用）不可税前抵扣。实际费用的报销无须纳税。

受雇所得中雇主为培训或教育雇员（学生除外）产生的费用免征个人所得税，其他费用作为非货币性福利缴纳所得税。

（2）实物福利。

①概述。“非货币性福利”分为两类：“特别规定的福利”和”非工资福利”。这两类福利均适用比例税率16%，应纳税所得额按税法规定调整为所得的119%，因此其实际税负为19.04%。

另外，“非工资福利”须按14%的优惠税率缴纳健康保险费，“特别规定的福利”则按27%缴纳社会保险费，上述计税基础都是经纳税调整后计算得来。

“特别规定的福利”包括：商务旅行过程中提供的餐饮及其他服务；电话服务中个人使用部分；个人收到的缴费单位从特定保险单中提取的保费；达到一定价值的用于促销业务的礼品和服务；雇主向全体雇员提供的免费或折扣优惠；超过限制金额的“非工资福利”。

“非工资福利”包括：工作餐饮（由雇主提供），每月不得高于12 500福林；符合条件的雇主支付的培训费用；不超过法定最低工资30%的教育费用；雇主缴纳的自愿互惠基金（养老基金不超过法定最低工资的50%，卫生基金不超过最低工资的30%，雇主养老金服务中心不超过最低工资的50%）；当地的公共交通。

“非货币性福利”由福利的提供方（如雇主或付款方）缴纳税款。上述两类福利的应纳税所得为市场价值扣除接受方支付的部分；不属于上述两类福利的，则根据福利提供方和受让方的关系定性并征税，如雇佣关系中的工资收入。

2015年1月1日起，非工资福利施行总额限制（总限额为20万福林），超过限额的部分应与“特别规定的福利”一同缴纳税款和健康保险费。

②公司车辆福利。私人使用公司车辆免征个人所得税，但车辆所有者应根据车辆的负载量和环保等级按月定额缴纳公司车辆税。

③低息贷款。借款方提供无息或低息贷款（不论借贷双方为何种关系）而取得的收益应按税法规定调整为收益额的119%，再依照16%征收个人所得税。

无息或低息贷款收益中应税部分为匈牙利国家银行基准利率提高5个百分点后的利率（若付款方可以证明该项正常交易的利率较低）与实际利率之间的差额。

④股票和期权。公司授予员工股票（本公司或其母公司的股票），符合以下两个条件之一，员工免征个人所得税：（1）属于员工持股计划的一部分；（2）被授予股票的市场价值不超过100万福林/年。此外，员工个人处置上述股票，应按税法中特别规则执行。

授予员工除上述情况外的有价证券（包括股票），按“受雇所得”相关规定纳税。

（3）养老金所得。在匈牙利，养老金免征个人所得税。“养老金”包括：符合法律条例规定的养老金；私人养老基金提供的养老金；所得税条例中定义为“养老金”的部分所得，及取得的来源于国外组织的类似收入。

养老保险基金费和保险费不可税前扣除。

（4）董事薪酬。董事薪酬应按非独立劳务所得缴纳所得税。

员工持股计划中的授予董事股票，按授予员工股票相关规定纳税。

4. 经营所得和专业服务所得

（1）经营所得。除“创业所得”以外的经营所得按独立劳务所得汇总缴纳个人所得税。创业所得是指从事独立劳务的个体经营者包括个体经营者、初级农业生产者、出租方、经选举任命的审计师等实现的所得。

创业所得单独征税，适用累进税率，税率为10%（收入总额低于5亿福林）或19%（收入总额高于5亿福林），其计税依据为收入总额减去相关费用后的余额（包括支付个体经营者工作的费用）。

（2）专业服务所得。通常，劳务所得视作从独立劳务取得的收入。但在税法的实际运用中，“劳务所得”为狭义概念，是指律师、公证员、执法人员及提供医疗服务、社会服务、药品服务的个人等取得的劳务收入，按创业所得相关规定纳税。

应纳税劳务所得为收入总额减去可扣除费用的余额。除据实扣除外，纳税人还可选择按10%的扣除率一次性扣除。

5. 投资所得

在匈牙利，股息红利应缴纳最终预提税。来源于居民企业分配的股息红利及来源于境外的全部股息红利按16%的税率缴纳预提税。

利息所得按照16%的税率缴纳最终预提税。

长期投资的利息所得（和资本利得）可享受税收优惠政策。按规定，持有三年以上、五年以下投资的利息所得适用10%的优惠税率；持有五年以上投资的利息所得，免征个人所得税。

储蓄账户制度规定，个人开户存款最低500万福林且存满五年，取得的利息收入免征个人所得税；若提前支取，取得利息收入适用累进税率征税。

特许权使用费按独立劳务所得征税；

不动产的租赁收入按16%的税率缴税（汇总缴纳）。但是，纳税人在其他市政区内因永久租用住宅物业产生的租金费用可税前扣除。农业用地的租金收入免税（有一定条件限制）。

6. 资本利得

处置动产、不动产或其权益所产生的资本利得应按正常规定缴纳所得税。应纳税所得为销售价格减去购置成本及维护、更新、转让时发生的相关费用后的余额。如果购置成本无法核实，则按销售价格的25%征收所得税。符合条件的长期投资的资本利得可享受税收优惠政策。从至少持有3年的投资取得的资本利得，适用优惠税率10%；至少持有5年以上的投资免税。

7. 个人扣除、宽免和减免

符合一定条件的情况下，匈牙利税法中减免税/退税政策也适用于非居民纳税人。

（1）扣除。享有国家家庭补助或为孕妇的纳税人，可以享受家庭扣除的优惠政策，该优惠资格可以转让给配偶或与其共享。若需要抚养的孩子为一人或两人，则每个孩子每月的最高扣除限额为62 500福林；若为三个以上，扣除额为每月206 250福林。

从2015年1月1日起，婚姻关系中至少一方为初次婚姻的可享受“初婚扣除”政策，扣减的金额是每月31 250福林，且可以选择夫妻双方分开扣除或合并一起扣除两种方式。“初婚扣除”的有效期为24个月（从婚礼之后的第一个月开始），在此期间，夫妻必须共同生活。

（2）税收宽免。匈牙利个人税制没有宽免政策。

（3）税收抵免。以下是与“汇总所得”有关的主要抵免优惠政策，优惠总额不得超过年应纳税额。

①保险抵免。该项抵免是由税务机关给纳税人予以现金退税。税务机关根据纳税人报送的纳税申报表进行退税。从2014年1月1日起，退税额为自愿互惠基金支付额的20%。健康保险基金或自助保险基金的成员可以申请额外退税。上述退税总额不得超过每年15万福林。

享有同类退税资格的纳税人可以申请将退税额的20%存入养老保险的“预存账户”，这类退税额不得超过每年10万福林（2020年1月1日前退休的纳税人为13万福林）。

来源于“预存账户”的收入可转至规定的“投资账户”，且可以通过投资账户取得相应的收益。

从2014年1月1日起，纳税人与保险公司签订养老保险合同也可以申请退税，退税额为支付额的20%，每年最大限额为13万福林。

在匈牙利，累计退税总金额不得超过28万福林。

②其他。重度残疾人每月最高可享受法定最低工资额5%的税收抵免。

8. 亏损

个体经营者的税收亏损可以向后结转5个纳税年度，但只能用当期利润的50%弥补之前年度的亏损。

通常而言，税收亏损不得向以前年度结转。但是，从事农业生产的个体经营者的税收亏损（不超过亏损额的30%）可以向过去2个纳税年度追溯调整。

在匈牙利，2015年1月1日前亏损可以无限期向后结转。

匈牙利税法规定，在计算本年度亏损时，不得将以前年度结转的亏损一并计入，且应按照亏损产生的年度顺序予以抵消。

如果个体经营者的业务由其遗孀或者继承人继续经营，之前年度的亏损可以继续向后结转。

资本损失不可抵消收入或资本收益，只能在股票交易产生的收益中冲抵。

9. 税率

（1）一般所得和资本利得。2011 年 1 月 1 日起，按照 16% 的税率缴纳个人所得税。

（2）预提税。员工的薪水和其他收入须由用人单位代扣代缴预提税。一般而言，代扣代缴预提税适用比例税率 16%。

10. 税收征管

（1）纳税期间。纳税年度一般与公历年一致。

（2）纳税申报和评估。通常，纳税人应自行计算、申报缴纳所得税，其纳税义务包括计算应纳税款、纳税申报和缴纳税款。然而，符合一定条件的纳税人（个体经营者除外）可以向税务机关申请按年申报、缴纳所得税。

在匈牙利，只缴纳预提税（如受雇所得）以及由扣缴人代扣代缴预提税的纳税人，可以向税务机关申请简化纳税申报。

通常，年度所得税必须在第二年 5 月 20 日前进行纳税申报。个体经营者或其他同属增值税纳税人的个人，必须在第二年 2 月 25 日前进行纳税申报。

（3）税款缴纳。一般而言，个人所得税预缴税款由个人按"汇总纳税所得"缴纳，扣缴人代扣代缴预提税的除外。

个人所得税按季预缴，此外最终税款与预缴税、预提税之间的差额必须在申报截止期前缴清。税务机关必须在申报后 30 天内退还多缴税款。

（4）税收裁定。任何税种的居民或非居民纳税人，均可向税务机关提出税收裁定的申请，但裁定需与未来的合同或交易所产生的税收后果有关。

裁定的影响力也可能辐射至过去发生纳税义务（企业所得税、个人所得税、小额营业税或地方营业税）的交易。若要提请对过去交易进行税收裁定，则必须在下列情况之前申请：当期纳税申报前；法律规定的申报截止日期。

（二）其他类型的所得税

1. 对解约费征收的附加税

从 2014 年 1 月 1 日起，解除劳动关系的公务员应就其取得的特定收入按 75% 的税率（之前为 98%）缴纳附加税。税基为超过规定标准额的部分。标准额根据不同层级的公务员在 200 万福林至 350 万福林之间。

2. 家务工作者

在匈牙利，家务工作者（如家务清洁、做饭、照顾孩子、园艺）适用受雇所得简易征收办法。家务工作者的薪金收入免征所得税。

3. 其他

当地政府有权对其辖区内设立或者注册的个体经营者征收地方营业税。内容与对公司征收的相同。

（三）国际税收

1. 居民纳税人

（1）境外所得和资本所得。居民纳税人应就来源于匈牙利境内、境外的所得及资本利得纳税。境外所得的税收处理与境内所得一致。但是，纳税人取得位于境外不动产的资本利得，且该国与匈牙利未签订税收协定，则应汇总缴纳个人所得税；取得的该不动产的租赁所得，则应视作“独立个人劳务”纳税。

对于在国外或国境边界工作的匈牙利居民，没有明确的税收规定。匈牙利未签订关于国境边界工作人员的税收协定。

在匈牙利，养老金收入免征个人所得税。

根据境外税法定义为“股息红利”的所得，在匈牙利应作“境外股息红利”按16%的税率纳税。

纳税人因撤回被投资公司的经营资产（如清算盈余）取得的来源于境外的资本利得，在匈牙利按16%纳税。

纳税人取得来源于符合条件的受控外国公司或位于避税港的公司（或其他组织）的股息红利、利息及资本利得，应合并计算缴纳个人所得税。“避税港”是指不征企业所得税或企业所得税适用税率不高于10%的国家或地区，与匈牙利签订税收协定的国家或地区除外。

（2）避免双重征税。在匈牙利，单边税收减免（没有签订税收协定的情况下适用）或税收协定可避免境外所得双重征税。

单边税收减免是指汇总计算应纳税所得或经营所得中来源于境外的所得时，在国外已缴纳的税款准予抵免。无论是在单边税收减免或税收协定的情况下，税收抵免额不得超过国外已纳税额的90%，且不得超过境外所得适用汇总所得/经营所得在匈牙利的税率计算而来的税额。选择推定课税的个体经营者同样也可享受境外税收抵免。

在匈牙利，税收协定优于匈牙利国内税法。对于来源于签订税收协定国家的所得，应根据税收协定确定避免双重征税的方法。

2. 侨民

匈牙利个人税制未对侨民制定明确的规则。

3. 非居民个人

除居民纳税人之外，其他纳税人都视为非居民纳税人。

（1）所得和资本利得。非居民纳税人应就其来源于匈牙利境内的所得（除有价证券、动产的资本利得外）缴纳个人所得税。除法律或税收协定另有规定外，非居民纳税人与居民纳税人适用相同的税收政策。通常，只有匈牙利公民及符合以下条件的外籍人士才能享受家庭税收扣除优惠：该外籍人士境内、境外所得总额的75%须在匈牙利纳税；同一纳税期内，不得在国外享受同一税收优惠。

非居民纳税人同时也为欧盟公民的，且其（非）独立劳务所得（包括养老金）的75%来源于匈牙利，所承担的税收负担要轻于纳税人及其家属都为匈牙利公民的税负。

2014年1月1日起，外籍艺术家（即个人所得税和社会保险费定义的非居民纳税人）取得的与匈牙利境内开展的活动有关的所得，可选择按简易办法计算个人所得税。该简易办法适用一揽子费用扣除办法，一般来说，一揽子费用扣除金额为来源于匈牙利的总收入

（包括在匈牙利境内提供住宿的市场价值）的30%。经测算，他们实际承担的税负为11.2%。在任意连续十二个月内，来源于匈牙利的总收入不超过20万福林的纳税人可享受免税政策。

非居民纳税人通过转让符合条件的房地产控股公司的利润实现的资本利得应按16%纳税。上述规则中“转让”包括转让股票、股票贷款以及撤资。

根据现行国内税法规定（适用于国际税收协定未明确规定的情形），股息红利应按16%的税率缴纳最终预提税。

匈牙利与其他欧盟成员国依照欧盟储蓄指令（2003/48）达成了信息互通的协议，则该国居民取得的款项应定义为利息所得（境内利息所得定义），但不需计入应税所得（即该款项免税）。

（2）税收征管。非居民纳税人收到匈牙利境内的款项，须由代理机构扣缴预提税。然而，符合以下条件，代理机构无须代扣代缴预提税：根据相关税收协定，这笔款项无须在匈牙利纳税；非居民纳税人提供国外税务机关发放的居民身份证明的复印件（必须翻译为匈牙利语言）。

如果预提税款大于按税收协定确定的实际应纳税额，非居民纳税人可以向税务机关申请退税。该笔退税将划入非居民纳税人匈牙利银行账户。

如果非居民纳税人在匈牙利境内取得的应税所得无须缴纳预提税，则必须在收到款项的30天内进行纳税申报并缴纳税款（计算应纳税额时须按税收协定的规定）。如果非居民纳税人与匈牙利雇主存在雇佣关系，则必须在下一个纳税年度5月20日前就取得的相关所得进行纳税申报。

三、增值税

（一）一般规定

1. 概述

匈牙利对所有的应税商品和服务征收增值税。

2. 纳税人

增值税纳税人是所有以提供商品和服务获得盈利的个体、法人（包括外国企业永久机构、个体和合伙企业协会）。一般来说，年营业额在600万福林以下的企业可以选择免征增值税。适用简易征收制度的企业不视为增值税的纳税人。

3. 应税行为

应税交易包括在匈牙利提供的商品和服务，成员国之间进口商品或服务，和从非成员国进口商品。

4. 应税收入

应税收入是指支付的对价（不含增值税）。对于从欧盟成员国以外的国家进口，应税收入就是进口价格（包括关税、其他费用和保险费，运输费等）。在计算最终应纳税额，在购买商品或服务时已经由企业缴纳的增值税，由企业自行扣除或由税务机关退还，这意味着实际只对增值额征税。

5. 税率

从2012年1月1日起，增值税标准税率为27%（以前是25%）。

销售教科书和指定药品、医疗用品税率为5%。从2014年1月1日起，猪肉也适用5%税率。从2015年1月1日起，活牛、羊和山羊及其肉制品都适用5%税率。

某些基本食品，酒店服务，区域供热和某些室外音乐活动（节日）门票的税率为18%。出口货物和劳务适用的税率为0。

6. 免税

主要免税项目（不含增值税进项税抵扣）包括与金融服务、医疗保健服务、不动产及教育有关的交易。

（二）非居民纳税人

在匈牙利从事所有应税交易的非居民纳税人，享受和居民纳税人同等税收待遇。

根据欧盟有关规定，在匈牙利没有设立机构但是已在欧盟注册的居民纳税人应申报增值税。未在匈牙利设立机构的非欧盟注册居民纳税人，也应对其出于盈利目的，在匈牙利境内供应商品和服务（包括进口商品）的行为缴纳增值税。匈牙利目前已与列支敦士登和瑞士签订了互惠协定。

四、消费税

对国内产品或者以下的进口商品征收消费税：成品油；酒制品；啤酒；白酒，包括汽酒；中间酒精产品；烟草制品。

五、社会保障税

（一）对企业征收

1. 社会保障税

从2012年1月1日起，社会保障税代替原来的社会保险费。税率（未变）为27%。

社会保障税由支付方（如雇主）支付。个人所得税法中指的所有收入都需纳税，不设上限。

除了企业外，其他商业机构也需要为向该机构提供个人劳务的成员、合伙人及高管，缴纳社会保障税。税基是支付给成员或者合伙人的劳务总报酬，且该劳务报酬不得低于最低法定工资额。

社会保障税可在公司所得税前扣除。

2. 医疗保险费

除了社会保障税，支付代理人（如雇主）还需缴纳医疗保险费。医疗保险费的征收收入不同于社会保障税。

原则上，医疗保险费与匈牙利居民个人相关。通常对不征收社会保险税的所得项目征收。

根据收入类型（税基）的不同，医疗保险费费率为14%或27%。

医疗保险费可在公司所得税前扣除。

此外，法律规定的支付代理人（如公司、合作社等），也须按1.5%的税率缴纳职业培训费，其应税基础与社会保障税相同。

（二）对个人征收

在匈牙利，雇员和个体经营者都应缴纳健康保险费和养老保险费，计税依据为来源于非独立劳务汇总缴税的全部所得，这部分收入还需要预缴税款。

健康保险费按8.5%缴纳，养老保险费则按10%。

2014年1月1日，个人所得税税法实施“家庭扣除”优惠政策，这项政策减少了健康保险费和养老保险费二者的应缴数额，但不会完全侵蚀个人所得税的计税基础。

健康保险费及其同类费用由用人单位代扣代缴，且每年应缴金额不超过45万福林，则个人取得的特定被动收入应按14%的税率缴纳社会保险费；如果个人取得下述类型收入，且须缴纳健康保险费，那么他应补缴由用人单位代扣代缴的数额（不超过45万福林）：因撤资取得的收入（即减少公司注册资本、股东关系终止或公司解散）；因证券借贷取得的收入；股息红利和经营分红所得；资本利得；超过每年100万福林的不动产租赁收入。

在匈牙利，纳税人取得利息收入应缴纳6%的健康卫生费，除免税情形外（例如来源于欧洲经济区国家发行的以福林为货币单位的债务证券的利息所得）。

未加入上述健康保险和养老金计划的个人，可自愿缴费。

另外，个人还可以选择有关养老金、健康医疗的互助保险基金以及自费保险。

（龚辉文　编）

冰岛税制

冰岛有公司所得税、个人所得税、增值税、印花税、社会保障税、交易税、银行税、住宿税、稳定税等税种。

一、公司所得税

（一）一般规定

1. 税制类型

只要在冰岛注册登记的企业都要就其利润缴税。允许居民企业抵扣来自另一居民企业的股息红利所得，某些情况下，也适用于来自非居民企业的股息红利所得。

2. 纳税人

应缴公司所得税的实体法人包括：注册的上市公司和私营公司；其他注册的公司实体，公司参与者对公司债务不承担个人连带责任；注册的商业银行和借贷机构（根据单独立法规定成立的）；注册的互助保险组织协会和合作社；注册为纳税实体的有限责任合伙、有限合伙和普通合伙企业；注册的生产销售组织（或协会）；以及其他从事商业活动的法人实体、组织协会、基金以及基金会。

没有在企业注册中心注册为纳税实体的有限责任合伙、有限合伙和普通合伙企业在纳税原则上视其为透明实体。

根据公司章程规定总部在冰岛或实际管理机构在冰岛且在冰岛注册的公司、协会、基金以及基金会等法人实体被视为冰岛的居民企业。

3. 应纳税所得额

（1）一般规定。居民企业就其世界范围所得缴纳公司所得税。所得和资本利得适用相同的税率。

（2）免税收入。截止到2014年12月31日，免除债务而获得的收益可以获得部分减免。2009至2014年，财务状况困难的企业因经营活动发生的债务被免除而获得的收入减免应税所得额50%（最高75%），上限为5 000万冰岛克朗。此外，企业可将申报为应纳税所得的免偿债务作为资产进行摊销或折旧。如果在2014年底，企业豁免的债务额不超过5亿冰岛克朗，则免税。如果企业豁免的债务额超过5亿冰岛克朗，超过的部分于2015年至2019年度内按照超过部分的数额等额缴纳公司所得税。

在冰岛无常设机构的非居民法人实体销售货物或提供应服务的，在特殊情况下免税。

（3）扣除。因取得应纳税所得而所发生的费用，一般在税前可以扣除。

新成立企业所发生的开办费可以在成立年度一次性税前扣除，也可以在5年内摊销扣除。

股息红利不可以在分配企业的应纳税所得额中扣除，居民企业可以扣除来源于其他企业的股息红利收入。

拥有经冰岛研究中心确认的研究开发项目的研究开发企业，可以按项目成本的15%抵免其应纳税额。在一个纳税年度内，经计算的可抵免总额不能超过1亿冰岛克朗（特殊项目不超过1.5亿冰岛克朗）。此项优惠于2019年12月31日截止。

（4）折旧和摊销。船舶、机械设备以及飞机等有形资产的折旧适用双倍余额递减法。建筑物、厂房和经营场所以及著作权、商标权等无形资产的折旧适用直线法。上述有形资产报废或被出售时，其残值为资产初始价值的10%。

在某些情况下，允许加速折旧、特别折旧以及销账。

用于商业目的的建筑物通常必须摊销折旧。只在某些情况下，企业根据情况选择折旧的方式。

每个建筑物分别用直线法计提折旧。根据建筑物的类型选择折旧率，例如办公室和零售场所适用1%～3%的折旧率，工业厂房适用3%～6%的折旧率，钻井和传输线路适用7.5%～10%的折旧率。

包括船舶在内的机械设备用于商业目的的，适用下列的折旧率（如表1所示）：

表1

类别	折旧率（%）
承载人数少于90人的船舶、飞机、小汽车（出租车除外）	10～20
石油勘探和加工中使用的石油平台、管道和其他设备	10～30
汽车以及其他的运输车	20～35
工业机械设备	10～30
办公设备	20～35
用于建筑用途的机械和设备	20～35
其他动产	20～35

纳税企业取得不超过250 000冰岛克朗的动产可选择在取得动产的年度一次性摊销。

获得的商誉必须用直线法计提折旧。折旧年限为5～10年。

著作权、专利权、商标权、设计、模型、专利技术和类似产权必须采用直线法计提折旧。折旧年限为5～7年。如果某项无形资产的使用年限少于5年，其折旧年限可适当缩短。

专利权和外购的专利技术可选择在获得年度一次性摊销。

矿山、采石场和其他自然资源的采矿权摊销可以从收入中扣除。该摊销采用产量单位折旧法（按照各使用期的生产产量的比例计提固定资产折旧的一种方法）。获得永久捕捞权限的不允许计提折旧。

（5）准备金。在每个纳税年度结束时，企业有权计提坏账准备金。准备金的金额不得超过本年度末应收账款和应收票据的5%。银行的坏账准备金适用特殊规定。

4. 资本利得

企业出售股票（包括投资股票和交易股票）的资本利得不征收所得税。享受免税政策的股票没有持有时间的限制。居民企业和非居民企业出售股票取得的免税收入需从应税所得额中扣除。

企业处置企业经营活动中使用的资产或作为投资持有的资产获得的资本利得，不论是否计提折旧以及持有期间的长短，此资本利得需缴纳公司所得税。在某些情况下，上述资本利得的税款可延期并推迟到以后的年度缴纳。

处置资产的应税所得额为资产售价扣除资产账面净值后的差额。企业在资产所有权转移的年度缴纳公司所得税；然而，企业可以在同一纳税年度内对其拥有的其他可折旧资产加速计提折旧，加速折旧额等于处置资产的应纳税所得额。如果企业不可以通过上述方法加速折旧，处置资产应缴纳的税款可延期 2 年缴纳。

加速计提折旧额和延期缴纳税款两种情形都不允许使企业产生亏损，延期缴纳的税款不能延误以前年度亏损在当年收入中扣除。

一般情况下，处置不可折旧的不动产获得的资本利得，等于售价扣除购置此资产的成本后的余额。

如果处置资产的部分所得是以分期付款的方式取得且付款期限不少于 3 年，卖方可选择将分期付款部分的所得税在 7 年的时间内平均缴纳。此方法仅适用于纳税企业没有对其他资产加速计提折旧的情况或者没有扣除取得不动产成本的情况。

最后，如果纳税人的经营业务是生产或购买资产用来出售，其出售资产的所得应按全额纳税。纳税人取得资产后转售获得的收入应全额纳税。

5. 亏损

（1）经营亏损。企业的经营亏损净额可以结转 10 年抵扣，不允许年度亏损前转。

（2）资本亏损。出售资本性资产而产生的亏损不允许税前扣除。

（3）汇兑亏损。汇兑亏损可在包括亏损产生的纳税年度在内的 3 年内扣除。

6. 税率

（1）收入和资本利得。一般公司所得税税率为 20%。已注册为纳税实体的合伙企业的税率为 36%。

（2）国内支付的预提税。居民企业向另一居民企业支付的股息红利和利息需缴纳 20%的预提税。预提税可抵扣企业汇算清缴的所得税款。股息红利的预提税可以抵扣汇算清缴的其他收入的税款。

7. 税收优惠

直接投资的税收减免的法律于 2013 年 12 月 31 日失效。企业根据其持有的有效合同继续享受税收减免。

关于直接投资的税收减免的新法案于 2015 年 7 月生效，于 2020 年 7 月 1 日到期。

8. 征收管理

（1）纳税期限。纳税年度为公历年。在某些情况下，经国内税务局授权，企业可以改变其纳税年度。

（2）纳税申报和评估。公司所得税必须在5月31日前申报。纳税评估需在10月31日前完成。

（3）税款缴纳。除1月和纳税评估完成的月份，企业需在每月第一天预付所得税款。根据给定的百分比按以前年度的评估值分期缴纳税款，例如8个月每月缴纳10%的税款。企业经清算仍需缴纳税款的，在评估年度的剩余月份平均分期缴纳。

在某些情况下，国家税务调查部门可以获得纳税人抵押资产的留置权，以确保纳税人预期未付的税款、罚金和诉讼费用能够支付。

（4）事先裁定。居民企业和非居民企业都有权要求对公司所得税的许多方面进行事先裁定。裁定的对象通常只是未来交易的税务责任，如果交易产生实质性影响才可以下达裁定。

（二）居民企业间的交易

1. 集团税收

如果企业拥有另一企业90%的股权，或后者被负有共同纳税义务的集团公司成员共同持有90%的股权，居民企业可以选择进行集团合并纳税。如果负有共同纳税义务的集团公司中的某公司处于破产清算阶段，其合并纳税的资格将会被取消。

集团合并意味着一个企业的亏损可以抵消另一企业的利润。在某些特定情况下，某企业在集团合并纳税年度前发生的亏损可以抵消本企业的利润。

集团合并纳税不适用居民企业母公司的非居民子公司。

2. 居民企业间的股息红利

企业一般需将股息红利收入计入应税所得中。居民上市公司、居民私营企业、有限责任合伙企业来源于上述企业的股息红利收入可在税前100%扣除。符合条件的来源于非居民企业的股息红利收入也可在税前100%扣除。

红利股不视同股息红利收入。企业清算后的总清算收益扣除股票购入价格后的余额视为股息红利收入。

（三）国际税务

1. 居民企业

（1）国外收入和国外资本利得。来源于国外的营业收入、利息和特许权使用费应全额征税。居民企业有来源于国外的股息红利收入且可证明此股息红利收入根据类似冰岛的税法已缴纳税款，此股息红利收入可在税前100%扣除；否则，国外的股息红利收入应全额征税。类似冰岛的税法需满足下列条件：来源国的公司所得税税率不得低于OECD成员国或欧洲经济区的一般公司所得税税率。目前，最低的税率为10%，股息红利来源国的税率低于10%的不适用上述规定。

（2）国外亏损。居民企业通常就其全球所得缴纳公司所得税，所以其国外的常设机构发生的亏损（或利润）可以抵减国内的应税所得（亏损）。

（3）避免重复征税。重复征税可通过单方面减免实现，也可通过税收协定实现。经国内税务机关的批准，单方面减免可以通过抵减国内所得税款的方式实现。国外已缴纳的所得税和资本税不可以作为费用在税前扣除。

2. 非居民企业

（1）一般所得和资本利得的税务处理。非居民企业通过冰岛的常设机构进行商业活动、参与商业活动以及有权获得商业活动利润的，应就其取得的营业收入缴纳公司所得税。除税收协定另有规定外，时间超过1个月的建筑工地或建筑安装工程项目视同为常设机构。

非居民企业通过冰岛不动产取得的收入，不论非居民企业是此不动产的所有者、使用者或其他情形，均需缴纳公司所得税。

未设有常设机构的非居民法人实体销售经某些欧盟基金会补贴过的货物或服务且签署有效的销售合同，满足上述条件的收入免征所得税和地方税。

通过常设机构在冰岛进行商业活动非居民企业分配的股息红利在分配前需缴纳所得税；否则，上述的股息红利需缴纳预提税。

非居民企业取得来源于冰岛但未缴纳所得税的股息红利收入应计入应纳税所得额中。然而，欧洲经济区内的有限责任公司取得来源于冰岛的股息红利收入，参照取得居民企业已税的股息红利扣除规定可在税前扣除。

非居民企业或非居民企业在冰岛的常设机构取得冰岛经营者因使用有形动产、无形资产或特许权而支付的特许权使用费或分期付款，需计入应税所得额中；否则，上述收入需缴纳预提税。

非居民企业因在冰岛提供服务或在冰岛开展经营活动所收取的款项应在冰岛缴税（不论是否有常设机构）。

租用飞机船舶用于国际运输而支付的租金不在冰岛纳税。

非居民企业出售下列资产取得的资本利得应缴纳公司所得税：位于冰岛的动产和不动产；属于冰岛常设机构的无形资产；冰岛企业的股权。

非居民企业的公司所得税税率与居民企业相同。

（2）征收管理。在冰岛设有常设机构的非居民企业就其常设机构收入的评估金额缴纳公司所得税。

3. 支付给非居民企业款项的预提税

（1）股息红利。除税收协定另有规定外，居民企业支付给非居民企业股东的股息红利需按全额缴纳18%的最终预提税。2008年1月1日起，向欧洲经济区的居民企业支付的股息红利不再征收最终税款。上述股息红利仍需缴纳18%的预提税，但可以通过填写纳税申报退还已纳税款。

（2）利息。支付给非居民企业的利息需缴纳预提税，按利息总额的10%缴纳税款。下列支付的利息免税：冰岛中央银行发行的债券或有价证券的利息；冰岛中英银行代冰岛财政部支付的利息；支付给外国政府、国际组织或其他公共实体的利息在其所在国免税；金融机构或能源公司发行发放债券的利息，发行的债券需在OECD成员国的债券市场注册登记，且上述的OECD成员国需在欧洲经济区、欧洲自由贸易联盟或法罗群岛之内；以前以商业银行或储蓄贷款机构名义经营现处于清算阶段的法人实体发行债券的利息。

（3）特许权使用费。支付给非居民企业的特许权使用费以支付总额按公司所得税一般税率缴纳预提税。如税收协定规定了低税率，可按低税率缴纳税款。

（四）反避税规定

1. 一般规定

冰岛没有反避税的一般规定。最高法院对只以规避税法为目的的交易不予支持。

2. 转让定价

冰岛税法一般规定如下：纳税人间发生的金融交易不属于此类交易一般条款的规定范围时，由于条款的缺失使其中一方获得的经济利润或优势需计入获得方的应税所得额中。

2014 年 1 月 1 日起，冰岛的转让定价特别规定开始生效。关联方间的交易需符合独立交易原则，符合由税负机关调整交易金额。资产或营业额超过 10 亿冰岛克朗的法人实体必须向税务机关提供定价决策的证明文件。

3. 资本弱化

冰岛没有关于资本弱化的规定。

4. 受控外国企业

在居民纳税人（企业或个人）直接或间接拥有或控制处于低税率国家的非居民企业股权不少于 50% 的情况，非居民企业的利润（不论是否分配）应按居民纳税人持有股权的比例归集到居民纳税人的所得额中并按一般规定缴纳税款（分别缴纳公司所得税或个人所得税）。低税率国家是指其公司所得税税率低于冰岛公司所得税税率三分之二的国家。

符合下列条件之一的受控外国企业不适用上述规定：①受控外国企业位于税收协定国家且不以财政收入为主要收入；②受控外国企业位于欧洲经济区且在所在国从事经营活动，同时冰岛税务机关可以根据国际条约要求受控外国企业提供所有的必要信息。

二、个人所得税

（一）一般规定

1. 纳税人

一般情况下，在冰岛居留 6 个月或以上的个人均可以认定为居民。前冰岛居民出境 3 年内，仍对本国具有全面纳税义务，除非他们能够证明已在其他国家纳税。

在欧洲经济区、欧洲自由贸易联盟国家和法罗群岛居住的个人，如果他们的收入至少有 75% 来自冰岛境内，则视同冰岛居民纳税人。一个纳税年度里既住在冰岛，又住在欧洲经济区或欧洲自由贸易联盟国家及法罗群岛的个人，如果他们在此纳税年度中的收入至少有 75% 来自冰岛境内，也视同居民纳税人。居住在上述地区的夫妇如果他们在一个纳税年度中的收入至少有 90% 来自冰岛境内，则需以冰岛居民纳税人的身份共同缴税。

已婚夫妇及因税收目的被认定为夫妇的同居者的投资所得（C 类）应被课税，税收由就业总收入（A 类）较高者缴纳。

16 岁以下儿童的收入（雇佣收入除外）应与下列纳税人收入合并缴纳：就业收入最高的家长（如果孩子的家长已婚或因税收目的被认定为夫妇），接收该儿童津贴的家长。如果一个儿童的雇佣收入超过 180 000 冰岛克朗，那么由其以特殊税率纳税（国民所得税 4%，市政所得税 2%）。在一定条件下，儿童的所有收入均需由其自己纳税。个人税收抵免不适用于儿童收入。

个人从合伙企业中获得的收入没有在作为应纳税单位的企业里登记汇总的，与纳税人其他收入合并纳税（B 类）。

2. 应纳税所得额

（1）一般情况。应纳税所得的概念非常广泛，包括所有的货币支付及其他能够确定货币价值的财产。应税所得额收入分为三类。

A 类：由工资和薪金组成，包括推定的个体经营收入，与雇佣相关的雇员福利，养老金，社会保障金，各种津贴，版权持有人所得及稿酬。

B 类：包括经营所得和独立经济活动所得。

C 类：由各种类型的投资所得组成，包括股息、利息和资本利得。

收入的分类十分重要，因为只有法律明文规定的抵扣项可以从 A 和 C 类的收入中扣除，经营损失可在 B 类收入中抵扣。

计算没有经营所得的个人的个人所得税时，将 A 类和 B 类所得汇总并以正常税率征收。此类纳税人的 C 类收入分别征税，税率为 20%；预缴税款可以抵免。对于从事经营的个人，三类收入须以正常税率合并计税。

对于利息收入与费用的处理取决于其是否与经营活动有关。与经营活动相关的利息收入课税方式与其他 B 类收入相同，而私人利息收入的课税方式则与 C 类收入相同。另外，经营利息费用可以完全抵扣，而私人利息开支则不能够抵扣。

（2）免税所得。如果住房贷款和汽车贷款发生在 2009 ~ 2014 这几个纳税年度，则在 2014 年 12 月 31 日前，均可按表 2 进行免税。

表 2

可免除的贷款金额［＊］（冰岛克朗）			免税比例（%）
少于		15 000 000	100
15 000 000	~	30 000 000	50
超过		30 000 000	25

＊ 对于共同缴税的夫妇额度翻倍。

个人也可以延迟 2 年申请住房贷款和汽车贷款税务豁免，并可以在随后的 5 年申报相同的金额。

非居民销售货物和劳务在一定条件下，可免除所得税和地方税。

雇主为雇员支付的环保交通工具补贴可作免税。最高的免税补贴金额由国内税收委员会决定（2015 年为 7 000 冰岛克朗）。

3. 受雇所得

（1）工资、薪金所得。受雇所得按 A 类所得课税。与雇主经营活动相关的雇员汽车，旅行及餐饮相关的费用补偿均不需课税。

如果没有特殊原因，其他项不得从就业收入中抵扣。通勤费用不得抵扣。

（2）实物福利。原则上，所有实物福利都包括在应税所得中。一些情况下，如公司车辆适用特殊条例。

在多数条件下，只要每年的期权价值不超过 600 000 冰岛克朗，那么期权价格与雇员股权行权时实际价格的差异应按 C 类收入课税（税率为 20%）。

（3）董事费。董事费与雇佣收入（A 类）相同对待。

4. 经营和劳务所得

从事经营的个人在涉及应税所得的计算时适用于与公司所得税相同的条例。

个体户申报的就业所得金额必须与其类似的个人受雇于其他不相关个人的报酬相当（推定就业所得）。如果个人为合伙制企业工作，他的配偶、子女或者近亲间接持有该企业的“多数股份”，上述条例同样适用。多数股份是指个人单独或与其配偶、子女、家长、兄弟姐妹或其他近亲拥有企业 50% 或以上的股份且每个其他个人（配偶、子女、父母等）拥有该企业至少 5% 的股份。另外，纳税人的配偶和年龄小于 16 岁的子女在为该纳税人的生意或合伙企业工作时，必须申报与被其他不相干人士雇佣工作获得同等报酬金额的雇佣收入。等同于个人或其配偶、子女收入的金额可从他的私人或合伙企业中以运营费用项扣除，具体金额视情况而定。如果个人申报的推定所得低于其从事相近职业，受雇佣于不相干人士的所得，那么税务专员可以重新估计他的推定收入。估算不会导致运营损失超出从营业收入中扣除的一般折旧费用。关于推定雇佣所得的规定也适用于为自己公司工作的股东。

5. 投资所得

投资所得（C 类）包括股息、利息及来自动产和不动产的收入。投资所得应分别课税，税率为 20%；预扣税款可以抵免。不超过 125 000 冰岛克朗的利息所得可免税。出租住宅房产收入的 30% 亦可免税。通常，获取投资收益时发生的费用不允许抵扣。但是，个人可以从他出租住宅房产的租赁收入中扣除其现在居住的租赁费用。这个扣除项只适用于如果：出租的房产为个人所用（如作为住宅）；出租是临时的。

特许权使用费不被认定为投资所得，而被视为 A 类或 B 类所得，具体视情况而定。获取、保障和维持特许权使用费时产生的费用可以抵扣。

6. 资本利得

源于经营或单独的经济活动的出售动产及不动产的所得属于经营所得（B 类），计算方式与公司的资本利得相同。

出售自有的（非经营）不动产收入所得按 C 类所得课税。出售该类财产造成的损失通常不允许抵扣。但是，它们可从同一年内出售相似财产的所得中扣除。

如果纳税人拥有住所超过 2 年且该住所的面积符合一定限制，那么出售私人住所的所得可免税。如果纳税人拥有此住所的时间小于两年，那么出售该房屋的所得可冲抵成购置另一住所的成本。此类所得的税款可缓期 2 年缴纳。这些条款同样适用于已故者的私人住宅出售。

应税投资所得包括出售自有股份所得，但不包含出售自有动产所得。

7. 个人扣除、宽免和抵免

（1）扣除和宽免。通常，儿童和受赡养者没有宽免额。在如下情况下，个人可以申请减少所得税计税基础：高龄，疾病，事故及死亡削弱了纳税人的偿债能力；抚养残疾或患慢性病的儿童导致超出日常支出的巨额费用；个人承担巨额费用，原因是支付年龄超过 16 岁的子女的学费；个人遭受重大财产损失且没有补偿；个人的偿债能力被削弱因为经营活动外的损失。

（2）抵免。对于各类收入的所得税，所有纳税个人都有权利要求税收抵免。2016 年（纳税年度为 2015）规定的抵免额度为 610 825 冰岛克朗。如果抵免额超过应纳税额，那么超出部分由财政部通过地方应付所得税补偿。此后个人多余的抵免额将不再结转。对于已婚者（或以夫妇形式征税的同居者），未使用完的抵免额可以转到另一方的抵免额上。

针对所得税的特别“海员抵免”规定从2014年1月1日起被废止。

利息补偿支付计划由财政部制定，针对个人使用的房屋产权而承担利息的个人。利息的补偿额度基于纳税年度间以住宅融资为目的贷款所应交纳的利息。个人的收入和净资产越多，补偿额度越少。对于在冰岛没有无限纳税义务的夫妇，利息补偿支付的计算方式与其他已婚夫妇的相同。

8. 损失

经营损失只可从经营所得（B类）中扣除。净经营损失可向后结转10年。不允许亏损前转。

出售私人财产（非经营）的损失通常不允许扣除；但是，它们可从同一年内出售相似财产的所得中扣除。

9. 税率

（1）收入和资本利得。从2016预算年（2015纳税年度）起，对累计所得进行课税的累进税率如表3所示：

表3

应纳税所得额（冰岛克朗）			税率（%）
低于		3 709 680	22.86
3 709 681	~	10 036 847	25.3
超过		10 036 847	31.8

如果同居者或夫妇共同缴税，但其中一人年收入超过10 036 847冰岛克朗，且其配偶收入低于此数值，那么这之间差异的一半以25.3%的税率征税（数额不得超过3 163 584冰岛克朗）。例如表4所示：

表4

配偶1	配偶2
收入1 500万冰岛克朗	收入600万冰岛克朗
最初的3 709 680冰岛克朗以22.86%的税率征收	最初的3 709 680冰岛克朗以22.86%的税率征收
下面的6 327 166冰岛克朗以25.3%的税率征收	剩余部分（2 290 320冰岛克朗）以25.3%的税率征收
—	配偶2有4 036 847冰岛克朗（也就是10 036 847－6 000 000）没有利用，一半（2 018 424冰岛克朗）可转移至配偶1
下面的2 018 424冰岛克朗（从配偶2处转移）以25.3%的税率征税	—
剩余部分（2 944 730冰岛克朗）的税率为31.8%	—

C 类非经营所得的税率为 20%。之前纳税年度里股息与利息的预扣所得税可从税金中抵免。

（2）预提税。股息和利息应代扣 20% 的所得税，扣缴税款是此类收入所得税的预付款。

预提税对雇佣所得征收，扣缴率在每个纳税年度开始时确定，对所有个人纳税人适用。在 2015 纳税年度，税率如表 5 所示：

表 5

月收入（冰岛克朗）			税率（%）
低于		309 140	37.30
309 141	~	836 404	39.74
超过		836 404	46.24

10. 征收管理

（1）纳税期限。纳税年度即公历年。

（2）纳税申报与评估。通常，纳税申报单必须于预算年内的约定日期向国内税务局申报（该纳税年度的下一年）。每年的截止日期由国内收入局确定。截止日期一般在 3 月末。

对申报表的评估一般在 7 月 31 日前完成。

（3）缴纳税款。受雇所得（A 类）的个人所得税（国税和地税）每月源泉扣缴。该办法同样适用于股息和利息收入。有经营所得（B 类）或投资所得（C 类）的个人，应主动在预算年的 1 月末前缴纳定额与在源泉扣缴数额之间的差额。

预缴税款比核定所得税多出的部分增加 2.5% 退还，不足部分增加 2.5% 补缴。

（4）事先裁定。纳税人可以就课税的许多方面申报事先裁定。

（二）地方个人所得税

地方政府征收个人所得税。不允许个人税收抵免；但是，如果个人国内的税收抵免部分超出核定的国内所得税额，那么多余部分可抵免地方所得税。

对于不从事经营的个人，税基为 A 类和 B 类收入的总和。对于从事经营的个人，税基是所有收入的总和。

税率各个地方政府不一，平均税率为 14.44%。

（三）国际税收

1. 居民纳税人

（1）国外所得与资本利得。对居民纳税人就全球的所得和资本利得征税。国外的股息、利息及特许权使用费都应课税，外国收入视同国内收入征收所得税。

（2）避免双重课税。为避免双重课税，可以根据税收协定或单方面措施。根据税务当局的决定，单方面的措施是给予普通税收抵免。国外的所得税和资本税不得以费用的形式从收入中扣除。

2. 非居民纳税人

对所得税资本利得征税。在冰岛暂留（小于等于 183 天）的非居民纳税人，若在此期间获得受雇所得，则需就该所得缴纳所得税。他们也可像居民一样申请费用扣除，年度个人税收抵免也可以按比例适用。在冰岛暂留非居民纳税也须缴纳地方所得税，缴纳方式与居民相同。

在有效合约下，非居民个人销售特定货物或提供特定劳务（欧盟指定的，为了支持候选国），可免除所得税。

其他非居民纳税人须就他们在冰岛境内的所得缴纳个人所得税。来自冰岛的工资薪金，董事费，对于个人服务的补助和酬劳及艺术表演须核定征收，税率为18%。艺术家表演的收入需要单独评估，税率为15%。

非居民纳税人从冰岛获得的养老金和老年福利需缴纳所得税。有上述收入的非居民纳税人可从该收入的税收中扣除个人税收抵免。

非居民纳税人从冰岛获得的经营所得，纳税方式与居民的相同，但是没有个人税收抵免。出售或出租爱尔兰境内的动产和不动产，包括居民公司的股份，须核定后以20%的税率纳税。出租住宅地产获得收入的30%免税。从2013年1月1日起，出租房屋的非居民纳税人可从收入中扣除与他现在居住的住宅相关的租赁费用。

非居民纳税人也需就他们在冰岛的所得（投资所得除外）缴纳地方所得税。税率与居民的平均税率相同。

居民公司对非居民股东发放的股息需代扣20%的所得税。非居民从冰岛得到的利息须纳税，税率为10%。利息收入低于125 000冰岛克朗的免税；预缴税在税额查定后退还。付给非居民纳税人特许权使用费，应按照总额的20%代扣税款。有协定的按协定执行。

三、增值税

（一）一般规定

冰岛的增值税体系：提供货物和服务的各个环节需要缴纳增值税。

1. 纳税人

纳税人包括：从事提供应税货物或应税服务的经营者（企业、合伙人以及个人）；合作社或其他社会团体，即使属于免税组织，当其提供的货物或服务与其他企业形成竞争时需缴纳增值税；仅销售其会员提供的货物和服务的上述团体应缴纳增值税，仅向会员销售货物的上述团体应缴纳增值税；销售应税货物或提供应税劳务的公共事业单位；从事商业活动的政府、县、市政机构以及公共企业；拍卖商；外商独资企业的代理商和其他代理机构；向位于冰岛的非税团体提供电子服务的非居民法人实体。

所有的纳税人需注册登记。对于上市企业和私营企业，母公司和其控股90%的子公司可以联合注册合并为一个纳税人。

2. 应税行为

应税交易包括在冰岛有偿销售的货物或有偿提供的服务，以及向冰岛的进口货物。

3. 应税金额

应税金额是销售货物和提供服务收取的实际销售价格（包括增值税本身）。自身进货支付的增值税可以进行抵扣。

4. 税率

增值税的标准税率为 24%。

销售下列货物和提供下列服务的适用 11% 的税率：餐饮服务；酒店、宾馆以及其他居住设施提供的房间，露营场所提供的设施；报纸、杂志和期刊（地方或国家）；书籍（不论是复印件还是电子格式）；音乐磁带和光盘或电子格式的音乐；使用广播和电视广播服务的牌照费；用于房屋或游泳池供暖的热水、电力和燃料；避孕套；儿童纸尿裤；食物以及供人类消费的其他物品（包括酒精）；陆路运输项目的准运通行费；出口货物和服务适用零税率。

对出口的货物不征收增值税，对在国外提供的服务也不征收增值税。

5. 税收减免

保险和转保服务、卫生部门的服务、一些金融服务（包括银行提供的服务）给予不抵扣进项税额的免税。

（二）非居民纳税人

开展应税交易的非居民纳税人按居民纳税人的规定缴纳税款。在冰岛未设有办公地点或固定经营场所的非居民纳税人需委托当地代理商缴纳增值税。无经营场所的非居民纳税人可以就已在冰岛缴纳过税款的货物和服务申请退税，上述货物和服务必须是纳税人在境外应税行为中使用的货物和服务。

四、消费税

冰岛对机动车和燃料征收消费税。自 2015 年 1 月 1 日起，不再对其他产品征收消费税。

五、社会保障税

（一）对企业征收

支付给雇佣工人的报酬需缴纳社会保障税。征收的部分税款用于社会保障系统的运行。一般税率为 7.49%，海员的税率为 8.14%。

（二）对个人征收

所有员工都必须通过公共养老基金缴纳 4% 的养老保险。这笔费用可从所得税中扣除。对个体经营者按推定收入征收。

（李本贵　编）

印度税制

印度现行税制中的主要税种包括公司所得税、个人所得税、中央销售税与地方增值税、社会保障税、服务税等。

一、公司所得税

（一）一般规定

1. 税制类型

印度目前实行古典税制，即先对公司利润征税，且对股东没有任何税收抵免。但是，印度公司要就其分配的股息缴纳股息分配税，股东无需就获得的股息纳税。印度没有特殊的参股免税制度。

2. 纳税人

公司所得税的纳税人即各类公司，主要包括：

一是印度公司，即根据印度法律注册成立且在印度注册的公司，以及被中央直接税局认定为公司的、注册地或总部在印度境内的任何形式的机构、协会或团体。

二是在印度境外组建的法人团体。

三是无论是否组建成公司的机构、协会或团体，或者，由中央直接税局认定为公司的印度“人”。

国内公司是已经按规定就其在印度的税后所得在印度公告和支付股息进行了安排的印度公司或任何其他公司。在印度境外组建的、且没有按规定进行相关安排的公司是外国公司。

本文的相关规定适用于印度公司以及类似于印度公司的境外组建的实体，无论其是印度的居民还是非居民，这些实体都被称为公司。

合伙企业是单独的纳税人。如果有详细说明合伙人利润份额的相关文书加以证明，那么，合伙企业的利润可以按照公司所得税税率纳税。否则，合伙企业的所得就要按照适用于合伙人的边际税率纳税。

自 2016 年 4 月 1 日开始，如果一个公司在前一年度是印度公司或它的实际管理所在地在印度，那么，该公司在前一年度就是印度的居民公司。其中，“实际管理所在地”是指一个实体进行主要经营管理以及做出开展经营活动必需的关键的商业决策的所在地。

中央直接税局于 2015 年 12 月 23 日根据公司持股人的意见发表了确定实际管理所在地的草案指南。

3. 应纳税所得额

（1）一般规定。居民公司要就其在全球范围内的所得（包括资本利得）纳税。公司所得主要包括以下三类：来源于经营或专业劳务的所得、资本利得、其他所得。

不同类别的所得是相互独立的，在一个类别下的应税所得不能按照其他类别的所得征税。不同类别的所得适用不同的计税标准和扣除方法。不同类别的所得产生的应纳税所得净额需要汇总计算并得出总所得。总所得中可以扣除诸如亏损和捐赠等某些免税项目，从而得出总的应纳税所得额，该应纳税所得额乘以适用的税率，得出应纳税额。

某些所得适用推定征税，即对其营业收入按照特定的税率计算征收。该税是最终税，不允许在所得中进行任何扣除和减免。推定征税适用于特定的行业，主要包括民用建筑公司、零售企业、某些运输企业以及非居民海运或航空运输企业。

（2）免税所得。如果分配股息的公司已经缴纳了股息分配税，则股东获得的国内股息免税。农业所得一般免征所得税，但是，如果所得中部分是农业所得、部分是经营所得，那么这种所得要适用特殊规定。在特定条件下，慈善或宗教机构、信托、基金等的所得，如果用于慈善或宗教目的可以免税。对在印度证券交易委员会注册的风险投资公司或特别基金管理机构的任何所得都免征所得税，无部门限制。税法和条例规定的特殊类型的所得也可以免税。

（3）扣除。一般情况下，可扣除费用是指下列费用：属于收入性质而非资本性质的费用；全部且专门用于纳税人经营活动的费用；在前一年花费的相关费用；不属于纳税人个人和私人花费的费用；以及税法没有特别不允许或限制其扣除，且包含在特许扣除相关规定中的特殊类型的费用。规定的扣除项目包括科学研究费用、知识产权支付、坏账、雇员薪金和福利、维修费用、经营性资产的保险费等。研究费用可以享受最高为实际支出 200% 的额外扣除。

资本支出和股息不允许扣除，例如，为增加股权而发生的费用。此外，法律所禁止的费用或与应税所得无关的费用不允许扣除。任何与公司社会责任有关的活动所产生的费用，不得视同公司经营或专业服务所得进行扣除。不可扣除的费用还包括就经营或专业服务利润缴纳的所得税、财富税、证券交易税，某些情况下的公积金或退休金，酬金基金中雇主的缴款，以及未缴纳预提税的各种支付（如工资、利息、特许权使用费、技术服务费等）。税务机关不允许扣除给亲戚、董事等的超额支付。股息是不可扣除的，但用于商业用途的利息和特许权使用费通常可以扣除。

（4）折旧与摊销。有形资产和无形资产的折旧按照规定的比例采用余额递减法，从对于某些建筑物的 5% 到对于环保设备的 100%。某些资本支出，例如可行性研究，可以在 5 年内扣除。1998 年以后，无形资产也可以按 25% 的比率进行折旧。从事发电业务或发电和配电业务的纳税人，投资新机器或工厂时可获得 20% 的额外初始折旧。购买新工厂或机器的制造公司也可以就这些新工厂和机器的成本申请 20% 的额外折旧。如果新工厂或机器在一年内使用不到 180 天，那么额外折旧只能为 50%，即折旧比率为 10%。但是，从 2016 年 4 月 1 日开始，可以在紧接的下一个财政年度申请获得剩余的 50% 的额外折旧。

折旧不适用于每一项单独的资产，而是适用"资产群"，即折旧是基于适用相同折旧率的资产的总净值计算的。折旧是强制性的，但未扣除的折旧费用可以无限期向后结转，用于抵扣未来的经营所得。

（5）准备金。准备金一般不得在税前扣除。但是，银行和保险公司可以就准备金获得一定限额的扣除。

4. 资本利得

印度对资本利得不单独征税。一般来说，纳税人处置资本资产获得的利得应缴税。对资本利得的税务处理取决于资产的类型以及纳税人持有资产的时间。纳税人处置持有时间超过3年的相关资产，包括持有时间超过1年的股票和零息债券获得的资本利得是长期资本利得。产生长期资本利得的资产的成本应依照官方的通货膨胀指数化，即计算资产的增加值。部分被再投资于特定资产或指定机构的长期资本利得可以享受税收减免。在特定日期之前购买的资产可适用特殊的制度。

通过转让股票、期权或信托产品获取的短期资本利得应按15%的税率纳税，条件是上述交易已经缴纳证券交易税。

印度国内公司获取的长期资本利得适用20%的税率。通过出售上市公司股票获取的长期资本利得可以享受税收减免，条件是上述交易已经缴纳证券交易税。

通过出售上市公司股票获取的但尚未就交易缴纳证券交易税的长期资本利得按照如下方式征税：指数化后的收益，按20%的税率征税；未指数化的收益，按10%的税率征税。是否对收益进行指数化由纳税人自行决定。

5. 亏损

（1）普通亏损。一项亏损首先用同一类别的其他来源的所得进行弥补，然后再用当年的其他类别的所得进行弥补。未使用的亏损不得向后结转，经营亏损和资本损失除外。未使用的经营亏损可以向后结转8年，用以抵消未来的经营所得。不公共招股公司必须通过控制权（51%）连续性测试，才可以向后结转亏损。投机行为产生的亏损只能用于抵消当前或未来连续4年内其他商业投机行为的所得。亏损不得向前结转。

（2）资本损失。短期资本损失可以用来抵消当年的短期和长期资本利得。但是，长期资本损失不能用来抵消短期资本利得。未使用完的资本损失可以向后结转8年并抵消未来的资本利得抵消。但是，向后结转的长期资本损失只能抵消未来的长期资本利得。资本损失不得向前结转。

6. 税率

（1）经营所得和资本利得适用税率。公司要按30%的税率缴纳所得税。在2016/2017纳税年度，净所得超过1千万印度卢比，但不超过1亿印度卢比的居民公司，还需就其公司所得税税款缴纳7%附加费；净收入超过1亿印度卢比的居民公司则需缴12%的附加费。应纳税款（包括适用的附加费）还需缴纳2%的教育税和1%的中高等教育税，因此实际税率为33.063%（适用7%附加费）和34.608%（适用12%附加费）。

若公司应纳税款低于其账面利润的18.5%，则将账面利润作为应税收入且适用18.5%的最低替代税，加上附加费（如果适用）和教育税及中高等教育税，因此实际税率为20.38%（适用7%附加费）和21.34%（适用12%附加费）。最低替代税可抵免一般应纳税款。若缴纳的最低替代税超过一般应纳税款，超额部分可向后结转10年用以抵免未来一般应纳税款。自2016年4月1日起，外国机构投资者取得的长期资本利得和短期资本利得（已缴纳证券交易税）不计入最低替代税的征收范围。进一步地，在计算最低替代税时，任何与这些所得相应的记入损益账户借方的支出也被加回到账面利润中。这一税收减免适用范围扩及外国公司，且外国公司通过转让有价证券取得的资本利得，利息，特许权使用费和技术服务费也不计入最低替代税的征收范围，条件是应纳税款低于这些收入的18.5%。同样地，在计算最低替代税时，任何与这些所得相应的记入损益账户借方的支出也被加回到账面利润中。

短期资本利得适用30%的税率，加上附加费（如果适用）和教育税。长期资本利得适用20%的税率，加上附加费和教育税。然而，指定证券的长期资本利得是免税的，而短期资本利得则可以按优惠税率纳税。如果持有资产的时间至少3年（股份和特定债券为1年），那么，处置这些资产获得的利得是长期资本利得。

（2）向居民纳税人支付款项的预提税税率。向居民支付的某些款项要缴纳非最终税的预提税，主要税率见表1：

表1　　向居民支付的某些款项的预提税税率

收入		预提税税率（%）
利息[①]		10
股息：		
—	视同股息	20
—	其他股息[②]	0
特许权使用费、技术服务和专业服务费		10
彩票、赛马等赢得的钱		30
按照合同支付给：[③]		
—	个人/HUFs	1
—	其他	2
保险佣金		10
佣金或经纪人佣金		10
租金：[④]		
—	工厂、机器或设备	2
—	土地、建筑或家具	10
购置特定不动产的补偿金		10
自2013年6月1日起，转让特定不动产的支付，农业土地除外		1
短期资本利得：[⑤]		
—	2008年3月31日之前	10
—	2008年3月31日之后	15
长期资本利得[⑤]		20
回购股份的分配税（不是上市股票）		0

注：①年利息支出总额不超过1万印度卢比，该利息不需缴纳预提税。

②若支付方已缴纳股息分配税，则股息免税。同样，若支付方已缴纳分配税，回购未上市股份的所得在分配时也是免税的。

③合同付款不超过3万印度卢比的不需缴纳预提税，除非一个会计年度已付或应付总额超过7.5万印度卢比。多种免税也适用。

④除了支付给个人或印度完整家庭（几代同堂的家庭）的租金。

⑤通过出售指定证券取得的短期资本利得按优惠税率纳税，而其他短期利得按正常所得税税率纳税。指定证券的长期资本利得免税。

附加费（适用的情况下）和教育税适用上述规定。

7. 税收优惠

印度规定了多种税收优惠，准予全部或部分免税、降低税率、退税、加速折旧或特殊扣除。

税收优惠适用于广泛的行业，包括出口导向型企业，自由贸易区和技术园区的工业企业，基础设施工程，旅馆和旅游业，重点促进投资地区的企业，研究公司，矿物油开采，冷藏链设施，船运和空运，茶、咖啡、橡胶工业，通讯社和废物加工企业。

例如，新建的在经济特区加工产品或提供服务的企业可适用许多税收优惠，包括：在第一个5年允许其利润和利得进行100%扣除，在第二个5年扣除50%，在第三个5年满足条件的可扣除50%；经批准的开发商可适用更长期限。

农业推广项目的支出和任何印度直接税局指定的技能发展项目的支出，设立或操作冷藏链设施、储藏农产品的仓储设施的支出，建筑和经营至少有100个床位的医院的支出，在经济适用房制度下建造住宅的支出可适用150%的加权扣除。

8. 征收管理

（1）纳税年度。纳税年度开始于4月1日。税款的计算以上年度为基础，即纳税年度的应纳税款基于之前的会计或财务年度取得的所得计算。

（2）纳税申报。纳税申报表必须在纳税年度的9月30日之前填报。从事国际业务的公司必须在11月30日前填报纳税申报表。一些非营利公司或其他组织可能被要求在纳税年度的7月31日前填报纳税申报表。税务局长可批准延迟申报限期。

（3）税款缴纳。若某一会计年度估计的应纳税款不少于1万印度卢比，则需缴纳预缴税。公司被要求缴纳以下四项预缴税：会计年度6月15日之前缴纳该年度应纳税款的15%；会计年度9月15日之前缴纳该年度应纳税款的30%；会计年度12月15日之前缴纳该年度应纳税款的30%；会计年度3月15日之前缴纳该年度应纳税款的25%。

任何未足额缴纳的税款（实际应纳税款与预缴税款的差额）及其应付的利息在填报所得税纳税申报表时一并缴纳。超额缴纳的税款予以退还。

（4）事先裁定。依据法律问题或事实问题进行事先裁定。发布的税收裁定对税务局长具有约束力。

（二）居民公司之间的交易

1. 公司集团合并纳税

公司集团不允许合并纳税，但是总公司向其子公司转移的资产免征资本利得税。

2. 居民公司之间的股息

如果分配公司已缴纳股息分配税，则取得的国内股息免税。

3. 其他类型的公司所得税

（1）股息分配税。股息分配税是对已分配利润征收的一种税。股息分配税是对国内公司从其累积利润中对外宣告、分配或支付的金额征收的一种税，即使该公司因没有应纳税所得而无需缴纳所得税。

控股公司从其子公司收到的已缴纳股息分配税的股息再次对外宣告颁发的不需再缴纳股息分配税。

股息分配税税率为 15%，再加上教育费附加。

如果分配公司已经缴纳股息分配税，则股东获得的国内股息免税。否则，股东获得的股息所得按一般税率纳税。

（2）回购股权分配税。回购股权分配税是对回购股权（非上市股份）产生的收益进行分配而征收的一种税。无论公司是否有应纳税款，回购股权分配税按国内公司回购股权取得的收益与购买上述股权的成本的差额计税。回购股权分配税的税率为 20%。如果分配者已经缴纳回购股权分配税，则股权持有人获得的回购股权收益免税。

（三）国际税收

1. 居民公司

自 2016 年 4 月 1 日起，印度公司以及在一个年度内实际管理所在地在印度的公司是印度的居民公司。

（1）境外所得和资本利得。居民公司要就其包括资本利得在内的全球所得缴纳所得税。境外所得的税务处理办法与来源于印度的所得的税务处理办法相同。国内公司取得境外子公司的股息所得按 15% 的税率纳税，并一并缴纳附加税费。

（2）境外亏损。对境外亏损没有特殊规定。境外亏损可以在计算应纳税所得时扣除。

（3）境外资本。居民公司的境外财产要缴纳财富税。

（4）避免双重征税。境外所得缴纳的境外税款可以单方面或根据税收协定享受税收抵免。来源于与印度有限制性税收协定的国家的所得不可以享受单方面的税收抵免。

可进行抵免的境外所得税包括超额利润税、营业利润税以及当地的所得税。可以享受的税收抵免是基于总体水平计算的，等于按印度所得税平均税率计算的税额，或者按境外所得税平均税率计算出来的税额二者中的较低者。平均税率是指应缴税款除以所得总额的比例。

如果所得税法案的规定比税收协定的规定更有利，则适用所得税法案的规定。2012 年财政法案规定非居民公司需提交税收住所证明，以便其享受税收协定的税收优惠政策。

2. 非居民公司

非居民公司是指不是印度居民公司的公司。

（1）一般所得和资本利得课税。通常，非居民公司应就其来源于印度常设机构的所得、与印度有关联的经营所得以及来源于印度的其他所得缴纳所得税。

常设机构最多只能扣除相当于其年所得 5% 的总部管理费用。如果有税收协定则适用税收协定中常设机构的定义，否则，非居民来源于与印度有联系的经营的所得应缴纳所得税。与印度有联系的经营的概念比常设机构的范围广，例如包括授予居民开发非居民资产的许可证。

一般而言，非居民公司及其分支机构适用的税率是 40%。对净所得超过 1 千万印度卢比但低于 1 亿印度卢比的非居民公司加征 2% 的附加费，对净所得超过 1 亿印度卢比的非居民公司加征 5% 的附加费，同时，这些非居民公司还需缴纳 2% 或 1% 的教育税，因此，这些非居民公司的实际税率为 42.024%（适用 2% 的附加费）和 43.26%（适用 5% 的附加费）。

如果公司的税收负担低于其账面利润的 18.5%，则其账面利润被视为应纳税所得额按 19.43%（包括 2% 的附加费和 3% 的教育税）和 20%（包括 5% 的附加费和 3% 的教育税）

的税率缴纳最低替代税。

通常，非居民公司转让在印度的资产而获得的利得应在印度缴纳所得税。在印度有常设机构的非居民公司取得的所有资本利得要缴纳所得税，包括持有的居民公司股权取得的资本利得。税务机关对转让印度子公司的外国持股公司的股权获得的资本利得征税，上述转让包括印度子公司控制权益的间接改变。2012 年的财政法案引入了转让离岸公司的股权或权益要缴纳所得税的修订案，上述的股权或权益的价值实际上是通过印度的资产取得的。

对于非居民而言，出售非上市股权取得的长期资本利得按 20% 纳税，条件是对外宣告了指数化收益；如果没有对外宣告指数化收益，则按 10% 纳税。

从事水运、空运、承包工程以及设备出租的非居民公司按总所得的 5% 和 10% 缴纳特殊的推定税。

（2）资本课税。非居民要就其位于印度的财产缴纳财富税和省不动产税。

（3）征收管理。如果获得所得适用最终预提税，且税款是通过代扣代缴的方式征收，那么，不要求非居民纳税人填报纳税申报。否则，对非居民纳税人填报纳税申报表的要求与对居民纳税人的要求一样。

3. 非居民公司预提税

对支付给非居民纳税人的款项征收的预提税与支付给居民纳税人的款项的税务处理方式相同，对净所得超过 1 千万印度卢比但低于 1 亿印度卢比的加征 2% 的附加费，对净所得超过 1 亿卢布的加征 5% 的附加费，最后加征 2% 和 1% 的教育税。除某些利息和工资以外，应在印度纳税的非居民纳税人要按收到的所得总额缴纳预提税。如果非居民纳税人没有取得税务登记号（永久账号），则预提税按下列税率中的较高税率征收：本国税率；税收协定或国内法规定的优惠税率；20%。

由印度公司或商业信托支付给非居民纳税人长期债券的利息不适用上述规定。包括非居民在内的所有人均应就其支付给非居民的款项预提相关税收，不论非居民支付者是否在印度有住所、经营联系以及其他存在。

（1）股息。对分配公司已经缴纳过股息分配税的股息免税。

（2）利息。用外币向非居民纳税人支付的利息需缴纳 20% 的预提税。上述预提税是最终税款，且税前不允许扣除任何费用。在满足各种情况的条件下，非居民公司从基础设施债券基金取得的利息所得或非居民公司收到的居民公司根据贷款合同和发行的长期债券（2012 年 7 月 1 日至 2017 年 7 月 1 日之间）支付的利息所得按 5% 税率征税。

2013 年 6 月生效的财政法案规定，境外机构投资者以及合格的机构投资者投资政府发行的有价证券和以印度卢比计价的政府公司债券获得的利息所得按优惠税率缴纳预提税。取得上述的利息所得的期限为 2013 年 6 月 1 日至 2017 年 7 月 1 日之间。

2015 年 10 月 29 日，印度直接税局宣布，境外的印度公司向非居民公司发行的以印度卢比计价的债券适用 5% 的优惠税率。

（3）特许权使用费。支付给非居民公司的特许权使用费按 10% 缴纳预提税，该预提税不是最终税。

（4）其他技术服务取得的收入按 10% 缴纳预提税，该预提税不是最终税。非居民公司经营航运和空运取得的营业所得按 7.5% 和 5% 缴纳预提税；该税由非居民公司选择是否是最终税。

（四）反避税

1. 概述

2012 年的财政法案引入了 2013 年 4 月 1 日生效执行的一般反避税条款，后推迟到 2016/17 年生效。一般反避税条款适用从事非法避税事项的纳税人。非法避税事项是指从事以获得税收优惠为主要目的的安排以及下列情况：如果交易符合独立交易原则，权利和义务将不会存在的情况；直接或间接导致所得税法案规定的滥用；全部或部分缺乏商业实质；不是通过一般的善意取得方式实现的。一般反避税条款的特殊条款是在 2013 年 9 月 23 日引入的，特殊条款规定了一般反避税条款不适用下列情况：一是在相关征税年度所有当事人避税而获得的税收优惠汇总后不超过 3 千万印度卢比；二是符合特定标准的境外机构投资者；三是不是印度居民纳税人的人直接或间接通过境外机构投资者进行海外衍生产品投资或其他投资的；四是 2010 年 8 月 30 日前，任何个人转移投资而挣得或取得以及视同挣得或取得的所得。但是，2015 年 5 月 1 日后获得的税收优惠不适用上述规定。2015 年 5 月 1 日之前发生的交易但 5 月 1 日之后获得的税收优惠也不适用上述规定。

条款进一步明确一般反避税条款的处理结果仅对已经被认定为非法避税事项产生效用。换言之，如果一项税务安排中某些部分被认定为非法避税事项，则仅就该部分进行处理，上述部分是可分割的且独立于其他部分的。条款规定了纳税人在收到由评估办和所得税委员会根据一般避税条款规定做出的通告后，按照规定的形式和时间限制遵循程序办理。所得税法案也包含了一些特殊的反避税条款，例如有价证券的持有期限的规定、转让所得和不动产的规定等。不公开招股公司与其股东的交易也适用特殊的反避税法案。

2. 转让定价

国内税法对转让定价交易调整做出了规定。如果对处于免税期的纳税人做出调整，则该调整将优先于免税期的税收优惠。转让定价管理条款是根据 OECD 标准制定的。关联企业之间的交易必须符合独立交易原则。关联企业是指一方直接或间接管理控制其他企业或持有其他企业的股份，或被一个共同的第三方管理控制或控股。所得税法案也规定了视同关联企业的若干情况，包括拥有至少 26% 的表决权、公司与另一公司间借贷资金占企业净资产的 51% 或以上、企业借贷资金总额的 10% 或以上是由另一企业担保的、享有董事会的控制权、生产经营购进原材料由另一企业所控制或供应等情况。

国际交易的独立交易价格必须按下列最合适的方法来确定：可比非受控价格法；再销售价格法；成本加成法；利润分割法；交易净利润法；或由税务委员会规定的其他方法。

对于相同或类似的非控制交易，纳税人可以使用除上述规定的其他方法来确定已经支付或将要支付货款的国际交易的独立交易价格。如果在相似的情况下，非关联方企业间交易也适用上述规定。

转让定价交易规定同样适用特殊的国内交易，例如关联方的国内支出、免税和应税企业间的货物和劳务转让。仅总额超过 2 亿印度卢比的特殊国内交易需要提交报告。

独立交易价格的确定适用避税港规则。

2012 年引入了预约定价安排方案。

3. 资本弱化

印度没有资本弱化的相关规定。

4. 受控外国公司

印度没有受控外国公司的相关规定。

二、个人所得税

（一）一般规定

1. 纳税人

满足下列条件之一的个人是印度的居民：在一个纳税年度在印度居住的时间达到 182 天；或者在一个纳税年度在印度居住的时间达到 60 天且在以前的四年中至少在印度居住 365 天。对于在海外工作的印度公民或者来印度度假的个人，时间期限由 60 天延长至 180 天。

如果在前 10 年中有 9 年是非居民纳税人或者在过去 7 年中离境时间超过 729 天的个人被认定为非居民纳税人。

合伙企业作为独立核算的纳税主体，如果可以证明合伙人之间实现了利润的分配则缴纳公司所得税。否则，合伙人的所得要按各合伙人的边际税率纳税。

2. 应纳税所得额

（1）概述。居民纳税人要就其在全球范围内的所得（包括资本利得）缴纳个人所得税。

不是印度一般居民的个人仅应就其在印度挣取的、收到的、应计的所得，以及从在印度进行经营和专业服务所获得的所得缴纳所得税。

所得包括以下几个类别：薪金、房产所得、商业活动或专业服务所得、资本所得、其他来源的所得。不同类别的所得是相互独立的，在一个类别下的应税所得不能按照其他类别的所得征税。

不同类别的所得适用不同的征税和扣除规定。不同类别的所得产生的应纳税所得净额需要汇总计算并得出总所得。总所得中可以扣除诸如亏损和捐赠等某些免税项目，从而得出总的应纳税所得额，该应纳税所得额乘以适用的税率，得出应纳税额。

小企业所得适用推定征收，即对其营业收入按照特定的税率计算征收。这项规定适用于居民纳税人、印度完整家庭（几代同堂的家庭）、年营业额不超过 1 000 万印度卢比的合伙企业（不包括有限责任公司）。推定征税并不适用于从事所得税法规定的法律、医疗、工程、建筑、会计和技术咨询等的人，也不适用于赚取佣金或者经纪费的个人。对于农业所得有特殊规定，尽管是免税的，但要用来确定个人适用的所得税边际税率。

（2）免税所得。个人取得的某些特定类型的所得是可以免税的，例如：旅游优惠、裁员补偿金、失业保险金、保险收入、养老金和从政府领取的福利或退休金。但对一些免税所得是有限制的。

通常来说，农业所得是免税的，但是农业所得通常被用来确定适用的边际税率。

（3）雇用所得。

①工资、薪金所得。应税薪金包括工资、年金、退休金、代替或补充工资的津贴、福利、雇主自愿向企业公积金的缴款以及预付款。

雇主给员工的旅行补贴是免税的。一些因裁员而获得的补偿也是免税的。

对上述所得采用预扣的方式征收所得税。由雇主根据雇员的薪金以及雇员向雇主申报的其他所得对雇员征收预提税。雇主征收的预提税可用于抵消雇员最终应缴纳所得税税额。薪金总所得适用累进税率。应缴税款每月按对应的税率进行计算缴纳。

②实物福利。大部分的实物福利被视为额外补贴来处理。下面几项是雇主提供的、雇员需要缴纳所得税的福利：一是住房：居住在人口超过 250 万的城市适用 15% 的税率，人口介于 100 万到 250 万之间的适用 10% 的税率，人口少于 100 万的适用 7.5% 的税率。二是汽车：应税价值是雇主的实际发生额，包括维修成本、操作成本以及支付给司机的薪酬。三是家具及配件：按照家具、配件实际价值的 10% 纳税，如果家具、配件是租赁则按照租赁价格来计算。四是免息或优惠贷款：贷款金额超过 2 万印度卢比的部分应按照印度国家银行贷款的年利率计算应税利息。五是医疗保险费和医疗费：雇主提供的医疗保险费或医疗费每年超过 1.5 万印度卢比的部分要缴纳所得税。六是度假：四年内超过两次的度假旅费。

如果雇主以免费或者给予折扣的方式将公司的股份、债券提供给雇员，那么，在雇员行使期权或者分配股份的时候，要就其取得的收益纳税。相关收益的应纳税所得额等于雇员在行使期权或者分配股份时股份或证券的市场公允价值减去雇员支付的相关金额。

（3）养老金所得。来源于法定公积金或者退休基金的所得免征所得税。大多数经折算的养老金也是免税的。

（4）董事报酬。一般情况下，对董事费视同来源于经营或专业服务的所得征税。

3. 经营和专业服务所得

对个人的经营和专业服务所得通常按照对公司的经营和专业服务所得相同的处理办法征税。一般情况下，可扣除费用是指下列费用：属于收入性质而非资本性质的费用；全部且专门用于纳税人经营活动的费用；在前一年花费的相关费用；不属于纳税人个人和私人花费的费用；以及税法没有特别不允许或限制其扣除，且包含在特许扣除相关规定中的特殊类型的费用。

为经营之目的发生的利息和特殊权使用费通常是可以扣除的。有形资产和无形资产可以折旧。

4. 投资所得

如果支付方已就支付的股息缴纳了股息分配税，那么，股东获得的该笔国内股息免税。否则，股东获得的股息要计入所得按正常税率纳税。同样，未上市的国内公司从股东手中回购股票获得的收入免税，条件是支付者已经缴纳了回购分配税。利息、特许权使用费和来源于不动产的所得都要纳税。有关特定类型投资所得的扣除，取决于纳税人的所得和其他相关情况。

5. 资本利得

对资本利得不征收单独的税。资本利得作为一个单独的类别计算并缴纳所得税。

通常，处置资本资产所取得的利得要纳税。税收处理办法取决于资产的类型和资产持有的期间。纳税人处置持有时间超过 3 年的相关资产，包括持有时间超过 1 年的股票和零息债券获得的资本利得是长期资本利得。产生长期资本利得的资产的成本应依照官方的通货膨胀指数化，即计算资产的增加值。部分被再投资于特定资产或指定机构的长期资本利得可以享受税收减免。在特定日期之前购买的资产可适用特殊的制度。

通过转让股票、期权或信托产品获取的短期资本利得应按 15% 的税率纳税，条件是上述交易已经缴纳证券交易税。

长期资本利得适用20%的税率。通过出售上市公司股票获取的长期资本利得可以享受税收减免，条件是上述交易已经缴纳证券交易税。

通过出售上市公司股票获取的但尚未就交易缴纳证券交易税的长期资本利得按照如下方式征税：指数化后的收益，按20%的税率征税；未指数化的收益，按10%的税率。是否对收益进行指数化由纳税人自行决定。

6. 个人扣除、宽免和抵免

（1）扣除。不同的扣除规则适用于不同种类的所得。通常情况下，允许扣除一些特定的缴款，包括个人缴纳的养老金、人寿保险费、某些教育费用、高等教育的贷款的利息、医疗保险费以及保险没有涵盖的医疗费。

对于养老金、人寿保险费等的扣除限额为每年15万印度卢比。向印度本国人寿保险公司提供的个人连同家庭的养老基金项目的缴款的抵扣额是每年不超过1万印度卢比。这两种类型的扣除金额合计每年不得超过15万印度卢比。对于新退休养老保险项目的缴款允许额外扣除5万印度卢比。

除了上述规定的每年15万印度卢比的扣除限额之外，对其他一些符合规定的项目也可以进行扣除。例如，包含预防性医疗检查的医疗保险费（最高可达每年2万印度卢比，具体包括1.5万印度卢比的医疗保险费和5 000印度卢比的健康检查费）、纳税人父母的医疗保险费（每年最高可达1.5万卢比）、不在保险范围的医疗费用（每年可达4万卢比）、高等教育贷款的利息（无限制），以及纳税人是残疾人或纳税人领养残疾人的情况（每年最高可达10万卢比）。上述扣除从2016年4月1日开始生效。偿还抵押贷款的本金和利息也将可以扣除。另外，对居民个人向“拉吉夫甘地储蓄计划”的投资额实行50%的扣除，最高可达2.5万卢比。该扣除需要满足相关条件。

（2）宽免。如果居民纳税人终身残疾，在得到相关部门确认后可以在上一年底申请最高可达7.5万印度卢比（2016年4月1日起实施）的宽免。如果纳税人被认定为重度残疾，从2016年4月1日起宽免额达到12.5万印度卢比。

（3）抵免。印度不实行抵免。

7. 亏损

（1）正常亏损。一项亏损首先用同一类别的其他来源的所得进行弥补，然后再用当年的其他类别的所得进行弥补。未使用的亏损不得向后结转，经营亏损和资本损失除外。未使用的经营亏损可以向后结转8年，用以抵消未来的经营所得。

投机行为产生的亏损只能用于抵消当前或未来连续4年内其他商业投机行为的所得。亏损不得向前结转。

（2）资本损失。短期资本损失可以用来抵消当年的短期和长期资本利得。但是，长期资本损失不能用来抵消短期资本利得。未使用完的资本损失可以向后结转8年并抵消未来的资本利得。但是，向后结转的长期资本损失只能抵消未来的长期资本利得。资本损失不得向前结转。

8. 税率

（1）所得和资本利得。2015～2016年度（即2014年4月1日至2015年3月31日的会计年度）个人所得税税率见表2：

表 2　　个人所得税税率

应纳税所得（印度卢比）	税率（%）
不超过 250 000	0
250 001 ~ 500 000	10
500 001 ~ 1 000 000	20
超过 1 000 000	30

对于年应纳税额超过 1 千万印度卢比的纳税人在 2015/16 纳税年度要缴纳 10% 的附加费。2016/17 纳税年度还要缴纳 2% 的额外的附加税，因此附加税的总税率为 12%。2% 的教育税和 1% 的教育附加税也是用于应纳税额。

60 岁以上 80 岁以下居民的 30 万印度卢比以下的所得无需缴纳所得税，超过 30 万印度卢比的部分按照上述的规定缴纳所得税。80 岁以上居民的 50 万印度卢比以下的所得无需缴纳所得税，超过 50 万印度卢比的部分按照上述的规定缴纳所得税。

对于适用推定征税制度的纳税人，估计的所得为总营业额或总收入的 8%，或者交由评估机构进行评估，以上述二者中数值较高者作为计税依据。

按照 2012 年财政法案的规定，自 2012/13 财政年度开始最低替代税适用于除公司以外的“人”。如果一个“人”（公司除外）在上一年度缴纳的个人所得税低于上一年度缴纳的最低替代税，那么，进行合理扣除的调整后的总所得将视为其最低替代税的应纳税所得，并按 18.5% 的税率纳税。最低替代税不适用于个人、印度完整的家庭、社会组织、群众机构（无论是否进行注册）或者是认定具有法人资格但资产不超过 200 万印度卢比的人。

（2）预提税。向居民支付的某些款项要缴纳非最终税的预提税，主要税率见表 3：

表 3　　向居民支付的某些款项的预提税税率表

收入		预提税税率（%）
利息[①]		10
股息：		
—	视同股息	20
—	其他股息[②]	0
特许权使用费，技术服务和专业服务费		10
彩票、赛马等赢得的钱		30
按照合同支付给：[③]		
—	个人/HUFs	1
—	其他	2
保险佣金		10
佣金或经纪人佣金		10
租金：		
—	工厂、机器或设备	2
—	土地、建筑或家具	10
购置特定不动产的补偿金		10

续表

收入		预提税税率（%）
自2013年6月1日起，转让特定不动产的支付，农业土地除外		1
短期资本利得：④		
—	2008年3月31日之前	10
—	2008年3月31日之后	15
长期资本利得		20
董事报酬（非薪金）		10
回购股份的分配税（不是上市股票）		0

注：①有例外情况。

②若支付方已缴纳股息分配税，则股息免税。同样，若支付方已缴纳分配税，回购未上市股份的所得在分配时也是免税的。

③合同付款不超过3万印度卢比的不需缴纳预提税，除非一个会计年度已付或应付总额超过7.5万印度卢比。多种免税也适用。

④通过出售指定证券取得的短期资本利得按优惠税率纳税，而其他短期利得按正常所得税税率纳税。指定证券的长期资本利得免税。

附加费（适用的情况下）和教育税适用上述规定。

9. 征收管理

（1）纳税年度。纳税年度的开始时间是每年的4月1日。应纳税额以上一年度的数额为核算基础，也就是说一个纳税年度的应纳税额是以上一年度的所得为基础计算得出的。

（2）纳税申报。纳税申报需要在纳税年度的7月31日之前完成，如果纳税人的账户需要被审计，纳税申报的时间可以截止到9月31日。如果纳税人从事国际交易，则纳税人的填报纳税申报表的截至日期为11月30日。那些所得在免征额范围内或者中央政府特殊规定的纳税人可以不进行纳税申报，但如果上述两种类型的纳税人有归属于印度以外资产的情况，需要强制纳税人进行纳税申报。对于就位于印度海外资产纳税的规定并不适用于"不是普通居民"的个人。

（3）税款缴纳。如果纳税人的应纳税额达到或超过了1万卢比，那么，纳税人必须分三次预缴税款：一是会计年度9月15日之前缴纳应纳税额的30%；二是会计年度12月15日之前缴纳应纳税额的30%；三是在会计年度3月15日之前缴纳应纳税额的40%。

最终税在填报纳税申报表时缴纳。超额缴纳的税款予以退还。根据2012年的财政法案，超过60岁且不进行个人或合伙经营活动的居民，不需要预缴所得税。

10. 事先裁定

对于存在的法律问题或既定事实，相关部门可以给出事先裁定。已经发布的事先裁定对税务机关具有约束力。

（二）其他类型的所得税

雇员和专业人员要缴纳国家职业税。税率和征收范围在不同邦有所差别。

（三）国际税收

1. 居民纳税人

(1) 境外所得和资本利得。居民纳税人就其全球的所得缴纳所得税，其中包括资本利得。对于来源于国外的所得大致按照国内相应的税制纳税。

(2) 境外资本。居民纳税人要就其境外资产缴纳资本税。

(3) 避免双重征税。境外所得缴纳的境外税款可以单方面或根据税收协定享受税收抵免。来源于与印度有限制性税收协定的国家的所得不可以享受单方面的税收抵免。

可进行抵免的境外所得税包括超额利润税、营业利润税以及当地的所得税。可以享受的税收抵免是基于总体水平计算的，等于按印度所得税平均税率计算的税额，或者按境外所得税平均税率计算出来的税额二者中的较低者。平均税率是指应缴税款除以所得总额的比例。

如果所得税法案的规定比税收协定的规定更有利，则适用所得税法案的规定。2012 年财政法案规定非居民公司需提交税收住所证明，以便其享受税收协定的税收优惠政策。

2. 侨民

(1) 来印外籍人员。在外籍人员雇用前或雇用后支付给在印度受雇的外籍人员的雇用所得被视为来源于印度的所得，要在印度缴纳个人所得税。支付给外籍人员的本地区生活补贴可以在适当条件下免税。出差补贴、给予配偶子女的补贴也是可以免税的。

(2) 境外居籍。对于在印度国内定居且外出不返回的纳税人，需要开具完税证明。对于属于非居民的印度公民以及非居民，如果他们的父母或祖父母出生于印度，就可以享受一些特殊的税收政策（如某些再投资所得免税）。

3. 非居民纳税人

(1) 一般所得和资本利得课税。非居民纳税人要就下列所得在印度纳税：印度居民支付的利息、股息、特许权使用费和技术费、在印度受雇取得的所得、从位于印度的资产取得的所得、从印度常设机构取得的所得、从与印度相关联的经营中取得的所得。相较于常设机构的所得，从与印度相关联的经营取得的所得的范围更大一些。

非居民纳税人应按与居民纳税人相同的税率预缴所得税，其中包括净资产超过 1 千万印度卢比所需缴纳的附加税以及 3% 的教育税。

非居民纳税人从基础设施债券基金取得的利息所得或非居民纳税人收到的居民公司根据贷款合同和发行的长期债券（2012 年 7 月 1 日至 2017 年 7 月 1 日之间）支付的利息所得按 5% 税率（包括附加费和附加税）征税。

2015 年 10 月 29 日，印度直接税局宣布，境外的印度公司境外分公司向非居民纳税人发行的以印度卢比计价的债券适用 5% 的优惠税率。

非居民纳税人出售非上市债券所取得的长期资本利得，已宣告指数化利得的按 20% 的税率纳税，没有宣告指数化利得的按 10% 纳税。

一般情况下，非居民纳税人缴纳的预提税不是最终税，可以就已缴纳的预提税申请抵免。但是，当非居民纳税人没有其他所得时，某些情况下，非居民纳税人就利息和股息缴纳的预提税是最终税。

根据印度预提所得税制度，预提所得税一般会等于或接近最终应纳的税额。因此，尽管纳税人需要进行纳税申报并可能被审核，但通常不需要再补缴税款。

如果非居民纳税人没有取得纳税登记号（永久账号），则其适用的预提所得税税率为以下几项中的最高者：一是国内税率；二是税收协定或国内税法规定的优惠税率；三是 20%。

包括非居民在内的所有人均应就其支付给非居民的款项预提相关税收，不论非居民支付者是否在印度有住所、经营联系以及其他情况。

（2）征收管理。对非居民纳税人填报申报纳税表的要求与对居民纳税人的要求一样。已经缴纳预提税的非居民纳税人不能免除填报纳税申报表。

三、增值税

印度没有传统意义上的中央增值税制度，但对邦之间的货物流动征收中央销售税，对在印度生产或制造的所有货物征收中央增值税。

印度希望用中央征收的增值税制度替代中央销售税制度，但被各邦所反对，原因是担心中央政府征收的增值税将会侵犯邦的销售税，从而造成税收收入的减少。所有的邦都实施了主要税率为4%和10%的统一增值税制度。涉及的邦已经通过了邦层级的增值税法案来有效确保所有邦的增值税能够普遍征收。印度通过逐步降低中央销售税税率的方式来逐步取消中央销售税。

四、消费税

印度没有传统意义上的消费税，但是中央政府征收的销售税中包括对烟酒、奢侈品等的征税。中央政府征收的销售税的税率从8%～300%不等。

五、社会保障税

（一）对雇主征收

1. 养老金

雇员不少于10个的雇主要按薪金总额的12%缴纳雇员公积金。月薪金不超过1.5万印度卢比的雇员必须要缴纳公积金，月薪金超过1.5万印度卢比的雇员可以选择不缴纳上述公积金。

除缴纳12%的公积金外，雇主还要缴纳雇员薪金1.1%的管理费。此外，还要向雇员存款保险计划缴纳雇员薪金0.5%的缴款，同时还要缴纳雇员薪金0.01%的管理费。

国际雇员也需要缴纳雇员公积金和雇员养老金。国际雇员是指：已经在或将要到外国工作的印度雇员；除印度雇员和未持有印度护照的雇员外，在印度的常设机构工作的雇员；如果外国与印度有社会保障协定，则进出境的雇员将仍适用其本国的社会保障计划。

已在雇员公积金机构注册的印度雇主被要求按特定表格提供所雇用的国际雇员的具体情况。如果常设机构没有雇用任何国际雇员，上述表格也必须填写，以反映没有国际雇员被雇用。

自2009年5月1日起，18岁至55岁的印度公民可以自愿加入新养老金计划。新养老金计划是基于由成员及其雇主缴纳固定缴款计划，不适用于公积金法案覆盖的个人。新养老金计划同样适用个体经营的个人、私人公司以及非组织部门。政府雇用的非正式雇员不参与新养老金计划。

公积金每年最低缴纳 6 000 印度卢比。每个雇员一年至少要缴纳 4 次公积金，且每次缴纳的公积金的最低限额是 500 印度卢比。

2. 社会保险

对于产业工人而言，雇主要就薪金总额的 4.75% 向邦雇员保险公司缴纳医疗保险。缴纳该缴款的薪金上限是每月 1 万印度卢比。根据某些特殊规定，雇主缴纳的上述缴款是可以扣除的。

（二）对个人征收

1. 雇员

（1）养老金。每月所得不超过 1.5 万印度卢比的雇员要向雇员公积金缴纳薪金总额 12% 的缴款。对于所得超过 1.5 万印度卢比的雇员，政府不强制要求其缴款，但这些雇员一般也会选择缴纳。该缴款可以在应纳税所得额中扣除。

政府将会补贴相当于雇员全部薪金（最高不超过每月 1.5 万卢比）1.17% 的缴款到雇员公积金。

有关国际雇员的相关规定以及新养老金计划的相关规定见上述雇主部分的内容。

（2）社会保险。对于产业工人而言，雇主要就薪金总额的 4.75% 向邦雇员保险公司缴纳医疗保险。缴纳该缴款的薪金上限是每月 1 万印度卢比。根据某些特殊规定，雇员缴纳的上述缴款是可以扣除的。

2. 自营者

任何公民（领取薪金者和自营者）都可以通过在国有银行开设公积金账户的形式参与公共公积金计划。账户持有人可以每年在账户中储蓄最低 500 印度卢比、最高 7 万印度卢比的金额。每年放入账户的所得可以在计算所得税时进行扣除。从公共公积金中取得的本金和利息都可以免税。

自营者可以自愿参加新养老金计划。

（陈琍　编）

印度尼西亚税制

印度尼西亚目前征收的主要税种有：公司所得税、个人所得税、增值税、消费税、社会保障税等。同时，还征收不动产税、印花税和关税等。

一、公司所得税

（一）一般规定

1. 税制类型

印度尼西亚采用的是古典税收体系。股息红利要先在公司层面征收公司所得税，发放到股东手里时还要再次征收个人所得税。符合条件的企业间的股息红利可免税。

2. 纳税人

公司所得税的纳税人是指所有的居民企业或在印度尼西亚有常设机构的法人企业。法人企业包括有限责任公司、合伙企业、基金会、办事处、养老基金和合作社。特定的国际组织及其代表机构可以免税。

外国直接投资者必须通过外商投资公司，或者指定代理商或经销商在印度尼西亚从事商业活动。除特定行业外，外资企业一般不能通过分支机构开展业务。

合伙企业是独立的纳税人，对利润只征收公司所得税，不再征收个人所得税。

居民身份。印度尼西亚规定，居民企业要符合以下条件：在公司章程中明确公司成立地在印度尼西亚；公司总部、实际管理机构或财务中心机构在印度尼西亚；管理活动控制机构在印度尼西亚；做出战略决策的董事会会议在印度尼西亚举行；管理人员的居住地在印度尼西亚。

3. 应纳税所得额

（1）一般规定。居民企业就其来自全世界的所得缴纳公司所得税。应税所得包括企业利润和在纳税年度内取得的出售或转让资产的资本利得。纳税人可以选择采用权责发生制或收付实现制，一经确定，不得改变。

（2）免税收入。以下收入免征公司所得税：

①接受慈善机构捐赠所得；

②接受来自家庭成员、宗教、小型教育或社会团体以及批准的合作社的补助；

③遗产所得；

④获得包括现金支付在内的股息红利所得；

⑤以特许权使用费形式取得的劳务报酬所得；

⑥符合条件的股息红利所得，即有限公司、合作社、国有企业和地方国有企业投资与建立在印度尼西亚的企业所获得的股息、红利；

⑦核准的养老基金；

⑧通过养老基金获得的资本收益；

⑨从有限公司获得的利润分红；

⑩从风险投资公司获得的收入；

⑪印度尼西亚公民接受的教育奖学金所得；

⑫符合条件的非营利收入，在社会保障工作局为纳税人提供的援助下，公司取得的从事教育和研发的非营利所得；

(3) 扣除。企业发生的与获取收入有关的支出允许作为扣除项目。扣除项目包括：营业费用、折旧及摊销、养老保险金缴款、社会保障缴款、出售或转移资产亏损、汇兑损失、研究和开发费用、坏账。公司所得税以外缴纳的税收也准予税前扣除。

不得扣除项目包括：利润分配，股东因个人需要发生的费用，支付给股东或关联方交易的准备金超过合理的限度。

利息通常是可以扣除的。但是，如果债务权益比率超过合理的限度则不允许扣除。税务部门有权重新核定关联企业之间的债务以确保关联交易的公平。将贷款存放在储蓄存款账户生息而支付的利息不允许扣除，或者用贷款购买股票而这些股票股息免税，则支付的贷款利息也不允许扣除。

特许权使用费可以扣除，由常设机构支付给总机构的特许权使用费除外。

存货计价。存货可以使用平均成本或先进先出法确定。计价方式一经采用，必须保持一贯性。在某些限制条件下，存货的计价方法允许变更。不允许采用后进先出法计价确定存货成本。

(4) 折旧和摊销。使用寿命在一年以上的资产或无形资产必须计提折旧或摊销。纳税人可以选择直线法或余额递减法来计提折旧或摊销资产。但建筑物必须采用直线法计提折旧。土地一般不提折旧。

计提折旧的资产根据在生产经营中的用途可分为四组，每组规定了不同的折旧率和使用年限。

第1组：农业，种植业、林业和渔业等行业的木制或藤制家具，办公设备，计算机及相关设备，饮食行业小型机械设备，机动车，摩托车、自行车、叉车和轻型卡车的货盘，染料，夹具和模具；

第2组：家具，金属器具，空调，汽车、客车、卡车，快艇，集装箱，农业相关机械设备，种植业、林业、渔业，食品饮料等行业，伐木和建筑设备，运输车辆，仓储交通工具，包括卡车、客车、客运和货运船只，半导体行业的电信设备；

第3组：除石油、天然气外的一般采矿业的机器设备，纺织业相关的机器设备，木材，化工等行业，重型设备，用于通讯的浮船坞以及船只和其他；

第 4 组：建设重型机械，机车车辆，铁路客车，重型船只和浮船坞（见表 1）。

表 1 各组和建筑物的折旧率和使用年限

项目		余额递减法（%）	直线法（%）	可使用年限（年）
第 1 组		50	25	4
第 2 组		25	12.5	8
第 3 组		12.5	6.25	16
第 4 组		10	5	20
建筑物				
—	永久性	—	5	20
—	非永久性	—	10	10

（5）准备金。准备金是预期的未实际发生的损失，不允许税前扣除。银行，金融租赁公司，消费金融活动以及保理业务的贷款损失准备金，保险企业的准备金，保险机构的存款保证金，采矿业、林业的开垦准备金和废物处理企业回收成本准备金除外。

4. 资本利得

印度尼西亚没有单独对资本利得征税，而是将资本利得归入普通的应税收入征税。资本利得的有关交易包括转让土地、建筑物，公司清算分配所得，出售股票和出售/转让无形资产所得。

5. 亏损

（1）经营亏损。一般情况下，净损失包括经营损失和资本亏损，除非资本亏损有明确规定不允许扣除。经营亏损可以不受任何限制在 5 年内结转，并在未来的利润中扣除。财政部指定的某些行业，亏损可以在 8 年内结转。

符合一定条件的企业兼并，净损失可转移到合并企业。

（2）资本损失。由于没有对资本利得单独征税，因此不用区分一般的亏损和资本损失。出售或转让资产而带来的损失可以扣除。企业出售股票的资本损失也可以扣除。

6. 税率

（1）经营所得和资本利得适用税率。居民企业从 2010 会计年度开始统一按 25% 的税率征税（2009 年之前为 28%）。

上市公司已发行的股票至少有 40% 的股票由 300 家及以上公众股东持有，每个股东持有股份不超过 5% 且持有时间超过 183 天，则公司的税率可以降低 5%。

总收入（营业额）低于 48 亿印尼盾的企业，没有享受中小企业所得税优惠税率的，公司所得税税率减半。对于总收入在 48 亿至 500 亿印尼盾之间的企业，可享受 48 亿印尼盾的税率减半优惠政策。比如，公司总收入为 480 亿印尼盾，则有 48 亿印尼盾的应纳所得税额适用低税率，剩余 90% 的应纳税所得额仍适用 25% 的税率。

在一个会计年度内总收入不超过 48 亿印尼盾的企业且定义为中小企业的，按照总收入的 1% 征税。这一规定不适用于有常设机构的企业，且企业经营发生的任何损失也不能在以后年度抵减利润。

处置上市公司股票的资本利得适用税率为 0.1%，按照交易总额计算缴纳。风险投资公司投资从事特定业务国内公司的股票或股权取得的投资收益也适用 0.1% 的税率。

（2）向居民纳税人支付款项的预提税税率。股息、利息、租金、特许权使用费一般适用 15% 的预提税税率。

提供服务所得适用 2% 的预提税，这些服务包括财产租赁（除房屋建筑物以外）、技术、管理、咨询和其他服务，不考虑服务发生地。自 2007 年 4 月 9 日起，包括非公共电信服务在内的互联互通服务不征收预提税。

建筑施工劳务的最终预提税从 2% ～6% 不等，按总收入计征。转让土地和建筑物适用 5% 的预提税税率，按销售价格计征。主营小型房屋或公寓转让的企业纳税人适用于 1% 的预提税税率。

以下情况的纳税人可以获得减免预提税：纳税人遭受财务损失的，如新成立的公司仍处于投资阶段而非生产阶段或遭受不可抗力；纳税人可以提供证明本期缴纳所得税或预缴所得税超过了应缴公司所得税；纳税人的全部收入将用于纳税。

7. 税收优惠

投资特定行业的企业有权获得 5 ~ 10 年的免税期。投资于特定行业或地区的企业可以获得以下税收优惠：

按照投资额的大小相应减少应纳税所得额，减少额可高达 30%；如果加速折旧未抵扣完，折旧可结转长达 10 年；损失可结转 10 年；股息的预提税税率降至 10%，除非已经适用了低税率（依据税收协定）。

处于经济特区的企业以下经济活动可免征增值税和进口关税，包括进口资本货物，原材料和直接用于生产活动的其他设备，该公司的建筑物和其他有形或无形资产可以使用加速折旧，且以前年度亏损允许结转 8 ~ 10 年。

企业生产出口产品免征进口关税、消费税、增值税、奢侈品销售税以及进口原材料、机器配件和其他用于生产出口产品的货物的预提税。处于保税区的工业企业也享受类似优惠。

8. 征收管理

（1）纳税年度。纳税年度为公历年度，企业可以使用经营年度来代替，但需要满足 12 个月的经营期。如果一个企业设立账户采用经营年度而不是公历年度，则企业每个公历年度都要根据企业的会计期进行评估。

（2）纳税申报。印度尼西亚采用纳税人的自我评估申报制度，所有公司必须在公历年度或纳税年度结束后的 4 个月内完成纳税申报并计算应纳税额。提交不完整的纳税申报表将被视为没有按时提交。

（3）税款缴纳。公司依据上一年度的纳税申报表在一个年度内按月分期预缴税款。预缴的税款可以汇算清缴时抵减应纳税额。纳税人在提交年度纳税申报表之前需要结清纳税年度的应纳税额。如果应纳税额小于预缴税款的，可以退税。

（二）居民企业之间的交易

1. 企业集团合并纳税

印度尼西亚对集团的下属企业征税没有具体规定。

2. 居民企业之间的股息红利

居民企业，合作社或国有企业投资印度尼西亚其他居民企业获得的股息、红利免征公司所得税，但应当具备下列条件：用未分配利润支付的该股息红利；获得股利的公司至少持有分配股利公司 25% 的股份。

（三）其他类型的公司所得税

1. 地方税

根据地方税法，地方政府允许征收地方税，并将税收收入用于省、自治区和直辖市的财政支出。这些税收在地区之间有所不同。地方政府征收的主要税种有：

省级政府征收的税种：机动车税、机动车转让税、机动车燃油税、地表水税、烟草税。

市级政府征收的税种：娱乐税、酒店税、餐馆税、广告税、矿产税（非金属和石料）、地下水税、停车税、路灯税、燕窝税、土地和房屋税、土地和房屋所有权收购税。

法律规定，地方政府可以决定某些地方税收的税率，只要它不超过法律规定的最高税率。

2. 对石油和天然气的合同征税

石油和天然气行业的承包商一般都要遵守 2001 年的石油和天然气法，该法规定：承包商必须依照现行税法缴纳各项税种，以及进口税费和地方税；进口用于合同业务的货物和设备要缴纳增值税。直接用于合同业务的商品和设备无论是永久还是暂时进口，不用在进口环节缴纳进口税和预缴税款。

3. 对采矿合同征税

只有政府和国有企业拥有采矿权，承包商只能通过签订工作合同或煤炭合作协议才能从事采矿业务。采矿合同中规定了有关的所得税税率，并适用于整个合同期间，采矿合同期限一般为 30 年。

4. 分公司利润税

常设机构直接或间接向海外母公司汇款，一般需要缴纳 20% 税率征收分公司利润税，除非该常设机构的所有利润继续在印度尼西亚再投资则不用缴税。

5. 其他

其他税费包括森林开采税和资产升值税。

（四）国际税收

1. 居民企业

（1）境外所得和资本利得。居民企业一般就其全球收入包括资本利得，缴纳公司所得税。境外所得与境内所得的税务处理通常是一样的。企业从境外获得的股息，财政部通常规定了股息收到的时间和纳税时间。投资企业占被投资企业资本的 50% 以上，且没有在股票交易所从事股票交易的企业适用这个规定。

（2）境外亏损。境外亏损不能抵扣。

（3）境外资本。印度尼西亚没有资产净值税。居民企业的境外财产也不征收财产税。

（4）避免双重征税。无论是单方面还是税收协定，企业从境外取得收入并在境外缴纳所得税通常享受税收抵免政策。税收抵免数额限于企业境外所得按照印度尼西亚税法计算缴纳的税额。实行国别限制原则，即从一国取得的收入并缴纳税款的抵免额以在印尼缴纳的税款为限，否则以在该国的缴纳税款为限。

缴纳的直接税不允许税收抵免。税收抵免也不考虑境外损失。

根据印度尼西亚的税收协定，无论是个人还是企业纳税人，以股息、红利和特许权使用费等形式获得的收入享受税收协定规定的优惠政策。在印度尼西亚，虽然在法律上没有规定，但税收协定一般优先于国内法。

2. 非居民企业

非居民企业是指境外设立或注册且不符合居民企业标准的企业。

（1）所得和资本利得课税。非居民企业仅就其来源于印度尼西亚境内的所得和投资收益纳税，包括资本利得。预提税按照总收入征收。

境外企业的常设机构被认为是居民企业并对其以下收入征税：经营活动收入、经营或控制的资产所得、参与管理分配所得。

总机构在印度尼西亚从事经营活动、销售货物、提供服务所得，这些经营活动相当于在印度尼西亚设立的常设机构经营的。

常设机构的应纳税所得额适用于居民企业的一般收入征税原则，包括允许扣除额和税率。

（2）对资本的征税。印度尼西亚没有净资产税。非居民企业要就其在印度尼西亚拥有的不动产缴纳不动产税，在建筑物交易时需缴纳土地和建筑购置税。

（3）征收征管。如果非居民企业的收入足额缴纳预提税，则企业不需要申报纳税。否则，非居民企业需要向居民企业一样报税。

没有常设机构的非居民企业可以依据以下情况申请退税：一是征收扣缴的税款错误导致税款的征收大于实际应纳税额；二是对非税对象征税；三是不符合税收协定。

3. 非居民企业预提税

（1）股息。非居民企业获得股息适用20%的最终预提税税率，按照股息总额征收。

（2）利息。非居民企业取得的利息适用20%的最终预提税税率，按照利息总额征收。

（3）特许权使用费。非居民企业取得特许权使用费适用20%的最终预提税税率，按照特许权使用费的总额征收。

（4）其他。非居民企业取得租金收入和技术管理费适用20%的最终预提税税率，按照总额征收。

不论服务的发生地，对所有类型的服务收入征收最终预提税，税率从0～15%不等。

非居民企业出售有限责任公司的股份取得的资本利得适用于20%的预提税税率。企业预计净收益为销售收入的25%，则加征5%。

（五）反避税

1. 概述

印度尼西亚国内法含有对“特殊关系”的反避税规定，特别是对转让定价和资本弱化的规定。

2. 转让定价

根据独立交易原则，税务机关对关联企业非公平交易有权核定其收入。印度尼西亚的转让定价规定适用于具有“特殊关系”的国内和跨国交易。下列情况被视为存在特殊关系：两个或两个以上纳税人直接或间接被第三方拥有或控制；纳税人拥有另一方股份达25%以上；纳税人持有两个或两个以上公司25%以上的股权。

按照有关规定，纳税人在关联企业交易中心须遵循公平交易原则，具体包括：进行可比性分析；确定最适合的转让定价方法；在可比性分析和转让定价方法选择的基础上运用公平交易原则进行交易；依照政策对交易进行审核。

对于国内关联方，包括在印尼设有常设机构的在内，该规定仅适用于纳税人之间涉及不同税率的交易，例如使用不同税收制度（最终税和非最终税）的纳税人，对奢侈品征收营业税的交易和石油及天然气承包商之间的交易。

印度尼西亚最常用的转让定价方法有：可比非受控价格法、再销售价格法、成本加成法、利润分割法、交易净利润法。

3. 资本弱化

目前，印度尼西亚在资本弱化方面没有特殊规定。然而，如果交易双方存在特殊关系，税务机关有权核定收入和扣除金额并重新确定债权比以确定收入适用的税收。

4. 受控外国公司

受控外国公司是指作为非上市公司的外国公司，印度尼西亚居民企业和个人对其控股且占其总实收资本 50% 以上。

印度尼西亚居民股东需要在纳税申报表提交后的 4 个月内就其股息缴纳所得税，不需要提供纳税申报表或纳税申报期限不确定的企业在会计年度结束后的 7 个月内就其股息缴纳所得税。单边国外税收抵免适用于印度尼西亚居民股东。

二、个人所得税

（一）一般规定

1. 纳税人

个人如果满足下列条件中任何一项，则为印度尼西亚居民纳税人：居住在印度尼西亚，即在印度尼西亚有居所，该居所为永久性居住地或用来进行日常活动或作为他的惯常居所；户籍在印度尼西亚；12 个月时间内在印度尼西亚的停留时间超过 183 天（连续或非连续）；目前在印度尼西亚且打算在印度尼西亚居住，并可通过工作签证、限期居留许可证或雇佣合同、商业合同或在印度尼西亚进行的其他超过 183 天的活动合同，居所的租赁合同或家庭搬迁到印度尼西亚等证明。

已婚夫妇可以选择联合纳税或单独纳税。

合伙企业是独立的纳税人，即所得税在合伙企业层面进行征收，对合伙人分得的利润免税。

2. 应纳税所得额

（1）概述。居民纳税人就其全球范围内的所得缴纳所得税，包括资本收益。

所得是指纳税年度内纳税人可用于消费或增加其经济能力的财富增长，包括营业利润、与工作相关的薪酬如工资以及从资产转让中获得的资本利得。

应纳税所得额是在扣除准予扣除额和个人免税额后的余额。

个人所得可分为以下几类：商业收入或独立职业收入；就业收入；其他收入包括利息、股息、保险金、特许权使用费、彩票奖金、出售或转让资产收益、计入费用的税收退回、债务豁免收益、汇兑收益、保险费以及其他任何未征税收入。

住宅的所有者就估算价值缴纳年度财产税。

（2）免税所得。免税所得包括继承所得、针对劳务和服务给予的实物或特权形式的报酬，及保险公司支付的赔款。

开办微型和小型企业的家庭和个人获得补助、援助或捐赠收入免税，微型和小型企业指净资产低于5亿印尼盾（不包括作为经营场所的土地和建筑）或年销售额低于25亿印尼盾的企业。该免税条款适用的前提是授予人或捐赠人与接收人之间不存在业务、所有或控制关系。

此外，公民所获得的用于小学、初中、高中教育的学费、考试费、科研费、书本费及合理的奖学金是免税的。该豁免适用的前提是奖学金的接受人与授予人之间不存在特殊关系。

3. 受雇所得

（1）工资、薪金所得。包括薪金、工资、酬金、加班工资、奖金、休假工资、捐赠所得、赔偿金、偿还金、妻子和/或子女津贴、生活费用津贴、休假津贴、交通补助、养老金、保险费和类似款项包括分红额、小费、新年津贴、奖金、退休金、董事现金报酬及遣散费。用人单位支付给职工的货币形式的报酬都要对员工征收所得税。工资、薪金所得实行代扣代缴制度。

全职雇员在赚取、收取或保有收入的过程中发生的职业费用可以从工资、薪金所得中扣除。准许扣除的限额为总收入的5%，最高为每年600万印尼盾，或每月50万印尼盾乘以一年工作的月数。

另外，对于领取养老金者，膳宿费和养老费用之和视为费用，可从养老金所得中扣除。准许扣除的限额为总收入的5%，最高为每年240万印尼盾。

（2）实物福利。员工收到的实物福利及其他附带实物福利不纳入应税所得，包括医疗保健、住宿、交通成本、货物折扣和贷款利息。只有给员工提供报销或者支付的现金补贴才属于应税所得。

对于员工获得的股票期权，市场价格高于授予价格的差额部分纳入员工的应税所得，该差额视为员工的奖金。

（3）养老金所得。雇员受伤死亡所得到的就业保险赔偿款免税。从2009年11月16日开始，员工一次性收到养老保险赔偿款总额超过5 000万印尼盾（之前是2 500万印尼盾）的需要缴税，税率在5%～25%不等。

个人支付给指定的养老基金允许全额扣除。

由雇主承担的职工就业意外伤害和死亡保险费需要交纳个人所得税。但是，对雇主负担的养老保险费不征收个人所得税。

（4）董事报酬。个人作为董事会成员或其他管理者所获得的报酬都被视作工资所得并征收预提税。

4. 经营和专业服务所得

经营和专业服务所得包括所有由私人企业开展经营活动所获得的收入或者从独立职业活动中所获得的收入。经营期超过一年的个人或者从独立商业活动中获得全部收入的个人，若年金额达到或超过6亿印尼盾，则该纳税人必须设立账簿记载其应税所得并进行相关记录。若年经营额或者总收入低于6亿印尼盾，应税所得可通过查定计算征收。

与经营活动相关的，实际发生的费用允许税前扣除，营业资产、建筑和无形资产允许计提折旧。

5. 投资所得

股息收入属于应税收入，它先在公司层面征收，再对股东分得部分征收。且不得在个人所得税税前抵扣。

利息收入和特许权使用费就其全额征税。租金收入就其净收益征税，即全部收入减去营业成本、修缮和维修成本。

6. 资本利得

印度尼西亚不单独对资本利得征税，资本利得包含于普通的应税所得中，并按照正常所得计算缴纳税款。应税交易包括财产的转让或销售以及股份的处置。

7. 个人扣除、宽免和抵免

（1）扣除。为取得、维持及保障所得所发生的费用允许税前扣除。

利息支出通常是可以扣除的。但是，如果债权比超过合理的比率，则法律会认定其为虚假资本而不允许该利息支出税前扣除。税务部门有权重新核定关联交易。特许权使用费允许税前扣除，分支机构支付给总部的管理费除外。

（2）宽免。2013 年以后规定的的宽免额为：纳税人为 2 430 万印尼盾，配偶为 202.5 万印尼盾，每一个被抚养人（最多 3 个）202.5 万印尼盾。

（3）抵免。居民个人所缴纳的预提税款可在最终的所得税计算中进行抵扣和返还。

8. 损失

当可抵扣数额超过总收入时则产生了净损失。通常净损失包括运营亏损、资本损失明令禁止的除外。损失可以无条件结转 5 个纳税年度，抵减未来年度的利润。对于某些指定的行业，损失可以往后结转至 8 个纳税年度。

销售或转让财产、商业权利或为取得所得而发生的损失是允许扣除的。处置股份产生的资本亏损也允许扣除。

9. 税率

（1）所得和资本利得。从 2009 年 1 月 1 日起，居民个人所得和资本利得的税率如表 2 所示：

表 2　居民个人所得和资本利得税率

应税所得（百万印尼盾）	边际税率（%）
50 以下	5
50 ~ 250	15
250 ~ 500	25
500 以上	30

在一个财政年度内，总收入未超过 48 亿印尼盾的个体纳税人就其总收入按照 1% 的最终税率缴纳个人所得税。该所得必须是个人经营活动产生的而非工资所得或者劳务报酬，个人利用永久或临时设施以及利用公共场所进行营业或销售取得的所得除外。

（2）预提税。个人的应税所得包括自营收入在内适用 5% ~ 30% 的累进税率。此所得不包括意外及死亡保险所得、赔偿所得、雇主负担的所得税（除非它是由母公司负担）或慈善收入。

此外，在2009年11月15日前一次性支付的遣散费和退休金的适用于以下预提税税率（见表3）：

表3　　预提税税率表

应税所得（百万印尼盾）	预提税税率（%）
25以下	0
25～50	5
50～100	10
100～200	15
200以上	25

从2009年11月16日开始，一次性支付或最多两年分期付款的遣散费适用于以下预提税税率（见表4）：

表4　　预提税税率表

应税所得（百万印尼盾）	预提税税率（%）
50以下	0
50～100	5
100～500	15
500以上	25

同样，一次性支付或最多两年分期付款的养老金、养老补贴和养老保障费适用于以下预提税税率（见表5）：

表5　　预提税税率表

应税所得（百万印尼盾）	预提税税率（%）
50以下	0
50以上	5

支付期限超过两年的遣散费、养老金、养老补贴和养老保障费适用5%的最低税率。

日薪工人和非长期雇员每天收入低于20万印尼盾的，不用缴纳预提税。每月收入超过202.5万印尼盾或收入按月支付的，不免征预提税。

符合以下条件的纳税人可以免征预提税：纳税人可以证明他们由于财务亏损而没有任何应纳税额；纳税人可以证明本期已经支付的所得税超过本期应交所得税；纳税人将就其全部收入纳税。

10. 征收管理

（1）纳税年度。印度尼西亚的纳税年度是公历年度。

（2）纳税申报。印度尼西亚实行的自我评估申报制度，所有个人纳税人需要在纳税年度结束后的第3个月底完成纳税申报表并计算其应纳税额。然而，个体经营者和特殊行业从业者要在每个月结束后的15天内进行月度纳税申报。纳税申报表不完整的视同没有提交。

已婚夫妻可以选择独立申报或联合申报。

如果妻子取得收入来源于经营或独立于她的丈夫或其他家庭成员，适用的配偶津贴是158.4万印尼盾，这些抚养津贴可用于因血缘关系或婚姻关系产生的直系后代，也包括领养的子女。

（3）税款缴纳。居民个人已缴税款的可以从所得税税款中抵减。

个体工商户要在每月月底后的15日内按月分期缴纳税款。按照每月营业总收入的0.75%计算缴纳税款。纳税人如果出现资金短缺，可以在提交年度纳税申报表之前结清税款。

（4）事先裁定。印度尼西亚没有事先裁定制度。

（二）其他类型的所得税

1. 地方税

依据地方税法，地方政府可以课征地方税，且征收的税款用于地方的财政支出。各级地方政府征收的税种有所不同，主要税种如下：

省级政府征收的税种：机动车税、机动车转让税、机动车燃油税、地表水税、烟草税。

市级政府征收的税种：娱乐税、酒店税、餐馆税、广告税、矿产税（非金属和石料）、地下水税、停车税、路灯税、燕窝税、土地和房屋税、土地和房屋所有权收购税。

地方政府可自行决定其地方税的税率，只要该税率不高于法律规定的最低税率。

2. 其他

其他税费包括森林开采税和资产升值税。

（三）国际税收

1. 居民纳税人

（1）境外所得和资本利得。居民须就其世界范围内的收入缴纳所得税，包括资本利得。境外收入的税务处理通常与来源于印度尼西亚境内的所得相同。

（2）境外资本。印度尼西亚不征收财产税，纳税人位于国外的财产不需缴纳财产税。

（3）避免双重征税。对于境外缴纳的外国税款，通常会单方面规定或订立税收协定，准予其一般税收抵免。税收抵免额限于下列当中较低的：境外缴税额；按境外所得占世界范围内应税所得的比例计算的在印度尼西亚应纳的税款；按照印度尼西亚税制计算的应纳所得税。

实行国别限制原则，即从一国取得的收入并缴纳税款的抵免额以在印度尼西亚缴纳的税款为限，否则以在该国的缴纳税款为限。

纳税人在国外缴纳的直接税不允许税收抵免。税收抵免也不考虑境外损失。

2. 侨民

印度尼西亚没有针对侨民税收制度。然而，若无正式文件证明驻外职员实际获得的工资额，税务部门可根据有关规定将企业驻外职员取得的工资额调整至适当的标准。

此外，如果外国公司派驻到印度尼西亚本地企业的外籍职员从该本地企业取得收入，且本地企业将全部或部分费用以管理费、技术费用或其他服务费的形式向外国公司或外籍职员支付报酬时，税务部门可对其进行纳税调整，其金额不能超过本地企业应支付的合理数额。

一年内居住在海外或在海外工作超过 183 天，且有任意下述在外国居住证明的印尼公民被视为非居民：绿卡；身份证；学生证；印度尼西亚大使馆对护照中海外居住地址的证实；由印度尼西亚大使馆出具的声明信；东道国移民局在其护照中做出类似的正式说明。

3. 非居民纳税人

非居民纳税人是按照税法规定不在印度尼西亚居住的个人。不在印度尼西亚居住且在印度尼西亚停留不超过 183 天的个人被视为非居民，即使他在印度尼西亚经营业务或通过常设机构开展活动，或通过其他途径取得来源于印度尼西亚的收入。

（1）所得和资本利得课税。非居民纳税人要就其总收入按照 20% 的税率缴纳最终预提税，此外还要遵从一般税收规定。

非居民纳税人只需就其取得来源于印度尼西亚境内的所得进行申报纳税，包括资本利得。

非居民通过出售印度尼西亚有限股份公司的股份取得的资本利得要按照 20% 的税率缴纳最终预提税。

（2）资本课税。印度尼西亚不征收净资产税。非居民个人要就其在印度尼西亚拥有的不动产缴纳不动产税，在建筑物交易时需缴纳土地和建筑购置税。

（3）征收管理。非居民纳税人取得的所得已经缴纳最终预提税的，则不需要进行纳税申报。否则，就要与居民同样进行纳税申报。

三、增值税

（一）一般规定

1. 概述

增值税按照应税货物或劳务应纳税额的 10% 征收，购进的进项税额可以抵扣销项税额。

2. 纳税人

提供应税货物或应税劳务的单位和个人为增值税纳税人。在一个会计年度内，商品或劳务交易的总金额不超过 48 亿印尼盾的个体经营者不是增值税的纳税人，但这些个体经营者也可以选择成为增值税纳税人。

公司的每个分支机构应单独作为增值税的纳税主体。

3. 应税行为

纳税人在印度尼西亚提供货物或劳务，进口货物，使用进口无形货物和劳务，出口应税货物应缴纳增值税。

自建工程使用的木头、水泥、石头和钢铁且该建筑用于居住或商业活动，且最小面积为 200 平方米的，则该自建过程应缴纳增值税。

4. 应税收入

增值税是依据提供商品交易或应税劳务的销售价格计算的。依据到岸价格计算进口货物的增值税，到岸价格不包含进口关税。

纳税人购买货物或劳务以及进口应税货物和劳务用于自身商业活动的，所缴纳的增值税准许抵免。购买用于出口货物的所缴纳的增值税，以及购买和维护固定设备缴纳的增值税也准许抵免。超额抵免予以退还。

在一定条件下未抵扣的进项税额可以作为所得税的扣除项目。

5. 税率

增值税标准税率是 10%。

提供某些商品和劳务，如黄金珠宝、货运代理服务、旅行社服务和包裹快递服务，适用增值税优惠税率。

6. 免税

免征增值税的货物和劳务包括：采矿和钻井的产品；生活必需品；酒店和餐馆供应的食物和饮料；货币、黄金和有价证券；各种服务，包括医疗保健，社会福利，邮政快递，传统金融服务（银行、保险和金融租赁），宗教，教育，文化娱乐（娱乐税已征收），广播，海运和内陆公共交通，人力资源，酒店，政府相关的服务；外国使馆和国际组织发生的费用；日常商品，包括进口或购买的生产资料，例如工厂机器设备（不含配件），牲畜，家禽，鱼饲料，农产品（日常用品）和电力（房屋电力供应超过 6 600 瓦的除外）；军队购买设备；承包商提供与廉租房有关的住房和服务；政府服务；人力资源的培训和供应；天然气；进口飞机。与购买以上货物和劳务有关的增值税进项税额不允许扣除。

出口商品采用零税率且与购买这些商品和劳务有关的进项税额允许抵扣。出口服务一般不适用零税率，但下列服务除外：符合条件的原料加工服务；为境外提供的与动产有关的修理和维护服务；为境外提供的与不动产有关的建筑服务（对施工计划、施工工程和施工监管的咨询）；

外交使团和国际组织，以及外国官员免征对奢侈品的增值税和销售税。

（二）非居民纳税人

从 2008 年 1 月 1 日起，增值税退税方案适用于出境的游客。

四、消费税

印度尼西亚的消费税是对消费一些受限制或控制的物品征收的税收，如烟草制品、含有乙醇的酒精和饮料。

在印度尼西亚境内奢侈品交易以及进口奢侈品应缴纳销售税，税率从 10% ~75% 不等。

五、社会保障税

印度尼西亚的社会保障税分雇主和雇员缴纳。

1. 雇主缴纳的部分

从 2014 年 1 月 1 日起，印度尼西亚全国的社会保障系统由印度尼西亚社会保障局管理。社会保障体系分为医疗保险和就业保险，其中就业保险包括工伤事故赔偿、老年补偿、退休金和死亡赔偿等。

印度尼西亚的社会保障制度涵盖所有本国公民，包括在印度尼西亚停留 6 个月以上的外籍人士也被要求加入新的社会医疗保障计划。

社会保险执行机构规定每个月的医疗保险费是月收入的 4.5%，其中 4% 由雇主承担，0.5% 由雇员承担。从 2015 年 7 月 1 日起，医疗保险费提高为月收入的 5%，其中雇员支付的达到 1%。

雇主负担的就业保险费率（工资的百分比）：工伤事故赔偿为 0.24% ~1.74%；老年补偿为 3.7%；死亡赔偿为 0.3%。

2. 雇员缴纳的部分

印度尼西亚雇员每月缴纳的医疗保险为月收入的 0.5%。但从 2015 年 7 月 1 日起，税率提高到 1%。雇员缴纳的就业保险，包括每月向职工老年补偿基金缴纳月工资额的 2%，退休金由雇主和雇员协商确定。雇员缴纳社会保障税可以在个人所得税前全额扣除。

（黄立新　编）

爱尔兰税制

爱尔兰主要征收以下税种：公司所得税、个人所得税、增值税、消费税、社会保障税、转让税、印花税和不动产税。

爱尔兰2015财年预算案确认针对爱尔兰居民企业的相关规定予以修正，逐步取消所谓“双爱尔兰”架构[①]，至2020年完全消除。

一、公司所得税

（一）一般规定

1. 税制类型

对企业利润全额征税并对个人股东取得的已分配利润征税。居民企业向居民企业股东分配的利润通常免税。

2. 纳税人

除依据公司法规定注册的公司以外，还包括非法人组织、建房互助协会（房贷金融协会）、互助保险协会、国有企业、公共事业单位、非居民企业的常设机构。

另外，与上述描述相似的具有独立法人资格的外国企业，不论是否为居民企业，在爱尔兰境内负有纳税义务。

任何在爱尔兰注册的企业通常认定为居民纳税人。

在爱尔兰进行贸易活动或者与从事贸易活动的企业相关联的企业，如果符合下列条件之一，则不视为居民纳税人：受居民个人直接或间接控制的企业；在公认的证券交易所交易的企业；欧盟成员国或税收协定国家的企业。关联企业是指交易双方是母公司控股50%的集团公司成员。

3. 应纳税所得额

（1）一般规定。一般情况下，公司所得税税基是扣除全部费用后的全球所得，可扣除的费用必须是以贸易为目的产生的全部费用。税基是适用某些特殊规定和免除并扣除与所得

---

① “双爱尔兰”架构使得包括美国高科技公司苹果、Facebook和谷歌在内的大型跨国企业逃避巨额税收。

相关的费用后的所得。居民企业就其全球所得缴纳公司所得税。

公司所得税基于所得来源的性质通过所得税分类系统进行评估，以企业为例，分类如表1所示：

表1

C	爱尔兰境内支付的公共收入之外的利息、股息所得	
D	类别1	贸易利润
	类别2	专业服务利润
	类别3	利息和境外所得
	类别4	其他未征税所得和利润
	类别5	爱尔兰境内土地租金所得
F	居民公司分配利润	

在上述分类系统下，每一类别应税所得的判定和计算依据不同规定，另外，一种类别的损失不能自动抵消另一种类别的所得。

（2）免税收入。免税收入包括国内股息和来源于爱尔兰的商业管理林地所得。2010年4月3日以后迁至爱尔兰的企业支付的国内股息适用特殊规定。国内股息通常免税，但是，如果支付股息的企业是在成为爱尔兰居民企业之前，在受控于另一家爱尔兰居民企业期间的10年内将利润分配给关联企业的，则此笔分配利润需缴纳公司所得税。

在2009至2015任意税收年度开始进行贸易活动的某些企业免税。新的贸易活动以及处理与贸易相关的资产产生的资本利得免税。贸易活动开始的前3年免税。会计年度全部公司所得税不超过40 000欧元的部分全部减免，40 000至60 000欧元的部分适用边际减免，超过60 000欧元的不允许减免。会计年度少于12个月，根据比例调整上述数额。广义上讲，企业支付的雇主替每位雇员缴纳的社会保险最高额度不高于5 000欧元的部分允许减免。因贸易所得不足而未抵免的部分允许向以后年度结转。

（3）扣除。允许扣除的费用包括：因企业贸易活动发生的全部费用；因收入而产生的费用；法律特别规定的资本支出（例如资本免税额）；注册商标或专利权发生的支出；投资公司和控股公司的管理费用；贸易发生之前3年内产生的费用（视同贸易初创期发生的费用）；科研费用。利息和特许权使用费通常允许扣除。

反避税法规定了关联企业间贷款而未付的应收利息以及从投资公司的关联企业取得资本的企业获得的贷款利息的减免限额。某些情况下，反避税法有权取消利息的减免，例如集团公司内部发生的为集团公司购置固定资产产生的贷款利息。

不允许扣除的费用包括：股息、逾期缴税利息；业务招待费和礼品赠送支出。

计算特定来源所得时，该项所得产生的费用不允许扣除，但是可以从公司总利润中扣除，主要包括：任何年度利息，因贸易贷款产生的利息除外（此利息可在贸易所得中扣除）；专利权使用费。允许所得产生的费用从利润中扣除必须符合以下条件：在会计年度内据实支付；在权责发生制下支付；不是被分配的；没有被记入资本。如果向非居民企业支付款项，那么必须满足下列额外规定的款项才可以被认定为所得产生的费用：支付企业必须是爱尔兰企业；企业扣除款项后必须以20%或者按照税收协定中的低税率征收公司所得税。

捐赠现金和上市公司股票允许税前扣除，捐赠的对象包括成立2年以上的慈善机构以及由爱尔兰税务部门授权可以接受税收优惠捐赠的某些核准机构。捐赠额或扣除额没有上限，但一个会计年度内捐款最低不少于 250 欧元。

（4）折旧和摊销。工业企业的厂房建筑物、机器、设备、专利权以及研发产生的资本支出允许折旧。某些出租设备和符合条件的知识产权适用特殊规定。

以下是几种主要类型的资产基于直线法折旧的年折旧率：工业企业的厂房建筑物：4%；农场建筑物：15%（第 7 年为 10%）；宾馆酒店和旅游度假村：4%；集中养殖牲畜家禽的建筑物：10%；机器和设备：12.5%；某些特定能源节约设备（2017 年 12 月 31 日前购买）：100%。

商务用车的折旧额为 24 000 欧元/辆，CO_2 排放超标的车辆适用特殊的限制规定。

对外短期出租的汽车或者出租车适用余额递减法，折旧率为 40%。

符合条件的研发的资本支出在发生年度内全部扣除。符合条件的知识产权允许计提折旧，包括一般形式的知识产权（例如专利权、品牌、商标以及著作权等）。折旧额还包括用于申请授予或注册知识产权而发生的费用。工业和商业企业的专利技术研发费用依据知识产权折旧方法计提折旧。

商誉一般不计提折旧，特定情况下可依据知识产权折旧方法计提折旧。

（5）准备金。由利润构成的准备金（例如递延税款准备金和未来股息准备金）、应急储备金（例如计入损益账户的延期修理维护准备金）、难以收回的贷款准备金（例如基于贷款额一定比例计提的准备金）不允许税前扣除。但是某些特别的难以收回的贷款准备金允许税前扣除。

未确定数额的特别责任准备金（如公开承认的产品责任索赔）允许税前扣除。

4. 资本利得

居民企业就全球来源的资本利得缴纳公司所得税，而不缴纳资本利得税。

计算资本利得时，购置成本要根据通货膨胀程度进行调整。但该指数化的税收优惠仅适用于 2002 年 12 月 31 日之前。

处置开发用地取得的利得适用特别的资本利得税。

不论是居民企业还是非居民企业，处置位于爱尔兰境内的资产（该资产目前或者以前由爱尔兰分公司或者代理机构使用）取得的所得要缴纳公司所得税。自 2014 年 1 月 1 日起，如果一个企业迁到其他欧洲经济区国家，可选择推迟支付出境税，推迟的税款可按下列两种方式之一缴纳：在 6 个纳税年度内分期缴纳；在 60 天内处置其资产。

某些股份未公开的非居民企业取得的资本利得以及处置在爱尔兰或他国的资产取得的资本利得，居民企业取得来自非居民企业的上述所得适用 5% 或更高税率。

居民企业转让持有的股权获得的收益免税，但是，所持股权的企业必须在爱尔兰境内或位于其他欧盟成员国境内或与爱尔兰签有税收协定的国家。投资方持有被投资方股权超过 5% 的允许免税。

在 2011 年 12 月 7 日至 2014 年 12 月 31 日取得位于爱尔兰境内或者欧洲其他国家境内的土地且持有时间超过 7 年，转让该土地时，持有的 7 年内通过该土地取得的收益免征资本利得税。

5. 亏损

（1）经营亏损。一项交易的亏损、超额费用和资本免税额，可以抵消同一会计年度的其他利润或者在此交易持续期内无限期向以后年度结转。性质和所有权产生实质性变化的企业的亏损结转时有限制性规定。另外，交易的亏损可以抵消相同或以前会计年度的其他所得和资本利得（自开发用地获得的资本利得除外）

会计年度内适用12.5%税率的交易产生的亏损可以抵消相同或以前会计年度适用标准税率或非交易率的应税所得。另外，亏损仅可以向后年度结转和抵消同一类型交易利润。交易最后1年发生的亏损可以抵消前3年的交易利润。

以税收优惠为目的造成的资本损失不享受亏损减免。

（2）资本损失。净资本损失额不允许抵消其他利润，该损失只允许向以后年度结转和抵消资本利得（开发用地获得的利润除外）。

6. 税率

（1）经营所得和资本利得适用税率。公司所得税的标准税率为12.5%。土地买卖，某些石油交易活动所得，非贸易所得和境外所得适用税率为25%。

欧盟成员国境内或者与爱尔兰签订税收协定的国家境内的居民企业支付的股息同时满足某些特定条件时，税率为12.5%。欧盟成员国境内或与爱尔兰签订税收协定的国家境内经认可的证券交易所挂牌上市的企业分配的股息适用税率为12.5%。与爱尔兰没有签订税收协定的地区的私人企业支付的股息税率为12.5%，但是该地区必须是签订经合组织税收行政互助公约的国家或地区。

人寿保险基金适用20%的公司所得税税率。

资本利得的有效税率为33%。处置大量离岸基金取得的资本利得适用40%的税率。

2014年12月31日前，企业取得的土地开发暴利适用80%的固定所得税税率，2015年1月1日起，上述所得适用标准的公司所得税税率和资本利得税率。

（2）向居民纳税人支付款项的预提税税率。股息预提税标准税率为20%。居民企业之间支付股息免税。企业支付下列款项免征预提税：某些特定退休金和养老保险；支付给从事特定组合投资的证券经纪人的款项；支付给某些基金储蓄经理的款项。

利息和专利权使用费的预提税税率为20%，母公司控股51%以上的集团企业支付的利息和专利权使用费免征预提税。向在爱尔兰境内开展业务的银行支付利息、欧洲上市公司发行的债权利息、欧洲商业本票利息、在许可的结算体系中存款的利息免征预提税。自2014年1月1日起，从事贷款业务的爱尔兰居民企业向爱尔兰控股51%的集团企业（债券企业）支付的利息免征预提税。

按年支付的专利权使用费和特许权使用费征收预提税，其他形式支付的上述两费不征收预提税。

所得税预扣制度下，雇主向雇佣的爱尔兰人或者在爱尔兰工作的外国雇员支付薪酬时扣除了所得税、社会保障税以及普遍社会费用。

建筑业、林业、肉类加工业的承包商有义务代扣支付给分包商款项的税款，税率有20%和35%两种。

7. 税收优惠

（1）研发费用加计扣除。符合条件的研发费用享受25%的公司所得税抵免。自2015年1月1日起，取消研发费用的限额规定。

符合条件的研发费用包括研发过程中购买的用于研发的机械设备支出。居民企业的研发费用不允许享受其他税收优惠政策。任何一年内未抵免完的抵免额可以追溯到以前纳税年度，也可以在以后年度无限期结转。另外，企业在以前纳税年度没有抵免完的抵免额，可以向税务机关提出申请退税。

企业可以将部分抵免额作为奖励给予核心员工。符合核心员工的条件主要包括：在新技术、产品、资产、系统的研发过程中贡献不少于75%；收入占研发费用的50%及以上。给予核心员工的抵免额不能超过抵免研发费用之前的应纳税额。

（2）房地产投资信托。在爱尔兰注册的房地产投资信托公司是爱尔兰的居民企业，并且其在欧盟公认的证券交易所挂牌交易。房地产投资信托公司出租不动产取得的收入免税，其他来源的收入则按一般规则征收公司所得税。

以不动产投资入股取得的股息至少占房地产投资信托公司总收入的85%。上述股息符合D项第4类性质的所得，按25%的税率征收公司所得税，符合D项第1类性质的所得，按12.5%征收。支付给非居民企业的上述股息必须缴纳预提税。

（3）电影行业税收减免。投资电影的减免额由下面3种金额中的最低数额乘上32%所得：合理支出费用；电影制作总成本的80%；5 000万欧元。

合理支出费用包括符合条件的公司员工发生的合理支出以及在爱尔兰拍摄电影期间购买物品、服务和设备的支出费用，合理支出费用的最低减免额为125 000欧元，电影总成本的最低减免额为250 000欧元。

8. 征收管理

（1）纳税年度。纳税年度从1月1日至当年的12月31日。评估与企业会计期间有关。一个会计年度以企业开始营业、成为居民企业或者取得第一笔收入的时间为起点持续12个月。

（2）纳税申报。企业在会计年度结束后9个月内向税务机关办理年度公司所得税申报事项，延迟申报将受到罚款。

经授权，可适当减少小型企业的纳税申报频率。

（3）税款缴纳。公司所得税在企业自我评估基础上缴纳。

上一纳税年度应纳税额超过20万欧元的企业需按下列规定分期缴纳：第1次分期缴纳时间为会计年度开始的6个月内；第2次为会计年度开始的11个月内。第1次缴纳税额不少于上一纳税年度应纳税额的50%，或者本纳税年度应纳税额的45%。两次缴纳的税额需达到本纳税年度应纳税额的90%，剩余10%在相关会计年度结束后的9个月内缴纳，税款必须在第9个月的21日之前支付。如果一个会计年度少于7个月，企业将一次性支付上一纳税年度应纳税额的80%。

小型企业（应纳税额不超过20万欧元）可选择按以前纳税年度应纳税额缴纳税款，而并非缴纳当期纳税年度应纳税额的90%。

预提税款可以从应纳税额中扣除。

对违规企业惩罚十分严厉。除自愿向税务机关进行信息披露的企业外，不论诉讼程序是否发生，违规企业的名称及其他信息将向社会公开。

当情况比较复杂或发生非正常交易且提供的现有信息不明确时，税务机关可以发放税务意见通知书，通知书不受法律约束，税务机关可以自由检查获取全部信息。

（二）居民企业间的交易

1. 企业集团内部处理

因税收原因产生集团合并比较少见，但是对于集团内企业发生的亏损转移，资产转让以及股息、利息和特许权使用费的支付等在税法中有明文规定。

集团企业可分为控股子公司 51%、75% 和 90% 的集团企业。如果 5 个及以上的公司拥有下列其中一个企业至少 75% 的股份，则上述公司组成集团：贸易公司；爱尔兰或欧盟其他成员国居民贸易企业的控股企业且持有贸易企业 90% 的股份。

亏损和超额费用以及投资公司的管理费用可以在相应会计年度向上、向下或横向转移给集团内其他企业，转移亏损发生的费用免税。某些条件下，即使母公司不在欧洲经济区内，相同集团公司内的爱尔兰公司也可以转移亏损。

以下情况适用延期纳税：母公司控股 75% 以上的集团公司内部资产转让取得的资本利得；与爱尔兰签有税收协定的欧洲经济区的其他国家的居民企业在爱尔兰的分公司在集团内转让资产的行为。

下列情况支付的利息、年金和特许权使用费免税：母公司控股 50% 以上的集团公司内部支付；国际财团内的贸易公司或控股公司在财团内支付；支付给欧盟成员国居民企业。

2. 居民企业之间的股息红利。

居民企业间支付的股息免税。

（三）其他类型的公司所得税

在会计年度结束的 18 个月内如果股份不公开的公司没有分配税后的投资所得（包括租金）则需缴纳附加所得税。股份不公开的公司未分配的税后投资所得需缴纳 20% 的附加所得税。某些提供专业服务的公司也需缴纳附加税。

（四）国际税收

1. 居民企业

（1）境外所得和资本利得。居民企业就其全球收入和资本利得缴纳公司所得税。

来源于国外的股息通常全额征税。来源于国外（英国除外）的股息和利息需按照通过爱尔兰银行代为收取的净额缴纳 20% 的公司所得税。

爱尔兰居民企业取得以下所得，适用税率为 12.5%：由相关地区（如：其他欧盟成员国或与爱尔兰签订税收协定的国家）的企业分配的国外股息；上市公司不是上述相关地区的居民纳税人但其股票在欧盟成员国或税收协定国家所认可的证券交易所交易，爱尔兰居民企业取得此类上市公司分配的股息；私营企业所在国未与爱尔兰签订税收协定但属于经合组织税收互助公约签署国，爱尔兰居民企业取得上述私营企业支付的股息。

（2）境外亏损。通常，对外贸易中的亏损可以在以后会计年度抵消此贸易以前的利润。如果贸易永久终止，过去 12 个月的亏损可以抵消前面 3 年同一贸易产生的利润。

（3）境外资本。没有资产净值税。

（4）避免双重征税。通过在爱尔兰实行的某些欧盟法规以及与爱尔兰签订的税收协定，境外所得和资本利得可以获得单方面税收减免。位于与爱尔兰未签订税收协定国家的国外分公司和代理商向所在国支付税款可以享受税收减免。同一会计年度，国外分支机构未抵扣完的减免额可以抵扣其他行政区的分支机构的应税利润，也可以向以后会计年度结转。

爱尔兰国内执行的欧盟母子公司法规定，居民企业取得其他欧盟成员国居民企业分配的股息，该居民企业必须直接持有分配企业 5% 的股份才有资格享受预提税和公司所得税减免。居民企业的欧盟直属子公司或者符合条件的低层级欧盟子公司支付的公司所得税全部免除。

根据国内法特殊规定，居民企业、与爱尔兰签订税收协定的欧洲经济区成员国的居民企业所属的爱尔兰分公司和代理商来源于任何国家的股息适用单方面税收减免。另外，直接或间接持有非居民企业不少于 5% 股份的居民企业同样适用单方面税收减免。

同时满足下列条件时，居民企业的系列子公司负担的公司所得税适用多层次税收减免：系列子公司直接或间接持有此系列中下一层级子公司不少于 5% 的股份；作为母公司的居民企业直接或间接持有系列子公司不少于 5% 的股份。对不符合有关税收协定减免的国家征收的某些地方税以及外国分公司用非所在国利润支付的外国税款适用单方面税收减免。

国外股息的单方面税收减免根据来源地和项目分别计算。企业根据持股至少 5% 的企业（不论是否在欧盟或税收协定国家）分得的股息计算得出国外税款减免的平均值。适用 12.5% 税率的某些国外股息适用单方面税收减免，但仅限缴纳不同税率的混合股息。剩余的国外税收减免额可以无限期地结转抵扣以后年度的国外股息。

欧洲经济区协定合作伙伴国的居民企业分配的某些股息可以享受额外税收减免。根据支付税款企业所在辖区的名义税率来计算税收减免额。

当利息和特许权使用费收入在国外缴纳的预提税未享受税收减免优惠时，允许从应税所得中扣除。贸易企业取得与爱尔兰未签有税收协定国家的个人支付的特许权使用费可以享受单方面税收减免。未减免的国外税款可以从未与爱尔兰签订税收协定国家取得的任何特许权使用费收入中扣除。

爱尔兰的税收协定一般允许符合条件的国外所得税和资本利得税分项抵扣。在大部分协定中规定了在国外缴纳的股息税的减免条款。纳税企业可选择放弃该减免优惠，以在协定国取得的净所得向爱尔兰申报纳税。

2013 年财政法案规定未减免的国外租金所得的税款可以向以后年度结转，未抵扣税款可以在以后会计年度抵消相同收入来源的应税所得。

2. 非居民企业

（1）一般所得和资本利得课税。通过分公司或代理商在爱尔兰进行贸易，因贸易直接或间接取得的收入以及从使用过的、持有的、因贸易外购的资产产生的资本利得均适用标准税率。非居民企业或在爱尔兰的分公司和代理商取得的来源于爱尔兰的股息、利息和特许权使用费通常与居民企业的处理方式相同。

总公司费用通常允许税前扣除。

来源于爱尔兰但不属于公司所得税征税范围的收入按 20% 的税率缴纳所得税。处置位于爱尔兰的不动产、矿产品和矿产所有权，勘探开发爱尔兰大陆架的某项权利以及通过处置上述资产获得的非上市股票需缴纳资本利得税。居民企业从非居民企业取得上述资产且交易价格超过 50 万欧元的需向税务机关预缴 15% 的所得税。

（2）资本课税。没有资产净值税。

（3）征收管理。公司所得税管理办法通常与居民企业相同。另外，当税务机关需要确定企业的性质以及在爱尔兰的纳税义务时，企业需提供必要的信息。如果企业只有所得税的纳税义务，就必须履行主动申请所得税自我评估程序。

税款由非居民企业的分公司和代理商缴纳，代理商不论是否有货币形式的收入都需纳税。

3. 非居民企业预提税

（1）股息。取得居民企业分配的股息一般按20%标准所得税税率征收预提税，税收协定另有规定除外。

如果款项接受企业属于下列情形时，则不征收预提税：其他欧盟成员国或税收协定国家的居民企业且不受爱尔兰居民控制；非居民企业受居住在其他欧盟成员国或税收协定国家的人控制，且这些人本身不受居民条件限制；非居民企业的主要股票在其他欧盟成员国或税收协定国家认可的证券交易所、爱尔兰的证券交易所、财政部许可的其他证券交易所上市流通交易，如果企业拥有两个或更多的上市企业且拥有的上市企业的股票在上述的证券交易所上市流通。

（2）利息。取得居民企业支付的利息一般按20%标准所得税税率征收预提税，税收协定另有规定除外。

上述规定不适用于下列利息：有分红性质的贷款利息；在认可的清算系统中持有上市的欧元债券取得的利息或由已提交申请的非居民企业持有的欧元债券取得的利息；纳税企业正常贸易向其他欧盟成员国或税收协定国家的居民企业支付的利息；向在爱尔兰开展业务的银行支付的利息；由居民银行向非居民企业支付的利息；由科学基金会和国际金融服务委员会支付的利息；向许可的非居民退休金计划支付的利息。

下列利息和特许权费不征收预提税：支付给其他欧盟成员国内的关联企业以及位于瑞士的符合利息和特许权使用费法案规定的关联企业。一个企业直接拥有另一企业不少于25%的表决权且连续持有不少于2年，或符合条件的第三方企业拥有其他每个企业不少于25%表决权且连续持有不少于2年，才可以称为关联企业。欧盟利息和特许权使用费法案规定向欧盟成员国居民支付的利息免征预提税。

（3）特许权使用费。取得居民企业支付的专利权使用费一般按20%标准所得税税率征收预提税，税收协定另有规定的除外。其他特许权使用费不征收预提税。

欧盟利息和特许权使用费法案规定，支付给位于其他欧盟成员国或瑞士的专利权使用费不征收预提税。

专利权使用费的税基中包含了按标准税率征收的增值税。

出售在爱尔兰注册的专利权必须缴纳预提税。

（4）其他。所得税费用支出、其他年度支出、向非居民企业支付的租金均需缴纳预提税。

（五）反避税条款

1. 一般规定

禁止任何“避税交易”。还有更多的针对性规定来处理特定的避税交易，例如针对股份不公开企业和有避税动机的利息支出规定。

某些避税方案的发起人需履行强制披露义务，如果方案带有某些规定的特征，其发起人有义务向税务局提供方案的某些信息。发起人一般是税务咨询师，但法律对使用该方案者规定了某些特殊义务。发起人总部不设在爱尔兰，或发起人受合法专利特权保护的适用上述规定。

当个人参与某项合理的避税交易时，此个人不享受避税交易的任何税收优惠；如果个人参与某项合理的避税交易且要求享受税收优惠，此个人需就其取得的税收优惠金额缴纳30%的附加税，纳税人担心交易被认定为避税交易的，可按有关规定授权制作“保护通知书”；纳税人参与避税交易且要求享受税收优惠（需缴纳附加税）或者纳税人违反了反避税法的某些特殊规定，如果将交易的全部信息提供给税务机关，则可以适当减免附加税。

2. 转让定价

转让定价法自2011年1月1日之后的会计年度生效，2010年7月1日之后发生的符合条款的贸易同样适用此法。关联方之间发生的国内外交易必须符合独立交易原则，另外，还需要对低估的利润和高估的费用进行调整。

符合下列条件的属于关联方：一方直接或间接参与另一方的管理、控制或资本运作；或者一方均参与其他两方的管理、控制或资本运作。

转让定价法承认经合组织的转让定价准则，因此，经合组织准则中的方法准许在爱尔兰适用。

中小型企业（参照2003年6月欧盟建议委员会制定的中小型企业认定标准）不在转让定价法的范围内，另外，年营业额不超过5 000万欧元或资产不超过4 300万欧元，且员工人数不超过250人的集团公司也属于中小企业。

3. 资本弱化

爱尔兰对资本弱化没有直接规定，但不允许向控股75%的非居民母、子公司支付利息，某些情况下上述利息可视同为股息。支付给下列企业的款项不适用上述规定：欧盟成员国的居民企业、税收协定国的居民企业、非税收协定国的居民企业。另外，银行支付给非居民母公司的利息不适用上述视同股息的规定。

4. 受控外国企业

没有对受控外国企业的法案。

二、个人所得税

（一）一般规定

1. 纳税人

爱尔兰居民个人和非居民个人都是个人所得税的纳税人。居民纳税人是指一个纳税年度内在爱尔兰居住183天以上或者在当前纳税年度与上一个纳税年度居住280天以上的个人。

个人在某地定居是指在该地拥有住宅或永久居住于此。

2. 应纳税所得额

（1）概述。基于所得来源的性质通过所得税分类系统进行评估，分类如表2所示：

表 2

C	爱尔兰境内支付的公共收入之外的利息、股息所得	
D	类别 1	贸易利润
	类别 2	专业服务利润
	类别 3	未征税利息和境外所得
	类别 4	其他未征税所得和利润
	类别 5	爱尔兰境内土地租金所得
E	雇佣和养老金所得	
F	居民企业分配利润	

各种来源的所得都要征收个人所得税。

（2）免税所得。年龄在 65 岁及以上的纳税人，如果 2015 年的收入不超过 18 000 欧元（对于已婚夫妻和同性伴侣，该数额向上翻倍），则免除所得税。前两个孩子中每个孩子可增加纳税人年收入免税限额 575 欧元；有 3 个以上的孩子，从第 3 个孩子起，每个孩子可增加该限额 830 欧元。如果收入略微超出此限额，则适用边际减免，若超出更多，则需对收入征税，但征税额度在收入超出部分的 40% 以内，不高于免税所得的两倍。

以下所得免征所得税：占有商业林地取得的利润；定居在爱尔兰或者是作为爱尔兰常住居民的设计师、作曲家、画家、雕塑家、作家运用艺术才能取得的收入（此类纳税人要求减免所得税需要事先裁定，减免额不得超过 50 000 欧元/年）；照料家里的孩子（人数不超过 3 人）取得的所得中不超过 15 000 欧元的部分；奖学金和助学金；财政大臣签发的储蓄券利息，但投资额不能超过规定的数额；“租房”计划中来自纳税人主要住宅房间的出租，且租金在 12 000 欧元/年以下。

3. 受雇所得

（1）工资、薪金所得。受雇所得包含所有工资、费用、奖金、额外津贴以及供职或者雇佣劳动中获得的收入。

完全发生于供职或雇佣劳动中的费用，纳税人在工作服和劳动工具上的花费以及销售代表工作时额外发生的费用均允许抵扣。上下班费用通常情况不允许抵扣。

合理的拆迁补偿不需要纳税。

特别条款下，如果退职金未在相关规定中征收，则需要纳税。退职金包括失去职位的赔偿、代通知金和违反雇佣合同的赔偿。基本免税额为 10 160 欧元，每增加一个完整的工作年，免税额增加 765 欧元，但免税额上限为 200 000 欧元。

（2）实物福利。董事和员工获得的企业提供的汽车、食宿（确因工作需要的除外）、贷款免息及与雇员工作不相干的其他费用应纳税。

贷款优惠部分以实际利率与年度预算指定利率之差征收所得税。房贷的现行利率为 4%，其他贷款为 13.5%。

自 2010 年 11 月 24 日起生效的股份期权计划废止。在此之前买卖，之后行权的期权需征税。在废止前已批准的股份期权组合行权时不需要征税，处置股票的所有收益需缴纳资本利得税。如果期权授予后保留股票至少 3 年以上，可以给予一定的税收减免，该方案仅适用于一般情况下提供给所有员工的股份期权。税务部门可对核心员工和新参与者酌情给予税收减免。

未批准计划下的期权行权所得应征税，课税基础为期权价值与行权时市场价值之差。期权行权后处置股份的后续所得须征资本利得税，此收益的所得税可延迟 7 年缴纳，也可到股票买卖时缴纳。

对股票期权所得税的征收同样适用于非爱尔兰居民的雇员和董事，只要在征纳期间他们持有期权。

（3）养老金所得。养老金通常情况要征税，但允许享受部分减免政策。

一次性付清的养老金最高免税额为 20 万欧元，超出该数额的部分适用标准所得税税率和个人边际税率。具体规定如下：一次性付清的养老金不超过 20 万欧元的部分，免税；高于 20 万欧元但不超过 57.5 万欧元的部分，适用标准税率；高于 50 万欧元的部分，适用个人边际税率。其中，50 万欧元的数额由纳税人一生中享受税收减免的养老金限额（2014 年起下调为 200 万欧元）乘上 25% 确定。

雇主建立税务部门批准的养老金计划支付的成本允许抵扣。雇员依据该计划缴款允许扣除且相关养老金所得免征所得税。

缴纳其他欧盟成员国的养老金允许抵扣。

从 2011 年起，雇员和个体经营者取得的报酬在 11 500 欧元以下的，其养老金缴款可以申请税收减免，具体年龄限制和减免率如表 3 所示：

表 3

在纳税年度内的年龄	减免率（%）
30 岁以下	15
30 至 39 岁	20
40 至 49 岁	25
50 至 54 岁	30
55 至 59 岁	35
超过 60 岁	40

（4）董事报酬。征收方式与其他受雇所得相同。

4. 经营和专业服务所得

需征税的贸易行为包括每一笔买卖、生产制造、投机及其他具有贸易性质的行为。

在“开办自己的企业”计划激励下，开展经许可的商业活动且因创业而失业超过 15 个月的个人，免征所得税。减免期为 2 年且减免额不超过 40 000 欧元/年。

从事特殊体育运动的纳税人，通过从事体育运动取得的所得，可申请减免，但是可减免税的所得不包括赞助费和广告代言费。

5. 投资所得

分公司对股息代扣代缴所得税税率为 20%，在缴纳最终所得税时，预缴部分允许抵免。

存款利息保留税由存款的接收方在源头代扣代缴，自 2014 年 1 月 1 日起，适用税率为 41%。

存款接收方主要指银行、建筑资金融资协会（利息和股息）、信托储蓄银行、农业信贷公司、工业信贷公司和邮政储蓄银行。年龄超过 65 周岁或永久丧失行动能力的纳税人，如果其税收抵免额超过应纳税额，则可申请退税。

如果欧元区商业票据和存款单由爱尔兰居民开出，则产生的利息免税。

利息及终身财产信托所得由受托人申报，以标准税率征收所得税，而信托受益人则需对享有的信托所得缴纳更高的所得税。

自由信托和储蓄信托的未分配所得除了征收 20% 的所得税外，还需征收 20% 的特别年度费用。

租赁所得需征收所得税。对于度假村的租赁所得，允许 10% 的特殊资本减免。利息支出可从租赁所得中扣除。

6. 资本利得

变卖处置资产所得须征资本利得税，计税基础为每年评估的总损益。纳税人是爱尔兰居民或者常住居民需缴纳资本利得税，税基包含国内外的资本所得。不在爱尔兰定居的纳税人须对位于爱尔兰境内的资产收益纳税，但外汇收益除外。

非居民纳税人只对处置特定的爱尔兰境内资产所得纳税。

夫妻及同性伴侣之间资产转移通常情况不纳税，配偶和合伙人中的受让方承担转让成本。配偶或同性伴侣之间的资产转移不能申请递延纳税。如果受让方在转移资产的当年出售该资产，则不缴纳资本利得税。

资本损失可以抵消当年或后面任意一年的资本利得，但不能抵消所得。资本利得税没有涉及资本免税额方面的优惠，但是，可通过税前扣除正当的购置成本来减少损失。

资本利得税的普通税率为 33%。处置特定开发用地的所得税率为 40%。

下列情况可申请资本利得税免税：纳税人净收益中的 1 270 欧元；地方政府股票以及国营实体发行的股票所得；人寿保险及延期年金政策收益；预期使用寿命小于 50 年的动产（非商业资产）；出售价格低于 2 540 欧元的动产；对慈善机构的捐赠。

个人出售私人住宅所得（土地面积小于 1 英亩）免税，但其后财产的增值部分需纳税。

如果所有者在 55 岁及以后退休，处置农场、生意、专业服务及企业取得的收入允许免税，但免税收入不能超过 750 000 欧元。如果退休者在 2014 年 1 月 1 日或以后年龄超过 66 周岁，则转让企业、农业资产取得的收入免税收入上限从 750 000 欧元降至 500 000 欧元。

年龄介于 55 岁到 66 岁之间的退休者在家庭内部处置财产获得的收入免税且不受上述限额影响。如果资产处置时受让人为公司股东，则处置土地、工厂和属于纳税人自己并供自己的家族公司以贸易为目的使用的机器取得的所得免税。如果退休者在 2014 年 1 月 1 日或以后年龄超过 66 岁且在家庭内部转让商业和农业资产所得不超过 300 万欧元的部分免税，300 万欧元为终身免税总额。

退休减免政策对租赁农田同样适用。如果土地出租 5 年以上，其后转让给他人（受让方不是该土地的直接继承人），则可申请税收减免。

农田收益如果投入再生产，则可申请延期纳税。该政策适用于 2013 年 1 月 1 日至 2016 年 12 月 31 日之间进行的首次交易。

因强制购买令及补偿支付（如保单）而处置资产的纳税人可申请延迟纳税。如果销售收入全部再投资于其他业务，则税款可延迟至处置重置资产时缴纳。如果该收益部分用于再投资，则纳税人可申请延迟缴纳部分税款。

产权激励适用于位于爱尔兰及其他欧洲经济区国家的土地（在 2011 年 12 月 7 日至 2014 年底的任意时间获得且资产已存续超过 7 年）。在最初的 7 年内，处置该资产的所得不征资本利得税。

资本利得税激励计划适用于已对处置资产所得缴纳资本利得税并投资于新业务（时间从 2014 年 1 月 1 日至 2018 年 12 月 31 日）的个人。如果在投资后的 3 年或以后处置新的投资业务，可以申请最高不超过 50% 的资本利得税减免。

7. 个人扣除、宽免和抵免

（1）扣除。与所得相关的费用允许从所得中扣除。

利息。纳税人、离异或分居一方以及受赡养的亲属贷款购买、维修、开发和扩建其仅有的或主要的住宅，可享受抵押贷款所付利息相关减免政策。从 2009 年 1 月 1 日起，非首次购房的个人税收抵免额度为 15%。从 2009 年 1 月 1 日起，首次购房的个人在第 1 和第 2 年享受 25% 的利息减免，第 3、4、5 年为 22.5%，第 6、7 年则为 20%。但是，在财政法案 2012 中，出台了下列办法：2004 年到 2008 年之间选择房屋抵押贷款的首次购房者可享受 30% 的利息减免；2012 年选择房屋抵押贷款的首次购房者享受 25% 的利息减免；2012 年选择房屋抵押贷款的非首次购房者享受 15% 的利息减免。

从 2009 年 5 月 1 日起，减免仅限于房屋抵押贷款前 7 年的利息。房屋抵押贷款减免政策将于 2018 年 1 月 1 日起废止，2013 年以后开始的房屋抵押贷款不享受减免。

利息减免从源头上使贷款人少支付利息。为了保证这一优惠政策的实施，纳税人购买的住所必须位于爱尔兰境内。主要住所或仅有的住所在英国的个人也享有利息减免，但不从源头扣除。

对于首次购房者，房屋抵押贷款的利息减免上限为 10 000 欧元，非首次购房者为 3 000 欧元。对于已婚夫妇及同性伴侣，该限额向上翻倍。以受益为目的与雇主签订的贷款协议，协议确定的利息支付计划也享受以上提及的利息减免。

临时贷款也可以申请利息减免（与房屋抵押贷款限制条件相同）。临时贷款是为了弥补出售住所与购买另一处住所之间的资金差额。

合伙企业所得。贷款取得合伙制企业股份允许一定程度的利息减免。发生在 2013 年 10 月 15 日之后产生的贷款不适用上述条例。对于现有贷款，减免将在 2014、2015 及 2016 年逐步停止，以上各年度利息最大扣除率分别为 75%、50% 和 25%，从 2017 年 1 月 1 日起，不再有减免。

风险资本减免。在就业与投资激励计划下，居民个人可以扣除因认购未上市公司普通股产生的成本，扣除上限为 150 000 欧元/年，超出部分或者超出纳税人应税所得的部分，可以向以后年度结转。上述优惠政策截至 2021 年 12 月 31 日之前有效。

纳税人捐款不允许扣除，而接受方可以申请 31% 的税收抵免，但每人不超过 100 万欧元/年。捐赠者最多只能将其总收入的 10% 捐给慈善机构或其他认证机构。

医疗保险和费用。2009 年 1 月 1 日以后发生的医疗费用可以标准税率减免。向经授权的保险公司缴纳医疗保险费可享受一定税收减免（只能以所得税标准税率的 20% 进行减免），该减免从保险公司方源泉扣除。自 2013 年 10 月 16 日起，成年人的医疗保险费抵免上限为 1 000 欧元，儿童为 500 欧元。

（2）宽免。个人津贴仅适用税收抵免形式。

（3）抵免。纳税人有权申请税收抵免，其中个人所得税按照标准税率 20% 进行计算。2015 年主要抵免情况如表 4 所示：

表 4

类别		抵免额度（欧元）
个人减免		
—	雇员税收抵免	1 650
—	个体纳税人和单独缴税的夫妻/同性伴侣	1 650
—	共同缴税的夫妻/同性伴侣	3 300
—	看护儿童的单身人士	1 650
长者减免（超过 65 岁）：		
—	单身/寡居人士	245
—	已婚者	490
丧失行动能力的儿童		3 300
盲人税收抵免：		
—	单身或配偶/同性伴侣中一人失明	1 650
—	配偶/同性伴侣双方均失明	3 300
受赡养的亲属		70
家庭看护税收抵免		810

为丧失行动能力的人雇佣保姆可以纳税人的边际税率进行抵免，但上限不得超过 75 000 欧元。

8. 损失

贸易损失可抵消本年的其他收入，也可以无限期地向以后年度结转来抵消仍在从事的同类贸易产生的利润，但对于将永久终止的贸易活动，损失抵消最多向以前年度结转 3 年。

剩余资本免税额可以抵消部分利润。若应税所得不足抵扣，如抵扣和税收补贴超过所得，则不允许向以后年度结转或抵消资本利得。

反避税措施对与特定贸易活动相关的损失抵消以及资本免税额做了限制，比如，纳税人主动参与该贸易活动并从中获利（但不针对纳税人的其他所得）。

从事电影、音乐和油气生产的爱尔兰居民申请损失和资本免税额等优惠政策有一定的限制条件。如果公司将办公楼卖给个人投资者时已经申请了资本免税额，那么个人只允许将其用来抵消租赁相关建筑取得的收入。

9. 税率

（1）所得与资本利得。所得税标准税率和较高税率分别是 20% 和 40%。以标准税率征收的所得不得超过临界值，2015 年相关临界值如表 5 所示：

表 5

纳税人状况		临界值（欧元）
单身/寡居者：		
—	无受抚养的子女	33 800
—	有需要抚养的子女	37 800
已婚夫妇/同性伴侣：		
—	其中一人有收入	42 800
—	二者均有收入	42 800 ~ 67 600

“高收入者”申请税收减免会有一定的限制（实际上，年收入超过 400 000 欧元的个人至少需要以 30% 的有效税率纳税）。

资本利得税的普通税率为 33%。处置特定的海外保险金及海外投资产品适用 40% 的特别税率。

（2）预提税。股息、任何年度分期付款需缴纳 20% 的预提税。

支付给个人的利息不需要预缴税款，但是下列 3 种情况除外：公司、工业和储蓄协会对爱尔兰居民的付款（由授权银行支付除外）；对常住在爱尔兰境外的个人的付款；在“存款利息保留税”机制下的付款。

由政府机关、经授权的保险公司、指定医院和高等院校支付的专业服务款项要征收预提税，税率为 20%。

在相关合约税计划下，承包商需对支付给分包商的款项预提税款，税率为 35%。该项计划适用于建筑、肉品加工和林业。该计划下的预提税税率有 3 种，分别适用以下不同情形：拥有 C2 证书（由税务部门颁发并授权代扣代缴）、纳税记录良好且在前三年履行纳税义务的承包商，税率为 0；在税务部门登记且纳税记录良好的承包商，税率为 20%；其他情况税率为 35%。

10. 征收管理

（1）纳税年度。纳税年度即为公历年。

贸易所得通常在纳税年度末会计报告期内进行评估，其他所得和资本利得则根据本年交易额进行测算。

（2）纳税申报和评估。所有自我评估的纳税人都必须填写纳税申报表申报其所得和资本利得，填报时间在申报相关所得产生年度的下一年的 10 月 31 日之前。纳税人可以通过税务部门线上服务电子填写申报表。相关条款规定，一些小型企业可以适当减少其申报频率。

延期填报会受到最高 5% 或 10% 的罚款，罚款比率取决于延期的时间。主要分为延期申报在两个月以内以及延期申报在两个月及以上，前者最高额外罚款为 12 695 欧元，后者最高可罚至 63 485 欧元。损失和资本免税额可抵消一部分滞纳金，但附有限制条件。

发薪时扣除制下的纳税人需提供纳税义务重新审查报告。

评估或重新评估必须在纳税年度结束后的 6 年之内完成。如果纳税人没有全面、详实地进行纳税申报，则评估没有时间限制。

税务检查员对已填写的纳税申报表做出大致评估，如果检查员对纳税申报表不满意或收到信息反应此表中有重要资料遗漏，则不再做评估，并给纳税人发送书面通知告知。

夫妻和同性伴侣有 3 种选择来对所得税进行评估：

联合评估，即合计夫妇或伴侣的总所得，给予两倍于个人的减免和补贴且税率临界点对应的所得是个人所得的 2 倍；

单独评估，即夫妇或伴侣各自申报所得，分别缴纳评估后的税款。夫妇及伴侣享受的个人补助、减免和总的应纳税款与联合评估税款额度相同；

单身人士评估，即夫妇或伴侣各自申报所得，缴纳以单身人士为基础计算的税款。

儿童所得单独评估，除非所得来源于父母一方给予的财产。

（3）税款缴纳。主要依靠预扣、纳税人主动缴纳或两种方式兼而有之。自我评估适用于任何类型税款的纳税人，包括取得所得税预扣系统下未覆盖到的投资所得或租赁所得的纳税人。董事也需自我评估，尽管他们的所得在预扣系统下已经预提。

雇佣所得的所得税缴纳也通过预扣系统。

评估所得税（必须至少占最终应纳税款的90%）不得迟于评估年度的10月31日缴纳。纳税人可以选择预缴与评估年度上一年相同的税款或者再上一年度税款的105%。税务部门不会发送税款评估通知。最后确定的税款必须在申报表提交时缴纳。税务部门返还纳税人多缴税款时还需要支付相应利息。

2009年及以后发生销售的纳税人，必须在12月15日之前评估并缴纳当年1月到11月期间的资本利得税。12月份的评估税款须在下一年的1月31日之前缴纳。

对于纳税人拖欠税款制定了严厉的惩罚机制，除了此案例会在税务部门披露外，纳税人的名字和细节都会公开，无论其是否被起诉。

（4）相关规定。当情况复杂、交易异常或现有的信息服务不能清晰表述时，税务部门可以根据规定出具意见，该意见不具有法律效力。当交易完成，所有信息公之于众时，税务官员可以对其开展复审。

（二）其他类型的所得税

普遍社会费用（Universal Social Charge）对所有来源的总所得征收，除非有允许扣除项目。

费率如表6所示：

表6

雇员和董事（个体经营者除外）：

总所得（欧元）		主要税率（%）	年龄超过70周岁或者持有医疗卡且所得低于60 000欧元适用税率（%）
首个	12 012	1.5	1.5
下一个	5 564	3.5	3.5
下一个	52 468	7	3.5
超过	70 044	8	不适用

个体经营者：

总所得（欧元）		主要税率（%）	年龄超过70周岁或者持有医疗卡且所得低于60 000欧元适用税率（%）
首个	12 012	1.5	1.5
下一个	5 564	3.5	3.5
下一个	52 468	7	3.5
下一个	29 956	8	不适用
超过	100 000	11	不适用

对总所得低于12 012欧元的个人不征收普遍社会费用。

某些情况下，接受爱尔兰政府财政补助的银行雇员适用特别普遍社会费用规定。绩效奖金年度总额超过20 000欧元，需以45%的费率征收普遍社会费用。未超过20 000欧元的适用普通费率。

雇员的普遍社会费用在预扣系统中预缴。个体经营者，采用自我评估缴纳。

（三）国际税收

1. 居民纳税人

（1）境外所得和资本利得。纳税人为居民纳税人以及定居在爱尔兰的纳税人就其全球所得纳税。无论纳税人是爱尔兰居民或者常住居民或者定居爱尔兰，都要对其全球资本所得纳税。如果一些特定的国外养老金在来源国免税，则在爱尔兰也享受免税。

国外的租金损失不能抵消 D 项第 3 类别性质的其他来源所得，但可以抵消国外的租赁所得。

特定的非居民公司处置爱尔兰境内或其他地方的资产时产生的资本利得，参照爱尔兰居民个人相关规定处理。

（2）境外资本。不征收净资产税。

（3）避免双重征税。纳税人可以通过扣除应税国外来源所得或者爱尔兰境内应税资本利得申请单方面税收减免。在爱尔兰的税收协定下，通过国外税收抵免来避免双重征税；爱尔兰税收协定中的一些条款规定，双重征税减免只针对汇入境内的所得，并非所有旧的税收协定都涉及资本利得。在重新谈判期间，已缴纳的国外资本利得税允许单方面抵免。

爱尔兰实施欧洲储蓄指令，规定代付机构需建立其消费者身份的信息库，并在纳税年度末的 3 个月内报送获得实际利益的实体机构或个人。为满足指令中相关条款的规定，居民个人可以向税务部门申请居民证书，该证书有效期为 3 年或者到证书信息变更时。居民个人有权申请抵免在奥地利和卢森堡支付的利息预提税。当预提税超过应纳所得税或资本利得税时，超出部分可以返还。当预提税超过所得税或者个人资本利得税时，则超出部分可退还。

2. 侨民

（1）来爱人员。定居在国外，但现居住在爱尔兰的个人以其汇入的国外所得为基础纳税。

定居在国外，但现居住在爱尔兰或常驻爱尔兰的个人需以其汇入的资本利得为基础纳税。因此，只有汇入爱尔兰的国外所得或收益才需纳税。如果薪水在境外支付，那么在爱尔兰与非居民雇主签订雇佣合同获得的薪水视为来源于国外的所得，因而以汇入金额为计税基础。若配偶或同性伴侣间转让汇入爱尔兰的资本利得，以首次申报汇入的资本利得为基础纳税。

特别代理人减免计划下，国外委派至爱尔兰工作（委派时间不少于 6 个月，但不超过 5 年）的雇员其薪水（超过 75 000 欧元的部分）的 30% 允许所得税免除。普遍社会费用和社会保险不能免税。

（2）外派人员。连续 3 个纳税年度为非居民，将失去常住居民身份。常住居民身份并居于此地但非永久居住的个人视同居民纳税，即以其全球所得（爱尔兰境外贸易或专业服务收益及雇佣或供职所得除外）为计税基础。对于来源于国外的其他所得，最高免税额为 3 810 欧元/年。如果其他应税总所得超过此限制，将全额征收。

居住在爱尔兰的纳税人享有特别的减免政策，但频繁（每周/每天）出境工作并在境外缴纳所得税的个人除外。

外国收入扣除计划适用于在阿尔及利亚、巴西、中国、刚果、埃及、加纳、印度、肯尼亚、尼日利亚、俄罗斯、塞内加尔、南非和坦桑尼亚有分支机构的公司。2015 年 1 月 1 日起，计划新增日本、马来西亚、墨西哥、卡塔尔和新加坡。计划有效期为 3 年，将于 2017 年 12 月 31 日作废。计划要求，雇员为开拓爱尔兰市场需在一个纳税年度内在上述国家停留至少 40 天。雇佣所得允许可扣除的最高额度为 35 000 欧元/年。

以下情形适用特殊规定：定居于爱尔兰；不再是爱尔兰税收居民；爱尔兰或外国公司 5% 及以上份额的公司利息或者超过 500 000 欧元的公司利息；在爱尔兰停留时间少于 5 个纳税年度，且由于现行规定未履行纳税义务的非居民。

3. 非居民纳税人

（1）所得税和资本利得税。通常应对爱尔兰境内所得纳税，包括在爱尔兰境内参与的贸易活动或者专业服务所得及处置特定爱尔兰境内资产的资本利得。

如果贸易活动或者专业服务发生在爱尔兰境内，或者所售货物全部或部分在爱尔兰制造，则需征税。

通常，纳税义务计算方法与居民纳税人类似。对于贸易所得，如果在爱尔兰没有单独纳税账户，仍将对一定比例利润征税。

原则上，非居民不享受个人补贴。但是，欧盟成员国居民且在爱尔兰的应税所得至少占其全球所得 75% 的个人可享受全额的个人补贴。另外，他国的爱尔兰侨民、欧盟国家和一些协定国家（塞浦路斯、日本、挪威、巴基斯坦和赞比亚）的居民也可享受一定比例的个人补贴，比例中分子为爱尔兰应税所得，分母为全球所得。非居民纳税人不能享有已婚者/同性伴侣补贴，但是，在特许情况下，如果夫妇或同性伴侣均为爱尔兰居民且以全球所得向爱尔兰缴税，那么对应纳税额会有一定比例的减免。

演艺人员和运动员从爱尔兰取得的所得要征税，但不必预缴所得税。从 2015 年 1 月 1 日起，住在欧洲经济区之外的国家且属于获得影视税收减免公司的非居民演员需预缴 20% 的税款。

支付给非居民的股息需以 20% 的所得税标准税率预缴税款，欧盟成员国及税收协定国的居民可免缴预提税，并免除股息后续纳税义务。对于上述股东，税务部门或者从源头免税，或者返还其预缴税款。由房地产信托公司支付的财产所得分红不适用上述免税政策。对于其他纳税人，预提税即其最终纳税义务。

支付给非居民的利息通常需以 20% 的所得税标准税率预缴税款，税收协定下的低税率除外。预提税可抵免纳税人最终所得税。非居民及常住居民可以申请免除存款利息保留税。公司支付给欧盟成员国及税收协定国居民的欧洲债券利息在上述国家的居民所得税中免除。特定的大规模债券利息支付同样适用上述政策。由公司或投资企业在贸易或商业活动过程中发行的折扣证券也适用免税政策，前提是取得证券折扣的个人是欧盟成员国或税收协定国的居民纳税人。

非居民个人无需对从政府债券获得的利息缴纳预提税。

支付给非居民的专利权使用费需以 20% 的所得税标准税率预缴税款，税收协定下适用低税率。预提税可抵免纳税人的最终税款。其他稿酬没有预提税。

支付给非居民的财产租金同样以 20% 的所得税标准税率预缴税款，预提税可抵免纳税人的最终税款。

非居民应对处置特定爱尔兰资产的资本利得纳税，包括：爱尔兰境内土地；爱尔兰境内矿产或任何与矿产及矿产开发相关的权利、利息或资产；在大陆架指定区域的勘测权和采矿权；取得前面3类情形的全部或者大部分所得的未上市股份；通过分支机构或者代理机构参与爱尔兰贸易活动且位于爱尔兰境内的资产。

上述前3种或第4种情形提及的资产的购买方需就支付给非居民的购买价格中超过500 000欧元的部分缴纳15%的预提税。

（2）对资本征税。不征收净财产税。

（3）实施办法。非居民纳税人从爱尔兰雇主方取得雇佣所得在发薪时预扣。自我评估适用于其他非居民纳税人。

三、增值税

（一）一般规定

1. 概述

在爱尔兰境内涉及货物、服务以及进口贸易需全部缴纳增值税。对贸易各个环节的增值部分征收增值税。

2. 纳税人

所有在爱尔兰境内提供应税货物和应税服务，以及进口货物的单位和个人为增值税的纳税义务人。登记成为增值税纳税人的条件是：提供货物的，年营业额起点为75 000欧元；提供服务的，年营业额起点为37 500欧元。

3. 应税行为

对下列行为征收增值税：在爱尔兰提供应税货物和服务；从欧盟以外向爱尔兰进口货物；进口应税服务。

4. 应税收入

税基是纳税人购买货物或服务支付的款项。进口货物和服务的税基是关税完税价格加关税。纳税人购买或进口货物、服务支付的税款允许抵扣。

5. 税率

标准税率为23%。

销售不动产以及相关涉税服务，短期汽车租赁以及租赁期间的燃料、能源和儿童安全座椅适用税率为13.5%。农民适用统一税率5%。

牲畜供应适用税率为4.8%。

旅游业提供的某些货物或服务适用税率为9%。包括下列服务：承办酒席和饭馆提供的餐饮服务，酒店租赁服务（包括小型私营旅馆、露营酒店、野营地等），电影院、剧院、露天广场和游乐园提供的服务，可进行体育活动的场所、提供开放式农场。销售印刷制品（例如报纸期刊）以及美容美发服务也适用9%的税率。

适用零税率的主要包括：大部分用于人类消费的食品和饮品；大部分出口的货物以及相关服务；童装、某些书籍以及医疗设备；供应给非爱尔兰注册的欧盟个人；供应给欧盟以外的所有货物和服务。

6. 免税

某些不动产出租、代理服务、保险服务、银行和证券交易所的交易活动等免征增值税。

（二）非居民纳税人

在爱尔兰提供应税货物和应税服务，或每年在欧盟成员国向爱尔兰进口货物超过41 000欧元的非居民纳税人必须缴纳增值税。

四、消费税

对酒精饮料、烟草制品、烃油（包括液化石油气）征收消费税。

五、社会保障税

（一）对企业征收

雇主就其支付给雇员的任何酬劳缴纳社会保障税，酬劳包括以实物形式支付的福利但不包括某些解雇赔偿。社会保障税没有上限。社会保障税的基本税率为10.75%。8.5%的低税率适用周所得少于356欧元的雇员。员工社会保障税的税基不包括员工缴纳的退休金。

对于某些类型的雇员，雇主可以在雇佣的前面2年免缴社会保障税，但是雇员必须满足下列情形：之前失业、未满23周岁且第一次被雇佣、单身母亲或单身父亲、参加过某些类型的公共培训课程或在国家康复委员会注册过。

社会保障税允许在公司所得税前扣除。

（二）对个人征收

65岁以下的雇员及个体经营者就其全部劳动所得缴纳社会保障税，税率为4%。从2014年1月1日起，对非劳动所得也征收，即如果纳税人每年投资和养老金所得超过3 174欧元，也需缴纳社会保障税。

周所得不超过352欧元的雇员免征社会保障税。个体经营者每年缴纳的最低社会保障税为500欧元。

（周咏雪　编）

以色列税制

以色列公司所得税的纳税主体包括居民企业和从以色列获得应税所得或有应税行为的非居民企业。企业纳税人应就其生产经营活动所得和投资活动所得缴纳公司所得税。企业经营活动涉及的主要税种还包括增值税和消费税。

个人应缴纳个人所得税。居民个人应就来源于全球范围的所得缴纳个人所得税。处于现有社会保障体系的个人还应缴纳社会保障税和健康保险费。个人从事经营活动，还涉及增值税和其他间接税。

一、公司所得税

（一）一般规定

1. 税制类型

以色列采用古典公司所得税制。首先，对公司的利润征收公司所得税，在股息分配时，再对股息征收所得税，无论股息获得者是居民还是非居民。

2. 纳税人

以色列公司所得税纳税人包括居民企业和从以色列获得应税所得或有应税行为的非居民企业。

合伙企业一般不视为公司所得税独立纳税主体，各个合伙人应就其分得的利润分别缴纳公司所得税。

以色列税法规定，居民企业是在以色列境内注册成立或者其经营管理和控制在以色列境内的企业。

3. 应纳税所得额

（1）一般规定。居民企业应就其来源于以色列境内、境外的所得缴纳公司所得税。

（2）免税所得。地方政府、福利基金、专业机构和事业单位的所得免税，前提是所得不是来源于其从事的商业活动，也不是来源于其控制的企业在商业活动中获得的股息、利息或利差。

合作社内部成员之间进行交易的所得，包括国内的货物和服务供给，如果仅是私人使用，而不是商业用途，则是免税的。

满足特定条件的非营利机构（基金会或慈善团体）所得，可以免税。

一般来说，居民企业向居民企业股东分配的股息是免税的。

（3）扣除。原则上说，企业为取得或维持生产经营所得而发生的相关费用可以据实扣除。包括：工资薪金、雇主支付的福利基金、利息、租金、修理费、折旧费用、相关税费。

一般而言，企业支付的利息和特许权使用费，可以扣除。董事报酬可以扣除。

一些特定费用的扣除是不允许的，包括：家庭和个人支出；资本费用；改进成本；通过保险或是损失赔偿合同能够收回的损失或费用；不是以产生所得为目的的房屋修理费和租金；已交或应交的所得税；不同于补充专业培训的教育费用。

根据刑法和反洗钱规定，无论是以色列还是国外的赃款，都不允许扣除。

在以色列招待客人的费用不允许扣除，除非是外国客人。扣除需要符合特定的规定和手续。

为了产生所得而发生的出境旅游和服装费用一般在所得税条例（特定费用扣除）规定的限额范围内允许扣除。

（4）折旧及摊销。除了土地以外的不动产一般以资产的历史成本为基础计提折旧，工业建筑折旧率为5%，其他建筑折旧率为1.5%~6.5%。

土地和机器设备一般可以按直线法计提折旧，折旧率如下：机器设备（日常轮班，最多的是三班制）为20%~40%；不用于轮班的机器设备为7%~10%；电子和电脑设备为15%；家具和办公设备为6%~7%；卡车、重型（商业）设备等为20%；客车为15%。

工业企业拥有的商标和专利一般在超过8年的时间内计提折旧。

2003年1月1日后获得的商誉可以按最初买价以10%的折旧率计提折旧。

（5）准备金。坏账准备金不可扣除。坏账在其不可恢复的年度可以扣除，只要纳税人能够证明其确实不可恢复。

当在商业或职业中使用的机器设备替换时，纳税人应当就以下两项中较小的金额进行特殊的扣除：①旧资产的历史成本，减除累计折旧和销售所得；②用于替换旧资产而购买的新资产的成本。

4. 资本利得

在以色列，资本利得以统一税率征税，对于企业，资本利得税率为26.5%（2015年）。但是对于个人股东，如果转让方占有企业的股份超过10%，适用税率为30%；否则，适用税率为25%。

以下情况获得的资本利得免税：

（1）在特拉维夫证券交易所交易的不可转换的公司债券，只要该债券是在2000年5月8日之前发行的，并在规定日期前上市交易；

（2）2000年5月8日前由国家发行或担保的债权或借据；

（3）资产转让给企业后，资产所有者即刻获得企业有表决权股份的90%及以上；

（4）转让形式是赠送给国家、地方政府、各种慈善机构、事业单位等。

5. 亏损

（1）一般亏损。企业在获利年度产生的亏损可以用任何来源（包括利息、股息和资本利得）的所得抵减。剩余未弥补的亏损可以无限期地向后结转，并用交易、商业所得或商业和职业资本利得以及土地增值抵减。但是，亏损不能向前结转。

（2）资本损失。根据特定的规定，资本损失一般可以用当年度企业实现的资本利得或是以后年度的资本利得弥补。

当资本损失来自于企业转让股份，可以从转让前24个月内收到的股息金额中扣除，但以损失金额为限。

企业在纳税年度替换的机器设备的资本损失，作为常规费用在所得中扣除，但不能超过机器设备替换成本。

6. 税率

（1）经营所得和资本利得适用税率。经营所得和资本利得的税率为26.5%。

（2）向居民纳税人支付款项的预提税税率。

①股息。支付给居民企业的股息的预提税税率为25%。

②利息。支付给居民企业的利息按照26.5%征收预提税。如果接收方无法证实保持了"账簿的合理管理"，税率可能提高到30%。

③特许权使用费。支付给居民企业的特许权使用费，按20%征收预提税。如果接受方未获得"账簿管理"资格批准的，税率可以提高到30%。

④其他所得。其他所得应按照正常的所得税税率扣缴预提税。

7. 税收优惠

（1）地区性与优先企业优惠。以色列在1959年颁布了主要的税收激励法律——《鼓励资本投资法（1959）》。2011年之前，该法将以色列分为A、B和C三个地理区域，从2011年起分为A和B两个地理区域。对于位于A区域的"优先企业"，实施特别的税收优惠政策。要成为优先企业，企业必须证明其全部销售中最低25%用于出口。符合条件的工业企业需是有竞争力的，并对国民生产总值做出贡献，或者是再生能源企业。"优先企业"优惠税率如表1所示：

表1

年份	A地区	其他地区	标准公司所得税税率
2011～2012年	10%	15%	2011年为24%，2012年为25%
2013年	7%	12.5%	25%
2014年及以后	9%	16%	26.5%

优先企业可以按照《鼓励资本投资法》第42节规定的折旧率，对相关的符合资格的业务的生产资产采用加速折旧法计提折旧。

优先企业可以选择对作为批准的投资项目一部分的机器设备，按照标准折旧率的两倍，在资产运营的前5年进行加速折旧。当有由于额外的转移或在极端严酷的环境下造成的非正常磨损，税务机关允许按照标准折旧率的250%折旧。对于建筑物，可以申请标准折旧率的400%进行折旧，但是每年折旧不得超过20%。

优先企业向以色列居民企业分派股息免税，向以色列居民个人分派股息按15%缴税；向非居民股东分派股息，预提税率为15%。

（2）自由贸易区优惠。1985年埃拉特自由贸易区法将埃拉特地区确定为免税港，经批准设立在埃拉特的企业在7年内免征任何税收，7年期满后最高税率为30%，符合《鼓励资本投资法》的企业适用更为优惠的税率。来自当地企业的股息税率最高为15%。此外，对于通货膨胀所得和外国居民转让用外币购买的股份的资本利得免税。

“阿什杜德”和“海法”正在进行港口设施的大规模升级，同样也是免税港，享受税收优惠政策。

1994年，北方内盖夫沙漠的特定区域被确定为首个免税出口加工区。在经营的前20年，对于特许经营者和该区域企业，除了对分配所得和资本利得征收15%的税，免予征收其他任何所得税和直接税。

8. 征收管理

（1）纳税期限。企业的纳税年度一般与公历年度相同，也可选择企业的会计年度作为纳税年度。

（2）纳税申报。企业应在纳税年度结束后的5个月内填写纳税申报表。企业可向税务机关申请延期申报。

（3）税款缴纳。企业必须在获得应税所得的年度中间预缴税款。当销售应交资本利得税的资产时，应当在交易后的30日内预缴税款。对于来自以色列的不动产利得，一般适用50天的报告和缴税期限。

如果企业在某一纳税年度支付的税款超过应纳税额，超出部分将在纳税年度次年7月31日前或申请90日内，连同利息一并退还。

（4）事先裁定。以色列税务机关可以依纳税人申请对企业的所得、利润、费用或损失的税务处理进行事先裁定。税收裁定的申请可在裁定涉及的行动发生之前或是之后提交，申请必须包括全部相关的事实、文件、证明、观点和声明等。税务机关做出税收裁定后，没有权利退回裁定。在过去的5年中，税务机关阶段性地印制了关于主要问题精选的事先裁定，给出了他们对特殊问题的解释和一般方法，从而为纳税人提供了更多的事先确定性。

（二）居民企业之间的交易

1. 企业集团税收处理

以色列税法总体上并没有针对关联企业或集团企业的合并的特殊规定。然而，鼓励工业法（税收）为工业企业提供了集团纳税的许可形式。允许母子公司合并纳税时，“母公司”要求符合下列要求之一：①是控制另一工业企业的工业企业，并且它们拥有的工业活动是在同一生产线上；②是控制一家工业企业的非工业企业，拥有至少50%投票权和拥有至少80%的资产至少3年；并且其控制的所有子公司的工业互动都在同一生产线上。当母公司的子公司的工业活动并不全在同一生产线上，母公司可以将其投资最多的子公司包括在合并申报中。此时，一些拥有同一生产线上的子公司视为同一个子公司。

集团内一家企业向另一家企业支付的以色列来源的股息免税。

2. 居民企业之间的股息

以色列居民企业之间分配的股息免税。居民企业收取非居民企业支付的股息和居民企业来自境外投资产生的股息，应按25%的税率征税。

（三）其他类型的公司所得税

1. 博彩、赌博和奖励所得税

博彩、赌博和奖励所得税与个人所得税的税率相同。博彩、赌博和奖励所得单次超过49 920新谢克尔（2015年）的，适用30%的税率。在49 920新谢克尔（2015年）以下的可以部分免除。

作为一般规定，在计算单次博彩或奖励所得中不允许有任何扣除。应缴纳税款必须在次月15日前缴纳。

2. 地方所得税

以色列没有省级、地方或市政所得税。

3. 营业税

以色列不对所得、资本征收营业税。

4. 资本税

以色列没有净资产税。

（四）国际税收

1. 居民企业

（1）境外所得和资本利得。

①境外股息。居民企业收到的境外股息应纳税，但可抵免境外已缴纳税款。

符合条件的控股企业可以就外国子公司的股息申请免税。

②利息、特许权使用费。对居民企业来源于境外的利息、特许权使用费所得征收公司所得税。

③资本利得。居民企业来源于以色列境外资本利得要缴纳公司所得税。如果接受股份的企业符合控股公司的条件，股份销售或转让的资本利得免税。

（2）境外亏损。境外亏损原则上可以用应税所得弥补。根据亏损的来源不同，适用不同的弥补规定。

在某个纳税年度，以色列居民企业在境外产生亏损，如果存在境外盈利，将作为积极所得征税，那么亏损仅可用境外积极应税所得弥补。然而，租赁建筑折旧的亏损也可以用销售建筑的资本利得来弥补。

在相关年度不能完全弥补的亏损可以结转到以后年度。

（3）避免双重征税。2003年以后，以色列建立了一个避免双重征税的综合机制。居民企业在计算允许抵免的外国税收时可以使用一揽子方法，即企业所得根据所得类型，分成不同的篮子分别进行。外国税收只有在相关纳税年度终了后24个月内支付的，才可以抵免。抵免限额为境外纳税所得依据以色列税法计算的应纳税额。抵免额按照所得来源分类核算（各类所得的抵免均设有总限额），未抵免的境外已纳税额可在5年内向后结转。

居民企业在申请外国税收抵免时，应遵守特定的异议和诉讼权利及程序。

2. 非居民税收

（1）一般所得和资本利得课税。非居民企业在以色列的经营所得应当征税。

非居民企业从以色列获得的股息、利息或特许权使用费所得，一般与以色列居民企业纳税人采用同样的税务处理方法，无论其实际业务活动是否在以色列。

非居民企业来源于以色列的资本利得在实现时征收预提税，无论在以色列是否有常设机构。

非居民企业来源于以色列境内的其他所得应当征税。

非居民企业对于转让具有显著研发活动的以色列居民企业的股份的资本利得，可以免税。

（2）资本课税。以色列没有资本税。

（3）征收管理。按照自我评估纳税体系，非居民企业必须向其经营所在地的税务机关填报年度纳税申报。

非居民企业在向居民企业支付利息、特许权使用费和薪金时，与居民纳税人向非居民支付一样，也要缴纳预提税。

3. 非居民企业预提税

向非居民支付的多类款项需要缴纳预提税。税务机关有权根据支付人的请求并以适用的税收协定的国内指南或规定为基础，适用低税率。

任何向境外的支付，如果没有根据法律或获得的许可就该支付缴纳预提税，则支付方对该笔支付不能税前扣除。

（1）股息。从 2012 年起，以色列居民企业向非居民企业支付的股息，如果非居民企业被认定为大股东（即至少拥有居民企业 10% 的控制权），税率为 30%；其他情况下，预提税率为 25%。

（2）利息。向非居民企业支付的利息应当按 26.5% 的税率扣缴预提税。

从公开交易上市公司获得的利息免税。

（3）特许权使用费。向非居民企业支付特许权使用费适用的预提税率为 25%。

（4）其他所得。对于博彩、赌博和奖励所得同样要按一般税率缴纳预提税，同时考虑免税门槛。

（五）反避税

1. 概述

以色列税法包括很多旨在防止避税和滥用税法的规定。以色列税务机关坚持评估“真实税收”的理念，遵守对应就所得的适当课税原则。当税务评估人员认为一项交易减少或可能减少应纳税款，是人为的或虚假的，或者主要目的之一是避税或不合理地减少纳税，评估员则有权忽视交易，并相应予以征税。

2. 转让定价

以色列转让定价条例列出了可以使用的各层次的方法，在使用上优先顺序如下：

①可比非受控价格法；

②可比利润法；

③利润分割法；

④成本加成或再销售价格法；

⑤交易净利润法；

⑥资本、资产或债务回报法；

⑦任何其他最适合的方法。

3. 资本弱化

目前以色列税法没有包括资本弱化的规定。

4. 受控外国企业

符合条件的居民将就其对于受控外国企业未分配利润按比例缴税。

受控外国企业是满足以下测试的实体：

①实体测试：实体是一群人的团体（一群合并的或非合并的个人，但不是一个人）；

②居住地测试：实体是外国实体，即非以色列居民；

③控制测试：企业50%以上的控制手段直接或间接归属于居民；或者一个或多个控制手段的40%以上由居民控制，并且居民及其一个或多个管理方控制50%以上，包括通过外国关联企业控制；或者重要的管理决策的权力由以色列居民控制。

④股份登记测试：外国实体的股份（或任何权利）未登记作为股票交易，或是如果登记了，登记的比例不超过30%；

⑤所得测试：该实体在纳税年度中大部分（即超过50%）所得是消极所得，或该实体纳税年度中大部分利润来自消极所得。

从2014年开始，外国企业销售证券所得视为消极所得。然而，如果销售的证券持有时间短于1年，并且是该企业商业运营中不可分割的一部分，则销售所得不会被自动认定为是消极的。

任何受控外国企业的未分配利润，作为来自子公司的已经支付超过20%税率的所得税的股息，不会被认定为“未分配利润”。

二、个人所得税

（一）一般规定

1. 纳税人

居民个人和非居民个人都要缴纳个人所得税。居民个人就其全球所得纳税，包括资本利得。非居民就其来源于以色列的所得缴税。

自然人居民身份的第一个判定标准是在一个纳税年度内，在以色列境内停留183天以上。第二个判定标准是在纳税年度停留了至少30天，同时在前2个纳税年度中累计居住了425天以上。

目前，在以色列的游客或在以色列工作一定时期（持有B－1签证）的非居民通常不被判定为税收居民。

2. 应纳税所得额

（1）概述。居民纳税人就其全球所得纳税，无论所得是从何处产生或取得的。根据以色列所得税条例，应纳税所得的来源包括：商业及职业；雇佣；股息及利息；养老金、用益权及年金；房地产，包括租金、特许权使用费以及通过不动产或工业建筑得到的收益；其他资产；农业；专利和版权；除所得税条例或其他法律规定免除的所得以外的其他来源所得；赌博、抽奖和有奖活动；以及依据反滥用法规认定实现的所得。

非居民纳税人仅就其来源于以色列境内的所得纳税，包括转让位于以色列的资产以及转让资产直接或间接使用权取得的资本利得。非居民纳税人缴纳税款将受到适用的所得税条约的限制。

（2）免税所得。以下所得免税：盲人或者完全残疾人士取得的收入；伤残军人的津贴、残疾人的车辆维修费、国外病残抚恤金以及类似的国内保险费用；巴勒斯坦政府员工的补贴；新居民自来到以色列10年内取得的特定境外所得；返回居民自回到以色列的5年至10年间取得的特定境外所得；特定情况下，新居民取得的海外补贴；由前配偶、已经分居的一方或者是国家安全机构支付的赡养费；住在养老院的老年人租出曾居住的房屋取得的租金；伤亡赔偿金；对非居民的贷款的汇率差，不包括对以色列非居民常设机构的贷款；福利基金发给员工的特定福利以及储蓄福利基金的收益；合规的人寿保险政策要求的款项；以及受高等教育的学生或在研究机构的研究员获得的奖学金，最高达每年98 000新谢克尔。

从2016年1月1日开始，住房的租金收入，每月最高5 030新谢克尔可作为免税所得。

3. 受雇所得

（1）工资、薪金所得。雇佣产生的工资薪金属于应税所得。通勤费用补偿被视为应税收入的一部分，但职工可享受0.25个扣除点来弥补这项支出。

（2）实物福利。应税“实物福利”的定义实质上涵盖了所有类型的附加福利，包括雇主为了补偿雇员的以色列（或外国）税款而发放的税收平衡款。如果这项收益是按不含税数额支付给员工，为了课税目的，该数额必须按照员工的边际个人所得税税率加总。

实物福利包括休假补贴、无息贷款、移动或固定电话、汽车使用权、生活津贴及住宿等。

①配备公车。如果公司为雇员提供车辆，车辆的估算使用价值应作为应税所得加在雇员的应税就业所得中。车辆类型和相关车辆的重置价格决定了估算使用价值的大小。

②移动电话。使用雇主提供的移动电话的收益属于应税所得。移动电话的使用价值就是雇员承担的税额，数值上为每月话费的一半或100新谢克尔中较低者。该税款可以由雇员负担的其他费用或成本抵减。

③股票期权。给员工发放股票期权被视为是基于雇佣而支付的补贴，因此需要缴纳所得税，这对发行股票的公司高管也同样适用。

不过，公司有以下两个选择可以延迟缴纳该项税款：第一种情况是期权由雇员的受托人持有，此时公司可以选择两种不同的纳税方案。股票期权可能会以常规的“受雇所得”（适用累进所得税率）或者“资本利得”（适用25%的单一税率）的方式缴纳税款。如果是作为资本利得，股票期权在授予时可能不会征税，但在实际行权时需要纳税。第二种情况是期权不由雇员的受托人持有，如果股票期权是由私营企业授予，且没有受托人参与，那么只有在真正行权时才履行纳税义务。

（3）养老金所得。一些特定的养老金及其他补贴可以从应税所得中扣除，包括：

①一定条件下，支付给达到67岁的男性（女性62岁）养老金金，但不超过8 380新谢克尔；

②非雇佣关系获得的养老金可抵扣35%；

③国家安全机构发放的养老金和遗属津贴；

④由以色列或外国政府支付的残疾人补贴。

（4）董事报酬。出席董事会的费用通常被判定为自营管理的应税收入。因此，这项报酬适用17%的增值税率。但是如果董事不是增值税纳税人，那么在支付公司是增值税纳税人的情况下，公司会代替董事承担该税款，并将该税款列为正常进项税额。

有行政职权或其他职务的董事取得的工资和收益属于受雇所得征收个人所得税。

4. 劳务和经营所得

经营所得的定义和企业的利润类似。判例法界定了“经营”一词的含义。大众普遍接受的会计准则是适用的，但收付实现制更多是用于个体经营而不是企业。营业额没有超过规定水平的公司可以采用收付实现制，但存货的年末调整可能要求使用应收款和预付款账户。

原则上，为产生收入发生的必要支出是可以扣除的。各项经营费用可以扣除和做纳税调整的条件是其与产生收入相关，并大致遵循类似的公司适用的规定。

以前年度的经营亏损可以用于抵减当年的营业收入和资本利得。

自然人，通常被认定是合伙人，由于共同经营而享有的收入按照其份额征税。

5. 投资所得

投资所得包括股息、利息、特许权使用费和联动差异。这类消极投资所得的应纳税款适用25%至30%的单一税率。如果接受方是发放股利的大股东，就可能适用高累进的税率。当投资所得同纳税人的“经营”活动相关时也会适用高累进税率。新移民可能就其来自境外的消极投资所得免税。

（1）股息。公司基于股东实际权益向其发放的任何财产，不论是现金还是其他形式，都应该作为股息扣缴预提所得税。

（2）利息。贷款的利息属于应税收入，应缴预提所得税。

如果自然人纳税人的年应纳税所得额不超过特定限额（2016年为62 160新谢克尔），那么他能享受的免税利息收入就是9 720新谢克尔。达到法定退休年龄的纳税人，可免税的利息收入是夫妻共同16 320新谢克尔或单人13 320新谢克尔。

（3）特许权使用费。特许权使用费通常适用一般的所得税率。

（4）不动产的收益。租金、特许权使用费、保险费和其他由房地产、住宅地产、土地或工业建筑产生的收益均适用一般的累进所得税率。

位于以色列的一些特定住宅公寓的租金收入可以享受每月5 030新谢克尔的免税限额。超过限额的租金收入要按照对消极所得征收所得税，并重新计算抵免。

对位于以色列的住房的租金收入，纳税人可以选择采用10%的单一税率，不过有关费用的扣除会受到限制。

6. 资本利得

居民纳税人应就其境内及境外的资本利得纳税。应纳税所得额是把所得总额扣除了通货膨胀得到的实际所得。收入中通货膨胀的部分通过资本资产支出的以色列消费者物价指数计算得到。

不论是否是公开交易，转让资本资产，包括有价证券，都将产生资本利得，并适用25%～30%的税率。

如果在转让股权当日或转让前12个月内任何时间居民个人是公司的大股东（例如：持有10%以上的股份，实现控制），该所得应按30%纳税。

不与CPI挂钩或不是以外币定价的债券和商业有价证券的公开交易取得的利得适用税率为15%。

成为以色列新移民或认定为“返回（退伍）居民”的纳税人可以享受特定的免税政策。

若居民纳税人在去除居民身份的前一天转让其属于以色列的资产，应予以纳税。税款可以在个人离境当天缴纳，也可以延迟到实际处理资产的当日缴纳。

7. 个人扣除、宽免和抵免

（1）扣除。抵押贷款利息一般不予扣除。

根据国外法庭判决，以色列居民个人向非居民支付的赡养费可以从其应纳税收入中扣除。

个人向处于萌芽期的一家研发型企业投资达到500万新谢克尔，并符合一定条件的，投资额可以作为费用从任何应纳税所得中扣除。最高限额为应纳税所得额的40%，超过部分可以在以后年度继续抵扣。

对独资企业、经核准的准备基金或退休基金以及培训储蓄基金的投资也可以扣除，扣除限额视不同纳税人情况而定。

制作以色列电影发生的费用支出可以最高从应纳税所得额中扣除50%。

（2）宽免。对个人应纳税所得额没有宽免项目，但是有18岁以下子女的父母可以享受特定福利，以及失业居民或临时居民可以享受失业福利。

另外还有针对老年人和工伤残疾人士的社会福利，其中一些补贴是免税收入。

（3）抵免。居民纳税人享受的个人所得税减让通常是以从纳税义务中抵减扣除点的形式实现的。一个扣除点的价值为每月216新谢克尔，或每年2 592新谢克尔。

纳税人享受的扣除点数通常取决于其个人或家庭的实际情况，以及夫妻双方的所得是否分开核算。

表2总结了主要的纳税扣除点：

表2

编号	纳税人情况		纳税扣除点
1	以色列居民		男性2 女性2.5
2	居民上班通勤（配偶的工作收入分别核算）		0.25
3	共同核算的居民：		
	—	如果纳税人及其配偶至少一人达到退休年龄（男性67岁，女性64岁）或是盲人、残疾	1
	—	有子女（直到纳税年度末未满18岁）	1.75
	—	没有子女	1.5
4	工作的父亲有：		
	—	在纳税当年出生的孩子以及当年满3岁的子女	每个子女1
	—	在纳税当年满1岁或2岁的子女	每个子女2
5	单亲父母可以将其对每个子女的支出从收入中加计扣除0.5~5。具体适用规则由不同因素确定，例如子女的年龄以及父母是否是独立抚养孩子。		
6	有在纳税当年未满18岁子女的鳏夫或遗孀，以及抚养子女的离婚者和单亲父母		1，每个孩子加计1
7	同前配偶共同抚养子女的离婚者，并且享受的扣除点低于4		1
8	单独核算的有工作的母亲：		

续表

编号	纳税人情况		纳税扣除点
	—	子女是在以前年度出生并在纳税当年未满 18 岁	每个子女 1
	—	子女在纳税当年出生或满 18 岁	每个子女 0.5
	—	子女未满 5 岁	每个子女 1
9	新移民（或因是新移民的工作配偶成为居民的人，以及满足条件的在 2010 年 5 月 16 日至 2012 年 9 月 30 日成为返回居民的人）：		
	—	前 18 个月（每月）	0.25
	—	后 12 个月（每月）	0.1666
	—	后 12 个月（每月）	0.0833
10	16 至 18 岁的未成年人		1
11	受抚养的子女（盲人、瘫痪或智力有障碍的人），且一方父母的收入低于 169 000 新谢克尔（或父母双方收入低于 270 000 新谢克尔）		每个子女 2
12	指定的大学或教育机构的毕业生		
	—	2006 年或之前年度毕业	0.5（限于第一学位毕业后 3 年，第二学位毕业后 2 年）
	—	2007 年或之后年度毕业	1（限于第一学位毕业后 3 年，第二学位毕业后 2 年）
13	退伍军人（服兵役后 36 个月内）（从 2005 年 7 月 1 日实行）		
	—	男性服役时间至少 23 个月，女性 22 个月	2
	—	男性服役时间少于 23 个月，女性 22 个月	1

自然人向经过批准的慈善机构捐款达到 190～9 212 000 新谢克尔，可以在应纳所得税款中扣除捐款额的 35%，但最高不得超过应纳税所得额的 30%。

居民纳税人可以申请扣除养老金附加费用的 35% 以及人身保险附加费用的 25%。

8. 亏损

交易、业务或经营活动产生的利润需要予以征税，这些活动造成的亏损也可以弥补，即在当年可以抵减任何来源的收入（包括利息、股息和资本利得）。用亏损抵减交易或经营收入或资本利得以及土地的增值不受时间限制，但其他来源的所得有时间限制。

纳税人可以选择用资本损失来抵减税率为 25%（大股东适用 30%）的资本利得。

根据相关规定，资本损失一般可以在实现当年进行抵扣，也可以在以后纳税年度逐年抵减。另外，下一年要停止使用的机器设备在经营活动中产生的资本损失（历史成本法下），可以视为正常费用予以扣除，但扣除额不能超过新机器设备的价款。

9. 税率

（1）所得和资本利得。2016 年个人所得税率如表 3 所示：

表 3

年应纳税所得额（新谢克尔）	税率（%）
达到 237 600	31
237 601 ~ 496 920	34
496 921 ~ 803 520	48
超过 803 520	50

60 岁以上的纳税人以及雇佣和经营所得适用的税率如表 4 所示：

表 4

年应纳税所得额（新谢克尔）	税率（%）
达到 62 640	10
62 641 ~ 107 040	14
107 041 ~ 166 320	21
166 321 ~ 237 600	31
237 601 ~ 496 920	34
超过 496 920	48

从 2012 年起，资本利得适用税率是 25%。但大股东（持有 10% 以上股份的股东）转让股份的收入要按 30% 征税。

对超过 803 520 新谢克尔的应纳税所得额，还要征收 2% 的附加税。

（2）预提税。

①工资、薪金所得。雇主对于支付给雇员的工资薪金，需要代扣代缴预提税。社会保险缴款也按这种方式缴纳预提所得税。

需要填写纳税申报表的纳税人缴纳的预提税可以用来抵扣年应纳税所得额。对于不需要填写纳税申报表的纳税人，工资薪金的预提所得税就是实际税额，但享有特定津贴或扣减项目的纳税人可以自愿填写纳税申报表并要求退回多征的预提所得税。

②股息、利息、利得和特许权使用费。对不同的投资收益的征税是有区别的。对支付给居民个人的款项所征的预提所得税适用税率如表 5 所示：

表 5

		预提所得税税率
居民企业正常利润分配产生的股息		持股比例低于 10% 的，按 25%；达到或超过 10% 的，按 30%
利息：		
—	向居民发放的政府债券	2012 年起按 25%（2006 年至 2011 年按 20%）
—	向居民支付利息的私营部门交易债券	15%（资产与 CPI 挂钩）；25%（资产不与 CPI 挂钩）
—	居民的外国银行账户存款	25%

续表

	预提所得税税率
特许权使用费	如果收款人有完整的账簿并填写纳税申报表，按 20%；否则按 30%
房地产租金收入	35%
其他租金收入	如果收款人有完整的账簿并填写纳税申报表，按 20%；否则按 30%

如果纳税人在以色列没有其他的经营活动，上表中的税率一般为实际税率。

资本利得和土地增值适用特别条款，规定资本交易实现后的 30 天内需要提供报告并缴税。

10. 征收管理

（1）纳税期限。除非规定了特定情况，纳税年度采用公历年。

（2）纳税申报。满 18 岁的居民个人每年必须填报纳税申报表。但是若纳税人同时满足其主要收入来源是雇佣所得，夫妻各自的所有收入都没有超过年度限额（2015 年后为 643 000 新谢克尔）且其他收入都已在源头征收了预提所得税这些条件，就不需要填写纳税申报表。

如果需要退款，纳税人应该在缴纳完当年应交税款后，于次年 4 月 30 日之前提交申请。税务主管部门可能会批准延期报税，但在申请日，税款余额仍应缴纳。

如果在第二年的 4 月 30 日没有缴清当年税款，将处以罚金。纳税人应在六年内提交纳税申报表。

配偶双方需根据“联合计税方法”填写联合纳税申报表。配偶的收入包括申报人及实际承担税款人的收入。符合特定条件的无关联所得可以适用单独计税法。

提交年度纳税申报表后，税务机关可能在纳税当年以后的 4 年内对申报的税收进行审查。某些情况下，税务专员可能会在 5 至 10 年（甚至更久）后重新评估涉税案件。如果纳税人没有申请退税，且税务检查人员也确定了税额，那么检查人员会按其最佳判定出具评估报告，而且没有时限。

30 日内可以对估税员出具的评估报告做出书面反驳，并列明反对理由，然后由其他估税员审查该案并决定是否维持原先的判定。最后，还可以向法庭提起诉讼。

（3）税款缴纳。如果没有代扣代缴预提所得税，或者规定纳税人需提交纳税申报表，所有当年应交税款余额都应结清。

对未提交申报表或缴清税款的，处以罚款。

（4）事先裁定。以色列税务局有权对各项税收问题进行裁定。2006 年出版的《预约协定通知》中规定了该裁定权。自 2007 年以来，税务局定期就诸多税收问题公布了裁决决定。

（二）其他类型的所得税

以色列没有针对所得适用的其他税种。

（三）国际税收

1. 居民纳税人

(1) 境外所得和资本利得。对境外所得和资本利得的征税办法在本质上与国内所得相同。

居民纳税人从以色列境外取得的雇佣所得，可以按其境外工作天数予以扣除。同时，其雇主根据境外停留天数按照每日津贴最高限额所支付的补贴视为免税收入。

居民纳税人从境外房地产取得的收入应该按照一般边际所得税率征税。纳税人可以选择按最高边际税率15%进行纳税并放弃抵免境外已纳税款。

认定为“新移民”或“返回（退伍）居民”的纳税人通过转让境外资产取得的收益，在其被实际认定为以色列居民后的一定年限内可以免税。具体年限依照相关规定（例如，纳税人不是以色列居民的年数）确定。

(2) 境外资本。以色列不对纳税人征收净资本税。

(3) 避免双重征税。根据以色列税法，已在境外缴纳的税款可以抵减在以色列的应纳税额。

已签订的税收协定会对避免双重征税有不同的规定。享受抵免优惠必须提供向以色列税务局实际缴纳外国税款证明。由于应纳税所得额不足导致抵免有余额的，可以在以后纳税年度中抵免。

2. 侨民

(1) 来以色列人员。在以色列临时停留的外籍人员就其来源于以色列的所得纳税，包括雇佣所得。对外籍雇员分不同情况实施境内特别税收减免优惠。

①外籍专家。雇主是以色列或外国人（必须有以色列工作许可）的外籍人员在以色列工作可以享受以下税收优惠：①在非建筑业的特定专业领域工作，不是通过人力承包商或中介受雇，且每月收入超过13 300新谢克尔的人可以在境内停留前12个月内被认定为“外籍专家”，可以扣除承担的住宿费用（最高每月5 070新谢克尔）和最高每天330新谢克尔的生活费用；以及②在以色列工作但不是外籍专家的非居民纳税人，或超过12个月的外籍专家，到达境内后享受2.25个纳税扣除点。

外籍记者和运动员也适用类似的优惠政策，但限额分别是36个月和48个月。除此之外，外籍记者和运动员就其来源于以色列境内活动取得的收入，可以享受降低的最高税率为25%的所得税优惠。

②高新技术专家。外籍专家（“认证专家”）享受特殊的税收优惠。依据《鼓励资本投资法》，投资中心每年进行身份认定，该身份最多保持3年，若要延长至5年，需要获得许可。认证专家就其来源于以色列境内并通过专业能力取得的收入，可以享受降低的最高边际税率为25%的所得税优惠。

③“新移民科学家”和“返回居民”。作为新移民的纳税人或是接受邀请返回以色列工作以及为学术机构或医院研发产品的返回居民，满足一定条件的，就其来源于以色列的特许权使用费免税。这项免税规定有效期为10年。

(2) 外派人员。根据雇员在境外工作期间的不同费用，包括旅馆费，外派人员的每日支出可以扣除。并且，外派人员的收入适用略微降低的税率。

3. 非居民纳税人

(1) 所得和资本利得课税。非居民纳税人来源于以色列的收入要缴纳所得税。

所得税条例规定，用外币（包括用外汇合法兑换的以色列货币和赎回以色列国债取得的以色列货币）购买了保险的非居民纳税人获得的股息或红利面临的双重征税问题享受单方减税。如果收款方的居民国没有就该笔收入消除双重征税，或按照消除双重征税的协定免征税款，那么收款方必须在以色列缴纳其应该在居民国缴纳的税款。

此外，如果纳税人在以色列缴纳的税款超过在居民国允许抵扣的来源于以色列的应税收入所征的税款，以色列财政部有权制定针对非居民纳税人的退款规定。

①工资薪金所得。非居民纳税人在以色列取得雇佣所得按照一般所得税率征税。雇主应就雇员在以色列工作取得的收入代扣代缴所得税，适用的规定与以色列雇主相同。预提所得税的税率是普通的累进税率，并且可以享受一定的扣除。

此外，针对护理人、外国运动员和记者，以及月收入是以色列平均收入两倍的外籍雇员有免税政策。

②经营和劳务所得。非居民纳税人从以色列取得的经营和劳务所得应在以色列纳税。除非税收协定另有规定，经营所得的付款方应代扣代缴所得税。

③投资所得（如表6所示）。除非适用的税收协定条款有特别规定，预提税按照收入全额和适用预提税税率计算，是非居民纳税人的最终所得税。

表6

收入类型		预提所得税税率（%）
股息		持股比例低于10%的，按25%；达到或超过10%的，按30%
利息		25
—	政府债券	0
—	私营部门交易债券	0
—	非居民纳税人外币银行账户（在以色列没有经营或劳务活动）	0
特许权使用费		25
不动产的租金收入		25

④资本利得。非居民纳税人仅就其来源于以色列的所得纳税。除非税收协定适用，对资本利得的征税规定与居民纳税人相同。

若外国投资者持有以色列证券获得的资本利得与其在以色列的长期经营或房地产无关，则收入免税。

（2）对资本征税。以色列不对资本征税。

（3）征收管理。根据以色列所得税条例，已在来源地全额扣除了税款，并满足下列条件之一的应税收入，非居民纳税人在取得时不需要填写纳税申报表：①在纳税当年发生的经营或劳务所得且天数总额不超过180天；②满足所得税条例第2（2）条（雇佣所得）或2（5）条（养老金、用益物权及年金）规定的收入；③满足所得税条例第2（4）条（股息、利息和联动价差）规定的所得；④房产和土地，或除了房产、土地及工业建筑物以外的资产产生的收益。

在纳税申报方面，非居民纳税人与居民纳税人相同。

三、增值税

（一）一般规定

1. 概述

以色列于1975年引入增值税法，该法基本上是基于当时英国的增值税法案。以色列的增值税条例1976年生效，并定期进行完善。增值税是对在以色列境内进行的交易，以及企业和个人进口货物按价格的一定比例征收的一种税。增值税税负由最终消费者承担。

2. 纳税人

增值税法规定了两种企业：征税企业和免税企业。

征税企业主要是指某一纳税年度营业额超过特定值的企业。2015年年营业额超过79 482新谢克尔的企业会被认定为征税企业。企业可自愿注册为征税企业。根据1976年增值税条例第13条的规定，自由职业者、特定人员（包括房地产商或汽车交易商）、任何合法注册的公司或合作社，也会被认定为征税企业。

免税企业主要是指营业额低于特定标准的企业，不需要就其销售收入计征销项税额。免税企业也不能抵扣交易中的进项税额。但是它可以向所得税主管税务机关请求对其费用进行补偿。

金融机构和非营利机构也适用增值税法，但是区别于普通企业，它们适用特定的条款。

在以色列从事商业活动的外国居民企业也需要进行增值税登记。

根据增值税法第17条的规定，如果代理商以企业的名义出售资产或者提供服务，并且代理商向购买者说明了这一情况，那么该企业将被认为是出售资产或提供服务者，而代理商被视为向企业提供了服务。如果没有事先说明，那么该资产或服务将被视为售卖或提供了两次：一次是企业向代理商提供，一次是代理商向购买者提供。

如果一个人有多家企业，或者他的企业涵盖了多个业务类别，他也只能注册为一家企业；然而，如果各业务分别进行会计核算，并且分业务类别注册不会导致该企业成为免税企业，经过税务机关的同意，也可以就每个业务分别注册一家公司。

3. 应税范围

以色列境内交易和进口货物需要缴纳增值税。应税交易包括：

①销售货物（包括不动产）；

②交易中提供服务，包括销售设备（设备指企业经营中使用的资产，但是销售本身不构成企业的业务）

③销售任何资产，如果资产的进项税额已经抵扣；

④偶然交易；

⑤偶然销售的货物或提供的服务，销售和服务具有商业实质；

⑥主营业务不是销售不动产的人将不动产销售给企业、金融机构和非营利组织；

⑦主营业务不是销售不动产的人将财产权利销售给购买集团。购买机关和财产权利由土地增值税法定义。

以色列进口商品应缴纳增值税。

4. 应税收入

增值税的应税收入由收取的各种价款组成，包括保险费、佣金、利息和类似费用以及间接税。进口货物的计税基础是调整后的关税完税价格，包括关税、消费税等。

在所有的应税交易中，除了少数情况外，增值税进项税额可抵扣增值税销项税额。

5. 税率

从2013年6月开始，增值税标准税率上升为18%。

零税率主要适用下列一些交易：出口的商品；为外国居民提供服务，服务提供地在以色列或者与位于以色列的资产有关的情况除外；特定条件下，为外国居民提供旅游服务；船只、飞机进出以色列相关的服务；主营业务地在以色列的企业在国外提供服务；销售国外旅行的权利；空运、海运；向非居民销售无形资产；销售或出口某些未经加工的水果和蔬菜；个人向公司销售资产，包括设备，以换取在公司的股份；授予许可外国居民使用展览空间。

同时给外国居民和以色列居民提供服务，不允许适用于零税率。

银行和其他金融机构根据工资和利润之和，按照18%的税率缴纳与增值税等价的税收。而非营利机构根据工资和利润之和按照7.5%的税率缴纳增值税。

6. 免税

根据增值税法，以下交易免征增值税：①租赁的住宅低于25年；②通过一个企业家向金融机构存款或贷款；③资产的出售，在收购或进口时不可能依法扣除进项税额；④资本投资鼓励法律下批准出售出租的房屋，在那里租用不少于5年。

下列货物的进口免税：①进口钻石，从事钻石交易的企业家的唯一业务是从事这样的项目；②进入以色列的人携带的物品（新移民），在这类商品上完全免除关税；③以色列出口的商品，后被退回，而在国外没有修复、翻新或改善；或修复、翻新或改进在供应商的责任和范围内，没有额外报酬；④礼物包裹，完全免除进口关税；⑤由博物馆或者教育机构进口使用的原始的艺术作品，完全免除进口关税。

企业交易的营业额小于临界值，也免征增值税。

进口货物用于埃拉特自由贸易区出售给消费者一般免征增值税。不是埃拉特居民的经销商将商品出售给埃拉特居民的经销商，适用于增值税零税率。埃拉特的居民将位于埃拉特的商品的出售用于在埃拉特消费或使用，通常将免征增值税。埃拉特区域内居民提供服务将免除增值税。

（二）非居民纳税人

在以色列拥有企业或者进行商业活动的外国居民，在以色列开展经营活动30天内，要完成增值税纳税注册，并指定增值税缴纳代理人。增值税缴纳代理人须在以色列拥有永久居住权。

没有注册的纳税人不得申请增值税返还。

当一个非居民游客离开以色列时，如果这个游客能够证明他买的这些东西合法，并能提供发票和与购买有关的证明资料，有资格获得购买商品的增值税税收返还。

四、消费税

除了增值税，另一项对消费品（如酒、矿物质水、饮料、烟草、天然气、水泥混凝土等）征收的间接税就是消费税。在1952年关税开始征收时，消费税就以一种间接的方式对特定商品消费者进行征收。

2015 年消费税税率表如表 7 所示：

表 7

税目	税率
食物原材料中酒精占比超过 20% 的	每升 83.92 新谢克尔
酒精饮料	每升 4.25～105 新谢克尔
烟草	每公斤 187.67～450 新谢克尔
香烟	90%～280%
煤	每吨 45.13 新谢克尔
石油和原油	每千升 2 882.22～3 008.24 新谢克尔
油气和其他碳氢化合物	每吨 17～118.76 新谢克尔
石油焦、石油沥青和其他石油残渣	每吨 9.31 新谢克尔
乙烷丁烷气	每吨 118.76 新谢克尔
引擎、摩托车、泵	0%～12%
空调	0%～12%
冰箱、冷藏车和其他冷藏设备电器	550 新谢克尔
离心机，包括离心烘干机、过滤器	0%～12%
自动数据处理器	0%～15%
水龙头，阀和其他相似的管制器具	0%～12%
传送轴（包括凸轮轴和凹轮轴）和曲柄转动轴；轴承和规则轴承，齿轮	0%～12%
密封垫和连接器，金属材料薄板	0%～12%
电动机器设备；录音机	0%～30%
汽车，飞机，传播和其他运输工具	0%～83%
光学、摄影，电影，医疗手术工具，测量工具；手表，乐器及其配件	0%～12%

五、社会保障税

（一）对企业征收

一般来说，所有的 18 岁及以上的以色列居民必须纳入国民保险制度，并为此保险而支付社会保障税。所有 18 岁及以上的居民也必须纳入健康保险并支付额外的健康保险费用。

国民保险和健康险支付以以色列居民的雇佣和非雇佣所得为计算基础，按照 1995 年国民保险法（修订）支付。

无论是以色列居民还是非居民，以色列雇主必须在支付工资时扣缴社会保障税和健康保险费。雇主的扣缴金额必须在工资单中反映。

原则上说，雇主必须进行扣缴税款填报并在支付给雇员在以色列工作的报酬中扣缴社会保障税。还要求雇主按月及时报告和缴税（对上月14日到本月13日之间支付的工资，在每月15日缴税）。2015年雇主支付社会保障税税率如表8所示。

表8

月度所得（新谢克尔）	居民雇员（%）	非居民雇员（%）
达到5 678	3.45	0.49
5 678～43 240	7.5	2.55
超过43 240	0	0

（二）对个人征收

2015年，雇员支付社会保障税税率（包括健康保险费）如表9所示：

表9

月度所得（新谢克尔）	居民雇员（%）	非居民雇员（%）
达到5 678	3.5	0.04
5 678～43 240	12	0.87
超过43 240	0	0

个体经营者税率（包括健康保险费）如表10所示：

表10

月度所得（新谢克尔）	税率（%）
达到5 678	9.82
5 678～43 240	16.23

以色列居民虽无雇佣但有收入（例如利息收入），需缴纳社会保障税和健康保险费用，税率为9.61%～12%。社会保障税可以在公司所得税前扣除。

（李平　编）

意大利税制

意大利有公司所得税、个人所得税、社会保险费、增值税、经营活动税、印花税、注册税、交易税、不动产税等税种。

一、公司所得税

（一）一般规定

1. 税制类型

目前，意大利的公司所得税制度以古典税制为理论框架基础。

2. 纳税人

（1）纳税人类型。公司所得税的纳税人主要有以下类型：公司，包括股份公司、有限责任公司、股份有限合伙企业、合作和互助保险公司；公共法人实体、私人法人实体（除公司外）以及信托机构。

除股份有限合伙企业外，无论合伙企业的性质是营利或非营利，均应被视为税收透明实体，不征收公司所得税。在特定条件下，以下企业可以选择作为税收透明实体：股东人数不超过 10 人的有限责任公司；股东不超过 20 人的有限责任合伙企业。税收透明实体取得的所得，按照持股比例（或合伙份额）直接归属于股东或合伙人。

非居民企业以及其他非居民实体（包括合伙企业），不论是否具有法人资格，应就其来源于意大利境内的所得缴纳公司所得税。

（2）居民企业。居民企业，是指在一个纳税年度之内，符合以下条件之一的企业：在意大利境内登记注册时间超过半年；企业虽在境外登记注册，但其实际管理机构在意大利成立超过半年；企业的主要营业活动在意大利境内且持续时间超过半年。居民企业身份的判定与企业的注册地无关。

此外，如果外国企业符合下列条件之一的，则该外国企业可以被视为居民企业：该外国企业直接或者间接被意大利居民企业或个人所控制（受重大影响）；该外国企业的董事会或管理机构的绝大多数成员是意大利居民企业或个人。

（3）非活跃公司。意大利税法规定，对于部分居民公司、营利性合伙企业或者非居民实体常设机构，如何符合所谓的“非活跃公司”条件的，应以核定的最低应税所得为基础缴纳税款。根据意大利税法规定，非活跃公司适用38%的较高公司所得税税率。

3. 应纳税所得额

（1）概述。公司所得税的计税基础，指企业当年按照公司法相关规定编制的利润表所列示的来自意大利境内、境外的全部所得，再根据税法规定进行纳税调整后的金额。企业缴纳过最终预提税或者与公司所得税相关的替代税的所得，不计入应纳税所得额。

除股息和董事费等特定情况外，企业应纳税所得额的计算以权责发生制为原则。

（2）免税收入。企业取得的1986年9月20日以前发行的公共债券所孳生的利息所得，免于缴纳公司所得税。企业取得的国内股息收入的部分免税。

（3）扣除。企业在计算应纳税所得额时，只有与取得收入相关的成本和费用才准予扣除。这一规定不适用于特定的扣除项目，例如利息支出和社会保险费等。

企业使用专利、商标、专有技术和类似权利而支付的特许权使用费，以及服务费和管理费，通常准予扣除。向非居民关联企业支付的特许权使用费，符合独立交易原则的，允许扣除。

企业支付的股息不予扣除。

承租人支付的租金可以作为费用扣除。但对于一次性支付的租金应进行分摊，分摊年限不低于所租资产法定折旧年限的一半。对于租赁不动产一次性支付的租金，最低分摊年限为12年。

企业为购买、保养、维修和使用特定交通工具而发生的成本费用，依据下列情形分别扣除：直接用于企业的业务活动且是开展业务活动所必需的，可以全额扣除；其他情况下，在20%（销售机构为80%）的限额内扣除。

如果交通工具在一个纳税年度的一半以上时间内都由雇员使用，不超过上述成本70%的部分可以扣除。但该部分需视同向雇员发放的实物福利，由相关雇员缴纳个人所得税。此外，使用交通工具还有关于折旧扣除限额的其他规定。

业务招待费同时满足以下条件时，可以全额扣除：为开展业务活动所必需；取得票据且票据符合时效规定；根据财政部法令标准判断金额合理的。

广告费、业务宣传费和研发费用可以在发生的当前会计年度扣除，或者在发生当年及以后连续4年内平均摊销。

大多数间接税（如印花税和注册税）和增值税（能抵扣的除外）可以扣除。地方营业活动税扣除的相关规定。

因不可扣除的雇佣费用而缴纳的经营活动税可以在计算公司所得税时扣除。

（4）折旧和摊销。企业的有形资产可按直线法计提折旧。计提折旧时，需按财政部定期发布的系数对资产的成本价格进行调整。系数因资产种类和业务领域的不同而有所区别，其中房屋建筑物的系数为3%～5%，机械设备的折旧系数为10%～40%。土地不能计提折旧。

购置价格低于516.46欧元的有形资产可以在当年一次性扣除。

交通工具如果不是直接用于企业的业务活动或者在一个会计年度内一半以上时间内由雇员使用的，至多允许按该交通工具价值20%的金额计提折旧。

企业在资产负债表上进行了披露的相关无形资产，可以按照税法规定逐年进行摊销：专利权和专有技术的相关支出，每年摊销额最多不得超过50%；商标权的相关支出，每年摊销额不得超过商标价值的1/18；商誉的相关支出，每年摊销额不得超过商誉价值的1/18。按照国际会计准则编制财务报表的企业，不适用本政策。

（5）准备金。企业在一个纳税年度期末，对无担保的应收账款的准备金可以选择以下两种方式扣除：当期直接扣除，按无担保的应收账款总额的0.5%在当年一次性扣除；计提坏账准备金，计提金额达到无担保的应收账款总额的5%后，不再计提。

符合以下情形之一的坏账，企业可以直接扣除：有充分确凿证据表明，该坏账已无法收回；债务人已破产或已进入相关破产管理程序，该坏账已无法收回。

4. 资本利得

企业因转让经营性资产取得的资本利得，或者因经营性资产发生损坏所获赔偿而取得的资本利得，应当计入经营所得。如果企业持有该资产的时间超过3年，则取得的相关资本利得，可以自主选择以下两种方式计入经营所得：全部计入当前纳税年度的经营所得；分期均匀计入当前及以后纳税年度的经营所得，期限不得超过4年。

企业转让符合条件的知识产权取得的资本利得，满足相关条件后可不计入应纳税所得额。具体条件包括：在转让后的2个纳税年度内，将所得的90%再投资用于维护或继续研发其他符合条件的知识产权。

在意大利，企业持有的部分机动车辆提取折旧有相关限制条件。这些车辆取得的资本利得应计入应税所得；这些车辆发生的损失允许在应税所得中扣除。该项资本利得（或者损失）的金额，按准予税前扣除折旧额占全部折旧金额的比例，乘以相关车辆的净值确定。

5. 亏损

（1）一般亏损。2011年及以后纳税年度，企业发生的亏损可以无限期向后结转，任一盈利年度的可弥补亏损以当年度应纳税所得额的80%为限。

企业发生的以下亏损，可以无限期向后结转，并全额抵减以后盈利年度的应纳税所得额：企业生产经营的前3年发生的亏损；企业从事某项新业务发生的亏损，包括2010年及以前纳税年度发生的亏损。

企业发生的亏损，不得向以前年度结转。

企业同时符合下列条件的，其相关亏损不得向后结转：企业的绝大多数表决权已发生转移（即控制权发生变化），在表决权发生转移的当年、之前两个纳税年度、之后两个纳税年度，企业的经营业务已经发生变化，即不再从事此前导致企业亏损的业务。

如果发生亏损的企业，在表决权转移之前的2个纳税年度同时符合以下条件的，则企业亏损结转不受上述条款限制：至少有10名雇员；取得的总收入超过前2个纳税年度的算术平均值的40%；支付的职工薪酬超过前2个纳税年度的算术平均值的40%。

（2）资本损失。根据参与免税制度的规定，符合相关条件的资产发生的资本损失，可以税前扣除。

企业转让不符合参与免税制度规定的有价证券和金融工具所发生的资本损失，不超过转让前36个月自相关有价证券和金融工具取得股利的95%的部分，不允许扣除。该规定仅适用于以下情形：持有相关股票或者类似金融工具的时间少于36个月；相关股票或者类似金融工具的发行人不属于避税地的居民企业；符合“积极经营”测试条件。

6. 税率

（1）经营所得及资本利得适用的税率。在意大利，公司所得税的基本税率为 27.5%；“不活跃企业”的公司所得税适用税率为 38%；政府债券和类似证券的收益的实际税率基本上保持在 12.5% 左右。

（2）国内支付的预提税。居民企业向其他居民企业支付的股息红利无须缴纳预提税。

居民企业向其他居民企业支付的利息一般应按照 26% 的税率扣缴预提税。

符合下列条件的利息，支付方免于扣缴预提税：一般贷款利息，包括企业集团关联企业之间的贷款利息；意大利政府、邮政机构和其他公共机构发行的债券的利息；意大利银行发行的债券、商业票据和其他类似证券的利息；在意大利、税收白名单内的欧盟成员国及欧洲经济区成员国监管市场或多边交易机构登记的上市公司发行的债券、商业票据和其他类似证券的利息；在意大利、税收白名单内的欧盟成员国及欧洲经济区成员国监管市场或多边交易机构登记的非上市公司发行的债券、商业票据和其他类似证券的利息。

居民企业在计算公司所得税时，可以扣除已被支付方扣缴的预提税。

居民企业向其他居民企业支付的特许权使用费，无须缴纳预提税。

7. 税收优惠

（1）加速折旧。加速折旧制度自 2008 纳税年度起废止。

（2）区域性税收优惠。意大利南部贫困地区的企业，可就其在 2007～2013 税收年度期间对购置新的经营性资产的投资额享受税收抵免优惠，但从事金融保险业、渔业、采煤业、钢铁业和合成纤维行业的企业除外。所称的“经营性资产”，是指厂房、机械、设备、软件、新技术专利、新生产系统专利。

（3）投资税收抵免。从事生产经营的企业以及其他纳税人购置新机器、新设备的投资，符合以下条件的，可以享受投资额 15% 的税收抵免：新机器、新设备是指在 2014 年 6 月 25 日至 2015 年 6 月 30 日期间购置的；新机器、新设备单位价值在 10 000 欧元以上；新机器、新设备持有年限不得少于 3 年。企业相关投资额的 15% 应平均分摊到 3 个纳税年度，并自 2016 年开始逐年进行税收抵免。

直至 2016 纳税年度，从事农业生产经营的纳税人为利用电子商务促销农产品，而对信息基础设施的新建、扩建投资支出（最高额为 5 万欧元），可以享受投资额 40% 的税收抵免。此外，符合条件的纳税人对开发新产品、新流程、新工艺和新技术的投资，在年度纳税申报时可以享受投资额 40% 但不超过 40 万欧元的税收减免优惠。

直至 2015 年 12 月 31 日，符合规定区域的企业在实现和提升超宽带连接和移动网络方面的投资，可以享受投资额 50% 的税收减免。

直至 2016 纳税年度，酒店、宾馆等提供住宿服务的企业以及符合条件的旅行社等旅游机构对其提供的旅游服务进行现代化、数字化改造而发生的投资，能提供确凿证明的，可以享受投资金额 30% 的税收抵免，但最高不超过 12 500 欧元。所称的“旅游服务现代化、数字化改造”，包括提供无线联网服务以及优化移动通讯和在线广告服务。此外，酒店和其他住宿提供企业还可以就维修和扩建而发生的投资，能提供确凿证明的，享受投资金额 30% 的税收抵免，但最高不超过 20 万欧元。这两项税收抵免额在 3 年内平均分摊。

在意大利，企业以下捐赠支出，可以享受支出金额 65% 且不超过企业当年销售收入 0.5% 的税收抵免优惠：对公共遗迹的维修、保护和重建的捐赠支出；对文化机构和公共设施的捐赠支出；对音乐场所和剧院的修复和扩建而发生的捐赠支出。该税收抵免额在三年内平均分摊。

（4）研发支出税收抵免。在2014年12月31日至2019年12月31日期间的纳税年度内，符合条件的企业所发生的年度研发支出不少于30 000欧元，且用于规定的研发项目，可以就该年度研发费用支出超过过去三年内平均研发费用支出的部分按25%的比例享受税收抵免，但每一纳税年度最高不超过500万欧元。对涉及高技术人员从事特定研发活动的研发支出，以及外包给大学院校、研究机构或者初创企业的研究费用支出，所享受的税收抵免比例增加至50%。

（5）对水运企业的简易征收办法（吨位税制度）。意大利对水路运输服务企业的公司所得税实行吨位税制度。符合条件的纳税人必须在第一个纳税年度的前三个月内向税务机关申请，选择适用简易征收办法。选择一经做出，在以后10个会计年度内不得变更，期满可以选择延续适用。

该征收办法规定，水路运输服务企业的应纳税所得额可以根据相关船舶的吨位和船龄所得出的每日系数进行计算，适用简易征收办法的船舶产生的资本利得和损失应计入前述方法所确定的应纳税所得额。

（6）创新型新办企业和中小企业。依据意大利法律注册的企业以及其他欧洲经济区成员国的居民企业在意大利设立的分支机构，创新型新办企业有一系列规定的条件。

在意大利，企业采用股权投资方式投资于创新型新办企业，连续持股2年及以上，且对单户企业的投资额在每个纳税年度内未超过250万欧元，可享受相关公司所得税优惠：直至2016纳税年度，企业投资于创新型新办企业的，可以按投资额的20%但每年最高不超过36万欧元抵扣其年度应纳税所得额；直至2016纳税年度，个人投资于社会公益或者能源行业的创新型新办企业的，可以按投资额的27%但每年最高不超过36万欧元抵扣其年度应纳税所得额。

从2015年开始，企业投资于成立时间7年及以上的符合条件的创新型中小企业的，比照享受上述投资于创新型新办企业的税收优惠。纳税人需要提供创新型中小企业的开发计划书，来证明新产品、新服务或新工艺具有创新性或有实质性改进。

（7）专利盒制度。意大利税法规定，自2014年12月31日以后的纳税年度起，居民企业或者符合条件的非居民企业直接从事研发活动，或者通过与非关联企业、大学、研究机构或其他类似机构签订合同开展研发活动，而在意大利取得营业收入，可选择适用新的专利盒制度。

新的专利盒制度规定，企业因开发或者直接使用专利、商标、设计、模型、工艺、配方，以及来源于受法律保护的工业、商业或者科学专有技术的信息，而取得的所得在计算公司所得税或经营活动税时，可将所得的50%不计入应纳税所得额。此项税收减免的比例在2015纳税年度和2016纳税年度分别降至30%和40%。

企业一旦选择适用专利盒制度，5年内不得变更，期满可以选择延续适用。对直接使用符合条件的知识产权取得的所得，企业应当申请事先裁定（企业集团内部交易取得的符合条件所得免于本项义务）。

8. 征收管理

（1）纳税期间。公司所得税的纳税年度为法律或公司章程有关条款规定的会计年度。

如果企业选择的会计年度属于以下情形时，则纳税年度为公历年度：未按法律规定确定；公司章程未作规定；时间超过2年。

（2）纳税申报。企业的纳税申报以其自行计算应纳税款为基础。企业应当在会计年度结束之后的9个月内以电子申报的方式报送公司所得税年度申报表。

（3）税款缴纳。一般情况下，公司所得税根据上一年的已纳税额分两次进行预缴，并在纳税申报之时补缴余额，多缴的税款可以结转下一年度或者申请退税。

企业分两次预缴的税款之和，应当等于上一纳税年度的已纳公司所得税额（2014年为2013年已纳公司所得税额的101.5%）。

（4）事先裁定。纳税人如果认为税法条款的解释存在不确定性，可以事先向税务机关书面申请事先裁定。税务机关应当在120日内做出书面裁定予以答复，该裁定的约束力仅限于做出裁定的税务机关和提出申请的纳税人。纳税人如果在120天以内未收到答复，可以提交正式催办函。如果正式催办函提交后60天内仍未收到答复的，则推定税务机关同意该纳税人对相关涉税事项的理解或者税务处理方式。如果未来发现纳税人的理解有误的，对该纳税人也应免予处罚。

以下事项适用特别税务裁定程序：广告费和业务招待费的扣除；跨国公司税务处理；反避税条款的适用；反避税地法规和非活跃企业。

从事国际贸易的企业以下事项适用国际税务裁定的特别程序：转让定价规则（预约定价）；有关股息、利息和特许权使用费的税收协定适用。

近年来，意大利国际税务裁定程序的适用范围有所扩展，即允许非居民企业就其在意大利的业务活动是否构成常设机构申请预先评估。国际税务裁定只在做出的当年和以后4年内对纳税人和税务机关有约束力。

（二）居民企业之间的交易

1. 合并纳税

意大利的企业集团，在选择合并纳税时，可以选择国内合并纳税和全球合并纳税两种方式。

（1）国内合并纳税。企业集团选择国内合并纳税时，须由纳入合并纳税范围的控股企业和受控企业共同向税务机关申请。享受公司所得税部分减免或全额减免的居民企业不能作为合并纳税的企业。非居民企业作为合并纳税的企业集团的控股企业，须同时满足以下两个条件：该企业是与意大利签署税收协定的国家的居民企业；通过设立在意大利的常设机构进行业务活动，并在会计账簿中确认了该项投资。

企业一旦选择合并纳税，3个纳税年度内不得变更。此外，意大利税法对以下情形有特别规定：企业集团合并纳税中断的情形；企业在3年期结束后申请不予批准的情形。

上述所称“控股”，是指控股企业符合以下情形之一：直接或间接地拥有另一家企业股东大会绝大多数的表决权；直接或间接地持有另一家企业50%以上的股权；享有另一家企业50%以上利润分配的权利。

企业选择合并纳税，须符合以下条件：控股企业与受控企业的纳税年度一致；参与合并纳税的所有企业共同向税务机关申请；为便于税务机关通知，选择控股企业机构所在地作为合并申报地点；在实施合并纳税的首个会计年度的6月16日之前，控股企业与税务机关进行过专门沟通。

国内合并纳税的结果是，所有受控企业的应纳税所得额经过适当调整后，将被汇总到控股公司层面征税。企业集团合并纳税之前发生的亏损，仅限于由原亏损企业自身结转弥补。

企业集团合并纳税的成员企业中有银行和保险公司的，该企业集团发生的利息支出，最高扣除额限于支付给合并纳税范围以外企业的利息支出。

（2）全球合并纳税。企业集团选择全球合并纳税时，可由居民控股企业向税务机关申请。该控股企业必须符合以下条件之一：在监管市场上市；受控于政府或政府性机构；受控于未控制其他居民或非居民企业的意大利居民个人。

企业应在合并纳税的首个纳税年度向税务机关提出事先裁定。提交的信息须包括证明其满足相关条件的所有必要资料。一旦选择合并纳税，5 个纳税年度内不得变更。期满后再次延期的，3 个纳税年度内不得变更。

选择全球合并纳税前，企业发生的亏损在合并纳税时不考虑，合并纳税集团内部分配的股利也不计入投资方的应纳税所得额。同时，合并纳税集团内部资产转移产生的资本利得或损失，应按照该资产在转让方和受让方之间的占比来确定资本利得或损失的分配比例。以确保在这种情况下，该资产在接受方的计税基础等于其在转让方的计税基础加上应税的资本利得金额，进而从整体的角度而言，该项集团内部发生的利得或损失不影响到合并纳税集团的应纳税所得额。

2. 居民企业之间股息红利的税务处理

对居民企业从其他居民企业取得的股息红利所得，该项所得的 95% 可以享受免税优惠政策。

商业企业和制造企业的股息红利不需缴纳经营活动税。银行业适用不同的规则。

（三）其他类型的公司所得税

意大利于 1998 年开始征收经营活动税，这取代了地方所得税和净资产特别税等多个税种。经营活动税的计税基础为来源于意大利各大区的生产净值。经营活动税基本税率为 3.9%，但各地区税务机关可根据本地区情况上调或降低税率（幅度为 0.92% 以内）。

（四）国际税收

1. 居民企业

（1）境外收入和资本利得。居民企业就其来源于意大利境内、境外所得缴纳企业所得税。境外与境内股息红利的税务处理规则相似。

满足以下条件的股息红利可享受 95% 免税：股息红利在来源国没有全部或部分扣除，且没有直接或间接地由被列入受控外国公司黑名单的国家或地区的企业分配；或者尽管直接或间接地由被列入受控外国公司黑名单的国家或地区的企业分配，但事先裁定认定被持股的该受控外国公司没有将收入在低税负国家本地化。

持有非居民企业的股份取得的资本利得与境内资本利得适用同样的税务处理。享受免税的条件是，至少从转让前的三个财务年度内，该非居民企业不是列入受控外国公司黑名单国家或地区的居民企业；或者，尽管该非居民企业是列入受控外国公司黑名单国家或地区的居民企业，但事先裁定认定被持股的该受控外国公司没有将收入在低税负国家本地化。

经营活动税仅就来源于意大利的产出净值征税；来源于境外的产出净值不征税，这部分净值由境外安装工程的劳动力成本与企业劳动力成本总额确定。

（2）境外亏损。根据企业所得税关于全球所得征税的原则，按意大利税法计算的境外常设机构的亏损计入其意大利总部的应纳税所得额。

（3）避免双重征税。为避免国际双重征税，在计算外国税收抵免时，应遵循分国不分项原则。

全球汇总纳税中，境外常设机构或非居民企业收入涉及的超过抵免限额的部分，可以向前和向后结转，结转的最长期限不得超过 8 个纳税年度。

税收抵免必须在境外实际缴纳税款的当年进行申报，否则，不得享受抵免。

2. 非居民企业

非居民企业仅就来源于意大利境内的所得纳税。

如果非居民企业在意大利设立常设机构持续三个月以上的，应缴纳地方营利活动税。经营活动税的计算，适用居民企业有关政策规定。

（1）对所得和资本利得征税。非居民企业应就来源于意大利境内不动产的所得和资本利得缴纳税款。若该不动产购买或建成已有 5 年，出售该不动产取得的资产利得免税。

如果非居民企业在 12 个月内转让上市公司股权，且转让的股权不超过被转让方表决权股股票的 2% 或资本的 5%，则该转让取得的资本利得不认定为来源于意大利的所得。如果非居民企业所在国家与意大利建立充足有效的税收情报交换体系，则转让该企业股权取得的资本利得同样可以享受免税。如果在 12 个月内转让非上市公司股权，且转让的股权不超过被转让方表决权股股票的 20% 或资本的 25%，则应对该转让取得的资本利得征收 26% 的替代税（此类股权称为“不符合条件的股权”）。如果 12 个月内转让的股权份额至少有一次超过上述比例（2%、5%、20% 和 25%），则资本利得的 49.72% 应计入应纳税所得，余下的 50.28% 予以免税。在这种情况下，资本损失可以同等比例扣除（否则全额扣除）。在征收 26% 替代税的情况下，资本损失可从同一财务年度产生的资本利得中扣除。

通常而言，居民企业向未在意大利构成常设机构的非居民企业支付的股息、利息和特许权使用费，应缴纳最终预提所得税。支付给符合条件的非居民企业，且该企业所在国与意大利有充分有效的税收情报交换，可以选择适用新“专利盒”制度。

（2）征收管理。通常而言，非居民企业履行纳税义务的途径有两种，一是缴纳最终预提所得税，二是委托经授权的居民中介机构缴纳替代税。如果未通过上述途径履行纳税义务（例如：不动产收入和资本利得），则非居民企业应当进行纳税申报。纳税评估流程与居民企业相同。

跨国公司可以就下列事项，向意大利税务机关提出事先裁定申请：转让定价，支付股息、红利和特许权使用费，以及向居民企业境外常设机构或非居民企业在境内设立的常设机构分摊利润或弥补亏损等。事先裁定对税企双方的约束力为 5 年。意大利税务机关分别向纳税人所在国主管税务当局或纳税人所设机构传递事先裁定副本。从事跨境交易的纳税人可以申请双边或多边预约定价安排。

3. 支付给非居民企业所得的预提税

（1）股息。通常而言，对支付给非居民企业的股息征收 26% 的最终预提税。

如果股息受益所有人是以下公司或者实体，那么该股息红利减按 1.375% 的税率征税：

缴纳企业所得税的；为欧洲经济区国家居民企业，且其所在国与意大利税务部门进行充分有效的税收情报交换。

当股息适用26%的预提税税率时，若能够证明该笔股息在收款方所在国已缴纳税款的，则可按应缴预提税的11/26申请退税。

根据《欧盟母子公司指令（2011/96）》，国内法规定：如果母公司位于其他欧盟成员国，母公司和子公司双方都是符合指令规定的公司，且母公司已连续持有子公司10%以上股份至少1年，那么对支付给该母公司的股息不征收预提税。

（2）利息。通常而言，支付给非居民企业利息与支付给居民企业的利息征收最终预提税适用相同的税率。但对支付给非居民企业的利息，如果其受益所有人所在国与意大利有充分有效的税收情报交换，且该利息属于以下任一情形的，不征预提税：银行和邮局的储蓄存款和活期存款；国家、银行或者上市公司发行的债券。

利息一般按26%的税率征收最终预提税（享受免税政策或者协定规定的低税率的除外)。国债和其他公共债券的利息适用12.5%的税率。1997年1月1日前发行的私人债券按其他税率征税。

（3）特许权使用费。支付给非居民企业的特许权使用费按30%的税率征收预提税，但实际征税时计税基础为支付总额的75%，因此实际税负为22.5%。

（4）其他。若受益所有人为符合条件的国家的居民企业，则货币互换收入和证券借贷合同产生的报酬，享受免税待遇；否则，该收入和报酬须缴纳26%的最终预提税。

非居民企业在意大利或外国监管股市签订的金融衍生品合同所获得的收益免税。

意大利不征分支机构利润税。

（五）反避税

1. 概述

如果一项交易或者行为没有合理的经济实质，并故意回避意大利法律规定的义务和禁止性规定，来获取未来的税收利益，那么税务机关有权驳回其税收优惠资格。

反避税地立法的目的在于防止滥用避税地税收管辖权。尤其是，当居民企业与不在白名单内国家的非居民企业发生的费用与其他扣除项目不予税前扣除。如果居民企业能够证明该非居民企业进行积极的贸易或经营活动，或者相关交易有合理的商业目的且已经完成，发生的费用与其他扣除项目才允许税前扣除。因为白名单迄今还未发布，现在适用的是2002年1月23日的部级法令发布的黑名单。该黑名单最近做了修改，目前只包括不与意大利税务机关进行充分有效税收情报交换的国家和地区。

意大利没有一般反避税法规，但最高法院最近认可了税收征管适用“滥用法律”原则。纳税人可以申请事先裁定来确认是否适用这些反避税条款。

2. 转让定价

居民企业从以下任一情形取得营业收入，且实质上产生应纳税所得额增加的，则应当以交易的货物、提供或接受的服务的“正常价格”为计税基础征税。

企业向税务机关提交其转让定价相关文件的，享有豁免罚款的权利。如纳税评估后须进行转让定价调整时，纳税人免予处罚。转让定价调整的罚款区间是较高核定税额的100%到200%。

3. 资本弱化

从 2008 纳税年度开始，资本弱化规则和股权比例制度废止。

4. 受控外国公司

根据受控外国公司法律制度，在下列情形中，非居民实体的所得视为意大利居民（个人或企业）的所得：该居民直接或间接控制非居民实体；非居民实体位于税收黑名单的避税地。

适用受控外国公司制度的低税率国家是指税负低于意大利税负 50% 的国家。

外国受控实体的利润按照意大利居民企业的平均税率征税，但不得低于 27%。

居民实体能够证明其满足以下条件之一的，不适用受控外国公司制度：（1）非居民实体主要在其所在国市场从事实际经营活动；（2）对非居民实体的持股行为不会造成所得在避税地国家或地区的本土化。

从 2009 年 7 月 1 日起，受控外国公司制度的适用范围已经扩大至税收黑名单以外国家和地区（包括某些欧盟国家）的受控公司。该受控公司须同时符合下列两个条件：受控外国公司的实际税负低于意大利税负的 50%；受控外国公司的 50% 以上的收益属于受控外国公司条款的被动收入。

如果意大利控股实体能够证明其所得在国外本地化的行为并非出于获得未来的税收利益，则不适用受控外国公司制度。为此，意大利居民企业须向税务机关申请事先裁定。除受控公司外，受控外国公司制度还适用于“关联企业”。

二、个人所得税

（一）一般规定

1. 纳税人

居民纳税人应当就其来源于意大利境内、境外的所得缴纳个人所得税；非居民纳税人应当就其来源于意大利境内的所得缴纳个人所得税。

居民纳税人是指，在一个纳税年度之内，具备以下二项条件之一者：在意大利常住人口民事登记处登记的时间超过半年；按照民法的规定，在意大利拥有住宅或住所的时间超过半年。

如果意大利公民移民到避税地国家，即使该公民已在意大利常住人口登记处除名，仍将被视为意大利的居民纳税人。

夫妻各自的劳动所得应分别纳税。此外，夫妻双方还应将以下所得各按 50% 计入各自所得：因婚姻关系而共同所有的财产产生的所得；因家庭财产分配取得的所得。

普通合伙企业或有限合伙企业的合伙人，不论其从合伙企业实际取得多少所得，均应根据其占合伙份额的比例确定所得。个人合伙人可选择以 27.5% 的税率（与企业所得税税率相同）缴纳个人所得税。在特定条件下，股东不超过 10 名自然人的有限责任公司和股东（或合伙人）不超过 20 名自然人的有限责任合作社，可以选择作为税收透明实体。税收透明实体的所得将直接分配给股东（或合伙人）纳税。

从 2014 纳税年度开始，如果非居民纳税人同时符合以下条件者，视同意大利居民纳税人纳税：该非居民纳税人是欧洲经济区国家的居民，且其居民国与意大利进行的税收情报交换充分有效；该非居民纳税人的所得75%以上来源于意大利境内。该非居民纳税人也比照意大利居民纳税人享受社会福利津贴，已从居民国取得类似的社会福利津贴的除外。

2. 应纳税所得额

（1）概述。居民纳税人应当就其来源于意大利境内、境外的所得缴纳个人所得税，包括以下各项所得：来源于不动产的所得；股息红利所得；受雇所得；劳务所得；经营所得；其他所得，包括资本利得。

居民纳税人在进行年度申报时应注意以下事项：纳税人取得的每一项所得应单独计算利润和亏损；纳税人在年度纳税申报时，应将各项所得进行汇总计算确定年度应纳税所得额，不过只有从事经营活动的亏损或者从事技艺、劳务活动的亏损可以用其他项目的所得弥补；免税所得和缴纳最终预提税的所得不计入年度应纳税所得额。

在意大利，对纳税人取得的一些特殊规定的所得进行简易征收，征收个人所得税的替代税，包括：纳税人处置股票和其他有价证券取得的资本利得；纳税人进行债务重组取得的资本利得；其他规定的所得。

纳税人可以选择对一些特定所得实行单独纳税，例如解除劳动关系时收到的离职补偿费。根据单独纳税的有关规定，离职补偿费应纳税额等于计税基础乘以适用税率。

（2）免税所得。居民纳税人取得的下列各项所得免征个人所得税：与工作相关的部分保险费用；与工作相关的以实物形式发放的部分福利；符合条件的侨民取得的受雇所得、经营所得以及从事个体工商经营所得金额的70%或80%；来源于不动产的部分资本利得。

3. 受雇所得

（1）工资薪金。下列受雇所得不予征税：雇主和雇员缴纳的强制性社会保险费；按照劳动合同或协议条款的规定，向社会福利机构或基金缴纳的不超过3 615.20欧元的医疗保险费用。

受雇所得不允许扣除任何支出。

一般而言，除符合特定限制和条件的差旅费补贴外，雇主支付的所有报销款项都应计入雇员的应纳税所得额。

职业运动员计算取得的所得时，应加上合同谈判期间职业运动协会（如足球俱乐部）发生支出的15%，再减去运动员向经纪人实际支付的费用。

符合条件的侨民，取得的受雇所得的70%或80%可以享受个人所得税免税的规定。

（2）实物福利。一般而言，雇员在一个纳税年度内所取得的实物福利累计金额超过258.23欧元的，应当缴纳个人所得税。以下实物福利，也属于雇员的所得：雇员的雇主发放给其家庭成员的实物福利；雇员的雇主委托第三方发放给其家庭成员的实物福利。

除另有规定外，纳税人应按照实物福利的市场价格计入其年度应纳税所得额。

雇主向雇员提供汽车或者摩托车使用时，雇员计入应纳税所得额的实物福利等于：根据税务部门公布的费用表（该表假设各类车辆行驶里程15 000公里所发生的费用）为基础换算的费用乘以30%的金额。

雇主向雇员或通过与第三方签订融资协议向雇员提供低利率贷款时，雇员计入应纳税所得额的实物福利等于每年末按法定贷款计算的利息和其实际支付的贷款利息之间差额的50%。

下列各项福利不计入应纳税所得额：食堂或类似机构提供的食物费用（以税务部门规

定的单日标准为限）；往返住处与工作地点之间的班车费用（含外包给第三方）；因教育、娱乐、健康、宗教目的和社会救助等原因，由雇主为所有雇员提供的各项服务的价值；雇主向所有雇员发放的价值不超过 2 065.83 欧元的企业股票，且这些股票不得由雇主回购，3 年内也不得进行转让（如果 3 年内转让的，免税金额在转让的当年应当纳税）。

上述所称的雇员取得的符合免税规定的企业股票，主要包括：雇主企业发行的股票；受雇主控制的居民或者非居民企业发行的股票；控制雇主的居民或者非居民企业发行的股票；与雇主受同一控制的居民或者非居民企业所发行的股票。

值得指出的是，雇员取得的创新型新办企业发放的股票，免税没有金额的上限要求，可以按股票价值享受全额免税的优惠。

（3）养老金所得。一般情况下，养老金比照受雇所得纳税。纳税人参与符合条件的养老金计划取得的相关年金，可比照资本收益按 26% 的税率缴纳替代税。

纳税人购买养老保险基金的个人保单，自 2007 年 9 月 1 日开始取得该基金定期发放的养老金的，应就该项所得按照 15% 的比例税率单独纳税；如果纳税人参与养老金计划超过 15 年的，则每年税率依次降低 0.3%，直至降为 9%。

（4）董事费。董事会和监事会成员的酬金应按照受雇所得纳税。金融机构的董事应就其所获得的非固定收入（如奖金和股票期权）额外缴纳 10% 的税款。

4. 劳务和经营所得

劳务所得，是指纳税人从事非经营活动的经常性独立活动取得的所得，如从事技艺或者专业服务的所得。应纳税所得额为取得的所有现金或实物形式的收入减去相关费用后的余额。相关费用包括下列项目：招待费和营销支出，可在本纳税年度收入 1% 的限额内进行扣除；酒店和旅馆食宿费，可按费用的 75% 且不超过本纳税年度收入 2% 的限额内进行扣除。但从 2015 纳税年度开始，由客户直接支付的酒店和旅馆食宿费不再作为实物福利；根据融资租赁合同支付的租金，按照资产类别并参考合同预计期限进行计算；从事劳务活动所发生的不动产折旧费用，有相关扣除限制；动产的折旧费用。单价不超过 516.40 欧元的资产可在购买的当年一次性全额扣除；交通工具在一个纳税年度超过一半以上的时间未专门用于劳务活动的，至多按照交通工具价值的 50% 计提折旧。

个人经营所得的计算，除另有规定外，基本套用企业所得税应纳税所得额的计算方法，并按照个人所得税累进税率征税。个人可以选择对经营所得和其他所得分开纳税的，经营所得部分按照 27.5% 的税率纳税（与企业所得税税率相同）。

纳税人取得相关所得符合以下情形的实行简易征收，征收个人所得税的替代税：

（1）至 2015 年 12 月 31 日，个人从事新的经营活动或者劳务活动取得的所得，以简易征收办法计算不超过 30 000 欧元的，可以选择以收付实现制为基础计算相关所得，并适用 5% 税率征收的替代税。纳税人选择执行该优惠政策的，5 年内有效。

（2）2015 年 1 月 1 日以后，个人从事经营、技艺或劳务活动取得的所得没有超过起征点的（根据从事活动类别的不同，起征点从 15 000 欧元到 40 000 欧元不等），可以选择适用“更为优惠”的税收政策。“更为优惠”的税收政策，是指纳税人可以根据从事的活动类别选择特定系数计算应纳税所得额，并适用 15% 的税率征收替代税。这一优惠政策还规定，个人从事新的经营活动或者劳务活动的，在符合相关条件时，可以在从事该项活动之日起的 3 年内享受应纳税所得额减免 1/3 的优惠。

个人纳税人选择缴纳替代税的，则不再缴纳个人所得税和地方政府征收的营利活动税。

符合条件的侨民取得的经营所得和从事个体经营活动所得，可以享受70%或80%的减征额优惠。

5. 投资所得

（1）股息。纳税人取得的股息红利所得适用部分免税优惠的情形有：参与企业实际运营的个人股东取得的股息红利所得，其中的50.28%为免税收入，剩下的49.72%应缴纳个人所得税。不参与企业实际运营的个人股东，如果其拥有上市公司2%以上的投票权或者5%以上的股权，或者拥有非上市企业20%以上的投票权或者25%以上的股权（相当比例持股），自被投资企业取得的股息红利所得，比照享受前述的50.28%的部分免税优惠。

居民纳税人进行组合投资取得的股息红利所得应按26%的税率扣缴最终预提税。除税收协定规定的优惠税率外，非居民纳税人取得的股息红利所得也适用26%的税率。

（2）利息。纳税人来源于境内外的利息所得应扣缴最终预提税。确定利息的应纳税所得额时，不得扣除相关费用。

（3）特许权使用费。权利的作者或者发明者比照劳务所得纳税，按照净所得的75%作为计税基础（如果作者或发明者的年龄未满35岁的，按60%作为计税基础）。作者或发明者为取得特许权使用费，使用相关资产发生的支出允许扣除；其他人按照其他所得纳税。

（4）不动产所得。如果纳税人的住房自用的，其取得的不动产所得在计入年度应纳税所得额时，可以扣除不超过土地清册价值的金额。

如果纳税人将住房用于租赁的，其取得的不动产所得以下列二者中孰高者确定：土地清册价值；租金减去维修费用后的金额，其中维修费用的扣除限额为租金的5%。如果租金是房东协会和租户协会协商确定的，且租赁的住房地处意大利主要城市，那么在前述方法确定税基的基础上，还可以进一步享受应纳税所得额30%的扣除。

此外，纳税人可就对外出租住房而取得所得选择缴纳替代税。替代税的税率为21%，计税基础为租赁合同双方确定的年租金。同时满足下列两个条件的居住型不动产，取得的租赁所得可以减按10%的税率征税：作为住宅出租；位于特定的地区，比如房屋紧缺或者人口密度高的地区。

6. 资本利得

（1）不动产。个人转让意大利境内的不动产（非出于经营目的或者提供劳务目的）所取得的资本利得比照其他所得征税。

个人取得的不动产资本利得，符合以下条件的免税：个人将购买5年以上的不动产对外销售的。转让建设用地取得的资本利得除外。个人及其家庭成员的主要住所的房屋所产生的资本利得。因继承或受赠而获得的土地和房屋所产生的资本利得。

个人转让建设用地（非出于经营目的或者提供劳务目的）所取得的资本利得，可以选择缴纳替代税，而不是一般的累进个人所得税。

（2）个人持股所得。参与企业实际运营的个人股东因转让居民企业、非居民企业、合伙企业的股份、股份型金融工具或合伙份额取得的资本利得，其中50.28%的所得免税，剩余49.72%的所得应缴纳个人所得税。

不参与企业实际运营的个人股东就2015年1月1日之后取得的持有的非上市企业股票的增值所得，可以选择按核定价值缴纳8%（相当比例持股）或4%（非相当比例持股）的替代税。

（3）经营所得。个人因经营或者劳务而取得的资本利得比照一般所得征税。

个人处置持有5年以上的企业，取得的包括商誉在内的资本利得应单独纳税。应纳税额等于转让取得的所得乘以适用税率。适用税率为该纳税人转让前2年的合计净收益的一半所适用的税率。如果前2年中有一年无应纳税所得额，那么则适用另一年合计净收益的税率。上述第一个税率必须在前2年都无应纳税所得的前提下才能适用。

7. 个人扣除和税收抵免

（1）扣除。虽然很多个人扣除项目已被税收抵免取代，但下列扣除项目仍然有效。

因为分居或离婚而向对方定期支付的赡养费准予全额扣除，其中属于抚养小孩的专项支出除外。残障人士的医疗支出准予扣除。

依法或者自愿向强制性养老金计划缴纳的社会保险费和福利费用准予扣除。此外，向意大利或者其他欧洲经济区的白名单国家设立的养老金计划缴纳的费用支出，准予在不超过5 164.57欧元的限额内进行扣除。

向符合规定的医疗保险金计划缴纳的医疗保险费用也可以享受最高额度为3 615.20欧元的扣除。

个人于2018年1月1日以前购买或者建造新的住宅或翻新住宅型不动产，并随后连续出租8年以上的（满足相关条件），可以在其个人所得税应纳税额中扣除购置价格或者建造成本的20%，最高扣除限额为300 000欧元。准予扣除的金额在签订租赁合同的纳税年度起8个年度内平均分摊。

个人下列捐赠支出准予扣除：对符合条件的宗教机构的捐赠支出，扣除限额为1 032.91欧元；对符合条件的非营利组织的捐赠支出，扣除限额为总收入的10%，最高不超过70 000欧元；对大学或者符合条件的研究机构的捐赠支出。

（2）个人税收减免。个人税收减免已被税收抵免取代。

（3）税收抵免。

①个人税收抵免。个人税收抵免包括下列情形：

夫妻没有法定分居或者实际分居的，且总所得不超过80 000欧元的，可以分别享受以下税收抵免额（如表1所示）：

表1

总所得（欧元）	税收抵免额（欧元）
不超过15 000	800－［110×总所得/15 000］
15 001～40 000	690
40 001～80 000	690×［（80 000－总所得）/40 000］

夫妻总所得在29 000欧元至35 200欧元之间的，在上述690欧元税收抵免额的基础上，还有相应增加（如表2所示）。

表2

总所得（欧元）	增加的税收抵免额（欧元）
29 000～29 200	10
29 201～34 700	20

续表

总所得（欧元）	增加的税收抵免额（欧元）
34 701 ~ 35 000	30
35 001 ~ 35 100	20
35 101 ~ 35 200	10

每个子女准予税收抵免的金额：3 岁以下的子女可以抵免 950 欧元或 1 220 欧元；子女有残障的，抵免额增加 400 欧元。超过 3 个子女的，自第 2 个子女开始，每个子女抵免增加 200 欧元。实际抵免额的计算以上述所得金额乘以按照下列公式计算的结果：（95 000 - 总所得）/95 000；自第 2 个子女开始，每增加一个子女，公式中的基数 95 000 欧元相应增加 15 000 欧元。

赡养亲属准予抵免的金额：每一名亲属可减免 750 × ［（80 000 - 总所得）/800 00］欧元。

适用上述税收优惠政策必须满足的条件是：子女和其他赡养对象在扣除费用支出前的年度收入总额不超过 2 840. 51 欧元。

此外，有 4 个子女以上的夫妻还可以享受 1 200 欧元的一次性额外税收抵免额（夫妻双方各扣除一半）。

②劳动所得税收抵免。个人取得受雇或养老金所得可以享受税收抵免优惠，具体优惠额度取决于纳税人的年度所得额（超过 55 000 欧元的不得享受该项优惠）。

纳税人具体享受优惠的情形如下：

年度受雇所得不超过 8 000 欧元的，最大抵免额度为 1 880 欧元；年度受雇所得 8 001 至 28 000 欧元的，抵免额（欧元）为：978 + ［902 ×（28 000 - 应纳税所得额）/20 000］；年度受雇所得 28 000 欧元至 55 000 欧元的，抵免额（欧元）为：978 × ［（55 000 - 应纳税所得额）/27 000］。

自 2015 纳税年度起，如果应纳税款超过上述抵免额，纳税人的抵免额可以进一步提高：年度所得不超过 24 000 欧元的，抵免额可以再提高 960 欧元；年度所得在 24 000 欧元至 26 000 欧元的，增加的抵免额（欧元）为：960 × ［（26 000 - 应纳税所得额）/2 000］。

个人取得养老金所得的最大抵免额为 1 783 欧元。

个体工商户取得的经营所得或者其他所得也可享受税收抵免优惠（超过 55 000 欧元的不得享受该项优惠），但是不能同时享受受雇所得的抵免优惠：应税所得不超过 4 800 欧元，最高抵免限额为 1 104 欧元；应税所得在 4 801 欧元至 55 000 欧元的，抵免额（欧元）为：1 104 × ［（55 000 - 应税所得）/50 200］。

③生活必须费用税收抵免。纳税人及其抚养的子女的相关生活必须费用可以享受费用金额 19% 的税收抵免，具体包括以下情形：金额超过 129. 11 欧元的外科手术、专家门诊和牙齿矫正的费用；自有住房的房屋抵押贷款利息费用，最高抵免额为 4 000 欧元；个人人身或意外伤害保险费用，最高抵免额为 530 欧元；纳税人年度应纳税所得额不得超过 30 987. 41 欧元的，其主要住所的租金费用可以享受税收抵免。具体抵免额根据其年度应纳税所得额的多少确定，最高抵免额为 495. 80 欧元或者 247. 90 欧元（社会保障住房项目下的租金，最高抵免额为 900 欧元或 450 欧元）；子女符合条件的中小学教育费用，每名学生每一纳税年度

最高可以抵免400欧元；子女的大学教育费用，不超过国家规定标准的部分；向不动产中介支付的费用，最高抵免额为1 000欧元。

纳税人用于不动产翻新、改造的相关费用，能向税务机关提供相关证明材料的可以享受税收抵免优惠：2013年6月6日至2015年12月31日，纳税人提升不动产的环保节能功能发生的费用的65%的可以享受税收抵免优惠，根据设备类别，抵免最高限额从30 000欧元到100 000欧元不等。纳税人可以在10年内均匀抵免。

符合特定条件的35岁以下的农业个体经营者和农民，可以享受农业用地租金19%的税收抵免，每年的最高抵免限额为1 200欧元。

在意大利，直至2016纳税年度，个人符合条件的捐赠支出，可以享受支出金额65%且不超过年度应纳税所得额15%的税收抵免优惠。

个人对教育设施的建设、维修和改良而发生的捐赠支出，也可以享受支出金额65%的税收抵免优惠，但每个纳税年度最多不得超过100 000欧元。

自2017纳税年度起，符合条件的捐赠支出可以享受的税收抵免优惠比例将降至50%。上述捐赠支出的税收抵免额均须在3年内平均分摊。

（4）鼓励创新投资的税收减免。在意大利，个人投资者须采用股权投资方式投资于创新型新办企业，连续持股2年及以上，且对单户企业的投资额在每个纳税年度内未超过250万欧元，可享受相关个人所得税优惠：

此外，符合条件的个人纳税人对开发新产品、新流程、新工艺和新技术的投资，在年度纳税申报时可以享受投资额40%但不超过40万欧元的税收抵免优惠。

8. 亏损

个人经营小微企业或从事劳务活动发生的亏损，可以抵减本纳税年度的年度应纳税所得额“小微企业”界定有两个标准：服务行业，年营业收入不超过40万欧元；其他行业，不超过70万欧元。

在计算个人所得税时，个体经营者可以将一个纳税年度发生的经营亏损在其后的五年内结转抵扣经营所得，其开始从事个体经营的前三年发生的亏损，可以无限期向以后纳税年度结转。亏损不得向以前纳税年度结转。

9. 税率

（1）所得和资本利得。在意大利，一般的个人所得税实行累进税率，如表3所示：

表3

应纳税所得额（欧元）	税率（%）
15 000及以下	23
15 001 ~ 28 000	27
28 001 ~ 55 000	38
55 001 ~ 75 000	41
75 000以上	43

在意大利，各地区对个人所得税实际纳税款还征收附征税，因此上表中的税率因地区附加税的征收将增加1.23% ~ 3.33%不等。同时，各城市还会征收不等的附加费，最高加征率不超过0.9%。

在2016年12月31日以前，个人所得超过30万欧元的，还需要额外缴纳3%的临时附加费。临时附加费准予从个人所得税计税基础中扣除。临时附加费也适用于超过一定限额的养老金所得。

（2）预提税。个人纳税人取得的由公司、企业或劳务接受方支付的工资薪金和其他受雇报酬的，由支付方在支付时扣缴预提税。支付方在一个纳税年度内，根据纳税人的所得变化，按照一般的个人所得税累进税率，相应调整扣缴时适用的税率。

纳税人在缴纳本人应纳个人所得税时，已被扣缴的个人所得税款可以抵扣其应纳税额。

公司、企业或劳务接受方支付劳务费用时，按照20%的税率扣缴预提税。

一般情况下，支付给居民纳税人的利息按照26%的税率扣缴预提税。

贷款利息支付方按照26%的税率扣缴的预提税，纳税人可以在缴纳个人所得税时抵减应纳税额。

个人纳税人取得以下所得时，适用26%税率的最终预提税的情形包括：银行和邮政储蓄活期存款账户的利息；银行、上市公司以及非上市公司发行债券的利息。

个人纳税人取得以下国债利息收入时，按照12.5%税率缴纳最终预提税：意大利政府发行的国债；除意大利之外的其他欧盟成员国政府发行的国债；与意大利开展税收情报交换充分有效的国家发行的国债。

10. 征收管理

（1）纳税期间。个人纳税人的纳税年度为公历年度。

（2）纳税申报和评估。个人纳税人取得应纳税所得额超过起征点的，应在次年的9月30日之前用电子方式进行年度纳税申报。

一般来说，个人纳税人应自行计算应缴税额并进行纳税申报。如果纳税人未进行纳税申报或者未按法律要求填报纳税申报表的，则由税务机关进行纳税评定。遇到这种情况，税务机关将根据其掌握的信息对纳税人的所得额进行核定，纳税人有权向税务机关申请就应纳税款和罚款进行磋商、和解。

（3）税款缴纳。个人在一个纳税年度内，须根据其上一纳税年度所缴纳的个人所得税额，分两次预缴个人所得税。在进行年度纳税申报时，其计算的最终应纳税额高于预缴税款的，须在次年6月16日之前补缴税款；其计算的最终应纳税额低于预缴税款的，可申请退税。

（4）事先裁定。纳税人如果认为税法条款的解释存在不确定性，可以事先向税务机关书面申请私人裁定。税务机关应当在120日内作出书面裁定予以答复，该裁定的约束力仅限于作出裁定的税务机关和提出申请的纳税人。

如果税务机关在120日内未及时答复，则推定税务机关同意该纳税人对相关涉税事项的理解或者税务处理方式。如果未来发现纳税人的理解有误的，对该纳税人也应免予处罚。

（二）国际税收

1. 居民纳税人

（1）境外所得和资本利得。居民纳税人应就其来源于意大利境内、境外的所得纳税。

居民纳税人作为境外不动产的所有者，将不动产用于积极的贸易或经营活动而取得的所得，视为经营所得缴纳个人所得税。纳税人取得的除此之外的其他境外不动产所得，应按照不动产所在国家的税收规定计算应税所得，计入不动产所有者的应纳税所得额。

在意大利，纳税人缴纳的任何境外预提税，均可以抵减应缴纳的意大利个人所得税，最高抵减额为该境外所得按意大利税法规定计算的个人所得税额；该境外所得部分免税的，可以抵减的境外税收则相应减至非免税所得按意大利税法规定计算的个人所得税额。

通过银行等居民金融中介机构获得的来源于境外的利息，须按照下列税率缴纳最终预提税（来源于经营活动过程中的利息所得提前缴纳预提税）：税收白名单国家发行的国债和其他证券，税率为 12.5%；债券和其他证券，税率为 26%。

未通过居民金融中介取得的来源于非经营活动的利息，应按照预提税税率缴纳替代税。不论是缴纳最终预提税还是替代税，不得享受境外税收减免优惠。但是，纳税人可以选择将利息所得计入其应纳税所得额，适用个人所得税税率，并因此享受境外税收抵免优惠。来源于经营活动的境外利息所得，计入收款方的经营所得纳税。

经营活动取得的境外特许权使用费，计入收款方的经营所得纳税，非经营活动取得的境外特许权使用费，区分劳务所得或者其他所得纳税。

来源于境外的经营所得和劳务所得计入相应的项目纳税。

境外资产因经营或劳务活动产生的资本利得，计入经营或劳务所得。来源于境外的股票和其他证券产生的资本利得与境内的资本利得税收处理方式相同；但是来源于受控外国企业条款的税收黑名单国家或地区的实体的资本利得，应以全部利得收入纳税，有税收裁定认定对受控外国企业的持股未达到低税率国家的所得本土化的除外。此外，证券交易所上市的非居民企业的股票产生的资本利得，根据一般规定适用 26% 的税率。

（2）境外资本。意大利居民个人持有的境外金融资产，例如金融产品、银行账户、邮政账户和储蓄账户应缴纳特定税。金融资产有市场价值的，计税基础按以市场价值计算；没有市场价值的，按照票面价值计算，税率为 0.2%；同时，银行账户、邮政账户和储蓄账户还应按每一账户 34.20 欧元缴纳定额税款。

此外，意大利税务部门未掌握的匿名金融资产，根据税收赦免的规定转移回意大利的，应就资产价值缴纳特定的年度印花税，税率为 0.4%。

（3）避免双重征税。通常的境外税收抵免可以避免国际双重征税。相关的机制与企业所得税的规定一样。

2. 侨民

意大利公民个人因受雇关系在境外长期派驻，其取得的受雇所得，以劳动和社会保障部的法令每年确定的工资薪金额为计税基础，而非实际取得的工资薪金。本规定仅适用于因工作需要，长期派驻境外的雇员，且该雇员在合同年度内有超过 183 天居住于境外。

意大利居民在毗邻国边境地区以及邻近地区连续工作，取得的年度受雇所得不超过 7 500 欧元（2014 纳税年度为 6 700 欧元）的免予缴纳个人所得税。

在境外工作不少于 2 年的科研人员，在 2009 年 1 月 1 日至 2016 年 12 月 31 日期间内开始在意大利工作，应作为意大利税收居民纳税人，且其受雇或劳务所得的 90% 免纳个人所得税，所得的 100% 免纳地方政府征收的经营活动税。本规定有效期为 4 年。

在意大利连续居住 24 个月及以上的符合条件的欧盟成员国公民，在其祖国和意大利以外的地方工作或者学习超过 2 年，并随后成为意大利税收居民的，在 2017 年 12 月 31 日以前可以享受个人所得税的部分免税优惠。该免税优惠适用于受雇所得、个体工商户所得或者经营所得。免税比例根据性别的不同而不同，女性为所得的 80%，男性为所得的 70%。

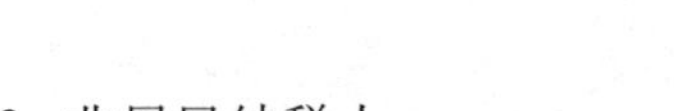

3. 非居民纳税人

非居民纳税人应就其来源于意大利的所得计算并缴纳个人所得税，税款的计算方式与居民纳税人一致，一般按来源于意大利的年度应纳税所得额计算。但投资所得和劳务所得应扣缴最终预提税或缴纳替代税；不适用预提税或替代税的，非居民纳税人在进行纳税申报时，应按照一般个人所得税累进税率纳税。

（1）受雇所得。非居民纳税人在意大利境内从事相关职业取得的受雇所得（包括养老金）应缴纳个人所得税。非居民纳税人取得的由意大利政府部门、意大利居民企业、非居民企业在意大利设立的常设机构支付的养老金、类似津贴和离职补偿费应缴纳个人所得税。

（2）经营和劳务所得。非居民纳税人在意大利境内取得经营所得的，仅在该项所得通过常设机构取得的情况下才应征收个人所得税。非居民纳税人在意大利从事劳务活动的所得，由扣缴义务人支付时扣缴 30% 的最终预提税。劳务所得包括居民企业支付的董事费。

非居民纳税人还应就其在意大利境内从事经营和劳务活动的所得缴纳地方政府征收的经营活动税。该经营活动和劳务活动须在常设机构或存续时间不少于 3 个月的固定场所实现，并按经营或劳务活动的净所得征税。

（3）投资所得。除税收协定规定的优惠税率以外，股息支付方应按照 26% 的税率扣缴最终预提税。纳税人居民国对该股息已征税的，其在居民国已纳税款可以向意大利税务部门申请退税，最高退税限额为按意大利税法计算的应纳预提税的 11/26。

非居民纳税人取得的来源于意大利的符合条件的利息免税，如来源于意大利银行、邮政存款账户的利息免税等等。

非居民纳税人取得的特许权使用费应区分两种情况征收预提税：如果其是作者或发明者本人，可以享受减按总收入的 75% 作为应税所得，适用 30% 税率的预提税，最终实际税率为 22.5%。如果其不是作者或发明者本人，或者无偿获得相关特许权的，应就特许权使用费全额纳税。

非居民纳税人取得位于意大利境内的不动产所得应缴纳个人所得税。

（4）资本利得。非居民纳税人因处置位于意大利境内的不动产而取得的资本利得应自行计算申报缴纳个人所得税。居民纳税人关于不动产资本利得的免税规定同样适用于非居民纳税人。

符合条件的非居民纳税人的资本利得免税，如转让意大利上市公司相当比例持股的股票产生的资本利得等等。符合条件的非居民纳税人，是指与意大利有充分有效的税收情报交换，且属于税收白名单国家的公民。

（5）征管。非居民纳税人来源于意大利的所得，除已经缴纳最终预提税和替代税的之外，都应在意大利进行纳税申报。相关申报、缴纳程序与居民纳税人一致。

三、增值税

（一）一般规定

1. 概述

意大利对销售货物、提供劳务以及进口货物的行为征收增值税。

2. 纳税人

从事经营、提供劳务或进行艺术活动的个人和公司，应缴纳增值税。凡是从事进口的进口商，一律征收增值税。

3. 应税行为

在意大利境内提供销售货物、提供劳务以及从其他欧盟国家购买货物和服务应缴纳增值税；从欧盟外国家进口货物也应缴纳增值税。

4. 应税收入

增值税的应税收入是销售货物和提供劳务所收到的对价。进口货物的计税价格是关税完税价格加上关税。在计算应纳税额时，购买的货物和劳务所缴纳的增值税可以被扣除，因此实际上只对增值部分征税。

5. 税率

基本税率是22%，在特定情形下适用10%和4%的低税率。

但是，如果意大利政府实施支出削减计划后，预算资金还不能维持运转，基本税率将自2016年1月1日起提高至24%，2017年1月1日提高至25%，2018年提高至25.5%。同样，10%的低税率也将在2016年1月1日提高至12%，2017年1月1日提高至13%。

6. 免税

不能扣除进项税的免税行为主要包括金融服务，保险和再保险以及与股票、债券及其他证券有关的活动和医疗服务。

可以扣除进项税的免税行为（即零税率）适用于货物出口、与国际空运和海运有关的货物以及与货物和人有关的运输劳务。

（二）非居民企业或个人

凡是在意大利从事应税行为的人（无论是否为意大利公民）都应当缴纳增值税。

其他欧盟成员国的居民企业或个人可以直接在意大利行使权利和履行义务。如果在意大利的应税交易发生之前，非居民企业或个人已向主管税务机关提交包含特定信息的申报，则主管税务机关将向非居民企业或个人提供增值税识别号（这一制度已经扩展到与意大利在间接税方面达成相互协助协议的非欧盟国家的企业或个人，但是目前还没有国家与意大利达成这样的协议）。

非欧盟国家的企业或个人可以申请退税，前提条件是该国给予意大利企业或个人同样的退税。

四、消费税

意大利对酒类、烟草、矿物油、润滑油和电力产品征收消费税。

五、社会保障税

（一）对企业征收

雇主须代扣代缴雇员应缴纳的社会保险费（雇员的部分社会保险费由雇主直接缴纳）。

合计社会保险费大概为当年薪酬总额的40% ~45%。雇主通常缴纳80% ~86%；剩余部分由雇员承担，且必须由雇主扣缴。

社会保险费在计算企业所得税时可以扣除。

2015年雇佣长期合同工，雇主可享受最长36个月内免交相关的社会保险费（每年最多为8 060欧元）的优惠政策。

（二）对个人征收

目前，社会保险体系实现了对从事受雇劳动个人的全覆盖，各险种包括人身保险、医疗保险、生育保险、残障保险、失业保险和家庭津贴等项目，相应的保险费用从雇员的工资薪金内扣除。社会保险费一般占个人税前工资薪金的8.9%左右，具体要视企业的类型、规模和个人工作岗位而有所差异。

意大利的社会保险体系对从事经营活动或劳务活动的个人纳税人，也实现了覆盖，这类纳税人可以参加包括人身和医疗保险在内的各险种，社会保险费根据其收入的多寡而不同。

（李本贵 编）

日本税制

引言：

日本主要征收公司所得税、个人所得税、消费税、特别消费税、社会保障税、印花税、遗产与赠与税、房地产税等税种。

自 2015 年 7 月 1 日起，引入退出税。

自 2015 年 10 月 1 日起，外国电子服务供应商需缴纳日本消费税。

一、公司所得税

（一）一般规定

1. 税制类型

日本实施传统的公司税税制。企业获得利润需缴纳公司所得税，当利润分配时，还需再次缴税。但是，依据股息扣除规定，来源于居民企业的股息可全额或部分免税。另外，依据国外股息扣除规定和有关避税天堂的相关规定，来源于特定非居民企业的股息可全额或 95% 免税。个人股东可就其获得的股息进行抵免。

2. 纳税人

居民企业、非居民企业和特定类型的信托公司是公司所得税的纳税人。公营企业免征公司所得税，公益法人的非营利行为所得免征公司所得税。不具备法人资格的各类型合伙企业通常情况下不缴纳公司所得税。

企业的总部或主要办事处位于日本，则该企业为日本的居民企业。居民企业视作国内企业。

3. 应纳税所得额

（1）一般规定。通常，居民企业应就其全球所得缴纳公司所得税。原则上，通过分支机构或其他常设机构进行经营活动的非居民企业仅就其来源于日本境内的所得缴纳公司所得税。

在进行税务计算时，所有类型的所得和资本利得不单独分类计算。

通常，依照税法规定对年度损益进行调整后，对企业净所得总额征税。

(2) 免税收入。依据相关规定，来源于居民公司、非居民公司的股息享受全额或部分免税。

(3) 扣除。完全和专门因为经营活动发生的费用允许税前扣除。通常，如果服务已经发生，且对应的应计/预付费用是合理估算的结果，则该费用允许扣除。

除某些特殊情况，如来源于依据《日本资产清算法》或《投资信托公司和投资公司法》注册成立的特殊目的企业的股息允许扣除外，其他股息不允许税前扣除。利息和特许权使用费通常情况下允许扣除。

董事定期固定报酬、预先确认的不定期定额报酬以及满足一定条件的与利润相关的补偿允许扣除。除此之外的其他董事报酬或超过正常水平的董事报酬不允许扣除。业务招待费超限额部分不允许扣除，扣除限额如表 1 所示：

表 1

企业类型	2014 年 3 月 31 日之前开始的会计年度	2014 年 3 月 31 日之后开始的会计年度
中小型企业	800 万日元	800 万日元或餐饮费用的 50%（可选）
非中小型企业	0	餐饮费用的 50%

就本条规则而言，中小型企业是指股本不超过 1 亿日元的企业，但是以下情况除外，该企业 100% 的股份直接或间接由一家大型企业（实收资本不少于 5 亿日元的企业）持有或者该企业 100% 的股份直接或间接由某一 100% 控股集团内部的两家大型企业持有。

所有向国家或地方政府进行的捐赠或慈善捐款可全额扣除，但向其他组织进行的捐赠只能限额扣除，扣除限额以实收资本和当年应纳税所得额为基础进行计算。

向海外关联方或其 100% 控股集团内部居民企业进行的捐赠不允许扣除。

(4) 折旧和摊销。一般情况下，企业可选择直线折旧法或余额递减折旧法来计算各类有形资产的折旧额（但已有文件表明公司所得税税率将降低，同时余额递减法将在不久予以取消）。大多数资产默认的折旧方法是余额递减法。但建筑物和某些租赁资产必须使用直线折旧法。无形资产也必须采用直线折旧法进行摊销。

折旧方法一旦采用，相同折旧方法每年需保持一致。企业可更改其折旧方法，但须提前向税务机关提交申请并获得批准。

计税时准予的折旧及摊销，必须按照财政部规定的资产法定使用年限计算。无形资产可全额在法定年限内分期摊销。有形资产的折旧总额等于其购置成本减除 1 日元后的余额。购置成本应包括为使资产达到使用目的而发生的任何附带开支。

折旧必须在会计账簿中进行记录。在计算应纳税所得额时，必须将超过税法允许限额部分的折旧额调增利润。如果记录的折旧额低于税法允许限额，则不需进行纳税调整，并可在计税时相应延长相关资产的使用年限。基于某些原因，如果计提的折旧未在账簿中进行记录，则折旧将不得在税前扣除。

成本低于 10 万日元或经济使用寿命不超过 1 年的资产可在购置当年一次性扣除。成本低于 20 万日元的资产可在 3 年内计提折旧。企业进行蓝色纳税申报后可获得特殊折旧法，即增加第一年折旧额或加速折旧。只有符合条件的资产才能适用特殊折旧法。

(5) 准备金。除特定准备金和预备金外，预估或潜在负债的准备金和预备金一般不得在税前扣除。

基于特定事件（例如破产）的坏账准备金在特定条件下可以扣除，但需受特定事件的限制。

坏账准备的一般规定也可以之前3年实际发生的坏账损失额的比率为基础，限额扣除。

依据2011年进行的税制改革，只有（A）或（B）进行分类的企业，才适用坏账准备的相关条款，这些企业的会计年度起始时间应为2012年4月1日及以后（见表2）：

表2

类别	企业
A	中小型企业
	银行、保险公司和类似企业
B	持有某些货币债权（例如融资租赁交易产生的应收款）的公司

对（B）类企业，坏账准备相关条款仅适用于某些应收账款（如融资租赁应收款等）。

4. 资本利得

日本并未为资本利得设立单独的税种。企业应就其资本利得缴纳公司所得税，适用税率与一般经营所得相同。当企业有来源于销售土地的资本利得时，通常还需加征一道特别附加税，但此特别附加税现已暂停，直到2017年3月31日后才重新实施。

5. 亏损

（1）经营亏损。税收净损失可在之后9年内结转，自2015年4月1日开始的会计年度起，结转额最高不超过总应纳税所得额的65%（自2017年4月1日开始的会计年度起将减少至50%）。自2012年4月1日起，中小型企业等不包含在内，只有当企业拥有蓝色纳税申报身份时，其税收净损失才能向以后年度结转。

当企业所有权发生变更时，即终极股东超过50%的股份发生变更时，损失的结转将受限制，限制条款在变更发生年之后的5年内有效。

（2）资本损失。资本损失与经营亏损之间的处理方式无区别。

6. 税率

（1）经营所得和资本利得适用税率。综合考虑国家税和地方税，2015年4月1日开始的会计年度，一般法定有效税率为32.11%（之前为34.62%，2016年4月1日开始的会计年度税率将更低，将来甚至可能降至30%）。值得注意的是实收资本超过1亿日元的企业还需缴纳一道以规模大小为基础的营业税。

公司所得税（国家税）的税率如表3所示：

表3

应纳税所得额（日元）		边际税率（%）	
		中小企业	其他企业
第一档	8 000 000	19	23.9
超过	8 000 000	23.9	23.9

资本利得与一般经营所得适用相同税率。

（2）向居民纳税人支付款项的预提税税率。非上市居民企业派发给居民企业股东的股息应缴纳20%的预提税。如果派发股息的企业为上市公司，则预提税税率可减少至15%。

银行存款、公司或国家债券的利息收入一般情况下应缴纳20%的预提税（15%为国家税，5%为居民税）。2013年的税制改革中规定，2016年及以后取得的利息收入所缴纳的5%的居民税将取消。向其他居民企业支付的贷款利息将不征收预提税。

从2013年至2037年，在征收的国家预提税基础上加征一道2.1%的特别重建所得税。

预提税不是最终税，在征收公司所得税时可以抵扣，超额缴纳的税款予以退税。

7. 税收优惠

（1）研发费用加计扣除。企业研发可选用几种类型的税收抵免。从2015年4月1日会计年度起，第一类抵免（研发税收抵免）的上限为25%；第二类抵免（开放式创新税收抵免）可额外抵免5%；第三类或第四类抵免（增量研发费用的税收抵免，或对超过平均销售收入10%的研发费用的税收抵免）可额外抵免10%。

填报蓝色纳税申报表的企业可申请进行研发税收抵免。抵免额取决于企业规模及其研发比率，即总研发费用支出占平均销售收入的比率，平均销售收入依据前三年和本会计年度的数据计算。

对于大型企业（一般是实收资本超过1亿日元的企业）来说：当研发比率等于或大于10%时，抵免限额为其总研发费用的10%，当研发比率小于10%时，抵免限额=总研发费用×（8%+研发比率×0.2）。对于中小型企业（实收资本不超过1亿日元且不是大型公司的子公司）而言，抵免限额等于总研发费用的12%。

如果企业与另一特殊的实验和研发机构、大学等进行研发合作，则可按此特殊实验和研究支出的20%或30%增加抵免限额。

除总研发费用外，下文所述两类税收抵免项目在2008年4月1日至2017年3月31日之间的会计年度内有效：如果企业年度研发费用超过（1）之前三个会计年度内的年度平均研发费用；（2）之前两个会计年度中年度研发费用最高值时，企业可额外抵免增量研发费用（年度研发费用减去（1）中金额后的余额）的5%。从2014年4月1日起，5%的比例将变为增量比例，即增量研发费用占（1）中金额的比例，比例上限为30%。如果增量比例等于或低于5%，则不适用上述规定。如果企业年度研发费用超过当年平均销售收入的10%，则该企业可对超额研发费用进行附加抵免。附加抵免限额可通过下列公式进行计算：（研发费用－平均销售收入×10%）×（研发比率－10%）×0.2。抵免最高限额为企业年度应纳公司所得税的30%。

（2）中小企业设备的税收激励。进行蓝色纳税申报的中小型企业（实收资本不超过1亿日元且不是实收资本超过1亿日元企业的子公司），如果有资料证明企业购置或生产了机械、设备、软件和工具等资产，并在至2017年3月31日的时期内，将资产在日本境内用于指定经营活动的，企业有资格按上述资产初始购置成本的30%调增资产折旧原值。

如果中小型企业的实收资本不超过3 000万日元，则按照购置成本的7%进行税收抵免。抵免最高限额为企业年度应纳公司所得税的20%。

如果所购置资产属于“提高生产力的设施”，那么上述激励措施可享受更优惠的税收规定。

（3）能源合理化的税收激励措施。进行蓝色纳税申报的企业，可按照新购买的先进低碳和节能设备购置成本的30%调增资产折旧原值，但企业应有资料证明上述资产是在2011年6月至2016年3月31日期间内购置或生产的，并在一年内在日本境内用于商业用途。根据《电力公司可再生电力资源购买法》规定，如果符合该法案规定的太阳能光伏发电设施或风力发电设施是在2012年5月29日至2015年3月31日期间取得的，则企业应列支其总购置成本。2013年4月1日及以后购入的热电厂设备也可一次性全额计提折旧。

中小型企业按设备购买成本的7%进行税收抵免，但最高不得超过企业应纳税额的20%。

从2013年4月1日起，使用补贴购买的设备不包含在享受税收优惠的设备中。

（4）薪资增长的税收抵免。如果进行蓝色纳税申报的企业同时满足下列条件，则该企业可在2013年4月1日至2018年3月31日的会计年度申请税收抵免：当期支付给雇员的工资薪金与"基础年度"的相比，对于非中小型企业而言，如果最初两年增长2%，第三年增长3%，第四年增长4%；对于中小型企业而言，如果最初两年增长2%，第三至五年增长3%；当年支付给雇员的工资薪金总额不低于上一会计年度；当年支付给雇员的平均工资不低于上一会计年度的平均工资。抵扣金额为相关会计年度相对基础年度的工资支付额增量部分的10%。抵免限额为年度应纳公司所得税的10%（中小型企业为20%）。

（5）投资生产设备的税收优惠。进行蓝色纳税申报的企业在2013年4月1日至2015年3月31日内购置了生产设备并将其在日本境内投入生产经营的，当企业同时满足下列条件时，该企业可按新设备（属于生产设备）购置成本的30%调增设备折旧原值：当期生产设备总购置成本高于本年度内可计提折旧资产的总折旧成本；当期生产设备总购置成本较上一年度增长了10%以上。

（6）用于提高生产力的设备的税收优惠。进行蓝色纳税申报的企业符合最低购置成本要求时可准许调增资产折旧原值（购置成本的50%或25%，或一次性全额计提），但需提供资料证明企业购置了资产，并在2014年1月1日至2017年3月31日期间，将资产在日本境内用于指定经营活动。

企业可进行税收抵免（购置成本的2%~5%），抵免最高限额不得超过企业年度应纳税额的20%。

8. 征收管理

（1）纳税年度。纳税期间与其会计期间相同。纳税期间不得超过但可少于12个月。公司所得税在当年基础上计算征收。

（2）纳税申报。实行自行纳税评估制度。纳税申报表分为白色（普通）申报表和蓝色申报表。如果企业账簿能够妥善保存，则该企业在获得税务机关批准后可提交蓝色申报表申报纳税。进行蓝色申报的企业有资格享受一定的税收优惠，包括特别加速折旧、税收净损失结转和税收抵免。

经营期超过6个月的企业，应在会计年度的第一个6个月结束后的2个月内提交临时性纳税申报表。当上一会计年度的年应纳税额乘以6再除以上一会计年度的月份数后得到的数值等于或小于10万日元时，企业一般不需提交临时纳税申报表。纳税人须在会计年度结束后2个月内提交最终纳税申报表。一般情况下居民企业可向税务机关申请1个月的延期申报，非居民企业的分支机构则可申请更长期限。进行合并申报的集团企业可延期2个月提交纳税申报表。

税务机关有权审核企业的纳税申报表，并在下列诉讼时效期内进行适当调整：与应纳税所得额漏报相关的调整：5 年；与超额税收净损失修正相关的调整：9 年；与转让定价问题相关的调整：6 年；与骗税相关的调整：7 年。

（3）税款缴纳。如果企业需要填报临时纳税申报表，则该企业也需要缴纳临时税款。缴款截止日期与进行临时申报的截止日期相同。最终纳税义务截止时间为会计年度终止后的 2 个月内。税款缴纳不得延期。

（4）事先裁定。事先裁定包括两个程序：由纳税人提交独立案例的事先裁定书面文件；由行业协会或类似机构提交与特定行业相关交易的事先裁定书面文件。事先裁定不包括某些案例，例如基于假设事实和以节税为主要目的案例。事先裁定一般情况下都是公开进行的。

（二）居民企业之间的交易

1. 企业集团合并纳税

集团企业可选择合并申报。集团由一家居民企业及其 100% 直接或间接拥有所有权的居民子公司构成。非居民企业不包含在合并纳税集团内。进行合并纳税申报之前，企业应向税务机关提交相关资料。

合并纳税制度仅适用于国家公司所得税。合并集团内各企业须单独进行地方税申报。

合并申报时，一家企业的亏损允许抵消同一集团其他公司的利润。合并税收净损失可向以后年度结转，并在最多 9 年内抵减未来合并利润。

加入集团或脱离集团的子公司的现有亏损适用特殊规定和限制条款。

当企业加入集团进行合并申报时，子公司需按照公平市价重新调整其资产价值，除非发生特殊情况，如子公司已由其母公司持有超过 5 年时间，否则子公司还需就其固有收益缴纳税收。

2. 居民企业之间的股息红利

境内取得的股息减去与所持股票相关的利息费用后的余额免税。持有 6 个月以上且至少持有 25% 的股份，全部所获股息净额减去利息费用后的余额，免税，其他情况适用 50% 的免税。从 2015 年 4 月 1 日起，如果股息收款人持有付款人 33. 3% 以上的股份，则股息全部免税；如果持股比例不超过 5%，则可以 20% 免税（如果持股人为保险公司，则为 40% 免税）；其他情况下可 50% 免税。向 100% 控股集团支付的境内股息全部免税，但不得扣除相关的利息费用。

（三）其他类型的公司所得税

1. 营业税

营业税属于地方税。适用税率由各地在标准税率和最高税率范围内自行决定。在计算公司所得税和营业税时，营业税可税前扣除。营业税以应纳净收入为基础进行征收，但特定行业例如保险业和天然气/电力公共事业单位等企业的营业税以总收入按不同税率征收。

边际标准税率和最高税率如表 4 所示：

当企业在至少三个县拥有办公场所，且股本至少 1 000 万日元时，该企业仅适用超过 800 万日元档的税率。

表 4

应纳税所得额（日元）	实收资本不超过 1 亿日元		实收资本超过 1 亿日元	
	标准税率（%）	最高税率（%）	标准税率（%）	最高税率（%）
临时性措施（2014 年 10 月 1 日及以后开始的不确定会计期间）				
不超过 4 000 000	3.4	4.08	2.2	2.64
4 000 000 ~ 8 000 000	5.1	6.12	3.2	3.84
超过 8 000 000	6.7	8.04	4.3	5.16

实收资本超过 1 亿日元的企业还应缴纳一道以企业规模为基础的营业税，具体情况如表 5 所示：

表 5

	税基	标准税率（%）
增值部分	劳动成本、净利息支出、净租金支出和本年度收益/亏损总额	0.96（2016 年 4 月 1 日之前为 0.72）
资本部分	资本加应纳税资本盈余	0.4（2016 年 4 月 1 日之前为 0.2）

从 2016 年 4 月 1 日的会计年度起，企业的所得部分适用税率为 4.8%（之前为 6%）。

特殊地方公司税（属国家税）从 2008 年 10 月 1 日起开始征收。特殊地方公司税收入由中央政府向地方政府进行再分配，以缩小城市与农村之间的税收收入差距。税率如表 6 所示：

表 6

税基（日元）	实收资本不超过 1 亿日元	实收资本超过 1 亿日元
	税率（%）	税率（%）
（从 2014 年 10 月 1 日起）：		
应纳税所得额 × 营业税基础税率	43.2	67.4

2. 居民收入税

居民收入税是由都道府县和市町村征收的地方税，由两个要素构成：依据公司所得税计算的所得税和人头税。由县征收的法人居民税适用税率为 3.2% ~4.2%；由市政征收的法人居民税税率则为 9.7% ~12.1%。由于居民税税率的减少，地方公司税（国家税）从 2014 年 10 月 1 日起按公司所得税应纳税额的 4.4% 计算征收，其收入由国家向地方政府进行再分配。

3. 特殊控股公司的累计收益税

由唯一股东和股东关联方控制的特殊控股公司应就其留存收益缴纳特别税。计算应纳税留存收益采用特殊公式。根据所得的档次不同，附加税税率分别为 10%、15% 或 20%。中小型企业免征此项附加税。

4. 特别重建税

自 2013 年至 2037 年，对 2011 年 3 月 11 日地震发生后的重建资金在所得税（包括预提税和境外抵免前税额）的基础上加征一道特别重建所得税。

（四）国际税收

1. 居民企业

（1）境外所得和资本利得。一般情况下，居民企业应就其全球所得缴纳公司所得税。境外所得的税收处理一般情况下与来源于日本境内的所得相同。

依据《境外股息扣除规则》，如果居民企业直接持有非居民子公司25%或以上的流通股票或者拥有其投票权，且距支付固定股息截止日之前至少持有6个月以上，则该居民企业来源于该子公司的股息所得的95%不计入应纳税所得。如果股息在国外子公司所在国已扣除，则自2016年4月1日及以后开始的会计年度，上述规则不再适用。

（2）境外亏损。除上面对“亏损”的相关规定外，对境外损失的抵扣或结转以后年度没有任何限制。

（3）境外资本。无资产净值税。

（4）避免双重征税。国内税法中规定，可通过境外税收抵免避免双重征税。纳税人可选择扣除已纳境外税收代替境外税收抵免。

税收抵免适用于居民税和国家公司税。一般情况下，抵免额应不超过依据日本相关税率计算的纳税人境外所得应缴税款。超过抵免限额的外国已纳税款，根据实际情况，可向后结转3个会计年度。

居民企业具有直接抵免其境外国家所得税、境外地方所得税和预提税资格。但依据《境外股息扣除规则》计征的预提税，既不可抵免也不能税前扣除。

日本所签订的税收协定中关于境外税收抵免的规定与国内税法相一致。

2. 非居民企业

不属于居民企业的企业一般被视作非居民企业，并被称为外国企业。

（1）一般所得和资本利得的课税。非居民企业一般仅就其来源于日本境内的所得纳税。

当非居民企业在日本境内通过常设机构（例如分支机构或代理机构）进行贸易或交易，则非居民企业与居民企业适用相同规定缴纳公司所得税。总机构的费用支出如果能够合理分配并记录，则可以在税前扣除。

非居民企业一般情况下不缴纳居民收入税，但在日本境内设有常设机构的非居民企业除外。

从2016年4月1日起，对非居民企业取得仅与常设机构有实际联系的日本所得征收公司所得税。

在日本境内没有常设机构的非居民企业取得的来源于日本境内的所得一般情况下应缴纳预提税。

此外，在日本境内没有常设机构的非居民企业取得的来源于日本境内的所得应与其他居民企业适用相同的税率，上述所得是指资产管理或持有所得、特定劳务所得、不动产的租金收入、销售不动产的资本利得以及销售某些特定股票所获得的资本利得，上述所得所缴预提税可在计算公司所得税时抵免。

（2）资本课税。没有资产净值税。

（3）征收管理。非居民企业来源于其日本境内常设机构的所得应与居民企业适用相同规定，进行纳税申报。但非居民企业的分支机构允许延期申报。

3. 非居民企业预提税

非居民企业的日本分支机构有来源于日本境内的所得（如租金、利息和特许权使用费）应缴纳预提税。但当分支机构获得了税务机关的预提税免税凭证，并在款项收付实现前向来源于日本境内的付款方出示该凭证，则该分支机构可免征预提税。

2013 年至 2037 年，在预提税基础上附加征收特别重建所得税，税收协定规定的除外。

（1）股息。居民企业向非居民企业支付的股息适用 20% 的预提税税率。上市公司分配的股息税率减少至 15%。

（2）利息。日本境内法人获得的日本政府债券、市政债券、公司债券和储蓄或存款利息，预提税税率为 15%。

日本政府债券、市政债券、使用一定记账体系的特定公司债券适用特殊规定，纳税人提交相关申请表后，记账式政府债券、记账式市政债券和记账式（特定）公司债券免征预提税。

（3）特许权使用费。支付给非居民企业的特许权使用费应缴纳 20% 的预提税。

（4）其他。国内经营法人根据其隐名合伙协议向作为隐名合伙人的非居民法人（包括法人和企业）分配营业利润时，所分配利润应缴纳预提税，适用税率为 20%。

向非居民企业支付日本境内不动产租金须按 20% 的税率缴纳预提税。非居民企业销售其所持日本境内房地产所得一般情况下按 10% 的税率缴纳预提税。

当非居民企业派遣人员到日本境内提供特定服务（例如律师、注册会计师和科技人员或管理人员）时，向非居民企业支付的相应服务费也应缴纳预提税，适用税率为 20%。

向发生在日本境内的服务支付的管理费，需要缴纳预提税。

（五）反避税

1. 概述

日本税法中包含针对寡头控股企业（超过 50% 的股份由三个股东和关联方持有的企业）的一般反避税规定。规定指出，当税务部门认为寡头控股企业的交易将不当减少该企业的税收负担时，可阻止该交易的进行。对企业重组交易和合并纳税集团间交易，也有类似的条款规定，这些规定适用于包括寡头控股企业在内的所有企业。

2. 转让定价

一般情况下，税务机关要求集团内部按照独立交易原则进行交易。

如果一方企业受另一方控制，或企业双方同为第三方控制，则双方企业是关联企业。所谓“控制”是指满足下列条件之一的情形：一方直接或间接持有另一方股份 25% 或以上；一方对另一方的生产经营、资金活动、人事管理等方面具有实际控制权。

转让定价方法有可比非受控价格法、再销售价格法、成本加成法、利润分割法和交易净利润法。企业填写纳税申报表时，提交的资料中应包含：境外关联企业的利润和亏损信息、境外关联交易的详细情况、运用于所有关联交易的转让定价方法以及相关交易的交易量/特征。有关转让定价问题的诉讼时效为 6 年。

通过非关联企业与海外关联企业进行的交易，同样符合转让定价法律规定。

在进行税务稽查时纳税人应披露以下相关文件：关于境外关联交易的文件；根据独立交

易原则进行价格估算的相关文件。

3. 资本弱化

资本弱化规定限制居民子公司就其应付给海外控股股东（是指控制居民企业的非居民企业或非居民个人，或者受同一居民企业控制的非居民企业）的利息进行扣除。如果企业从海外控股股东接受的债权性投资超过债资比率（3∶1），则产生的利息不允许扣除。

包括下文所列债务在内的第三方债务性投资适用资本弱化规定：通过第三方获得来源于海外控股股东的背对背贷款；由海外控股股东提供担保的来源于第三方的债务；通过并向海外控股股东发行债券作抵押从而从第三方获得的债务。

通过日本分支机构进行贸易和商业活动的非居民企业同样适用资本弱化规定。

4. 受控外国公司

日本实行反避税地制度，即直接或间接控制设于低税区的合规企业（“避税地子公司”）的日本股东就其从避税地子公司按持股比例从总收入中分配到的收入或不征税收入计算缴税。

满足下列条件的非居民企业视同避税地子公司：超过该非居民企业股本的50%以上由居民企业、居民个人或居民企业的非居民董事直接或间接持有；并且非居民企业居住国不对所得征税，或征税但税率等于或低于20%。

直接或间接持有避税地子公司10%以上股份的居民企业或个人投资者适用本规定。

除非同时满足下列条件，否则按持股比例从避税地子公司总收入中分配到的所得视同日本股东的应纳税所得额，在日本纳税：①商业目的测试：避税地子公司的主营业务不属于下列范围：持有股票或债券、持有工业产权或专利、租赁船只或飞机；②实质性测试：避税地子公司在其总机构所在地设有进行商业活动所必需的办公场所、商店、工厂或其他商业固定场所；③管理及控制测试：避税地子公司在其总机构所在地进行自身管理和控制；④非关联方测试或所在国测试：避税地子公司主要是与非关联方进行交易（如果其主营业务是批发、银行、信托、证券、保险、海运或空运业务）或主要是在其总机构所在地进行商业活动（如果该公司的主营业务不属于上述六类之列）。

在确定企业是否满足上述条件时，履行区域性总部职能的避税地子公司可采用特殊方法。

即使避税地子公司满足上述所有条件，其日本股东仍需将避税地子公司的不征税收入按其持股比例分配后计入股东的日本应纳税所得额。

避税地子公司的不征税收入包括：由居民子公司持有且持股比例少于10%时获得的股息；居民子公司持股比例少于10%时，通过金融工具交易所销售股票所获得的资本利得；债券利息及债券赎回价与购置成本之间的差额收入；通过金融工具交易销售债券取得的资本利得；来源于知识产权的特许权使用费，知识产权包括专利权、工业产权和版权，但不包括由避税地子公司开发的部分；租赁船只或飞机所取得的收入。

企业可通过外国税收抵免的形式避免双重征税。

居民企业从非居民企业获得股息时，股息所得在不超过根据受控外国公司制度规定在当期或之前10年内已计入应纳税所得额的金额的范围内，可从居民企业的应纳税所得额中全额扣除。此外，居民企业来源于非居民企业派发的股息，如果股息所得来源于二级非居民企业，则相应股息也可全额扣除。

5. 其他反避税规则

自 2013 年 4 月 1 日及以后开始的会计年度，对超额利息支出实施收益剥离规则，即超过调整后应纳税所得额 50% 的净利息不允许扣除。

居民企业的净利息费用包括：（1）支付给关联方的利息，该关联方无需就其利息缴纳日本公司所得税（但不包括预提税）；（2）由于采用（1）占总利息费用的比率所产生的利息收入部分。下列情况下，第三方债务的利息可视同支付给关联方的利息：通过第三方获得的与关联方的对销贷款；有关联方提供担保的第三方债务；作为债务抵押品从关联方借入债券的第三方债务。

另外，超额利息费用最多可向后结转 7 年。

二、个人所得税

（一）一般规定

1. 纳税人

包括永久居民、非永久居民个人和非居民个人。

居民是指在日本国内拥有住所或者在日本居住期满 1 年以上的个人。如果居民不具有日本国籍，并曾在日本有住所或者过去在日本居住 5 年以上 10 年以内，则被归为非永久居民。如果一个居民不是非永久居民则被归为永久居民。

配偶分开纳税，没有共同税收义务。

2. 应纳税所得额

（1）概述。永久居民就其全球所得纳税。非永久居民就来源于日本的所得、在日本境内支付或者汇入日本的来源于国外的所得纳税。非居民仅就来源日本的所得纳税。

普通所得按照累进税率征税，包括利息所得、股息所得、房地产所得、企业所得、雇佣所得、杂项所得、偶然所得和除了房地产和证券收益外的其他资本利得。从房地产销售和证券资本取得的资本利得以特殊税率单独征税。此外，纳税人可以选择按照单独普通所得申报股息所得，以固定税率征税。

木材所得、退休所得也按照累进税率征税，但是从其他类型的所得中分开进行单独征税。特殊处理适用于特定的利息和红利，仅缴纳预提税。

一般情况下，允许扣除的费用或法定扣除部分都是从总所得中扣除，从而得到净所得，再从净所得中扣除个人扣除额和津贴就得到应纳税所得额。

（2）免税所得。免税所得包括：健在的家庭成员收到去世的家庭成员的养老金服务；销售用于普通生活的必需的资产取得的资本利得，如家具、家庭用品和衣服；根据人身意外精神或身体伤害保险政策规定取得的理赔金；个人储蓄账户中持有上市公司股票的股息和资本收益部分，从 2014 年到 2023 年，每人每年最多可以投资 1 百万日元，最长持有时间可以达到 5 年。

3. 受雇所得

（1）工资、薪金所得。薪金、工资和其他类似性质的报酬需要缴纳个人所得税。上下班一定额度限制的津贴和差旅费报销津贴免税，因此不包括在总的补助当中。下列标准金额可以从补助总金额中扣除，如表7所示：

表7

补助总金额（日元）	扣除（日元）
不超过1 800 000	补助总金额的40%（最低限度650 000）
1 800 001～3 600 000	补助总金额的30%+180 000
3 600 001～6 600 000	补助总金额的20%+540 000
6 600 001～10 000 000	补助总金额的10%+1 200 000
10 000 001～15 000 000	补助总金额的5%+1 700 000
超过15 000 000	最高2 450 000

如果雇员已有了指定支出，除了标准扣除外，下列款项可以从补助总金额中扣除，如表8所示：

表8

补助总金额（日元）	扣除额（日元）
不超过15 000 000	指定支出－（标准扣除×1/2）
超过15 000 000	指定支出－1 250 000

2016年标准扣除额确定为指定支出减去标准扣除的50%，与总的补助额无关。

符合条件的支出包括上下班费用、搬迁费和专业资格性质的费用，不包括由雇主支付的非应税津贴的补助。书籍、衣物和直接必要的履行职责而开销的业务招待费允许扣除，每年最多扣除650 000日元。

由雇主支付的补助需缴纳预提税。

（2）实物福利。从雇主处获得的实物利益一般构成应纳税所得额。

用人单位代表其雇员租赁的住所，应纳税所得的计算以房产税税基为基础。用人单位代表其董事租赁的住所，一般租赁费用的50%应纳税。如果住所同时用于商业目的，应纳所得降低30%。但是，如果住所被视为奢侈高档住宅（面积大于240平方米），则租金全额纳税。

如果公司汽车最初购买使用是出于商业目的，则不纳税。

每年一次的探亲假交通费津贴，只要数额合理则不纳税。

公司给予雇员/董事或其子公司的雇员的所得/董事的股票期权所得按照如下方式处理：合格的股票期权在销售股份时纳税，而不是在授权或行使时。销售收益与行使价格之间的差额视为资本收益/亏损；不合格的股票期权在行使价格时纳税；在行使价格的时候股票的公允价值及行权价格之间的差额归为雇佣所得进行纳税，如果一只股票期权在市场上可交易，则期权的价值归入雇佣所得纳税。

（3）养老金所得。公共养老金包括国民年金和公司养老金，视为普通所得中的杂项所得，针对该项所得减去基于纳税人年龄和养老金数额确定的法定扣除额后的余额征税。自愿保险养老金也作为杂项所得征税。如果选择一次性所得来代替保险政策下的定期所得，则一次性总所得（扣除每年标准扣除额500 000日元以及依据政策的相关缴款之后）的50%，按照偶然所得纳税。

由于退休或辞职发生的遣散费列入退休所得。应税退休所得为所得扣除如下法定数额后的余额的50%，如表9所示：

表9

服务年限（年）	法定扣除额（日元）
不超过20	400 000/年（最低限度800 000）
超过20	700 000×（服务年限－20）+8 000 000

如果纳税人因残疾事故导致辞职，则可额外扣除1 000 000日元。

（4）董事报酬。公司董事会成员取得的报酬列入雇佣所得。无论居民公司的董事服务或履行职责在何地，其薪酬被视为来源于日本的所得。

填写蓝色纳税申报表的纳税人可享有特定税收优惠措施，不填报蓝色纳税申报表的个人，只允许扣除一小笔固定金额。

专业服务所得也归入经营所得。

5. 投资所得

股息所得扣除相关利息费用后作为普通所得申报纳税。但是，纳税人有权选择不申报从上市公司取得的股息（个人股东持有3%及以上的流通股除外）以及从非上市公司取得的每年少于10万日元的小额股息。小额股息作为普通所得缴纳居民税。

另外，纳税人有权选择将从上市公司取得的股息从普通所得中分离出来，该股息可以抵消上市公司的资本损失。

居民个人在日本境内取得的银行支付的存款利息、政府债券和某些债券投资信托支付的利息要缴纳预提税。来自不缴纳日本预提税的境外银行支付的利息需就利息所得填报纳税申报表。个人或公司的贷款利息计入杂项所得。

在日本支付特许权使用费减去相关费用后，以普通所得征税。

从不动产租赁取得的房地产所得按照普通所得征税。必要费用支出（包括建筑物的折旧）允许扣除。取得房地产所得的个人可以选择填写蓝色纳税申报表。

6. 资本利得

从不动产和证券以外取得的资本利得按照普通所得征税。

销售不动产取得的资本利得独立于普通所得之外，单独征税。

如果销售的不动产是纳税人的居住地，则允许获得3 000万日元的特殊扣除。

销售股份取得的资本利得也独立于普通所得之外，单独征税。

7. 个人扣除、宽免和抵免

（1）扣除。在计算国家所得税和居民税应税所得时，纳税人或者住在同一居所的家庭成员产生的资产损失，或者灾难或抢劫造成的损失允许扣除。

纳税人或者住在同一居所的家庭成员的医疗费用允许扣除。抵扣额为医疗费用减去获得的保险赔款后的余额。

纳税人与住在同一居所的家庭成员支付的社会保险费和纳税人支付的失业保险费，允许全额扣除。

依据特定保险政策支付的人寿险保费的抵扣金额取决于年度支付的保费总额。征收国家所得税的税前最高扣除额一般为40 000日元，征收居民税的税前最高扣除额一般为28 000日元。

另外，如果捐赠给某一地方政府指定的当地政府或者其他实体，可以获得特殊抵免（称为“故乡捐赠计划”）。额外税收抵免额依据边际国家所得税税率而有所不同，最高抵免额为抵免前的居民税的10%。

（2）宽免。用于居民个人的一般津贴如表10所示：

表 10

居民个人	津贴（日元）	
	所得税	居民税
纳税人基本扣除额	380 000	330 000
配偶一方	380 000	330 000
配偶一方（70岁或者70岁以上）	480 000	380 000
家属（19～22岁之间）	630 000	450 000
家属（70岁或者70岁以上）	480 000	380 000
父母一方（70岁或者70岁以上并且生活在一起）	580 000	450 000
家属（16～18岁之间和23～69岁之间）	380 000	330 000

除上述外，还包括残疾人、寡妇、鳏夫、离婚人士、在职学生或有工作的配偶。

（3）抵免。房屋贷款适用税收抵免。

8. 损失

损失一般可以抵消所有类型的所得。但是也有如下特殊规定：与股息、偶然所得、杂项所得以及从非生活必需的资产取得的资本利得相关的损失不能抵消其他类型的所得；如果与不动产所得相关的全部或者部分损失包含购买土地所发生的利息支出，则利息支出部分不能抵消其他类型的所得；出售股票产生的损失通常不能抵消其他类型的所得；出售房地产时发生的损失不能抵消其他类型的所得，但是，出售住宅性房地产产生的损失允许抵消其他类型的所得。

如果纳税人在损失发生期间填写蓝色申报表，那么与普通所得相关的损失允许向以后年度最长结转3年。如果纳税人不填写蓝色申报表，则只有部分损失可以向后年度结转，如因自然灾害造成的企业资产损失。

出售上市股票产生的损失允许向以后年度最长结转3年，抵消出售股票产生的资本利得。

某些特定条件下，出售住宅性房地产产生的损失允许向以后年度最长结转3年。

9. 税率

（1）所得和资本利得。国家所得税按照以下列税率对普通所得征收，如表11所示：

表 11

应纳税所得额（日元）	边际税率（%）
不超过 1 950 000	5
1 950 000～3 300 000	10
3 300 000～6 950 000	20
6 950 000～9 000 000	23
9 000 000～18 000 000	33
18 000 000～40 000 000	40
超过 40 000 000	45

出售不动产产生的资本利得，税率由持有时间的长短决定。如果纳税人在出售不动产的当年的 1 月 1 日已拥有不动产超过 5 年，资本利得税率为 20%（15% 的国家所得税和 5% 的居民税）；未超过 5 年的，税率为 39%（30% 的国家所得税和 9% 的居民税）。

出售股票的资本利得，税率为 20%（15% 的国家所得税和 5% 的居民税）。

（2）预提税。支付给居民的工资薪金要征收预提税，雇主在支付工资时代扣代缴税款。支付的退休所得也需要缴纳预提税。公共养老金需要缴纳预提税，一般减去法定扣除后按照 5% 的税率征收。

根据服务的性质，服务费可能需要缴纳预提税。例如，翻译费和律师费从源头扣缴税款，第一个 100 万日元按照 10% 的税率征税，之后按照 20% 征税。

支付给居民个人的股息以 20% 征收预提税（15% 的国家税和 5% 的居民税）。

支付给居民个人在银行存款、政府债券和某些债券投资信托的利息按照 20% 税率征收最终预提税（15% 的国家税和 5% 的居民税）。

支付给居民个人的使用费，从源头预缴税款，第一个 100 万日元按照 10% 的税率征收，之后按照 20% 征收。

预提税可以完全抵扣最终应纳税额。

10. 征收管理

（1）纳税年度。个人纳税人的纳税年度为公历年度。税收评估是以当年为基础。

（2）纳税申报。采用自我评估，分为白色（普通）纳税申报和蓝色纳税申报。个人从事经营并保留合规的会计记录就可以向相关税务机关提出蓝色纳税申报申请。填报蓝色纳税申报表的个人可享有一定的税收优惠政策。

个人纳税人须在一个公历年度的下一年的 2 月 16 日至 3 月 15 日之间向有关税务机关提交该公历年度所得税申报表。

（3）税款缴纳。纳税年度的个人所得税必须于申报期限前，即次年度的 3 月 15 日之前向相关税务机关缴纳。如果纳税人申请银行自动转账，那么实际的资金转账日期应为 4 月中旬左右。

上一年度个人所得税减去预提税后的余额等于或大于 15 万日元时，三分之二的税款必须分两次提前缴纳，缴纳期限分别为 7 月 31 日和 11 月 30 日。

（4）事先裁定。事先裁定包括两个程序：由纳税人提交独立案例的事先裁定书面文件；由行业协会和类似机构提交与特定行业相关交易的事先裁定书面文件。事先裁定不包括某些案例，例如基于假设事实和以节税为主要目的案例。事先裁定一般情况下都是公开进行的。

（二）其他类型的所得税

1. 营业税

从事特定经营活动的居民个人需要缴纳营业税，属于地方税。税基是经营所得减去2 900 000日元的法定扣除额和某些损失后的余额。标准税率根据业务类型有所不同，从3% ~5%不等。

2. 居民税

居民税属于地方税。在上一年基础上征收，即以上一年度的所得进行评估计算。

居民税由两部分组成：一个基于所得、一个基于人均纳税。普通所得的居民税统一税率为10%，资本利得适用不同税率。

3. 特别重建税

特别重建所得税从2013年到2037年按照所得税（包括预扣税）的2.1%征收。税收协定规定的所得税减征或者免征除外。

如果纳税人申请国外税收抵免，特别重建所得税基于外国税收抵免前的所得税来计算。

（三）国际税收

1. 居民纳税人

（1）境外所得和资本利得。永久居民就其全球所得纳税。非永久居民就来源于日本的所得和在日本境内支付或者汇入日本的来源于国外的所得纳税。

国外所得的税收处理方式与来源于境内所得的处理方式相同。

（2）境外资本。没有净财富税。

（3）避免双重征税。通过国外税收抵免的形式避免双重课税。纳税人可以选择将已纳国外税款作为与经营所得、房地产所得、木材收入、杂项所得和偶然所得相关的费用进行扣除，从而代替国外税收抵免。

一般情况下，抵免额应不超过纳税人境外所得按照日本相关税率计算出的应缴税款。超过抵免限额的国外已纳税款，根据实际情况，可以向后结转3个会计年度。

2. 侨民

（1）来日人员。非永久居民就来源于日本的所得和在日本境内支付或者汇入日本的来源于国外的所得纳税。

日本境外支付的补偿不缴纳预提税，与在日本业绩相关的赔偿要进行个人所得税纳税申报，即使应税赔偿总额为2 000万日元以下也不例外。如果在日本支付的所有报酬和赔偿总额不超过2 000万日元则不需要填写纳税申报表，但要缴纳预提税。

（2）外派人员。目前对于向外移民没有特别的规定。2015年7月1日引入退出税，准备离开日本的居民个人需就其投资的股票、证券或衍生工具产生的1亿日元或者以上的资本利得进行评估。

3. 非居民纳税人

（1）一般所得和资本利得课税。非居民仅就来源于日本的所得纳税。

就征收国家所得税而言，在日本没有常设机构的非居民一般单独就来源于日本的所得以固定税率征收，另外，某些特定所得如房地产所得，则以房地产净所得额按照累进税率征收。如果非居民在日本设有常设机构，来源于日本的所得通常以净所得额为基础是按照累进税率征收，另外，销售不动产和证券，以特殊税率分别征收。

从 2013 年到 2037 年，特别重建所得税是在所得税（包含预提税）的基础上按照 2.1% 的税率征收，税收协定规定的减税或者免税除外。

居民税一般不对非居民征收，但是如果非居民在日本设有常设机构，则人均居民税需要征收。此外，如果非居民在日本从事某些特定业务，则可能需要征收营业税。

雇佣所得。在日本就业补偿视为来源于日本的所得，按总额的 20% 纳税。来源于日本的补偿通常是根据在日本境内、境外提供服务的天数取得的总补偿额来确定的。居民公司的董事无论在何地履行职责，其获得的补助均视为来源于日本的所得。

依据日本退休金计划，公共养老金减去法定扣除额以及与在日本服务期相关的退休津贴后的余额也视为来源于日本的所得。由经营海运业务的居民公司支付给非居民海员的补偿，无论业务在何地进行，该补偿费全部属于来源于日本的所得，在所得基础上按照 20% 的税率征收。当上述款项在日本支付时，需预提税款。否则，需填写非居民纳税申报表纳税。

非居民可以选择与居民同一征税方式的退休津贴，为退休所得选取更为优惠的税收措施并按照累进税率征税。但是，在这种情况下，非居民就来源于全球的退休津贴征税。

日本缔结的税收协定一般包括雇佣所得安全港规则。因此，一定条件下，非居民与就业相关的所得允许免税，比如每年在日本停留不超过 183 天所取得的雇佣所得。

经营和专业服务所得。根据国内税法规定，如果非居民在日本设有常设机构，则非居民在日本经营业务取得的所得需要征税，以净所得额为基础按照累进税率征税，允许扣除意外损失、捐赠和基本个人免税额。根据相关原则，所有来源于日本的经营所得，不论该所得是否属于常设机构，通常都要征税，税收协定规定的除外。根据国内税法规定，收入归属原则将于 2017 年替代上述规则。

在日本没有设立常设机构的非居民公司在日本提供专业服务取得的所得以总所得为基础按照 20% 的税率征税。如果在日本支付补偿，需要缴纳预提税，否则，需填写非居民纳税申报表进行纳税。税收协定下，上述所得归入经营所得，免税。

投资所得。非居民取得的来源于日本的利息、股息、专利费一般按照如下税率以总额为基础缴纳最终预提税，如表 12 所示：

表 12

支付类型	税率（%）
来源于国债、地方政府债券、公司债券，储蓄或者日本某实体的存款	15
在日本贷款从事经营的个人支付的贷款利息	20
从非上市居民公司取得的股息	20
特许权使用费	20

从某些上市公司取得的股息的预提税税率降至 15%。

簿记系统管理下的日本政府债券、市政债券和某些公司债券适用特殊规定，如果提交了相关申请表，则簿记系统管理下的上述债券产生的利息免征预提税。

国内经营个人按照匿名合伙合同分配利润给作为匿名股东的非居民纳税人（包括个人

和公司），该分配利润需按照20%的税率缴纳预提税。

出租日本境内的房地产取得的租金收益按照20%的税率征收预提税。租金所得需填写纳税申报表，租金净所得减去相关费用后的余额按照累进税率征税。预提税可以在年度应纳税额中抵免。

资本利得。出售日本境内不动产产生的资本利得，税率由持有时间的长短决定。如果纳税人在出售不动产的当年的1月1日已拥有不动产超过5年，资本利得税率为15%；不超过5年的，税率为30%。出售日本境内的不动产取得的资本利得，预提税是在对销售收益进行评估的基础上按照10%的税率征收，在计算最终所得税时允许全部扣除。

资本利得收益需填写纳税申报表。

（2）资本课税。不征收净财富税。

（3）征收管理。如果非居民所得要缴纳预提税则不需要填写纳税申报表，否则，和居民一样需要进行纳税申报。非居民申报没有缴纳预提税的雇佣所得可在次年的3月15日之前的任意时间填报所得税申报表。

三、消费税

（一）一般规定

1. 概述

消费税是以销售额为税基的税种，在性质上类似于欧洲的增值税。该税对在日本境内提供的商品和服务征收。

2. 纳税人

广义上，满足下列条件之一的法人实体视为纳税人：“基础年度”（通常为上一年度之前的财政年度）的应税销售额超过1 000万日元；没有基础年度且股份资本至少为1 000万日元（或其他等价货币）的企业；自愿选择成为消费税的纳税人。

另外，从2013年1月1日的财政年度起，基础年度应税销售额未超过1 000万日元的企业，如果在“特定时期”（一般为上一财政年度的前6个月）的消费税应税销售额超过1 000万日元，则该企业为消费税纳税人。没有基础年度且股份资本少于1 000万日元的企业，如果受控于应税销售额达50 000万日元的个人，则该企业也是消费税纳税人。

3. 应税行为

下列交易需缴税：在日本境内提供商品和服务；出售或租赁日本境内资产；进口商品。

进口消费税对任何进口行为征收，无论该进口行为是否以商业目的。

4 应税收入

国内应税交易的税基是为商品和服务支付的报酬。

应税进口交易，其税基为进口货物的价值加上关税和特别消费税。

5. 税率

适用税率为8%，其中包括6.3%的国家消费税和1.7%的地方消费税。

从2017年4月1日起，税率预计增至10%（7.8%的国家消费税和2.2%的地方消费税）。

6. 免税

免税项目包括土地出售或租赁、银行及保险服务、医疗保健、房屋租赁和教育等。上述交易的进项税不允许抵扣。

出口贸易适用零税率。向非居民个人或企业提供的服务一般情况下也视同出口交易。上述交易的进项税允许抵扣。

（二）非居民纳税人

非居民个人和企业是消费税税纳人，与居民适用相同的消费税规定。在此情况下，当非居民符合退税条件时，有权申请退税。

自 2015 年 10 月 1 日起，外国电子服务供应商也应缴纳日本消费税。B2B 交易基本适用反向征税原则，由服务接受方缴纳日本消费税。B2C 交易中，外国电子服务供应商需在日本注册居民企业作为纳税代理人，并由供应商缴纳日本消费税。外国企业可从 2015 年 7 月 1 日起进行注册。

四、特别消费税

对酒、烟草、汽油和液化石油气征收特别消费税。

五、社会保障税

（一）对企业征收

一般情况下雇主应参与社会保障体系（健康保险和福利养老保险）和劳动保障体系（失业保险和工伤补偿保险）。

社会保障税涉及向雇员和董事支付的包括附加福利在内的所有类型的赔偿金，并规定了最高缴纳上限。劳动保险费是对向雇员支付的赔偿金和附加福利征收。

雇主适用的社会保障税税率（健康保险从 2014 年 3 月起生效，福利养老保险从 2013 年 9 月起生效，失业保险和工伤补偿保险从 2012 年 4 月起生效）如表 13 所示：

表 13

保险种类		社会保障税税率（%）
健康保险：		
—	40 岁以下	4.985①
—	40 岁及以上	5.845①
福利养老保险		8.914②
失业保险		0.8～1.05
工伤补偿保险		0.25～8.9

注：①适用税率取决于雇主所在都道府县；上述税率为东京的税率。

②2016 年 8 月之前为 8.914%，2017 年 8 月之前为 9.091%，2018 年 8 月之前为 9.15%。

雇主缴纳的社保费允许全额扣除。

（二）对个人征收

雇员须参加社会保险制度（健康保险和福利养老保险）和劳动保险制度（失业保险）。社会保障税涉及向雇员和董事支付的包括附加福利在内的所有类型的赔偿金，并规定了最高缴纳上限。劳动保险费是对向雇员支付的赔偿金和附加福利征收。

40岁及以上人士除缴纳标准健康保险费以外，还需要缴纳护理保险费，健康保险费费率高于年轻人。

社会保障税税率（医疗保险从2014年3月起生效，福利养老保险从2013年9月起生效，失业保险从2012年4月起生效）如表14所示：

表14

保险类型		社会保障税税率（%）
健康保险：		
—	低于40岁	4.985①
—	40岁及以上	5.845①
福利养老保险		8.914②
失业保险		0.5～0.6

注：①适用税率取决于雇主所在都道府县；上述税率为东京的税率。

②2016年8月之前为8.914%，2017年8月之前为9.091%，2018年8月之前为9.15%。

个体经营者须参加国民健康保险和国民养老保险系统。国民健康保险费取决于当地政府和参与者的收入。国民养老保险费是固定的，例如，从2015年4月至2016年3月为15 590日元/月，每年4月保费金额上调一定数额。

（周咏雪　编）

韩国税制

韩国实行中央、省、市（县）三级征税制度，税收立法权、征收权、管理权主要集中在中央，省、市等地方政府无税收立法权，只有很少的管理权。

韩国现行税制中的主要税种有：

国税（中央税）包括个人所得税、公司所得税、社会保障税、增值税、特别消费税、关税、遗产和赠与税、酒税、印花税、证券交易税、交通能源环境税、教育税、农村开发特别税等。

省税包括财产取得税、注册税、闲暇税、许可证税、公用设施税、地区开发税和地方教育税等。

市、县税包括居民税、财产税、机动车税、农业所得税、屠宰税、烟草消费税和汽车燃料税等。

韩国的通用货币为韩元。

一、公司所得税

（一）一般规定

1. 税制类型

韩国实行古典所得税制，经济性双重征税通过对公司股东给予股息扣除和对个人股东给予股息税抵免的方式予以部分消除。

2. 纳税人

公司所得税纳税人分为两类：本国公司和外国公司。本国公司即居民公司，指其总部或者主要机构设立在韩国的公司，还包括有效管理地在韩国的公司，它们应当就其来源于全世界的所得缴纳公司所得税；其余则为外国公司，它们仅就其来源于韩国的所得纳税。

3. 应纳税所得额

（1）一般规定。公司所得税的应税所得包括纳税年度公司实现的所有所得和公司清算实现的清算所得。公司转让资本性资产实现的资本利得，不区分持有期限的长短，统一按照普通所得征税。

（2）免税收入。公益信托财产所得和非盈利企业的清算收入免征。取得的国内股息不免税，但可以按规定享受一定比例的税前扣除。

（3）扣除。除了正常的费用支出一般可以税前扣除以外，税收方面作了一些特殊扣除规定：

①捐赠扣除。下列捐赠支出可以扣除，但是扣除额总计不能超过应纳税所得额的10%，超过部分可以往后结转5年：

——向公益单位、社会福利组织和宗教组织的捐赠；

——为学术研究、技术开发和发展体育技能的捐赠和设立奖学金；

——向总统令规定的公共团体的捐赠。

此外，无偿向政府机构捐赠的货物和现金，为国防和战争救济的缴款，为灾害救济捐赠货物和现金，给私立学校用作设施建设、教育、设立奖赏金和研究的捐款以及给设在免税经济区的外国教育机构用作设施建设的捐款，可以在应纳税所得额的50%内扣除，但是超过部分只能结转1年。

②业务支出扣除。在不超过下列两项数额合计的范围内可以扣除：

——纳税期月数乘1 200万韩元（中小企业为1 800万韩元）再除以12；

——根据经营年度毛收入和表1所列比例计算的扣除额。

表1　按照毛收入计算的扣除比例

毛收入	扣除比例	扣除额
不超过100亿韩元	0.2%	毛收入×0.2%
超过100亿至500亿韩元部分	0.1%	2 000万韩元+（毛收入－100亿韩元）×0.1%
超过500亿韩元部分	0.03%	6 000万韩元+（毛收入－500亿韩元）×0.03%

（4）折旧和摊销。按照财政部令规定的折旧率或使用年限提取的固定资产折旧和无形资产摊销都允许扣除。

折旧或摊销方法因资产类型而异，如表2所示：

表2　不同类型资产的折旧/摊销方法

资产类型	折旧或摊销方法
建筑物和无形资产	直线法
采矿权	产量法或直线法
除建筑物和采矿设备以外的有形固定资产	固定百分比法或直线法
采矿设备	产量法或直线法
开发成本	开发完成以后的20年内均摊

对于取得的固定资产，纳税人可以在规定使用年限的25%幅度内选择折旧年限，对于购置已使用过半的固定资产，或者通过公司重组取得的固定资产，纳税人可以按规定使用年限的50%～100%幅度内确定折旧年限。

对于固定资产单位价值低于100万韩元的，原则上可以在购置当年一次性冲销。

（5）准备金。下列准备金可以在规定限额内税前扣除：

——退休准备金，在支付给雇用1年以上职工工资的5%以内，且准备金累计总额不超过应当支付给所有职工（假定他们在年底退休）退休金的20%（每年减少5%，至2016年取消）；

——坏账准备金，按照应收账款总额的1%（金融机构为2%）或者当年坏账损失占上一年应收账款的比例两者中的较大者；

——保险企业法规定提取的负债准备金和应急准备金，不超过总统令中所规定的限额；

——保险公司的支付给保险人的利息准备金，不超过金融监管委员会和经济财政部所规定的限额等。

4. 资本利得

资本利得计入普通所得征收公司所得税。

资本利得是指财产转让收益超过成本的部分。转让证券实现的利得同样征税。未实现的利得原则上不征税。

公司合并、分拆或整体转让产生的资本利得，符合条件的可以递延纳税。

5. 亏损

(1) 经营亏损。从2009年1月1日开始的纳税年度实现的经营亏损可以往后结转10年；2009年以前产生的经营亏损只能往后结转5年。亏损结转遵循早亏损早抵补原则。

公司合并，被合并公司的亏损原则上不能转给合并后公司。

亏损不能往前结转，但中小企业发生的亏损允许往前结转1年。

(2) 资本损失。资本损失的处理同经营亏损。

6. 税率

(1) 一般所得和资产利得适用税率。公司所得税实行两档累进税率，自2012年起税率如表3所示。

表3　　2012年及以后年度公司所得税税率表

级数	全年应纳税所得额	税率（%）
1	不超过2亿韩元的部分	10
2	超过2亿韩元至200亿韩元的部分	20
3	超过200亿韩元的部分	22

此外，韩国实行最低税制度，即无论公司是否盈利或是否享受税收优惠，其缴纳的公司所得税不得低于最低税。最低税的税基为未扣除减免优惠项目前的应税所得，最低税的税率如表4所示。

表4　　韩国公司所得最低税税率表

公司类型	级数	最低税税基	税率（%）
大公司	1	不超过100亿韩元的部分	10
	2	超过100亿韩元至1 000亿韩元的部分	12
	3	超过200亿韩元的部分	17
中小公司			7

除公司所得税以外，2015年公司所得税法对留存收益引进一项新的特别税，以鼓励企业使用或者分配其留存收益。该项留存收益税只对大公司征收，税基为公司的规定所得减除

工资支出、股息分配和公司新投资支出后的余额，税率为10%。

此外，公司还需要缴纳地方所得税（见“其他类型所得税”部分）。

对于出让非经营不动产实现的资本利得，除按最高档税率征收公司所得税以外，还要按10%税率加征利得税，如果出让者未按规定注册的，利得税税率则为40%。不过，对中小企业2015年以前实现的上述不动产利得不加征利得税。

（2）国内支付的预提税税率。支付给本国公司的下列所得应按照规定税率征收预提税：利息，税率为14%（非商业贷款利息为25%）；证券投资信托基金的利润分配，税率为14%。

预提税不是最终税，它可以抵免最终纳税义务。

此外，从2014年1月1日起，利息所得除需要按上述规定缴纳预提税以外，还需按10%税率预提征收地方所得附加税（见“其他类型所得税”部分）。

7. 税收优惠

韩国规定有一系列税收优惠措施以实现国家经济目标。多数优惠政策根据日落条款规定了1~5年的优惠期限，若以后不被延期则到期自动失效。现行主要税收优惠措施有：

（1）中小企业和高潜力企业优惠。中小企业和高潜力企业可以享受诸如投资准备金、投资抵免和税收扣除等多项优惠，优惠期限不等。《中小企业基本法》规定了中小企业的标准，即中小企业应该满足如下条件：从事法律规定的合法的商业活动；总资产不超过5 000亿韩元；符合法律规定的营业额标准；所有权与经营权相分离等。《税收优惠管理法》则规定了“高潜力企业”的标准，即须满足如下条件：不是中小型企业；从事法律规定的合法的商业活动；所有权与经营权相分离；企业三年的平均营业额不能超过3 000亿韩元。

①投资抵免的优惠（有效期至2015年12月31日）。中小企业购置机器设备等企业资产，可以按照购置成本的3%抵免个人所得税或者公司所得税，2015年新增的中小企业和高潜力企业，抵免率为4%。

②新建中小企业的优惠：2015年12月31日以前新成立的符合条件的中小企业，可以自新成立企业首次实现盈利年度起享受5年减半征收个人所得税或者公司所得税；2016年12月31日以前新成立的中小企业自设立以后5年内减半征收财产税，财产取得税和注册税可以在4年内减征75%。

上述“符合条件”是指在农村地区成立的，且从事于手工业、矿业、增值电信业务、科研、广播、数据处理和计算机相关业务、工程科学、交通和仓储业的中小型企业，在特定地区成立的，为科技密集型且从事于上述行业的中小型企业服务的风险投资企业。

③对中小企业的特别优惠（有效期至2017年12月31日）：在大城市内的符合条件的中小企业，根据其行业不同，可以享受5%~30%的个人所得税或者公司所得税的减征优惠。

（2）促进研究和人力资源开发①的税收优惠。所有符合规定的可以享受以下优惠：

①研究和人力资源开发抵免：从事制造业、采矿业和总统令规定的其他行业的公司，发生的技术和人力资源开发支出可以享受以下优惠：

新技术和基础技术支出，可以按发生支出的20%（中小企业为30%）的比例抵免（2015年12月31日以前有效）；其他技术和人力资源开发支出，可以按当年支出比上一年

① 在韩国，人力资源开发主要指职业培训。

支出增加的部分的40%（中小企业为50%）的比例抵免，或者按当年支出的3%～25%（依企业的不同类型）的比例抵免。

②投资于技术和人力资源开发设施的税收抵免（有效期至2015年12月31日）：公司购买设施用于研究开发和职业培训的，最多可以按照其总价款的10%抵免。

③技术转让抵免。中小企业购买专利权和实用新型权，最多可以按照总价款的7%享受税收抵免（有效期至2015年12月31日）。

④风险资本利得不征税：风险投资公司投资于新建中小企业的，其出售该中小企业的股票或者权益所实现的利得，免征公司所得税。（适用于2017年12月31日以前购买的股权）。

⑤对个人的优惠，包括对投资于为中小型企业成立服务的合作协会、投资于风险企业和重组企业的证券信托等的个人投资者的扣除优惠（有效期至2017年12月31日）；对在韩国密集型企业、工程部门和开发部门工作的外籍技术人员的工薪所得免税优惠；对其他外籍雇员统一按17%税率征收个人所得税等。

（3）促进国际资本交易的税收优惠。下列与外币业务有关的利息和佣金，免征公司（预提）所得税和个人所得税：政府、地方自治团体和国内公司发行的外币债券的利息和佣金；从国外金融机构或者其他从事外汇业务的符合条件的机构借入的外币债务所发生的利息和佣金；非居民在外汇银行的外币存款，根据《外汇管理法》在国外发行和出售的证券所发生的利息和佣金。

（4）鼓励投资的税收优惠。下列优惠，若无特殊说明有效期至2017年12月31日：

①为提高生产率而进行的设备投资抵免。居民或者本国公司投资于下列之一者，可以按照投资额的3%（高潜力企业为5%，中小企业为7%）抵免个人所得税或者公司所得税：提高中小企业工艺和制造自动化水平的设备；提高制造技术和技能的设备；电子商务设备；电子管理系统等。

②安全设备的投资抵免。投资于安全设备的可以抵免3%（高潜力企业为5%，中小企业为7%）。

③节能、环保设备抵免：居民和国内公司在2016年12月31日以前的节能设备投资和环保设备投资，可以按照投资额的10%抵免公司所得税。

④就业投资抵免：居民和国内公司为增加雇员而进行的投资，不仅可以按投资额的3%（高潜力企业为1%或2%）享受投资抵免，还可以再按投资额的3%（高潜力企业和中小企业为4%）享受就业抵免。

⑤雇员住房投资抵免：居民和国内公司在2016年以前建造或购买住房租给无房雇员居住的，可以按住房成本的7%或10%抵免个人所得税或公司所得税。

8. 税收征管

（1）纳税年度。纳税年度为公历年度，也可以自行选择，但不能超过1个公历年。

（2）纳税申报。由公司自我评估申报。申报表必须在纳税年度终了后三个月内提交。

（3）税款缴纳。纳税年度超过6个月的国内公司，需要根据上一经营年度的纳税义务按双月预缴。年终申报时汇算清缴，预缴税款和已纳的预提税都允许抵免最终税，不足抵免的补缴，超过的予以退税。

（4）事先裁定。2008年10月1日，韩国国税厅对特定交易引入事先裁定制度。国税厅答复纳税人的问题和计税方法，公布事先裁定案例。这种个别的答复和公布的裁定案例，在国税厅的裁定实践中通常能被认可。国税厅也可以征求企划财政部（MOSF）的意见。如果纳税人对 MOSF 的解释不满意，可以向司法部寻求法律救济，司法部门的意见对国税厅有约束力。

（二）居民企业之间交易的税务处理

1. 企业集团的税务处理

2010 年以后允许集团公司合并申报。合并申报的范围原则上仅限于 100% 控股的母子公司。公司所得税由母公司代表集团缴纳，各子公司则将各自承担的部分缴给母公司。集团各成员公司对纳税义务具有连带责任。

2. 居民企业之间的股息红利

公司间的股息分配是应税的，但收到的股息允许按规定在税前扣除。

（三）其他类型的公司所得税

地方所得税。按公司所得税税率的 10% 附征，税基同公司所得税，但公司所得税的减免优惠不适用于地方税。

（四）国际税收

1. 居民企业

（1）境外经营所得和资本利得。国内公司就全球所得征税，因此其境外所得应税，征税办法同国内所得，同样对国外所得也征地方所得税。

（2）境外亏损。境外亏损的处理同国内的处理。

（3）避免双重征税。在境外已纳的税额，公司可以选择扣除或者抵免，在一个年度内只能选择其中之一，韩国没有采用免税法。

根据韩国国内税法不需要征收的国外税收不允许抵免或者扣除。抵免额限于韩国公司所得税按境外所得占全部所得的比例计算的部分，不足抵免的部分允许往后结转 5 年。在结转期间，允许公司选择扣除法（从而可能形成净亏损），而后可以再转为抵免法。

实行抵免法的，以前公司可以选择不分国抵免，也可以分国抵免，但 2015 年起只能实行分国抵免。

无论税收协定是否有规定，只要在股息分配以前国内公司至少六个月以上直接拥有国外公司 25% 以上的有表决权的股份，那么允许间接抵免。但是，2015 年以后，第二层子公司缴纳的税款也不适用于间接抵免。

2. 非居民企业

无论是公司总部（或主要机构）还是有效管理地不在韩国的为外国公司，即非居民公司。符合某些规定条件的外国法律实体也可以被视为外国公司。

（1）一般所得和资本利得的课税。韩国公司所得税法并没有定义常设机构的概念，但是“国内营业场所”类似于 OECD 协定范本意义上的常设机构。

外国公司，如果在韩国设有常设机构，则只就归属于该常设机构的来源于韩国的所得，按照普通公司所得税率纳税；如果在韩国没有常设机构，则对外国企业就来源于韩国的所得征收预提税。外国公司的清算所得不征收公司所得税。

（2）征收管理。外国公司在韩国设立常设机构（营业场所）时需用向当地税务机关办理注册。外国公司归属于常设机构的所得和处置韩国国内不动产实现的资本利得，需要按国内公司的规定申报纳税。如果属于缴纳预提税的项目，则无须进行申报。

3. 非居民企业预提税

预提税税率如表 5 所示。

表 5　　韩国预提税税率表

所得类型	预提税税率
经营所得和船、飞机的租赁所得	2%
个人劳务所得	20%
证券股票利得	售价的 10%①
股息、利息、特许权使用费和其他所得	20%②

注：①如果证券或者股票的购置成本能够确认，则预提税税率可以按照售价的 10% 或者出让差价的 25% 两者中的较少者计税。

②政府和本国企业发行的债券支付的利息，预提税税率为 14%；与韩国签有税收协定的，从其规定。

需要说明的是，预提税也需要按 10% 的税率附征地方所得税，因此，加上地方所得税，譬如说 20% 预提税税率的实际税负为 22%。

（五）反避税

1. 概述

韩国法律明确规定，确定税基和纳税义务遵循实质重于形式原则，税务机关有权按经济实质调整应税交易行为。

作为具体的特别反避税规则，对关联交易韩国适用“不公平（不适当）交易调整规则”，根据该规则，与公平交易价格存在的差异将予以纳税调整。该规则适用于税法明确规定的交易项目。

2. 转让定价

税务机关有权按照公平交易原则对关联交易价格进行调整。关联关系的判定通常采用权益测试标准（有效控股不低于 50%）和实质控制测试标准（存在共同利益、对经营决策具有重要影响力或者双方的经营决策同被一方所控制等）。

关于转让定价的调整方法，韩国法律并没有“偏好”，而是遵循“最佳方法原则”，即根据最合理的方法确定“公平价格”。

纳税人与国外关联方的交易可以申请预约定价安排。

3. 资本弱化

如果韩国公司从其海外控股股东的借款超过以下限额比例，则其超过部分所支付的利息被视为股息而不能在税前扣除：权益的 200%（2015 年以前为 300%）；金融机构为权益的 600%。

从海外控股股东的借款包括由海外控股股东担保的向第三方的借款。但如果向海外控股股东的借款与向独立的第三方借款存在合理的可比性的，不受上述资本弱化规则的限制。

此外，在判断是借款还是实质上的资本权益缴款时，借款的期限也是一个重要的考虑标准。

4. 受控外国公司

受控外国公司（CFC）规则适用于设立在低税区的 CFC。当一家韩国公司直接或间接控制一家设在低税区公司至少 10% 的股权的，其未分配股息将视为分配股息征税。

低税区是指前 3 年应税所得的实际有效税率不超过 15% 的税收管辖区。

CFC 规则不适用于年所得不超过 2 亿韩元的公司，原则上也不适用于通过一个办公室、一家商店或者一座工厂从事实质性经营业务的 CFC。

二、个人所得税

（一）一般规定

1. 纳税人

在韩国有住所或者在韩国居住 1 年以上的个人为韩国居民，应就其来源于全世界的所得征税；非居民则只就其来源于韩国的所得征税。

2. 应纳税所得

（1）概述。居民和非居民的应税所得分综合所得、退职金所得和资本利得。综合所得包括利息所得、股息所得、不动产租赁所得、经营所得、工薪所得、养老金所得和其他所得（如得奖所得、博彩所得等），实行综合累进征收；退职金所得和资本利得则实行单独税率分项征收。

（2）免税所得。下列所得免个人所得税：来自公益信托的所得（价值不超过 9 亿韩元的）住房租金所得，条件是承租人无其他住房，或者总毛收入额不超过 2 000 万韩元（此项免税有效期至 2016 年底）；雇主支付给雇员的工作费用的补偿款。此外，许多来自储蓄账户和存款的利息、息所得免税。

3. 受雇所得

（1）工资、薪金所得。工资、薪金所得包括雇主支付给雇员的工资、资金等各种货币报酬和实物福利。由雇主在支付时代扣代缴所得税。

（2）实物福利。实物福利通常按市场价格计入工薪所得征税，雇主给雇员的公司或第三方公司的股权奖励也按工薪所得征税。

公务用的公司小汽车和公司给雇员（包括独立董事）免费提供居住住房，都不征税。

（3）养老金所得。养老金所得是综合所得中独立于工薪所得的一类所得，它包括公共养老金所得和私人养老金所得。养老金所得在分配取得时征税。为加入养老保险计划而缴纳的养老保险费在缴纳时可以扣除；雇主为职工缴纳的养老保险费不作为雇员的所得征税。缴纳的私人（商业）养老保险费在每年不超过 400 万韩元的限额内允许扣除，不过，从 2015 年起，改为按缴纳的保险费的 12% 予以税收抵免。

支付给外国养老基金或保险的费用不能扣除。

（4）董事酬金。同雇员规定。

4. 经营和劳务所得

经营所得包括职业劳务所得。经营所得在计税时类似于公司所得的经营所得，个人的经营所得按正常扣除各项费用和规定的扣除项目以后纳入综合所得征税。

5. 投资所得

投资所得不是单独的一类所得。

年累计的利息所得和股息所得，超过 2 000 万韩元的部分，计入综合所得征税，否则利息所得和股息所得单独征收最终预提税。

特许权使用费收入作为“其他所得”，按收入的 20% 计征。如果全年其他所得总额超过 300 万韩元，则计入综合所得征税。

包括租金所得在内的不动产所得，按经营所得征税。

6. 资本利得

韩国没有单独的资本利得税，资本利得纳入个人所得征收个人所得税。但处置不动产和证券实现的资本利得单独计税。

上市股票实现的资本利得免税。

7. 个人扣除、宽免和减免

（1）扣除。除按照正常扣除支出费用计算所得外，一些特殊扣除如下：

①分项扣除。工薪所得扣除：可以按照表 6 的累退扣除率计算工薪所得：

表 6　　工薪所得扣除率表

工薪所得	扣除率
不超过 500 万韩元的部分	70%
超过 500 万韩元至 1 500 万韩元的部分	40%
超过 1 500 万韩元至 4 500 万韩元的部分	15%
超过 3 000 万韩元至 1 亿韩元的部分	5%
超过 1 亿韩元的部分	2%

②住房扣除：下列与住房有关的项目允许扣除：根据住房条例，每年缴存的住房公积金存款的 40% 和用于出租的住房贷款的年还款额的 40%；没有住房或者只有一套面积不超过 60 平方米的住房的纳税人，其超过 15 年期限的住房抵押贷款的利息支出。住房扣除总额每年不能超过 1 000 万韩元。

③投资扣除：2017 年 12 月 31 日以前，个人投资于中小企业创业基金和风险投资信托基金的，可以扣除 10%，但扣除额不能超过投资以后 3 年内任一年的投资收益的 50%。

④特别扣除（2014 年以前）：保险费支出、医疗支出、教育支出、住房贷款利息支出、捐赠支出等项目允许限额内扣除；2014 年以后改为限额抵免。

（2）宽免。主要有以下两项减免扣除：

①基本扣除，居民可以按照家庭成员每人每年扣除 150 万韩元。家庭成员除纳税人本人以外包括年收入不超过 100 万韩元的配偶和生活在同一家庭的年收入超过 100 万韩元的受赡养人员，即年龄已满 60 岁（妇女为 55 岁）或者未超过 20 岁的直系亲属、残疾人员（不受年龄限制）和其他受赡养人员。

②附加扣除，对年龄不低于 70 岁者以及需抚养未年满 6 岁者，在基本扣除的基础上，可以每年追加扣除 100 万韩元；符合总统令规定的残疾人每年追加扣除额为 200 万韩元；有配偶或者有赡养负担的女户主家庭，可以追加扣除 50 万韩元。

（3）抵免。主要抵免包括：

①股息抵免。居民收到国内公司分配的股息所得若并入综合所得缴纳个人所得税的，可以按照股息所得的 11% 抵免，但是在确定个人所得税税基时应加上该抵免额与取得的股息所得一并计征个人所得税。

②工薪所得的特别抵免。对于工薪阶层，可以根据其应纳所得税额的大小按照规定的抵免率享受特别抵免：税额不超过 50 万韩元的抵免率为 55%；超过的部分抵免率为 30%，而且依据所得收入水平规定有最高抵免额。

③特别支出项目抵免：工薪所得的居民纳税人可以对符合条件的下列实际支出享受抵免：医疗和教育支出的 15%；保险费的 12%；捐赠支出的 15%（捐赠额超过 2 000 万韩元的部分抵免率为 20%）。纳税人也可以选择 12 万韩元的标准抵免（无就业所得者为 7 万韩元）。

④养老金抵免：2015 年起，按养缴纳的商业养老保险费的 12% 抵免。

⑤子女抵免：前两个子女每人抵免 15 万韩元，第 3 个子女起，可以抵免 50 万韩元，而且每增加一个孩子可以增加抵免 20 万韩元。

8. 亏损

经营亏损可以往后结转 10 年（2009 年以前为 5 年）。中小企业可以往前结转 1 年而且可以得到退税。经营亏损可以有条件冲抵其他类型所得。资本损失只能冲抵同类资本利得，而且不能往后结转。

9. 税率

（1）收入和资本利得。2014 年韩国综合所得适用的基本税率见表 7。

表 7　　韩国 2014 年个人综合所得税适用税率表

级数	全年应纳税所得额	税率（%）
1	不超过 1 200 万韩元的部分	6
2	超过 1 200 万韩元至 4 600 万韩元的部分	15
3	超过 4 600 万韩元至 8 800 万韩元的部分	24
4	超过 8 800 万韩元至 1.5 亿韩元的部分	35
5	超过 1.5 亿韩元的部分	38

资本利得则按照表 8 税率分项征收：

表 8　　资本利得税率表

资本利得项目		税率
不动产及相关权益转让	持有期限满 2 年	同综合所得适用的累进税率
	持有期限满 1 年但不足 2 年的	40%
	持有期限不足 1 年的	50%（住房：40%）
公司股票转让[①]	大公司的大股东持有不足 1 年的股票转让	30%
	中小型公司股票的转让	10%
	其他股票的转让	20%

注：①小股东转让上市股票实现的利得免税。

此外，对个人所得税纳税人还应当按照其所得税额的10%附征地方所得税。

（2）预提税。工薪所得、养老金所得和退职金所得在支付时按上述基本累进税率扣缴。日薪支付的按6%税率征收最终预提税。其他所得项目按下列税率征收预提税：（不计入综合所得的）利息和股息所得，税率为14%；列名的经营所得，税率为3%；其他所得，税率为20%。预提税也需要附征10%的地方所得税。

10. 税收征管

（1）纳税年度。个人所得税纳税年度为公历年度。

（2）纳税申报和评估。纳税人需要在纳税年度以后的5月31日以前或者其永久离境以前进行纳税申报。纳税人只有就业所得而且已经被源泉扣缴的，或者只有利息所得、股息所得、养老金所得等已经缴纳最终预提税的所得项目的，不要求进行年度申报。韩国不允许联合申报。

（3）税款缴纳。需要年度申报的综合所得纳税人，需要按上一年度应纳税额的50%在当年11月底以前预缴（所谓的“中期缴纳”）。

中期缴纳税款和所有其他预缴税款在年终汇算清缴时可以抵免，并多退少补。

（4）事先裁定。同公司所得税的规定。

（二）其他所得税

1. 居民税

对在市或者县内有住处的个人（包括有一处超过规定规模的办公室或者经营场所者）和有办公室的公司，从量定额征收居民税，其年税额为：有住处的个人，1万韩元以内，有经营场所的1万韩元以内，由各地方政府具体确定。

此外，2011年起，原经营场所税并入居民税，因此，纳税人还需要按场所面积的250韩元/平方米的标准按年缴纳居民税。

2. 地方所得税

按个人所得税的10%附征。

（三）国际税收

1. 居民个人

（1）境外所得和资本利得。居民个人就全球所得征税，因此其境外所得需要在韩国缴纳个人所得税。对非居民个人就来自韩国的所得征税。

（2）双重征税减免。对居民境外所得在国外已纳税款在计征个人所得税时允许抵免，但是抵免额以该项所得按照本国税法计算的应纳税额为限，不足抵免部分可以往后结转5年。2015年以后，抵免只能分国计算。

2. 侨民

（1）来韩人员。10年内在韩国居住不满5年的外籍居民，对其境外所得只就汇入的部分征税。

2016年底以前，外籍雇员在韩工作的前5年，可以选择按17%比例税（加上地方所得税后为18.7%）纳税。

在韩工作的外籍技术人员有优惠。

（2）外派人员。对移居国外者，其未实现的资本利得在出境时视同实现利得征税。

3. 非居民纳税人

（1）对所得和资本利得征税。非居民个人就只来源于韩国的所得征税，包括10%的地方所得税。有税收协定的，可以按协定规定申请相关减免。

（2）征收管理。预提税无须申报。在韩国有经营场所和来自韩国不动产的所得的，按居民纳税人的要求申报纳税。

三、增值税

（一）一般规定

1. 概述

增值税对境内提供货物和劳务以及进口货物征收，进项税允许抵扣。

2010年起，增值税的5%归入地方收入。

2. 纳税人

从事货物和劳务提供的单位个人，包括进口者是增值税的纳税人。

3. 增值税的征税范围

增值税对货物和劳务提供及进口货物征收。

4. 应税收入

应税收入包括提供货物和劳务向对方收取的全部价款，进口货物的包括进口环节缴纳的关税和消费税。

5. 税率

韩国增值税实行10%单一税率。

进项超过销项的部分可以退税。

下列项目实行零税率：货物出口；对外提供劳务；由水运、空运提供的国际运输服务；取得外汇收入的其他货物和劳务的提供。

6. 免税项目

下列项目免征增值税，但是，其进项税额不能扣除：

（1）基本生活必需品和劳务，主要包括：未加工食品（如用作食品的农产品、畜产品、海产品和林产品）和根据总统令规定的不用作食品的农产品、畜产品、海产品和林产品；自来水；煤球和无烟煤；客运服务，但是空运、公交快递、公交包租、出租车、特种汽车和特种船舶除外。

（2）社会福利服务，包括：医疗保健服务和总统令规定的教育服务。

（3）与文化有关的货物与劳务，包括：书、报纸、杂志、公报、通信和广播（不包括广告）；艺术作品、非营利性文化艺术活动和非职业体育运动；图书馆、科技馆、博物馆、艺术馆和植物园的门票。

（4）学术研究服务、技术研究服务和其他无须使用工具等的个人独立提供的劳务。

（5）其他货物和劳务，如邮票（不包括集邮品）、印花税票、证书、彩票、公共电话卡；学术、技术研究服务；宗教、慈善、科学机构和其他公益团体提供的货物和劳务；政府部门提供的货物和劳务；免费向政府、公益团体提供的货物和劳务；住宅和不超过住宅面积5至10倍的附属土地的出租；金融保险服务，等等。

对于免税项目，纳税人也可以选择放弃免税以获得进项抵扣资格。

（二）非居民纳税人

在韩国有经营场所的非居民纳税人在韩国提供货物和劳务需要按正常规定缴纳增值税，经营场所需要代表非居民企业办理增值税登记。

提供给在韩国没有经营场所的非居民的货物和劳务，其所含的进项增值税可以申请退税。外国旅行者的购物也可以申请退税。

四、消费税

韩国对规定的货物和劳务提供征收特别消费税，主要对7类应税货物和2类应税场所征收。纳税人为生产、进口以下6类应税货物者，销售第三类货物者以及应税场所经营者。

7类应税货物及其适用的税率为：

第一类货物，包括：老虎机、弹球游戏机及类似的娱乐性设备；猎枪和来复枪，适用20%税率。

第二类货物包括：鹿角、王浆；香水，适用7%税率。

第三类货物，包括：首饰（不包括工业用钻石和未经加工的原矿石），珍珠、玳瑁壳、珊瑚、琥珀、象牙及其产品；贵重金属产品，对价值超过200万韩元的部分，适用20%税率。

第四类货物，包括：高档照相机及其附件、高档手表、高档皮毛及其制品（不包括兔皮和未经加工的皮毛）、高档地毯和家具，对价值超过200万韩元（高档家具为500万韩元/件或者800万韩元/套）的部分，适用20%税率。

第五类货物，汽车，税率因排气量而不同。

第六类货物，包括煤油、丙烷气、丁烷气、天然气（包括液态）、重油等，实行从量定额征收。

第七类货物，电器，包括电冰箱、洗衣机、电视机，税率不详。

2类应税场所及适用税率为：

第一类场所，包括：赛马场，老虎机经营场所，高尔夫球场，赌场，自行车、摩托艇赛场等，实行定额征收。

第二类场所，如娱乐性酒吧、客栈等，税率为10%。

此外，对酒和烟单独征收酒税和烟税。其中酒税对酿酒厂和从保税区进酒者征收。在韩国要从事酿酒或者销售酒，必须从政府取得酒生产许可证或者销售许可证。税率有从价定率和从量定额两种。某些酒可以免税（如出口酒）。

五、社会保障税

（一）对企业征收

雇主需要按规定缴纳养老保险、医疗保险（含长期护理险）、工伤保险和失业保险四个险种的社会保障税，税基为支付给雇员的工薪支出，税率见表9：

表9　　韩国社会保障税税率表

项目	雇主缴纳	雇员缴纳
养老保险	4.5%	4.5%
国民医疗保险	3.26%	3.26%
工伤保险	0.7%～34.0%（依行业不同）	—
失业保险	失业：0.65%	0.65%
	职员能力开发：0.25～0.85%	—

其中，养老保险和国民医疗保险有上限规定，即养老保险只就月薪不超过408万韩元的部分（2014年7月～2015年6月适用）征税，国民医疗保险只就月薪不超过7 810万韩元的部分征税。

雇主缴纳的社会保障税可以在公司所得税前扣除。

（二）对个人征收

个人需要就取得的工薪所得缴纳养老、医疗和失业等保险的社会保障税，上限规定和适用税率同雇主，见表9。

个人缴纳的社会保障税可以在个人所得税前扣除。

（龚辉文　编）

卢森堡税制

卢森堡主要税种包括公司所得税、个人所得税、增值税、消费税和社会保障税。

一、公司所得税

（一）一般规定

1. 税制类型

卢森堡的公司税制总体为古典税制。课税对象为公司所得，并且股东获得的已分配利润需要进行再次课税。对于居民个人投资者，其股息在许多情况下适用50%减免税优惠。对于法人股东，可适用50%的减免或100%的参股免税规定。股息红利及其他利润分配在计算公司应纳税所得时不予扣除。

2. 纳税人

在卢森堡拥有法律地位和主要管理机构在卢森堡的公司视为税收上的居民公司，对法规中列明的税务法人实体征收公司所得税。法人实体包括公司、有限责任公司、合伙股份有限公司、基金会、合作实体及非营利机构。

3. 应纳税所得额

（1）一般情况。居民公司就其全球范围内的收入和资本利得缴纳公司所得税，公司取得的所有收入都被定性为经营收入。

（2）免税收入。符合免税规定的收入仅为境内外股利（包括清算所得）以及符合参股免税制度的资本利得。

（3）扣除。与企业取得收入有关的经营费用可以扣除，与免税收入有经济联系的费用不可扣除，但是费用超过免税收入的部分符合一定条件可以扣除。

①可以扣除的费用包括：

——在国外实际缴纳的税收（超过国内税法或税收协定规定的抵免数额的税收）；

——可扣除的国内税收，如不动产税和可抵扣的增值税；

——公平交易下的特许权使用费和服务费用；

——与免税收入无关的公平交易下的利息收入；

——慈善性捐赠（通常不超过100万欧元或净收入总额的20%，取其较低者）；
——社会保障税；
——法定支出。

②不可以扣除的费用包括：
——公司所得税、资产净值税和市政营业税；
——利润分配；
——董事费；
——用于自保险准备金的分配支出；
——赠与；
——大部分罚款；
——超过30万欧元的离职或解雇保障金。

（4）折旧与摊销。经营性资产的折旧是指因使用性损耗或物质缩减（例如矿物资源）导致价值减少，不论公司营利与否，都是强制的且必定发生的。计提折旧需要基于购置成本或生产成本（减去残值）和预计使用寿命。然而，若应计折旧资产的所有者也为其使用者，且使用寿命不超过1年，或当购置成本或生产成本不超过870欧元时，该资产通常于购置或生产的会计年度注销。

通常采用两种折旧方法：直线折旧法和适用于特定的有形资产（建筑物除外）的余额递减折旧法。纳税人可以从余额递减折旧法变为直线折旧法，但反之不允许。若资产（技术性和经济的）发生过度损耗，则准予计提非常性折旧。对特定资产的投资可采用加速（特别）折旧。

采用直线折旧法的资产适用折旧率如表1所示：

表1

资产类型	折旧率（%）
办公楼	1.5～3
工业建筑	4～5
工厂	10～20
办公设备	20
车辆	50

余额递减折旧法适用的折旧率需遵从严格条件且不可超过直线折旧法折旧率的3倍或折旧资产价值的30%（若为科研设备，则为4倍和40%）。

若资产转移给他人使用，则不适用余额递减折旧法。资产不可以是建筑物。至于售后租回，出租人计提折旧不可高于承租人支付的租金。

（5）准备金。免税准备金的形成是由于抵押和担保、损坏赔偿、诉讼费用和（在特定范围内）未来需支付给职工的退休金。自保险准备金、递延修理费和维护资金是不可扣除的。

4. 资本利得

通过销售固定资产和非固定资产取得的收入之间在税收上无区别。通过转让固定资产，一般以与其他商业收入同样的方式计入年应纳税收入中。特定条件下，通过出售股份取得的资本利得可免公司所得税。一定条件下，涉及股权对换交易时也可以免除延期付款。

5. 亏损

(1) 经营亏损。亏损可以无限期向以后年度结转，但是不允许向以前年度结转。

在法定兼并、合并或重组中的继任公司可以不纳入被接收公司的净经营亏损。

(2) 资本损失。因销售或其他对经营资产的处置引起的损失可以扣除，除非该项资产已被分配给位于税收协定管辖地区内的境外常设机构，且该税收协定规定了免税方法。

处置股份导致的资本损失可以税收扣除。

6. 税率

(1) 经营所得和资本利得适用税率。公司所得税一般税率为21%。对于应纳税所得未超过15 000欧元的公司，适用低税率20%。用于“就业基金”筹资，在公司所得税税率基础上还加征7%的附加费（“团结附加费”），这样实际税率为22.47%。

(2) 向居民纳税人支付款项的预提税税率。通常，居民公司支付给其他居民公司的股息需计征15%的预提税，预提税免税条件与公司所得税中的参股免税规定相同。清算所得和由特定投资工具支付的股利免缴预提税。

已扣缴预提税税款可从接受方同年的公司所得税负债中抵免。预提税的任何超额部分可在其他税收债权中抵免或者退还。对资本收入课征的预提税不可退还，受益于卢森堡参股免税制度且已过12个月持有期的股利除外。

一般而言，对支付给居民企业的普通利息不课征预提税。然而，通过利润分配债券取得的利息适用于与股利相同的预提税。

一般而言，特许权使用费不需要缴纳预提税。

7. 税收优惠

(1) 知识产权制度。自2008年1月1日起，通过知识产权取得的符合要求的收入和利益可免80%税收。该80%的免税适用于特定类型的知识产权的净收入正数（即通过专利取得的收入总额减去直接相关费用、折旧和资产减值），包括软件版权、专利权、商标、服务商标、域名、设计和模型。若要符合该制度，须为2007年12月31日之后取得或开发的知识产权。

与知识产权相关的费用，折旧摊销和资产减值必须自公司从该制度受益的第一个财务年度开始，在公司的资产负债表上反映，并包含在损益账户中。从“直接”持有至少10%股份的关联公司购置的知识产权不能适用80%免税优惠。

符合要求的知识产权资产完全免缴净财富税。

(2) 特殊折旧。特殊折旧优惠适用于促使残疾人工作、保护生态和节能减排的投资，该项投资的购置或者生产成本必须在2 400欧元（不含增值税）以上。特殊折旧不可超过合规资产购置或生产成本的80%，可在投资当年或者随后4年中的1年中计提折旧，也可在这些年份中等额计提。特殊折旧不排斥同时以直线折旧法计提折旧，但不能同时以余额递减折旧法计提折旧。

(3) 投资税收抵免。有两种类型的投资税收抵免适用于对当前年份取得并在卢森堡、其他成员国领域或欧元经济区协议缔约国使用的资产的投资。在第一种类型下，可“追加投资税收抵免”的公司可从其应缴公司所得税中减去相当于追加投资12%的数额，追加投资需为在该纳税年度用于合规资产的投资。也就是说，有形可折旧资产、建筑、牲畜和矿藏除外。追加投资为下述二者间的差额：

——合规资产在会计年度末的账面净值，加上该年内这些资产产生的折旧；

——合规资产的参考价值，相当于前 5 个会计年度末相同资产的平均价值。参考价值被认为至少为 1 850 欧元。

通常，以下资产不属于合规资产：

——资产的折旧期限少于 3 年；

——用于个人用途的机动车；

——二手资产；

——免费取得的单项资产。

在第二种类型的抵免下，公司可以从其应纳公司所得税中扣除该纳税年度内相当于合规资产投资的购置总成本 7% 的数额。若一个纳税年度总投资额超过 15 万欧元，则扣除限于首个 15 万欧元为 7% 、超过的部分为 2% 。符合特殊折旧的投资，上述比率则分别为 8% 和 4% 。这一增加的税收抵免作为对同一资产加速折旧的补充。合规资产为有形应计折旧资产（建筑，牲畜和矿藏除外）、旅馆建筑内的供热设备和卫生系统以及为特殊目的对特定建筑的投资。

跨国投资税收抵免通常不适用于：

——资产的折旧期限少于 3 年；

——用于个人用途的机动车；

——二手资产。

上述税收抵免，经要求可用于抵免做出投资的纳税年度的公司所得税。然而，公司所得税不可被减至最低公司所得税数额之下。税收抵免额超过企业应缴所得税与最低公司所得税之间的差额部分，不退税。然而，超出部分可以向以后 10 年结转。

（4）新兴产业活动优惠。对国民经济增长有重要影响的新兴产业和产业活动可在 8 个会计年度内获得部分免税，只要它们不与其他产业相竞争。免税的数额取决于企业类型和投资于土地、建筑及设备的范围，且最高数额为通过新兴产业活动取得利润的 25% 。

（5）风险投资证书。为风险投资出具的证书旨在促进企业用其资本为产品、加工手段或市场营销的发展提供经费。风险投资证书使投资企业可从其应缴公司所得税中抵免证书面值的 30% 。

（6）风险投资/私募股权投资工具。2004 年 6 月 15 日出台的法规规定了风险投资/私募股权工具（SICAR），可以促进资金筹集和风险资本投资。SICAR 可采取多种企业实体的法律形式，必须由卢森堡管理且至少拥有 100 万欧元资本。为取得 SICAR 资格需符合的其他要求包括需取得金融服务管理局的预先批准等，SICAR 通常全额缴纳公司所得税。然而，SICAR 通过可转让证券（例如，股息和资本利得）取得的收入是免税的，SICAR 支付的股息通常免缴预提税和净财富税。同时，提供 SICAR 的管理服务可免缴增值税。

（7）资产证券化制度。2004 年 3 月 22 日的法规为卢森堡资产证券化工具（SVs）提供了具有吸引力的法律框架。SVs 可采取公司或由管理公司运营的基金两种形式，且可为受监管的或不受监管的，通常取决于是否有公众或持续的证券发行。采取公司形式的 SVs 需要全额缴纳公司所得税。然而，依据对投资者所作承诺而进行的支付通常是可扣除的。承诺包括股利和利息支付，因此可能导致税基减少直至近于零，甚至 SVs 还免缴净财富税且不受任何资本弱化限制。同样，提供给 SVs 管理服务也可免缴增值税。

（8）职业培训抵免。如果符合法律法规规定，公司用于职工培训的费用可以申请抵免，抵免限额为符合要求培训费用的14%。

8. 税收征管

（1）纳税年度。公司纳税人的纳税年度通常为日历年度。然而，若纳税人的财务年度与日历年度不一致，则纳税年度为该不一致日历年度末的财务年度。

（2）纳税申报。公司所得税、市政营业税和净财富税申报表的截止日期为纳税年度下一年的5月31日。该日期可依申请延长。

税务机关须在5年期内审查纳税申报表并发布最终纳税评估，5年期以纳税年度结束后第一日开始计算，到纳税年度后第5年末结束。然而，税务机关可在未审核纳税申报表时，发布临时性纳税评估并基于提交的纳税申报表确定纳税义务。除非税务机关在纳税年度后5年期满前审核纳税申报表并发布最终纳税评估，否则上述临时性纳税评估在5年期满后作为最终纳税评估结果。

（3）税款缴纳。公司所得税的预付款需按季在3月10日、6月10日、9月10日和12月10日缴纳。市政营业税和净财富税的预付款需按季在2月10日、5月10日、8月10日和11月10日缴纳。预付款的数额基于最新的纳税评估结果。

最终应纳税款的确定依据于纳税评估。预付款可在最终应纳税款中抵免且超出部分可进行退还。任何欠缴税款须在收到纳税评估之日起1个月内缴清。

（4）事先裁定。从2015年1月1日起，卢森堡国内法规中引入了事先税收裁定程序。裁定委员会对纳税人的申请给出约束性建议。另外，纳税人须提前支付3 000～10 000欧元的裁定费用。事先裁定协议有效期为5年且对税务机关具有约束力，除非：

——对该情况或事务的描述是不完备或不准确的；

——在申请里描述的情况或事务与随后实际的不一致；

——该决定不与或不再与卢森堡、欧洲和国际法规相一致。

（二）居民企业之间的交易

1. 企业集团合并纳税

公司可以就公司所得税和营业税进行财务合并纳税，净财富税不能财务合并纳税。当一个完全应税的居民公司的95%以上资金由另一家完全应税的居民公司直接或间接持有时，或当某个非居民公司在卢森堡的常设机构需要缴纳公司所得税时，该公司或机构可以申请与其母公司合并纳税。如果满足上述标准，合并纳税也适用于由完全应税的非居民投资公司所间接持股的完全应税居民公司。在特殊情况下，95%持股比例可以降至75%。合并纳税必须在财务年度开始时申请，一旦获得批准，至少要保持5年。

2. 居民企业之间的股息红利

（1）股息。通常来讲，股息计入公司所得税的应纳税所得中。但是，来源于符合条件的参股股息免税。母公司必须符合下列条件时才能有资格享受参股免税优惠：

①列于母子公司指令的中的具有法律形式的完全应税居民集合实体（例如，公司）；

②未列入母子公司指令的完全应税的居民公司（基本上是在非欧盟国家法律框架之下建立的企业）；

③隶属于下列实体的卢森堡常设机构：

——在母子公司指令中列出并符合该指令的集合实体；

——位于与卢森堡签订税收协定国家的公司；

——除欧盟成员外，位于一个欧元经济区国家的企业或联营公司。

子公司必须符合下列条件：

①在母子公司指令中列出并符合该指令的集合实体（例如公司）；

②未列入母子公司指令完全应税居民企业（基本上是在非欧盟国家法律框架之下建立的企业）；

③需要遵守以卢森堡公司所得税制等同的所得税的非居民企业。公司所得税率为10.5%时通常可以满足该要求，前提是其应税基数根据与卢森堡相似的适用规则与标准确定。

母公司必须直接或间接（例如通过税收透明实体）持有子公司至少10%的资本，或者在股息发配之日起参股者连续12个月持有购置成本为120万欧元的股份，或者如果母公司承诺将在连续不少于12个月的时间里持有最低限额的股票。

（2）资本利得。按照参股免税规定，来源于股份处置的资本利得免税。除了股份最低购置成本为600万欧元外，其他条件与股息相同。

（三）其他类型的公司所得税

所有位于卢森堡境内的商业机构都是市政营业税的纳税人，包括在卢森堡开展商业活动的税收透明机构（如：合伙制企业）。这一税收是除公司所得税之外额外开征的。除了某些例外情况，它与公司所得税的计税方式相同，基本扣除额为17 500欧元。市政营业税的基本税率是3%，再乘以企业所在市政当局确定的系数。2015年卢森堡市所适用的最终税率是6.75%（3%×2.25）。企业所缴纳的市政营业税不能在公司所得税税前扣除。

（四）国际税收

1. 居民企业

（1）境外所得和资本利得。居民企业就其境内外全部所得缴纳公司所得税，包括资本利得。来源于境外的经营收入、利息收入和特许权使用费就其全额纳税。外国股息也全额纳税，除非适用于参股免税制度。对于外国股息，免税条件的适用还需要满足一个特定条件，即非居民子公司要么选择参照卢森堡的公司所得税缴纳，要么选择按照欧盟母子公司指令规定欧盟成员国居民企业纳税。对于不适用参股免税的国家或地区，其取得的股息（以及利润分享债权的利息收入）减半征收公司所得税。只要它们是来源于符合条件的欧盟成员国的子公司或者税收协定国家的居民企业以及实行与卢森堡相同公司所得税制的国家。

与国内所得免税条件相同，非居民企业转让股票所得也享受免税优惠。

对于来源于境外的所得，仅当该非居民企业是符合条件的欧盟企业或者实行与卢森堡相同公司所得税制国家的居民企业，才能适用免税条件。一直在境外的企业所计提的资产减值损失，仅当该境外机构位于未签订税收协定的国家（对于签订税收协定的国家，卢森堡对来源于常设机构的所得免税）才能在公司所得税税前扣除。

（2）境外亏损。卢森堡本国公司在境外发生的亏损通常是可以扣除的。若该亏损为免税境外常设机构所产生的，则不可扣除。然而，若国外亏损足以抵消该本国企业来自全球范围的所得，适用于该企业的税率为0（一定条件下）。根据欧洲法院设定的判例法，位于欧盟成员国内的常设机构产生的境外亏损，可抵消国内收入。

（3）境外资本。居民企业需就其全球范围内的财产缴纳净财富税，非居民企业的合规股权以及依税收协定免税的财产除外。

（4）避免双重征税。所有来源于境外的收入都应计入应纳税所得中，以下收入可以享受单边税收优惠：

①从境外常设机构或有权订立合同的常设独立代理人取得的收入；

②通过企业在境外的资产或持有的非居民企业的股份取得的资本利得；

③债务人管理机构在境外的投资收益；

④通过不动产取得的租赁收入和通过矿产使用权取得的收入。

避免双重征税采用税收抵免的形式。对每一国境外税收抵免都有限制，公司可选择一个总的税收抵免限额，对从不同国家取得的股息和利息进行税收抵免。在此情况下，对各项境外收入准予的抵免额不可超过该收入的25%。对这些收入总的抵免限额为卢森堡公司所得税总额的20%，其中卢森堡公司所得税未计入国外税收。国外税收超过上述限制不被抵免的，可在计算应纳税所得时扣除，但被认为依据税收协定（税收饶让抵免）征收的国外税收是不可扣除的。对免税股息课征的国外预提税一般是不可抵免的。

2. 非居民企业

（1）一般所得和资本利得课税。非居民企业来源于卢森堡的以下类型收入需要按照卢森堡居民企业适用的公司所得税税率纳税：

①从卢森堡的常设机构或常设代理人取得的收益（包括通过常设机构或代理人取得的股息、特许权使用费和利息）；

②资本利得（包括股息，依据隐名合伙协议支付给隐名合伙人的利润分成，通过有价证券取得的参股收益），若债务人为卢森堡居民且该收入未被免缴预提税；

③来源于卢森堡的动产或不动产的收入；

④通过出售在卢森堡企业中的实质性参股（即持有高于10%的卢森堡企业的股权资本）取得的收益，若购置日和处置日之间不超过6个月；

⑤只有当股票持有人超过15年以上为卢森堡居民且在出售前成为非居民的时间不超过5年，其从出售持有期超过6个月的卢森堡企业实质性参股中取得的收益才需缴纳税款。

（2）资本课税。非居民企业需要就其位于卢森堡的资产缴纳净财富税，包括位于卢森堡的不动产和常设机构的资产。

（3）征收征管。非居民企业的常设机构通过税收评估计征税款。

3. 非居民企业预提税

（1）股息。通常情况下对居民企业支付的股息征收15%的预提税。清算收入不需要缴纳任何预提税。通过对免税企业可转让有价证券的集资入股取得的股息不需要缴纳预提税。完全应税的卢森堡居民企业支付给符合条件的非居民企业的股息免纳预提税。若母公司直接或间接（即通过税收透明体）持有至少10%的参与资本或在至少连续12个月内以120万欧元以上的购置成本参与投资，则可适用免税规定。

（2）利息。一般情况下对支付给非居民企业的普通利息不课征预提税。然而，利润分成债券（在特定情况下）的利息适用于与股息相同的预提税。

（3）特许权使用费。卢森堡通常不对支付给居民或非居民企业的特许权使用费课征预提税。

（4）其他。其他支付给非居民企业的款项无须缴纳预提税。

（五）反避税

1. 概述

卢森堡法规包含有综合的防止滥用避税的条款，民法中的法定形式和法律安排不可滥用于避税目的。若公司事务的法定形式或安排的内容不适当，则在假定事务内容达成适当的法定形式下核定税收。

2. 转让定价

卢森堡所得税法明确规定对于关联方适用独立交易原则作为评估关联的标准，该标准对居民企业和非居民企业都适用。对于集团内的融资公司，通常要有参照 OECD 指引一个通告，要求应用独立交易原则来指导公司间的融资交易。此外，该通告也规定了有关集团内融资活动的独立交易报酬和这些活动在卢森堡的实质水平。母子公司间发生交易时，若该交易不被认为是按照独立交易原则进行的，那么就假定存在非应税资本报酬或者不可扣除的利润分配。原则上，这样的利润分配需要缴纳股息预提税。

3. 资本弱化

尽管没有关于资本弱化的通用规则，在实践中税务机关将按照 85∶15 的负债产权比适用于持有的参股中。如果贷款公司为借款公司的股票持有人，则超额利息支付被视为隐性利润分配。

4. 受控外国公司

卢森堡没有受控外国公司税收的相关规定。

二、个人所得税

（一）一般规定

1. 纳税人

个人所得税纳税人包括卢森堡居民和有来源于卢森堡所得的非居民纳税人。卢森堡居民是指永久性住所或常住居所在卢森堡的个人。永久性住所指的是个人占有的有意向保留和使用的房屋。常住居所是指个人在卢森堡持续居住 6 个月及以上的房屋。

已婚夫妇的收入要汇总联合申报纳税。在纳税年度开始日未满 18 周岁的子女，其除了受雇收入以外的其他收入，由父母负责纳税。未婚同居纳税人如果在一个完整的纳税年度通过卢森堡或境外的民事伴侣合同表明两者的关系，则可以申请联合纳税。

2015 纳税年度之后，卢森堡税务机关认可同性已婚夫妇可以联合申报纳税。

2. 应纳税所得额

（1）概述。居民个人就其全球范围内的收入纳税。下列各项收入汇总计入应纳税所得额中：

①经营收入；

②农业和林业收入；

③自由职业收入；

④就业收入；

⑤养老金和年金收入；

⑥动产资本收入；

⑦租金和特许权使用费收入；

⑧其他收入。

收入可以是金钱或金钱等价物。除了第⑥和⑧项外，一项收入类别的损失可以用来抵减同一年度内其他类别的收入。

对于合伙企业的收入，首先要先确定合作伙伴级别，然后按合伙人所在级别征税。每个合伙人被视为是以其在合伙企业中享有的份额自行经营。只有市级营业税直接按合伙企业各级别的利润征收。

其他收入包括特定的资本利得和股东来自实质性参股公司的清算所得、偶然服务和投资所得，以及与这些收入类别相关的养老金收入。

租金收入包括来自动产和不动产的收入以及自用住宅的估值收入。

应纳税所得额的计算以收付实现制为基础，但是以权责发生制为基础计算的经营收入和按交易时点计算的资本利得除外。

一般而言，获取收入或保持财产过程中发生的损失在计算每一类别净收入时是允许抵扣的。非应税项目或免税项目相关的费用不允许抵扣。

（2）免税所得。免税所得包括家庭津贴、特定人寿保单的资本支付额和50%的特定年金支付额。

3. 受雇所得

（1）工资、薪金所得。就业收入（第4类）包括因就业而产生的工资、薪金和福利。就业协议终止后支付的解雇补偿金和就业协议终止前支付的养老金也属于该类收入。就业终止后的解雇补偿金在一定范围内免税。特殊情况下允许雇主给予员工一定的免税金额（比如给予工龄为25年的员工2 250欧元的免税额度）。额外加班费全额免税，但是公务员除外，公务员每年的免税限额总值为1 800欧元。晚上、星期天及其他节假日加班工作的特定加班费都属于免税收入（全额免税且对私人雇员和公务员都适用）。对于就业收入的费用扣减标准为540欧元，如果配偶双方都有就业收入，则双方都有权扣减该费用。通勤成本的扣除限额为每年2 574欧元，具体视家庭和工作地点之间的路程而定。

（2）实物福利。因受雇而获得的实物福利的价值应包括在员工的应纳税所得额中。对于雇主提供给雇员的无息贷款有对认定利息征税的规定。原则上讲，这种认定利息，跟其他利息一样是可以扣除的。如果无息贷款是用来购买、建造或改造员工的主要住所，那么给予3 000欧元的免税额（夫妻联合纳税及单亲家长可享受双倍的减免额）。

免费住房的应纳税所得额为按雇主对该房屋实际支付租金的四分之三，雇主支付的其他成本如水电费等是全额计入员工的应纳税所得额。

私人使用公司汽车的月度应纳税所得额相当于汽车购置价值（包括增值税和减值）的1.5%。

股票期权计划的处理如下：对于可转让的股票期权，视为员工于期权授予日获得的实物福利。应纳税所得额为授予日期权市场价值与员工为该期权支付的价格之间的差额。根据定价模型计算的价值或按标的股价值的 17.5% 视为公允价值。对于不可转让的股票期权，视为员工于行权日获得的实物福利。原则上，应纳税所得额为股票市场价值和行权价格之差。

(3) 养老金所得。养老金不管是私人养老金还是公共养老金（第一支柱）都属于养老金及年金收入类别的应税收入（第 5 类）。由雇主根据 1999 年 7 月 8 日法规支付的补充养老保险（第二支柱）于支付时代扣代缴 20% 的税（特别地，每年支付给监管机构的费用按 0.9% 扣缴税款）。员工退休后，按照养老金计划领取的养老金（包括本金和利息）是免税的，只要这些养老金之前已经由企业代扣代缴过所得税（上面提到的适用 0.9% 代扣税的特别规定除外）。纳税人按照合理的私人养老金计划（第三支柱）支付的金额，在一定的范围内是可扣除的。根据该养老金计划领取的养老金，在条件都满足的情况下，可以享受 50% 的减免。

(4) 董事报酬。考虑到执行董事的服务实际上由每天的日常管理组成，其报酬被视为就业收入（第 4 类），与日常业务无关的董事报酬被视为自由职业收入（第 3 类）。

4. 经营和专业服务所得

经营收入（第 1 类）和自由职业收入（第 3 类），原则上应该通过净值比较法计算。但是，在一定条件下，计算应纳税所得额的计算也是采用净利润法，即收入减去费用。

5. 投资所得

投资所得分为两类：

——投资动产所得，例如股息红利和信贷利息（收入类别 6）；

——租金收入，例如特许权使用费及其他租金（收入类别 7）。

投资动产的总收入以提交纳税申报表方式申报的允许减去附加成本，比如融资成本、保险箱租金和代理费用。允许以标准扣除额 25 欧元（夫妻联合纳税扣除额加倍）代替实际成本。动产投资所得不能为负数。

动产投资所得以提交纳税申报表方式申报纳税的，豁免金额为 1 500 欧元（夫妻联合纳税的话加倍）。

(1) 股息。股息属于动产投资的应税收入（类别 6）。由完全居民纳税企业支付的股息，50% 免税。一般来说，由居民企业支付给居民个人的股息要代扣代缴 15% 的税。

(2) 利息。由居民付款代理方（比如公司或银行）支付给居民个人的利息，要代扣代缴 10% 的税，包括银行存款利息、政府债券利息及利润分享债券利息。除非利息收入归属于自营业者、自由职业者或从事农业生产的个人，支付方代扣代缴的税额即为最终的税额，不需要在纳税申报表中列报。然而，付款代理支付个人的储蓄账户利息，如果一年支付一次而且总金额不超过 250 欧元，那么该利息免税。免税利息也不需要在年度纳税申报表中列报。如果超过这个限额，则按利息总额进行代扣代缴。

不属于上述代扣代缴税的利息收入（例如低利率的银行活期存款账户），也属于动产投资所得应税收入（第 6 类）。然而，从 2009 年 1 月 1 日起，由国内储蓄机构支付给个人的利息完全免税。

(3) 特许权使用费。特许权使用费（第 7 类）按正常的方式缴纳所得税。除了特许权使用费属于自营业者所得或自由职业者服务所得的情况，只有附加成本可以扣除。

（4）不动产收入。不动产租金收入（第7类）包括不动产转让所得和不动产使用权转让所得。不动产出租给私人用作住房的租金收入，可以核减（或冲销）2%～6%，具体取决于不动产的完工日期。

租金收入可以扣减实际发生的费用，或者如果不动产至少是15年之前建成的，可以一次性扣除。一次性扣除额等于总租金收入的35%但是每年不得超过2 700欧元。

自有住宅估算收入（第7类）的计算方法为，单位价值在3 800欧元以下部分按4%计算，超过部分按6%计算。房屋单位价值是基于1941年1月1日的价值计算（包括之后建的住宅），从而导致较低的单位价值。个人自有住宅估算收入只允许扣除一定的限额，最大限额取决于纳税人持有住宅的时长及纳税人家庭状况。最大限度扣除额为750欧元到1 500欧元之间，对于纳税人的配偶及孩子扣除额增加一倍。

6. 资本利得

没有单独的资本利得税。但是，除了征税类别（1）至（7）之外的收益，其他应税收入类别（类别8）的收入，征税规定如下：

销售个体经营业务、合营企业份额或部分份额的资本利得（因停止经营的转让所得），被视为经营收入。如果业务整体出售，可获得10 000欧元的免税额；如果出售的经营资产包括不动产，则免税额提高到25 000欧元。停止经营的转让所得按照纳税人应税收入的平均税率减半征收。

投机资本利得和损失适用于特殊规定。对动产持有期间不超过6个月和不动产持有期间不超过2年，视为投机行为。一个纳税年度内处置动产的投机收益若大于等于500欧元，则应包括在普通应税收入中。从2008年起，不动产投机收益跟普通收入适用相同的征税率；不动产非投机资本利得视为其他应税收入，税率为全球税率的一半，即未超过15万欧元的部分按21.4%（类别2的纳税人为30万欧元），超过部分按21.8%。

同一年内的投机资本损失可以抵减投机资本利得。

来自纳税人主要住宅的资本利得通常是免税的，其资本损失不得扣除。

来自居民企业或非居民企业重要股权的资本利得，如果持有期超过6个月，为应税收入。重要股权指的是纳税人自己或连同配偶或未成年子女在处置股份之前的5年内，直接或间接持有公司10%以上的股份。该收益按平均税率减半征收。

向卢森堡国家出售财产的资本利得免税。

一般来说，非投机资本利得可获得50 000欧元的扣除额（夫妻联合申报纳税情况下加倍）。可扣除金额要减去过去10年内因享受该扣除额而获得的增益。纳税人销售父母继承而来的前主要住宅的资本利得，可享受额外扣除额75 000欧元。在出售各自父母前主要住宅中每个配偶所有的部分都可以获得75 000欧元的扣除额。注意这些扣除不能产生负值。

7. 个人扣除、宽免和抵免

（1）扣除。一般而言，在计算每类收入净值时可以扣除与取得收入相关的费用。此外，居民纳税人可以申请从其总收入中扣除特殊支出和特别支出。可扣除的特殊支出包括：

①不在医疗保险支付范围内的住院费用，近亲属的抚养或赡养费，与残疾人相关的费用，与国内人员就业相关的费用支出，可在不超过应纳税所得额一定比例范围内扣除；

②婚外子女的教育费支出，每年每个孩子最高为3 480欧元；

③家政费和儿童托管费成本，最高为3 600欧元；

可扣除的特别支出包括：

①与免税收入和不动产投资无关的利息支出，最高336欧元，对于配偶和每个联合纳税的孩子扣除额加倍；

②对于构建社会储蓄计划的投资（包括来源于储蓄计划的信贷利息），最高为672欧元，对于配偶和每个联合纳税的孩子扣除额加倍；

③向经卢森堡认证的保险公司或经欧盟国认证并在其他欧盟成员国中有法律地位的保险公司支付的人寿、医疗、事故、伤残或责任保险费，最高扣除额为672欧元，对于配偶和每个联合纳税的孩子扣除额加倍；

如果纳税人1年内没有或少于480欧元特别支出，则固定的可扣除金额为480欧元。对于已婚夫妇，该扣除额加倍，条件是夫妻双方都工作。

（2）宽免。已婚夫妇都有专业服务收入的，在联合申报纳税时，可享受额外专业服务免税额4 500欧元。

（3）抵免。如果子女有权享有卢森堡儿童津贴，那么不考虑父母的应纳税收入，以现金支付的形式每月给予每名孩子76.88欧元的抵免额。如果子女没有享有卢森堡儿童津贴的资格，给予纳税人的税收抵免额是通过对纳税申报表/退税申请表进行评估而得，以应缴所得税额为限。

从2009年1月1日起，下列个人免税额由相应的税收抵免代替：

①给予员工和退休人员的补偿金，由免税改为员工可享受540欧元的抵免额，退休人员可享受300欧元的抵免额（如果夫妻双方都有就业收入或养老金收入的话，享受双倍的抵免额）；

②属于纳税类别1a的纳税人，单亲免税额变更为750欧元的抵免额；

③以自己的名义独立经商的个人，其个人免税额变更为300欧元的税收抵免额。

如果税收抵免额超过了应缴所得税额，超过部分给予退还。

实际纳税额的计算对各类纳税人是不同的。

单身、分居或离异，且年龄在65岁以下的纳税人属于类别1。

下列纳税人只要他们不属于类别2，那么属于类别1a：

①分居或离异，且年龄为65岁及以上的纳税人；

②单亲父母；

③寡妇或鳏夫。

下列纳税人属于类别2：

①联合申报的已婚夫妇；

②在纳税年度前3年成为寡妇或鳏夫的个人；

③在纳税年度前3年分居或离婚的个人（只要他们在过去5年不属于该纳税人类别）

子女个数仍然用来决定扣除额的最大限度（贷款利息、人寿保险费等）。

8. 损失

经营亏损（类别1）、农业和林业损失（类别2）或自由职业损失（类别3）可以抵消同一纳税年度其他类别的收入。只要满足特定的条件，超出部分可以无限期结转。损失不能向以前年度结转。

动产投资损失（类别6）和其他损失（类别8）不能抵消同一纳税年度其他类别的正收

入。收入类别（6）和（8）的损失只能抵消同一类别的正收入；当纳税人实质性参与一个公司运营，而且其职业收入（独立活动和工资）有50%以上来自该公司，这种情况下对于类别（6）的限制不适用。

来自租金和特许权使用收入类别的损失（类别7）可以抵消其他收入类别的正收入，但只能是同一纳税年度，不允许向以前年度或以后年度结转。

9. 税率

（1）所得和资本利得税率如表2所示：

表2

应纳税所得额（欧元）	税率（%）
11 265 以下	0
11 265 ~ 13 173	8
13 173 ~ 15 081	10
15 081 ~ 16 989	12
16 989 ~ 18 897	14
18 897 ~ 20 805	16
20 805 ~ 22 713	18
22 713 ~ 24 621	20
24 621 ~ 26 529	22
26 529 ~ 28 437	24
28 437 ~ 30 345	26
30 345 ~ 32 253	28
32 253 ~ 34 161	30
34 161 ~ 36 069	32
36 069 ~ 37 977	34
37 977 ~ 39 885	36
39 885 ~ 41 794	38
41 794 ~ 100 000	39
100 000 以上	40

根据该表计算所得税时，对于应纳所得额未超过150 000欧元（课税分类1和1a）和300 000欧元（课税分类2）的纳税人，要增收7%的附加费作为就业基金，对于应纳税所得额超过150 000欧元（课税分类1和1a）和300 000欧元（课税分类2）的，则增收9%的附加费作为就业基金。这使得应纳税所得额低于150 000欧元的纳税人（属于课税类别2的纳税人，低于300 000欧元），其最高边际税率为42.80%；高于该限额的纳税人，其最高边际税率为43.6%。从2015年1月1日起，属于卢森堡的应税收入要缴纳0.5%的临时税，引入该临时税的目的是平衡预算。

对于联合纳税的家庭包括配偶或伴侣，适用分率制。该税率表适用课税类别1。适用于课税类别1a和2的税率表根据该表而定。

特定类型的偶然收入，按特殊的税率征税。

（2）预提税。工资薪金和养老金（第一支柱）适用于代扣代缴制度。社会保障税也由雇主（或养老机构）代扣代缴。

工资包括用人单位给予的所有收益，无论是现金形式还是实物形式，都需要代扣代缴所得税。代扣代缴的工资所得税一般是预付款，用来抵免最终的纳税义务。然而，该预提税也可能形成居民纳税人最后税款。

支付给居民非执行董事的董事费要从总费用中代扣代缴20%的所得税。该费用包含在居民董事的应纳税收入中，而且扣缴税款可以抵免最终应缴的所得税。

一般来说，由居民公司支付给居民个人股息要代扣代缴15%的税款。该预提税可用来抵免个人的应付所得税额，超过部分予以退还。清算支付不适用代扣代缴。控股公司和投资基金支付的股息免于代扣代缴所得税。

支付给居民个人的特许权使用费不需要代扣代缴。

批准的第二支柱雇主养老金计划保费或储备金以20%的比例税率征税。这个预提税是居住在卢森堡（特别是比利时）雇员的最后税款。养老金缴款的税收情况根据雇员退休时的居住国而定。

10. 征收管理

（1）纳税年度。纳税年度指日历年度。

（2）纳税申报。所有年度收入超过100 000欧元的纳税人必须进行纳税申报。对于多种收入需要代扣代缴的情况，该限额减少为30 000欧元或36 000欧元（取决于课税类别）。纳税申报的截止日期是相关纳税年度下一年的3月31日，允许延长到6月30日。

（3）税款缴纳。除了工资需要代扣代缴所得税外，税款可在纳税年度内通过预评估按季征收。应付金额基于以前纳税年度的应付税额确定，同时考虑代扣代缴的税额。预付税款可用来抵免最终的纳税义务。

（4）事先裁定。从2015年1月1日起，事先税收裁定也适用于个人。

（二）其他类型的所得税

在卢森堡经营的个人要缴纳市政营业税。营业税税基与征收营业收入所得税的税基相同。但是，某些特定的减免只适用于市政营业税。居民个人有权享受40 000欧元的减免额。

营业税的基础税率为3%，然后根据营业机构所在直辖市乘以不同的系数。卢森堡市的有效税率是6.75%（3%×2.25）。

（三）国际税收

1. 居民纳税人

（1）境外所得和资本利得。居民个人就其全球范围内的收入和资本利得缴纳所得税。通常国外收入适用的所得税税率与国内收入相同。

来源于国外的特许权使用费、经营收入和职业收入，没有特别的税收待遇。国外股息总额，即未扣除任何在国外支付的税额，通常应包含在应纳税所得额中。但是，对于以下公司支付的股息，个人可享受50%的免税额：①符合欧盟母子公司指令的公司；②公司所在国已与卢森堡签订税收协定，只要该公司的税收与卢森堡公司所得税相当（即具有可比性）。

境外利息收入总额，即在扣除任何国外支付的税额之前，通常应包含在应纳税所得额中。境外通过卢森堡或其他欧盟成员国的代理支付的利息要代扣代缴所得税。

境外不动产如果位于税收协定国，来源于该不动产的收入在卢森堡免缴所得税。但是，在根据累进免税法确定其他应税收入的税率时要将该收入考虑在内。

（2）境外资本。对于纳税个人不征收净财富税。位于境外的不动产不征收房产税。

（3）避免双重征税。为避免双重征税，卢森堡居民可获得单边减免，即对于一项境外收入，其在境外已纳税款可用来抵免该收入在卢森堡的应纳税额。该抵免只适用于外国税收与卢森堡所得税具有可比性的情况。抵免通常受到每个国家的限制，境外收入可以扣除因为限制不能抵免的任何有效税收。但是，按照税收协定视为征收的税款（即无效税款）不得扣除。但是，对于境外股息和利息收入而言，纳税人可以选择一个总限额。在这种情况下，每项境外收入的抵免额不得超过该收入的25%。这些收入的总抵免额不得超过卢森堡所得税总额（不包括境外税额）。

根据卢森堡税收协定，其双重税收减免规定是根据国外对于境外投资收入（比如股息和利息收入等直接获取而非通过常设机构获得的收益）的抵免办法出台的。对于其他类型的收入，例如通过常设机构获取的经营收入，适用累进免税法。

2. 侨民

（1）2014年1月1日制定了适用于迁往卢森堡员工（“驻内人员”）的特殊税收条款。根据该规定，这些外籍员工获得与其卢森堡职务相关的薪酬适用一定的减免政策。有资格享受该规定的有：

①与境外的公司签约后派往同一国际集团的卢森堡公司作业的员工；

②被卢森堡公司或欧元经济区的公司直接从境外聘用的为其开展作业活动的员工；

（2）驻内人员必须符合以下条件：

①驻内人员必须符合卢森堡居民的居住标准；

②驻内人员既不曾是卢森堡纳税居民，也未曾居住在距离卢森堡边界不足150公里的地区，另外，在卢森堡提供专业服务开始日之前的5年内未曾缴纳过专业服务所得税。

（3）根据该规定，支付给驻内人员的津贴或其支出的合理费用免缴所得税。免税额为外籍个人在国外的费用超出其假设留在国内所需费用的部分。根据规定有以下费用：

①非重复性费用：迁徙费和住房费（例如配置家具费），特殊差补（例如生育费、结婚费和丧葬费）；

②重复性费用：住房成本（例如房租、水电费、取暖费），年度探亲费，税收均衡补偿，学费。此外，对其他重复性费用（生活费调整）也有一次性免税补偿，相当于员工月固定报酬的8%，每月上限为1 500欧元。如果员工与同事共住一个居所或与其配偶或伴侣一起住，且其配偶或伴侣不从事专业服务活动，则免税补偿加倍（即16%且每月不超过3 000欧元）。这项针对外籍员工的特殊税收条款只适用于员工外派期间。外籍个人在卢森堡外派期满5个纳税年度后不再适用该规定。

3. 非居民纳税人

（1）一般所得和资本利得课税。

①一般性规定。非居民个人就来源于卢森堡的各种所得缴纳所得税，这些所得包括如下：

——来源于卢森堡被雇佣的就业所得或卢森堡来源产生的所得；

——来源于因在卢森堡被雇佣或由公共基金支付的养老金和年金；

——来源于卢森堡常设机构的经营收入；

——在卢森堡提供服务的专业服务收入或源自于卢森堡的专业服务收入；

——艺术家或运动员们在卢森堡参加某项活动的所得；

——由居民支付的股息和利润分成等需要代扣代缴的投资所得；

——来源于卢森堡不动产的收入；

——来源于卢森堡不动产的资本利得；

——实质性持有居民企业股权的资本利得，持有期限少于 6 个月；

——实质性持股的资本利得，持有期限多于 6 个月，条件是纳税人在卢森堡居住 15 年以上且在处置或清算年度为止已有 5 年未居住在卢森堡。

应纳税所得额的计算与居民适用相同的规则。非居民所得税适用的累进税率也与居民相同。但是，在累进税率选择时不考虑境外收入（除非他们自己选择考虑或要求退税的情况下）。然而，除了一些特定类别的收入，对于非居民最低所得税税率为 15%（再加附加费）。这类纳税人可能选择标准累进税率而不是 15% 的税率（再加附加费）；但是在计算累进税率时，要在实际收入上加上 11 265 欧元（免税额）。

非居民只就来自卢森堡常设机构的收入缴纳市政营业税。

②工资薪金。一般对于非居民来说，从工资中代扣代缴的税额就是最终的税额。但是，在一个纳税年度内，非居民在卢森堡持续工作至少 9 个月，则有权在与居民相同的条件下进行评估纳税。已婚非居民纳税人有权进行这样的评估，条件是配偶双方都在卢森堡有工资，及至少一方配偶获取需要代扣代缴的非独立性收入，而且该家庭获得的专业服务收入（包括独立和非独立性活动收入）中有 50% 以上在卢森堡纳税。

非居民从卢森堡获得就业收入但在这个国家居住不到 9 个月，其要求退还工资多扣缴的税款（即扣缴税款超过其应付所得税的部分）时，有着严格的条件限制。

非居民从卢森堡获得应税专业服务收入，在一般情况下，按与居民的相同课税分类征收。但是，在卢森堡取得应税专业服务收入的已婚非居民纳税人属于课税类别 1a。如果一个家庭的专业服务收入中有 50% 以上需要在卢森堡纳税，则该非居民配偶属于课税类别 2（如果配偶双方都在卢森堡获得专业服务收入，需要联合申报纳税）。

如果一个非居民纳税人的总收入中至少 90% 要在卢森堡纳税，那么该纳税人可选择与居民纳税人相同的税率进行纳税并享受相同的税收减免优惠。按照所得税累进税率确定税率时，该纳税人境内和境外收入都要考虑在内。就这一点而言，适用于全球所得税率的所得额都要将所有境外收入计算在内。因此，非居民纳税人有权要求扣除其抵押主要住房贷款的利息。已婚非居民纳税人可作该选择的唯一条件是，至少有一方配偶其 90% 以上总收入要在卢森堡纳税。一旦作出选择，已婚纳税人夫妇需要联合申报纳税。

对于非居民董事，如果每年的董事费未超过 10 万欧元且该董事费是唯一的来自卢森堡的专业服务收入，则被代扣代缴的税额为最终税额。

③投资收益。利润分享债券的股息和利息由直接支付的居民企业代扣代缴 15% 的税额。

支付给非居民纳税人的利息（利润分享债券利息除外）和特许权使用费不适用代扣代缴制度。从 2015 年 1 月 1 日起，卢森堡废除了转型期扣缴税款的规定并根据储蓄指令引入了信息自动交换机制。但是信息自动交换只限于利息收入。由卢森堡代理人支付给卢森堡居民个人的利息仍然要代扣代缴10%的税额。

利息也包括某些投资债券利息。向某些实体（称为残余实体）的支付额或担保额需要代扣代缴税款。对于特定程序（信息交换或免税证书），允许支付代理人不进行代扣代缴税款。当第三方国家，比如安道尔、列支敦士登、摩纳哥、圣马力诺、瑞士和美国，按要求实现信息交换时，转型期结束（期满）。

（2）资本课税。卢森堡不征收净财富税。非居民个人就其位于卢森堡的不动产缴纳房产税。

（3）征收管理。非居民获得来源于卢森堡的不适用代扣代缴制度的应税收入，需要进行纳税申报。一般而言，如果需要代扣代缴税额的应税收入每年超过10万欧元，也需要进行纳税申报。在多项收入使用扣缴制度的情况下，可根据课税类别将上述限额降至30 000欧元或36 000欧元。

三、增值税

（一）一般规定

1. 概述

增值税是对在卢森堡消费商品和服务课征的一般税。

2. 纳税人

（1）增值税纳税人为独立地在任何地方进行经济行为的人，不论该行为的目的和结果为何。纳税人为所有企业家，包括自由职业者和进口商。为了确定提供服务的发生地，以下也被视为增值税纳税人：

①进行增值税登记的非应纳税人；

②混业经营者（即包括增值税范围内外的业务）。

在卢森堡成立公司的纳税人若进行增值税进项税抵扣的交易，则需增值税登记。若在上一年度其年营业额未超过25 000欧元（“小规模企业”）可在一定条件下免除增值税。

（2）无权抵扣进项增值税的纳税人只需在卢森堡登记增值税（并申报和缴纳卢森堡增值税），条件是：

①从在卢森堡之外成立的提供商接收服务（除非卢森堡增值税法规定这些服务免税）；

②从另一成员国取得商品，即（认为）欧共体内购置额超过年限额1万欧元（不含增值税）。

适用于卢森堡企业实体的增值税登记制度通常也适用于在卢森堡做应税供应的非卢森堡企业实体。然而，不在卢森堡成立的企业不适用25 000欧元的限额。

一般而言，应税经济活动开始后15日内应该进行增值税登记。

3. 应税行为

以下交易应该缴纳增值税：

（1）处于经营期内的纳税人通过卢森堡供应地提供商品和劳务；

（2）处于经营期内的纳税人或者非应税法人通过卢森堡供应地进行欧共体内购置商品；

（3）处于经营期内的纳税人、非应税法人或者非应税个人通过卢森堡供应地进行欧共体内购置新交通工具；

（4）从欧盟外进口商品至卢森堡；

（5）按照逆向征收机制，从另一个国家（欧盟内外）供应商购买的服务。

纳税人在月制或季制下进行增值税登记应当以电子方式填报所有增值税申报单。

4. 应税收入

增值税税基（不含增值税）为提供商品或服务取得的收入。对于进口商品，税基为海关完税价格（包括关税），通常相当于商品的交易价格或销售价格，根据进口增值税进行调整。

5. 税率

增值税标准税率为17%（2015年1月1日前为15%）。

特定类型的燃料，特定广告出版物和证券托管适用中间税率14%（2015年1月1日前为12%）。燃气、电力、艺术品及其在特定条件下的供应减按8%税率课征（2015年1月1日前为6%）。电视广播、著作权、食品和饮料（酒精饮料除外）、书籍期刊、14岁以下童装、水、药用产品、私人交通工具、居所和文化、教育、运动、娱乐设施都特别减按3%税率课征。

6. 免税

免税适用于多种服务，如教育、文化和医疗服务，大多数金融交易和大部分与租赁不动产相关的交易。

（二）非居民纳税人

若非居民在卢森堡进行任何应税交易，则适用与居民相同的税收处理规定。在卢森堡无固定场所的非欧盟居民纳税人需在进行增值税登记时交纳银行担保金。如果满足以下条件在卢森堡缴纳的增值税会退税给非居民纳税人：

（1）在另一欧盟成员国设立的非居民纳税人和在卢森堡未进行应税供应者可要求其所在成员国的税务机关退还卢森堡增值税；

（2）在欧盟外设立的非居民纳税人和在卢森堡未进行应税供给的可要求卢森堡税务机关退还增值税；

（3）在卢森堡拥有增值税识别号的非居民纳税人可在其卢森堡增值税申报表中抵扣进项增值税，条件是他可能从卢森堡增值税进项税额抵扣中受惠。

四、消费税

卢森堡仅对一些特定商品征收消费税，例如酒精、糖和烟草。原则上，所征消费税不得减免或退还，除非对于出口的情况。

五、社会保障税

（一）对企业征收

雇主必须代扣代缴雇员的社会保障税。税基包括全部工资、薪金以及实物福利，每月上限 9 614. 82 欧元（从 2015 年 1 月 1 日起）。具体税率如表 3 所示：

表 3

保险种类	税率（%）
养老保险	8
医疗保险	3.05①
互助医疗护理险	0.51～3.04②
意外险	1.10
工伤险	0.11

注：①适用月度毛收入。非周期薪酬（第 13 个月工资，奖金等）以及实物福利（公司汽车）适用 2.8% 税率。

② 税率一共分 0.51%、1.32%、1.94% 和 3.04% 四档。根据雇员在公司的考勤情况确定其适用哪一档税率。

（二）对个人征收

1. 受雇者

雇员的社会保障税包括在工资中由雇主代扣代缴。税基为工资薪金总额，包括实物福利（也有例外），每月上限为 9 614. 82 欧元（从 2015 年 1 月 1 日起）；该最高限额不适用于抚养保险（Dependency insurance）。

2. 自营业者

自营业者社会保障税的税基为经营收入或者专业服务收入，与计算上年度所得税的税基相同，每月上限为 9 614. 82 欧元（从 2015 年 1 月 1 日起）；该最高限额不适用于抚养保险。除了抚养保险缴款外，社会保障税在计算所得税时允许税前扣除。税率如表 4 所示：

表 4

保险种类	税率（%）
养老保险	16.00
医疗保险	6.10
意外保险	1.10
互助医疗护理险	0.51～3.04①
抚养保险	1.40

注：①根据个人的缺勤率，选择不同的税率 0.51%，1.32%，1.94% 和 3.04%。

（孙红梅　编）

马来西亚税制

马来西亚的主要税种有公司所得税、个人所得税、商品与服务税和社会保险税。

一、公司所得税

（一）一般规定

1. 税制类型

2007 年 12 月 31 日之前，马来西亚一直采用的是归集抵免制。从 2008 年 1 月 1 日起，单一公司税制取代归集抵免制。在单一公司税制下，对居民企业利润征收的税额为最终税额，股东所获得的由企业支付的一切股息免税。但是，在 6 年过渡期间（2008 年 1 月 1 日至 2013 年 12 月 31 日），企业可以选择继续使用归集抵免制。

在归集抵免制下，居民企业支付税款时，股息所得已缴纳税金，该部分缴税金可以在企业向股东支付股息时作为附加部分。股息支付减少公司的可用已缴税金。

股东获得的股息汇总后适用相应的企业所得税税率。股东可以用附加的已缴税金来抵免应纳税额。附加的已缴税额超过其应纳税额的部分予以退还。

2. 纳税人

公司所得税的纳税人包括公司、信托、非公司制团体（合伙企业除外）及单独法人。政府机构、公众性质的慈善组织和宗教组织、工会及其他经批准的机构通常是免税的。

《所得税法》定义中作为法人团体的公司包括具有独立法律地位或依据外国法律成立的各种团体。该调查仅限于马来西亚成立的上市公司和私人有限公司以及符合类似描述在国外成立的法人实体，无论是居民还是非居民。这些实体被称为公司。

合伙并非独立的纳税人，而是每个合伙人就其分得的利润份额负有纳税义务。但是，确定合伙企业净利润或净损失的报表必须提交。有限合伙企业的合伙人只就其从该企业获得报酬纳税，而非由该企业支付、收到或分配的利润。

2011 年 5 月 16 日发布了关于公司或团体居住状况的公共裁定 5/2011，为确定某个公司的纳税人身份提供指导。

基本上，如果一个公司在纳税年度内的业务或事务的管理及控制活动发生在马来西亚，则为马来西亚的居民企业。实践中，董事会举行地被视为管理和控制业务或事务发生地。公司注册地与股东大会举行地通常不相关。

3. 应纳税所得额

（1）一般规定。居民企业就发生或来自马来西亚的所得缴纳所得税。除了从事银行、保险、海上或空中运输的公司外，居民企业收到的马来西亚境外的所得免税。

应纳税所得包括业务所得、股息、利息和租金、特许权使用费、保险费及其他利得或利润。课税年度的应纳税所得是通过一系列的步骤得到的，每一步允许按特定的顺序进行一定的扣除，最后得到应课税所得，按该所得选择相应适用的税率。

业务所得按照权责发生制进行征税。

（2）免税所得。下列所得免税：

①免税纳税人获得的所得；

②免税所得，比如在马来西亚收到的来源于境外的所得。

此外，对于特定类型企业的税收，比如从事银行和金融服务、保险、石油、采矿、海上运输和航空运输的企业，有众多的方案或激励政策最终使得全免、部分减免或降低税率。

（3）扣除。一般来说，用于企业生产的全部或专门支出及费用允许扣除，除非是《所得税法》特别禁止的费用支出。可扣除项目包括业务支出、租金、修理及更新改造支出、工资薪金、保险费和不超过员工报酬 19% 的员工公积金支出。一些费用是限额扣除，比如利息、娱乐费、机动车租赁费、坏账及可疑债务。

非完全或专门以生产为目的而发生的资本支出、私人或家庭性质的支出及费用不允许扣除。不可扣除的费用包括税费、年度股东大会费用、罚款及罚金、未经批准的计划供款、尚未扣缴预提税的支付款、俱乐部入场费及度假旅费（除非明确规定可豁免）。

一般来说，股息是不可扣除的，而利息可以扣除。内陆税收局于 2011 年 2 月 7 日发布了关于利息费用和利息限制的公共税务裁决 2/2011。适用于所有纳税人的税务裁决从 2011 课税年度开始生效，并进行了以下阐述：

①利息费用的可抵扣程度；

②利息限制条款的应用；

③对各种投资所得来源利息支出的可抵扣程度，比如股息、利息和租金所得。

在取得应纳税所得中发生的特许权使用费是可扣除的。

公共税务裁决 9/2015 解释了与关联人士之间贷款交易相关的利息费用的扣除（以及利息所得的识别）。

存货计价方法：存货按成本和可变现净值孰低计价。存货的计价基础应当符合商业和会计惯例，而且之后年度适用相同的计价方法。后进先出法在税收上不被接受。

（4）折旧和摊销。合理用途的工业建筑在资本支出当年的初始折旧额为 10%，随后每年折旧 3% 直到成本全部抵扣完。工厂和机器的初始折旧额为 20%，并规定随后每年的折旧额为 10%、14% 或 20%。

加速折旧适用于指定的工业建筑、厂房及机器，比如电脑和信息技术设备，用于环境保护、废物回收利用、建筑、木材、农业及电力供应方面的设备。2013 年 4 月 15 日发布了公共税务裁定 4/2013，作为各种加速折旧适用情况的综合指南。

对于价值低于 1 300 林吉特的资产，每件可于购买当年全额扣除或采用加速折旧，前提是这些资产的总价值在课税当年未超过最大值 13 000 林吉特。符合条件的小型及中型企业不受最大阈值的限制。

资本支出发生当年开始计提折旧。虽然纳税人能够放弃对资本免税额的要求权，但是名义年度免税额仍会从剩余费用中扣除。

未冲销的资本免税额可以无限期结转，用以抵扣来自相同业务的未来所得。

特许权的收购成本可按直线法在 5 年以上摊销，特许权指的是专利、工业设计或商标，以及交易成本包括咨询费、律师费和印花税，但不包括特许权使用费。

（5）准备金和预计负债。一项债务只有在实际发生时才可扣除。因此，计提的应急准备金或预计负债是不可扣除的。

如果是可具体识别或合理确定为不可恢复负债的，那么对该坏账或呆账计提的预计负债是可扣除的。但是，在收回已核销的坏账及拨回准备金时要于收回或拨回当年交税。

4. 资本利得

资本利得（除了房地产转让收益外）不被视为所得，不缴纳所得税。然而，从具有贸易性质的独立交易或经常性资金往来中取得的所得，被视为营业所得并据以征税。

出售位于马来西亚的不动产或处置房地产公司股份取得的收益要缴纳房地产收益税。

房地产公司是指拥有房地产或参股房地产公司或两者兼有的控股公司，这些房地产或股权的价值不低于公司有形资产总价值的 75%。

根据 RPGT 的规定，有大量适用分期纳税的情形，比如同一集团下的公司间资产转移，重组计划下的资产转移，重组或合并，通过担保方式的资产转让，资产赠与政府或免税慈善机构，强制收购及伊斯兰金融计划下的资产转让。

5. 亏损

（1）普通亏损。损失是指可扣除项目超过总所得的部分。只有应税营业活动的损失才可以结转。损失可以无限期结转。当年度的营业损失可以抵减任何来源的所得，但是以前年度结转的未抵扣损失只能抵减营业所得。

损失的抵扣没有所有权的限制，除非是已停业公司或集团公司之间进行了损失转移。已停业公司在直接股权（50% 以上）有实质性变化时，不允许其结转损失。如果在一个公司在股权实质变动的会计年度没有重大交易发生，而且只有发生极少的合规费用（比如会计费和申请费）。损失一般是不得结转的。但是，在 2009 年 3 月 10 日发布的经济刺激计划中，暂时允许公司结转当年的损失（最高 100 000 林吉特/年）至上一年度。该条款只适用于 2009 和 2010 课税年度的相关损失，并适用于居民个人、非居民个人及适用正常税率的企业实体。

值得注意的是，以下情况不适用结转条款：

①先锋公司或享受投资税收宽免的公司；

②已申请再投资津贴的个人；

③投资控股公司；

④保险业务，进口保险或离岸保险；

⑤伊斯兰保险；

⑥没有营业所得来源的个人。

损失可结转金额最高为每年 100 000 林吉特。

损失结转不符合规定的，要求纳税人补足少缴的税款并支付与少缴税款数额相当的罚款。

（2）资本损失。资本损失只有在处置不动产时产生。

准予列支的损失产生于应税资产的处置价格低于购置价格的情况。准予列支的损失可以作为不动产处置当年资本利得的扣除额。准予列支的损失未完全抵扣的部分可以无限期结转，用以抵扣未来的不动产转让收益。

6. 税率

（1）经营所得和资本利得适用税率。从2016年起，公司所得税税率为24%。

中小企业，即实收资本低于2.5百万林吉特的居民公司，应税所得的第一个500 000林吉特按20%的税率纳税，超出部分按25%税率纳税。

从2014年1月1日起（适用现行的立法修正案），符合下列销售额或营业额及员工个数条件之一的企业被定义为中小企业（见表1、表2）：

表1　　制造业

类别	小微	小型	中型
销售额	低于林吉特300 000	林吉特300 000～林吉特15 000 000	林吉特15 000 000～林吉特50 000 000
员工数	少于5	5～75	75～200

表2　　服务业和其他行业

类别	小微	小型	中型
销售额	低于林吉特300 000	林吉特300 000～林吉特3 000 000	林吉特3 000 000～林吉特20 000 000
员工数	少于5	5～30	30～75

马来西亚全国中小企业发展委员会秘书处已经在其网站上发布了详细的指引。

从2014年1月1日起，公司不动产转让的实际税率（见表3）：

表3　　不动产转让实际税率表

转让时点（持有年限）	税率（%）
3年及以下	30
4年	20
5年	15
6年及以上	5

（2）向居民纳税人支付款项的预提税税率。一般而言，向其他居民企业支付款项不会产生预提税。

然而，出于不动产转让收益的税收目的，按不动产处置价值或总现金对价孰低原则，预提3%（2015年1月1日之前为2%）的税款，除非申明不需纳税。该款项必须由应税资产的收购者预提并在收购日后60天内向税务当局支付。该预提税并非最终税额。

向非居民支付款项的预提税税率见非居民企业预提税部分。

7. 税收优惠

马来西亚实行多种税收优惠，包括全免或部分免税、降低税率、投资津贴、加速折旧或专项扣除。税收优惠适用于广泛的行业。

税收优惠主要是鼓励直接外来投资，包括获得新兴工业地位的公司在5～10年内给予全免或部分免税，合格的资本支出在5～10年内可获得投资税津贴，用于扩张、现代化或多样化活动的支出可享受再投资津贴。

双倍扣除适用于研发支出、促进商品劳务出口的支出、发展旅游业的支出、培训支出等。在马来西亚设立主要枢纽提供合格服务的公司在5～10年内可获得降低税率的税收优惠，即适用税率为0%、5%或10%（从2015年5月1日起该优惠条款取代了关于运营总部、国际采购中心和区域性配送中心的优惠条款）。

享有其他税收优惠的包括多媒体超级走廊的公司或开展符合多媒体超级走廊地位公司业务活动的、在敦拉扎克交易所的公司、依斯干达经济特区提供合格服务的公司、与国家生物技术政策一致的生物科技地位公司、伊斯兰金融、单位信托基金、研发活动、外国基金管理、风险投资和海上运输。

下列情况也适用免税政策：

（1）欠发达地区的发展；

（2）工业区管理；

（3）代表处和区域办公室；

（4）财务管理中心。

纳闽岛金融中心的公司适用特殊的税收制度，根据该制度公司可按净审计利润的3%纳税或按固定金额20 000林吉特纳税，而且可享受豁免预提税及其他税的优惠，以及各种非税优惠。

8. 征收管理

（1）纳税期间。课税年度通常与日历年度一致，但是公司的所得可基于其会计年度核定。

税额是在当年度基础之上计算的，即课税年度的应纳税额计算的是与课税年度一致的日历年度内或是结束于课税基期的会计年度内应计、派生或接收的所得。

（2）纳税申报。马来西亚实行自行申报纳税制度，纳税申报表必须在公司会计年度终了之后的7个月内提交。已停业公司、停止运营或尚未开始运营的公司也需要进行纳税申报。纳税申报之日视为课税通知书送达公司日。

（3）税款缴纳。每个课税年度公司需要在计税基期开始前30天内提供预估的应按税额。预估的应纳税额必须从计税基期的第二个月开始每月等额分期支付。

经修订的预估额可在计税基期的第六或第九个月提交。如果经修订后预估税额增加，增加额在剩余期限内分期等额支付。如果上缴的税收已超过修订后预估税额，则不需继续分期支付。

在已缴税额不足的情况下，需在纳税申报表提交截止日前向内陆税收局进行补足支付。多缴税款予以退还。

（4）事先裁定。从2007年1月1日起，根据2007所得税事先裁定的规则，纳税人可以在税法解释和适用上请求事先裁定。

（二）居民企业之间的交易

1. 企业集团合并纳税

集团减免是指马来西亚注册成立的居民公司，其纳税调整后损失之70%（2009年1月1日之前为50%）可以被转移给一个或多个关联公司。

为了符合集团减免的条件，集团各公司必须在相关课税年度拥有250万林吉特以上的实收资本，会计年度结束期相同，且在减免申请的计税基期及基期前12个月内是关联企业（按规定进行70%所有权测试）。

2. 居民企业之间的股息红利

居民企业之间的股息红利没有特别的优惠政策。完全税务减免股息包含在应税所得中，但是归集抵免制下的附加已缴税额允许抵免。

（三）其他类型的企业所得税

1. 石油所得税

从事石油作业取得的所得和任一公司支付的其石油经营取得的所得分红都要交石油所得税。课税所得为总所得减去税法规定可扣除的费用。课税所得的税率为38%。

2. 暴利税

由2008年7月15日起，油棕榈果（未经加工的油棕果，无论是成束还是松散的形式）都要交暴利税。纳税人为总体上拥有100亩及以上油棕榈果树的油棕榈果生产者。征收率是按公布的毛棕榈油全国平均价格计算的月度生产总值的3%（在沙巴和沙捞越为15%）。

（四）国际税收

1. 居民企业

一个公司如果其纳税年度内实施的业务控制及管理活动都发生在马来西亚，那么为居民企业。在实践中，董事会会议召开地点被视为业务或事务管理控制活动发生地。通常与注册地或股东大会举行地无关。

（1）境外所得和资本所得。居民企业就产生于或来源于马来西亚的所得缴纳所得税。汇入马来西亚的境外所得是免税的，除了从事银行、保险及海上或空中运输业务的公司。

境外资本收益无须缴税。

（2）境外亏损。境外所得和资本收益一般是免税的，故与境外亏损的处理无关。

（3）境外资本。马来西亚没有资产净值税。位于国外的财产无需在马来西亚缴纳财产税。

（4）避免双重征税。马来西亚核定领土范围在很大程度上为单方面实施避免双重课税的措施，因为汇入马来西亚的境外所得不征税，除了那些从事银行、保险、空中或海上运输业务的公司。

普通税收抵免是就从与马来西亚没有税收协定的国家取得的所得的境外已缴税额给予单边抵免。单边抵免以该笔境外所得需支付的马来西亚税收或境外已缴纳税收的50%两者中的较低者为限。

普通税收抵免也可根据马来西亚的税收协定给予抵免。抵免额以就境外所得需支付的马来西亚税收为限。税收协定的条款优先于国内法，但专门颁布的优先于税收协定条款的国内税法除外。马来西亚一般采用《经合组织协定范本》，但是也通过税收饶让条款保留了其广泛的税收优惠方案。

超额的境外税收抵免不能用来抵消同一课税年度的境内所得税，也不能向以前或以后年度结转。另外所得来源也有限制，即就一种来源的境外所得已缴税额的抵免额不能用来抵免其他来源的所得税额。

2. 非居民企业

不属于马来西亚居民企业的为非居民企业。

（1）一般所得和资本利得的课税。非居民企业仅就源自马来西亚境内的所得缴纳所得税。境外所得无论是否汇入马来西亚，均免税。

非居民企业通过在马来西亚设立的常设机构取得的营业所得要交所得税，而且一般依照居民的正常规定包括税率纳税。国内尚无常设机构的定义，马来西亚税收协定中通常使用的是《经合组织协定范本》中的定义。

非居民企业不得享受股息归集抵免。

资本利得无须缴税，但不动产利得税参见资本利得部分。

预提税参见非居民企业预提税。

（2）对资本的征税。没有净值税。非居民企业就其设在马来西亚的财产缴纳财产税。

（3）征收管理。如果获得的所得适用最终预提税并且税额扣缴正确的，不应该有备案要求。否则，非居民企业需要同居民企业那样进行纳税申报。

3. 非居民企业预提税

（1）股息。目前对股息不征预提税。

（2）利息。支付给非居民的利息要就总额的15%缴纳最终预提税。

（3）特许权使用费。支付给非居民的特许权使用费要就总额的10%缴纳最终预提税。

（4）其他。支付给非居民企业的技术费按总额的10%缴纳预提税。对于完全发生在马来西亚境外的服务无需缴纳预提税。

使用动产的租金或其他支付款项的应就总金额的10%缴纳预提税。

支付给非居民企业承包商的服务款项适用13%的预提税，该预提税由非居民承包商应纳税所得适用10%预提税率和非居民承包商的员工应纳税所得额适用3%预提税率组成。这并非最终的税额。

从2009年1月1日起，一项利得或利润，如果不在《所得税法》任何其他类别应纳税所得范围内且由非居民企业获得，则视为来自马来西亚的所得，就其所得总额缴纳10%的预提税。2010年4月19日发布的公共税务裁决1/2010对属于本条规定的所得进行了阐述。

没有分支机构利润税或汇出税。

（5）预提税税率。在马来西亚与其他国家和地区缔结的全面税收协定中，对不同类型的所得，如股息、利息和特许权税等适用不同的税率。

（五）反避税

1. 概述

国内税法的一般反避税规定用于防止或调整那些以套取税收优惠为主要目的的筹划方案。

没有受控外国公司及资本弱化的规定，但一般反避税规则可适用于此类交易。

另外，《所得税法》还有一些特殊规定来防范避税：

（1）当所得预期增加时，如果居民企业是非居民企业的代理人，特别是两者之间存在关联关系时，非居民企业应以居民企业的名义核定纳税；

（2）为结余免税额和差额捐税，公开市场价值应代替应计折旧资产的实际转让价格；

（3）若应计折旧资产的处置发生在关联方之间，视为处置未发生；

（4）市场价值适用于非因停止营业而销售的存货，且该存货的收购商以购买价格将其作为自己的期初库存；

（5）为避税而设立的居所会被无视，且结算所得视为归属财产授予人所有。

信息请求：

《2011 年所得税（信息请求）规则》于 2011 年 7 月 1 日发布，取代了《2009 年所得税（信息请求）规则》。该规则确立了税收协定缔约方进行信息请求的程序。这些规则一般与经济合作与发展组织的信息交换标准一致。

2. 转让定价

《所得税法》第 140A 部分于 2009 年 1 月 1 日开始生效，介绍了解决转让定价问题的具体规定，即税务局长有权基于公平原则对关联企业之间的货物或服务交易进行调整。

所得税（转移定价）规则 2012 年和所得税（预约定价安排）规则 2012 年均为 2012 年 5 月 7 日制定，并于 2012 年 5 月 11 日发布，且其有效性可追溯自 2009 年 1 月 1 日。

转让定价规则规定，在确定公平价格时，要优先考虑到可比非受控价格方法，再考虑销售价格法或成本加成法。只有当这些方法不能可靠应用时，才考虑使用利润分割法或交易净利润法。当这些方法都无法应用时，税务局长可以准许使用其他方法中交易可比性程度最高的方法。

转让定价规则也用于甄别成本分摊安排，对无形财产和财务安排提供具体的指导，并授权税务局长在经济实质与形式不同或者该安排不具有经济意义的情况下，忽视或重新对控制性交易结构定性。

预约定价安排的规则规定了预约定价安排程序和时间表，以及预约定价安排请求可能被拒绝的情形。预约定价安排核定所涵盖的时间最短为 3 年，最长为 5 年，而且该规则还涵盖单边、双边和多边安排。可以请求预约定价安排的回转。所获得信息的保密是由预约定价安排规则进行保障。

3. 资本弱化

从 2009 年 1 月 1 日起，在《所得税法》第 140A 要求关联企业之间的财政援助是公平进行的，并授权税务局长在必要的时候进行调整。官方未提供负债权益比率，但一般按 3∶1。

资本弱化规则的实施已被推迟到 2017 年 12 月 31 日。

4. 受控外国企业

没有受控外国企业规则。

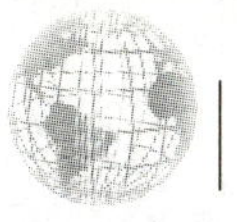

二、个人所得税

（一）概述

1. 纳税人

2011 年 5 月 16 日公布的有关个人居住身份的公共裁决对于确定个人的税收居民身份提供详细的指导和例子。

最终，若满足下列条件，则某人在特定的一年属于马来西亚居民：

（1）该年内在马来西亚待满至少 182 天；

（2）该年内在马来西亚未待满 182 天，但若该人在该期间之前或之后的年度待满至少连续 182 天（包括临时缺勤）；对于某些特定的原因，临时缺勤算作连续几天的一部分。

（3）该年内在马来西亚待满至少 90 天，并且在紧跟该期间之前 4 年中的 3 年在马来西亚待满至少 90 天为马来西亚居民；

（4）或者，在接下来的年度为马来西亚公民，在紧跟该期间之前 3 年中在马来西亚待满 90 天为马来西亚公民。

已婚夫妇单独核定其居民身份，但也可以选择联合核定。

合伙企业不是一个独立的纳税人，而每个合伙人须就他从合伙企业所得份额缴税。然而，决定合伙企业净所得或损失的合伙回报必须提交税务局。有限责任合伙（LLP）的合伙人就其从 LLP 领取的报酬缴税，但不就 LLP 支付，归属或分派的利润征税。

2. 应税所得额

（1）概述。个人居民就其在马来西亚应计或获得的所得纳税。境内收取的来自境外的所得免于纳税。

应税所得包括从企业、合伙企业取得的就业所得，股息，利息和租金，特许权使用费，保险费和其他收益或利润收益。在计算应税所得并适用税率时要扣除个人与其他减免额。

住宅业主就物业估算值缴纳年物业税。

（2）免税所得。免税所得包括海外所得（在马来西亚与否），某些利息、特许权使用费、退休酬金及养老金的支付，以及在一定限定条件下的失业救济。

从 2008 年课税年度起，如果雇员获得由雇主提供一定的就业福利或礼物，且一般提供给所有员工，则为免税所得。

（3）受雇所得。

①薪金。受雇所得包括任何工资、薪金、报酬、假期工资、费用、奖金、小费、津贴或福利（不论是金钱或其他方式）。

低于 6 000 林吉特的每年公务出差补贴是免税的。

包括差旅费、雇佣机构要求的支付给专业资格培训机构用户年费、对工作而言必不可少的服装花费、教育费以及若雇员总所得包含娱乐津贴情况下的娱乐费在内的费用，在其完全且排他性地为获得受雇所得而产生时是可扣除的。由雇主承担的将员工调职至其他职位的移动费用不算员工的应税所得。

由用人单位全额偿还费用不纳税，而不是由员工扣除。

②实物福利。由雇主提供的实物福利一般由雇员纳税。2013 年 2 月公共裁决（受雇的额外所得）及 2013 年 3 月公共裁决（实物福利）提供了对实物津贴和受雇的额外所得征税的详细指导。

由雇主提供的住房住宿所得在职工 30% 总所得和所定义的住宿补贴所得两者中较低的进行核定。旅店住宿费按员工的总现金薪酬的 3% 征税。从 2009 年 1 月 1 日起，为计算起居/酒店住宿的计税价格，总所得不包含员工的购买股份的权利。

授予员工的股票期权于行权时按期权行权日时的市值或可行权日期权的市值两者中的较低者课税。

下列特定利益免税：医学治疗（包括生育与传统治疗）、口腔治疗、儿童抚育补贴，提供给员工及其直系亲属在休假旅游中产生的费用，免费油气以及仅与员工履行职责有关的津贴等。休假旅行免税限于一次最高 3 000 林吉特交通费的境外休假旅行，或三次包括交通费与食宿费的境内旅行。

③养老金所得。按周期支付的养老金所得由收取者纳税。然而，养老金折算后的一次性支付被视为资本性所得，从而不负担税款。

因健康欠佳或达到强制性退休年龄而支付给某人的养老金一般是免税的。

雇主依法对公积金或任何其他的马来西亚批准的养老基金的支付对于员工而言免税。在某些限制条件下，员工向公积金的支付免税。然而自愿性或者超出法定限额的额外支付不可抵扣。向未经批准的养老金计划的支付不许扣除。

④董事报酬。一般而言董事费被视作受雇所得征税。该公司居民所在国为该所得的来源地，自 2009 年起董事费以发票为基础征税。

（4）经营和专业服务所得。个人的经营和专业服务所得要交纳个人所得税，并且其税务处理与公司法人的相符。一般而言，完全且排他性地为获取总所得而产生的开支与费用是可扣除的，除非 ITA 特意禁止。专业赔偿保费所得可获得优惠抵扣。

工业建筑、厂房、机械设备以及专有权（专利权、工业设计与商标）可税前进行折旧。

（5）投资所得。根据马来西亚的归集抵免制（2007 年 12 月前一直在运行，且在 2013 年 12 月前的过渡期内仍适用），居民企业支付的税款会带来归集抵免额，该额度可归属于公司支付给股东的股利。个人收到的股利以适用公司所得税率还原为税前股利后以个人适用的所得税率征税。按照税负进行归集抵免额的扣除，多余的额度会退款。

股东在一层公司所得税制下收取的股利可免税。对一层居民企业利润的课税为最终税款。

当下存款利息所得可豁免 5% 的税款。某些债券或证券的利息所得也可免税。

特许权使用费净租金（总租金所得扣除费用）是可征税的。若积极并全面提供与房地产有关的维修支持服务，房地产出租被视作一种商业来源。

（6）资本利得。资本利得（不是从出售房地产的收益等）不被视为所得，不缴纳所得税。然而，来源于独立交易或实质上为一种生意的周期性资本交易的所得可能被视作营业所得并征税。

来自出售位于马来西亚的不动产或不动产公司出售股份取得的收益征收房地产收益税（RPGT）。

不动产公司是指某一单一或同时持有房地产或不动产企业股份的受控公司，并且该地产或股份的价值不低于公司动产价值的75%。

根据RPGT制度，个人一生中拥有一次对于处置私人住所（或对夫妇来说一人一次）的免税机会。任何低于10 000林吉特或可征税收益的10%（取较高者）以及家庭成员间处置房地产的收益均可免于课税。包括继承、转让予受控公司、捐赠给政府或免税慈善机构、强制收购以及伊斯兰金融计划下的处置可获得滚动冲抵。在可征税资产是由马来西亚公民或者永久居民在获取该资产5年后进行处置的，则该处置获取的可征税收益免税。

（7）个人扣除、宽免和抵免。

①扣除。一般而言，完全且排他性地为获取总所得而产生的开支与费用是可扣除的，除非ITA特意禁止。资本性、私人性或家庭性质且并非完全且排他性地为获取总所得而产生的费用是不可扣除的。

一般来说，为获取应税所得导致的利息与特许权使用费是可抵扣的。

除了在1.3节至1.5节所讨论的扣除外，向经批准的慈善机构捐款可获得扣除。完全且排他性地为产生应税所得而导致的房屋购置利息费用是可扣除的。

②宽免。个人居民有权获得下列个人津贴，这些津贴可以在可计算所得中扣除并计算得到应税所得见表4：

表4

减免类型		数额（林吉特）
个人津贴		
—	基本类	9 000
—	残障人士额外	6 000
夫妻（根据联合核定）		
—	基本类	4 000
—	残疾人夫妇	3 500
儿童		
—	普通（18岁以下儿童每人）	2 000
—	18岁以上接收高等教育的儿童每人	8 000
—	残疾儿童	6 000
—	寻求高等教育的残疾儿童	14 000
寿险保费与公积金支付		6 000
加上		
个人退休计划的支付款和/或递延年金（2012～2021年）		3 000
亲代抚养费（2016～2020年）		1 500
医疗与教育保险费		3 000
医疗费		
—	本人或配偶、孩子的费用（包括本人或配偶、孩子最高500林吉特的医疗检验费）	6 000
—	父母	5 000
残障人士的支持器械（本人、配偶、孩子或父母）		6 000

续表

减免类型	数额（林吉特）
纳税人同意课程的教育费用	7 000
阅读材料	1 000
个人电脑购置	3 000
住房贷款利息（2009～2011）	10 000
运动与训练器械的购置	300
为纳税人子女的利益而存放在国家教育储蓄计划	6 000（在 2017 纳税年度前）
支付给社会保障组织	250

③抵免。可支配所得不超过 35 000 林吉特的居民个人可以将其应纳税额减去 400 林吉特。如果已婚夫妻选择进行联合核定，在配偶没有可支配所得或者他们两人的可支配所得总额没有超过 35 000 林吉特的，还可以再多减去 400 林吉特。

另外，伊斯兰教的宗教方面支出（伊斯兰济贫税等）也可以进行税收上的抵免。

（8）损失。

①普通亏损。亏损是指可以抵扣的限额超过了其总所得的部分。只有当亏损是由经营原因发生且计税时处于盈利状态时，亏损才可以进行结转。亏损可以无限期进行结转。当期的亏损可以与任何来源的所得进行相抵，但是当期没有完全被覆盖的亏损进行结转后，只能与营业所得相抵。

合伙制企业的亏损可以与合伙人的其他来源所得进行抵扣，也可以结转在未来进行税前扣除。

亏损的扣除没有亏损所有人的限制。

亏损应该不能向上一年结转。但是，作为刺激政策的一部分，在 2009 年 3 月 10 日宣布的政策中，企业暂时可以以 100 000 林吉特/年的限额向刚刚过去的一年进行结转。这一政策只适用于 2009 年和 2010 年以及居民个人，非居民个人和非居民企业单位应当按照正常税率进行纳税。

显然，下文列举的，也包括其他情况，无权享受向以前年度结转的条款：

调整的可以进行向以前年度结转的金额超过了 100 000 林吉特/每年的部分。

纳税人如果错误的进行了向前年度的结转，需要将少缴部分的税收补缴，并且需要交等量于少缴部分税收的罚款。

调整后可结转损失数额限于每年 100 000 林吉特，未正确结转损失的纳税人将被要求补付税款并支付相当于少交税款额度的罚款。

②资本损失。资本损失只发生于处置房地产公司股票或房地产的情况。

如果一个可以计价的资产在处置时的价格低于购买时的价格，就会产生损失。损失可以在处置资产的当年在房地产的资本利得总额中进行税前扣除。无法扣除完全的损失可以在以后年度无限期结转，与以后年度的资本利得抵扣。

损失不能向以前年度进行结转。

（9）税率。

①所得和资本利得。居民个人按下列累进税率征税（见表 5、表 6）：

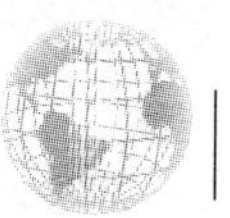

表 5　　**2016 核定年度个人所得税税率表**

应税所得（林吉特）	对较低数额征收的税收	超出部分的税率（%）
最高为 5 000		
5 001 ~ 20 000	0	1
20 001 ~ 35 000	150	5
35 001 ~ 50 000	900	10
50 001 ~ 70 000	2 400	16
70 001 ~ 100 000	5 600	21
100 001 ~ 250 000	11 900	24
250 001 ~ 400 000	47 900	24. 5
400 001 ~ 600 000	84 650	25
600 001 ~ 1 000 000	134 650	26
超过 1 000 000	238 650	28

表 6　　**2015 核定年度个人所得税税率表**

应税所得（林吉特）	边际税率（%）
最高为 5 000	0
5 001 ~ 20 000	1
20 001 ~ 35 000	5
35 001 ~ 50 000	10
50 001 ~ 70 000	16
70 001 ~ 100 000	21
100 001 ~ 250 000	24
250 001 ~ 400 000	24. 5
超过 400 000	25

对 2013 核定年度，个人总所得不超过 96 000 林吉特的情况下有权获得 2 000 的免税额。自 2014 年 1 月 1 日起，RPGT 实际税率见表 7：

表 7

处置时间（所有期间）	税率（%）	
	居民/永久公民	非居民
不超过 3 年	30	30
4	20	30
5	15	30
6 年或以上	5	5

②预提税。受雇所得根据月度税收抵免计划要缴纳预提税。所有雇主被要求以月度为基础从支付给雇员的所得中扣税（包括自 2015 年 1 月起的实物福利和住宿价值）。

除了声明没有应付税款或者要求免税以外，房地产处置价值或整体现金对价的3%的保留额为房地产收益税进行扣除。该预扣数额必须在该可征税资产处置日起的60日内由购买方预扣并支付给税务当局。

一般而言，向居民个人的支付不会导致预扣税。

(10) 征收管理。

①纳税期间。核定年份为日历年度。

税款按照当年基础计算得出，即核定年份的应纳税额按照与核定年度相符的日历年度中应计、获取或收到的所得计算得出（基期）。

②纳税申报表和税款核定。马来西亚实行的是自我核定纳税制度。在核定年度内有应纳税所得的自然都要按照规定在第二年的4月30日前完成和填报纳税申报表。在该核定年度没有应纳税所得但在上一个核定年度有应纳税所得，或者在上一个年度完成了纳税申报表的自然人也要按照规定填报纳税申报表。个人的经营所得的纳报税日期是第二年的6月30日。

在规定日期内提交纳税申报表提交就被认定为向纳税人发送了核定通知书。

已婚的配偶是分别核定税款的，但可以选择联合核定。没有获得所得的丈夫也可以选择以妻子的名义核定税款。对联合核定税款由配偶减免。

③税款的缴纳。按照马来西亚的税制，雇员的纳税义务在很大程度是有望通过预提税来实现的。那些有经营所得、合伙、租金或特许权使用费所得的自然人按照税务当局的规定要依据上一个年度核定的税款每两个月分期缴纳税款。如果不足，其差额要在纳税申报表的提交日期前缴纳给税务当局，超额缴纳的税款会被退还。

④预先裁定。从2007年1月1日，纳税人可以要求在税法的解释和适用、必要的规定未最终完结前获得预先裁定。

（二）其他类型所得税

马来西亚没有其他个人所得税。

（三）资本税

1. 净财富税

马来西亚不征收净财富税。

2. 房地产税

房地产是由业主向地方或市政当局按照该房地产的年度价值或资本价值缴纳的。

3. 其他税种

印花税是按照文件的类型和涉及的数额依据不同的税率对大量的文件征收的。缴纳印花税的文件包括了书面证据、转让证书、合同、收据和证券。

与股份、股票或可转让证券的合同书的印花税税率为0.3%。出售房地产税的印花税税率在1%~4%。

配偶之间不动产转让的票据是豁免印花税的。印花税对购买住房也有很多免税项目。

4. 遗产与赠与税

马来西亚没有遗产税或赠与税，但房地产的赠与要缴纳房地产利得税。

（四）国际税收

1. 居民自然人

（1）境外所得和资本利得。居民自然人就归属于马来西亚或从马来西亚获得的所得缴纳税款。在马来西亚境内活动区的来自于马来西亚境外的所得免税。

马来西亚税务局就对雇员海外兼职的征税问题在 2011 年 2 月 7 日发布了 2011 年第一号公共裁定。该公共裁定从 2011 年核定年度生效，该裁定对那些由其雇主派到境外履行职责兼职获得的所得税务处理方法进行了澄清，并且就那些构成偶然职务和如何适用税收协定进行了澄清。

外国资本利得不缴纳个人所得税。

（2）境外资本。马来西亚没有净财富税，在境外的房产在马来西亚不缴纳房产税。

（3）避免双重征税。马来西亚实行的是属地原则的税制，因而在很大程度上是一种消除双重征税的单边措施，因为自然人汇入马来西亚的外国所得是不要缴税的。

对于从和马来西亚没有税收协定的国家获得所得缴纳的外国税款，马来西亚单边给予普通税收抵免。单边税收抵免限额为该外国所得应该缴纳的马来西亚税收，与缴纳的外国税款的一半之间的较低者。

按照马来西亚的税收协定，也给予了普通税收抵免。该抵免被限定与该外国所得应该缴纳的马来西亚税款额。除非在当颁布的国内税法优先于税收协定的规定时，税收协定规定优先于国内法律。尽管马来西亚采纳了《经济合作与发展组织税收协定范本》，但对通过税收饶让规定包括了大量的税收优惠项目。

不能和同一核定年度内的马来西亚税收冲抵的超额外国税收抵免不能被向前或向后结转到其他年度。马西利亚适用按照来源地的限额制度，源于一个来源的所得缴纳的外国税款不可以与其他来源所得的税款进行冲抵。

2. 侨民

（1）来马侨民。非居民（非演艺人员）在马来西亚从事的不足 60 天的就业不缴税。60 天的期限是与受雇但在马来西亚没有停留的时间期限相关的。马来西亚没有特殊的侨民税制，与各种各样的税收减让措施。在经过批准的运营总部或地区办事处工作的侨民只就其归属于在马来西亚的天数的应纳税所得部分缴纳税款。对为马来西亚的特定公司工作的非公民，特别是为运营总部或地区办事处工作的非公民有很多免税项目。

在伊斯干达开发区工作的符合条件的知识工人是按照 15% 的税率缴纳税款。

成为特定领域专家的马来西亚境外公民，如果回到马来西亚，可以获得各种税收减让。

（2）境外侨民。如果不是丧失了居民地位，对境外侨民一般是不会有税收后果的。

如果在马来西亚就业，那么，受雇所得一般被认定为源于马来西亚，但是也有雇员被派到海外但其受雇所得被认定为来源于马西利亚的情形，也就是当在雇员在马来西亚境外的履职相对马来西亚境内的受雇是具有偶然性的时候。

侨民的雇主按照规定要在该侨民永久性，或者超过 3 个月离开马来西亚时要告知税务当局并获得完税证。

3. 非居民自然人

非居民自然人是指在纳税时不是马来西亚居民的自然人。

（1）所得税和资本利得税。非居民自然人就归属于马来西亚或从马来西亚获得的所得缴纳税款。汇入马来西亚的外国来源所得是免税的。除了不能获得个人宽免的。这些所得要适用正常的所得税规则，并按照28%的单一税率缴纳税款（2010～2015核定年度为26%，2010核定年度以前的税率为27%）。

公共裁定8/2011对外国国民的征税提供了进一步指南。

获得了下列所得的非居民要按照适用的税率缴纳最终预提税：

①利息：15%；

②特许权使用费：10%；

③不动产的出租：10%；

④在马来西亚从事的技术或管理费：10%；

⑤与厂房或机器的安装或运行相关的款项：10%；

⑥不属于任何所得类别的所得：10%。

资本利得无需缴纳个人所得税，但可能要缴纳房地产利得税。不是马来西亚公民或永久居民的自然人在购买5年内处置的利得要按照30%的税率缴纳税款，在5年后处置的，税率为5%。

（2）资本税。马来西亚没有净财富税。非居民要就其在马来西亚境内的房产缴纳房产税。

（3）遗产与赠与税。马来西亚没有遗产税或赠与税。但房地产的赠与要缴纳房地产利得税。

（4）征收管理。假如获取的所得要缴纳最终的预提税，且该税被正确地代扣代缴了，纳税人就不必填写纳税申报表了。

三、增值税

（一）一般规定

1. 概述

马来西亚的增值税的名称为货物和服务税，自2015年4月1日起取代销售税和服务税。

2. 纳税人

纳税人指的是应纳货物劳务税的注册人或倾向于注册的人。当年度应纳税总量超过50万林吉特时必须注册。

当集团成员之间交易不属于应税货物劳务征税范围时，可以是集团进行注册。

当集团分公司或部门进行的交易有着不同的货物或劳务税税收处理时，这些分公司或部门也要进行注册。

允许自愿注册。

3. 应税行为

货物或劳务税的征税行为是纳税人在马来西亚提供商品和服务的行为，以及个人进口货物的行为。

4. 应税所得

货物或劳务税的计税基础是商品和服务的销售价格（不包括货物劳务税），包括关税和已付或将要对进口商品支付的消费税。

5. 税率

标准税率为6%。

以下内容适用零税率：

（1）出口货物；

（2）必需品如大米、糖、面粉、食用油、新鲜的肉和鱼；

（3）报纸、杂志和期刊以及孩子的照片、图画或涂色书；

（4）卫生部颁布的国家基本药物目录包括的药物和医疗气体；

（5）提供给海关自由区的商品；

（6）向国内消费者供应的处理过的水；

（7）向国内消费者供应的第一个300度电；

（8）供应原材料和零部件给马来西亚境外的人，以让其在核准的收费制造商计划下对货物进行加工和处理；

（9）与船舶和飞机相关的服务（处理、导航、抢救、维修、保养等）；

（10）装卸、搬运服务或由港口或机场运营商提供的货物存储服务；

（11）国际运输服务；

（12）出口的服务；

（13）与出口货物相关的金融服务；

（14）就马来西亚境外风险提供的人身保险或家庭回教保险；

（15）在马来西亚境外进行的文化、艺术、体育、教育、娱乐、展览或会议服务；

（16）国际电信服务；

（17）国际邮政服务；

（18）向马来西亚境外人员提供的入境或出境旅游服务；

（19）提供的报纸的在线服务。

6. 免税

以下供应免税：

（1）用于或拟用于住宅或农业用途等一般用途的土地；

（2）用于居住用途（但不包括酒店、旅馆或旅舍等）的建筑物或场所；

（3）进口或供应贵金属投资（以钢筋、硅锭、硅片以及符合某些规定标准的硬币的形式）；

（4）指定的金融服务；

（5）规定的教育及相关的教育服务；

（6）注册托儿中心的托儿服务；

（7）注册的或领有许可证的私人医疗机构提供的指定的医疗服务；

（8）运输服务；

（9）授予在公共道路上使用收费高速路的权利；

（10）葬礼、埋葬和火化服务。

（二）非居民纳税人

一般来说，对非居民的登记要求与居民相同。因此，海外公司必须委任当地代理代表他们行使有关消费税的所有事项。

商品或服务税法案准许进口业务适用反向征收机制，适用基础是服务接受者在马来西亚有固定的住所或营业场所或惯常住所。

对于游客来说，某些商品的付税退还可以向批准的退税代理索取，这些商品是指在批准的游客退税计划零售店购买的商品。

四、消费税

马来西亚对在马来西亚生产的酒类、烟草、机动车和摩托车征收消费税。

五、社会保险税

（一）对公司征收

雇主必须向雇员公积金（EPF）缴纳社会保险税，雇员公积金是为保障马来西亚所有员工而批准的强制性养老金和福利计划。

由雇主向雇员公积金支付的社会保险费的税率（见表8）（从2013年8月1日起）：

表8　社会保险费税率

月薪（林吉特）	税率（%）
年龄60岁以下：	
0～5 000	13
5 000以上	12
年龄60～75岁：	
0～5 000	6.5
5 000以上	6.0

雇员的薪酬包括月工资、加班费、津贴、佣金和合同奖金。

月薪小于3 000林吉特的雇员也在社会保障机构的伤害保险计划覆盖范围内，该计划为残疾、死亡或工伤等情况提供现金和医疗福利。用人单位缴费金额取决于员工的工资，并且每月最高为51.65林吉特。

（二）对个人征收

雇员按照规定要向雇员公积金缴纳社会保险税。雇员公积金是政府批准的对马来西亚所有工人的强制养老金和福利项目。社会保险税的税率是包括月工资、加班工资、佣金或合同奖金在内的报酬的11%。法定的缴款是可以扣除的。

由侨民雇员向雇员公积金缴纳的款项不是强制性的。个体经营者或养老金领取者可以选择每月一次最多缴纳500林吉特。在注册的合伙企业中的合伙人不需要向雇员公积金缴纳款项，但可选择像个体经营者一样每月缴纳相同数额的款项。

月薪金不足3 000林吉特的雇员也是社会保障组织的伤害保险方案覆盖的范围。伤害保险方案在出现残疾、死亡或就业伤害时给予现金和医疗福利。雇员每月缴纳的款项最高是14.75林吉特。月薪金超过3 000林吉特的雇员可以选择向社会保障组织缴纳社会保险税。

从2016年核定年度开始，对向社会保障组织的缴款可以享受最高250林吉特的减免。

作为马来西亚雇员和个体经营者为其退休储蓄的另外一个渠道，马来西亚在2012年启动了私人退休方案。源于私人退休方案的缴款、利得和所得，如果是在55岁后取走的，就是免税的。但是取走的越早（特别是在55岁前），就要就其取出的数额缴纳8%的预提税。对向私人退休方案的缴款也有减免。

（张文春　等编）

墨西哥税制

墨西哥主要开征公司所得税、个人所得税、社会保障缴款、增值税、消费税、工薪税、印花税、财产税、关税等。

在 2015 年 10 月 29 日，国会通过了 2016 财政年度一揽子的经济政策，包含有 2016 年税制改革的内容，但其中的税制修订没有增税或设立新税种。

一、公司所得税

（一）一般规定

1. 税制类型

墨西哥居民企业就全球范围内的所得课税。根据墨西哥的归属制度（扣除利润分配中重复课税的制度），由于企业的利润已经缴纳了一般公司所得税，将不再对居民企业之间支付的股息征税。如果尚未对企业的利润征收公司所得税，则对股息支付方就分配的股息征收“均衡税”。为能够确定股息在分配之前是否已经征税，居民企业必须设立专门的记账项，记录企业未分配税后净利润。

此外，自 2014 年 1 月 1 日起，居民企业分配给居民个人和一般非居民的股息，需缴纳 10% 的预提“股息税”。根据 2016 年税制改革政策，个人收到的股息如果是由 2014、2015 和 2016 年度的利润支付的，若将这些股息用于再投资则可以享受税收抵免。

自 2016 年起，允许仅从事于用再生资源生产能源的企业，设立再生能源投资的净利润账户。

2. 纳税人

公司所得税的征税对象是所有墨西哥居民或在墨西哥境内设立常设机构的法人实体。非营利性法人实体一般免征公司所得税。

合伙企业被认定为法人实体，被视作单个的纳税人处理。

如果一个公司，制定或执行关于公司控制、发展方向、经营管理的决策的人在墨西哥境内，并且该公司的日常经营活动设立在墨西哥境内，则被认定为其实际管理机构设立在墨西哥。例如，如果墨西哥公司的董事会或唯一的管理者没有设在墨西哥，则该公司为非居民。

此外，即使其董事会或唯一管理者设在墨西哥，如果决策执行者不在墨西哥，该公司仍是非居民纳税人。

3. 应税所得额

（1）一般规定。居民企业就其世界范围内的收入和资本利得负担公司所得税的纳税义务。实际发生的费用，且有符合税务方面要求的发票，则可以扣除。

收入是指广义的，包括当年全部以现金、实物、劳务、信用和任何其他形式取得的收入。通货膨胀收益（即一名纳税人由于通货膨胀使其应付账款价值减少而获得的收益）同样包括在应纳税收入中。居民纳税人通过境外常设机构取得的收入也负有纳税义务。

纳税人由于贷款、资本投入或为获取升值的投入，取得金额超过 600 000 墨西哥比索的现金，无论是以墨西哥比索或是外国货币支付的，都需要向税务机关报告。

（2）免税收入。一般而言，所有收入应由公司纳税人记账以计算其应纳税额，除非此项收入被特别认定为非应记收入（如：股东或合伙人的资本投入，财产和资产的重新估价，从其他墨西哥税收居民实体处收到的股息等）。

符合条件的兼并和分立而取得的资本利得免税。为此，该兼并或分立必须满足一定的法律要求。只有墨西哥的税收居民并且兼并或分立后公司仍为墨西哥居民的公司的才能享受该免税待遇。

（3）扣除。

①费用扣除。一般而言，纳税人可以依照税法扣除所有生产经营所必需的、有相关发票和书面证明的费用。自 2014 年起，仅有电子发票可以扣除。扣除项目包括营业费用、折旧、利息、销售成本、某些州和地方的税款、某些社会保险缴款、保险及其他赔偿未能弥补的损失、无价值的坏账。但以上项目都需要符合一定的条件。

销货费用在销货收入取得的当年可以扣除。投资或贸易融资费用（如赊购）是可扣除的，那么其贷款利息同样可扣除。如果投资或融资费用可部分扣除，利息需要在可扣除部分和不可扣除部分间分配。如果纳税人计算通货膨胀收益（即一名纳税人由于通货膨胀使其应付账款价值减少而获得的收益），那么其通货膨胀损失（即一名纳税人由于通货膨胀，使得应收账款价值减少而发生的损失）可以扣除。

慈善捐款可扣除，扣除限额为纳税人上一纳税年度应纳税利润的 7%。如果慈善捐款对象是政府机构，扣除限制的比例为 4%。

根据墨西哥劳动法，所有雇员有权得到他们雇主一个纳税年度税前利润的 10%，这与所得税法中的计算一致。税前利润的计算方法与计算所得税税基的方法相同，但不考虑之前年度净营业损失和计算当年支付的上一纳税年度的利润分成。此外，在所得税中部分扣除的职工薪酬和附加福利，在计算利润分成时可全额扣除。

自 2016 年起，雇主可以扣除某些支付给非工会职工的福利。在这之前，扣除是有限制的，取决于雇主付给工会职工和给工会职工员工福利的数额。

②不可扣除费用。不可扣除项目中还包括所得税本身、罚金、在墨西哥居民企业和集团内其他公司之间分摊的费用、企业兼并产生的商誉摊销和赠予（除非是赠给符合条件的受赠人）。

如果是支付给关联方，该关联方是有优惠税制国家的税收居民，仅在能证明两者是公平交易的条件下可以扣除。

自2014年起，付给非居民的利息，专利权或技术服务费，如果当付款方或收款方对关联方有实际控制权，并且满足以下任何一个条件时，不得扣除：受益人为一个非居民穿透实体，其成员收到支付不用缴纳税款；非居民实体的所在国家或地区在税收上不确认这项收入；非居民实体不认为这笔收入是可确认收入。但是，满足后两个条件时，如果从居民纳税人收到的付款被关联方在同一纳税年度或之后纳税年度确认，则可以扣除。

此外，自2014年起，居民企业的任何付款只要其关联方扣除了这项付款，则该企业不可再扣除，除非从居民企业收到的这笔付款被关联方在同一纳税年度或之后纳税年度确认。

通常，如果投资的本金被投入到产生收益的活动中，则支付的利息可以扣除。当纳税人也给第三方发放贷款时，会用到可扣除利息数额方面的某些限制。此外，居民企业支付给关联企业的利息可能会在某些情况下被视为股息。一般来说，关联方之间支付的股息超过市场利率的部分不得扣除。

金融机构以外的公司向非居民关联方借款需要符合资本弱化规则。

通常，由于居民和非居民实体间成本分摊协议发生的费用可以在所得税前扣除。但是，根据墨西哥最高法院2014年颁布的一项条款，这类比例费用满足一些条件时才可以扣除：这笔费用对于居民企业开展商务活动十分必要；与之有成本分摊协议的非居民实体所在国家与墨西哥达成了广泛的情报交换协议；产生成本的服务是确实发生的；关联方之间发生的支出，双方商定的价格必须在独立可比交易价格的范围之内（公平交易原则）；提供协议一般信息和符合以上所有要求的证明文件由居民方保存。

纳税人缴纳或被代扣了增值税和消费税，如果该项应纳税交易被认为是可扣除项目，而纳税人无法抵免或取得返还，则增值税和消费税可税前扣除。

给雇员的“就业补助金”不是税前可扣除的费用。

（4）折旧和摊销。资产用于经营活动正常磨损发生折旧的计提不得超过规定的最大年折旧率。以直线法计提折旧（如表1所示）。

表1　　主要资产折旧率

资产	比率（%）
建筑物	5
办公设备	10
计算机硬件	30
飞机	10
小汽车、大货车、卡车	25
环保机器设备	100

自2016年起，在计算扣除时，将小汽车原始成本由135 000比索提高到175 000比索。

一般情况下，资产可以自投入使用之日起或下一年度开始计提折旧。不得对土地、度假房屋、以处置为目的取得的商品（如存货）计提折旧。

允许纳税人对无形资产摊销，如待摊费用、营业费用、特许权使用费和技术服务，但不得超过规定的最大年摊销率。待摊费用、营业费用、特许权使用费和技术服务的最大年摊销比率分别为5%、10%和15%。

2016年税制改革中，对于收入达到1亿比索的所有行业的公司，如果从事能源、基础设施和交通运输的方面投资，允许在2016年和2017年将新投资的固定资产立即扣除。在2015年最后一季度完成的投资也可以在2015年立即扣除。

（5）准备金。已预备的准备金但没有实现的损失不可扣除。除了是为员工下一纳税年度奖金而设立的准备金外，计提或增加的准备金数额一般不得扣除。

从2014年起，为雇员养老金计提的准备金，超过法律强制要求的部分，有47%的扣除限额。如果雇主本纳税年度给予的附加福利比上一纳税年度高，则该扣除限额可以提高到53%。

保险公司可以扣除风险准备金和损害赔偿准备金。

4. 资本利得

出售固定资产、不动产和有价证券的资本利得通常要缴纳公司所得税。居民纳税人清算一家非居民企业，或对一家非居民企业减资实现的资本利得，要缴纳公司所得税。合并或分立的资本利得服从特殊的规则。

符合特定条件，联邦政府从中取得资本利息的非居民财务实体，可以选择其资本利得是按照35%税率对净收入征税还是按照25%的税率对总收入征税。

5. 亏损

（1）经营活动亏损。亏损可以结转的期限为10年。不允许前转。净亏损的数额要进行通货膨胀调整。

在企业并购中，净损失不得从并购企业转到并购后存续的公司，并且存续公司的净亏损只能抵减与发生亏损的经营活动相同类型经营活动的利润。但是，在分离和改组中，原公司累计的净亏损可以在两个分立产生的公司中分配。如果原公司主要从事商业活动，则将净亏损按照存货和应收账款的比例进行分配，否则将净损失按照固定资产的比例进行分配。

如果一个公司的所有权或控制权发生变更，亏损仍可以正常结转。但是，如果发生所有权或控制权变更的纳税年度末了时，累积亏损的数额超过了之前3个纳税年度取得的收入总和，那么结转的亏损只能抵减与发生亏损的经营活动的相同类型经营活动的利润。

（2）资本活动亏损。因为处置股权和其他有价证券发生的资本活动亏损可以抵减同一纳税年度在处置股权和有价证券中实现的收益。超额损失可结转10年，并且只能抵减从处置股权和有价证券中取得的收益。在这种情况下，会对亏损进行通货膨胀调整。

不同于处置股权和有价证券的资本活动亏损，处置其他资产（如：不动产）的资本活动亏损可以抵减任何类型的收入并且结转10年。

6. 税率

公司所得税适用于统一的30%的税率。

公司所得税没有附加税或附加费。

资本利得作为一般收入征税，没有对资本利得单独的税率。但是，资本利得要按照另外的计算程序计算（如：出售股权；出售不动产）。计算得出的资本利得被作为应计收入加到公司当年取得的其他收入中。这样得出的利得适用于常规的公司所得税税率。相反地，出售股权发生的资本损失不加到公司当年取得的其他收入中，这些亏损只能抵减处置股权取得的资本利得。

自2014年起，墨西哥税收居民个人和非居民个人通过转让公开交易的股票（即通过墨西哥证券交易所或其他公开认可的证券交易所）取得的资本利得要缴纳10%的预提税。如果非居民在与墨西哥存在有效税收协定的国家，并且及时地表示这种状态是暂时性的，则不用缴纳 10% 的预提税。

7. 税收优惠

（1）加速折旧。从 2016 年起，收入不超过 1 亿比索的纳税人可以享受加速折旧优惠。所有从事能源、基础设施和交通运输的公司，新购置的固定资产和刚开始在墨西哥使用的固定资产都可享受加速折旧的税收优惠。

（2）研发费用加计扣除。自 2010 年起，研发费用扣除的旧规定被废除，取而代之的是国家科学和技术委员会直接给符合条件项目以现金。

某些州也对研发投资提供优惠，如：抵减地方税、现金补贴和给辅助成本一定折扣。

（3）对电影和戏剧的税收抵免。对在墨西哥境内拍制的电影和戏剧，只要符合规定的条件，最多可以抵扣上一年已纳所得税额的 10%。

（4）对残疾和高龄雇员的税收扣除。雇主雇佣残疾员工，可以将支付给这些员工工资代扣的所得税加计 100% 扣除。雇主雇佣 65 岁及以上的员工，可以做实际工资加计 25% 的税前扣除。

（5）不动产信托公司。在税务机关按期登记过的房地产投资信托，有权享受某些税收优惠，但是自 2014 年起享受这些税收优惠要满足一些附加的条件。主营业务为构筑用于出租和随后出售的不动产的企业的税收优惠自 2014 年起废止。

8. 征收管理

（1）纳税期间。纳税年度通常与日历年度一致。

新成立法人的纳税年度从注册成立之日算起至同年的 12 月 31 日。

（2）纳税申报和评估。墨西哥使用自主申报系统，所有公司通过该系统完成纳税申报表并计算该负担的纳税义务。法人实体必须在纳税年度结束后次年的 3 月 31 日前填写其纳税申报表，如果纳税人需要合并纳税，则需在纳税年度结束后的次年 4 月 30 日前填写纳税申报表。

自 2015 年起，要求纳税人保留其电子会计账簿，并且按月在税务局的网站上上传账簿。

自 2015 年起，纳税人必须按季度报告某些重大交易。这些重大交易特别包括了金融交易、与境外关联方和非关联方的交易、参股、重组和整组和其他相关交易。

自 2016 年起，如果税务机关要对某企业纳税义务进行评估，必须通知该公司法人代表及其董事会和股东成员。

2016 年的税制改革要求特定的纳税人必须详细列报其与关联方之间的业务往来，这一规定与税基侵蚀与利润转移（BEPS）行动计划提出的要求相符合。

（3）税款缴纳。法人实体必须在交易发生月份的次月 17 日预缴税款。

（4）事先裁定。居民企业和非居民企业都可以要求就任何税种进行事先裁定，只要这一要求是与一项实际的具体的税收问题相关，且不只是一项假设的交易。无论交易是否已经完成都可以要求裁定。纳税人必须提供给税务管理机关：该交易商业理由和详细描述、该项交易涉及或可能涉及的数额、与该要求有关的实际情况、和任何相关证明文件。此外，纳税人还需披露该实际情况是否已经成为法律争端或司法上诉，如果是，还需披露结果，但无论是否，纳税人必须披露联邦税务审计结果。

税务机关的裁定结果不被认为对纳税人具有约束力，并且因此不得向法庭上诉。得到不利裁定的纳税人可以选择不遵从裁定，并且采用在自我评估的原则下自认为合适的法律。然而在实际情况中，税务机关将了解情况并进行税务审计，以确保纳税人已经采纳了与税务机关在裁定中观点相一致的法律。

（二）居民企业之间的交易

1. 企业集团合并纳税

只要企业集团满足股份所有权的条件并且做出选择，企业集团（即控股和受控企业）可以合并申报纳税。

控股企业可以按其直接或间接参股受控企业公司资本的比例，成比例地合并应纳税收入，并递延5年纳税。

控股公司是直接或间接持股其他公司（即受控企业）超过50%有投票权股份的居民企业。如果一个企业超过50%的有投票权的股份持有人是其他国家居民，而该国和墨西哥不存在广泛的情报交换协议，则该企业不能认定成为控股公司。如果受控企业被控股公司直接或间接持股超过50%的有投票权股份，则为居民企业。

不允许某些企业被合并在综合纳税申报表内。这一限制适用对象是：非营利性实体；信贷机构、保险公司、信托机构、辅助性信贷机构、证券交易所实体、外汇清算交易所和资本投资公司；即使在墨西哥有常设机构的非居民；在清算中的公司；民间公司、协会和合作社；以及按照简易征税办法征税的法律实体。

但是，自2014年起，该合并纳税政策被废止了。根据执行到2013年12月31日的所得税法规定实行税务合并政策的纳税人，必须在2013年12月31日之前完成其公司的拆分。控制企业必须填报其2013年纳税申报表，之后还需填写一份修订后的申报表，反映出相应地分割递延所得税的课税影响。

分割的课税影响必须考虑合并、尚未抵消的净经营损失和股份转让的税收损失的特殊概念。控制企业，就自1999年起分配的股息和不是来源于之前缴纳过税款的账上收入，必须同样缴纳所得税。也就是说，纳税人可以选择拥有附属实体而不是受控公司，各自支付他们各自分配股息相应的税款。

最终，纳税人需要比较其已被课税收入账户的余额和税后利润账户的余额。产生的所得税将被按照5年分期支付，并且都要经过通货膨胀调整。第一次支付应付税款的25%，并且应当在2014年5月缴纳；第二次也支付应付税款的25%，并且应当在2015年5月缴纳；第三次支付应付税款的20%，并且应当在2016年4月缴纳；第四次支付应付税款的15%，并且应当在2017年的4月缴纳；最后一次支付应付纳税的15%，并且应当在2018年4月缴纳。

还处于5年固定期内的合并集团，将在此期间的年度内继续合并纳税。对于这些合并集团，在这5年期结束后开始采取上述的分割过程。

2014年起，所得税法中引入一项新的集团企业的可选择性政策。这项新的可选择性政策在大体上继承了被废止的合并政策的规定。但是，又新加入了一些条件。

被废止的合并政策允许5年期的递延纳税，而新的可选择性政策将递延纳税缩短至3年。新政策要求控股公司持有其他公司（即受控企业）超过80%的有投票权份的股份。被废止的政策中，公司不允许在纳税申报表中被合并申报，新的可选择性政策还增加了不允许包含美墨联营工厂、航空公司和有尚未抵消净经营亏损的公司。

2. 居民企业之间的股息红利

居民企业间支付的股息红利，如果股息红利是源于已缴纳一般公司所得税的公司利润，则无须再缴纳所得税。

此外，股息红利还要被课征“均衡税”，对股息红利的支付方征收，税额等于一般公司税税率乘以股息红利总额（如：以利润分配总额乘以 1.4 286）。

（三）其他类型的企业所得税

1. 对股息红利课征的均衡税

居民企业发放股息红利，如果专用账户余额不足时，股息红利需缴纳“均衡税”，计算方法是用公司所得税的一般税率乘以本可以通过分配出去而不用履行纳税义务的税前利润。税前利润根据一个计算综合的公式得出（即股息红利数额乘以因数 1.4286）。

2. 股息所得税

自 2014 年起，除均衡税之外，在以下情况中，还要对墨西哥居民实体或常设机构分配的股息红利或利润征收 10% 的最终预提税：收取方为居民个人，或非居民个人或法律实体；并且一个非居民在墨西哥的常设机构将利润转移到其总部或在墨西哥境外的其他常设机构。

分配股息或利润的受益人为纳税人，但分配实体承担扣缴义务，从净分配额中代扣 10% 的预提税。

在这种程序下，居民个人得到的是总股息（即从中支付股息的公司利润尚未被课征公司税），并且可以获得分配实体缴纳的墨西哥公司税的抵免。但是，这新增加的 10% 股息预提税不得抵扣。

3. 州公司所得税

不对收入征收州或地方（如：市）税。

4. 对碳氢化合物勘探开发活动征税

从事碳氢化合物勘探开发的企业，要根据勘探和开发合同的不同类型向联邦政府付一定费用，除此之外企业就其勘探开发和生产活动还要缴纳一种新的税（THEPA）。THEPA 的目的是弥补碳氢化合物勘探还发活动对州和市造成的生态破坏。THEPA 根据表 2 方法按月缴纳：

表 2

活动阶段	月收费额（每平方公里）
勘探阶段	1 500 比索
开发阶段	6 000 比索

（1）对居民企业的特殊规则。从事碳氢化合物的勘探和生产的居民企业可享受一系列的税收优惠和优先条件（如：这些企业不受资本弱化规则限制）。用于碳氢化合物勘探和生产阶段的投资可以享受优惠的折旧率。

（2）对非居民企业的特殊规则。在墨西哥境内提供任何与碳氢化合物勘探开发活动相关服务的外国居民，都会被认定为在墨西哥有常设机构，除非这一活动在任意的连续 12 个月内持续 30 天或以上。

此外，如果是受雇于墨西哥境内的非居民个人，佣金由非居民支付，并且雇佣关系在任意的连续12个月内超过了30天，则受雇取得的收入要在墨西哥纳税。

（四）国际税收

1. 居民企业

（1）境外所得和资本利得。墨西哥对居民企业就其世界范围内的所得征税，包括出售境外企业的股份所获得的资本利得。

纳税人对公司、信托或其他类似的法人实体持股或类似地收取利息，如果享受优惠税制（即收入纳税的税率低于墨西哥公司所得税税率的75%），纳税人需要报告与对这些实体直接或间接所有权成比例的收入所占份额，无论是否已经分配股息，除非相关的税收优惠管辖机关与墨西哥有有效地税收情报交换协议。此外，纳税人发生收入是所列示的管辖权中的任何一种，或是来源于可穿透实体或管道公司，则需要上报这些收入，即使不是符合优惠税制的收入。

（2）境外亏损。不存在允许弥补经境外子公司亏损的特殊的集团内部协助的条款。

（3）境外资本。2016年税制改革新加入了一项新的政策，即以前没有在墨西哥申报的返回国内的资本，包括从低税率国家返回国内的资本，只要正式申报，不会有处罚和附加费。

（4）避免双重征税。墨西哥根据国内法单边抵扣和依据与其他国家的税收协定，允许抵扣境外已缴纳的税款。

申请抵扣的境外缴纳的税款，需要符合墨西哥税则对所得税定义。自2014年起，要求纳税人自行区分在不同国家缴纳的境外税款，并且连续记录清楚区分每一笔股息相应的纳税年度。

墨西哥居民企业从其直接持股的非居民子公司收到股息可以享受直接国外税收抵免或税收饶让。为了符合直接抵免的条件，该墨西哥居民企业必须在子公司分配股息前已经至少持有子公司至少10%的资本。

此外，居民企业从一个直接持有的非居民子公司（第一层公司）收到股息，而该子公司又收到其非居民子公司（第二层公司）的股息，如果满足以下条件，居民企业可使用双层直接外国税收抵免：这些股息相关的股息红利和所得税应计入墨西哥公司；第一层公司至少持有第二层公司10%的股权；墨西哥居民企业通过其参股或拥有第一层公司而间接持有了第二层公司至少5%的股份；并且墨西哥已经与第二层公司的居民国达成广泛的情报交换协议。

2. 非居民企业

（1）一般所得和资本利得的课税。非居民通过设立在墨西哥的常设机构经营，就其归属于常设机构的所有所得纳税。

非居民通过出租墨西哥境内的不动产取得的租金收入被认为是来源于墨西哥境内的收入。如果承租人是墨西哥税收居民或是在墨西哥有常设机构的非居民，则租赁收入按照收到的全额缴纳25%的预提税（除了在联邦登记的税率为5%的集装箱、飞机和船只）。如果承租人是非居民，税款必须由出租人在从承租人处收到付款后的15天内直接上缴。在美国和墨西哥的税收协定下，一个美国税收居民收到来源于墨西哥境内的租金收入，如果这笔租金收入归属于常设机构，那么纳税人可以选择在任意纳税年度根据净额计算所得税。不过美国税收居民想享受这一可选择的规定，需要满足一些正式规定。墨西哥签订的其他税收协定中不包含这项选择权。

非居民通过转让墨西哥不动产而取得的资本利得，就这笔收入的总额缴纳25%的预提税。非居民通过转让墨西哥居民企业的股份、代表墨西哥境内不动产的股份或有价证券实现的资本利得，如果超过50%的金额直接或间接来源于墨西哥境内的不动产，就收到的总额缴纳25%的预提税。如果买方是墨西哥税收居民或在墨西哥有常设机构的非居民，则这笔税款由买方代扣。如果买方也是非居民，税款由非居民转让人自收到收入起的15天内直接缴纳。如果符合一定条件，非居民可以根据某些条款选择就其净所得缴纳35%的税，条件包括墨西哥授权代表的约定，在公证人处将交易形式化，以及税款由公证人计算和缴纳。

自2014年起，非居民通过转让公开交易的股票（即通过墨西哥证券交易所或其他公开认证的证券交易所）而取得的来源于墨西哥境内的资本利得，缴纳10%的预提税。

如果股息红利是由居民企业支付的，则被认为是来源于墨西哥境内的股息红利。如果发放的股息是来自于税前利润，则将对支付股息的公司征收“均衡税”。此外，分配给非居民的净股利缴纳10%的对股息的预提税，这一规定自2014年起适用，但是，在适用于税收协定的情况下，10%的预提税税率可能会降低。

（2）对资本的征税。在墨西哥境内没有常设机构的非居民，如果通过对其他纳税人允许暂时使用动产或不动产取得的收入负有纳税义务。

（3）征收管理。在墨西哥境内没有常设机构的非居民，必须在自我评估的基础上确定其纳税义务。

在墨西哥境内没有常设机构但从墨西哥取得收入的非居民，要缴纳最终的预提税。

3. 非居民企业预提税

在墨西哥境内没有常设机构的非居民取得的来源于国内的收入，一般就其总额被课征最终的预提税。

（1）股息。居民企业向非居民企业分配的股息，来源于2014年起取得的利润的，缴纳10%的预提税。

（2）利息。支付给非居民的利息要缴纳最终的预提税。税率根据利息类型的不同而不同。有10%、4.9%、15%、21%、35%、40%等多档税率。

（3）特许权使用费。支付给非居民的特许权使用费，就总支付额，按照不同税率缴纳预提税。具体如下：5%适用于使用或有铁路货运的使用权支付的特许权使用费；25%适用于使用或有专利商标的使用权、广告的特许权使用费；35%适用于其他任何类型的特许权使用费；40%适用于支付给被认为是优惠税制受益人的关联方。

支付给非居民的技术援助费，就支付的总额按25%的税率缴纳预提税。

（4）其他。支付给非居民的劳务费缴纳25%的最后的预提税。

（五）反避税

1. 概述

墨西哥的税收法律不包括一般反避税条款。但是，税收机关有权利怀疑涉及低税收国家或地区的异常交易。事实上，税收机关已经对只有税收负担减轻而没有经济利益的交易是否是因为税务目的产生了质疑。这样的行为已经逐渐被墨西哥法院所接受。

2. 转让定价

一般来说，一项关联方之间的交易的价格必须遵守公平交易原则。税收机关调整纳税人买卖货物的价格，同时也是考虑其他交易调整价格，也可以在计算公司所得税时修改税基或纳税人的相关损失。

当一方直接或间接地参与到另一方的管理、控制以及资本时，或者一人或一群人直接或间接地参与到两个公司的管理、控制和资本中时，这些公司被认为是关联方。而且，合资公司的成员被认为是关联方。总公司和它的常设机构或者总公司的一个关联方的常设机构被认为是关联方。存在一个推定，当从税收较优惠的国家或地区受益的居民和非居民进行交易时，该交易被看做是在关联方之间进行的。

公平交易价格可心按以下任何一种方式确定：可比非受控价格法；再销售价格法；成本加成法；利润分割法；剩余利润分割法；或者交易净利润率法。

但是，纳税人必须首先使用可比非受控价格法。其他方法只有在可比非受控价格法与经合组织的转让定价指导不一致的时候才适用。此外，至于再销售价格法、成本价格法和交易净利润率法，三者中最优的方法是采用后可以证明是符合公平交易原则的那种。此外，纳税人被要求使用能够提供最可靠的公平独立核算标准的测算办法的定价方法，对现有的信息给予应有的考虑；但是再销售价格法和成本加成法必须被纳税者优先使用。

税收机关可以解决纳税人关于用来决定公平交易价格的方法的请求。如果一个税收协定国家的税收主管机关同意该价格，则此项协议可以是多国使用的。预约定价协议（APA）适用于申报后最多 3 个纳税年内、申报当年以及申报之前 1 个纳税年（总共 5 年）。更长年限的定价办法则需要通过依据税收协议的相关条款的共同协商过程来决定。预约定价协议在特定要求下是有条件的，这样能够保证使用预约定价协议的交易能够在满足公平独立核算基准的条件下达成协议。如果有纳税人提出请求，税收机关必须在申请之日起 8 个月内做出回复。所有适用于税收规定的请求，都广泛地适用于转让定价相关的、使用预约定价协议的请求。此外，一般税务准则详细说明了关于预约定价协议的由纳税人提交的相关信息和辅助文件。

2016 年的税制改革中，包括为有强制申报转让定价信息的义务，与 OECD 税基侵蚀与利润转移行动计划的要求一致。特别地，墨西哥的实体被要求提交一份主文件和一份局部文件。年收入达到 120 亿墨西哥比索及以上的企业被要求提交一份逐国的报告。

3. 资本弱化

关于由电力生产基础设施投资而发生的负债的资本弱化制度被取消。

墨西哥的居民企业因为向非居民相关的实体借贷而支付利息时，当支付利息的公司的负债比超过 3∶1 时，该利息不能税前扣除。所有产生利息的债务都应当在确定该公司是否已经超过了 3∶1 的负债比时被考虑进去。

资本弱化的制度不适用丁金融机构（比如银行业、保险业和融资租赁公司）日常财务活动中产生的贷款。

4. 受控外国企业

墨西哥本国企业和个人，其受制于低税率受控国外子公司产生的利润（不论分配与否）要遵守服从墨西哥本国的企业所得税法的规定。

纳税人可能会从通过在其居住国家被征税的透明国外管道公司或国外实体或管道公司中获得收入。

在第一种情况下，所有通过透明的国外管道公司获得的收入，都会没有例外的作为受控外国企业（CFC）的收入。

在第二种情况下，只有通过一个低税率管辖区的外国实体或管道公司获得的收入才适用受控外国企业（CFC）规定。当该所得在国外缴纳的税款低于在墨西哥缴纳的税款75%时，该收入就是来源于低税率管辖区。受控外国企业规定因此适用于当在其居住国家通过国外实体或管道公司产生的符合比墨西哥的所得税率（如22.5%）低75%的现行所得税率的收入。

墨西哥详细列举了低税率国家或地区名单，要求企业申报在这些国家或地区的投资和收入。

5. 其他反避税规则

（1）广泛的信息交换协议。在以下的情况下，一个国家被认为是已经与墨西哥进入了一个"信息协定的广泛交换"：当相关国家已经和墨西哥签订了信息交换协定，并且该国已与墨西哥进行有效的信息交换；当相关的国家已经与墨西哥达成了一项税收协定；当相关的国家是签署了税收征管互助公约的国家。

墨西哥的银行和其他金融系统的实体已经承诺将会使用惯用的申报标准（CRS）进行信息的自动交换。已经有超过90个管辖区加入了信息自动交换协议来防止漏税。

（2）法律性双重征税。自2014年，在相关方产生交易时，税务机关可以要求非居民在报税时提供法律性双重征税存在以保护纳税人应享受的税收协定利益。

二、个人所得税

（一）一般规定

1. 纳税人

居民关于来源于全球的所得都有责任缴纳所得税。非居民个人仅对来源于墨西哥的所得进行征税。

居民是指在墨西哥境内有住所的个人。如果个人在其他国家拥有住所，且其重要利益的中心位于墨西哥境内，则其被认为是墨西哥的居民。在满足以下任一条件时，其重要利益中心被认为在墨西哥：在一个日历年度超过50%的总收入来源于墨西哥或者该个人的经营活动中心在墨西哥。

墨西哥国民，在没有反面证据的情况下，被认定为墨西哥税收居民。将住所变更到其他管辖区的居民，必须提交放弃国籍的通知。没有提交的居民，视为继续在墨西哥居住。此外，墨西哥国民移居国外的，如果在所得适用税收优惠制度的国家建立住所，仍继续认定为墨西哥居民。如果在墨西哥与该国家间存在一个有效的广泛的信息交换协议，则不适用该规定。居民归属的申请年份为放弃国籍通知提交以及之后的3年内。

所有个人必须单独报税。除了在共同资产所有权制度下的夫妻之外，没有针对夫妻的联合纳税申报。

出于税收目的，合伙企业的成员被视为单独的应纳税人。

2. 应纳税所得税额

（1）概述。除了明确免税的收入，个人的所有类型的收入均是应纳税所得额。广义的收入包括现金收入、福利以及通货膨胀性的所得。

个人的收入被分为以下9个类别，分别是：雇佣收入；经营及职业活动收入；不动产租金；财产转让产生的资本收益；获得商品的收入（如接受的捐赠）；股息红利及利润分配；利息收益；奖金收入；其他收入。

一次性或者总计超过600 000比索的贷款、捐赠以及奖金，应在年度纳税申报表中上报税务部门，如果未上报，全额将被视为应纳税收入。

（2）免税所得。几项重要的免税收入种类如下：损害赔偿，不超过相关财产的市场价值；农民的关于农业、畜牧业、林业、渔业收入，不超过年均最低工资的40倍（大约1 023 000比索）且其年收入的90%来源于这些活动；金融机构对符合条件的银行账户支付的利息，如果日均余额不超过年均最低工资的五倍；来源于墨西哥保险公司人寿保险政策的一定收益；在社会保障法下，退休和养老金账户的提款所得，用于婚姻费用支付或者失业救助；遗产及遗赠；来源于祖先、配偶或后代的赠品（不包括祖先对由其后代赠与的赠品，转赠于其他后代）；不超过700 000投资单位的转让住所的资本收益（投资单位或者UDI，是由通货膨胀调整的价值指标，通常70 000 000万投资单位大约为370万比索）；一定的社会保障福利（如全国社保基金制度下一定限额的养老金）及工人收到的某些福利；

自2016年1月1日起，满足特定条件下，来源于农业、耕作、林业、渔业活动达800万比索的收入。

3. 受雇所得

雇佣收入适用累进税率，雇佣收入包括：来源从属个人服务的工资；来源生产合作社的成员和民间企业和协会成员的收入；公司董事会成员、管理员和总经理的费用；主要向一个客户提供的个人服务，劳务发生地为客户的营业场所产生的收入；来源于合法企业或者个体企业家的业务收入和商业收入。

（1）工资、薪金。来源从属个人服务的收入包括个人关于其从属个人服务所得的各种收入，尤其是工资及奖金。特定项目的收入（如社会福利）免税或者部分免税（如表3所示）。

雇佣收入适用每月预提税，扣缴税款的计算包括两个步骤：一是月度所得税率表计算应纳税额；二是申请就业补贴减少应纳税额。

表3　　2016纳税年度按月缴纳所得税率表

月应纳税所得额（比索）	最低应纳税额（比索）	对超额部分的税率（%）
496.07及以下	0.00	1.92
496.08～4 210.41	9.52	6.40
4 210.42～7 399.42	247.24	10.88
7 399.43～8 601.50	594.21	16.00
8 601.51～10 298.35	786.54	17.92
10 298.36～20 770.29	1 090.61	21.36
20 770.30～32 736.83	3 327.42	23.52

续表

月应纳税所得额（比索）	最低应纳税额（比索）	对超额部分的税率（%）
32 736.84 ~ 62 500.00	6 141.95	30.00
62 500.01 ~ 83 333.33	15 070.90	32.00
83 333.34 ~ 250 000.00	21 737.57	34.00
超过 250 000.01	78 404.23	35.00

只有某些特定的费用在计算年应纳税额时可以扣除，交通费用和搬迁费都不可扣除。

个人就工资和投资每年获得的收入不超过 400 000 比索（投资收入不超过 100 000 比索），无须每年提交纳税申报表。以下情况除外：更变其工作的个人；与其雇主协商决定自行提交个人年申报表的个人；取得其他类别或者海外的工资所得的个人。

（2）实物福利。一般来说，实物福利为应税收入，并且以雇佣者花费的成本或者其市场价值来课税。但某些特定的实物福利为非税收入或者免税收入。如由雇主提供的餐券及食物被视为雇员的非应税收入，由雇主支付的人寿及健康保险费用通常被视为免税收入。

股票期权计划下，如果股票的市场价值超过了购买价格，行权购买公司（或者其他关联方）的股份产生的收入被视为雇佣收入。雇员对行权所产生的收入有纳税义务。

（3）养老金所得。出于税收的目的，养老金收入通常视为雇佣收入。但是，来源于社会保障体系的养老金收入，日均不超过 1 051 500 比索的部分免税。

（4）董事报酬。董事会或者管理机构的居民个体成员，其费用和其他报酬为雇佣收入，适用预提税相关规定。

4. 劳务和经营所得

个人的劳务和经营所得按如下两种不同的税收制度课税。

（1）劳务和经营活动制度。根据劳务和经营活动制度，收入包括以实际收取的现金、支票、实物及服务形式的应税所得。

个人获得的满足劳务和经营制度的收入，应在获得收入次月的 17 日前按月预缴税款。

（2）公司制度。公司制度只适用于经营活动或者不要求专业学位的个人独立服务（如电工、水管工等），且在之前年度的年经营活动收入不超过 200 万比索。个人从事经营活动或者提供个人独立服务，同时也有工资收入的，如果前一个年度总收入不超过 200 万比索的，也可以选择该制度。

在公司制度下，个人纳税要求每两个月进行支付缴纳，适用税率如表 4 所示：

表 4

月应纳税所得额（比索）	最低应纳税额（比索）	累进税率（%）
992.15 及以下	0.00	1.92
992.15 ~ 8 420.82	19.04	6.40
8 420.83 ~ 14 798.84	494.48	10.88
14 798.85 ~ 17 203.00	1 188.42	16.00
17 203.01 ~ 20 596.70	1 573.08	17.92
20 596.71 ~ 41 540.58	2 181.22	21.36

续表

月应纳税所得额（比索）	最低应纳税额（比索）	累进税率（%）
41 540.59 ~ 65 473.66	6 654.84	23.52
65 473.67 ~ 125 000.00	12 283.90	30.00
125 000.01 ~ 166 666.67	30 141.80	32.00
166 666.68 ~ 500 000.00	43 475.14	34.00
超过 500 000.01	156 808.46	35.00

表 5 为应缴的税收比例，纳税人适用该制度的按年计算的时间越长，折扣越多，最长时间为 10 年。

表 5　　适用税收的降低

年数	减少比例（%）	年数	减少比例（%）
1	100	6	50
2	90	7	40
3	80	8	30
4	70	9	20
5	60	10	10

5. 投资所得

（1）股息红利。从 2014 年起，居民企业向居民个人、非居民个人或企业分配股息红利，需要征收 10% 的预提税。由分配公司预缴。这种额外的 10% 的预提税是最终税，并且不得在所得税中抵扣。由外国公司分发到居民个人的股利和利润也适用额外的 10% 的所得税。

（2）利息。居民个人获得的利息全额为应纳税所得额，且必须在接受放得年纳税申报表中报告。

（3）特许权使用费。居民个人获得的特许权使用费全额为应纳税所得额，且必须在接受放得年纳税申报表中报告。

（4）不动产所得。对租金收入净额征税，也就是租金总额减去相关费用。可扣除的费用包括纳税年度内支付的地方房产税、维修费用（包括工资或服务费）、保险费和财产购置、建设、修缮的贷款的利息。个人也可以选择不按实际支出扣减，而直接从租金中扣除 35% 作为建设支出和相应的地方房产税支出。

6. 资本利得

资本利得不按短期资本利得和长期资本利得分类，但是不同种类的资产都适用特定的规则。

通常，资本利得的计算方法是购置成本与处置该资产的收益之间的差额。购置成本需按特定的规则，考虑通货膨胀因素而调整。此外，还包括资产的改进成本以及处置时得费用和税。

（1）不动产。个人通过房地产转让而实现的资本利得，必须对每笔转让交易进行预付所得税，且适用特殊税率。公证人有责任计算和支付相关税，并且向纳税人提供有关该计算方法的信息。另外，个人必须将这些收入记入年申报表，并且可以扣除已缴税款。

在满足某些特定的要求下，个人售卖自己的住所允许免税。

（2）股份。截至 2014 年，由居民个人来源于在墨西哥股票交易市场所出售股票、信贷、向公众提供的金融工具的资本利得，适用 10% 的预提税税率。其他的资本利得应纳入个人的应税收入，适用累进税率。

损失可以结转到以后 10 个纳税年度。不允许向之前年度结转。在纳税年度内税收损失的抵减没有限制，任何损失如果在给定的年度内没有抵消，则不可以结转至未来纳税年度。

7. 个人扣除、宽免和抵免

（1）扣除。个人除了可以对其获得的收入作特殊的扣除之外，也可以对作一般的扣除。从 2014 年起，这种一般个人扣除额为个人收入（扣除已纳税收和免税额）的 15% 与最低年收入的 5 倍（大约 106 000 比索）之间的较低数。

下列项目为授予纳税人的主要个人扣除项目：义务教育区内，纳税人接送其子女上学发生的交通运输费用；纳税人或者纳税人家属的医疗费、牙科支出以及住院费；受益人是纳税人或者其家属的医疗保险费用；纳税人家属的丧葬费，不超过当年最低年工资的部分；慈善捐赠，如果符合财政部的相关要求，对于捐赠给慈善机构的捐款，不超过纳税人上一个财政年度应税收入的 7%；对与捐赠给墨西哥政府不超过纳税人上一个财政年度应税收入的 4%；纳税人购买其住所的实际利息（即名义利率减去通货膨胀），但抵押贷款总额不超过 750 000 个投资单位。

特定养老金缴款以及保险费在计算雇员应纳税收入时可以扣除。

（2）宽免。没有关于个人宽免的规定。

（3）抵免。就业补贴可以抵减月预提所得税，就业补贴的计算适用表 6：

表 6

月应纳税收入（比索）	就业补贴（比索）
1 768.96 及以下	407.02
1 768.91 ~ 1 978.70	406.83
1 978.71 ~ 2 653.38	359.84
2 653.39 ~ 3 472.84	343.60
3 472.85 ~ 3 537.87	310.29
3 537.88 ~ 4 446.15	298.44
4 446.16 ~ 4 717.18	354.23
4 717.19 ~ 5 335.42	324.87
5 335.43 ~ 6 224.67	294.63
6 224.68 ~ 7 113.90	253.54
7 113.91 ~ 7 382.33	217.61
超过 7 382.34	0.00

如果个人必须提交年度所得税纳税申报表或者选择提交纳税申报表，则月度工资的预提所得税可以抵扣年度应纳所得税额。

8. 损失

关于经营和专业性劳务所得，净亏损扣除额可以超过总收入的金额。损失可以结转到以后10个纳税年度。

9. 税率

（1）所得和资本利得。2016年度，个人所得税的征收按照表7累进税率表计算（就业补贴不包括在表中）。

表7

应纳税所得额（比索）	最低应纳税额（比索）	累进税率
5 952.84及以下	0.00	1.92
5 952.85～50 524.92	114.29	6.40
50 524.93～88 793.04	2 966.91	10.88
88 793.05～103 218.00	7 130.48	16.00
103 218.01～123 580.20	9 438.47	17.92
123 580.21～249 243.48	13 087.37	21.36
249 243.49～392 841.96	39 929.05	23.52
392 841.97～750 000.00	73 703.41	30.00
750 000.01～1 000 000.00	180 850.82	32.00
1 000 000.01～3 000 000.00	260 850.81	34.00
超过3 000 000.01	940 850.81	35.00

（2）预提税。居民个人就来源于墨西哥境内的受雇收入、自雇所得、投资所得以及资本利得都适用预提税。预提税通常被视为提前支付的税并且可以在纳税人的年纳税义务中抵减，股息红利的10%的预提税为最终税。

个人从事经营活动、自雇行为而取得的来自合法实体的收入以及来源于向公司出租房地产的所得适用10%的预提税税率。

①由金融机构支付的利息。金融机构对预提税的计算必须按照本年度由国会提供的利率计算（2016年为0.50%）。对于应税收入仅来源于利息的纳税人个人，如果在利息相关的纳税期间内，利息额不超过100 000比索，预提税为最终税。否则，预扣税作为一种提前支付的所得税，最终将由利息产生。

②由非金融机构支付的利息。如果利息由未构成金融体系的实体支付，预提税的征收按照20%的税率对名义利息征收。对于应税收入仅来源于利息的纳税人个人，如果在利息相关的纳税期间内，利息额不超过100 000比索，预提税为最终税。

10. 征收管理

（1）纳税期间。纳税人计算其所得与应纳税额使用日历年度。

（2）纳税评估和申报。墨西哥采用自我评估制度，即所有的纳税人都须完成纳税申报，并计算其自身的纳税义务。个人年度纳税申报表应在相关纳税年度截止后的下年4月30日之前完成填报。

2015年开始，在2013年的应纳税额超过400万比索的个人，应保留其电子会计记录，并按月上传至税务局的网站。

此外，从2015年开始，纳税人必须按季度报告某些重大交易。报告的交易包括金融交易，与国外关联方和非关联方之间的交易，参与投资，某些重组和其他相关交易。

（3）税款缴纳。个人创业者和专职人员应按要求每月提交申报表，并且基于最终纳税义务，在相关年份内做好预缴。

对于个人创业者和专职人员净收入的计算，预缴通常由所列的税率表中适用的税率、所得与相关日历年度差额，减去上月所有的预付额以及相关月份公司预提的总额计算而出。

（4）税收裁定。不论居民还是非居民都可以提前请求关于任何类税的税收裁定，只要该请求是关于真实发生的具体的税收问题而非仅仅是假设的事务。关于未完成的事务、交易仍然可以请求税收裁定。纳税人必须向税务机关提供关于交易辩护的详细描述，涉及的金额或者可能涉及的交易金额，与请求相关的所有事实和情况以及任何有关的文件证据。此外，纳税人必须披露交易是否在法律上有争议或者有司法上诉。在这种情况下，结果也必须公开。纳税人是否有未解决的联邦税务调查也应披露。

（二）国际税收

1. 居民纳税人

（1）境外所得和资本利得。纳税人对其来源与全球范围的所得和资本利得，都负有纳税义务。

纳税人持有股份或者公司类似的权益，信托或者其他类似法人实体适用税收优惠制度（即所得适用少于75%的个人所得税率）应按要求报告其收入份额（无论所得是否已经分配）、直接或间接持有这样的实体的所有权比例。

在任何情况下，如果纳税人产生的所得来源于所列管辖权地区，或者来源管道公司，必须对这样的所得（或其收入份额）进行报告。纳税人来源于所列管辖区的所得，免除报告所得的义务。这些管辖区为与墨西哥签订有效的广泛的信息交换条款的税收条款或者协议的地区。所列明的税收管辖区有：阿尔巴尼亚、阿鲁巴、巴哈马、巴林、巴巴多斯、伯利兹、百慕大群岛、开曼群岛、库克群岛、哥斯达黎加、直布罗陀、根西岛、香港、马恩岛、泽西岛、列支敦士登、科威特、马耳他岛、荷属安的列斯群岛、巴拿马、卡塔尔、萨摩亚、突尼斯和乌拉圭。

（2）避免双重征税。作为避免双重征税的单边措施，墨西哥采用普通的全额抵减方法。在这种方法下，居民纳税人在全世界范围内取得来源于境外的所得，可以抵减在墨西哥国内应负有的纳税义务。

表8为关于全球收入以及外国来源收入限额计算的有关说明：

表8

	全球所得	外国来源所得
墨西哥来源所得	200 000	—
外国来源所得	100 000	100 000
应纳税所得税额	300 000	100 000
年度所得税	51 867	8 924
有效税率	17. 28%	—
国外税收抵免限额	17 280（100 000×17. 28%）	8 924

2. 侨民

（1）来墨西哥人员。工资及其他墨西哥来源的不同就业服务报酬，由居民或者在墨西哥境内服务相关的常设机构的非居民支付给非居民个人的，适用最终预提税，预提税税率如表 9 所示：

表 9

应纳税所得额（比索）	最低应纳税额（比索）	超过部分的边际税率（%）
125 900.00 及以下	0	0
125 900.01 ~ 1 000 000.00	0	15
超过 1 000 000.00	131 115	30

由没有常设机构的非居民，在 12 个月的期间内支付给在墨西哥境内停留超过 183 天的非居民的受雇所得（不论是否持续停留），免征所得税。如果服务发生超过了 183 天，非居民适用上述的税率，但是其必须在获取所得的 15 天内，评估自身纳税责任并支付税款。

（2）外派人员。与国际税收系统一致，墨西哥居民转移至国外的外派人员适用墨西哥税法，除非该个人成为了非居民。

3. 非居民纳税人

（1）对所得和资本利得征税。非居民通过在墨西哥的常设机构运营所得，就此部分所得进行征税。

在墨西哥内没有常设机构的非居民，对来源墨西哥的所得征税。

除另有规定，非居民的经营或独立的个人服务所得，满足墨西哥来源的，（即全部或者部分在墨西哥境内提供的服务）适用 25% 的墨西哥预提税税率。

由在墨西哥常设机构的非居民支付给 12 个月的期间内在墨西哥停留未超过 183 天（不论是否持续停留）的非居民的经营或独立的个人服务所得，免征所得税。如果服务发生超过了 183 天，非居民适用 25% 的税率，但是其必须在获取所得的 15 天内，评估自身纳税责任并支付税款。

自 2014 年起，居民企业向居民个人和非居民企业或个人分配股息将征收 10% 的预提所得税。对股息 10% 的税收将由分配的公司预扣预缴。

股息的预提税可以凭借有效的税收协定而减少。

非居民获得从来源于墨西哥的利息，其最终预提所得税根据所得类型适用不同的税率。

支付给非居民的特许权使用费和技术支持费，其最终预提所得税适用不同的税率。

非居民个人取得的来源于股份转让的资本利的，如果满足特定条件可以免税。这些条件与居民个人就相关事项的条件一致。

非居民取得的来自墨西哥境内不动产租赁的租金被视为来源墨西哥的所得。租金适用对总支付所得 25% 的最终预提税，如果承租人也为非居民，税款必须由直接承租人在取得墨西哥来源所得的 15 天内直接支付。

（2）征收管理。在墨西哥境内有常设机构的非居民需要提交个人所得税纳税申报表。非居民在墨西哥内没有常设机构的，取得墨西哥来源所得适用最终预提税，不需要提交个人所得税纳税申报表。

三、增值税

（一）一般规定

1. 概述

增值税是对销售货物或提供劳务以及进口货物征收的税种。出口及少数货物的销售适用零税率。对某些特定的交易允许全额或限额抵免已缴纳的增值税。经许可临时使用商品也要征收增值税。

计算增值税应纳税额采用销项税额减进项税额的方法，这样才能保证在实际征收中只有增值额被征税。增值税对生产和分配各个环节要征税。

2. 纳税

增值税的纳税人是在墨西哥发生应纳税义务的所有个人及法人实体。不一定要进行经营活动才需纳税，只要负担了可计价的交易就应在税务系统中认定成为“增值税纳税人”，从而抵扣或弥补进项税额。

联邦共和国、联邦地区、州、市、分权实体、私人慈善机构和组织以及合作社都应就其提供应税商品或劳务缴纳增值税，不论是否有法律规定的减免政策。

3. 应税行为

增值税的应税行为包括：在墨西哥境内销售货物或提供劳务；转让使用权或财产使用权；向墨西哥进口货物或提供劳务。

4. 应税收入

销售货物的增值税按价计征，包括并入价款的费用，比如税金（除了增值税以外的税）、利息和罚金。如果没有定价，计税基础以市场价格为准；如果没有市场价格，就用评估价格作为计税基础。

转让财产使用权或转让有形动产的增值税以全额计税，计税基础是合同价款加上其他的费用（例如，除增值税外的税费、维修费用、建造费用、补助、利息和罚金）。

提供劳务的增值税以全额计税，计税基础是合同价款加上其他的费用（例如，除增值税外的税费、差旅费、补助、利息和罚金）。

贷款和融资的增值税对利息或贷款人取得的其他价款，而不是还款额征税。一些利息可以扣除（例如，认定为墨西哥居民纳税人的金融机构提供的贷款利息、公开交易工具产生的利息、保险公司融资业务取得的利息、联邦政府发行的融资工具的利息等）。

临时或最终进口的增值税以进口货物的海关价格计税，包括其他与进口相关的税收（除了增值税）。向境内提供服务或转让不动产及转让不动产使用权，按照合理对价征税。如果没有合理对价，就按照墨西哥国内该资产的价格征税。

纳税人向境内提供服务或无形资产，可以自行评估增值税作为进项，并在同一申报月内抵扣其销项税额，实现增值税虚拟预约登记。

5. 税率

墨西哥增值税税率如表 10 所示：

表 10

税率类型	税率（%）
基本税率	16
优惠税率（出口货物和劳务及特定国内商品）	0

2014 年以前，“边疆地区”的居民纳税人之间发生在当地的销售货物和提供劳务等纳税行为适用 11% 的优惠税率，转让不动产则仍按基本税率。自 2014 年起，该优惠税率取消了，边疆地区适用 16% 的基本税率。

6. 免税

对特定的交易行为有免税优惠，例如土地转让、转让作为住房的建筑物、教育服务、都市或城郊的个人使用公共交通等。

一些特定交易适用零税率，例如转让动物（除了家养动物如猫、狗）、蔬菜、有专利的医药、一些食物产品，提供牛奶巴士杀菌服务、再保险服务等。适用零税率情况的纳税人可以用进项抵扣购买及进口支出，因为存在与进项税相对应的数额为零的销项税额。

零税率行为不会减少纳税人的抵扣情况，只有免税行为会减少纳税人的抵扣从而降低抵扣其他业务增值税的可能性。

（二）非居民纳税人

一般来说退款机制不适用与非居民纳税人。但若外国游客坐飞机或船离开墨西哥，可申请增值税退税。如果是通过陆路交通离境，不能申请退税。申请退款必须从商家取得有关票据，并且票据记载的单笔交易应超过 1 200 比索。购买的货物必须从墨西哥通过一项特殊的海关核查机制后运出。

另外，非居民纳税人通常在抵扣机制中很难抵扣其为货物劳务供应方负担的增值税。但税务机关制定了相关法规，规定特定的非居民纳税实体可以抵免销项和进项增值税及弥补顺差。这样的实体尽管从所得税角度看在墨西哥没有常设机构，但税务机关将其认定为增值税的纳税人。

四、消费税

消费税（IEPS）是对特定商品及劳务征收的税。消费税采用附加值机制大范围征收。向最终消费者的销售通常不征税。卷烟、汽油和柴油、化石燃料和杀虫剂仅对生产者和进口方征税。

娱乐行业需要缴纳消费税，包括赌博和彩票，税率为 30%。

此外，以下情况也要征收消费税：利用一个或多个公共网络提供电信服务（公用电话和农村电话免税，普通电话征税），公共网络的并网及联网服务：税率按 3%；以及运输及进口能量饮料，以及提供运输能量饮料的佣金、调解、代理、代表、分配、经纪和委托服务：税率 25%。

酒精含量低于 14°GL 的酒精饮品和啤酒的消费税税率为 26.5%，高于 14°GL 的适用 30% 的税率，当超过 20°GL 时税率为 53%。卷烟和雪茄的税率是 160%。

自 2014 年以来，对生产和进口含添加糖（作为含热量甜味剂的单糖、双糖和多糖）的调味饮料、浓缩品、调味粉、糖浆、香精、香料或可以通过稀释生产调味料的提取物征收 1

比索关税。

从2016年开始，出口含添加糖的调味饮料、浓缩品、调味粉、糖浆、香精、香料或可以通过稀释生产调味料的提取物免税。

此外，自2014年起，对高热量食物征收8%的消费税。高热量食物是指每100克含热量至少275千卡的食物，除了税务机关出台的税收行政法规规定的主食。

对汽车征收特别消费税ISAN。ISAN的纳税人是：（1）将墨西哥制造的新车销售给消费者（初次销售）的厂商、组装商和经销商；（2）进口新的样车或使用不超过10年的汽车的人。载客达到15人的汽车按照不同的平均运输费，税率从2%到17%不等。载货量达4 250千克的卡车、挂车和半挂车的税率是5%。ISAN通常不对使用可充电电池及电力汽车征收。

五、社会保险费

（一）对企业征收

雇员和雇主双方每月都要向墨西哥社会保险协会（IMSS）缴纳社会保险费。雇主除了要缴纳自己的部分，还应为其雇员代扣代缴社保费。

社会保险费按照“雇员工薪”计算，例如包含额外现金或其他方式的付款的日工资，同时允许扣除。雇员的工资应高于该地区的最低工资。缴纳的最高限额是最低工资的25倍。

计算IMSS的社会保险费时，根据相关规定，一些项目不被视为雇员的额外工资，例如储蓄基金、双倍加班费、全勤奖、救济金和食品券（有最高限额）。

雇员和雇主的社会保险费缴纳规定如表11所示：

表11

强制社会保险	缴款额		
	雇员	雇主	总额
职业险：	最高=15.000%最低=00.50%	—	取决于往年的意外及疾病记录
疾病及怀孕：	（a）实物福利：	—	20.40%
	墨西哥城最低日工资的20.40%		
	+		
	如果雇员的收入超过墨西哥城最低日工资三倍	如果雇员的收入超过墨西哥城最低日工资三倍	
	1. 雇员工资与墨西哥城最低日工资差额的10%	雇员工资与墨西哥城最低日工资差额的0.40%	1.50%
	+	+	
	（b）实物福利-退休金：1.050%	（b）实物福利-退休金：0.375%	1.425%
	+	+	

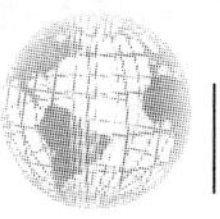

续表

强制社会保险	缴款额		
	雇员	雇主	总额
	（b）经济福利：0.700%	（b）经济福利：0.250%	0.950%
残疾及人身险：	1.750%	0.625%	2.375%
退休（保险费每2个月支付一次）：	2.000%	—	2.000%
强制退休及养老保险：	3.150%	1.125%	4.275%
抚养及社会福利：	1.000%	—	1.000%

（二）对个人征收

所有居民受雇人员必须每月向社会保险体系缴纳社会保险费。社会保险体系由一般费用体系和特殊费用计划组成。

1. 受雇人员

雇主和雇员都有义务每月向社会保险体系缴纳社会保险费。

社会保险费的计算以每个雇员收入（即每日的工资加上以现金或者实物支付的额外所得，特定的扣除也同样适用）为基础，出于这个目的，雇员的工资不少于联邦特区一般最低工资，也不高于用于所有社会保险费的一般性工资的25倍。

特定的条目是不受该限制的，例如支付的加班费，劳动奖金和食品券。

2016年，雇员的社会保险费比率如表12所示：

表12

项目		比率（%）
残疾保险和人寿保险		0.625
疾病和生育	实物福利	用于社会保险费支出的雇员工资，超过墨西哥市日一般最低工资的三倍的，为雇员工资与墨西哥市日一般最低工资的三倍间差额的0.400
	经济收益	0.250
	领退休金者收到的实物福利	0.375
	强制退休和年老者	1.125

2. 自雇人员

对于自雇人员以及从事经营的个人，年度社会保障费适用自愿制度。

（李本贵　编）

荷兰税制

荷兰现行税制中的主要税种是公司所得税、个人所得税、增值税、消费税和社会保障税，也开征有遗产和赠与税、不动产转让税等其他税种。

在2015年，荷兰的法定退休年龄是65岁零3个月。退休年龄逐渐延迟，2023年法定退休年龄将延迟到67岁。

荷兰的通用货币为欧元（EUR）。

一、公司所得税

（一）一般规定

1. 税制类型

荷兰公司所得税属于古典税制。为消除重复征税，公司股东实行“参股免税”制度；对拥有重要股权（一般为持股5%以上）的个人股东，通过对其取得的股息实行低税率征收个人所得税以减轻经济性双重征税；股息和其他利润分配一般需要缴纳股息预提税（有许多例外），预提税通常可以全部抵免股东的所得税义务。

2. 纳税人

荷兰的公司所得税纳税人分为居民纳税人和非居民纳税人。

居民纳税人是指依法在荷兰境内成立的企业，或者依照外国（地区）法律成立但其实际管理机构在荷兰境内的企业。

居民纳税人承担无限纳税义务，即就其来源于荷兰境内、境外全部所得缴纳公司所得税；非居民纳税人仅就来源于荷兰境外所得缴纳公司所得税。

有限合伙企业（除开放型有限合伙企业外）和普通合伙企业，不需要缴纳公司所得税，而是以每一个合伙人为纳税义务人，就其分配的利润纳税。

3. 应纳税所得额

（1）一般规定。居民企业应就其来源于荷兰境内、境外的全部所得缴纳公司所得税。企业的经营所得包括企业生产经营活动取得的全部所得（不管所得的性质及来源）。

企业年度经营所得要根据资产负债表及利润表（按权责发生制原则编制）的数据确定。

通常，按税法规定编制的资产负债表、利润表与按会计制度编制的大体一致，除部分须进行纳税调整，如再投资准备金以及税收优惠政策。

税法规定，企业无论从事何种经营活动，都视同其将全部资产投入经营活动。因此，企业应税所得还包括投资收益和资本利得。

（2）免税收入。在荷兰，免税收入最主要的项目是：符合“参股免税”规定取得的来源于境内或境外的股息红利及资本利得。

（3）扣除。

①可扣除支出。在荷兰，企业发生的与生产经营活动直接相关或密切相关的费用，允许税前扣除。根据“反税收滥用”原则，企业支付给创始人或股东的“善意”贷款的利息支出允许税前扣除。

特许权使用费和服务费原则上允许作为经营费用税前扣除，除非属于隐蔽性利润分配或者不符合“公平交易”原则。

企业因股权收购控制荷兰境内企业，或在现有基础上扩大持股比例而发生的利息支出，如果该利息支出符合以下条件，则在税前扣除时需要予以限制：利息支出超过100万欧元；支付的利息高于收购企业取得的利润。根据“安全港”原则，只要贷款额不超过收购额的60%，利息便可全额税前扣除。为了全额扣除，企业在收购当年之后连续7年，每年必须偿还5%的贷款本金，直到剩下的贷款本金不超过25%（=60% -7×5%）。因此，在企业持续经营的基础上，利息支出可以全额扣除。

根据参股免税制度，取得或转让居民企业或非居民企业股权发生的费用，不能税前扣除；通过贷款取得股权而发生的利息，超过75万欧元的部分不可税前扣除。

董事报酬允许全额扣除，但对股东的隐蔽性利润分配除外。监事会的报酬也允许税前扣除。但是，如果某监事个人在企业中持有“重要股权”（一般情况下，持股比例至少要达到5%），其报酬扣除需遵循相关限定条件。

②不可扣除支出。企业支付的股息红利（包括隐蔽性利润分配）不能税前扣除。

特许权使用费和服务费，如果被认为是隐蔽性利润分配或不符合“公平交易”原则，则不允许税前扣除。特定情形下的利息支出也不能税前扣除。

企业向基金会支付费用，若该基金会是由企业创始人、股东或其他符合“参股免税”条件的投资人创立的，该费用支出不可税前扣除。

企业向关联企业（持股比例不低于33.33%）借款而发生的或有关的利息支出或外汇兑换损失，不可税前扣除，除非合同能证实该项借款行为具有商业实质。此外，如果利息的收取方是税收协定规定的不得税前扣除的对象的，该项利息支出也不得税前扣除。

另外，公司所得税法规定，与用于业务招待的游艇和船只有关的费用，不得税前扣除；大部分罚金和税收罚款也不得税前扣除。

混合支出（这类支出与企业生产经营和个人消费均相关，如食品）按照限定的比例扣除。

（4）折旧和摊销。企业经营用的有形资产必须计提折旧（无论该企业盈利与否）。在计提折旧时，需考虑资产的历史成本、使用寿命、残值。一般而言，年折旧额不得超过资产历史成本的20%；价值较低（不超过450欧元）的资产，允许在购置当年一次性扣除。

企业可以选择多种折旧方法（直线法、余额递减法等）计提折旧，但所选的方法须符合企业“经营规则”，选定后一般不再变更，除非变更折旧方法是为了更有利于企业生产经营，而不是为了减轻税负。

企业经营用的无形资产，如果是一次性付款且该无形资产价值会随着时间推移而损耗，则允许摊销。一般而言，年摊销额不得超过资产历史成本的20%；外购的商誉、专利权、特许权的摊销年限，不低于10年，年度摊销率最高为10%；自创商誉和自主开发的专利技术不属于资本，因此不予摊销。

账面价值不低于“最低价值”的不动产（土地和建筑物），允许计提折旧，折旧值等于：

①如果资产用于租赁（投资资产），则等于在本折旧年度，该资产按《不动产价值评估法》评估后价值（WOZ价值）的100%；

②如果该资产被纳税人或关联方（企业或个人）使用，则等于“WOZ价值”的50%。

关联企业是指纳税人（或企业集团）持有该公司不低于5%的股份。关联个人包括该纳税人的配偶、合法伴侣或孩子；如果孩子是未成年人，关联个人还应包括孩子的祖父母、外祖父母以及父母的合法伴侣。

然而，如果可以提供相关的材料佐证，不动产可按较低的企业经营活动的经济价值（即商业价值）计提折旧；如果不动产接下来一年会增值，则必须重新进行资产评估。

如果一项资产出售或者处置取得的收入超过了目前的账面价值，则该收益视作一般经营所得。若该收益符合相应条件，对应的税款可以作为再投资准备金，延迟履行纳税义务。相应，如果一项资产出售或处置取得的收入，低于目前的账面价值，其损失允许税前扣除。

（5）准备金。企业可以根据当期资产负债表的数据，为今后的支出提取准备金。企业提取准备金的情况为：（1）支付养老金费用；（2）未来可能会发生的活动；（3）坏账准备。

企业转让资产，且该资产的转让价超过作为计税依据的账面价值，可以提取再投资准备金。再投资活动必须在3年之内发生，否则该项再投资准备金必须计入企业的年度应纳税所得。更新的资产并不需要与原资产具有同样的经济功能，除非被替代的资产从未提取折旧，或者提取折旧年度超过了10年以上。如果纳税人处置位于荷兰境内的不动产而提取的准备金，也可以用于在荷兰境内再投资购置不动产。

4. 资本利得

企业发生的资本利得或损失都应计入应纳税所得。资本利得或损失，是指资产的处置价值与账面计税基础的差额。

根据谨慎经营原则，资本利得应在其实现时才计入应纳税所得额，而资本损失则在其可以合理估计时就进行扣除，但处置符合“参股免税”条件的“重要股权”所发生的资本利得或损失的处理例外。在一定条件下资本利得还可以享受“滚动”优惠。

5. 亏损

（1）经营亏损。企业发生的经营亏损可以抵减前一年度的盈利；未抵减完的亏损，可以结转未来9个年度弥补。即便在亏损年度，资产折旧也必须计提。企业在亏损结转弥补期间，如果其所有权结构发生重大改变的，亏损弥补将受到一定条件的限制。一般而言，停业企业只要同一个人股东持有至少70%的股权（所有权测试），亏损才可以结转弥补。如果该企业30%以上的股权被新股东持有，向未来年度结转亏损弥补的限定条件将更加严格。

此外，亏损弥补还应关注以下两种情形：

①企业合并之前的亏损，不能用合并之后的盈利来弥补；

②企业合并之后的亏损，不能抵减合并之前的盈利。

自 2015 年 2 月 25 日起，“所有权测试”开始实施更严格的规定。判定所有权变更是否超过 30% 的情形时，从最早一笔未弥补的亏损所发生的年度作为起始年度。

持续经营的亏损企业，在一个完整的年度，如果至少持有 90% 以上的参与股权或直接从关联企业融资，其亏损可以用未来年度（同样是一个完整的年度，至少持有 90% 以上的参与股权或直接从关联企业融资）的盈利来弥补。

（2）资本损失。一般而言，在一个税收年度内企业生产经营活动发生的所有亏损，都可以税前扣除。因此，处置资产发生的损失也可以税前扣除。

此外，根据“参股免税”制度，处置“重要股权”发生的资本损失适用特殊规定。不过，该项损失在企业发生清算时，一般是可以扣除的（如果清算企业是在境外的居民企业，唯一适用的情形是持股不低于 25%）。

6. 税率

（1）一般所得和资产利得适用税率。荷兰的公司所得税税率有两档：年应税所得不超过 20 万欧元的部分，税率为 20%；超过 20 万欧元的部分，税率为 25%。资本利得税率同普通所得。

（2）国内支付的预提税税率。居民企业向另一居民股东（企业或个人）支付股息红利、清算所得和其他利润分配时，无论是以货币形式还是实物形式支付，均需要按照 15% 的税率代扣代缴所得税。企业向股东的借款所支付的利息同样需要代扣 15% 的预提税。

接受方符合以下条件之一，则支付方不需要代扣代缴所得税：符合“参股免税”制度规定；符合《欧洲母子公司指令》的规定；分配股息红利的企业和股东都是同一纳税主体的成员。

7. 税收优惠

（1）一般投资扣除。企业进行符合条件的小额投资，允许按规定比例税前扣除。其条件之一是，企业对特定资产年度投资总额需大于 2 300 欧元但不超过 309 693 欧元（2014 年度为 306 931 欧元），具体扣除比例（金额）如表 1 所示：

表 1　小额投资允许扣除的比例

投资额（欧元）	具体扣除比例（金额）
小于 2 300	0
2 300 ~ 55 745	投资总额的 28%
55 745 ~ 103 231	15 609
103 231 ~ 309 693	15 609 －（x － 103 231）× 7.56%
大于 309 693	0

如果一个税收年度内，享受完该项优惠政策的资产（价值大于 2 300 欧元）被处置，则其对应的扣除额（该资产目前的售价与原始投资额孰低）应纳入该年度的应纳税所得额。该项政策还规定，企业在该项投资 5 个税收年度后处置相关资产的，原享受优惠的税款不再追回。

（2）节能设备投资扣除。企业购置并投入使用的，单项资产价值在 2 500 欧元以上的节能设备，可以享受节能设备投资扣除政策；投资金额超过 1.19 亿欧元的，不再享受该优惠政策。

节能设备投资扣除额为一个公历年度相关资产投资总额的 41.5%（该比例与 2014 年持平）。

（3）环保设备投资扣除。企业购置的环保设备符合以下条件的，可以享受环保设备投资扣除：有利于促进环境保护；属于政府公布的环保设备优惠目录中的列名设备；单项资产价值在 2 500 欧元以上（与 2014 年持平）。

根据不同的设备类型，环保设备投资扣除的比例分别为 36%、27% 或 13.5%。该项政策规定的最大扣除额度为 2 500 万欧元。

但是，企业一项资产投资不得同时享受节能设备投资扣除和环保设备投资扣除两项优惠政策。

（4）研究与开发费用加计扣除。企业从事符合规定条件的研究与开发活动发生的成本与费用可以享受 60% 的加计扣除。符合规定条件的研发活动是指：在荷兰境内组织的，旨在研发新产品或新工艺，而从事的直接和专门的研究开发活动。

此外，对于从事特定研究与开发活动的员工的工资薪金，可享受 35% 的加计扣除（最高金额为 25 万欧元）优惠。对于开发高新技术产品的新办企业，从事研发活动的员工的工资薪金的加计扣除比例为 50%。当员工工资薪金总额超过 25 万欧元的，加计扣除比例为 14%。对于单个法人企业或一个独立的纳税主体，工资薪金总额最多可以享受加计扣除优惠的金额为 1 400 万欧元。

企业在研究与开发活动之前进行的前期可行性研究所发生的工资薪金支出，也可以享受加计扣除优惠政策。

享受研发费用加计扣除优惠的企业，也同样适用下面的“创新盒”优惠政策。

（5）加速折旧。荷兰对下列固定资产实行加速折旧：环境保护专用设备（政府有指定的目录）；特定地区制造业使用的设备（政府有指定的目录）；具有高科技价值的设备；用于研究与开发活动的设备（政府有指定的目录）。

如果上述设备的投资额超过了 2 500 万欧元，企业须经欧盟委员会批准才可享受加速折旧优惠。

2011～2013 年间，企业购置环境保护专用设备的投资额中 75% 可享受加速折旧政策，25% 按正常折旧方法计提折旧。

（6）“创新盒”税收优惠。自 2009 年 12 月 31 日起，实行“创新盒”税收优惠政策：对企业专利型无形资产取得的所得适用优惠税率，对发生的亏损则可以冲抵适用基本税率的所得。

根据该项政策规定，纳税人以自创的专利权形成的无形资产实现的特许权所得，如果该专利权对该项所得的贡献率在 30% 以上的，则该项所得适用 5% 的优惠税率。

企业适用“创新盒”税收优惠政策的，5% 的优惠税率只适用于企业使用无形资产取得的所得超过该无形资产开发成本的部分。企业转让自创的专利权形成的无形资产取得的所得，也适用 5% 的优惠税率。

企业从境外取得的专利权的特许权使用费所得，在境外被征收的预提税，即使该所得在境外也适用与“创新盒”类似的税收优惠政策，仍可以按正常方式抵免。

8. 税收征管

（1）纳税年度。一般而言，公司所得税的纳税年度为公历年度。除此之外，纳税人根据本企业的章程，也可以选择不同于公历年度的纳税年度。

企业采用非公历年度作为其税收年度的，必须符合税法中申报和缴纳税款的专门规定。

企业年度应纳税所得额的计算以一个纳税年度为准。

（2）纳税申报。在荷兰，公司所得税的申报截止期限由税务机关确定。税务机关会提前向各企业送达申报表并通知具体申报期限，各企业至少有 1 个月以上的申报准备时间。一般来说，企业应当自纳税年度终了之后 5 个月内（若纳税年度与公历年度一致）进行年度申报。

纳税人有特殊情况的，可以向税务机关申请延期申报。

企业在纳税年度内应当进行预缴申报，汇算清缴可以在纳税年度终了之后的 3 年之内进行。在税务检查人员检查之前，企业根据获取的新的信息自查后，在汇算清缴完成后 5 年内补充申报的，税务机关不予处罚。企业获取的新的信息涉及境外所得的，5 年的补充申报期可以延长至 12 年。

（3）税款缴纳。企业应当在纳税年度内预缴税款。如果预缴的税款大于年度应缴税款的，超额部分将退还纳税人（并计算利息）；如果预缴的税款小于年度应缴税款的，差额部分将由纳税人补税并计算利息。

此项利息（和税收罚款）不允许税前扣除。

企业预缴税款可以抵减企业年度应缴税款；股息预提所得税可以抵免应纳公司所得税。

企业在汇算清缴申报完成之日起，6 周内缴纳应补缴的税款。

（4）事先裁定。在荷兰，居民企业和非居民企业都有权就特定交易或转让定价等事项的税务处理，向税务机关申请事前裁定；跨国企业有代表人在荷兰境内开展具有辅助性或前期准备性质的工作的，也可以向税务机关申请事先裁定。

此外，纳税人就特定财务活动或特许权使用费的税务处理，也可以向税务机关申请事前裁定。

涉税事先裁定主要包括关联企业之间的预先定价安排以及事先税收裁定。

一般来说，税务机关如果做出事先裁定，则代表其基于具体事实和情况，对特定交易和事项的税务处理给出的一种事前意见。事先税收裁定对裁定中规定的特殊交易和事项具有约束力。

如果具体事实和情况发生变化，则该裁定就会失效。事先税收裁定只在特定期间有效，它在多种情况下会被终止或修订。例如，相关条件不再符合；相关税法条款进行修订；企业提供的情况与事实存在出入。

对于国际金融服务公司或股份公司进行的关联交易，如果该公司在荷兰境内并没有实质存在，即使其向税务机关提出事先裁定申请，也不会获得批准。

（二）居民企业之间交易的税务处理

1. 企业集团的税务处理

在荷兰，如果某居民企业直接或间接持有另一居民企业或多个居民企业 95% 以上的股权或投票权，这一企业集团可以申请作为一个独立的纳税主体合并缴纳公司所得税。外国企业如在荷兰境内设有常设机构，如满足一定条件，可以作为合并纳税企业集团的母公司或子公司。

荷兰境内合并纳税企业集团不应包括母公司在境外设立的子公司。不过，自 2014 年 12 月 16 日开始（当天欧盟委员会法院对 SCA 集团控股企业的决议），企业集团作为一个独立纳税主体可以包括以下情形：

(1) 荷兰境内的企业集团的母公司（居民企业）在境外设立了一子公司（非居民企业，且该企业在荷兰未设立常设机构），该子公司在荷兰设立了一孙公司（居民企业）。该母公司（居民企业）通过该子公司（非居民企业）控制一孙公司（居民企业）；

(2) 企业集团的母公司既未在荷兰境内注册登记又未在荷兰境内设立常设机构，企业集团的多家子公司都是荷兰的居民企业。

企业集团作为一个独立的纳税主体时，由母公司将企业集团各企业的所得合并计算，并申报缴纳公司所得税。

在同一纳税年度内，企业集团中各企业的盈利和亏损可以互相冲抵，资产和负债互相转让可以免税；互相之间分配股息红利可以免税。

企业集团中的关联企业之间借款用于购买其他非居民企业的股权，而发生的利息费用，扣除时受到相关规定的限制。

作为一个独立纳税主体，企业集团中的各成员企业对合并缴纳的税款具有连带责任。

企业集团中的各成员企业不再作为独立纳税主体之后，公司所得税税款可以作为潜在的资产准备（递延资产）在企业集团内部流转。

企业集团中的某一成员企业在合并纳税年度之前发生的亏损，只能用本企业合并年度之后的盈利弥补，不得用其他成员企业的盈利弥补。

企业集团内部的各成员企业之间支付股息红利时，不需要代扣代缴公司所得税。

居民企业从关联企业获得股权所产生的债务（用于融资活动的贷款不包含在内）利息，有一定的扣除限制。

如果企业集团中所有的成员企业都选择合并纳税，那么该企业集团各成员企业对合并缴纳的税款具有连带责任。

如果一个企业集团不再符合作为一独立纳税主体的条件，或一企业集团的母公司和子公司共同申请不再作为一独立纳税主体的，不得再合并纳税。有时，企业集团中可能有部分企业退出该独立纳税主体。当企业集团不再作为一独立纳税主体时，原合并纳税时发生的亏损全部由母公司承继。如果企业集团的母公司和子公司共同向税务机关申请，符合相关条件的，则允许将企业集团尚未弥补的亏损按照一定的方法相应分配到母公司和各子公司。

2. 居民企业之间的股息红利

居民企业或非居民企业在荷兰设立的常设机构取得的来源于荷兰境内、境外的股息红利所得，应以该项所得的总收入减去相关费用，申报缴纳公司所得税。如果符合参股免税制度，则相关股息红利所得、股权转让所得、股权的资本利得，可以享受公司所得税免税优惠。

适用参股免税制度，需要同时符合以下两个条件：

(1) 收到股息红利的居民企业至少持有居民企业或非居民子公司 5% 以上的名义股份；如果该非居民子公司是位于欧盟成员国境内且该国与荷兰签署税收协定“对于有投票权的

持股分得的股息红利的预提税适用优惠税率”（例如德国、爱尔兰、英国等），持有该子公司5%的投票权。在特殊情况下，如果本企业持有被投资企业的股权或投票权不足5%，但本企业的一家关联企业持有被投资企业的股权或投票权超过5%的，也可以享受。

（2）持股的目的是为了积极参与企业生产经营活动，而不仅是单纯为了获得投资收益（组合投资）。但对于单纯为获得投资收益的组合投资，如果符合特别规定条件的也可以享受。

如果该子公司被归类为税负较低的投资公司，则不可适用参股免税制度，但是该子公司实际已纳公司所得税的5%可以在荷兰抵免。如果该子公司设立在另一欧盟成员国境内，则该子公司实际已纳公司所得税可以全部在荷兰抵免。如果一个纳税年度不能抵免完的，可以结转至下一纳税年度抵免。

参股免税制度也适用于实质上属于股权投资的股东贷款。

（三）其他类型的公司所得税

荷兰没有其他与公司所得税类似的税收。

（四）国际税收

1. 居民企业

（1）境外经营所得和资本利得。居民企业应就其来源于荷兰境内、境外的全部所得缴纳公司所得税。

居民企业来源于境外的经营所得、利息所得和特许权使用费所得，均应计入其应纳税所得额。除符合参股免税制度之外，居民企业来源于境外的股息红利所得也需要计入应纳税所得额。

居民企业来源于在外国常设机构的资本利得，视同生产经营所得；居民企业转让符合参股免税制度条件的股权取得的所得，可以享受免税优惠。

居民企业在外国设立的常设机构的利润（或亏损）免税，但该免税规定不适用于设立在低税率国家和地区且仅取得消极所得的常设机构。对此类常设机构实行5%的固定抵免率。

（2）境外亏损。荷兰居民企业在缴纳公司所得税时，其在境外设立的常设机构的亏损不计入国内应纳税所得额。

居民企业在境外设立的常设机构，在清算时发生的损失允许税前扣除。如果该常设机构所在的东道国给予相关补偿的，该补偿应冲抵该常设机构的损失。如果该常设机构的经营活动被转让给第三方，那么其清算损失原则上也允许扣除，除非该第三方承继了该常设机构的亏损。

如果纳税人将该常设机构转让给关联方，并承继原常设机构的经营活动的，则该清算损失不得税前扣除。

如果该常设机构在清算结束后3年之内，又恢复营业并经营新的业务时，原来发生的清算损失要冲回。在这种情况下，原来税前扣除的清算损失要在本期冲回，增加本期的应纳税所得额。

（3）避免双重征税。在荷兰申报公司所得税时，如果没有采取下述的避免双重征税措施的，企业在境外缴纳的所得税和预提税（包括地方税收）可以作为费用从境外应税所得中扣除。如上所述，企业来源于境外常设机构的所得一般免税。

企业来源于境外的股息红利所得、利息所得和特许权使用费所得，在荷兰一般不会享受避免双重征税优惠，除非该项所得来源于境外常设机构。

企业来源于指定的一些发展中国家的股息红利所得（符合参股免税制度条件的除外）、利息所得和特许权使用费所得（包括服务费），如果这些所得在来源国已经缴纳公司所得税（包括预提税），其已缴纳税款可以享受税收抵免优惠。在该情形中，如果取得股息红利的企业并不是该股息红利的受益所有人，则不得享受税收抵免优惠。

企业取得来自境外的特许权使用费所得，如果在境外按照“创新盒”税收制度已经缴纳了预提税，则该预提税允许企业在荷兰缴纳公司所得税时予以抵免。

企业在境外缴纳的公司所得税（无论是否实行源泉扣缴）可以在当期应纳税额中抵免的，如果不足抵免则可以结转以后年度抵免。

与一般纳税方法不同，对于来源于企业集团设在境外的主要从事内部融资或投资等消极经营活动的机构的所得（即其所得占总所得的50%以上），按法定税率的50%予以税收抵免。根据荷兰财政部的规定，在满足相关条件时，企业集团设在境外分支机构内部的融资活动不视作消极经营活动。

在税法适用上，税收协定优于荷兰国内税法，即使该税收协定的优惠力度很小。

2. 非居民企业

荷兰税法规定，非居民企业是指法定注册地和实际管理机构所在地均不在荷兰的企业。

（1）一般所得和资本利得的课税。非居民企业来自荷兰境内的所得，需要缴纳公司所得税。

在非居民企业持有居民企业的重要股权的，股息红利再分配时，如果该非居民企业的某股东（直接股东或间接股东）持股的主要原因或主要原因之一是想规避股息红利所得预提税，则需由支付方代扣代缴15%的预提税。

非居民企业如果是一个居民企业的重要股东，持有该股权并不具有积极参与企业经营的目的，则其处置股权取得的资本利得需要缴纳公司所得税，即该非居民企业的某股东（直接股东或间接股东）持股的主要原因或主要原因之一是想规避股息红利所得预提税的，其处置重要股权实现的资本利得需要缴纳公司所得税。

非居民企业的一般所得和资本利得都需要缴纳公司所得税，与居民企业一样都适用累进税率。

在荷兰，企业的分支机构不需要缴纳公司所得税。

（2）征收管理。非居民企业在荷兰的常设机构应自行申报缴纳公司所得税。

3. 非居民企业预提税

（1）股息。居民企业向非居民企业支付的股息红利、清算所得以及其他形式分配的利润，无论是现金形式或实物形式，需要扣缴最终预提税。除税收协定规定适用优惠税率之外，该预提税的适用税率为15%。

该预提税同样适用于支付给重要股东的借款利息（该利息所得视同股息红利所得）。

但是，依据《欧盟母子公司指令》的相关条款，荷兰居民企业向符合条件的欧盟成员国内的和冰岛、列支敦士登、挪威和瑞士的非居民企业支付股息红利、清算所得以及其他利润分配，免予扣缴股息红利预提税。

（2）利息。荷兰国内不对利息征收预提税，重要股东的具有投资性质的贷款的利息除外。

（3）特许权使用费。荷兰国内不对特许权使用费征收预提税。

（4）其他。荷兰国内不对非居民企业所支付的其他费用征收预提税。

（五）反避税

1. 概述

在荷兰，一般反避税规则主要有二项：一是公平征税原则（税收立法明确规定）；二是反对滥用税法原则（通过判例法不断完善）。一般来说，荷兰税务机关在反避税实践中只使用反对滥用税法原则，因为其操作性更强。

根据反对滥用税法原则，税务机关如果认为纳税人某项交易或者一系列交易存在以下情形时，可以启动反避税程序：

（1）交易的主要目的是为了避税；

（2）交易的形式符合税法规定、但与其经济实质不符的方式获取税收利益。

2. 转让定价

根据荷兰税法之规定，如果母公司与子公司之间，或者子公司与子公司之间，在资本投入或者利润分配等交易或事项被税务机关认定为不符合独立交易原则的，则该项交易或事项属于关联交易，需要选择合理的转让定价方法。

荷兰税务机关在具体认定关联关系时，主要基于持股关系、管理关系、实际控制关系等，但并没有具体量化的认定标准。实践中，税务机关如果可以合理确信一方（企业或个人）对另一方（企业或个人）具有足够的影响力和控制力，且影响了关联交易的定价，则需要选择合理的转让定价方法。

关联方之间分配股息红利，也需要代扣代缴所得税（符合税收协定规定的予以减免）。纳税人可以就关联交易的定价向税务机关申请事前裁定，确定税务机关和纳税人都可接受的价格作为交易价格。

此外，企业与位于其他国家的关联企业发生交易的，可以向税务机关提出与其关联方之间业务往来的定价原则和计算方法，税务机关与企业协商、确认后，达成具有约束力的预约定价安排。

3. 资本弱化

原来的限定债资比例的资本弱化规定自 2013 年 1 月 1 日起停止执行，现行规则见上述“扣除”部分。

4. 受控外国企业

荷兰税法中没有专门针对受控外国企业的反避税条款。

二、个人所得税

荷兰个人所得税实行所得分类税制度，由中央政府征收。

（一）一般规定

1. 纳税人

需要缴纳个人所得税的个人有：荷兰居民；有来源于荷兰境内所得的非居民。符合条件的非居民纳税人也可以选择按居民纳税人的相关政策纳税。

“居所”是判定居民的重要依据，但“居所”，在荷兰税法中没有明确的定义。“居所”的概念只能依据现实情况和所处环境确定。根据判例法的规定，下列条件是成为“居所”重要特征：有效的长期住址；配偶和子女共同生活的地方；个人的主要经济活动所在地（例如：工作的地方）。

如果纳税人并非因为移民而离境，且在境外逗留时间不超过一年，则在其离境的这段时间内依然属于荷兰居民，应就其境内、境外的全部所得在荷兰纳税。

配偶以及合法登记的伴侣（同性恋伴侣）被视为个人所得税意义上的“伴侣”。因此，对“伴侣”的劳动所得（工资薪金、专业服务以及经营所得等），应该单独征收所得税；然而，在年度个人所得税纳税申报时，对于“伴侣”取得的其他类型的所得（例如：房屋租赁所得、重要股权所得、利息以及投资所得），允许任意计入其中一方的所得中。登记为同一住址的未婚个人，符合下列一项或几项条件的，也可以视为“伴侣”：双方有共同的孩子；一方同意共同抚养另一方的孩子；在其中一方的养老保险计划中被视为伴侣；双方共同拥有住宅。

18 岁以下儿童的所得（除受雇所得外），由对他们负有监护义务的家长缴税。如果夫妇双方都行使监护权，那么双方各自承担未成年子女所得 50% 的纳税义务。此外，拥有子女资本处置权的父母可以享受其未成年子女取得股息所得的预提税抵免优惠。永久性分居的配偶就其各自的所有收入单独纳税。其未成年子女的所得由抚养孩子的一方纳税。

合伙企业的所得由合伙人各自纳税。合伙人根据在合伙企业中的持股比例计算本年度企业经营所得中各自应该承担的纳税义务。合伙人也可以选择适合自己的利润计算方法。最后，每一个普通合伙人都有权享受所有商业激励的税收优惠。然而，有限合伙人只能从创造企业利润的经营活动中享受税收优惠，例如：加速折旧和投资扣除。

2. 应纳税所得

（1）概述。居民纳税人应当就其来源于荷兰境内、境外的全部所得缴纳个人所得税。在所得分类税制下，应纳税所得分为三大类。

第一类：来源于受雇所得和住宅所得。受雇所得包括受雇取得的工薪所得、养老金、从事经营活动的所得和其他活动所得。其他活动所得是指除受雇和经营所得之外的其他劳动所得，具体包括：拥有重要股权的企业或业务被处置产生的资产收益；为经营活动的关联方提供资产的所得；通过多种方式使财产盈利，进而取得的所得。

在荷兰，纳税人或者家人处置其拥有产权的住宅（房子、公寓等）时，必须将推算所得计入应纳税所得中。推算所得是以每年该住宅的市场估值乘以一个比例（最高不超过 0.75%）计算出来的。对于价值超过 1 050 000 欧元的住宅，推算所得金额为 7 875 欧元再加上超过 1 050 000 欧元部分的 2.05%。

归入第一类的各项所得之和，减去个人扣除项目和减免项目后的余额作为应纳税所得额，再乘以该所得额适用的累进税率，计算应纳税额。

第二类，持有重要股权的所得。包括持有居民和非居民企业重要股权所取得的股息和资本利得。该类所得按统一的比例税率征收。

第三类，储蓄和投资所得。包含除了住宅所得（第一类）、持有重要股权的股利和资本利得（第二类）以外的所有其他资本利得。该类所得以净资产收益为计税基础，再乘以统一的比例税率计算应纳税额。

除了经营所得（通常以权责发生制为基础）和重要股权的资本利得（通常在实际交易发生时确认利得），应纳税所得额的计算以收付实现制为基础计算。

一般情况下，上述三大类型的所得应单独核算，一种类型的亏损不能用其他类型的所得弥补。

（2）免税所得。在荷兰，凡是不属于上述三类的所得，免征个人所得税。与停业、储蓄和投资有关所得的免税规定，见后述。

3. 受雇所得

（1）工资、薪金所得。受雇所得属于第一种所得类型。其包括雇主支付的工资、薪金、医药费和某些社会保险费。受雇所得一般通过工资税的形式扣缴。

如果雇员往返于住处和办公场所之间的距离超过 10 公里（单程），则乘坐公共交通工具的往返通勤费用可税前扣除。如果通勤距离（单程）超过 80 公里，则最高扣除的限额为 2 055 欧元（2014 年为 2 036 欧元）。雇主支付给雇员的通勤费补助为免税收入。但是纳税人取得的这些免税补助将降低其通勤费可税前扣除的限额标准。

此外，荷兰实行雇佣成本补偿制度（employment cost reimbursement facility）。在该制度下，雇主可以在规定的范围内给雇员提供雇佣成本补偿金，其中不超过雇员工资总额的 1.2%（2014 年 1.5%）的部分免征个人所得税，超过的补偿金按 80% 比例折征。这一制度取代了以前的“特殊费用免税补偿制度（tax - free reimbursement regime of specific costs）”（例如，旅游，办公场所和交通费用）。在 2011 至 2014 纳税年度内，新老制度并行，雇主可以任选择一种方式执行。但从 2015 年 1 月 1 日起，只能执行雇用成本补偿制度。

（2）实物福利。原则上，实物福利，是指雇主发放给员工的任何实物报酬，都应以市场价值计算并作为受雇所得征收个人所得税。

如果雇主或发包方提供给雇员或承包人汽车用于私人旅行，私人旅行的年里程超过 500 千米，则应按该车官方指导价格（包含车辆购置税和增值税）的 25% 计入雇员或承包人的年度应纳税所得额中。

然而，上述 25% 的规定是针对一般车辆而言。对于低碳排放的汽车允许适用较低的比例计入雇员或承包人的年度应纳税所得额。对于零排放的汽车，比如电动车，如果是在 2014 年之前注册登记的，可以免税；如果是在 2014 年及以后注册登记的，减按指导价格的 4% 计入年度应纳税所得额。

雇主为雇员提供住宿房间，按照该房间租金的市场价格计入雇员的应纳税所得额中，租金的市场价格是指市场第三方租用该房间所付出的租金对价。该项实物福利的应税所得不超过纳税人年度受雇所得的 18%。

授予员工的股票期权在实际行权时计入应纳税所得额。

（3）养老金所得。雇主为雇员支付的符合条件的养老保险费免征个人所得税。因此，雇员在以后取得的养老金所得应计入（以前的）受雇所得（所得类型一），按相应的税率计算应纳税额。如果养老金不符合条件（比如：雇主为雇员支付的养老保险费超过一定限额），则雇主支付的不符合条件的部分应纳入支付当年雇员的应纳税所得额中。

雇主为雇员购买的符合条件的私人养老保险计划，也可以从应纳税所得额中扣除；雇员以后从此养老保险计划中取得的养老金所得应计入应纳税所得额中。雇主从经批准的居民保险公司、养老基金、非居民保险公司或养老基金的常设机构购买养老保险计划的费用支出可以全额扣除。同时，支付给通过认证的非居民保险公司或养老保险基金的养老保险费可全额扣除。如果同时符合下列条件，则外国的养老保险基金或保险公司也被认可：

①该外国基金或公司可以提供有关管理养老基金的信息；

②该基金或公司为被保险人移民国外提供税收担保，或个人纳税人由之前向居民养老基金或保险公司申领养老金转为向非居民养老基金或保险公司申领养老金。

雇员临时借调或移民至荷兰境内不超过5年，为延续现有的养老金合同向非居民保险公司或非居民养老基金支付的养老金费，可以限额扣除。其扣除限额为该雇员在原居住过以居民纳税人身份缴纳的养老保险费合计数。

当纳税人取得源于私人保险的年金总额超过其已付保险费总额时，超过保费的年金所得应计入应纳税所得额。已经税前扣除的保险费不计入保险费的总额。当然，如果纳税人享受养老保险的权益尚“不充分”，则对于额外的保险费支出允许扣除。

国家养老保险金（AOW）和其他公共养老保险金所得应当计入应纳税所得。

（4）董事酬金。在荷兰，董事会执行董事及监事会成员被视为所得税意义上的雇员。其取得的酬金，包括奖金在内，都应作为受雇所得征收个人所得税。

4. 经营和劳务所得

在荷兰，经营和劳务所得作为第一种类型的所得征收个人所得税。

在荷兰，从事经营活动的企业主并且能满足“时长条件”（见下文），可形成税收递延养老准备金（FOR）。企业主每年可以将应税利润的9.8%（2014年为10.9%）计入该准备金账户，从而减少当期的应纳税所得额。税收递延养老准备金账户的最高限额为以下二者中的较低者：8 631欧元；经营财产与准备金账户资金的差额。纳税人可以用该准备金购买分期付款的养老保险，从而不在当期产生应纳税所得额，将纳税义务递延。

个体经营者（企业主）如果满足“时长条件”，可以享受几种固定扣除优惠。“时长条件”是指纳税人必须满足下列两项条件：在一年内至少有1 225个小时用于经营活动；用于自主经营活动的时间应多于其他活动实践（如受雇）。

此外，无论企业主经营时间的长短，扣除规定的抵减项目后经营利润的14%（2014年相同）可以享受免税优惠。

5. 投资所得

（1）持有重要股权的所得（第二类所得）。持有重要股权所取得的相关的股息、其他利润分配、利息和资本收益，以单一税率征税。

持有重要股权是指：纳税人独有或与其配偶（法定伴侣）共有某一家居民或非居民企业的股份，且直接或间接持有该企业已发行股本的比例不低于5%。在家族企业中，如果纳税人仅持有较小的股票份额，但他的直系亲属持有该企业的重要股权，那么也可以认为纳税人在该企业持有重要股权。

与持有重要股权相关的资本损失和成本（如利息），允许税前扣除。首先，从第二类所得中的其他项目所得中扣除。其次，如果同类型所得不足以扣除，超额部分的25%可以用于冲抵纳税人的第一类所得。

（2）储蓄和投资所得（第三类所得）。投资所得，包括资本利得、股息红利（除上文所述持有重要股权的股息红利）、利息和特许权使用费，不征收个人所得税。但是，在纳税人取得投资所得的当个纳税年度，应按1月1日其境内、境外资产净值的1.2%缴纳所得税。具体而言，由于税务机关认定净资产每年将产生4%的利得，再对取得的利得征收30%的比例税率，因此相当于按资产净值的1.2%征收所得税。与第三类所得相关的费用不允许税前扣除。

部分资产不计入计税基础，这些资产包括：纳税人自有住宅；某些以自有住宅为基础的资本证券化保单（仅限于2013年4月1日前的资本保单）；某些与公众利益息息相关的投资（例如，经核准的“绿色投资”）；用于科学与艺术的投资（非投机目的）。

在确定投资所得的计税基础时，超过3 000欧元（已婚配偶和民事关系伴侣的临界值为6 000欧元）部分的债务可以税前扣除。

同时，个人纳税人可以享受21 330欧元的基本扣除优惠（已婚配偶和民事关系伴侣加倍），在确定应纳税所得额时税前扣除。对于（已经）达到正式退休年龄，且境内、境外平均资产净值不超过282 226欧元的个人，除上述基本扣除优惠外，还可以享受养老扣除（已婚配偶和民事关系伴侣加倍）。该扣除金额取决于纳税人的第一类所得额。

6. 资本利得

一般而言，对于非企业主的普通个人纳税人，其资本利得不征收个人所得税。

在荷兰，纳税人处置营业资产的资本利得属于经营性所得，对于持有重要股权的资本利得，见前述。

7. 个人扣除、宽免和减免

（1）扣除。一般情况下，在计算第一类和第二类应税所得时，因获取和维系所得而产生的必要费用可以扣除。第三类所得中，只有债务支出允许扣除。

此外，纳税人还可以从第一类所得总额中扣除以下费用：纳税人自有住房抵押贷款的利息；某些养老金和年金的保费；仅限于患有慢性疾病的个人和残疾人的医药费在超过规定额度以后可以扣除；纳税人支出金额在250欧元到15 000欧元之间的职业教育费；对某些居民和非居民的宗教、慈善和文化机构的捐款，最低可以扣除第一类应税所得的1%（最低为60欧元），最高可以扣除第一类应税所得的10%。对某些文化和社会机构的捐款不超过5 000欧元的，允许按捐款额的1.25倍加计扣除。如果纳税人经公证至少在5年内定期发生捐赠行为，则捐赠支出可以全额扣除。

从2013年1月1日起，纳税人自有住房抵押贷款只有在30年内全额偿还（月度/年度分期付款），其抵押贷款的利息才能全额扣除。新规定只适用于2013年1月1日及以后签订的住房抵押贷款合同。2013年以前，纳税人签订的自有住房抵押贷款利息的扣除不受偿还时间限制。

2014年1月1日起，抵押贷款利息可扣除的最高（边际）比率每年逐渐减少0.5%，直到降至38%。这意味着，对于2015年，利息可以扣除的最高边际比率为51%。

（2）宽免。荷兰没有一般个人宽免优惠。

（3）抵免。

①一般征收退税。适用于所有纳税人的一般征收退税可抵免三类所得的纳税总额。

在荷兰，自 2014 年 1 月 1 日起，退税的金额取决于所得额的高低（所得越高，退税越少）。

最高退税额为 2 203 欧元（2014 年为 2 103 欧元）。对于超过 19 822 欧元的所得，退税额逐渐减少，但不低于 1 342 欧元的下线（2014 年为 1 366 欧元）。

对于（已经）达到法定退休年龄的纳税人，最高退税额为 1 123 欧元（2014 年为 1 065 欧元）。对于所得超过 19 822 欧元的纳税人，退税额逐渐减少，但不低于 685 欧元（2014 年为 693 欧元）。

另外，以下几类纳税人可享受额外的退税：有抚养义务的单身父母；没有伴侣的个人（或一方的所得低于另一方）；残疾人；休产假或休陪产假的纳税人；老年人。

②受雇退税。受雇或从事企业主活动的纳税人可享受最高额为 2 220 欧元（2014 年为 2 097 欧元）的受雇退税（税收抵免）。

自 2014 年 1 月 1 日起，退税额取决于所得的高低（所得越高，退税越少）。对于纳税人取得的较高所得，其退税额将于 3 年内逐渐减少为零。预计到 2017 年，所得超过（约）110 000 欧元的纳税人将不再享受退税优惠。

2015 年，所得超过 49 770 欧元的纳税人，其享受的退税额会被降低。普通纳税人的最低税收抵免额为 184 欧元（达到法定退休年龄的纳税人所享受的最低退税额为 94 欧元）。

③工作奖金抵免。同时满足下列条件的纳税人有资格享受最高 1 119 欧元的抵免：以某公历年度的 1 月 1 日为截止日期，纳税人年龄为 60 至 64 周岁；从目前的雇佣、经营或其他活动中获取所得。

但是，如果纳税人所得高于最低工资的 175%，则不得享有奖金抵免。该工作奖金抵免优惠原则上自 2015 年 1 月 1 日起逐步停止执行，至 2018 年 1 月 1 日起完全废除。值得注意的是，在 2015 年 1 月 1 日，年龄达到 61 岁的纳税人仍可享受该抵免。

8. 亏损

亏损只能用同类的净所得弥补。

然而，来源于第一类所得的亏损可以由同类型所得中其他项目的应纳税所得抵减。当年不足以弥补的，可以向前追溯 3 年或者向后结转 9 年来弥补，但无论是向前追溯或是向后结转，都只能用相同所得类型的净利润弥补。经营性亏损同样也可以向前追溯 3 年和向后结转 9 年，来调整以前年度或抵减未来年度的经营利润。

与持有重要股权相关的资本亏损允许税前扣除。首先，扣除同类所得中来源于其他项目的利润。此外，超出部分的 25% 可抵减第一类所得的应纳税所得额。任何当年未弥补完的损失都可以向前追溯 1 年或向后结转 9 年弥补。

9. 税率

（1）收入和资本利得。

①第一类所得。2015 年，第一类所得适用税率如表 2 所示：

表 2 第一类所得适用税率表（2015 年）

年应税所得	税率（%）
不超过欧元的部分	36.5
超过 19 822 欧元至 33 589 欧元的部分	42
超过 33 589 欧元至 57 585 欧元的部分	42
超过 57 585 欧元的部分	52

第一、二个所得级次的个人所得税税率分别为 8.35% 和 13.85%，两种情况下剩余的 28.15% 为国家社会保险费。对于已达到正式退休年龄的个人，前两个所得级次的税率分别为 18.6% 和 24.1%（均包括了 10.25% 的国家社会保险费）。

42%（第三个所得级次）和 52% 的税率是不包含任何的国家社会保险费的。

国家社会保险费，必须与雇员的社会保险费区分开，前者适用于第一类所得的所有项目的所得中，后者只适用于工资薪金。

②第二类所得。股息、利息和重要股权的资本利得，以 25% 的统一税率征税。然而，在 2014 年，对于所得不超过 250 000 欧元的纳税人，其税率降低至 22%。超出 250 000 欧元的部分适用 25% 的标准税率。

③第三类所得。按假定 4% 的净收益适用 30% 的比例税率计算缴纳个人所得税，即按净资产的 1.2% 征收个人所得税。

（2）预提税。

①工资税。雇主必须就支付给雇员的薪金、其他应税报酬以及与公司配车相关的实物福利代扣代缴工资税。养老金和大多数社会保险费也应征收预提税。工资税属于个人所得税的预付款，可以抵减最终的个人所得税纳税义务。它包括前两个所得级次征收的国家社会保险费。对于某些类型的所得和低于每年固定金额的所得，工资税为最终税款。

除了正常的工资税，雇主必须对下列所得缴纳税款：

一是超额遣散费。如果遣散费超过雇员的正常受雇所得（按标准），则超出部分按 75% 的税率征税。但是，如果雇员的正常受雇所得不超过 535 000 欧元，则不征收该附加税。

二是超过 15 万欧元的受雇所得。2012 年和 2013 年超过 15 万欧元的雇佣所得（包括奖金），分别在 2013 年和 2014 年征收 16% 的一次性预提税。该预提税仅适用于所得金额超过 15 万欧元的部分。但是，如果纳税人 2013 年以前的受雇所得，在 2013 年缴税；或者 2013 年的受雇所得，在 2014 年缴税，则不需要将该以前年度所得计入当年的 15 万欧元所得限额之中。

②股息、利息和特许权使用费。无论所收款项是投资组合或是持有重要股权的股息，或者是居民企业支付给股东或债权人的利润分享债券的利息，都分别以 15% 的税率缴纳股息预提税。个人居民纳税人的股息预提税可抵减个人所得税。纳税人取得的其他利息所得或特许权使用费所得不缴纳预提税。

10. 税收征管

（1）纳税年度。一般情况下，纳税人以公历年度作为纳税年度。但是，对于从事经营活动的企业主，纳税年度可不同于公历年度（会计年度）。税款一般是在所属当年通过预提和预先支付的方式征收，在后一年就本年的所得进行纳税评估。

（2）纳税申报和评估。一般情况下，纳税申报应自纳税年度终了之日起 4 个月内完成。

如果纳税人有正当理由和明确的申报时间，则可以延迟申报。如果只能在申报期结束后确定纳税义务（例如营业所得），则可以进行预缴。预付税款可以抵减最终的应纳税额。

纳税人在纳税年度内应当进行预缴申报，最终纳税评定可以在纳税年度终了之后的 3 年之内进行。在税务检查人员检查之前，企业根据获取的最新信息自查后，可在最终纳税评定完成后 5 年内补充申报，这种情况下税务机关不予处罚。企业获取的最新信息涉及境外所得的，5 年的补充申报期可以延长至 12 年。

（3）税款缴纳。在一个纳税年度内，税款通过源泉扣缴或预先评估的方式征收。在最终纳税评定完成之日起，6 周内缴纳应补缴的税款。

（4）事先裁定。荷兰有一个开放的税收裁定体系。该体系确保个人可以在荷兰进行交易前获得税收方面的指导。事先裁定体系覆盖了整个税法领域。

一般来说，税务机关根据特定的事实和情况做出的税收裁定具有约束力。该裁定仅对裁定中规定的特殊交易和事项具有约束力，如果基于裁定的具体事实和情况发生变化，则该事先裁定无效。

（二）其他所得税

不征收其他所得税。

（三）国际税收

1. 居民个人

（1）境外所得和资本利得。居民个人应就其来源于荷兰境内、境外的全部所得缴纳个人所得税。国外所得与国内所得适用相同税率。

荷兰居民取得的国外受雇所得免税，前提是该所得在国外应税，如果出国时间不超过 30 天，则必须在外国已经缴纳税款。

纳税人来源于境外的经营所得和专业服务所得无特殊税收待遇。

纳税人来源于境外的投资所得（包括股息、利息和特许权使用费）属于第三类所得。如果外国投资公司持有重要股权，则该纳税人的个人所得税计算方式如下：该纳税年度 1 月 1 日持有股权的公允价值按 4% 计算年度收益，扣除股利分配后的剩余收益乘以 22% 的税率，得出应纳税额。（2014 年，税率暂时降至 22%）。

持有外国重要股权的所得与持有国内重要股权的所得以相同方式征税。

（2）双重征税减免。居民纳税人以免税或抵免的方式享受双重征税的单方税额减免。根据具体规定单独计算每类所得的减免额。

2. 侨民

（1）来荷人员。在荷兰临时受雇的境外公司高管及其他雇员、国际非营利组织、国际学校的外国教师，可以享受“30% 规则”（一种针对非居民纳税人的税收优惠），前提是以上人员拥有荷兰缺少的专业技能（标准包括高学历教育和至少两年半的工作经验）。此外，如果跨国公司的雇员因工作轮换而派遣荷兰，同样可以享受以上优惠。雇员必须从境外雇佣，并且在受雇于荷兰前的 24 个月内，至少有 16 个月不能居住于荷兰边境 150 公里范围内。

非居民个人的最低工资标准为36 705欧元（加上“境外成本”则为52 436欧元）或27 901欧元（30周岁以下且拥有硕士文凭的非居民个人）（加上“境外成本”为39 859欧元）。就职于大学和学术机构的科学家和研究员不适用该工资标准。

“30%规则”最长可适用8年。然而，在荷兰度过的任意时期（在这之前的25年内）均可从8年的时间中扣除。

符合以上规定的外籍个人所取得的受雇和住宅所得作为居民所得缴纳税款（第一类所得）。该制度下的外籍救济是指雇主支付给外籍个人工资薪金的30%可以享受免税优惠。非居民纳税人的子女就读国际学校，其学费享受免税优惠。外籍个人也适用个人扣除及征收退税优惠。对于持有重要股权的所得（第二类所得）以及储蓄和投资所得（第三类所得），外籍个人按非居民身份缴纳个人所得税。但是，非居民个人纳税人也可以选择就其所有类型的所得按荷兰税收居民身份纳税。

（2）外派人员。荷兰居民被派遣到拉丁美洲、非洲、某些东欧国家和亚洲的任何国家时，同样适用“30%规则”。如果居民纳税人在12个月内被派遣至以上国家且逗留天数超过45天，则雇员境外期间受雇所得的30%适用免税宽免。

荷兰居民离境后未移民他国且在1年内返回荷兰境内，则该纳税人在离境期间依然被视为荷兰居民。

对于持有居民企业相当数量股份的个人纳税人，在移民时视同持有的股份全部转让，并以此为基础进行纳税评定和计算资本利得的应纳税额，但不需要立即缴税。如果纳税人移民到欧洲经济区以外的国家，则必须提供税收担保。如果所持股份在移民后10年内转让，则应当缴纳所得税。如果移民后，纳税人所持相当数量股份的价值下降，则可免除（部分）税额，免除额为下降数额的25%。

类似规则适用于已扣除年金或养老保险金的移民国外个人。

3. 非居民纳税人

（1）对所得和资本利得征税。非居民应当就来源于荷兰的所得在荷兰境内缴税。

除另有规定外，非居民纳税人适用一般所得税规定以及与居民纳税人相同的税率。仅与应纳税所得相关的费用允许扣除。非居民纳税人只能享受退休金、年金保险费及儿童保育费的个人扣除。除非纳税人选择按税收居民身份纳税，否则非居民个人无权享受“征收退税”优惠。

自2015年1月1日起，“符合条件的非居民纳税人”概念被引入荷兰，即纳税人属于欧洲经济区（EEA）国家、瑞士或荷兰加勒比地区（BES群岛），且其荷兰境内、境外所得的90%在荷兰缴税。这些符合条件的非居民纳税人就来源于荷兰的所得以居民纳税人的身份缴纳个人所得税。一定程度而言，其在荷兰可享受与居民纳税人相同的扣除和抵免优惠，但这些纳税人在原居住国不能重复享受类似的扣除和抵免。

无论纳税人是否选择按居民纳税人相关规定缴税，在荷兰从事个体工商经营的非居民纳税人都可以获得与该活动相关的激励优惠。

由居民公司支付给非居民股东和债权人的来源于利润分享债券的股息和利息，分别缴纳15%的最终股息预提税，除非税收协定适用更低税率。其他利息和特许权使用费所得无须缴纳预提税。

非居民个人纳税人的资本利得不计入应纳税所得额，除非该利得是在经营过程中取得的，或来源于持有重要股权的所得。

（2）征收管理。非居民纳税人根据纳税评估的结果缴税，最终预提税除外。第（一）部分第10小节中讨论的规定同样适用。

三、增值税

（一）一般规定

1. 概述

荷兰增值税法规定，增值税是对在荷兰境内销售货物或者提供应税服务的生产经营者，就其货物销售或提供应税服务的增值额为计税依据而课征的一种流转税。

2. 纳税人

除另有规定外，在荷兰，所有的生产经营者都是增值税的纳税人。生产经营者是指，独立开展生产经营活动的任何单位和个人（包括自由职业，以及为了在未来持续经营获取所得而在当期开发有形资产或无形资产）；数名自然人和数家法人实体相互之间因为财务关系、组织关系和经济关系而密不可分，且都在荷兰境内从事稳定的生产经营活动，或在荷兰有固定的生产经营场所的，可以视为一个独立的增值税纳税主体（合并缴纳增值税）。

非居民企业在荷兰境内销售货物或者提供应税服务的，也需按规定缴纳增值税。增值税税务登记没有门槛限制。

从2015年1月1日起，欧盟为了推动成员国之间电子服务的贸易，推出了"迷你一站式电子政务系统（MOSS）"。荷兰的生产经营者在欧盟数个成员国之间开展电子服务贸易，无须在每一个国家都进行增值税登记。

根据MOSS系统，荷兰境内的生产经营者向欧盟成员国的消费者提供电信服务、广播电视服务和电子服务（TBE服务），如果在相关国家没有生产经营场所，即使需要依托相关国家的网站开展上述业务，也属于相关国家的增值税纳税义务人。

荷兰境内的生产经营者一旦选择使用MOSS系统履行纳税义务，就有义务就其在未设立固定生产经营场所的欧盟成员国开展的所有B2C（企业对消费者的电子商务模式）业务在MOSS系统注册。

3. 增值税的征税范围

根据荷兰增值税法的规定，现行增值税的征税范围包括：

（1）在荷兰境内销售货物或者提供应税服务；

（2）企业特定的自我提供或提供服务；

（3）欧盟成员国之间进口商品；

（4）从非欧盟成员国进口商品；

（5）非居民企业向居民企业提供电子服务（电子商务）；

（6）非欧盟成员国的纳税人向荷兰境内的非从事生产经营活动的个人或单位提供电子服务（电子商务）；

（7）在另一欧盟成员国登记注册的生产经营者向在荷兰登记注册的生产经营者提供服务；

（8）在另一欧盟成员国登记注册的生产经营者向荷兰境内的法人实体（非生产经营者）提供服务。

4. 应纳税额

增值税应税销售额为纳税人为销售货物或提供应税服务向购买方收取的全部价款和价外费用，但是不包括收取的增值税销项税额。纳税人进口货物时缴纳增值税的计税依据，包括支付的货款、相关费用和关税。

价外费用是指与交易活动直接相关的价款以外的各种费用，包括保险费、运输费、佣金等。价外费用不包括相关后续费用，例如使用商品所发生的相关税费。

纳税人以折扣销售方式销售货物或提供应税服务的，给予购买方的折扣额不包括在应税销售额中。

增值税应税销售额乘以相应税率为销项税额。纳税人在计算一个纳税期间的应纳增值税额时，应将销项税额减去购进货物或服务时已承担的进项税额。进项税额大于销项税额的，纳税人可以申请退税。因此，纳税人最终仅就其生产经营过程中取得的增值额缴纳增值税。

5. 税率

荷兰的增值税税率分为三档：

（1）标准税率为21%；

（2）低税率为6%，主要适用于基本生活必需的货物和服务；

（3）零税率，主要适用于出口货物及其相关的服务。荷兰境内的纳税人出口电子服务到欧盟之外的，也适用零税率。

自2013年3月1日至2015年7月1日（原定2014年12月31日），低税率6%也适用于因自有自用住房重建、改建和修缮发生的相关人工成本（包括支付给建筑师和园艺师的支出）。该住房在重建、改建和修缮开始之日，应已经使用2年及以上。

6. 免税项目

目前，荷兰的增值税免税优惠项目主要有：

（1）纳税人将新建的不动产在实际使用2年以上后转让的。纳税人也可以放弃享受该项优惠。

（2）销售社会和文化商品及提供相关服务；

（3）保险服务、金融服务；

（4）符合规定条件的保健服务；

（5）符合规定条件的公共教育服务；

（6）企业整体或部分转让后，承受方将继续经营的；

（二）非居民纳税人

非居民企业或个人在荷兰境内从事增值税应税活动的，比照居民纳税人缴纳增值税。一般来说，非居民纳税人必须在荷兰进行增值税税务登记。非居民纳税人在登记后将会被赋予一个增值税纳税人识别号，从而可以在荷兰境内合法从事增值税应税活动，同时按照税法规定定期向税务机关报送增值税纳税申报表和缴纳税款。

非居民生产经营者如果仅向荷兰境内的生产经营者和组织出口货物，其不需要在荷兰进行增值税税务登记，也不需要申报缴纳增值税。但是，荷兰境内的进口方应履行增值税代扣代缴义务，进口方在其向税务机关报送的增值税申报表上应注明进口货物的价款及相关增值税额。

非居民生产经营者如果向荷兰境内的个人出口货物，则需要在荷兰进行增值税税务登记。

非居民纳税人在荷兰缴纳的增值税，可以通过以下三种途径申请退税：

（1）在另一欧盟成员国登记注册的非居民纳税人，其在荷兰没有应纳税额，根据2008/9号指令，该纳税人提供一个电子账户，通过欧盟各国税务部门共建的门户网站，以电子方式向本国税务机关申请退税。

（2）在非欧盟成员国登记注册的非居民纳税人，其在荷兰没有应纳税额，可以根据欧盟增值税指令申请退税。

（3）非居民纳税人在荷兰有增值税纳税人识别号，可以在增值税纳税申报时抵扣其相应的进项税额。

自2015年1月1日起，荷兰境内的生产经营者如在多个欧盟成员国提供电子服务，有权申请使用MOSS系统来履行纳税义务。

四、消费税

荷兰对啤酒、红酒、白酒、卷烟、雪茄烟、烟丝和矿物油等征收消费税。

五、社会保障税

（一）对企业征收

用人单位必须为每个员工缴纳社会保障税。社会保障税按照每个员工（包括董事，但不包括控股个人股东）的年度工资薪金总额乘以规定的缴费率计算缴纳。2015年的税率如表3所示：

表3 社会保障税税率表

社会保障税明细项目	税率（%）
医疗保险	6.95
伤残保险	5.25
失业保险	2.07
育儿保险	0.5

企业在为员工缴纳上表中涉及的各项社会保险费时，如员工的工资薪金总额低于51 976欧元的，按实际数作为计算基数；如员工的工资薪金总额大于或等于51 976欧元的，按51 976欧元作为计算基数。

（二）对个人征收

除了“国家社会保险费”（其税率包含于最低的两个所得税税率中）（参见个人所得税

部分)，雇员无须缴纳其他社会保障税。

个体经营户必须根据所得金额缴纳医疗保险税（ZVW - zelfst.）。未达限额（51 976 欧元）的净营业利润（2014 年限额为 50 414 欧元）按 4.85% 的税率缴纳（2014 年为 5.4%）。只有超过医药费扣除标准的医疗保险税可连同医药费一同抵扣应纳税所得额。

（龚辉文　编）

新西兰税制

新西兰主要有公司所得税、个人所得税、商品及劳务税（增值税）、消费税、社会保障税、附加福利税等。

一、公司所得税

（一）一般规定

1. 税制类型

新西兰采用归集抵免制。居民企业支付的税收将增加其可归集抵扣税额，企业可将它归集于分配给股东的股息。股息的支付将减少公司的可归集抵扣税额。

可归集抵免税款视作股东分得的股息的一部分。前述税款仅限于分配股息企业所缴纳的所得税额。股东在计算缴纳个人所得税时，可将这部分预提税款抵减。

新西兰企业可以采用澳大利亚税款已税制度，即澳大利亚投资者被允许使用已税抵免（Franking Credit）[①] 他们在澳大利亚的所得。相应地，澳大利亚的居民企业也可选用新西兰的归集抵免制。

2. 纳税人

公司所得税课征于企业、法人团体、单位信托基金、公司制团体和俱乐部、特定注册的社团、信用合作社、毛利机构[②]和国有企业。注册的慈善机构根据 2005 年颁布的《慈善法》规定免交所得税。

税收意义的公司，是指任何法人团体、其他具有法人资格的实体或存在形式不同于其社会成员的实体，而无论它在何处创建。此定义还包括税法上认定为公司的任何实体。如：信托单位。创建于新西兰的上市或非上市公司，类似描述的外国法人实体，无论是否属于新西兰的居民企业。这些实体都将被认定为公司。

---

① 编者注：企业税后利润分红前，已缴纳公司所得税，而股东拿到分红中已缴纳的公司所得税称为 Franking credit，是可以拿来抵扣分红所产生的公司所得税或者是个人所得税。因此称之为已税抵免。

② 编者注：属于新西兰的少数民族毛利人（Maori）的机构，需要特别的条件，有相应的税收优惠政策。

股东人数不多于5人的新西兰居民企业可以选择成为“穿透企业”，穿透企业作为一个透明实体，它的收入、费用、纳税义务以及利得损失都将按实际收益比例分担到公司个体股东。股东必须是自然人或企业受托人，并且只有一种股票，同股同权。对应税所得额按个人纳税人适用的边际税率课征。损失的处理适用于损失限制规则，根据此规则，所有者抵扣损失的限额为其在公司的经济利益价值。

合伙制不论是普通合伙还是有限合伙企业。普通合伙企业并不是一个单独的法律实体，然而有限合伙企业是一个单独的法律实体。一个合伙企业，无论普通合伙还是有限合伙，并不作为一个单独的法律实体适用于所得税，但是每一个合伙人都需要被单独课税。然而，合伙人必须就合伙企业的每个合伙人享有所得的份额联合报税。在普通合伙制企业，损失将根据每个合伙人经济利益份额分配。在有限合伙制企业，每个合伙人承担的损失最高为他们对合伙企业的投资额，以及未声明的损失结转至以后收入年度。

如果一个企业注册于新西兰，其总部或管理中心位于新西兰，或其作出控制管理决策的董事居住于新西兰，将被视作新西兰的居民企业。

3. 应纳税所得额

（1）一般规定。居民企业全球范围内的所得都将被视为公司所得税的应税所得。

不征税收入包括边际福利税、商品或劳务税以及雇主提供的养老税费。

一般来说，资本收益不属于应纳税所得。

收入按年计征，通常4月1日到3月31日为一个纳税年度，采用权责发生制。一些纳税人允许按照收付实现制计算应纳税所得额。

（2）免税收入。来源于免税主体的收入也是免税的或是免税收入。

免税收入包括资本利得或其他非普通收入，以及税法中专门列举的免税收入，如：集团分红和某些外国红利。国内非集团股息不属于所得税免税收入。

（3）扣除。通常，为取得应税或免税收入而发生的费用（包括折旧损失），或者出于为取得应税或免税收入目的而发生的费用才允许在所得税前扣除。以下费用或损失不得税前扣除：资本性质的商品；私人性质的商品；取得不征税收入时发生的费用；取得劳务收入发生的费用；取得适用预提税的收入明细表上的收入发生的费用；取得来源于境外非居民收入时发生的费用。

有些费用只能限额扣除。如：根据财务安排规则预付的广告宣传费，部分娱乐费用的50%，以及混合用途资产的费用。

股息不允许税前扣除。根据上述的一般扣除规则，利息可作为费用税前列支，但是要根据财务管理规则进行。特许权使用费通常是可以扣除的。

一般来说，费用允许在发生年度扣除。

（4）折旧和摊销。企业有形资产可以采用直线法或余额递减法在资产使用期限内计提折旧，这取决于税务当局的决定。企业可以在不同年度中随意切换两种方法。税务当局为每种类型的资产设定了标准折旧率。国际客用飞机适用特定折旧率，若采用余额递减法折旧率为15%，若采用直线法折旧法则为10%。

第三种计提折旧的方法是资产池法：加入资产池的资产价值不得超过2 000新西兰元。折旧率采用资产池里资产所适用的最低折旧率。

如果一项资产的购买价低于500新西兰元，则资产可以全额计入购置当年的费用。当首次取得资产时，则可于每月初计提折旧或资产首次使用或达到可使用状态的月初计提折旧。除了建筑和石油资产，其他资产处置的当年不得再计提折旧。预计可使用寿命超过50年的建筑和土地不得计提折旧。

无形资产（如商誉）不得计提折旧，除非该项资产包含于可计提折旧的无形资产（专利、版权、软件使用权、秘密配方或工艺等）。无形资产的可使用年限是其法律规定的有效年限。

扣除折旧费用并非强制性的，但资产一旦达到可使用状态是不可能推迟计提折旧的。

（5）准备金和预计负债。一般来说，收入在取得时确认，费用发生时允许扣除（具体时点取决于所采用的是收付实现制还是权责发生制）。因此，税法上不考虑准备金和预计负债。快速支付折扣的准备金可适用限额扣除。对于特定的预计负债，税务当局可能也允许税前扣除，比如纳税人不得随意绑定提供作为售后服务成本一部分的维修费。

作为一个例外，保险公司、再保险人和自我保险者可以将其未来预计索赔税前抵扣。

4. 资本利得

资本利得通常不纳税。然而，有些专门计入应纳税所得额，比如取得用于销售的土地出售收益，以及购买两年内再销售的住宅用地（不是家庭主要住房或者继承财产）。

5. 亏损

（1）经营活动亏损。亏损可以无限期结转用于抵减未来的净收益。上年度亏损仅当持续性测试满足时才能使用，除非亏损是采矿损失。该测试要求在持续经营期间维持至少49%的投票权。

公司可以选择上年度损失是否在当前年度抵减，以及可以将多余的可抵减税额转化为税收损失。

限额亏损可以在至少拥有66%共同控制权的企业之间进行转移，一旦转出，损失不得再转回。

（2）资本活动亏损。由于资本利得属于不征税收入，因此税法也不承认资本损失。

6. 税率

（1）经营所得和资本利得适用税率。公司所得税税率为28%。且不对资本利得征税。

（2）向居民纳税人支付款项的预提税税率。居民预提税税率如表1所示：

表1

所得		税率（%）
股息		33
利息	有税收文件规定的	28
	无税收文件规定的	33

预提税并不是最终结果，任何预提税都可以用作税收义务的抵减项。

7. 税收优惠

对农场、渔业和农业企业以及林业和采矿业有税收优惠待遇。

8. 征收管理

（1）纳税期间。一个纳税年度通常从4月1日开始，至下一年度的3月31日结束。在某些情况下，税务当局可能会允许替换不同会计期间作为一个所得年度。

（2）纳税申报。公司所得税申报表必须在纳税年度结束后的第四月的七天内提交（即3月31日作为纳税年度末，至7月7日）。延缓申报需通过税务代理人提交纳税申报表才能获准。

公司自己计算自身需缴纳的税款。已申报的纳税申报表在税务当局批准后才能进行修改，通常最迟在计算税款后的4年内可以修改。不经常经营的公司不用提交纳税申报文件。

（3）税款缴纳。一般来说，要求企业纳税人在纳税年度内分三次预缴税款。这些税款可以采用下述方法之一进行计算：

标准方法：一般规则是预缴税额是上一年度纳税额的105%。如果预缴税额是上一年度纳税额的110%，则在第一个或第二个分期预缴时，不用申报。上升幅度根据税率变化进行修改。

评估方法：纳税人可以自愿估计当年所得税的数额（需公平合理）。预缴所得税应纳数额将是计算的所得税数额以及根据标准方法计算到期应缴的数额。

GST比率法：若上一收入年度纳税人计算的所得税超过2 500新西兰元，但小于150 000新西兰元，则此纳税人可以采用GST比率法。全年登记为GST；以及其所得税与全部应税收入比例在0%～100%之间。若纳税人拥有月度或双月的GST申报表，则其支付的税款在当年计算为6倍。

预缴税在全年分3期缴纳，大约是上一纳税年度结算后的第5个月、9个月、13个月。例如，3月31日作为结算日的纳税人，其预提税的到期日是8月28日，1月15日和5月7日。

（4）事先裁定。税务当局有权颁布有约束力的事先裁定，没有约束力的声明，法定决议和税收警告。有约束力的事先裁定包括个人的、公共的和政府法规以及其他对税务当局有约束力的法规。然而，由于约束性事先裁定并没有基本的或次要法律地位，它们对纳税人并不具有很强的约束力。没有约束力的声明旨在辅助对税法的一般解释或者是对纳税人某个特定咨询的回答。法定决议用于帮助具体规定的行政管理，比如公式的使用。

税务当局可心就有约束力对个人、结果或者状态的事先裁定收取成本补偿费，但对此费用的具体数额有自由裁量权。

如果税务当局认定纳税人没有正确理解税法规定，那么税收警告会提醒纳税人。

（二）居民企业之间的交易

1. 企业集团合并纳税

全资下属公司可以选择合并纳税。但只有新西兰居民企业可以成为合并纳税集团成员。合并纳税集团成员之间的交易不被视作交易。

2. 居民企业之间的股息红利

从全资子公司分得的股息红利属于免税收入。否则，取得的包含可抵扣税额的股息属于应税收入，但是其中所包含的公司所得税部分允许抵扣。

（三）其他类型的公司所得税

新西兰无其他类型的公司所得税。

（四）国际税收

1. 居民企业

（1）境外所得和资本利得。居民企业就其全球范围内的收入适用于公司所得税，境外所得与来源于新西兰的所得大体享受相同的税收待遇。

居民企业从非居民企业处获得的股息红利免征公司所得税，下述情况除外：从收益率低于10%的境外投资基金处分得的股息红利，包括批准在澳大利亚证券交易所里交易的上市公司的股票；澳大利亚的信托机构；源自于“灰名单”国家的合资企业；支机构，投资一定的风险资本给新西兰企业的澳大利亚单位信托；以及吉尼斯皮特集团①的股份；来自于固定收益的外国股权股息；可用于税前扣除的外国股权分红。

境外资本利得通常不征税。

（2）境外亏损。居民企业的境外损失与境内损益相隔离。

（3）境外资本。新西兰没有开征不动产税。

（4）避免双重征税。若所得属于新西兰的征税范围，无论单方面还是税收协议下，都可以享有普通的税收抵免。抵免需分国，分项进行处理，因此某一种类的境外所得所含税收的抵免限额是新西兰对该类所得的征税额。与中国、斐济、印度、韩国、马来西亚、巴布亚新几内亚、新加坡和越南签订的税收协定中包含税收饶让抵免条款。

超过抵免限额的境外支付的税额不得结转至以后年度或者要求返还。

直接或间接持有股份10%以上的股东允许抵扣其直接税，但这项优惠规定需要满足特定的条件。

2. 非居民企业

非居民企业指不具有新西兰居民身份的企业。

（1）一般所得和资本利得的课税。一般来说，非居民仅就其来源于新西兰的收入课税。非居民企业取得的来源于设立在新西兰常驻机构的营业收入与居民企业适用相同的税收规定。新西兰企业支付给非居民企业的股息不征税。

非居民企业取得的下列类型的收入适用特殊的税务处理：非居民企业取得的适用最终预提税的被动收入；非居民企业取得的来源于新西兰的航运，一般保险和采矿收入；外国艺人在新西兰取得的特定款项；由新西兰居民人寿保险公司支付的投保人收入；以及来源于新西兰集体投资基金受托人的特定收入。

在新西兰，非居民企业取得的资本利得属于不征税收入。一个投资于新西兰居民企业的非居民风险资本投资者，若其持有的股份在收入账户内核算，那么其转让股份的收益可以免税。

（2）对资本的征税。新西兰无净资产税或者不动产税。

（3）征收管理。如果取得的收入适用最终预提税，则无须申报。否则，非居民将与居民一样按要求提交税收申报表。

3. 非居民企业预提税

非居民企业预提税是就非居民取得的来源于新西兰的“非居民被动收入”课税。非居

---

① 编者注：一家在新西兰上市的投资控股公司。在澳大利亚和欧洲有投资。

民被动收入包括：股息；利息和股息（除了非居民通过在新西兰设立固定场所开展经营活动所取得的上述收入）；特许权使用费。

但是，凡是免除所得税的收入也免征预提税。此外，在新西兰设立固定机构取得的营业收入不属于非居民被动收入。利息收入和特许权使用费收入适用其他特定的免税政策。

（1）股息。非居民取得股息就其全额适用30%的预提税税率，有税收条约的适用15%，或者某些特定情形适用5%或0税率。预提税是最终环节征收的。包含可抵扣税额的股息适用15%税率，这可能会增加外国投资者取得收入的可税前抵扣数额，可以用于减轻股东的所得税负担。一般税率可以减轻到15%，如果股息中包含可抵扣预提税额。

澳大利亚居民可适用优惠抵扣规则。

（2）利息。实际支付给非居民或非居民应计利息收入就其全额适用15%预提税税率，若有税收条约则适用更低的税率。

（3）特许权使用费。实际支付或应支付给非居民的特许权使用费就其全额适用15%的预提税，若有税收条约将适用更低的预提税率。除了文学、戏剧、音乐或艺术（即：非工业）版权使用费外，预提税并不是最终的征收环节。

（4）其他。非居民取得的合同支付适用15%非最终预提税。

非居民托运人、非寿险保险公司和再保险人适用特殊的预提税制度；在此制度下的预提税并不是最终的。

（五）反避税

1. 概述

一般反避税规则用于避免利用税法漏洞达到不交、少交或延缓缴纳所得税目的的行为。

新西兰没有针对反对在避税天堂的新西兰居民开展的交易或者与新西兰居民的交易专门立法。

特定反避税规则应用于损失的税务处理，非市场交易，股息剥离，外国公司的遣返等。归属制的实施同样适用于特定反避税规定。

2. 转让定价

根据国内法规在全球范围内做出对关联方之间交易的转让定价的调整。然而，国内转让定价制度没有覆盖新西兰税收协定里包括的转让定价规则。

一般来说，若两企业至少50%的股权出于共同控制下或者一方持有另一方的利息收益的50%，则双方将被认定为关联企业。对于个人而言，亲属之间将被认定为关联方。

为证实盈利能力，纳税人可以选择以下五种定价方法中的一个或两个：可比非受控价格法，再销售价格法，成本加成法，利润分割法，交易净利润法。允许使用海外比较数据。有预约定价协议。

3. 资本弱化

资本弱化规则一般适用于受非居民控制的新西兰企业利息支出不得扣除，这可能会导致增加居民企业的税负。此制度扩张到包括控制或者在受控外国企业享有利息收益、在外国投资基金享有利息收益的新西兰居民企业。在澳大利亚，投资基金居民纳税人可运用归属投资基金收入法以及豁免政策。当全球范围内的集团企业负债比率超过安全线60%以及作为其中一部分的新西兰集团负债比率超过110%，即存在过度负债。

计算出的总负债的百分比，纳税人或集团成员可以用于作为全部资产的扣除项。因此，不包括无息贷款。若满足规定条件，新西兰跨国集团可以选择另一种测试。资本弱化测试是净利息费用与净利润的比率，而不是资产负债率。新西兰企业的比率低于 50% 和全球集团企业低于 110%，则允许税前扣除利息费用。若不符合这些条件，部分利息费用可能不允许税前扣除。

4. 受控外国企业

受控外国企业规则旨在分配新西兰居民企业控制的外国公司的收入给其新西兰控制人。

该规则适用于企业和个人。若 5 个以下居民企业拥有其直接或间接 50% 的控制权，或者单个居民拥有其 40% 直接或间接控制权，或者不多于 5 个居民企业能实质控制该公司，那么该企业将被认定为受控外国企业。

若一个新西兰居民企业与其关联方在一个受控外国企业中占有其不低于 10% 的利息收益，这部分收入属于受控外国企业应税收入。在计算应税收入时，会考虑受控外国企业对应比例的净收入或损失，除非受控外国企业是一个非归属积极受控外国企业或者一个非归属澳大利亚的受控外国企业。但是，个人服务收入总是适用归属制，而无论受控外国企业是否通过积极收入测试。

为了成为一个非归属积极受控外国企业，受控外国企业必须通过积极收入测试，计算其归属收入是否低于其总收入的 5%。如果一个受控外国企业在所有会计期间都是澳大利亚的居民企业或者在澳大利亚与其他所有国家签订的税收条约中都被视作居民企业，那么该企业将被视作澳大利亚的居民企业。同样的，受控外国企业必须适用澳大利亚的所得税以及其海外营业收入没有享受特定税收减免优惠。

可归属抵扣的受控外国企业数额包括以下类型的收入：特定类型的股息；利息收入；特许权使用费；与远程通信相关的收入；从保险业务中取得的收入；个人服务收入；其他（比如海外保险业务收入，人寿保险服务，以及收入账户财产处置收入）。

受控外国企业应计的费用将计算为可归属抵扣的受控外国企业数额，以得到一个净值。除财务安排之外，受控外国企业发生的费用允许在可归属受控外国企业数额中扣除。

由于可归属收入的计算是通过假设受控外国企业是一个新西兰居民企业，再进行某些修改。然后将所得分配给纳税人。计算也可能导致可归属损失，它仅能在同一纳税年度来自于其他受控外国企业的可归属收入中抵减，或者在一家与亏损受控外国企业是同一国家的居民企业的投资基金的可归属收入中抵减。任何闲散损失都可以结转至以后年度并以相同的方式在未来纳税年度中抵减。

可归属收入是作为可归属纳税人（而非股东）手中的法定收入进行征税的；一些外国税收抵免，包括间接税抵免是可用的。随后新西兰不再对可归属收入的分配课税，但是可能会要求与分配有关的税收抵免。

若某些外国企业分配收入给新西兰投资者不适用受控外国企业规则，则可以采用投资基金规则。

投资基金规则运用于外国企业的收益，单位信托，外国退休金计划以及外国人身保险保单，但有许多免税情形，如：投资基金规则不适用于澳大利亚的居民企业。若采用投资基金规则，则用可归属投资基金收入方法、公平利息率方法、成本法、比较价值法或认定回报率法计算可归属收入。

二、个人所得税

（一）一般规定

1. 纳税人

居民纳税人须就其世界范围内的所得缴纳所得税。非居民个人只需就其来源于新西兰的所得课税。

新西兰居民个人是指在新西兰拥有永久性住所的个人，以及在一年内在新西兰停留或居住的时间超过 183 天的个人。

合伙企业包括一般合伙企业和有限合伙企业。一般合伙企业不是独立法人实体，而有限合伙企业为独立法人实体。一般或有限合伙企业不需要作为独立实体缴纳所得税，但每个合伙人必须就合伙企业的所得和每人所占份额进行联合申报。在一般合伙企业中，损失会依照各合伙人在企业中所占权益份额分配给各人。在有限合伙企业中，合伙人承担的年度损失以其在合伙企业中的投资为上限，且未确认的损失结转至下一纳税年度。

2. 应纳税所得额

（1）概述。纳税年度的应纳税所得计算为所得总额减去准予扣除数。通常，属资本性质的收入不包含在总所得中。住宅所有者的估算租金不需缴税。

（2）免税所得。免税所得包括人寿保险年金、特定的收入免税额和奖学金，以及补偿金。大多数养老金收入也是可免税的。

附加福利不包含在获得福利的个人纳税人的所得中。雇主缴纳的退休金和一些保险费及人寿保险相关金额也不包含在所得内。

资本收益通常不需缴税。

3. 受雇所得

（1）工资、薪金所得。取得与雇佣相关的所有所得在收到时都需要纳税，包括工资、薪金、奖金、为雇员的所有支出、失业补偿金、提供住宿的市场价值、购买股权取得的收益和董事费。取得受雇所得发生的费用不予扣除。出于私人目的的费用是不可扣除的，例如通勤费，搬迁费等。

（2）实物福利。雇主以实物形式或其他方式提供的附加福利，通常不对雇员征税。这些福利，如提供机动车辆、低息贷款、带薪假期、支付费用等，需对雇主课征单独的附加福利税。附加福利税的税基和计算方法需遵从特殊规定。该项税款的征收独立于所得税。提供给雇员的住宿，股份或权益不需缴纳附加福利税。

雇员因为雇佣关系而获取的股份或权益可以享有优惠税收待遇。

（3）养老金所得。超过 65 岁的个人由政府支付国民养老金。这一所得与雇佣所得同样纳税。此外，个人可能拥有私人养老金。雇主向法定的养老基金缴款不计入雇员的应纳税所得中。由法定养老基金支付给个人的养老金免税。取得国外养老金可适用有限免税。

（4）董事费。通常，董事费作为雇用所得进行课税。支付董事费需以 33% 税率缴纳预提税，该项预提税需在计算董事的应纳所得税时加以考虑。

4. 劳务和经营所得

个人取得劳务和经营所得，通常适用与企业相同的税收待遇。一般而言，符合一般扣除规定的费用是可扣除的。企业有形资产可计提折旧。只有特定的无形资产是可计提折旧的。

通过服务公司取得的个人劳务收入可摊派给个人股东。

由五个或以下股东组成的新西兰居民公司可选择成为透明公司。透明公司是指收入、费用、税收抵免额、损益均依据个人所有者在企业的实际权益份额进行分配的透明实体。股东必须为自然人或公司受托人，只能有一类股票，各类股票拥有同等权利。应纳税所得归并到个人应纳税总额中，并按其适用的边际税率缴纳税款。所有者损失以所有者在公司中的经济权益价值为最高限额。

5. 投资所得

股息需缴纳税款，但依据新西兰归集抵免制，可采用附加可扣抵税额以抵免应纳税款。居民企业支付的税款产生可扣抵税额，该企业可将其附加在股息中支付给股东。股东持有的股息需将可扣抵税额附加在股息上。这些可扣抵税额不可超过分配股息企业支付的所得税数额。股东可将附加可扣抵税额用于税收抵免抵消其应纳税款。未结清的抵免税额可进行结转但不退还。

利息、特许权使用费及不动产所得也需纳税。

6. 资本利得

资本利得通常不需纳税。然而，部分特定数额包含在应纳税所得额中，例如通过销售为处置目的而取得的土地所获得的收益。

7. 个人扣除、宽免和抵免

（1）扣除。部分为取得应税所得而产生的费用和支出准予抵扣。损失或资本性支出，或与取得免税所得相关的支出不可扣除。

私人支出或取得雇用所得发生的支出（例如，购买常用工作服发生的支出），需缴纳预提税的定期所得，或非居民取得的境外来源所得都不可扣除。搬迁费用不可扣除，而家庭办公费用扣除有限制条件。

在上述一般扣除规则下，利息是可扣除的，但需遵从财务安排规则。特许权使用费通常是可扣除的。

（2）宽免。无个人宽免的规定。

（3）抵免。为支持家庭的税收抵免由下述构成：支付给所有符合条件的，18 岁及以下的孩子的税收抵免，抵免金额取决于家庭收入和家庭中孩子的个数和年龄。在职税收抵免适用于每周工作 20 小时以上的单亲父母和每周工作 30 小时以上的夫妻，支付金额为三个孩子及以下每周 72.50 新西兰元，从第四个孩子起每个可额外获得每周 15 新西兰元。父母的税收抵免在孩子出生或领养后 70 天内有效。最低抵免额为每个孩子 2 200 新西兰元。及税后收入低于每周 443 新西兰元的工作家庭适用最低家庭收入税收抵免（自 2016 年 4 月 1 日起为 457 新西兰元）。

家庭税收抵免，在职税收抵免和父母税收抵免的总额在纳税人的家庭计划收入超过 36 350 新西兰元时开始减少。减少率为每超过临界值的一美元减少 21.25 美分（自 2016 年 4 月 1 日起为 22%）。

捐赠税收抵免适用于向规定机构捐赠的现金。符合税收抵免资格的慈善捐赠的总额不可超过纳税人在该纳税年度的应纳税所得额。

独立挣钱者税收抵免适用于收入介于24 000新西兰元和44 000新西兰元之间且不领取低收入福利补助、新西兰养老金、工作家庭税收抵免或外国政府养老金的居民个人。该项税收抵免的最大数额为520新西兰元，并且当收入超过44 000新西兰元时，每超过1美元将减少13美分的抵免额。对于部分年份为居民，部分年份为非居民的个人按比例适用税收抵免。

8. 损失

损失可无限期结转以抵消将来取得的任意来源的净所得。没有对损失必须使用的时间限制，但损失不可向前结转。

不可为税收目的申报资本损失，因为资本利得不征税。

9. 税率

（1）所得和资本利得。所得税税率如表2所示，资本利得不征税。

表2

收入（新西兰元）	税率（%）
不超过14 000	10.5
14 001 ~48 000	17.5
48 001 ~70 000	30
超过70 000	33

（2）预提税。支付给个人的薪资通常需以适用的个人税率缴纳预提税。已扣缴预提税款可抵免个人在该纳税年度的应纳税款，且超额部分予以退还。

从事经营的个人纳税人可分期缴税。

适用于股息和利息的居民预提税税率如表3所示：

表3

收入		税率（%）
股息		33
利息：		
—	提供税务号码且接受人做出选择（纳税人选择的税率与其个人边际税率相称）。	10.5，17.5，30或33
—	提供税务号码且接受人未对2010年3月31日既有的并在该日扣除19.5%预提税的账户做出选择。	17.5
—	提供税务号码且接受人未对2010年3月31日后开设的新账户做出选择。	33
—	未提供税务号码且接受人未做出选择。	33

一些支付应缴纳预提税，例如董事费、保险代理人或销售商的佣金等以33%的税率缴税。纳税人可向税务局长申请免税证。

10. 征收管理

（1）纳税期间。纳税年度自4月1日开始。

（2）纳税申报和评估。非申报纳税人（即不被要求呈交纳税申报表的人）包括只通过雇佣收入、利息或股息取得收入且已在源头已进行税收扣除的个人。不被要求呈交年度收入申报表的个人仍可选择进行申报，但自 2016 年 4 月 1 日起，若前四个纳税年度未进行申报，则必须将其申报。

申报纳税人必须在纳税年度（结束日为 3 月 31 日）的 7 月 7 日前进行所得税纳税申报。若纳税申报表经由税务代理递交，则可准予延期。不可联合申报。

（3）税款缴纳。在预扣预缴制度下，应纳税款在很大程度上通过预提税实现，且已扣缴预提税可用于抵免该纳税年度的最终应纳税款。当产生差额时，纳税人须在该纳税年度结束后下一年度的 2 月 7 日前进行最终支付。若已扣缴预提税超过最终应纳税款，会在呈交纳税申报表后进行退还。

通常，从事经营的个人纳税人被要求在纳税年度预先支付三次暂缴税，大约是在前一纳税年度结算日之后 5 个月，9 个月和 13 个月左右，且最终纳税期限为纳税年度结束后 11 个月的第 7 日（即结束于 3 月 31 日的纳税年度的下一年的 2 月 7 日）。若纳税人交由税务代理处理其事务，最终支付的到期日可延迟。最终支付税款计算如下：由纳税申报表中自我评估的应纳税款减去该年度三笔暂缴税款。若分期付款额超过自我评估应纳税款，差额予以退还。

（4）事先裁定。税务局长被授权发布约束性事先裁定、非约束性裁定、法令决定和税收警告。约束性事先裁定规定包括个人的、公共的、产品和身份规定且对税务局长有约束力。然而，由于约束性事先裁定不具有基本法和二级立法的地位，不对纳税人具备约束力。非约束性指示旨在辅助税法一般解释，或对纳税人特殊质询的说明。法令决定辅助特殊规定的实施，例如公式的运用。

税务专员对约束性个人、产品或身份事先裁定可以收取成本费用，但也有放弃部分或全部费用的自由裁量权。

（二）国际税收

1. 居民纳税人

（1）境外所得和资本利得。居民需就其世界范围内的所得纳税，且境外所得适用的税务处理通常与来源于新西兰境内的所得相同。境外股息、利息和特许权使用费通常也需缴税。

成为新西兰纳税居民的非居民个人（即新西兰人在海外工作为非居民，或移居新西兰并成为纳税居民的外国人）从境外养老金计划取得的一次总付提款需缴纳所得税。

境外资本利得通常无须缴税。境外损失分离对待。

（2）境外资本。无净财产税或不动产税。

（3）避免双重征税。若收入在新西兰需缴纳税款，将单方面或通过税收协定，准予一般税收抵免。税收抵免同时受国别和来源的限制，对一类收入课征的外国税收，其抵免额不超过新西兰对该类收入课征的税收额。超额外国税收抵免不予结转或退还。

2. 侨民

对于来访的非居民专家或学生取得的新西兰雇用收入免税。非居民在驻留新西兰期间为非居民雇主提供个人服务取得的收入，若驻留期间不超过 92 天且该笔收入在原籍国需缴纳税款，则予以免税。

成为非居民十年以上并回国的新西兰人及新移民，其从到新西兰之日起 48 个月内取得的特定外国收入可免除征税。

对于移民出境者通常无税收影响，但一旦其在连续一年内离开新西兰满 325 天，则丧失居民身份。移民出境者必须填报最终纳税年度的纳税申报表，表明其永久性离境日期。

3. 非居民纳税人

(1) 对所得和资本利得征税。非居民个人雇佣所得通常需遵从一般所得税规定，包括税率。非居民不具备部分税收抵免的资格，如为家庭工作、捐赠和独立挣钱者和税收抵免。

非居民通过在新西兰的常设机构取得的经营收入通常按居民适用的一般税收规定缴纳税款。依据既定的来源规定，非居民只就其来源于新西兰的收入进行纳税评估，即通过在新西兰从事的经济活动取得的收入。

非居民从新西兰取得的“非居民被动收入”需缴纳“非居民预提税”。非居民被动收入包括：股息、利息（在新西兰经营业务的非居民通过固定机构取得的除外）及特许权使用费。

支付给非居民的股息需就其总额以 30% 的税率缴纳预提税，可依税收协定减至 15%，或在有些情况下 5% 或零税率。预提税为最终课税。

附加可扣抵税的股息需以 15% 的税率纳税，并可获得外国投资者抵免，用于抵减接受者的应纳所得税。

若股息附加有外国股息预提税抵免，则一般税率也可减至 15%。

支付给非居民的利息需就其总额以 15% 的税率缴纳预提税，可依税收协定减低税率。预提税为最终课税。

支付给非居民的特许权使用费需就其总额以 15% 的税率缴纳预提税，可依税收协定减低税率。除对版权费课征外，预提税不是最终课税。

在新西兰，非居民取得的资本利得不需缴税。若非居民风险投资者处置保留在收入账户中的特定的新西兰居民企业的股份，从中获取的收益可免除税款。

非居民取得下述类型的收入需遵从特殊规定：需缴纳最终预提税的非居民被动收入；非居民从新西兰取得的船运，普通保险和矿业收入；非居民艺人从新西兰取得的特定款项；新西兰居民人寿保险公司提供的投保人收入；新西兰群体投资基金的居民受托人取得的特定收入。

非居民取得的合同付款需以 15% 的税率缴纳非最终预提税。

非居民托运人，非寿险承保人和分保人适用特殊预提税制度；此制度下扣缴预提税非最终课税。

(2) 对资本征税。无净财产税或不动产税。

(3) 征收管理。若取得的收入遵从最终预提税且经适当代扣代缴，将无申报要求。否则，非居民被要求呈交列明其取得的来自于新西兰境内的收入的申报表，且申报要求与居民相同。税收遵从和征管参见前文。

三、增值税

(一) 一般规定

1. 概述

新西兰的商品和服务税（GST）是增值税，它与欧式增值税存在着明显区别。

简单地说，注册为 GST 纳税人，要对其应税收入课征 15% 的增值税，除非其该项收入属于不征税收入，适用零税率的收入或者是免税收入，并且外购商品允许进项抵扣，除非外购商品用于非应税生产活动或者是为销售免税商品而购进。

2. 纳税人

一般来说，所有进行纳税活动的人都必须注册 GST。年度应税收入低于 60 000 新西兰元的纳税人可以选择注册 GST。

3. 应税行为

销售商品和提供应税服务属于 GST 应税行为，包括附加福利的提供和进口活动。

4. 应税收入

GST 应税收入是指商品或应税服务的销售价格，即该商品或应税服务的市场价值。对于进口，进口价格包括完税价格，关税、运抵到新西兰的运输费和保险费是 GST 的计税基础。采用一种反向的计价机制。

5. 税率

一般税率是 15%，有免税或零税率。

6. 免税

下述行为不征收 GST：销售商品或提供的服务不在 GST 应税范围之内；适用于零税率的情形（出口，境外销售商品，用于连续生产的商品提供等）；以及提供免税商品（提供金融商品，住宅房屋住宿等）；为销售零税率商品而购进货物所包含的进项税允许进行 GST 抵扣，但为提供免税商品而外购货物的进项税额不得抵扣。

（二）非居民纳税人

通常，非居民纳税人与居民纳税人在登记注册方面适用相同的规定。从非居民纳税人处购进货物可以采用反向计价规则。个人在新西兰采购货物用于出口可以适用退税政策。

四、消费税

对酒精、烟草和石油产品征收，是由新西兰海关进行征收管理。

五、社会保险费

（一）对企业征收

1. 意外赔偿税

（1）工作账户税。新西兰要求雇主支付一个由“当前部分”和“剩余部分”组成的工作账户税。当前部分用于支付 1999 年 6 月 30 日之后发生的工伤费用，剩余部分用于支付 1999 年 7 月 1 日之前发生的工伤费用以及 1992 年之前的非工伤费用。征税数额基于雇员的工资，经营活动的类型以及工作活动受伤的风险。

对于每一职员或国内工人，雇主所需交税的收入上限是：

①2015 ~ 2016 所得年度，工作账户的当前部分是 120 070 新西兰元（2014 ~ 2015 收入

年度是 118 191 新西兰元）以及；

②2015～2016 收入年度，工作账户的剩余部分是 118 191 新西兰元（2014～2015 收入年度是 116 089 新西兰元）

（2）职员账户税。职员账户课征于所有雇员，个体户以及私人国内雇员。

（3）健康和安全税。健康和安全税课征于所有雇员，每支付给雇员 100 新西兰元工资，缴纳 8 分的健康和安全税。

2. 退休金税

雇员养老基金的养老金是由雇主购买，但不是强制的，除非是 Kiwisaver 养老基金。它是一个针对将职工工资总额的 3%、4%或者 8%用于自愿工资储蓄计划的基金。新职工的强制性费率是 3%。

（二）对个人征收

（1）工薪账户税。雇员，自雇工作这和私人家庭佣工需缴纳由“一般部分”和“剩余部分”构成的工薪账户税。

一般部分涵盖医疗，康复治疗和工作外损伤的每周补偿费用。剩余部分涵盖任何在 1992 年 7 月 1 日至 1999 年 7 月 1 日之间发生的工作外损伤。

工薪账户税的税率设置为收入的 1.26%。自雇工作者在 2015/16 纳税年度需缴纳工薪账户税的最高收入为 118 191 新西兰元（2014/15 纳税年度为 116 089 新西兰元）。其他挣钱者在 2015/16 纳税年度需缴税的最高收入为 120 070 新西兰元（2014/15 纳税年度为 118 191 新西兰元）。

（2）健康与安全税。健康与安全税由雇主，自雇工作者和参股雇员以每 100 新西兰元收入缴纳 8 分的税率支付。

（3）退休金计划缴税。退休计划预提税税率为个人告知该计划作为其规定费率的比率，取决于个人的边际税率，或适用默认税率 33%。

（李本贵　编）

挪威税制

挪威主要税种包括公司所得税、个人所得税、增值税、消费税和社会保障税等。

一、公司所得税

（一）一般规定

1. 税制类型

居民公司就其境内、境外利润和利得缴纳公司所得税，但来源于境外不动产的所得免税；对公司股东取得股息的征税，适用免税规定；对个人股东取得股息的征税，适用改良后的古典税制；自2013年1月1日起，石油行业的居民公司仅适用属地主义原则，归属于境外业务活动的所得免税，同时，归属于境外业务活动的费用不予扣除。

2. 纳税人

公司所得税的纳税人包括有限责任公司、互助保险机构、合作社、已故人士未分割遗产，以及所有独立管理的实体和组织；合伙企业不是独立的纳税人，因此，应首先在合伙企业整体层面计算盈亏，然后将盈亏分配给各合伙人再征税；非居民企业从事或者参与在挪威境内的经营活动，以及在挪威境内从事或管理经营活动取得的所得，应缴纳公司所得税；挪威税法未使用“常设机构”的概念，但对“经营活动”进行了更为宽泛的定义。

在挪威，某些特定的公司和业务活动可以享受免税。具体包括：国家、地方政府、教堂、学校、取得固定财政资金的学院以及大学、医院、中央银行以及非营利组织。任何不以营利为目的的法人实体，均可以成为免税组织。

挪威税法没有法人实体“居民身份”的规定。原则上，居民身份的认定取决于企业的核心管理地和控制地，即企业做出关键性商业决策的地方。但是，在实务操作中，依照挪威法律成立的企业均被认定为居民企业。

3. 应纳税所得额

（1）一般规定。居民企业应当就其在挪威境内、境外的所得和资本利得缴纳公司所得税。所得与资本利得加总计算，并按照基本税率纳税。从境外不动产取得的所得，依据税收协定享受免税。应纳税所得额，是依照税法或其他有关规定对企业年度会计报表进行调整后计算得出。收入和支出以权责发生制为基础进行计算。

航运企业可就其取得的航运收入选择缴纳船舶吨税，来取代公司所得税。

（2）免税收入。特定的区域性补助免缴公司所得税。关于境内、外的股息和资本利得，都有相应的免税规定。

（3）扣除。一般情况下，与取得、保障或维持应税收入有关的费用支出，可以税前扣除。具体包括雇员报酬和相关社会保障税、董事费、利息（集团内借款利息有限制）、贷款手续费、坏账损失、转让债券损失以及间接税。

特许权使用费和管理费一般可以税前扣除，但是发生在关联方之间的特许权使用费和管理费必须符合独立交易原则。

捐赠支出一般不得税前扣除，向与政府机关有合作关系的科研机构的捐赠，以及与捐赠方经营业务相关的职业教育培训机构的捐赠除外。可扣除的捐赠金额不得超过捐赠方应纳税所得额的10%。

与取得免税收入有关的费用支出通常不得扣除。但是，特别立法规定从股票及金融衍生品获得的免税股息及资本利得所发生的费用支出，可以税前扣除。此外，不论借款是用于取得应税所得还是免税所得，借款的利息支出（集团内借款利息支出有限制）一般可税前扣除。

支付的股息不得税前扣除。其他不得扣除的支出包括招待费、贿赂支出及类似支出以及所得税款。

自2014年1月1日起，对集团内的利息费用有扣除限额。集团内利息费用扣除限额为息税折旧摊销前利润（即扣除利息、所得税、折旧、摊销之前的利润）的30%。本规定适用于所有企业。

上述限制还适用于关联方之间的借款，也适用于某些特定的外部借款，比如关联方之间通过外部第三方的借款（背对背借款），以及由关联方提供担保的外部第三方借款。

只有在纳税人支付全部净利息费用（包括向关联方和非关联方全部借款的利息费用）超过500万挪威克朗时，才适用利息费用的限制规定。如果利息费用超过该限额，限制规定将适用于所有关联方的利息费用。

所谓“关联方”，是指满足下列条件之一的个人、企业或者实体：

——由借款企业直接（间接）持有或控制至少50%的股权；

——直接（间接）持有或控制借款企业至少50%的股权。

如果利息支出未能全部扣除，则“未扣除”部分的利息支出可以向以后年度结转，但结转年限最长不得超过10年。

（4）折旧和摊销。10类可计提折旧的经营性资产和年折旧率的最高限额如表1所示：

表1

类型	资产	折旧率（%）
(a)	办公设备	30
(b)	外购商誉	20
(c)	卡车、货车、大巴、厢式货车	20/22①
(d)	汽车、拖拉机、机器设备、器械、工具、固定装置和家具	20②

续表

类型	资产	折旧率（%）
（e）	舰船、船舶、钻探设备等	14
（f）	飞机	12
（g）	输送电力的厂房和发电厂的技术设备	5
（h）	房屋建筑物、旅馆、餐馆等	4/6/10③
（i）	办公大楼	2
（j）	房屋建筑物内的永久性技术设施	10

注：①卡车、货车、大巴，适用22%的折旧率。

②（d）类资产在取得当年，除正常计提折旧外，还可按不超过购置价格的10%计提额外折旧。类似地，（d）类资产的费用支出参照执行。本规定从2014年1月1日起执行。

③饲养家禽家畜的房屋建筑物适用6%的税率。如果资产的预期寿命少于20年，则适用10%的税率。

上述资产法定采用余额递减法折旧。（a）至（d）类资产按照该类资产的总额计提折旧，（e）至（i）类资产按照单个资产计提折旧。预计使用年限少于3年以及购置成本少于15 000挪威克朗的资产，其购置成本可以一次性扣除。

可计提折旧的经营性资产在具有经济使用价值期间进入或离开挪威税收管辖范围，适用特殊的税收规则。对于进入挪威税收管辖范围的资产，折旧基数为历史成本（以获取资产时的汇率换算）减去折旧额。在资产进入挪威之前和之后，企业只能采用直线法计提折旧；当资产进入挪威后的第4年，企业可以选择加速折旧方法计提折旧。如果资产自按挪威法律开始计提折旧当年年末起的4年内（舰船、船舶及钻探设备为8年）离开挪威税收管辖范围，则其在挪威使用期间实际计提折旧金额超过按照直线法计算折旧金额的部分，应当计入应税利润。

但是，进入挪威税收管辖范围的经营性资产同时符合下列条件的，按上述直线法计提的折旧不予税前扣除，而应当按照余额递减法计提折旧：一是属于欧元经济区国家的居民企业的资产；二是属于按余额递减法计提折旧的资产类别。因此，资产的估值以资产历史成本减去资产的最大折旧额为基础。所谓“最大折旧额”，是指在纳税人持有期间依据挪威税法按照余额递减法计算的最大折旧额。

（5）准备金。呆账允许在限额内进行税前扣除。计提的坏账准备金与企业已实际发生的损失密切相关。坏账准备金的计算公式为：过去2年应收账款实际损失/过去2年赊销收入×12月31日的应收账款余额×财政部确定的系数，系数现在是4。过去2年没有任何亏损的新设公司可以按应收账款2%的金额计提准备金。当年计提金额必须在次年计入应纳税所得额，当年发生的实际损失从已计提准备金中扣除。

银行和其他金融机构可以按照金融企业会计准则的规定计提坏账准备金。

关联企业之间的坏账不得扣除。但是，本限制规定并不适用于：①客户的债务；②债权企业之前已征税收入产生的坏账；③由合并与分立产生的债务。

4. 资本利得

处置经营性资产所取得的资本利得，通常应计入应纳税所得额。购置成本无须指数化。处置可计提折旧的资产产生的资本利得或损失，与处置公司的其他资本利得和损失税收处理不同。

处置居民企业、储蓄银行以及信托基金的股份及价值以资产为基础的衍生产品，其利得适用参股免税制度予以免税，且对免税没有最低控股比例及控股时间的要求。

根据“90% 比例要求”的规定，来源于合伙企业投资的资本利得免税，发生的损失不得扣除，条件是合伙企业的主要投资 90% 以上（含）为符合免税规定的投资（即资本利得或股息），并且合伙企业必须在资本利得实现之前，持有符合 90% 规定的资产不少于 2 年。

对于因不可抗力（如火灾、事故、征用）处置（e）到（i）类的经营性资产，且处置资产的次年末已购置或订购替代资产，可以申请再投资免税优惠。将来计算资本利得时，新购资产的成本也相应减少，减少的金额为再投资的资本利得。再投资免税优惠同样适用于在纳税人和政府在财产征用中发生的财产处置或转让。

5. 亏损

亏损可以向以后年度结转用以抵消利润。挪威通常不区分一般亏损和资本损失的处理。当企业清算时，清算当年的亏损可以向以前年度结转，但结转年限最长不超过 2 年。

6. 税率

（1）经营所得与资本利得税率。公司所得税基本税率为 25%（2016 年 1 月 1 日前为 27%）。一般所得与资本利得应进行加总并以相同的税率征税。

斯瓦尔巴特群岛的居民企业对不超过 1 500 万挪威克朗的企业利润以 16% 的税率征收公司所得税。企业利润超过这个数额的，且与工作努力和资本形成无关的，按照 25% 税率征税。

（2）向居民纳税人支付款项的预提税。挪威对支付给居民企业的款项不扣缴预提税。

7. 税收优惠

（1）船舶吨税。在挪威成立的航运企业可以选择不就其航运收入缴纳公司所得税，而就船舶的净吨位缴纳船舶吨税。为符合船舶吨税制的条件，对企业从事的业务活动有限制规定。企业必须具备用于运营的轮船，用于勘探和开采石油资源的移动设备，以及特定金融资产。此外，企业应对航船（有限制规定）进行战略性和商业性的管理以及从事其他与航海运输有紧密联系的业务活动。

船舶吨税的计税依据为净吨位，税率范围从每千公吨 0 挪威挪威克朗到 18 挪威挪威克朗不等。净投资所得按企业所得 25% 税率征税。适用船舶吨税制的企业从免税航海活动中取得的所得，可作为股息红利分配不再征税。

（2）研发费用加计扣除。对中小企业给予研发费用加计扣除的税收优惠。加计扣除的比例为相关费用支出的 18% 或 20%，但费用支出不得超过 1 500 万挪威克朗。但是，从大学或其他研究机构外购研发服务，费用支出的限额为 3 300 万挪威克朗。为申请加计扣除，研究项目必须经挪威研究委员会批准。加计扣除是研发费用正常扣除（直接扣除或通过折旧）之外的优惠。

企业集团可以申请数个研究项目的扣除资格，前提是研究项目由不同的企业实施，且都符合相关的条件。如果企业同时符合以下条件，加计扣除的比例可以增加至 20%：

①营业额在纳税年度当年不超过 4 000 万欧元；

②资产负债表总额少于 2 700 万欧元；

③企业员工人数少于 250 人；

④满足以上三个条件的企业持有的股权不超过 25%。

符合条件企业未扣除的研发费用加计扣除可申请退税。

8. 征收管理

（1）纳税年度。纳税年度为日历年度，与会计年度相同。经税务机关批准，纳税人也可以采用日历年度以外的纳税年度。

（2）纳税申报。电子纳税申报的截止日期为纳税年度次年的5月31日。如果存在合理的理由，可申请延期申报。

企业由所在地的主管税务机关负责纳税评估。纳税初评在报送纳税申报表当年10月1日以前实施，但是评估期限可一直延续至次年5月31日。如果未报送纳税申报表和明细附表，则税务机关可以实施随机抽查。

（3）税款缴纳。企业应当在纳税年度的次年2月15日和4月15日预缴税款。两次预缴税款金额应当等同于最近一次纳税评估税款的50%，但可由税务机关按一定比例调增或调减。如果两笔预缴税款的金额少于全年应纳税额，则应于5月1日之前补缴少缴税款。这些预缴的税款可以抵减评估税款。预缴不足的部分会被加收利息，利率由皇家法令决定。多缴的税款也会由税务机关支付利息。如果本年度的应税收入少于上一年度，纳税人可向税务机关要求减少预缴税款的金额。

（4）事先裁定。涉及直接税、社会保障税以及增值税的税收裁定可由主管税务机关的税务检查官或税务总局做出。但是，税收裁定并不适用于所有案例，比如涉及企业居民身份、参股免税制度和税收协定的申请等特殊情形，税务机关可能不会做出裁定。裁定对税务机关有约束力，但对纳税人无约束力。裁定自发布起3年内有效。一些裁定会被公之于众，但不会披露涉及的纳税人名称或具体情况。

（二）居民企业之间的交易

1. 企业集团合并纳税

挪威税法原则上不允许企业集团合并纳税；但是，所得可以通过集团捐赠业务在关联企业之间转移。在符合下列条件时，集团捐赠可以在捐赠方税前扣除，并且应当在受赠方计入应纳税所得额：

（1）双方必须是挪威实体或者欧元经济区企业设在挪威的分支机构；

（2）母公司拥有关联公司90%以上的股权，以及在股东大会中拥有90%以上的表决权（须在日历年度末达到该条件）；

（3）双方须于同一年度披露该集团捐赠，并将该集团捐赠纳入资产负债表日后调整事项；

（4）从事石油或天然气生产活动取得的收入应按《燃油税法》规定缴纳燃油税，不能用来扣除集团捐赠的金额。受赠方可以将集团捐赠用于弥补亏损额，但该亏损额是可向以后年度结转的亏损。

对集团内持股90%的企业之间且企业的纳税情况相似，在不违反税收中性原则的前提下，资产可以在企业之间进行划转。只有当资产被处置，或者受让方不再是集团成员企业时，才对转让方公司征税。

即使母公司是非居民企业，或者子公司与最终母公司间有若干层中间持股公司，两家居民子公司之间发生的集团捐赠仍可以税前扣除。

2. 居民企业之间的股息红利

居民企业从另一居民企业取得的股息，不受最低持股时间的限制，自开始持股起可以享受免税（即参股免税制度）。"股息"的定义包括居民企业、储蓄银行以及信托基金分配的利润。但是，免税股息中3%的部分应当作为取得所得的核定成本，调增应纳税所得额。如果股息收取方在分配股息的关联方持股占比超过90%，且在股东大会中拥有的表决权也超过90%，则上述3%的调增规定将不再适用。

（三）其他类型的公司所得税

居民企业和非居民企业从事海底石油资源的勘探和开采以及相关活动，包括所生产石油的管道运输，应当缴纳公司所得税和燃油税。总体来说，《燃油税法》仅将征税范围扩大到挪威近海，并未改变确定应纳税所得额的一般规定。

企业计算缴纳燃油税的利润应与其他利润分别核算。企业应当就其公司所得税的净利润超过可计提折旧的资产成本7.5%的差额部分缴纳燃油税。其中，可计提折旧的资产，是指在年初（但不早于4年以前）购买且已经投入日常生产经营活动的资产。未享受减免税优惠的所得（即7.5%的抵免部分），可以向以后年度无限期结转，用以抵减以后年度应纳燃油税的利润。

2016年燃油税税率为51%。

（四）国际税收

1. 居民企业

（1）境外所得和资本利得。居民企业应当就其境内、境外所得缴纳公司所得税，包括取得的应税股息、利息、特许权使用费以及应税资本利得。

居民企业股东从欧元经济区的居民企业取得的股息免税，且无最低持股比例和持股时间的要求。就股息所得的3%调增应纳税所得额的"补计规则"仍然适用。但如果取得股息的居民企业对分配股息的欧元经济区居民企业持股占比超过90%，且拥有相应的股东大会表决权，则不适用3%的"补计规则"。

企业取得的其他境外股息，仅当持股比例不低于10%，且持股时间不少于2年，才可享受免税（如上所述，股息所得的97%免税）。其中，持股时间的计算可以包括股息分配后征税前的持股时间。此外，分配股息的企业在居民国的税负不低于挪威税负的2/3。"低税负国家"的定义与受控外国公司规则中的定义相同。挪威按年度发布充分征税的税收白名单和不充分征税的税收黑名单国家（地区）。

居民企业处置欧元经济区的企业股票而取得的资本利得免税。处置欧元经济区低税区国家的居民企业股票而取得的资本利得，满足上述实质测试条件时免税。否则，处置股票取得的资本利得的免税条件与股息的免税条件相同。但是，处置非欧元经济区的企业股票而发生亏损，且股东也符合在过去2年内任何时间持股均不低于10%的情形，则该亏损不得扣除。

如果企业实体或常设机构从挪威迁出，则其所有损益账户应当注销。当专门损益类账户的余额为正数，则应纳税。如果符合下列条件，纳税人可以选择保留专门损益类账户，从而被视为挪威居民企业：

①纳税人成为欧元经济区其他国家的税收居民；

②挪威与该国签署税收协定，其中包括协助征收税款的有关条款。

(2) 境外亏损。仅当对境外所得或利得征税时，该所得或利得对应的境外亏损（与境外收入相关的费用支出）才能扣除。这一征税原则被称为“对称原则”，也是挪威国内税法的一项基本原则。

(3) 境外资本。挪威没有开征净财富税。对境外不动产没有征收不动产税。

(4) 避免双重征税。作为避免双重征税的单边措施，挪威针对居民企业境外已纳所得税款提供税收抵免优惠。境外经营所得缴纳的国外税款既可以选择作为费用进行扣除，也可就已纳税款享受税收抵免。

以下类型所得已纳税款可以按所得类型进行境外税收抵免：①从符合条件的受控外国公司和境外合伙企业取得的所得；②其他境外所得。在分类抵免制度下，纳税人仅能用同一类型所得已缴的国外税款在按照挪威税法计算该类型所得应纳税款中抵免。超过抵免限额的部分，可以向以后5个年度结转。在某些特定情形下，如果纳税人此后5年在挪威均未产生纳税义务，境外已纳税款可以向以前结转1年进行税收抵免。纳税人在将税收抵免额向以后年度结转之前，必须穷尽所有可能方式在当年使用完抵免额。

对于受控外国公司规则，受控外国公司在第三国缴纳的税款，可以按对受控外国公司的持股比例抵免在挪威的应纳税款。但是，抵免额应不超过挪威与第三国所签税收协定规定的挪威应给予抵免的金额。在挪威被视为透明实体，而在其他国家不被视为透明实体的合伙企业，适用类似规则。

如果挪威企业单独持有或者最多与其他9家挪威居民企业共同持有非居民企业至少95%的股份，而该非居民企业在国外拥有不动产或营业场所，那么，经财政部批准，该企业将被认为直接持有国外不动产和营业场所，并可就非居民企业已纳税款在挪威申请税收抵免。这一规定仅在税收协定未能消除双重征税情形下适用。

如果适用税收协定，纳税人通常有权选择单边减免或者协定减免。

2. 非居民企业

(1) 一般所得和资本利得课税。对于在挪威从事或参与经营活动（该活动在发生地或者管理地在挪威境内），以及通过在挪威的有形动产和不动产取得的所得，非居民企业与居民企业的公司所得税征税规则相同。

在挪威从事应税经营活动取得的股息（不符合免税条件）、利息和特许权使用费，应当计入应纳税所得额，并按标准税率征税。直接分配股息给非欧元经济区国家的企业，应当缴纳预提所得税。直接支付给非居民企业的特许权使用费和利息在挪威免税。

仅当非居民企业取得的资本利得来源于与在挪威的应税经营活动有关的资产或股票时，该资本利得才应缴税。在这种情况下，资本利得比照居民企业的有关规定纳税。

当有形资产或无形资产离开挪威的税收管辖范围时，应按核定的资本利得征收离境税。离境税的计税依据是资产的市场公允价值。

如果资产（不包括库存商品）转移到欧元经济区其他国家，则允许递延缴纳出境税。当资产被转让时，则不再享受递延纳税。不论挪威与欧元经济区其他国家间是否签订有关情报交换或征管互助的税收协定，纳税人必须向税务机关提供递延缴纳离境税的担保。无形资产和库存商品不能递延纳税。离境税应于资产出境的当日缴纳。

递延缴纳离境税应加收利息，加收利息截止日期为资产变现之日。利率在每年的1月份设定。离境税不因资产贬值而减少。在其他国家已缴纳税款，不得用来抵免挪威离境税，发生的亏损可在资产出境当年申报。

（2）资本课税。挪威没有开征净财富税。对境外不动产没有征收不动产税。

（3）征收管理。对非居民企业取得的股息所得，以代扣代缴方式征收预提所得税；取得的其他应税所得，以纳税评估方式征收公司所得税。

3. 非居民企业预提税

（1）股息。欧元经济区内的企业股东取得的股息无需缴纳预提税。但是，企业股东必须符合实质性测试（确实在欧元经济区内设立，并从事真实的经济活动）。如果股息的分配方和取得方均在挪威境内，则无须进行实质性测试。如果股息取得方不符合实质性测试的有关条件，则对股息所得按25%税率征收预提所得税，适用税收协定规定的低税率除外。斯瓦尔巴特群岛的居民企业向非居民股东分配的股息，预提所得税税率为20%。

对于居民企业向其他非居民股东支付的股息，征收25%的预提税，适用税收协定规定的低税率除外。自2015年7月起，居民企业向透明外国企业分配股息时，依照对主要投资者有关征税规定，应缴纳预提税。

对应缴纳燃油税的所得进行股息分配，且收款方在股息分配公司的股权占比不低于25%，则非居民企业股息所得无需缴纳预提税。

（2）利息。挪威对利息所得不征收预提税。

（3）特许权使用费。挪威对特许权使用费所得不征收预提税。

（4）其他所得。挪威对其他所得不征收预提税。

（五）反避税

1. 一般规定

挪威税法不包含一般反避税条款，如果是以下情况的交易在税收上不被认可：

（1）交易的主要目的是少缴税款；

（2）基于对商业活动的内在价值、交易的目的和结果等交易所产生效果的综合评估，得出交易的效果与税法的基本精神不一致。

特别是，挪威最高法院已经有过类似判决，即如果交易仅以逃避纳税义务为目的，则会不认可该笔交易。

2. 转让定价

独立交易原则通常适用于关联方之间的交易。转让定价可以比照OECD有关转让定价指南的规定。居民企业向非居民子公司提供的免息借款可能会按照核定的利息征税。

“特殊报告要求”以及“转让定价文档规则”适用于直接或间接拥有或控制另一个法律实体至少50%股权的企业，包括单独拥有或控制以及与关联方共同拥有或控制。总部在境外的挪威常设机构或者总部在挪威的境外常设机构，都适用这一规则。此外，合伙企业的一个或多个合伙人在挪威纳税的，该合伙企业同样适用此规则。因此，在年度纳税申报中，满足上述条件的企业必须提供转让定价相关问题的信息。另外，纳税人必须为公司内部和集团间的交易活动准备相应的解释性资料，包括关联交易类型及金额、功能分析、可比性分析，以及有关转让定价方法的报告等。

“特殊报告要求”仅适用于在会计年度中金额超过1 000万挪威克朗的交易，或者会计年度末金额超过 2 500 万挪威克朗的债务。

中小型企业可以免除准备转让定价文档的义务。

3. 资本弱化

挪威税法未规定资本弱化规则。但是，居民企业未按照独立交易原则偿还债务和支付利息（即该债务和利息受居民企业和非居民企业关联关系影响），该债务和利息可能会分别被重新划定为股本和股息。

4. 受控外国公司

如果非居民企业设在低税国家，且直接或间接被居民纳税人拥有或控制不低于 50% 的股权，则不论该非居民企业的利润分配与否，均应当按持股比例归属于居民股东。所谓“低税国家”，是指企业适用的公司所得税基本税率低于该企业设立在挪威适用公司所得税税率的三分之二的国家。斯瓦尔巴特群岛不属于挪威受控外国公司规则所称的“低税国家”。挪威依据各国是否对所得充分征税，每年制定并对外发布税收白名单和黑名单。

如果企业为税收协定国居民，则仅当企业取得的主要所得为“消极所得”时，上述条款才适用。对于确实在欧元经济区内设立，并从事真实经济活动的企业（即符合实质性测试条件的企业），不适用受控外国公司规则。企业是否符合实质性测试条件，取决于综合评估的结果。

二、个人所得税

（一）一般规定

居民纳税人就其境内、境外的所得和财富缴纳个人所得税。国家个人所得税和地方个人所得税对个人的净所得征收。两项个人所得税，通常又称为对普通所得征税或对一般所得征税。其综合税率为 27%。

国家个人所得税附加按 0% ~12% 的累进税率对特定来源的所得全额征收。

另外，挪威对于涉外人员的税收适用特殊税制。

1. 纳税人

纳税人通常包括所有的个人纳税人，不论其是否在挪威居住。非居民纳税人的纳税义务仅限于来源于挪威特定类型的所得。合伙企业在税收上被视为透明实体。

夫妻双方的所得可以联合申报纳税。但是，经任何一方申请，双方都有所得的夫妻可分开缴纳税款。

如果未成年子女（在纳税年度末，年龄不超过 16 周岁的子女）的父母在纳税年度末一起居住，则未成年子女的所得和财富的 50% 分别计入父母双方各自的所得进行征税。未成年子女的所得和财富的分配方式可以由父母自主选择。但是，年龄小于 13 周岁的子女，每年取得的不超过 1 万挪威克朗的雇佣所得免税。而年龄大于 13 周岁的子女，取得的劳动所得应当纳税。如果年龄小于 13 周岁的孩子个人取得应税所得，则可以享受税收宽免的优惠。

如果个人逗留挪威且打算长期逗留的，则被视为挪威居民纳税人。逗留时间不低于 6 个月，即使为临时性逗留的，也足以认定为居民纳税人（从到达挪威之日起计算）。

居民纳税人在挪威终止居民身份需同时满足以下条件：（1）个人在国外有永久性居所；

（2）个人和配偶以及未独立子女在挪威没有永久性居所；（3）在纳税年度内，在挪威逗留时间少于61日。移民前在挪威居住时间不少于10年的纳税人，将自其成为境外居民纳税人的当年年末起被认定为已移民3年，当然在这3年期间也应符合上述条件（即在国外有永久性居所，逗留时间少于61日）。

在国外停留时间12个月以上的纳税人，其雇佣所得适用有限制的免税规定。

2. 应纳税所得额

（1）一般规定。居民纳税人应就其境内、境外所得缴纳个人所得税。计税依据为所得净额。"所得净额"通常又被称为一般所得，与国家个人所得税对特定来源所得征税的计税依据"所得全额"相对应。应纳税所得额包括现在或过去的雇佣所得、经营或专业服务所得、年金、动产及不动产的所得。

（2）免税所得。一些公益性捐赠和小额的实物福利免税。

3. 雇佣所得

（1）工资、薪金所得。所有雇佣所得都应当征收个人所得税，雇佣所得包括现金和实物，也包括普通工资、小费、佣金、报酬、奖金等。与工作相关但超过实际支出的报销费用应当征税。私人费用的报销也应当征税。

工作地点和住所的必要往返支出允许扣除，扣除金额仅为超过16 000挪威克朗的部分（2014年允许扣除的金额为超过15 000挪威克朗的部分）。差旅费用同样适用本限制规定。

根据集体工资协议支付的辞退补偿（离职金）免税。雇主和雇员之间协商的额外补偿应当征税，但仅对超过集体工资协议规定数额50%的部分征税。年龄不低于62岁的雇员取得的退职费收入应当免税（有条件限制）。

在一个纳税年度内，雇主支付给雇员的所有福利（包括现金和实物），在1 000挪威克朗以内的金额免税。如果工作方式涉及雇员的私人住宅，则起征点为4 000挪威克朗。如果数额超过1 000挪威克朗或4 000挪威克朗以上，则全额计入应纳税所得额。如果福利从非营利组织取得，则起征点为2 000挪威克朗。

（2）实物福利。所有实物福利应当按照市场公允价值征税。对雇主提供的公司汽车、免费住宿和低利率贷款等福利，适用特殊估价规则。

公车私用的应税福利按汽车价目表的一定比例计算，即标价在286 000挪威克朗以内部分（2015年）按30%的比例计算应税福利，对超过部分按20%的比例计算应税福利。如果雇员私车公用，则雇员可获取一定的（免税）税收宽免。

雇主提供的免息贷款或低息贷款福利，以财政部确定的标准利率为基础计算。具体如表2所示：

表2

时间	标准利率
2015年1月~2015年2月	2.5%
2015年3月~2015年4月	2.9%
2015年5月~2015年6月	2.8%
2015年7月~2015年8月	2.75%

与雇佣相关的购买或销售股票期权的福利应当作为雇佣所得征税。如果涉及的股票为上市股票，则行权时征税；否则，在转让股票时征税。从股票期权获得的应税福利可以在计算个人所得税和社会保险费时分摊至其累积形成的各个年度。

（3）养老金所得。养老金所得按一般方式征税。年金也应当征税。然而，如果支付给挪威保险公司的保险金没有在计算所得税时扣除，则只有超过保险金缴付金额的年金部分应当征收税款。同时，雇主缴纳的个人年金适用本规定（不包括集体年金）。

人寿保险的赔偿款通常不征税。但是，如果赔偿来源于 1986 年 1 月 1 日之后与外国保险公司签订的保单或来源于雇主为雇员购买的保单，则赔偿款应当征税。雇员的任何已纳税保险金都可以从应纳税所得额中扣除。

（4）董事报酬。董事报酬没有特别的征税规定，与雇佣所得的征税相同。

4. 经营和专业服务所得

经营和专业服务的应税所得的计算规定与企业适用的规定相同。

入股合伙企业取得的分红按一般税率征税。另外，合伙企业任何分红的 73% 部分再次以相同税率征税。

5. 投资所得

不动产所得按一般方式征税，自用住宅除外。根据一般规则，与获取投资所得相关的支出允许扣除。

股息以 25% 的基本税率征税，但是相当于投入资本的无风险收益金额的部分免税。无风险收益率（由财政部确定）相当于税后 3 个月政府贷款利息。2014 年该比率为 0.9%（2015 年的比率将会在 2016 年 1 月公布）。免税金额超过收到股息的部分可以向以后年度结转，用以抵减未来股息或资本利得。免税金额按每只股票单独计算。

利息所得按 25% 的基本税率征税。向企业贷款取得的利息所得超过按适用比例确定的免税股息的部分会双重征税。利息的双重征税限制为超过金额的 73%。本规则不适用于银行账户或信用债券的利息。

特许权使用费基本税率为 25%。

作者取得的文学、科学、艺术作品的特许权使用费可以在 3 个年度的期间内分摊。

6. 资本利得

挪威没有单独开征资本利得税，资本利得应计入应纳税所得额。转让动产或不动产所实现的资本利得通常应当征税（资本损失允许扣除），并适用免税和特殊条款。从事经营活动的过程中实现的资本利得作为经营所得征税。因不可抗力原因（如征用、火灾等等）而处置资产，只要取得的对价在处置的次年末用于购置同类资产的，相关利得可以享受免税优惠。

在计算居民企业处置股票的利得时，股票的计税成本应加上未使用的免税金额。一只股票计算出的免税金额不能作为资本损失，也不能用来抵减其他股票的利得。其他有价证券的利得（比如公司债券和信用债券）应当征税，不论其是否属于经营的一部分。适用免税的利得有：（1）在 1990 年 5 月 11 日之前购买或发行的公司债券所获利得；（2）在 1992 年 1 月 1 日之前购买或发行的其他有价证券所获利得。

公司清算时，产生的资本利得也应征税。

处置私人动产所实现的利得（如家具或纳税人住宅使用的物品）免税。

7. 个人扣除、宽免和抵免

(1) 扣除。

①一般规定。除与取得收入相关的实际支出可以扣除外，个人纳税人有权享受适用于所有类型所得的个人税收宽免、扣除和抵免。

欧元经济区内的个人有权在挪威进行一般性扣除，前提是大部分的相关工资、津贴或经营所得在挪威应当缴税。

不论借款的目的以及借款是否有抵押，借款的利息可以扣除。如果纳税人持有外国资本，只有一定比例的利息费用才可以扣除。该扣除比例应与纳税人境外资本的价值与其他资本的价值之比一致。

向私人养老金计划和特定储蓄计划所缴付的保险金不允许税前扣除。然而，税法特别规定，向某些国内集体养老储蓄计划所缴付的保险费允许扣除。从 2015 纳税年度起，某些条件下向非挪威养老金计划所缴付的保险费，同样允许扣除。

12 周岁以下的子女所发生的儿童保健费，能提供证明材料的，允许税前扣除，但有限制条件。家庭中一个子女的最大扣除额为 25 000 挪威克朗，每增加一个孩子，可扣除额增加 15 000 挪威克朗。夫妻双方只能享受一次扣除（包括未婚同居的父母），夫妻双方收入较高者才可享受扣除。

如果赡养费和类似周期性支出属于纳税人在法律规定或协议约定下应当履行的义务，且该费用也计入收款方的应税所得，则该费用通常允许扣除。

捐赠给挪威特定慈善机构和挪威教会的费用同样允许扣除，扣除的限制金额为 20 000 挪威克朗（2014 年是 16 800 挪威克朗）。

不超过 34 周岁的纳税人在符合条件的家庭投资账户上的存款允许扣除。每年的扣除限额为 25 000 挪威克朗，应当征税的储蓄总额限制为 200 000 挪威克朗。

②标准扣除。纳税人通常可选择标准扣除（即所称的“最低宽免额”），而不是实际费用的扣除。标准扣除旨在覆盖与取得所得相关的费用，但即使纳税人没有产生费用，依然也可以申请扣除。如果实际费用更高，纳税人可选择按照更高的实际费用扣除。“最低宽免额”的计算以工资和其他类型的工作报酬（不论工作是为公还是为私）为基础，包括酬金、佣金、奖金、小费、实物福利、养老金、年金、赡养费和疾病补助费以及董事费和一些特许权使用费。

“最低宽免额”等于上述基础所得的 43%（养老金所得的 29%）。最低额为 4 000 挪威克朗（对于雇佣所得，最低额为 31 800 挪威克朗），最高额为 89 050 挪威克朗（2014 年是 84 150 挪威克朗）。对于养老金，最高额为 72 200 挪威克朗（2014 年为 70 400 挪威克朗）。

“最低宽免额”不包括在外居住的额外费用、差旅费、养老保险费、利息、儿童保健费和赡养费。这些费用允许在“最低宽免额”之外扣除。

居住在芬兰马克和诺德特姆斯的纳税人，联合申报的已婚夫妇和有家眷的单身人士可享受 15 500 挪威克朗（2014 年为 15 000 挪威克朗）的额外标准扣除。

海员可享受雇佣所得 30% 的特殊扣除，最大扣除额为 80 000 挪威克朗。渔民和猎人可以享受雇佣所得 30% 的特殊扣除，最大扣除额为 150 000 挪威克朗。

(2) 宽免。联合申报的已婚夫妇和有家眷的单身人士可享受 74 250 挪威克朗（2014 年为 72 000 挪威克朗）的地方个人所得税的宽免额。其他纳税人（如没有家眷的单身人士和单独申报的已婚夫妇）可享受50 400 挪威克朗（2014 年为48 800 挪威克朗）的宽免额。单亲父母可享受48 804 挪威克朗的额外宽免额。

（3）抵免。挪威目前暂无个人抵免相关规定。

8. 损失

亏损可以无限期地向以后年度结转，不可以向以前年度结转。但是，发生在停业年度的亏损可以向前2 年结转，停业年度前1 年的亏损可以向前1 年结转。

资本损失与一般亏损的税收处理方式相同。

9. 税率

（1）所得和资本利得。国家个人所得税和地方个人所得税的基本综合税率为27%。芬兰马克和诺德特姆斯适用23.5%的低税率。但是，对领取退休金人士有特殊限制，其全部税收不会超过起征点以上净所得的55%，20 万挪威克朗以上的净财富应缴纳1.5%的额外税收。

单身纳税人的起征点为131 400 挪威克朗，已婚夫妇为241 600 挪威克朗。

（2）预提税。预提税适用于雇佣所得、董事报酬和委员酬金、应税社会保障福利、养老金、年金，以及其他类似的报酬。

应代扣代缴的预提税以税率表和扣税卡（显示雇主在支付纳税人薪金时应当扣除多少税额的卡片）为基础计算。原则上，年终已缴纳的预提税税额等同于本年度应缴纳的预提税税额。如果纳税人没有出示扣税卡，则按照50%的固定税率扣缴预提税。

10. 征收管理

（1）纳税年度。纳税年度为日历年度，纳税人从事经营活动采用有别于日历年度的会计年度除外。

（2）纳税申报。纳税申报表必须在纳税年度次年4 月30 日前提交，基于纳税人的纳税申报表进行最终纳税评估。从事经营活动的纳税人采用电子申请形式的，纳税申报表必须在纳税年度次年5 月31 日前提交；书面申报表必须在3 月31 日前提交。

如果税务机关发现纳税人提供的信息不完整或不正确，税务机关会针对不一致的申请金额开展纳税评估。税务机关可以改变纳税人提供的申报金额。纳税评估应在纳税年度次年的秋季（大约10 月中旬）结束。

（3）税款缴纳。对个体纳税人而言，个人所得税一般在纳税年度内缴纳，部分通过源泉扣缴的方式，部分通过纳税初评的方式。

纳税初评一般在年初发布，基于纳税人最近评估后的所得和净财富以及次年的税率。纳税初评应考虑源泉扣缴的预提税额。纳税人可申请自行进行纳税初评，初评的税款往往高于自行申报的税款。

纳税初评的税款分四期等额预缴，分别在3 月15 日，5 月15 日，9 月15 日，11 月15 日。如果应纳税额少于1 000 挪威克朗，则税款全额必须在5 月15 日之日缴纳。

如果最终评估的税款超过已缴纳的预提税额或纳税初评的金额，则差额必须在应纳税额正式确定之日起3 周内缴纳。如果两个预缴期内的差额为1 000 挪威克朗以上，则差额必须在3 至12 周内缴纳。相反，多缴的款项可申请退税，退还给纳税人的多缴税款一般会加算利息。

（4）事先裁定。涉及直接税、社会保障税以及增值税的税收裁定可由主管税务机关的税务检查官或税务总局做出。裁定对税务机关有约束力，但对纳税人无约束力。裁定自发布起 3 年内有效。一些裁定会被公之于众，但不会披露涉及的纳税人名称或具体情况。

（二）其他类型的所得税

对所得全额征收国家个人所得税附加税，计税依据包括来源于下列项目的所得全额：

（1）雇佣或非雇佣劳动取得的工资薪金和其他报酬，包括费用、佣金和小费等；

（2）董事会成员和委员会成员的报酬；

（3）以上来源的实物福利；

（4）与雇佣相关的养老金和终身年金；

（5）从各种社会保障取得的所得（疾病保险、失业保险）；

（6）单个贸易商的核定个人所得。

个人从事经营活动获取的所得为计入企业或实体总所得中的净投资所得和资本利得，减去企业支付给雇员的雇佣所得的 15%。

其他所得，比如股息所得和利息所得，不需要缴纳此税。

计算计税依据时，不允许扣减税收扣除和宽免。

2015 年的税率表如表 3 所示：

表 3

应纳税所得额（挪威克朗）			税率（%）
未超过		550 550	0
550 550	—	885 600	9
超过		885 600	12

（三）国际税收

1. 居民纳税人

（1）境外所得和资本利得。居民纳税人就其境内、境外的所得缴纳税款。境外雇佣所得与境内雇佣所得按同样的方式征税。至于从境外获取的养老金，不论在来源国对养老金的缴费如何征税，均应在境内征税。

境外不动产所得根据一般条款应当征税。但是，挪威的税收协定对此类所得通常免税。拥有境外不动产的纳税人不能全额扣除利息费用。

从非居民企业取得的股息作为一般所得征税。改良后的古典税制同样适用于境外股息。来源于境外的利息和特许权使用费与境内的类似所得按相同的方式征税。

某些条件下，受控外国公司的立法同样适用于持有低税区企业股份的居民个人以及境外全权信托的受益人。

来源于境外的资本利得以通常方式征税。

（2）境外资本。居民个人应当就其全球财产缴纳净财富税。位于境外的不动产无须缴纳挪威不动产税。

（3）避免双重征税。作为避免双重征税的单边措施，挪威针对居民企业境外已纳所得税款提供税收抵免优惠。如果个人按税收协定的规定被视为外国居民，则不允许进行抵免。

境外税收抵免以所得分类抵免制度为基础计算。所得主要分为三个类别：①受控外国公司所得和境外合伙企业所得；②境外石油业务的所得；③其他境外所得。在分类抵免制度下，纳税人仅能用同一类型所得已缴的国外税款在按照挪威税法计算该类型所得应纳税款中抵免。

超过抵免限额的部分，可以向以后5个年度结转。在某些特定情形下，如果纳税人此后5年在挪威均未产生纳税义务，境外已纳税款可以向前结转1年进行税收抵免。

纳税人在将税收抵免额向以后年度结转之前，必须穷尽所有可能方式在当年使用完抵免额。

境外经营所得缴纳的境外税款既可以选择作为费用进行扣除，也可就已纳税款享受税收抵免。

境外缴纳的净财富税适用一般的税收抵免，但只能抵免挪威净财富税。

如果挪威企业单独持有或者最多与其他9家挪威居民企业共同持有非居民企业至少95%的股份，而该非居民企业在境外拥有不动产或营业场所，那么，经财政部批准，该企业将被认为直接持有境外不动产和营业场所，并可就非居民企业已纳税款在挪威申请税收抵免。这一规定仅在税收协定未能消除双重征税情形下适用。

如果适用税收协定，纳税人通常有权选择单边减免或者协定减免。

2. 侨民

（1）来挪人员。在挪威居住时间没有超过2年的外籍人士可以享受所得10%的特殊扣除。最大扣除额为4万挪威克朗。这一扣除方式替代了大多数居民纳税人享受的扣除、宽免和抵免，但最低宽免额和个人宽免额除外。

（2）外派人员。境外雇佣所得适用有限税收减免的累进免税制。适用本规定的情形如下：①纳税人在境外至少生活12个月，并且所得与境外雇佣相关；②纳税人在境外受雇于公共服务的所得，并且在30个月内在境外累计时间超过6个月；③在6个月或12个月的期间内短暂逗留挪威，每次逗留的平均时间不超过6天。本规定不适用于：税收协定规定只在挪威征税的所得，以及在另一国家领土外开展工作的所得。

如果纳税人在挪威的纳税义务终止，则纳税人在挪威的业务可以出具一份显示资本利得和资本损失的资产负债表。余额为正数表明有应税所得，余额为负数表明可从其他（非资本）所得中扣除。

依据挪威税法或相关税收协定的规定，对于终止挪威居民身份的个人持有的股份（或相关金融工具，见以下内容）征收离境税。离境税也适用于对各种类型的企业（包括国内公司、国外公司、合伙企业）股份（包括股份、期权和其他金融工具的认购权）的资本利得，征税时间为纳税人离开挪威的当日。

纳税人只有在移民后5年内出售股份，挪威才对其资本利得核定征税。如果总利得不超过50万挪威克朗，则无须核定征税；如果总利得超过50万挪威克朗，则对全额征税。移居至欧元经济区国家的纳税人可以从利得中扣除损失。

如果纳税人移民到与挪威没有签订税收协定的国家，则必须缴纳离境税。如果纳税人移民后5年内未出售股份，则可申请退税。如果纳税人就核定税款向税务机关提供了可靠的担保（比如银行担保），则无须缴纳离境税。但是，如果纳税人移居至与挪威签订协定的欧元经济区国家，且该协定既赋予挪威获取纳税人所得和财产信息的权利，又为挪威征收税款提供协助，则纳税人不需要提供担保。纳税人向税务机关提供可靠担保，从而延迟缴纳离境税，必须每年向税务机关提供书面证明，证明其在延迟缴纳税款的时期内没有发生应税行为。

3. 非居民纳税人

（1）一般所得和资本利得课税。非居民个人在挪威应当就以下情形缴纳国家个人所得税和地方个人所得税：

①取得挪威的不动产所得和有形动产所得；

②在挪威从事贸易或参与经营（比如，职业介绍所将雇员派往挪威）获取的所得。

③挪威企业或其他实体的董事长、董事会成员、类似的公司权力机构成员取得的所得，包括从该公司或其他实体获取的费用和报酬。

④挪威的非居民个人（职业介绍所派遣的人员）通过私人雇佣或政府雇佣所从事的个人服务取得的任何性质的所得。

非居民纳税人与居民纳税人适用的所得税率相同。与取得应税所得相关的费用通常可以扣除，但是非居民个人无权享受个人宽免额或供养人宽免额。当然，最低宽免额仅适用于非居民纳税人的雇佣所得。

如果欧元经济区居民 90% 以上的所得在挪威应当纳税，通常可选择按照挪威居民身份缴纳税款，即享受全额扣除和津贴。起征点适用于夫妻双方的合并所得。

如果居住在欧元经济区另一国家的雇员和自营业者 90% 以上的所得来源于挪威，那么在挪威可以享受利息费用的扣除。但是该扣除有限制规定，包括该个人在居住国拥有不动产或从事经营活动，且挪威与其居住国签订有税收条约，以免税法为基础避免双重征税。

居住于欧元经济区另一国家且 90% 的境内、境外所得在挪威纳税的雇员和自营业者，从挪威债务人（公民，居民或拥有永久设施的债务人）取得的利息所得和“其他金融所得”应当征税。除此之外，其他非居民纳税人的同类所得免税。

向非居民支付的养老金按总额征收预提税，税率为 15%，税收协定中适用低税率或免税的除外。

预提所得税为最终税。然而，如果养老金所得的取得方居住于欧元经济区另一国家，并且其 90% 的所得在挪威应当纳税，则既可以选择按照一般方式缴税，又可以选择预提税款。如果选择一般方式，则可以享受全部扣除和宽免。

非居民运动员、艺术家以及其他演艺人员的所得应当征收 15% 的最终预提税。计税依据为所有酬金减去与表演相关的交通、餐饮和住宿费用。演艺人员支付给代理人的费用同样允许扣除。纳税人参与制作电影、电视和唱片的费用无须缴税，前提是参与人所获报酬在税收或经营方面与挪威无关。公共基金赞助挪威与其他国家的文化交流活动所获酬劳同样免税。

居住于欧元经济区的运动员和艺术家可以对其在挪威取得的净所得申请最终评估。预提税被视为所得税的预付款，并且多缴的税款允许申请退税。

非居民海员的纳税义务一般取决于轮船的注册地和海员的居住国。通常，海员在挪威普通船舶登记处登记注册的船舶上工作应纳税。如果船舶在挪威国际船舶登记处登记注册，非居民海员通常免税，居住在北欧的船员除外。不论什么情况，如果海员证明其在居住国应就其船上工作所得纳税，并且在挪威与其居住国之间的税收协定没有避免双重税收，则在挪威可以享受免税。这些规定不适用于石油产品特殊税制征税范围的海员；该类海员通常应纳税。如果非居民海员应纳税，适用所得税一般税率，但存在特殊扣除。

向欧元经济区外的非居民个人支付的股息应以 25% 的税率预提所得税，除非税收协定规定适用低税率或免税除外。向欧元经济区内的个人股东支付的股息同样应预提所得税。但是，这些股东可以比照居民股东的相关规定申请税收减免。超额预提所得税的，须向境外税收事务管理中心申请退税。

非居民个人取得的利息和特许权使用费不征收所得税和预提税。

非居民个人处置挪威公司的股份所获资本利得应当纳税，条件是持股与股东在挪威从事的经营活动紧密相关。

（2）资本课税。非居民应当就其在挪威从事或参与经营活动的净资产、不动产和有形动产缴纳净财富税，非居民个人的纳税义务受到税收协定条款的进一步限制。

非居民纳税人与居民纳税人适用相同的税率。关于国家净财富税，非居民纳税人可享受总计高达 120 万挪威克朗的免税额；关于地方净财富税，非居民纳税人无免税优惠。

三、增值税

（一）一般规定

1. 概述

挪威的增值税，与其他欧盟成员国的增值税类似，是指对销售货物和服务征收的间接税。通常来讲，增值税对供应链各环节以及从国外进口货物与服务环节计算征税。未经增值税登记的最终消费者，在支付的买价中承担增值税。

增值税的税收管辖范围不包括扬马延岛和斯瓦尔巴特群岛。

增值税申报表需电子申报。但是，对于申请免征增值税的，可以提交书面增值税纳税申报表。

2. 纳税人

任何从事经营活动的个人和单位，当其在 12 个月期间内的货物和劳务销售以及自用的总额超过 5 万挪威克朗时，都应缴纳增值税。

增值税的纳税义务人还包括销售应税货物的公共机构、慈善机构以及非营利组织。但是，政府部门的有关执法活动不属于应税活动。在上述期限（12 个月）内，货物和劳务销售以及自用总额未超过 14 万挪威克朗的非营利组织，无须进行增值税登记。

在挪威提供电子服务的非居民供应商适用增值税简易征收办法有关规定。简易征收办法规定，供应商无须指定财务代表，也可以不在法人实体注册协调中心进行登记。此外，除不允许抵扣的进项税外，供应商可以就增值税进项税申请退税。供应商可以适用电子简易登记和报税程序。是否使用简易征收办法由供应商自主选择。

3. 应税行为

征税范围包括：

（1）经登记的纳税人销售有形动产，法律另有特殊规定为非应税或免税的除外；

（2）经登记的纳税人提供服务，法律另有特殊规定为非应税或免税的除外；

（3）进口货物；

（4）从国外购买服务（适用逆向征税机制）。企业自产自用行为，也应缴纳增值税。

4. 应税收入

增值税的销项税依据应税货物和劳务的销售额计算。增值税为价外税，其本身未包含在应税款项中。应税收入包括为履行合同发生的所有支出，包括一并支付的款项和单独支付的款项。例如包装费、分派费以及保险费等相关费用支出。

对于进口货物，应税收入指进口货物价格加上关税。在计算纳税人最终的增值税应纳税额时，纳税人在购买货物和进口货物环节的已纳税款可以扣除，即相当于企业仅就货物的增值部分缴纳增值税。

5. 税率

增值税标准税率为25%。销售食品和饮料，适用15%的低税率。提供客运服务、文化活动安排服务（例如博物馆或体育活动安排）、旅游代理服务、电影票销售、旅馆和住宿服务以及度假物业租赁服务，税率为8%。

提供下列货物或服务，予以免税并退还进项税额（即零税率）：

（1）向境外销售货物和提供劳务（出口）。斯瓦尔巴特群岛（斯匹茨卑尔根岛）和扬马延岛视为境外。

（2）近海石油业务；

（3）向境外船舶、境外服务的船舶以及国际航班的飞机销售货物和提供劳务；

（4）销售、出租、制造和修复船舶、飞机和平台；

（5）提供往返境内外的运输服务；

（6）转让企业所有权；

（7）公路和某些铁路；

（8）书籍和报刊；

（9）保修范围内的修理；

（10）外国委托人的账目服务。

6. 免税

提供下列货物或劳务，予以免税但不予抵扣进项税：

（1）作者发掘本人文学艺术作品的著作权，并通过中介以作者的名义卖出。

（2）意识形态的、非营利的组织和协会以会员费的形式收取的捐款；

（3）不动产或者不动产物权的销售和租赁；

（4）财务服务；

（5）卫生与社会服务；

（6）教育服务；

（7）文化服务以及体育活动；

（8）某些执法活动（比如签发护照）。

（二）非居民纳税人

在挪威设有固定经营场所的非居民纳税人应当在增值税主管机关进行税务登记，并在其销售货物和提供劳务时缴纳增值税，纳税方式与居民企业相同。如果非居民企业未进行登记，在开具的发票包含了增值税税款，则居民企业在计算增值税应纳税额时通常不得抵扣该进项税额。

如果外国公司在挪威拥有寄售的存货，并通过代理商或在挪威的子公司进行销售，则该外国公司必须进行增值税登记。经申请，该外国公司也可以通过具有挪威居民身份的代表办理增值税登记。

外国企业即使未在挪威进行增值税登记，也可就购进货物或服务的增值税进项税额申请退税。申请退税的具体规定如下：

(1) 外国企业确没有在挪威进行登记的义务；

(2) 购买的商品用于在境外从事的经营活动；

(3) 如果经济活动在挪威进行，则该实体必须进行增值税登记；

(4) 增值税可以抵扣。

财政部可规定申请退税应满足互惠的条件，即如果外国企业所在国给予挪威企业相同的退税优惠待遇。

经登记的外国企业有权就出口货物的增值税进项税申请退税。

自 2013 年 1 月 1 日起，提供往返挪威的国际运输服务的非居民纳税人，无须在挪威进行增值税登记，并可就其在挪威购买货物和服务已支付的增值税享受退税优惠政策。当然，该非居民企业也可以选择在挪威进行登记，根据通常的规定抵扣增值税进项税额。

四、消费税

消费税的征税范围较为广泛，是挪威政府的一项重要收入来源。尤其是对摩托车、汽油、酒精饮料、酒类以及烟类产品，征收的消费税税率相对较高。

五、社会保障税

（一）对企业征收

雇主应按照 14.1% 的税率缴纳社会保障税。对于居住在挪威北部和某些特定的欠发展地区的雇员，按照较低的税率缴纳社会保障税，税率分别为 0、5.1%、6.4%、7.9% 或 10.6%。适用较低税率的地区由一项小型的国家补助计划支持，该计划可以对上述地区的每名雇主提供最多 53 万挪威克朗的支持。

社会保障税可以在计算公司所得税时税前扣除。

（二）对个人征收

1. 受雇人员

个人纳税人缴付的社会保障税的计税依据与对特定来源的所得全额征收的国家个人所得税附加税相同。雇佣所得（包括实物福利和董事报酬）的基本税率为 8.2%。养老金、终身年金以及 17 周岁以下、69 周岁以上的个人取得的雇佣所得减按 5.1% 的税率征税。

所得不超过 49 650 挪威克朗（2014 年第一笔所得低于 39 600 挪威克朗）的部分，免于缴纳社会保障税；超过的部分，缴纳的社会保障税不得高于超过部分所得的 25%。

个人应当缴纳的社会保障税在计算所得税时不允许扣除。

2. 自营业者

自营业者按照 11.4% 的税率缴纳社会保障税。

（孙红梅　编）

中国税制

目前，中国现行的税收制度由 18 个税种组成，一般分为三大类别：一是货物与劳务税类，包括增值税、消费税、车辆购置税、营业税（自 2016 年 5 月 1 日起暂停征收）、关税、烟叶税、城市维护建设税；二是所得税类，包括企业所得税、个人所得税、土地增值税；三是财产与行为税类，包括房产税、车船税、资源税、城镇土地使用税、耕地占用税、契税、印花税、船舶吨税。除关税、船舶吨税由海关部门征收外，其他 16 个税种由税务机关负责征收。消费税属于中央税，增值税、企业所得税、个人所得税为中央地方共享税，其他税种的收入基本上归属地方政府。2013 年，中国的税收总额占 GDP 比重为 19.4% 左右。

一、企业所得税

企业所得税是对企业的所得或收益征收的，是目前世界各国普遍征收的一种税收。2007 年 3 月 16 日，第十届全国人民代表大会第五次会议通过《中华人民共和国企业所得税法》，自 2008 年 1 月 1 日起施行。企业所得税分别由国家税务局和地方税务局负责征收管理，所得收入由中央政府与地方政府共享，是中央政府和地方政府税收收入的主要来源之一。2012 年，企业所得税收入为 22 007.9 亿元，占当年中国税收总额的 21.3%。

（一）纳税人

企业所得税的纳税人分为居民企业和非居民企业。

1. 居民企业，包括下列两类企业

（1）依法在中国境内成立的企业；

（2）依照外国（地区）法律成立，但是实际管理机构在中国境内的企业。

2. 非居民企业包括下列两类企业

（1）依照外国（地区）法律成立，实际管理机构不在中国境内，但是在中国境内设立机构、场所的企业；

（2）没有在中国境内设立机构、场所，但是有来源于中国境内所得的企业。

上述实际管理机构，指对企业的生产经营、人员、账务和财产等实施实质性全面管理和控制的机构。

非居民企业没有在中国境内设立机构、场所；或者虽然在中国境内设立机构、场所，但是取得的所得与其在中国境内所设机构、场所没有实际联系的，应当就其来源于中国境内的所得缴纳企业所得税。

上述来源于中国境内、场所的所得，可以按照以下原则确定：

（1）销售货物所得，按照交易活动发生地（通常为销货企业的营业机构所在地）确定；

（2）提供劳务所得，按照劳务发生地确定；

（3）转让财产所得、不动产转让所得按照不动产所在地确定，动产转让所得按照转让动产的企业和机构、场所所在地确定，权益性投资转让所得按照被投资企业所在地确定；

（4）股息、红利等权益性投资所得，按照分配所得的企业所在地确定；

（5）利息所得、租金所得、特许权使用费所得，按照负担、支付所得的企业和机构、场所所在地确定，或者按照负担、支付所得的个人的住所地确定；

（二）计税依据、税率

企业所得税以应纳税所得额为计税依据。企业应纳税所得额的计算，以权责发生制为原则，属于当期的收入和费用，不论款项是否收付，均作为当期的收入和费用；不属于当期的收入和费用，即使款项已经在当期收付，均不作为当期的收入和费用，但税法另有规定的除外。

企业本纳税年度的收入总额，减除不征税收入、免税收入、各项扣除和允许弥补的以前年度亏损以后的余额，为应纳税所得额，适用税率为25%，符合规定条件的企业，可以减按20%或者15%的税率缴纳企业所得税。

1. 纳税年度

纳税年度自公历1月1日起至12月31日止。企业在一个纳税年度中间开业，或者终止经营活动，使该纳税年度的实际经营期不足12个月的，应当以其实际经营期为一个纳税年度。企业依法清算的时候，应当以清算期间作为一个纳税年度。

2. 收入总额

企业以货币形式和非货币形式从各种来源取得的收入为收入总额。上述企业取得收入的货币形式，包括现金、存款、应收账款、应收票据、准备持有至到期的债券投资和债务的豁免等；企业取得收入的非货币形式，包括固定资产、生物资产、无形资产、股权投资、存货、不准备持有至到期的债券投资、劳务和有关权益等。企业以非货币形式取得的收入，应当按照公允价值，即按照市场价格确定的价值，确定收入额。

3. 不征税收入

收入总额中的下列收入为不征税收入：财政拨款、依法收取并纳入财政管理的行政事业性收费、政府性基金、国务院规定的其他不征税收入。

4. 免税收入

包括企业所得税法规定的免税收入和国务院规定的免税收入。

5. 扣除

企业实际发生的与取得收入有关的、合理的支出，包括成本、费用、税金、损失和其他支出，可以在计算应纳税所得额的时候按照规定的范围和标准扣除。

6. 捐赠

企业发生的公益性捐赠支出，在企业按照国家统一会计制度的计算的年度会计利润总额12%以内的部分，可以在计算应纳税所得额的时候扣除。

（三）资产的税务处理

企业的各项资产，包括固定资产、生物资产、无形资产、长期待摊费用、投资资产和存货等，以历史成本为计税基础。

1. 固定资产

固定资产按照下列方法确定计税基础：外购的固定资产，以购买价款、支付的相关税费和直接归属于该资产达到预定用途发生的其他支出为计税基础；自行建造的固定资产，以竣工结算以前发生的支出为计税基础；融资租入的固定资产，以租赁合同约定的付款总额和承租人在签订租赁合同过程中发生的相关费用为计税基础；租赁合同未约定付款总额的，以该资产的公允价值和承租人在签订租赁合同过程中发生的相关费用为计税基础；盘盈的固定资产，以同类固定资产的重置完全价值为计税基础；通过捐赠、投资、非货币性资产交换和债务重组等方式取得的固定资产，以该资产的公允价值和支付的相关税费为计税基础；改建的固定资产，除了已经足额提取折旧的固定资产改建支出和以经营租赁方式租入固定资产的改建支出作为长期待摊费用处理以外，以改建过程中发生的改建支出增加计税基础。

2. 生产性生物资产

生产性生物资产按照下列方法确定计税基础：外购的生产性生物资产，以购买价款和支付的相关税费为计税基础；通过捐赠、投资、非货币性资产交换和债务重组等方式取得的生产性生物资产，以该资产的公允价值和支付的相关税费为计税基础。

3. 无形资产

无形资产按照下列方法确定计税基础：外购的无形资产，以购买价款、支付的相关税费和直接归属于该资产达到预定用途发生的其他支出为计税基础；自行开发的无形资产，以开发过程中该资产符合资本化条件以后达到预定用途以前发生的支出为计税基础；通过捐赠、投资、非货币性资产交换和债务重组等方式取得的无形资产，以该资产的公允价值和支付的相关税费为计税基础。

4. 长期待摊费用

企业的下列支出作为长期待摊费用按照规定摊销的，可以扣除：已经足额提取折旧的固定资产的改建支出，按照固定资产预计尚可使用年限分期摊销；以经营租赁方式租入固定资产的改建支出，按照合同约定的剩余租赁期限分期摊销；固定资产的大修理支出，按照固定资产尚可使用年限分期摊销；其他应当作为长期待摊费用的支出，自支出发生月份的次月起分期摊销，摊销年限不得低于3年。

5. 投资资产

投资资产按照下列方法确定成本：通过支付现金方式取得的投资资产，以购买价款为成本；通过支付现金以外的方式取得的投资资产，以该资产的公允价值和支付的相关税费为成本。

6. 存货

存货按照下列方法确定成本：通过支付现金方式取得的存款，以购买价款和支付的相关税费为成本；通过支付现金以外的方式取得的存货，以该存货的公允价值和支付的相关税费为成本；生产性生物资产收获的农产品，以产出、采收过程中发生的材料费、人工费和分摊的间接费用等必要支出为成本。

7. 转让资产、财产

企业转让资产、财产，被转让资产、财产的净值可以在计算应纳税所得额的时候扣除。

（四）特别纳税调整

企业与其关联方之间的业务往来，不符合独立交易原则从而减少企业及其关联方应纳税收入、所得额的，税务机关有权按照合理的方法调整。

（1）可比非受控价格法，指按照没有关联关系的交易各方进行相同或者类似业务往来的价格定价的方法；

（2）再销售价格法，指按照从关联方购进商品再销售给没有关联关系的交易价格，减除相同或者类似业务的销售毛利定价的方法；

（3）成本加成法，指按照成本加合理的费用和利润定价的方法；

（4）交易净利润法，指按照没有关联关系的交易各方进行相同或者类似业务往来取得的净利润水平确定利润的方法；

（5）利润分割法，指将企业与其关联方的合并利润或者亏损在各方之间采用合理标准分配的方法；

（6）其他符合独立交易原则的方法。

企业与其关联方共同开发、受让无形资产，共同提供、接受劳务发生的成本，在计算应纳税所得额的时候，应当按照独立交易原则分摊，并可以与其关联方达成成本分摊协议。

（五）计税方法

企业的应纳税所得额乘以适用税率，减除按照企业所得税法的规定免征、减征和抵免的税额以后的余额，为应纳税额。

（1）居民企业来源于中国境内、境外的所得，非居民企业在中国境内所设机构、场所取得的来源于中国境内的所得和发生在中国境外但是与其在中国境内所设机构、场所有实际联系的所得，应当按照下列方法计算缴纳企业所得税：

应纳税所得额 = 收入总额 − 不征税收入 − 免税收入 − 各项扣除 − 允许弥补的以前年度亏损

应纳税额 = 应纳税所得额 × 适用税率 − 减免税额 − 抵免税额

（2）非居民企业没有在中国境内设立机构、场所，取得来源于中国境内的所得；或者虽然在中国境内设立机构、场所，但是取得来源于中国境内的所得与其在中国境内所设机构、场所没有实际联系，应当按照以下方法计算缴纳企业所得税：

应纳税额计算公式：

应纳税额 = 应纳税所得额 × 适用税率 − 减免的税额

（六）税收优惠

（1）企业的下列收入为免税收入：国债利息，2009 年以后年度发行的地方政府债券利息；符合条件的居民企业之间的股息、红利等权益性投资收益；在中国境内设立机构、场所的非居民企业从居民企业取得的与上述机构、场所有实际关系的股息、红利等权益性投资收益；符合条件的非营利组织的收入。

（2）企业从事下列项目的所得，可以免征企业所得税：蔬菜、谷物、薯类、油料、豆类、棉花、麻类、糖料、水果和坚果的种植；农作物新品种的选育；中药材的种植；林木的培育、种植；牲畜、家禽的饲养；林产品的采集；灌溉、农产品初加工、兽医、农技推广、农机作业和维修等农、林、牧、渔服务业项目。

（3）企业从事花卉、茶、其他饮料作物、香料作物的种植、海水养殖、内陆养殖的所得，可以减半征收企业所得税。

（4）企业从事国家重点扶持的公共基础设施项目投资经营（不包括企业承包经营、承包建设和内部自建自用项目）的所得，可以自项目建成并投入运营以后取得第一笔生产、经营收入所属纳税年度起，第一年至第三年免征企业所得税，第四年至第六的减半征收企业所得税。

（5）企业从事符合条件的环境保护、节能节水的所得，可以自项目取得第一笔生产、经营收入所属纳税年度起，第一年至第三年免征企业所得税，第四年至第六年减半征收企业所得税。

（6）居民企业取得技术转让所得，一个纳税年度以内所得不超过 500 万元的部分，可以免征企业所得税；超过 500 万元的部分，可以减半征收企业所得税。

（7）非居民企业没有在中国境内设立机构、场所，取得来源于中国境内的所得；或者虽然在中国境内设立机构、场所，但是取得来源于中国境内的所得与其在中国境内所设机构、场所没有实际联系，可以减按 10% 的税率征收企业所得税。中国政府与外国政府签订的有关税收协定有更优惠规定的，可以按照有关税收协定的规定执行。

（8）从事非国家限制和禁止的行业，并符合下列条件的小型微利企业，可以减按 20% 的税率征收企业所得税：工业企业，年度应纳税所得额不超过 30 万元，从业人数不超过 100 人，资产总额不超过 3 000 万元；其他企业，年度应纳税所得额不超过 30 万元，从业人数不超过 80 人，资产总额不超过 1 000 万元。

（9）拥有核心自主知识产权，并符合国家重点扶持的高新技术企业，可以减按 15% 的税率征收企业所得税。

（10）企业的下列支出，可以在计算应纳税所得额的时候加计扣除：企业为开发新技术、新产品和新工艺发生的研究开发费用，未形成无形资产计入当期损益的，可以在按照规定据实扣除的基础上，按照研究开发费用发生额的 50% 加计扣除；形成无形资产的，可以按照无形资产成本的 150% 摊销；企业安置残疾人员就业的，可以在按照规定将支付给残疾职工工资据实扣除的基础上，按照支付给残疾职工工资的 100% 加计扣除；企业安置国家鼓励安置的其他就业人员所支付的工资，加计扣除办法由国务院另行规定。

（11）创业投资企业采取股权投资方式投资于未上市的中小高新技术企业 2 年以上的，可以按照其投资额的 70%，在股权持有满 2 年的当年抵扣该创业投资企业的应纳税所得额；当年该创业投资企业的应纳税所得额不足抵扣的，可以在以后年度结转抵扣。

（12）企业以共生、伴生矿产资源，废水（废液）、废气和废渣，再生资源等资源作为主要原材料，生产非国家限制和禁止并符合国家和行业相关标准的产品取得的收入，可以减按 90% 计入收入总额。

（13）企业购置并使用规定的环境保护、节能节水和安全生产等专用设备的，该专业设备的投资额的10%可以抵免企业本纳税年度的应纳企业所得税；本纳税年度的应纳企业所得税不足抵免的，可以在以后5个纳税年度结转抵免。

二、个人所得税

个人所得税是目前世界各国普遍征收的一个税种。1980年9月10日，第五届全国人民代表大会第三次会议通过《中华人民共和国个人所得税法》，当日公布施行。2011年6月30日，第十一届全国人民代表大会常务委员会第二十一次会议对该法作了第六次修改，自当年9月1日起施行。

个人所得税主要由地方税务局负责征收管理，所得收入由中央政府与地方政府共享，是中央政府和地方政府税收收入的主要来源之一。2012年，个人所得税收入为5 820.3亿元，占当年中国税收总额的5.6%。

（一）纳税人

个人所得税以所得人为纳税人，具体分为下列两种情况：

（1）在中国境内有住所的个人（指由于户籍、家庭和经济利益关系而在中国境内习惯性居住的个人），在中国境内没有住所而在中国境内居住期满1年的个人，应当就其从中国境内、境外取得的全部所得缴纳个人所得税。

（2）在中国境内没有住所又不居住的个人，在中国境内没有住所而在中国境内居住不满1年的个人，应当就其从中国境内取得的所得缴纳个人所得税。

以上所说的在中国境内居住期满1年，指在一个纳税年度中在中国境内居住365日。

上述纳税年度，自公历1月1日起至12月31日止。上述日数包括个人出入中国国境的当日。

在中国境内、境外机构同时担任职务，或者在中国境外机构任职、在中国境内无住所的个人，在计算其中国境内工作期间的时候，出入中国境的当日均按照半天计算为在华实际工作天数。

（二）征税项目、税率和计税方法

个人所得税的征税项目一共设有11个，即工资、薪金所得，个体工商户的生产、经营所得，对企业、事业单位的承包经营、承租经营所得，劳务报酬所得，稿酬所得，特许权使用费所得，利息、股息和红利所得，财产租赁所得，财产转让所得，偶然所得，国务院财政部门确定征税的其他所得。

1. 工资、薪金所得的计税方法

工资、薪金所得，包括个人因任职、受雇取得的工资、薪金、奖金、年终加薪、劳动分红、津贴、补贴和其他所得。

在一般情况下，工资、薪金所得以纳税人本月取得的工资、薪金收入减除下列项目金额以后的余额为应纳税所得额，按照7级超额累进税率计算应纳个人所得税额：

（1）基本扣除额3 500元；

（2）个人按照规定缴纳的基本养老保险费、基本医疗保险费和失业保险费，缴存的住房公积金，缴付的年金；

（3）规定标准以内的公务用车和通信补贴。

表 1　　个人所得税税率表（工资、薪金所得适用）

级数	本月应纳税所得额	税率（%）	速算扣除数（元）
一	不超过 1 500 元的部分	3	0
二	超过 1 500 元至 4 500 元的部分	10	105
三	超过 4 500 元至 9 000 元的部分	20	555
四	超过 9 000 元至 35 000 元的部分	25	1 005
五	超过 35 000 元至 55 000 元的部分	30	2 755
六	超过 55 000 元至 80 000 元的部分	35	5 505
七	超过 80 000 元的部分	45	13 505

应纳税额计算公式：

应纳税所得额 = 工资、薪金所得 - 3 500 元 - 其他规定扣除项目

应纳税额 = 应纳税所得额 × 适用税率 - 速算扣除数

2. 个体工商户的生产、经营所得的计税方法

个体工商户的生产、经营所得计算缴纳个人所得税的时候，以纳税人本纳税年度的生产、经营收入减除与其收入相关的成本、费用、税金和损失以后的余额为应纳税所得额。

个体工商户的生产、经营所得，按照应纳税所得额和 5 级超额累进税率计算应纳个人所得税税额。

表 2　　个人所得税税率表（个体工商户的生产、经营所得和对企业、事业单位的承包经营、承租经营所得适用）

级数	本纳税年度应纳税所得额	税率（%）	速算扣除数（元）
一	不超过 15 000 元的部分	5	0
二	超过 15 000 元至 30 000 元的部分	10	750
三	超过 30 000 元至 60 000 元的部分	20	3 750
四	超过 60 000 元至 100 000 元的部分	30	9 750
五	超过 100 000 元的部分	35	14 750

应纳税额计算公式：

应纳税所得额 = 生产、经营收入 - 成本、费用、税金和损失

应纳税额 = 应纳税所得额 × 适用税率 - 速算扣除数

3. 个人独资企业和合伙企业个人投资者的生产、经营所得的计税方法

个人独资企业和合伙企业个人投资者的生产、经营所得，比照个体工商户的生产、经营所得缴纳个人所得税。

个人独资企业和合伙企业（以下简称企业）投资者的生产、经营所得，指企业本纳税年度的收入减除成本、费用、损失以后的余额。

个人独资企业和合伙企业的个人投资者以企业资金为本人、家庭成员和相关人员支付与企业生产、经营无关的消费性支出和购买汽车、住房等财产性支出，应当视为企业对个人投

资利润分配，并入投资者个人的生产、经营所得缴纳个人所得税。

4. 对企业、事业单位的承包经营、承租经营所得的计税方法

对企业、事业单位的承包经营、承租经营所得，个人承包经营、承租经营和转包取得的所得，包括个人按照经营合同分得的利润和工资、薪金性质的所得。承包人、承租人按照合同（协议）的规定，只向发包方、出租方交纳一定的费用，企业经营成果归承包人、承租人所有的，按照此项目缴纳个人所得税。如果承包人、承租人对企业的经营成果没有所有权，只是按照合同（协议）的规定取得一定的收入，则应当按照工资、薪金所得缴纳个人所得税。

对企业、事业单位的承包经营、承租经营在计算缴纳个人所得税的时候，以纳税人本纳税年度的收入减除必要费用（现规定每月可以减除 3 500 元）以后的余额为应纳税所得额，按照适用的《个人所得税税率表》计算应纳所得税税额。

5. 劳务报酬所得、稿酬所得、特许权使用费所得和财产租赁所得的计算方法

劳务报酬所得、稿酬所得、特许权使用费所得和财产租赁所得，按照纳税人每次取得的收入计算缴纳个人所得税。每次收入不超过 4 000 元的，减除费用 800 元；超过 4 000 元的，减除 20% 的费用，以其余额为应纳税所得额，按照 20% 的税率计算应纳所得税税额。

应纳税额计算公式：

应纳税所得额 = 应税项目收入 − 800 元或者应税项目收入的 20%

应纳税额 = 应纳税所得额 × 20%

劳务报酬所得，属于一次性收入的，以取得该项收入为一次；属于同一项目连续性收入的，以一个月之内的收入为一次。

对劳务报酬所得一次收入畸高的，可以加成征收个人所得税。具体的加征办法是：应纳税所得额超过 2 万元至 5 万元的部分，按照税法规定计算应纳个人所得税税额以后，再按照应纳税额加征五成；应纳税所得额超过 5 万元的部分，按照应纳税额加征十成。

根据税法的规定，稿酬所得可以按照应纳个人所得税税额减征 30% 。

特许权使用费所得，包括个人提供专利权、商标权、著作权、非专利技术和其他特许权的使用权取得的所得，以一项特许权的一次许可使用取得的收入为一次。

财产租赁所得，包括个人出租建筑物、土地使用权、机器、车辆、船舶和其他财产取得的所得，以纳税人一个月之内取得的收入为一次。

6. 财产转让所得的计税方法

财产转让所得，包括个人转让有价证券、股权、建筑物、土地使用权、机器、车辆、船舶和其他财产取得的所得。在计算缴纳个人所得税的时候，以纳税人转让财产取得的收入减除被转让财产的原值、合理费用和在财产转让过程中缴纳的有关税费（如出售住房的时候缴纳的原营业税、城市维护建设税、土地增值税、印花税和教育费附加）以后的余额为应纳税所得额，按照 20% 的税率计算应纳税额。

应纳税额计算公式：

应纳税所得额 = 财产转让收入 − 财产原值 − 合理费用 − 有关税费

应纳税额 = 应纳税所得额 × 20%

7. 利息、股息和红利所得，偶然所得和其他所得的计税方法

利息、股息和红利所得，指个人拥有债权、股权而取得的利息（包括存款利息、贷款利息和债券利息等），股息，红利。

应纳税额计算公式：

应纳税额 = 每次收入 × 适用税率

（三）免税、减税

下列项目可以免征个人所得税：

各省、自治区和直辖市人民政府，国务院各部门，中国人民解放军军以上单位，外国组织、国际组织颁发的科学、教育、技术、文化、卫生、体育和环境保护等方面的奖金。

财政部发行的债券和经国务院批准发行的金融债券利息。教育储蓄存款利息；国家财政部门确定的其他专项储蓄存款或者储蓄性专项基金存款利息；2009 年以后年度发行的地方政府债券利息。

按照国务院规定发给的政府特殊津贴和国务院规定免税的补贴、津贴。

福利费，抚恤金，救济金，保险赔款，军人的置业费、复员费，按照国家统一规定发给干部、职工的安家费、退职费、退休工资、离休工资和离休生活补助费，按照中国有关法律规定应当免税的外国驻华使馆、领事馆的外交代表、领事官员和其他人员的所得，中国政府参加的国际公约、签订的国际协议中规定免税的所得，企业、事业单位按照国家或者所在省（自治区、直辖市）人民政府的规定实际缴付的基本养老保险费、基本医疗保险费和失业保险费，个人实际领（支）取原来提存的基本养老保险费、基本医疗保险费、失业保险费和住房公积金的时候，也可以免征个人所得税。

生育妇女按照县级以上人民政府根据国家有关规定制定的生育保险办法，取得的生育津贴、生育医疗费和其他生育保险性质的津贴、补贴。

工伤职工及其近亲属按照国务院发布的《工伤保险条例》取得的工伤保险待遇。

（四）纳税方式

个人所得税以支付所得的单位、个人为扣缴义务人。扣缴义务人应当按照国家规定办理全员全额扣缴申报，即在代扣税款的次月以内，向税务机关报送其支付所得个人的基本信息、支付所得项目和数额、扣缴税款数额和其他相关涉税信息。

扣缴义务人代扣个人所得税税款的时候，纳税人要求扣缴义务人开具代扣税款凭证的，扣缴义务人应当开具。

纳税人受雇于中国境内的企业、其他经济组织和政府并被派往中国境外工作，其所得由派出单位支付或者负担的，派出单位为个人所得税扣缴义务人；其所得由所任职、受雇的中国境外中方机构支付、负担的，可以委托其中国境内派出（投资）机构代征个人所得税。

纳税人有下列情形之一的，应当按照规定到税务机关办理个人所得税纳税申报：

年所得 12 万元以上的（不包括在中国境内无住所，且在一个纳税年度中在中国境内居住不满 1 年的个人）；从中国境内两处以上取得工资、薪金所得的；从中国境外取得所得的（包括在中国境内有住所的个人，无住所而在一个纳税年度中在中国境内居住满 1 年的个人）；取得应纳税所得，没有扣缴义务人的；国务院规定的其他情形。

自行申报的纳税人，在申报缴纳个人所得税的时候，其在中国境内已经扣缴的个人所得税税款，可以按照规定从应纳个人所得税税额中扣除。

三、增值税

增值税是对销售货物、提供劳务过程中增加的价值和进口货物的价值征收的，是目前各国普遍征收的一种税种。1993 年 12 月 13 日，国务院发布《中华人民共和国增值税暂行条例》，自 1994 年 1 月 1 日起施行。2008 年 11 月 10 日，国务院对该条例作了修订，自 2009 年 1 月 1 日起施行。2012 年起，经国务院批准、财政部、国家税务总局开始选择部分行业，逐步实施营业税改征增值税试点。自 2016 年 5 月 1 日起，经国务院批准，在建筑业、不动产业、金融业、生活服务业实施营业税改征增值税试点，并扩大不动产抵扣范围。

增值税由国家税务总局负责征收管理（进口环节的增值税由海关代为征收管理），收入由中央政府与地方政府共享，是中央政府财政收入最主要的来源，也是地方政府税收收入的主要来源之一。2012 年，增值税收入为 30 033. 4 亿元，占当年中国税收总额的 29. 1% 。

（一）纳税人

增值税的纳税人，包括在中国境内销售、进口货物，提供加工、修理的修配劳务（以下简称应税劳务），提供交通运输业、邮政业金融业（以下简称应税服务）等企业、行政单位、事业单位、军事单位、社会团体、其他单位、个体工商户和其他个人。

销售货物，指有偿转让货物的所有权；提供应税劳务，指有偿提供应税劳务，但是不包括单位、个体工商户聘用的员工为本单位、雇主提供上述劳务；提供应税服务，指有偿提供应税服务，但是不包括非营业活动中提供的应税服务。

纳税人分为一般纳税人和小规模纳税人，符合下列标准的为一般纳税人，否则为小规模纳税人：

生产货物、提供应税劳务的纳税人，生产货物、提供应税劳务为主，并兼营货物批发、零售的纳税人，应税货物、劳务年销售额超过 50 万元的；其他纳税人、应税货物、劳务年销售额超过 80 万元的。

提供应税服务的试点企业纳税人，应税服务的年应征增值税销售额（以下简称应税服务年销售额）超过 500 万元的，不包括其他个人。

（二）征税范围、税率

适用 13% 税率的征税范围：农业产品；粮食复制品；食用植物油；自来水；暖气、热气、热水和冷气；煤气；石油液化气；天然气；沼气；居民用煤炭制品；图书、报刊、音像制品和电子出版物；饲料；化肥；农药；农用机械；农用塑料薄膜；食用盐；二甲醚。

适用 11% 税率的征税范围：交通运输服务（铁路运输服务、水路运输服务、航空运输服务、管道运输服务）；邮政业服务（邮政普遍服务、邮政特殊服务、其他邮政服务）；建筑业；不动产业；电信业（增值服务）。

适用 6% 税率的征税范围：规定的代理服务业服务（研究和技术服务、信息技术服务、文化创意服务、物流辅助服务、鉴证咨询服务、广播影视服务）；电信业（基础服务）；金融业；生活服务业。

其他货物和服务均适用 17% 基本税率。出口货物和规定的应税服务适用零税率。

（三）计税方法

1. 一般计税方法

一般纳税人销售货物，提供应税劳务、应税服务，适用一般计税方法计税。

一般纳税人在计算应纳增值税税额的时候，应当分别计算其当期销项税额和进项税额，然后以销项税额扣除进项税额之后的余额为应纳税额。

应纳税额计算公式：

应纳税额 = 当期销项税额 - 当期进项税额

纳税人销售货物和提供应税服务，采用销售额与销项税额合并定价方法的，应当按照下列公式计算不含增值税的销售额：

不含增值税销售额 = 含增值税销售额/（1 + 增值税适用税率）

下列进项税额可以抵扣销项税额：

（1）纳税人购进货物和接受应税服务，从销售提供方取得的增值税专用发票上注明的增值税税额。

（2）纳税人进口货物，从海关取得的海关进口增值税专用缴款书上注明的增值税税额。

（3）纳税人购进农产品，除了取得增值税专用发票和海关进口增值税专用缴款书以外，按照农产品收购发票或者销售发票上注明的农产品买价和13%的扣除率计算的进项税额。

进项税额计算公式：

进项税额 = 买价 × 13%

下列项目的进项税额不能抵扣销项税额：

（1）用于适用简易计税方法计税项目、非增值税应税项目、免征增值税项目、集体福利和个人消费的购进货物、接受的应税劳务和应税服务。其中涉及的固定资产、专利技术、非专利技术、商誉、商标、著作权和有形动产租赁，仅指专用于上述项目者。

（2）非正常损失的购进货物和相关的应税劳务、交通运输服务。

上述非正常损失，指由于管理不善造成的被盗、丢失和霉烂变质的损失，执法部门依法没收和强令自行销毁的货物。

（3）非正常损失的在产品、产成品所消耗的购进货物（不包括固定资产）、应税劳务和交通运输服务。

（4）财政部、国家税务总局规定的纳税人自用消费品。

（5）接受的旅客运输服务。

2. 简易计税方法

小规模纳税人销售货物和提供应税劳务、应税服务，适用简易计税方法计税。

小规模纳税人在计算应纳增值税税额的时候，应当以销售货物和提供应税劳务、应税服务取得的销售额为计税依据，按照3%的征收率，计算应纳税额，连同销售价款一并向购买、接受方收取。

应纳税额计算公式：

应纳税额 = 销售额 × 3%

小规模纳税人销售货物和提供应税劳务、应税服务，销售额中不包括应纳增值税税额。纳税人采用销售额与应纳增值税税额合并定价方法的，应当按照下列公式计算不含应纳增值税的销售额：

不含增值税销售额 = 含增值税销售额 ÷ （1 + 3%）

（四）免税、减税

下列项目可以免征增值税：

（1）种子、种苗、农用塑料薄膜、有机肥产品和规定的农业机械、化肥、农药、饲料等农业生产资料，农业（包括种植业、养殖业、林业、牧业和水产品）生产单位和个人销售的资产初级农业产品。

农民专业合作社销售本社成员生产的农业产品，可以视同农业生产者销售自产农业产品免征增值税。

农民专业合作社向本社成员销售的种子、种苗、化肥、农药、农用塑料薄膜、农业机械，可以免征增值税。

从事蔬菜和部分鲜活肉蛋产品批发、零售的纳税人销售的蔬菜和部分鲜活肉蛋产品，也可以免征增值税。

（2）来料加工复出口的货物。

（3）企业为生产中国科学技术部制定的《国家高新技术产品目录》中所列的产品而进口的规定的自用设备和按照合同随同设备进口的配套技术、配件和备件。

（4）外国政府和国际金融组织贷款项目进口的自用设备（国家另有规定者除外）。

（5）企业为引进中国科学技术部制定的《国家高新技术产品目录》中所列的先进技术而向中国境外支付的软件费。

（6）避孕药品和用具。

（7）向社会收购的古旧图书。

（8）国家规定的科学研究机构、学校和科技类民办非企业单位，以科学研究和教学为目的，在合理数量范围以内进口国内不能生产或者性能不能满足需要的科学研究和教学用品。

（9）直接用于农业科研、试验的进口仪器、设备。

（10）外国政府、国际组织无偿援助、赠送的进口物资和设备，外国政府国际组织无偿援助项目在中国境内采购的货物。

（11）中国境外的自然人、法人和其他组织按照规定无偿向受赠人捐赠进口的直接用于扶贫、慈善事业的物资。

（12）中国境外的捐赠人按照规定无产捐赠的直接用于各类职业学校、高中、初中、小学和幼儿园教育的教学仪器、图书、资料和一般学习用品。

（13）符合国家规定的进口供残疾人专用的物品。

（14）国家批准的免税品经营企业销售给免税店的进口免税货物。

（15）个人销售自己使用过的物品。

（16）承担粮食收储任务的国有粮食购销企业销售的粮食、其他粮食企业经营的军队用粮、救灾救济粮食和水库移民口粮、销售政府储备食用植物油。

（17）军事工业企业、军队和公安、司法等部门所属企业和一般企业生产的规定的军、警用品。

（18）专供残疾人使用的假肢、轮椅和矫形器。

（19）残疾人个人提供的应税劳务、应税服务。

（20）销售自产的以建（购）筑废物、煤矸石为原料生产的建筑砂石骨料，再生水；垃圾、污泥和污水处理劳务。

（21）血站供给医疗机构的临床用血。

（22）非营利性医疗机构自产自用的制剂。营利性医疗机构取得的收入直接用于改善医疗卫生条件的，自其取得执业登记之日起 3 年以内，自产自用的制剂也可以免征增值税。

（23）小规模纳税人出口的货物，国家规定不予退（免）增值税的货物除外。

（24）边境居民通过互市贸易进口规定范围以内的生活用品，每人每日价值人民币 8 000 元以下的部分，可以免征进口环节的增值税。

（25）个人转让著作权。

（26）航空公司提供飞机播撒农药服务。

（27）技术转让、技术开发和与之相关的技术咨询、技术服务。

（28）符合条件的节能服务公司实施合同能源管理项目中提供的应税服务。

（29）中国邮政集团公司及其所属邮政企业提供的邮政普遍服务、邮政特殊服务。

（30）国际货物运输代理服务。

（31）其他属于 2016 年 5 月 1 日营业税改征增值税试点办法明确的免税项目。

（五）出口退（免）税

1. 适用增值税退（免）税的出口货物和应税劳务、应税服务

（1）出口企业出口货物、包括自营出口货物、委托出口货物。

（2）出口企业和其他单位视同出口货物；出口企业对外援助、对外承包和中国境外投资的出口货物；

（3）出口企业对外提供应税劳务，指对进境复出口货物、从事国际运输的运输工具进行的加工、修理和修配。

（4）适用增值税零税率的应税服务。

2. 增值税退（免）税办法

适用增值税退（免）税规定的出口货物和应税劳务、应税服务，按照下列规定实行免抵退税或者免退税办法：

（1）免抵退税办法。生产企业出口自产货物、视同自产货物，对外提供应税劳务，列名生产企业出口非资产货物，免征增值税，相应的进项税额抵减应纳税税税额（不包括适用增值税即征即退、先征后退规定的应纳增值税税额），抵减不完的部分予以退还。

（2）免退税办法。不具有生产能力的出口企业（以下简称外贸企业）和其他单位出口货物、劳务，免征增值税，相应的进项税额予以退还。

3. 增值税退税率

除财政部、国家税务总局根据国务院的决定明确的增值税退税率以外，出口货物的增值税退税率为其增值税适用税率。除另有规定者以外，其执行时间以出口货物报关单（出口退税专用）上注明的出口日期为准。

4. 增值税退（免）税的主要计税依据

出口货物和应税劳务、应税服务的增值税退（免）税的计税依据，分别按照出口货物

和应税劳务、应税服务的出口发票（外销发票），其他普通发票，购进出口货物和应税劳务、应税服务的增值税专用发票，海关进口增值税专用缴款书确定。

5. 增值税免抵退税和免退税的计算

（1）生产企业出口货物和应税劳务、应税服务增值税免抵退税，按照下列公式计算：

当期应纳税额：

当期应纳税额 = 当期销项税额 －（当期进项税额 － 当期不得免征和抵扣税额）

当期免抵退税额：

当期免抵退税额 = 当期出口货物离岸价 × 外汇人民币折合率 × 出口货物退税率 － 当期免抵退税额抵减额

如果当期期末留抵税额不超过当期免抵退税额，则当期应退税额等于当期期末留抵税额，当期免抵退税额与当期应退税额之差。如果当期期末留抵税额超过当期免抵退税额，则当期应退税额等于当期免抵退税额，当期免抵税额为0。

（2）外贸企业出口货物和应税劳务、应税服务增值税免退税，按照下列公式计算：

外贸企业出口委托加工、修理和修配货物：

应退税额 = 委托加工、修理和修配货物的退（免）税计税依据 × 出口货物退税率

外贸企业出口的其他货物：

应退税额 = 退（免）税计税依据 × 出口货物退税率

（3）增值税退税率低于增值税适用税率的，相应计算出的差额部分的税款计入出口货物和应税劳务、应税服务成本。

（4）出口企业既有使用增值税免抵退项目，也有增值税即征即退、先征后退项目的，增值税即征即退、先征后退项目不参与出口项目免抵退税计算。

四、消费税

消费税是对规定的消费品征收的，目前世界上大部分国家都征收特定消费税。1993 年 12 月 13 日，国务院发布《中华人民共和国消费税暂行条例》，自 1994 年 1 月 1 日起施行。2008 年 11 月 10 日，国务院对该条例作了修订，自 2009 年 1 月 1 日起施行。

消费税由国家税务局负责征收管理（进口环节的消费税由海关代为征收管理），消费税收入归中央政府所有，是中央政府财政收入的主要来源之一。2012 年，消费税收入为 8 862.1 亿元，占当年中国税收总额的 8.6%。

（一）纳税人

消费税的纳税人，包括在中国境内生产（金、银首饰在零售环节）和进口应税消费品的企业和个人。

（二）税目、税率（税额标准）

消费税一共设有 14 个税目，分别采用比例税率、固定税额标准和复合税率，详见《消费税税目、税率（税额标准）表》（见表 3）。

表 3　消费税税目、税率（税额标准）

税目	征收范围	税率（税额标准）
一、烟		
（一）卷烟 1. 甲类卷烟	包括每标准条（200 支）调拨价格在 70 元（不包括增值税）以上的卷烟、进口卷烟和国家规定的其他卷烟	销售额 ×56% + 每支 0.003 元
2. 乙类卷烟	包括每标准条（200 支）调拨价格不足 70 元（不包括增值税）的卷烟	销售额 ×36% + 每支 0.003 元
3. 卷烟批发		5%
（二）雪茄烟		36%
（三）烟丝	包括斗烟、莫合烟、烟末、水烟和黄红烟丝等	30%
二、酒、酒精		
（一）白酒		销售额 ×20% + 每 500 克（500 毫升）0.5 元
（二）黄酒		每吨 240 元
（三）啤酒 1. 甲类啤酒	每吨出厂价格在 3 000 元（不包括增值税）以上的，娱乐业、饮食业自制的	每吨 250 元
2. 乙类啤酒	每吨出厂价格不足 3 000 元（不包括增值税）的	每吨 220 元
（四）其他酒	包括糠麸白酒、其他原料白酒、土甜酒、复制酒、果木酒、汽酒和药酒等	10%
（五）酒精	包括工业酒精、医用酒精和食用酒精	5%
三、化妆品	包括香水、香水精、香粉、口红、指甲油、胭脂、眉笔、唇笔、蓝眼油和眼睫毛，高档护肤类化妆品，成套化妆品	30%
四、贵重首饰、珠宝玉石		
（一）金、银首饰，铂金首饰，钻石、钻石饰品	包括各种金银珠宝首饰和经采掘、打磨、加工的各种珠宝玉石	5%
（二）其他贵重首饰、珠宝玉石		10%
五、鞭炮、烟火	包括各种鞭炮、焰火，通常分为喷花类、旋转类、旋转升空类、火箭类、吐珠类、线香类、小礼花类、烟雾类、造型玩具类、爆竹类、摩擦炮类、组合烟花类和礼花弹类	15%
六、成品油		
（一）汽油 （二）柴油 （三）航空煤油 （四）石脑油 （五）溶剂油 （六）润滑油 （七）燃料油	包括车用汽油和航空汽油 包括汽油、柴油、航空煤油和溶剂油以外的各种轻质油	每升 0.8 元 ~1.4 元

续表

税目	征收范围	税率（税额标准）
七、汽车轮胎	包括各种汽车、挂车、专用车和其他机动车使用的内胎、外胎	3%
八、摩托车		
（一）排气量不超过250毫升的	包括轻便摩托车和摩托车（两轮车、边三轮车和正三轮车）	3%
（二）排气量超过250毫升的		10%
九、小汽车		
（一）乘用车	不超过9个座位	1% ~40%
（二）中轻型商用客车	10个座位至23个座位	5%
十、高尔夫球和球具	包括高尔夫球、高尔夫球杆和高尔夫球包（袋）	10%
十一、高档手表	包括销售价格（不包括增值税）在1万元以上的各类手表	20%
十二、游艇		10%
十三、木制一次性筷子		5%
十四、实木地板	包括各类规格的实木地板、实木指接地板、实木复合地板和用于装饰墙壁、天棚的侧断面为榫、槽的实木装饰板	5%

消费税税目、税率（税额标准）的调整，由国务院决定。《消费税税目、税率（税额标准）表》中所列应税消费品的具体征税范围，由财政部、国家税务总局确定。

纳税人兼营适用不同消费税税率（税额标准）的应税消费品，应当分别核算其销售额、销售数量。如果纳税人没有分别核算不同的应税消费品的销售额、销售数量，或者将适用不同税率（税额标准）的应税消费品组成成套消费品销售，税务机关在征收消费税的时候从高适用税率（税额标准）。

（三）计税方法

消费税的计税方法包括一般计税方法、自产自用应税消费品的计税方法、委托加工应税消费品的计税方法、进口应税消费品的计税方法和核定征税。

1. 一般计税方法

消费税一般采用从价计税和从量计税两种方法计算应纳税额；从价计税者应当以应税消费品的销售额为计税依据，按照适用税率计税（如化妆品、小汽车）；从量计税应当以应税消费品的销售数量为计税依据，按照适用税额标准计税（如啤酒、汽油）。

应纳税额计算公式：

应纳税额 = 应税消费品销售额 × 适用税率

应纳税额 = 应税消费品销售数量 × 适用税额标准

采用复合计税方法计算应纳消费税税额的，将以上两个计算公式结合使用即可（如卷烟、粮食白酒和薯类白酒）。

应纳税额计算公式：

应纳税额 = 应税消费品销售额 × 适用税率 + 应税消费品销售数量 × 适用税额标准

应税消费品的销售额，指纳税人销售应税消费品向购买方收取的全部价款和价外费用，不包括向购买方收取的增值税税款。

2. 自产自用应税消费品的计税方法

自产自用的应税消费品，用于连续生产应税消费品的（指纳税人将自产自用的应税消费品作为直接材料生产最终应税消费品，自产自用应税消费品构成最终应税消费品的实体），通常不缴纳消费税（但是，用自产汽油生产的乙醇汽油，按照生产乙醇汽油耗用的汽油数量申报缴纳消费税）；用于其他方面的（包括生产非应税消费品、在建工程、管理部门、非生产机构、提供劳务、馈赠、赞助、集资、广告、样品、职工福利和奖励等），在移送使用环节缴纳消费税。

采用从价计税方法计算应纳消费税税额的，以纳税人生产的同类消费品的销售价格为计税依据，按照适用税率计算应纳税额；没有同类产品销售价格的，以组成计税价格为计税依据，按照适用税率计算应纳税额。

应纳税额计算公式：

应纳税额 = 组成计税价格 × 适用税率

$$组成计税价格 = \frac{成本 + 利润}{1 - 适用税率}$$

3. 委托加工应税消费品的计税方法

委托加工的应税消费品，指由委托方提供原料和主要材料，受托方只收取加工费和代垫部分辅助材料加工的应税消费品。除了委托方为个人以外，这类应税消费品均由受托方在向委托方交货环节代收代缴消费税。委托方将委托加工的应税消费品用于连续生产应税消费品的，已经缴纳的消费税可以按照规定予以抵扣。

委托方将收回的应税消费品以不高于受托方的计税价格出售的，不再缴纳消费税；以高于受托方的计税价格出售的，应当申报缴纳消费税，并且可以在计税时扣除受托方已经代收代缴的消费税。

委托个人加工的应税消费品，由委托方收回之后缴纳消费税。

采用从价计税方法计算应纳消费税税额的，以受托方同类消费品的销售价格为计税依据，按照适用税率计算应纳税额；没有同类消费品销售价格的，以组成计税价格为计税依据，按照适用税率计算应纳税额。

应纳税额计算公式：

应纳税额 = 组成计税价格 × 适用税率

$$组成计税价格 = \frac{材料成本 + 加工费}{1 - 适用税率}$$

4. 进口应税消费品的计税方法

进口的应税消费品，采用从价计税方法计算应纳消费税税额的，以组成计税价格为计税依据，按照适用税率计算应纳税额。

应纳税额计算公式：

应纳税额 = 组成计税价格 × 消费税适用税率

$$组成计税价格 = \frac{关税完税价格 + 关税}{1 - 消费税适用税率}$$

5. 核定征税

如果纳税人申报的应税消费品的计税价格明显偏低，又没有正当的理由，税务机关或海关可以按照核定的计税价格征收消费税：

卷烟、白酒和小汽车的计税价格由国家税务总局核定，报财政部备案；

其他应税消费品的计税价格由省级国家税务局核定；

进口的应税消费品的计税价格由海关核定。

（四）免税、减税和退税

除了出口的应税消费品可以退（免）消费税以外，消费税的主要免税、减税规定如下：

1. 下列项目可以免征进口环节的消费税：

（1）国家规定的科学研究机构、学校和科技类民办非企业单位，以科学研究和教学为目的，在合理数量范围以内进口国内不能生产或者性能不能满足需要的科学研究和教学用品；

（2）外国政府、国际组织无偿赠送的进口物资；

（3）边境居民通过互市贸易进口规定范围以内的生活用品，每人每日价值人民币 8 000 元以下的部分。

2. 下列项目可以免征消费税：

（1）成品油生产企业在生产成品油过程中作为燃料、动力和原料消耗的自产成品油，用外购和委托加工收回的已税汽油生产的乙醇汽油，利用废弃动植物油脂生产的纯生物柴油；

（2）子午线轮胎；

（3）外国驻华使馆、领事馆及其有关人员购买的列名的中国生产的应税消费品。

航空煤油暂缓征收消费税。

纳税人销售的应税消费品，由于质量等原因由购买者退回的时候，经机构所在地或者居住地税务机关审核批准，可以退换已经缴纳的消费税。

（李万甫　崔景华　编）

波兰税制

波兰主要有公司所得税、个人所得税、工薪税（社会保障税）、资本税（不动产税）、增值税、资本税、交易税、印花税、不动产税、遗产和赠与税、矿产开采税、博彩税等。

一、公司所得税

（一）一般规定

1. 税制类型

波兰公司所得税税制属于古典税制。所谓“古典税制”，是指企业的全部所得首先在企业层面征税，企业分配给股东（企业或个人，居民或非居民）的利润通过最终预提税形式再次征税。公司所得税就应税经营所得和应税资本利得征税。居民企业应就其来源于波兰境内、境外的所得缴纳公司所得税，而非居民企业仅就其来源于波兰境内的所得缴纳公司所得税。

2. 纳税人

公司所得税的纳税人包括股份公司、有限责任公司、国有企业、合伙企业、合并纳税企业集团和波兰股份合伙公司。但是，有限合伙企业属于税收上的透明实体，企业合伙人就各自持有股份应享有的利润纳税。外国合伙企业在其居民国承担无限纳税义务的，且有来源于波兰境内的所得，将被视为波兰的法人纳税人缴纳公司所得税。投资基金和养老基金（包括位于欧洲经济区的投资基金和养老基金）免征公司所得税。

非居民纳税人在波兰设立的常设机构，应当就其来源于波兰境内的所得缴纳公司所得税。居民企业，是指法定注册地或实际管理机构所在地位于波兰境内的企业。波兰境内处于筹建期的企业，也可视为居民企业。

3. 应纳税所得额

居民企业应当就其来源于波兰境内、境外的全部所得缴纳公司所得税。企业计算应纳税所得额时应以会计利润为基础，根据税收规定进行纳税调整确定。

一般而言，收入采用权责发生制进行确认，而利息采用收付实现制进行确认。外币汇兑收益既可以采用收付实现制，也可以采用权责发生制。

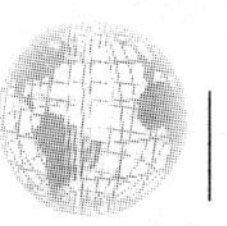

对会计核算不健全、无法准确计算应纳税所得额的非居民纳税人，适用特殊方法计算应纳税所得。

（1）免税收入。居民企业取得的特定收入免征公司所得税，包括：符合条件的股息红利收入；中央政府或地方政府财政补贴：外国政府或国际组织（如北大西洋公约组织和欧盟）的特定补助等。

在波兰，设在经济特区的企业取得的收入在法定最高限额内免征公司所得税。还有对资本利得免税的相关规定。

（2）扣除。一般而言，除法律另有明确规定外，企业为取得应税收入或为维持和保证收入来源而发生的支出，准予在计算应纳税所得额时扣除。

①可扣除支出。企业实际发生并支付的利息准予税前扣除，已经发生但尚未支付的利息不得税前扣除。除税法另有规定外，特许权使用费和管理费准予税前扣除。企业购买新技术的费用（包括研发费用）按规定比例进行扣除。企业对社会团体的公益性捐赠支出，不超过纳税人所得10%的部分准予扣除。企业按法律规定计算的资产折旧和摊销准予扣除。

②不可扣除支出。企业在计算应纳税所得额时，下列支出不得扣除：向投资者支付的股息、红利等权益性投资收益款项；土地购置成本或为取得土地永久使用权发生的费用，但不包括为取得土地永久使用权分期支付的款项；购买、制造固定资产和无形资产发生的费用；机动车的折旧费；机动车价值超过2万欧元，对其超出2万欧元部分投保发生的保险费支出；已计提尚未偿付的负债发生的利息；纳税人自有资本产生的利息；追加资本投入、股息以及其他企业分配产生的利息；超过资本弱化规定限制的利息支出；已赎回债务（之前计入应收账款的除外）；向各类基金支付的款项，不包括法律规定的强制性缴款；为职工缴付的人寿保险费，另有规定的除外；罚金和税收罚款；税收滞纳金；与免税收入相关的支出；管理层、监事会和审计委员会成员的福利支出（不包括薪酬）；业务招待费，如商务午餐、食品和饮料。

（3）折旧与摊销。计提的与取得收入相关的折旧，准予税前扣除。企业计提资产折旧属于法律强制性规定，不得推迟计提。只有用于经营活动的资产，才能计提折旧扣除。出售不计提折旧的资产，其购置成本可以在出售时全额扣除。

通常，固定资产采用直线法计提折旧。特定类型的固定资产采用余额递减法计提折旧。常见固定资产的折旧率如表1所示：

表1

资产类型	年折旧率（%）
房屋、建筑物	1.5
矿山机械设备	18.0
通用机械设备	10.0
电脑	30.0
交通工具	4.5
工具和其他设备	20.0
收银机	20.0
移动电话	20.0

无形资产的最低摊销期限如下：计算机软件和知识产权，为24个月；电影、电视和广播特许经营许可证，为24个月；研发过程中发生的费用，为12个月；其他无形资产（含外购商誉），为60个月。

下列资产不得计提折旧或摊销：土地和土地的永久使用权；特定的房屋和建筑物；自创商誉；艺术品和博物馆展品。

波兰有加速折旧的相关规定。

（4）准备金。企业计提的坏账准备，符合以下条件之一的，可在计算应纳税所得额时扣除：债务人死亡；债务人清算或破产；债务人提起债务清算的请求；银行启动强制执行程序。

金融机构提取准备金，适用特殊规则。

4. 资本利得

波兰不单独征收资本利得税。纳税人处置固定资产、无形资产和其他资产（如股票）取得的所得，在取得的当年计入一般经营所得总额，按照基本税率缴纳公司所得税。通常，资本利得等于处置资产的收入和账面净值之间的差额。

根据欧盟并购指令的规定，纳税人以非货币性资产投资入股取得的资本利得，满足一定条件的，可延期缴纳公司所得税。该规定所称的“延期纳税”，是指以非货币性资产出资所获得的股权在转让时纳税。自2015年1月1日起，该延期纳税规定也适用于以商业化知识产权（如专有技术、专利、版权、许可证）进行实物出资所产生的资本利得。该规定所称的“延期纳税”，是指纳税人取得股权当年之后第5年再就相关资本利得纳税。

企业处置持有5年以上的农业资产（农场）取得的资本利得免征公司所得税，“5年”的期限自购置农业资产当年的年末起算。

5. 亏损

（1）一般亏损。企业发生的亏损，可以结转以后五个纳税年度弥补。企业每年实际弥补的亏损额至多不超过可弥补亏损额的50%。企业发生的亏损，不得向以前年度结转。

企业发生合并、分立或并购的，亏损不能结转以后年度弥补（另有规定的除外）。

企业集团内部的亏损弥补和境外亏损的税务处理另有规定。

（2）资本损失。企业经营性固定资产发生的资本损失，可以从一般营业所得中扣除。

6. 税率

（1）一般所得和资本利得适用税率。公司所得税税率为19%。波兰对资本利得不单独适用特别税率。

（2）国内支付的预提税适用税率。居民企业之间的股息、红利等权益性投资收益，按照19%的税率缴纳最终预提税。向非居民企业支付款项的预提税适用税率另有规定。

7. 税收优惠

（1）加速折旧。企业新购进符合条件的固定资产可以享受加速折旧政策。波兰税法明确规定了可享受加速折旧优惠政策的固定资产种类，具体包括：通用机械设备；化工业、农业、食品工业和建筑活动中使用的机械设备。

以下类型的企业，新购进特定固定资产的，可以选择一次性扣除相关资产的购置成本，但年度扣除总额不得超过5万欧元（2015年换算成波兰货币即为20.9万波兰兹罗提）：年营业额（含增值税）低于120万欧元（2015年换算成波兰货币单位即为501.5万波兰兹罗

提）的小微企业；新办企业。

（2）区域税收优惠（经济特区）。波兰于1994年修改了《经济特区法》，引入了专门鼓励到经济特区投资的税收优惠政策。目前，波兰已建立14个经济特区，特区制度执行至2026年12月31日。自2001年1月1日起，《政府补助法》修改了税收优惠的规则，取代了经济特区的原税收优惠制度。但是，2001年1月1日以前获准在经济特区经营的企业仍适用原税收优惠制度。

因此，2001年1月1日以后获准在经济特区生产经营的企业，且在经济特区投资10万欧元以上的，可以按现有税收优惠规则（2001）获得政府补贴。补贴额不超过该经济特区政府区域性补贴的最高限额，即符合规定的支出金额的30%～50%（不同特区的金额有所不同）。其中，小微企业的最高限额可以上调20%，中型企业可以上调10%。

企业在经济特区新增投资金额或者创造新的就业机会的，有资格享受政府区域性补贴。

企业因新增投资而享受政府区域性补贴，在计算最高限额时符合规定的支出包括：土地购置成本，最高不超过投资总支出的5%；建筑成本，最高不超过投资总额的40%；设备成本，最高不超过投资总额的70%。

此外，符合规定的支出总额不得超过实际发生的支出总额。

企业因新增投资而享受政府区域性补贴，须同时满足以下条件：与投资有关的经营活动持续5年以上（中小型企业为3年）；购置资产的所有权5年内（中小型企业为3年）不得转让；投资总额不少于25%的部分来自企业自有资产。

企业因创造新的就业机会而享受政府区域性补贴的，符合规定的支出总额等于聘用新员工2年的劳动力成本（包括职工薪酬总额和所有相关的法律规定的强制性费用）。新设立的工作岗位须保持5年（中小型企业为3年）。

（3）水路运输企业简易征收办法。符合条件的波兰居民企业或其他欧洲经济区国家的居民企业，从事国际商业航运使用的船舶每艘的总吨位超过100吨的，可以选择按简易征收办法缴纳公司所得税，不再根据一般规定缴纳公司所得税。

纳税人一旦选择按简易征收办法缴纳公司所得税，10年内不得变更。

该简易征收的计税依据等于船舶每日费率乘以运输天数。其中，每日费率参考船舶的净吨位确定。应纳税额等于上述计税依据乘以基本税率。

（4）研发费用加计扣除。纳税人为提供新产品或服务，或提高现有产品或服务的性能，投资开发新技术（无形资产形式）发生的支出准予加计扣除。另外，已在世界范围内出现5年以上的技术不属于“新技术”范畴。研发费用加计扣除比例不得超过相关支出的50%。在经济特区生产经营的纳税人不得享受研发费用加计扣除优惠政策。

8. 征收管理

（1）纳税期间。公司所得税纳税年度，是指连续12个月的期间。纳税年度通常是公历年度。如果纳税人另有选择要向税务机关备案。

（2）纳税申报。纳税人应当自纳税年度终了之日起3个月内，向税务机关报送公司所得税纳税年度申报表。纳税人自行计算应纳所得税额，并进行纳税申报。

（3）税款缴纳。在波兰，纳税人一般按月预缴公司所得税。纳税人应当自月份终了之日起20日内，以上月的应税所得为基础按月预缴公司所得税。每月预缴税款等于本年累计所得的应纳税额减去以前月份累计已预缴税款。

年营业额（含增值税）低于 120 万欧元（2015 年换算成波兰货币即为 501.5 万波兰兹罗提）的小微企业，以及新办企业可以选择按季预缴公司所得税。

纳税人应当在次年 3 月 31 日之前提交公司所得税年度纳税申报表，并缴纳应补税款。

年应纳税额与月度累计已预缴税款之间的差额部分为应补税款，应当在纳税年度终了之日起 3 个月内缴纳。

多缴税款应在税务机关最终税收评定后 30 日内退还纳税人。

（4）事先裁定。为了保证税务机关法律适用的一致性，财政部获得议会授权，可以做出两类事先裁定：一般裁定和个案裁定。

一般裁定是针对普遍性问题的解释，可以依纳税人申请或依财政部职权做出。纳税人申请一般裁定，需证明税务机关在事实和法律背景相似的案件中，做出的决定、决议和个案裁定结果存在法律适用的不一致性。

个案裁定依纳税人申请做出，纳税人必须在提交的申请资料中阐明事实情况或工作打算，提出问题并表明自身观点。

纳税人也可以向波兰社会保障部门和国家卫生监管部门申请个案裁定。

（二）居民企业间交易

1. 合并纳税

平均股本不少于 100 万波兰兹罗提的居民企业，可以组成合并纳税集团。合并纳税集团一旦组建，3 年内不得解散。非居民企业不得成为合并纳税集团的成员企业。

组建合并纳税集团，需要满足以下条件：母公司必须持有子公司 95% 的股权（不包括企业员工根据《国有企业私有化法》持有的股权）；子公司不得持有集团内其他公司的股权；合并纳税集团中成员企业都不属于免征公司所得税的企业；合并纳税集团扣除费用后的总净收入不得低于该集团内所有成员企业总收入之和的 3%。

合并纳税集团的计税依据，是所有盈利成员企业的利润总额减去所有亏损成员企业的亏损总额的差额。合并纳税集团组建以前发生的损失不得冲减该集团的利润。合并纳税集团发生的损失不得用该集团解散后实现的利润弥补。集团内部支付股息、红利免征预提税。

2. 居民企业之间的股息、红利

居民企业（投资企业）从其他居民企业（被投资企业）取得的股息、红利所得按照 19% 的税率扣缴最终预提税。投资企业在缴纳公司所得税时，不得用被扣缴的最终预提税抵缴其应纳税额。

如果母子公司同时属于波兰居民企业，且母公司连续 2 年以上持有子公司 10% 以上股权，则母公司从子公司取得的股息、红利收入免征预提税。

居民企业来源于境外的股息、红利收入应当计入计税依据，按基本税率缴纳公司所得税。

非居民企业取得的股息、红利收入的税务处理另有规定。

（三）其他类型的公司所得税

自 2016 年 1 月 1 日起，从事原油和页岩气开采的企业须缴纳碳氢化合物税。计税依据为油气开采取得的利润。税率根据收入与符合规定的支出两者之间的比值确定，从 0% 到

25% 不等。税款的缴纳将延期至 2020 年 1 月 1 日。

自 2016 年 1 月 1 日起，此类企业还应缴纳矿产资源开采税。

（四）国际税收

1. 居民企业

居民企业，是指法定注册地或管理机构所在地位于波兰境内的企业。

（1）境外收入和资本利得。居民企业应就其来源于波兰境内、境外的所得缴纳公司所得税。居民企业来源于境外的经营所得和资本利得与其他所得汇总，按境内所得适用税率缴纳公司所得税。居民企业来源于境外的股息红利、利息和特许权使用费所得也与其他所得汇总，按一般规则缴纳公司所得税。

波兰母公司连续 2 年以上的持有欧洲经济区子公司（或者瑞士子公司）10% 以上（瑞士子公司为 25%）股权的，其从该子公司取得的股息、红利免税（参与免税制度）。企业取得的被投资企业因清算而支付的股息或其他利润分配，不适用参与免税制度。

自 2015 年 1 月 1 日起，已经从子公司计税依据中扣除或以任何方式减免子公司计税依据的股息、红利，不适用该免税规定。

（2）境外亏损。境外亏损（包括居民企业在境外设立的常设机构发生的亏损）原则上可以计入居民纳税人的计税依据。境外亏损不存在特殊规则，但税收协定避免双重征税的方法（抵免法或免税法）可能会决定亏损能否弥补或可弥补金额大小。

（3）境外资本。波兰不征收净资产税。位于波兰境外的不动产无须在波兰缴纳不动产税。

（4）双重征税减免。波兰采用抵免法为纳税人提供单边税收减免。纳税人应分国别计算可抵免的境外所得税税额。

双重征税抵免额不能超过境外收入（扣除前）按境内收入的适用税率计算得来的数额。

居民企业从欧盟经济区成员国和瑞士以外其他国家的子公司取得的股息红利收入，已扣缴的预提税也可以享受税收抵免，需同时满足以下条件：该子公司所在国已与波兰签订税收协定；连续 2 年以上持有该子公司 75% 以上的股权。

预提税和公司所得税的抵免，不能超过境外收入（扣除前）按境内收入的适用税率计算得来的数额。

受控外国公司（CFC）在居住国已缴纳的公司所得税，可以抵免波兰的公司所得税应纳税额，抵免金额按照受控外国公司制度确定的收入与受控外国公司总收入的比例确定。

有税收协定规定的，必须遵循协定的抵免规则。

2. 非居民企业

波兰公司所得税非居民企业，是指经营地和管理机构所在地均不在波兰境内的法律实体。

（1）一般所得和资本利得的课税。非居民企业就来源于波兰境内的经营所得和资本利得（包括持有波兰企业的股份取得的利得）缴纳公司所得税，开展矿产开采等活动的纳税人，还需缴纳矿产开采税。非居民企业通过其在波兰的常设机构从事经营活动取得经营所得须缴纳公司所得税。

企业向非居民企业支付的股息、利息及特许权使用费应代扣代缴最终预提税。

此外，取得在境外证券市场上市的波兰国债利息和转让时取得的资本利得免税。非居民企业的应纳税所得额依照居民企业的应纳税所得额的计算规则进行计算。常设机构应设置账簿，以计算应纳税所得额和应纳税额。如果根据账簿无法准确计算应纳税所得额和应纳税额，则根据不同经济活动类型按照营业收入的一定比例核定应税所得：批发和零售，为5%；建筑和安装，为10%；代理手续费，为60%；法律及专业服务，为80%；其他，为20%。

税收协定另有规定的，按照税收协定确定的规则计算应纳税额。

非居民纳税人适用的税率与居民纳税人相同，适用最终预提税的特定收入除外。

（2）征收管理。居民纳税人的税收征管规则同样适用于非居民纳税人。非居民纳税人取得的被动收入和其他特定类型的收入应当缴纳最终预提税。

3. 非居民企业预提税

（1）股息。

①一般规定。向非居民企业支付的股息、红利按照支付总额扣缴最终预提税。除税收协定另有规定外，预提税税率为19%。

②欧盟成员国。欧洲经济区母公司或瑞士母公司连续持有2年以上的波兰子公司10%（瑞士母公司为25%）以上股权，波兰子公司向其分配的股息、红利无须缴纳预提税。

向欧洲经济区的投资基金或养老基金支付的股息、红利无须缴纳预提税。

（2）利息。

①一般规定。向非居民企业支付的利息按照支付总额扣缴最终预提税。除税收协定另有规定外，预提税税率为20%。

②欧盟成员国。根据《欧盟利息和特许权使用费指令（2003/49）》，波兰国内法规定，同时满足以下条件的，向其他欧盟成员国、瑞士、挪威或冰岛的关联企业（或常设机构）支付的利息和特许权使用费免征预提税：收款方是付款企业的关联企业；收款方属于其他欧盟成员国的居民企业。其中，“关联企业”是指其中一方直接持有另一方25%以上的股权，或者第三方欧盟企业直接持有双方25%以上的股权。上述股权应当连续持有2年以上，付款时符合2年时限要求的，也可以享受该项政策。上述相关企业必须采用《指令》附件中列举的法律形式，且为公司所得税的纳税义务人。

向欧洲经济区投资基金或养老基金支付的利息无须缴纳预提税。

（3）特许权使用费。

①一般规定。向非居民企业支付的特许权使用费按照支付总额扣缴最终预提税。除税收协定另有规定外，预提税税率为20%。

②欧盟成员国。适用《欧盟利息和特许权使用费指令（2003/49）》。

（4）其他。除税收协定另有规定外，非居民纳税人取得的特定类型的收入需要扣缴预提税。预提税以纳税人取得的该项收入总额为计税依据，税率如下：航运企业在波兰港口从事旅客和货物运输（转运除外）取得的收入，为10%；航空运输企业从波兰境内取得的收入，为10%；提供咨询、会计、广告、数据处理、市场调查、招聘以及管理和管制服务取得的收入，为20%；在波兰境内开展娱乐或体育活动取得的收入，为20%。

（五）反避税

1. 一般规定

波兰税法没有一般反避税规则。但是，如果有证据证明某项交易安排形式与经济实质不符，以减轻税收负担或虚增亏损、虚增多缴税款和虚增应退税款为目的，则税务机关有权否定该项交易。

2. 转让定价

波兰的转让定价规则大体遵循经济合作与发展组织（OECD）《跨国公司与税收管理转让定价指南》的规则。如果关联方之间的价格不符合独立交易原则，税务机关可以采取价格法进行调整，包括：可比非受控价格法、再销售价格法或成本加成法。如果上述方法均不适用，则可以采取利润法进行调整，包括：利润分割法、交易净利润率法。税务机关进行调整后的未缴、少缴税款适用50%的税率。关联方是指：

波兰自然人、法人（或其境外固定经营场所）、非法人实体直接或间接管理或控制一个非居民企业，或者是该非居民企业的股东；

波兰的非居民自然人、非居民法人（或其境外固定经营场所）、非居民非法人实体直接或间接管理或控制一个居民企业，或者是该居民企业的股东；

同一自然人、法人（或其境外固定经营场所）、非法人实体直接或间接管理或控制一个居民企业和非居民企业，或者是双方的股东。

符合以下条件的境内交易适用转让定价规则：居民企业直接或间接管理或控制另一个居民企业，或者是该居民企业的股东；同一自然人、法人（或其境外固定经营场所）、非法人实体直接或间接管理或控制其他多个居民企业，或者是它们的股东；居民企业与低税负地区的居民纳税人进行交易。

同一个人同时管理、监督或控制两个居民企业的，或居民企业各自的管理人员、监督人员或控制者之间存在亲属、财产或雇佣关系的，也可以被认为是关联企业。

如果一方持有另一方5%以上的股权，则无论双方是否属于同一国家，都属于存在股权联系。

税务机关可以和纳税人达成预约定价协议。

3. 资本弱化

如果债权性投资和股权性投资的比例超过1∶1（2015年1月1日之前为3∶1），企业向以下出借人支付的借款利息不得税前扣除：（直接或间接）持股比例在25%以上的股东，或者持股比例之和在25%以上的多位股东；持股比例在25%以上的企业型股东。

自2015年1月1日起，纳税人可以选择其他方法计算可扣除的利息。符合条件的向关联或非关联方借款的利息支出可以税前扣除，但是不得超过资产（不包括无形资产）的计税价格乘以上一纳税年度最后一日波兰中央银行参考利率的之积的101.25%。但是，任一纳税年度内，税前扣除的利息总额不得超过营业利润的50%。当年（由于限额）不能税前扣除的利息支出，可以结转到以后5个纳税年度内扣除。

4. 受控外国公司

自2015年1月1日起，受控外国公司（CFC）取得的收入可全部或部分计入波兰纳税人（股东）的收入，在波兰缴纳公司所得税。

“受控外国公司”是指：

法定注册地或管理机构在特定低税负地区的子公司；法定注册地或实际管理机构位于与波兰或欧盟未达成情报交换协议的国家的子公司；

法定注册地或实际管理机构位于任何其他国家或地区，且同时满足以下“控制测试”标准的子公司：波兰纳税人（法人或自然人）直接或间接持有30天以上非居民企业25%以上股份、表决权或利润分配权的；非居民企业的利润50%以上来源于被动收入；以上被动收入在非居民企业的所在国或管理机构所在国适用的税率比波兰公司所得税税率低25%以上（也就是低于14.25%），或者享受免税待遇，但是依据欧盟2011/96/EC指令（《母子公司指令》）享受的免税除外。

受控外国公司的收入，按照波兰纳税人在受控外国公司的利润分配比例，扣除从受控外国公司取得的股息和股份转让所得后，在股权持有期内按比例计入波兰纳税人的收入。

受控外国公司的计税依据为特定纳税年度最后一日确定的扣除相关费用后的总收入，不考虑收入来源地点。

按照以上方法计算的计税依据适用19%的公司所得税税率。

符合以下条件之一的非居民企业，不属于受控外国企业：任一个纳税年度总收入不超过25万欧元的；在欧盟成员国或欧洲经济体国家成立并就其世界范围内的收入缴税，且已通过经济活动真实性检测的非居民企业；在欧洲经济区以外的国家成立并就其境内、境外全部所得缴税的，通过经济活动真实性检测且被动收入在总收入的占比不超过10%。

5. 其他反避税规则

一般而言，企业合并或分离不征税。但是，如果企业的合并或分立不存在合理的经济理由，那么，收购企业或新成立企业取得的资产价值与被收购企业或分立企业的股东取得的股权价值之间的差额将计入收购企业或新成立企业的应纳税所得。

二、个人所得税

（一）一般规定

1. 纳税人

居民纳税人，是指符合以下条件之一的个人：个人利益或经济利益中心（重要利益中心）位于波兰境内；在一个纳税年度内，在波兰境内居住超过183日。波兰居民纳税人负有无限纳税义务，就其来源于波兰境内外的所得缴纳个人所得税；非居民纳税人承担有限纳税义务，就其来源于波兰境内的所得缴纳个人所得税。

一般而言，夫妻双方就各自取得的所得分开申报。然而，在共同财产婚姻关系中，如果夫妻双方在一个完整的纳税年度内处于已婚状态，则可以选择夫妻联合报税。父母在可以支配未成年子女所得的情况下，未成年子女取得的所得应并入父母的所得征税。

有限合伙企业被视为税收上的透明实体，其合伙人按照各自享有的利润份额缴税。波兰有限股份合伙公司被视为企业所得税纳税实体。

2. 应纳税所得额

（1）概述。波兰税法规定，以下各项个人所得应缴纳个人所得税：

非独立个人劳动所得，包括受雇所得和退休金等；

个人从事专业活动取得的所得（劳务所得）；

个人从事非农业经营活动取得的所得（经营所得）；

个人从事特定农业活动取得的所得；

来源于不动产的所得（不动产租赁所得）；

来源于资本和财产权利的所得（投资所得）；

个人转让不动产、财产权利以及动产取得的所得；

其他所得。

纳税人在计算个人所得税的应税所得时，应将各项收入减去相关扣除后的净所得进行汇总。每一项净所得等于该项所得取得的各种现金和实物形式的收入总额减去各项相关费用后的差额。

部分应税项目单独适用比例税率征税。

通常，不动产租赁所得适用累进税率。符合相关条件时，纳税人可以选择按照比例税率缴税。

（2）免税所得。税法规定以下各项所得，免缴个人所得税：符合免税条件的社会保障收入；购买财产保险和个人人身保险取得的赔偿金；特定的赡养费；符合免税条件的奖学金。

其他免税所得另有规定。

3. 受雇所得

（1）工资、薪金所得。受雇所得，是指个人作为雇员，其因受雇关系取得的各项报酬和实物福利，包括基本工资、加班工资、各种奖金、奖品、带薪休假应休未休的补偿、雇主为雇员支付的其他款项以及免费享受的福利等。

个人从事非独立劳动取得的所得（除退休金外），扣除标准为 1 335 波兰兹罗提（从多个雇主取得非独立劳动所得的，扣除标准为 2002.05 波兰兹罗提）。纳税人居住地与用人单位所在地不一致的，扣除标准相应提高。乘坐公共交通工具通勤的雇员可以扣除其实际通勤支出。

雇主为工作需要而要求雇员搬家，雇员因此从雇主处报销的搬家费，不超过其搬迁当月工资 200% 的部分免税。公务出差发放的每日津贴，在不超过法定限额内免税。临时在国外工作的雇员且属于波兰居民纳税人，其取得的报酬在不超过法定每日津贴的 30% 内免税。个人因遭受意外、自然灾害、伤残或死亡等不幸事件，接受社会救助基金的救济，在不超过 2 280 波兰兹罗提的部分免税。

（2）实物福利。个人纳税人取得的实物福利应作为受雇所得，按照市场公允价值计入应纳税所得额。雇主为雇员免费提供的宿舍，市场公允价值在每月 500 波兰兹罗提以内的部分雇员免缴个人所得税。

自 2015 年 1 月 1 日起，雇员免费使用企业公车的应按取得应税福利进行税务处理。应税所得按照公车发动机排量确定，标准如下：

发动机排量在 1 600cc 以下的，250 波兰兹罗提（每月）；

发动机排量高于 1 600cc 的，400 波兰兹罗提（每月）。

（3）退休金所得。波兰税法中的“养老金”，包括两个方面：普通养老金；伤残养老金。养老金所得为所有养老金福利的合计金额，包括增值部分和附加部分，但不包括家庭补助、护理补助和孤儿补助。

纳税人从以雇员、雇主强制性共筹为基础的公共社保基金和开放型养老基金取得的养老金，在实际领取环节征税。雇员缴纳的个人缴费部分，允许在计算个人所得税时扣除；雇主缴纳的单位缴费部分，在雇主支付时不构成雇员的个人所得税应税所得。

纳税人从以雇员、雇主共筹为基础的自愿性私人养老基金，如职业年金计划和集体人寿保险计划等，取得的养老金在领取时不征税。相应地，雇员向私人养老基金缴纳的养老保险费不得在计算个人所得税时扣除。对纳税人从职业年金计划取得的养老金免税政策，同样适用于在欧盟成员国或欧洲经济区国家或瑞士成立的养老基金。

纳税人从个人养老金账户取得的年金，在领取时按照累进税率缴纳个人所得税。纳税人向个人养老金账户缴纳的金额，不超过该纳税人上一纳税年度应纳税所得额4%的部分，在计算个人所得税时可以从当期应纳税所得额中扣除。在计算该项缴费金额时，上一纳税年度应纳税所得额有最高限额。2015年，最高限定值为118 770波兰兹罗提，也就是说，允许扣除的个人退休金账户缴纳金额为4 750. 80波兰兹罗提。

（4）董事费。非执行董事取得的董事费按照个人从事劳务取得的所得项目征收个人所得税。非居民董事取得的董事费，按照20%的税率由支付方代扣代缴最终预提税。

4. 经营所得和劳务（专业服务）所得

波兰税法中的“经营所得”，是指个人纳税人从事经营活动取得的总收入减去销售退回、销售折扣和销售折让。通常，经营所得的会计核算以权责发生制为基础，但利息所得以收付实现制为基础。处置经营资产取得的资本利得同样视为经营所得。

通常，经营所得与其他所得汇总后的合计金额，按照累进税率征收个人所得税。但是，纳税人可以就经营所得选择适用19%的比例税率缴纳所得税。选择适用比例税率缴税的纳税人，除可扣除强制性医疗保险缴费外，不可享受其他个人扣除和抵免。此外，该类纳税人不可选择夫妻联合报税。

个人从事劳务活动取得的所得包括：

（1）个人根据服务合同或其他类似合同提供服务取得的所得，服务对象为个人的除外（服务对象为个人时，取得的所得为经营所得）；

（2）个人从事艺术、文学、科学、教育和新闻活动取得的所得，包括在科学、文化、艺术和新闻等领域的比赛活动中获得的奖励，以及从事体育活动取得的所得；

（3）波兰仲裁员从事涉及非居民方的仲裁取得的所得；

（4）法人实体的管理层成员、董事会成员或其他决策层成员取得的报酬；

（5）根据管理合同或其他类似合同从事相关活动取得的所得。

以上（1）、（2）、（3）项所得，费用扣除标准为所得额的20%。如果纳税人有证据证明取得该所得发生的费用高于20%的扣除标准，可据实扣除相关费用。以上（4）、（5）项所得，费用扣除标准比照个人从事非独立劳动所得适用的扣除标准。实际发生的费用高于扣除标准的，超过部分不得扣除。

5. 投资所得

（1）股息、红利所得。股息、红利所得按照19%的税率缴纳最终预提税。

（2）利息所得。纳税人取得以下项目的利息所得，按照19%的税率征收最终预提税：

个人银行账户（活期存款、储蓄存款和长期存款）孳生的利息；持有国债或地方债券取得的利息；持有或出售投资基金取得的利息。

以下项目的利息所得免征个人所得税或预提税：2001 年 12 月 1 日以前，银行账户定期存款孳生的利息；纳税人于 2001 年 12 月 1 日以前购买的国债或地方政府债券孳生的利息；纳税人根据 2001 年 12 月 1 日以前签订的合同持有投资基金所取得的利息。

（3）特许权使用费。特许权使用费按照 18% 的税率征收“临时预提税”。对转让发明、商标或设计的使用权的，个人纳税人转让使用权的第一年从首家签订许可合同的机构取得的许可费以及版税收入，可按照取得所得额 50% 的标准扣除费用。该项扣除每年最高不得超过累进税率表中最高档次收入的一半（2015 年为 42 764 波兰兹罗提）。因此，年收入超过 85 528 波兰兹罗提的纳税人最多只能扣除 42 764 波兰兹罗提。值得指出的是，如果纳税人有充分和确凿的证据证明实际支出超过上述限额，则可据实扣除。

（4）不动产所得。个人来源于不动产的所得扣除实际费用后的余额，合并计入年度应纳税所得额，按照累进税率征收个人所得税。

个人取得的租赁所得，可以选择适用比例税率征收个人所得税。

6. 资本利得

经营活动中取得的资本利得按照“经营所得”项目征收个人所得税。

（1）不动产。一般来说，个人纳税人转让不动产取得的资本利得适用 19% 的比例税率，应纳税所得额等于转让收入减除购置成本和其他相关费用（如公证费）后的余额。但是，如果纳税人在取的转让收入的 2 年内将该项收入用于税法规定的用途，包括在波兰境内或其他欧洲经济区国家或瑞士购置自用不动产、装修或改建自有住宅、偿还抵押贷款或信用再贷款，则转让相关不动产取得的资本利得免征个人所得税。

个人转让持有 5 年以上的不动产取得的资本利得免征个人所得税。其他情况适用以下规则：

个人纳税人转让 2007 年 1 月 1 日以前取得的不动产，按照 2007 年以前的法律规定缴纳个人所得税，而非资本利得税。应纳税额等于销售收入减去销售成本（而非购置成本）后的余额乘以 10% 的税率。如果转让所得在 2 年内用于税法规定的用途，包括装修自有住宅或购置不动产（仅在波兰境内），则转让该项不动产取得的所得免征个人所得税。

在 2007 年或 2008 年购置住宅的纳税人，转让此类不动产取得的资本利得按照 19% 的比例税率征收个人所得税。如果纳税人在出售之前将该不动产作为永久性住宅不少于 12 个月的，则免缴任何税收。

（2）股份。个人纳税人转让股权或其他有价证券取得的资本利得，单独适用 19% 的比例税率征税。应纳税所得额为转让收入与购置成本（包括交易成本）之间的差额。除以企业全部或部分股权出资外，以其他实物出资获取股份的，应缴纳资本利得税。计税基础为股份的票面价值与出资资产的净值（历史成本减去累计折旧）之间的差额。

7. 税收扣除、宽免和抵免

本部分是居民纳税人的具体规则。

（1）税收扣除。个人纳税人计算确定各项所得的净所得之后，汇总计算的年度应纳税所得额还可以在此基础上扣除特定的个人支出。

一般来说，抵押贷款的利息支出不得税前扣除。但在 2002 年 1 月 1 日至 2006 年 12 月

31 日间办理的抵押贷款，继续适用之前税法关于利息扣除（包括相关信用再贷款的利息）的政策，即到 2027 年年底以前，不超过 326 990 波兰兹罗提（2015 年）的抵押贷款利息支出允许扣除。其他利息支出不得扣除。

纳税人向宗教机构和社会团体的捐赠支出，不超过其年度应纳税所得额 6% 的部分，准予扣除。

此外，个人纳税人或受赡养的残疾人支付的社会保险费或者发生的确认费用，允许税前扣除。

（2）个人必要生活扣除。个人纳税人可以从应纳税所得额中扣除 3 091 波兰兹罗提（2015 年）的个人必要生活扣除。个人必要生活扣除实际是个人纳税人在计算缴纳个人所得税时税法规定的免税额。

（3）税收减免。个人缴纳的强制医疗保险允许进行税收减免。

个人纳税人抚养子女符合以下条件之一的，可以申请税收减免：抚养未成年子女；未满 25 周岁仍在继续学业的子女。

税收减免金额取决于个人纳税人抚养的子女人数，当纳税人仅抚养 1 个子女时，税收减免金额还取决于父母的收入水平。抚育 2 个或 2 个以上子女的普通家庭或单亲家庭，不适用收入最高限额的规定。税收减免金额参照以下标准确定：

抚育 1 个子女的普通家庭或单亲家庭，收入不超过 112 000 波兰兹罗提的（未婚同居生活的父母收入不超过 56 000 波兰兹罗提的），每月减免 92. 67 波兰兹罗提；

抚育 2 个子女的家庭，每个子女减免 92. 67 波兰兹罗提；

抚育 3 个子女的家庭，第 3 个子女减免 166. 67 波兰兹罗提；

抚育 4 个及以上子女的家庭，第 4 个及以上子女减免 225 波兰兹罗提。

需要抚育 3 个及以上子女的家庭，前 2 个子女的税收减免额仍为每月每个子女 92. 67 波兰兹罗提。

8. 亏损

个人某项应税项目发生的亏损只能用该项应税项目取得的所得进行弥补。亏损可以向以后 5 个纳税年度结转，每年实际弥补金额不得超过可弥补亏损的 50%。亏损不得结转以前年度弥补。

9. 税率

（1）所得和资本利得。汇总计算的应纳税所得额，根据表 2（2015 年适用）缴纳所得税。

表 2

应纳税所得额（波兰兹罗提）		该档收入较低金额应缴税额（波兰兹罗提）	超过部分适用税率（%）
不超过	3 091	0	0
超过 3 091	不超过 85 528	0	18
超过	85 528	14 839	32

经营所得可以选择适用 19% 的比例税率征收个人所得税。

个人纳税人从事小规模经营活动取得的所得，适用以下比例税率：

从事自由职业的个人，如医生、牙医、护士、律师、经济学家、工程师、建筑师、译员和会计，履行服务合同或其他类似合同向其他个人提供专业服务取得的所得，适用税率为20%；

从事不动产管理服务、停车服务、汽车租赁和旅店服务取得的所得，适用税率为17%；

中高档餐饮服务、代理人佣金和不动产租赁所得，适用税率为8.5%；

生产、建筑和交通运输服务所得，适用税率为5.5%；

商业活动、普通餐饮服务和海洋捕捞，适用税率为3.0%。

（2）预提税。个人纳税人来源于境内的股息、利息所得按照19%的税率征收最终预提税。

雇主向雇员支付的工资薪金和其他报酬，以及为雇员缴纳的退休金和特定社会保险费，应征收预提税。

此外，对个人从投资基金取得的所得、从事特定专业服务活动取得的所得以及特许权使用费所得，如果支付者为私营企业主，则按照18%的税率扣缴预提税。该预提税并非最终预提税，纳税人可以在计算最终应纳税额时可以扣除已预提的税款。

10. 征收管理

（1）纳税期间。个人纳税人的纳税年度为公历年度。

（2）纳税申报。个人所得税年度纳税申报的截止日期为次年的4月30日之前。纳税人自行计算确定应纳税额并申报缴纳税款。

同时满足以下条件的个人纳税人可以选择夫妻联合报税：在一个完整的纳税年度内都保持有共同财产的婚姻关系；属于波兰的居民纳税人（承担无限纳税义务），或者虽然属于其他欧洲经济区国家或瑞士的居民纳税人，但从波兰境内取得的所得占其全年所得75%以上。如果纳税人选择夫妻联合报税，则以夫妻双方的名义计算应税所得，应纳税额等于夫妻双方的合计所得的一半计算出的税款再乘以2。

（3）税款缴纳。除另有规定外，个人所得税实行按月申报。按累进税率缴纳个人所得税的个人和私营企业主必须按月预缴税款，并在纳税年度终了时进行汇算清缴并计算得出最终应纳税额。从事经营活动的个人纳税人，年营业额（含增值税）低于120万欧元（2015年为501.5万波兰兹罗提）的，可以选择按季预缴个人所得税。

纳税人每月应预缴的税额等于本年累计所得应负担的税款减去以前月份已预缴的税款后的余额。纳税人必须于次年4月30日之前提交个人所得税年度纳税申报表，并结清税款。

（4）事先裁定。为保证税务机关适用法律的一致性，财政部根据议会授权可以对一般性税务问题做出解释（一般裁定），以及就纳税人的特定涉税事项做出裁定（个案裁定）。上述两类裁定都对税务机关均有约束力。但是，财政部有权撤销裁定。

（二）其他类型的所得税

1. 对小工商户的征税

从事小规模经营活动的个人，满足以下条件之一的，可以选择按比例税率而不是累进税率缴纳个人所得税：

（1）在相关纳税年度内，个人独立或以民事合伙的形式从事经营活动；

（2）在相关纳税年度的前一年，个人或合伙企业所有合伙人取得的营业额不超过150 000欧元（2015年为626 880波兰兹罗提）。

2. 对金属矿开采的征税

个人从事金属矿开采缴纳的相关税收不得在计算个人所得税时税前扣除。

（三）国际税收

1. 居民纳税人

（1）境外所得和资本利得。居民纳税人就其来源于波兰境内外的所得缴纳个人所得税。居民纳税人来源于境外的受雇所得、经营所得、养老金所得和资本利得（一般而言）与其他所得汇总，依照境内所得的相关规定征收个人所得税。但是，出售境外发行的有价证券取得的资本利得，适用19%的比例税率单独征税。从境外取得的股息和利息所得，适用19%的税率征收最终预提税。来源于境外的特许权使用费应当计入总收入，按照一般规定纳税。

委派到境外工作的雇员，可根据其在国外派驻的天数按每天法定出差津贴的30%金额享受税收减免。

（2）境外资本。波兰不征收净财富税。位于波兰境外的不动产不征收不动产税。

（3）避免双重征税。波兰采用通行的抵免法来避免双重征税。纳税人应分国别计算境外所得税抵免额。

有税收协定规定的，强制适用协定的抵免规则。

2. 侨民

波兰没有针对侨民的特殊规则。对移居境外的侨民未实现的利得不征收出境税。

3. 非居民纳税人

（1）对所得和资本利得的征税。非居民纳税人仅就来源于波兰境内的一般所得和资本利得（包括对波兰企业持股取得的利得）纳税。根据纳税人相关规定，非居民纳税人持有在国外证券市场挂牌上市的波兰政府债券取得的利息所得，以及转让该债券取得的资本利得免税。

①受雇所得。非居民纳税人受雇于波兰用人单位取得的受雇所得，适用居民纳税人受雇所得的规定征收个人所得税。

非居民纳税人受雇于国外用人单位而在波兰境内取得受雇所得，应当预缴个人所得税。

一般而言，非居民纳税人与居民纳税人适用相同的个人扣除、税收宽免和减免。

非居民纳税人取得的非执行董事费，按照20%的税率征收最终预提税。

波兰相关机构向非居民纳税人支付退休金时应当扣缴“临时预提税”。

②经营所得、劳务（专业服务）所得。一般情况下，非居民纳税人从事经营活动取得的所得，适用居民纳税人经营所得的规定征收个人所得税。

但是，如果非居民纳税人的会计核算不健全，导致无法准确计算其应纳税所得额，则应根据其经营活动对应行业，按照营业收入的以下比例核定应纳税所得额（税收协定另有规定的除外）：批发和零售业，5%；建筑和安装业，10%；代理业，60%；法律及专业服务业，80%；其他行业，20%。

非居民纳税人的年度应纳税所得额适用的税率与居民纳税人相同。

③投资所得。居民企业向非居民纳税人支付的股息、红利，按照19%的税率扣缴最终预提税。非居民纳税人取得的下列所得，按照20%的税率征收最终预提税：利息所得；特许权使用费；董事费；提供咨询和法律服务、会计、广告、数据处理、市场调查、招聘、担保及类似服务，以及管理与控制服务取得的所得；个人开展专业活动取得的所得；企业在波兰境内从事娱乐和体育活动取得的所得。

股息、利息和特许权使用费适用税收协定规定的优惠税率。

（2）对资本的征税。波兰不征收净财富税。非居民纳税人持有波兰境内的不动产，应缴纳不动产税。

（3）征收管理。居民纳税人的税收征管规定同样适用于非居民纳税人。值得关注的是，非居民纳税人取得特定类型的收入应当缴纳预提税。

三、增值税

（一）一般规定

1. 概述

增值税是对商品生产、流通、劳务服务等多个环节新增价值征收的一种流转税。购进商品或服务的进项税额可以按规定从销项税额中扣除。

2. 纳税义务人

所有独立从事经济活动的法人实体、个人和其他非法人实体，不论其经济活动的目的和结果如何，都是增值税的纳税义务人。经济活动是指生产者、销售者、服务提供者的所有行为，包括矿产资源的开采和农业活动，以及专业人员的服务活动。若有迹象表明不经常发生的活动具有定期发生的倾向，则该活动也属于上述经济活动范围。出于持续取得收入目的而开发有形或无形资产的行为同样也属于上述经济活动范围。

增值税登记的起征点为 15 万波兰兹罗提。

增值税法不允许企业合并纳税。

3. 应税行为

应税交易行为包括：在波兰境内有偿提供商品和服务；商品出口和进口；欧盟内部在波兰境内以对价形式取得商品；欧盟内部的商品供应。

4. 应税销售额

增值税销售额是指纳税人销售货物或者提供劳务，从购买方或服务接收方取得不含增值税的全部价款。如果买方以实物形式支付对价，则根据交易行为发生当日规定的地点或市场同类商品平均价格不含增值税的金额确定销售额。

进口商品的应税销售额为海关完税价格加上关税和消费税以后的金额。

5. 税率

增值税基本税率为 23%。食品、特定书籍和报刊杂志、特定医疗卫生相关商品、农业和林业相关服务、建筑业、符合社会福利住房规定的居住用不动产的修理和改造等适用 8% 的低税率。

货物出口、欧洲共同体国家间商品流通、特定国际运输服务（在欧盟以外地区提供的道路客运服务和货物运输服务除外）以及在港口发生的与国际运输有关的特定服务适用零税率（税收抵免）。一般书籍和期刊适用 5% 的低税率。

6. 免税

免税项目主要包括金融服务、邮政服务、与科技有关的服务、技术研发、教育、文化、艺术和体育、医疗卫生服务以及博彩服务。

（二）非居民纳税人

从事波兰增值税应税交易的非居民企业按居民纳税人增值税征管办法履行纳税义务。

外国企业可以就其在波兰境内购买的商品和服务申请增值税退税。同时符合以下条件的在波兰没有经营场所的非居民企业，可以申请取得上述增值税退税：在波兰未进行增值税登记；在其居住国进行了增值税登记或类似税种登记；在波兰境内未销售应税商品、提供应税服务（存在例外情形）；其居住国的立法允许波兰企业申请增值税退税。

四、消费税

生产、进口、在欧盟内购买诸如能源产品和电力、酒精和酒精饮料以及制成烟草应当缴纳消费税。此外，进口、在欧盟内购买、首次销售波兰境内生产的乘用车也应当缴纳消费税。

五、社会保险费

波兰社会保险体系包括养老保险、伤残保险、疾病和生育保险，以及意外保险。

（一）对企业征收

用人单位雇佣的外籍员工也应当纳入社会保险体系，缴纳社会保险费。

职工社会保险缴费的缴存基数为计算所得税时确认的总收入。养老保险和伤残保险的缴存基数，每年最高不得超过该公历年度内预计月平均工资的30倍（2015年的最高限额为118 770波兰兹罗提）。意外保险缴存基数没有上限。

用人单位按照表3比例缴付职工的社会保险费：

表3

社会保险类型	比例（%）
养老保险	9.76
伤残保险	6.50
意外保险	0.40～3.60

此外，用人单位须按职工工资的0.1%缴付职工理赔保障基金，2.45%缴付劳动基金。以上社会保险费支出可以在计算公司所得税时扣除。

（二）对个人征收

波兰的社会保险体系主要包括养老保险、伤残保险、疾病和生育保险以及意外保险，缴费对象覆盖受雇人员、自由职业者、委托代理承包人。

1. 受雇人员

受雇人员以所得税上定义的“总收入”作为社会保险费的缴纳基数。养老保险和伤残保险，缴纳基数每年最高不得超过该公历年度内预计月平均工资的30倍（2015年最高不得超过 118 770 波兰兹罗提）；疾病和生育保险缴纳基数没有规定上限。

社会保险费由受雇人员负担的部分，由用人单位按照表 4 比例代扣代缴：

表 4

社会保险类型	比例（%）
养老保险	9.76
伤残保险	1.50
疾病和生育保险	2.45

雇员缴纳的保险费可以在计算个人所得税时扣除。如果雇员在其他欧洲经济体国家或瑞士缴纳的强制社会保险费未在该国扣除，则可在波兰进行扣除。

此外，雇员应按照 9% 的比例缴纳强制医疗保险（覆盖医疗费用），缴纳基数计算个人所得税时的总收入（扣除由雇员缴纳的社会保险费后的总收入）。医疗保险缴费不超过缴纳基数 7.75% 的部分，可以抵减个人所得税应纳税额。个人纳税人在其他欧洲经济区国家或瑞士支付的强制医疗保险费也可以享受税收减免；但是，纳税人缴纳的医疗保险费在其他国家已经进行税前扣除或享受税收减免，或者根据税收协定缴存基数免税的，纳税人的该项医疗保险费不得抵减在波兰境内的应纳税额。

2. 自由职业者

自由职业者应当按照表 5 比例缴纳社会保险费：

表 5

社会保险类型	比例（%）
养老保险	19.52
伤残保险	8.00
疾病和生育保险	2.45
意外保险	0.40～3.60

缴纳基数为纳税人的申报金额，但每月的缴纳基数不得低于官方公布的上季度月平均工资的 60%（2015 年为 2 375.40 波兰兹罗提）。对养老保险和伤残保险，缴纳基数每年最高不得超过该公历年度内预计月平均工资的 30 倍（2015 年最高不得超过 118 770 波兰兹罗提）。疾病和生育保险的缴纳基数没有上限。纳税人缴纳的以上社会保险费可以在计算个人所得税时扣除。

自 2015 年 1 月 1 日起，监事会成员取得的报酬视为独立劳动所得，应缴纳社会保险费。而在 2015 年之前，该项所得只需缴纳医疗保险费。

自 2016 年 1 月 1 日起，根据多项独立服务合同向同一实体提供服务的个人，应当就其来源于所有合同的所得缴纳社会保险费。

3. 侨民

受雇于波兰用人单位的外国公民也属于波兰社会保险体系的覆盖范围，应在波兰缴纳社会保险费。

（李本贵　编）

葡萄牙税制

葡萄牙主要有公司所得税、个人所得税、增值税、地方不动产税、社会保险费、地方附加税等税种。

一、公司所得税

（一）一般规定

1. 税制类型

葡萄牙的企业要对其全球性的收益征收公司所得税和中央政府附加税。此外，市级的地方政府对管辖区内的企业在征收年度所得税的基础上，征收城市附加税。

自 2011 年 1 月 1 日起，对不符合条件的居民企业的股息红利所得予以征税。

葡萄牙境内的股息红利需要征收预提税。

2. 纳税人

葡萄牙居民法人实体或在葡萄牙有常设机构的法人实体都要征收公司所得税。居民企业纳税人是指各种类型的商业企业，包括公司和有限责任公司。

其他需要缴纳企业所得税的实体包括合伙企业，例如，股份有限合伙企业、有限合伙企业和普通合伙企业。

若企业的法定注册地（法律规定的住所）或实际管理机构所在地位于葡萄牙，则企业属于居民纳税人。

3. 应纳税所得

（1）一般规定。居民企业就其来源于葡萄牙境内外的所得缴纳公司所得税，从应税利润中扣除上年度损失和税收优惠（直接法）。

如果直接法的适用不可行，那么采用间接法。间接法中应税利润的确定基于税务机关的有效信息（例如，平均总额或净利润率、平均投资收益率和上年度应纳税所得额）。

资本利得若不能免征，则包括在企业的普通收入中，需要按正常税率征税。

（2）免税收入。符合“参与免税制度”相关条件的企业，取得的境内或境外的股息红利免税。

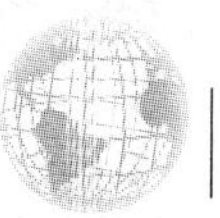

（3）扣除。与取得应税收入有关的支出准予税前扣除，但支出必须予以证实。

可扣除支出。一般情况下，实际支付的特许权使用费和服务费应在税前扣除。若涉及股东关联方，则应遵循独立交易原则，否则不予扣除。通常允许利息在税前扣除，但有一定的限额。股息红利不可扣除。符合条件的个人或家庭教育（如图书馆、幼儿园和食堂小卖部）等公益社会性质的支出，或自愿的社保计划支出可以税前扣除。强制性社保费可以扣除。

不可扣除支出。以下支出项目不得税前扣除：

①公司所得税，以及城市附加税和所有支付给第三方的税款或费用；

②税收侵权行为的罚金：

A. 纳税人提供的文件（如发票）是无效或不存在的纳税识别号，或者该纳税人宣布停业的；

B. 预付未经证实的补贴和费用，如员工使用自己的汽车旅行但记在雇主的账上且未开具发票给客户；

C. 参与者授权给其公司的贷款利息金额，已连续 12 个月超过现行的同业拆借利率；

D. 雇主支付的不构成员工收入的薪资，该薪资有关事故保险或人寿保险计划，以及补充社保金计划，符合有社会效益条件的除外。

E. 与葡萄牙刑法禁止行为相关的费用；

F. 该费用支付给避税地居民的费用，纳税人可以证明付款为真实的交易，且无异常特征除外；

G. 超出某些限制的财政费用；

③银行业的征税。

（4）折旧和摊销。除土地以外的所有固定资产按照税法折旧和摊销。通常，固定资产采用直线折旧法，房屋、非公共交通的私人汽车、租赁办公家具以外的新的有形资产采用余额递减法。

一般最大直线折旧率包括以下几类（见表 1）：

表 1　　最大直线折旧率

资产类型	比率（%）
办公楼	2
工业用楼	5
电气设备	20
计算机和压缩机	33.33 或 25
普通工具及配件	25
发动机和重型机床	12.5
轻便机床	20
机动车辆	14.28、20 或 25
办公设备	12.5
软件	33.33

在余额递减法中，年度折旧按照直线法的适用利率来计算：

①使用期限不足5年的增长50%（系数1.5）；

②使用期限在5~6年的增长100%（系数2）；

③使用期限超过6年的增长100%（系数2.5）。

开办费和研发费按照33%的折旧率计提折旧。商誉不能折旧，除非是税务局认可的有效折旧。

自2014年1月1日以后收购的，以下不确定寿命周期的无形资产，按照每年5%的折旧率计提折旧（期限为20年）：

①诸如商标权、许可授权、生产过程，以及无确定寿命周期的其他类似权利；

②由商业重组产生的商誉。

（5）准备金和预计负债。

准备金重估。有形固定资产账面净值经授权重估后产生的差额，必须记录在特别准备金账户里。该准备金仅适用于增加自筹资本和弥补亏损。按税法规定，只有60%因重估产生的额外折旧额可以作为可扣除支出。

坏账的预计负债。如果逾期贷款的期限已经超过了6个月，则允许按以下比例在税前扣除：

①逾期6~12个月的，25%；

②逾期12~18个月的，50%；

③逾期18~24个月的，75%；

④逾期24个月的，100%。

存货减值预计负债。可扣除的存货跌价准备金，可在市场价值小于历史成本的金融周期末开始扣除。该准备金仅在金融周期损失发生时可以扣除。

石油公司折耗的规定。从事勘探和开发石油资源的公司年度折耗扣除只能低于石油输出额销售收入的30%或售前扣除利润的45%。该笔折耗必须在3年内在国内石油勘探或开发中进行再投资。

其他。法院判决所产生的负债及费用有相关的扣除条款，金融及保险企业的扣除也有专门的条款。

4. 资本利得

根据滚转冲抵，50%的资本利得是持有至少1年的有形固定资产，或是处置年份应税资产的损失赔偿。假如全部已收价款再投资，在开始前2年内处置，且类似资产收购（不含从相关方获得的二手资本），那么余下的50%不须征税，假如只有部分对价再投资，则只有利得的相应部分获得优惠。假如在倒数第二年末进行再投资，相应利得也未征税，若增长了15%，则该年应纳税。

同时，滚转冲抵税收优惠也适用于居民企业的股份出售利得或企业其他权利利得（即，居民或非居民企业）。如果（1）获得的全部对价在股份收购或有形固定商业资产建筑的收购进行再投资。（2）出售股份至少占公司参与资本的10%，同时，出售股份和收购股份至少留存1年。（3）这些股份不包括列入黑名单管辖地和相关方的居民企业，除非他们是出资人的出资方，或者是已列出的避税地的居民。

5. 亏损

在计算葡萄牙纳税人企业所得税的计税基数时，亏损是可以抵减的。

（1）经营活动的亏损。自 2014 年 1 月 1 日起，企业纳税人所导致的营业亏损，可以抵减接下来 12 年的应税利润。该营业亏损最多只能抵消所得税的 70%。

（2）资本活动亏损。税收年度中，只有 50% 与售卖股份和其他企业权利有关的净资本亏损是可以扣除的。它也适用于净资本的减少，或者其他与公司股权（如补充资本金）有关的负资产净值。但是，前 4 年从免税股息分配中获利的，与子公司股权相关的部分资本亏损，是不可扣除的。

6. 税率

（1）经营所得和资本利得适用税率。自 2015 年 1 月 1 日起，葡萄牙大陆的公司所得税适用 21% 的比例税率（在此日期前的比例税率为 23%）。

自 2014 年 1 月 1 日起，中小企业的应税收入达到 15 000 欧元的，减按新引进的 17% 的税率。

（2）向居民纳税人支付款项的预提税税率。居民企业间的支付款项通常需要扣缴企业所得税；对于居民企业收款方，该笔支付款是企业所得税的预提征税。

①股息。股息的预提税税率为 25%。

②利息。利息的预提税税率为 25%。

③特许权使用费。特许权使用费的预提税税率为 25%，向特许权使用费征收的预提税不包括增值税，支付款与制度中的纳税期间有关，在集团企业税赋下的特许权使用费免征预提税。

④其他。葡萄牙提供的公司董事的费用、代理佣金和服务费（运输、通信、金融相关的服务除外），须按照 21. 5% 的税率扣缴预提税。此外，不动产收入须按 25% 的税率扣缴预提税。这些税率适用于增值税以外的总费用、佣金和租金。

7. 税收优惠

除某些特例，税收优惠条例通常有效期都达到 5 年。

（1）国家立法下的激励机制。

①亚速尔岛和马德拉岛的自由贸易区。2007 年马德拉岛自由贸易区制度。在 2007 ~ 2014 年 6 月 30 日期间，获得了自由贸易区经营许可证的企业，适用于公司所得税减按税率（2010 年至 2012 年按 4%，2013 年至 2020 年按 5%）。2015 年马德拉岛自由贸易区制度。2015 年马德拉岛自由贸易区制度在 2015 年 7 月被批准，它适用于在 2015 年 1 月 1 日至 2020 年 12 月 31 日期间授权的企业，该制度有效截止期为 2027 年 12 月 31 日。具体内容包括：

A. 减按 5% 的税率征收公司所得税及现存阈值；

B. 支付给股东的股息和利息免征预提税，葡萄牙或黑名单管辖地的税收居民除外；

C. 免征印花税、财产税、财产转移税，税前、交易或期间按 80% 征收城市附加税；

D. 特殊延期付款和自主税收（非法费用或黑名单管辖地的居民支付款除外），应按使用的公司所得税税率付款。

②合同税收优惠。符合下述条件的工业投资项目，能享受税收优惠：

A. 于 2020 年 12 月 31 日前完成；

B. 投入资金至少为 3 百万欧元；

C. 属于国民经济、扩大就业、技术研发和国内科技研究的战略利益的一部分（马德拉群岛及亚速尔群岛区域内自治区的项目适用特别规则）。

③研究开发相关投资支出的税收抵扣。研究开发相关投资支出的税收抵扣政策，适用对象为符合条件的研发费用，该政策在 2013 年 1 月 1 日至 2020 年 12 月 31 日期间有效。准予抵扣的数额为：

A. 基础抵扣，为相关年度符合条件的费用的 32.5%。

B. 额外抵扣，为相关年度符合条件的费用减去研发费用的平均值（参照之前两个年度），额外抵扣的上限为 150 万欧元。此外，聘请博士后从事研究开发活动发生的相关费用的 20% 可以计入额外抵扣的 50%，这类额外抵扣的上限为 180 万欧元。

未抵扣的数额可以往后结转 8 个纳税年度（2014 年之前为 6 年）。

享受研究开发相关投资支出的税收抵扣政策的，不可同时享受其他同类税收优惠。

④重组。位于葡萄牙的企业、欧盟成员国企业或与葡萄牙达成税收协定国家的企业发生重组（合并、分立或与其他企业合作），可以享受下列优惠政策：

A. 因合并或与其他企业合作转让不动产，免除不动产转让税及印花税；

B. 因企业重组而增资或增加资本公司必需的资产，免除重组企业的印花税；

C. 与重组进程相关的律师费和诉讼费免税（公证费和商业登记费用也免税）。

但是，避税地名单中的企业不包括在内。

申请免税需经财政部备案；并且个案区别对待。

⑤鼓励就业优惠。计算公司所得税时允许扣除合理费用的 150%，合理费用包括固定报酬和社会保险费。每个雇员每年允许扣除的费用最多为 6 790 欧元（2012 年全国月工资最低标准为 485 欧元；自 2014 年 10 月 1 日起，全国月工资最低标准为 505 欧元）。签订雇佣合同的 5 年内，允许适用该扣除标准。雇员受雇于单位或关联方时适用该工作激励政策。从 2010 会计年度起，激励政策随着其他就业扶持政策（适用于相同的雇员或工作）的颁布而逐渐增加。

适用以上优惠的对象为：

A. 年龄在 16 周岁至 35 周岁的个人；

B. 长期处于失业状态的个人（即登记失业的时间超过 9 个月）。

⑥城市房产改造制度。城市房产改造制度自 2008 年 1 月 1 日起生效，该制度适用于经过相关部门许可的改造工程。这一制度提供的税收优惠如下：

A. 改造中的城市房产所缴地方房地产税适用暂时免税制度；

B. 房产投资基金（其资产主要用于改造城市房产）的所得享受企业所得税免税制度；

C. 居民个人所得适用 10% 的个人所得税特殊税率，参与上述房产投资基金的企业所得适用 10% 的预提企业所得税特殊税率。10% 的预提所得税可视为：（i）个人企业主的个人所得税缴付和公司所得税缴付；（ii）其他个人的最终税。

D. 一般免税适用于：（i）非居民单位所得（处于低税区的单位除外）；（ii）由葡萄牙居民持有 25% 的股份的非居民单位所得。葡萄牙居民按以上提及的 10% 的最终税率缴纳税款。

E. 改造工程适用 5% 的低税率。

⑦中小型微利企业的假定扣除。中小型微利企业可以适用公司所得税假定扣除，计算方法为股东从公司合并以及持续增资中所获现金资本乘以 3% 的税率，条件是股东为葡萄牙个人、风险投资公司或者合格的风险投资者。这一规定适用于 2010 年至 2013 年的纳税人出

资额。

⑧投资的额外税收抵免。符合条件的投资额的 20%，最高不超过应纳税款的 70% 可以扣除。

（2）区域性税收优惠。

①亚速尔岛自治区。在葡萄牙，注册地或实际管理机构在亚速尔群岛的企业，或者在亚速尔群岛设有常驻机构的企业，按 17.5% 的税率征收公司所得税，低于 23% 的全国标准税率。在一些城市，会征收市政附加税。2012 年 1 月 1 日起，该地区不再享受优惠的公司所得税税率。

②马德拉岛自治区。从 2015 年 1 月 1 日起，马德拉群岛的公司所得税税率为 21%（2014 年为 23%）。

（3）留存收益再投资。从 2014 年 1 月 1 日起，针对留存收益再投资，可以享受新的税收优惠。即中小企业留存收益和再投资于符合条件资产收益的 10% 允许税前扣除。再投资优惠政策适用于取得留存收益后 2 年之内再投资的利得。留存收益再投资的所得按应纳公司所得税税额的 25% 征收。

（4）专利盒制度。从 2014 年 1 月 1 日起，企业来源于分配的或临时使用的专利及工业设计的所得，允许其中的 50% 不计入应纳税所得额中。专利盒制度适用于专利和工业设计正式注册后取得的所得。

（5）简易征收制度。2014 年 1 月 1 日起，公司所得税的简易征收制度开始施行。简易征收制度适用于符合下列条件的企业纳税人：

①上年度营业额不超过 200 000 欧元；

②上年度资产负债表总额不超过 500 000 欧元；

③没有强制审核；

④至少 80% 的股份直接由满足上述要求的实体企业所控制；

⑤采用的会计制度适用于小微企业；

⑥在上三个年度没有退税制度。

企业所得税的税率适用：

①酒店和餐饮业的销售和服务，税率为 4%；

②特定专业活动获得的收入，税率为 75%；

③服务提供获得的剩余收入，税率为 10%；

④版税收入（建议中所提），资本利得和其他收益，税率为 95%；

⑤其他无偿收益，税率为 100%。

上述所提计税依据，应分别在第一年和第二年减少 50% 和 25%。

8. 征收管理

（1）纳税期间。会计年度和纳税年度采用公历年度。

（2）纳税申报和评估。公司所得税年度纳税必须在次年 5 月的最后一个工作日之前进行电子申报。纳税人必须履行纳税义务（自我评估）。

如果没有提交纳税申报表，税务机关应该出具与上一纳税年度计税基数一致的正式评估，最低为 6 790 欧元（全国最低月薪的 14 倍；2012 年和 2013 年，最低月薪为 485 欧元；自 2014 年 10 月 1 日起，最低月薪为 505 欧元）。

（3）税款缴纳。公司必须支付本纳税年度企业所得税的预缴税款。企业营业额没有超过 500 000 欧元的，预缴税款为上年度企业所得税的 80%。企业营业额超过 500 000 欧元的，预缴税款为上年度企业所得税的 95%。

（4）事先裁定。根据葡萄牙法律规定，纳税人可以从与税务处理的事务与安排有关的税务机关寻求指导，同时，纳税人可以获得有关特定税收激励条款适用性的事先裁定。但是裁定并不构成最终的行政行为，而被认定为税务机关出具的意见书。

在葡萄牙，有两种类型的事先裁定：

①一般裁定，即税务机关就纳税人所提交的待定事项该如何适用税法所进行的解释。

②预先裁定，即税务机关回答由特定纳税人提出的具体问题。

一般裁定对税收征管具有约束力，但对纳税人没有约束力。预先裁定在裁定请求中所描述的事实和情况保持不变，那么它对税收征管具有约束力。

（二）居民企业之间的交易

1. 企业集团合并纳税

在葡萄牙，符合条件的企业集团可适用特殊规定，选择合并纳税。如果选择合并纳税，则企业集团的母公司及子公司均应就此在每年 4 月 1 日前向税务机关报告。

可合并纳税的企业集团应包含一个主导公司（母公司）和一个或多个子公司。母公司直接或间接持有子公司不低于 75%（2014 年以前是 90%）的股份，且在选择合并纳税前，已持股超过一年（持股新成立的子公司除外），或母公司还拥有子公司 50% 以上的投票权。

2. 公司间股息红利

根据参与免税制度的规定，非透明的居民企业股东来源于境内的股息红利，如果满足下列条件，全部免税：

（1）分发股息红利前，股东直接连续持有该股票 5% 或以上（2014 年以前是 10%），且持有不少于 24 个月（2014 年以前是 12 个月）；

（2）股息红利是在有效盈利的前提下取得的。

（三）其他类型的所得税

地方所得税。葡萄牙中央政府不征收地方所得税。但地方政府可以就在当地成立的居民企业和在当地有常设机构的非居民企业的年度应税利润征收附加税。如果一个纳税人在几个地方有常设机构，那么附加税则由这些常设机构根据其总工资成本分摊。

附加税的税率最高为 1.5%，但对于营业额不超过 150 000 欧元的企业，地方政府可按低税率征收附加税。附加税在计算公司所得税时不得税前扣除。

（四）国际税收

1. 居民企业

如果一个企业的法定注册地或实际管理机构在葡萄牙境内，则该企业为葡萄牙的居民企业。

（1）境外收入和资本利得。居民企业和非居民企业在葡萄牙的常设机构须就其包含资本利得的全部境内外收入纳税。

自2014年1月1日起，如果满足以下条件，居民企业的母公司从其子公司取得的股息红利和资本利得免税：

①母公司持有子公司至少5%的股份；

②母公司至少已经持股24个月；

③母公司未被纳入葡萄牙税收透明制度内；

④除子公司符合商务测试的条件外，子公司比在葡萄牙少缴纳40%及以上的企业所得税；

⑤子公司未设在避税地。

（2）境外亏损。居民企业在境外的常设机构发生的亏损是可以税前扣除的。如果纳税人设在黑名单国家的境外常设机构的利润已经免税，则该机构发生的亏损在计算该纳税人的全部境内外收入应纳企业所得税时不得税前扣除。

（3）境外资本。葡萄牙不征收净资产税。对位于葡萄牙境外的不动产也不征收不动产税。

（4）避免双重征税。葡萄牙采用抵免法这种单边措施来避免对居民企业和非居民企业在葡萄牙的常设机构的境外所得重复征税。

在计算居民企业的全部境内外收入应纳公司所得税（计算地方附加税时则不能）时，允许该企业将其境外所得在境外已缴纳的税款从应纳所得税额中扣除。符合条件的境外已缴纳的公司所得税税款，股息红利、利息、特许权使用费及服务费的预提税税款都可以抵免。

税收的抵免是按国别分别计算的，允许抵免的限额为下列二者中的较小者：在国外实际缴纳的税款和同项所得按本国税法计算的应纳税额。

2. 非居民企业

非居民企业是指法定注册地或实际管理机构不在葡萄牙的企业。

在葡萄牙有常设机构的非居民企业须就：①来源于或通过该常设机构获取的所得或资本利得纳税；②来源于通过该常设机构在葡萄牙实施相同或类似活动获取的所得。

（1）一般所得和资本利得的课税。非居民企业直接来源于国内的所得（即不通过常设机构）通常要缴纳最终预提所得税。

对于来源于直接处置或无偿取得位于葡萄牙的动产和不动产的资本利得，非居民企业应委托其在当地的税务代理填报企业所得税申报表，据此按25%的通用税率征收企业所得税。通常情况下，非居民企业直接处置股份或其他公司权益所得，及居民企业处置有价证券所得免税。但下列非居民企业取得的上述所得应缴纳公司所得税：

①非居民企业由其他居民企业直接或间接持股25%以上；或该非居民企业是避税地的居民企业。

②所指的股份或有价证券是：由一个葡萄牙境内的房地产企业（即50%以上的资产是位于葡萄牙的不动产的企业）发行的；或是由控制前述房地产企业的居民控股公司发行的。

（2）对资本的征税。葡萄牙不征收净资产税。非居民企业应就其位于葡萄牙境内的不动产缴纳地方不动产税。

（3）征管。在葡萄牙有常设机构的非居民企业和居民企业适用同样的纳税规定或程序。常设机构可以采用与其总公司一致的纳税年度，纳税年度一经采用，五年内不得更改。常设机构选择的纳税年度如果不是一个公历年份，则须在该纳税年度的第7个、第9个和第12个月缴纳一般预缴税款，在纳税年度的第3个月或第3和第10个月缴纳特殊预缴税款。

3. 非居民企业的预提税

一般来说，非居民企业直接（即，不通过其在葡萄牙的常设机构）取得的来源于在葡萄牙境内投资的所得、代理费和相关服务费须征收预提所得税。非居民企业的预提所得税是就其收入全额征税的，但不包括特许权使用费所含增值税额、佣金和服务费。

（1）股息。向在葡萄牙没有常设机构的非居民企业支付的股息（不含股票股利）需按25%的税率征收最终预提税。

下列情况适用35%的预提税税率：①支付给不确定的第三方的股息红利；②支付给在葡萄牙境内没有常设机构的黑名单国家居民的股息红利。

（2）利息。一般来说，向非居民企业支付的利息应按25%的税率征收最终预提税。

适用35%的预提税税率的情况：①支付给不确定的第三方的利息；②支付给在葡萄牙没有常设机构的黑名单国家居民的利息。

适用免税的情况：

①居民信托机构的分支机构支付给非居民信托机构的外币贷款或定期存款利息；

②经葡萄牙财政部批准，政府机构、公共服务或公共事业公司进口设备，支付给非居民企业的借款或租赁利息；

③财政国库管理制度（截至2015年12月31日）下支付的特定贷款（凭证式贷款合同）的相关利息；

④葡萄牙政府在1989年5月4日前发行的政府债券的利息；

⑤向不是避税地居民的葡萄牙非居民企业，支付的由其直接持有的新发行的2013年12月31日到期的固定利率的国债利益。

（3）特许权使用费。所有的特许权使用费，包括转让专有技术所得，设备租赁费和技术援助费，统一按25%的税率征收最终预提税。符合规定的企业集团选择合并纳税，则其取得的特许权使用费免征计提税。

对于在葡萄牙没有常设机构的黑名单国家居民取得的特许权使用费按35%的税率计征预提税。

（4）其他。根据合同支付的在葡萄牙境内产生的代理费和服务费（不包括运费、通讯费和相关金融服务费）按25%的税率计征最终预提税。

向非居民企业董事会董事或非居民企业监事会成员支付的费用按21.5%的税率计提最终预提税。

房客或承租人支付给非居民企业房东或出租人的不动产租金就其租金总额，按25%的税率，先预缴预提所得税，然后再通过非居民企业在当地的税务代理，填报相关纳税申报表，结算应纳税款。

（5）预提税税率表。参见《葡萄牙税收协定预提税税率表》。

（五）反避税

1. 概述

一般反滥用条款规定，如果一个交易被证实其主要目的或某个主要目的是为了减少或免除本应缴纳的税款，则该交易无效，所涉交易应该正常缴税。

此外，《公司所得税法》规定了相关税收驱动的并购、重组、资产转让和股权交易的原则，同时对享有低税管辖权的企业的支付也做了相关规定。

“低税管辖权”包括避税地和不征收企业所得税或比在葡萄牙少缴纳40%及以上的公司所得税的国家。

强制披露制度旨在限制滥用税收筹划以少缴公司所得税和个人所得税、增值税、不动产税和印花税。该制度规定，任何实体，只要其业务包含提供税务咨询或相关服务，都有义务向税务机关报告其制定的使客户占明显税收优势的税收筹划的内容。

2. 转让定价

（1）概述。葡萄牙的转让定价规则遵循OECD的规定，对关联交易实行独立交易原则。下列纳税人之间的转让定价应实行正常交易原则：①关联的个体纳税人和企业纳税人；②关联的居民企业和非居民企业；③相关联的非居民企业在葡萄牙的常设机构与该企业在葡萄牙境外的常设机构。

（2）最佳方法规则。根据正常交易原则，关联纳税人须采用最合适的方法以确保：相似的交易，关联企业之间的交易价格，与其跟非关联企业交易的市场价格有高度的可比性。为此，应特别注意货物的特性、服务的权利、市场地位、经济和财政状况、商业战略和其他相关特征及履行的职能，此外，也应考虑是否为关联方、使用的资产和分担的风险。

（3）适用方法。转让定价方式的适用，按先后顺序分别为：可比非受控价格法、再销售价格法、成本加成法；只有当这些方法都不适用或不能准确反映正常价格，才可适用利润分割法，交易净利润法或其他可接受的方法。

（4）转让定价调整。当税务总局为了确定企业纳税人的基于关联方与其他企业或个人的业务形成的应税利润时，应当进行转让定价调整。税务总局也可以对税收协定下的业务进行转让定价调整。

3. 资本弱化

葡萄牙有关资本弱化的规定已于2013年1月1日起由净融资费用限制规定所取代。

4. 受控外国公司

根据有关受控外国公司的规定，享有低税管辖权的外国公司的公司利润代表股东（个人或公司）的实质利益，对利润课税就是对股东的股份课税。

分配利润时，控制企业须将因受控外国公司直接或间接持有的股份分配到的税后利润或收入计入税基。未分配税后利润或收入不会用来分发股息红利。因而股东也不能抵免其受控外国公司支付的企业所得税税款、股息红利部分的境外预提税及源于利润的基本公司税。

5. 其他反避税措施

（1）避税地。全世界有81个低税管辖权国家或地区被认定是避税地。企业是由于以下原因才设在避税地：

①在居住地向非居民支付的款项不能扣除；

②受控外国公司法；

③原居住国的非居民实体出售股份、其他公司权益和债券不免税；

④不适用参与免税制度；

⑤原居住国对来源于非居民实体的国债利息不免税；

⑥不动产转让税和地方不动产税的适用税率有所提高。

（2）净财务费用的扣除限制。净融资费用的扣除限制规定自2013年1月1日生效。这些可扣除的费用最高不能超过 100 万欧元，或息税折旧摊销前利润的 30%（2014 年为 5%）。

二、个人所得税

（一）一般规定

个人纳税人应当在全国范围内就其境内外所得缴纳个人所得税和地方不动产税。个人所得税以累进税率征收，并征收附加费用。另外，从 2009 至 2020 纳税年度，非长期居民个人适用特殊税制。

1. 纳税人

如果满足以下条件，则个人可以被视为葡萄牙居民：

（1）以任一公历年度计算，至今为止在葡萄牙停留或居住的时间超过 183 天；

（2）个人在葡萄牙拥有永久居住地住所的公历年度内，于任一年份在葡萄牙的短暂逗留；

（3）个人于任一年度的 12 月 31 日，为居民单位操作的轮船和飞机的乘务员；

（4）为葡萄牙政府履行国家公共职能（如果个人是欧洲议会的议员，视为满足此条件）；

（5）身为葡萄牙国民的个人将住所搬迁至名单上的避税天堂（搬迁当年和搬迁之后 4 年内，个人视为葡萄牙居民），除非他能证明迁居符合有效条件，比如被雇主临时调派从事临时工作。

非长期居民个人被认定为葡萄牙居民的条件是，在先前的 5 年内没有成为葡萄牙居民。从被认定为葡萄牙居民的那年起，非长期居民可以在 10 年内按居民身份缴纳税款。

2015 年 1 月 1 日前，家庭单位必须联合申报。从 2015 年 1 月 1 日起，独立申报成为主要缴纳方式。但是纳税人仍然可以选择联合申报。

2. 应纳税所得额

（1）概述。个人纳税人应当就其境内外所得缴纳个人所得税。目前共有 6 种类型的所得，即（见表 2）：

表 2　　个人所得类型

A：	受雇所得，包括附加福利和法人团体的成员费用（不包括法定审计师）
B：	经营所得，包括交易、独立的专业工作或职业工作
E：	投资所得
F：	不动产所得
G：	资本利得
H：	养老金，包括年金和赡养费

通常，在计算每一类所得的最终结果时，允许特定项目的扣除。税款应当对汇总所得减去个人扣除项目的余额征收。

赡养费（H 类）作为领取者的所得缴纳税款（领取的数额需超过免税额）。

个人纳税人的应税所得以收付实现制的方式计算。所得在纳税人实际收到或应当收到的年份缴纳税款。资本利得以纳税人在资本转让发生的年份所获得的利得计算。

费用可在获取适当所得的年份中扣除。然而，获取种类 B 所得的纳税人，以直接方式缴纳税款，其固定资产的购置成本按企业适用的折旧方法折旧，并对某些资产采取限制条件。

（2）免税所得。若满足适当条件，以下所得免税或不用缴纳所得税：

①奥运会或残奥会运动员所获奖金；

②公共团体、保险协议、法院认可的判决或协议支付的关于身体伤害、疾病或死亡的赔偿金；

③协议或法院指令中明确的遣散费；

④（自 2014 年 1 月 1 日起）雇主提供的医疗保险；

⑤使用或享受雇主所提供的公共设施所带来的福利；

⑥专门为雇员设置的专业训练活动的福利；

⑦迁居成本的补偿享受 10% 的免税，最高可达 4 200 欧元。然而，每三年才适用一次免税；

⑧雇主为雇员社会证件的获取所花费用，前提该证件为大众普遍持有；

⑨特定的股息收入；

⑩特定的利息收入；

⑪特定的资本利得。

另外，残疾人在 2015 年所获种类 A、种类 B 和种类 H 总所得中的 10% 不用缴纳个人所得税。每一类所得的免税数额不超过 2 500 欧元。

3. 雇佣所得

（1）工资薪金。雇佣所得（种类 A）包括所有因雇佣而获得或应得的报酬，比如薪水、工资、额外津贴、佣金、补贴、奖金、报酬、小费和股票期权计划的利润。

获取工资所得的纳税人可以选择从总额中扣除以下较高的数额：

①强制社会保险费的数额；

② 4 104 欧元（或社会保险指数 12 倍的 75%，条件是雇员的费用包括专业活动的实施所花费的专业订阅费用。

另外，纳税人允许扣除工会费用的 150%（不得超过总劳动所得的 1%）。

基于协议或法院指令的离职金免于缴纳所得税，免税数额等于过去 12 个月获得的平均每月报酬乘以雇佣的年数。然而，如果发生以下情况，则应全额缴税：

①相同的雇主在 24 个月内将新的职业活动或经营活动联系起来，而不管他们的本质是什么；

②与公营企业经理、公司董事会经理，以及非居民常设机构代表的职能相关。

雇主应当对雇员的劳动所得预提所得税和社会保险费。

自雇运动员从他们的体育活动中直接赚取的劳动所得适用特殊税制。

（2）实物福利。实物利益按种类 A（雇佣）所得缴税。

应税利益的获取途径包括雇主股票期权计划、雇主发放的免息贷款或低于市场利率的贷款。关于雇主发放的贷款，应税数额为财政部每年公布的官方利率与雇主实际收取利息之间的差额。

雇主给予的通勤费作为雇佣所得缴纳税款，如果雇主将其作为福利发放给所有雇员，则可免除缴税。

雇主为雇员支付的人寿保险，养老金或者其他补充养老计划等款项作为受雇所得缴纳税款。相比之下，雇主针对旨在提供退休福利、残疾福利或生存福利等强制社会保险计划所缴纳的保险费，以及雇员获取雇主设立的附条件福利，都不作为应税所得缴纳税款。

自 2014 年 1 月 1 日起，雇主为雇员及其家庭成员购买的健康保险不再作为雇员的应税受雇所得，条件是这项福利为所有雇员享有。

（3）养老金所得。养老金属于种类 H 所得，应当以累进税率按月缴纳预提税。然而，如果取消、赎回、提前支取养老金（或其他补充社会保障计划）的数额超过个人相关费用，则该数额应当作为投资所得缴纳个人所得税，并缴纳 28% 的预提税。除非纳税人选择分期缴付，否则所缴税款为最终纳税额。

退休人员（不论居民或非居民）允许从所得中扣除社会保障指数 12 倍的 72%，即 4 104 欧元。2015 年 1 月 1 日前，对于每年总额超过 22 500 欧元的养老金，扣除额需要减去超过金额的 20%。

纳税人缴纳的社会保障计划中的强制性费用和提前退休计划中的医疗保障费用，只要金额超过 4 104 欧元，就允许扣除。2015 年 1 月 1 日前，对于每年总额超过 22 500 欧元的养老金，社会保障费的扣除额为 4 104 欧元减去超过金额 20%。

在保单基础上缴纳的临时年金或终身年金的资本部分允许扣除。当资本部分不确定时，仅能将总年金的 15% 计入应税所得。

从定期缴纳的国内私人养老金计划所获福利应当作为养老金所得缴纳所得税（根据一般累进税率），征税基础为超过可扣除数额的部分。根据税收优惠条例，一次性发放的福利（保险单的全部或部分兑现）应当作为投资所得缴纳税款，以 20% 的最终税率对该福利的五分之二征税。

（4）董事报酬。公司理事会和监事会的居民成员所获报酬应当作为受雇所得缴税。

作为公司监事会或审计委员会成员的法定审计师，其报酬应当视为独立工作所获种类 B（经营）所得，按 25% 的税率缴纳预提所得税。

4. 劳务和经营所得

种类 B（经营）所得既包括从事商业、工业或农业活动所获利润，也包括提供独立的个人劳务所得。低税区外国企业的未分配利润（视为种类 B（经营）所得）通常按照受控外国公司法律分配给与公司有实际利益关系的个人，前提是资本或股权与经营、专业服务活动有关。在其他情况下，已分配利润视为种类 E（投资）所得。

通常，经营所得以两种方式计算：①简易方法，符合条件的纳税人选择按此方法缴纳所得税；②一般方法，以纳税人的会计账簿为基础。

在某些特定情况下，税务局以纳税人财产的外部证据为基础，计算居民个人的最低所得（间接方法）。

（1）简易方法。符合条件的纳税人可以选择按简易方法或一般方法缴纳税款。2015 年 1 月 1 日前，如果纳税人选择适用简易方法，则适用期为 3 年（到期自动延续，除非纳税人选择一般方法）。从 2015 年 1 月 1 日起，3 年最低期限被取消。

符合条件的纳税人为个体商人或独立的专业服务者，且前一年度所得的最大值为 20 万欧元（2014 年以前为 15 万欧元）。这些纳税人可选择对其所得缴纳税款（直到正式划分经济活动的不同领域），缴纳基础为不同种类所得乘以百分比，如下所示：

①货物销售，酒店服务业，以及餐饮业中的 15%；

②列举的劳务活动中的 75%；

③未列举的劳务活动中的 35%；

④特许权使用费、专有技术以及其他与自雇或创业有关的所得（投资所得，资本利得，租金收入）中的 95%；

⑤非探索性补贴或补助中 30%；

⑥用于探索的补贴或补助以及种类 B 所得中未提及的剩余所得中的 10%；

⑦财政透明体制下合伙人对合伙企业提供劳务所得中的 100%。

视为纳税人的所得应当以一般累进税率缴纳个人所得税。

直到 2014 年 1 月 31 日，纳税人选择以简易方法代替一般方法缴纳税款。

（2）一般方法。商人和独立的专业服务提供者（已建账）适用公司规则（参见《葡萄牙企业税制）所获种类 B 所得，允许扣除相关费用。

然而，计算种类 B 所得时，纳税人应当考虑到：所得与费用必须与货物或股权相关，且货物与股权要么成为个人纳税人企业的商业资产，要么与企业的经济活动有关。

如果部分个人住房用于经营，则经济活动的费用（折旧、贷款利率、能源、水和电话）不能超过实际住房费用的 25%。

（3）间接方法。如果不能直接并准确地计算应税利润，则适用间接方法。相关情形包括：①纳税人没有建立会计记录或会计账簿；②经营活动中出现异常或不规则的情况；③纳税人拒绝展示、隐藏、损毁、涂销、篡改、伪造账目等。

视为最低所得以自供资产的特定百分比计算，百分比数据如下：

①评估价值超过 25 万欧元的住房，其购买价的 20%。

②估价为 5 万欧元的轻型客车或 1 万欧元的摩托车，登记当年价格的 50%。从那以后，百分比每年减少 20%。

③估价超过 2 万 5 千元的娱乐型船只和所有娱乐型飞机，于登记当年价格的 100%。从那以后，百分比每年减少 20%。

④超过 5 万欧元的追加出资额或贷款额的 50%。

⑤每年从有价证券账户转入储蓄账户的总数的 100%，账户为纳税人在黑名单税收区的金融机构所开设。

5. 投资所得

投资所得（种类 E）包括股息，利息以及非原创者获取的特许权使用费。居民个人所获种类 E 所得应当缴纳预提税，此为接受投资方的最终纳税义务或可抵免纳税义务。

自 2015 年 1 月 1 日起，长期储蓄鼓励计划开始实行。按此计划，对于 5 年以上的存款（投资或储蓄金），在第 5 年至第 8 年取出的投资所得，其五分之一免税（有效税率为 22.4%）。8 年后取出的投资所得，其五分之三免税，有效税率为 11.2%。

通常，计算种类 E 所得时，不允许扣除相关费用。

债权转移的应税所得为债权转让价格超过其票面价格的数额。

（1）股息。通常，国内股息以28%的税率预提个人所得税。此预提税为最终税，除非居民纳税人选择将预提税作为提前支付的所得税，在此情况下，50%的股息与其他应税所得一同计算，并且预提的税款可以抵免最终所得税纳税义务。

（2）利息。通常，居民个人所获利息应当以28%的税率缴纳预提个人所得税。

不可转让存单利息和长期存款（超过5年）于2012年1月1日前孳生的利息，享受如下待遇：

①存款于第5年至第8年到期，则80%的利息应当缴税；

②存款于8年后到期，则40%的利息应当缴税。

预提税为最终税，除非存款人选择将利息包含于应税所得中，用以抵免最终纳税义务，退还多缴税款。

另外，由公司支付给股东的利息，其他股东贷款利息，以及其他因股东未获得利润分配而进行补偿的利息和其他形式的所得，应当以28%的税率缴纳最终预提税。

退休储蓄账户所获利息免于纳税，条件是账户结余不超过10 500欧元。

（3）特许权使用费。著作权、专利权、商标权以及专业知识等特许权使用费被认为是种类B（经营）所得，条件是该所得由原创者所获。

居民艺术家和作家从自身作品中所获著作权使用费，其中仅50%需要缴纳税款。然而，税基中可扣除数额不超过1万欧元。

其他任何特许权所得、技术援助支出，以及硬件和软件的出租，作为种类B（经营）所得以16.5%的税率缴纳预提所得税。

（4）不动产所得。不动产所得按种类F所得缴纳税款。承租人支付的种类F所得计入会计账目，按25%的税率缴纳预提所得税。

经证实的维护和保管费用允许扣除。地方不动产税、印花税以及公寓费用同样允许扣除（前提需满足相关条件）。

居民个人从符合制度的房产所获租金所得（以及资本利得）按5%的税率缴纳所得税。

6. 资本利得

资本利得属于种类G所得，除非其构成种类B所得、种类E所得以及种类F所得。应税所得为一年之净所得，即总所得减去总亏损，等于应当缴纳税款的部分。净所得计入应税总所得，以累进税率缴纳税款。然而，股票市场资本利得分开计税。因通货膨胀而调整购置成本的情形只适用于不动产。

如果财产和费用（包括捐赠）增加数额高于10万欧元，同时，纳税人没有填报所得或（在相同的纳税年度）填报所得有未经证实的分歧，则差额作为资本利得缴纳税款，除非税务机关通过间接方法计算得出更大数额的应税所得。

（1）不动产。处置不动产所获利得，以及转让租赁权或不动产合约涉及的其他权利的对价，应当缴纳税款。然而，以上处置资产所获利得中，仅50%需要缴纳税款。纳税人获取不动产所有权超过24个月后，方可调整购置成本以适应通货膨胀。

纳税人售卖永久性居所的利得免税，条件是所有利得于24个月内用来投资购买永久性住宅，或者36个月内用于再投资购买或整修翻新另一住宅。

（2）股份。居民个人所获股票市场资本利得应以28%的税率缴纳预提税。应税数额为该年实现的净利得，即资产的总利得减去总亏损。然而，计算年度净利得时，如果交易的另一方居住在名单上的避税天堂，则资本亏损可以忽略。

（3）其他。非原创纳税人售卖知识产权、工业产权或技术诀窍所获年度净利得，仅50%需要缴纳税款。

7. 个人扣除、宽免和抵免

（1）扣除。以下两项可以从总所得中扣除：

①经证实与强制性养老金支出（包括年金）相关的不可偿付费用；

②符合合作社条件的特定支出（比如家庭合作社）。

（2）宽免。葡萄牙税制中不存在个人宽免，但是纳税人的个人状况和家庭状况可以通过各种税收抵免反映。

（3）抵免。最重要的税收抵免如下所列。与医疗费用、教育费用、赡养费用、居住费用以及养老院费用相关的总抵免数额限制如下（全球限制标准）：

①应税所得在7 000欧元以下的纳税人，无限制；

②应税所得在7 000欧元至80 000欧元之间的纳税人按照一定的公式计算限额；

③应税所得在80 000欧元以上的纳税人，限制为1 000欧元。

若家庭成员人数超过3个，以上限制应当为每个不缴个人所得税的家眷增加5%。

限制的计算：

①家庭费用。抵免数额相当于应税所得的35%，最大额为每位纳税人250欧元。

②个人和家庭的税收抵免。来源于家庭系数的税收节减，允许以下抵免：

A. 每位家庭成员享受325欧元的抵免；

B. 如果家庭成员（享有纳税人身份）所得没有超过最低法定养老金的数额，则总抵免数额为300欧元。

以上扣除可以加上以下数额：

A. 在相关纳税年度的12月31日前，年龄没有超过3岁的家庭成员，每人可以享受125欧元的抵免；

B. 如上所述，如果家庭中只有一位长辈，则抵免数额为110欧元。

③特殊领域的发票抵免（比如餐馆）。抵免额相当于增值税的15%，且最大额不超过250欧元。

④医疗费用。抵免额相当于增值税的15%，且每位纳税人的最大额不超过1 000欧元。

⑤教育和培训费用。纳税人可就本人和家庭成员的教育费用享受30%的抵免，限制额为800欧元。

⑥居住费用。葡萄牙居所符合条件的费用享受15%的税收抵免。

⑦养老院费用。居住房屋的相关费用允许25%的抵免，最大额为403.75欧元，条件是该房屋用来赡养所得未超过最低月工资的纳税人、长辈及相关亲属。

⑧赡养费。法院裁定或生效判决中纳税人应当给予的赡养费用应当以低于20%的平均税率缴纳所得税，且纳税人可以享受20%的税收抵免。

⑨税收激励政策中的税收抵免。以下税收抵免在税收刺激政策中有所规定：

A. 私人养老金计划费用：私人养老金计划费用达到以下数额时，允许20%的抵免，未婚纳税人：（i）年龄低于35周岁的纳税人允许400欧元的抵免；（ii）年龄在35至50周岁之间的纳税人允许350欧元的抵免；（iii）年龄高于50周岁的纳税人允许300欧元的抵免。

对于已婚纳税人，以上抵免数额翻倍；

B. 政府债券投资：若纳税人拥有家庭且政府债券投资拥有下一代受益人，则政府债券投资允许20%的税收抵免，数额分别为400欧元（年龄小于35周岁的个人）、350欧元（年龄在35至50周岁的个人）以及300欧元（年龄在50周岁以上）；

C. 捐赠：捐赠给教堂、宗教机构、宗教慈善组织等法律明确规定且以科学、文化或慈善为目标的机构，允许捐赠数额的25%至130%的抵免（然而，某些特定情况下，抵免不能超过捐赠者纳税义务的15%）。只有捐赠者不把捐赠当作经营费用，才允许税收抵免。

⑩额外附加税的抵免。纳税人的每一位亲属都可以享受3.5%的额外附加税抵免，抵免数额尚未确定。

8. 损失

作为规定，个人纳税人仅能以某一类所得的损失抵消同一类别的利得。以下特殊规则适用：

（1）经营或专业服务（种类B）所得的损失允许在该类所得中结转12年（2014年前的损失可以结转5年）；

（2）不动产所得相关的损失允许在该类所得中结转6年（2015年前的损失可以结转5年）

（3）非原创纳税人于公历年度中售卖不动产、知识产权、工业产权以及技术诀窍等发生的资本净损，其50%允许结转5年；租赁权或涉及不动产（种类G）的合约中规定的其他权利的转让对价同样允许结转5年（2012年前损失可以结转4年）；

（4）纳税人于公历年度中售卖公司权（包括12个月或不足12个月的股票）和其他有价证券发生的资产净损允许在同类所得中结转5年（2015年前损失允许结转2年），条件是纳税人选择计算总所得。

9. 税率

（1）所得和资本利得。以下税率适用于2015纳税年度中种类A、B、E（除债券利息和存款利息），F、G和H的总净所得（见表3）：

表3

应税所得（欧元）	超过下限的边际税率（%）	下限的平均税率（%）
达到7 000	14.50	14.50
7 000～20 000	28.50	23.60
应税所得（欧元）	超过下限的边际税率（%）	下限的平均税率（%）
20 000～40 000	37	30.30
40 000～80 000	45	37.65
超过80 000	48	

另外，超过8万欧元的所得适用2.5%的附加税（团结税）。然而，超过25万欧元的所得适用5%的税率。已婚纳税人的应纳税额为（应税所得/2－80 000）×2。

居民个人所得税申报表中的所得与适用特殊税率的某些所得（比如非长期纳税居民的

所得）适用3.5%的税率缴纳额外附加税。

（2）预提税。种类A（受雇）所得：受雇所得应当缴纳预提税，预提税可以作为预先缴纳的税款抵免最终纳税义务，如下所示：

①不论纳税人是否有变动工资，固定工资应当由雇主根据预提表和纳税人所处的环境预提每月税款，统一税率在0%至44.5%之间；

②如果纳税人只有变动工资所得，则应当以当年的预计报酬为基础缴纳预提税，如果这不可行，则计入累计表的每一笔报酬都按照0%至45%之间的统一税率缴纳预提税。

种类B（经营）所得：纳税人给予居民商人或专业人员的所得计入账目，应当缴纳预提个人所得税，税率如下：

①支付给原创者关于著作权、专利权、商标权和技术诀窍的特许权使用费适用16.5%的税率；

②提供列表中的独立个人劳务所获报酬，税率为25%；

③个体工商户（比如木匠、汽车维修工和电工）的报酬及独立的商业行为所获相关津贴，税率为11.5%；

④非长期居民从事科技、艺术或技术等高附加值的工作所得，税率为20%。

以上情形，税基中不含增值税。

种类F（不动产）支出：承租人支付的不动产费用计入账目，应当缴纳预提个人所得税，税率为25%。

种类G（资本利得）所得：资本利得应当按一般累进税率缴纳预提税。关于股票市场资本利得的税收。

种类H（养老金）所得：每月支付给居民受益人的葡萄牙净养老金（区别于赡养费）应当按月缴纳预提税，税率为：

①0%和40%（分别适用于未婚纳税人和已婚纳税人，条件是夫妻双方均有养老金）；

②0%和34.5%适用于一方领取养老金的已婚纳税人。

10. 征收管理

（1）纳税期限。通常，纳税年度与公历年度相同。

（2）纳税申报和评估。法律规定，纳税人必须将前一年度的所得税纳税申报表提交给当地税务机关（自我评估）。获取种类B（经营）所得的纳税人应当进行电子申报。

涉及雇佣所得和养老金所得的纳税申报表必须在3月15日至4月16日间报送；其他的申报表期限为3月16日至4月16日。

年雇佣所得不足最低工资12倍的72%的个人纳税人免于报送所得税申报表。

纳税评估通常由中心税务机关根据申报表做出。在上述期限内报送的申报表，评估需在7月31日前结束，未报送的申报表，需在11月30日前结束评估。

（3）税款缴纳。获得种类B（经营）所得的纳税人需要在本年度7月20日、9月20日和12月20日之前预先缴纳3种税款，税额总计占据上一年度个人所得税的76.5%。

通常，纳税人须于翌年8月31日前缴清本年度税款（或与12月31日前报送完成纳税申报表）。如果预提数额被认为是预先支付的税款，且以上预先缴纳的税款超过纳税人本年度纳税义务，则超过的数额必须于翌年8月31日（或12月31日）前退回。

（4）事先裁定。具体内容参见《葡萄牙企业税制》。

（二）其他类型的所得税

葡萄牙无针对所得的其他税种。

（三）国际税收

1. 居民纳税人

（1）境外所得和资本利得。居民纳税人就其来源于境内、境外的所得和资本利得缴纳个人所得税。

外国股息应当按28%的税率缴纳税款，如果税款通过中介公司缴纳，则可以相同税率缴纳最终预提税。居民个人取得的来源于境外的利息应当以28%的税率缴纳税款，如果税款通过葡萄牙中介公司缴纳，则以相同税率缴纳预提税。

如果纳税人在葡萄牙没有永久性居所，且通过黑名单税收管辖区的单位缴纳税款，则葡萄牙以35%的税率对投资所得征收税款。如果纳税人通过居民代表单位或代表第三方的居民单位缴纳税款，则适用35%的税率缴纳预提税。

（2）境外资本。葡萄牙不征收净财富税。国外的不动产无须缴纳不动产税。

（3）避免双重征税。双重征税的单边减税法则通过抵免实现。境外所得税按分国不分项的原则计算，若没有抵免优惠，境外所得在当地缴纳的税款与相同所得在葡萄牙应当缴纳的税款中，取其较低额进行限额抵免（一般抵免）。未使用的税款抵免不允许结转。

2. 侨民

（1）来葡人员。从2009～2020纳税年度，非长期居民个人适用特殊所得税制。

在此制度下，非长期居民就其在葡萄牙的受雇所得（种类A）和经营与专业服务所得（种类B）以20%的税率缴纳所得税，条件是他们从事高科技价值的专业服务。

这一税制同样允许来源于境外的消极所得免于双重征税，积极所得包括股息、利息以及来源于境外的受雇所得和独立的个人服务所得。非长期居民对来源于签订税收条约国家的境外应税所得同样适用免税。

（2）外派人员。葡萄牙无外派人员相关的特殊条款。

3. 非居民纳税人

（1）对所得和资本利得征税。非居民个人应当就其来源于葡萄牙的所得缴纳所得税。

一般规定，通过代理人账户获取的所得需要缴纳35%的预提税，且受益所有人无须公开。

名单中避税地的居民所获所得需要缴纳35%的税收罚金，除非纳税人证明所得与真实交易相关且没有异常行为或超过正常数额。

（2）对资本的征税。葡萄牙无净财富税。非居民拥有的葡萄牙不动产应当缴纳不动产税。

（3）征收管理。非居民个人所获来源于葡萄牙的种类B、F或G所得必须指定当地税务代理，除非个人是欧洲经济区国家（满足前提条件）或欧盟成员国居民。税务代理要求履行所有非居民纳税义务，包括填报最终税申报表以及支付税款。

三、增值税

（一）一般规定

1. 概述

增值税是对企业销售货物、提供服务以及进口货物征收的一种税。由于企业有权全额抵扣进项税，因此增值税不会给企业带来税收负担。

2. 纳税人

增值税的纳税人包括：（1）在葡萄牙境内销售应税货物或提供应税服务的个人、企业及自由职业者；（2）进口货物至葡萄牙境内的人。欧盟成员国内的企业发生的并购业务，登记注册的门槛为10 000欧元。

3. 应税行为

下列应税行为应缴纳增值税：

（1）纳税人在葡萄牙境内从事经营、专业和艺术活动的过程中，销售货物或提供服务；

（2）企业或个人进口货物至葡萄牙；

（3）纳税人或非应税机构将在欧洲共同体内购置的货物运输至葡萄牙境内；

（4）将在欧洲共同体成员国购买的货物用新的交通运输方式运送至葡萄牙境内。

自贸区和保税区是不征收增值税的区域。销售来自于自贸区或保税区的货物、接受自贸区或保税区提供的服务，或者在自贸区或保税区内销售货物或提供服务，适用税率视为零税率。但是，在自贸区或保税区内使用或消费货物不适用零税率。

4. 应税收入

增值税的应税收入包括销售应税货物和提供应税服务的所有收入，但应纳增值税额不包含在应税收入内。与应税交易直接相关的服务产生的费用，如保险费、交通运输费、佣金和补贴，应计入应税收入征税。

关联方之间销售货物或提供服务，应依据《增值税法》的特殊规定，按“货物或劳务的一般市场价格”计算应税收入。

5. 税率

在葡萄牙大陆，增值税实行标准税率，为23%。此外，销售特定货物或提供特定服务适用13%的中间税率和6%的低税率。亚速尔群岛相应的适用税率分别为16%、9%和4%；马德拉群岛相应的适用税率则分别为22%、12%和5%。

出口货物或欧盟成员国之间销售货物适用零税率。

6. 免税

最主要的免税项目包括金融和保险交易、博彩交易、股权、债券和其他有价证券等无形商品的交易及不动产交易。

（二）非居民企业

在税务机关可以向消费者征收增值税（反向征收机制）的情况下，非居民企业的不需要任何税务代理。否则，在葡萄牙没有固定场所或者没有授权的税务代理的情况下，非居民企业，根据其他欧盟成员国法律成立的非居民企业除外，必须授权葡萄牙当地的税务代理，代其办理涉税事宜。

四、消费税

消费税的是对酒精、酒精类饮料、烟草制品、汽油和油制品征收的一种税。

五、社会保险费

（一）对企业征收

葡萄牙的社会保障制度规定，雇主和雇员共同缴纳社会保险费。雇主按要求需为一般雇员缴纳相当于其月薪资总额23.75%的社会保险费。

社会保险费没有最高缴费限额。

公司也须为公司董事会的董事缴纳社会保险费。

为公司董事和经理缴纳社会保险费的费率是34.75%（雇主负担23.75%，公司董事和经理负担11%）。依据2014年的预算，月最高缴费限额为5 030.64欧元（社会保险指数的12倍）的规定被取消，因此，董事所在公司应以其有效总薪资为依据为其缴纳社会保险费。雇主支付的社会保险费在计算企业所得税时可以税前扣除。

（二）对个人征收

雇员必须缴纳社会保险费，数额相当于总工资的11%（无上限）。税基包括旅游和交通津贴、代理费用、纳税人私车公用的补贴、雇主为雇员支付的人寿保险、养老金和退休金。

个体户以29.6%的税率缴纳社会保险费，税基由社会保障局按年度决定。

自2014年起，个体户可以选择按以往所得水平缴纳社会保险费，或者在此水平上下自主选择。选择必须在每年的2月或6月之前做出，自此之后，纳税人开始按照新选定的数额缴纳社会保险费。

适用于董事会成员和公司经理的全球社会保险费税率为34.75%（雇主应当缴纳23.75%，董事会成员和经理应当缴纳11%）。纳税人所在公司的税基最高限度为每月5 030.64欧元。然而，自2014年1月1日起，最高限度被取消，社会保险费应当在纳税人收到的总报酬基础上缴纳。

自2013年1月1日起，具有管理职能的政府机关成员享受失业保护政策。

社会保险费可享受个人所得税扣除。

（李旭红　编）

俄罗斯税制

联邦政府主要征收公司所得税、个人所得税和增值税。地方政府主要征收企业财产税、个人财产税、土地税和运输税。此外，企业纳税人还应缴纳土地税等一些地方税收，并且作为雇主缴纳社会保险费。取得经营所得的个人还须按规定缴纳社会保险费。

一、公司所得税

（一）一般规定

1. 税制类型

俄罗斯公司所得税就企业利润首先在企业层面征税，然后还要就企业分配的利润在股东层面征税。其通过以降低税率的方式在源头扣缴最终预提税以消除对股息的经济性双重征税。此外，对于居民企业将其取得的企业间的股息所得重新分配给俄罗斯居民的，所得的分配方和收款方都无须缴纳所得税。

2. 纳税人

公司所得税的纳税人包括：

（1）根据俄罗斯法律成立的法人实体；

（2）通过设立在俄罗斯的常设机构从事经营活动的非居民法人实体；

（3）取得来源于俄罗斯联邦所得的非居民法人实体。

居民身份。自 2015 年 1 月 1 日起，公司所得税的居民企业包括：

（1）俄罗斯企业；

（2）根据适用的税收协定被认定为俄罗斯居民企业的外国企业；

（3）实际管理机构在俄罗斯境内的外国企业。

满足以下标准之一的，该外国实体即被认定为实际管理机构在俄罗斯境内：

（1）企业的管理机构经常在俄罗斯境内履行职责；

（2）企业的主要管理人员在俄罗斯境内履行其职责（包括决策和日常管理）。

3. 应纳税所得额

（1）一般规定。一般来说，居民企业应当就其来源于俄罗斯境内外的所得（营业利润）

缴纳公司所得税。应税营业利润，是指企业的营业收入、财产转让收入以及其他收入等全部收入总和减去营业成本和其他成本费用（如财务费用）后的余额。企业应纳税所得额的计算通常适用权责发生制。但是，如果企业在过去的四个季度内每个季度的营业额平均不超过100 万卢布，则可以采用收付实现制。

（2）免税收入。免税收入主要包括以下类型：

①以有形资产和无形资产的出资；

②对母公司拥有居民企业 50% 以上股份的，母公司向该居民企业捐赠的资产；

③（境外）子公司捐赠给居民企业的符合特定条件的资产；

④居民子公司收到母公司的符合特定条件的资产；

⑤利用在俄罗斯国际船舶登记局注册的船舶，从事国际运输或者出租该船舶用于国际运输所获得的收入；

⑥留存收益转增资本而获得的红利股。但是本规定不适用于有限责任公司的参与权；

⑦代理人从委托人取得的代理费用，且该费用包含在委托合同或代理协议规定的代理费用之内；

⑧通过信贷协议获得的资金和其他财产；

⑨采用权责发生制的纳税人销售货物（工程、服务）取得的预付款项，包括有形资产、无形资产、工程或者服务；

⑩同时满足以下三个条件的股息：一是股息的实际受益人为俄罗斯企业，二是已由扣缴义务人扣缴预提税，三是能提供税款已由扣缴义务人按规定扣缴的相关证明文件；

⑪根据政府合同开发的发明、实用新型、工业专利、计算机程序、数据库和无偿划转的专有技术等的独占权。

（3）扣除项。费用的扣除须满足三个条件：一是与取得收入相关；二是在经济上是正当、合理的：三是有相应凭据来证明。费用划分为营业成本和营业费用。其中，营业成本包括生产成本、薪酬成本、摊销费用和其他类似费用，其他类似费用包括维修保养费用、研发支出、开发相关的费用和保险费。营业费用包括财务费用、为维持证券所有者登记的相关服务所支付的费用、存管服务的费用、计提坏账准备的相关费用、诉讼和仲裁费用等。企业支付的股息不得扣除。

特定项目的费用扣除不得超过规定的上限。例如，企业为职工缴纳的养老保险费或者终身年金不超过当年工资薪金总额 12% 的部分，准予扣除；差旅费用不超过当年工资薪金总额 4% 的部分，准予扣除。

利息支出的扣除要符合独立交易原则和资本弱化测试。自 2015 年 1 月 1 日起，在转让定价中被认定为受控交易发生的债务利息有扣除限制。

在 2015 年 1 月 1 日之前，一般情况下，支付给居民企业或者非居民企业的可扣除利息的数额，通常不能偏离同期（同一个季度）同类贷款平均利率水平的 20% 的幅度。超出上述标准的利息部分，不得扣除。

对于支付给非居民企业的利息支出的扣除，还受到资本弱化规则的限制。

（4）折旧与摊销。无论公司是否获利，折旧都必须强制性的计提。折旧应按月计提。

所谓“可计提折旧的资产”，是指纳税人拥有的用于生产经营活动的、使用时间超过 12 个月且历史成本超过 4 万卢布（自 2016 年 1 月 1 日起该标准为 10 万卢布）的有形资产或无形资产。价值低于该标准的资产，通常在购置当年一次性扣除。

纳税人可以使用直线法或者余额递减（非直线）法计算折旧。纳税人可以在纳税年度开始时选择变更折旧方法，但一旦选择变更，5 年内不得再次变更。但是，对于使用寿命超过 20 年的房屋建筑物，只允许使用直线法。

（5）准备金和预计负债。坏账准备金和保证准备金可按规定在税前扣除。坏账准备金可在每个申报期结束之前根据账龄长短按规定的扣除比例进行扣除（见表 1）：

表 1　　　　坏账准备金扣除比例

账龄长短（天）	扣除比例（%）
0 ~ 45	0
45 ~ 90	50
大于 90	100

但是，所提取的准备金不得超过当期销售收入的 10%。纳税人不得对有担保或安全的应收款项计提准备金。

纳税人也可以对研发支出提取准备金。特定研发项目可在不超过 2 年的期限内提取研发准备金。在申报期间或者纳税期间内研发准备金的最高限额，为企业的销售收入乘以 3% 再减去企业发生的与支持科研与创新活动而设立基金相关的费用支出后的金额（该费用支出不得超过营业收入的 1.5%）。

4. 资本利得

俄罗斯不征收单独的资本利得税。资本利得被视为正常营业收入进行征税。

自 2015 年 1 月 1 日起，对于公开上市发行的证券及衍生品交易所产生的收入和支出，都计入一般计税依据中。而对于非上市证券及衍生品交易所产生的收入和支出，应单独核算。从公开上市发行的证券交易中获得的收入不得用于抵减非上市证券及衍生品交易所发生的费用和损失。

对于转让连续持有超过 5 年期间的俄罗斯企业股份，符合下列条件之一的，则纳税人转让该股份的所得适用零税率：

（1）该股票在整个持有期间是非上市证券；

（2）该股票虽是上市证券，但在整个持有期间发行该股票的企业属于高科技（创新）行业；

（3）该股票在纳税人购买时属于非上市证券，但在转让时属于高科技（创新）行业的上市股票；

（4）该股票为俄罗斯企业股份资本，且该俄罗斯企业直接或间接拥有的位于俄罗斯境内的不动产占全部资产的比例的不超过 50%（符合上述第二条规定的股票除外）。

5. 亏损

（1）一般亏损。亏损可以向以后年度结转 10 年扣除。在企业重组中，依法存续的企业可以申请继续结转扣除注销企业发生的亏损。如果在亏损发生期间纳税人适用的公司所得税税率为零，则亏损不能向以后年度结转扣除。

（2）资本损失。一般来说，转让可计提折旧的资产和存货时所发生的资产损失可全额扣除。但是，转让可计提折旧的资产（包括无形资产）所发生的损失按照资产剩余使用年限分期均匀扣除，其中剩余使用年限等于资产的可使用年限减去转让之前已使用年限。转让应收账款所发生的资产损失通常都可以扣除。自 2015 年 1 月 1 日起，转让上市证券所产生的资产损失应计入应纳税所得额，转让非上市证券所产生的损失应单独核算。

6. 税率

（1）所得和资本利得。公司所得税基本税率为 20%。自 2009 年 1 月 1 日起，2% 部分的税收收入纳入联邦预算，18% 部分纳入地方预算（在此之前，联邦分得的部分是 6.5%）。对某些类别的纳税人，地方可减少所享有的份额至 13.5%。

资本利得应计入一般的营业利润并据以征税。

从事教育和（或者）医疗活动的企业，持有相关的国家许可证书、所得的来源和职工人数符合相关标准适用零税率。

按照简易征收法缴税的企业适用不同的税率。

（2）境内支付款项的预提税。

①股息。除适用参与免税规定外，居民企业支付给其他居民企业的股息全额和其他利润分配都按 13% 的税率征收预提税（在 2015 年 1 月 1 日前，税率是 9%）。征收的预提税是最终税收，相应的股息所得不再计入收款方的应纳税所得额。

②利息。一般来说，利息收入应计入公司所得税的应纳税所得额，并按公司所得税基本税率征税。但是，国债和地方政府债券利息收入适用 15% 的最终预提税，该利息收入不计入公司所得税的应纳税所得额。

但是，对于 1997 年 1 月 20 日之前发行的国债和地方政府债券利息收入，以及国家以维护外汇储备为目的发行的特定其他债券的利息收入，不征收预提税。

对于 2007 年 1 月 1 日之前发行的抵押债券和 3 年期以上地方政府长期债券的利息收入，适用 9% 的预提税税率。

③ 特许权使用费。对于支付给居民企业的特许权使用费，不征收预提税。

7. 税收优惠

（1）加速折旧。对于企业发生的固定资产购置成本、更新改造成本、重建成本或者设备维修成本，可在购置当年按 10% 的比例扣除。

（2）投资抵免。符合下列条件之一的企业，可享受投资抵免：

①从事研究、开发或者评估研究，或者旨在创造残疾人就业岗位、保护环境减少工业污染、提高生产工艺能源利用效率而更新改造生产设施；

②从事新设备、新技术、改进技术的开发或者制造新型原材料和其他材料；

③从事的生产经营业务对某一区域的社会经济发展做出重大贡献或向居民提供高价值服务；

④执行国防订单；

⑤投资创建特定节能项目的。

针对以上第①和第⑤项的情况，购买设备并用于限定的目的可按设备投资额的 100% 进行投资抵免；针对以上第②、③和④项的情况，抵免额由有关的地区政府与相关公司通过签订协议来确定。一般来说，投资抵免的期限可从 1 年至 5 年不等。

（3）经济特区。在经济特区工业、观光休闲园区从事经营的企业，有权按双倍的折旧率加速折旧。

对于个别的经济特区，还有其他的税收优惠。例如，对于符合条件的企业在加里宁格勒经济特区投资（尤其是投资金额在1.5亿卢布或以上），可享受企业所得税和企业财产税六免六减半的优惠，即在投资项目的第一年至第六年免征企业所得税和企业财产税，第七年至第十二年减半征收企业所得税和企业财产税。

（4）自由经济区。在自由经济区（目前包括克里米亚共和国和塞瓦斯托波尔联邦市）设立的企业，自首个获利年度起，第一年至第十年免予缴纳应纳所得税额中归属于联邦预算的部分。对于设立在自由经济区内的企业，可以减按低税率征收企业所得税（不超过13.5%）。适用上述税率的纳税人应将其在自由经济区内开展经营活动发生的收入（支出）与其他经营活动发生的收入（支出）分别核算。

对于设立在自由经济区的企业，自在自由经济区使用的相关资产列示于资产负债表时起，第一年至第十年免除该资产的企业财产税和土地税。

（5）其他。符合条件的出口导向型信息技术企业用于购买计算机硬件的费用可直接在购买当年一次性扣除（而不是适用正常折旧规则）。

对于纳税人购买的工具、器具、仪器、设备、实验室设备、俄罗斯联邦法律规定的特种服装和其他个人和集体防护设备，以及其他不可摊销的资产，考虑到所购资产的使用寿命和其他经济特征，所发生的购置支出可在一个以上的申报期内扣除。

出售无偿取得的资产时，可以从销售收入中扣除收到该免费资产时记录在纳税人账簿的市场价值。

（6）斯科尔科沃创新中心。斯科尔科沃创新中心旨在吸引一些特定技术领域的研究和开发活动。参与该创新中心的企业可享受为期10年的优惠政策：

①免除利润税；

②免征增值税；

③社保费减按14%的比率缴付，缴付上限为3亿卢布。

8. 征收管理

（1）纳税期限。纳税年度是指公历年度。应税所得是在公历年度内取得的全部所得。纳税申报期间为一年内的第一季度、半年度和9月。但是，纳税人也可以选择按照月度计算和申报应纳税所得额。

（2）纳税申报与评估。一般来说，公司所得税年度纳税申报表必须在纳税年度次年的3月28日之前提交。此外，纳税人必须在每个纳税申报期间（即第一季度、半年度和前9个月）提交简化版的纳税申报表。纳税人也可以选择按照月度累计数申报所得（即按第1个月、前2个月、前3个月等这样累积）。无论选择哪种纳税申报期间，纳税申报的截止期限都是该纳税申报期间结束后的次月28日。对于扣缴义务人支付给居民企业和非居民企业应征预提税的所得项目，以及支付给非居民企业的其他应税收入，纳税申报的截止期限与上述规定相同。

（3）税款缴纳。公司所得税以每个申报期间自我评估为基础，经调整后计算缴纳。申报期间的应纳税所得额是当期累计所得的总额，然后根据该累计所得额计算得出应纳税额，再减去该纳税年度季度已缴纳的税款，最终得出当期应纳税额。

公司纳税人有义务按前一个季度所缴纳税款的三分之一按月预缴税款。当前纳税年度第一季度的预缴税额是基于前一年度最后一个季度所缴纳税款计算缴纳。如果纳税人在上一年度的12月31日前向当地主管税务机关提出申请，纳税人也可以选择按月度实际收入来计算和申报应纳税所得额，并据此缴纳公司所得税。在这种情况下，预缴税款金额必须以收入的累计总额计算，即以纳税期间开始至相应月度结束之日的累计收入额计算。

如果纳税人在前四个季度以季度为基础计算的平均营业收入不超过1 000万卢布（自2016年1月1日起，该标准变为1 500万卢布），或者纳税人是通过在俄罗斯设立的常设机构开展经营活动的非居民法人实体，则纳税人被免除按月预缴税款的义务。在这种情况下，公司所得税按季度进行缴纳。

每月预缴税款应在不迟于税款申报期次月的28日前缴纳。年度公司所得税税款应在不迟于该纳税年度次年的3月28日前缴纳。

（4）预先裁决。目前，在俄罗斯没有预先裁决制度。但是，纳税人有权向当地税务机关免费获取针对税收、法律和其他规定以及税务机关对税法适用的书面解释等咨询信息。这些信息应在纳税人提出申请后两个月内提供，但对于纳税人或税务机关并无约束力。

从2012年1月1日起，纳税人可以就关联企业之间未来交易的定价问题向税务机关提出预约定价安排申请。

（二）居民企业之间的交易

1. 企业集团合并纳税

自2012年1月1日起，允许企业集团进行合并纳税。主要满足以下特定条件的，才能组成合并纳税企业集团：

（1）母公司（直接或间接）持有另一家公司至少90%的股本；

（2）增值税、消费税、公司所得税和采矿税的合计不低于100亿卢布；

（3）集团成员的营业额合计不低于1 000亿卢布；

（4）集团成员的总资产合计不低于3 000亿卢布。

合并利润以集团各成员的所有收入和支出为基础确定。集团成员已源泉扣缴税款的收入不计入合并利润之内。

集团成员在合并纳税之前发生的亏损，不得用合并后的收入弥补。合并纳税期间集团发生的亏损，不得用集团成员退出合并集团后的收入弥补。

2. 居民企业之间的股息红利

符合条件的居民企业间的股息收入免征预提税和公司所得税，所称符合条件是指：

（1）收款方企业参股分配方企业股本比例不低于50%；

（2）已连续持有该股份不低于365天。

（三）其他类型的所得税

简易税制。法人实体和个体经营者同时满足以下条件的，可提交选择按简易税制缴税：一是在纳税年度的前9个月纳税申报期间内申请适用简易税制；二是在这9个月的营业收入（不含增值税）不超过4 500万卢布。该营业收入的限额应每年按照通货紧缩系数（2015年和2016年分别为1.147和1.329）进行调整，从而确定每个后续公历年度的金额。

在一个纳税申报年度内，营业收入的门槛标准是6 000万卢布。超过这个标准的选择简易税制的纳税人，应按一般税制纳税。

适用简易税制的纳税人可以选择按以下计税方式纳税：第一，以收付实现制为基础确认的收入乘以 6% 的税率计算缴纳税款；第二，按利润（利润被定义为收入减去已支付的可扣除支出）乘以 15% 的税率计算缴纳税款。一旦纳税人做出选择，则其在该纳税年度不能更改计税方式。纳税人以自行评估为基础计算应纳税额，并于每个申报期间结束后次月的 25 日之前缴纳税款。

一个纳税年度（公历年度）内，提交纳税申报表和缴纳应纳税款的截止期限分别为：

（1）法人实体不得迟于该纳税年度结束后次年的 3 月 31 日；

（2）个体经营者不得迟于该纳税年度结束后次年的 4 月 30 日。

纳税人无须在纳税年度内的每个申报期间提交纳税申报表。

（四）国际税收

1. 居民企业

（1）境外所得和资本利得。居民企业应就其来源于境内和境外的所得（其中包括资本利得）缴纳公司所得税。符合规定的境外股息所得可适用参与免税制度规定。否则，适用 13% 的税率（在 2015 年 1 月 1 日之前为 9%）。对取得的营业收入，可按照自行评估程序计算确定应缴税款。

（2）境外亏损。境外亏损与境内亏损的税务处理相同。因此，境外亏损准予向以后年度结转，但结转年限最长不得超过 10 年。

（3）境外资本。位于俄罗斯境外的土地不征收俄罗斯土地税。

（4）避免双重征税。根据俄罗斯国内法律和税收协定的规定，境外所得已缴纳的所得税可获得税收抵免，按照下列方法计算其境外所得的税收抵免额：

①按照俄罗斯税法规定计算得出境外来源所得的应纳税所得额；

②按照俄罗斯税法规定计算得出该境外来源所得的应纳税额，也就是最高抵免限额；

③用该最高抵免限额与实际在境外支付的税额进行比较，其中较小值就是实际应抵免的税额。

超过限额的部分不允许向以后年度结转。

2. 非居民企业

（1）一般所得和资本利得的课税。非居民企业通过在俄罗斯设立的常设机构从事经营活动的，应就其常设机构取得的来源于境内和境外的所得缴纳公司所得税。

常设机构取得的所得，一般按照居民企业适用税率征税，但对于常设机构取得的居民企业的股息，税率为 15%。然而，基于判例法，当非居民企业的总部适用于税收协定规定的非歧视条款时，该税率降至居民企业适用的 13% 的税率（2015 年 1 月 1 日之前为 9%）。居民企业所适用的再次分配股息享受免税的规定，不适用于非居民企业的常设机构。

非居民企业在俄罗斯境内未设立常设机构的，或者虽设立常设机构但取得的来源于俄罗斯境内的所得与其所设常设机构没有实际联系的，应当就其来源于俄罗斯境内的特定类型的所得缴纳最终预提税。

非居民企业通过使用、持有或者出租（用于运输方面）船舶、飞机等移动交通工具或容器（包括拖车和必要的运输辅助设备）提供国际运输服务取得的所得，如果与该企业在俄罗斯联邦境内设立的常设机构从事的营业活动无关，则按 10% 的税率征收公司所得税。

（2）对资本的征税。非居民企业拥有的位于俄罗斯的财产或土地应分别缴纳企业财产税和土地税。

（3）征收管理。非居民企业通过常设机构从事经营活动取得的所得，以自行评估的方式申报征税。通常来说，居民企业在自行评估和预缴税额等义务的规定同样适用于非居民企业。

自2011年1月1日起，扣缴义务人必须在不迟于每次支付所得的次日（以前是在支付之日起3天内）将所扣缴的税款移送给当地税务机关。在纳税申报期间结束后28天内，必须提交规定样式的纳税申报表。

自2010年9月2日起，纳税申报可以通过电子申报方式办理。

3. 向非居民企业支付款项的预提税

（1）股息。直接支付给非居民企业的股息按照收入全额征收15%的最终预提税，税收协定另有规定的除外。

自2014年6月24日起，支付给境外法人实体和境内法人实体的股息，由代管人扣缴公司所得税。

（2）利息。取得与俄罗斯境内常设机构没有实际联系的利息所得，按照20%的税率对所得全额征收最终预提税，税收协定另有规定的除外。但是，不论是否归属于常设机构的利润，国债和地方政府债券利息一般按15%的税率征税。对于1997年1月20日之前发行的国债和地方政府债券的利息所得，以及国家以维护外汇储备为目的发行的特定其他债券的利息所得，不征收预提税。

对于2007年1月1日之前发行的抵押债券和3年期以上地方政府长期债券的利息收入，适用9%的预提税税率。

如果利息所得符合下列情形的，则俄罗斯企业（或外国企业在俄罗斯的常设机构）无须对支付给外国企业的利息所得扣缴（和上缴）税款：

①国债和地方政府债券；

②在境外证券交易所上市的债券，且取得该债券利息的非居民企业所在国家与俄罗斯签订有避免双重征税协定。

（3）特许权使用费。取得与俄罗斯境内常设机构没有实际联系的许权使用费，按照20%的税率对所得全额征收最终预提税，税收协定另有规定的除外。

（4）其他。外国企业直接或间接转让所持有的不动产，或者转让所持有的不动产企业（即企业资产的50%以上由坐落于俄罗斯境内的不动产构成）股份（上市证券除外），取得的所得应扣缴最终预提税。与上述不动产企业股份有关的金融衍生品的转让收入也同样应扣缴税款。

上述预提税是按照20%的税率对转让收入全额征收。另外，纳税人也可以选择就利得部分（即收入全额减去购置成本和相关销售费用）按公司所得税基本税率缴税。在这种情况下，非居民企业必须向扣缴义务人提供所扣除成本和费用的证明文件。

取得与俄罗斯境内常设机构没有实际联系，但在俄罗斯境内使用动产或者不动产产生的租赁收入，以收入全额（对某些特定的类型的租赁收入，按净收入计算）按照20%的税率计算缴纳最终预提税。

因俄罗斯合作方或政府部门未能履行合同或其他协议而支付的来源于俄罗斯境内的罚金

和其他类似款项，按照20%的税率征税。该税收实行源泉扣缴，属于最终税款。

（五）反避税

1. 概述

俄罗斯税法并未规定一般反避税规则，取而代之的是按实质重于形式原则来征税。因此，税法一般遵循民法规定。然而，税务机关在反避税调查中，往往会对宪法和民法的规定做出扩充解释。

法院和税务机关会使用“不合理的税收利益”概念，具体含义由法院裁决来明确。高等仲裁法院曾就避税的特征给出了一些标准，也适用于“不合理的税收利益”。这些标准主要有：(1）不具备根据合约生产、交付货物或者提供服务的能力；(2）不具备履行合同义务所必需的合格人员或者设备。其他标准还包括：(1）一次性的非常规交易；(2）大量运用中间层企业的架构；(3）过去发生过税收违法行为；(4）主要与有税收违法行为的合同方开展业务活动；(5）在纳税人所在地之外进行交易。当法律形式和交易实质之间有冲突时，法院必须根据交易实质确定纳税义务。

2. 转让定价

自2012年1月1起，扩大适用范围后的转让定价规则将涵盖国内和国际交易。

转让定价规则规定，纳税人应向税务机关报告其在任一公历年度内的全部受控交易(关联方之间的交易)。此外，该规则对构成“关联方”的情形提供了详尽的列表，具体包含：

(1）法人实体之间，若一方直接或间接持有另一方的股份达到25%以上；

(2）个人与法人实体，若个人直接或间接持有法人实体的股份达到25%以上；

(3）两个法人实体之间，双方直接或间接同为第三方法人实体持有的股份达到25%以上；

(4）法人实体半数以上的董事都是由同一方所委派。

此外，当交易双方之间的关系可能会对双方所进行交易的条件和结果或者经济活动的结果产生影响时，法院有权确认其是否构成关联方。

受控交易主要包括：

(1）在一个公历年度内交易金额超过十亿卢布的境内交易；

(2）特定类型的交易，即在一个公历年度内下列情形交易的总收入超过6 000万卢布：交易的一方当事人是免征企业所得税，或者注册在离岸税收管辖区，或者自2015年1月1日起设立在经济特区或自由经济区)；

(3）关联方之间的跨境交易，此类交易不设置交易金额门槛；

(4）在全球性商品交易所进行的第三方跨境交易，如石油和石油产品、黑色金属和有色金属、矿物肥料、贵重金属和宝石交易，且在一个公历年度交易的收入超过6 000万卢布；

(5）为隐瞒其他受控交易，可能会被法院视为“受控交易”的交易。

不属于新规则范围的交易（即“非受控交易”）包括：

(1）合并纳税的企业集团内部的交易；

(2）同时符合下列条件的实体之间进行的交易：该实体①在俄罗斯的同一地区注册；

②在其他地区或国外没有分支机构；③在俄罗斯其他地区不缴纳企业所得税；④未发生亏损。

（3）款期限少于7天的银行同业贷款。

转让定价规则提供了五种方法来确定市场公允价格，即可比非受控价格法、再销售价格法、成本加成法、交易利润法和利润分割法。新法规也列举了转让定价分析时需考虑的可比性因素。可比性分析所考虑的因素，包括交易各方的功能和风险状况，以及该交易的经济环境和财务状况等。

新法规引入预约定价安排的概念，纳税人可据此就转让定价的确定与税务机关达成有约束力的协议。预约定价安排仅适用于符合条件的“大企业”纳税人，对外国法人实体不适用。

税务机关可以对以下税种进行转让定价调查：公司所得税、个人所得税、矿产资源开采税和增值税。

3. 资本弱化

居民企业就符合受控债务规定的贷款所支付的利息适用资本弱化规则。

受控债务包括以下几种情况：

（1）贷款是由外国法人实体提供，且该实体直接或间接拥有作为借款方的俄罗斯实体20%以上股份；

（2）贷款是由属于外国实体关联方的俄罗斯居民实体提供，且该外国实体直接或间接拥有作为借款方的另一俄罗斯实体20%以上股份；

（3）贷款是由俄罗斯实体和外国实体共同提供，且该外国实体直接或间接拥有借款方实体或者俄罗斯关联方20%以上的股份，或者该外国实体作为保证人或者以其他担保该债务履行的方式对该贷款提供担保。

按照俄罗斯的资本弱化规则之规定，受控债务的债务权益比不超过3∶1的部分，企业所支付的债务利息支出准予扣除（对于从事银行业、租赁活动的企业，该比例为12.5∶1）。超过上述比例的部分被归类为股息并据以征税。本规定同样适用于国际类似业务。对于发生于2014年10月1日之前的受控外汇债务另有特殊规定。

4. 受控外国企业

如果外国企业（或者符合定义的外国非法人分支机构）同时符合下列条件的，则被认定为受控外国企业：

（1）不属于《税法典》规定的居民企业；

（2）由居民法人实体，或者由居民法人实体和居民个人控制。

自2016年1月1日起，如果法人实体和个人满足以下条件之一，则构成控制人：

（1）在外国企业或分支机构的持股比例超过25%；

（2）在外国企业或分支机构的持股比例超过10%，且所有俄罗斯居民股东（即，居民个人和居民法人实体）在该受控外国企业的持股总量超过50%；

（3）不论在法律形式上是否达到控制标准，对外国企业或分支机构的相关利润分配决策可产生决定性影响或有权做出决定性影响。

如果符合以下情形之一的，则受控外国企业的利润免税：

（1）该受控外国企业是符合条件的非营利性组织；

（2）该受控外国企业是另一欧亚经济联盟成员国的居民企业；

（3）该受控外国企业的所在国家或地区同时满足以下两个条件：①已与俄罗斯签订了避免双重征税协定，并与俄罗斯进行税收情报交换；②对该受控外国企业所得征税的实际税率不低于俄罗斯企业所得税平均税率水平的75%；

（4）该受控外国企业是一家以获取积极收入为主的外国企业、外国控股企业或者外国子控股企业，且该外国控股企业或者外国子控股企业的所在国家或地区未在俄罗斯财政部公布的黑名单之中。

为享受上述免税政策，在受控外国企业利润应被计入控制人计税依据的纳税年度终了后的次年3月20日前，控制人应向税务机关提供该受控外国企业符合规定条件的书面文件。

5. 其他反避税规则

（1）受益所有人概念。如果外国公司是所得的直接受益人，则认定该外国公司有实际权利取得收益，且因此有权享受相应税收协定的优惠。

《税法典》和避免双重征税协定的所谓“受益所有人”，是指：①直接或间接对公司进行参股或控制，且有权使用或处置该收益的“人”；②授权另一人出于授权方本身利益来使用或处置该收益的“人”。

（2）报备要求。自2015年1月1日起，俄罗斯居民企业必须将以下情况向主管税务机关报备：

①直接或间接参股外国企业的比例超过10%。该情况报备必须在该参股行为发生之日起1个月内完成。如果参股外国企业的行为在2015年1月1日至2015年6月14日期间终止的，则无须向主管税务机关报备；

②设立不具有法人资格的外国分支机构，以及对这样的分支机构实施控制，或者该俄罗斯居民企业对该分支机构所获得的收入有实际所有权；

③俄罗斯居民企业作为控制人取得受控外国企业的任何利益。在这种情形下，应在该受控外国企业的利润计入其控制人的计税依据的纳税年度的次年3月20日之前办理报备。但是，对于在2015年1月1日之前发生的参股受控外国企业的情形，报备的截止期限为2015年4月1日。

二、个人所得税

（一）一般规定

1. 纳税人

居民纳税人应就其来源于俄罗斯境内、境外的所得缴纳个人所得税，非居民纳税人应就其来源于俄罗斯境内的特定类型的所得缴纳个人所得税。任意连续12个月内在俄罗斯境内的实际居住时间不少于183天的个人，则可以称为俄罗斯个人所得税的居民纳税人。因医疗或教育目的在国外停留时间不超过6个月的，视为“实际居住在俄罗斯境内”。

夫妻双方分别缴纳个人所得税。

只有未选择适用特殊税制的个体经营者，才缴纳个人所得税。

2. 应税所得

（1）概述。俄罗斯居民就其境内和境外所得缴纳个人所得税。俄罗斯税制最显著的特点就是几乎所有类型的居民所得都适用较低的比例税率。

税法列出（并非详尽列出）了下列各项应税所得：

①股息和利息；

②根据保险合同获得的保险支付款项；

③特许权使用费；

④租金；

⑤财产转让收入；

⑥受雇所得和从事独立活动的收入，包括经营所得；

⑦由雇主缴付的私人养老金、奖学金及其他类似福利；

⑧运输收入；

⑨提供管道、输电线路的使用、数据传输和其他类似服务获得的收入；

⑩受控外国公司利润。

（2）免税所得。免税所得主要包括：

①特定利息收入；

②国家养老金、特定的社会保障金（如依法支付的符合标准的失业津贴和生育津贴、工伤或者职业疾病津贴），以及根据强制保险和长期保险合同获得的赔付款项；

③留存收益转增资本取得的红股；

④特定资本利得；

⑤按规定提供相应凭据并在规定范围内报销的职工差旅费；

⑥在俄罗斯联邦境内银行的卢布存款所获得的利息，但不得超过俄罗斯中央银行再融资利率5个百分点以上；

⑦在俄罗斯联邦境内银行的外币存款获得的利息收入，年利率不超过9%；

⑧补贴给职工的教育费用和贷款利息；

⑨个人取得的，已扣缴所得税的股息收入（前提是纳税人已提供凭据证明已由扣缴义务人扣缴税款）；

⑩个人因外国公司或无法人资格的外国实体清算而得到的资产（不包括现金）（需满足特定条件）。

3. 受雇所得

（1）工资、薪金所得。工资、薪金以及其他根据劳动合同取得的报酬，适用13%的所得税一般税率。税款由雇主扣缴。

虽然雇员不得扣除任何费用，但雇主为雇员报销差旅费、与工作相关的搬迁支出等，不超过限定标准的，无须缴纳个人所得税。每日津贴仅在超过联邦政府所规定的标准时缴税。遣散费免征所得税。

（2）实物福利。根据规定，实物福利视为受雇所得征税。以下是在税法中列出的主要应税实物福利类型：

①雇主为雇员提供福利发生的开支，特别是提供货物、劳务、服务和住宿等相关支出，以及员工餐饮（季节性农业工人除外）、娱乐、继续教育支出；

②实物工资；

③免费或赠送的商品或服务。

从广义上说，物质福利也是实物福利，以下是在税法中列出的主要应税物质福利类型：

①如果卖方和买方是关联方的话，出售给职工的商品或者服务的价格与这些商品和服务销售给第三方的市场价格之间的价格（负数）差；

②个人向其雇主、其他企业或者企业主借款，支付的利息中低于俄罗斯中央银行再融资利率三分之二的部分，以及外币借款中低于年利率9%的部分，使用信用卡或为购置居住用房借款的受益部分除外；由雇主、其他企业或者经营者（使用信用卡和为购置居住用房而进行贷款的获益除外）所提供的贷款，收取的利息低于央行再融资利率的三分之二的，以及低于年利率9%的，所获得的利差优势；

③期货金融工具或者有价证券的买价与其市场价格之间的（负数）差额。

（3）养老金收入。国家养老金、私人养老金计划支付的养老金，以及个人自己缴纳的私人养老基金所支付的养老金，免予征税。其他自愿养老金计划（如雇主或他人缴纳的养老金）所支付的养老金应缴纳税款。养老金收入一般在取得时扣缴所得税（供参考）。所得税一般在支付养老金给领取人时进行扣缴。

（4）董事报酬。董事报酬适用受雇所得的一般规定，无其他特殊规定。

4. 经营所得和专业服务所得

从事经营活动取得收入的个人纳税人应当登记为个体经营者（或拥有私人公证员或者律师身份），其经营活动的利润，即从经营活动中获取的收入减除相关费用后的差额，应当纳税。一般而言，可扣除费用适用企业所得税的规定。但是，个体经营者也可以选择一次性扣除总收入的20%。

专业服务所得的计税基础为总收入减去相关费用后的差额。但某些特定的专业服务所得，纳税人可不按照实际费用进行扣除，而选择适用以下一次性扣除（以占总收入的百分比表示）：

（1）古典音乐创作及类似音乐创作取得的收入，扣除比例为40%；

（2）电影作品（包括录像带）取得的收入，摄影师、设计师、建筑师等取得的收入，以及工业品开发、发明、创造在产权使用的头两年取得的收入，扣除比例为30%；

（3）其他不适用40%扣除比例的音乐创作取得的收入，扣除比例为25%；

（4）文学和艺术作品创作（如戏剧、电影、舞台和马戏表演等）、艺术活动表演、科技作品创作和设计所获得的收入，扣除比例为20%。

经营所得和专业服务所得以自估申报方式进行缴税。付款方在支付时已经扣缴的税款可在申报缴纳最终应纳税款时进行抵减。

自2013年1月1日起，符合规定的个体经营者可选择适用特许税制或者简化税制。

5. 投资所得

来源于居民企业的股息所得按13%（在2015年1月1日之前为9%）的税率征收最终预提税。境外股息所得适用同样的税率，由纳税人自估申报。股息收入不允许进行扣除或者宽免。

利息所得一般以扣缴方式缴税。未源泉扣缴的，由纳税人自估申报纳税。在这两种情形下，税率均为13%。2007年1月1日之前发行的抵押贷款债券的利息所得，适用9%的预提所得税税率。

国债或者市政债券的利息所得免征所得税。

一般，银行存款的利息所得免税。但是，超过以下标准的利息所得应当缴纳35%的预提税：

①国内货币存款，超过俄罗斯央行再融资利率五个百分点以上的部分；

②外币存款，年利率超过9%的部分。

6. 资本利得

从企业取得的资本利得属于经营所得。

持有3年以上的私人财产转让所得无须缴税。如果持有期不足3年，则应按照13%的税率缴纳所得税。

证券和基于证券的衍生金融工具的转让所得通常应按规定缴税。计税依据是其净资本利得，它根据属于以下范围的每一项登记的证券和衍生金融工具来分别确定：

①在金融市场上市的证券；

②未在金融市场上市的证券；

③在金融市场上市的衍生品；

④未在金融市场上市的衍生品。

转让持有期超过5年的俄罗斯企业股份所获得的所得，免征个人所得税。

7. 个人扣除、宽免和抵免

（1）扣除。只有适用税率为13%的所得才可以适用个人税收扣除。取得经营所得和专业服务所得过程中发生费用除外。法律规定进行扣除必须取得书面凭证。纳税期间结束时，纳税人可通过填写申报表进行扣除。

建造或购买住房时发生的费用可以在住房税收宽免（财产税收扣除）范围内进行扣除，个人一生最高不超过200万卢布（2008年1月1日之前建造或购买的住房，100万卢布）。相应纳税期间内未使用的税收宽免额度可结转至以后期间使用。所有支付的款项，其中包括按揭贷款本金，都可以享受住房税收宽免。自2014年1月1日起，与建造、购买房屋或者住宅有关的利息支出可以扣除，但最高不得超过300万卢布。

纳税人自己发生的教育性支出（社会性税收扣除），和与其子女教育相关的支出可以按规定扣除。子女教育性支出的扣除，最多不得超过每个孩子5万卢布。如果父母其中一方已就一个子女的教育费用扣除了15 000卢布，那么另一方扣除的子女教育费用不得超过35 000卢布。

医疗费用（社会性税收扣除），包括为本人及其配偶、子女和父母支付的自愿医疗保险费用，可以按规定扣除。政府确定的某些昂贵的医疗费用支出，扣除时可以不受下述限制。

自2015年1月1日起，纳税人可以扣除：

①根据以纳税人自己、其家庭成员、近亲属为受益人的私人养老保险协议缴付的养老金；

②根据以纳税人自己，或其配偶、父母、残疾子女为受益人的自愿养老协议缴付的保险费；

③根据合同期限在5年以上的，以纳税人自己，或其配偶、父母、子女为受益人的自愿人寿保险协议缴付的保险费。

上述教育和医疗费用（子女教育性支出和特定的昂贵医疗支出除外）、私人养老金缴款以及根据自愿人寿保险协议支付的保险费缴款，扣除总额不得超过12万卢布。

向教育、文化、科学和医疗机构的捐款，以及特定向体育教育机构的捐款，允许在计算个人所得税时税前扣除（社会性税收扣除）。但是，扣除金额不得超过纳税人在相应纳税年度总收入的25%。

自2015年1月1日起，纳税人可获得下列投资税收扣除：

①关于出售（赎回）上市证券取得的收入的扣除。纳税人在2014年1月1日后取得的持有期超过3年的上市证券，可申请扣除。但是，扣除金额不得超过300万卢布乘以一个特殊系数计算出的金额；

②纳税人在纳税期间向个人投资账户转账不超过40万卢布的，转账金额的等额扣除。2015年及以后年度的纳税申报可以申请这一扣除。

③个人投资账户核算的交易收入扣除。纳税人自开立个人投资账户之日起3年后才能申请该扣除，因此2019年起才能申请该类扣除。

纳税人进行特定证券和衍生品交易所发生的）损失，可按规定进行扣除（或结转）。可扣除的损失金额需满足特定条件。

（2）税收宽免。年累计所得不超过28万卢布的纳税可以享受儿童税收宽免（标准税收扣除），第一个和第二个子女为1 400卢布，之后的每个子女为3 000卢布。该税收宽免只适用于税率为13%的所得。该税收宽免必须在雇主或其他扣缴义务人支付该所得时从计税依据中扣除。如果纳税人没有申请该项免除，则可在提交年度纳税申报时申报减免。

（3）税收抵免。无。

8. 损失

与适用13%一般税率的所得相关的损失不得抵减适用其他税率的所得。损失不能向前或向后结转。

每一项有价证券的所得必须单独计入计税基础，不得抵减另一项有价证券的损失。但大宗商品衍生品的损失可抵减股票衍生品的收入，反之亦然。自2010年1月1日起，上市衍生品（在证券交易所交易的衍生品）所发生的亏损可用于抵减来自上市证券的收入，反之亦然。此前，证券、股票和大宗商品衍生品的收入须分别登记核算。

自2010年1月1日起，上市证券和衍生品交易所发生的损失可以向以后年度结转扣除，但最长不超过10年。

9. 税率

（1）所得和资本利得。居民纳税人的个人所得税一般税率为13%，该税率适用于受雇所得、经营所得和专业服务所得、利息所得、特许权使用费所得、不动产所得和资本利得。税款征收通常采取源泉扣缴方式。但经营所得和专业服务所得通过自估申报方式征收。

按照特许税制或者简化税制缴税的个体经营者适用不同税率。

（2）预提税。居民个人取得的来自境内外的股息所得应当按照13%（2015年1月1日前该税率为9%）的税率缴税，若由居民扣缴义务人支付则进行源泉扣缴，否则须自估申报。2007年1月1日前发行的抵押贷款债券的利息所得，应当缴纳9%的预提税。

应税银行存款利息所得、根据利差优势计算的所得以及超过4 000卢布的彩票中奖所得，应当缴纳35%的预提税。

10. 征收管理

（1）纳税期间。以公历年度作为纳税年度。

（2）纳税申报和评估。大多数情况下，个人所得税支付款项时实行源泉扣缴。由于该税是最终税收的，纳税人无须再进行纳税申报。但是有下列情形之一的，纳税人应当按照自估申报方式计算缴纳个人所得税：

①因特殊规定无须扣缴税款或者因付款方不符合税务代理人规定而没有扣缴税款的所得；

②个体经营者、私人公证员和从事私人执业的其他人员的所得；

③出售财产、证券和基于证券的金融衍生品的所得；

④来源于境外的所得。

个人所得税的纳税申报截止日期为次年 4 月 30 日。终止经营活动或者专业服务活动的，自经营终止之日起 5 日内办理纳税申报。

（3）税款缴纳。个体经营者、私人公证员和从事私人执业的其他人员，必须估算下一年度的经营所得，计算当年的预计应纳税额，并在当年 7 月 15 日之前按预缴当年预计应纳税额的 50%。剩余部分必须在当年的 10 月 15 日前和次年的 1 月 15 日前等额预缴。预计应纳税额发生较大变化时（变化幅度大于 50%），则应当进行调整。自估申报的最终应纳税额应当在次年的 7 月 15 日前缴纳。

（4）税收裁定。目前，在俄罗斯没有任何的预先裁定制度。但是，纳税人有权就税收、法律和其他规章以及税务机关关于税法应用的书面解释，向当地税务机关获取免费的信息咨询。这些信息咨询会在提出申请后两个月获得，但对纳税人或税务机关并无约束力。

（二）其他类型的所得税

俄罗斯没有对所得开征各种地区和市政税种。除缴纳个人所得税外，个体经营者可选择适用简化税制或特许税制（自 2013 年 1 月 1 起实施）。前者根据核定收入征收这些制度适用于有限的小型商业经营活动。

特许税制。自 2013 年 1 月 1 日起，从事特定经营活动（如，理发和美容服务、家具修理、住宅出租以及零售业）的个体经营者适用“特许税制”。

适用特许税制的经营者免征个人所得税、个人财产税和增值税。

特许税制的执行期可以是一个纳税年度，也可以是一个纳税年度内的 1 个月或多个月。适用该制度须符合以下条件：平均职工人数不超过 15 人，且个体经营者的预计年收入总额必须符合相应地区法律的规定。预计年收入最高不得超过 100 万卢布。该限额应当考虑通货膨胀的影响。但是，各地区可针对特定类型的经营活动提高预计年收入的限额。

如果一个公历年度的累计收入总额超过 6 000 万卢布，则纳税人失去选择适用特许税制的资格。

应纳税额的计算如下：特定活动的预计年所得额乘以 6%，其中，特定活动由各地区自行确定。在克里米亚共和国和塞瓦斯托波尔联邦市可实施低税率（2015 年至 2016 年为 0%，2017 年至 2021 年为 4%）。

纳税期间是准予实施特许税制的期间。

适用特许税制的纳税人必须基于收付实现制记账。

（三）国际税收

1. 个人居民纳税人

（1）境外收入和资本利得。居民个人应当就其来源于俄罗斯境内、境外的所得缴税，这些所得包括来源于境外的商业收入、股息、利息、特许权使用费以及全球资本利得。来源于境外的所得与境内所得以同样的方式对待，但是税款的征收方面的规则有所不同。

（2）境外资本。对于位于境外的资本无须征税。

（3）双重征税减免。不存在单方面的双重征税减免。根据俄罗斯的税收协定，一般是通过就已在境外缴纳的税额进行抵免来避免双重征税。抵免限额为依照俄罗斯税法规定该同一项目应缴纳的税额。

2. 侨民

对于移居国外个人的税收并没有一般规定存在。

3. 非居民纳税人

（1）对所得和资本利得征税。非居民应当就其来源于俄罗斯境内的所得缴税，这些所得包括：

①由居民企业或者其他法人、个体经营者以及非居民法人实体的常设机构支付的股息所得和利息所得；

②根据与俄罗斯保险公司订定的保险合同所获得的款项所得，以及由居民企业或者其他法人、个体经营者以及非居民法人实体的常设机构支付的来自债权处置的资本利得；

③标的特许权在俄罗斯境内使用的特许权使用费所得；

④租金所得和处置位于俄罗斯境内的不动产或者动产的所得；

⑤转让发生在俄罗斯境内的出售股票和其他证券的所得；

⑥经济活动发生在俄罗斯境内的受雇所得和从事独立服务工作获得的所得；

⑦不论在何处履行其董事职能，由俄罗斯居民企业或者其他法人实体所支付的董事费；

⑧由居民企业或者其他法人以及非居民法人实体的常设机构所支付的养老金、奖学金以及其他类似的福利资助；

⑨在俄罗斯境内提供运输和相关服务的所得；

⑩提供管道、输电线路的使用、数据传输和其他类似服务，且相关设施位于俄罗斯境内，所获得的所得；

⑪相关活动发生在俄罗斯境内的除上述所得之外的其他所得。

⑫支付给非居民个人的股息适用的所得税税率为15%。其他非居民个人所得适用税率为30%。

自2010年7月1日起，高级技术专家（属于法律规定范围）从事活动取得的所得适用税率为13%。

在一般情况下，税款通过税源泉扣缴最终征收；非居民没有扣除和宽免的规定。但是，非居民在出售证券和衍生品时以其净所得为计税依据缴税。

主要的所得免税项目有：

①在限定范围内的特定公共债券利息所得和银行存款利息所得；

②国家养老金和基于个人缴款发放的养老金。

（2）资本税。非居民所拥有的位于俄罗斯境内的财产按照与居民个人拥有财产同样的方式征税。

（3）征收管理。在一般情况下，居民适用的规则同样也适用于非居民。

应非居民纳税人的要求，扣缴义务人应就其支付的所得金额和扣缴的税款出具证明。

如果非居民个人向税务机关提供了境外居民身份证明，以及境外税务机关出具的就其来源于俄罗斯境内的所得已在其居民身份所在国缴纳税款的证明文件，那么根据相关税收协定减低预提税税率则可以适用。此外，在纳税年度结束后一年内可申请退还多缴的所得税。

当非居民雇员在一个日历年度内达到标准成为税收居民（即在任何连续 12 个月内在俄罗斯境内居住超过 183 天），则该雇员有权以 13% 的税率替代 30% 的税率重新计算缴纳自己的所得税。

三、增值税

（一）一般规定

1. 概述

在俄罗斯，增值税是对销售货物和提供服务的各个流转环节所征收的一种税。在计算应纳税额时，增值税进项税额允许抵扣（需满足特定条件），因此实际上只对增值额征税。

2. 纳税人

增值税的纳税人不仅包括根据俄罗斯法律成立的法人实体和在俄罗斯从事经营活动的非居民实体，也包括个体经营者。俄罗斯税法没有规定增值税登记的起征点。小微企业可获得免税优惠（小微企业是指过去 3 个月的销售额不超过 200 万卢布的企业）。

3. 应税行为

一般来说，对于在俄罗斯联邦境内领土和海洋大陆架范围内销售货物、修建工程和提供服务征收增值税，包括但不限于以下项目：无偿赠送、内部使用的工程建设和工程安装、进口货物。

《税法典》规定了具体的“应税行为发生地”规则，以确定销售货物、修建工程或者提供服务行为是否发生在俄罗斯联邦境内，以此确定是否征收增值税。

对于销售行为发生地在俄罗斯境内，是指该货物在销售时位于俄罗斯境内且未进行出口，或者该货物用于出口时其来源地为俄罗斯。

对于工程和服务，如果提供方在俄罗斯有经营地点，则通常认为其在俄罗斯境内提供。但是，对于由境外方向俄罗斯企业或位于俄罗斯的常设机构提供的特定服务，须根据反向征税机制对其征税。所谓“反向征税机制”，是指俄罗斯购买方被视为扣缴义务人，即购买方应就其支付给外国服务提供方的报酬扣缴俄罗斯增值税，并将扣缴的税款上缴国库。一般来说，购买方有权在支付时扣除应缴税额。适用反向征税机制的应税服务，包括与位于俄罗斯境内的不动产（不包括飞机、船舶和航天器）有直接联系的服务、咨询服务、法律服务、会计服务、工程服务、广告服务、营销服务、软件开发服务和研发服务。

自 2015 年 1 月 1 日起，如果服务购买方是分支机构或者公司的代表处，则购买行为的发生地取决于企业的成立文件所载明的地址、企业管理机构所在地、企业常设执行机构的地址，或者如果服务是通过在俄罗斯联邦境内常设机构提供，则为该常设机构所在地。

4. 应税销售额

增值税的应税销售额是指销售价款，不包括增值税本身，但是包括所有的消费税。在进口的情况下，应税销售额包括海关完税价格、关税和相关费用，以及消费税。如果纳税人既有应税销售行为又有免税销售行为，则须分开核算。

5. 税率

增值税的基本税率为 18%，一些基本的食品、药品、童装和期刊适用 10% 的低税率（《税法典》第 164 条）。以下情况适用于零税率：出口货物；为国内乘客提供的国际运输服务；起运地或者目的地位于克里米亚共和国或在塞瓦斯托波尔的货物运输服务（其优惠期为 2014 年 3 月 18 日至 2016 年 1 月 1 日）。

6. 免税

增值税免税项目包括：提供某些特定药品和服务、销售自用房屋和土地、公共交通服务、由非营利性机构提供的教育服务、银行提供的金融服务、保险公司提供的保险服务、加入律师协会的律师提供的法律服务，以及债务人因破产而出售不动产（产权）。

（二）非居民纳税人

由在俄罗斯境内无经营场所的非居民纳税人向俄罗斯纳税人所提供的，俄罗斯境内销售的货物，以及被认定为在俄罗斯境内提供的服务，适用反向征税机制。反向征税机制强制要求俄罗斯购买方履行增值税纳税义务。不论俄罗斯购买方是否以非现金形式付款给非居民企业，也不论俄罗斯购买方是否是增值税纳税人，反向征税机制仍然适用。

四、消费税

消费税是对在俄罗斯境内生产、进口或销售规定的消费品（如酒精、烟草和汽油）所征收的一种税。出口也应征消费税。消费税的纳税人包括法人实体、个体经营者和进口商品进入俄罗斯境内的其他纳税人。

五、社会保险费

（一）对企业征收

自 2010 年 1 月 1 日起，统一的社会税已被废止，取而代之的是向国家养老基金、社会保障基金和联邦及地方医疗保险基金（后者已于 2012 年 1 月 1 日起被废除）缴纳社会保险费。社会保险费由雇主从工资薪金总额和根据民法合同可获得的其他特定福利中向所有居民雇员（包括外国公民，根据雇佣合同受雇于俄罗斯雇主但在俄罗斯境外工作的外国人除外）缴纳的费用。社会保险费涵盖了养老金、残疾和死亡保险、疾病保险、生育保险和家庭津贴。

一般来说，社会保险费根据雇主以现金或实物形式向雇员发放的款项进行征收，其中包括根据民法合同发放的报酬。特定款项免予征收社会保险费，包括各类赔偿款、伙食费用、按照联邦法律规定的标准发放的每日津贴和特定社会性款项。计税依据在每月末按每个职工分别确定，以从年初到当月的累计金额进行计算。

2015 年社会保险费合计的征收率最高为雇员工资薪金的 30%。自 2015 年 1 月 1 日起，确定社会保险费征收率的雇员年收入门槛标准不同于向养老基金和社会保险基金应缴付的费用。而缴付联邦医疗保险基金的门槛标准被废止。社会保险费缴付标准具体规定如表 2 所示：

表 2　社会保险费缴付标准

社会保险费	养老基金（%）	社会保险基金（%）	联邦医疗保险基金（%）
711 000 以下	22	—	—
711 000 以上	10	—	—
670 000 以上	—	2.9	—
670 000 以下	—	—	—
无门槛标准	—	—	5.1

社会保险费可在企业所得税税前扣除。实行简易税制的实体和个人可在应纳税额中扣除社会保险费，最高不超过应纳税额的 50%。

对于农业生产者、特定传统农户以及高科技行业中的特定纳税人可适用低税率优惠。

对于未在俄罗斯设立常设机构且未向俄罗斯税务机关登记注册的非居民雇主支付给俄罗斯居民个人的工资薪金，不适用俄罗斯社会保险费的规定。

自 2015 年 1 月 1 日起，雇主必须就支付给所有外籍雇员（但符合条件的来俄罗斯临时逗留的高级专家除外）的报酬向养老基金和社会保险基金缴付社会保险费。同时，雇主也必须就支付给所有来俄永久居住或临时居住的外籍雇员的报酬向联邦医疗保险基金缴付社会保险税（但符合条件的来俄高级专家除外）。

表 3 总结了外籍雇员报酬缴付社会保险费的规定。

表 3　外籍雇员社会保险费缴付标准

	外籍雇员	养老基金（%）	社会保险基金（%）	联邦医疗保险基金（%）
外籍雇员（符合条件的高级专家除外）	来俄永久居住	22	2.9	5.1
	来俄临时居住	22	2.9	5.1
	来俄临时逗留	22	1.8	—
符合条件的外籍高级专家	来俄永久居住	22	2.9	—
	来俄临时居住	22	2.9	—
	来俄临时逗留	—	—	—

除了上面提到的社会保险费，雇主还必须按 0.2% 至 8.5% 的征收率缴付工伤和职业疾病保险，具体税率取决于相关行业所规定的风险类别。这些社会保险费准予按规定在企业所得税前扣除。

（二）对个人征收

对雇员而言，只有雇主缴纳社会保险费。

个体经营的个人根据其净所得按照与企业雇员相同的比例缴纳社会保险费。

（李旭红　编）

新加坡税制

引言：新加坡主要征收公司所得税、个人所得税、增值税、消费税、社会保障税、财产税、印花税和外籍劳工税等税种。

自2015纳税年度开始，新加坡国内税务局对所有企业实行电子报税，电子报税的截止日期为12月15日。

一、公司所得税

（一）一般规定

1. 税制类型

2002年12月31日之前，新加坡实行“扣除利润分配中的重复课税”制度。2003年1月1日之后，该制度被单一公司所得税制度所取代。在单一公司所得税制度下，居民企业向股东分配的股息全部免税。新旧制度交替有5年的过渡期（2003年1月1日至2007年12月31日），选择旧制度的企业在过渡期内依然适用原有税制。2008年1月1日起，所有企业均适用单一公司所得税制度。

2. 纳税人

新加坡对企业和信托公司征收公司所得税。政府机构、合作社组织、慈善机构以及工会组织一般免税。

依据所得税法案规定的企业包括根据新加坡或其他地区的法律登记注册的所有企业。上述企业的定义非常广泛，包括在新加坡经营的本地或外国的所有企业。包括有限合伙企业在内的合伙企业不是单独的纳税人，并且每个合伙人就其来自合伙企业的收入负有纳税义务。

如果一个企业的实际控制管理机构在新加坡，则被认定为新加坡的居民企业。实践中，企业董事会面以及履行实际控制权的所在地也被视为企业的居民身份所在地。

3. 应纳税所得额

（1）一般规定。居民企业就其来源于新加坡的全部所得以及从新加坡境外取得的所得缴纳公司所得税。但是，某些国外所得免税。

一个课税年度的应纳税所得额是应纳税所得扣除准许扣除额后的余额。应纳税所得包括营业收益和利润，股息、利息、租金所得、特许权使用费、转让溢价等投资所得，来源于资产的其他所得以及其他性质的利得。

营业所得按权责发生制征税。

（2）免税收入。下列收入免征公司所得税：来源于免税纳税人的收入；免税收入，例如特定的境外收入。

此外，对于特定类型的企业有很多的税收优惠政策，例如全部或部分的税收免除、低税率等。

来源于居民企业的全部股息免税。

（3）扣除。一般情况下，生产经营过程中发生的所有支出和费用允许在税前扣除。开业前以及停业后发生的资本费用、私人或国有性质的费用均不允许税前扣除。此外，所得税法案中明确禁止扣除的项目不允许税前扣除。

允许扣除项目包括营业支出、利息支出、租金支出、维修更新支出、支付给政府许可的养老基金机构的社会保障税以及研发支出。下列支出的扣除有限制规定：坏账呆账、交通费、娱乐费、法律专业费用以及赠品支出。应支付的税款、罚款和罚金以及会员入会费不允许税前扣除。

一般情况下，股息不允许税前扣除，但是，利息可以税前扣除。取得应纳税所得而发生的特许权使用费可以税前扣除。

所得税法案没有对持续业务的存货的估价基础做规定，但是估价基础应该反应收入状况，每个纳税年度的估价基础应一致且遵循商业实践和会计原则。另外，税收上特别规定存货不适用后进先出法。

（4）折旧和摊销。厂房与设备的初次折旧额为其基础建设费用的20%，并在使用寿命期间持续计提折旧，使用寿命为5～16年。因贸易、商业和行业目的而发生的厂房和设备费用可以在3年内计提折旧，但不允许计提初次折旧。

计算机设备、规定的自动化设备、机器人、发电机、污染处理和技能设备、噪音消除和危险化学品控制设备、某些柴油驱动的交通工具和公共汽车的替换部位的费用支出可以一次性计提100%折旧。

2013年10月31日前为取得许可的知识产权发生的资本费用可以在超过5年的时间内采用直线法计提折旧，例如每年计提20%。另外，自2006年2月17日起，符合条件的研发费用分摊协议可以一次性计提100%的折旧。

自2010年2月23日起，建设施工费用以及购买厂房和建筑物发生的费用不再计提折旧。

一般照明设备、门窗、固定分隔物、假天花板以及注册的小汽车不允许计提折旧。

未完全计提折旧的可以结转到以后的课税年度继续计提折旧，抵扣以后课税年度的应纳税所得。此结转抵扣规定同样适用股权。

（5）准备金。当真实义务发生时才允许进行抵扣。因此，准备金和预计负债一般不可税前扣除。

坏账和呆账的一般准备金和预计负债不可税前扣除，但是对特殊负债计提的预计负债可以税前扣除。

4. 资本利得

资本利得一般不征税。

但是，在某些情况下的资本往来被视为产生收入的交易，例如一系列的资本往来或者资产持有期很短的情况。通过分析纳税人上述资本往来的目的来判断上述往来产生的收入是否属于应税收入。

从 2012 年 6 月 1 日到 2017 年 5 月 31 日，投资企业处置被投资企业的普通股获得的利得如果符合下列条件，则不征税：在处置被投资企业股份前，投资企业至少持有被投资企业 20% 的股权且连续持有期间不少于 24 个月。

5. 亏损

（1）经营亏损。经营活动亏损可以抵消其他来源的收入，上述的其他来源的收入属于应纳税收入。

只有由经营、营业、专业或职业活动产生的亏损可以向后课税年度结转抵扣。如果股权符合结转抵扣条件，例如：在亏损年份和结转抵扣年份间企业持有的股权变动不超过 50%，则产生的亏损允许无限期向以后年度结转。

同样，股权也适用未使用的资本免税额可向后结转的规定。

（2）资本损失。资本损失不允许扣除。

6. 税率

（1）经营所得和资本利得适用税率。从 2010 课税年度起，公司所得税的税率为 17%。对于第 1 个 10 000 新加坡元，其中 75% 免税，随后的 290 000 新加坡元减半征收。

2016 ~ 2017 课税年度所有企业每年享有 30% 的公司所得税退还，最高限额不超过 20 000 新加坡元。

符合资格的新成立企业在首次连续 3 个需缴税的课税年度或 2008 年后的课税年度，企业取得的不超过 100 000 新加坡元的应税收入全额免税，上述应税收入不包括在新加坡免税的股息，随后不超过 200 000 新加坡元的应税收入享受减半征收。

对资本利得不征税。

（2）向居民纳税人支付款项的预提税税率。一般情况下，向其他居民企业支付的款项不征收预提税。

7. 税收优惠

新加坡有各种税收优惠政策，例如全部或部分税款免除、低税率、投资补贴以及特殊扣除。税收优惠政策适用于各种行业，尤其是金融服务业。

享受税收优惠政策的金融服务业包括财政和金融部门、债务证券、离岸保险、伊斯兰融资安排以及海上金融。上述的税收优惠政策包括税款免除或者低税率或者两者结合。

由享受一系列税收优惠政策的总部（包括全球总部、经营总部以及生产总部）取得的收入可以享受 5% 或 10% 的优惠税率。

鼓励国内直接投资的主要优惠政策适用于处于创业期的企业，享受 5 至 15 年的免税。发展优惠激励措施适用于创业期以后的企业，按其收益的 5% 征税，优惠期限为 20 年。向非居民提供符合条件的服务的企业可以享受出口服务税收优惠政策，符合条件的收入 90% 免税。

研发费用、知识产权费用、促进出口以及开拓市场的费用、海外投资发展费用、金融研究和开发费用适用特殊的抵扣政策。

资金援助和资助享受投资激励政策。

8. 税收管理

（1）纳税年度。一般按公历年为一个课税年度，但是企业可以按照其会计年度收入缴纳税款。

税款以上一年度为基础计算金额，即按上一公历年度或会计年度在新加坡取得的、收到的所得计算出此课税年度的税额。

（2）纳税申报。每年 11 月 30 日之前必须提交纳税申报表。自 2015 年开始，新加坡国内税务局对所有企业实行电子报税，电子报税的截止日期为 12 月 15 日。

根据提交的纳税申报表，新加坡国内税务局向纳税人征税。

已停业企业可以通过“my Tax Portal”向税务局申请不提交所得税申报表。

（3）税款缴纳。新加坡没有预缴税款的规定。纳税人即使对评估通知书存有异议，税款也必须在发出评估通知书的 30 日内缴纳，多缴纳的税款可以退税。

如果年初经新加坡国内税务局同意，税款可以分期缴纳。

（4）事先裁定。纳税人可以向新加坡国内税务局申请事先裁定。事先裁定是对所得税法案中的规定如何适用特殊纳税人和协议安排的书面解释。

事先裁定是最终裁决，具有保密性质。

（二）居民企业之间的交易

1. 企业集团合并纳税

企业可将其未完全抵扣的资本免税额、营业损失、捐赠转给同一企业集团内部的其他公司抵扣其应税所得。

企业集团税收减免需满足下列条件：企业必须在新加坡注册成立，企业集团至少持有企业 75% 的股权且有相同的会计年终核算。

2. 居民企业间的股息红利

新加坡税法对企业间的股息分配没有做规定，但是来源于居民企业的股息免税。

3. 其他类型的公司所得税

（1）分公司利润税。如果分公司是新加坡居民企业，则分公司利润需纳税。但是，汇入外国总公司的利润不需纳税。

（2）赌场税。自 2010 年 2 月 5 日起，赌场的经营活动需按 2010 年实行的赌场税条例缴纳赌场税。

赌场税以在新加坡营业的赌场的总的博彩收入为计税基础，博彩总收入按下列公式计算：博彩总收入 = A - B，其中，A 是指赌场经营的所有游戏的净收益总和；B 是指赌场经营博彩和提供相关服务所涉及的商品和服务税。

上述赌场的净收益等于赌场取得的赌资减去支付给顾客的赌资后的余额。此外，赌场收到的假币以及被偷的筹码和纸币可以在净收益中扣除。上述假币和被偷的钱物在获得赔偿后，赔偿款需纳税。

贵宾级赌客的博彩总收入按 5% 的税率征税，而其他赌客的总收入按 15% 的税率征税。贵宾级顾客是指在赌场赌博前其银行存款账户一直持有至少 100 000 新加坡元的储蓄款。

（三）国际税收

1. 居民企业

（1）境外所得和资本利得。居民企业就其来源于新加坡的所有收入以及从新加坡境外取得的收入缴纳公司所得税。对境外所得的税务处理一般与来源于新加坡的所得的税务处理方式一致。

如果居民企业已经按境外税收管辖权缴纳了所得税且最高的所得税税率不低于15%，则居民企业获得的下列境外所得免税：境外股息；境外分公司的贸易或经营利润；通过境外固定经营场所在贸易或经营过程中提供专业服务、技术服务、咨询服务和其他服务获得的境外所得。

企业从事大量海外贸易活动而取得的特定境外收入不适用免税政策，如果上述的境外收入按照新加坡国内税务局的特别规定汇入且符合特定的条件，则上述的境外收入同样可以享受免税政策。如果纳税人能够追溯境外收入的来源，则可以享受免税。此外，税务机关必须确定通过海外投资来源于新加坡的所得没有往返交易，且新加坡的接受者不是空壳公司。

纳税人取得未在规定中列明的特定境外收入在解释原因之后仍然可以申请税收免除。如果调回国内的境外收入将会对新加坡经济产生利益，则可以享受免税。

由符合条件的离岸基础设施项目/资产孳生的境外利息在符合下列条件的情况下可以享受免税：按境外税收管辖权缴纳税款，且最高的所得税税率不低于15%；来源于新加坡的所得没有往返交易且没有通过人为架构来避税；符合条件的离岸基础设施项目/资产的所有者或投资情况需在新加坡做通告。

符合条件的离岸基础设施项目/资产是指对特定行业进行的投资，包括发电、废弃物管理、基础设施建设、港口、电信业、水处理、医院或诊所、学校等。

新加坡对境外的资本利得不征税。

（2）境外亏损。与境外所得相关的费用如果符合免税条件，则可以从对应的境外所得中扣除，但不可以在其他的应税所得中扣除。

（3）境外资本。新加坡不征收资产净值税。

（4）避免双重征税。来源于未与新加坡签订税收协定的国家的已纳税款可以享受单方面税收抵免。下列情况适用税收抵免：税率没有超过新加坡税率50%的联邦制国家，按已纳联邦税全额计算税收抵免额；在规定的国家提供规定的服务取得的收入缴纳的税款；境外投资取得的股息缴纳的税款，包括直接税；来源于境外分公司的利润所缴纳的税款。

根据新加坡的税收协定，企业可以享受普通税收抵免。抵免的限额为境外收入按新加坡税法计算出的税款。除税法明确指出某些规定优于税收协定之外，税收协定一般优于国内税法。

抵消新加坡所得税后剩余的境外税额不可以结转到以后的纳税年度继续抵扣。

境外税收抵免一般分国别分项计算。自2012年起，符合下列情况的纳税人可以选择将境外税款分摊到任何一项境外所得：按境外收入来源国的税收管辖权规定缴纳的所得税；在新加坡取得境外所得时，境外总体税率不低于15%；应在新加坡纳税的境外收入；根据税法，纳税人可以享受境外税收抵免。

2. 非居民企业

非居民企业是指不是新加坡居民企业的企业。

（1）一般所得和资本利得课税。一般情况下，非居民企业就在新加坡的经营收入、来源于新加坡的收入以及在新加坡取得的境外收入缴纳公司所得税。

如果非居民企业的营业收入是通过在新加坡设立的常设机构取得的，则其营业收入适用居民企业的税收规定。新加坡对常设机构的定义与 OECD 范本的规定相似。

未设有常设机构的非居民企业仅就来源于新加坡的收入缴纳公司所得税。境外来源的营业收入不论是否在新加坡取得，均不需纳税。

新加坡对资本利得不征税。

（2）资本课税。新加坡没有资产净值税。

（3）税收征管。如果取得的收入适用最终预提税且已正确缴纳预提税，则无须申请填报纳税申报表。另外，对非居民企业的纳税申报要求与居民企业一致。

3. 非居民企业预提税

（1）股息。对股息不征收预提税。

（2）利息。非居民纳税人通过境外经营活动取得的利息、佣金交易费用、服务报酬以及与贷款和负债相关的其他收入按其收入总额的 15% 缴纳预提税。通过在新加坡的经营活动取得的上述收入适用普通公司所得税税率。

（3）特许权使用费。非居民纳税人通过境外营业活动取得的特许权使用费按收入总额的 10% 缴纳预提税。通过在新加坡的经营活动取得的特许权使用费适用普通公司所得税税率。

（4）其他。支付给非居民纳税人的技术协助费、服务费以及管理费适用非最终预提税，税率为普通公司所得税税率。完全在新加坡境外提供的服务不征收预提税。

非居民纳税人通过境外营业活动而收取的租金或使用其不动产而收取的款项按收入总额的 15% 缴纳最终预提税。通过在新加坡的经营活动取得的上述收入适用普通公司所得税税率。

非居民房地产商人出售不动产获得的收益按 15% 的税率缴纳非最终预提税。

对分公司的利润和汇款不征税。

（四）反避税

1. 概述

新加坡对主要目的是享受税收优惠而忽视税收效应的行为制定了一般的反避税规定。

新加坡仅对资本弱化、受控外国企业和收入剥离制定了一般规定。

所得税法案制定了一些特殊规定来反避税：出于计算结余免税额和结余课税的目的，转让价格低于市场价格的机械设备和厂房按市场价格征税；如果股权没有发生实质性变化，企业结转的损失和资本免税额仅可以抵扣当期利润；如果某些未分配的剩余利润是以避税减税为目的，则上述利润视同分配利润，相关纳税人需按照规定缴纳税款；营业存货必须进行估值且估值应与转让支付价值或市场价值相一致；非居民纳税人有来源于新加坡的收入，为避免其避税，非居民纳税人的代理商需按其收入纳税。

2. 转让定价

虽然没有特定的转让定价规定，但所得税法案为规范转让定价行为制定了若干规定：

（1）一般的反避税规定；（2）发生在具有关联关系和实际控制的非居民纳税人和居民

纳税人之间的转让定价中的居民纳税人可能被认定为非居民纳税人的代理人；（3）某些固定资产交易的买方不适用初次资本优惠和特别资本优惠，买方赚取的利润不适用差额课税。上述规定同样适用交易的买卖双方相互控制或共同由第三方控制的情况。

一般情况下，关联交易应按照独立交易原则进行交易。违背独立交易原则的交易，新加坡国内税务局有权对交易进行最佳评估。

同期的转让定价文件必须由纳税人保管。新加坡的税务机关规定了同期转让定价文件的提交时间，提交的期限不得迟于转让定价交易发生的会计年度的纳税申报表的提交和归档时间。转让定价交易文件有货币金额的限定，对于4种转让定价交易的限额是1 500万新加坡元，对于其他的转让定价交易的限额是100万新加坡元。此外，下列情况的转让定价交易不需要提交转让定价交易文件：纳税人与新加坡关联方进行的交易，该交易的双方都按照相同的新加坡税率缴纳税款；纳税人与新加坡的关联方间发生的相关国内贷款且贷方不从事借贷业务；纳税人对关联交易中提供的日常服务按成本加价5%；关联交易属于预约定价安排协议的规定情况，但需要每年提交年度合规报告。

3. 资本弱化

没有对资本弱化的具体规定。

4. 受控外国公司

没有对受控外国公司的具体规定。

二、个人所得税

（一）一般规定

1. 纳税人

出于税收目的而定义的居民个人是指在相关课税年度的上一年中居住在新加坡的个人，包括相关课税年度的上一年中在新加坡境内实际居住或工作183天以上的个人（公司董事除外）。

如果个人在连续3个课税年度受雇在新加坡工作，即使在第一年和第三年中在新加坡实际居住的时间没有超过183天，该个人在此3年中仍视为居民。

经新加坡国内税务局许可，在2007年1月1日或之后进入新加坡境内且两个公历年内在新加坡不间断停留至少183天的外国雇员（董事及公众艺人除外）将在此2年中视为纳税居民。

已婚夫妇双方需各自进行纳税评估。2015课税年之前，已婚夫妇可以转让未使用的抵扣额来抵消另一方的年收入。从2016课税年起，配偶间的转让机制不再适用，但作为过渡，纳税人在2015课税年之前产生的合法抵扣额可以抵消配偶的收入一直到2017课税年为止，抵扣须满足现有条例。

合伙企业（包括有限责任合伙企业）不作为单独纳税人纳税，每个合伙人须以其在合伙企业中的份额纳税。

2. 应纳税所得额

（1）概述。居民个人对新加坡境内取得的收入以及从新加坡境外取得的所得负有纳税义务，但从 2004 年 1 月 1 日开始，在新加坡获得的境外收入一般不再课税。

应纳税所得等于应评税收入减去准予扣除额及个人与其他抵免额和退还税款。应评税收入包括任何贸易所得、经营利润、受雇所得、投资收入（如股息、利息和租金）、稿酬、保险费用、任何其他财产收益和自然收入。

（2）免税所得。免税所得包括一次性缴纳的养老金、伤害补偿金、报销费用、礼金、搬迁费用、雇主名下休闲俱乐部的入会费、免息或贴息贷款、保险费、学费、限制条款下的付款、取消合同的补偿费用以及法院执行或分居协议规定给予的生活费用。

股息免税。个人取得的特定类型利息免税。

3. 受雇所得

（1）工资、薪金所得。受雇所得包括薪水、奖金、津贴、佣金和特殊津贴。

全部或专门在生产雇佣所得中产生的费用允许扣除，比如在职业活动中产生但不能在雇主处报销的差旅费和招待费以及因受雇所需资格认证而向专业团体缴纳的费用，但是上下班的通勤费用禁止扣除。

（2）实物福利。由雇主提供给雇员的实物福利通常要征税。

由雇主提供的住宿需以全部受雇所得的 10% 和年住宿费用中的较低者计征，计税金额还应减去雇员实际缴纳的租金。从 2015 课税年起，住房福利应以年值减去雇员实际支付的租金为基础课税。2014 课税年，新加坡国内税务局对家具的课税税率作了规定，从 2015 课税年起，住宿福利的计税价值规定如下：如果上述房屋配备部分家具（即仅装有电器，如照明设备，空调，吊扇和热水器），计税价值为年值的 40%，如果上述房屋配备全部家具（即既装有家用电器，又配备家具），计税价值为年值的 50%。

度假旅费的计税价值限制在纳税人及其配偶一次往返费用的 20% 再加上每个子女两次往返费用之内。

因受雇获得的股票期权属于应税福利，其收益应在行权所在年计算，计税基础为行权日的公开市场价值减去对该股票期权的实付金额。

对雇主机动车辆的使用须纳税，税率由新加坡国内税务局确定。

给予雇员的医疗福利、餐饮补助、交通补贴及每日津贴不纳税。

（3）养老金所得。一般来说，支付给个人的养老金（公积金除外）和其他核准的基金为应税收入。

雇员按规定缴纳的公积金允许抵扣，但自愿缴纳或超出规定部分的款项不允许抵扣。特定情况下，由外国政府运营的养老金计划中的强制缴款不征税。

（4）董事报酬。一般情况下，董事报酬征税方式与雇佣所得相同。

4. 经营和专业服务所得

个人的经营和专业服务所得须纳税，税务处理方式通常与公司的处理方式一致。若费用符合一般抵扣规定，则允许抵扣。折旧适用于工业用房和建筑、工厂、机器设备及取得知识产权的成本。

5. 投资所得

从 2008 年 1 月 1 日起，股东取得的股息免税。

利息要纳税，但是，在指定银行或特许金融公司存款取得的利息免税。从债权证券（例如：债券）获得的利息同样免税，但是从新加坡的合伙企业或与债权证券相关的交易中产生的利息除外。

稿酬要纳税，另外，与文学、喜剧、音乐和美术工作相关或从外国出版商的分支机构获得的稿酬须以优惠税率10%纳税。

一般情况下，在取得应税收入的过程中产生的利息和特许权使用费可以抵扣。

租赁收入要纳税。从2016课税年起，个人如果从新加坡住宅地产取得消极租金收入，可申请总租赁所得的15%进行抵扣。该政策不适用于个人从新加坡合伙企业或信托财产中取得的租赁收入。

6. 资本利得

资本利得通常不征税。

但是，在有连续交易或资产持有期较短的情况下，资产往来被认为是会产生收入的交易。纳税人介入该交易的目的将决定其是否能产生应税收入，若产生收入，该收入的征税方式与经营所得相同。

7. 个人扣除、宽免和抵免

（1）扣除。一般情况下，取得收入的过程中产生的开支和费用允许抵扣。资本费用、私有或国有性质的费用以及经营活动前后产生的费用不允许抵扣。另外，所得税法中特别规定的费用不允许抵扣。

对慈善机构和公共机构的捐赠可申请双重抵扣。

（2）宽免。居民个人有资格申请下列个人免税额，如表1所示：

表1

所得减免类型		免税额（新加坡元）/比率
劳动收入减免：		
—	年龄在55岁以下	1 000
—	55岁到59岁	6 000
—	60岁及以上	8 000
残疾人劳动收入减免：		
—	年龄在55岁以下	4 000
—	55岁到59岁	10 000
—	60岁及以上	12 000
与纳税人共同生活的配偶（年收入不超过4 000新加坡元）①②		2 000
子女所得税减免（每个孩子）：②③		4 000
残疾儿童减免③		7 500
职业母亲的儿童减免（母亲劳动收入的比例）：③		
—	第一个孩子	15%
—	第二个孩子	20%
—	第三个及后来的孩子	25%
人寿保险金、经许可的养老金、公积金		5 000或公积金费率
年老的父母、祖父母或曾祖父母		
—	由纳税人赡养	5 500
—	和纳税人共同居住	9 000

续表

所得减免类型		免税额（新加坡元）/比率
年老且残疾的父母、祖父母或曾祖父母		
—	由纳税人赡养	10 000
—	和纳税人共同居住	14 000
照料祖父母者减免		3 000②④
教育费用		5 500②⑤
残疾兄弟姐妹减免		3 500②
外国女佣②⑥		双倍税款
预备役：②		
—	每年召集营地训练	3 000
—	上一年未进行营地训练	1 500
—	发布关键指令及人员任命者的额外抵扣	2 000
—	预备役军人的妻子/遗孀/父母	750

注：①在配偶残疾的情况下，减免额可提高至最多 3 500 新加坡元且最低收入的限制不再适用。从 2015 课税年起，对残疾配偶的减免额增至 5 500 新加坡元。

②减免额是可获得的标准固定数额，与实际产生的费用无关。所有其他数额是可获得的最大抵扣额，即抵扣额限于产生的费用和最大抵扣额中的较小者。

③职业母亲的儿童减免上限为母亲全部劳动收入的 100%。对于同一儿童的子女所得税减免，残疾儿童减免和职业母亲的儿童减免总额不得超过 50 000 新加坡元。

④对于职业母亲的所得税减免适用于孩子年龄小于等于 12 岁的母亲且孩子正在受到父母一方照料。

⑤该减免适用于拥有认证的学历，专业或职业资格证的纳税人。课程费用、与纳税人现职业无关但与纳税人的新职业相关或在两年内完成课程而导致职业改变的研讨费用和会议费用可以抵扣。

⑥已婚夫妇、离婚人士或与受抚养子女住在一起的单亲妈妈可申请两倍于所支付的女佣税的抵扣，抵扣额不得超过 6 360 新加坡元。

（3）抵免。家长缴纳税款的退税政策在 2008 年 8 月 20 日修订，对 2008 年 1 月 1 日后出生或被合法领养的孩子的父母适用。具体规定如下：对第一个孩子，家长享有 5 000 新加坡元的抵免；对第二个孩子，家长享有 10 000 新加坡元的抵免；其后每一个孩子，家长均可享有 20 000 新加坡元的抵免。

8. 损失

贸易产生的损失可抵消其他来源的应税利润。

贸易、商业活动、专业服务或行业损失可以向以后年度结转。如果其满足股权测试，即在产生损失的年份和抵免损失的年份间，公司股份变动不超过 50%，则损失可以无限期向后结转。

低于 100 000 新加坡元的损失可以向以前年度结转一年。任何超过 100 000 新加坡元的未抵免额可向以后年度结转抵扣以后年度的收入。

2015 年之前，允许已婚夫妇转移未使用的损失来抵扣另一方的年收入，2016 年之后，不再允许。

合伙企业的损失可以抵扣合伙人其他来源的收入，并可以向以后年度结转抵消未来所得。

资本损失不允许抵扣。

9. 税率

（1）所得和资本利得。对资本利得不征税。

从2017年起，居民个人将按照如下税率纳税，如表2所示：

表2

应税收入（新加坡元）	边际税率（%）
不超过20 000	0
20 000 ~ 30 000	2
30 000 ~ 40 000	3.5
40 000 ~ 80 000	7
80 000 ~ 120 000	11.5
120 000 ~ 160 000	15
160 000 ~ 200 000	18
200 000 ~ 240 000	19
240 000 ~ 280 000	19.5
280 000 ~ 320 000	20
超过320 000	22

2012 ~ 2016年的税率如表3所示：

表3　2012 ~ 2016年个人所得税税率表

应税收入（新加坡元）	边际税率（%）
不超过20 000	0
20 000 ~ 30 000	2
30 000 ~ 40 000	3.5
40 000 ~ 80 000	7
80 000 ~ 120 000	11.5
120 000 ~ 160 000	15
160 000 ~ 200 000	17
200 000 ~ 320 000	18
超过320 000	20

2015年，所有居民个人都可以申请个人所得税退税。个人可获得所缴税款50%的退税，但不得超过1 000新加坡元。

（2）预提税。新加坡没有所得税预扣制度，但雇主需要对拟从新加坡离职的雇员处预扣足够的税款直至其出具完税清单。

般情况下，支付给居民个人的款项不征收预提税。

10. 征收管理

（1）纳税年度。纳税年即公历年。税款以上一年的收入为基础征收。

（2）纳税申报。当新加坡国内税务局通知纳税申报时，无论何种收入等级的纳税人都必须填写纳税申报表。如果纳税人收到国内税务局寄送的无须填报纳税申报表的信件或者短讯，则其不必提交纳税申报表，除非纳税人有其他收入需要申报或者需更改个人税收减免。

一般情况下，所得税申报表须在下一年的 4 月 15 日前填报完毕，除非新加坡国内税务局特许延长截止日期。新加坡国内税务局做最后评估，纳税人一般会在 10 月份之前收到评估通知书。

（3）税款缴纳。没有预缴税款规定。纳税人即便对评估有异议，也必须在评估后的 1 个月内缴纳税款。

税款也可以在新加坡国内税务局的许可下分期缴纳，通常按照 12 个月来分期缴纳。

（4）事先裁定。纳税人可以向新加坡国内税务局申请事先裁定。事先裁定是对所得税法案中的规定如何适用特殊纳税人和协议安排的书面解释。

事先裁定是最终裁决，具有保密性质。

（二）其他类型的所得税

不征收其他类型的所得税。

（三）国际税收

1. 居民纳税人

（1）境外所得和资本利得。居民个人需就来源于新加坡国内的收入纳税。如果经税务机关确认免税政策有益于纳税人，则新加坡境内纳税个人获得的所有国外收入免税（合伙企业取得的除外）。一定条件下，通过合伙企业取到的外国股息、分公司利润和服务费允许免税。

（2）境外资本。不征收净财产税。

（3）避免双重征收。无论单边还是税收协定下，对国外收入缴纳的税款允许普通税收抵免。从 2009 年起，新加坡居民在新加坡境内收到的来自未与新加坡签署税收协定的国家的各类型国外所得，可享有单边税收抵免。虽然新加坡居民个人的国外收入通常免税，但也有限定范围，如通过合伙企业取得的收入须纳税。

2. 侨民

（1）来新人员。个人可选择非普通居民计划（自 2009 年修订后生效）且享受以下税收减免：

①非普通居民纳税人受雇于新加坡，如果因其在新加坡从事的职业原因在新加坡境外逗留至少 90 天，且在新加坡的受雇所得至少为 160 000 新加坡元，则只需对其在新加坡期间的受雇所得部分纳税；

②预先安排汇到新加坡的收入免税；

③如果满足下列条件，雇主对非强制海外基金或社会保障计划的缴费免税：①非普通居民纳税人在新加坡总的受雇所得至少达到 160 000 新加坡元；②其雇主不可以公积金最高值为基准上限申请抵扣额，如果雇主仅对符合规定的海外集资计划出资，则没有上限。

税收优惠仅适用于非新加坡公民和满足以下条件的非新加坡永久居民：在相关课税年度是新加坡的居民；本课税年度的前三个连续课税年度为非新加坡居民。

非普通居民身份持续 5 个课税年度，从个人第一次获得资格的课税年度开始计算。除了第 1 个课税年，在其他的 4 个课税年期间，不要求非普通居民纳税人成为居民纳税人。

（2）外派人员。新加坡公民除了临时外出以外通常住在新加坡，则仍为新加坡的居民纳税人，这与对居民的规定相同。如果雇员被派遣至海外工作，且在海外工作时有意向回到新加坡，则仍被视为新加坡居民纳税人。

新加坡公民如果任何一个公历年内在海外工作的时间超过 6 个月，则可选择非居民身份，但是该选择一年内不得更改。如果在新加坡工作附带海外雇佣活动或个人以新加坡政府代表的身份在海外受雇，则上述选择的规定不适用。

永久离开新加坡的个人视为已从未行权或受限制的股票期权计划中获得收益，除非其雇主被批准继续跟踪该期权。如果后续的实际收益小于应税收益，纳税人可申请对其纳税义务进行再评估。

如果外派人员停止在新加坡工作或者离开新加坡超过 3 个月，其雇主需向税务机关报告并暂时扣留薪水来结清外派人员的完税清单。

3. 非居民纳税人

（1）一般所得和资本利得税。非居民仅需申报在新加坡的收益。他们通常须遵循一般的所得税条例，税率、个人津贴和税收返还除外。

受雇所得。税率为 15%（无个人补贴），或与居民税率相同（有个人补贴），选择两者中较大的税额征收，但是不到 60 天的短期受雇所得免税。这项免税政策不适用于新加坡公司的董事、公众艺人或经营者。

经营和专业服务所得。非居民须对在新加坡经营取得的全部所得缴纳 15% 的最终预提税。另外，他们也可以选择以净额为税基（抵扣相关费用后）缴纳 22% 的最终预提税（2016 年 1 月 1 日前为 20%），该选择一经认定不可更改。

非居民专业人员是指依据劳务合同在 1 公历年内在新加坡停留小于 183 天且独立从事专业活动（作为雇员除外）的个人，包括政府机构、法定机构或民间组织邀请的外国专家，开展研讨会或讲习班的外国发言人/学者、顾问、运动员、教练和由外国公司管理的个人。

从 2015 年 4 月 1 日至 2020 年 3 月 31 日，非居民中介在新加坡境内从事中介工作取得的收入免税。

投资所得。对股息不征收预提税。

利息、手续费、费用或与任何贷款或债务相关的付款需征收 15% 的预提税，非居民个人在新加坡境外运营获得的利息需按 22% 的税率征税（2016 年 1 月 1 日前为 20%）。

如果支付给非居民的稿酬是通过非居民个人在新加坡境外的业务获得，则须对总金额征收 10% 的最终预提税。

非居民个人在新加坡境内获得的稿酬收入按照 22% 的税率征税（2016 年 1 月 1 日前为 20%）。

资本利得。非居民房地产商人出售任何不动产获得的收入按照 15% 的税率缴纳非最终预提税。

其他。以下款项须征收 22% 的非最终预提税（2016 年 1 月 1 日前为 20%）：支付给非居民的技术援助款、服务费和管理费（如果所提供服务全部发生在新加坡境外，则不征收预提税）；非居民董事的报酬；非居民从退休辅助计划中的提款。

非居民个人通过新加坡境外的运营获得的租金或因使用动产支付的款项须征收 15% 的最终预提税。非居民在新加坡境内运营获得的收入应对总额征收 22% 的预提税（2016 年 1

月 1 日前为 20%）。

非居民公众艺人在新加坡表演获得的收入总额要缴纳预提税，从 2010 年 2 月 22 日至 2020 年 3 月 31 日税率为 10%。

不征收汇出税。

（2）资本课税。不征收净财产税。

（3）征收管理。如果非居民纳税人已就所得正确缴纳最终预提税，则不需要纳税申报，否则将与居民一样填写纳税申报表。

三、增值税

（一）一般规定

1. 概述

商品和服务税（GST）是指对在新加坡提供应税商品和服务以及进口商品和服务征收的增值税。除购进免税货物或不在征税范围的货物外，已付的进项税额可以抵扣销项税额。

2. 纳税人

增值税纳税人包括所有从事贸易、专业服务的单位和个人。注册为增值税纳税人的限额是年应纳税营业额不少于 100 万新加坡元。

不缴纳增值税的集团成员间存在交易，可采用集团注册成增值税纳税人。从事经营的集团成员适用不同的增值税处理方法时，可以分别注册为增值税纳税人。

3. 应税行为

商品和服务税是对在新加坡境内提供货物和服务以及向新加坡进口货物的纳税人征收。

虚拟货币（例如比特币）视同提供服务。

4. 应税收入

商品和服务税按提供的商品和服务的不含 GST 销售价计算，包括所有的娱乐税、消费税、赌博税、私人彩票税以及公共事业税。

对于进口货物，商品和服务税按照到岸价加关税、佣金以及其他杂费征收。

旅游者携带入境的新的消费品、纪念品、礼物和食品饮料适用进口商品和服务税减免。境外停留时间超过 48 小时的税收减免额为 600 新加坡元，停留时间少于 48 小时的税收减免额为 150 新加坡元。

5. 税率

增值税税率为 7%。

出口商品、国际服务以及信托服务适用零税率。购入适用零税率的商品的进项税额允许抵扣。

6. 免税

提供下列商品和服务免税：由不征收商品和服务税的纳税人提供的商品和服务；出售或出租个人住宅；特定的金融服务；进口贵金属以及投资本地区贵金属；

购进的免税商品和服务的进项税额不允许抵扣。

（二）非居民纳税人

一般情况下，对非居民纳税人的注册要求与居民纳税人一致。因此，当海外公司在新加坡销售的应税商品和服务销售额超过注册标准时，需要注册为增值税纳税人。非居民如果在新加坡境内提供商品和服务，需纳税。

如果旅客购买了新加坡的商品并通过指定的机场运送出境，旅客可以申请退税。自2013 年 1 月起，乘客乘坐新加坡邮轮中心和滨海湾邮轮中心的国际邮轮将新加坡的货物携带出境的可以享受退税优惠政策。

自 2007 年 7 月 1 日起，新加坡为商品和服务税体系引入了事先裁定体制。海关可以对商品的分类、原产地以及按货物的应付关税和消费税进行事先裁定。

四、消费税

对在新加坡境内生产或者进口至新加坡的部分商品征收消费税，包括烈性酒、清酒、葡萄酒、苦艾酒、啤酒和香烟。

五、社会保障税

（一）对企业征收

雇主须替雇员缴纳公积金。雇主根据员工的年龄缴纳公积金，公积金按员工一个公历月的工资总额计算。每月缴纳公积金的普通工资上限为 5 000 新加坡元，普通工资和其他报酬总额上限为 85 000 新加坡元。自 2016 年 1 月 1 日起，上限分别调增为每月 6 000 新加坡元和 102 000 新加坡元，员工的加班费、津贴、现金奖励、佣金及奖金也计入工资总额。

自 2016 年 1 月 1 日起，雇主缴纳的公积金比率如表 4 所示：

表 4

员工年龄（岁）	雇主缴纳公积金（占工资薪金的比例,%）
不超过 50 岁	17
51 ~ 55	17
56 ~ 60	13
61 ~ 65	9
超过 65 岁	7.5

员工月工资薪金超过 750 新加坡元的适用上述比率。

除公积金计划外，新加坡还有补充养老计划储蓄方案。2008 年前，雇主不允许参与补充养老计划，2009 年起，雇主可以向雇员的补充养老计划账户储存一定限额的资金。2011 年 1 月 1 日起，新加坡公民和永久居民的限额是每年 12 750 新加坡元，外国人每年的限额是 29 750 新加坡元。雇主向雇员补充养老计划账户支付的款项可以享受全额的税前扣除。2016 年 1 月 1 日，新加坡公民和永久居民的限额调整为每年 15 300 新加坡元，外国人的限额调整为每年 35 700 新加坡元。

（二）对个人征收

雇主需要从雇员的工资中预扣一部分来缴纳公积金，预扣比率如表 5 所示（从 2016 年 1 月 1 日起）：

表 5

雇员年龄（岁）	雇员缴纳公积金占工资的比率（%）
不超过 50 岁	20
51 ~ 55	20
56 ~ 60	13
61 ~ 65	7.5
超过 65	5

以上税率适用于月工资总额在 750 新加坡元以上的雇员。对于收入小于此金额的雇员，雇员缴纳公积金通常从工资超过 500 新加坡元的部分开始。

工资是指雇员的一切所得，包括加班费、津贴、现金奖励、佣金和奖金。用于缴纳公积金的工资上限为 85 000 新加坡元。每月缴纳公积金的普通工资上限为 5 000 新加坡元，普通工资和其他报酬（包括红利，奖金等）总额上限为 85 000 新加坡元。从 2016 年 1 月 1 日起上限分别增加至 6 000 新加坡元和 102 000 新加坡元。

如果不超过法定限制，缴纳的社保费可以抵扣。

外国人不需缴纳公积金。

个体经营者不需要缴纳公积金，但是有新加坡公民或永久居民身份且年贸易净收入超过 6 000 新加坡元的个体经营者须以其收入的 4% ~ 10.5% 缴纳强制医疗保险，从 2016 年起，依据缴纳者的年龄和收入等级，缴款上限从 5 760 新加坡元到 7 560 新加坡元不等。

个体经营者对于强制性和自愿性医疗保险缴款，可以申请一定税收减免。

（周咏雪　编）

斯洛伐克税制

斯洛伐克主要税种有公司所得税、个人所得税、社会保险税、增值税和消费税。

不动产交易税已于2005年1月1日废除。

一、公司所得税

（一）一般规定

1. 税制类型

斯洛伐克共和国于2004年1月1日起实行所得税单一税制。所谓单一税制，是指公司取得的利润在公司层面缴纳公司所得税，公司所有人取得公司分配的税后利润，免征所得税的税制体系。

2. 纳税人

在斯洛伐克，公司法人属于公司所得税纳税义务人，最常见的公司法人包括股份公司、有限责任公司以及合作经营公司。

一般合伙公司和有限责任合伙公司也属于公司法人，需缴纳公司所得税。然而，一般合伙公司仅需就适用预提税制的公司利润缴税，其他利润由一般合伙人按照持股份额计算缴纳个人所得税；有限责任合伙公司仅就有限责任部分利润缴纳公司所得税，其他利润由一般合伙人按照持股份额计算缴纳个人所得税。

一般而言，其他未进行工商登记的居民纳税人，例如协会、基金会等，仅就其开展经营活动产生的利润缴纳公司所得税。

上述公司法人在下文统称为公司。

居民身份。所谓居民公司，是指依照斯洛伐克共和国法律在斯洛伐克境内注册成立，或者实际管理机构在斯洛伐克境内的公司。

3. 应纳税所得额

（1）一般规定。居民公司应当就其来源于斯洛伐克境内、境外的所得缴纳公司所得税。除另有规定外，居民公司从各种来源取得的所得，以及资产处置所得都属于应税所得。

公司的应纳税所得额等于公司取得的收入总额减去为取得收入发生的成本费用。公司应纳税所得额的计算，以会计利润为基础，按照税法规定进行纳税调整。除极少数特殊情况外，采用复式记账法计算应纳税所得额的纳税人应遵循权责发生制原则，而采用单式记账法的纳税人应遵循收付实现制原则。

特定类型的收入，适用预提税制度。

（2）免税收入。在斯洛伐克，免税收入主要包括：

①纳税人取得被投资公司分配的2004年1月1日以后产生的利润，免征所得税；

②以低于票面价值的价格收购本公司股份，并减少注册资本取得的收入；

③纳税人启动破产程序，取得的资产处置收入；

④专业会所、政党及法人组织收取的会员费；

⑤由税务机关原因造成的多缴税款产生的利息收入；

⑥据国际条约相关规定，公司收到的补助金。

（3）扣除。通常来讲，为取得、保障和维持应税所得发生的支出，准予税前扣除，法律规定不可扣除或扣除额不得超过一定限额的除外。可税前扣除的支出项目包括：

①折旧；2015年1月1日起，斯洛伐克针对豪华客车折旧费用的扣除进行了一定的限制；

②已出售折旧资产的剩余价值；2015年1月1日起，部分折旧资产的扣除额不得超过销售或清偿资产（提供相关文件）取得的收入额。

③不超过规定限额的差旅费；2015年1月1日起，差旅费总额超出法定限额的部分，满足特定条件的，可以申请税前扣除；

④燃油费的80%，或根据汽车说明书和保养记录本确定的可扣除燃料消耗（与经营活动相关的燃料消耗）；

⑤用于经营和私人目的的资产发生的购置、改良、运行、修理、维护支出的80%（满足一定的条件）；

⑥雇主支付的报酬和社会保险费；

⑦雇主为职工提供卫生及社会福利设施产生的费用（存在特定的扣除限制）；

⑧保险费支出；

⑨租赁费用；2015年1月1日起，斯洛伐克对豪华客车租赁费用的扣除进行了一定的限制；

⑩公司用于推广经营活动、产品、服务、商标等，发生的广告费支出。公司发放赠品支出，单品价值不超过17欧元的，可以税前扣除；

⑪符合条件的非折旧资产（包括有形资产和无形资产）的购置成本；

⑫符合条件的情况下，因损坏而报废的有形资产或无形资产的剩余价值；

⑬地方税费（如：不动产税）、未抵扣或不可退还的增值税进项税额、营利活动产生的费用；

融资租赁承租人支付的租赁费用超过已扣除的租赁资产折旧费用的部分，准予税前扣除。自2015年1月1日起，融资租赁协议必须满足以下特征：

——租赁合同约定的租赁期占资产预计使用寿命的60%及以上；对于土地租赁，租赁期应满足以下条件之一：（i）土地附属建筑物属于第5类折旧资产的，租赁期不少于12年；（ii）附属建筑物属于第6类折旧资产的，或不存在附属建筑物的，租赁期不少于24年。

——租赁期届满时，租赁资产的所有权由出租人转移给承租人，且不存在不合理的推迟。

斯洛伐克共和国规定，关于有形资产融资租赁税法折旧（即租赁期间的折旧）特殊规定自 2015 年 1 月 1 日起废止。但是，公司于 2004 年 1 月 1 日至 2014 年 12 月 31 日内签订的融资租赁协议，按照实体从旧的原则，适用旧法规定。因此，2015 年 1 月 1 日以后的纳税年度，通过融资租赁形式租入的有形资产按照一般折旧办法计提折旧。

计算应纳税所得额时，下列支出不得扣除：

①与不征税收入相关的支出；

②固定资产购置成本；

③权益投资成本；

④娱乐和个人消费支出；

⑤向投资者支付的股息、红利等权益性投资收益款项；

⑥罚款、罚金（自 2015 年 1 月 1 日起，公司支付的违约金也列入该项支出，不得税前扣除）；

⑦自 2014 年 3 月 1 日起，斯洛伐克公司向非缔约国居民纳税人支付的款项，属于税法规定的特殊情况的（如未代扣代缴的税款、未执行税收担保或未按要求申报等），不得扣除；

⑧公司所得税税款。

（4）折旧与摊销。除部分特殊情况外，公司持有的有形资产和无形资产须按规定计提折旧。须计提折旧的有形资产包括：①除土地以外的所有不动产；②购置成本超过 1 700 欧元且预计使用年限 1 年以上的动产。

购置成本超过 2 400 欧元、预计使用年限 1 年以上的无形资产，满足以下条件的，需要进行摊销：①有偿取得的无形资产；②公司以交易为目的，自主研发的无形资产。此外，公司改良已足额摊销的无形资产，发生的资本化支出超过 1 700 欧元的，在税务上作为可摊销无形资产。

土地、存货、艺术作品、文化纪念建筑物、自然资源等资产，不得计提折旧。公司持有的购置成本不超过 1 700 欧元的有形资产，于购买当期一次性计入成本费用税前扣除。

一般而言，由资产所有者对资产计提折旧。但是，无形资产既可以由所有者进行摊销，也可以由有偿使用者进行摊销；融资租赁资产由承租人计提折旧。如果融资租赁资产的折旧额低于融资租赁费用，则两者差额作为利息支出直接计入当期费用。

公司可选择直线法或加速折旧法对有形资产计提折旧。自 2015 年 1 月 1 日起，仅属于第 2 类和第 3 类折旧资产（见表 1）的有形资产，可选择加速折旧法计提折旧；其他类型有形资产，只能采用直线法计提折旧。折旧方法一经选用，不得变更。

2015 年 1 月 1 日起实行的折旧规则（折旧方法和折旧类型的修订），适用于 2015 年 1 月 1 日以后投入使用的有形资产和 2015 年 1 月 1 日以前投入使用的有形资产；后者于 2015 年以前已计提的折旧不作调整。

为加强税法折旧的管理，斯洛伐克共和国根据有形资产预计使用寿命，将所有有形资产划分为六大类，并于 2015 年 1 月 1 日起执行新的折旧办法（2014 年 12 月 31 日前只有四大类）：

表 1

类型	具体描述	使用寿命（年）
1	电脑、汽车、特定的工具	4
2	机器、设备、家具	6
3	特定的技术	8
4	轮船、飞机、特定的技术、轻型建筑	12
5	特定的建筑物和工程建筑物	20
6	宾馆及其类似建筑、行政办公楼、娱乐建筑、教育、医疗卫生用房、特定工程建筑物	40

上表未提及的其他有形资产，视为第 2 类资产计提折旧。

自 2005 年 12 月 15 日起，公司持有的无形资产应按照会计准则的相关规定进行摊销。2005 年 12 月 15 日以前，无形资产摊销年限最高不得超过 5 年。

对于加速折旧资产，第一年的折旧额等于购置成本除以税法规定的折旧系数，以后年度的折旧额等于资产账面净值乘以 2，再除以税法规定系数与已折旧年限之差。斯洛伐克的加速折旧实际采用的是余额递减法，其折旧年限与直线法折旧年限相同。

公司可以对资产的零部件单独进行折旧。符合规定的情况下，纳税人于 2009 年以前初次投入使用的建筑物，在税法折旧过程中，可以将资产各部分作为单项资产计提折旧。

资产的累计折旧额不得超过资产购置成本。

纳税人可以申请在一个纳税期间或多个纳税期间内停止对某一项有形资产计提折旧；并于停止期满后的下一纳税期间开始重新计提折旧。同时，延长该项资产的折旧年限。

自 2012 年 1 月 1 日起，无论公司采取直线法还是加速折旧法计算年折旧额，资产投入使用的第一年，都应按比例确定当年的折旧额（始于资产投入使用的当月，止于纳税年度终了之时）。

（5）准备金和预计负债。税法规定，准予扣除的准备金包括：保险技术准备金（不包含已经发生但未报告的准备金）和未休假准备金等。税法未明确规定准予扣除的准备金，不得税前扣除。2015 年 1 月 1 日起，不可税前扣除的准备金包括：填报公司所得税纳税申报表和填制并披露财务报表的准备金、无发票物资准备金。

公司按应收账款余额的一定比例提取的坏账准备金，准予税前扣除。提取坏账准备金的比例如下：

①20%（过期超 360 天）；

②50%（过期超 720 天）；

③100%（过期超 1 080 天）。

公司按照上述标准，扣除坏账准备金以后，又全部或部分收回已计提坏账准备金的应收账款，则公司应调增当期应纳税所得额。

因债务人破产或强制执行而发生的坏账损失，符合条件的，允许税前扣除。银行和保险公司适用特殊规定。

4. 资本利得

公司取得的资本利得，应纳入公司应纳税所得额计算缴纳公司所得税。

5. 亏损

（1）普通亏损。斯洛伐克税法规定，公司 2014 年 1 月 1 日以后产生的亏损，可以在接下来的 4 个纳税年度内等额弥补。2010～2013 年发生的未弥补亏损，同样可以在接下来的 4 个纳税年度等额弥补。

在斯洛伐克，2009 年 12 月 31 日之前，公司亏损弥补期限为 5 年。2010 年 1 月 1 日至 2014 年 1 月 1 日，公司亏损弥补期限为 7 年（不要求等额弥补）。

（2）资本亏损。公司处置固定资产发生的资本损失视同一般损失，税法另有规定的除外（如：转让土地、税法列明的特殊资产、公司股份所发生的损失，不得税前扣除）。

6. 税率

（1）经营所得和资本利得适用税率。自 2014 年 1 月 1 日起，公司所得税税率为 22%。同时，斯洛伐克税法规定，纳税人取得被投资公司分配的 2004 年 1 月 1 日以后产生的利润，免征所得税。因此，公司利润的实际税负为 22%。

自 2014 年 1 月 1 日起，无论是否盈利，居民公司都必须缴纳最低公司所得税。最低公司所得税的税额根据公司具体情况确定，从 480 欧元到 2 880 欧元不等。符合条件的公司可享受免税待遇。

（2）向居民纳税人支付款项的预提税税率。居民纳税人取得的下列所得，应按 19% 的税率扣缴预提税：

①来源于参股凭证或投资息票的所得；

②特定情况下的凭证或公司债券所得；

③银行存款或一般活期账户的利息所得。

自 2011 年 1 月 1 日起，居民公司应纳税所得额不再包含已扣缴预提税的所得，相应地，预提税税款不再作为预缴税款，而作为最终税款进行处理。

7. 税收优惠

斯洛伐克共和国《投资优惠法》、《研究与开发优惠法》提供了公司所得税税收优惠政策。公司申请税收优惠，须满足相关法律设定的条件，以及获得经济部或财政部的批准，依情况而定。

自 2015 年 1 月 1 日起，未申请《研究与开发优惠法》规定的税收优惠，且符合条件的公司纳税人，可适用公司研究开发费用税前扣除管理办法。

根据研究开发费用税前扣除管理办法规定，符合条件的研究开发费用可按照实际发生费用的 25% 加计扣除。满足特定条件的，可享受其他优惠政策。

8. 征收管理

（1）纳税期间。公司所得税纳税年度为公历年度或纳税人的财政/会计年度（需向税务机关备案）。

（2）纳税申报。公司应当自纳税年度终了之日起 3 个月内向税务机关报送公司所得税纳税申报表。特殊情况下，税务机关可根据纳税人的申请，延长纳税申报期限，延长期限不得超过 3 个月。

纳税人应税所得包含境外所得时，可以进一步延期 3 个月。

纳税人必须在公司所得税纳税申报表中填报应纳税额（自我评估）。

（3）税款缴纳。上年度应纳税额高于 2 500 欧元的公司纳税人，必须预缴公司所得税税款。通常，公司根据上年度纳税情况，分月或分季预缴税款；同时，根据上年度的应纳税额，按照当前适用税率，计算应预缴的税额。公司在计算预缴税额时，须考虑税收协定涉及的减免税规定。当期新设立的公司（除通过重组、合并、分立设立的公司外）无须预缴公司所得税。

（4）税收裁定。斯洛伐克共和国不存在一般事先裁定制度，但税务机关可以就以下事项，依申请向纳税人提供具有约束力的事先裁定：①核定非居民公司在斯洛伐克境内设立的常设机构的应税收入；②转让定价；③预缴税款。

自2014年9月1日起，斯洛伐克共和国财政部可以依申请，就税收法律在特定情况下的适用问题提供有约束力的税收裁定。财政部仅就以下法律规定提供有约束力的税收裁定：①税法就哪些收入属于来源于斯洛伐克境内的收入所做出的规定；②税法对公司整体转让或部分转让做出的规定。财政部根据交易的价值收取一定的费用，从4 000到30 000欧元不等。裁定结果对税务机关和税务上诉办公室都具有约束力。

（二）居民公司之间的交易

1. 公司集团合并纳税

斯洛伐克公司税制不允许公司集团合并纳税。所有成员公司应单独纳税，成员公司发生的亏损不得转移至其他公司。

2. 居民公司之间的股息红利

斯洛伐克税法规定，居民公司取得其他居民公司分配的2004年1月1日以后产生的利润，免征所得税。

居民公司2013年12月31日后分配的2004年1月1日以前产生的利润，按照22%的标准税率征收所得税。

（三）其他类型的公司所得税

1. 排污许可税

排污许可税自2011年1月1日推行，于2012年6月30日废止。

2. 受管制行业的特别税规定

2012年9月1日起，受（政府）管制行业的税务问题暂行条例施行。该条例规定，受管制行业特别税的纳税义务人属于以下行业的商业公司：能源、保险及再保险、公共医疗保险、电子通讯、制药、邮政服务、轨道交通、公共用水及污水处理、航空运输和保健医疗服务。

计费基础为一个会计年度内，公司从受管制行业取得的利润。

预计年利润超过300万欧元的公司，须履行该项纳税义务。月缴税率为0.363%，即年缴税率为4.356%。

该项规定有效期至2016年12月31日。

（四）国际税收

1. 居民企业

（1）境外所得和资本利得。居民公司应就其来源于斯洛伐克境内、境外的所得和资本利得缴纳公司所得税。应税资本利得包括来源于非居民公司的股票收益。居民公司境外所得和境外亏损计算方法与境内一致。

斯洛伐克居民公司取得非居民公司分配的 2004 年 1 月 1 日以后产生的利润，无须在斯洛伐克纳税。

非居民公司于 2013 年 12 月 31 日以后分配 2004 年 1 月 1 日以前产生的利润，居民公司在收到股息红利时，应将股息红利收入纳入应税所得，按照 22% 的基本税率缴纳公司所得税。根据《欧盟母子公司指令》的要求，斯洛伐克国内法规定，若分配股息红利的非居民公司属于欧盟成员国公司，且居民公司直接持有该非居民公司股份不低于 25% （《指令 2003/123》规定，25% 持股要求不能减少至 20% 或 15%），则居民公司收到的上述股息红利免税。但是，对于非居民公司于 2013 年分配的股息红利，持股比例要求暂时降至 10%。

（2）境外亏损。居民公司可以以境内利润弥补境外常设机构发生的亏损，公司可以根据税收协定申请适用消除双重征税的免税法。计算境外利润或亏损时，应按照斯洛伐克税法规定确定税前扣除额。

（3）境外资本。斯洛伐克不征收净资产税。位于斯洛伐克境外的不动产无须在斯洛伐克缴纳不动产税。

（4）避免双重征税。斯洛伐克不提供单边双重征税减免。纳税人须依照避免双重征税协定，申请双重征税减免。

居民公司在境外设立常设机构发生的亏损，无论能否够依据国外法律进行扣除，都可以通过境内公司扣除。当存在避免双重征税协定时，上述规定不适用。

2. 非居民公司

（1）对一般所得和资本利得的课税。非居民公司仅就其来源于斯洛伐克境内的所得（货币或非货币所得）缴纳公司所得税。非居民公司来源于境内的所得按照居民公司适用的法律规定计算公司所得税，税收法律另有规定的除外。

来源斯洛伐克境内的所得主要包括：

①通过斯洛伐克境内常设机构从事经营活动取得的所得；

②在斯洛伐克境内提供服务取得的所得（2015 年 1 月 1 日起，以劳务发生地，不以付款方所在地作作为服务提供地）；

③取得来源于居民纳税人或非居民纳税人在斯洛伐克设立的常设机构支付的款项，包括：

A. 用于支付使用或有权使用软件、设计、模型、计划、工业或科学经验信息发生的费用；

B. 用于支付使用或有权使用许可证、版权的费用；

C. 来源于信贷、存款、证券及其衍生品（除了债券和国债券）的利息和其他收益；

D. 租赁斯洛伐克境内动产取得的款项；

E. 来源于斯洛伐克境内动产的资本收益，包括转让斯洛伐克公司发行的有价证券（不包括债券和国债）取得的资本利得；

④转让、出租斯洛伐克境内不动产，或将其用于其他用途，取得的收入；

⑤非欧盟国家的居民纳税人，转让其持有的斯洛伐克境内公司权益或股份，或转让斯洛伐克境内合伙公司股份取得的所得，无论受让方是否属于斯洛伐克居民纳税人，该项所得都

视为来源于斯洛伐克境内的所得；

⑥欧盟国家的居民纳税人，转让其持有的斯洛伐克境内公司权益或股份，或转让斯洛伐克境内合伙公司股份取得的所得，当受让方属于斯洛伐克居民纳税人或非居民纳税人在斯洛伐克境内设立的常设机构时，该项所得视为来源于斯洛伐克境内的所得；

⑦转让公司权益或股份，或转让合伙公司股份，如果公司或合伙公司持有的斯洛伐克境内不动产账面价值超过其资产净值的50%，则无论公司或合伙公司是否在斯洛伐克境内注册，转让所得都属于来源于斯洛伐克境内的所得；

⑧作为股东或合伙人，以实物投资的形式认缴公司或注册办公地点在斯洛伐克境内的合作社的注册资本，取得的投资资本价值与账面价值的差额收入。

2013 年 7 月 1 日起，非居民纳税人来源于债券或国债的利息收入（包括由非居民纳税人在斯洛伐克境内设立的常设机构支付的利息），不被视为来源于斯洛伐克境内的所得，无须在斯洛伐克境内缴税。

所谓“常设机构”，是指非居民公司为在斯洛伐克境内开展经营活动而设立的固定场所或设施。主要包括：管理场所、分支机构、办事处、车间、销售场所、开采自然资源的技术装备或研究设备。若经营场所或设施被长期或反复使用，则可视作常设机构。仅使用一次，但在 12 个月内单次使用时间超过 6 个月（无论连续与否）的场所或设施，也视作常设机构；使用时间超过 6 个月（不管是否同一纳税期间）的建筑工地或施工服务场所（如绘制建筑平面图的场所），也视作常设机构。自 2014 年 1 月 1 日起，非居民纳税人在斯洛伐克境内提供服务时间超过 6 个月的，无论是否存在固定经营场所，均构成常设机构。个人代表非居民公司在斯洛伐克境内进行活动，并经常性以非居民公司的名义对外签订合同，则视为非居民公司的常设机构。

常设机构应纳税所得额与居民公司应纳税所得额的计算方法一致。但税法规定，常设机构取得的应税所得不得低于居民公司在相同条件下同一活动或本质上相同的活动中取得的应税所得。

如果非居民纳税人无须（且未主动）按照斯洛伐克会计准则保持会计记录，则应按照总收入与总支出之间的差额确定应纳税所得额。

（2）对资本的征税。斯洛伐克不征收净财富税。非居民纳税人应就其持有的斯洛伐克境内的不动产缴纳不动产税，以及相关的市政税。

外资银行在斯洛伐克境内设立的分行应缴纳银行税。

2012 年 9 月 1 日起，非居民公司在斯洛伐克境内设立的分支机构，处于受管制的行业的，应缴纳特殊税费。

（3）征收管理。非居民公司在斯洛伐克境内设立常设机构的，应就归属于常设机构的利润缴纳公司所得税。

3. 非居民公司预提税

非居民公司来源斯洛伐克境内，但与常设机构无实际联系的下列所得，按 19% 的税率扣缴预提税（税收协定另有规定的除外）：

①居民公司或非居民纳税人在斯洛伐克设立的常设机构，为使用或有权使用软件、设计、模型、计划、工业或科学实验信息、许可证、版权等支付的款项；

②居民公司或非居民纳税人在斯洛伐克设立的常设机构，租赁斯洛伐克境内动产支付的

租金；

③2014 年 12 月 31 日以后取得的，在斯洛伐克境内提供服务的款项；

④通过发放信贷、存款、证券及其衍生品，而取得的居民公司或非居民公司常设机构支付的利息和其他投资收益；

⑤居民公司或非居民纳税人在斯洛伐克设立的常设机构支付的信贷、存款、证券及其衍生品的利息和其他款项；

⑥无论是否归属于斯洛伐克境内常设机构，以下所得都按照 19% 的税率扣缴预提税：来源于参股凭证、传票、投资息票的所得；银行存款和往来账户利息收入（由居民公司或非居民纳税人在斯洛伐克设立的常设机构支付的利息）。

自 2014 年 3 月 1 日起，收款方是非缔约国（不在斯洛伐克财政部公布的“白名单”之列的国家）的居民纳税人的，应按照 35% 的税率扣缴预提数。若付款方没有履行应尽的义务（包括向税务机关申报），则交易过程中发生的所有支出都不得税前扣除。

预提税的计税依据为总收入，另有规定的除外。

已扣缴的预提税视为最终税款，另有规定的除外。通常，如果收款方是欧洲经济区国家的居民纳税人，上述①、②、④项所得和来源于参股凭证的所得已扣缴的预提税视为预缴税款。

（1）股息。非居民公司取得居民公司分配的 2004 年 1 月 1 日以后取得的利润，免征预提税。

非居民公司取得居民公司分配的 2004 年 1 月 1 日以前取得的利润，按照 19% 的税率扣缴预提税，税收协定另有规定的除外。2014 年 3 月 1 日起，居民公司向位于非缔约国居民公司分配的股息红利，按照 35% 的税率扣缴预提税。根据《欧盟母子公司指令》的要求，斯洛伐克国内法规定，若取得股息红利的非居民公司属于欧盟成员国公司，且直接持有分配公司股本不低于总股本的 25%（《指令 2003/123》规定，25% 持股要求不能减少至 20% 或 15%），则非居民公司取得上述股息红利免征预提税。但是，对于居民公司于 2013 年分配的股息红利，持股比例要求暂时降至 10%。

（2）利息。非居民公司取得的利息收入，按 19% 的税率扣缴预提税，税收协定另有规定的除外。自 2014 年 3 月 1 日起，居民公司向非缔约国公司支付的利息，应按 35% 的税率扣缴预提税。

根据《欧盟利息和特许权使用费指令（2003/49)》的要求，斯洛伐克国内法规定，收款方满足以下条件的，居民公司向其支付的利息和特许权使用费免征预提税：①属于付款公司的关联公司；②属于欧盟其他成员国的居民纳税人；③是该项收入的受益所有人。所谓“关联公司”是指满足以下条件的公司：①一方直接持有另一方至少 25% 的股本；②欧盟成员国依法成立的第三家公司直接持有两家公司 25% 的股本。以上两条持股时间不得少于两年。

（3）特许权使用费。居民公司向非居民公司支付的特许权使用费应按 19% 的税率扣缴预提税。税收协定另有规定的除外。自 2014 年 3 月 1 日起，居民公司向非缔约国公司支付的特许权使用费，应按 35% 的税率扣缴预提税。

居民公司向欧盟成员国关联公司支付的特许权使用费，满足上述条件的，免征预提税。

（4）其他。非居民公司来源于斯洛伐克境内的动产租赁所得，应按照 19% 的税率扣缴预提税，税收协定另有规定的除外，自 2014 年 3 月 1 日起，居民公司向非缔约国公司支付的租金，应按 35% 的税率扣缴预提税。

非欧洲经济区国家的居民公司来源于斯洛伐克境内的不动产租赁所得，应缴纳安全税，税收协定限制征税权的除外。

居民个人、法人（或非居民扣缴义务人）应就支付给非居民纳税人的款项总额，包括支付给非居民纳税人境内常设机构的款项（不征税收入除外），按照 19% 的税率扣缴保险税。自 2014 年 3 月 1 日起，向非缔约国的个人或公司支付的款项，安全税税率由 19% 提高到 35%。保险税并不是最终税款，可以抵扣非居民纳税人在斯洛伐克境内自行申报的应纳税款。

安全税不适用于下列情形：①非居民收款方向付款方证明税款已通过预缴方式缴纳；②收款方属于欧盟其他成员国的居民公司（包括这些公司在斯洛伐克境内的常设机构）。自 2014 年 3 月 1 日，安全税的免税优惠政策适用范围扩大到欧洲经济区国家居民纳税人。

自 2014 年 3 月 1 日起，如果收款方为非缔约国纳税人，而付款方没有履行相关义务（包括税务机关发布的公告提及的义务），则该项交易产生的所有费用都不可税前扣除。

（5）预提税税率。截至 2016 年 1 月 1 日，斯洛伐克已经与 65 个国家或地区签署了税收协定，对股息、利息和特许权使用费等适用不同的预提税率。

（五）反避税

1. 概述

除“实质重于形式”外，斯洛伐克不存在其他一般反避税规则，但有特定的反避税规则。

2. 转让定价

纳税人发生的交易活动，协议价格与市场价格不一致，且无正当理由的，应按照市场价格对公司交易价格进行调整。转让定价调整通常适用于存在经济、个人或其他关联的关联方交易。所谓“关联方”是指：一方直接或间接参与另一方管理、控制或持有另一方股权。如果一方直接或间接持有另一方 25% 的名义股本（投票权或价值），则认为一方持有另一方股权，或对另一方存在控制。所谓“其他关联”是指以减少税基或增加损失为主要目的建立的关系。2014 年 12 月 31 日以前，转让定价规则仅适用于居民公司于境外关联方之间的交易。2015 年 1 月 1 日起，转让定价规则同样适用于居民公司之间发生的关联交易。

公司可以与税务机关达成预约定价安排（APA）。预约定价安排有效期最长为 5 年，期满后公司可再次递交申请。2014 年 9 月 1 日起，公司与税务机关签订预约定价安排须支付一定的费用（根据具体情况，收取 4 000 欧元至 30 000 欧元的费用）。

非居民公司在斯洛伐克境内设立的常设机构适用特殊转让定价规则。相应地，在相同或相似的商业活动中，常设机构的计税基础不得低于居民纳税人的计税基础。在计算常设机构计税基础时，应按照转让定价一般规则对交易价格进行调整；如果无法适用转让定价规则，则按照可比公司成本利润率或净利润率、可比交易边际利润或其他可比数据计算常设机构的计税基础。

根据 OECD《跨国公司与税务机关转让定价指南》及《欧盟转让定价之同期资料准则》规定，纳税人有义务准备转让定价同期资料。财政部于 2015 年 5 月颁布了相关转让定价指南，新指南于2015年1月1日起正式生效，适用于2015及以后年度。新规范将同期资料分成三种不同的类别：完整资料、基础资料、简化资料。

下列纳税人必须向税务机关报送完整资料（通常被认为是“主文件”与“本地文件”）：

（1）根据国际财务报告准则建立本地会计账簿的纳税人，特殊情况除外；

（2）进行跨境关联交易的纳税人（除个体和根据相关政策认定的微型公司外），且其关联方居住国未与斯洛伐克签订税收协定和税收情报交换协议，也不是国际税收情报交换协议签署国；

（3）适用预约定价安排的纳税人；

（4）与境外关联方交易结束后，需要进行再次调整的纳税人；

（5）提交转让定价同期资料当期，申请以前年度亏损弥补金额大于300 000欧元的纳税人，特殊情况除外；

（6）前两年申请以前年度亏损弥补的金额大于400 000欧元的纳税人，特殊情况除外。

除上述纳税人之外，其他纳税人可以选择向税务机关提供基础资料，即简化的主文件和本地文件。如果根据相关政策，纳税人被认定为微型公司，或属于个人纳税人，则可以选择提供简化资料。简化资料涉及公司所有权结构信息，包括集团成员、受控交易描述等。

2014年1月1日起，税务机关有权随时（不仅限于税务审计）要求纳税人报送转让定价同期资料，且纳税人必须在接到税务机关请求后的15天内（之前是60天）报送同期资料。

3. 资本弱化

在斯洛伐克，资本弱化规则仅适用于2015年1月1日以后产生的利息支出。除金融机构（银行、保险公司、再保险公司和集合投资机构）和租赁公司外，斯洛伐克居民公司和在斯洛伐克境内设立常设机构的非居民公司都属于资本弱化规则适用的对象。

4. 受控外国公司

斯洛伐克没有受控外国公司规则。

二、个人所得税

（一）一般规定

1. 纳税人

居民纳税人应就其来源于斯洛伐克境内、境外的所得缴纳个人所得税；非居民纳税人仅就其来源于斯洛伐克境内的所得缴纳个人所得税。

居民纳税人是指，在斯洛伐克永久性居住或习惯性居住的纳税人。所谓“习惯性居住”，是指个人纳税人：（1）在一个公历年度内，除因学习、治病之外，在斯洛伐克境内居住时间累计超过183天；（2）在斯洛伐克境内从事非独立劳务活动，几乎每日或按约定时间定期专门入境从事该活动。

除以上定义的纳税人之外，其他纳税人都视为非居民纳税人。

通常，合伙公司合伙人应履行个人所得税纳税义务。

2. 应纳税所得额

（1）概述。居民纳税人应就其来源于斯洛伐克境内、境外的所得缴纳个人所得税，包括货币形式或非货币形式的各种所得。非货币形式的所得参照公允价值确定所得额。

通常，个人应纳税所得额等于来源于不同所得项目的净所得的合计金额。已缴纳最终预提税的所得不计入个人汇总纳税的应纳税所得额。自 2013 年 1 月 1 日起，个人应就其所得合计金额使用累进税率计算缴纳个人所得税，在此之前适用 19% 的比例税率。

个人取得以下项目所得，应合并计算缴纳个人所得税：

①工资、薪金所得；

②经营活动及其他活动所得（来源于独立营利活动的所得、租金所得、作品展览及艺术表演活动取得的所得等）；

③资本收益；

④其他所得（偶然所得；其他未在本节涉及的所得）。

计算各项所得的净所得时，可适用特定的税收减免和扣除。

（2）免税所得。个人取得以下各项目的所得，免征个人所得税：

①来源于社会保险、失业保险、医疗保险及其他社会保障体系的补贴和福利；

②政府、基金会或境外提供的救补助金；

③符合规定的损害补偿款和保险赔偿款；

④2004 年 1 月 1 日起，公司分配的股息红利所得；

⑤特定的资本利得；

⑥金额不超过 500 欧元的租金收入及偶然收入（注：偶然发生的动产租赁收入不属于本节讨论范围）。如果租金收入和偶然收入超过 500 欧元，则仅就超过 500 欧元的部分缴纳个人所得税，相关的支出按比例分配。上述两项收入与转让股权和其他有价证券取得的资本利得合并计算，以确定是否达到 500 欧元的上限；

⑦由于税务机关原因造成的多缴税款的利息收入。

3. 受雇所得

（1）工资、薪金所得。个人受雇所得主要包括以下项目：

①由过去、现在以及未来的雇佣活动取得的所得；

②合作社成员、有限责任公司合伙人或法定代表人、有限合伙公司的有限合伙人工作取得的所得；

③法律实体的法定机构或其他机构成员取得的报酬。

免税收入包括：

①符合特定条件的差旅费及其他开支的报销；

②法定的日常津贴；

③工作防护服的报销；

④雇主为雇员及其家庭成员提供的，符合规定的疗养、康复和疾病预防支出，以及特定休闲设施支出等；

⑤雇主为雇员负担的公共医疗保险、社会保险、养老保险及境外同类保险费用。

雇员负担的社会保险费可在计算应纳税所得额时从应税收入中扣除。

（2）非货币性福利。个人取得的非货币性福利应当作为应税所得，计算缴纳个人所得税（所得税法第 5 节）。税法规定以下福利，免缴个人所得税：

①职工培训支出；

②雇主在工作场所提供的餐饮服务；

③雇主提供的娱乐、保健、教育设施，以及图书馆、培训、运动设施等。

雇主为雇员提供公车，雇员将公车用于工作及私人生活的，应将汽车的买价（含增值税）的1%作为非货币性福利计入本人的工资薪金所得。自2014年1月1日起，雇员使用公车的，计算非货币性福利所得时，还应考虑汽车每年按12.5%计提的折旧额。

雇员股票期权按照受雇所得征收个人所得税。雇员股票期权在行权当日计入应税所得。所得金额等于行权日股票的市值与期权行权价格之间的差额，减去雇员为取得期权所支付的其他费用。

（3）养老金所得。个人取得的以社会津贴形式发放的养老金免缴个人所得税。除此之外，其他形式的养老金可分为三类：

①公司年金，通常被视为因过去的雇佣行为取得的所得，按工资薪金所得项目征收个人所得税。

②大多数私人养老金（包括来源于境外的养老金）按资本收益项目征收个人所得税。

③其他养老金（主要指来源于斯洛伐克政府养老金计划的所得）按其他所得项目征收个人所得税。

上述第②项养老金所得按照19%税率扣缴最终预提税，计税基础为养老金收入减去缴纳的养老保险费用，养老保险费用应在领取养老金的期间平摊。“领取养老金的期间”为统计的平均寿命与纳税人初次领取养老金时年龄之差。

上述第①项和第③项养老金所得按照收入总额计征个人所得税，不得扣除任何支出。

（4）董事费。董事费按工资薪金所得项目征收个人所得税。公司董事取得的非货币性福利，按规定缴纳税款。

4. 经营所得和劳务所得

个人经营所得包括：①从事农业生产、林业及水资源利用取得的所得；②从事贸易活动取得的所得；③符合规定的其他经营活动取得的所得；④合伙公司个人合伙人的利润分成。

个人来源于其他独立营利活动取得的所得（不含于工资、薪金的所得），主要包括以下项目：

（1）按照《斯洛伐克共和国版权法》要求与出版商签订合同，进行文学等创作的所得，该项所得还包括个人纳税人自费编辑、印刷及销售文学作品（以及其他作品）取得的所得；按照《斯洛伐克共和国版权法》要求与出版商签订合同，进行艺术表演的所得。这两项所得，如果纳税人选择不按19%的税率缴纳预提税，可以选择自行申报纳税，应纳税所得额还包括纳税人因其作品通过电视、广播、报纸、杂志等出版、发表而取得的所得；

（2）使用工业产权和知识产权取得的所得，以及授权使用工业产权和知识产权取得的所得；

（3）非贸易活动以及非经营活动的其他活动取得的所得；

（4）符合规定的资产评估人员及翻译人员取得的所得；

（5）符合规定的不属于贸易范畴的中介服务的所得。

经营及其他收益活动所得还包括：

（1）处置经营财产取得的所得；

（2）来源于与经济活动有关的银行账户的所得；

（3）按照公司转让协议，公司整体或部分转让所得；

（4）债权人放弃全部或部分债权，且该项债权与债务人处理经营财产有关或源于处置经营财产。

一般来说，租金所得包括来源于以下活动的所得：（1）不动产租赁；（2）附加在不动产上的动产租赁。偶尔发生的租金所得视为其他所得。

作品展览或艺术表演所得，是指根据《斯洛伐克共和国版权法》签订授权协议而取得的作品展览或艺术表演所得。

个人纳税人的经营所得的应纳税所得额等于收入减去相关的可扣除成本费用后的余额，纳税人（除增值税纳税人外）可以选择适用一揽子费用扣除办法。一般来说，一揽子费用扣除金额为相关收入的40%。然而2013年1月1日起，与经营及其他营利性活动所得、作品展览及艺术表演所得相关的一揽子费用扣除，每年不得超过5 040欧元。

自2013年1月1日起，租金所得的相关成本费用不能选择一揽子费用扣除，只能据实扣除。

合伙公司的合伙人按份额享有公司利润分配权。普通合伙人应享有的份额，由普通合伙人承担纳税义务，缴纳个人所得税。普通合伙人的应纳税所得额等于其按照合伙份额应享有的公司所得。对于有限合伙公司，扣除普通合伙人应享有的所得后，剩余的所得由有限合伙公司缴纳公司所得税。有限责任合伙人取得的利润分红收入视同资本利得。

5. 投资所得

个人纳税人取得的资本收益应计入应纳税所得额合计金额，计算缴纳个人所得税，除非该项所得已缴纳最终预提税。资本收益的项目包括：

（1）有价证券的利息及其他收益（预提税）；

（2）银行存款和一般往来账户的利息（预提税）；

（3）信贷和借款利息所得，以及按照约定取得的来源于普通合伙人实际出资的利息所得（合并计算）；

（4）补充养老保险收益（预提所得税）；

（5）汇票贴现所得（合并计算）；

（6）赎回指数存托凭证取得的所得；

（7）长期国债及短期国库券收入（合并计算）；

（8）除长期国债及短期国库券收入外的其他国债及国库券收益（2013年7月1日至2013年12月31日期间合并计算，之后预提所得税）；

以上所得的应纳税所得额的计算，遵照“一般规定”执行。但以下所得不存在可税前扣除的支出：

（1）有价证券的利息及其他收益；

（2）银行存款和一般往来账户孳生的利息；

（3）信贷和借款利息所得，以及按照约定取得的来源于普通合伙人实际出资的利息所得；

（4）汇票贴现所得；

（5）国债及国库券收入。

6. 资本利得

一般而言，个人纳税人取得大的资本利得应计入应纳税所得额合计金额计算缴纳个人所得税。个人转让不同用途或类型的资产，应计入不同的所得项目：（1）转让营利资产或转让经营或劳务活动资产取得的所得，视同“经营及劳务活动所得”；（2）偶尔发生的销售非经营用途的资产而取得的所得，视同“其他所得”，除非该项所得明确定义为相关类型所得或免税所得；（3）转让期权或股权取得的所得，视同“资本利得”，合并计算缴纳所得税。

个人所得税符合免税条件的资本利得项目如下：

（1）转让公寓或最多有两套公寓的住房，如果售房者转让时将该房产登记为永久性住房已超过2年，且该房产前5年内未用于商业用途且未出租的，免征个人所得税。该项优惠政策自2011年1月1日起废止，但纳税人出售2010年12月31日前购买的公寓仍适用该优惠政策。

（2）转让持有5年以上，且5年内不属于纳税人经营财产的不动产，免征个人所得税。

（3）转让5年内未用于商业用途的动产（有价证券不属于动产）免征个人所得税。

（4）转让股票及有价证券，全年所得不超过500欧元的免税。若除该项资本利得外，纳税人还取得了：①租金所得；②偶尔发生的经营活动或偶尔发生的动产租赁活动的所得。则这项所得应合并计入“股票及其他有价证券所得”，计算免税上限。

7. 个人扣除、宽免和抵免

（1）扣除。斯洛伐克自2011年1月1日起，取消了个人发生的储蓄存款及补充养老保险相关费用的税收扣除政策。但是，自2014年1月1日起，符合条件的补充养老保险费用，每年最高可扣除180欧元。

2013年1月1日至2016年12月31日期间，符合条件的自愿缴纳的补充养老保险费用扣除上限为受雇所得、经营活动所得和其他独立营利所得总额的2%。2015年，扣除金额不得超过988.8欧元。

（2）宽免。自2011年1月1日起，纳税人仅可针对受雇所得、经营活动和其他独立营利所得总额申请个人基本生活扣除。

个人纳税人在年度纳税申报时，可以根据基于当年1月1日适用的每月最低生活标准（2015年为每月198.09欧元）确定的相关收入限额，来申请个人基本生活税收减免。应税收入合计数可扣除：

①如果个人年所得合计不超过19 809欧元，扣除额为3 803.33欧元（最低生活标准的19.2倍）

②如果个人年所得合计超过19 809欧元，扣除额为8 755.58欧元（最低生活标准的44.2倍）减去应纳税所得额的四分之一。若结果是负数（也就是应纳税所得额超过35 022.31欧元），则不能申请税收扣除。

符合条件的居民纳税人，如果其配偶无收入来源且其本人应纳税所得额未超过35 022.31欧元，可以申请“受赡养配偶税收扣除”，扣除额为每年3 803.33欧元（最低生活标准的19.2倍）。如果纳税人配偶有收入但年收入低于3 803.33欧元，则扣除额等于3 803.33欧元与其配偶实际收入的差额。如果居民纳税人年应税收入超过35 022.31欧元，扣除额逐步减少，年应税收入超过50 235.62时，不再享受该项扣除政策。

2013年1月1日起，纳税人申请受赡养配偶税收宽免的，“受赡养配偶”应满足以下条件之一：①相应纳税年度内，与纳税人共同生活，共同抚养一个孩子；②在政府相关部门登记为失业者或身患残疾。

斯洛伐克非居民纳税人在一个纳税年度全部收入的90%来源于斯洛伐克境内的，可以申请受赡养配偶税收宽免。

领取退休金的个人原则上不适用个人基本生活扣除，除非其退休金少于个人基本生活扣除额。在这种情况下，个人纳税人可享受基础宽免额与退休金之差的宽免优惠。

（3）抵免。2015年，如果居民纳税人的积极所得（含受雇所得、经营所得和其他独立劳务活动所得）超过2 280欧元（最低工资380欧元的6倍），则可以就共同生活的儿童申请“儿童税收抵免”。2015年，抵免额为每位儿童每月21.41欧元。

斯洛伐克非居民纳税人在一个纳税年度内全部所得的90%来源于斯洛伐克的，同样可以申请儿童税收抵免。

8. 损失

自2012年1月1日起，个人纳税人从事经营活动或其他独立劳务活动发生的亏损只能用同类型所得进行弥补。2011年12月31日以前纳税人发生的亏损可以用其他类型所得进行弥补，另有规定的除外（如不能用受雇所得弥补）。未弥补亏损可结转以后年度弥补。

2014年1月1日以前，亏损结转期限为7年，每年弥补金额可以不相等。自2014年1月1日起，结转期限减至4年，且每年亏损金额应平均分摊至以后弥补年度。2010～2013年间发生的未弥补亏损，可平均结转至以后4年弥补；2009年12月31日以前发生的未弥补亏损，结转期限至多为5年。

9. 税率

（1）所得和资本收益。自2013年1月1日起，个人纳税人应纳税所得额合计金额适用累进税率。在此之前，适用19%的比例税率。

2015年，个人所得税适用的累进税率共两档：

①年应税所得不超过35 022.31欧元（2015年最低生活标准的176.8倍）的部分，适用税率19%；

②年应税所得高于35 022.31欧元的部分，适用税率25%；

此外，宪法机构代表（如总统、国会议员等）的受雇所得需征收5%的附加税。

（2）预提税。个人纳税人取得的部分所得无须合并计算缴纳个人所得税，而是按照19%的税率由支付方扣缴最终预提税。

预提税适用以下所得项目：

①持有参股凭证、公司债券、凭单和投资息票取得的所得；

②银行存款和一般往来账户孳生的利息；

③购买私人人寿或养老保险取得的保险金收入扣除投保费用后的余额；

④购买国家补充养老保险取得的保险金收入；

⑤2014年1月1日之后取得的国债及国库券所得，不包括国债及国库券所得；

⑥纳税人的作品通过电视、广播、报纸、杂志等媒介发表、出版而取得的收入扣除依规定可税前扣除的投资金额，纳税人选择自行申报纳税的情况除外。

纳税人可以选择将来源于参股凭证的收益计入应纳税所得额的合计金额计算缴纳个人所得税，已扣缴的预提税作为预缴税款从最终应纳税额中扣除。

10. 征收管理

（1）纳税期间。斯洛伐克共和国个人所得税纳税年度为公历年度。

（2）纳税申报。纳税人取得的合并计算缴纳个人所得税的所得，应于次年 3 月 31 日前进行纳税申报。根据税务机关出具的书面通知，申报期可自动延长，但延期至多 3 个月。

有境外所得的纳税人，在自动延期后，还可以申请申报期额外延长 3 个月。

对于年度收入小于个人基本生活扣除 50% 的纳税人，只有存在未弥补亏损时才需要进行纳税申报。符合规定的情况下，仅从单一雇主取得受雇所得的纳税人无须进行纳税申报。

纳税人必须准确计算应纳税额，正确填写并按期报送申报表（自我评估）。

（3）税款缴纳。一般而言，纳税人于提交申报表当天缴纳税款。扣缴义务人代扣代缴的税款应于支付款项的次月 15 日内解缴，税法另有规定或取得税务机关同意的除外。

从事经营活动且上年度应纳税额超过 2 500 欧元的个人纳税人应预缴税款。纳税人依据上年应纳税所得额，按照当年适用的税率计算预缴税额，选择按季或按月预缴税款。对于受雇所得，雇主应于支付工资、薪金的 5 日内向税务机关解缴税款。

纳税人有权要求税务机关将 2% 的税款汇给按要求在中央公证机构注册且符合法律规定的目的的非营利组织。

（4）税收裁定。斯洛伐克共和国税法不包含一般事先裁定制度。

自 2014 年 9 月 1 日起，针对特定情况下税法的适用问题，斯洛伐克共和国财政部可以依申请提供有约束力的税收裁定。

（二）其他类型的所得税

无相关税法规定。

（三）国际税收

1. 居民纳税人

（1）境外所得和资本利得。居民纳税人应就其来源于斯洛伐克境内、境外的所得缴纳个人所得税。境外所得与境内所得（除需预提所得税且合并计税的境内所得外）适用相同的征收方式。

符合以下条件的境外股息红利所得，可享受免税优惠：位于欧盟成员国的公司分配 2004 年 1 月 1 日以后取得的利润；或于 2004 年 5 月 1 日以后分配 2003 年 12 月 31 日以前取得的利润，且个人投资者持有被投资公司股份不少于 25%。对于 2013 年分配的股息红利，个人投资者持股比例暂调减为 10%。

不符合免税条件的境外股息红利所得，计入个人投资者个人所得税计税基础。2013 年 1 月 1 日起，在 2013 年分配的股息红利，适用 15% 的特殊税率；在 2013 年 12 月 31 日之后分配的股息红利，适用累进税率。

个人纳税人取得的股息红利所得，同样需要缴付医疗保险费。股息红利的收款方/被保险人有义务告知健康保险公司自身取得的境外股息红利所得。

个人在欧盟或欧盟相关机构工作取得已在欧盟缴税的所得，免征个人所得税。个人取得来源于未与斯洛伐克签订税收协定的国家且已缴税款的所得，免征个人所得税。

（2）境外资本。斯洛伐克共和国不征收净财富税。个人纳税人位于境外的房地产无须在斯洛伐克缴纳房地产税。

(3) 双重征税避免。一般来看，若收入来源国与斯洛伐克签订了税收协定，且该协定处于有效期内，则应遵守协定中避免双重征税的规定。

斯洛伐克居民纳税人取得来源于未签订税收协定的国家的所得，除受雇所得外，斯洛伐克不提供单边避免双重征税的政策。对于受雇所得，斯洛伐克采取免税法避免双重征税。

自2009年以来，如果适用免税法相对于税收协定待遇更加有利，则斯洛伐克居民纳税人来源于税收协定国的所得可以适用单边免税法。

2. 侨民

负责管理和监督派遣到境外共组的雇员的斯洛伐克公司，即使这些雇员的工资是由境外雇主发放，斯洛伐克公司仍被视为这些雇员经济上的雇主，也就是视为由斯洛伐克公司给这些雇员支付工资，而这些雇员的工资作为斯洛伐克境内所得。

非居民公司如果有以下行为之一者，必须向斯洛伐克税务机关进行受雇所得税收事项备案登记：(1) 在斯洛伐克境内设立了常设机构；(2) 在斯洛伐克境内雇佣雇员在183天以上。

除此之外，没有其他适用外籍个人的税法规定。

3. 非居民纳税人

(1) 对一般所得和资本利得征税。非居民纳税人仅就其来源于斯洛伐克境内的所得缴纳个人所得税。

来源于斯洛伐克境内的所得项目包括但不限于以下项目：

①常设机构发生经济活动取得的所得；

②在斯洛伐克境内提供服务取得的所得（自2015年1月1日起，以服务发生地而非付款方所在地确定服务是否发生在斯洛伐克境内）；

③斯洛伐克境内的受雇所得；

④演艺人员或运动员在斯洛伐克境内开展活动取得的所得；

⑤由斯洛伐克居民纳税人或非居民纳税人在境内设立的常设机构支付的款项，包括：

A. 特许权使用费；

B. 从信贷、存款、有价证券（2013年7月1日起，国债和国库券除外）及其衍生品中取得的利息和其他收益；

C. 租赁斯洛伐克境内动产取得的租金所得；

D. 法律实体的法定机构或其他机构成员履行相应职责取得的报酬；

E. 持有斯洛伐克境内动产取得的资本利得，包括转让斯洛伐克居民公司发行的有价证券（除国债和国库券外）取得的资本利得；

⑥转让斯洛伐克境内不动产取得的所得；

⑦非欧盟国家的居民转让注册地在斯洛伐克境内的公司股权或权益，或转让合作社股份取得的收益，即使付款方同样属于非居民个人/公司。

⑧欧盟国家的居民转让注册办公地点在斯洛伐克境内的公司股权或权益，或转让合作社股份，取得的由斯洛伐克居民公司/个人或非居民公司在斯洛伐克的常设机构支付的款项。

⑨转让公司股权或权益，或转让合作社股权，如果该公司或合作社在斯洛伐克境内不动产的账面价值超过其总资产净值的50%，无论公司或合作社注册地是否位于斯洛伐克，转

让所得均属于来源于斯洛伐克境内的所得；

⑩注册地在斯洛伐克境内的公司或合作社，股东或合作方以实物出资的，出资额与实物资产账面价值之间的差额属于来源于斯洛伐克境内的所得。

在斯洛伐克境内，非居民纳税人在连续 12 个月内从事雇佣活动不超过 183 天所取得的受雇所得，免征个人所得税。演艺人员或运动员开展活动取得的所得，或通过斯洛伐克境内常设机构组织文艺活动取得的所得，不适用该项免税政策。

除法律或税收协定另有规定外，非居民纳税人的收入与居民纳税人的收入适用相同的税收政策。如果非居民纳税人来源于斯洛伐克境内的所得占全部所得的 90% 以上，在计算所得税时可以享受与居民纳税人相同的基本生活扣除和税收减免。其他非居民纳税人只享受个人基本生活扣除。

除上面列出的项目，以下直接（不通过非居民纳税人在斯洛伐克境内的常设机构）支付给非居民个人的款项，（税收协定另有规定除外），应按照 19% 的税率缴纳最终预提税：

①演艺人员或运动员在斯洛伐克境内开展活动而向其支付的款项；

②居民纳税人或非居民纳税人常设机构因使用或有权使用软件、设计、模型、工业或科学经验的计划和信息、资格证、版权而支付的款项；

③居民纳税人或非居民纳税人常设机构因租赁斯洛伐克境内的动产而支付的租金；

④由居民纳税人或非居民纳税人常设机构支付的借款和信贷利息、衍生工具收益等款项。

2013 年 7 月 1 日起，非居民个人买卖斯洛伐克国债或国库券（包括从非居民纳税人在斯洛伐克境内的常设机构取得的收入）取得的所得，不将其视为来源于斯洛伐克境内的所得，因此不在斯洛伐克共和国缴税。

除税法另有规定外，预提税的计税基础为总收入，且预提税款属于最终税款。

如果收款人是欧洲经济区的居民纳税人，上述①、②、③、④涉及所得以及由参股凭证取得的所得已缴纳的预提税，通常视作预缴税款。

自 2014 年 3 月 1 日起，如果收款人是非缔约国居民（也就是该国不在斯洛伐克财政部公开的“白名单”之列），则相应的付款人按照 35% 的税率扣缴预提税。如果付款人未履行代扣代缴的义务（包括税务当局发出的通知），那么在交易过程中发生的所有费用都不得扣除。

（2）对资本征税。斯洛伐克不征收净财富税。非居民纳税人仅就其位于斯洛伐克共和国境内的不动产缴纳不动产税。

（3）遗产和赠与税。斯洛伐克无遗产税与赠与税。

（4）征收管理。非居民个人取得受雇所得，因雇主身份不同，纳税申报有所区别：①若雇主属于未在斯洛伐克境内设立常设机构的非居民纳税人，则该纳税人应就其受雇所得进行纳税申报；②若雇主属于斯洛伐克居民纳税人，且按年进行税款清缴的，则该纳税人无须就其受雇所得进行纳税申报。

非居民个人取得除受雇所得以外的其他所得（免税所得或已扣缴最终预提税的所得除外），必须进行纳税申报。

非居民个人取得应税所得，由付款方作为扣缴义务人代扣代缴所得税（一般而言，扣缴义务人为居民纳税人或非居民纳税人的常设机构）。

三、增值税的一般规定

1. 概述

斯洛伐克增值税制度建立在欧盟部长理事会于 2006 年 11 月 28 日发布的《关于增值税共同制度》的第 2006/112/EC 号指令基础之上。

自 2014 年 1 月 1 日起，所有增值税纳税人只能通过网络渠道处理增值税涉税事宜。

2. 纳税义务人

税法规定，在斯洛伐克境内从事经济活动的法人实体和个人，为增值税的纳税人。在任一连续的 12 个月内，营业额超过 49 790 欧元的公司必须进行增值税税务登记。自 2012 年 10 月 1 日起，销售不动产（建筑）的纳税人，满足特定条件的情况下，也应进行增值税税务登记。营业额低于 49 790 欧元的公司可自愿选择是否进行增值税税务登记。经税务机关要求，2012 年 10 月 1 日起，特定情况下，需进行增值税税务登记的强制性无息担保的金额由 1 000 欧元提高至 500 000 欧元。

2009 年，斯洛伐克正式实行集团税务登记制度。根据集团税务登记制度，在斯洛伐克境内有营业场所或常设机构的多个纳税人，在财务、经济或组织架构上存在着关联关系，则被定义为一个独立的纳税人。

在斯洛伐克境内从事应税行为的外国实体（和个人）应进行增值税税务登记，税法规定无须进行增值税税务登记的情况除外。外国实体（和个人）在斯洛伐克境内委托代销货物，则在一个公历年度内，委托代销商品价值达到 35 000 欧元的，必须进行增值税税务登记。

从 2015 年 1 月 1 日起，斯洛伐克为电信、广播或电子服务供应商打造了特殊的税制体系（迷你版一站式服务）。

3. 应税行为

通常，增值税的应税项目包括下列：

（1）纳税人在斯洛伐克境内有偿供应商品及提供服务；

（2）在斯洛伐克境内，从另一个欧盟成员国有偿内部收购商品；

（3）进口货物到斯洛伐克共和国。

4. 应税收入

增值税计税价格等于买方为获得应税商品支付的价款总额（不含增值税，但包含了消费税和其他税费）。

在交易活动中，若买方与卖方双方存在特殊的关联关系（如：买方是卖方雇员、法定组织成员，或双方存在家庭、管理及财务联系），则不以实际交易价格作为计税价格，而是按照市场价格确定计税价格。

如果纳税义务人将商品或服务用于个人消费、雇员消费、免费供应或其他非商业用途，且相应的增值税进项税额已全部或部分抵扣，则按照应视同销售进行处理。纳税人提供应税商品，计税基础为商品购买价格，包括为取得商品发生的支出；纳税人提供自行生产的应税商品，计税基础为生产成本。纳税人销售折旧资产，计税基础为资产的账面剩余价值。纳税人提供应税服务，计税基础包含为提供服务发生的支出。

5. 税率

增值税的基本税率为20%。纳税人销售符合规定的药品及残疾人专用设备等，适用10%的低税率。2010年5月1日至12月31日期间，直接由农业生产者供应的农产品（天然蜂蜜、蛋、各种肉类、牛奶、鱼）适用6%的税率。纳税人出口货物或劳务，税率为零。特定情况下，欧盟成员国之间供应商品使用零税率。

6. 免税

以下各项服务免征增值税：邮政、医疗卫生、社会援助、教育、协会向其会员提供服务、体育与体育教育相关服务、文化服务、收藏金融票据、广播、保险、金融、销售土地、建筑物及公寓（建成五年的）、销售邮政信纸以及经营彩票及类似的游戏。免税服务相关的产品，同样免征增值税。

7. 非居民纳税人

非居民法人实体和个体经营者在居民国税务部门进行了增值税登记的，如果一个税收年度内在斯洛伐克境内缴纳增值税超过50欧元的，可以向斯洛伐克税务部门申请退税。

此外，如果外国个人出口货物（汽油除外）到斯洛伐克，缴纳的增值税超过175欧元的，有权申请退税。

四、消费税

斯洛伐克消费税征税对象包括：矿物油、啤酒、葡萄酒、白酒、电力、煤炭、天然气和烟草产品。

五、社会保险税

1. 对企业征收

雇主须为其雇员缴付表2所列示的社会保险费（2015年1月1日）（《健康保险法》第12条和社会保险法第130～138条）。

表2

缴费项目	缴费率（%）	最大缴费基数/月（欧元）
养老保险	14	4 120①
健康保险	10	4 120
伤残保险	3	4 120
病假保险	1.4	4 120
失业保险	1	4 120
意外保险	0.8	无上限
准备基金	4.75	4 120
保证基金	0.25	4 120

注：①最低缴税基数为380欧元每月。

社会保险税根据雇员报酬（包括福利费）计算征收。用人单位在计算公司所得税时允许扣除已缴付的社会保险税。

2. 对个人征收

雇员取得的非货币性福利，应视同应税受雇所得，缴付社会保险税及医疗保险税。

公司高管获取的所得，应视同受雇所得（如：除股息以外的利润分配）扣缴社会保险税及医疗保险税。

此外，纳税人取得的股息红利和租金所得同样应扣缴医疗保险税。

2014 年 1 月 1 日以前，纳税人取得的股息红利按照独立的计算基础扣缴医疗保险税。2014 年 1 月 1 日以后，斯洛伐克废除了针对股息红利所得确定的最高缴税基数。2015 年，取得多种所得（如受雇所得和股息红利所得等）的纳税人，年度医疗保险税的最高缴税标准为 49 440 欧元，

公司分配 2013 年 1 月 1 日以前取得的利润，按照股息的 14% 扣缴医疗保险税，公司分配 2013 年 1 月 1 日以后取得的利润，按照股息的 10% 扣缴医疗保险税。

2015 年 1 月 1 日起，符合条件的低收入个人可以降低医疗保险费的缴税基数。

（张文春　编）

斯洛文尼亚税制

斯洛文尼亚主要征收以下税种：公司所得税、个人所得税、增值税、消费税、社会保障税、印花税、不动产税、不动产转让税、银行税。

自2014年1月1日起，斯洛文尼亚取消了在经济特区内从事经营活动取得的所得适用较低公司所得税税率（最低为10%）的优惠政策。自2014年1月1日起，斯洛文尼亚引入了新的不动产税制。

一、公司所得税

（一）一般规定

1. 税制类型

斯洛文尼亚的企业所得税系统是一个传统的系统，对企业的利润纳税受公司层级影响。根据斯洛文尼亚会计准则和国际会计准则，企业所得税税基由收入与费用之间的差额确定，公司所得税法根据需要对相关规定进行更新和完善。

2. 纳税人

通常，根据国内外法律建立的法人实体都需缴纳公司所得税，包括：股份公司、有限责任公司、合伙股份有限公司、有限责任合伙公司、无限责任合伙公司、合作公司、商业协会。还包括国有企业、非商业协会、机构团体、组织协会（如商会）、宗教团体和政党。非居民企业同样需要缴纳公司所得税。

在斯洛文尼亚境内，具有有效经营的合法场所的企业被认定为公司所得税的居民纳税人。

3. 应纳税所得额

（1）一般规定。居民公司应纳税所得为全球所得。纳税申报表中的应纳税所得是公司经营活动的总收入减去与经营活动直接相关的费用。根据斯洛文尼亚或者国际会计准则设置的损益账户可以纳税为目的做调整。

（2）免税收入。通常，由公司的经营活动所产生的收入和利润均为应纳税所得，特殊条件下，股息所得免税。

（3）扣除。通常，公司可以扣除所有与经营活动直接相关或者由经营带来的真实发生的费用。

不允许扣除的费用主要包括：股息和视为股息的所得；从低税收管辖区的居民处贷款所支付的利息；捐赠以及其他成本。

如果纳税人年收入不超过50 000欧元，可以适用小微企业的规定，申请一次性费用扣除，扣除额度为年收入的70%。以前年度的税收扣除和税收损失不适用该规定。有意向申请享受该规定的纳税人必须在3月31日之前向税务机关提交事先通知。新成立的公司必须在其注册后的8日内提交通知。2015年1月1日起，企业（至少有1名员工在1年内至少缴纳了5个月的社会保险）一次性费用扣除额度增加至年收入的80%。非居民企业的常设机构也适用一次性费用扣除制度。

低税收管辖区是指普通或者平均名义税率低于12.5%的非欧盟国家。出于征收公司所得税为目的，财政部列出了下列低税收管辖区：巴哈马、巴巴多斯、伯利兹文莱、多米尼加共和国、哥斯达黎加、利比里亚、列支敦士登、马尔代夫、马绍尔群岛、毛里求斯、阿曼、巴拿马、圣基茨和尼维斯、圣文森特和格林纳丁斯、萨摩亚、塞舌尔、乌拉圭和瓦努阿图。

关联企业间贷款产生的利息可扣除的限额参考贷款利率水平。该利率每个月由财政部发布。

娱乐费用和监事会费用扣除上限为该费用的50%。纳税人采取一切措施仍未收回的应收账款，允许税前扣除。

通过企业合并（如并购）建立的商誉，其受损费用在不超过该商誉首次记录价值20%的部分允许在当前纳税年度扣除，超过部分可以向以后纳税年度结转。

（4）折旧和摊销。有形固定资产和长期无形资产的折旧金额允许在应纳税所得额中扣除。扣除限额为直线折旧法和法律规定的最大折旧率计算出的数额。部分资产的最大折旧率如下：建筑为3%，机械、设备、车辆为20%，计算机硬件和软件为50%。自创商誉和专利不视作资产，因而不能摊销。

购置成本为500欧元及以下的有形固定资产，其购置成本在购置的纳税年度允许完全扣除。

（5）准备金。通常，以保证金、重组费、遣散费或者养老金等为目的的准备金，不超过50%的金额允许扣除。根据税务机关的书面解释，其他准备金在符合会计准则的范围内的金额允许扣除。银行、股票经纪人和保险公司的预备金，符合银行、证券市场或者保险公司相关规定的数额视为费用。资产负债表中显示的保险技术储备金不允许扣除。

4. 资本利得

资本利得通常视为普通所得征税。然而，在满足以下条件时，纳税人处置股份获得的资本利得，50%免税：持有至少8%的股份或者拥有公司的投票权；持有股票超过6个月；在持股期间，纳税人至少雇有1名员工；不是低税收管辖区的居民企业。

风险资本投资带来的资本利得完全免税。

5. 亏损

（1）经营亏损。自2013年1月1日起，损失仍然可以无限期向以后年度结转。但是，损失抵消的额度不能超过应纳税所得额的50%。亏损不允许向以前年度结转。

通常，如果资本的直接或间接所有权或者应税公司的投票权发生50%的变化，并且符合下列情形之一，则当前以及以前年度的损失不允许向以后年度结转：纳税人在所有权变化之前的2年未进行相关经营活动；在所有权变化之前的2年或者所有权变化之后已经改变经营性质（改变经营性质对业务或重组确有必要的除外）。

对于转让、合并或者分立的情形，损失可以向以后年度结转到存续公司。

（2）资本损失。50%的资本损失允许从积极所得中扣除，风险资本投资产生的资本损失允许全额扣除。

6. 利率

（1）经营所得和资本利得适用税率。从2013年1月1日起，公司所得税税率为17%。特殊情况下，投资基金、养老基金、保险公司和风险投资公司适用零税率。

（2）向居民纳税人支付款项的预提税税率。一家斯洛文尼亚公司向另一家斯洛文尼亚公司支付的任何款项免征预提税，前提是被支付公司已将其纳税识别号通知付款公司。

在其他情况下，以下向居民企业支付的款项征收15%的预提税：股息和其他利润分配；利息（银行支付利息和政府贷款利息，政府债券和国家担保债券以及特定的贷款利息除外）；特许权使用费；支付斯洛文尼亚境内不动产的租金；支付艺术家和运动员表演费用。

通常，如果款项的接受方拥有控制权，则该笔款项适用一般公司所得税税率。

7. 税收优惠

（1）投资补贴。公司可以申请投资补贴，数额为投资设备和无形资产的金额的40%。补贴限额受相关年度税基影响。任何未使用的补贴可以向后结转5个纳税年度。

投资补贴适用以下情形：除去办公家具、非混合动力私家车或者电动私家车以及符合《欧洲汽车尾气排放标准VI》的客运巴士之外的所有设备；商誉、不动产产权及类似权利以外的无形资产；符合融资租赁条件的设备。

（2）研发费用加计扣除。从2012年1月1日起，公司可以申请研发补贴，数额为投资其内部研发活动或者从第三方购买研发服务所花费金额的100%。补贴的限额受相关年度税基影响。任何未使用的补贴可以向以后结转5个纳税年度。如果购买资产申请了研发津贴则不能为同笔资产申请投资税收津贴。

（3）与就业相关的减免。纳税人雇佣26岁以下或者55岁以上，且之前已至少失业6个月的员工，可以申请雇员工资45%的税收补贴。申请补贴须在24个月之内进行。为申请补贴，雇主须在申请补贴当年增加员工数量。上述补贴不包括因雇佣残疾员工而申请的补贴。

雇主为雇员利益依据“自愿补充集体养老金计划”所支付的额外费用允许扣除。

此外，根据员工的伤残等级或者残疾员工的数量，雇主支付给残疾员工的薪资总额的50%到70%允许扣除。

上述情况下，扣除限额不得超过税基。

（4）捐赠。公司所得税中，捐赠通常不允许扣除。但货币支付、出于人道主义的捐赠、慈善、科学、教育、体育、文化、生态以及对斯洛文尼亚人民或经济区居民的捐赠，最多允许扣除其纳税年度应税所得的0.3%。此外，具有特定慈善目的的捐赠，最多允许扣除其纳税年度应税所得的0.2%。

另外，给予政党的捐赠最高允许扣除相当于雇员平均月薪3倍的数额。

上述扣除的限额为纳税年度应纳税所得额，超出部份可以向以后结转3个纳税年度。

（5）经济特区。在科佩尔和马里博尔经济区经营的公司，税收优惠的税务处理在2014

年以前有效，税收优惠包括在特区内经营活动取得的所得适用较低公司所得税税率（最低为 10%）。由 2014 年 1 月 1 日起，该项优惠政策取消。

8. 征收管理

（1）纳税年度。纳税年度通常为公历年度。企业可以选择不同于公历年度和会计年度且不超过 12 个月的期间作为纳税年度，应税所得是纳税年度的所得。适用一次性扣除制度的纳税人，纳税年度即为公历年度。

（2）纳税申报。通常，纳税人必须在纳税年度结束后的 3 个月内提交年度纳税申报表，纳税申报表由财务报表如损益表、资产负债表和资本流动差额组成。如果纳税人已提交过与公共法律记录和相关服务（Public Legal Records and Related Services）有关的财务报表（通常情况下适用于居民企业和非居民企业的分支机构），则不需要再做其他报告。

（3）缴纳税款。公司所得税由企业自行评估申报。除了年度纳税，每月缴纳税款应在最后一次评估的基础上提前缴纳，但是，如果年度应纳税所得不超过 400 欧元，则按季度预先缴纳。

（4）事先裁定。纳税人可以就税款问题（转让定价除外）申请有约束效力的事先裁定，裁定请求必须与商业交易计划相关。申请有约束力的裁定必须包含相关具体交易的事实与情况说明。税务机关必须通知纳税人裁定是否下达。如果税务机关决定下达裁定书，则必须在 6 个月之内通知纳税人。

（二）居民企业之间的交易

1. 集团处理

没有集团税收。

2. 居民企业之间的股息红利

在同时满足下列条件时，法人股东控制下的国内股息免征公司所得税：付款人在斯洛文尼亚有公司所得税纳税义务；在上一个纳税年度，付款人已纳税所得产生的股息。

一家斯洛文尼亚公司向另一家斯洛文尼亚公司支付的股息和其他分配利润免征预提税，前提是被支付公司已将其纳税识别号通知付款公司。

（三）其他类型的公司所得税

金融服务税。从 2013 年 3 月 1 日起，对金融服务开始征税。

在斯洛文尼亚，从事下列金融服务之一的纳税人应该纳税：在斯洛文尼亚注册或者有分支机构的法人实体，拥有永久居住地或者日常住所的个人；其他来自国外的法人实体或者个人，在斯洛文尼亚直接进行金融服务，如果被服务的对象在斯洛文尼亚具有注册地、分支结构、永久居住地或者日常住所。

下列交易应当纳税：提供货币信贷或者贷款以及委托贷款，经营管理货币信贷业务的贷款与信贷由贷方提供；信贷担保的发出和其他货币性担保的提供与管理；金融中介机构从事的与存款、银行账户、支付、债务、支票和其他支付工具相关的交易；金融中介机构从事与法定货币（如货币、银行票据和硬币）相关的交易；保险代理和中介服务。

接受金融服务所支出的费用为税基，2015 年 1 月 1 日以后，税率为 8.5%（之前为 6.5%）。税收返还申请必须在其中一项服务到期当月的下一个月底提交。

（四）国际税收

1. 居民企业

（1）境外所得和资本利得。通常，居民企业来源于国内、国外的所得都需要纳税，适用上述应纳税所得额中的相关规定。

由于国内法律执行欧盟的母子公司指令，欧盟子公司支付给斯洛文尼亚母公司的来源于国外的股息免税，前提是子公司适用指令中规定的公司所得税缴纳义务且没有选择税收或者免税的可能性。如果支付方已将所付款项在应税所得中扣除，则该笔付款不允许免税。在免税方面没有对持股比例和持股时间的最低限制。来自欧盟成员国以外且不是由低税收管辖区的居民公司分配的股息同样免税。

来源于国外的资本利得适用斯洛文尼亚一般公司所得税规定，特定条件下，享有 50% 的免税。

（2）境外亏损。通常，斯洛文尼亚境外常设机构的税收损失与国内损失的计算方法相同，对于斯洛文尼亚境外常设机构的损失，没有特别的扣除规定。

（3）境外资本。没有资产净值税。

（4）避免双重征税。通常，来源于境外的所得适用一般的公司所得税税率，任何代扣代缴的税款允许抵免最终税款。

为计算总所得和抵免额，国外缴纳的预提税要分国别计算，抵免额不能超过下列数额中的较低值：国外所得实际缴纳的税款（签有税收协定的，按协定规定执行）；上述国外所得在斯洛文尼亚按照实际税率计算出的税款。

如果按照分国别计算缴纳的预提税，在一国缴纳的预提税超过了在斯洛文尼亚按照实际税率计算出的税额，超出部分既不允许向下一纳税年度结转，也不能抵消在另一个国家预提的所得税。

税收协定下，通过普通的抵免规定可以避免双重征税。

2. 非居民企业

（1）一般所得和资本利得课税。通常，非居民企业通过在斯洛文尼亚的常设机构进行的商业活动取得的所得为应税所得。建筑工地、建筑和安装工程只要持续 12 个月以上，视为成立常设机构。

非居民企业应税营业所得根据居民企业的相关规定来确定。适用公司所得税一般税率。

在斯洛文尼亚的常设机构取得来源于斯洛文尼亚境内的不动产所得要征税。

斯洛文尼亚常设机构的下列所得适用公司所得税一般规定：股息和其他利润分配、利息、特许权使用费和斯洛文尼亚境内不动产的租金所得。

非居民企业通过常设机构取得的资本所得（包括从斯洛文尼亚公司股票取得的收益）要缴纳公司所得税。在其他情况下，虽然资本利得被视为来源于斯洛文尼亚的所得，但不适用公司所得税法。

（2）资本课税。没有资产净值税。

（3）征收管理。非居民企业取得的所得需要缴纳预提税。

3. 非居民企业预提税

（1）股息。支付给非居民企业的股息和其他分配利润要预提所得税，税率为 15%。税收协定下适用低税率。

由于国内法律执行欧盟的母子公司指令（90/435），对其他欧盟成员国企业派发股息，如果接受股息的企业适用指令规定的公司所得税并且至少持有（连续持有年限不低于2年）派发股息的企业10%的股份或者拥有其投票权，则该股息免税。如果2年持有期未结束，接收方提出银行担保，可以直接申请免税。

如果接收方是欧洲经济区的企业且不能抵消斯洛文尼亚的预提税款，则股息免税，这是因为该企业得益于其居住国的参股免除机制。这个情况下，已预提所得税允许返还。

在一定条件下，支付给非居民企业的养老金、投资基金和保险公司开展养老金计划的红利不预提所得税。

（2）利息。支付给非居民企业的利息要预提所得税，税率为15%。税收协定下适用低税率。

由居民企业银行向非居民银行支付的利息不预提所得税。由居民企业银行向非银行实体（不包括非欧盟低税率地区的居民企业）支付的利息不再预提所得税。

在一定条件下，支付给非居民企业的养老金、投资基金和保险公司开展养老金计划的利息不预提所得税。

与在斯洛文尼亚国内合并的公司发行的债务证券有关的利息支付，在同时满足下列条件时，不预提所得税：债务证券不能选择股权互换；上述证券在斯洛文尼亚或者欧盟或者经合组织成员国的证券交易所交易。

国内法律执行欧盟的利息和特许权使用费指令规定，居民企业支付的利息和特许权使用费满足下列条件时不预提所得税：接收方为其他欧盟成员国居民企业并且在该国缴纳公司所得税，另外，该企业与支付方为关联企业。两个企业为关联企业需满足下列条件之一：其中一个企业直接拥有另一个企业至少25%的资本；第三个欧盟成员国企业直接持有两家公司至少25%的资本。以上两种情况都要求持续持有的年限至少为2年。

（3）特许权使用费。支付给非居民企业的特许权使用费需预提所得税，税率为15%。税收协定下适用低税率。

（4）其他。支付位于斯洛文尼亚境内的不动产租金和支付给他人的表演艺术家和运动员的相关费用预提所得税，税率为15%。

（五）反避税

1. 概述

一般反避税规则允许税务机关忽略任何交易的法律形式，在交易实质基础上进行税收评估。

2. 转让定价

所得税法要求居民企业纳税人在与非居民关联企业通过转让价格进行交易时，应当以独立交易原则为基础。此外，两家居民企业之间进行交易，如果一方处于良好的课税形势（如适用零税率），则适用转让定价规则。关联企业之间的交易必须记录，并将其提交给税务机关。按照欧盟转让定价主文件规定，纳税人可保留一份外语主文件，但翻译版文件必须提交给税务机关。

通常，满足下列条件之一，两家公司互为关联企业：一家公司直接或间接持有的另一家公司至少25%的资本或拥有投票权；同一家公司直接或间接持有上述两家公司至少25%资本或拥有投票权；个人或其配偶或亲属（父母、子女、兄弟姐妹）直接或间接持有两家公司至少25%的资本或拥有投票权或者他们参与两家公司的监管。

自2017年1月1日起，纳税人可以要求税务机关发布单边、双边及多边预约定价协议。

3. 资本弱化

资本弱化规则适用于向在纳税年度任何时候直接或者间接持有纳税人至少25%的资本或者投票权的股东贷款产生的利息。如果贷款不超过股东持有股本的4倍，则不适用上述规则。负债与股东权益比率为4∶1。如果纳税人能够证明，超额贷款由一个非关联的企业授予，则资本弱化规则不适用。

股东授予的贷款还包括股东提供担保，由第三方授予的贷款；股东授予与其在一家银行持有的存款有关，则由该银行授予的贷款。

在一个特定纳税年度，股东拥有股本的价值确定为其在纳税年度开始和结束时资本结余的平均值。根据会计准则，所有类别的资本都视作计算资本弱化比率的资本（当前纳税年度的净利润除外）。资本弱化规则同样适用于姐妹公司。

4. 受控外国公司

没有受控外国公司法。

二、个人所得税

（一）一般规定

1. 纳税人

个人在斯洛文尼亚注册永久性住址、习惯性住所或者个人和经济利益中心，则被认定为个人所得税纳税人。另外，任何个人在一个纳税年度内在斯洛文尼亚停留超过183天，也被认定为该纳税年度内的居民纳税人。

每个纳税人单独纳税。合伙企业作为单独纳税人缴纳公司所得税。

2. 应纳税所得额

（1）概述。居民个人需要对以下类别的全球所得纳税：雇佣所得；经营和专业服务；来源于农业和林业所得；动产或不动产租赁所得和知识产权的所得；资本所得；其他所得（如奖励、比赛奖励）。

通常，除非法律有特别免税规定，否则，所有所得、利润以及收益都要征税。

股息、利息以及资本利得（消极所得）按统一税率分别纳税。所有其他类别的净所得（积极所得）累加后减去强制社会保障税形成税基，该税基还可进一步扣减个人津贴。剩余数额按累进税率征税。

（2）免税所得。以下为主要类别的免税所得：某些种类的利息所得；某些社会分配；某些保险补偿金（如健康和失业保险）；个人伤害补偿；奖学金和学生津贴；某些资本利得。

3. 雇佣所得

纳税人在法律定义的某种从属依存关系中从事任何活动取得的所得视为雇佣所得。雇佣所得包括任何与雇佣有关的报酬和收益。雇佣所得进一步分为两种类型的所得：来自工作关系的所得；来自另一种合同关系的所得。

对雇佣合同之外的某种从属关系下取得的所得征税不同于雇佣所得按累进税率征税，它是单独纳税并且在扣除一次性金额或者实际成本之后的所得按照25%的统一税率纳税。

（1）工资、薪金所得。薪金所得包括雇员取得的与当前或之前雇佣有关的所有报酬、现金或实物。这些所得包括工资、年假补偿金、年终奖、合作奖，与工作相关的补偿金以及与工作有关的利润分成。对工资所得征税方法是工资所得扣除社会保障税后每月预提所得税。

按照法律规定的限制条款，与工作相关的费用补偿免税。

（2）实物福利。实物福利包含在应纳工资所得中。实物福利包括任何由雇主或其他任何人提供给雇员或其家人的利益。除非有规律的提供，否则小利益（每个月不超过13欧元）不视为实物福利。

以下项目视为实物福利：公车私用；住房设施；保险费以及类似款项；与雇佣无关的教育费用；以比市场利率低的利率贷款取得的收益；商品或服务打折；购买股份的权利。

通常，实物福利的计税价值是福利接受方支付金额与对应的市场价格的差价。如果不能确定市场价格，则使用成本价。

（3）养老金所得。个人取到的养老金包含在雇佣所得类别里。其税款在支付时预提。

强制雇员养老保险缴款允许从应纳雇佣所得中全额扣除。补充集体养老计划中支付的款项通常允许扣除的上限为雇员强制养老保险缴款的24%但不能超过2 819.09欧元。雇主缴纳的自愿养老保险金适用特殊规定。

（4）董事报酬。管理或者监督公司取得的任何所得视为雇佣所得和来自工作关系的所得进行纳税。

董事会和国家补助的企业的监事会成员取得的所得，适用49%的特殊税率。特殊税率通常在2010年12月31日到期，但是，该税率继续适用于公司从国家补助中取得的收益。

董事会成员中，公司的高级行政人员取得的以下款项都要缴纳税率为49%的特殊税：月薪或月补偿金超过12 500欧元；年终分红超过25 000欧元；每年遣散费超过75 000欧元；年利润分成超过25 000欧元；年附加福利超过25 000欧元；其他类似年所得超过12 500欧元。

监事会的成员中不是公司高级行政人员的，要对每次参会补助超过358欧元的部分以及从监事会其他活动中取得的所得超过12 500欧元/年的部分缴纳特殊税。

税基为报酬总额减去社会保障缴款。

4. 经营和专业服务所得

经营所得包含从任何独立企业家、农业、林业、职业或任何其他独立活动取得的所得。另外，如果下列活动是以独立创业的形式开展，则来源于它们的所得也属于经营所得：开发不动产或动产以及来源于知识产权的所得。

通常，个人应纳税经营所得与企业的应纳税利润确定方式相同。

微型企业制度适用于年收入不超过100 000欧元的纳税人，纳税人可以申请一次性费用扣除。

通常，投资税收抵免、研发抵免和与雇佣有关的津贴以及给企业补助等政策均适用于私营企业主。上述减免政策不适用于选择一次性费用扣除的小企业家。

经营所得的个人所得税以月或季度为基础预先缴纳，税率为累进税率。

来源于其他合同关系的所得。来自于著作者、服务或者类似合同开展的工作中的所得视为来源于另一个合同关系的所得。税基等于所得扣除一次性费用的10%和社会保障缴款后的余额。

5. 投资所得

股息和其他分配利润按照预提25%的所得税的方式纳税。对在经营期取得的股息同样适用，即不作为经营所得纳税。

利息以预提或者评估的方式按照25%的税率纳税。但是，位于斯洛文尼亚或欧盟之外的国家的银行支付的存款利息仅就超过1 000欧元的部分纳税。

对于非居民个人而言，在满足下列条件时，从在斯洛文尼亚注册的公司发行的债务证券取得的利息免税：上述证券不包括债权转股权的选择权；上述证券在斯洛文尼亚、欧盟或者OECD成员国的证券交易所进行交易。

如果来自不动产或动产以及知识产权的所得不是以个人企业家登记注册的形式产生，则该所得不作为经营所得纳税。在这种情况下，来自动产或不动产的租赁所得的税基是所得扣除一次性费用的10%后的余额，纳税人也可以选择扣除其实际发生成本。来自于转让知识产权（特许权使用费）的所得的税基通常是所得扣除总成本的10%。租赁所得和特许权使用费预提25%的所得税。

6. 资本利得

通常，个人就处理下列情况产生的资本利得需要缴纳个人所得税：不动产；股份以及其他参股权；投资优惠券（投资非法人实体，如投资基金）；衍生产品。

来源于处理以下资产产生的资本利得免税：2002年1月1日之前取得的不动产（或者在持有20年后出售的）；处理不动产前，纳税人将其作为永久性住房持有至少3年；2008年7月15日之前购买的衍生产品；风险资本投资。

应税资本利得通常适用25%的税率。每持有5年，税率减少5%。处理衍生产品取得的资本利得适用同样税率，但是，如果自购买之日起12个月内处理该衍生产品，则适用40%的税率。

资本利得的应纳税数额是销售价格和购买价格的差额扣除实际发生的成本后的余额。处理财产时，其销售价格必须等于该财产的市场价值。

个人处理股份或其他参股权取得的资本利得通常作为资本利得纳税，而不作为经营所得纳税。但是，根据税务机关的书面解释，税收采取何种方式建立在具体分析基础上。在经营期间处理衍生产品取得的资本利得作为经营和专业服务所得纳税。

7. 个人扣除、宽免和抵免

（1）扣除。计算各种类别的应纳税所得，有关费用和扣除已在上述3~6中做了描述。

（2）宽免。所有居民纳税人（和一些符合条件的非居民，见下）有资格享有普通税收津贴，从年所得总额中扣除。

2016年，普通税收津贴因纳税人在纳税年度内所得总额不同而有所差异，如表1所示：

表 1

年所得（欧元）	普通税收津贴（欧元）
不高于 10 866. 37	6 519. 82
10 866. 37 至 12 570. 89	4 418. 64
超过 12 570. 89	3 302. 70

另外，下列税收津贴可以从年所得总额中扣除：某些条件下，学生为 2 477. 03 欧元；总所得的 15%，但是符合某些条件的文化工作者和新闻工作者不超过 25 000 欧元；残疾人为 17 658. 84 欧元；供养第一个受抚养子女或受抚养的家庭成员（包括配偶以及得到赡养费的离婚配偶）为 2 436. 92 欧元，每增加一名受抚养子女，享有更高的税收津贴；交付自愿养老保险的个人为 2 819. 09 欧元。

对 65 岁以上的纳税人以及边境工作者的额外税收津贴于 2014 年 1 月 1 日起废止。

填报了年度纳税申报表的其他欧盟成员国居民，可以针对自愿养老金保险申请普通税收津贴以及针对供养家庭成员申请税收减免。

（3）抵免。取得强制保险养老金（针对丧失职业能力和文化支持）的个人允许享有该项所得的 13. 5% 的抵免。该抵免额不能超过该项所得应纳税额。

8. 损失

通常，某一类别所得产生的损失不能抵消另一类别的所得。经营损失可以无限期向以后年度结转，但是，结转额不超过该纳税年度税基的 50%。

9. 税率

（1）所得和资本利得。针对应税所得总额的纳税义务，根据表 2 累进税率计算所得税：

表 2

应纳税所得（欧元）	较低税额（欧元）	超出部分税率（%）
不高于 8 021. 34	0	16
8 021. 34 ~ 20 400	1 283. 41	27
20 400 ~ 70 907. 20	4 625. 65	41
超过 70 907. 20	25 333. 60	50

对于来自于其他合同关系的所得，适用税率为 25%。

未申报的所得适用 70% 的高税率。

（2）预提税。通常，对来自于工作关系的所得（包括实物福利）按照累进税率预提个人所得税。预提税款在计算纳税人最终所得税时抵免。

10. 征收管理

（1）纳税年度。纳税年度为公历年度。

（2）纳税申报。年所得低于 3 302. 70 欧元的居民纳税人以及仅以养老金作为唯一所得的个人不适用按年所得纳税。

对于其他居民纳税人，由税务机关在下一年度的 5 月底提供纳税年度所得税的初步测算结果。纳税人在收到之后的 15 日内可以提出异议。如果一个纳税人没有收到纳税年度的测算结果，则必须在下一年度的 6 月 30 日之前填报纳税申报表。

其他欧盟成员国的居民，如果其应纳税所得中至少有90%来自斯洛文尼亚的雇佣所得、经营所得或者农业或林业所得，则也需要填报年度纳税申报表。

（3）税款缴纳。一个纳税年度的税款缴纳可以采用预支付、预评估或者预提的方式。预支付应以月度或季度为基础在该纳税年度内支付。通常，通过预评估方式征收的税款在收到评估通知的30日内支付。预提和预支付的税款允许从根据总所得计算出的年度税款中抵免。

消极所得预提所得税即为最终缴纳税款。

（4）事先裁定。纳税人可以要求就有关税收问题预先裁定。裁定要求必须和提出的经营活动相关。取得预先裁定申请必须包括所有相关的事实以及和特定交易相关的情况。税务机关必须通知纳税人该裁定是否被发布。税务机关如果决定发布一项裁定，则必须在6个月之内提供给纳税人。

（二）其他类型的所得税

针对个人所得不征收其他类型的所得税。

（三）国际税收

1. 居民纳税人

（1）境外所得和资本利得。居民个人对其全球所得和资本利得纳税。通常，来源于国外的所得和资本利得按与国内所得相同的方式缴纳所得税。

（2）境外资本。不征收净财富税。

（3）避免双重征税。来源于国外的所得通常包含在居民的总应税所得中。依据相关法律规定，通过抵免斯洛文尼亚境外所得缴纳的国外税收来消除国际双重征税。抵免额不能超过下列数额的较低值：最终和实际支付的国外税额；对应的国外所得在斯洛文尼亚应当缴纳的税额。

国外税收抵免在整体税基的基础上计算，也就是说，不管所得的类型和来源国。

税收协定下，双重征税通过普通的抵免或者免税的方法予以避免。

2. 侨民

针对移居国外的个人，没有特别税收规定。

3. 非居民纳税人

（1）一般所得和资本利得课税。非居民就来源于斯洛文尼亚的所得纳税。某些津贴授予符合条件的欧盟成员国居民。

雇佣所得。如果非居民在斯洛文尼亚受雇或者雇主在计算斯洛文尼亚公司所得税时雇佣成本允许扣除，那么，非居民取得的雇佣所得需要缴纳个人所得税。支付给非居民的养老金需要纳税，税基是养老金总额扣除相关缴款后的余额。通常，非居民取得的雇佣所得采用预提或者评估的方式征收，通常使用累进税率。

经营和专业服务所得。如果非居民的经营和专业服务所得是通过在斯洛文尼亚的常设机构取得的，则需要在斯洛文尼亚纳税。

投资所得。支付给非居民的股息和其他分配利润按照25%的税率纳税，通过预提方式征收。如果非居民的特许权使用费是由居民企业、常设机构或者从事经营的个人支付的，该项使用费需按照25%的税率纳税，通过预提或者评估的方式征收。

如果非居民（欧盟成员国居民除外）取得的利息是由居民企业、常设机构或者从事经营的个人支付的，则该利息按照25%的税率纳税，采用预提或者评估的方式征收。

资本利得。非居民通过处置以下资产取得的资本利得需要纳税：位于斯洛文尼亚的不动产；一家斯洛文尼亚企业的实体权益（或者部分）；斯洛文尼亚法人实体（该实体50%的资产来自于不动产）的股份或者参股权。

如果一个纳税人持有，或者过去5年任何时间里直接或间接持有至少10%的投票权、资本或某类股票，那么则被认为存在实体权益。

（2）资本课税。没有净财富税。

三、增值税

（一）一般规定

1. 概述

增值税是对在各阶段提供的商品和服务征税。增值税体系是基于欧盟增值税指令。

2. 纳税人

纳税人是居民和非居民个人以及具有应税营业额的法人实体。年营业额不足50 000欧元的小规模居民企业免征增值税。

3. 应税行为

增值税是对商品和服务的国内供应，货物的进口以及共同体内部货物的采购征收。在斯洛文尼亚，依据供应地原则来确定商品和服务的供应是否征收增值税，供应地原则针对商品和服务规定有所不同。

4. 应税收入

应纳税所得额是指供应商因提供商品和服务收到或者应该收到的款项。具体包括以现金或实物支付的任何款项，额外费用（如佣金、包装、运输和保险费用），以及任何消费税、关税和其他税（增值税除外）。

5. 税率

从2013年7月1日起，增值税标准税率为22%。法律指定范围内的商品和服务（如食品、农产品和医药产品）的供应适用9.5%的低税率。

6. 免税

免税清单与欧盟增值税指令规定的相类似。因此，公众利益活动、银行、金融和保险活动等免税。商品和服务的出口以及共同体的供应，实行零税率。

（二）非居民纳税人

非居民纳税人与居民纳税人适用同样规则，如果他们在斯洛文尼亚从事交易，则需缴纳增值税。

在斯洛文尼亚没有固定机构的非居民纳税人，必须在斯洛文尼亚注册以缴纳增值税，除非交易遵循反向征收机制（适用于某些特定服务）。非居民纳税人没有注册门槛限制。在一定条件下，不需要在斯洛文尼亚注册的非居民纳税人有权申请退还已纳进项增值税。

四、消费税

斯洛文尼亚针对烟草产品、酒精和酒精饮料、石油产品（矿物油、天然气、煤炭和焦炭）和电力征收消费税。

五、社会保障税

（一）对企业征收

社会保障税由雇主代表雇员缴纳。税基为支付的报酬总额，包括实物福利。评估期为一个公历月。

雇主依据雇员工资缴纳的社会保障税税率如表 3 所示：

表 3

针对不同类别缴纳社会保障税	税率（%）
养老保险	8.85
医疗保险	6.56
失业保险	0.06
生育险	0.10
工伤保险	0.53
合计	16.10

对于从其他合同关系（非雇佣合同）中产生的所得，雇主为雇员缴纳的社会保障税税率：养老金和伤残保险 8.85%；工伤保险为 0.53%。

雇主为雇员缴纳的社会保障税允许在公司所得税前扣除。

（二）对个人征收

社会保障税对养老金，健康和失业保险以及产假征收。雇员缴款的社会保障税税率如表 4 所示：

表 4

针对不同类别缴纳社会保障税	税率（%）
养老保险	15.50
医疗保险	6.36
失业保险	0.14
生育险	0.10
合计	22.10

针对健康保险、残疾和养老保险的社会保障税是按照来自其他合同关系的所得来征收。

任何被定性为来自其他合同关系的所得通常按照残疾和养老保险以 15.5% 的税率缴纳社会保障税。健康保险缴款按照 6.36% 的税率缴纳。

（周咏雪　编）

南非税制

南非主要税种有公司所得税、个人所得税、社会保险税、增值税和消费税等。

一、公司所得税

（一）一般规定

1. 税制类型

南非公司所得课税实行的是古典制。国内股息一般是免税的。

2. 纳税人

缴纳公司所得税的人包括了私人公司和公共公司、信托和集合投资工具。

本文仅限于南非的法人制的公共公司和私人公司以及具有类似性质的国外法人制的实体，与其是居民还是非居民无关。这些实体都被称作公司。

南非的合伙企业不是法律实体，从税务角度看，对合伙人相应的利润份额的征税要按照其税务地位，特别是公司、个人或信托等。

外国混合实体（特别是有限责任合伙）满足特定条件的情况下在南非税收上被认定为合伙。

不满足上述两个条件的外国混合实体一般在纳税时是作为公司处理的。

一个公司如果满足下列条件，则被认定为南非的居民：

（1）在南非境内注册、成立或组建；

（2）实际管理机构所在地在南非境内。

3. 应纳税所得

（1）一般规定。一般来说，不是带有资本性质的且由居民公司收取，归属于该居民公司或者为了该公司福利的全部所得，和源于南非境内或认定为南非境内的，由非居民公司收取或归属于该非居民公司或为了该公司的福利取得的所得都要包括在“毛所得”中。

在实现“所得”之前，所有的免税所得都是要从公司毛所得中扣除的。所有允许的扣除和宽免是从“所得”中减除掉的，最终才是“应纳税所得”。

对于公司实现的资本利得，其中的66.6%要计入应纳税所得，按照适用的公司所得税税率缴纳税款。

（2）免税收入。下列所得豁免公司所得税：

政府按照《中小企业开发项目》和《技能扶持项目》支付的款项；

应向电影胶片所有者支付的政府补贴；

源于与本地生产的电影相关的电影权利利用的所得；且由中小微企业从政府批准的小企业基金实体中获得资金额。

由免税公司收取或归属于该公司的股息，除了由满足作为房地产集合投资项目的条件的公司分配的股息和某些特定受限的股息除外。

（3）扣除。可以扣除的费用或损失，要满足以下条件：是实际发生的；在从事任何贸易时发生的；是全部或部分用于贸易的；在生产应税所得时发生的；且不具有资本性质。

在南非境外为生产应税所得发生的开支是可以扣除的，但是，假如该应税所得时在南非境外从事贸易获得的，就要受到特定限额的限制。

一般来说，所有的属于一个企业为了获取所得而从事的真实经营的非资本性费用是可以扣除的，与其是否必要发生无关。

不能扣除的费用有：不是用于贸易的开支；具有资本性质的开支等。

尽管南非的转让定价规则不适用于纯粹国内背景下的关联方交易，但超额开支的纳税扣除按照南非一般反避税或反滥用规则是不允许的。南非还颁布许多措施来专门处理伊斯兰金融安排。对于利息和融资开支的扣除，南非在 2015 年 4 月 1 日颁布了限制纳税扣除的新的立法。

（4）折旧与摊销。对用于特定发电的机器和厂房有比较高的折旧备抵。

对厂房、机器、器物和器具以及用于贸易的其他物品，磨损或折旧备抵给予了不同折旧率。特殊的宽免适用于航空器、船只以及养殖业和采矿业。

给予的折旧备抵包括了表 1 所列内容：

表 1

		折旧率
机器和厂房：		
—	在 1996 年 7 月 1 日到 1999 年 9 月 30 日之间购买并启用的，而购买的合同是在 1999 年前签署的	3 年内每年 33 1/3%
—	在 2002 年 3 月 1 日后购买的	第一年为 40%，后三年每年为 20%
—	用于生物柴油或生物酒精的生产，用于风力发电、集中的太阳能（不包括那些发电能力不超过 1 000 千瓦的光伏太阳能）、生物体（由有机废弃物、填埋气体或植物组成的），产生电力 3 000 万瓦特的重力水。	第一年 50%，第二年 30%，第三年 20%
—	用于光伏太阳能发电能力不超过 1 000 千瓦的	第一年 100%
制造企业的建筑物宽免		
—	对在 1989 年 1 月 1 日及其后的建筑及其修缮	5%
—	对在 1996 年 7 月 1 日到 1999 年 9 月 30 日期间内启动的建筑和修缮，并在 2000 年 3 月 31 日前启用的	10%

续表

		折旧率
宾馆建筑宽免		
—	对在 1988 年 6 月 4 日及其后的建筑及其修缮	5%
—	对在 1993 年 3 月 17 日及其以后开始的修缮，没有扩大现有建筑的外部框架的	20%
居住建筑宽免		10% 的初始宽免和 2% 的在第一年和以后年度的资本宽免
商业建筑宽免（在 2007 年 4 月 1 日及其以后的新或老的建筑和新修缮、建设或安装）		5%
环境生产资产（特别是废弃物处理和回收设施）		第一年 40%，接下来的 3 年每年 20%
环境生产资产废弃物拦阻坝）		5%
知识产权：		
—	发明、专利和版权或其他类似性质的财产	5%
—	任何其他的设计或具有类似性质的财产	10%
研究与开发：		
—	在 2004 年 1 月 1 日前发生的开支	25%
—	在 2004 年 1 月 1 日后发生的开支	100%
用于输送电站使用的天然油传输，或水的运输的管道		10%
用于电力传输的电线或光缆；电话线、光缆、用于人或货物运输的铁路线		5%
对全部车辆的购买或修缮的成本		20%
新旧港口基础设施资产以及组成了这些港口资产部分的支撑框架构筑物		5%
农村可再生宽免（对位于市政府认定的农村开发区的商业或居住建筑的安装、扩大、添加或修缮的成本）		第一年 20%，以后的 10 年每年 8%。对修缮物可以在 5 年内按照直线法冲销

（5）准备金。对偶然费用的备付金或用于弥补未来开支的准备金是不能纳税扣除的，因为这些一般不是实际发生的开支。

对未来纳税年度发生的实际开支的宽免在满足特定的条件下是可以被扣除的。当年的所得必须要包括使得纳税人要发生的未来开支的数额。宽免的数额是与当期所得相关的未来开支，且一般是要参照实际的当期开支和该合约的欲取毛利百分比作为一个整体计算出来的。在第二年计算所得税时该宽免将会被加回去，并计算出新的宽免额。

4. 资本利得

南非居民公司是要就全球范围内的源于资本资产处置或认定的处置的资本利得缴纳税款的。产生资本利得税义务的事件的定义范围广大，包括了任何资产的废弃、出售、亏损、交换和放弃等。由公司向股东，由信托向受益人分配资产，以及任何期权合约的授予、行权或展期都要缴纳资本利得税。

下列资本利得或亏损不属于应纳税的资本利得：

—由免税机构实现的利得或亏损；

—对专门用于生产免税所得而使用的资产处置实现的利得或亏损；

—向公益组织的捐赠。

5. 损失

（1）普通损失。如果按照1962年所得税法允许的扣除和宽免超过了所得，则出现了核定的损失。核定的损失可以被无限期向前结转，并冲抵以后年度获得的所得（收受到一定的限制例外），如果交易在每一年继续下去，直到获得收益。核定的亏损不能向后结转到以前的年度。除了某些例外，没有集团减免或补贴。

由南非税收居民从外国贸易获得的损失不能从在南非境内从事的贸易获得的所得中扣除。但是，居民的外国贸易损失可以从居民的外国来源应纳税所得中扣除。

（2）资本亏损。对资本亏损一般实现限制，只能够可以资本利得进行冲销而不能和其他的贸易所得冲销。但是资本损失可以和所有的资本利得冲销，和资本利得的来源无关。

6. 税率

（1）经营所得和资本利得适用税率。任何居民或非居民公司在2016年3月31日结束的12个月内结束相关核定年度的应纳税所得的税率是28%，而长期保险业、金矿公司、自然资源的探矿、小公司、个人服务提供者和微型公司以及私人服务提供者的应纳税所得不适用28%的税率。

对在一个财政年度内公司实现的累计净利得的66.6%按照适用的公司所得税税率征收资本利得税。

（2）国内支付款项的预提税税率。居民公司一般不需要缴纳预提税。但是，按照款项的性质可能要缴纳特定的预提税。

7. 税收优惠

南非政府奖现金补助金项目和税收优惠结合在一起来鼓励投资和创造就业，如中小企业开发计划和技能支持计划，对新员工的培训的成本给予最多达到50%的现金补助金，和因为扩展或新项目而发生的总薪水的30%。

（1）工业政策计划。为了提高南非制造业的劳动生产率，南非在2008年引入了鼓励在制造业资产投资的优惠计划。与此目标平行和补充，此项优惠也试图支持人员培训来提高劳动生产率和劳动力的技能水平。这些优惠措施将适用于新项目也适用于现有项目的扩展或升级。

优惠对一个产业政策项目按照其类型（绿地或灰地）以及地位（符合条件还是优先）判定的采取的是否是直接额外宽免的方式。这些优惠措施大大高于其他的纳税扣除或宽免。

该优惠计划是为绿地投资项目（只使用新旧的制造业资产的新工业项目）和灰地投资项目（现有工业项目的扩大或升级）设计的。此项优惠措施按照一个专门委员会审查的管制标准对资本投资和公司人员培训都提供了支持。

有优先地位的批准项目得到等于投入使用的资产的第一年的制造资产的成本的55%的额外投资宽免。宽免额被限定为绿地项目的每个项目9亿兰特，灰地项目是每个5.5亿兰特。

有资格地位的批准项目得到等于投入使用的资产的第一年的制造资产的成本的35%的额外投资宽免。宽免额被限定为绿地项目的每个项目5.5亿兰特，灰地项目是每个3.5亿兰特。

对上述批准的项目，雇主向雇员提供的培训可以享受额外培训宽免。

对符合条件的公司，额外培训费税收宽免限定为6年内每名雇员最高位36 000兰特。一家公司在这六年期间内可以允许最高有2 000万兰特的培训费税收宽免。

（2）经济特区。为了促进南非特定地区的制造业的投资、经济增长和创造就业，南非引入了工业开发区。在工业开发区内受到海关管制的区域内减免增值税和关税。

工业开发区制度是为了改进治理结构，梳理程序和对在开发区内经营的企业提供更加针对性的扶持而进行的一次改革。南非的贸易和工业机构正在引入经济特区，有意将现在的工业开发区转变成为经济特区。为了鼓励工业开发区内的比较高层次的投资，将适用额外的所得税优惠措施。

所有的这样的企业都能够主张获得对建筑在内的资本结构的加速折旧备抵。从事符合条件的活动的公司业可以享受15%而不是28%的公司所得税税率。

享受15%的公司所得税这一低税率的主要规定是：该实体要满足条件：1）在南非组建或实际管理机构所在地在南非境内；2）公司服务或出售货物至少90%必须要与归属于一个或多个经济特区内的固定营业场所的活动相关；3）得到了财政部长（与贸易和工业部长协商）的批准。

南非有生效的反规避措施来判定一个不符合条件的公司要取消享受经济特区的所得税优惠，如果该公司的可扣除开支或源于与居民关联方之间的交易的所得超过20%，或者如果关联方是非居民，与归属于南非的非居民的常设机构的交易相关的，都要取消所得税优惠待遇。

适用这些优惠的年度是从2014年1月1日开始，并且要在5年期和10年期后受到审查。

（3）节能设备投资。加大了对节能设备的特别扣除。

在用于可再生能源和生物燃料生产的节能设备的投资符合第一年折旧率50%，第二和第三年30%和20%的折旧率的调剂。对于从生产能力不超过100万瓦的光伏太阳能发电厂获得的电力，折旧率加大到第一年成本的100%。出现节能的证明文件和节能机构认证的证明资料要在2年或3年交给相关部门。

对节能的特殊扣除是给予了所有纳税人的，此项扣除见节能的每千瓦时的95%。纳税人如果主张获得这种扣除必须每年要获得实现的实际节能的相关机构的认证。对于认证过程，南非已经颁布了相关的规章。

（4）总部公司和财务管理公司制度。从2011年1月1日起，南非引入了总部公司制度，其目的是为了吸引设立中间的外国投资或金融公司。总部公司税制是选择性的，要满足年度申报的规定。

要获得总部公司资格，要满足下列标准：

第一是该公司必须是南非税务居民；第二是该公司的每一名股东必须要持有该控股公司的股份，也就是公司股权的比例不低于10%。在2013年1月1日前，要求在整个年度内以及整个在公司从2011年1月1日从事任何交易的期间的任何以前的纳税年度内都要满足这一规定。

总部公司可以享受如下待遇：

——总部公司的外国子公司将不被作为受控外国公司，这是因为该总部公司在该外国子公司中拥有重大的股权；

——总部公司发放的股息一般将豁免股息税（且在 2012 年 4 月 1 日前，股息豁免公司的二次税）；

——总部公司将不被认为违反资本弱化规则，只是因为背对背跨境贷款的存在涉及了该控股公司且该公司拥有该外国子公司 10% 或更高的股权。但是，所有与这样的背对背贷款相关的利息扣除是有限制的。因为转让定价规则不适用于这些融资安排，他们就可以不收取利息或只收起很低的利息；

——从 2013 年 1 月 1 日起，总部公司由于和其符合条件的投资目标的背对背特许安排而发生的支付和收取的特许权使用费豁免转让定价规则，但是，与这样的背对背许可安排相关的所有的特许权使用费的扣除是受限制的；

——从 2013 年 1 月 1 日起。有总部公司支付给非居民的特许权使用费豁免对特许权使用费征收的预提税；

——从 2015 年 3 月 1 日起，由总部公司向非居民支付的利息豁免对利息征收的预提税，且在总部公司内的转让的任何股份豁免证券交易税。

在 2013 年 2 月 27 日。为了应对南非的外币交易管理，设立了所谓财务管理控股公司。允许那些在约翰内斯堡证券交易所上市的公司设立一个子公司管理整个集团的融资功能，选择外币不受外汇管制的约束。

（5）国际航运。从 2014 年 1 月 1 日起，南非对国际航运公司实行优厚的优惠制度。

对符合条件的国内航运公司的航运税制包括了豁免所得税、资本利得税、股息以及对利息征收的跨境预提税。这些公司也在功能货币的选择上具有了更大的灵活性。

8. 征收管理

（1）纳税期间。公司的纳税年度对应的是其财务年度。对公司是在当前的核定年度的获得的所得核定税款的。

（2）纳税申报与核定。公司必须要在南非国家税务局局长决定的日期前提交该核定年度的申报表。如果遇到特殊情况，纳税人可以通过可以向当地的南非国家税务局的申请获得展期。

（3）税款缴纳。公司要每半年按照其对整个年度估算出来的纳税额提前缴纳临时性的两次税款。第一笔款项是在该年度的前 6 个月内缴纳的，缴纳的款项等于该年度估算的纳税额的一半，减去同期内实现的资本利得。第二次的临时纳税是在该纳税年度的最后一天到期，等于估算出的全部税款，减去第一次的临时纳税款项和本年度内扣除的资本利得税。

（4）事先裁定。一名纳税人或一类纳税人可以事前就《1962 年所得税法》的解释或适用从南非国家税务局获得具有约束力的事先裁定。但在特定的情况下，南非国家税务局可能不接受事先税务裁定的申请。

事先纳税裁定的申请过程是收到管制的，且要满足包括缴费在内的许多规定。

南非国家税务局可以出具各种类型的裁定。如果纳税人就专门的未完成的交易向南非国家税务局提出申请，南非国家税务局将出具在该裁定标注的时段内对税务当局（而不是纳税人）有约束力的私人裁定。这些裁定一般是以匿名的方式发布的。

（二）居民公司之间的交易

1. 企业集团合并纳税

南非不允许公司集团填写合并的纳税申报表，也不允许将整个公司集团作为一个纳税单位。公司集团之间的一般利润或亏损的转让在税务处理上是不允许的。

税收减免大部分是涉及有关资本利得税、对亏损征收的所得税和转让税。一般来说，这种减免只适用于在同一集团内部的公司之间的交易。一个公司集团被定义为一控制公司和该控制公司相关的一个或一个以上的受控公司。

2. 公司之间的股息红利

由居民公司向另外一家居民公司股东分配的股息一般在该股东环节是豁免所得税的。但是，假如接受者股东不是居民公司，或者虽然是居民公司，但不是该股息的受益所有人，就要缴纳预提税（也称为股息税）。

3. 其他类型的所得税。

（1）公司二次税。这种对公司征收的二次税是1994年到2012年4月1日征收。这种税在2012年4月1日被对股息征收的预提税，即股息税取代了。

（2）公司的周转税。从2009年3月1日，微型企业可以选择缴纳周转税。这种税将取代增值税、临时税、公司所得税、资本利得税和股息税（在2012年4月1日前是公司的二次税）。

（3）矿产资源转让的出让金。在南非勘探和开采矿产的所有权利属于代表南非公民充当所有矿产资源监护人的南非国家。

出让金是对矿产或石油的转让按照其转让（而不是开采）时的价值征收的。从南非开采应纳税的矿产资源的人要缴纳出让金。

（三）对工薪的课税

（1）南非对工薪征收工薪税和社会保险税。

（2）南非对工薪款项征收1%的技能发展税。源于此税的收入用于假日培训。南非对工薪不征收其他税。

（四）国际税收

1. 居民公司

一个公司如果满足下列条件，则被认定为南非的居民：

——在南非境内注册、成立或组建；

——实际管理机构所在地在南非境内。

如果一家居民公司按照南非的一部全面税收协定的规定不是南非的居民，则这家公司在缴纳国内所得税时就不再是税收居民公司了。

“实际管理机构所在地”的一词不是为国内纳税时参考的定义。

（1）境外所得和资本利得。南非适用的属人原则的税制。由居民公司获得的所有非资本性质的所得都会包括在毛所得中。外国分支机构、代理或南非居民的常设机构要在南非缴纳税款，且对承担的外国税款按照单边的方式或税收协定的方式给予抵免。南非居民的外国贸易的损失可以与源于在南非今年国内从事的贸易获得的所得进行冲销。南非来源的亏损可以和外国所得进行冲销。

南非居民公司要就其在全球范围的资本资产处置或认定处置的资本利得缴纳税款。在一个财政年度内累计的资本利得的66.6%（不是亏损）是包括在纳税所得中的，并按照适用的公司所得税税率缴纳税款。

一般来说，所有的外国股息所得是应纳税的，但对某些特定的外国股息免税。

（2）境外损失。南非居民的外国贸易的亏损不能和源于南非境内的所得进行冲销，只能够从应纳税的外国来源所得中扣除。南非境内的亏损可以冲抵外国所得。

（3）境外资本。南非不对外国资本征收。

（4）避免双重征税。南非《1962年所得税法》规定了对南非居民实行双重征税的单边外国税收抵免减除，采用的是普通抵免的方式，超额的外国税收抵免部分可以向前结转最多7年。

纳税人是否可以获得单边税收抵免减除，外国税收要满足许多要求：例如，该外国税必须是"所得税"，且必须要南非境外所得缴纳的税款。

南非的税法有许多对超额外国税收抵免的明确额，它适用于各种外国资本利得和特定类型的可归属的受控外国公司所得。

由居民股东公司获得的外国股息所得是可能获得免税的。当外国股息所得应纳税时，只能适用外国税收直接抵免法。

当对要缴纳南非所得税的所得缴纳外国税款既没有单边措施也没有双边措施时，这些外国税款是可被允许作为类似于任何其他的经营费用的扣除来处理的。

按照受控外国公司规则，由其受控外国公司对归属于该居民的所得缴纳的外国所得税，该居民公司有权获得针对南非所得税的抵免。

2. 非居民公司

任何不满足南非税务居所得国内测试的公司将被视为非居民。如果满足下列条件之一，公司就是南非的居民：公司是在南非注册、组建或设立；或者其实际管理机构所在地在南非；如果一家居民公司按照南非的一部全面税收协定的规定不是南非的居民，则这家公司在缴纳国内所得税时就不再是税收居民公司了。

"实际管理机构所在地"的一词不是为国内纳税时参考的定义。

（1）一般所得和资本利得课税。从南非境内来源获得应纳税所得的非居民公司依据国内税法按照28%的税率缴纳，与其在南非是否保有常设机构，这些应纳税所得可以归属于该常设机构无关。

一般来说，除了具有资本性质的收入或应计收入，非居民在南非境内的来源获得的所得是应该缴纳税款的。

在这方面。法定的来源地规则处理的是判定非居民的所得税义务的所得的特定项目。法定的来源地规则是从2012年1月1日后适用的。

没有法定来源地规则包括的任何所得的来源地是要参照南非法院制定的案例法指引来判定。

（2）资本课税。南非对非居民公司不征收资本税。

（3）征收管理。在南非有纳税义务的非居民在南非境内填报纳税申报表，即使对有关的应纳税所得或资本利得主张获得免税也要这样做。如果税务当局对应纳的税款采取的是从源最终预提的方式征收，一般不需要提交纳税申报表（但非居民出售不动产或符合条件的利息除外）。

3. 向非居民公司支付款项课征的预提税

（1）股息。对居民公司分配的股息征收传统的预提税。该税种被称为“股息税”。

如果是在2012年4月1日及以后已经支付或应该支付的股息，就需要缴纳股息税，税率为15%。

股息中的股息包括了由居民公司支付的全部股息，以及由其股份是在公认的南非证券交易所上市的公司支付的任何外国股息。

（2）利息。从2015年3月1日，预提税适用于从南非来源地获取的利息。对银行利息和总部公司适用免税法。对由非居民从南非来源地获取的全部毛利息从2015年3月1日后都要按照15%的单一税率征税，而支付该利息的任何支付方则负有最终的扣缴义务。

对利息征收的预提税是最终税。这种税是在利息的支付日，或者利息的到期日和应付日之间的比较早的那个日期缴纳的上市交易的债务；由南非政府、任何银行、南非储备银行、南非开发银行或者工业发展公司，或者总部公司向外国人支付的利息等是豁免预提税的。对向境外的非居民支付的利息可以享受税收协定的优惠低预提税待遇。

（3）特许权使用费。非居民就其为了获得特许权使用费、专有知识和特定服务的款项总额按照15%的税率缴纳最终的预提税。当对有关在南非使用或有权使用的授予权利支付了特许权使用费时，就产生了纳税义务。预提税必须要在要缴纳税款的那个月的次月的最后一天缴纳。

支付特许权使用费的人要承担代扣代缴义务，将特许权使用费中的15%作为预提税扣缴。

（4）其他。

①出售位于南非境内的不动产。非居民就其源于位于南非境内的不动产的利润要缴纳所得税，假如这些利润是源于进行贸易的经营活动。当不动产是作为消极投资被持有时，与此相关的任何利得要缴纳预提税。

②服务管理费。对由非居民在南非境内提供的服务的管理可费，可以享受税收协定的减免待遇，假如这笔所得是来自南非的来源地，就要按照其净所得征税。假如税收协定适用，则要也要考虑是否可以享受减免税。如果是在南非境外提供的服务，一般不会产生纳税义务。这些费用不需要缴纳预提税。

③分支机构利润税。南非队外国公司南非常设机构的税后利润不征收分支机构利润税。

（5）预提税税率。南非和多个国家或地区签署了双边税收协定，各个税收协定对股息、利息和特许权使用费等适用不同的预提税税率。

（五）反避税

1. 概述

南非《1962年所得税法》包括了适用于各种情况的一般反避税规则。

除了法定的一般反避税规则，南非的普通法原则将应对各种虚假交易。这些是那些交易方为了实现特定的税收结果而故意伪装成真实的法律性质交易。

2. 转让定价

南非的转让定价规定适用于几个明确的跨境情况。

南非的转让定价规则是自动适用的，且调整不再受南非国家税务局的自由裁量权的约束了。

南非国家税务局制定了适用法定的转让定价规定的方法。该方法将 1995 年经济合作与发展组织对跨国公司的转让定价指南的主要精髓吸纳进来了，将基于交易的方法，特别是可比非受控价格法（CUP）作为优先选择。像转售价格法、成本加成法和交易净利润法（包括利润分割法和交易净毛利法）得到了认可。

3. 资本弱化

基于利率巨额债务数额的非正常交易条款的财务援助的规定被认为是一般转让定价规定的一部分。

南非国家税务局在 1996 年 5 月 14 日发布了 2 号文告制定了判定超额债务数额的特定指南。南非国家税务局将任何超过债务与股权的比率超过 3∶1 的认定为违法正常交易原则。纳税人也可以通过各种方式证明自己的行为属于安全港内其债务和股权的比率符合正常交易原则。如果按照规定了利息是超额的，其超过名义年度利率的部分是不能纳税扣除的。

南非国家税务局临时颁布了新的基于公式的规则来限制利息的在南非的纳税扣除。

4. 受控外国公司

南非有适用于受控外国公司纳税义务的法定规则。

受控外国公司规则既适用于南非居民公司和自然人，但不适用于是总部公司的居民。

受控外国公司是南非境外的一个居民公司，该南非居民直接或间接持有其超过一半的权参股权利或直接或间接履行超过 50% 的选举权的公司。

南非居民有权获得该受控外国公司按照受控外国公司规则就其与归属于该居民的相关所得缴纳的外国税款和南非所得税的抵免（或退税）。

按照受控外国公司规则需要缴税的人必须要为其持有参股权的每一个受控外国公司填写单独的纳税申报表。而对受控外国公司的应纳所得税也和居民的年度纳税额一样按照其自己所得进行核定。

二、个人所得税

（一）一般规定

1. 纳税人

一个自然人是南非居民，假如他：

（1）是南非的普通居民；

（2）不是普通居民，但在相关的纳税年度停留累计不低于 91 天，以及在以前的 5 年中的任何一年中累计超过 91 天，且在过去 5 个纳税年度中累计停留超过 915 天。

但是，这一定义排除了在适用税收协定时被认定为具有排他性的另一个国家居民的人。

合伙不是税收上的法律实体，且对合伙人要按照其各自的纳税地位，如公司、个人或信托等就其相关的利润份额征税的。

2. 应纳税所得额

（1）概述。从广义上讲，自然人的应纳税所得税是毛所得减去免税所得，减去扣除和宽免后的余额。毛所得是从全球范围的来源获得具有收入性质的所得。在实现的资本利得中，只有33.3%是包括在自然人的应纳税所得中。

（2）免税所得。下列所得豁免个人所得税：

——残障人员养老金或者工人的补偿金；

——按照南非社会保障制度，个人获取的或应计入个人的数额；

——居民获得外国养老金：1）是按照任何外国社会保障制度；2）从因为国外以前的受雇从国外来源获得的；

——由居民股东在非居民公司持有高于10%的股份和选举权的股权而收取的外国股息所得；

——由雇主由于服务的开始、转移或终止而支付的搬家费；

——给雇员或其亲属的真实资助；

——从前配偶获得的赡养费；

——除了缴纳股息税的大部分本地股息；

——从保险公司购买的年金中的资本因素；

——从南非道路事故基金中的支出；

——从免税投资宽免中获得所得或利得等。

3. 受雇所得

（1）工资薪金所得。从在南非境内，或者由南非居民从受雇，或者从提供服务获得的现金或实物的数额，无论来源何处，且无论是按照服务协定还是自愿支付，都要缴纳所得税，当然也受税收协定的规定的限制，从在南非境外提供的服务获取的报酬是在南非免税的，前提是提供服务的这个人是在核定年度开始或结束的任何12个月内累计超过183全天，且这段时期内连续超过60天不在南非境内。

由雇主支付的搬家费以及该雇员为获得永久性住处之前的不足183天的临时住宿费不被视为受雇所得的一部分。

一般来说，在独立贸易过程中对自然人提供服务支付的数额以及向公司支付的数额是不需要缴纳雇员税的。

（2）实物福利。实物福利原则是作为受雇所得的一部分要缴税，除非有明确免税的规定。例如，如果给予雇员无息或低息的贷款，这种福利的应税额就是按照官方利率计算出来利息和雇员的实际利息额之间的差额部分。

如果是免费的住宿，应税福利就是按照公式判定的价值或与该雇员的成本减去该雇员缴纳的部分相等的数额中比较大的那个。

对因为公司向其提供用于私人或国内使用的公司车辆的雇员的应税福利是按照该车的判定价值，特别是该车的成本，不包括增值税和财务费计算出来的。

由雇主代表雇主向养老金、公积金、医疗或类似基金按照相关条款缴纳的款项一般不需要雇员缴纳税款。

其他的应税福利包括了由雇主按照低于市价的方式对雇员债务的降低或豁免以及从雇主购买资产。

（3）养老金所得。对常规应支付的养老金和年金是按照正常的所得税税率全额征税的。但是，由居民按照外国的社会保障制度或因为在南非境内过去受雇而从外国来源获得外国养老金款项豁免南非税收的。

符合一定条件的养老金缴款是可以纳税扣除的。

（4）董事费。公司董事要就其报酬缴纳雇员税。

4. 经营和专业服务所得

自然人从经营活动中获得的应纳税所得一般是按照和对公司的一样的方式计算出来的。因此，应纳税所得是按照年度财务报表，对从财务报表中获得的净利润或亏损按照会计处理但不是按照《1962 年所得税法》认可的科目的之间的差额调整后得到的。特定的外国来源所得是具有资本性质的所得或开支在计算所得税时是被排除在外的，且要对税务和财务折旧之间的差异以及特殊的税收宽免进行调整。特殊规则也适用于判定所得和开支的确认时间。另外，对利息、大多数金融工具应付的升水和贴水以及其他金融工具适用特殊规则。

自然人的经营所得和专业服务所得要和此人获得所有其他类型的所得加总，按照适用的累进税率缴纳税款。

5. 投资所得

除了源于单位信托方案和建筑协会的特定股息，自然人的股息是豁免个人所得税的。

外国股息所得在特定的情况下是免税的，前提是该自然人股东拥有不低于 10% 的股权和投票权。应税的外国股息可能要按照 10% 的实际税率缴纳税款。

从 2012 年 4 月 1 日起，非居民自然人股东需要缴纳股息税，对有南非居民公司或支付的任何股息额要按照 15% 的税率征税，对由非居民公司支付的任何外国股息，如果其股份是在公认的南非证券交易所上市的，也要按照 15% 的税率征收股息税。

65 岁的人每年利息的第一个 34 500 兰特以及其他人的 23 800 兰特是豁免个人所得税的。南非居民获得的利息在南非是要缴税的。

特许权使用费，以及来自不动产的所得都属于自然人的应纳税所得，要按照适用的累进税率缴纳个人所得税。

从 2015 年 3 月 1 日起，源于免税投资宽免的所得或利得是分别豁免了个人所得税和资本利得税。向批准机构的投资缴款在每个纳税年度中有一个年度 30 000 兰特和一生 500 000 万兰特的限额。对居民自然人和非居民自然人都免税。

6. 资本利得

对南非居民自然人对资本资产的处置或认定处置是征税的。

资本利得税是由资本利得税事项触发的。这包括了房产的出售、废弃或交换，或者此人在公司、合伙或信托中的股份由于价值转变的安排而变动的。

满足一定条件的资本利得和损失是不属于应纳税的资本利得的。

另外，在特定的情况下，资本利得税可以延期缴纳。

资本利得税对自然人实现的利得的 33. 3% 按照正常的所得税税率征收，每年有 30 000 兰特的不在应税所得额中。如果人在核定年度内去世，此人的那一年度不予计入的部分为 300 000 兰特。

7. 个人扣除、宽免和抵免

（1）扣除。允许从毛所得中扣除的个人扣除项目有：65 岁以上者及残疾人可以全额扣除医疗和牙医费用，包括了该纳税人、纳税人的配偶、纳税人的子女、继子女后直系亲属在该年度实际发生的医疗援助开支。这些扣除项目在 2014 年 3 月 1 日被取消了并被医疗税收抵免减免制度取代了。

对向穷人、贫困者、老年人或残疾人提供服务的公益机构，或者是与教育和住房、自然保护、艾滋病防治、救灾和减贫等相关的捐赠是可以扣除的。但扣除限制为捐赠者的应纳税所得的 10%。

（2）宽免。个人可以根据纳税所得表计算所得税个人扣除额，以达到最终纳税义务。如果纳税年度的应纳税所得额低于这个最低水平，则不需纳税。并且，一般没有填写纳税申报表的义务。

65 岁以下的自然人享受的最低宽免额为 73 650 兰特；65 岁到 75 岁之间的宽免额为 114 800 兰特；75 岁的则是 128 500 兰特。

第一次退税适用于所有的自然人纳税人。在 2016 年 2 月 28 日截止的纳税年度的首次退税是 13 257 兰特。对于 65 岁以上的纳税者，除了第一次退税以外，还允许 7 407 兰特的第二次退税。超过 75 岁的人还可以获得 2 466 兰特的额外退税。

（3）抵免。从 2012 年 3 月 1 日起，如果每一名是自然人的纳税人属于登记的医疗方案，他们可以从他们的应纳税所得中扣除一定数量，被称为“医疗方案费税收抵免”。

假如雇主代表雇员、子女向医疗方案缴费，也可以适用医疗项目费用税收抵免。

65 岁以下的，65 岁及其以上者和残疾人从 2014 年 3 月 1 日有关获得额外的医疗费用税收抵免。

8. 损失

（1）普通损失。如果按照《1962 年所得税法》允许的扣除和宽免超过了从贸易获得的所得，导致了核定的损失，如果一个人不是从贸易获得所得时，特别是获得薪金时，就不会出现核定的损失。核定的亏损可以无限期向前结转并与未来年度的获得的所得进行冲抵（受特定限制的除外）。任何核定的损失都不能向后结转到以前的年度。

（2）资本亏损。对资本亏损一般是有限制的，只可以和资本利得而不是和其他类型的所得进行冲抵。

9. 税率

（1）所得和资本利得。2015 年 3 月 1 日到 2016 年 2 月 28 日的核定年度的所得税的税率段和适用税率如表 2 所示：

表 2

应纳税所得	税率
181 900 以下	应纳税所得的 18%
181 901 ~ 284 100	32 742 兰特加上超过 181 900 兰特的数额的 26%
284 101 ~ 393 200	59 314 兰特加上超过 284 100 兰特的 31%
393 201 ~ 550 100	93 135 兰特加上超过 393 200 兰特的 36%
550 101 ~ 701 300	149 619 兰特加上超过 50 100 的 39%
701 300 以上	208 587 兰特加上超过 701 300 兰特的 41%

（2）预提税。除了雇主按照随薪缴税制度代扣税款外，居民自然人一般就其来源于南非的所得不缴纳预提税。

10. 征收管理

（1）纳税期间。自然人的纳税年度是在每一年2月终止日结束的12个月（特别是3月1日到次年的2月28日或29日）。

税务当局对个人在当期的核定年度内获得的所得核定征税。

（2）纳税申报与税款的核定。自然人要按照南非国家税务局每年发布的公共通告填报所得税申报表。提交纳税申报表的规定通常适用于：

——毛所得超过纳税起征点的人；

——在该核定年度累计的资本利得乘以25%加上毛所得超过纳税起征点的人；

——从任何交易获得所得的人或这类人，但不包括从报酬获得的所得；

——从信托、死者、不能清偿的遗产的代表纳税人；

——其薪水方案中的部分是获得津贴的自然人；

——向其发出了个人所得税申报表的任何人，与此人的所得的多少无关；

——如果一个自然人其所得是由已经扣除了雇员税的报酬组成的，如果满足特定的条件，就可以不需要填报当年度的纳税申报表。

自然人纳税人必须要在南非国家税务局决定的日期前提交核定年度的纳税申报表。纳税人可以向本地的南非国家税务局的机构申请获得填报纳税申报表的展期。纳税人可以从在线的方式提交其个人所得税申报表。

除了某些例外，对配偶是分别征税的。

（3）税款缴纳。雇员税是由南非国家税务局对个人所得税的缴纳是按照随薪缴税的方式收取的。因此，所得税是按照标准的表格或明确的指令从雇主支付的报酬中扣除的，按照对自然人的卒子会给你纳税人的核定，该雇员是与代表其的雇主缴纳的雇员税进行抵免的，并仅缴纳其任何不足部分，或者是获得多缴纳的退税。如果是属于标准的雇员制标准所得税制的雇员，扣缴的标准雇员所得税是其最低的或最终的纳税额。

雇员被标准所得税时对低收入的雇员的纳税扣除。这种税适用于那些每年收入不超过73 650兰特的标准受雇净报酬，采取的雇员税形式。

（4）事先裁定。一名纳税人或一类纳税人可以事前就《1962年所得税法》的解释或适用从南非国家税务局获得具有约束力的事先裁定。但在特定的情况下，南非国家税务局可能不接受事先税务裁定的申请。

事先纳税裁定的申请过程是受管制的，且要满足包括缴费在内的许多规定。

南非国家税务局可以出具各种类型的裁定。如果纳税人就专门的未完成的交易向南非国家税务局提出申请，南非国家税务局将出具在该裁定标注的时段内对税务当局（而不是纳税人）有约束力的私人裁定。这些裁定一般是以匿名的方式发布的。

（二）其他类型的所得税

南非对任何雇员的受雇所得征收技能发展税。这种税筹集的税收收入是用于雇员的教育和培训的。南非国家税务局负责这种税的征收。

这种税是按照应支付给雇员的报酬的1%的税率征收的，且年工资总额超过50万兰特的雇主要缴纳这种税。这种在雇主缴纳所得税时是可以扣除。雇主对雇员的培训会获得政府的补助金。

（三）国际税收

1. 居民纳税人

如果一个自然人满足下列条件，此人就是南非的居民：是南非的普通居民；或者如果不是南非普通居民，在一个时期内，或在一个相关的纳税年度内至少累计 91 天的时期内，或者在先前的 5 年内的每一年内累计超过 91 天的时期内，或者在前五年的累计超过 915 天的期间内在南非停留。

然而，这一定义排除了在适用任何双边税收协定时被认定为就是另外一个国家的具有排他性的居民的任何人。

（1）境外所得和资本利得。对南非居民自然人是按照其全球范围所得，以及和源于处置或认定处置的资本资产（与所在地无关）的资本利得征税。

由南非居民从国内和国外来源获取的全部所得（包括受雇所得、经营所得、利息和租金所得）都要按照适用税率缴纳个人所得税。

除了各种免税和应纳税资本利得的非计入部分，也要将外国资本利得包括在自然人实现的全部资本利得中，对该利得的 33.3% 按照正常的个人所得税税率征税。

除了特定政府官员，那些在国外兼职但依然是南非居民的自然人在离开南非这段时期内在国外提供服务获得的外国受雇所得可以获得免税，但要满足特定的条件（包括在相关的纳税年度内在任何 12 个月内累计离开南非达到或超过 183 个整天，以及在那 12 个月内连续期限超过 60 个整天）。

特别的规则也适用对作为船只的官员或船员的人获得的报酬的税务处理。

居民的外国股息所得在下列情况下豁免个人所得税：由上市公司发放的外国股息；或者该居民在宣布发放股息的公司里持有不低于 10% 的总股权资本和投票权；或者获得的外国股息源于以前在南非缴纳了税款的利润（而按照税收协定降低了税率的除外）；或者该外国股息源于按照受控外国公司规则在南非缴纳了税的利润。

与外国股权相关的居民的资本利得，如果该居民持有该股份和投票权的比例不低于 10%，持有期限不低于 18 个月，且向非居民出售这些股份，就可以豁免资本利得税。

（2）境外资本。对居民自然人获得的国内或国外资本不征收经常税。

（3）避免双重征税。《1962 年所得税法》规定了对南非居民实行双重征税的单边外国税收抵免减除，采用的是普通抵免的方式，超额的外国税收抵免部分可以向前结转最多 7 年。

纳税人是否可以获得单边税收抵免减除，外国税收要满足许多要求：例如，该外国税必须是“所得税”，且必须要南非境外所得缴纳的税款。

南非的税法有许多对超额外国税收抵免的明确额，它适用于各种外国资本利得和特定类型的可归属的受控外国公司所得。

从 2012 年 3 月 1 日，南非对南非国家税务局认为源于南非境内的款项的服务费款项适用超级单边外国税收抵免法。这种超级抵免也在外国公司征收的和税收协定不一致的税时适用。但任何此类的超级外国税收抵免都不允许进行向前结转。

由持有不低于10%的参股权的居民股东收取的外国股息所得是免税的，且对此类免税股息外国直接税不适用外国税收抵免，对任何基础的外国税款也不适用外国税收抵免。

当对缴纳南非个人所得税的所得缴纳的外国税款既不适用单边减除方法也不适用双边减除方法时，已经缴纳的外国税款可以允许作为从应纳税所得的扣除项（与针对个人所得税纳税额的抵免项相对），但南非国家税务局在这些年来的做法是不同的。

2. 侨民

除了对源于南非来源地的所得的非居民的税务处理适用专门的规则，南非对侨民没有特殊的所得税制。

3. 非居民纳税人

一个不满足居所规定的自然人被视为非居民。如果一个自然人满足下列条件，此人就是南非的居民：是南非的普通居民；或者如果不是南非普通居民，在一个时期内，或在一个相关的纳税年度内至少累计91天的时期内，或者在先前的5年内的每一年内累计超过91天的时期内，或者在前五年的累计超过915天的期间内在南非停留。

然而，这一定义排除了在适用任何双边税收协定时被认定为就是另外一个国家的具有排他性的居民的任何人。

（1）所得和资本利得课税。除非另外标注，非居民要按照正常的所得税规则包括税率和享受个人扣除、宽免和抵免等缴纳中央税和地方税。

非居民在南非缴纳所得税的一个连接因素就是基于该所得的来源地。一般来说，假如获取所得的活动是在南非境内进行或资产归属南非境内的常设机构，则该所得或利得就在南非有来源地，此外，对股息、利息、特许权使用费等特定的所得类别从2012年1月1日后适用法定来源地规则。

①受雇所得。非居民在南非提供服务获得的受雇所得，如果该所得的来源地是位于南非境内，就要缴税。如果是源于在南非境外提供的服务的收益，即使是由南非雇主支付的，也不需要缴税。

对非居民获得的受雇所得有明确的例外：如果此类所得是源于南非中央或省政府机构，前提是该所得要在该雇员的居住国缴纳税款，就是免税的。

②经营和专业服务所得。由非居民从南非境内的来源地获得的经营所得在南非需要缴税的，除非该自然人是和南非缔结了双边税收协定的国家的居民，且其在南非没有税收协定规定的常设机构或固定基地。对非居民有关其南非来源的经营或专业所得发生的费用是否可以扣除是没有特殊规则的。适用于居民的规则一般也适用于非居民。

演艺人员和运动员。对向非居民的演艺人员和运动员就其在南非境内完成的或即将完成的特定活动的应付款项适用最终预提税，对其收取或计入的全部数额征税，税率为15%（除非有豁免个人所得税的明确规定）。

如果一个居民雇主的非居民在其完成该特定的活动期间的任何核定年度中的开始或结束的任何12个月内在南非境内累计停留超过183全天，就不需要缴纳此种预提税。

"演艺人员"或"运动员"的定义非常宽泛，包括从事具有娱乐、表演或演出等性质的人。

③投资所得。从2012年4月1日起，非居民自然人股东需要缴纳股息税，对有南非居民公司或支付的任何股息额要按照15%的税率征税，对由非居民公司支付的任何外国股息，

如果其股份是在公认的南非证券交易所上市的，也要按照15%的税率征收股息税。公布和支付要缴纳股息税的任何公司必须要预扣该税并将税款缴纳给南非国家税务局。股息税在是股东环节征收的，因此可以享受税收协定的减免。

在2012年前，非居民对从南非境内的来源获取的股息可以享受豁免所得税的优惠。这样的股息却产生了第二次的公司所得税（对公司征收的二次税）。但对那些宣布支付股息的居民公司，这种税从2012年4月1日就被取消了。

从2015年3月1日起，对从南非境内来源获得利息要征收预提税。这种税是按照15%的税率征收的，对包括银行利息等免税的。

非居民是要就其在南非境内使用知识产权而获得和归属的特许权使用费、专有技术的款项和特定服务款项缴纳15%的最终预提税。

一般来说，当非居民在南非有一个常设机构或者在任何一个财政年度内在南非停留累计超过183天，上述对利息和特许权使用费征收的预提税就不征收了。非居民反而要按照其净所得按照适用于非居民的一般规则就其所得的类别缴纳个人所得税。

④资本利得。对非居民自然人的下列的处置或认定处置是征税的：南非境内的不动产，不动产的股份；公司的股份，如果该公司的资产价值的80%或者以上是归属于位于南非境内的不动产，且该非居民持有该公司的股权不低于20%；且归属于该非居民在南非境内的常设机构的资产。

资本利得税是由资本利得税事项触发的。这包括了房产的出售、废弃或交换，或者此人在公司、合伙或信托中的股份由于价值转变的安排而变动的。

资本利得税对非居民自然人实现的利得的33.3%按照正常的所得税税率征收。

（2）资本税。南非对非居民自然人不征收经常税。

（3）征收管理。所得是来自南非境内的要缴纳最终预提税的非居民自然人一般不需要填报其个人所得税的纳税申报表。假如纳税人按照税收协定的减免规定申请降低预提税，就要满足特定的申报规定。

在别的情况下，非居民要承担和适用于居民一样的行政规定。

三、增值税

（一）一般规定

南非实行增值税制度，对商贩在其经营过程中销售货物和提供服务税；对任何进口货物；非居民向居民提供进口的服务征收增值税。

（二）纳税人

商贩被定义为要进行增值税注册或要求进行增值税注册的人。注册有两个标准：从事经营活动和营业额。不从事经营活动的人不能注册为商贩。从2009年3月1日起，增值税注册的最低的数额是12个月内的100万兰特。

（三）应税项目

增值税适用于连续或常规性的全部或部分在南非境内从事经营活动在此过程中提供商品

或服务是为了获得对价的企业或活动，与其是否牟利无关。同时也包括了公共当局、地方当局、福利组织、股份公司和伦敦劳埃德公司的承销成员的特定活动。

要缴纳增值税的科目包括：

——土地和建筑物，包括了从房地产开发商购买的商业或居住房产；从商贩购买的建筑材料、闲置土地；

——专业服务费，诸如从建筑师、房地产代理人、咨询师、建筑设计师、工程师、项目经理、医生、私人医院服务、律师、管道工、电工和会计师提供的服务；

——家用消费品和耐用品，包括了大多数杂货和像肉、鱼、白面包、小吃、罐装食品等食品，以及烟草、香水、药品、冷饮、清洁材料、衣服、鞋类、微波炉和其他的家庭消费品和家用电器；

——市政服务，如水电的供应和清除废弃物；

——住宿、餐饮、旅游、娱乐；

——体育赛事、电影院和戏院、导游和探险游戏等的门票；

——电话、互联网、计算机和其他通讯服务；

——商品和商业房产。如办公场所的出租；

——机动车修理服务，润滑油和零部件。

那些不在应税范围的是在南非经营的永久性和独立性的分支机构的活动；由雇员提供的受雇服务。假如该服务的报酬要缴纳雇员税，除非该雇员是一个独立的交易商，且涉及的是免税的供货。

（四）应纳税额

一般规则是，商品或服务的供货的价值就是此类供货的对价的数量。如果该对价是由货币的数量组成，该货币的面值就是相关的数额。或者，如果该对价不是以货币表示，则该对价的公开市场价值就是应纳税所得。

应纳税的数额一般包括了在供货或进口前面环节征收的关税，以及包装、运输和保险等成本，向代理人支付的佣金和其他财务成本。

特殊规则适用于判定特定供应的应纳税额，包括了股份公司的股份的提供，按照分期信用协定供应的商品，向没有对价的人供应以及关联方之间的交易。

南非的增值税对符合教义的伊斯兰金融交易也实行特殊规则。这些规则将影响增值税的应纳税额。

（五）税率

增值税的标准税率是14%。

（六）免税项目

豁免增值税的商品或服务的供货包括了下列：特定的金融服务（收取费用、佣金或类似收费的要按照标准税率缴纳增值税）；有政府配置的免税交易机构提供的教育服务；由雇主向其雇员提供的出租房和住宿；通过公路、铁路在南非境内的旅客运输，除非该运输是享受零税率的；特定行业协会的特定供货；且由非营利机构（特别是宗教和福利组织）出售的捐赠的商品或服务。

零税率的项目包括了出口货物等。

（七）非居民纳税人

即使在南非没有分支机构、办事处或任何的常设机构，在增值税的处理下，非居民也可以被认定为从事商业活动。例如，为南非境内的设备供货和安装签署了独立合同的非居民，如果超过特定的时间段，按照特定的情况，就要按照规定进行增值税的注册。

从 2014 年 4 月 1 日起，提供电子书、音乐和其他电子服务的国外电子商务企业要按照规定进行增值税注册，如果其在南非境内的营业额超过或已经超过 50 000 兰特的最低额，就要注册为增值税商贩。为了促使外国电子商务企业的注册，南非颁布了新的供货地规则，因为外国供货商向南非境内的客户提供了供货，这些企业就要作为增值税商贩进行注册。

四、消费税

南非关税和消费税是按照《1964 年第 91 号关税和消费税》征收的。

本地生产的商品要按照从价或（和）从量缴纳消费税。从价消费税是对诸如含酒精饮料、烟草制品和石油产品征收的。

从价消费税是对包括化妆品、计算机和音响设备、照相设备、手表、烟花鞭炮、博彩和车辆等大范围的商品征收的。如果是进口的货物，在缴纳普通关税之外，还有缴纳从价征收的消费税。

此外，南非从 2004 年 6 月 1 日开始对塑料袋征收环境税。征收这种环境税就是按照消费税的规定。

五、社会保险税

（一）对公司征收

雇主必须按月为其每一名雇员缴纳社会保险税。

下列人员不缴纳社会保险税：为雇主在一个月内工作不足 24 小时的；学徒；公务员；签约工作的外国人；按月领取国家（老年）养老金的个人；以及只获得佣金的工人。

社会保险税的税基是工人的全部收入的 1%（不包括佣金）。从 2012 年 10 月 1 日起最高的应该参保的数额是每年 178 464 兰特（每月 14 872 兰特）。

雇主也要向福利基金（特别是养老金、公积金、退休和医疗援助基金等）缴款。这些缴款可以享受最高 20% 的工薪费用的扣除。

（二）对个人征税

雇员也要按月缴纳失业保险、疾病或生育假的保险税。下列人员不缴纳社会保险税：为雇主在一个月内工作不足 24 小时的；学徒；公务员；签约工作的外国人；按月领取国家（老年）养老金的个人；以及只获得佣金的工人。

社会保险税的税基是工人的全部收入（不包括佣金）的1%。从2012年10月1日起最高的应该参保的数额是每年178 464兰特。雇员和雇主可以按照前面提到的限额分别缴纳社会保险税。雇主也向福利基金（特别是养老金、公积金、退休和医疗援助基金等）缴款。这样的缴款是在一定限额是可以扣除的。

（张文春　编）

西班牙税制

西班牙主要税种包括公司所得税、个人所得税、增值税、消费税和社会保障税等。

一、公司所得税

（一）一般规定

1. 税制类型

西班牙公司所得税实行古典的双重征税制度。但是，西班牙对该古典税制进行了修订，规定西班牙居民个人应当按照统一调减后的税率缴纳个人所得税，企业股东取得的股息可享受免税优惠。

2. 纳税人

在西班牙，所有的居民法人实体均应缴纳公司所得税，包括股份有限公司和有限责任公司等各类商贸企业。

合伙企业以及具有商业目的的民用企业应当按照公司所得税一般性规则缴纳税款。此外，其他应缴纳公司所得税的实体还包括投资基金、养老基金及风险资本基金。

西班牙居民公司、欧洲经济利益集团和非法人合资企业均应遵循财政透明度原则。该原则规定，上述企业取得的利润所得，不论分配或留存，应当按照企业取得的利润缴纳公司所得税，产生的亏损也应由参与企业承担。

凡符合以下条件之一的公司属于西班牙居民公司：

（1）依照西班牙法律成立的公司；

（2）法定注册地位于西班牙境内的公司；

（3）实际管理机构位于西班牙境内的公司。

若公司满足下列条件，则税务部门也可将其认定为居民公司：

（1）公司位于避税地或低负税地区（除非将公司设立在避税地或低税地区是基于正当有效的经济原因，而非单纯为了投资管理）；

（2）公司大部分资产由位于西班牙境内的不动产或不动产所有权构成。

3. 应纳税所得额

（1）一般规定。在西班牙，居民公司应就其来源于西班牙境内、境外的生产经营所得和资本利得缴纳公司所得税。虽然西班牙税法中规定采用纳税评估的方法核定公司的应纳税所得额，但纳税人通常根据会计账簿直接计算其应纳税额。

税务部门在有详尽涉税数据资料的情况下，可额外间接计算公司的应纳税所得额。公司取得的所得和发生的费用在计算应纳税额时，应根据权责发生制，将已实现所得或已发生费用分别计入相应的会计期间。

（2）免税收入。西班牙税法中没有明确的免税收入类型。但是，某些特殊收入类型在特定情况下可以享受免税优惠（例如符合条件的股息所得）。

（3）扣除。公司发生的与生产经营相关的费用可以在公司所得税前扣除。此外，公司发生下列支出不可以税前扣除：

①股息红利支出及类似的利润分配支出；

②所得税税款；

③罚款及相关附加费用；

④位于避税地的居民公司产生的某些费用支出（除非公司能充分证明该费用支出并非属于位于避税地的居民公司）；

⑤除了向符合条件的受赠人捐赠之外的其他赠与。

公司因解雇员工而发生的辞退费支出实行限额扣除规定。单笔支出金额不超过 100 万欧元，可以税前扣除；金额超过 100 万欧元的，不可以税前扣除。

（4）折旧和摊销。在西班牙，公司所有的有形固定资产（土地除外）以及无形固定资产在其正常预期使用年限内允许计提折旧。公司固定资产计提折旧时，可采用直线法、余额递减法（建筑物、设备、固定附着物的折旧除外）以及年数总和法。

根据西班牙税法规定，固定资产必须单独计提折旧，而不能以资产组的形式计提折旧，除非该类资产共同附属于同一专用复合装置。公司应当以固定资产正式投入生产经营之日起开始计提折旧。

直线折旧法中普遍适用的年折旧率如表 1 所示：

表 1

应计提折旧的资产	最高年折旧率（%）	最低年折旧率（%）
工业建筑和仓库	3	1.47
商业建筑及住宅建筑	2	1
电力网络	5	2.5
机械设备	12	5.55
船舶、飞机	10	5
办公器具及设备	10	5
计算机硬件	25	12.5
计算机软件	33	16.66
汽车、货车、卡车	16	7.14

固定资产还可以采用余额递减法计提折旧，根据该折旧方法，应当根据资产的预期使用年限确定其年折旧率：

①如果固定资产使用年限低于 5 年，则年折旧率每年增加 50%；

②如果固定资产使用年限为 5 年到 8 年，则年折旧率每年增加 100%；

③如果固定资产使用年限不低于 8 年，则年折旧率每年增加 150%；

如果公司新购置资产的实际折旧额高于以普通折旧率计算的折旧额，那么税务机关可行使自由裁量权，根据税法规定，采用特殊的折旧方法，以更高的年折旧率对该资产计提折旧。

一些特定类型的资产可以根据具体使用情况计提折旧，包括：

①用于研究开发活动的资产（采用加速折旧超过 10 年的建筑物除外）；

②新建厂房；

③设备；

④固定资产；

⑤用于经济活动的投资性房地产。

无形固定资产可以在其预计可使用年限内折旧。对于使用年限无限的无形资产，包括商誉，其年限是 20 年（2015 纳税年度，无形固定资产的预计可使用年限是 50 年，商誉预计可使用年限是 100 年）。

2013 纳税年度和 2014 纳税年度，房产、厂房及设备，无形资产和房地产投资的折旧限于公司所得税法允许的最高税率的 70%。从 2015 纳税年度起，在此期间累计剩余的 30% 将在 10 年内以直线法的形式折旧（或者，纳税人可以选择在资产预计使用年限内折旧）。这个方法仅适用于上一纳税年度营业收入超过 1 000 万欧元，且不影响有税务部门批准的符合特别折旧计划的资产的公司。

（5）准备金。

①未实现损失准备金。下列情况可以计提坏账准备：债务逾期未偿还 6 个月以上的；债务人破产欺诈；债务人法律上宣告破产或者处于类似的财务状况（比如，召开债权人会议，进入临时接管）或者债务的偿还取决于判决或仲裁处理结果（可能有例外）。

②环境费用储备金。经税务部门批准过的分摊用于环境费用的储备金可以抵扣。

③重估储备金。2012 年 12 月 27 日法令引入了一次性重估税。纳税人可以用一套系数重新评估特定资产，系数取决于购买年度、资产生产商以及纳税人的负债比率。重估价值净增加额（即重估价值减资产原始价值）按照 5% 税率征税。

符合重估条件的资产为 2012 年 12 月 28 日后存在于第一张资产负债表上的资产（对于公司所得税纳税人）或者 2012 年 12 月 31 日存在于资产负债表上的资产（对于个人所得税纳税人）。

重估储备金未经税务部门批准不可以使用。储备金形成的第一个 10 年，金额仅可用于抵消亏损或提高纳税人股本。在此之后，储备金可以处置。

从 2015 年 1 月 1 日或之后开始的第一个纳税期间起，由重估导致的资产增加净值将在剩余使用年限中折旧。折旧方法与资产翻新、扩展或改造方法一致。

4. 资本利得

资本利得包括处置资产获得的利得和无偿转让产生的利得，被视为普通收入，一般包含在经营收入中，且以公司所得税一般税率征税。

5. 亏损

普通亏损与资本损失通常处理方式相同，且可与同一财务期间的所有收入相抵减。

在2016年的纳税期间，以前年度未弥补的亏损最大可抵减额度为公司应纳税所得额的60%，100万欧元以内的亏损可以无限制抵减。自2017年1月1日起，最大抵减额度提高到70%。

6. 税率

（1）经营所得和资本利得适用税率。2015纳税年度的公司所得税一般税率为28%（2015年1月1日前为30%）。自2016年起，一般税率降低至25%。

新成立公司按15%税率征税。

年营业额不超过1 000万欧元的公司，不超过30万欧元的部分按25%税率征税，超过部分按28%税率征税。

对于纳税期限始于2015年的中小型公司，其税率为25%。如果满足下列条件，可适用低税率：

①净收入低于500万欧元；

②雇员平均数低于25人；

③就业人数维持稳定或增加。

但是，参与油田和天然气管理、勘探、开采的信贷机构及公司继续按照30%税率征税。

（2）境内支付的预提税。居民公司或在西班牙成立的公司，其境内收入应当扣缴公司所得税预提税。这通常被视为预付款项并且可以从收款方当年公司所得税额中抵扣。

（3）股息、红利。自2015年7月12日起，股息、红利及其他利润分配预提税按照19.5%税率缴纳（2016年起为19%）。在此之前，税率为20%。

（4）利息。自2015年7月12日起，利息标准预提税税率为19.5%（2016年起为19%）。在此之前，税率为20%。

满足以下条件的免征预提税：

①属于西班牙公司所得税征税范围的普通贷款利息和应付给居民银行或金融机构（包括常设机构）的相关手续费；

②财政部或中央银行为监控货币市场发行的国库券和证券的利息。

（5）特许权使用费。自2015年7月12日起，特许权使用费预提税税率为19.5%（2016年起为19%）。在此之前，税率为20%。

7. 税收优惠

（1）投资税收优惠。

①研发及高科技创新公司的税收优惠。在同一纳税年度内，可享受本年度研发费用25%的纳税抵免。如果发生的研究开发费用（不论在西班牙或其他欧盟国家）超过前2年的费用平均额，平均数额以内的费用适用25%的抵免额，超过平均数额部分适用42%的抵免。未使用完的抵免额可以结转并顺延18年。此外，研究开发活动中，工薪成本享受17%的抵免，项目有形资产（除不动产）和无形资产的投资成本享受8%的抵免。对现存产品有科技创新活动的享受12%的税收抵免。

②电影制片商的税收优惠。电影制片商对其制片成本在100万欧元内享有20%的税收减免（2015年1月1日前为18%）。超过100万欧元的部分，按照18%减免。税收减免基数必须至少有50%是发生在西班牙的费用。税收减免额不得超过300万欧元，并且不得超

过含纳税人收到的其他援助在内的制片成本的50%。

外国制片商在西班牙发生的费用适用15%的减免，减免在费用超过100万欧元时适用。每部制片减免额不得超过250万欧元，且不得超过含纳税人收到的其他援助在内的制片成本的50%。

支付给艺术家的直接成本、艺术与音乐等现场表演制作发生的技术和宣传成本享受20%的税收减免。

③风险资本的税收投资。为了促进对科技创新领域非金融型中小型公司的风险资本投资，符合条件的风险资本公司和基金对其来自销售持有至少1年以上的股份和其他参股的收益享受99%的免税。对持有期15年以上的不享受免税。若持有期延长为20年的，则可享受免税。

④休达与梅利利亚飞地的收入。从西班牙在北非的休达与梅利利亚飞地取得的收入，其对应的公司所得税负债可以享受50%的抵减。

⑤某些无形固定资产收入免税（专利盒）。出让符合条件的无形固定资产使用权取得的净收益可以部分免税。在此优惠政策下，60%的此类收入可以免缴公司所得税，但是必须符合以下条件：

——出让方不是避税地居民；

——公司在形成此资产过程中所承担的风险必须至少占25%；

——集团公司间转让产生的盈利（在一定条件下）不适用此政策。

⑥资本化准备金。如果留存收益分配到特别准备金中，且5年未分配，则应当按照标准税率或30%税率纳税的纳税人可以从税基中减少10%留存收益的金额。抵减不可超过调整前应纳税所得额的10%。

（2）控股公司。经营目的包括对参股非居民公司进行监督和管理的公司可以享受参股免税制度。只要符合特定条件，在参股免税制度下，非居民公司中的股息、其他利润分配及处置符合条件的利益获得的资本利得，免除公司所得税。除非接受人为避税地居民，否则控股公司向非居民公司或个人股东分配的利润免收预提税。

（3）航运公司。如果船只主要用于国际运输，其管理和注册地位于西班牙、欧盟或欧元经济区的航运公司可以选择以吨位税制纳税。

（4）新成立的公司。对于新成立的有经济活动的公司，自其成立起第一个及第二个有应纳税利润的年度，适用15%低税率。这项优惠不适用于以下新成立公司：

①是集团公司的组成部分；

②继续从事相关个人或组织曾经从事过的经济活动；

③从事与以前年度相同的活动，且以前活动由控制新公司50%（或者更多）股权的个人承担。

8. 税收征管

（1）纳税年度。通常，以日历年度作为纳税年度，但公司可以参照其财务年度进行纳税申报。纳税年度不得超过12个月。

（2）纳税申报。公司所得税必须由纳税人以自我评估的方式计算并缴纳。公司纳税人必须在财务年度结束日起6个月内召开一次年度股东大会（主要是为了通过年度财务报表），并且必须在年度财务报表被批准日起25日内进行最终纳税申报。

（3）税款缴纳。在纳税年度内，居民公司和常设机构必须在4月20日、10月20日及12月20日分三次等额预缴税款。按照纳税人的选择，每次的预缴金额计算方法为：①按照上一纳税年度公司所得税实际应纳税额（税率18%）；②按照日历年前3个月、前9个月、前11个月的税基减去相关的预缴税和代扣代缴税。年营业收入超过6 010 121.04欧元的公司通常必须用方法②进行网上预缴税。预缴税款一般税率为20%（2016年起为18%）。如果有应缴未缴税额，应在年度纳税申报时缴纳。多缴的税款（考虑预缴税款和代扣代缴税款）应退还。

（4）事先裁定。有约束力的裁定由税务部门发布。这些裁定对税务部门和其他处于相同情况的纳税人同样具有约束力。

（二）居民企业之间的交易

1. 公司集团合并纳税

公司集团由一个居民母公司，以及母公司持股75%及以上（直接或间接）的子公司构成。合并纳税的公司集团必须包括为相同的普通股股东所间接拥有的西班牙公司，它与其他公司不会成为合并纳税集团的一部分。如果子公司为上市公司，则门槛由75%降至70%。持股比例必须在整个纳税期间保持不变。另外，母公司必须在整个纳税期间直接或间接地持有合并纳税集团绝大部分的投票权。

公司集团合并纳税时，只有集团净收入需要缴纳公司所得税。集团内部股息及其他支付、利息及特许权使用费都不需要缴纳预提税。集团成员在合并前发生的现有亏损只可以抵扣各成员获得的或分得的利润。另外，在合并期间结束日，剩余的合并阶段产生的集团未弥补亏损可以结转递延，并可以按照比例抵扣前集团成员的利润。

银行及其附属公司必须合并纳税。

2. 居民公司之间的股息红利

居民公司从其他居民公司获得的免税股息红利分配，包括隐性的分配，适用于特殊条例。不论持股大小如何，收取方对这些收入免缴公司所得税，与持股相关的成本不可扣除。

私人基金会从居民公司获得的股息红利同样适用免税。

（三）其他类型的公司所得税

除了正常的公司所得税之外，无须再对收入征税，与收入相关的地方征税值得一提。

1. 商会附加费

从2011年1月1日起，所有居民公司和常设机构只需向有意加入贸易商会的公司强制收取作为年注册费的公司所得税附加费。附加费范围在公司应缴纳所得税额的0.75%（收入在60 101.21欧元以下的）至0.01%（收入超过24 040 484.18欧元的）之间。附加费可以在计算公司所得税前扣除。

2. 地方营业税

年营业额超过100万欧元的从事商业活动、专业或艺术活动的西班牙注册公司，有义务缴纳地方营业税。地方营业税可以在计算所得税时扣除。税额多少取决于纳税人活动和经营的外在职业形式。纳税人经营活动宣称对市政建设有益有用的（比如，社会活动、文化活动、艺术或经济活动），可以减征95%的地方营业税。

3. 城市土地增值税

此税适用于城市土地的增值部分。征税对象为土地出售方，或者未支付购买对价的土地获得方。城市土地增值税的税基由处置日的土地清册价值以及由土地持有年限（最多20年）乘以一个3~3.7之间的系数得到的比例决定。税率可能达到30%。纳税人经营活动宣称对市政建设有益有用的（比如，社会活动、文化活动、艺术或经济活动）可以减征95%的城市土地增值税。

城市土地增值税在计算公司所得税时为可扣除费用。

（四）国际税收

1. 居民公司

（1）境外所得和资本利得。

①一般规定。居民公司就其来源于全球范围的所得和资本利得缴纳所得税。

②免税股息。如果满足下列条件，境外股息红利所得免征所得税：

——居民公司直接或间接地持续1年在非居民公司持股参股（i）至少5%；或（ii）价值高于2 000万欧元。如果居民公司母公司在剩余期间继续持有参股，在此期间结束前股息红利分配所得免税；

——子公司必须缴纳（并不可免税）一个与西班牙公司所得税相同或相近的名义税率至少为10%的税，不论是否有免税、减免、抵扣等规定。“与西班牙公司所得税相同或相近”的要求为子公司属于与西班牙签订税收协定国的居民公司，协定适用于子公司并包含关于信息交换的条款；

——如果进行分配的子公司70%以上的收入由其他子公司的股息红利或资本利得组成，纳税人必须对其他子公司有间接持股以满足持股比例、购买成本和持有期间的要求。

③境外资产的披露。2012年11月15日颁布法令，纳税人必须于信息应报告年份的次年1月1日至3月31日提交披露报告。纳税人拥有并处于境外的以下资产信息必须披露，不能完成报告义务的会受到税务部门惩罚：

——纳税人在境外银行机构或借贷机构的账户，纳税人为账户开户人或受益人，或有权力操控账户；

——认证、资产、有价证券或认股权；

——人身保险、残疾保险以及与境外公司订立的年金合同；

——不动产（产权）。

（2）境外亏损。常设机构亏损不能计入税基，除非机构转移或者停止活动。2015年前，境外常设机构亏损在同一纳税年度内可抵扣居民公司总部利润。

（3）避免双重征税。西班牙运用两种方法来避免对国外所得双重征税，这两种方法为免税法和普通税收抵免法。

如果居民公司从国外常设机构获得的利润实际上已经被征收与西班牙公司所得税类似且名义税率至少为10%的税，且常设机构不是避税地居民公司，则其所得可免税。如果常设机构是与西班牙签订所得税协定国的居民公司，且协定包含信息交换的条款（全部协定），则被视为满足上述条件。

如果总公司曾经扣减过常设机构亏损，则免税仅适用于利润超过扣减的部分。

如果免税要求未达到，则可通过普通税收抵免法来避免双重征税。在此方法下，居民公司任何类型的国外来源收入可以国家为单位，与基于全球收入的西班牙公司所得税应税额相抵扣，抵扣额为下列两者中较低者：

①国外收入或利得在国外实际已经缴纳的税额；

②其收入或利得按照西班牙公司所得税应纳税额分配的数额；

在协定中，普通税收抵扣法是西班牙常用于避免双重征税的方法。

2. 非居民公司

（1）一般所得和资本利得课税。

①常设机构的收入与利得。通常，非居民公司常设机构应就其从西班牙取得的收入和资本利得，以公司所得税一般税率缴纳所得税。对西班牙常设机构向国外总公司上交的税后利润，按照19%的税率征收分公司利润税。自2015年起，税率提高至19.5%。分支机构汇至总公司的利润有效税率为39.25%（25% +14.25%）。2015年，有效税率为42.04%（28% +14.04%）。国外汇款必须在收到汇款1个月内向当地税务局递交纳税申报表。

对其他欧盟成员国居民公司常设机构不征收分支机构利润税。对于与西班牙有税收协定国家的居民公司，只有在协定中明确规定才可征税，并且其他国家对往西班牙的汇款同样征收相似税收。

②直接取得的收入与利得。如果非居民公司不依靠西班牙常设机构运营，对于每笔源于西班牙的收入和资本利得应分别纳税。非居民公司所得税一般税率，以直接取得的收入按照24%税率纳税。如果纳税人为其他欧盟国家居民公司，一般税率为19.5%（2015年7月12日前为20%，2016年起为19%）。但是，此类收入通常应当缴纳最终预提税。

下列项目在西班牙不征税：

——非居民纳税人直接从西班牙发行的证券中取得的股息、利息和资本利得，不论金融机构是否为居民公司；

——非居民纳税人在西班牙的银行存款利息；

——非居民债券持有人直接取得的，来自公共债券利息和资本利得；

——空船租赁或为国际航运空运提供集装箱、船舶或飞机的收入和资本利得；

——从与西班牙养老基金类似的其他欧盟国家养老基金中获得的股息和参股收益（不通过常设机构），或者由这些其他欧盟成员国养老基金在西班牙的常设机构发放的股息和参股收益；

——从欧盟指令2009/65下可转让证券集合投资计划（UCITS）中获得的股息。

此外，其他欧盟成员国居民公司在西班牙直接取得的利息和动产资本利得，免征西班牙税收。然而，除非税收协定另有规定，在西班牙销售股票或其他参股权利获得的资本利得在一定条件下应当征税。

（2）资本课税。西班牙不对非居民公司征收财产净值税。非居民公司应当就其在西班牙境内的不动产缴纳不动产税。持有西班牙境内不动产或不动产使用权，且为避税地居民公司的非西班牙居民公司，必须每年缴纳特别不动产税。不动产税可以作为费用在计算公司所得税时扣除。不需缴纳不动产税的情况如下：

——为境外或国际组织；

——为在认可证券交易所上市的公司；

——公司在西班牙常规的经济活动可以明显区别于仅持有或出租不动产。

（3）征收管理。在西班牙无常设机构，但是从西班牙获取收入的非居民公司，在某些情况下必须指派一个西班牙当地代表，并在指派2个月内通知税务当局。对于有常设机构的非居民公司，指派是强制性的。

西班牙所得支付人、证券保管人以及常设机构代表人对非居民公司的任何应付税款负有连带责任。他们必须对每笔支付款申报纳税。但是，对某些所得，适用于季度或月度纳税申报。

对不动产的销售有反避税措施。在此措施下，向在西班牙无常设机构的非居民公司所有者购买其位于西班牙的不动产，需要按照交易价格的3%作为非居民公司的纳税义务代扣代缴。如果未代扣代缴，税务当局可以扣押标的资产来征收应缴税款。

3. 非居民公司预提税

在西班牙无常设机构的非居民公司获得的来源于西班牙的收入，一般应就其总额缴纳预提税。

（1）股息。来源于西班牙的股息及其他利润分配所得，就其总额按照19.5%的税率征收预提税（2015年7月12日前为20%，2016年起为19%）。从公司收入或公积金中无偿分配的股利在特殊情况下应缴纳预提税。根据西班牙实施欧盟母子指令的规定，向在其他欧盟国家的给符合条件的母公司支付股息，免征预提税。但是，下列情况不能免征预提税：

①母公司为在册避税地（欧盟范围内只有直布罗陀）居民公司；

②向不属于欧盟居民公司的最终母公司支付股息。即欧盟母公司的大部分投票权直接或间接地由非欧盟成员国居民的个人或公司持有，除非能证明母公司的章程和运营都基于合理的经济原因和实质性的经营动机。

（2）利息。来源于西班牙的利息按照19.5%税率缴纳预提税（2015年7月12日前为20%，2016年起为19%）。但是，向欧盟国家居民公司支付的各类利息免税。此外，支付给非居民公司的下列类型的利息免税：

①银行存款利息；

②各类政府债券利息；

③某些国际组织在西班牙发行债券的利息。

（3）特许权使用费。来源于西班牙的特许权使用费，包括电影版权费，一般就其总额按照24%的税率征收预提税。但是，对欧盟和欧元经济区国家的居民公司，适用税率为19.5%（2015年7月12日前为20%，2016年起为19%）。向不属于欧盟居民公司的最终母公司支付的特许权使用费，不可免税。

（4）其他。来源于西班牙的资本利得一般就净额按照19.5%税率（2015年7月12日前为20%，2016年起为19%）缴纳预提税。西班牙子公司向母公司就西班牙经营相关服务支付的合同费用和分支机构支付给总公司的费用，就其总额按照24%税率缴纳预提税。但是，对欧盟和欧元经济区国家的居民公司，适用税率为19.5%（2015年7月12日前为20%，2016年起为19%）。

对于船只进入西班牙领域的船务和航空公司，按照其总收入征收4%的预提税。

（五）反避税

1. 概述

西班牙《税法通则》规定了实质重于形式原则。

2. 转移定价

关联公司间、公司与持有25%以上参股人（包括其近亲）间、公司与其董事（包括其近亲）间的交易产生的收入和费用，特殊情况除外，公司纳税人必须对其自我评估纳税申报进行相应调整。税务部门按照OECD方法（即：可比非受控价格法，成本加成法，转售价格法，利润分割法，交易净利润法）进行调整，纳税人也可与税务部门签订预约定价协议。西班牙税务部门有权与其他国家税务部门事先协定以决定公允市价。关联关系包括：

（1）公司及其股东和董事（或其亲属），股东至少需要持有25%的股份（2015年1月1日前，非上市公司为5%，上市公司为1%）；

（2）会计核算中，同一集团旗下的两个公司；

（3）至少间接持有子公司25%股份的母公司；

（4）由相同股东（或其亲属）直接或间接持股至少25%以上的两个公司；

（5）居民公司及其海外常设机构；

（6）两个控制与被控制关系的公司。

3. 资本弱化

自2012年1月1日起的纳税期间，皇家法令12/2012废除了资本弱化规定，并以对借款费用抵扣的一般性限制取代了资本弱化规定。

4. 受控外国公司

在“国际财政透明”制度下，西班牙居民公司从某些非欧盟居民公司或者某些直布罗陀公司和卢森堡免除控股公司（这些公司的存在没有正当的经济原因，也不从事经营活动）获得的一些类型的被动收入，应当缴纳公司所得税。西班牙居民公司在这些境外公司中必须（直接或者与其他联营公司一起）拥有50%或以上的资本、所有者权益和投票权。这些公司必须在受控外国公司支付的和分配的积极收入相关的公司所得税税额小于按照西班牙公司所得税计算应缴税款的75%的国家（即：被动收入的外国公司所得税税率要小于21%）。这项制度适用于被动收入。

5. 其他反避税规则

非欧盟国居民公司给西班牙居民公司（除了那些必须遵守特殊负债比率的）发放贷款，如果纳税年度全部贷款平均数额（直接或间接）大于借款人当年平均净资产（除去当期利润）的3倍，则适用（2012年前的）资本弱化原则。剩余的利息被重新定义为股息，缴纳股息预扣税。新制度设定了净借款成本的扣除上限。上限为相关期间调整后经营利润的30%。

二、个人所得税

西班牙个人应就其所得向国家和17个自治地区缴纳个人所得税。资本利得纳入个人所得，征收个人所得税。

（一）一般规定

1. 纳税人

在西班牙税法中，符合下列情况的个人为西班牙居民纳税人：

（1）一个公历年度内在西班牙居住超过 183 天；

（2）将西班牙作为经济利益中心（该个人的主要经济利益在西班牙或在西班牙开展商业、专业活动）。

对于非西班牙籍个人，如果其配偶和供养的未成年子女的固定居所在西班牙，且无相反证据，则该个人应视为西班牙居民。

将住所迁至西班牙的个人可以选择按照西班牙居民个人或西班牙非居民个人的规定缴纳个人所得税。

此外，将住所迁至低税率国家（特殊情况下，不包含安道尔共和国）的西班牙国民，在移民后的 5 年内，都应就其来源于全球范围内的所得在西班牙缴纳个人所得税。

2. 应纳税所得额

（1）概述。应纳税所得主要包括以下六项：

①雇佣所得；

②来源于动产的所得；

③来源于不动产的所得；

④经营所得；

⑤资本利得；

⑥推定所得。

通常情况下，西班牙个人所得税根据权责发生制确定该纳税年度可扣除的应税所得和相关费用。在分期付款销售和某些例外情况下，纳税人可以选择将所得计入产品转移年度或实际支付年度。除此之外，所得不允许递延。

如果夫妻分别申报缴纳个人所得税，则应税所得和应扣除的费用按照收入类型和来源分配给夫妻双方。分配规则如下：

①雇佣所得（除养老金外）及相关扣除分别归属于取得者；养老金通常归属于个人受益者。

②动产所得和资本利得，归属于标的资产的所有者，根据不同的夫妻财产制度种类，分为以下两种情况：

A. 如果夫妻在夫妻共有财产制度下结婚，则所得按照 1∶1 的比例分配给双方，除非能证明其他分配方法更合适；

B. 如果夫妻在独立财产制度下结婚，则所得完全归属于标的资产的所有人（或登记持有人）。

③经营所得归属于定期并直接经营业务的个人或者独自开展劳务、艺术活动的个人。

为了计算税额，西班牙税法将纳税人不同类型的所得分为：A. 一般所得；B. 储蓄所得。一般所得是指雇佣所得、不动产所得、经营所得和资本利得（包括不属于储蓄所得的资本利得盈余和亏损）的总和。储蓄所得包括：A. 动产所得（股息、利息、货币报酬、生命或工伤保险等实物福利）；B. 处置资产引起的资本利得或资本损失。

（2）免税所得。居民纳税人取得的下列各项所得，免征个人所得税：

①某些资本利得；

②身体或精神损害赔偿，免税额不得超过法律、法庭判定或保险规定的数额；

③强制遣散或终止雇佣的赔偿金，最高免税额为 18 万欧元；

④社会保障系统向严重残疾纳税人支付的养老金；

⑤来源于符合条件的长期储蓄计划的所得；

⑥法庭判定的儿童抚养费；

⑦某些中奖、中彩所得；

⑧个人纳税人获得的奖学金。

已经在境外缴纳所得税（此所得税与西班牙所得税类似）的薪金所得，可享受 60 100 欧元的免税额。

3. 雇佣所得

（1）工资、薪金所得。雇佣所得按照普通税率征收个人所得税。但是，如果经过 2 年以上的时间才取得雇佣所得，且该雇佣所得属于某一纳税期间，则只对该所得的 70%（2014 年为 60%）征收个人所得税（应纳税所得额有一定的限制且最高不超过 30 万欧元/每年）。如果在此之前的 5 个纳税期间内，纳税人的其他所得也享受了同样的扣除，则本会计年度的扣除额不能超过雇佣所得的 30%（2014 年为 40%）。2013 年 1 月 1 日起，如果辞退费超过 100 万欧元，则不适用 30% 的扣除。对于在 70 万至 100 万欧元之间的辞退费，实际支付额与 70 万欧元之间的差额，减去 30 万欧元，适用 30% 的扣除。

与雇佣相关的费用一般不可扣除。但是，出差补贴和雇主支付给雇员的旅行或搬迁费用在满足某些条件的情况下免税。

只有下列费用可以从应税收入中扣除：

①社会保障税；

②工会费用；

③向专业组织支付的强制性费用，最高扣除额为 500 欧元；

④与解雇相关的法律费用，最高扣除额为 300 欧元；

⑤除上述费用外的其他费用，最高扣除额为 2 000 欧元。在某些特殊情况下，适用更高额度的扣除。比如迁至其他城市或供养残疾员工。

对雇佣所得按月征收预提税。

（2）实物福利。纳税人取得的实物福利应按照雇主获取该实物福利的成本（包括相关税费）或该实物福利的市场价值全额计入应纳税所得，以下情况除外：

①雇主提供给雇员的免费住宅，按照土地清册规定价值的 10%（或修正土地清册规定价值的 5%）计算个人所得税；

②雇主提供给雇员免费使用的公司汽车，按照购买价值（如果为雇主所有）或市场价值（如果为租赁）的 20% 计算个人所得税；如果该汽车为节能型汽车，则纳税人使用公司汽车的所得可享受 30% 的扣除；

③雇主提供给雇员的低于市场利率的贷款，应按照市场利率和实际支付利率之间的差额，计算个人所得税。

（3）养老金所得。纳税人的养老金所得被视为雇佣所得征收个人所得税。但是，社会保障系统向重度残疾的纳税人支付的养老金免税。

（4）董事报酬。居民纳税人作为董事会成员或者其他管理人员赚取的报酬应作为雇佣所得，按照35%税率（2015年起增至37%）预提所得税。如果酬金来自销售额不超过10万欧元的公司，预提税税率为19.5%（2015年7月12日前为20%，2016年起为19%）。董事同时全职兼任经理的，其报酬适用于一般预提税税率。

4. 经营和专业服务所得

从事经营活动的所得和从事专业服务的所得，其计算方法与公司经营所得一致。实际上，还存在不同的计算方法：

在标准直接法下，几乎所有的被充分证实且有必要的由赚取收入引起的费用（折旧、坏账等）都可被扣除。

在简化直接法下，纳税人年营业收入小于60万欧元或为其首个经营年度的，其净收入为营业收入减去相关费用。有形资产可按照直线法折旧，且每年作为名义费用可扣除2 000欧元。在此制度下，纳税人只需对其业务做简单的记录，不需要像其他纳税人一样做正式的记账、簿记。

用直接法（标准或简化）计算收入的纳税人在满足特定要求的情况下，最多可获得3 700欧元的经营所得减免。这项减免适用于劳务或经营净收入低于14 450欧元的纳税人。如果不符合条件，纳税人取得的低于12 000欧元的免税收入（包括经营所得）最高可享受1 620欧元的减免额。此减免额和工资收入减免额之和，不得超过3 700欧元。减免额不得超过净经营收入。对于残疾人纳税人，减免额可能增加。

在客观法下，商人从事上述业务（例如，餐饮）可以根据相关的参数（尤其是按平方米、员工数）确定其净收入（名义收入）。

不论使用什么方法计算，如果收入在2年以上的时间内取得，则只有70%（2014年为60%）的所得应税。但是，收入必须归属于单一纳税期间，且可扣除金额不高于30万欧元。

5. 投资所得

（1）股息。居民纳税人必须将其从居民公司获得的股息（在预提税前）纳入其应税所得。向符合条件的个人支付的股票托管佣金可以税前扣除。

（2）利息。居民纳税人获得的利息全额征税。

（3）特许权使用费。居民纳税人获得的特许权使用费全额征税。

（4）不动产所得。除主要住所之外的其他未出租的住所，按照土地清册价值的2%推定年收入。

与推定收入不同，实际出租收入按照净额征税，即总租金收入减去相关费用（尤其包括地方税、折旧、不超过租金收入的按揭利息）。出租住宅取得的净收入扣减60%。如果出租收入在2年以上的时间内取得，归属于单一纳税期间，且不高于30万欧元时，则只有70%（2014年为60%）的所得应税。

（5）其他。人身保险或工伤保险所得应税的部分应该缴纳预提税。终生年金和定期年金的支付一般视为动产所得，按照比例税率征收，其中一部分免予征税。

6. 资本利得

自2015年1月1日起，65岁以上纳税人处置其任何资产所获资本利得，只要在处置后6个月内用于投保生命年金，则免予征税。

下列情况免征所得税：

（1）向符合条件的受赠人捐赠产生的资本利得，例如，中央政府或当地政府，西班牙红十字会，公立大学，法律认可的教堂和慈善机构；

（2）65 岁及以上的人士销售其主要居所获得的资本利得；

（3）出让承担偿还信贷机构担保抵押贷款还款责任的住所。

7. 个人扣除、宽免和抵免

（1）扣除。一般税基在扣除个人及家庭减免后，还可有下列扣除：

下列人士对互助社会保险的支出可扣除，包括死亡、孀居、孤儿、退休、意外、与工作有关的伤残、婚姻福利、分娩福利、生育福利、死亡给付：

①选择不缴纳自营业者社会保障基金的专业人士（即律师、医生、工程师）；

②雇员，包括其失业救济金；

③自营业者，凡与上述费用或福利相关的供款。

此外，纳税人向私人养老金计划的供款可扣除。雇主的供款（归于纳税人受雇所得）纳税人同样可以扣除。

所有供款支出的年扣除额按照两者孰低：受雇及经营收入的 30%；每个供养者按照 8 000 欧元扣除（2014 年为 1 万欧元）（不以家庭为单位）。残疾纳税人可能扣除更多。法院判决的给夫妻一方的赡养费和补偿费（子女抚养津贴构成免税收入不可扣除，但是纳税人税率有特殊处理）。

（2）宽免。个人减免额为 5 550 欧元。如果联合申报，第二个纳税人减免额为 3 400 欧元。年龄高于 65 岁的纳税人，减免额分别为 6 700 欧元和 4 550 欧元。年龄高于 75 岁的纳税人，减免额分别为 8 100 欧元和 5 950 欧元。

家庭减免由受扶养的家属数量、年龄和收入决定，减免额为：

①25 岁以下年收入不超过 8 000 欧元且住在家中的子女，第一个准予减免 2 400 欧元，第二个准予减免 2 700 欧元，第三个准予减免 4 000 欧元，第三个以后的每人准予减免 4 500 欧元；

②此外，3 岁以下的子女每人可以减免 2 800 欧元；收养的子女在收养当年和后续 2 年每人可以减免 2 800 欧元；

③年龄高于 65 岁且年收入不高于 8 000 欧元的受赡养老人，每人可减免 1 150 欧元（年龄高于 75 岁的受赡养老人，减免额为 2 550 欧元）。

未用完的个人及家庭减免额在储蓄所得税基中扣除，剩余的不计入下期。

（3）抵免。

①主要居所。2013 年 1 月 1 日前，纳税人购置或翻修主要住所（至少连续作为主要住所 3 年及以上）给予 15% 的税收减免（最高 1 356 欧元）。自 2013 年 1 月 1 日起，此减免废除。

但是，2013 年 1 月 1 日前满足以下任一条件的纳税人适用于过渡政策：购置其主要居所；支付其建筑费用；支付其翻修、扩建费用（如果在 2017 年 1 月 1 日前完成）；支付改建费用使其适合残疾人居住（如果在 2017 年 1 月 1 日前完成）。由于事项发生在 2013 年 1 月 1 日前，这些纳税人可享受减免。

②其他。向符合条件的公司进行捐赠且金额低于 150 欧元的，抵免率高达 50%（2016

年为 75%）。对于更高的捐赠，超过 150 欧元的部分，抵免率为 27.5%（2016 年为 30%）。从西班牙休达飞地和梅利利亚飞地赚取的所得（包括资本利得）给予 50% 的所得税减免。

会员费以及向政党、选举委员会或团体的捐助费用，给予 20% 的税收减免，每年最高不超过 600 欧元。

8. 损失

（1）正常损失。动产所得损失属于储蓄所得税基，抵消额不超过利得的 25%。任何超额损失可以结转至未来 4 年内抵扣。其他类型收入对应的损失属于一般税基，可与一般所得中的所得相抵扣。任何超额损失可以结转至以后 4 年内抵扣。

（2）资本损失。通常，资本损失只可与处置资产导致的资本利得相抵消。未抵扣完的损失可结转至以后 4 年，与同类型资产利得冲抵。但是，与处置资产无关的资本损失和利得（例如，赔偿），只可相互抵扣。未抵扣完的损失可以用一般税基的 25% 继续抵扣。剩余未抵扣金额可以结转至未来 4 年抵扣。

9. 税率

（1）所得和资本利得。

①一般所得。2017 纳税年度税率如表 2 所示：

表 2

应纳税所得额（欧元）			最低征收数（欧元）	超额税率（%）
0	至	12 450	0	19
12 450	至	20 200	2 365.50	24
20 200	至	35 200	4 225.50	30
35 200	至	60 000	8 725.50	37
高于		60 000	4 225.50	45

②储蓄所得。2017 纳税年度税率如表 3 所示：

表 3

应纳税所得额（欧元）			税率（%）
0	至	6 000	19
6 000	至	50 000	21
高于		50 000	23

自 2015 年 1 月 1 日起，长期储蓄计划（LTSP）开始执行。在此计划下，只要纳税人不在投入开始后 5 年内撤资，则来自人身保险、为 LTSP 提供支持的储蓄及财务合同中的收入免征所得税。

（2）预提税。居民纳税人源于西班牙的受雇收入、自雇收入、动产所得、资本利得，均应缴纳预提税。预提税款通常被视为预先支付的税款并与纳税人最终应缴税额相抵扣。雇佣收入，包括养老金，应该按照年度所得税一般累进税率缴纳预提税，同时应考虑个人和家庭情况。

实物福利按照估值，并按其性质使用不同税率缴纳预提税。

专业人士收入通常应按照15%税率缴纳预提税（最初3年从事专业活动按照7%征收）。

如果纳税人从休达飞地和梅利利亚飞地获取的收入适用收入减免，则税率减半。下列动产收入应当缴纳预提税：

①股息；

②利息（由国库或中央政府发行的国库券利息免税）；

③特许权使用费；

④人身及伤残保险所得的可税部分。

税率一般为19.5%（2015年7月12日前为20%）。自2016年起，适用税率为10%。

投资基金参股所获资本利得应按照19.5%税率（2016年起为19%）缴纳预提税，除非滚转冲抵适用。此外，自2017年1月1日起，出让优先认购权所获资本利得按照19%税率缴纳预提税。

获奖所得、彩票中奖所得享受2 500欧元的免税额度（红十字会，中央政府彩票代理等）。获奖超过2 500欧元的部分按照19.5%的税率缴纳预提税。获奖金额不包含在个人所得税税基中。

10. 征收管理

（1）纳税年度。个人纳税人的纳税年度为公历年度。

（2）纳税申报。居民纳税人可选择单独申报纳税或联合申报纳税。同一家庭单位中的居民纳税人有权选择以家庭为单位联合申报纳税。一个家庭单位包括夫妻、其未成年子女（年龄小于18岁）、其残疾子女（不论年龄）。如果为合法分居的配偶或事实婚姻关系，则为其父亲或母亲及与任一方同住的子女。联合申报纳税不允许收入分计。纳税申报必须每年按照既定方式，在到期日前（通常为6月30日）填写表格申报。

（3）税款缴纳。企业家和专业人士每季度应申报纳税并在本年度4月20日、7月20日和10月20日提前支付，并在下一年度1月30日根据实际应缴税款缴纳。

用直接法计算其净收入的专业人士，通常按照收入和可扣除费用之差的20%征税。可扣除费用指属于本公历年度部分的费用减去以前季度预缴费用、分期偿还费用和本季度预提税。

用客观法计算其净收入的企业家，最高预缴金额按照年度第一天参数调整后的基本数值净收益减去任何相关的代扣代缴税得出的净收益的4%确定。对于有雇员的情况，税率可能降低，最高预缴税率在特殊情况下可减至2%。

但是，预缴税款规定也有例外。专业人士至少70%业务收入在上一年度已缴纳预提税的不需预先缴纳税款。

一般地，纳税自我评估是强制的。必须进行年度纳税申报且在5月1日至6月30日期间支付任何欠缴税款。税款可以分两次缴清，6月20日前支付60%，11月5日前支付剩余的40%。

如果代扣代缴税款和预缴税款之和超过了纳税人当年的最终应缴税额，多缴纳部分应当退税。

（4）事先裁定。事先裁定规则由税务部门发布。裁定对税务部门和相同情况的其他纳税人都有约束力。

（二）其他类型的所得税

西班牙不对其他所得征税。但是，需要注意的是居民公司（非专业人士）可以选择按照营业利润0.15%作为年注册费用，交给合适的商会、工业和航运业。此项费用在计算所得税时可以扣除。

（三）国际税收

1. 居民纳税人

（1）境外所得和资本利得。居民纳税人就其全球范围所得缴纳个人所得税，不管收入来源如何。

如果个人代表公司在境外受雇，其在受雇国家缴纳了与西班牙个人所得税相似的税，境外受雇所得最高享受60 100 欧元税收减免。如果为集团公司提供服务，且服务有利于境外接收公司，雇佣被视为为境外公司服务。免税额的计算根据雇员在境外的天数，按比例分配到全年总收入加上与境外特殊工作相应的收入。

（2）境外资本。位于境外的不动产不征收西班牙不动产税。

（3）避免双重征税。作为避免收入双重征税的单边措施，西班牙使用一般纳税抵扣法。在此方法下，有境外来源收入的居民纳税人，可以按照以下两者中较低者与其世界范围所得的应缴税额相抵扣：①就境外所得或资本利得在境外支付的税收；②西班牙所得税归属于境外来源收入或资本利得的部分。

（4）境外资产的披露。2012 年 11 月 15 日皇家法令 1558/2012 规定了纳税人有义务对其有权处置的境外资产和权利进行披露。

2. 侨民

个人迁至西班牙工作可选择按照下列方法纳税：①个人所得税规则（即在扣减相关费用和减免后，按照累进税率征税）；②非居民纳税人所得税规则，在其迁至西班牙的当年和随后 5 个纳税年度内。这个制度不适用于专业运动员。如果符合以下两个条件，个人可以选择纳税方法：

（1）在过去 10 年中，其不曾是西班牙居民纳税人；

（2）其因为雇佣合同迁至西班牙。

3. 非居民纳税人

（1）一般所得和资本利得课税。非居民纳税人对其来源于西班牙的收入和资本利得缴纳非居民所得税。某些所得免税，尤其是：

——免税所得中提到的收入；

——没有常设机构的非居民纳税人在西班牙的银行存款利息；

——没有常设机构的非居民债券持有人直接取得的，来自公共债券利息和资本利得；

——非居民纳税人直接从西班牙发行的证券中取得的股息、利息和资本利得，不论金融机构是否为居民公司；

——无常设机构的非居民纳税人出售在西班牙证券交易所上市、交易的股票所获的资本利得。其中，非居民纳税人为与西班牙有包含信息交换条款的所得税协定国的居民。这种情况适用于所有的西班牙税收协定。

①雇佣所得。非居民纳税人在西班牙雇佣取得的收入（包括养老金和董事酬金）按照24%税率全额征税。但是，对于欧盟居民或属于与西班牙存在有效信息交换的欧元经济区国家的居民，税率降为19.5%（2015年7月12日前为20%，2016年起为19%）。临时工作（例如，夏季服务员）的雇佣所得，按照2%征税。

个人纳税人为其他欧盟国家居民的，如果其75%及以上的全球范围收入来自于在西班牙境内的雇佣所得或经营活动，可以选择等同于西班牙居民，缴纳西班牙个人所得税。

②经营和劳务所得。非居民纳税人来源于西班牙的经营及专业服务所得按照24%税率全额征税，除非税收协定另有规定。欧盟居民所得，或属于与西班牙有信息交换的欧元经济区国家的居民的所得，适用税率降为19.5%（2015年7月12日前为20%，2016年起为19%）。此外，欧盟其他国家的居民纳税人不通过常设机构在西班牙直接获得经营和劳务所得的，允许扣除其在西班牙赚取收入直接相关的活动中发生的费用。

③投资所得。来源于西班牙的不免税的股息、利息、特许权使用费，需要缴纳预提税。股息和利息适用的税率为19%（2015年为19.5%），特许权使用费税率为24%，除非税收协定中适用低税率。

对于欧盟居民，股息、利息和特许权经营费预提税税率为19.5%（2015年7月12日前为20%，2016年起为19%）。按照全部所得征税，不允许任何形式的费用扣除。

收入来源于第二处住所的，按照居民纳税人的纳税规定确定税率。租赁收入按照全部所得缴纳所得税。

其他欧盟国家居民纳税人不通过常设机构在西班牙取得投资收益的，允许扣减其在西班牙赚取收入直接相关的活动中发生的费用。

④资本利得。非居民纳税人获得的资本利得一般按照19.5%的税率征税（2015年7月12日前为20%，2016年起为19%）。没有西班牙常设机构的非居民（个人或公司）在西班牙境内购置不动产，必须按照交易价格的3%缴纳预提税。如果没有缴纳预提税，税务部门可以对财产进行质押以征收到期应缴税款。

（2）资本课税。非居民纳税人就其在西班牙境内的财产缴纳净财富税。非居民纳税人就其在西班牙境内的不动产缴纳房产税。

（3）税收征管。非居民纳税人直接来源于西班牙的收入按照每项收入和资本利得分别缴纳非居民所得税。但是，本地代表人或承担连带责任的个人应当按照所得种类每季度进行纳税申报。

三、增值税

（一）一般规定

1. 概述

西班牙对西班牙本岛、巴利阿里群岛的应税商品和劳务征收增值税（IVA）。加那利群岛、西班牙在北非的休达飞地和梅利利亚飞地及其商品进口不征收增值税。

加那利群岛对岛内提供的商品和服务征收增值税（IGIC）。

2013年9月27日14/2013法令规定了一项特殊制度来支持跨国公司。在此制度下，收入不超过 200 万欧元的公司可以在特定要求下使用收付实现制会计方法。

2. 纳税人

纳税人为提供应税商品或劳务的个人及公司。商品进口者也为增值税纳税人。

3. 应税行为

西班牙增值税纳税义务与下列活动相关：

(1) 增值税纳税人在西班牙境内提供的商品和劳务；

(2) 在欧共体内部的货物购置；

(3) 从欧盟以外的国家进口货物到西班牙关税区。

4. 应税收入

应纳税销售额为纳税人销售货物或者应税劳务向购买方收取的全部价款。对于进口货物，应纳税销售额为其报关价格加上进口税费、关税和手续费。计算应缴税额时，增值税进项税额可以从销项税额中抵扣，所以实际上只有提供的商品或服务增值的部分被征税。

5. 税率

西班牙本岛和巴利阿里群岛 IVA 税率如表 4 所示：

表 4

税率类型	税率（%）
标准税率	21
低税率（食品、运输、旅游等）	10
超低税率（生活必需品）、住房（2012 年 12 月 31 日以前）	4
零税率（仅限出口货物与劳务）	0

加那利群岛 IGIC 税率如表 5 所示：

表 5

税率类型	税率（%）
标准税率	7
高税率（低功率发动机的运输工具）	9.5
高税率（奢侈品、客运汽车、某些游艇、情色三级影视）	13.5
低税率（能量、燃料、食品、纺织）	3
零税率（水、医药、图书、期刊、向加纳利群岛运输，向国外、西班牙本岛、巴利阿里群岛、休达飞地、梅利利亚飞地出口）	0
深色香烟特别税率	20
弗吉尼亚型香烟特别税率	35

6. 免税

下列业务为最重要的免税业务（无增值税进项税额的抵扣）：

(1) 医疗和社会服务；

(2) 教育与体育服务；

(3) 金融经营与保险合约；

（4）某些类型不动产的租赁。

（二）非居民纳税人

除了欧盟居民公司外，其他非居民公司必须指派一个代表并且报送其姓名至税务机关。

西班牙法律规定的增值税纳税人为外国企业家时，对于增值税进项税额退税适用一般退税计划。特殊退税计划满足以下条件时实施：

（1）企业家为欧盟成员国居民，且此国对西班牙企业家也授予互惠待遇；

（2）企业家只开展免税的运输业务，或者适用于逆向征收机制的产品或服务的提供。

四、消费税

西班牙对酒精饮料产品、碳氢化合物和烟草制品的制造及进口等征收消费税。

五、社会保障税

（一）对公司征收

在西班牙，普通的社会保障系统和特别的社会保障方案共同存在，除非实施特别方案，雇主和雇员都应遵循普通社会保障系统。在此系统下，雇主和雇员根据不同职业类型都需要缴纳社会保障税；每种职业类型都有最低和最高的缴款基数。2015 年，最高基数为 3 606.00 欧元，最低基数根据工作类型不同变化。

2015 年雇主社会保障税税率如表 6 所示：

表 6

保险类型	税率（%）
普通保险	23.6
失业保险	5.5
工资保障基金	0.2
职业教育与培训	0.6
合计	29.9

除此之外，雇主必须支付工伤保险（不同职业征收率不同，比如办公室职业按 1% 征税，建筑业按 6.7% 征收）。

对于支付给雇员的绝对有必要的工作或其他额外工作的加班工资，单独征收 12% 或 23.6% 的附加费。

对于长期失业的妇女、严重残疾人士、处于临时劳工合同向永久合同转变的人士，且新的永久合同于 2015 年签订的人士，可享受减免。

（二）对个人征收

所有受雇或自营的居民纳税人每月必须缴纳社会保障税，包括普通保险和特别保险

（例如，对于农业工作者、海员、公务员和自营业者）。

强制社会保障税可以在个人所得税计算中扣除。

1. 雇员

普通社会保障系统将雇员分为不同的专业类型以决定其社会保障税。每个类型都有每年调整的最低和最高税基。2015 年，最高税基为 3 606 欧元，最低税基每月根据工作类型的不同而变动。

2015 年雇员社会保障税税率如表 7 所示：

表 7

保险类型	税率（%）
普通保险	4.70
失业保险	1.55
职业教育与培训	0.10
合计	6.35

2. 自营业者

对于自营业者，社会保障税通常按照 29.8% 的税率征收。2015 年，47 岁以下人士，税基最低为每月 884.40 欧元，最高为每月 3 606.00 欧元。47 岁以上且税基高于 1 926.60 欧元的人士，可以自行选择。

48 岁及以上的自营业者可以在 953.70 欧元和 1 945.80 欧元之间选择每月税基。

（孙红梅　编）

瑞典税制

瑞典目前征收的主要税种有：公司所得税、个人所得税、增值税、消费税、社会保障税等。同时，还征收不动产税和印花税等。

一、公司所得税

（一）一般规定

1. 税制类型

瑞典企业就其来源于瑞典境内和境外所得缴纳公司所得税，其公司所得税制属于古典税收制度。

2. 纳税人

公司所得税纳税人主要包括：在瑞典注册的国有企业和私人企业；经济协会；依据瑞典法律成立的基金会；法律中列明的其他协会和组织。

上述纳税人被视为居民纳税人，承担纳税义务。部分基金会或者列明的组织享受免税，例如非营利性组织、各级政府、国有企业、教堂、学校和医院等。

合伙企业适用公司所得税（即合伙人就其来源于合伙企业的全部所得缴纳公司所得税）。

以管理证券公司或其他类似动产（如投资公司）为唯一或主要业务的企业或经济协会，适用特殊的税收制度（推定所得纳税制度）。

依法在瑞典公司注册管理局注册的公司为居民纳税人。

3. 应纳税所得额

（1）一般规定。居民企业就其来源于境内、境外所得缴纳公司所得税。

通常，企业按照权责发生制确认的全部收入为营业收入。营业收入包括企业所有类型的收入，包括除从符合条件的商业股份取得的免税收入以外的资本利得。各类净收入加总（收入减去费用和扣除）即为企业应纳税所得额。商誉的销售收入，无论是否与经营活动有关，均应计入营业利润缴纳公司所得税。

（2）免税收入。下列收入免征公司所得税：一是符合条件的企业集团内部的股息红利所得；二是瑞典企业取得的来自境外合法实体的、符合条件的股息红利所得；三是从商业股票取得的资本利得。

（3）扣除。企业发生的与取得收入直接相关的支出可在计算应纳税所得额时扣除。可扣除的合理支出包括工资薪金、养老保险、其他劳务报酬、补充养老保险，以及社会保障税。企业在主要或者全部经营活动过程中发生的可合理确认的研发费用，可以税前扣除。利息费用一般可以扣除，关联企业间相关的贷款利息支出不得扣除。但符合以下条件之一的利息支出不受限制：一是居民国受益所有人就其取得的利息所得缴纳所得税税率不低于10%，且该项利息所得被认为是该受益有所人的唯一所得。但是，如果一项借贷安排以税收筹划为目的，则该项借贷的利息支出仍不允许扣除。二是有参与权的优先贷款利息支出，且该企业位于欧洲经济区成员国或者与瑞典有税收协定的国家。

符合以下情形之一的企业被认为是关联企业：一是一家公司通过持股或其他方式直接或间接对另一家公司产生实质性影响；二是两家公司被同一家公司控制。

按照公平交易原则发生的在关联企业间的特许权使用费允许扣除。进口关税等各类间接税可以税前扣除；在外国已经缴纳，但未享受单边税收减免或税收协定优惠待遇减免的税款，可以税前扣除。

不得税前扣除的费用包括：违法贿赂金额、其他非法支出、罚款以及超出限额部分的业务招待费用。补充养老保险和社会保险费以外的直接税金不得税前扣除。向投资者支付的股息红利不得扣除。

（4）折旧与摊销。通常机械设备的折旧采用余额递减法。折旧的最大免税限额为纳税年度年初资产账面总价值的30%，加上年内就已取得的资产发生的费用支出，减去年内处置资产取得的收入。所有采取直线法计提折旧的资产，每年以不超过账面价值20%的部分进行折旧，但每年的折旧额可相应增加。如果纳税人能够证明机械设备的实际价值低于采取上述折旧方法的账面价值，则实际价值与账面价值差额部分允许计提折旧。

使用年限不超过3年的资产和低价值资产可在购进当年一次性计入成本费用进行税前扣除，不再分年度进行折旧。单位价值不超过22 250瑞典克朗的资产（2015年标准）在购进当年可一次性计入成本费用进行税前扣除，不再分年度进行折旧。

部分无形资产可进行摊销，包括各种类型的知识产权、商标、商誉和租赁权。无形资产摊销方法与机械设备的折旧方法相同。

建筑物只允许采取直线法进行折旧。通常，折旧以资产的成本和使用年限为基础。2015年确定的年折旧率为2%～5%。如果建筑物的计划使用年限仅为数年，则可以在建筑物建成或取得的当年度内计提全部折旧。

（5）准备金。税收准备金。纳税人允许计提的税收准备金额度为企业净利润的25%。税收准备金确定后，至少要在6年内冲销调整（即计入收入）。企业在确定新的税收准备金时，前述被冲销调整的准备金不计入应纳税所得额。税收准备金计提到期时，应按照以下标准计入应纳税所得额：税收准备金应计入应纳税所得额的收入＝政府长期国债利率的72%×当前纳税年度初期累积计提的税收准备金额。

重置准备金。用于以下方面的损失：因火灾或其他事故造成的机械设备、房屋建筑物以及基础设施等造成的损失；因强制征用，或征用而强制出售资产造成的损失。此项准备金的税前扣除额不得超过任何一家保险公司或者政府可能给予的损失补偿额度。重置准备金也可用于资产维修支出或者额外提取的折旧支出。如果重置准备金 3 年内未使用，或者适用不符合有关规定要求，或者企业发生清算、破产、被出售、业务终止或者合并等情形，则将已经计提的重置准备金在进行惩罚性加计 30% 后，重新计入企业利润。如果企业依据税收协定有关条款终止其瑞典居民身份，则根据退出税制度有关规定，重置准备金须在企业终止其瑞典居民身份之时计入应纳税所得额并予以征税。但是，如果纳税人的居民身份是从瑞典转移到其他欧洲经济体国家，纳税人可以申请延期将重置准备金转入应纳税所得额。延长的期限可以为 1 年。

养老准备金。可通过多种方式提供，例如通过直接支付前雇员及其亲属退休金，通过向个人或者养老基金捐款，向保险公司支付必要的保险费，通过直接在资产负债表上计提。

担保准备金。企业以保障消费者权益为目的，允许对预计债务计提担保准备金。担保准备可税前扣除。企业当年允许计提的担保准备金一般限额与实际发生的支出应分别核算。

4. 资本利得

一般而言，企业的资本利得计入企业的营业收入。不动产的资本利得适用特殊规定。不符合免税资格的集团公司的股票和其他证券的收益计入一般收入征税。

（1）不动产。建筑承包商的不动产和其他业务中形成存货的不动产，在处置中获得的收益应该纳税。处置收益等于销售收入减去与销售有关的各项费用所得（印花税、代理费等）。收购成本包括实际支付的金额，以及在资产处置前 5 年内发生的任何超过 5 000 瑞典克朗的装修、修理和维护费用。所确认的金额必须减去各项折旧额。

（2）股票。出售不属于存货的股份或其他证券的收益都应纳税。出售属于存货的股份或者其他证券获得的任何处置收益，均应计入企业营业利润。

股票和其他证券的应税所得，以处置收益与取得该处置资产相关的购置成本和费用的差额为计税依据。如果按不同的价格购入相同的股票或证券，则以平均购买价格为资本收益的计税基础。

计算国内或者外国证券交易所上市或流通的股票和其他证券（不包括期权）的应税所得时，购买价格按照扣除销售费用后的交易价格的 20% 确认。如果实际成本或平均购买价格确认的计税基础更低，纳税人可以选择其中一个金额来确认收入。

企业与其关联企业进行股份交易过程中产生的任何资本收益（包括现金补偿）均免税。

构成固定资产的非上市股票被视为商业股份。构成固定资产的已上市流通的股票，在出售时已持有一年以上的，同时符合以下两个条件的，被视为商业股份：一是至少持有公司 10% 的投票权；二是被股份集团公司或其任一附属公司有效控制。

5. 亏损

（1）经营亏损。企业经营亏损可以抵减当年的营业收入。未抵扣的经营亏损可结转至以后纳税年度。税收准备金可冲减损失。

（2）资本损失。投资商业股票亏损不得在税前扣除，其他资本损失可冲减企业当年营业收入。但是，因股份及其他证券的转让形成的损失，允许冲减相同资产的收入。对不动产的处置产生的损失，一般只能冲减不动产所产生的资本收益。

6. 税率

（1）经营所得和资本利得适用税率。自 2013 年 1 月 1 日起，公司所得税的名义税率为 22%（2013 年之前为 26.3%）。这一税率也适用于资本利得。

（2）向居民纳税人支付款项的预提税税率。对居民企业支付的股息、利息及特许权使用费，不征收预提税；非居民企业须缴纳的预提税。

7. 税收优惠

瑞典目前暂时未有特别的税收优惠政策。

8. 税收征管

（1）纳税年度。纳税期限为一个财政年度。

（2）纳税申报。企业必须在一个财政年度终了之前，在主管税务机关进行纳税申报。分为以下几个时间点：12 月 31 日、4 月 30 日，或者 8 月 31 日（或者税务机关允许的其他日期）。企业采取电子申报方式纳税申报的，申报期限可延期一个月。

根据上一年度的收入情况，在 12 月 1 日之前企业的初步纳税申报基础上，每家企业均采取预申报方式进行初步申报。这种预申报方式下产生的税收，必须按月分期缴纳。

（3）税款缴纳。企业年度评估报告通常在年度申报表的基础上，于 12 月份进行汇算清缴。企业预缴税款可抵减汇算清缴方式下计算产生的应纳税额。如果预缴的税额高于汇算清缴方式下计算所得的应纳税额，则退还超出部分税款。税款必须在汇算清缴终了之日起 90 日进行缴纳。

（4）事先裁定。居民企业与非居民企业在公司所得税、房产税和增值税方面可以实行税收事先裁定。还可要求就是否适用于一般反避税条款进行裁定。税收裁定委员会提出的事前裁定，有可能由瑞典税务局提出申请。

根据申请人的要求，事先裁定在裁决中规定的时限内，对税务局及行政法院有约束力。但事前裁定对纳税人无约束力。

（二）居民企业之间的交易

1. 集团企业合并纳税

在瑞典，企业合并财务报表不作为税收依据，但符合条件的集团企业间捐赠支出可从其应纳税所得额中扣除，接受捐赠的企业应把捐赠所得计入应纳税所得额。这意味着集团企业内的亏损和利润可以抵消。

集团公司（母公司），应符合以下条件：

（1）对另一家公司（子公司）持有的股份或者投票权超过 50%；

（2）根据协议，该公司持有的股份已超过 50% 的投票权。

符合条件集团企业的下属企业之间的捐赠支出应符合以下条件：

（1）捐赠的企业与接收企业都属于欧洲经济体国家，并适用瑞典税收制度；

（2）接收捐赠的企业，应把收入计入瑞典境内营业收入，并不享受免税政策；

（3）在一个纳税年度内，或者自子公司成立以来，母公司持有子公司 90% 以上股份；

（4）捐赠企业与接收企业应就同一纳税人年度内捐赠支出与所得进行如实申报；

（5）捐赠企业与接收企业均不得为投资公司或者私人住宅公司。

集团捐赠制度适用于母公司与子公司间或者子公司与子公司间。同时适用于在瑞典境内设立常设机构的瑞典居民企业。

2009 年 3 月 13 日，最高行政法院裁定，即使不符合上述所有条件，居民企业向位于欧盟成员国内的子公司支付的捐赠支出可扣除，但该子公司不能在其居住国使用该损失。

根据法院的规定，子公司在清算期间应符合下述规定，可抵扣的金额不得超过以下限额：一是根据两国协定确认的该企业的最终亏损金额；二是子公司上一年度的亏损金额。

居民企业的母公司可扣除其位于欧洲经济体国家的居民子公司的最终损失。可扣除的条件为母公司拥有境外子公司至少 90% 以上的股份，并且子公司已清算解散。可扣除的金额为上述金额的最低金额，并且不得超过母公司对应纳税年度的营业利润。

2. 集团企业之间的股息红利

符合条件的居民企业之间的股息红利所得免税，作为存货的股票取得的股息红利所得不适用于免税政策。

构成固定资产的非上市流通的股票，其股息红利允许免税，且非上市流通的股票无最低持有期。构成固定资产的上市流通的股票，符合以下条件的可以免税：

（1）至少持有企业 10% 的投票权；

（2）股份公司或其附属公司经营业务的必要性。上市流通的股票要求至少持有 1 年以上。如果股票在 1 年转让或者终止经营，则其股息红利所得不享受免税政策，计入应纳税所得额。

（三）其他类型的公司所得税

瑞典除了国家的公司所得税没有其他类型的公司所得税。

（四）国际税收

1. 居民企业

（1）境外所得和资本利得。居民企业就其来源于境内、境外的全部所得和资本利得缴纳所得税。符合条件的非居民企业，就其取得的集团内股权转让资本利得或者换股并购交易资本利得，享受与居民企业相同的递延纳税优惠待遇。

股息所得以企业从境外取得的未扣缴任何境外预提税之前的全部股息为计税依据。

瑞典参与免税制度的适用范围扩大到了从非居民企业取得的股息所得。如果境外实体在居民国不需缴纳公司所得税，则企业取得的来源于该实体的股息不得享受参与免税政策。

根据欧盟母子公司的规定，进入瑞典国内的股息红利等的处理遵从参与豁免的国家的一般国内规则。如果母公司拥有子公司至少 10% 的资本（或 10% 的表决权条件）则享受免税政策，即使持有的股份构成母公司的存货。

（2）境外亏损。境外常设机构在海外发生的损失，可列入瑞典国家居民公司所得税申报表。但是，境外子公司发生的损失不得递减境内居民企业的利润。

（3）境外资本。瑞典不征收资产净值税，对位于境外的不动产也免征不动产税。

（4）避免双重征税。根据瑞典国内税法有关规定，企业就来源于境外的所得，在境外经最终核算应当缴纳或已实际缴纳的各级预提税，可以抵免其在境内的应纳所得税额。抵免额不得超过境外所得依据瑞典税法计算的应纳税额。未抵免的境外已纳税额可结转到以后 5 个纳税年度。

对受控外国公司股东的收入纳税时，适用特殊规定的减免税政策。上述股东有权对受控外国公司已支付的收入，从应纳税所得额中抵免。抵免限额由股东在收入中所占的比例决定。超过限额部分可以结转到以后 5 个纳税年度。

在瑞典境外已初步或者最终支付的税款，被认定为与瑞典应纳税所得额有关的费用支出，可在计算应纳税所得额时扣除。在一定程度上，上述税收也可获得税收减免。有效的税收抵免额可扣除，同时扣除的抵免额需要从瑞典税收扣除额中减去。在受控外国企业规则下征收的境外税收，不适用上述扣除规则。

瑞典缔结的双边和多边税收协定规定了收入和资本双重征税的解决办法。如果税收协定采取税收抵免的方式，则抵免额按照国内税法的规定执行。如果采用免税的方式，来源于瑞典境外的所得不征税，同时纳税人取得免税收入时发生的费用支出也不得扣除。

2. 非居民企业

非居民企业是指未在瑞典公司注册局登记注册的企业。

（1）一般所得和资本利得课税。非居民企业就以下四类来源于瑞典的所得缴纳瑞典公司所得税：一是与不动产销售有关的营业收入，或者瑞典境内常设机构收入（包括销售不动产所得和属于瑞典境内常设机构的资产处置所得）；二是通过出售股票在瑞典住房协会获得的资本收益；三是瑞典经济协会获得的利润；四是以前年度允许扣除的相关费用涉及的税款。

非居民企业股息红利支出以及与瑞典常设机构经营有关的支出，位于欧洲经济体国家的企业，享受税收豁免政策。除此以外的非居民企业股息红利等收入不享受税收豁免政策。直接来源于非居民企业的股息红利收入征收预提税。

非居民企业就其来源于瑞典境内的常设机构或者不动产相关的利息收入计入一般应纳税所得额。

瑞典居民企业使用非居民公司的有形或无形资产而支付的特许权使用费或定期付款，被认定为非居民企业从瑞典居民企业取得的收入，计入非居民企业的特许权使用费计算纳税，税率依据协定实行低税率或免税。

非居民企业取得收入扣除相关的股息、红利等费用后计算缴纳预提税，适用的税率与居民企业相同。非居民企业股东来源于瑞典境内已税收入不再缴纳公司所得税。

（2）资本课税。瑞典不征收净资产税。非居民企业需要就瑞典境内的不动产缴纳不动产税。

（3）征收管理。非居民企业就其来源于瑞典境内的所得与居民企业采取相同的申报方式。

3. 非居民企业预提税

（1）股息。非居民企业获得的股息按照30%的税率缴纳预提税。非居民企业获得的有实际联系的股息、红利所得免税。构成固定资产的非上市股票被认作为商业股票，可以免税。上市流通股票符合以下条件的，可以免税：构成非居民企业的固定资产；非居民企业已持有该股票至少一年以上；至少占有10%以上的投票权。

在某些情况下，按照欧盟母子公司指令的规定，当母公司持有瑞典子公司资本至少10%以上的，母公司无须预缴公司所得税，且无最低持有期限的规定。

（2）利息。非居民企业取得的利息不用缴纳预提税。

（3）特许权使用费。特许权使用费无须缴纳预提税，但其通常以评估价值计入公司所得税应纳税所得额。

（4）其他。非居民企业无其他需要预缴的税款。

（五）反避税

1. 一般规定

根据反避税条款的一般规定，同时符合以下条件的交易行为被认定为避税交易行为：

（1）一笔交易与另一笔交易单独或者关联进行时，为纳税人带来大量税收利益；

（2）纳税人直接或者间接属于该笔交易主体的一部分；

（3）上述税收利益是该笔交易的发生的主要原因；

（4）交易违反法律相关规定。

2. 转让定价

居民企业关联方之间通过内部定价转移利润一般是允许的。集团内部捐赠和内部定价两种方式可以被企业同时使用。

居民企业与非居民企业之间存在经济关联关系的，要求制定转让定价的文件。文件必须包括对本公司、本组织及其业务的说明、关于交易的性质和程度、功能分析、转让定价方法的说明和基准分析。

预约定价安排适用于跨境交易，法律对关联交易法人双方的交易程序作出了具体规定，预约定价安排的主管机关是瑞典税务局。

3. 资本弱化

瑞典关于企业资本弱化没有特殊的规定。

4. 受控外国公司

居民企业、个人以及任何在瑞典境内设立常设机构的非居民企业控制一外国公司时，应就该受控外国公司在全球范围内净利润向瑞典申报纳税。该受控外国公司要符合以下条件：一是其税负被认为是较低的；二是在财政年度期末，受控外国公司有至少25%的股权或投票权被同一股东或利益共同体控制。

一般而言，当受控外国公司的税负低于12.1%（55%的瑞典企业税负率为22%）则被认为是适用低税率。

5. 其他反避税规则

空壳公司。企业在出售时，其流动资产、现金及类似资产超过这家公司资产的50%时，该公司被认为是一家空壳公司。空壳公司的资产处置或回购可能会征收资本利得税，但是如果填报特别壳公司纳税申报，可以给予免税。

二、个人所得税

（一）一般规定

瑞典个人所得税包括国家个人所得税和地方个人所得税。这一部分主要讲述国家个人所得税。

1. 纳税人

居民纳税人就其来源于瑞典境内、境外所得缴纳国家个人所得税，非居民纳税人仅就来源于瑞典境内所得缴纳国家个人所得税。

在瑞典境内有住所，或即使未打算在瑞典永久居住，但在瑞典境内已连续居住6个月及以上的个人，被认定为居民纳税人。在瑞典境内已居住10年及以上的个人，除可证明与瑞典已无实质性以外，否则在离开瑞典后的5年内仍被认定为瑞典居民纳税人。夫妻单独缴纳个人所得税。

2. 应纳税所得额

（1）概述。应纳税所得额为：来源于境内、境外全部所得减去允许扣除的数额。除免税所得以外，纳税人其他所有所得（包括货币以及具有货币价值的）均应缴税。

个人所得的类型包括以下三种：营业所得，资本所得，受雇所得。受雇所得、资本所得和个人的各类营业所得均视为单一来源的所得。但是，来自瑞典境外的收入以及合伙企业的所得被认为有多种来源。

个人营业所得包括各类商业活动、专业服务和农业活动的全部所得。另外，在一定条件下，持有受控外国公司股票的所得也应缴纳个人所得税。资本所得包括股息、红利所得，利息所得，以及其他资本投资所得，还包括转让不动产所得。不属于营业所得与资本所得的其他所得，均被认定为受雇所得。

应纳税所得额根据不同类型的所得计算得出。计算营业所得时，应分别核算各类营业所得，包括：合伙所得、境外营业所得、其他营业所得、各类营业所得的和计入总应纳税所得额。

受雇所得扣除商业保险费、赡养费、雇佣收入扣除额以及基本津贴后的余额，为纳税人的应税劳动所得。

纳税人在当前年度的劳务所得（指受雇所得和经营所得），在特定情形下，可与以前或以后纳税年度2年及以上年份（包括当前年度）按照平均所得征税。最长计算期限不得超过以前年度10年。

计算应税资本所得时，应扣除利息支出和资本损失，资本所得以固定税率缴纳国家个人所得税，不缴纳地方个人所得税。

（2）免税所得。免税所得主要为以下几种类型：人寿保险收入；未被支付人扣除的定期支付的赡养费；奖学金、科研经费等；符合条件的股息、红利所得。

3. 受雇所得

（1）工资、薪金所得。工资、薪金多的作为受雇所得缴纳个人所得税。计算工资、薪金所得额时，为取得或维持所得发生的必要费用支出允许税前扣除，但与免税收入相关的费用支出不得税前扣除。

一般而言，当费用支出超过5 000瑞典克朗时允许扣除。与工作相关的出差，或因工作原因需两地跑动，而产生的差旅费在税前扣除时无扣除限额。使用公司车辆的纳税人，或已经使用公司车辆出差的纳税人可税前扣除燃料费。2015年扣除的标准（下同）为：柴油0.65瑞典克朗/公里，其他燃料0.95瑞典克朗/公里。

合理通勤费用超过10 000瑞典克朗时允许扣除。费用扣除的计算标准为：在合理使用交通工具基础上，采用最便宜的交通工具所支出的费用（通常指公共交通车辆）。在使用私家车更划算的情况下（距离至少5公里以上，并且与公共交通车辆相比时间节省2小时以上），按照每公里1.85瑞典克朗的标准扣除通勤费用。使用公司车辆或者已经使用公司车辆出差的纳税人，允许扣除的通勤费用标准为：柴油0.65瑞典克朗/公里，其他燃料0.95瑞典克朗/公里。

因工作变动发生的搬迁费用（仅包括纳税人的差旅费）可税前扣除。因搬迁而收到的雇主或者公共权力机构补偿的搬迁费用，不缴纳个人所得税。

在瑞典商业船只上工作的海员所得，其收入可享受特别扣除和税收抵免优惠。在欧洲经济体其他国家注册的船只，其海员所得适用上述相同特别扣除优惠政策。特别扣除的金额为35 000 瑞典克朗（远洋航行为36 000 瑞典克朗）。税收抵免额度为9 000 瑞典克朗（远洋航行为14 000 瑞典克朗）。

与取得或维持所得相关的教育经费允许扣除。

（2）实物福利。实物福利，即受雇者从雇佣者手中获得的任何形式的报酬，都应以该报酬的市场公允价值计入受雇所得征税。应税福利包括企业主以低于市场公允价值的价格向受雇者出售的企业股份。但部分符合常理或者合理的福利免税，例如雇主向雇员提供的为保障一般性健康的人寿保险和健康保险。

免费提供的住房福利以该地区的平均租房价格为计税基础。免费提供的汽车，按照评估价格缴纳税款。在 2016 年 12 月 31 日前使用新能源汽车可享受税收减免。

被授予股票期权的员工，在行使股票期权时确认应纳税所得。居住在瑞典的员工在获得股票期权时，或者在获得股票期权前已移居国外的雇员，均仅在最终行使股票期权之时缴纳税款。股票转让被视为行使股票期权。

（3）养老金所得。各类退休金或补助所得（包括退休金、提早退休补助、残疾人补助和遗孀补助）以全额计入受雇所得纳税。基于健康和意外保险的年金所得，或者不基于保险以及财产转让部分的年金所得，以全部所得缴纳税款。基于人寿保险的养老金所得不征税。

与未设常设机构的外国组织签订的养老保险所得应缴税，但符合以下条件的保险费可税前扣除：一是纳税人的雇主确实居住在另一个国家，且按照政策雇主必须替雇员购买养老保险，同时支付的保险不属于另一个国家的应税所得；二是在执行该政策时，纳税人为非居民，并在他工作的国家获得了保险费减免。

（4）董事报酬。董事费用和其他薪酬以受雇所得纳税。

4. 经营和专业服务所得

经营和专业服务所得计入经营所得纳税。获得应税所得发生的费用支出通常允许扣除。教育费用、个人支付的人寿保险费用可税前扣除。

个人经营所得适用特殊的规定。计提了准备金的经营所得以 22% 的税率征收预提税，不用缴纳个人所得税。当准备金条件消失时，计入准备金的金额应转为应纳税所得额。已预缴的 22% 的税款可以抵减应纳税额。另外，当经营所得被认定为利息后，应计入资本利得按照 30% 的税率征税。

5. 投资所得

股息、红利与利息所得通常计入资本所得缴税。

但是，在过去 5 个纳税年度内，在公司工作或管理中占有重要地位的股东，从持股公司获得的股息、红利所得计入受雇所得，而不计入（从轻征税）投资所得。同时，获取股息、红利所得、利息收入以及其他类似资本收入时发生的管理费用总金额超过 1 000 瑞典克朗时允许扣除。

特许权使用费一般计入经营所得纳税。但因科学、文化和艺术工作等偶然活动形成的特许权使用费所得，计入受雇所得纳税。

私人住宅租金所得计入资本所得征税。2015 年的扣除标准为 40 000 瑞典克朗加上租金收入的 20%。如果私人房产为夫妻双方共同拥有，则扣除额度需分开计算（即夫妻双方扣除标准均为 20 000 瑞典克朗）。不动产的其他所得计入经营所得纳税。

属于投资所得的利息，以及属于其他所得的利息，例如个人贷款利息所得，可从资本收入中扣除。资本所得项目下的损失可以部分抵减其他所得。

个人投资小微企业和新成立的公司适用特殊的税收优惠政策。在一个纳税年度内，个人允许扣除的金额为投资成本的 50%，但最多不得超过 650 000 瑞典克朗。

6. 资本利得

个人获得的所有资本利得都计入资本所得中。在不考虑资产转让的情况下可享受滚转冲抵政策（例如通过赠送、继承、遗赠或者社区财产分割等方式转让资产）。在上述情况下，资产接收方应接管转让方的购置成本，而且在后续资产处置中的任何利得都可成为应税所得。

（1）不动产。用于经营的不动产转让所得以 90% 计入应税所得。资本利得为处置收益（即处置收益减去处置相关的费用）与购置成本的差额。个人房产转让，购置成本包括购买价格，以及在出售前 5 年内的翻建成本和维修成本。有关的损失按照实际发生额的 63% 扣除。

在一定条件下，纳税人处置位于瑞典市中心的房产，符合下述条件时，可延迟缴纳房产转让税款：在处置时已作为其主要住所至少一年以上，或者在处置前 5 年内已作为其主要住所 3 年上的。仅在转让的资本收益超过 50 000 瑞典克朗的情形下，允许延迟纳税。并且，纳税人必须在出售房产后一年以内，在瑞典或者欧洲经济体国家中购置新的房产。递延收益在新房产购置成本中已扣除的，在新房产再次出售时，已扣除的递延收益应计入应税所得缴纳税款。递延金额限额为 145 万瑞典克朗。纳税人每年就递延金额按照 0.5% 的年利率支付利息费用。当纳税人获得新房产的方式并非通过家庭成员间的赠予或者继承时，获取新房产时不得扣除递延收益。

关于转让个人房产所得，除了符合条件的延期纳税情形外，包括度假屋在内，22/30 的转让所得计入应税收入。同时，相关的损失按照实际发生额的 50% 扣除。

（2）股票。个人处置股票与其他有价证券的所得，以处置收益与购置成本（包括销售所附带的费用）的差额为计税基础。如果相同股票与其他有价证券以不同的价格出售，则使用股票与其他有价证券的平均处置价格。鉴于股票与其他有价证券（不包括股权）在国内外股票市场的变动，其处置价格 =（处置收益 - 处置附带费用）×20%。在实际成本或者平均处置价格之间，纳税人可选择其中一个作为处置价格。

个人通过特殊储蓄账户投资股票与其他有价证券获得的资本利得免税。否则，投资者要特定的计算公式计算应税资本利得，并按 30% 的税率征税。

（3）其他。除上述资产以外，纳税人个人使用的资产获得的资本利得，超过 50 000 瑞典克朗时计入应税所得。上述资产所得，以处置收益与购置成本（包括销售所附带的费用）的差额为计税基础。仅在每年处置收益超过 50 000 瑞典克朗的条件下，处置资产所得计入资本收益纳税。转让上述资产，产生的相应损失不得扣除。

7. 个人扣除、宽免和抵免

（1）扣除。下列项目可从纳税人的总劳务所得中扣除（受雇所得和经营所得）。对未在瑞典居住满一个纳税年度的纳税人，其允许扣除的金额，仅为其在瑞典居住期间对应的可扣除项目。医疗费用和捐赠不可扣除。

赡养费。纳税人有权扣除定期支付给前任配偶的赡养费（对于接收人为应税所得）。纳税人定期支付的用于其家庭以外的其他儿童的生活费用不得扣除，接收人对此不缴纳税款。

养老保险费。就个人劳务受雇所得而言，其支付的私人养老保险费用允许从总收入中扣除。如果纳税人是保险政策的执行者，其支付的保险费用可以扣除。一般而言，扣除的最大金额不得超过 1 800 瑞典克朗。自雇人士为自己的养老保险支付的保费，可计入经营所得中的费用扣除。扣除限额为经营所得的 35%，且最大金额不得超过 445 000 瑞典克朗。扣除金额以当前纳税年度所得和上一纳税年度所得二者中收入最小的数额为计算基础。

服务费。在纳税人住所内提供的清洁服务、清洗服务、烹饪服务、熨烫服务以及婴儿照看服务等，其支付的服务费用可扣除。此外，在院里进行的施工、翻新和各类型的园艺工作，在纳税人家中提供的小孩家庭作业辅导及校园工作服务等费用均可扣除。纳税人按照支付的服务费金额 50% 的扣除，但不得超过 50 000 瑞典克朗/年。纳税人可在支付服务费时减免税收，即纳税人可向服务提供者只支付 50% 的费用，另外一半服务提供者可直接向税务机关获得。18 岁以下个人不得享受此优惠政策。

为享受该税收优惠政策，纳税人必须在提供服务的次年 5 月 4 日前向税务机关填写申请表。

捐赠。个人向慈善组织和科学组织的捐赠可扣除。该组织必须由税务机关认定并位于瑞典境内，或者位于与瑞典有信息交换的欧洲经济体国家内。每年扣除金额为符合条件的捐赠额的 25%。在一个自然年度内的捐赠总额至少为 2 000 瑞典克朗（每次捐赠金额至少为 200 瑞典克朗）才可享受扣除。最大扣除金额为每个纳税年度不超过 1 500 瑞典克朗。

（2）宽免。在瑞典，基本的税收宽免金额从 13 100 瑞典克朗到 34 300 瑞典克朗不等，具体金额根据所得总额确定，从纳税人的劳务所得中扣除。65 岁以上的纳税人，基本的税收宽免金额为 31 900 瑞典克朗到 62 500 瑞典克朗不等。

（3）抵免。居民纳税人可享受受雇所得的税收抵免。税收抵免以纳税人的年龄、受雇所得金额、基本税收宽免额度以及适用的地方个人所得税税率的不同而差别对待。税收抵免根据受雇所得可抵免地方所得税。税收抵免金额约为 7 000 瑞典克朗至 26 000 瑞典克朗。

8. 损失

纳税人的各类经营活动的净收益结果为各类经营活动的总金额，且损失可从同一来源的经营活动利润中扣除。但是，不同来源的经营活动所得的损失，不得抵减其他来源的经营活动利润。经营活动的损失可在同一来源的经营所得中抵减，且不受时间限制。

在特定条件下，纳税人在某项经营活动前 5 年内发生的损失，可从其他经营所得中扣除，或者从受雇所得中扣除，扣除限额为 100 000 瑞典克朗/年。

因为受雇所得和资本所得的所有类型形成同一种来源的所得，在一个纳税年度，发生的损失可从同一来源所得中的其他种类所得中扣除。所有未扣除损失均可向以后年度无限期结转。

9. 税率

（1）所得和资本利得。劳务所得（受雇所得和经营所得）缴纳国家个人所得税时，适用表1累进税率：

表1

应纳税所得额（瑞典克朗）	税率（%）
0～430 200	0
430 201～616 100	20
超过616 100	25

获得养老保险所得的65周岁以上个人，适用表2税率（扣除基本税收宽免之前的应纳税所得）：

表2

应纳税所得额（瑞典克朗）	税率（%）
0～469 600	0
469 601～648 000	20
超过648 000	25

资本所得适用的国家个人所得税税率为30%（无免税额），无须缴纳地方个人所得税。

个人居民纳税人缴纳的国家个人所得税和地方个人所得税的合计税负超过个人净所得的60%时，要调减其国家个人所得税税负，地方个人所得税不变。

（2）预提税。雇主向雇员支付的工资和其他劳务报酬时应缴纳预提税。养老保险所得、年金以及其他定期支付所得也要缴纳预提税。银行向个人支付的利息所得，以及企业向个人支付的股息所得适用的预提税率为30%。

10. 征收管理

（1）纳税年度。通常以公历年度作为纳税年度。纳税评估以纳税年度的下一年为期限，即纳税评估的年度。

（2）纳税申报。受雇所得与经营所得的纳税申报截止日期为纳税评估年份的5月4日。纳税人将收到一个个人所得税申报预报表，包含税务机关掌握的应税所得的信息。纳税人可对预报表进行校对和更正，再将修改后的纳税申报表递交税务机关。

（3）税款缴纳。未预缴税款的应税所得，按照评估的预缴金额分期缴纳税款。预缴金额为最近年度最终税额的110%，如果上一纳税年度预缴税款额大于最终税额，则按照上一纳税年度的最终税额的105%计算预缴税款。

最终纳税评估在评估年度的12月份执行。扣缴和预缴的税款与最终实际税额进行比较，多退少补。

（4）事先裁定。居民纳税人与非居民纳税人在国家个人所得税、地方个人所得税和其他间接税方面，可申请事先税收裁定。申请内容必须为纳税人的评估事项，且必须为重大事项。事先裁定事项也可以为判定是否使用反避税规定。国家税务局也可以提出事先裁定要求。根据申请人的要求，税务局及行政法院对事先裁定事项必须在规定的时限内办结。

（二）其他类型的所得税

瑞典税法规定个人就其劳务所得（受雇所得和经营所得）缴纳地方个人所得税。地方个人所得税的应税所得与国家所得税应纳所得的规定相同。地方个人所得税税款不得从国家个人所得税的应税所得中扣除。2015 年，各地平均税率为 31.99%（在斯德哥尔摩为 29.78%）。

（三）国际税收

1. 居民纳税人

（1）境外所得和资本利得。居民纳税人就其来源于全球范围的收入和资本利得缴纳个人所得税。境外取得的受雇所得在瑞典可免税。来源于境外的股息、红利，利息和资本利得按全额征税。

（2）境外资本。瑞典对境外资本不征收净财产税。

（3）避免双重征税。境外所得、境外不动产或私人住宅已在其他国家缴纳的税款，可以在瑞典缴纳以下有关税款时抵减：国家个人所得税，地方个人所得税，国家不动产税和地方不动产税。可抵扣的金额有最大金额限制，不足抵减的部分，可向以后 3 个纳税年度结转。另外，奥地利、比利时和卢森堡等国家对瑞典居民获得的利息已征税款，可以全额抵减瑞典所得税。瑞典通过双边和多边税收协定，避免对所得和资本的双重征税。

2. 侨民

（1）外国侨民。符合条件的在瑞外国侨民可最多享受 3 年的特殊税收减免政策。即享受应纳税所得额减少 25% 的税收优惠，剩下的 75% 按照一般规定缴纳税款。

搬家费，纳税人与其家人每年两次往返瑞典与其住所国的差旅费，以及纳税人子女的学校教育费用免税。享受免税的所得与补助费用不得计入雇主或者受雇者的社会保险费用。满足以下条件，才能享受上述减免税政策：

一是受聘者为“外国关键人士”。即被聘为管理人员或者企业核心人员，或者符合以下条件：有特殊技术要求的岗位；在某领域的研究与开发或者专业水平在瑞典难以找到相关人士。2012 年 1 月 1 日及以后就业的“外国关键人士”的月薪（包括实物福利）必须要超过 89 000 瑞典克朗。

二是雇主为瑞典居民企业，或者为非居民在瑞典的常设机构；

三是雇主为境外企业，在瑞典开始招聘前 5 年的任意时段内未居住在瑞典；也无在瑞典居住 5 年以上的意图。

（2）本国侨民。根据“6 个月制度”的规定，纳税人如果在境外居住时间达 6 个月及以上，且其已在受雇过程中就所得缴纳税款的，其境外受雇所得无须在瑞典境内缴纳税款。根据国外注册地规定或协定，在境外所得未缴纳税款的，纳税人在境外居住时间达 1 年及以上者，该境外所得免税。来自于瑞典政府或者地方政府涉及出口劳务的所得免税。

移民后未实现的资本利得不征税。但是，瑞典非居民在出售瑞典企业股票时，其在处置股票前 10 年内曾在瑞典居住过，则其处置上述股票的所得应纳税。

3. 非居民纳税人

（1）所得和资本利得课税。非居民纳税人个人就来源于瑞典境内的所得缴纳个人所得税。除非另有规定，非居民纳税人个人适用瑞典国家所得税与个人所得税的一般规定。非居民纳税人个人仅能扣除与来源于瑞典境内所得相关的费用。当非居民纳税人所属居民国为欧洲经济共同体国家，或者有来源于瑞典境内所得，但未从所属居民国所得中扣除该部分利息支出时，非居民纳税人个人关于利息支出的扣除规定与居民企业享受相同的政策。

非居民纳税人个人为瑞典私人雇主工作获得的受雇所得须征税。符合以下条件的非居民纳税人受雇所得免税：连续 12 个月内有 183 天以上未居住在瑞典境内；劳务报酬的 50% 及以上由境外雇主支付；劳务报酬未由瑞典境内常设机构或者固定机构支付。

向瑞典政府或者地方政府提供劳务的所得，无论劳务提供地位于何地，都应纳税。由非居民作为瑞典公司的董事，所获得的董事会酬劳及其他类似所得应在瑞典纳税，不论其在何地进行相关工作或在何地举行会议。

向瑞典政府或者地方政府提供劳务获得的养老保险应纳税，适用国家养老保险制度的一般规定。其他由瑞典境内雇主提供的养老保险费、在瑞典境内保险公司购买的私人养老保险、由瑞典养老保险储蓄协会或者外国保险协会瑞典分公司管理的养老保险储蓄账户中储存的养老保险费都应纳税。

上述受雇所得按照 20% 的税率预缴税款（海员按照 15% 的税率预缴）。由雇主报销的旅行和住宿费用所得免税。上述受雇所得也不缴纳地方个人所得税。

对瑞典境内的非居民艺术及和运动员，其总所得以 15% 的税率缴纳预提税。该预提税可抵减国家个人所得税和地方个人所得税。非居民艺术和运动员也有权选择按照一般税收规定纳税。

经营和专业服务所得。非居民个人在瑞典境内，来源于不动产或者常设机构的经营所得以纳税评估的方式缴纳地方个人所得税，税率为 20%。

投资所得。向非居民纳税人个人支付的股息按照 30% 的比例缴纳预提税。但不缴纳地方个人所得税。非居民在瑞典境内的利息所得免税。

特许权使用费。非居民个人获得的特许使用费以纳税评估的方式缴纳国家个人所得税，或者按照税收协定以更低的税率征收预提税。

从经济协会取得的股息，以及私人住宅的所得不适用预提税制度，但应作为资本所得缴纳国家个人所得税，发生的与资本所得相关的利息支出允许扣除。

资本利得。非居民个人的应纳税资本所得包括出售不动产所得，或者业主权益所得。非居民纳税人个人出售股票及其他有价证券所得免税。

（2）资本课税。瑞典不征收净财富税。非居民持有瑞典境内的不动产应缴纳国家不动产税和地方不动产税。

（3）征收管理。非居民纳税人符合以下情形之一的，应进行纳税申报：一是国家个人所得税或地方个人所得税的应税收入超过 100 瑞典克朗的；二是在瑞典境内拥有不动产并需缴纳国家不动产税和地方不动产税的。

非居民纳税人要对所有的所得进行申报，包括已经缴纳预提税的各项所得。

三、增值税

（一）一般规定

1. 概述

瑞典增值税适用于所有提供商品或劳务的行为。

2. 纳税人

增值税纳税人为提供商品或劳务的企业或个人。部分业务的起征点为30 000瑞典克朗。集团企业被视为同一纳税人，其内部成员之间提供的商品或劳务，不征收增值税。

3. 应税行为

以下行为征收增值税：

（1）企业在其业务范围内提供的应税货物或劳务；

（2）欧洲经济区内的商品交易；

（3）向瑞典境内进口应税货物。

4. 应税收入

应纳税额是在瑞典提供商品和劳务或在欧洲经济区内提供商品取得的收入，不包含增值税额。增值税的应纳税额为提供应税商品应缴纳的增值税销项税额减去购买或进口商品已缴纳的增值税进项税额。

5. 税率

增值税标准税率为25%。食品、旅游相关的服务，如酒店和露营服务等以及餐饮服务适用12%的低税率。国内报纸和期刊，运输、滑雪升降机服务，电影院、马戏团和音乐会门票适用6%的税率。处方药、黄金投资、金融服务及保险及再保险服务适用零税率。

6. 免税

租赁和转让不动产免征增值税。另外，在企业合并重组中，存货、设备及其他资产与公司一并或部分转让，免征增值税。

（二）非居民纳税人

外国企业购买商品或劳务，提供符合以下条件的，可获得增值税退税：

（1）购买的商品或劳务将用于瑞典国外；

（2）该交易如果仅发生在瑞典就要征收增值税；

（3）该交易的增值税可以被抵扣或准予退税。

四、消费税

瑞典对部分商品征收消费税，包括酒精、啤酒、白酒、燃料和电池等。

五、社会保障税

社会保障税分别由雇主和雇员缴纳。

1. 雇主缴纳的部分

大部分社会保障税由企业雇主缴纳。计税依据为员工工资所得减去部分费用的余额，并不受数额限制。社会保障税支出允许在计算公司所得税前扣除。2015 年社会保险费包括类型如表 3 所示：

表 3

社会保险费类型	税率（%）
养老保险	10.21
医疗保险	4.35
失业保险	2.64
遗属抚恤金	1.17
生育险	2.60
意外险	0.30
一般薪金税（薪金税）	10.15
合计	31.42

2. 雇员缴纳的部分

雇员需要自行支付养老保险费的 7%，最大金额为 32 800 瑞典克朗。该支付以所得为 468 867 瑞典克朗为计算基础。65 岁及以上纳税人不需自行缴纳上述养老保险费。

自雇者。自雇个人根据经营所得计算自行缴纳养老保险费，且无缴纳限额。在 2015 年，社会保障税缴纳标准如表 4 所示：

表 4

社会保险费类型	税率（%）
养老保险	10.21
医疗保险	4.44
失业保险	0.1
遗属抚恤金	1.17
生育险	2.60
意外险	0.30
一般薪金税（薪金税）	10.15
合计	28.97

上述支出允许在国家个人所得税和地方个人所得税前扣除。

（黄立新　编）

瑞士税制

瑞士由瑞士联邦、26 个主权州以及大约 2 300 个独立自治市组成。瑞士联邦宪法规定，除了分配给联邦政府的特定资源，瑞士各州均享有财政自主权和征税权。各州的征税权也可能受限于瑞士联邦和其他州缔结的税收协定。

由于瑞士的税收体系所致，双重征税可能发生在瑞士各州之间以及国际关系之间。瑞士各州之间双重征税冲突的解决，基于联邦最高法院的管辖权和《联邦税收协调法案》。

为进一步协调瑞士各州与自治市的所得税，联邦议会于 1990 年 12 月 14 日颁布了《税收协调法案》。该法案于 1993 年 1 月 1 日生效，瑞士各州与自治市必须于 2001 年 1 月 1 日之前将其立法纳入《税收协调法案》。《税收协调法案》是基本法，它包括了纳税义务、应纳税所得额、扣除额、纳税期限和纳税申报程序的有关规定。瑞士各州可自行确定税率。

本文在必要时，会解释联邦和（一般）州市所得税不同的税务处理。没有分开解释的，则是在两个层级中的税务处理没有明显差别。

瑞士主要税种包括公司所得税、个人所得税、增值税、消费税和社会保障税等。

一、公司所得税

（一）一般规定

1. 税制类型

（1）联邦税收。瑞士企业利润的征税采用古典税制。该税制与“参股免税制度”相结合，涉及了企业股东实质参与经营的股息红利和资本利得。

（2）州市税收。联邦一级的制度同样也适用于各州。因此，各州必须采用古典税制，但是涉及实质经营参股的股息红利和资本利得，可以通过免税来调整。另一种调整是涉及符合条件的控股公司和管理公司，这些公司几乎全部免征州所得税。

2. 纳税人

纳税人包括法律实体，即企业、合作社、协会、基金会以及享有不动产直接所有权的信托投资企业。企业包括证券公司、有限责任公司和无限合伙人组成的股票公司。按照税法规定合伙企业是税收透明体，对合伙人要单独征税。

（1）联邦税收的居民身份。企业的法律地址（注册地址）或实际管理机构所在地在瑞士境内的，均被认定为居民企业。

（2）州市税收的居民身份。企业的法律地址（注册地址）或实际管理机构所在地在州内的，均被认定为该州居民企业。

如果企业是在某一个州注册的，而它的实际管理机构所在地是在另一个州，那么各州的无限纳税义务会导致双重征税。《税收协调法案》没有提供任何解决这个问题的方案。根据瑞士最高法院判例法规定，在州内注册的企业有无限纳税义务。只有当在州内注册但是无设立机构或活动的情况下，而实际管理机构所在州对企业享有征税权。

州内非居民企业需要对该州的企业、常设机构及不动产所在地的所得缴纳企业所得税；它们也要对该州的企业、常设机构及不动产所在地的资产缴纳资产净财富税。

3. 应纳税所得额

（1）一般规定。

联邦税收。居民企业就其来源于瑞士境内、境外的所得缴纳联邦企业所得税，企业、常设机构或境外的不动产所得除外。非居民企业只需对瑞士来源所得的某些类型缴纳税款。

州市税收。州内居民企业就其来源于境内、境外的所得缴纳州企业所得税，企业、常设机构或州外的不动产所得除外。州内非居民企业只需对州内来源所得的某些类型缴纳税款。

控股企业。控股企业几乎完全免征州内所得税。为了有资格获得持股特权，持股企业在其他企业的参股，或由此而产生的收入，须至少占总资产或收入的2/3，该情况是基于长期打算的。同时，控股企业的主要目的是参与长期管理，且企业须在瑞士境内没有经营活动。某些州要求授予控股地位，且符合条件的参股（超过20%）；在其他州，只要企业总资产或收入的2/3来自这些参股，则证券投资组合是充足的。

符合条件的控股企业只须对瑞士境内不动产所得缴纳常规所得税。抵押贷款利息和其他费用是要税前扣除的。此外，如果是税收协定中的常规所得税也要征收。

管理企业。管理企业也被称作家族企业，它在瑞士不开展商业活动，只开展行政活动，即管理自有资产。某些辅助性活动，如记账、无形资产的使用，包括一些专业技能也是允许的。其他任何商业形式，如建筑业、制造业、在瑞士境内（而非境外）销售货物或提供服务的，都不符合管理企业的身份。国外所有权不作要求。

管理企业所得按以下情况征税：

①实质参与经营所得是免征的，包括资本利得的异化和参股重估；

②其他来源于瑞士境内的收入按正常税率征税；

③其他境外收入按照正常税率征税，是因为比对瑞士境内的管理活动征税；《税收协调法案》并没有决定其归属；各州可以自行设定标准。

管理企业的支出必须分配到从①到③三种类型的收入中来。①中实质参与经营的损失不能抵减②和③中的应纳税所得额。

该制度同样适用于主要在瑞士境外开展活动的企业，以及在瑞士境内开展小型活动的企业（所谓的混合企业）。一般来说，管理企业80%的收入必须是境外收入。

（2）免税收入。股息红利和资本利得免征企业所得税，如果他们符合“参股免税制度”的条件。

（3）扣除。实现净利润所需要的全部支出，如维修机械、家具及不动产的费用、管理费用、原材料成本、商业上合理的折旧费、转让费、准备金和预计负债可以在税前扣除。

所有给瑞士联邦、州、自治市所得和净资产缴纳的直接税可以在缴纳当年税前扣除。不受单方面或税收协定减免优惠约束的境外税和间接税（进口关税等）可以在税前扣除。

贷款利息被视为常规业务支出。由企业股东或其他相关纳税人借来的贷款利息，如果利率不超过正常利率，可以税前扣除。联邦税务机关每年发布通告，以确定好贷款所允许的最大利率。如果特许权使用费是合理的，符合公平原则的，则可以在税前扣除。

任何形式的股息红利都不可以在税前扣除。有资格作为股本的贷款利息也不可以在税前扣除。

(4) 折旧和摊销。

联邦税收。折旧必须符合商业惯例。余额递减法和直线法是被允许的。官方指南已公布了折旧的百分比，但不是强制性的。

某些机械设备和环境保护装置可享受加速折旧（第一年按50%折旧）。

州市税收。折旧必须符合商业惯例。在实践中，余额递减法和直线法是被允许的。

(5) 准备金。

联邦税收。免税准备金可为以下条件设立：

①财政年度末的当期义务是不确定的；

②第三方实施的远期研发费用：最高为应税利润10%（但不超过100万瑞士法郎）。

可扣除的预计负债可为以下条件设立：

①与当前资产有关的亏损风险；

②财政年度末存在的其他直接的亏损风险。

州市税收。免税准备金和预计负债是被允许的。

4. 资本利得

联邦税收。通常来讲，资本利得是应纳税所得超过处置资产的账面价值。

不动产的资本利得需要缴纳独立州的房地产所得税。

如果企业合并、分立或转型的，那么持续经营企业的隐性准备金不会计入应纳税所得额，除非：

①账面价值没有改变；

②所涉及企业实体在瑞士境内为应纳税实体；

③转让资产在接下来的5年内没有售出，或者所涉及的企业实体的管理保持不变。

如果固定资产在瑞士境内被置换，则滚转冲抵是允许的。如果置换在同一财政年度发生，那么可以建立隐性准备金。该准备金用于冲抵适当期限内（通常为2年）的重置资产；否则，准备金将会计入应纳税额中。符合条件的参股（至少10%）重置，隐性准备金可以转移到新的参股中来，只要持有参股时间至少1年。

州市税收。动产的资本利得通常包含在所有应纳税所得额内，不动产的资本利得需要缴纳独立州的房地产所得税或普通企业所得税，视情况而定。在企业合并、分立、转移、滚转冲抵情况下隐性准备金的税务处理，同联邦税处理方式相同。

各州不动产的资本利得征税适用于以下制度之一：

一元税制（苏黎世税制）下的不动产资本利得需要缴纳单独的房地产所得税。通常该税基是销售价格低于购置成本和改善成本。各州可固定税率，但是该税收必须在所有权递增阶段有所下降。

二元税制（圣加仑税制）下的商业财产（包括不动产）的资本利得（商业价值低于账面价值）需要缴纳企业所得税。

5. 亏损

（1）经营亏损。

联邦税收。联邦所得税法规定，亏损可以向以后7年结转，不得向以前年度结转。

在修复负资本均衡赔偿时，如果支付款不符合资本出资的条件，股东支付款可以冲抵大于7年的亏损。

州市税收。当企业将其居民所在地从一个州搬迁到另一个州，根据州内税法规定，另一个州必须接管自2001年1月1日起第一个州的亏损。

（2）资本损失。

联邦税收。处置流动资产的损失按照相关规定，不动产的资本损失按州级水平进行税务处理。

州市税收。如果资本利得需要按照苏黎世税制征税，原则上资本损失不会抵消，因为房地产所得税是与处置资产（而非总收入）相关的税收。

不动产出售的亏损通常只有在圣加仑税制适用的情况下，可以结转抵减所得（反之亦然）。

6. 税率

（1）经营所得和资本利得适用税率。

联邦税收。企业所得税按照8.5%的税率征收（如果考虑将联邦税扣除，有效税率为7.83%）。

州市税收。各州可以自行设定税率。但是根据《税收协调法案》，税率必须适用于企业和合作社。税率通常定为相关州内税法的基本税率。为使税率更易于适应州内的金融需求，各州确立了基本税率需要乘以的系数。该税收根据基本税率计算，需乘以一个系数以达到"有效"税收。

市政企业所得税通常以附加费的形式征收州企业所得税。

（2）向居民纳税人支付款项的预提税税率。

联邦税收。居民企业向另一居民企业支付股息红利时，应按35%的税率代扣代缴预提税，由瑞士的债务人发行的债权利息和银行存款也一样。

支付给居民企业的股息红利，支付方可以申请免征预提税。如果同意免征，那么支付方可以分配股息红利，但是必须完成一个报告程序。由瑞士境内的不动产担保的利息应按照3%的税率代扣代缴预提所得税。

联邦政府不能对特许权使用费和其他形式的所得代扣代缴预提税。

州市税收。州市一级的股息红利和特许权使用费或其他形式的所得无须代扣代缴预提税。

除了瑞士境内的不动产担保利息征收的联邦预提税，各州也要按照10%～30%的税率对企业所得代扣代缴预提税。

7. 税收优惠

各州和联邦政府在规定条件下可给予税收抵免优惠。

各州会给予对其有经济利益的新建企业税收抵免优惠。同时，经营活动中有重大变化的也符合该税收优惠的条件。所有州税收优惠的最长期限为10年。

8. 征收管理

（1）纳税年度。瑞士联邦的纳税年度为1年，且通常以日历年度作为纳税年度。如果企业使用的是财政年度而不是日历年度，那么该纳税年度的应纳税所得额是财政年度结束那年的收入。

（2）纳税申报。纳税申报由代表联邦的各州进行。因此，许多程序性规则（如提交所得税申报表的截止日期和缴纳的税款）按照各州的进行。

税务机关以公告或邮寄表单给纳税人的方式告知其申报纳税。纳税人没有收到表单的必须提出申请。纳税申报必须由负责人签名，且须连同所有相关文件发送给主管机关。

如果所有资产负债、收入费用、私人提款、捐款的清单遗失了，那么法律实体必须附带该财政年度的年度账目申报表（资产负债表、损益表）。

（3）税款缴纳。通常而言，纳税人必须在纳税年度结束后2个月内缴纳税款，即如果纳税年度与公历年度一致，则必须在次年的3月1日之前缴纳税款。但是州税务机关可以用分期付款的形式征税。

（4）事先裁定。瑞士并没有关于事先裁定在联邦、州市的直接税法和间接税法上的明确规定，但是事先裁定在实践中是可行的，如企业重组或类似交易。如果所有相关事实被公开，事先裁定对税务机关就有约束力。

（二）居民企业之间的交易

1. 企业集团合并纳税

瑞士联邦政府和州市政府都没有关于企业集团合并纳税的具体规定。

2. 居民企业之间的股息红利

联邦税收。企业取得的股息红利通常是要纳税的。但是，根据参股免税制度的规定，瑞士联邦政府对实质上参与了经营的居民企业或非居民企业取得的股息红利收入免税。人力成本与管理费用以股息红利总额的5%的标准先行预扣，如果实际成本低于该数额，则纳税人可以据实扣除。

实质参股经营，是指企业持有派发股息红利公司至少10%的股份，或者实质参股部分的价值至少为100万瑞士法郎。如果是风险投资企业，则相应标准为5%和25万瑞士法郎。

参股免税制度也适用于从实质参股经营企业取得的资本利得，包括因认购权取得的资本利得。当实质参股经营的企业持有派发股利的企业至少10%的股份已1年以上，且在该纳税期至少出售该企业10%的股份时，可适用参股免税制度；特定条件下，即使未满足持股10%的条件，但持股已至少1年，且持有股份的价值至少等于100万瑞士法郎时，也可适用参股免税制度。

州市税收。对于从实质参股经营的公司取得的股息红利，各市州政府对此的税收处理规定与联邦政府类似。从实质参股经营的企业取得的收入，如果实质参股经营部分在该会计年度已计提折旧，或者该收入可作为该企业的费用扣除时，不适用参股免税制度。

（三）其他类型的公司所得税

联邦税收。瑞士联邦不征收其他类型的所得税。

州市税收。在各州主权范围内，各州不仅可以根据该州税法的规定自由征税，也可以进行税收征管。州赋予市级征税的权力。各市的税法必须符合《税收协调法》的规定，但有一些市可以根据该市的税法征税。一般来说，这些市是以征收州级税收的附加费的形式征税的。

（四）国际税收

1. 居民企业

企业的注册地或实际经营管理机构位于某个州，则该企业视为该州的居民企业。

如果瑞士与另一个国家没有签订税收协定，那么该居民企业对该州有无限纳税义务，该州可以对该居民企业源自于该国的所得和在该国拥有的资产征税。如果瑞士与某个国家签订了税收协定，则该州受税收协定的约束。

（1）境外所得和资本利得。

联邦税收。通常，居民企业来源于境外的全部收入都应计入应税收入。但是，居民企业来源于境外从事的经营活动或源于常设机构的收入，以及源于位于境外的不动产的所得免税。通过在境外的常设机构取得的境外股息红利、利息和特许权使用费免税。

州市税收。如果瑞士与另一个国家没有签订税收协定，那么该居民企业对该州有无限纳税义务，该州可以对该居民企业源自于该国的所得和在该国拥有的资产征税。如果瑞士与某个国家签订了税收协定，则该州受税收协定的约束。

（2）境外亏损。瑞士居民企业在瑞士境内实现的所得可以抵消其在境外常设机构发生的亏损，无论其常设机构位于哪个国家。但是，如果常设机构在7年内盈利，瑞士的居民企业抵消的损失应在常设机构实现盈利的年度，相应计入应税收入，计算缴纳企业所得税。

（3）境外资本。

联邦税收。瑞士联邦政府不征收净资产税。

州市税收。每个州都对法律实体征收净资产税，征税范围包括除境外企业、在境外常设机构或不动产相关资本外的其他资本。

（4）避免双重征税。在瑞士，单方面消除重复征税主要采用对来源于境外的公司间股息红利、来源于外资企业或常设机构及境外不动产的收入免税的形式。

在其他情况下，瑞士主要采取扣除法来消除重复征税，即在境外已缴纳的税款在计算应税所得时可以扣除。

通常，税收协定是包含有免税规定的。但是大部分的税收协定中，对股息红利、利息、特许权使用费征税的预提税可以抵免。

2. 非居民企业

（1）一般所得和资本利得课税。

联邦税收。非居民企业应就其来源于瑞士企业、在瑞士的常设机构和不动产的收入及资本利得缴纳企业所得税。源于不动产的收入包括不动产交易取得的收入，支付给境外企业的股息红利和特定的利息应缴纳预提税。

州市税收。非居民企业应就其来源于所在州的企业、常设机构、不动产的收入和资本利得向所在州缴纳企业所得税。非居民企业还应就其上述资产向该州缴纳净资产税。

源于不动产的收入包括不动产交易取得的收入。除此之外，非居民债权人或用抵押位于某个州的不动产作担保的用益权使用者要缴纳预提税。

（2）资本课税。瑞士联邦政府对资本不征税。

（3）征收管理。非居民企业就其来源于瑞士的居民企业、在瑞士的常设机构和不动产的所得的缴税与居民企业适用相同的规定。向境外支付的股息红利和特定利息应缴纳预提税。在没有签订税收协定的情况下，该预提税为最终预提税。

3. 非居民企业预提税

（1）股息。非居民企业取得的由居民企业或投资基金分配的股息红利和其他利润按35%的税率向瑞士联邦政府缴纳预提税。各州对股息红利不征收预提税。

自2011年1月1日起，根据资本确定原则，资本公积的分配免征所得税和预提税。如果资本公积已计入单独的账户并且已报送至瑞士联邦税务局，则股本溢价的清偿免税。

根据瑞士和欧盟2004年10月26日签订的《保留协议》第15条规定，在《欧盟母子公司指南》于2015年1月1日生效前，瑞士应对符合该指南规定的支付给欧盟成员国的居民企业的股息红利免税。相应地，如果满足下列条件，则欧盟成员国的居民企业取得的来源于其在瑞士的子公司的股息红利免征预提税：

①居民母公司已直接持有子公司25%及以上股份至少2年；

②母公司为欧盟成员国的居民企业，子公司为瑞士的居民企业；

③瑞士及该欧盟成员国都与第三国签订了双边税收协定，但母公司和子公司都不是第三国的居民企业；

④母公司和子公司都是公司所得税的纳税人，且都是股份有限公司。

（2）利息。瑞士联邦政府对支付给非居民企业的由瑞士债务人发行的债券或银行存款的利息征税最终预提税，税率为35%。

根据欧盟和瑞士在2004年10月26日签订的《保留协议》的规定，瑞士应对符合《欧盟利息和特许权使用费指南》的规定的支付给欧盟成员国企业的利息免税。相应地，如果受益所有者是支付利息的瑞士企业的联营企业，受益所有者是欧盟成员国的居民企业或是在欧盟的常设机构，且满足以下条件，则支付给境外的利息免征预提税：

①受益所有者分别直接持有两个公司25%及以上的股份至少2年；

②一个企业是欧盟成员国的居民企业或在欧盟成员国有常设机构，另一个企业是位于瑞士的常设机构；

③瑞士和该欧盟成员国都与第三国签订了双边税收协议，但两个公司都不是第三国的居民企业，也在第三国没有常设机构；

④两个企业都是所得税的纳税人，都是股份有限公司。

支付给非居民企业的，以位于瑞士的不动产作抵押取得的贷款的利息应按3%的税率向瑞士联邦支付缴纳最终预提税。此外，各州也会对上述利息征税，税率在10%～30%之间。

（3）特许权使用费。瑞士对企业取得的特许权使用费不征收预提税。

（五）反避税

1. 概述

联邦税收。一笔交易如果同时满足以下条件，那么该笔交易从税收角度不被认可：

①纳税人采用异常的或是虚假的法律架构，且无任何商业基础；

②该笔交易是出于税务考虑才发生的；

③该笔交易给纳税人带来了明显的税收优惠。

根据瑞士联邦政府有关反滥用税收协定的法令，如果通过要求享受税收协定优惠待遇，而导致不符合享受税收协定优惠待遇条件的纳税人直接或间接享受到了实质性的税收优惠，则此要求可能被视为滥用税收协定，将不会得到许可。例如：

①滥用税收协定，将收入转移至不具备资格的纳税人处；

②进行不合理的利润分配；

③具有信托关系；

④处于受控于国外的家庭基金或家庭合伙关系。

州市税收。《税收协调法》没有通用反避税规则的相关规定。

2. 转让定价

无论是对联邦还是各州而言，关联方之间的交易必须遵循独立交易原则。如果没有遵循这一原则，税务机关可以调整利润额，重新计算应缴纳的所得税和预提税。虽然各州本身没有调整的相关规定，但几乎所有的州对利润的调整方式都是类似的。

如果外国税务机关调整瑞士居民企业在境外子公司的利润额，除非已经是最终调整额，否则瑞士税务机关会相应调整在瑞士母公司的应纳税额。

3. 资本弱化

联邦税收。经济上具有股权资本特征的借贷资本的利息支出，是不可扣除的。为此，税务机关于 1997 年 6 月 6 日发布了 6 号通告，规定了特定资产允许存在的最大负债比：股权为 70%，不动产为 70% ~80%。根据税法规定，不可扣除的利息可重新定性为股息红利。

州市税收。根据《税收协调法》，经济上具有股权资本特征的借贷资本的利息支出，作为费用是不可扣除的。不可扣除的利息在税务上可重新定性为股息红利。

二、个人所得税

（一）一般规定

1. 纳税人

在联邦和州级税收层面上，以下规则均适用：在瑞士永久或暂时居留的个人，被视为瑞士居民纳税人，承担无限纳税义务。居住的判定标准是个人具有永久性留瑞的意图。税务机关为判定个人的永久性居住意图，会考虑其个人和商业利益中心。符合以下条件的个人按临时在瑞士逗留的情况纳税：①从事职业活动，逗留瑞士至少 30 天；②未从事职业活动，逗留瑞士至少 90 天。

个人拥有位于瑞士境内的公司、常设机构或者不动产，承担有限纳税义务。此外，转让位于瑞士的不动产也会产生有限纳税义务。

瑞士非居民纳税人承担有限纳税义务，当他：

①在瑞士从事营利活动；

②因经营或管理法律实体而取得报酬，且这些法律实体在瑞士设有常设机构；

③是不动产抵押担保请求的债权人或用益物权人，且该不动产位于瑞士境内；

④取得养老金或类似报酬（依公法建立雇佣关系而产生），且该雇主或养老金机构位于瑞士境内；

⑤取得某些社会分配所得，且这些分配所得来源于依私法成立的瑞士社会福利机构或税收优惠型储蓄计划。

⑥取得来源于国际航运、公路运输、航空运输的受雇所得，且支付所得的公司是瑞士居民企业或在瑞士设有常设机构的企业。

夫妻双方的收入可以联合纳税。未成年子女的投资所得计入父母的收入中纳税，但是，该子女取得的劳动所得和转让不动产所得需要单独申报缴税。

合伙企业被视为税收透明实体，每个合伙人单独纳税。

2. 应纳税所得额

（1）概述。在联邦和州级税收层面上，以下规则均适用：居民纳税人应就其来源于瑞士境内、境外的所得缴纳个人所得税。来源于境外经营活动、外国常设机构以及境外不动产的所得，免征个人所得税，但是，在确定居民纳税人适用税率时，上述所得应予以考虑（累进免税法）。应纳税所得额的概念广泛，它包括以下四类所得：

①劳动所得，包括受雇所得以及经营和劳务所得；

②投资所得；

③社会保障所得；

④其他所得。

房主自住房屋的租赁收入需要缴纳个人所得税（其租赁价格由州级税务机关评估确定）。

（2）免税所得。以下类型所得免征联邦和州级个人所得税：

①达到特定数额的储蓄账户利息所得；

②遗产、赠与和婚姻产权所得；

③资本保险收益（附条件）；

④私人或公共机构支付的补贴；

⑤精神损害赔偿或人身损害赔偿；

⑥养老保险、遗嘱保险及残疾保险的补充赔偿。

3. 受雇所得

本部分仅讨论联邦税收层面上对受雇所得的征税。

（1）工资、薪金所得。工资、薪金是指因受雇于相关职位而取得的任何薪资，下列与工作相关的必要支出可以扣除：

①差旅费：通常是指公共交通成本或者每公里 0.7 瑞士法郎的必要汽车使用费。在联邦税收层面上，差旅费不得超过 3 000 瑞士法郎。

②纳税人不能在家就餐的补充伙食费：每年不超过 3 200 瑞士法郎；

③每周通勤费：

a. 住宿费：单间公寓的租赁费；

b. 伙食费：每年不超过 6 400 瑞士法郎；

c. 交通费：包括居住地点、每周住宿地点、工作地点之间的交通费。

④其他费用（工具、书籍、工作服）：实发工资的 3%（最小扣除额为 2 000 瑞士法郎，

最大扣除额为 4 000 瑞士法郎）。

搬迁费不得扣除，但雇主退还的搬迁费可以扣除。

（2）实物福利。基本上，以下所有实物福利都以其市场价值计入受雇所得中：

①免费取得的货物；

②雇员股权计划和股票期权计划的收益；

③因婚姻和生育而获得的礼物；

④周年纪念品；

⑤雇主支付的儿童保育费或教育费；

⑥雇员社会保险计划的自愿缴费；

⑦公务用车。

如果与雇主的生产经营有关，且提供给全体或部分员工，那么雇员取得的其他实物福利，如免费电影票和音乐会门票、任何形式的继续教育费、专业协会的会员费以及报纸期刊的订阅费，不征收个人所得税。

（3）养老金所得。通常，在国家养老金计划和职业养老金计划下，纳税人的缴费在计算个人所得税时全额扣除，其收益全额征税。但是，职业养老金计划的缴费自 1987 年以后才能扣除，因此，某些收益来源于以前的职业养老金计划，只就其全额的 60% ~80% 缴税。

如果纳税人因购买养老保险、遗嘱保险及伤残保险或参加补充职业养老金或自愿储蓄计划而支付保险费，那么他为医疗保险、意外事故保险和人寿保险（以及储蓄账户利息）支付的保险费可以扣除，每个纳税人每年扣除限额不超过 1 700 瑞士法郎，每对夫妻每年扣除限额不超过 3 500 瑞士法郎，再加上每个未成年子女或被抚养人每年不超过 700 瑞士法郎。

当雇员更换工作时，雇主或养老金基金为其支付养老保险而累积的资本数额，在 1 年内重新投入养老金基金中，免征个人所得税。

（4）董事报酬。支付给只担任监事会成员的非执行董事的报酬，应作为雇佣所得缴纳个人所得税。

4. 经营和专业服务所得

在联邦和州级税收层面上，经营所得是指个人通过参与商业市场从事营利活动取得的所得。专业服务所得是指个人从事建筑、工程、表演、艺术、律师等劳务的所得。经营和专业服务所得属于自营所得。自营意味着个人从事自负盈亏、自担风险的任何活动。自营的应纳税所得额是指在财政年度内，个人的期末资产净值与期初资产净值的差额，加上私人提款总额，减去缴费总额。个体经营所得不仅包括现时经营活动的利润，也包括资本利得、清算所得和重估收益，后者只由经营资产净值的变动决定。私人资产净值不包括在内。

所有与收入相关的支出都可以扣除。这些支出包括货物支出、工资薪金支出、经营场所费用、利息支出、维修费、社会保障税及其他保险费、公共费用、税款、材料费、管理费用等。经营资产折旧，其计算符合合理商业活动的，可以扣除。

5. 投资所得

联邦税收。与其他所得一样，不动产所得需要缴纳个人所得税。维修费用既可以按实际发生额扣除，也可以一次性扣除。房主自住房屋的租赁价值需要征收个人所得税。州级税务机关根据当地情况和纳税人对该房屋的有效利用情况，评估确定其租赁价格。

个人购置私人资产投入公司，占公司资本的 20% 以上，则该资产可以在购置时就被当作经营资产。因此，为取得该持股而支付的利息，可以作为经营费用扣除。

自 2009 年 1 月 1 日起，因投入私人资产取得合格参股权（资本的 10% 以上），个人纳税人获得股息或类似利润分配，只就其 60% 的部分按标准税率征收个人所得税。假如个人持有的合格参股权是经营资产，那么只就其股息红利的 50% 征收个人所得税。

纳税人的应纳税所得额既包括以资本比例或利润分配方式支付的利息，也包括利息以外或代替利息的价款。同时，视同利息，即债务的名义价值与其赎回价值的差额，需要缴纳个人所得税。如果某保险合同签订不足 5 年，且其被保险人不满 60 周岁，那么保险合同名义价值以外支付的利息，需要征收个人所得税，但是该保险费必须一次性付清。

通常，特许权使用费属于经营所得。只有这些权利是纳税人私人净财富的一部分时，才认定为投资所得。因知识产权价值下跌而取得的补偿，免征个人所得税。

州市级税收。个人购置资产占公司资本的 20% 以上，则在购置该资产时以经营资产申报。为取得该持股而支付的利息，可以作为经营费用扣除。在持股分配的股息红利方面，许多州适用部分减免税机制。

6. 资本利得

联邦税收。如果纳税人以私有资产的方式持有资产，那么其资本利得包括不动产资本利得，不需要征收联邦所得税。纳税人来源于经营活动的资本利得，按标准税率全额征税。来源于合格股权转让（资本的 10% 以上）的资本利得适用特殊规定。如果上述股权持有时间 1 年以上，仅就其利得的 50% 征税。固定资产重置可以适用滚转冲抵税收优惠。

州市级税收。纳税人出售私人财产或经营财产，以及出售动产或不动产，其资本利得的征税方式各有不同。通常，纳税人出售经营动产获得的利得，需要缴纳标准所得税。但是，在转让相当数量股份时，许多州适用部分税收减免制度。纳税人出售私人动产获得的利得，免征州级所得税。

不动产。各州在对营业不动产的资本利得征税时，既可以适用一元税制，也可以适用二元税制。在这两种税制中，私人不动产的资本利得需要征收单独的不动产利得税，其税基通常是销售价格减去购置成本及改造成本后的余额。各州自行设定不动产利得税税率，但是该税必须随着不动产持有时间的增加而减少。

根据一元税制（苏黎世税制），经营不动产同样适用上述规则。根据二元税制（圣加仑税制），纳税人转让经营财产，包括不动产，应就其全部资本利得缴纳个人所得税，税基是经营财产的销售收入减去其账面价值的余额。

纳税人转让不动产获得短期资本利得，各州必须对其课以重税。此外，下列情形中，纳税人享受滚转冲抵税收优惠，无须缴纳不动产利得税：

①因继承、遗赠或捐赠导致所有权发生改变；

②因婚姻财产权利导致所有权在配偶之间转移；

③农业不动产的重置；

④瑞士境内房主自住房屋的重置。

7. 个人扣除、宽免和抵免

（1）扣除。

联邦税收。与经营活动有关的贷款利息，包括按揭利息，在计算个人所得税时全额扣除。与私有资产有关的利息，不超过动产和不动产收入总额加上 5 万瑞士法郎的部分，可以扣除。

夫妻双方离婚或者分居，支付给一方或子女的赡养费和抚养费可以扣除（并且接受方需要缴纳个人所得税）。但是，支付给接受方的非经常性货币补偿金，以代替定期支付的赡养费，不得扣除。

纳税人及其被扶养人因疾病或意外事故而支付的费用，超过其应纳税所得额的5%，可以扣除。伤残支出在计算个人所得税时可以全额扣除。纳税人向瑞士居民慈善组织捐赠的支出，不超过其应纳税所得额的20%，可以扣除，但是该组织必须是免税慈善组织。

其他扣除项目包括：

①继续教育费：按实际发生额扣除（限制性措施）；

②政党捐赠：不超过10 100瑞士法郎的支出可以扣除；

③儿童抚育费：每名未满14周岁的儿童不超过10 100瑞士法郎的支出可以扣除。

为设立风险投资公司，个人发放次级贷款，可以扣除其投资总额。在2010年以前，纳税人在投资期间可以扣除的最大限额不得超过贷款的50%，且不得超过50万瑞士法郎。如果该贷款在2010年以前被偿还，那么投资者必须将初始扣除额计入应纳税所得额。

州市级税收。根据《税收协调法》，为实现应纳税所得额的所有必要支出，均可以在计算个人所得税时扣除。与受雇所得和投资所得相关的支出也可以扣除。自营业者可以扣除与其经营活动或劳务活动相关的所有成本费用，包括折旧、预计负债和全体员工的养老金支出。其他扣除项目包括：

①社会保障税和经核准的储蓄计划的缴费；

②不超过限额（由各州自行确定）的医疗保险费、意外事故保险费和人寿保险费；

③夫妻双方离婚或者分居，支付给一方或子女的赡养费和抚养费（该项费用由接受方缴纳个人所得税）。

与经营活动有关的贷款利息，包括按揭利息，在计算个人所得税时全额扣除。与私有资产有关的利息，不超过动产和不动产收入总额加上5万瑞士法郎的部分，可以扣除。

（2）宽免。

联邦税收。下列情形中，纳税人每人每年可以扣除6 500瑞士法郎：

①由纳税人供养的未满18周岁的儿童；

②由纳税人供养的18周岁以上的学徒；

③由纳税人供养无法从事有偿工作的其他个人，倘若该供养费用每年超过了6 500瑞士法郎。

对于已婚夫妇和已注册同性伴侣，可以额外扣除2 600瑞士法郎。

此外，低收入一方配偶每年可以从其劳动收入中扣除不超过13 400瑞士法郎。

州市级税收。各州可以决定本州的个人宽免额。

（3）抵免。对股息、红利及利息征收的35%预提税可以抵免应纳税款。

8. 损失

联邦税收。经营亏损可以向以后7年结转，不允许向以前年度结转。

州市级税收。亏损弥补适用一般规定。此外，通常只有在适用圣加仑二元税制时，销售不动产发生的亏损才能抵减营业收入（反之亦然）。按照州级税收规定，当纳税人跨州迁移营业场所时，迁入地必须接管迁出地的亏损，且该亏损是自2001年1月1日以来发生的亏损。

9. 税率

（1）所得和资本利得。

联邦税收。根据瑞士宪法规定，联邦个人所得的总税负限于11.5%。

表1是2016年个人所得税税率表，其适用对象包括：共同生活的已婚夫妇和已注册同性伴侣，以及与其子女生活的丧偶、分居、离婚或单身一方，且该子女是受其供养的未成年人或学龄儿童。

表1　　2016年个人所得税税率表

应纳税所得额（瑞士法郎）	最低应纳税额（瑞士法郎）	超过部分适用税率（%）
0～28 300	—	—
28 300～50 900	—	1
50 900～58 400	226	2
58 400～75 300	376	3
75 300～90 300	883	4
90 300～103 400	1 483	5
103 400～114 700	2 138	6
114 700～124 200	2 816	7
124 200～131 700	3 481	8
131 700～137 300	4 081	9
137 300～141 200	4 585	10
141 200～143 100	4 975	11
143 100～145 000	5 184	12
145 000～895 800	5 412	13

如果应纳税所得额超过895 800瑞士法郎，全部所得适用11.5%的比例税率。

对于其他纳税人，2016年个人所得税税率参见表2。

表2　　2016年个人所得税税率表

应纳税所得额（瑞士法郎）	最低应纳税额（瑞士法郎）	超过部分适用税率（%）
0～14 500	—	—
14 500～31 600	—	0.77
31 600～41 400	131.65	0.88
41 400～55 200	217.00	2.64
55 200～72 500	582.20	2.97
72 500～78 100	1 096.00	5.94
78 100～103 600	1 428.60	6.60
103 600～134 600	3 111.60	8.80
134 600～176 000	5 839.60	11.00
176 000～755 200	10 393.60	13.20

如果应纳税所得额超过755 200瑞士法郎，全部所得适用11.5%的比例税率。

来源于经营活动的资本利得只需要按标准税率计算缴纳联邦个人所得税。

州市级税收，各州可以设定本州的个人所得税税率。但是相对于其他纳税人来说，未分居夫妻、丧偶、分居、离婚以及单身纳税人，并且需要抚养子女或救助贫困人员，必须承担更轻的税负。因此，各州法律通过降低税率或减轻税负的方式为他们提供减税。

一次性资本所得，用于代替周期性所得，需要单独征收个人所得税。但是，为了确定适用税率，纳税人还需要考虑年度总收入。社会福利机构的一次性补偿款以及死亡抚恤金和伤害赔偿金分别征收个人所得税。

外籍人士在瑞士境内居住，没有取得永久居留许可证，应就其工资薪金缴纳预提税，允许一次性扣除。工资税的上限，必须由各州自行决定。如果纳税人的收入较高，那么适用一般申报程序。

纳税人与其子女或被扶养人共同生活，并且主要由该纳税人自身承担扶养义务，那么他可以获得每人251瑞士法郎的退税。

（2）预提税。

联邦税收。工资薪金预提税是指对外籍员工获得的报酬征税。该外籍员工必须满足以下条件：①居住或暂时居住在瑞士（但是没有取得永久居留许可证或C级居留证），②没有与瑞士国民或C级居留证持有人缔结婚姻关系，③取得的工资薪金来源于瑞士雇主。雇佣费用可以一次性扣除，保险费和家庭支出均可以扣除。

预提税适用税率是个人所得税加上适当的州级预提税税率。通常预提税是最终税款。但是，如果纳税人的总收入超过120 000瑞士法郎，那么可以适用一般申报程序，并且所有预提税均计入其最终应纳税额中。

下列情形中，纳税人取得的股息、利息和其他收益，按照35%的税率计提预提税：

①持有瑞士居民纳税人发行的债券；

②持有居民股份公司、有限责任公司以及合伙企业的股权或者“享受”权利；

③持有储蓄账户；

④投资于瑞士投资基金，以息票方式取得投资收益的除外。

债务人必须从应付价款中扣除税款，预提税税款可以计入接收方的最终应纳税额中。

州市级税收。工资、薪金预提税是指对外籍员工获得的报酬征税。该外籍员工必须满足以下条件：①居住或暂时居住在瑞士（但是没有取得永久居留许可证或C级居留证）；②没有与瑞士国民或C级居留证持有人缔结婚姻关系；③取得的工资、薪金来源于瑞士雇主。雇佣费用可以一次性扣除，保险费和家庭支出均可以扣除。

预提税适用税率是个人所得税加上适当的州级预提税税率。通常预提税是最终税款。但是，如果纳税人的总收入超过120 000瑞士法郎，那么可以适用一般申报程序，并且所有预提税均计入其最终应纳税额中。

10. 征收管理

联邦个人所得税由各州税务机关征收。

（1）纳税年度。纳税人应就其当年所得进行申报缴税，申报期间为1年。

（2）纳税申报。每个申报期初，所有纳税人必须填写纳税申报表，但是，如果纳税人取得收入，只需要缴纳工资薪金预提税，则无须填写申报表。通常，根据各州的不同规定，纳税人必须在次年3月末或4月末填写纳税申报表。纳税人可以申请延期申报。已婚夫妇必须填写联合申报表。大部分程序性规定（例如，所得税纳税申报表填写截止日或税款缴纳截止日）由各州自行决定。

（3）税款缴纳。税务机关要求纳税人按纳税申报表上的应纳税额到期缴纳税款（即联邦、州级和市级个人所得税）。通常在该申报表具有法律约束力前，纳税人预缴个人所得税，并开具完税证明。随后，纳税人根据生效的申报表，将预缴税款抵减应缴税款。纳税人多缴的税款，可以申请退还。通常税款缴纳由各州法律规定，联邦财政部确定普遍适用的缴税截止日期。税款征收由各州税务机关负责。

（4）事先裁定。联邦所得税法并没有关于事先裁定的明确法律条文，但是在实际工作中，允许适用事先裁定。如果有关事实全部被披露，那么事先裁定对税务机关就具有约束力。

（二）其他类型的所得税

联邦税收。瑞士不再征收其他类型的联邦个人所得税。

州市级税收。在其所辖范围内，各州不仅可以根据州级税法自由征税，还可以组织州内的税款征收。各市的征税权由各州授权。各市税法必须与《税收协调法》保持一致。但是少部分市是根据其市级税法征税。通常这些市是以州级税附加税的形式征收的。

（三）国际税收

假如瑞士与某国未签订税收协定，根据无限纳税义务，各州对其居民纳税人来源于该国的所得和资本利得征收个人所得税，这就产生了双重征税。假如瑞士与某国签订了税收协定，各州均受该协定的约束。但是值得注意的是，来源于境外企业、常设机构或不动产的所得，免征个人所得税，这是由于该资本属于境外企业或常设机构。

州际税收。纳税人居住在某州，却跨州工作，由于两州均适用无限纳税义务，就会产生双重征税。《税收协调法》无法解决州际双重征税矛盾，瑞士联邦最高法院的司法管辖权可以解决这一矛盾：在确定纳税人的重要利益中心时，考虑不同的物质和非物质标准，例如公民身份、亲友居民身份以及纳税人与矛盾居住州的关系。

某州的居民个人，在其他州设立公司、常设机构或购置位于其他州的不动产，需要就其所得和资产缴纳个人所得税和净财富税。

（1）境外所得和资本利得。居民个人应就其来源于瑞士境内、境外的所得缴纳个人所得税。居民个人来源于外国营业活动、外国常设机构和境外财产的所得，免缴个人所得税，但是在确定居民的个人所得税税率时，上述所得需计入（累进免税法）。

瑞士居民可以用其境内所得抵消外国常设机构的亏损。但是，如果常设机构在接下来的7年内实现收入，那么纳税人将根据该国常设机构实现的收入修改纳税申报。因此，常设机构的亏损仅用于确定适用税率。

（2）境外资本。瑞士联邦政府不征收净财富税。各州市征收净财富税。

（3）避免双重征税。在联邦和州级税收层面上，下列避免双重征税的单边减免措施均适用：

①来源于瑞士境外经营活动、常设机构和不动产的所得，适用累进免税法；

②来源于境外的股息和利息，且未被计入应纳税所得额中，适用外国预提税抵减。

一般而言，所有避免双重征税的税收协定都会提供免税措施。但是在大部分税收协定中，对股息、利息和特许权使用费征收的外国预提税，可以依申请享受税收抵免。

2. 侨民

（1）来瑞人员。

联邦税收。根据联邦财政部之法令规定，外籍人士在瑞士工作，适用税收减免制度。符合条件的外籍人员是指，外国雇主派往瑞士短暂逗留的外籍经理人和某些专家（例如，计算机专家）。这些外籍人士可以扣除因逗留瑞士而发生的全部未报销费用，例如差旅费、搬家费、住宿费、境外居住费用以及未成年子女就读私立学校的费用（当地没有能提供完整教学计划的公立学校）。纳税人可以申请不按实际发生额（不包括学费）扣除，而是每月一次性扣除 1 500 瑞士法郎。

个人首次成为瑞士居民（临时居民）或离开瑞士 10 年以上，未从事任何经营活动，可以根据其假定的每年生活费用征税。通常，这种征税方式从纳税人取得居民身份之日起到当前纳税年度为止。对于外籍人士而言，上述征税方式可以延伸至其获得瑞士国籍或开始在瑞士工作之时。在实际工作中，纳税人与税务机关协商确定计税依据。最低计税依据是：①纳税人住所的租赁价值的 7 倍；②纳税人居住在宾馆或类似住宿地支付的年租金的 3 倍；③联邦个人所得税 400 000 瑞士法郎。但是，按上述计税依据计算得出的税款，不得低于按某些瑞士所得和境外所得计算的税款。该境外所得是指，纳税人根据税收协定申请外国税收退税或减免而取得的所得。

州市级税收。来瑞人士只就其每年的生活费用缴税，不适用各州的特别规定。

（2）外派人员。通常情况下，个人离开瑞士，将会失去瑞士居民身份。但是，当个人经常逗留瑞士或计划在不久后回到瑞士，其居民身份保留至其取得新的居民身份之时。

3. 非居民纳税人

（1）一般所得和资本利得课税。

联邦税收。非居民纳税人只就其来源于瑞士的某些所得缴纳联邦个人所得税。这些所得来源于：

①拥有瑞士公司的所有权、参与权或使用权；

②在瑞士设立常设机构；

③拥有位于瑞士境内的不动产所有权；

④转让位于瑞士境内的不动产。

非居民纳税人不享有个人扣除和宽免，应根据其境内外全部所得（不考虑亏损）确定其适用的个人所得税税率。已婚非居民纳税人适用已婚居民纳税人的税率表。

非居民纳税人取得：①瑞士居民企业和投资基金分配的股息总额；②瑞士债务人发行债券的利息；③银行存款利息，均需计提 35% 的联邦预提税。在州级层面上，不再征收附加税。根据适用的避免双重征税协定，纳税人缴纳的预提税，可以部分或全额退税。

欧盟与瑞士联邦签订了储蓄协定，该协定提供的征税措施相当于《欧盟储蓄指令》（2003/48）制定的措施。因此，欧盟成员国的居民受益股东取得来源于瑞士境外的全部利息，并且该利息由境内付款代理人支付，需要征收 35% 的预提所得税。受益股东可以对其瑞士境内付款代理人特别授权，由该代理人向受益股东居民国的主管税务机关申报利息所得，通过这种方式，瑞士允许受益股东不缴纳预扣所得税。此外，储蓄协定还提供了信息交换，以打击税收欺诈行为，该行为在被请求国法律框架下被认定为税务欺诈。

下列所得是非居民企业取得的来源于瑞士的所得，它既需要缴纳联邦预提税，也需要缴纳州级个人所得税：

①受雇所得；

②非居民艺术家、运动员和教师提供服务而取得的报酬：根据每天实际支付额，适用0.8%~7%的累进税率（报酬的20%可以作为费用一次性扣除）；

③董事报酬：总收入的5%；

④与过去就业相关的养老金：总收入的1%；

⑤以位于瑞士的不动产作担保的贷款利息：总收入的3%。

州市级税收。非居民纳税人仅就其来源于瑞士的某些所得缴纳州级个人所得税。通常这些所得需要计提预提税。

根据《税收协调法》，各州对瑞士非居民纳税人的下列所得计提预提税：

①发生在该州的受雇所得，以及该州居民企业或在该州设有常设机构的企业支付的国际船运或航空运输受雇所得；

②因非居民艺术家、运动员以及教师在该州提供服务而取得的报酬；

③该州居民企业或在该州设有常设机构的企业支付的董事报酬或类似报酬；

④由州政府支付给非居民纳税人，且与过去工作相关的养老金；

⑤由位于该州的不动产担保，且支付给非居民债权人的贷款利息。

瑞士（以及瑞士某州）非居民纳税人来源于州级企业、常设机构以及该州不动产的经营所得，应申报缴纳标准个人所得税，其税率根据非居民纳税人的全部境内外所得和资本利得确定。

（2）资本课税。瑞士联邦政府不征收净财富税或不动产税。瑞士征收州市级净财富税，各州单独规定。

（3）征收管理。在瑞士，非居民纳税人取得来源于境内经营活动、常设机构或不动产的所得，必须填报纳税申报表。所有其他类型的应纳税所得额都要扣缴最终预提税。

三、增值税

（一）一般规定

1. 概述

在瑞士，增值税由联邦政府负责征收。对联邦已经征收了增值税的交易，州政府不再征收增值税或类似税种。

增值税是非累加的多级税收，进项税可以抵扣。虽然瑞士不是欧盟成员国，但其增值税体系是按照《欧盟增值税指南（第六版）》设计的。

2. 纳税人

根据瑞士增值税法规定，增值税纳税人的确定取决于经营活动的定义。通常独立销售货物或提供服务的个人、合伙人和企业为增值税的纳税人。年营业额低于10万瑞士法郎的纳税人，及年营业额低于15万瑞士法郎的非营利性的体育、文化组织和特定慈善机构，可以申请免征增值税。

此外，关税的纳税人也应就其进口的货物缴纳增值税。

由境外企业提供的进口服务，如果接受进口服务的企业每年消费的进口服务超过1万瑞士法郎，应缴纳增值税。

3. 应税行为

增值税是对销售货物或提供服务普遍征收的一种税。增值税的征税范围包括货物的生产、销售和进口环节，及在国内提供服务和从国外进口服务。

增值税的应税行为包括：销售货物、提供服务、个人消费购进的货物或服务，以及进口货物和服务。

4. 应税收入

增值税的应税收入为销售货物或提供服务收取的现金或者实物的总额。进口货物的应税收入，原则上，等于按公平交易原则可取得的收入。由于购进货物或服务支付的进项税可以扣除，因此，事实上仅有增值额被课税。

5. 税率

增值税的标准税率为8%。租赁酒店房间、度假用住所、客房和宿营地按3.8%税率计算缴纳增值税。销售下列特定货物或提供下列服务按2.5%的税率计算缴纳增值税：销售食物饮料，但由酒店或餐饮业提供的酒精饮料或服务除外；销售药品、报纸、杂志、书籍和其他印刷品。

6. 免税

增值税法规定了两种免税情况，即不能抵扣进项税的免税和可抵免所得税（零税率）的免税。

不能抵扣进项税的免税包括：

①提供公共医疗卫生服务、社会福利服务和社会保障服务；

②教育教学活动；

③文化活动；

④转让不动产产权及不动产长期租赁服务；

⑤提供包括股票教育、信用卡服务、特定机构的信托基金及借贷（不包括人力资源和赊销）在内的金融服务。

可抵免所得税（零税率）的免税包括：

①出口货物；

②销售临时进口至瑞士的境外货物；

③为外国人出口的动产提供的服务。

7. 非居民企业

在瑞士，非居民企业的营业额超过规定的金额，应进行增值税登记并委托税务代理办理相关涉税事宜。非居民企业可以要求直接退还其已纳进项税。如果非居民企业所在国给予瑞士企业互惠待遇，非居民企业没有在瑞士境内从事应税活动，但在瑞士境外从事增值税应税活动并向瑞士政府缴纳了增值税，则该企业有权要求退还此部分已纳增值税。

四、消费税

瑞士联邦政府对以下产品征收消费税：烟草及烟草制品，蒸馏酒、啤酒，汽车及其零部件，原油、其他矿物燃料、天然气及其制品和汽车燃料。

有些州也对某些特定物品征收消费税。

五、社会保障税

（一）对企业征收

瑞士的社会保障体系涵盖了养老保险、遗属（包括寡妇、鳏夫、遗孤）保险、伤残保险、意外保险和失业保险。

在瑞士，社会保障税由雇主与雇员包括在瑞士工作的外籍雇员共同负担。雇主代扣代缴雇员的社会保障税。社会保障税的缴费基础为个人的工资总额；除失业保险外，缴费金额无上限。

社会保障税由雇主负责缴纳 50%，税率如表 3 所示：

表 3

保险种类	税率（%）
养老保险和遗属保险	4.20
伤残保险	0.70
失业保险	1.1
军事抚恤金	0.225
总计	6.225

此外，凡是符合瑞士社会保障体系条件的雇员都被强制纳入了养老金计划中。某些特定企业还须为雇员缴纳意外保险费。各州也可以缴纳补充社会保障税。

社会保障税在计算应缴纳给瑞士联邦政府的企业所得税时可以在税前扣除。

（二）对个人的征收

瑞士的社会保险包括：

①养老保险、遗属（寡妇、鳏夫和遗孤）保险以及伤残保险；

②人身保险和意外事故保险；

③失业保险。

上述保险由雇主和雇员（包括外籍劳工）平均分担。雇主代扣雇员保险费，其计税依据是全部工资薪金所得，缴费数额没有上限（失业保险除外）。

雇员社会保障税税率如表 4：

表 4

保险种类	税率（%）
养老保险与遗属保险	4.20
伤残保险	0.70
失业保险	1.1①
军事抚恤金	0.225
合计	6.225

注：①最高缴费额是 1 630.20 瑞士法郎。此外，纳税人个人所得超过 148 200 瑞士法郎，需要缴纳失业保险费。附加费缴费率为 0.5%。

所有年满 24 周岁的雇员，且其年薪超过 21 150 瑞士法郎，必须缴纳养老保险（职业养老金计划）。养老保险费的基数是年薪在 24 675 至 59 925 瑞士法郎之间。通常，个人纳税人的工资薪金超过 84 600 瑞士法郎的部分，无须缴纳养老保险。但是，私营保险公司可以为高收入者提供养老保险。下列被保险人的年龄不同，其调整工资适用的税率也不同（见表 5）：

表 5

被保险人年龄（岁）	税率（%）
25 ~ 34	7
35 ~ 44	10
45 ~ 54	15
55 ~ 65	18

瑞士将自愿储蓄计划纳入其社会保障体系中，同时对其适用特别税务处理。纳税人参与职业养老金计划，可以从其应纳税所得额中扣除不超过 6 768 瑞士法郎的自愿储蓄计划缴费。其他纳税人的扣除限额是 33 840 瑞士法郎。

自营业者社会保障税税率见表 6：

表 6

保险种类	税率（%）
养老保险和遗属保险	7.8
伤残保险	1.4
军事抚恤金	0.45
合计	9.65

自营业者每年总收入在 9 400 瑞士法郎和 56 400 瑞士法郎之间，适用低税率。

所有社会保障税均可以在计算个人所得税时扣除。

在瑞士，所有居民个人必须缴纳医疗保险，其范围涵盖了疾病、生育和意外事故的费用。被保险人自行选择保险公司。根据保险公司、个人居住地、年龄、保险风险的不同，纳税人缴纳的保险费也不同。医疗保险在计算个人所得税时可以扣除。

（孙红梅　编）

土耳其税制

税收征管论坛成员国（地区）税制

土耳其征收的主要税种包括公司所得税、个人所得税、增值税、印花税、关税、消费税、遗产和赠与税等。土耳其境内的雇主和雇员需要缴纳社会保障税。

土耳其通用货币为土耳其里拉（TRL）。

一、公司所得税

（一）一般规定

1. 税制类型

在土耳其，对公司征收的主要税收就是公司所得税。

土耳其的公司所得税制度属于双层征税制。第一，公司利润要缴纳公司所得税。第二，如果公司将利润分配给个人股东或非居民企业股东，则公司须要就其分配的股息红利缴纳预提税。但是，预提税的税基和公司所得税的税基使用不同的计算方法。因此，不需要缴纳公司所得税的利润有可能须要缴纳预提税。一般而言，企业股东收到的股息红利免征公司所得税。

2. 纳税人

公司所得税的纳税义务人包括：公司（AS）；有限责任公司（Ltd S）；股份有限合伙；合作社；由公共机构、协会和基金会控制和经营的商业企业；按照基本市场法成立的投资基金等。

符合条件的情况下，合营企业可选择作为公司所得税纳税义务人或作为税收上的透明实体。一般，合伙企业和有限合伙企业属于税收上的透明实体，企业合伙人就各自持有股份应享有的利润纳税。

居民身份。所谓“居民企业”，是指法定注册地或实际管理机构所在地位于土耳其境内的企业。其中，“实际管理机构所在地”是指最高管理机构的所在地。

3. 应纳税所得额

（1）一般规定。所得税法规定，居民企业负有无限纳税义务，应就其来源于土耳其境内、境外的所得缴纳公司所得税；非居民企业负有有限纳税义务，应就其来源于土耳其境内的特定所得缴纳公司所得税。企业从事生产经营活动取得的全部所得均构成经营所得。大体上，应税所得等于净资产的年初余额和年末余额之间的差额（净资产比较法）。

（2）免税收入。在土耳其，最主要的免税收入是居民企业之间分配的股息、红利等权益性投资收益（参与免税制度）。

（3）扣除。一般而言，与取得和维持收入直接相关的支出准予税前扣除。主要包括：

①按照公平交易原则支付的利息和特许权使用费准予税前扣除。应资本化的利息支出和外汇成本不得税前扣除。自 2013 年起，企业债权融资大于股权融资的，债权融资超过股权融资的部分所产生的利息支出的 10% 不得税前扣除。信贷机构、金融机构、金融租赁公司不适用上述扣除限制。纳税人为使用版权、专利、商标、专业技术支付的特许权使用费不得直接扣除，应按照相关规定进行摊销。

②工资、薪金支出。企业向职工支付的工资、薪金支出准予税前扣除。企业向股东支付的工资、薪金支出，满足公平交易原则的，准予税前扣除，超过部分作为隐性利润分配，不得扣除。

③劳务和管理费。一般来说，劳务和管理费都是可以扣除的，但是支付给公司股东、股东家属成员或者公司附属公司的报酬不符合公平交易原则的，那么超出部分要视为不可扣除的隐藏利润分配。

④捐赠支出。纳税人发生的符合条件的捐赠支出，不超过年利润 5% 的部分准予扣除。税法另有规定的除外。

⑤税法规定的其他各项支出。

不可税前扣除的支出主要包括：

①利润分配；

②视为向隐藏权益投资支付的利润；

③公司和有限责任公司的隐藏利润分配；

④按照商法典或者协会章程向法定准备金或任意准备金的分配；

⑤公司所得税税额，包括滞纳金和罚金；

⑥与免税收入直接相关的成本费用；

⑦免税活动发生的损失；

⑧销售有价证券所支付的佣金；

⑨与公司主营业务无关的船艇和直升机费用（包括折旧）；

⑩酒精饮料和香烟产品的广告费支出。

（4）折旧和摊销。企业纳税人可以对固定资产计提折旧。未开发的土地不得计提折旧。企业应于每个纳税年度结束时，根据通胀率对可折旧固定资产、建筑物和土地的价值进行调整，并按照调整后的金额计提折旧。

一般而言，企业应按照直线法和余额递减法对固定资产计提折旧。税法另有规定的除外。自 2004 年 1 月 1 日起，纳税人必须按照财政部确定的折旧率计提折旧。当出现下列情况时，纳税人可使用财政部规定的特殊折旧方法：一是发生火灾或自然灾害；二是因技术进步导致资产过时；三是因强制工作对资产造成重大磨损。

无形资产，如版权、专利和商标等，按照一般规则进行摊销。直线法摊销的，年摊销率为 6.66%。商誉的摊销年限为 5 年。

（5）准备金。通货膨胀调整准备金。纳税人应按照国家统计协会确定的产品价格指数计提通货膨胀调整准备金，若该指数在过去 3 年的增幅超过 100%，或者在当年超过 10%，则纳税人应于纳税年度终了之时对财务报表进行通货膨胀调整。如果同时满足了上述两个条件，则纳税人必须进行通货膨胀调整。

资产重置准备金。如果纳税人为维持生产经营活动必须对可折旧资产进行更新时，转让资产取得的所得可计入资产重置准备金。但是重置的资产必须在 3 年以内获得，否则资产转让所得将于第 3 年计入应纳税所得额。

风险投资准备金。自 2012 年企业可以将 10% 的所得计入准备金，用于投资经批准的风险投资信托或在土耳其成立的风险投资基金。风险投资准备金不得高于投资人权益资本的 20%。

4. 资本利得

一般而言，企业纳税人取得的资本利得作为一般所得征收公司所得税。

居民企业转让其他企业参与股份（participation shares）、发起人股份、优先股、优先权或转让不动产取得的利得，满足下列条件的，75% 的利得免征公司所得税：

①投资人持有参与股份或不动产满 2 年，租赁公司和融资租赁公司除外；

②销售行为发生后 2 年内取得销售对价；

③总所得在专门的准备金账户保持 5 年。如果上述准备金转移至其他账户或提现；或者公司在 5 年内清算；或者资产转让的对价未在 2 年内取得，则资本利得在上述事项发生的当年转为应税所得，且纳税人必须为少支付税款缴纳罚金。

居民企业转让在伊斯坦布尔证交所挂牌上市的居民公司股份取得的所得，满足下列条件的，按照零税率扣缴预提税：一是于 2006 年 1 月 1 日以后取得该股份；二是持有股份不足 1 年。居民企业在远期或期权交易市场取得的所得，按照零税率扣缴预提税。转让政府或私募债券取得的所得，按照 10% 的税率扣缴预提税。

转让以下有价证券取得的所得，不征收预提税，而是计入应税所得按照一般税率征收公司所得税：

①2006 年 1 月 1 日以前购入的股票或其他资本市场工具；

②2006 年 1 月 1 日以前发行的长期债券或信用债券；

③持有期限超过 1 年的投资基金份额（基金的投资组合中至少 51% 的投资由伊斯坦布尔证交所上市的股份构成）；

④由土耳其财政部在境外发行的有价证券；

⑤持有期限满 1 年的在伊斯坦布尔证交所上市的居民公司股票；

⑥未挂牌上市的股票。

对于居民企业来说，已缴纳的预提税可以抵扣最终的公司所得税应纳税额。

5. 亏损

如前所述，纳税人的应纳税所得额等于期末净资产余额与期初净资产余额之间的差额。若应纳税所得额为负，则视为亏损。

纳税人在境内或境外发生的亏损都可以在计算应纳税所得额时抵减应税所得。但是，纳税人从事免税活动发生的亏损不得抵减其他活动取得的所得。净经营活动亏损可以向以后年度结转，但最长不得超过 5 年。仅当纳税人进行清算时才可以向前结转亏损。

居民企业发生的资本损失视同一般损失进行处理。

6. 税率

（1）经营所得和资本利得适用税率。自2006年1月1日起，公司所得税税率为20%。在此之前，公司所得税税率为30%。符合条件的投资所得适用优惠税率。

（2）向居民纳税人支付款项的预提税税率。居民企业向其他居民企业支付的股息、红利，不征收预提税。同时，居民企业在取得上述股息、红利时同样免征公司所得税。

向居民企业支付利息，须按照零税率或15%的税率扣缴预提税。零税率适用于以下情况：

①2006年1月1日以前发行的土耳其政府担保债券或信用债券（debentures）产生的利息；

②2006年1月1日及以后发行的土耳其政府担保债券或信用债券（debentures）产生的利息，包括在境外发行的债券产生的利息；

③公司发行的担保债券或信用债券的利息（通过银行或中介机构取得）。

土耳其政府担保债券或信用债券回购产生的所得适用15%的税率。

居民企业直接（未通过银行或中介机构）从债券发行企业取得的债券利息收入，按照10%的税率扣缴预提税。居民企业持有其他居民企业在境外发行的债券取得的利息收入，应按照不同的税率扣缴预提税，具体税率根据债券的到期日决定：

①1年到期债券适用税率为10%；

②1～3年到期债券适用税率为7%；

③3～5年到期债券适用税率为3%；

④5年以上到期债券适用税率为零。

居民企业已扣缴的预提税可以抵减最终的公司所得税应纳税额。

向居民企业支付特许权使用费不征收预提税。

7. 税收优惠

（1）投资优惠。为鼓励投资，土耳其为投资者提供了多种形式的税收优惠政策，如：关税减免；公司所得税低税率优惠；机械、设备增值税减免以及员工社会保障税补贴等。非居民投资者与居民投资者享受相同的税收优惠待遇。通常，投资者必须取得财政部签署的投资证件，才能享受上述优惠政策。

一般而言，财政部根据投资的地理位置（投资优惠区域）、投资规格、价值和类型授予投资者税收优惠。

土耳其政府按照区域经济发展程度，划分了六类（Ⅰ至Ⅵ）投资优惠区域。并根据划定区域的地理位置、技术参数、投资价值和投资类型授予不同的税收优惠。例如：Ⅰ类投资区域包括了经济最发达的城市，如伊斯坦布尔、安卡拉、埃迪尔内、伊兹密尔和布尔萨等。

Ⅰ类和Ⅱ类区域要求的最低投资额为100万土耳其里拉；其他区域要求的最低投资额为50万土耳其里拉。通过融资租赁方式进行投资要求的最低投资额为20万土耳其里拉。此外，土耳其政府对超过500亿土耳其里拉的大型投资和不同经济活动和经济部门的区域性投资规定了不同的最低投资额。

2016年1月1及以后开始的符合条件的投资适用的投资补贴和公司所得税税率降低情况见表1和表2：

表 1 区域性投资

区域	I	II	III	IV	V	VI
投资补贴（%）	10	15	20	25	30	35
税率降低（%）	30	40	50	60	70	90

表 2 大型投资

区域	I	II	III	IV	V	VI
投资补贴（%）	20	25	30	35	40	45
税率降低（%）	30	40	50	60	70	90

（2）研究与开发优惠。研究与开发扣除：企业从事高新技术和信息产业研究开发活动，可享受研究开发支出扣除政策，扣除额为研究开发费用的 100%，企业当年利润不足以扣除的部分，可结转以后年度扣除。工资薪金的减免税优惠：根据研究开发活动税收激励政策，2008 年 4 月 1 日至 2023 年 12 月 31 日，企业向研究开发中心的员工支付的部分工资薪金免征个人所得税，标准如下：

①向拥有博士学位的员工支付的工资薪金的 90% 免征个人所得税；

②向其他研究开发中心的员工支付的工资薪金的 80% 免征个人所得税。

居民企业或非居民企业在土耳其境内设立的常设机构，必须满足以下条件才能享受工资薪金的减免税优惠：一是单独设立研究开发中心；二是仅在土耳其境内开展研究开发活动；三是员工人数不少于 50 人。此外，由公共团体、信托或国际基金资助的独立的研究开发中心同样适用上述优惠。

（3）专利盒制度。自 2015 年 1 月 1 日起，居民企业和非居民企业取得的工业产权所得还可以享受专利盒优惠制度。

8. 征收管理

（1）纳税年度。公司所得税纳税年度为公历年度。但是，企业可以申请以其他期间作为纳税年度。

（2）纳税申报。企业纳税人必须于次年 4 月 25 日之前，或者纳税年度终了之日起的第 4 个月的 25 日前向主管税务机关报送公司所得税纳税申报表。企业分配股息红利，必须于股息红利分配之日起的第 23 日内向税务机关报送预提税申报表。

（3）税款缴纳。企业纳税人应按照 20% 的税率分季预缴公司所得税。已扣缴的预提税可以抵减当期应预缴的税额。

（4）事先裁定。纳税人可针对特定的事项申请事先裁定。税务机关必须书面回复纳税人的请求，并提出征收管理的意见。该类裁定，由税务机关就单项交易的所有涉税问题向某一居民或非居民纳税人提供，不具有法律约束力。纳税人根据裁定结果做出行为，出现少缴税款的，税务机关不得加收滞纳金或罚金。

（二）居民企业之间的交易

1. 企业集团合并纳税

在土耳其，企业集团不得合并报税，所有成员企业都是独立的纳税主体。但是，企业设

立的分支机构、代理机构、销售部门、工厂以及其他机构，即使拥有独立的核算体系或自行支配资本，但无须报送单独的纳税申报表。

2. 居民企业之间的股息红利

居民企业之间分配的股息红利，免征公司所得税。

（三）其他类型的企业所得税

土耳其不征收其他类型的所得税。

（四）国际税收

1. 居民企业

（1）境外所得和资本利得。如前所述，居民企业负有无限纳税义务，应就其来源于土耳其境内、境外的所得缴纳公司所得税。因此，居民企业取得的境外所得与境内所得适用相同的税收待遇。税法另有规定的除外。

股息、红利。居民企业取得的境外股息、红利所得，满足以下条件的免征所得税：

①分配股息、红利的非居民企业性质与土耳其股份公司和有限责任股份公司类似；

②居民企业持有非居民企业 10% 以上的股份，且连续持有期限满 1 年；

③非居民企业分配的利润已在境外按照不低于 15% 的税率缴纳所得税；若分配的利润属于金融活动所得（包括保险活动、融资租赁以及证券投资所得），已在境外按照不低于 20% 的税率缴纳所得税；

④股息红利在纳税申报截止日以前汇入土耳其。

境外常设机构经营所得。居民企业通过境外常设机构取得的利润，满足以下条件的，免征公司所得税：

①已在境外按照不低于 15% 的税率缴纳所得税；对于金融活动所得（包括保险活动、融资租赁以及证券投资所得），已在境外按照不低于 20% 的税率缴纳所得税；

②股息红利在纳税申报截止日以前汇入土耳其。

（2）境外亏损。土耳其所得税法允许企业以境外亏损抵减应税所得。境外净亏损可向以后年度结转，但最长不得超过 5 年。境外亏损按照常设机构或分支机构所在国家的相关规定计算得来。

与免税活动相关的境外亏损不得抵减其他活动取得的利润。

（3）境外资本。土耳其不征收净资产税。位于境外的不动产无须在土耳其缴纳房地产税。

（4）避免双重征税。土耳其采取“抵免法”为企业提供单边双重征税减免。企业就其境外所得在境外已缴纳的所得税额抵减土耳其境内应纳税额，但抵减额不得超过境外所得在土耳其应负担的所得税额。所有境外所得汇总计算抵免限额。

2. 非居民企业

非居民企业是指法定注册地和实际管理机构均不在土耳其境内的企业。

（1）一般所得和资本利得的课税。非居民企业负有有限纳税义务，仅就其来源于土耳其境内的所得缴纳公司所得税。非居民企业的所得被分为六大类，包括：经营所得；农业所得；职业所得（包括工资、薪金所得）；来源于不动产的所得；来源于动产的所得；其他所得（偶然所得和资本利得）。六类所得适用不同的规则，以判定其是否来源于土耳其。

非居民企业通过在土耳其境内设立的常驻代表或常设机构取得的经营所得，需在土耳其境内缴纳所得税。

（2）对资本的征税。土耳其不征收净资产税。非居民企业位于土耳其境内的不动产需要在土耳其缴纳房地产税。

（3）征收管理。非居民企业取得来源于土耳其境内的农业所得的，须按要求填报年度纳税申报表。

一般而言，非居民企业处置资产取得的资本利得应于资产处置之后的15日内向税收机关报送专门的申报表。如果非居民企业无法报送申报表，则由其代表报送并缴纳税款。

3. 非居民企业预提税

以下预提税属于最终税款，除非相关所得可归属于土耳其境内的常设机构。

（1）股息。向非居民企业支付的股息、红利应按照15%的税率扣缴最终预提税，税收协定另有规定的除外。计税依据为股息、红利总额。

（2）利息。向非居民企业支付的利息，按照下列税率扣缴最终预提税：

按照零税率扣缴：

①土耳其政府债券和信用债券利息（包括在境外发行的债券）；

②公司债券和信用债券利息（通过银行或中介机构取得）；

③向外国银行、政府或国际组织支付的贷款利息；

④向其他公司支付的贷款利息，该公司在其所在国获准经常性提供贷款，且贷款对象不仅仅是关联方，还包括其他个人和法律实体。

按照1%的税率扣缴：

①向后偿贷款或其他类似权益支付的利息；

②银行或其他公司通过在境外证券化支付的利息。

赊销贷款取得的利息所得按照5%的税率扣缴预提税：

非居民企业直接从债券发行公司取得的利息所得（不通过银行或中介结构），按照10%的税率扣缴预提税。非居民企业持有居民企业在境外发行的债券取得的利息，根据债券的到期日确定适用的预提税税率：

①1年到期债券适用税率为10%；

②1~3年到期债券适用税率为7%；

③3~5年到期债券适用税率为3%；

④5年以上到期债券适用税率为零。

（3）特许权使用费。特许权使用费所得视为来源于不动产的所得，按照20%的税率扣缴最终预提税。税收协定另有规定的除外。转让版权、专利权、商标和其他知识产权取得的所得按照20%的税率扣缴最终预提税。

（4）其他。非居民纳税人提供专业服务所得按照20%的税率扣缴最终预提税。出租动产或不动产取得的所得按照20%的税率扣缴最终预提税。

（五）反避税

1. 概述

土耳其的税收程序法引入了一般反避税条款。根据该项条款，当纳税人为达到避税的目的，以一种法律形式代替另外一种法律形式的，税务机关有权否定其不符合经济实质的法律形式。

此外，土耳其公司所得税法规定，向低税负地区支付的款项，应按照30%的税率扣缴预提税。该项预提税主要针对居民企业向以下实体支付的款项：（1）居民企业设立在低税负地区的常设机构；（2）低税负地区的居民企业；（3）非居民企业在低税负地区设立的常设机构。

居民企业支付的保险费和再保险费，以及偿还境外金融机构的贷款本金和利息无须扣缴上述预提税。

2. 转让定价

转让定价规则适用于居民企业和关联方（包括居民企业、非居民企业和个人）之间发生的交易。转让定价规则规定，企业与关联方之间的交易价格违背了独立交易原则，则该项交易将全部或部分视为隐性利润分配。

“独立交易价格”就是在非关联个人之间交易使用的价格。在决定交易价格时，纳税人可以使用可比非受控价格法、成本价格法、销售价格法或者其他合适的方法。纳税人有义务保留计算转让定价时准备的文件、表格和图表作为证据。

3. 资本弱化

根据资本弱化规则，企业根据隐藏资本向投资者支付的利息或其他类似款项不得税前扣除。所谓隐藏资本是指满足以下条件的贷款：（1）直接从股东或股东的关联方取得；（2）用于经营活动；（3）在纳税年度内的任何时间，关联方债权性投资总额超过了权益性投资总额的3倍（即：关联方债权性投资和权益性投资的比例不得超过3∶1）。

“股东的关联方”是指符合以下条件之一的个人或企业：（1）股东直接或间接持有该企业10%以上股份或投票权；（2）直接或间接持有股东10%以上股份或投票权的个人或法律实体。

企业实际支付给股东或股东的关联方的利息支出，超过按照债权性投资和权益性投资3∶1的比例计算的利息支出的部分，作为隐性利润分配，不得税前扣除。向非居民企业支付的上述利息支出，视为将利润汇回公司总部，应调整双方已纳税款。

4. 受控外国公司

根据受控外国公司规则，受控外国公司取得的利润，不论分配与否，均须在土耳其纳税。

符合以下条件的受控外国公司利润，须在土耳其纳税：（1）受控外国公司至少25%的利润由被动的收入组成，如股息、利息、租金、资本利得等；（2）对受控外国公司利润课征的税金与公司所得税或个人所得税类似；（3）受控外国公司资产负债表的利润承担的税负低于10%；（4）受控外国公司的营业额在相关纳税年度超过100 000土耳其里拉。

二、个人所得税

（一）一般规定

1. 纳税人

居民个人负有无限纳税义务，应就其来源于土耳其境内、境外的所得缴纳个人所得税。非居民个人负有有限纳税义务，仅就其来源于土耳其境内的所得缴纳个人所得税。

土耳其居民个人包括：(1) 法定住所位于土耳其境内的个人；(2) 在土耳其境内没有法定住所，但在一个公历年度内在土耳其连续居住满 6 个月的个人。值得注意的是，部分外籍人士即使在土耳其境内居住满 6 个月，但依然保留有限纳税义务。根据《民法》规定，"住所"是指，个人非暂时性占有的用于居住的住处。

夫妻双方应就其各自取得的所得单独纳税。一般合伙企业和有限合伙企业视为税收上的透明实体。

2. 应纳税所得额

(1) 概述。居民个人就其来源于土耳其境内、境外的所得缴纳个人所得税。所得税法将个人所得划分为 7 大类：

①经营所得；

②农业所得；

③受雇所得；

④专业服务所得；

⑤不动产所得；

⑥动产所得；

⑦其他所得（资本利得和偶然所得）。

个人纳税人应单独核算各项所得，并将各项所得的净所得汇总，计算应纳税所得额。除资本利得外，其他各项所得涉及的亏损准予抵减其他所得。资本损失仅可抵减资本利得。

房屋出租取得的租金所得不征收所得税。

一般反避税规则同样适用于个人纳税人。

(2) 免税所得。土耳其为低收入个人提供了多种形式的免税优惠，此处不再详细介绍。

3. 受雇所得

(1) 工资、薪金所得。个人取得的工资、薪金所得作为受雇所得，计征个人所得税。同时，个人因过去的受雇行为取得的养老金同样视为受雇所得。雇主为雇员报销的公共交通费免征个人所得税，雇主为雇员报销的搬迁费用被视为应税实物福利。

(2) 实物福利。雇员取得的绝大多数福利所得须要缴纳个人所得税。雇主为雇员发放的实物福利，按照发放当日和当地的市场价格确定实物福利价值。

雇主在工作场所为雇员提供的餐饮服务和医疗保健服务免征个人所得税。每日固定的用餐补贴同样免征个人所得税。

雇主为雇员免费提供的住房及其附属设备，满足以下条件的免征个人所得税：(1) 产权由雇主拥有；(2) 住房面积不超过 $100m^2$。住房面积超过 $100m^2$ 的部分，须缴纳个人所得税。如果雇主为雇员承担住房租金，则这部分租金应计入受雇所得。

公司为雇员提供公车，用于工作目的的，不征收个人所得税；用于私人生活的，则所有的燃油和维修支出都应作为实物福利，缴纳个人所得税。

(3) 养老金所得。由政府和社会保险机构支付的养老金所得，不超过政府向最高级别公职人员支付的养老金的部分，免征个人所得税；超过部分需按要求缴税。

自 2013 年 1 月 1 日起，个人养老计划支付的养老金，满足以下条件的，按照 5% 的税率扣缴预提税：一是养老保险费缴付时间超过 10 年；二是受益人符合领取养老金的条件。若养老保险费缴付时间少于 10 年，则按照 15% 的税率扣缴预提税。

同样，自 2013 年 1 月 1 日起，在土耳其成立的私人保险公司、银行或其他私人机构支付的养老保险金，缴付时间不少于 10 年的，按照 10% 的税率扣缴预提税。缴付时间少于 10 年的，按照 15% 的税率扣缴预提税。

（4）董事报酬。公司向未兼任董事的经理支付的报酬作为一般的工资、薪金征税。向董事会成员支付的固定报酬，作为一般工资、薪金征税，向董事会成员分享的利润，作为股息、红利征税。

4. 经营和专业服务所得

“经营所得”是指，来源于商业或工业活动的全部所得。因此，企业取得的租金、股息红利、资本利得同样属于经营所得。营业所得的核算一般以权责发生制为基础。小型商人的个人所得在所得税法规定的免税额以下的不计征所得税。

所得税法提供了计算应纳税经营所得的两种方法，分别为“简易计税法”和“实际计税法”。两种方法都依据纳税人的实际净所得计算，两者的主要差异体现在会计上。在“实际计税法”下，纳税人根据拥有的实体的规模进一步划分为一级或二级贸易商。二级贸易商不需要满足税收程序法规定的全部会计要求，但他们需要设立账本来记录支出和收入。

“专业服务所得”是指个人从事专业服务活动取得的所得。专业服务所得主要包括医生、律师、艺术家等从事独立劳务活动取得的所得。

个人纳税人取得经营所得或专业服务所得的，必须填报纳税申报表。为取得收入发生的支出，经过证实的，准予税前扣除。

5. 投资所得

个人将不动产出租给公司取得的不动产投资所得按照 20% 的税率征收预提税。只要纳税人来自动产、不动产的所得，再加上其从两个以上雇主取得的工资薪金所得总额不超过 30 000 土耳其里拉，那么对该不动产租赁所得征收的预提税为最终预提税；如果上述所得超过 30 000 土耳其里拉，那么该不动产租赁所得应计入年度应税所得征收个人所得税，已缴纳的预提税可抵减最终的应纳税额。其他的不动产租赁所得须填报个人所得税纳税申报表。

住宅出租所得不超过 3 800 土耳其里拉的部分免征个人所得税，超过部分应填报个人所得税纳税申报表，并按照正常税率缴纳个人所得税。

在计算不动产所得应纳税所得额时，个人可以在以下两种扣除方法中任选其一：一是按照实际支出扣除；二是按照总所得的 25% 扣除。选择后者的，不得扣除其他任何支出。

居民个人股息所得的 50% 免税，其余部分按照 15% 的税率扣缴预提税。股息预提税是否作为最终税的规定与上述不动产租赁所得的处理相同。

个人利息所得 般在取得时征收 15% 的预提税，且该项预提税为最终税。

特许权使用费所得按照 20% 的税率扣缴预提税，该预提税是否作为最终税的规定与上述不动产租赁所得的处理相同。

居民与非居民的投资所得适用相同的税率。

6. 资本利得

个人纳税人处置不动产实现的资本利得须填报个人所得税纳税申报表，并按照正常税率缴纳个人所得税，不缴纳预提税。不超过 11 000 土耳其里拉的部分，免征个人所得税。

个人纳税人处置无形资产取得的所得参照处置不动产取得的资本利得进行处理。此外，处置持有 5 年以上的不动产实现的资本利得免征个人所得税。

纳税人 2006 年 1 月 1 日以前购进的股票、其他资本市场金融工具和持有 2006 年 1 月 1 日以前发行的债券实现的资本利得，应填报个人所得税纳税申报表，并按照正常税率缴纳个人所得税；不缴纳预提税。但是，个人纳税人通过以下有价证券，全年实现的资本利得不超过 23 000 土耳其里拉的部分免征个人所得税：（1）继承和接受赠与的有价证券；（2）持有期限在 3 个月以上的在伊斯坦布尔交易所上市的居民公司股票；（3）持有期限超过 1 年的其他居民公司股票；（4）投资基金参与股权证书和合伙企业股份。

处置 2006 年 1 月 1 日及以后购进的股票、其他资本市场金融工具和 2006 年 1 月 1 日及以后发行的债券实现的资本利得，按照下列规定征税：

（1）非上市股票：未在伊斯坦布尔交易所挂牌上市的居民企业股票实现的利得应填报个人所得税纳税申报表，并按照正常税率缴纳个人所得税，不扣缴预提税。但是继承或者接受赠与的股票利得及持有期限在 2 年以上的股票利得免税。

（2）上市股票：在伊斯坦布尔交易所挂牌上市的居民企业的股票实现的资本利得按照零税率征收预提税；合伙企业证券投资股票实现的资本利得适用税率为 10%；期货和期权交易实现的资本利得适用税率为零。持有期限超过 1 年的上市公司股票利得和土耳其财政部在境外发行的证券利得免税。

（3）通过银行、经纪商和其他中介机构等中间人处置政府债券、公司债券以及其他资本市场金融工具实现的资本利得按照 10% 的税率征收最终预提税。

7. 个人扣除、宽免和抵免

（1）扣除。个人税收扣除包括两大类：第一类是计算单项所得净所得时允许的扣除；第二类是计算总所得时允许的扣除。

个人捐赠扣除一般限定在申报所得的 5% 范围内。捐赠扣除条件和不受 5% 额度限制的捐赠扣除，参见公司所得税的相关内容。

个人保险费不超过纳税人申报所得 5% 的部分准予税前扣除。个人为自己、配偶以及 18 岁以下的子女缴纳的养老保险费在纳税人申报所得的 15% 以内的部分准予税前扣除。以上两种累计扣除额不得超过雇员的年最低工资、薪金总额。上述扣除不适用与非居民个人。

此外，对纳税人、配偶和 18 周岁以下子女发生的能够提供证明的教育和卫生保健支出。可在纳税人申报收入的 10% 以内进行扣除。

（2）宽免。目前，土耳其普通个人在计算个人所得税应纳税所得额时不存在免税额。但是，残疾人取得雇佣所得、专业服务所得、经营所得的，根据纳税人的残疾程度，每年给予一定的免税优惠。2015 年残疾人适用的免税额在 2 400 ~ 10 560 土耳其里拉之间。

8. 损失

个人纳税人应单独计算各项所得产生的损失，即某类活动涉及的损失首先抵减同类活动取得的所得。除资本利得外，其他各类所得产生的净损失可以抵减其他类别的净所得。

资本亏损仅可以抵减资本利得。最终不足弥补的损失可以结转以后年度弥补，但最长不得超过 5 年。损失不得向前结转。

9. 税率

（1）所得和资本利得。个人纳税人取得的受雇所得适用的累进税率如表 3 所示：

表 3　　个人所得适用的累进税率表

应纳税所得额（TRL）	较低金额应负担的税款	超过部分适用的税率（%）
不超过 12 600	0	15
12 600 ~ 30 000	1 890	20
30 000 ~ 110 000	5 370	27
超过 110 000	26 970	35

除受雇所得以外的其他所得适用的累进税率如表 4：

表 4　　个人所得适用的累进税率表

应纳税所得额（TRL）	较低金额应负担的税款	超过部分适用的税率（%）
不超过 12 600	0	15
12 600 ~ 30 000	1 890	20
30 000 ~ 69 000	5 370	27
超过 69 000	15 900	35

（2）预提税。

①工资、薪金。居民企业向员工支付工资薪金，应按照一般累进税率计算并扣缴预提税。该项预提税为最终税款，纳税人无须再填报纳税申报表。

②股息、红利。居民企业向居民或非居民个人分配股息、红利，应按照 15% 的税率扣缴预提税。

③利息。土耳其政府 2006 年 1 月 1 日以前发行的债券或信用债券支付的利息，免征预提税。企业于 2006 年 1 月 1 日以前发行的债券或信用债券支付的利息，按照 10% 的税率扣缴预提税。2015 年，上述两种利息所得的 60.39% 免缴所得税。

以下利息所得适用 10% 的预提税税率：（1）土耳其政府 2006 年 1 月 1 日以后发行的债券或信用债券支付的利息；（2）企业于 2006 年 1 月 1 日以后发行的债券或信用债券支付的利息。

居民个人持有居民企业在境外发行的债券取得的利息，根据债券的到期日，适用不同的预提税税率：

A. 1 年到期债券适用税率为 10%；

B. 1 ~ 3 年到期债券适用税率为 7%；

C. 3 ~ 5 年到期债券适用税率为 3%；

D. 5 年以上到期债券适用税率为零。

10. 税收征管

（1）纳税期间。土耳其以公历年度作为纳税年度。

（2）纳税申报。个人取得的经营所得和专业服务所得必须填报个人所得税纳税申报表。如果上述所得不超过 30 000 土耳其里拉，且已经通过源泉扣缴的形式缴纳所得税，则个人可以不填报纳税申报表。

如果个人申报的所得只有经营所得且适用简易税收管理办法，则个人应于次年 2 月 25 日之前提交年度个人所得税申报表。其他纳税人于次年的 3 月 25 日之前提交申报表。

（3）税款缴纳。土耳其个人取得的工资、薪金所得由雇主按月代扣代缴税款。取得经营所得和专业服务所得的纳税人必须分季预缴税款，每次按照当季实际所得的15%预缴。当期已经扣缴的预提税可抵减应预缴的税款。预缴税款总额可抵减年度应纳税额。多缴的部分可以抵减其他应纳税额或者抵减下一年度应预缴的税款。

（二）其他类型的所得税

土耳其不征收其他类型的所得税。

（三）国际税收

1. 居民纳税人

（1）境外所得和资本利得。居民个人负有无限纳税义务，应就其来源于土耳其经境内、境外的所得缴纳个人所得税。居民个人的境外所得和资本的税收待遇与境内所得和资本适用的税收待遇相同。

个人取得的境外养老金所得免征个人所得税。

个人取得的境外股息、利息和特许权使用费所得应全额计入应税所得，在年度纳税申报表中进行申报，并按照一般规定缴纳个人所得税。个人取得境外经营所得和专业服务所得，与境内所得适用相同的税收待遇。

（2）境外资本。土耳其不征收净资产税。个人持有位于境外的不动产无须在土耳其缴纳房地产税。

（3）避免双重征税。土耳其采取“抵免法”为个人提供单边双重征税减免。企业就其境外所得在境外已缴纳的所得税额抵减土耳其境内应纳税额，但抵减额不得超过境外所得在土耳其应负担的所得税额。所有境外所得汇总计算抵免限额。

2. 侨民

企业家、科学家、专家、官员、记者以及学生因特定的目的，在有限的时间内在土耳其居住，即使在一个纳税年度内居住时间超过6个月，仍然可以保留有限的纳税义务。

3. 非居民纳税人

（1）对所得和资本利得征税。非居民个人负有有限纳税义务，仅就其来源于土耳其境内的所得缴纳个人所得税。不同类型的所得应采取不同的标准判断是否来源于土耳其境内。

个人的工作地点在土耳其境内且享受土耳其的好处，则认为个人取得的受雇所得属于来源于土耳其境内的所得。非居民董事取得的报酬与居民董事取得的报酬适用相同的税收待遇。董事取得的利润分红按照股息红利所得征税。

非居民个人取得的经营所得和专业服务所得参见非居民企业的相关内容。

非居民个人转让持有5年以上的不动产取得的资本利得免征所得税。否则，该项所得必须在资产转让后的15天内进行专项申报，并按照一般税率缴纳个人所得税。

个人纳税人转让2006年1月1日以前购买的有价证券或其他资本市场金融工具，或转让2006年1月1日以后发行的债券取得的资本利得，须进行专项申报，按照一般税率缴纳个人所得税。

非居民个人取得的股息、红利所得须按照15%的税率扣缴最终预提税；个人无须在年度纳税申报表中申报该项所得。

以下情况，适用10%的预提税税率：(1) 非居民个人持有土耳其政府于2006年1月1日及以后发行的债券或信用债券取得的利息所得；(2) 非居民个人持有企业发行的债券取得的利息所得。

非居民个人持有居民企业在境外发行的债券取得的利息所得，根据债券的到期日，适用不同的预提税税率。具体如下：

①1年到期债券适用税率为10%；

②1～3年到期债券适用税率为7%；

③3～5年到期债券适用税率为3%；

④5年以上到期债券适用税率为零。

但是，非居民个人持有土耳其政府于2006年1月1日以前发行的债券取得的利息所得，按照零税率扣缴预提税。

(2) 对资本征税。土耳其不征收净资产税，非居民个人持有土耳其境内的不动产须在土耳其缴纳房地产税。

三、增值税

(一) 一般规定

1. 概述

一般而言，增值税对商品生产、流通中的所有环节产生的新增价值征税。增值税进项税额允许抵扣销项税额，最终增值税税负转嫁到消费者身上。

2. 纳税人

在土耳其境内提供应税货物和劳务以及进口货物的公司和个人，均为增值税纳税人。

3. 应税行为

应纳增值税的交易行为包括：在商业、工业、农业和专业服务活动过程中提供应税货物和劳务，以及进口货物与劳务。

4. 计税依据

计税依据为购买方为取得商品或服务支付的对价；进口商品或服务的计税依据为关税完税价格加上关税和所有与进口交易相关的其他税费。在计算最终应纳税额时，纳税人购进商品或服务已缴纳的增值税进项税额可以抵扣增值税销项税额，最终仅对商品或服务增值的部分征收增值税。

5. 税率

土耳其增值税标准税率为18%，低税率为8%和1%，出口货物等适用零税率。

8%的低税率适用于：主食，收款机，电影、戏院、歌剧、芭蕾舞剧的门票，私营教育服务，文具、书籍和类似出版物，医疗商品和服务，纺织品，救济服务，旅游服务，饮料服务，农业机械，咖啡店、蛋糕店、参观、小饭店，以及类似服务设施（一流餐馆、三星级及以上酒店餐厅和度假村的酒精类饮料和服务除外），酒店、汽车旅馆、办寄宿式酒店服务以及类似的住宿服务（包括旅行社提供的服务），救护服务，牙科材料，有关污水处理的市政府服务等。

1%的低税率适用于：特定农产品，报纸和杂志，二手车，从某些国家进口的特殊类型的皮革，150平方米以下的住房供应、自行车和供残疾人使用的车辆，人和动物的血液和血液成分，殡葬服务业，用于海洋运输、航空运输和铁路运输的运输工具的供应，或者提供与这些运输工具制造有关的货物和劳务，以及全部或部分从事销售和租赁这些运输工具的劳务。

零税率适用于：出口货物，出口劳务，为出口商加工货物，船舶运输、航空运输和铁路运输工具的供应以及提供与这些工具制造有关的劳务，对船舶港口及航空港口劳务的提供，提供国际运输劳务，对从事碳氢化合物资源勘探开发的纳税人提供货物和劳务，能够证明的构成纳税人投资组合部分的机器和设备供应，提供用于港口、机场建设、修缮及维护的货物和建筑劳务，对内阁指定的边境运输出口货物的卡车提供离境运输所需的燃料。

对奢侈品、豪华轿车以及豪华轿车租赁除了按照标准税率征收增值税以外，还要征收特别消费税。对奢侈品的特别消费税税率为20%，对豪华轿车征收的特别消费税根据发动机容量的不同，税率从10% ~83%不等。特别消费税仅在一个环节征收，进口商品在进口环节征收，其他商品在第一次销售环节征收。增值税的计税依据应包含特别消费税。

6. 免税项目

免税项目不允许抵扣增值税进项税额。增值税免税项目包括：公司转让（即公司接管或者公司形式的转换）；原油、石油、汽油和其他类似产品的管道运输；未经加工的黄金，以及外币、债券和有票的供应；应征收银行和保险交易税的交易；非经营性不动产租赁业务；居民公司为增加股本而销售不动产实现的利得；在保税仓库、转口运输、免税区、临时贮藏库和关税区内提供货物和劳务；提供用于教育、专业服务以及残疾人日常生活的工具、装置和计算机特殊程序。

（二）非居民纳税人

如果非居民纳税人在土耳其境内设立了常设机构，则须要进行增值税纳税登记。如果非居民纳税人未在土耳其境内设立常设机构，则无须进行增值税纳税登记，增值税纳税义务自动转移至消费者。

四、消费税

土耳其针对特定产品征收消费税，包括：能源产品、交通工具、酒精饮料、烟草制品以及其他消费品。

五、社会保障税

雇主和雇员必须缴付社会保障税。

（一）对企业征收

由雇主缴纳的社会保障税计税依据是雇员的工资薪金总额（税法规定了最低限额和最高限额）。自2008年10月1日起，由雇主缴纳的社会保障税税率按照以下标准执行：

①意外和疾病保险，为工资总额的 1% ~6.5%；

②健康保险，为工资总额的 7.5%；

③残疾保险、养老保险和人寿保险，为工资总额的 11%（地下矿山为 13%）。

雇主对于愿意继续工作的退休员工，需要支付 23.5% 的社会保险费。此外，雇主还要支付 2% 的失业保险。雇主缴纳的社会保障税可以在计算公司所得税应纳税所得额时在税前扣除。

（二）对个人征收

由雇员缴纳的社会保障税的计税依据为工资、薪金所得总额（包括附加福利），同样，税法规定了最低限额和最高限额（2016 年 1 月 1 日至 2016 年 12 月 31 日，最低限额和最高限额分别为 1 647 土耳其里拉和 10 705.5 土耳其里拉）。雇员负担的社会保障税由雇主代扣代缴。

雇员负担的社会保障税税率按照以下标准执行：

①健康保险，为工资总额的 5%；

②残疾保险、养老保险和人寿保险，为工资总额的 9%。

愿意继续工作的退休员工需要缴纳 7.5% 的社会保险费。此外，雇员还必须按照其收入总额的 1% 缴纳失业保险费，税法同样规定了最低限额和最高限额。

雇员缴纳的社会保障税可以在计算个人所得税应纳税额时税前扣除。

（王婷婷　编）

英国税制

英国征收公司所得税、个人所得税、国民保险税、增值税、消费税、遗产税等。对从事石油和天然气开采的公司要征收石油税、石油公司所得税、石油收入税。

一、公司所得税

（一）一般规定

1. 税制类型

在英国，居民公司要就其来源于境内、境外的利润（所得和资本利得）缴纳公司所得税。但是，居民公司可以选择不就其外国常设机构的所得在英国缴纳公司所得税。公司所得税按财政年度计征，每年的 4 月 1 日到次年的 3 月 31 日是一个财政年度。

如果居民公司获得“符合条件的股息分配”免税资格，则有权享受一定额度的非偿还性税收抵免，该额度相当于股息分配的九分之一。“符合条件的股息分配”免税资格必须满足一定的免税条件。无论是居民公司，还是非居民公司，均可以进行符合条件的股息分配。该规定对 2009 年 6 月 1 日或以后的股息分配有效。

2. 纳税人

英国公司所得税的纳税人是指依据《英国公司法》注册成立的公司。此外，非法人组织、建房基金会（住房贷款融资协会）、互助保险协会、国有企业、公共事业公司和国营公司也需要缴纳公司所得税。非居民公司就其与英国境内常设机构有联系的应税利润缴纳公司所得税。

通常情况下，慈善机构免征公司所得税。但是，如果慈善机构进行不以慈善为主要目的或受益人参与的经营活动，那么就需要对其征税。

本文仅限于在英国注册的股份有限公司和私人有限公司，以及具有类似特征的外国法人实体，无论其是否是英国的居民。上述实体在本文中将被统称为“公司”。普通合伙企业被视为税收上的透明实体。

在英国注册的公司被视为居民公司。若注册地不在英国，但该公司的管理和控制中心在英国，也被视作英国居民公司。英国税务与海关总署实质上以“管理和控制中心”为标准认定英国居民公司。

如果某公司根据英国国内法规定，可以认定为居民公司，而根据税收协定“居住关联切断原则”（the tie－breaker rules）规定，又可以认定为其他国家的居民公司，由于税收协定法律效力高于国内法，该公司在大多数情况下将不会被认定为英国居民公司。

3. 应纳税所得额

（1）一般规定。居民公司就其来源于英国境内、境外的所得和应税利得（即资本利得）缴纳公司所得税。但是，在计算应税利润时，居民公司可以选择剔除其外国常设机构的利润。一旦选择这种方式，这些外国常设机构的亏损就不能用母公司的境内所得弥补。

公司年度利润或亏损的核算以会计账簿为基础，再根据税法规定进行纳税调整。一般情况下，收入和支出的确认原则是权责发生制。

通常，营业收入以实收金额入账。但是，这个原则有一些例外情形，应该以市场价格入账，而非实收金额，包括：关联企业交易的转让定价原则；夏基诉沃纳原理（the Sharkey v. Wemher principle），即假如商品存货在纳税人之间转移，或者从销售转为自用，则应该按照市场价格计算；将资产转为商品存货。

（2）免税收入。免税收入的主要类型是公司获得的“符合条件的股息分配”（如股息），这种公司既包括大多数大中型企业，也包括特定条件下的小公司。

（3）扣除。假如支出费用化（即非资本化），且全部专门用于生产经营，那么这项支出通常能够在计算营业利润时扣除。否则，不能依法扣除。

通常情况下，股息红利不能扣除，而利息和特许权使用费却能扣除。从税收角度来说，某些利息和特许权使用费可以被归为股息红利类别。

①利息。《借贷关系法案》适用于因金钱债务关系而成为债权债务人的公司。这种债务关系起源于金钱借贷交易。根据借款能否被扣除，借贷关系大体上可分为“经营型”借贷关系和“非经营型”借贷关系。除了债权债务利息以外，借贷关系制度适用于借贷交易引发的所有收益或损失。因经营活动支付的借款利息被视为营业支出。对于非经营型借贷关系而言，若利息收入与支出之和为净亏损，则该净亏损可作为非经营型支出从公司总利润中扣除。假如该净亏损不是由公司（例如投资公司）的经营活动产生，那么它应该被计入管理费用从公司总利润中扣除。

②知识产权。自 2002 年 3 月 31 日起，对非关联方开发或取得的知识产权、商誉及其他无形资产征税，适用单独的征管制度。根据会计准则，这些无形资产的成本作为可扣除支出，按规定摊销。资产处置收入也要按照会计准则处理。所有这些项目汇总计入经营性或非经营性科目的借方和贷方。

③与所得相关的费用。有些成本可以作为年度费用扣除，这意味着它们不计入营业利润或者损失，而是从公司总利润（包括应税利得）中扣除支付的总金额。这类支出的典型就是专利权使用年费和企业年金。

④经营前支出。开始营业前的 7 年内，符合规定的经营前支出以及年度费用，可以在营业开始时扣除。

⑤不可扣除支出。税法特别规定，商务礼品支出和业务招待费不得扣除，但是有例外，即当这些支出用于某些小礼品，并且用于职工福利时，可以扣除。

（4）折旧和摊销。

①一般规定。通常情况下，折旧是资本性支出，不允许扣除。但是，英国为“资本扣除”进行了单独立法（即2001年修订的《资本限制法》）。符合条件的“资本扣除”如下：机器设备（广义上的），扣除率为18%；“特殊扣除率池（a special rate pool）”中的资产，扣除率为8%；某些特定地区商业楼宇的改建支出，扣除率为100%，从公司所得税角度来说，在2017年4月1日之前（而从个人所得税角度来说，则为2017年4月6日之前），这些支出均可扣除；采矿企业的某些资产，如矿藏，扣除率为10%，而其他特定支出，扣除率为25%。研发支出，扣除率为100%；某些为了保证租赁而出租的住宅，扣除率为4%；疏浚，扣除率为4%。特殊扣除率池仅限于长期资产、隔热设备以及装配物（integral features）。

②第一年扣除。某些合理支出可适用第一年扣除，其中大部分仅限于特定时期或特定地区的经营支出。它们一般针对的是研发活动、环境保护技术和某些开发区。第一年扣除可用于以下支出类型：某些未投入使用的节能、节水机器设备的支出，扣除率为100%；从2002年4月17日到2018年3月31日，对新购置的低排量汽车，扣除率为100%；从2010年4月1日到2018年3月31日，零排放机动车辆支出，扣除率为100%；仅用于北海篱笆圈（ring fence）经营活动的机器设备支出，扣除率为100%。

③年度投资扣除。年度投资扣除意味着大多数机器设备的支出可以限额扣除。2016年1月1日起，年度投资扣除的法定限额为25 000英镑。但是，《2015年度夏季预算法案》提出，对于企业发生在2016年1月1日或以后的符合条件的机器设备支出，年度投资扣除限额增加到200 000英镑。这个增加的限额长期有效。

④如何计提折旧。对于池化的机器设备支出，税法允许采用余额递减法计提折旧。专利权和专利技术适用公司所得税的无形资产管理制度，一般采用直线法，每年以4%的比例进行摊销。这项规定适用于2002年4月1日或以后公司发生的合理资产支出。但是，对于所得税（例如经营活动的性质是个体经营或合伙经营）而言，资本扣除采用余额递减法，按每年25%的比例进行摊销。符合条件的研究和开发产生的资本支出，按100%免除。

（5）准备金。由一定比例的利润组成的准备金（如递延税准备金和未来股息准备金）不得扣除。而一般应急准备金，如延迟维修和保养准备金，需要计入损益类账户中征税，也不得扣除。只要具体责任金额尚未确定，例如已承诺的产品责任索赔权，预计负债就可以扣除。对可疑债务的预计负债，如基于总债务的一定比例提取的预计负债，不得扣除。但是，如果某项呆账已被证实不能收回，那么它的预计负债可以扣除。自我保险预计负债不得扣除。

4. 资本利得

公司的所有资本利得适用公司适用的公司所得税税率（某些豪宅的处置收益适用较高的税率）。但是，符合条件的集团内部资产转移以及股权资本的重组，均不需要对其征税。在上述两种情况中，股东、公司及其关联企业可以享受此项税收优惠。

购置成本或基础成本在计算应税利得时可以扣除，其扣除值随着零售价格指数的变动而调整，此处的零售价格指数是指从1982年3月31日或者资产收购之日起算的价格指数。指数化减免不能转盈为亏，也不会增加亏损。1982年3月31日前购置的资产按新的基础成本计算，这个基础成本是当时为了计算利得而确定的公平市场价值，这就使得当时的利得免税。如果按照基础成本计算资产导致企业的收益变少，那么公司可以选择按实际成本计算。

根据“大额股份减免税”（substantial shareholdings exemption）条款，如果贸易公司或集团公司持有其他公司大额（至少10%）的股权，其股权处置收入免税。该股票需要持有12个月以上。相应地，这类处置损失不能扣除。股权处置可以适用具体情形和反避税规定。

处置价值超过200万英镑的住宅性房地产，且该房产的持有人是诸如公司、公司成员的合伙人、集体投资组织等非自然人，则需要缴纳28%的资本利得税。该规定自2013年4月6日起生效。虽然英国只对2013年4月5日之后的持有期收益征税，但是纳税人可以选择整个持有期取得的收益或遭受损失按照上述规定征税。

5. 亏损

（1）经营亏损。假如公司一直缴纳公司所得税，那么其经营亏损可以在相同且持续的经营中向前结转1年，或无限期向后结转。公司向后结转的全部亏损可以抵减最早可用的营业利润。

经营亏损既可以抵减公司本年度或前一会计年度的其他所得（但不能抵减免税投资收入），又可以抵减本年度的资本利得。资本利得抵减额不能超过当期纳税人收入不得抵减的部分。一般而言，免税投资收入（Franked investment income）是指居民企业控制的股息收入。通常，这种收入免征公司所得税，但是对于某些集团公司来说，它可以用来决定公司利润适用的税率。

有关英国土地的经营亏损可以抵减公司利润总额，并且向后无限期结转。最终亏损（terminal losses）可以向前结转3年并抵减所有公司利润。其他非经营所得亏损（除最终亏损以外）不能抵减营业利润。这类亏损通常向后结转并抵减同类所得。如果公司的所有权、经营性质、管理方式在3年内发生重大改变，其亏损向前结转和向后结转都将受限。

（2）资本损失。资本损失自动抵减同期资本利得。未弥补亏损可以向后结转抵减以后年度的资本利得。

6. 税率

（1）经营所得和资本利得适用税率。2015财政年度（即从2015年4月1日到2016年3月31日），公司所得税标准税率是20%。除了北海石油和天然气篱笆圈的利润以外，公司的全部利润均适用此税率。对于北海石油和天然气篱笆圈的利润而言，其标准税率是30%，小公司适用19%的税率。

（2）向居民纳税人支付款项的预提税税率。向居民公司支付款项不需要扣缴预提税。

7. 税收优惠

（1）研发费用加计扣除。符合规定的研发费用（R&D）支出，允许直接扣除。中小企业的研发费用可以按实际支出的230%扣除。如果加计扣除后公司还是有经营亏损，那么，公司可申请相当于亏损14.5%的现金返还。该比例适用于2014年4月1日以后发生的符合条件的研发费用。

对于符合条件的研发费用支出，大公司可以按实际发生额的130%扣除。大公司研究开发供人类使用的特定疫苗发生的支出，如果符合条件，也可以享受研发费用加计扣除。

英国有针对大公司的“线上预算（above - the - line）”税收抵免（也称为研发费用税收抵免），相当于符合条件的研发费用支出的11%。这项税收抵免政策最初是可供选择的（即纳税人可以选择税收抵免而不是扣除），但是从2016年4月起，该政策变成了强制性规定，即大公司只能进行上述税收抵免，而不能进行扣除。

（2）房地产投资信托基金税收优惠。英国有针对房地产投资基金（REITs）的特殊制度。房地产投资基金是指在英国登记的商业地产投资上市公司。该制度的目的是使投资者在直接投资不动产和通过房地产投资信托基金投资不动产之间，获得无差别待遇。

房地产投资信托基金必须以股息分配方式支付款项给股东，并且至少90%的利润是来自于房地产租赁业务。

对公司来源于房地产租赁业务的利润和利得免征公司所得税。但是，对公司来源于非房地产租赁业务的利润和利得要征收公司所得税。

房地产投资信托基金就免税业务进行的分配，又被称为房地产所得分配，通常是就扣除20%所得税后的所得进行的分配。当付款方有理由认为有权就所得进行分配的受益人符合下列条件时，就会支付总价款：英国居民企业；公司通过其常设机构在英国开展经营活动，需要在计算英国应纳税所得额时，将其股息分配纳入；当地当局；慈善机构；注册养老金计划（或某些下属计划）的托管机构；个人储蓄账户的户主。

（3）专利盒。《2012年度财政法案》提出了"专利盒（Patent box）"制度，自2013年4月1日起生效。具体规定是，公司与知识产权相关的利润可以进行扣除。在2013财政年度，相关知识产权利润的扣除率为60%；2014、2015和2016财政年度，分别为70%、80%和90%；自2017财政年度起开始，扣除率为100%。

8. 征收管理

（1）纳税年度。公司所得税按财政年度征收，即每年的4月1日到次年3月31日。

就计税基期（会计期间）而言，公司基于当前年度缴纳公司所得税。公司要就其于征收年度内结束的计税基期产生的利润缴税。

计税基期是指财政年度内会计结算日截止前的一段时期，且不得少于经营活动开始后的12个月。否则，计税基期就是前一个财政年度结束后的会计期间。公司在一个会计期间获得的利润要在该会计期间内的财政年度之间按时间进行分摊。如果企业所得税税率在会计期间中途发生变化，上述计税基期就具有特别重大的意义。

纳税人可以在开始营业后的前3年内更改会计结算期。如果符合特定条件，税务机关将批准其更改。

（2）纳税申报。在自行纳税申报制度下，公司必须在会计期间终了之日后的9个月零1天内计算并缴纳公司所得税。大企业适用分季预缴税款制度。

公司所得税纳税申报表必须在会计期间结束后12个月内，或者在收到通知之日起3个月内填报。在法定填报日起12个月内，允许修改纳税申报表。英国税务与海关总署有12个月的时间决定是否调查某份申报表。

（3）税款缴纳。大公司分4次缴纳公司所得税，即每个会计期间开始后的第7个月、10个月、13个月、16个月的第14天缴纳。会计期间不足1年的公司适用特殊规定。大公司是指利润超过150万英镑的企业。如果母公司占子公司（包括非居民企业）的股权在51%以上，并且拥有1个及以上这样的营利子公司，那么只要其利润等于150万英镑除以集团内营利子公司的数量的商数，也可以称为大公司。

（4）事先裁定。英国并没有关于事先裁定的综合法律体系。但是许多法律条文（如企业重组减免税规定）包含"通关程序"的规则，允许纳税人在进行特定交易活动前确定相关法律是否可以适用。同时，英国税务与海关总署制订了有效的预约定价制度和资本弱化管理制度。此外，英国税务与海关总署还会依纳税人申请，公布对税法的权威解释和应用指南。有时候，法院会在一般行政法规的基础上，适用这些解释，以约束英国税务与海关总署。

（二）居民公司之间的交易

1. 公司集团合并纳税

英国税法中没有总分机构财务统一和合并纳税申报的条款。但是，税法中还是有一些涉及集团或联营企业内亏损转移和资产转移的相关规定。

2. 居民公司之间的股息红利

居民公司股东取得的股息红利（包括附加的可抵扣税额），免征公司所得税。大中型企业取得的大部分股息，不考虑来源地（即无论国内还是国外），免征公司所得税。该项免税政策适用于2009年7月1日或以后取得的股息红利。《2009年度企业所得税法》包含了“免税类别”清单，清单上列明的股息免税。如果支付股息的公司是英国居民企业或者位于与英国签订了非歧视性双重税收协定的地区，那么小企业获得的该类股息免征公司所得税，此政策对2009年7月1日或以后收到的股息有效。

（三）其他类型的公司所得税

公司不需要缴纳地方所得税。除了公司所得税及2015年4月1日起开征的利润转移税以外，英国没有其他针对公司所得的征税。

英国的利润转移税主要适用两种类型的交易：一是（外国公司）利用常设机构规定转移英国经营所产生的利润；二是通过缺乏经济实质的交易手段或经济实体来制造税收优惠。利润转移税在计算企业所得税时不得扣除。利润转移税的税率为25%加上校准利率。而油气田公司的篱笆圈利润（或名义篱笆圈利润），适用55%加上校准利率的利润转移税税率。校准利率是指会计期间结束后6个月到定税通知下达前的名义利率。此外，英国还要对从事石油和天然气开采的公司征收石油税、石油公司所得税、石油收入税等。

（四）国际税收

1. 居民公司

（1）境外所得和资本利得。居民公司就其来源于境内、境外所得缴纳公司所得税。外国资本的法律形式通常都可以被认可，除非特定反避税法有其他规定。

公司可以选择不把其外国常设机构的利润计入英国公司所得税应税所得中，即此部分利润不在英国缴纳公司所得税。相应地，外国常设机构的境外亏损也不能在计算英国公司所得税时扣除。一旦做出上述选择，公司就不得撤销。

对大中型公司从境外分得的股息红利免征公司所得税，在某些情形下，小公司也适用该免税政策。当公司不适用免税政策时，可以适用境外税收抵免优惠政策。取得股息的公司可以选择不适用免税政策。

如果受来源国限制不能抵免境外所得或利得的已纳税款，那么英国税务与海关总署允许减征部分公司所得税。然而，这并不能最终减免公司该项所得或利得的纳税义务。

（2）境外亏损。由于英国取消了所得税分类税制，来源于英国境内、境外的所得通常合并计算公司所得税。但是，在某些情形下，境内、境外所得的税务处理仍然存在差异，比如，税法规定了境外亏损减免税的不同税务处理。

（3）境外资本。英国不征收净资产税。位于境外的不动产不适用境内房地产所负担的英国税。

（4）避免双重征税。一般而言，为了避免双重征税，可以采用单边和税收协定规定的普通抵免法。公司也可以选择将外国已纳税款作为费用扣除，而不选择使用单边抵免法。

外国已纳税额，包括国家级、省级和市级税额，可以用来抵免相应的英国公司所得税或者税收协定适用的税款。只有分国分项计算出来的境外所得或利得缴纳的公司所得税可以进行抵免。另外，只有采取所有使外国税款最小化的合理措施后在外国缴纳的税额可以进行抵免。未抵免完的税额可以向前结转 1 年和无限期向后结转，以抵消同样来源的所得或利得缴纳的公司所得税。境外税收抵免可转移给同一集团内的另一家公司。在税收协定下，某些所得或利得可享受免税优惠。

2. 非居民公司

（1）一般所得和资本利得课税。如果非居民公司在英国设立了常设机构从事生产经营活动，则需要缴纳英国的公司所得税。通过常设机构获得的经营所得，来源于常设机构持有、使用财产或权利的所得，处置常设机构使用的资产获得的利得，均需缴纳公司所得税。

通常，非居民公司在英国从事生产经营活动，享受与居民公司同等的税收待遇。但是，如果非居民公司终止其常设机构的生产经营，或者转移其在英资产，则视同资产处置，需要就其未实现的资产利得缴纳公司所得税。

英国常设机构的经营所得、其他所得和资本利得，应按标准税率缴纳公司所得税。除非受税收协定中非歧视条款的保护，否则非居民公司不适用小公司税率。

除了通过英国常设机构从事生产经营取得的款项以外，非居民公司取得的相关款项，应计征预提税。对于支付给常设机构的款项，只有当该款项被计入常设机构应税利润时，才可以享受免税。否则，必须计征预提税。

如果不通过英国常设机构从事生产经营活动，非居民公司要就其来源于英国的所得，按 20% 的基本税率缴纳所得税。在英国从事生产经营活动的非居民公司还要就其来源于英国、但不属于生产经营所得的其他所得缴纳所得税。某些类型的投资所得，例如利息，按储蓄所得税税率 20% 计税。银行存款利息和欧洲债券利息，免征公司所得税。

通常情况下，除非通过其分支机构或代理商在英国从事生产经营而取得，否则非居民公司取得的来源于英国境内资产的资本利得，无须缴纳所得税。但是，某些高价英国住宅房产，需要缴纳资本利得税。

（2）资本课税。英国不征收净资产税。非居民公司在英国境内的不动产需缴纳不动产税。

（3）征收管理。非居民公司由其英国代理人进行纳税申报和税款缴纳。代理人的定义广泛，包括英国常设机构。但是，非固定的代理人、经纪人和投资经理人通常不能被视为英国代理人。没有代理人，纳税义务通过源泉扣缴完成。

3. 非居民公司预提税

（1）股息。股息不需要缴纳预提税。通常，在向非居民股东分配股息时，不适用归集抵免制。但是，许多税收协定为外国公司股东提供了基于归集抵免制的税收返还，以保证其最低持股需求。这种税收返还需要以适当的协定税率缴纳预提税。

（2）利息。公司支付的利息，一般按 20% 的储蓄所得税税率代扣代缴公司所得税。欧洲债券利息可以免税。银行存款利息可免征预提税，但要向银行提供非居民身份声明。

如果受益所有人是该公司在其他欧盟成员国的关联公司或常设机构，那么根据国内法律条文规定，公司执行《欧盟利息和特许权使用费指令》（2014 年 49 号令），出境利息和特许权使用费免征预提税。上述关联公司必须是指令附件中列明的法律形式，且必须缴纳公司所得税（无减免税）。两个公司互为关联公司的条件是：一个公司直接最低拥有另一个公司至少 25% 的资本或表决权，或者，第三方公司同时直接最低拥有债权公司和债务公司至少 25% 的资本或表决权。此处没有最低持有期限的要求。

（3）特许权使用费。除了电影版权以外，公司必须就其支付的专利权使用费和版权费按 20% 的基本税率代扣代缴公司所得税。在有关双避免重征税协定的条款中，公司支付跨境特许权使用费时，自行申报预提税义务，而无须在事前得到官方许可。

（4）其他。除利息之外，公司还需就其支付的养老金和年度费用按 20% 的基本税率代扣代缴公司所得税。不动产租金同样适用；但是，这种租金要按总金额支付，且经英国税务与海关总署批准。

（五）反避税

1. 概述

一般反滥用规则。《2013 年度财政法案》提出了一般反滥用规则（GAAR），该规则于 2013 年 7 月 17 日生效。一般反滥用规则针对的是滥用避税条款，而非避税行为本身。一般反滥用规则授权英国税务与海关总署取消因滥用安排而取得的税收优惠。一般反滥用规则的适用范围包括个人所得税、公司所得税（以及视同公司所得税的金额）、资本利得税、遗产税、土地印花税、年度住宅物业税和石油收益税。根据《2014 年度国民保险税法案》，一般反滥用规则也适用国民保险税。

避税方案披露。根据避税方案披露规则，特定避税方案的“发起人（promoters）”（在某些特定情况下，该方案的使用人）必须向英国税务与海关总署报告。避税方案披露规则的适用范围是与所得税、资本利得税、遗产税、企业所得税、年度住宅物业税、土地印花税、国民保险税和增值税相关的某些特定方案。

具体的反避税规则。具体的反避税规则适用于税法的不同领域。在英国税收法律法规中，有超过 300 条这样的规则。

2. 转让定价

通常情况下，关联公司之间的交易均适用公平交易原则，无论这些公司是否是英国的居民公司。除了货物的购销以外，关联交易还包括房地产出租和租赁，权利、权益或许可证的授予和转让，金融交易，以及各种经营设施的提供。

如果一家公司控制另一家公司，或者同为第三者控制，则两家公司互为关联方。“控制”是指：一方有能力根据自身意愿决定另一方的生产经营活动；或者，一方能够通过直接或间接持有股权或拥有投票权，或者通过公司章程和其他文件授权，控制另一方。这种制度还包括贷款和其他融资安排（如某些私募股权交易），在这种融资安排中，所有人共同行动。在自行申报制度下，公司有义务进行任何必要的转让定价调整。不遵守定价调整规定将受到处罚。2014 年 12 月 3 日，英国政府宣布，它将通过立法执行经合组织的国别报告模板。该法案将从 2016 年 1 月 1 日后的会计年度起开始生效。

3. 资本弱化

资本弱化规则包含在转让定价法律框架中。

4. 受控外国公司

在受控外国公司拥有规定的权益（通常，至少 25% 的权益）的英国居民公司，需要就受控外国公司的相关所得缴纳公司所得税，其计税依据是受控外国公司的应税利润。通过将受控外国公司的应纳税所得额按比例分配给关联英国公司，对受控外国公司征税。同时，也按比例分配一定数额的可抵免税款，用于抵减英国国内税。

以下是某些实体层面的免税，即整体适用于受控外国公司的免税：临时免税期免税（在英国居民公司控制下的非居民公司，享受临时免税期）；特定地区免税（在某些特定区域从事经营活动的居民公司，享受免税）；低利润免税（如果受控外国公司在一个会计期间的利润不超过 50 000 英镑，不征税；或者受控外国公司在一个会计期间利润不超过 500 000 英镑，但在这些利润中，非经营所得不超过 50 000 英镑，也不征税）；低利润率免税（受控外国公司的会计利润不超过相关营业支出的 10%，不征税）；免税（受控外国公司在其居住国就其应纳税所得额缴纳了一定数额的国内税，该税额不低于其在英国缴税的 75%，免税）。

对受控外国公司征税，是对通过“受控外国公司征税网关（CFC charge gateway）”的利润征税。下列五种情形，需要根据特殊规则确定是否通过“受控外国公司征税网关”，以及通过的金额是多少：①受控外国公司的利润来源于英国生产经营活动；②受控外国公司的利润包括非交易金融利润。当满足特定条件时，受控外国公司可能选择全部或者部分免税。作为金融企业免税形式，这条规则正在执行，以支持集团内其他公司贷款给非居民公司；③受控外国公司的利润包括贸易金融利润；④受控外国公司的利润包括自保保险业务利润；⑤受控外国公司的利润包括属于独立合并（solo consolidation）相关规定的金额。《2012 年度财政法案》提出了这些规则，彻底修改了以前的受控外国公司制度。这些规则生效于 2013 年 1 月 1 日后受控外国公司开始的会计期间。

二、个人所得税

（一）一般规定

1. 纳税人

纳税人包含个人居民纳税人和信托。非居民个人和信托应就其来源于英国境内的所得纳税。

在 2013/2014 财年之前，英国对居住地这一概念没有法定定义。《财政法案（2013）》引入了被称为法定居住地测试（Statutory Residence Test，简称 SRT）规定，并于 2013 年 4 月 6 日正式生效。

SRT 提供了三组测试标准以确定个人的居民身份。其中包括四项习惯性居住英国测试项目（automatic UK residence tests）、五项习惯性居住境外测试项目（automatic overseas tests），以及“充分联系测试（sufficient ties tests）”项目。根据SRT测试结果被确定为英国居民的个人，将在整个纳税年度被视为居民纳税人。但是，在法律规定的某些情形下，纳税年度可能被拆分。

测试的基本规则是，如果符合习惯性居住地测试或者充分联系测试的标准，则该个人即被视为英国居民纳税人，否则被视为非居民纳税人。

（1）习惯性居住英国测试。个人须满足四项习惯性居住英国测试项目中的至少一项，并且五个居住海外测试项目全部都不满足，即被视为英国居民纳税人。

这四项习惯性居住英国测试的内容大致如下：

第一，某一个纳税年度内在英国居留的时间超过183天；第二，整个纳税年度或纳税年度中的部分期间在英国拥有居所，并且在个人拥有居所期间持续至少91天（其中至少30天在该纳税年度内）符合下列条件之一：个人在海外没有居所；个人在境外拥有居所，但在该境外居所居住的时间不超过所规定的时间标准，即在一个纳税年度内少于30天；第三，在365天的时间段里在英国工作足够的时间，该365天的时间段全部或部分归属于相应纳税年度，并且工作没有发生重大的间断。在该365天的时间段内，个人的工作天数中“在英国的工作天数（即当天至少3个小时在英国工作的天数）”必须占至少75%；第四，已在之前三个纳税年度中，每一年都因为符合上述三项测试标准中的某一项而被视为英国居民纳税人，在英国拥有居所期间死亡的。如果该个人在前一年度在国外，且允许其进行纳税年度拆分处理，那么该规则不适用。

（2）习惯性居住境外测试。五项习惯性居住境外测试的内容如下：第一，在该纳税年度内个人在英国居留的时间少于16天，且在该纳税年度内未因故去世并且在之前3个纳税年度中的某一个纳税年度是英国居民；第二，在该纳税年度内个人在英国居留的时间少于46天，并且在前三个纳税年度都不是英国居民；第三，在境外工作足够的时间，并且工作没有发生重大的间断。并且在该纳税年度内，该个人在英国工作天数（即当天至少3个小时在英国工作的天数）少于31天，且在英国居留的时间少于91天；第四，在该纳税年度内个人因故去世，且其在英国居住少于46天，并且符合下列条件之一：在该纳税年度（或者去世的时间）之前的两个纳税年度中是英国非居民；或者，在该纳税年度（或者去世的时间）的前一个纳税年度中是英国非居民，并且在此之前的纳税年度是一个拆分的纳税年度；第五，在纳税年度内，个人因故去世，且其根据上述第三项标准的规定在以下时间段之一已构成英国非居民：在此之前的两个纳税年度；或者，在去世的纳税年度的前一个纳税年度，且该纳税年度是一个拆分的纳税年度。

（3）充分联系测试。如果个人四项习惯性居住英国测试和五项习惯性居住境外测试都不符合，那么如果其与英国有“充分联系”，则其将被视为英国居民纳税人。相关的联系取决于个人在相应纳税年度之前的3个纳税年度中是否至少在1个纳税年度构成英国居民。纳入考量的联系类型包括家庭联系、住宿联系、工作联系、90天标准联系（大致来说就是在英国居留至少90天）、国家联系（即如果该个人在一年中的每天午夜时在英国居留的天数最多。若纳税人居留天数最多的国家中英国和其他国家并列第一，该规则也同样适用）。

对于已婚夫妇，夫妻双方分别独自负责自己的税务事宜。各自都可以获得一项基本的个人税收宽免优惠，并且配偶双方之间可以就各自的宽免优惠额度在双方间共享。对子女的所得也进行单独征税，除非这些所得来源于父母授予子女的款项或者财产。根据《民事伴侣关系法案（2004）》登记的同性伴侣关系（即民事伴侣），在税务处理方面与已婚夫妇相同。

（4）合伙经营所得。与合伙企业进行交易或者向其提供专业劳务的个人，需就其获得的合伙企业收入份额和资本利得单独进行申报纳税。普通合伙企业被视为税收透明体。

2. 应纳税所得额

（1）概述。居民纳税人应就其来源于英国境内和境外的所得缴纳个人所得税。根据所得来源的性质，例如不动产所得、经营所得和专业性服务所得、投资所得、股息所得、境外所得和受雇所得等，分别适用不同的所得税规定。出租居所的租金所得一般无须缴税。

个人所得税的计税依据为应纳税所得额。在计算应纳税所得额时，首先将各种来源的所得各自扣除其允许扣除的各项费用，加总计算得出其所得总额，再扣除特定的其他规定扣除项目，然后再从中扣除个人所得税宽免额，最终计算得出应纳税所得额。

（2）免税所得。个人取得以下所得，免征个人所得税：一是根据 1988 年 3 月 14 日之后的法院决议，或者 1988 年 3 月 15 日之前的法院决议（支付方早已经选好所实际适用的法院决议），所获得的来自英国或者境外的赡养费；二是根据在 1988 年 3 月 14 日之后签订的盖印合同（注：常指向慈善机构或者个人定期捐款或者支付款项的合同）所接收的所得，如分居配偶收到的符合规定的所得。

3. 雇用所得

（1）工资、薪金所得。个人因任职或者受雇而取得的工资、薪金所得应按规定缴纳个人所得税。计算所得时，允许扣除在履行任职或者受雇职责时实际发生的必需的费用。发生的通勤费用一般不允许扣除，因为它们并非是在履行受雇职责时发生。

用人单位支付给雇员的特定搬迁费免征个人所得税。该法定免税政策适用范围涵盖因以下原因，导致雇员唯一或者主要居所改变所获得的相关款项和补助金：一是该雇员受雇于新雇主；二是雇员仍受雇于原雇主但职责发生改变；三是雇员现行职责不变但职责履行地发生改变。雇员发生的、但并非由雇主报销的搬迁费，不得享受该个人所得税减免优惠。

居住在英国或者其他欧洲经济区国家的船员，如果在一年期间在英国居留的时间不超过一半，则其工资、薪金所得可获得 100% 的扣除优惠。如果该船员受雇于英国雇主，税务机关将发给该雇主一个扣缴所得税零申报的税收编码，因此其工资、薪金所得不会被扣缴税款。此外，该雇员根据私人养老金规定所发生的所有保费缴付，继续按扣除应纳所得税额（按基本税率计算得出的应纳所得税额）后的净值进行缴付。

《财政法案（2013）》引入了所谓的“雇员持股”规则。雇主可提供给雇员其所任职公司的股份。而作为交换条件，雇员会放弃某些特定的雇用权益。雇员在处置所持股份时，所获得的价值不超过 5 万英镑的利得，不征收资本利得税。对于持股雇员首次获得的价值 2 000 英镑的股份，免予缴纳个人所得税和国民保险税。

（2）实物福利。一般情况下，雇员根据一项受益计划获得的其所受雇企业股份，应就其获得的收益缴纳个人所得税，其所获得的收益为市场价格和授予价之间的差额。无论该员工是否是直接或者通过股票期权获得股份，该税收条款都适用。但是，也有一些不同的其他计划，根据这些计划所得税（和资本利得税）的征收可实施延迟纳税或者完全免予缴纳。在这一领域，英国税收政策的规定非常复杂。

对于“未获批准的股票期权计划（unapproved share option schemes）”，在被授予股票期权时，不作为应税所得征税；但是，在行权时须按规定缴纳所得税。计税依据为该股票的市场价值和期权行权价格之间的差额。此外，处置出售该股票而获得的所有收益都将被征收资本利得税。

对于“已获批准的股票期权计划”，根据税法规定，所授予的期权3年之内不可行使，且总价值不超过3万英镑的，免征个人所得税。雇员处置出售其所获得的股票，应按规定缴纳资本利得税。该股票期权计划必须经英国税务海关总署批准，并符合相应限制性规定。

英国公司的雇员还可以通过“已获批准的股票激励计划”、“企业管理激励”等计划购买公司股票、获得公司分配的股票、购买公司股票的期权等，这些适用不同的免税规定。

(3) 养老金所得。养老金所得视同雇用所得纳税，由养老金发放方采取源泉扣缴的方式代扣代缴。在该养老金开始发放时，部分养老金可以被折算成一次性付清且可以免税的金额发放。

除国家养老金计划外，还有两种重要类型的养老金计划：职业养老金计划；和私人养老金计划。经注册登记的养老金计划可获得一定的税收优惠，其中包括相应投资所得无须缴纳所得税，且该基金的收益也免予缴纳资本利得税。

通过购买终身年金所获得的所得，根据保险统计计算标准，分别确定为所得部分和资本部分。只有其中的所得部分须按规定缴纳个人所得税。

英国居民个人获得的由英国境外人员支付的或者代表境外人员获取的养老金所得，应就该项所得缴纳个人所得税。如果对该养老金所得是按权责发生制确定的，则其应纳税所得额为养老金所得的全额的90%；如果是按收付实现制来确定，则其应纳税所得额为养老金所得的全额。

(4) 董事报酬。董事报酬视同雇用所得纳税。

4. 经营所得和专业服务所得

经营所得和专业服务所得应按规定缴纳所得税。纳税人实际发生的、完全且专门用于经营项目和服务项目的费用支出，通常准予税前扣除。

但对于某些特定类型的支出的扣减有限制性规定。这些支出类型包括资本性支出、业务招待费、私人或者家庭产生的费用。

5. 投资所得

个人获得的股息、利息、特许权使用费和租金所得应按规定纳税。为取得投资所得所发生的相关费用通常准予在税前进行扣除。以下类型的投资所得免征个人所得税：国家储蓄券(National Savings Certificates) 的利息所得；个人储蓄账户所得；将唯一的或者主要的家庭居住用房部分地出租所获得租金所得，最高不超过4 250英镑；所购买的终身年金中归属于资本部分的所得。

根据归集抵免制的相关规定，国内股息适用低税率纳税。股息可获得的税收抵免额等于股息的九分之　。个人的应纳税所得额是分得的股息所得加上相应税收抵免额（注：还原为类似税前所得），再据此计算出该应纳税所得额的应纳税额，再从应纳税额中扣减该税收抵免额。该抵免并非是可支付性的抵免，即它可以用于抵减所得税应纳税额，但是当个人的所得税应纳税额不足以抵减该抵免额时，并不会将未抵减的抵免额支付给纳税人。

6. 资本利得

(1) 一般规定。英国个人居民纳税人应就其来源于英国境内和境外的资本利得缴纳资本利得税。

与缴纳所得税时的处理方式相似，夫妻双方以及民事伴侣双方在缴纳资本利得税时，也要分别缴税，各自都可获得一项基本免税优惠。配偶之间和民事伴侣双方之间的资本转让行为，被认为是既不产生应税资本利得，也不发生准予税前列支的损失。

从特定投机交易中获取的利润应按规定缴纳资本利得税。

资本利得税的征收规定如下：不超过规定的、适用基本税率的最高限额的利得部分，适用18%的税率；超过规定的、适用基本税率的最高限额的利得部分，适用28%的税率。信托托管人、死者遗产代理人适用28%的资本利得税税率。在2015/2016财年，适用基本税率的最高限额是31 785英镑。

（2）临时非居民。非居民纳税人通常无需缴纳英国的资本利得税。但是，对于临时非居民纳税人适用特殊的规定。临时非居民是指原居民纳税人变成英国非居民后，未超过5年又恢复其英国居民身份。当该个人在其构成临时非居民身份期间处置其资产时，则在其恢复英国居民身份当年，需就处置该项资产所获得到资本利得申报纳税。

（3）已故纳税人。纳税人的死亡不属于产生资本利得税应税义务的事件。死者资产的接收实际上相当于享受了资本利得免税优惠，即虽然这些资产因所有者死亡按市场公允价值进行处置，但并不对该项行为征收资本利得税。

（4）免税优惠。根据资本利得年度免税额度的规定，在2015/2016财年，个人可获得11 100英镑的免税额度，而信托的免税额度为5 550英镑。不超过该免税额度的资本利得免予缴纳资本利得税。纳税人处置以下资产也同样享受免税优惠：纳税人唯一的或者主要的住宅、比赛用马、政府公债、符合规定的公司债券、以英国货币计量且不可转为股本的债权资本、林地或者森林占用人所出售的用材林或者已经砍伐好的木材。

（5）动产。处置动产适用于特殊规则。动产在广义上被定义为有形的、可移动的财产。动产处置所获对价不超过6 000英镑的，不征收资本利得税；超过6 000英镑的，则须缴纳资本利得税，其计税依据按下列规定计算：首先计算得出处置时所获总价款减去6 000英镑的差额；然后，以该差额乘以三分之五，最终计算得出计税依据。当处置动产发生损失时，如果最终获得的总价款超过6 000英镑，则准予列支的损失按实际发生列支，没有额外限制性规定。但是，如果获得的总价款不超过6 000英镑，则以6 000英镑代替所获总价款，即纳税人将被视为在该项动产处置中所获价款为6 000英镑，从而对其准予列支的损失进行限制。但是，如果动产在购置时的成本不超过6 000英镑，并且在处置时所获价款也低于6 000英镑，则不允许将损失进行列支。

7. 个人扣除、宽免和抵免

（1）扣除。

①利息费用。由个人支付的利息如果属于下列情形之一的，则可作为所得的一般性扣除项目进行扣除：贷款利息，无论其是否按年计息，但不包括银行透支利息；符合规定目的利息支出，包括：收购关系密切的贸易往来企业超过5%的股本；提供贷款给关系密切的贸易往来企业或者购买其任意份额的股份，并参与其大部分经营管理活动；购买由雇员控制的公司的股份；购买合伙企业的权益；购买机器设备（比如机动车等）用于合伙经营或者工作需要。由个人支付的其他利息符合规定的，可在计算所得时从特定来源的所得中扣除，而不是和其他一般性扣除项目一样从所有来源的总所得中进行扣除，比如与某一项经营活动相关的利息支出应从该项经营所得中扣除。

②保险费。缴付给养老金计划的、符合法定范围和标准的养老保险缴费，准予税前扣除。缴付的寿险保费一般不允许税前扣除。

③捐赠。个人按照“礼物援助（gift aid）”和“工资扣除捐赠计划”向英国慈善机构进行捐赠，可相应获得税收减免优惠。

④赡养费。根据一项 1988 年在 3 月 15 日之后的法院决议所支付的赡养费和离婚后子女抚养费，都不得在税前扣除，但接收方可就该项所得免予征税。其支付方可获得一项赡养费税收抵免优惠。根据一项 1988 年在 3 月 15 日之前的法院决议所支付的赡养费和抚养费，准予支付方在税前扣除，并相应地对接收方进行征税，但是可获得一项赡养费免税优惠。此外，支付方可以选择适用“1988 年在 3 月 15 日之后规则”。

（2）宽免。2015/2016 财年，个人基本宽免额是 10 600 英镑。该标准适用于 1938 年 4 月 5 日之后出生的个人纳税人。对于 1938 年 4 月 6 日之前出生的个人纳税人，个人宽免额标准是 10 660 英镑。对于这一更高的宽免额，如果个人 2015/2016 财年的总收入超过 27 700 英镑，则个人宽免额要减去该超额部分的一半，但不低于 10 600 英镑的个人基本宽免额。

个人基本宽免额，参照 10 万英镑的“单一所得限额”标准受到严格限制。对于所得超过该限额的，其宽免额应按照每超出 2 英镑减少 1 英镑的比例减少，直到该宽免额减完为止。

自 2015/2016 财年起，配偶和民事伴侣彼此之间可以转让规定份额的个人宽免额。对于 2015/2016 财年来说，按规定可以转让的宽免额不得超过 1 060 英镑，这被称为“婚姻宽免”。因此，1935 年 4 月 5 日之后出生的已婚配偶和民事伴侣可按照该规定转让宽免额。转让出自身宽免额的一方，必须是无需缴纳所得税或者是无需按高税率或者超高税率缴税的个人，接受宽免额的一方也必须是无需按高税率或者超高税率缴纳所得税的个人。

（3）抵免。1935 年 4 月 6 日之前出生的已婚配偶和民事伴侣可享受相应税收抵免优惠（如上所述，1935 年 4 月 5 日之后出生的已婚配偶和民事伴侣，可享受“婚姻宽免”优惠）。该项税收抵免按照计税依据的 10% 计算抵免额。在 2015/2016 财年，该抵免额如表 1 所示：

表 1

已婚配偶或者民事伴侣	计税依据（英镑）	抵免额（英镑）
最低数额	3 220	322
最高数额①	8 355	835

注：①若纳税人的所得超过 27 700 英镑（2015/2016 财年），则按照超过该限额部分每超过 2 英镑，最高数额相应地减少 1 英镑，直至减少至最低数额（如上表所示）。但是，参见关于个人税收宽免的内容有相似的折算规定。即如果个人纳税人的所得超过 27 700 英镑（2015/2016 财年），并符合规定可享受较高额个人税收宽免，又同时符合规定可享受本部分所述的税收减免优惠，则该纳税人应先按个人税收宽免的规定享受优惠，然后再按照本部分税收减免优惠的规定享受减免优惠。

在特定情况下，还可享受一项子女税收抵免，这是社会保障福利的一种形式。

8. 损失

交易损失可冲抵当前年度或者前一年度的其他所得，或者在该同一并持续进行的交易活动中向后结转。同时，也可用来冲抵当前年度的资本利得。

在某项交易正式实施之前七年内发生的交易前期费用支出，可在交易正式实施时进行扣除。在该交易最初 4 个纳税年度产生的交易损失可以用于冲抵交易之前 3 个纳税年度的所得，从最早的纳税年度开始冲抵。

交易的最后 12 个月内的损失可以向前结转，用于冲抵交易之前 3 年的收益最后 12 个月损失冲抵优惠。对于在交易终止后七年内发生的特定的符合规定的款项支出，以及特定的符合规定的项目费用，也可适用相应的减免优惠（交易终止后损失冲抵优惠）。

自 2013/2014 财年起，对于某些原来未设限制的损失设定了限制。新规定对纳税人所申报的从一般所得中冲抵的损失的减免额进行了限制。设限的情形包括一般所得中交易损失的冲抵优惠、早前年度交易损失的冲抵优惠（即交易最初四个纳税年度）、交易终止后损失冲抵优惠。可冲抵的损失额最高不得超过以下两个限额标准中的最大数额：50 000 英镑；或者，该纳税年度经纳税调整后的个人应纳税所得额的 25%。

资本损失可用于冲抵同期资本利得，最终计算得出净应税利得。如果冲抵后产生亏损，准予向后无限期结转，用下一年度的可用的资本利得弥补。资本损失通常不得冲抵所得项目；但是，对于进行非上市公司股权投资所发生的损失，纳税人可选择用其冲抵当前年度或者前一年度的所得。这种损失冲抵的实施受到前文交易损失中所述冲抵限制规定的约束。

9. 税率

（1）所得和资本利得。2015/2016 财年个人所得税适用税率如表 2 所示：

表 2

级数	应纳税所得额	税率		
		股息所得	储蓄所得	其他所得
1	不超过 2 880 英镑的	10%[①]	10%	20%
2	超过 2 881 不超过 31 785 英镑的部分	10%	20%	20%
3	超过 31 786 不超过 150 000 英镑的部分	32.5%	40%	40%
4	超过 150 000 英镑的部分	37.5%	45%	45%

注：①在 2015/2016 财年，0% 的“起始税率”只适用于不超过 5 000 英镑限额标准（2015/2016 财年标准）的储蓄所得。对于非储蓄所得有三档主要的税率级次，即基本税率（basic rate）、高税率（higher rate）以及超高税率（additional rate）（非储蓄所大致涵盖收益、养老金、不动产所得、经营所得和劳务所得等）。在 2014/2015 财年，10% 的“起始税率”仅适用于不超过 2 880 英镑的储蓄所得。

表 2 中的 37.5% 和 45% 税率级次，是经过调整后自 2013/2014 财年开始生效。在股息所得方面，37.5% 的税率被称为“股息超高税率（dividend additional rate）”，并对所得超过 15 万英镑的超过部分中的股息所得适用。考虑到税收抵免，其实际有效税率为 30.6%。对于除股息所得以外的其他所得，超过 15 万英镑的部分均适用 45% 的税率，非股息所得适用的 45% 的税率被称为“超高税率（additional rate）”。

对于属于第 1 级和第 2 级适用基本税率的股息所得（已将其他储蓄所得部分纳入考虑并剔除后的股息所得），按股息所得基本税率 10% 征税。其他股息所得分别按照相应的级数适用 32.5% 的股息所得高税率（考虑到税收抵免，其实际有效税率为 25%）和 37.5% 的超高税率。

适用起始税率（starting rate）范围（2015/2016 财年为不超过 5 000 英镑）的储蓄所得适用 0% 的起始税率。超过起始税率适用范围且属于基本税率适用范围（2015/2016 财年为不超过 31 785 英镑）的储蓄所得，按 20% 的储蓄所得税率征税。超过基本税率适用范围的储蓄所得，按照所属相应级数分别适用 40% 的高税率和 45% 的超高税率（超过 150 000 英镑的部分）。储蓄所得的预提税税率为 20%。来源于各类储蓄的所得按照储蓄所得税率征税，例如银行和建房互助协会的利息所得、政府债券、国家储蓄首选债券（National Savings first option bonds）、认可单位信托、贷款和存款等，该税率也适用于通过所购终身年金获得的所得性质部分。

按权责发生制征税的来源于英国境内和境外的所得，适用于相应股息所得税率和利息所得税率。而对于按收付实现制征税的来源于英国境外的储蓄所得和股息所得，分别按 20% 的基本税率、40% 的高税率和 45% 的超高税率征税。

资本利得税的征收规定如下：不超过规定的、适用基本税率的最高限额的利得，适用 18% 的税率；超过规定的、适用基本税率的最高限额的利得，适用 28% 的税率。

（2）预提税。英国对于工资、薪金所得实行预提税模式的源泉扣缴制度，简称“预扣所得税”制度，即 PAYE（Pay – As – You – Earn）制度。社会保险费也通过源泉扣缴的方式征收。这些预提税并不代表最终的应纳税额，但在填报纳税申报时可从最终应缴纳的税额中获得抵减。

以下类型所得的支付方在向个人支付应纳税所得时，应按规定扣缴税款。企业支付的年度利息所得按 20% 的储蓄所得税率预提，支付给英国银行的短期利息除外；年金或者按年分期支付款项、专利权使用费、规定的诸如输电线路过网费等特定类型的租金，按 20% 的基本税率预提。

10. 征收管理

（1）纳税年度。英国个人所得税和资本利得税的纳税年度为每年的 4 月 6 日至次年的 4 月 5 日。

经营所得和专业服务所得，根据其所属会计年度的结束日期，确定其所属的纳税年度（当前年度原则），计入该课税年度的应税所得征税。例如，对于以 2015 年 6 月 30 日为截止日期的会计年度，其相应会计利润计入 2015/2016 年度的应税所得征税。其他类型的所得计入其收付实现时所属的年度（实际年度原则）的应税所得征税。例如，在 2015 年 9 月 30 日收到的英国银行存款利息所得计入 2015/2016 年度的应税所得征税。

（2）纳税申报。英国实施自行申报纳税制度，要求纳税人如实填写纳税申报表，并按照税法规定计算应纳税额。英国所得税申报没有预申报制度。自 2007/2008 年度起，在纳税年度终了后，对于以纸质申报方式进行的纳税申报，其申报期限为纳税年度终了后当年的 10 月 31 日，对于以网上申报方式进行的纳税申报，其申报期限为纳税年度终了后次年的 1 月 31 日。因此举例来说，若所属纳税年度于 2015 年 3 月 31 日结束，则纸质申报方式的截止日期为 2015 年 10 月 31 日，而相应网上申报方式的截止日期为 2016 年 1 月 31 日。

（3）税款缴纳。工资、薪金所得和社会保障税实行源泉扣缴制度，所预提的税款可从最终应缴纳的税额中获得抵减。

至于其他类型的所得，纳税年度的所得税是通过分期预缴方式分成两次等额预缴。该预缴通常是基于前一纳税年度的应纳所得税额确定。两次分期预缴的时间分别为纳税年度的 1 月 31 日和 7 月 31 日。预缴所依据的预估应纳税额和最终实际应纳税额之间的差额，在次年的 1 月 31 日申报期限截止前填报纳税申报并结清上一纳税年度的应纳税款。资本利得税的申报期限为所属纳税年度终了之后次年的 1 月 31 日。

（4）事先裁定。英国税法没有规定普遍适用的法定裁定制度。一些法律条款（通常为反避税条款）中包含有通常简称为“通关程序”的规定。该程序条款允许纳税人在交易事项发生前，可检查确定英国税务与海关总署是否会考虑寻求对该交易采取反避税措施。

（二）其他类型的所得税

在英国，通常对所得不再征收其他税种。但是，英国开征了一项与所得有关的高收入者儿童福利金缴费（High - income child benefit charge）。

（三）国际税收

1. 居民纳税人

（1）境外所得和资本利得。原则上，居民个人应当就其来源于英国境内、境外的所得和资本利得纳税。但是纳税人在特定情况下的境外受雇所得可享受税收减免，来源于非居民公司的股票股息所得属于不征税收入。自 2008 年 4 月 6 日起，来源于境外的特定股息所得适用于股息归集抵免制。英国居民个人应当就其来源于英国境外的经营所得和专业性劳务所得缴税，并适用于针对境外居籍人士的汇入制征税规定。此外，英国居民个人应当就其在英国境内、境外的资产处置缴纳资本利得税。

（2）境外资本。英国对于个人的境外资本尚未开征净财富税、不动产税或其他税种。

（3）避免双重征税。如果个人所得已在其他国家缴纳税款，且该国与英国尚未签订税收协定，则英国国内法以一般境外税收抵免方式提供避免双重征税的单边减免。税收抵免按照“分国分项原则”进行抵免。英国与其他国家签订的大部分税收协定中都有规定，采用税收抵免方法以避免双重征税。特定的税收协定中还规定有避免双重征税的免税方法。如果根据税收协定可以适用相应避免双重征税的方法，则不再适用于英国的单边税收减免规定。

2. 侨民

（1）来英外籍人员。尽管来英外籍人员可以适用一些特殊的减税和免税规定，但是英国没有针对来英外籍人员的特殊税制。如果个人居住在英国但非英国居籍（即定居国外），则其相关境外所得和资本利得按照汇入制征税规定进行征税。

（2）境外居籍。如果个人居住在英国但非英国居籍，则其相关境外所得和资本利得应按照汇入制征税规定进行征税。这意味着，对于该项所得和利得，个人仅需就汇回英国的部分缴税。已申请适用汇入制度个人在相应纳税年度不再享受个人宽免优惠、已婚夫妇税收减免优惠和资本利得税年度免税额优惠。

3. 非居民纳税人

（1）一般所得和资本利得课税。非居民纳税人要就其所有来源于英国的所得在英国缴纳所得税，这些来源于英国的所得根据避免双重征税协定适用低税或免税。

一般所得包括雇用所得、从事经营和专业服务、投资所得和租金所得等。非居民要就受雇于英国获得的雇用所得在英国缴纳所得税，采取源泉扣缴的方式缴纳。董事报酬适用与雇用所得一样的处理办法。非居民雇用所得适用的税率与居民雇用所得适用的税率一样。非居民个人通常不能享受宽免和抵免，但是，诸如曼岛或海峡群岛的居民等某些特殊类型的非居民也可以申请宽免和抵免。非居民还需就在英国从事经营和专业服务获取的所得在英国缴纳所得税。非居民获得的利息、特许权使用费等投资收入采取源泉扣缴的方式缴纳所得税。非居民获得的租金所得采取源泉扣缴的方式缴纳或由纳税人协商税务机关直接缴纳。根据英国签订的大多数税收协定，英国可以就支付给非居民的股息征收15%的预提税。

一般而言，非居民处置财产（即使是坐落于英国的财产）获得的资本利得无须缴纳所得税，但是有一些例外情况，例如，处置在英国的分支机构或代理人用于贸易、专业服务或业务之目的财产要缴纳所得税；此外，个人处置其主要居所也要缴纳所得税。

（2）资本课税。英国不征收净财产税。非居民要就坐落于英国的不动产缴纳市一级税收。

（3）征收管理。如果非居民个人被要求在英国填报纳税申报表，那么，就适用与居民个人一样的规则。

三、增值税

（一）一般规定

1. 概述

在英国，销售货物和提供服务适用综合增值税制度。

2. 纳税人

增值税纳税人是依法办理了税务登记或者需要办理税务登记的纳税人。从2015年4月1日起，纳税人销售货物和提供服务的年营业额超过82 000英镑，需要办理增值税税务登记。纳税人年营业额低于80 000英镑，需要注销增值税税务登记，该规定同日生效。

纳税人发生或将要发生增值税纳税义务的，需要办理增值税税务登记。在登记前，任何时候购进货物，如果登记后尚未出售，其进项税额可以抵扣。纳税人在登记后6个月内购进服务，其进项税额可以抵扣。

3. 应税行为

增值税的征税范围是在英国境内销售应税货物和提供应税服务，从其他欧盟成员国购进货物，以及从欧盟以外的国家进口货物。

4. 应税收入

应税收入是指销售货物或提供服务对方支付的对价。在进口环节，应税收入是指关税完税价格加上支付的关税。在计算最终应纳税额时，纳税人为销售而购入或进口的货物和服务负担的税款可以扣除。

5. 税率

增值税的标准税率是20%。纳税人向家庭、慈善机构、某些住宅建筑工程提供燃料和动力，或者为促进老人、残疾人福利提供咨询服务，适用低税率5%。

出口和在欧盟国家内发生增值税义务适用零税率。大部分食品、书籍、报纸和儿童服装等货物的销售，也适用零税率。

6. 免税

免税服务包括银行和保险服务、土地和建筑物出租（对于商业租赁，可以选择按照标准税率征收），以及教育和医疗服务。

（二）非居民纳税人

从 2012 年 12 月 1 日起，无论非居民个人在英国从事货物销售或提供服务取得的营业额是多少，都必须办理增值税税务登记。

四、消费税

消费税对特定种类的货物征收，无论这些货物是进口的还是国产的。大部分消费税收入来源于烃油、酒精饮料和烟草。

五、社会保障税

（一）第一类国民保险税

1. 对雇员征收

雇员应按以下规定缴纳第一类国民保险税：周工薪所得不超过 155 英镑（每周基本免征限额）的部分为免征额；周工薪所得中 155.1 英镑至 815 英镑（所得上限标准）的部分，适用税率为 12%；周工薪所得中超过高收入限额（即 815 英镑）的部分，适用税率为 2%。对于正式保证退出该国家保险计划的雇员，退还所缴纳的款项。第一类国民保险税的计税依据为扣除雇员缴纳的养老保险（不考虑雇主缴纳的养老保险部分）之前的薪金所得总额，所得税上所允许的税前扣除和税收减免在此都不予考虑。

2. 对雇主征收

雇主应当就雇员的相关工薪所得缴纳第一类国民保险税。雇主应就雇员周工薪所得超过 156 英镑（每周第二免征限额）的部分按 13.8% 的税率缴纳。按照工资关联（COSR）计划，就周工薪所得中 112 英镑（周工薪收入下限）至 770 英镑（应计点上限）之间的部分，可按 3.4% 的退税率获得退税，因此该范围内的工薪收入实际按 10.4%（而不是 13.8%）的税率缴纳国民保险税。自 2014 年 4 月起，大部分雇主都可以享受到每年 2 000 英镑的“雇佣宽免优惠”，以抵消雇主本年度的间接缴纳国民保险税的纳税义务。自 2015 年 4 月起，如果雇主支付给未满 21 周岁的雇员的薪酬不超过收入上限标准，则无须就该给付的薪酬再间接缴纳第一类国民保险税。自 2016 年 4 月起，如果雇主支付给未满 25 周岁的雇员的薪酬不超过收入上限标准，则无须就该给付的薪酬再间接缴纳第一类国民保险税。

（二）第二类国民保险税

第二类国民保险税适用于自营者。自营者按照每周 2.8 英镑（2015/2016 财年标准）的单一定额税率缴纳国民保险税。如果个人的工薪所得没有超过所规定的数额（2015/2016 财年为 5 965 英镑），则免予缴纳国民保险税。

（三）第三类国民保险税

第三类国民保险税是自愿性参保缴款。无业人员或者非居民个人为保持其领取保险金权利，可自愿参加国民保险并按照每周 14.10 英镑缴纳国民保险税。从 2015 年 10 月 15 日开始，英国在第三类国民保险税中增加了第 3A 类国民保险税。

（四）第四类国民保险税

第四类国民保险税适用于自营者。自营者应就其年度所得在 8 060 英镑（低收入限额）至 42 385 英镑（高收入限额）之间的部分按照 9% 的税率缴纳社会保险税，并就其超过 42 385 英镑的部分按照 2% 的税率缴纳社会保险税。

此外，所缴纳的社会保障税在计算个人所得税时不能进行税前扣除。但是，雇主为雇员所缴纳的社会保险税在雇主一方可以扣除。

（陈琍　编）

美国税制

美国现行税制中的主要税种包括公司所得税、个人所得税、社会保障税、销售税、遗产和赠与税、财产税、累积盈余税和消费税等。联邦税以个人所得税、社会保障税为主，其次有公司所得税、消费税、遗产和赠与税、关税等；州税以销售税为主，辅之以所得税等；地方税以财产税为主。

一、公司所得税

（一）一般规定

1. 税制类型

在美国，公司所得税的征税对象为公司净利润，即公司总收入减去可扣除项目的余额。美国公司税制采用的是古典税收制度，即公司就年利润缴纳公司所得税后，公司股东还需就分得的股息缴纳所得税。股东缴纳所得税适用的税率由其所属类型（即公司、个人、信托及遗产）决定。支付股息的公司不得在税前扣除所支付的股息；接收股息的公司可以在税前就接收的股息进行全额或部分扣除。分配给非居民公司和个人的股息须缴纳预提税。

美国采用“属人兼属地”原则，对国内公司的境内、境外所得，以及外国公司来源于境内的所得征税。

2. 纳税人

在美国，负有公司所得税纳税义务的法人实体包括公司、协会组织、股份制公司、保险公司及银行。“打钩规则”将公司进一步定义为根据联邦或州法律成立的、并在这些法律中被描述为股份有限公司、公司、法人团体或政治团体的经营实体。在该定义中，属于普通经营实体，且不符合 S 型公司标准的公司，统称为 C 公司。

除另有规定外，本税制只适用于《国内收入法典》及“打钩规则”规定下的纳税人（境内或境外）。诸如属于透明实体的 S 公司、投资公司、境外公司、合伙企业及有限责任公司、慈善机构、养老基金等其他类型的法人实体，无须缴纳或只需要部分缴纳美国公司所得税。

根据美国州或华盛顿特区法律成立的公司被视为境内公司，应按居民公司履行纳税义务；根据境外国家（或地区）法律成立的公司被视为境外公司，按非居民公司履行纳税义务。

3. 应纳税所得额

（1）一般规定。境内公司应就其来源于境内、境外的全部所得（包括各种类型及各项来源的所得）缴纳公司所得税，且适用统一的所得税税率。公司应税所得为全部所得减去可扣除额的余额，资本利得也应计入应税所得。

美国采用收付实现制及权责发生制计算应税所得。但是，销售符合条件的资产取得的收益可采用分期付款的方式记账。特定类型的所得及扣除额适用特殊的会计方法。

（2）免税收入。公司购买满足特定要求的州政府和地方政府为公益目的发行的债券，从中取得的利息所得免缴公司所得税。公司股东从境内公司取得的股息不属于免税项目，但可全额或部分在税前扣除。符合规定的公司实现的资本利得和延期付款交易可以申请延迟缴纳税款。

（3）扣除。公司所得税可扣除项目包括营业费用，折旧和摊销，利息支出，美国国家及地方所得税额和动产税额，美国国家、地方及境外不动产税税额，慈善支出，保险公司不予赔偿的损失，坏账损失等。公司的创建支出和筹办费用可根据特别规定进行摊销。纳税人在境外已纳税额可自主选择减免或扣除。

不可税前扣除的项目包括超出规定的工资薪金、超出规定的收购过程中产生的辞退金（黄金降落伞[①]）、与免税项目相关的费用支出、购买行为或履行免税义务产生的债务的利息。一般来说，公司（专门的投资公司除外）分配给股东的股息不可税前扣除。资本支出不可即时扣除，须待资本化后再进行折旧和摊销。餐饮、娱乐及旅游支出的扣除有一定的限额。

（4）折旧和摊销。纳税人用于贸易、经营活动或以增加收益为目的的活动的有形动产、不动产可计提折旧。联邦所得税适用的折旧方法为修正的加速成本回收法。修正的加速成本回收法须经三个步骤：一是确定该资产适用的折旧方法；二是计算该资产成本的回收年限；三是确定资产投入使用时间应适用的协定，也就是根据规定，资产投入使用的时间确定为当期的某一时间（即年中协定或季中协定或中旬协定[②]）。选择修正的加速成本回收法的纳税人可采用直线折旧法或比率为150%或200%的余额递减折旧法，方法的确定取决于资产成本回收年限。

税法规定不得累积折旧，或将某一纳税年度的折旧额推延到之后纳税年度。但是，可能导致纳税人该年度为净营业亏损的折旧额准予向前或向后结转。

在处置已计提折旧的资产时，折旧应重新收回，并作为一般所得而不是资本利得缴纳税款。使用年限不确定或采用修正的加速成本回收法但未明确成本回收期的资产，不得计提折旧。

摊销适用于商标、专利、商誉等其他无形资产；折旧还适用于开采石油、天然气、矿产等其他自然资源。

非住宅型不动产（即商用不动产）可采用直线法计提折旧，最低折旧年限为39年；而

① 黄金降落伞指按照聘用合同中公司控制权变动条款对高层管理人员进行补偿的规定。

② 以中旬协定为例，无论在一个月的任一天购置资产，都视作当月15日购买并计入折旧。

出租型住宅也可采用直线法，最低折旧年限为 27.5 年。中旬协定通常适用于不动产，即不动产在一个月的任一时间投入使用（或购置资产），都视作于当月 15 日投入使用（或购置）。

租赁不动产的费用应在租赁期内进行摊销。租赁权益改良则在余下的租赁期内（或加速成本回收来缩短摊销年限）进行摊销。

国内收入局出台了资产成本回收年限表，分别为 3、5、7、10、15 或 20 年不等，资产回收年限决定了资产折旧年限。回收年限为 3、5、7 或 10 年的资产，通常使用 200% 余额递减法计算年折旧额，但若当年使用直线法的折旧额更大，则可以改用直线折旧法；回收年限为 15 或 20 年的资产，使用 150% 余额递减法而不能使用 200% 余额递减法计算年折旧额，但若当年使用直线法的折旧额更大，则可以改用直线折旧法。通常，年中协定适用于有形资产（不动产除外），即在当期纳税年度任一时间投入使用（或购置）资产，都视作于当年 7 月 1 日投入使用（或购置）资产。

符合条件的小型企业对指定类型的资产可以选择不计提折旧，而是作为费用在税前扣除。2002 年以后投入使用的现成的计算机软件，可进行费用化扣除。2009 年以后投入使用的规定的不动产（包括符合条件的改做租赁用的财产、符合条件的餐馆财产、符合条件的改做零售用的财产）也可税前扣除。值得一提的是，申请费用化扣除的数额不得超过该年经营活动取得的应税所得，而这部分不得扣除的部分可以向以后纳税年度结转。

纳税人可对符合条件的当期纳税年度购置或投入使用的资产申请补提折旧，也称奖励折旧。通常，这类资产包括成本回收期不超过 20 年的有形动产、符合条件的改做租赁用的资产及特定的应折旧的计算机软件。另外，税法规定资产的初次使用人必须为纳税人。纳税人购置的在 2007 年 12 月 31 日至 2018 年 1 月 1 日之间投入使用的资产，奖励折旧额为资产价值的 50%；而 2018 年投入使用的资产降为 40%，2019 年为 30%。交通工具、制作周期较长的资产及飞机的额外折旧规定有所不同。纳税人取得包括商标、专利和商誉在内的无形资产的价值，可在 15 年内摊销。

（5）准备金。预计发生但最终未发生的损失不得提取准备金和储备金。无法收回的应收账款和账务作为坏账损失只能在这一款项失去全部或部分价值（即无价值）的当期纳税年度税前扣除，且按规定的方法进行坏账核销。为自办保险额外提取的储备金不得税前扣除，自保保险公司也是如此。

4. 资本利得

公司须缴纳资本利得税。公司销售或处置资产适用的税率与一般所得适用的税率相同。通常，资本损失可根据特殊规定在税前扣除。

销售或交换资产会产生资本利得或损失。资本利得或损失的数额等于处置资产时实现的所得与在销售或交换时经纳税调整后的资产价值的差额。另外，处置资产时必须遵循公平交易的市场规律。

根据回抵折旧规定，处置之前已进行折旧或摊销的资产实现的利得，应按一般所得而不是资本利得缴纳所得税。

5. 亏损

（1）普通亏损。当前纳税年度保险公司或其他机构未赔偿的亏损可税前扣除。可以扣除的亏损必须满足下列 3 个条件：亏损能够被已经完成或结束的交易所证实；亏损可以通过可确认的事件加以确定；在该纳税年度内实际承担的亏损。若当期可扣除额（包括亏损在内）大于纳税人所得总额，则纳税人当年存在净营业亏损。1997 年 8 月 5 日之后发生的净营业亏损可向前结转 2 年和向后结转 20 年；而 1997 年 8 月 5 日及之前发生的分别向前和向后结转 3 年和 15 年。公司所有权变更的情况下，净营业亏损的扣除将受到限制。关联方之间销售或交换资产发生的损失不允许税前扣除。

公司收购另一家公司的股权或资产且税务局认定这一行为的主要目的为逃避联邦所得税，则不得享受任何税前扣除、减免及其他宽免。

（2）资本损失。美国税法将销售或交换资本资产发生的损失定义为资本损失，准予税前扣除。但是，资本损失只能抵消资本利得部分，不能用于抵消一般所得，且不得超过资本利得的数额。

损失发生当期不能扣除的资本损失可以向前结转 3 个纳税年度，或向后结转 5 个纳税年度，用以抵消结转当年的资本利得。

企业所有权变更后，资本损失的扣除与净营业亏损的扣除适用同样的限额规定。

纳税人销售或处置股票或有价证券发生的损失，但在 60 天内（销售或处置行为的前后 30 天）纳税人通过实际取得或签订购买合同或达成购买意愿取得相当数量的同类股票或有价证券，这类亏损不得税前扣除。这一规定被称为“虚假交易规则”，旨在避免税款流失。

资本损失适用“一般亏损”中的限额规定。

6. 税率

（1）经营所得和资本利得适用税率。美国 2016 年公司所得税税率如表 1 所示，资本利得与普通所得一并计算，适用相同的税率。

表 1　　美国 2016 年公司所得税税率

级数	全年应纳税所得额	税率（%）
1	不超过 5 000 美元的部分	15
2	超过 5 000 ~ 75 000 美元的部分	25
3	超过 75 000 ~ 100 000 美元的部分	34
4	超过 100 000 ~ 335 000 美元的部分	39
5	超过 335 000 ~ 1 000 000 美元的部分	34
6	超过 1 000 000 ~ 1 500 000 美元的部分	35
7	超过 1 500 000 ~ 18 333 333 美元的部分	38
8	超过 18 333 333 美元的部分	35

对公司而言，联邦最低替代税是对除 S 公司和小型 C 公司之外的其他公司征收的，税额等于联邦最低替代税应纳税所得额超过 4 万美元的部分的 20%。如果公司的最低替代税税额超过了应缴纳的正常所得税税额，那么公司应就超过的部分缴纳最低替代税，相当于对公司征收了一道附加税。联邦最低替代税的应纳税所得额是使用特定调整项目和“税收优惠”项目对公司的正常公司所得税应纳税所得额进行调整之后得出的，比如，把在计算正常公司所得税应纳税所得额时扣除的享受某些优惠的所得再重新计入应纳税所得额等。通常，如果一个公司有大量的加速折旧、百分比折耗、无形训练成本或者非应税所得，那么就会产生“税收优惠”项目或者调整项目。

当公司的最低替代税应纳税所得额超过 15 万美元时，最低替代税的免征额将逐步减少。该免征额等于最低替代税应纳税所得额超过 15 万美元的部分乘以 25%，并且，当最低替代税应纳税所得额超过 31 万美元时，免征额等于 0，即不能享受免征额。

（2）向居民纳税人支付款项的预提税税率。支付给美国公司、美国公民和美国居民的款项通常都免征预提所得税，但是，接收方适用美国备用预提税制度的除外。

7. 税收优惠

（1）加速折旧。对于纳税人在贸易或经营活动中使用的有形资产，根据修正后的加速成本回收制度允许其进行加速折旧。

（2）投资扣除。对于公司购买的用于贸易或经营活动的符合条件的资产，允许其进行费用扣除和奖励性折旧，用以代替资本化。

（3）研发费用优惠。研发费用可在发生年度一次性扣除，或者在至少 60 个月的摊销期限中分期摊销。增加研发费用可以享受税收抵免，抵免额为超过税法规定的“基数”，且符合条件的研发费用的 20%，该基数等于纳税人前 3 个纳税年度的年平均总收入乘以一个固定的百分比。纳税人也可就符合条件的基础研究费用申请 20% 的税收抵免。

8. 征收管理

（1）纳税年度。纳税人可以使用公历年度或者会计年度作为公司所得税的纳税年度。如果纳税人通常以 52 ~ 53 周为一个年度记账，则可以以此为纳税年度。52 ~ 53 周年度是指纳税人所使用的一种年度会计核算期间，该期间总是在该第 52 ~ 53 周的同一天结束，并且其结束日期总是符合下列条件：该日期为某一公历月份的最后一天；或者，该日期是离某公历月份最后一天最近的一天。

（2）纳税申报。美国实行自行纳税申报制度，要求所有纳税人填写纳税申报表，并计算自己的纳税义务。纳税人必须在其纳税年度结束后的第 3 个月的 15 日之前填报年度公司所得税纳税申报表。如果纳税人符合特定条件，在上述最终提交申报表期限结束之前向国内收入局提交延期申请，并先行缴纳适当的预估应纳税额后，可获得 6 个月的延期申报期限。

（3）税款缴纳。税款缴纳的期限与申报期限相同，纳税人应在填报年度纳税申报表截止日期之前全额缴纳该年度应纳税款（已获得延期的除外）。此外，纳税人须在该纳税年度每 3 个月预缴一次预估的税款，预缴数额等于其预估年度税款的四分之一。资产总额不低于 10 亿美元的公司适用特殊的税款估定条款。

每三个月分期预缴税款的全年总额必须至少等于以下两个数额中的较小者：一是本年度最终纳税申报表上所示税款的 100%；二是本年度的前一个纳税年度的最终纳税申报表上所示税款的 100%。如果预缴总金额低于上述两项税款预缴“安全港”标准，将面临相应处罚。

在之前 3 个纳税年度中有任一年度应纳税所得额达到或者超过 100 万美元的大公司，其预缴的年度税款必须不低于该年度应缴纳税款，即不得适用上述“安全港”标准的第二项标准。

（4）事先裁定。纳税人可就大部分税收事宜从国内收入局获得事先裁定，即“私人信件裁定”。国内收入局于每年 1 月发布纳税人申请事先裁定所应遵循的程序。国内收入局还会发布不予做出事先裁定的地区名单。申请事先裁定的纳税人要向国内收入局支付申请费用。

事先税收裁定对国内收入局具有约束力，纳税人可依其行事，除非事先裁定所依据的表述不准确、交易事项未严格按照先前的打算进行，或者在交易事项的实施期间相关法律发生了改变。一项事先裁定的效力只限于提出申请的纳税人本身，其他任何纳税人都不在其效力范围内，不能以其为凭。如果国内收入局发现某项事先裁定是错误的或者不符合国内收入局当前的观点，那么，国内收入局可以撤销或者修改该项事先裁定。如果相关法律发生改变，也可以撤销或者修改相关事先裁定。

（二）居民公司之间的交易

1. 公司集团合并纳税

美国允许公司集团合并申报并纳税，前提是满足股权要求条件并且是集团各成员做出的适当的选择。

2. 居民公司之间的股息

美国对公司股息所得不实行归集抵免制，而是实行古典制，即对公司在其取得所得时征收公司所得税，并对股东在其获得该公司股息分配时征收个人所得税。但是，获得来自国内公司或者在美国开展经营活动的外国公司分配的应征税的股息的公司，可以把该项所有符合规定的股息所得中，按本公司在支付方公司占股比例计算的部分，在所得税前进行扣除。当公司股东持有股息分配公司的相关股份未达到规定的持有期规定时，股息所得扣除优惠不再适用。

（三）其他类型的公司所得税

在美国，各州和某些地方政府对公司要征收的公司所得税。

（四）国际税收

1. 居民公司

（1）境外所得和资本利得。美国国内公司应就其来源于境内、境外的各类所得缴纳所得税，主要包括来源于境内、境外的经营所得、资本利得、股息红利、利息所得、特许权使用费以及其他所得。美国国内公司的境外所得和资本利得应当在公司组建地或实际经营地缴纳公司所得税。

（2）境外亏损。美国国内公司的境外亏损（包括境外常设机构的亏损）允许在来源于美国境内以及境外其他国家的应纳税所得额中扣除，这得益于美国国内公司所适用的全球性税制。境外子公司不允许加入公司集团填报合并申报表，相应地，也不允许该境外子公司的亏损在美国进行扣除。

（3）境外资本。美国对居民公司的境外资产不征收资产净值税，对其境外的不动产也不征收不动产税。

（4）避免双重征税。美国通过实施境外税收抵免法和扣除法避免国际双重征税。大多数情况下，境外税收抵免法比扣除法对纳税人更加有利。

境外税收抵免适用于对来源于境外的所得征收的外国公司所得税（或具有所得税性质的其他境外税种）。对来源于美国的所得征收的外国公司所得税不适用境外税收抵免。

2. 非居民公司

（1）一般所得和资本利得课税。参与美国经营活动或贸易活动的境外公司应当缴纳联邦公司所得税。联邦公司所得税按累进税率对境外公司的净所得征收。境外公司的净所得构成该公司在美国的贸易活动或经营活动的实际相关所得。境外公司与国内公司适用相同的累进税率。

如果境外公司的居住国与美国签订了税收协定，且该公司在美国设有常设机构，则该公司应就其净所得缴纳联邦公司所得税。所有来源于美国的“固定的或可确定的年度或定期收益，利润和利得”以及资本利得，可视为与境外公司在美国的贸易活动或经营活动实际相关的所得，前提是需满足以下条件之一：一是所得或利得来源于在美国进行贸易活动或经营活动的境外公司资产（资产使用测试）；二是境外公司在美国进行的贸易活动或经营活动是实现所得的物质因素（经营活动测试）。“固定的或可确定的年度或定期收益，利润和利得”包括利息、股息、租金、特许权使用费、工资、薪水、补偿金、保险金、年金、酬劳、薪酬等。

境外公司无须就其所获资本利得在美国缴纳税款，除非该公司居住国与美国签订有税收条约，且该公司所获利得与在美国从事的贸易活动、经营活动或常设机构有实际联系。以上利得包括售卖其他境外公司以及美国国内公司的股票所得。

（2）资本课税。美国联邦政府不对纳税人的净财富征税。在美国，拥有不动产的境外公司应当向不动产所在地的市政府或县政府缴纳不动产税。

（3）征收管理。在美国，从事经营活动的境外公司应当按年度填报公司所得税纳税申报表。拥有办公场地或固定经营场所的境外公司，填报纳税申报表的截止日期为纳税年度次年第3个月的第15天。没有办公场地或固定经营场所的境外公司，填报纳税申报表的截止日期为纳税年度次年第6个月的第15天。申报日期可视境外公司的具体情况延长3个月或6个月。申报期延长不影响税款的缴纳，应纳税款应于公司所得税纳税申报表的原定日期缴纳。

与美国的贸易活动或经营活动没有实际关联的来源于美国的所得应当以源泉扣缴的方式缴纳税款。以上所得缴纳的预提所得税为最终纳税义务。

3. 非居民公司预提税

预提所得税适用于来源于美国的消极所得和补偿性所得，具体包括“固定的或可确定的年度或定期收益，利润和利得”、股息所得、利息所得以及特许权使用费。

如果境外公司向税务代理提供了美国国内收入局的免税证明书，那么，该境外公司无需就其与美国的贸易活动或经营活动实际相关的“固定的或可确定的年度或定期收益，利润和利得”缴纳预提税，境外公司的上述所得应作为经营所得缴纳普通的公司所得税。

（1）股息。境外公司来源于美国的股息应当以30%的税率缴纳预提税，或者按美国与其他国家签订的税收协定适用低税率。

国内公司支付的股息应视为来源于美国的所得，特殊情况除外。境外公司发放的股息视为来源于境外的所得，因此无须缴纳美国预提税，但有一定的限制条件。

（2）利息。境外公司所获得的来源于美国的利息所得应当按30%的税率缴纳预提所得税，特定情况下适用美国公司所得税税收协定中的低税率。作为利息所得的最终纳税义务，预提所得税对利息所得的总额征收，不允许税前扣除和减免。

如果利息的发放者是美国公民、美国居民或美国国内公司，则该利息所得可视为来源于美国的所得，应当缴纳预提所得税。满足特殊条件的利息无需缴纳美国预提所得税。

（3）特许权使用费。境外公司获得的来源于美国的特许权使用费应当按 30% 的税率或者美国公司所得税税收协定中规定的低税率缴纳预提所得税。如果特许权使用费用是针对在美国国内开发的无形资产的权利而支付，则该所得应当视为来源于美国国内。预提所得税对特许权使用费的总额征收，不允许享受扣除和减免。

（4）其他。在美国，应当按 30% 的税率或者相关税收协定中规定的低税率扣缴预提所得税的所得除股息红利、利息以及特许权使用费外，还有来源于美国境内的“固定的或可确定的年度或定期收益，利润和利得”，具体包括租金、工资、薪水、保险金、年金、补偿金、报酬和酬金。

（五）反避税

1. 概述

在美国，纳税人一般遵循经济实质原则进行纳税申报，即纳税人所有超出国内收入局预期的经济实质范围的经营业务均不得享受税收优惠，以防止纳税人滥用税收优惠政策达到避税的目的。

2. 转让定价

如果共同控制实体之间发生的交易，其双方并没有参照市场公允价值来确定交易价格，那么国内收入局可判定该交易不符合常规交易原则，有权对其进行转让定价调整。

在美国财政部规章中，对转让定价控制的定义十分广泛，包括直接控制和间接控制，并且控制手段不需要具有法律上的强制性。同时，对两个或两个以上纳税人因共同的商业利益或目的而达成的商业合作，也可实行转让定价控制。

当公司在美国进行有形资产转让时，应采取下列其中一种方法确定该有形资产的公允价值：可比非受控价格法；再销售价格法；成本加成法；可比利润法；利润分割法；未具体明确的方法，即公司未采用上述五种方法，而是根据资产的具体情况自行确定其公允价值，并且所得结果最符合正常交易标准。上述方法没有先后顺序，公司可根据自身实际情况选用最适合的衡量方法。当公司采用上述其中一种方法确定转让资产的公允价值时最符合正常交易标准，那么该方法即为衡量该资产公允价值的最佳方法。

美国还针对有形资产使用、无形资产转让、贷款和预付款以及提供劳务制定了转让定价控制的相关规定。

3. 资本弱化

在美国，通常通过判断某公司是否有资本弱化的事实以及公司之间的票据应该视为资产权益还是负债，从而确定该公司是否存在资本弱化的事实情况。尽管当公司的债务股本比率为 3∶1 甚至更少时，国内收入局通常不会对其提出存在资本弱化的怀疑，但是美国国内收入局和联邦法院仅仅只将债务股本比率作为判断公司是否存在资本弱化的一个因素。

4. 受控外国公司

根据美国税法规定，受控外国公司取得的特定类型的所得，应基于公司当前分配给“美国股东”的所得额，缴纳公司所得税。这里的“美国股东”，是指任何美国公民或具有美国居民身份的居民公司以及国内企业，持有（包括直接持有、间接持有或者积极持有）该受控外国公司 10% 及以上的投票权。

受控外国公司是指，如果某一外国公司50%或以上有表决权的股票，在任意纳税年度内连续超过30天为“美国股东”所持有，那么该外国公司则称之为受控外国公司。

受控外国公司在纳税年度内取得的“F分部所得”，应在同一纳税年度的最后一天，按比例分别计入各美国股东名下，视同当年分配的股息，并在总所得额中征税。

二、个人所得税

（一）一般规定

一般而言，美国公民和美国居民适用全球所得税制度，就其美国境内、境外全部所得缴纳个人所得税。而非居民适用属地原则，仅就其来源于美国境内的所得缴纳个人所得税。个人所得税的计税基础为所得净值，即总收入减去各项可扣除的金额，适用累进税率。

“移民税”制度适用于为达到避税目的而宣布放弃美国国籍的美国公民。美国法律意义上的永久居民（比如，绿卡持有者）如果放弃绿卡或者根据美国税收协定的打断联系条款（tie - breaker provision）申请被认定为非居民，也要适用“移民税”制度。

1. 纳税人

美国公民和居民无论是否实际居住在美国，都应该缴纳联邦所得税，即使他们居住在美国境外。如果外籍人员成为了美国居民或者从美国取得了某些类型的所得，也需要缴纳美国联邦所得税。

如果外籍人员拥有美国的合法永久居留权或者符合美国实际居留标准，则他们被视为美国居民。同时符合下列两个条件者，可认定为达到实际居留标准：（1）本公历年度在美国至少居留31天；（2）本公历年度及前2个公历年度在美国居留的天数乘以一个指数权重后累计超过183天。具体计算方法是：当年（公历年度）在美国居住的每一天计为1天，倒数第一年在美国居住的每一天计为三分之一天，倒数第二年在美国居住的每一天计为六分之一天。但是，上述标准不适用于几类享受豁免的个人（比如：外国政府人员、留学生、老师和实习生）以及与国外住所有更紧密联系的个人。

在美国，非法人实体（如：合伙企业和有限责任公司）可以在财政部的“打钩规则”制度下自愿选择该实体是作为公司还是透明实体纳税。信托无论是作为单独实体还是税收透明体，都应缴纳联邦所得税。

2. 应纳税所得额

（1）概述。美国个人所得税的应纳税所得额包括工资、薪金、经营所得、投资所得和资本利得等。但是，资本利得适用特殊的税率。应纳税所得计算步骤如下：确定总所得；减去法定扣除项目，得到调整后的总所得；再减去标准扣除项目或者分项扣除额，以及个人免征额。个人应纳税所得额乘以适用税率得到应纳税额，纳税人应缴纳的税款可以用许可的抵免抵消。纳税人自有且自用住宅的租赁价值不被视为推定所得，无须缴纳联邦所得税。

（2）免税所得。免税所得主要包括来源于人寿保险合同的所得；赠与与遗产所得；美国各州和市发行的公共债券利息所得；符合条件的境外劳动所得；因受伤或疾病而取得的一定数额的赔偿。

如果纳税人出售自有住宅，且在过去5年间该住宅至少有2年作为主要居住场所供自己居住，则出售该住宅的利得可以享受25万美元的免税额，填报联合申报的已婚人士则可以享受50万美元的免税额。

3. 雇用所得

（1）工资、薪金所得。工资和薪金所得应缴纳美国联邦所得税。与雇用所得直接相关的费用和不能由雇主报销的费用可以税前扣除。谋得新工作的雇员或者自由职业者搬迁到符合条件的新的主要办公场所发生的搬迁费用可以扣除。另外，还必须满足在新的主要办公场所的受雇时间要求。

（2）实物福利。一般而言，雇主发放给雇员的实物福利视同额外福利，要计入雇员的应纳税所得缴纳个人所得税。这些实物福利主要包括：雇主提供的住房补贴、雇员无息或低于市场贷款利息使用公司财产、雇主提供给雇员的汽车等。但下列各项不属于额外福利的范围，不予征税：雇主给予雇员和消费者同样的服务，且不额外增加实质性成本；在购买雇主提供的货物和服务时享受的符合条件的折扣；提供的福利是工作环境的需要，如使用公司用于经营的车辆；价值可以忽略不计的额外福利；符合条件的额外交通福利，例如，每月价值不超过一定限额的交通卡或停车场地；就符合条件的搬迁费用给予的补贴；符合条件的教育培训费用；为更好地服务于雇主而享受的食堂和住宿福利；退休规划服务；非独立人医疗援助项目提供的福利。

（3）养老金所得。从符合条件的雇主发起的养老保险计划、股票分红计划和利润分享计划中取得的养老金收入应计入应纳税所得额。养老金的纳税方式与年金的纳税方式相同，即每一次分配的养老金中，按照雇员向该计划缴纳的金额所占的比例计算出来的那部分养老金，不计入应纳税所得额。

在美国，个人可以为自己建立和开设个人退休账户。个人退休账户有传统个人退休账户和罗斯个人退休账户两种基本类型。对于传统的个人退休账户，纳税人支付的保险费（向账户注入资金）可以在税前扣除，等到取得养老金时才全额计入应纳税所得额。对于罗斯个人退休账户，纳税人支付的保险费不能享受税前扣除，然而如果个人年龄超过59.5岁，或者符合某些特定的条件，取得的保险金不计入应纳税所得。另外，罗斯个人退休账户必须持有5年以上。

（4）董事报酬。公司董事会成员取得的报酬按工资薪金所得缴纳个人所得税，无其他特殊规定。董事会成员在提供服务过程中发生的费用可以作为一般的经营费用在税前扣除。

4. 经营所得和专业服务所得

纳税人的经营所得和专业服务所得应缴纳个人所得税。其按照所得净值计算应纳税所得额，即经营收入减去允许扣除的各项成本，包括可以扣除正常和必需的经营费用支出。该类型所得适用一般的个人所得税税率。

美国对业务招待费用的扣除有严格的限制。业务招待费用包括在美国参加各种会议或研讨会的支出，以及把住宅作为经营办公场所的开支。

5. 投资所得

个人纳税人取得的投资所得应缴纳个人所得税，包括取得的股息和利息所得。与之相关的费用可以税前扣除。

股息。对公司发放的股息不实行归集抵免制，而是实行古典征税制。个人纳税人取得的符合条件的股息如果属于长期资本利得，可适用较低税率。2016年，符合条件的股息所得适用的税率为20%、15%或0%。从美国本土公司和符合条件的境外公司取得的股息适用较低税率。为了使股息可以适用的较低税率，股东还必须满足持有期限的条件。

利息。利息所得按照一般所得税税率全额纳税。与利息所得相关的费用可以税前扣除。美国各个州和市政当局发行的公共债券的利息免征联邦所得税。与免税利息所得相关的费用不允许税前扣除。

特许权使用费。特许权使用费所得按照一般所得税税率全额纳税。与之相关的费用可以税前扣除。纳税人可以就研发获得特许权使用费的无形资产产生的研发费用申请扣除和抵免。只有外购的无形资产可以摊销并税前扣除，自行开发的无形资产不得将摊销费用扣除。

不动产所得。个人纳税人出租不动产的所得按照一般所得税税率全额缴纳所得税。按照净租赁所得计入应纳税所得额，即租赁收入减去相关扣除和抵免后的净值作为计税基础。其中，对出租不动产取得的所得，主要的扣除项目包括正常和必需的经营费用、利息、维修费和相关税费。

6. 资本利得

个人纳税人应就资本利得缴纳个人所得税。长期资本利得适用较低税率。资本损失可以扣除，但有特殊的规定。

资本资产在出售或交换中会产生资本利得或损失。处置资产获取的所得包括取得的各种货币资金以及接受的任何财产的市场价值的总和。在美国，企业清算和重组过程中，个人转让股票和资产可以适用“滚转冲抵”政策。“滚转冲抵”适用于下列情况：经营性或投资性资产被相同或类似资产交换，但不适用于股票、证券或持有待售资产；资产被强制地或非自愿地（比如，强制行政征用）转换到类似的其他资产中。在这些交易中，利得被延迟到重置资产被处置时才确认。

7. 个人扣除、宽免和抵免

（1）扣除。在美国，允许以下两项在计算应纳税所得额时进行扣除：一是从总所得到调整后总所得的扣除项；二是从调整后总所得到应纳税所得额的扣除项。这两类扣除项目分别被称为“线上”、“线下”。

总收入的扣除。从纳税人的总所得到调整后总所得之间，主要有以下几种可扣除项目：贸易或经营性扣除，不包括因雇员产生的费用扣除；雇主因雇员从事贸易或经营活动而支付的补偿；出售或者交换财产发生的亏损；财产在产生收入过程中发生的耗损；自由职业者参与养老保险、利润分享计划和年金的缴费；传统个人退休账户的缴费；抚养费和分居赡养费；搬迁费用；符合条件的学费和相关教育支出；向符合一定资质的健康储蓄账户的缴费。

调整后总所得的扣除。在美国，从纳税人的调整后总所得到应纳税所得额之间，存在的扣除种类是标准扣除或者分项扣除。标准扣除的数额取决于美国个人纳税申报时的身份。2016年，扣除标准如下：联合申报的已婚人士和失去配偶的个人，标准扣除额为12 600美元；户主，9 300美元；单身个人，6 300美元；分别申报的已婚人士，6 300美元。

2016年，依靠他人赡养的个人进行纳税申报，其可以享受的标准扣除是“1 050美元”和“依靠他人赡养的个人取得的收入加上300美元”二者中的较大者。国内收入局每年根据美国消费者物价指数对标准扣除限额进行调整。

分项扣除。对于选择分项扣除的个人，主要的扣除项包括以下几种：首套和第二套房屋总贷款金额不超过100万美元的按揭利息，再加上最多10万美元房屋净值贷款的利息；美国地方所得税，或者美国州和市征收的销售税；美国地方政府征收的境内、境外不动产税；动产税；慈善捐款；医疗费用超过个人的调整后总所得10%的部分，或者如果个人或配偶一方达到或超过65周岁，则医疗费用超过调整后总所得7.5%的部分可以扣除；在保险报销范围以外的意外损失，其损失金额超过调整后总所得10%的部分。

某些分项扣除（简称“杂项”）合计金额最低应为调整后总所得的2%。只有当杂项的分项扣除额总额超过调整后总所得2%的部分，才可以扣除。除非是在某些特定的情况下，否则所有分项扣除被视为杂项。最常见的例外情形是利息，税款，意外损失，被盗产生的损失，慈善捐款和医疗费用的扣除，这些项目不受2%底线的限制。

分项扣除对高收入个人有限制。对于调整后的总所得超过规定限额的纳税人，应减少他们的分项扣除额。减少的数额为“调整后的总所得3%的金额超过规定限额的金额”，或者“分项扣除总额的80%”二者中的较低者。

从2016纳税年度开始，调整后总所得的限额如下：联合申报的已婚人士和失去配偶的个人，标准扣除额为311 300美元；户主，285 350美元；单身个人，259 400美元；分别申报的已婚人士，155 650美元。

（2）宽免。如果是夫妻联合申报，且每个受抚养子女都在19岁以下，或子女为24岁以下的全日制学生，则夫妻双方都可以申请享受宽免。2016年个人可以申请的宽免额为4 050美元。个人宽免额每年由国内收入局根据物价指数的变动进行调整。如果纳税人调整后的总所得超过规定的限额，每超过一个2 500美元（已婚分别申报者为1 250美元），纳税人的个人宽免额就要降低2%。2016年逐步降低宽免额对应的调整后的总所得的范围如表2所示：

表2　　2016年逐步降低宽免额对应的调整后的总所得的范围

纳税申报种类	开始值（美元）	结束值（美元）
合并申报的已婚人士和丧偶人士	311 300	433 800
户主	285 350	407 850
单身个人	259 400	381 900
分别申报的已婚人士	155 650	216 900

根据不同申报种类，调整后总所得金额超过了上表所列的“结束值”的纳税人，不得申请2016年的宽免额。

（3）抵免。个人可以申请工资薪金预提税的抵免，以及就来源于境外的所得已缴纳的税款申请外国税收抵免。

8. 亏损

（1）普通亏损。个人纳税人在纳税年度结束时不能通过保险或其他方式取得赔偿的亏损，可以扣除。可以扣除的亏损必须满足下列3个条件：亏损能够被已经完成或结束的交易所证实；亏损可以通过可确认的事件加以确定；在该纳税年度内实际承担的亏损。

净经营亏损。如果在一个纳税年度内，纳税人可以扣除的金额（包括亏损）超过纳税年度的所得总额，则该纳税人有净经营亏损。净经营亏损可以向以前和以后年度结转。

意外损失。个人可以就因意外事故造成的损失申请扣除，包括火灾，暴风灾害，海难或其他事故造成的亏损。

偷盗损失。个人因被偷盗而造成的损失可以申请扣除。偷盗被定义为包括但不限于盗窃、挪用、抢劫在内的事件。

个人可以申请扣除的损失还包括灾难损失、博彩损失、从事消极活动的损失以及业余爱好产生的损失等，但是对其中某些损失的扣除有一定限额。纳税人发生的关联方之间的损失、公司并购的损失等不得扣除。

（2）资本损失。个人在贸易或经营活动中发生的资本损失，以及无论是否是经营行为，只要是发生在以营利为目的的交易中的资本损失，都可以扣除。对于上述普通损失的扣除限额（即意外损失、风险规则、消极活动规则、业余爱好损失规则等），也适用于资本损失。

个人的资本损失只能用资本利得来扣除。在额外宽免优惠下，超过资本利得的损失可以用一般所得扣除，但每年最多扣除 3 000 美元（分别申报的已婚人士的扣除限额为每年 1 500 美元）。个人当前纳税年度未扣除资本损失可以向后结转，用以后年度的资本利得继续扣除。

9. 税率

（1）所得和资本利得。纳税人适用的一般所得税的税率取决于纳税人的申报身份。纳税人的申报身份有以下 4 种：一是已婚人士将夫妻双方的所得和扣除额合并计算进行合并纳税申报；二是维持一个家庭的户主，且至少在半个纳税年度内该家庭为受抚养的子女以及其他受抚养人的主要居留地（主要指单亲家庭）；三是未婚人士，即单身纳税人；四是已婚人士分别进行纳税申报，是指夫妻双方单独申报各自的所得和扣除额。对于丧偶的纳税人，如果夫妻共同维持一个家庭，且该家庭为受抚养子女的主要居留地，那么该纳税人可以在其配偶死亡后的当年及随后 2 年选择合并纳税申报。美国 2016 年个人所得税税率如表 3 至表 7 所示：

表 3　　合并申报的已婚人士及丧偶人士适用的税率

应纳税所得额（美元）	税率（%）
不超过 18 550	10
18 551 ~ 75 300	15
75 301 ~ 151 900	25
151 901 ~ 231 450	28
231 451 ~ 413 350	33
413 351 ~ 466 950	35
超过 466 950	39.6

表 4　　户主适用的税率

应纳税所得额（美元）	税率（%）
不超过 13 250	10
13 251 ~ 50 400	15
50 401 ~ 130 150	25
130 151 ~ 210 800	28
210 801 ~ 413 350	33
413 351 ~ 441 000	35
超过 441 000	39.6

表 5　　单身个人适用的税率

应纳税所得额（美元）	税率（%）
不超过 9 275	10
9 276 ~ 37 650	15
37 651 ~ 91 150	25
91 151 ~ 190 150	28
190 151 ~ 413 350	33
413 351 ~ 415 050	35
超过 415 050	39.6

表 6　　分别申报的已婚个人适用的税率

应纳税所得额（美元）	税率（%）
不超过 9 275	10
9 276 ~ 37 650	15
37 651 ~ 75 950	25
75 951 ~ 115 725	28
115 726 ~ 206 675	33
206 676 ~ 233 475	35
超过 233 475	39.6

表 7　　不动产及信托适用的税率

应纳税所得额（美元）	税率（%）
不超过 2 550	15
2 551 ~ 5 950	25
5 951 ~ 9 050	28
9 051 ~ 12 400	33
超过 12 400	39.6

个人出售持有期 1 年以上的资本资产所取得的资本利得（长期资本收益）可享受长期资本利得税收优惠。2016 年，一般所得适用税率为 39.6% 的个人，资本利得适用的最高税率为 20%。一般所得适用税率为 25%、28%、33% 和 35% 的个人，资本利得适用的最高税率为 15%。一般所得适用税率为 10% 和 15% 的个人，资本利得适用的税率为 0%。来源于特定资产的长期资本收益适用高税率。主要包括有收藏价值的物品，税率为 28%；符合条件的小型企业股票，税率为 28% 等。纳税人处置符合资格的小型企业股票的所得可以享受一定的扣除，不过，该股票的发行时长达或持有时间必须达到 5 年。纳税人出售持有 1 年及以下的资产的所得，即短期资本利得应按照一般所得税税率纳税。

（2）预提税。雇主应就其发放给雇员的工资和薪金缴纳预提税。同时雇主还要代扣代缴社会保险税。预提税的纳税义务人为美国的居民和非居民。预提税不代表纳税人的最终纳税义务，但可以在纳税人进行纳税申报时抵消纳税人的最终应纳税额。

一般而言，美国对其公民和居民的投资所得不征收预提税，但是，备用预提税制度规定的接受者除外。备用预提税的纳税人是某些税法遵从度较低的人，比如没有向付款人提供纳税人识别号或提供错误的纳税人识别号的个人。备用预扣税的税率为28%。备用预提税与预提税征税方式一致，是一种工资薪金预提税，预提税款可在纳税人进行年度所得税申报时申请进行抵免。

10. 征收管理

（1）纳税年度。纳税人以日历年度或财政年度计算其所得和应纳税额。如果纳税人规范地保存其账簿，则可将52～53周作为一个纳税年度（公历年度中，闰年53周，平年52周）。未能规范保存其会计账簿的纳税人以及未使用经批准的年度会计期间的纳税人应以日历年度作为纳税期间。

（2）纳税申报。美国实行自行申报纳税制度，纳税人应自行计算应纳税额并完成纳税申报。个人的纳税申报必须在纳税年度结束后第4个月的第15天内（以日历年度作为纳税年度的为4月15日）完成。如果纳税人在初始申报截止日或之前向国内收入局提出延期纳税的申请，并且对应纳税款进行了正确的估计，那么，国内收入局将允许纳税人延期6个月申报（申报截止日期为10月15日）。但是，税款的缴纳不得延期，仍为原始的税款缴纳日期（若未按期缴纳税款，在10月15日报税时，将面临罚款和利息）。税收意义上的居所不在美国的美国公民和居民，其纳税日期为纳税年度结束后第6个月的第15天（以日历年度作为纳税期间的为6月15日）。

海外账户税收遵从法要求美国公民和居民将其外国金融账户和外国金融资产向国内收入局报告。该报告应使用联邦税务局提供的8938表，且与个人的联邦所得税申报表一并申报。如果个人在纳税年度内的任一时间持有的外国资产总价值超过75 000美元或在纳税年度的最后一天持有的外国资产总价值超过50 000美元，则该个人应报送外国账户税务遵从报告。指定类别的个人适用更高的报告限额。

根据《海外银行与金融账户报告规则》，若一个美国人对于美国之外的任何金融账户享有财务利益或者签字权，且这些账户的总价值在报告年度的任何时点超过1万美元，则其必须向美国财政部提交海外银行与金融账户报告，且必须在下一个日历年度的6月30日之前完成。

（3）税款缴纳。在纳税申报截止日期之前（未延期），纳税人应全额缴纳其年度应纳税额。此外，纳税人按季度缴纳预估税，每季度的预估税额为年度所得税税额的25%。纳税年度内缴纳的预估税的总额至少等于以下两项中的较低者：一是本年度最后一次申报时缴纳的税款的90%；二是前一纳税年度最终应纳税额的100%。如果纳税人缴纳的预估税款低于预警值，则要对纳税人处以罚款。

（4）事先裁定。事先裁定，又称“私人信件裁定”，大多数与税务相关的问题都可以通过事先裁定从国内收入局得到裁定。

（二）其他类型的所得税

美国征收的其他类型的所得税主要是各州和某些市征收的个人所得税。不同管辖权下的州和市对个人所得税的规定各不同。

（三）国际税收

1. 居民个人纳税人

（1）境外所得和资本利得。美国公民和居民应就其来源于美国境内、境外的所有所得纳税。应税所得包括来源于美国境内、境外的雇用所得（包括工资薪金及其他报酬）、投资所得（包括股息红利、利息、特许权使用费）、经营所得、劳务所得、资本利得、股息、利息、租金、特许权使用费、养老金所得，及其他所有境内和境外所得。所有类型的所得（股息和资本利得除外）按总额以累进税率纳税。股息红利和资本利得按特别税率纳税。

对于在境外工作及其他符合条件的美国公民和居民的境外劳动所得，每年根据通货膨胀确定免税限额，2016 年免税限额为 101 300 美元。个人接受由雇主提供的符合条件的境外住宿的费用也适用免税限额，如果境外住宿的费用由个人而非雇主支付，则该项费用应从总所得中扣除而不是按免税限额计算。

美国公民或居民可能还需就其境外所得和资本利得向其居住地或经营地缴纳国家和地方所得税。

（2）境外资本。境外资本无须缴纳净财富税和不动产税。

（3）避免双重征税。美国通过境外税抵免避免双重征税。纳税人可申请扣除而非抵免，但通常扣除不会更有利。美国根据国内税收法典单方面确定境外税抵免。此外，根据税收协定，在符合美国一般规则和限制的条件下，美国有义务就纳税人向协定国缴纳的境外税进行抵免。境外税抵免有限额，即不得超过相同所得在美国的应纳税额。境外税抵免限额不按国家分别计算。但为了确定境外税抵免限额，应对不同类型的所得进行汇总，再分别计算每种类型所得的抵免限额。对持有期限的要求适用于缴纳境外税的股票或其他资产。

如果在个人纳税人所有境外所得均为消极所得且可抵免的境外税不超过 300 美元（合并申报不超过 600 美元），则其可选择不适用境外税抵免限制。个人纳税人不得就外国公司就分配的股息缴纳的相关外国税额申请间接（视为已缴）境外税抵免。

2. 侨民

（1）来美外籍人员。对来美外籍人员无特殊税收规定。非居民纳税人在取得美国国籍或居民身份后享受与美国公民相同的税收待遇。

（2）移居境外人员。美国公民以及取得美国永久居民身份的外国公民（即绿卡持有人）即使离开美国仍应就其来源于美国境内、境外的所得纳税。对于因避税而放弃美国国籍的美国公民以及放弃或失去美国合法永久居民身份的长期美国永久居民，适用外籍人士相关税收规定。

在 2008 年 6 月 17 日及之后放弃美国国籍的个人应根据市场价值原则缴纳离境税，即上述个人应视为在放弃美国国籍或终止长期美国居民身份的前一日以公允价值出售其全部资产。对于上述出售资产的利得仅指超出免税限额的部分，该限额每年根据通货膨胀确定。对于 2016 年放弃美国国籍的个人，该免税限额为 693 000 美元。

国内收入局要求放弃美国国籍的公民及长期永久居民申报下列信息：纳税识别号，主要外国住所的邮寄地址，具有何国居民身份，具有何国国籍，所得、资产、负债相关信息及国内收入局要求申报的其他信息。

3. 非居民纳税人

（1）一般所得和资本利得课税。雇用所得。在美国境内受雇的非居民个人被视为在美国从事经营活动，应就其来源于美国的工资薪金及其他报酬（即在美国境内个人劳务所得）缴纳美国联邦所得税。雇用所得按一般个人所得税税率缴纳联邦所得税。计税基础为净收入，即在美国的总所得减去税法允许的扣除额。在计算非居民纳税人受雇净收入时，仅可扣除与雇用相关的贸易及经营费用、在美国的慈善捐赠以及在美国的意外损失。除加拿大和墨西哥的居民外，其他非居民个人不得适用一般扣除，且无论其婚姻状况或赡养人数，均只能适用单身纳税人的宽免额。加拿大和墨西哥的居民可据实申请全额个人宽免额。与在美国雇用所得相关的搬家费、国家和地方所得税等费用可以税前扣除。非居民纳税人应及时准确地进行纳税申报，才能享受上述扣除。非居民个人应就其董事酬劳缴纳美国联邦所得税。

雇用所得的联邦所得税首先以雇主缴纳预提税的方式征收。预提税不是最终税负，非居民个人应就最终税负进行美国联邦所得税申报，且所有应缴的未缴税款应在纳税申报时缴纳。非居民纳税人可申请抵免已由雇主缴纳的预提税，且可以就预提税中超出最终税负的部分申请退税。

根据国内相关法律制度，受雇于外国雇主的非居民纳税人的劳务报酬符合下列情形的适用特别规定：外国雇主不在美国从事贸易或经营活动；非居民纳税人仅在美国短期逗留，即在该纳税年度逗留时间不超过 90 天，且报酬总额低于 3 000 美元。符合上述情形的所得被视为来源于境外的所得，无须在美国纳税。相关税收协定对于受雇于外国雇主的雇员工资有类似的特别规定。如果非居民纳税人在美国逗留时间较短（通常为在一个纳税年度内逗留时间不超过 183 天），则适用特别规定，但相关工资不得由在美国境内的常设机构承担或进行税前扣除。

贸易或经营所得。如果非居民个人在美国进行经营活动取得所得，且经营活动构成在美国的贸易或经营行为，则其应就该所得缴纳美国联邦所得税。取得经营所得的非居民个人，应就其一般所得按个人所得税率、就其资本利得按资本利得税率缴纳联邦所得税。

向在美国从事贸易或经营活动的非居民个人付款的支付方，在该款项属于非居民个人来源于美国的固定的或者可确定的年度或定期所得的情况下，应按 30% 的税率对上述非居民个人扣缴预提税。

如果非居民个人是在美国从事贸易或经营的合伙实体的合伙人，则合伙实体应按合伙人分配的与贸易或经营有实际联系的所得按 39.6% 的税率缴纳预提税。如果非居民个人在美国取得专业服务所得，则视为在美国从事贸易或经营活动，应就其专业服务所得缴纳联邦所得税。

非居民个体经营户在美国的专业服务所得按一般个人所得税税率缴纳联邦所得税。

如果非居民个人是在美国从事贸易或经营的专业服务合伙实体的合伙人，则合伙实体应就分配给合伙人的、与贸易或经营有实际联系的所得按 39.6% 的税率扣缴预提税。

非居民应就其来源于美国的投资所得，包括股息红利、利息、租金、特许权使用费等不属于与经营有实际联系的所得，按 30% 的国内预提税率或根据税收协定按低税率缴纳预提税。

通常，当非居民个人一个纳税年度内在美国逗留时间不少于 183 天，且非外国居民纳税人，则其应就来源于美国的已实现的资本利得（包括出售外国公司股票利得和出售国内公司股票利得）纳税。特殊情况除外。个人长期资本利得适用低税率。

（2）资本课税。美国联邦政府不对资本征收净财富税、不动产税以及经营税。

（3）征收管理。在美国从事贸易或经营活动非居民个人，包括雇员及个体经营户，均应进行联邦所得税纳税申报，纳税申报的期限是纳税年度终了后的第 6 个月的第 15 日（以公历年度为纳税年度的为 6 月 15 日）。但是对于应缴纳预提税的非居民纳税人，其纳税申报期限为纳税年度终了后的第 4 个月的第 15 日（以公历年度为纳税年度的为 4 月 15 日）。

非居民个人应根据其婚姻状况分类进行纳税申报，即未婚人士以单身人士类型申报，已婚人士以已婚人士类型或离异人士类型申报。未婚非居民个人不得以家庭进行合并申报，已婚非居民个人不得与一对已婚非居民夫妻进行家庭联合申报。如果非居民个人与美国公民或居民结婚，则该非居民个人可以选择与其配偶进行家庭合并申报，在上述情形下，该非居民个人享受与美国居民相同的税收待遇。

如果非居民来源于美国的所得仅包括需缴纳预提税的投资所得及其他类型的固定的或可确定的年度或定期所得，则其不需进行联邦所得税纳税申报。上述所得的预提税即为最终税负。

三、增值税

美国不征收增值税。

四、消费税

美国联邦政府和州政府要对诸如用于交通的汽油和柴油等某些特定货物征收消费税，但是，税目和税率各不相同。

五、社会保障税

社会保障税依据《美国联邦社会保险缴款法案》征收。社会保障税包括养老、遗属和伤残保险税以及医疗保险税，计税依据是雇员的所有工资薪金所得，包括任何现金报酬和以任何其他形式支付的福利报酬。雇主和雇员都要缴纳该税。雇主须缴纳其自身负担的部分，并通过预提税款方式代扣代缴雇员应负担的部分。由雇主负担的社会保障税可由雇主在所得税税前扣除。由雇主代扣代缴的雇员负担的社会保障税，雇主和雇员都不得在所得税税前扣除。

（一）对雇主征收

对雇主征收的养老、遗属和伤残保险税的税率在 2016 年为 6.2%，以年度工资薪金数额为计税依据，但不超过 118 500 美元的最高上限。医疗保险税的税率是 1.45%，计税依据为所有工资薪金数额且没有最高限定额度。

（二）对个人征收

对雇员征收的养老、遗属和伤残保险税税率在 2016 年为 6.2%，其计税依据为年度工资薪金数额，最高限额为 118 500 美元。雇员还应就其全部的工资薪金所得缴纳医疗保险税，税率为 1.45%。另外，从 2013 年 1 月 1 日起，工资超过一定限额的雇员须缴纳 0.9% 的附加医疗保险税。上述限额分别是：合并申报的已婚人士为 25 万美元，分别申报的已婚人士为 12.5 万美元，单独申报的单身个人为 20 万美元。雇主无须缴纳该附加医疗保险费。

自营者应缴纳的老年、遗属和残疾人保险税是其自营净所得不超过 118 500 美元部分的 12.4%；应缴纳的医疗保险税是其自营净所得总额的 2.9%，无限额。对自营者征收的老年、遗属和残疾人保险税和医疗保险税只对居民征收，非居民不缴纳该税。自营者所缴纳的老年、遗属和残疾人保险税和医疗保险税之和的一半可以在税前扣除。

（陈琍　编）